Uwe Bünning
Jörg Krause

Windows Server 2003

Einrichtung und Administration von Unternehmensnetzen
mit Standard und Enterprise Edition

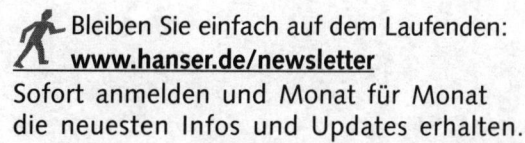

Uwe Bünning

Jörg Krause

Windows Server 2003

Einrichtung und Administration
von Unternehmensnetzen mit
Standard und Enterprise Edition

HANSER

Die Autoren:

Uwe Bünning, Berlin
Jörg Krause, Berlin

Bibliografische Information Der Deutschen Bibliothek
Die Deutsche Bibliothek verzeichnet diese Publikation in der Deutschen
Nationalbibliografie; detaillierte bibliografische Daten sind im Internet
über http://dnb.ddb.de abrufbar.

© 2003 Carl Hanser Verlag München Wien
Gesamtlektorat: Fernando Schneider
Copy-editing: Hans-Gerd Werlich, Berlin
Herstellung: Monika Kraus
Datenbelichtung, Druck und Bindung: Kösel, Kempten
Printed in Germany

ISBN 3-446-22448-3

www.hanser.de

Vorwort

Vermutlich haben Sie, wenn Sie diese Zeilen lesen, den ersten Schreck bereits überwunden. Nicht oft hält man schließlich ein Buch mit einem derartigen Umfang in den Händen. Da liegt die Frage nahe, ob sich die Autoren denn nicht kürzer fassen könnten. Das haben wir, leider ohne dass dies sichtbar wird. Tatsächlich ist Windows Server 2003 ein System, das sich vor allem durch einen gigantischen Funktionsumfang auszeichnet. Es ist ein Universalserver, der für alle Anforderungen kleiner, mittelständischer und großer Unternehmen die passenden Funktionen bietet. Soweit die gute Nachricht.

Bei der Ausarbeitung fiel auf, dass eine Reihe von Funktionen verbessert und erweitert wurde, in einigen Fällen sogar die Bedienung gegenüber der Vorgängerversion vereinfacht worden ist. Dennoch konnten wir nur an der Oberfläche kratzen. Eine umfassende Darstellung würde viele Bücher wie dieses umfassen und wäre dennoch nicht wirklich hilfreich. Wir haben uns deshalb auf die Funktionen konzentriert, die am häufigsten zum Einsatz kommen und diese in realistischen und typischen Szenarien getestet und für Sie aufgeschrieben.

Es gibt nicht wenige Dialoge, in denen die eine oder andere Schaltfläche nicht angeklickt wurde oder, wenn dies doch geschah und sich eine weitere Dialogebene an die andere reihte, dies wohlwissentlich ignoriert wurde. Kein Administrator kann in der Praxis ein solches System bis auf die letzte Ebene konfigurieren und dies auf allen Funktionsteilen beherrschen. Konzentriert man sich dagegen auf eine Funktion, erfährt man feine und umfassende Möglichkeiten der Beeinflussung, um die Kompatibilität mit anderen Systemen herzustellen oder die vorhandene Hardware weitgehend auszureizen.

Nur leicht modifiziert wurde das bewährte Konzept der Trennung von Grundlagen und Praxis. Dadurch geriet der ohnehin umfassende praktische Teil kompakter und lesbarer. Letztlich finden Sie dort die berühmt-berüchtigten Klickanleitungen, mit denen man schnell zum Ziel gelangt und die manche Nebenfrage links liegen lassen. Dies ist kein Problem, denn ein solider theoretischer Teil wird dem interessierten Leser gleich mitgeliefert und fein säuberlich getrennt an den Anfang gepackt.

All dies soll Ihnen helfen, Windows Server 2003 schnell einzurichten und auch in komplexen Szenarien erfolgreich zu administrieren. Wir sind davon überzeugt, dass dieses Produkt das derzeit beste Serversystem am Markt ist und dass es die sicherste Methode ist, keine grauen Haare zu bekommen. Wie immer an dieser Stelle würden wir dies natürlich gern aus der Praxis bestätigt bekommen und fordern Sie hiermit auf, uns jedes erdenkliche Feedback an unten stehende E-Mail-Adressen zu senden. Gleichwohl wird dies auch hier wieder mit dem Hinweis verbunden, dass wir nicht immer die Zeit finden, jede E-Mail zu beantworten, wogegen wir garantieren, diese in jedem Fall zu lesen.

Berlin, im September 2003

Uwe Bünning   Jörg Krause
uwe@buenning.com   *joerg@krause.net*

Schnellübersicht Kapitel

Inhaltsverzeichnis

Einführung

1

Einführung

In diesem Kapitel erfahren Sie einiges über den Aufbau des Buches, wie Sie effizient darin navigieren, welche Besonderheiten bei der Schreibweise zu berücksichtigen sind sowie eine Beschreibung verwendeter Symbole. Darüber hinaus finden Sie einen ersten Überblick über die neue Serverfamilie von Microsoft.

Inhaltsübersicht Kapitel 1

1.1 Über das Buch

Mit diesem Buch wird unsere erfolgreiche Windows-Reihe weiter ausgebaut. Mit dem neuen Betriebssystem Windows Server 2003 erscheint auch der Nachfolger des Bestsellers *Windows 2000 im Netzwerkeinsatz*.

Einen Überblick über die einzelnen Bände, die bisher erschienen sind, erhalten Sie im Abschnitt 1.1.3 *Unsere Buchreihe zu Windows* ab Seite 32

An der bewährten Grundstruktur, bei der Grundlagen- und Administrationsteile voneinander getrennt sind, haben wir hier weitestgehend festgehalten. Lediglich bei sehr kompakten Themen wurde dies etwas aufgeweicht, um den Lesefluss zu verbessern.

Damit eignet sich das Buch sowohl zum Aneignen oder Nachlesen von Hintergrundinformationen als auch als Nachschlagewerk für die tägliche praktische Arbeit des Administrators.

1.1.1 Zielgruppe und Konzeption

Dieser Band ist vor allem für Administratoren, Techniker und IT-Berater konzipiert und soll für die Planung und Umsetzung von Windows Server 2003-Systemen theoretische und praktische Hilfestellung geben. Daneben liefert es für EDV-bewanderte und technisch interessierte Leser wertvolle Informationen und ergibt mit der ausführlichen Darstellung aller führenden Technologie im Bereich der Unternehmensvernetzung ein solides Basiswerk für die Aus- und Weiterbildung.

Wer es lesen sollte

Die Konzeption

Wir haben uns an das bewährte Konzept gehalten, Grundlagen und Administrationsteile getrennt zu behandeln. Administratoren und Anwendern fällt der Umgang mit dem Gesamtsystem erfahrungsgemäß deutlich leichter, wenn die Hintergründe und Motivationen erkennbar werden, die hinter den Funktionen stecken. Wir haben auch versucht, dies kritisch zu sehen und nicht nur die Argumentation von Microsoft zu übernehmen. Offensichtlich sind einige »Erfindungen« nicht nur technisch motiviert. Andere sehr spannende Entwicklungen sind weniger bekannt und werden entsprechend nur selten verwendet – mit der bekannten Flut von alten und neuen Funktionen war und ist das Marketing immer noch überfordert.

Ein bewährtes Konzept

Die theoretischen Ausführungen sind dennoch bewusst nicht bis zum Exzess getrieben worden. Sie sind allgemeinverständlich und

Theorie muss sein,...

soweit vereinfacht dargestellt, dass die grundlegende Überlegung, die dahinter steckt, sichtbar wird. Darin unterscheidet sich die Darstellung wesentlich von jener in technischen Handbüchern und geht zugleich weit über die bekannten »Oberflächenbeschreibungen« hinaus. Wir hoffen, dass technisch interessierte Leser dies auch als spannend empfinden.

...auch wenn sie von praktischen Ausführungen ergänzt wird

Einen mindestens äquivalenten Anteil nehmen die technischen Handlungsanleitungen ein. Hier geht es um die konkrete Lösung von Aufgaben. Je nach Grad der Komplexität erfolgt die Darstellung in längeren, streng gegliederten Abschnitten oder in einfachen nummerierten Schrittfolgen. Dabei wurde nicht mit Bildmaterial gespart – auch Fachbücher werden nicht immer direkt vor dem Bildschirm gelesen. Das Lesen sollte natürlich ebenfalls nicht zu kurz kommen. Das Thema ist sicher ernst, aber dennoch (hoffentlich) so dargestellt, dass ein flüssiges Lesen möglich ist. Sie können abschnittsweise lesen oder sich gezielt einzelne Kapitel herausziehen. Damit das funktioniert, wurden intensiv Querverweise gesetzt.

Für Experten: Hohes Niveau

Erwähnenswert ist ferner, dass die Form der Darstellungen stark strukturiert ist. So beginnen wir nach einer kompakten Einführung im ersten Teil mit den (nicht nur theoretischen) Grundlagen (Teil II). Den Schwerpunkt bildet Teil III mit der Beschreibung der Administration, sehr praktisch und anschaulich dargestellt. Hier gehen wir so weit, wie es in der Praxis erforderlich ist – neben den üblichen Assistenten wird auch ein Zugriff auf die Registrierung nicht ausgespart. An einigen Stellen werden Skripte eingesetzt – ein überall verfügbares und nur selten genutztes Hilfsmittel.

Auf das Wesentliche kommt es an

Windows Server 2003 hat ein sehr breites Einsatzspektrum als Serverbetriebssystem. Wir konzentrieren uns auf die häufigsten Einsatzfälle und typische Probleme. Sie erhalten vor allem für die alltägliche Arbeit weitreichende Unterstützung.

In deutscher Sprache

Zur Konzeption gehört nicht zuletzt eine klare Ausrichtung auf die deutsche Sprache, die neue Rechtschreibung in der verlagsüblichen Form und die Vermeidung englischer Worte, wo es sinnvoll und möglich ist. Manches Wort hat sich inzwischen aber unseres Erachtens fest etabliert und sollte nicht krampfhaft übersetzt werden. Diese Inkonsequenz ist also gewollt und soll nicht diskutiert werden. Wenn es dagegen um die Bezeichnung von Dialogfeldern, Schaltflächen und Systemnamen ging, war unser Leitfaden ganz klar die offizielle Notation von Microsoft. Auch wenn die eine oder andere Übersetzung eher unglücklich erscheint, erleichtert Ihnen diese Vorgehensweise das Auffinden weiterer Informationen in der Dokumentation.

1.1.2 Aufbau des Buches

Dieses Buch behandelt die Windows Server 2003 Edition *Standard* und *Enterprise*. Nicht betrachtet werden die speziellen Anwendungsfälle und Planungsaspekte für die *Datacenter Edition*. Dies würde den Rahmen dieses Bandes sprengen und wäre nur für eine kleine Gruppe von Spezialisten interessant.

Windows Server 2003 Standard und Enterprise

Wenn im Text nur von *Windows Server 2003* gesprochen wird, ist immer die *Enterprise*-Version gemeint. Diese verfügt gegenüber der einfacheren Servervariante über Erweiterungen, die explizit erwähnt werden, wenn es erforderlich ist.

Struktur

Das Buch ist in vier Teile gegliedert:

- Teil I: Einführung

  Hier werden vor allem im Überblick die wichtigsten Neuerungen gezeigt. Zur Einführung gehört auch der Ablauf der Installation mit den grundlegenden Tipps zur Einrichtung und Konfiguration.

- Teil II: Grundlagen

  Dieser Teil vermittelt theoretische Grundlagen der wichtigsten verwendeten Technologien der Windows Server 2003-Systeme.

- Teil III: Administration

  Dieser Teil erklärt alle administrativen Aspekte. In den meisten Fällen ist dies mit ausführlichen Handlungsanleitungen verbunden, die typische Aufgaben praxisnah erläutern.

- Teil IV: Anhänge

  Im letzten Teil finden Sie die Anhänge und weitere Navigationshilfen wie Glossar und Index.

Verwendete Symbole

Im Buch finden Sie viele Textteile, die als Hinweise oder Tipps besonders hervorgehoben sind. Wir wollten eine Inflation an Symbolen vermeiden – deshalb sind nur diese beiden verwendet worden:

Hinweise sind durch dieses Symbol gekennzeichnet und sollen Sie auf Besonderheiten oder Risiken aufmerksam machen. Diese Absätze sind, ebenso wie die Tipps, zusätzlich grau hinterlegt.

Tipps vermitteln Ihnen die eine oder andere Information für eine bessere oder schnellere praktische Handhabung einer bestimmten Funktion oder Administrationsaufgabe.

Schreibweise

Im Buch werden folgende Schreibweisen verwendet, um den Text besser lesbar und verständlicher zu machen:

- DIALOGFELDER UND SCHALTFLÄCHEN

  Die wörtliche Benennung von Beschriftungen von Dialogfenstern, Eingabefeldern und Schaltflächen werden, wie bei HINZUFÜGEN, in Kapitälchen gesetzt.

- `Befehle und Befehlszeilen`

  Befehle, die im laufenden Text genannt werden, wie beispielsweise `net use`, werden in nicht proportionaler Schrift gesetzt. Das Zeichen

  Befehlszeilen, die eingegeben werden können, stehen allein auf einer Zeile und sind grau hinterlegt:

  ```
  Fsutil fsinfo ...
  ```

  Ebenso werden Ausschnitte aus Konfigurationsdateien, Listings und herausgehobene Web-Adressen dargestellt:

  ```
  www.microsoft.de
  www.winxp.comzept.de
  ```

- *Hervorhebungen*

  Hervorgehobene Passagen oder Wörter im laufenden Text, denen eine besondere Bedeutung zukommen soll, werden kursiv dargestellt.

- In einigen Kapiteln werden Listings (Programm- oder Skriptcode) gezeigt. Da Codezeilen oft breiter laufen, als es die Druckseite im Buch erlaubt, wurden zur Formatierung zusätzliche Umbrüche eingefügt. Diese sind durch das Symbol ⍁ gekennzeichnet. Lesen Sie derart »zerlegte« Zeilen bitte als eine Zeile.

1.1.3   Unsere Buchreihe zu Windows

Damit Sie wissen, wie sich das vorliegende Buch in unser bisheriges Schaffen zum Thema Windows einordnet, und um natürlich auch etwas Eigenwerbung zu betreiben, finden Sie nachfolgend eine kurze Auflistung der bisher beim Carl Hanser Verlag erschienenen Bücher:

Die Buchreihe zu Windows 2000

Die dreibändige Buchreihe, die sich umfassend dem Thema Windows 2000 widmet, hat vor allem EDV-Profis im Auge und solche, die es werden wollen.

- Windows 2000 im professionellen Einsatz

Grundlagen und Strategien für den Einsatz am Arbeitsplatz und im Netzwerk

**Windows 2000
Professional**

Im Mittelpunkt der Betrachtungen steht Windows 2000 Professional. Es werden alle wesentlichen Aspekte behandelt, um das System auf leistungsfähigen Arbeitsplatz-Computern und professionellen Workstations optimal einrichten und anwenden zu können.

Die besonderen Schwerpunkte dieses Buches sind:
- Windows-Systemarchitektur
- Massenspeicherverwaltung und Dateisysteme
- Netzwerkfunktionen
- Druckfunktionen
- Systemsicherheit
- Installation, auch automatisiertes Setup
- Administrationswerkzeuge
- Lokale Benutzerverwaltung
- Nutzung der Internet-Informationsdienste
- Anpassungen der Oberfläche und integrierte Anwendungen
- Mobiler Einsatz
- Reparatur und Wiederherstellung

- Windows 2000 im Netzwerkeinsatz

Konfiguration, Administration und Integration in Unternehmensnetze

**Windows 2000
Server**

Umfassend wird das Windows 2000 Server-Betriebssystem behandelt. Besonderes Augenmerk gilt dem neuen Verzeichnisdienst Active Directory, aber auch den anderen Server-Netzwerkfunktionen bis hin zum Routing. Hinzu kommen umfassende Praxisanleitungen zur richtigen Einrichtung des Systems.

Die besonderen Schwerpunkte dieses Buches sind:
- Massenspeicherverwaltung und Dateisysteme (inkl. RAID)
- Active Directory, Planung und Einrichtung
- DNS- und DHCP-Serverfunktionen
- Routingfunktionen
- Weitere Server-Netzwerkfunktionen (auch MAC-Services)
- Druckserverfunktionen
- Softwareverteilung und Remoteinstallation
- Systemsicherheit

- Administrationswerkzeuge
- Reparatur und Wiederherstellung
- Internet Information Server 5

IIS und Windows 2000 Advanced Server

Aufbau und Bereitstellung von Webanwendungen mit Windows 2000 Advanced Server

Neben den klassischen Unix-Webservern setzen immer mehr Unternehmen, sei es für den Einsatz im Internet oder im Intranet, auf die Microsoft-Lösung auf Basis der Windows 2000 Serversysteme. Erfahren Sie alles, um einen Webserver richtig einzurichten und seine Möglichkeiten voll auszunutzen.

Die besonderen Schwerpunkte dieses Buches sind:
- Grundlagen zur Internet-Protokollfamilie
- DNS, Grundlagen und Einrichtung eines DNS-Servers
- Sicherheit von Webservern
- Optimierung und Überwachung der Systemleistung
- IIS-Verwaltungsinstrumente; Protokollierung
- ADSI-Referenzbeispiele

Die Buchreihe zu Windows XP

- Windows XP Professional

Windows XP Professional

Grundlagen und Strategien für den Einsatz am Arbeitsplatz und im Netzwerk

Im Mittelpunkt steht hier die Windows XP Professional-Version. Wie beim direkten Vorgänger *Windows 2000 im professionellen Einsatz* werden alle wichtigen Funktionen dieses Betriebssystems auf Arbeitsplatzcomputern vor allem im Unternehmensumfeld behandelt.

Die besonderen Schwerpunkte dieses Buches sind:
- Installation, auch automatisiertes Setup
- Benutzeroberfläche und ihre optimale Anpassung
- Alle wichtigen Administrationswerkzeuge, die XP Professional standardmäßig bietet
- Funktionen automatisieren mit dem Windows Scripting Host
- Professionelle Benutzerverwaltung
- Massenspeicher und Dateisysteme
- Druck- und Faxfunktionen
- Netzwerkfunktionen

- Mobiler Einsatz
- Reparatur und Wiederherstellung
- Internet-, Kommunikations- und Netzwerkfunktionen
- Multimedia-Funktionen
- Funktionen für Spiele

• Windows XP Home

Mit Windows XP Internet und Multimedia effizient **Windows XP Home**
nutzen
Das Buch soll einen umfassenden Blick hinter
die Kulissen des neuen Betriebssystems für den
privaten Anwender geben. Im Vordergrund
stehen dabei die Behandlung der wichtigen
Themen wie Installation, Einrichtung und Benutzerverwaltung sowie die Internet- und Multimedia-Funktionen.

Die besonderen Schwerpunkte dieses Buches sind:
- Installation und Einrichtung
- Umgang mit der neuen Benutzeroberfläche
- Internet- und Multimedia-Funktionen
- Peer-to-Peer-Netzwerkfunktionen
- Mobiler Einsatz
- Administrationswerkzeuge und Benutzerverwaltung
- Reparatur und Wiederherstellung
- Professionelle Datenspeicherung

Windows Server 2003 – die Fortsetzung der Server-Profireihe

Nun ist der Nachfolgeband zu Windows 2000 im Netzwerkeinsatz
erschienen. Er behandelt den Server umfassend, also einschließlich
der Internetinformationsdienste, Active Directory und aller anderen Serverfunktionen.

1.1.4 Entstehung

Dieses Buch entstand auf einer Windows XP Professional-Arbeitsstation. Als Schreib- und Satzprogramm kam Microsoft Word 2000
und teilweise bereits Word 2003 zum Einsatz. Das Aufbereiten der
Druckdaten übernahm der Adobe Acrobat Distiller – die Druckerei
wurde direkt mit einer PDF-Datei beliefert.

1.1.5 Danksagungen

Unser Dank gilt in erster Linie den Mitarbeitern des Carl Hanser Verlages, dank deren tatkräftiger Unterstützung das vorliegende Buch umgesetzt werden konnte. Honorieren möchten wir an dieser Stelle auch das Verständnis für die mehrfachen Verschiebungen des Erscheinungstermins, die zugunsten der Qualität zugelassen wurden.

Danken möchten wir wiederum ausdrücklich unseren Familien für die Geduld und Unterstützung während der Arbeit am Buch. Auch wenn wir als Profiautoren arbeiten und Bücher keine einmalige Aktion darstellen, ist dies nicht unbedingt selbstverständlich. Der enorme Funktionsumfang des Servers und der damit verbundene Aufwand für Recherche und Test führten zu einer überdurchschnittlich hohen Arbeitsbelastung.

Last but not least wie immer an dieser Stelle einen herzlichen Dank an unseren bewährten Editor Hans-Gerd Werlich aus Berlin, der eine gut verständliche Ausdrucksweise, auch bei komplizierten technischen Beschreibungen, stets im kritischen Blick behielt.

1.2 Windows Server 2003 kurz vorgestellt

Dieser Abschnitt gibt einen ersten Überblick über Funktionen und Anforderungen. Beides wird in den nachfolgenden Abschnitten vertieft.

1.2.1 Hoher Funktionsumfang

Als Universalserver besticht der Windows Server 2003 durch eine enorme Funktionspalette. Der Einsatz ist damit nicht auf einen bestimmten Zweck festgelegt. Dies hat Vorteile bei der Lizenzverwaltung und beim Aufbau homogener Strukturen, was wiederum die Verwaltung vereinfacht. Windows Server 2003 kann sowohl im Intranet als auch im Internet verwendet werden. Neben der Benutzer- und Objektverwaltung mit Active Directory stehen auch Druck- und Dateidienste zur Verfügung. Als Kommunikationsserver können die Protokolle POP3 und SMTP genutzt werden. Als Webserver sind HTTP und FTP neben WebDAV und BITS verfügbar. Sogar der Aufbau eines Streaming-Servers gelingt mit den *Media Services*[1].

---

[1] Die *Media Services* werden im vorliegenden Buch nicht behandelt.

Kaum erwähnenswert – weil inzwischen selbstverständlich – werden auch alle Basisnetzwerkdienste angeboten. Dazu gehören DNS (Nameserver) und DHCP für die Adressverteilung.

1.2.2 Hohe Hardwareanforderungen

Für einen Windows Server 2003 gibt Microsoft folgende minimale Hardwareanforderungen an:

- 133 MHz Pentium CPU
- 128 MB RAM (256 MB Minimum empfohlen)
- 1,5 GB freier Festplattenspeicher

Minimal-anforderung Server

Grundsätzlich funktioniert das. Wir haben Testsysteme installiert, die mit Webserver, SQL Server 2000, verschiedenen Erweiterungen und Active Directory versehen waren und mit den Minimalanforderungen liefen. Lediglich die Administration ließ wenig Freude aufkommen – hier waren Verzögerungen spürbar. Die Optimierung für Dienste und Hintergrundprozesse war deutlich zu bemerken.

In der Praxis sollten Sie trotzdem aufrüsten. Aktuelle Computer haben etwa folgende Ausstattung:

Praxisempfehlung für Server/Advanced Server

- 1–2 Prozessoren mit 1 bis 3,5 GHz
- 512-1 024 MB RAM (bei zwei Prozessoren mindestens 768 MB)
- 4-10 GB freier Festplattenspeicher

Damit ist das Betriebssystem durchgehend ausgesprochen flüssig bedienbar und hat kaum Probleme mit dem Antwortverhalten trotz multiplen Einsatzes.

Windows Server 2003 verfügt mit Active Directory und DFS (*Distributed File System*) über zwei Funktionen, die eine Skalierung auf Serverebene direkt unterstützen. Durch neue Managementwerkzeuge ist es relativ einfach, ein paar Dutzend kleinere Server zentral zu verwalten, ohne allen Systemen einen eigenen Bildschirm spendieren zu müssen. Im Sinne von Ausfallsicherheit und einfacherer Serverausstattung kann dieser Weg nur unterstützt werden. Wächst der Bedarf weiter, kann mit den Clusterservices und der IP-Lastverteilung der Enterprise Edition weiter aufgerüstet werden.

1.3 Einsatzmöglichkeiten

Windows Server 2003 ist ein Universalserver, der alle typischen Serveraufgaben in Unternehmensnetzwerken übernehmen kann. Primär ist sicher der Einsatz als Anwendungsserver zu erwähnen, denn hier liegen seine besonderen Stärken. Aber auch für alle anderen Aufgaben steht eine sehr hohe Leistung zur Verfügung. Dies erleichtert den Aufbau homogener Strukturen und vereinfacht die Administration.

1.3.1 Datei- und Druckdienste

Windows Server 2003 bietet viele Funktionen, die den Einsatz als Datei- und Druckserver erlauben.

Dateidienste

- Einfacher Zugriff auf Informationen:
  - Verwaltung von Freigaben im Active Directory
  - Indizierung von Dateien mit dem Indexserver
  - Verteiltes Dateisystem (DFS)
- Deutlich verbesserter Umgang mit Massenspeichern:
  - Datenträgerkontingente
  - Hierarchisches Speichermanagement
  - Dynamische Datenträger
- Verbesserte Systemleistung und erhöhte Zuverlässigkeit:
  - Schnellerer Dateizugriff
  - Verbesserte Sicherheit durch NTFS-Änderungsjournal
- Dateisicherheit:
  - Verschlüsselndes Dateisystem (EFS)
  - Integrierte Backup-Funktionen

Druckdienste

Windows war schon immer sehr stark, was die Unterstützung von Druckern betrifft. Auch die Verwaltung von Druckdiensten im Netzwerk ist mit Windows Server 2003 sehr komfortabel:

- Einfaches Bereitstellen von Druckern:
  - Verwaltung der Drucker im Active Directory
  - Erweiterte Benutzerschnittstelle und Administration
- Bessere Unterstützung von Druckprotokollen:
  - Internet Printing Protocol (IPP)
  - Neues Postscript-Drucksystem
  - Unterstützung für mehrere tausend Drucker
- Verbesserte Systemleistung:
  - Schnelleres Drucken
  - Effizienteres Warteschlangenmanagement
  - Netzwerkdruckfunktionen

1.3.2 Internet- und Intranet-Server

Windows Server 2003 hat viele Funktionen, die den Einsatz als
Server im Intranet und Internet ermöglichen. Zu den herausragen-
den Funktionen gehören:

- Robuste Webserverumgebung mit dem IIS 6.0:
  - Hohe Systemleistung
  - Multiprozessorunterstützung
  - Webgardening
  - Umfangreiche Programmieruntersützung mit ASP,
    ASP.NET, UDDI-Diensten, XML Web Services (SOAP)
- Verbesserte Verwaltung:
  - Kommandozeilen-Werkzeuge
  - Proggrammierung der XML-Metabasis
- Unterstützung neuester Standards:
  - Web Distributed Authoring and Versioning (WebDAV)
  - Authentifizierung, 128-Bit-SSL
  - HTTP 1.1, HTTP-Komprimierung

1.3.3 Applikationsserver

Windows Server 2003 ist eine ausgereifte Plattform für Applikationsserver:

- Bessere Systemleistung und Skalierbarkeit:
  - Speicherarchitektur für große Server
  - Bessere Mehrprozessorunterstützung
  - Intelligente I/O-Unterstützung (I2O)
- Höhere Verfügbarkeit:
  - Weniger Neustarts
  - Verbesserte Clusterdienste (NLB- und MSCS-Cluster)
- Verbessertes Management für Rechenzentren:
  - Terminaldienste für die Remote-Administration
  - Telnet-Serverdienste
  - Scripting aller Systemfunktionen
  - Kommandozeilentools für alle Systemfunktionen
- Unterstützung verteilter Applikationen
  - Komponenten- und Transaktions-Dienste
  - Nachrichtendienste für Applikationen (Message Queue Ser-
    vices)
  - Streaming Media-Server zur Mediaverteilung

1.3.4 Infrastrukturserver

Mit Windows Server 2003 wird Windows in neuen Geschäftsfeldern platziert. Dazu gehören auch Infrastrukturserver. Diese zeichnen sich durch folgende Funktionen aus:

- Physische Verteilung der Daten bei logischer Zentralisierung:
  - Active Directory
  - Softwareverteilung mit IntelliMirror
  - Gruppenrichtlinien als einheitliches Steuerungssystem
  - Scripting aller Funktionen
- Erweiterte Sicherheitsfunktionen:
  - Authentifizierung über Kerberos
  - Ausstellung öffentlicher Schlüssel (PKI – Public Key Infrastructure)
  - Aufbau eines kompletten Zertifizierungsdienstes
  - Unterstützung für Smartcards
- Dienstekontrolle
  - Jobobjekte
  - Clusterkontrolle

1.3.5 Kommunikationsserver

Der Fokus Kommunikationsserver ist in Windows Server 2003 weiter verbessert worden. Dazu gehören vielfältige Netzwerk- und Sicherheitsfunktionen:

- Richtlinien im Netzwerk:
  - Richtlinien für die Verwaltung der Clients
  - Komplette Verwaltung des Netzwerks über einen Verzeichnisdienst
  - Sicherung der Dienstverfügbarkeit (Quality of Service)
- Netzwerksicherheit:
  - Verschlüsseltes IP (IPSec), auch über L2TP im Bereich von WAN-Verbindungen bedeutsam
  - Integrierte erweiterte Firewall-Funktionen
  - Verbesserte Funktionen für virtuelle private Netzwerke
- Umfangreiche Kommunikationsdienste:
  - Integrierte Routingfunktionen
  - Netzwerkadressübersetzung (inkl. Internetrouterfunktion)
  - Dynamisches DNS
  - ATM und Gigabit-Ethernet
  - Telefoniedienste (TAPI)

1.4 Die Windows Server 2003-Editionen

Die folgende Tabelle zeigt die Edition im Überblick, in denen
Windows Server 2003 verfügbar ist

1.4.1 Namen und Einsatzzwecke

Die folgende Tabelle zeigt alle wesentlichen Funktionen und deren
Verfügbarkeit in den verschiedenen Editionen:

- Standard Edition (SE)

  Diese Version eignet sich für kleine und mittelständische Unternehmen und sowie für spezielle Aufgaben im Verbund mit
  anderen Servern. Der Einsatz als Datei-, Druck-, Infrastruktur-,
  Web-, Terminal- und Applikations-Server ist optimal möglich.

- Enterprise Edition (EN)

  Mittelständischee und große Unternehmen verfügen mit der
  Enterprise Edition über einen leistungsfähigen Server, der alle
  Funktionen aus dem Windows Server 2003-Portfolio bietet.
  Auch bei Hardwaredefekten oder Wartungsarbeiten tritt kein
  Systemstillstand ein, denn Servercluster sorgen für Hochver-
  fügbarkeit bei unternehmenswichtigen Anwendungen (E-Mail-,
  Datenbank- und E-Business-Anwendungen) und Netzwerk-
  diensten (Datei- und Druckdiensten).

- Datacenter Edition (DC)

  Diese Version bietet ein Höchstmaß an Skalierbarkeit, Verfügbarkeit und Zuverlässigkeit. Für maximale Leistung und Verfügbarkeit steht die Datacenter Edition im Rahmen des
  »Windows Datacenter Programms«. So gelangen Unternehmen
  selbst bei starken Belastungen, großen Datenbeständen und äußerst hohem Transaktionsaufkommen in den Genuss hervorra-
  gender Performance, ohne Warte- oder Ausfallzeiten befürchten zu müssen.

- Webserver Edition (WS)

  Diese besonders kostengünstige Version erlaubt den Aufbau
  leistungsfähiger Webserver. Sie verzichtet auf einige Features,
  die in derartigen Umgebungen nicht benötigt werden. Das Produkt wird nur als Systembuilder-Variante Herstellern von
  Webservern angeboten. Es findet im vorliegenden Buch keine
  explizite Berücksichtigung.

Servermerkmale

Die folgende Tabelle zeigt, welche grundlegenden Servermerkmale
von welcher Edition unterstützt werden:

Servermerkmale	WS	SE	EN	DC
Anzahl 32Bit-Prozessoren	2	4	8	32
Anzahl 64Bit-Prozessoren	✗	✗	8	64
RAM bei 32Bit	2 GB	4 GB	32 GB	64 GB
RAM bei 64Bit	✗	✗	64 GB	512 GB
Filesharing (SMB-Verbdg.)	10	∞	∞	∞
Printserver-Funktion	✗	✓	✓	✓
Domänencontroller	✗	✓	✓	✓
Terminaldienste-Applikationsmodus	✗	✓	✓	✓
Terminaldienste-Verwaltungsmodus	✓	✓	✓	✓
Terminaldienste-Sitzungsverzeichnis	✗	✗	✓	✓
Failover-Cluster-Knoten	✗	✗	8	8
UDDI	✗	Lokal	✓	✓
Windows Media Server	✗	Basis	Enterpr	Enterpr
VPN-Verbindungen	1	< 1 000	∞	∞
Internet Authentication Service	✗	< 50	✓	✓
Zertifikatdienste	✗	Win 2000	✓	✓
Windows System Resource Manager	✗	✗	✓	✓

Hardwaremindestanforderungen

Die Mindestanforderungen sind erforderlich, um das System erfolgreich installieren zu können. Dies bedeutet nicht, dass eine derart minimierte Variante wirklich praxistauglich ist.

Eine Orientierung an den unterstützten Maximalgrenzen ist hilfreich bei der Auswahl der Hardware. Unverändert gilt: viel hilft viel.

Parameter	WS	SE	EN	DC	
CPU 32 Bit in MHz min.	133	133	133	400	*Tabelle 1.2:*
CPU 64 Bit in MHz min.	×	×	×	733	*Hardwaremindest-* *anforderungen*
CPU MHz Empfohlen	500	500	733	733	
Minimum RAM	128 MB	128 MB	128 MB	512 MB	
Empfohlene min. RAM	256 MB	256 MB	256 MB	1 GB	
Maximum RAM 32 Bit	2 GB	4 GB	32 GB	64 GB	
Maximum RAM 64 Bit	×	×	64 GB	512 GB	
Minimum CPU	1	1	1	8	
Maximum CPU 32 Bit	2	4	8	32	
Maximum CPU 64 Bit	×	×	8	64	
Festplattenspeicher 32 Bit	1,5 GB	1,5 GB	1,5 GB	1,5 GB	
Festplattenspeicher 64 Bit	×	×	2,0 GB	2,0 GB	

Eine umfassende Liste von Serverfunktionen und einen Vergleich der einzelnen Editionen aus dieser Sicht finden Sie im Internet unter folgender Adresse (in einer Zeile):

```
www.microsoft.com/windowsserver2003/evaluation/features ↵
/compareeditions.mspx
```

1.4.2 Die fünf Kerntechnologien

Die folgenden fünf Kerntechnologien zeichnen Windows Server 2003-Serversysteme aus:

- Active Directory (AD)   **Verzeichnisdienst**
  Leistungsfähiger, kompatibler, besser administrierbar. Die neue Version ist ein kleines aber wichtiges Update.
- Zentrale Administration mit der Microsoft Managementkonsole   **Management** (MMC)
  Mehr Konsolen, bessere Bedienbarkeit und Systemintegration zeichnen die Managementkonsolen aus.
- Softwareverteilung   **Softwareverteilung**
  Softwareverteilung, Remote Installation und Unterstützung für Benutzer von Notebooks sind nur einige Stichworte. Die Verwaltung kann weiter zentralisiert werden, obwohl nach wie vor »Fat-Clients« eingesetzt werden.

Sicherheit

- Hohe Sicherheit

  Windows Server 2003 bietet ein geschlossenes und vollständiges Sicherheitskonzept, in das auch alle anderen Technologien eingebunden sind. Zu den Hauptfunktionen gehören unter anderem der erweiterte Editor für Sicherheitseinstellungen, Kerberos, Schlüsselserver, IPSec und EFS.

  Systemdienste, die in früheren Versionen offen waren, sind nun standardmäßig gesperrt und müssen explizit freigegeben werden.

Verteilte Anwendungen

- Unterstützung verteilter Anwendungen

  Vor allem für Entwickler interessant dürften die Möglichkeiten sein, die Windows Server 2003 für das Erstellen verteilter Anwendungen bietet. Das .NET-Framework gehört zum Lieferumfang (Version 1.1), ebenso wie ASP.NET für die Webprogrammierung, UDDI und XML Webservices.

Andere wichtige technische Merkmale sind das neue DFS (*Distributed File System*) sowie die Nachrichtendienste (*Message Queuing Services*).

2

Installation

In diesem Kapitel finden Sie grundlegende Informationen zur Installation und Produktaktivierung. Behandelt werden die Schrittfolge und die notwendigen Einstellungen, soweit sie nicht ohnehin fest vorgegeben oder trivial sind.

Inhaltsübersicht Kapitel 2

2.1 Vorüberlegungen

Bevor Sie das erste Mal ein Windows Server 2003-System installieren, sollten Sie die in diesem und den nächsten Abschnitten dargelegten Ausführungen lesen und in Ihre Planung mit einbeziehen. Wir haben mittlerweile eine Reihe von unterschiedlichsten Installationen durchgeführt und möchten hier die dabei gemachten Erfahrungen weitervermitteln.

2.1.1 Einsetzbare Hardware

Die von Microsoft angegebenen Mindest-Hardwarevoraussetzungen (siehe Abschnitt 1.2.2 *Hohe Hardwareanforderungen* auf Seite 37) geben nur die Eckwerte an, mit denen ein Windows Server 2003-System überhaupt zum Laufen kommt.

Der Windows Server Catalog

Das primäre Interesse von Microsoft ist natürlich die möglichst breite Unterstützung der am Markt verfügbaren Hardware-Komponenten.

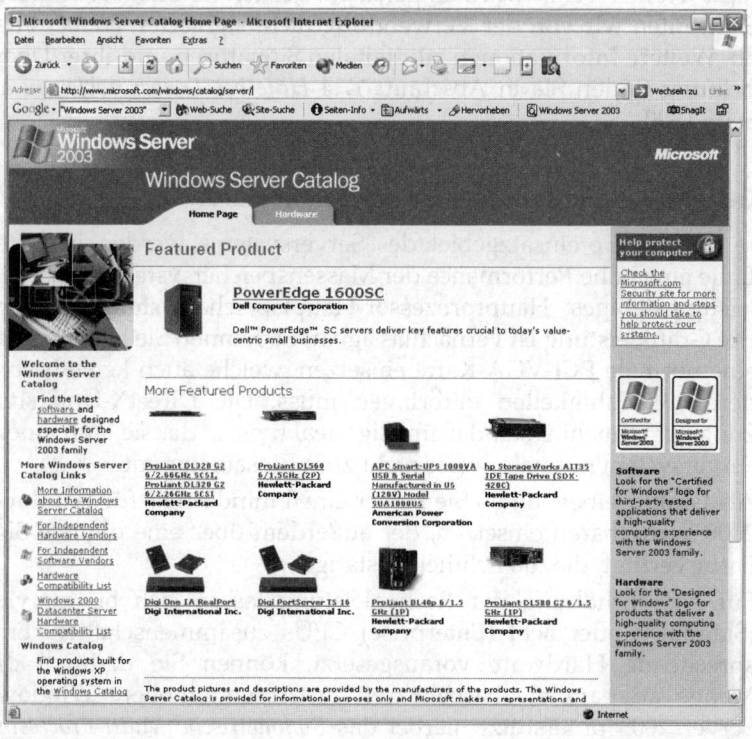

Abbildung 2.1:
Windows Server
Catalog

Bis Windows 2000 gab es die so genannte *Hardware-Kompatibilitäts-liste* (HCL). Mit dem Erscheinen von Windows XP hat sich dies geändert. Die Sicherung der Kompatibilität erfolgt nun für XP und Server 2003 über zwei Zertifizierungsprogramme, nach deren Absolvierung die Aufnahme in den Windows Server Catalog erfolgt:

Windows Catalog im Internet

`www.microsoft.com/windows/catalog/server/`

Hier können Sie nach allen wesentlichen Produktgruppen suchen und bekommen zuverlässige Informationen, für welche konkreten Geräte Microsoft ein zuverlässiges Arbeiten unter Windows Server 2003 zusagt.

Digitale Signaturen

Garantie für problemlose Treiber

Microsoft hat bei seinen Betriebssystemen mit Windows 2000 erstmals *Digitale Signaturen* von Treibern eingeführt. Bei der Installation eines Treibers wird dies geprüft und im Falle einer nicht vorhandenen oder ungültigen Signatur eine entsprechende Warnmeldung ausgegeben. Die Signaturen selbst sind durch digitale Zertifikate geschützt und können auf keinen Fall ohne weiteres gefälscht werden.

Die in den vergangenen Jahren gemachten Erfahrungen haben immer wieder gezeigt, dass für Instabilitäten in erster Linie fehlerhafte Treiber verantwortlich gemacht werden konnten. Aus dieser Sicht raten wir von der Verwendung nicht signierter Treiber eher ab. Weitere Informationen zu digitalen Signaturen und ihrer Überprüfung finden Sie in Abschnitt 17.4 *Hilfe bei Treiberproblemen* ab Seite 1300.

Generelle Anforderungen an die Server-Hardware

Massenspeicher und Verarbeitungsleistung

Je nach Haupteinsatzgebiet des Serversystems werden in erster Linie eine hohe Performance der Massenspeichersysteme sowie ein leistungsfähiges Hauptprozessor-Hauptspeichersystem benötigt. Die Grafikleistung ist vernachlässigbar. So können Sie bedenkenlos eine normale PCI-VGA-Karte einsetzen, welche auch keine besonderen 3D-Fähigkeiten mitbringen muss. Die DirectX-Unterstützung ist ohnehin standardmäßig deaktiviert, da sie auf einem Serversystem normalerweise nicht zum Einsatz kommt.

Als Grafiktreiber sollten Sie besser einen mindestens für Windows 2000 verfügbaren einsetzen, der außerdem über eine digitale Signatur verfügt, die die Echtheit bestätigt.

Symmetrisches Multi-Processing

Für eine Erhöhung der Rechenleistung lassen sich bis zu vier (Standard) oder acht (Enterprise) CPUs zusammenschalten. Entsprechende Hardware vorausgesetzt, können Sie dadurch die Menge an parallel abarbeitbaren Prozessen erhöhen. Windows Server 2003 unterstützt hierbei das *Symmetrische Multi-Processing*

(SMP), bei dem nur identische CPUs mit der gleichen Taktfrequenz einsetzbar sind.

Neben der reinen Rechenleistung sind natürlich auch die Größe **Hauptspeicher** und Performance des Hauptspeichers von entscheidender Bedeutung. Hier gilt ausnahmsweise der Spruch: Viel hilft viel. Je weniger vom kostbaren RAM zur Verfügung steht, umso mehr wird die (viel langsamere) Auslagerungsdatei bemüht.

Ein leistungsfähiges Massenspeichersystem für größere Serversysteme wird heute immer noch mit speziellen Hardware-RAID-Lösungen von Drittherstellern realisiert. Diese verlangen in der Regel eine Ansteuerung über einen SCSI-Controller und können dem Betriebssystem wie eine einzige große Festplatte erscheinen. Die Einrichtung dieser Systeme wird dann auch weniger über die Windows Server 2003-eigenen Tools als vielmehr über Herstellerspezifische Software erfolgen. **Massenspeichersystem**

Windows Server 2003 unterstützt für den Aufbau kleinerer Systeme auch selbst die wichtigsten Technologien, damit Sie eine optimale Performance in diesem Bereich erreichen können. So lassen sich SCSI-Systeme ebenso einsetzen wie Ultra-ATA-Geräte, welche bei der Ansteuerung weniger Festplatten den SCSI-Geräten nicht unbedingt unterlegen sein müssen. Für eine Erhöhung der Performance können Sie mehrere Festplatten zusammmenfassen oder mit gespiegelten Datenträgern für eine hohe Fehlertoleranz sorgen.

2.1.2   Zum Vorgehen bei einer Neuinstallation

Windows Server 2003 stellt ein sehr leistungsfähiges und flexibel einsetzbares Netzwerkbetriebssystem dar. Um die volle gebotene Leistung auszuschöpfen, sollte allerdings der Planung der Installation besondere Aufmerksamkeit gewidmet werden. Die wichtigsten Aspekte, die bei der Erstinstallation eines Windows Server 2003-Systems zu beachten sind, werden in diesem Abschnitt dargelegt.

Herstellerspezifischer HAL (Hardware Abstraction Layer)

Verwenden Sie Hardware eines Herstellers, für die ein spezieller HAL benötigt wird, vergewissern Sie sich, dass diese voll kompatibel mit Windows Server 2003 ist. Während der Installation sollten Sie die Installationsdateien des HALs auf einer Diskette bereithalten.

Einteilung der Festplatten

Die Partitionierung der eingesetzten Festplatten sollte vor der Installation genau geplant werden, da sonst mögliche Leistungsreserven verschenkt werden. Alle relevanten Grundlagen zu Datenträgern[2] finden Sie dazu in Kapitel 3 ab Seite 73.

Position der Auslagerungsdatei

In erster Linie sollte ein Serversystem insbesondere dann, wenn viele Prozesse gleichzeitig laufen sollen, über ausreichend Hauptspeicher verfügen. Trotzdem sollte der Auslagerungsdatei Aufmerksamkeit geschenkt werden. Die beste Performance erreichen Sie, wenn Sie diese auf der schnellsten Festplatte im System beziehungsweise im Bereich der höchsten Performance der Platte anlegen. Dieser Bereich befindet sich in der Regel am physischen Anfang einer Festplatte. So kann es sich lohnen, für die Auslagerungsdatei eine eigene Partition am Beginn einer Festplatte einzurichten. Eine Größe von ein bis zwei GB sollte dabei für die meisten Fälle ausreichen. Eine empfohlene Einteilung einer Serverfestplatte ist in nachfolgender Abbildung dargestellt.

Abbildung 2.2:
Mögliche Einteilung
einer Serverfestplatte

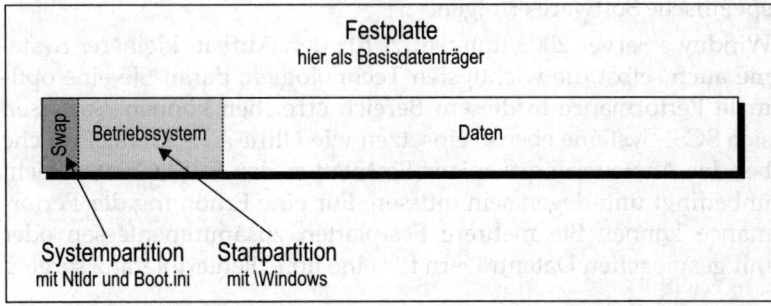

Einrichtung von gespiegelten Datenträgern

Sie können Volumes auf dynamischen Datenträgern auf einer weiteren Festplatte spiegeln, um eine höhere Ausfallsicherheit zu erreichen. Das betrifft insbesondere auch die System- und Startvolumes von Windows Server 2003. Weitergehende Hinweise dazu finden Sie in Abschnitt 3.4.2 *Gespiegeltes Volume* ab Seite 109. Eine Spiegelung von Volumes können Sie erst nach vollständiger Installation von Windows Server 2003 und der Umwandlung der betreffenden Festplatte in einen Dynamischen Datenträger einrichten. Allerdings ist es nicht ratsam, die Auslagerungsdatei auf einem gespiegelten Datenträger zu führen. Damit wird die Performance beim Schreiben in diese Datei nur gemindert.

Ein Vorgehen mit einer eigenen kleinen Partition für die Auslagerungsdatei am Beginn der System- und Bootfestplatte macht hier kaum Sinn. Diese abgeteilte Systempartition (wie in Abbildung 2.2) sollte unbedingt mit gespiegelt werden, da sonst kein Start des Betriebssystems mehr möglich ist, wenn die ursprünglich erste Festplatte (hier mit *Festplatte 1* bezeichnet) einmal ausfallen sollte. Besser ist es, wenn Sie für die Auslagerungsdatei eine dritte Festplatte einsetzen.

---

[2] Mit *Datenträger* werden bei Microsoft *physische Festplatten* bezeichnet.

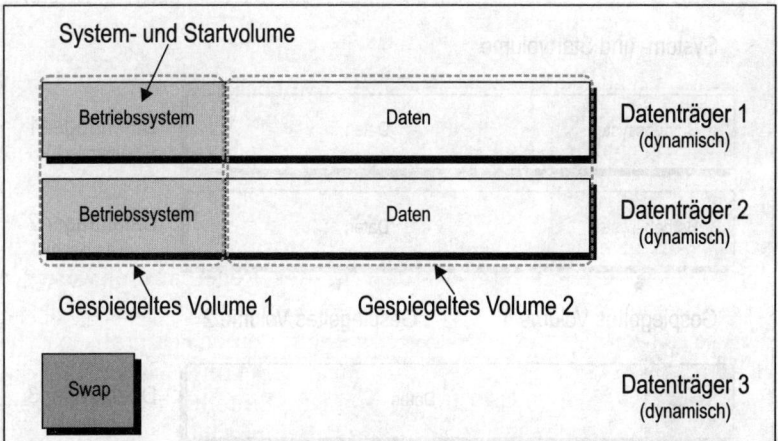

Diese dritte Festplatte (»Swap«) muss nicht sehr groß sein, sollte aber eine hohe Performance aufweisen.

Sie erreichen eine hohe Performance auch mit kleineren oder älteren Festplatten, indem Sie zwei oder mehr dieser Platten zu einem Stripesetvolume (siehe auch Abschnitt 3.3.4 *Stripeset* ab Seite 101) zusammenfassen.

Damit wäre aber auch eine Konfiguration vorstellbar, wo der Datenträger, der die Auslagerungsdatei enthält, als Stripesetvolume eingerichtet wird und Teil zweier weiterer Festplatten ist, welche einen oder mehrere gespiegelte Volumes enthalten (siehe Abbildung 2.4). Hier wird eine optimale Performance erzielt, da sich zusätzlich Betriebssystem und Auslagerungsdatei auf verschiedenen physischen Datenträgern befinden.

Diese Konfigurationsvorschläge sind natürlich kein Dogma, nach dem immer genau so verfahren werden müsste. Sie sollen nur deutlich machen, dass eine vorhergehende gründliche Planung der Festplattenkonfiguration ratsam ist, um eine optimale Performance und maximale Ausnutzung der mit Windows Server 2003 gebotenen Möglichkeiten zu erreichen. Gerade das nachträgliche Ändern an der Festplattenkonfiguration eines laufenden Servers, insbesondere die Einteilung der System- und Startdatenträger, ist in der Praxis kaum noch möglich. Deshalb sollte dies von Beginn an richtig gemacht werden.

Abbildung 2.4:
Performance- und
sicherheitsorientierte
Konfiguration

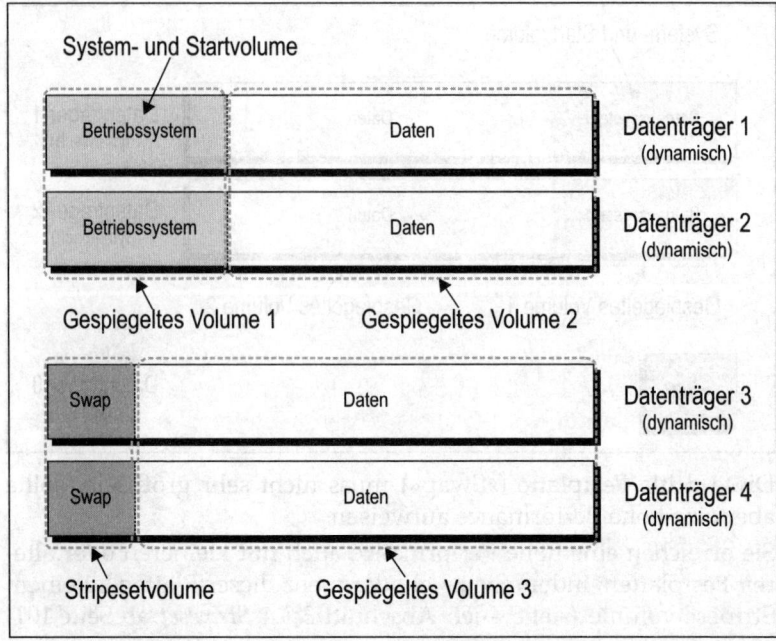

Abbildung 2.4:
Performance- und
sicherheitsorientierte
Konfiguration

RAID 5-Volume

Auf die Einrichtung eines RAID 5-Volumes wird an dieser Stelle nicht eingegangen. Eine reine Softwarelösung unter Windows Server 2003 erscheint aus unserer Sicht wenig effizient. Die Performance insbesondere beim Schreiben von Daten ist dedizierten Hardwarelösungen deutlich unterlegen. Weitere Hinweise finden Sie zu diesem Thema in Abschnitt 3.4.3 *RAID 5-Volume* ab Seite 111.

Mögliche Installationsverfahren

Bootfähiges CD-Laufwerk

Windows Server 2003 lässt sich auf verschiedene Art und Weise auf einem Computersystem installieren. Wenn davon ausgegangen wird, dass Sie der Empfehlung folgen und nur Serverhardware einsetzen, welche ausdrücklich vom Hersteller für den Einsatz unter Windows Server 2003 empfohlen wird, sollte eine problemlose Installation von CD kein Thema sein. Voraussetzung ist dabei nur, dass vom CD-Laufwerk gebootet wird und sich die Server-CD 1 darin befindet. Die weiteren Installationsschritte werden in Abschnitt 2.2 *Durchführen* ab Seite 54 behandelt.

Weitere Möglichkeiten:

Deneben gibt es aber noch weitere Möglichkeiten, Windows Server 2003 Server zu installieren:

WINNT.EXE und WINNT32.EXE

- Installation über das Netzwerk

  Dabei wird das Installationsverzeichnis \I386 von der CD 1 einfach im Netzwerk bereitgestellt. Sie müssen nur dafür sorgen, dass eine Netzwerkverbindung vom Serversystem dahin aufgebaut wird. Aus einer 16 Bit-Umgebung rufen Sie dann in diesem Verzeichnis das Programm WINNT.EXE auf. In einer 32 Bit-Umgebung starten Sie hingegen WINNT32.EXE.

- Lokales Kopieren des Installationsverzeichnisses

  Ebenso wie über das Netzwerk können Sie das Installationsverzeichnis \I386 lokal auf eine der Serverfestplatten kopieren. Starten Sie dann WINNT.EXE beziehungsweise WINNT32.EXE.

Für die Installation über einen Aufruf von WINNT.EXE oder WINNT32.EXE steht eine Reihe von Kommandozeilen-Optionen zur Verfügung. Sie finden weitergehende Informationen dazu in Abschnitt 2.2.4 *Kommandozeilen-Parameter des SETUPS* ab Seite 56.

Kommandozeilen-Optionen

Windows Server 2003 sieht auch die Möglichkeit einer automatisierten Installation vor. Dabei werden Antwortdateien mit den entsprechenden Parametern erstellt, welche dann ein unbeaufsichtigtes Setup ermöglichen. Alle Eingaben, die ein Administrator vornehmen könnte, sind in den Antwortdateien bereits enthalten. Da die gleichzeitige Installation von einigen Dutzend Servern aber eher die Ausnahme ist, wird auf eine Darstellung dieser Funktionen hier verzichtet. In unseren Büchern *Windows 2000 im professionellen Einsatz* und *Windows XP Professional* finden Sie dazu weitergehende Informationen.

Automatisierte Installation

Die clientseitige automatisierte Installation von Betriebssystemen und Anwendungsprogrammen wird in Abschnitt 8.4 *Remoteinstallationsdienste* ab Seite 472 behandelt.

Auswahl der Komponenten bei der Installation

Ein Windows Server 2003-System kann aus verschiedenen Software-Komponenten zusammengesetzt werden und damit unterschiedlichste Anforderungen und Funktionsbereiche abdecken. Damit ergeben sich auch vielfältige Installationsmöglichkeiten. Sie können natürlich bei der Erstinstallation eines Systems geich alle Komponenten individuell zusammenstellen und damit am Ende eine (fast) fertige Endkonfiguration erhalten.

Dieses Verfahren empfehlen wir jedoch nicht. Bei einer Erstinstallation hat es sich in der Praxis als besser erwiesen, zunächst eine Standardinstallation, natürlich mit der richtigen Einteilung der System- und Bootfestplatte sowie des richtigen HALs, vorzunehmen. Erst wenn das System steht und stabil läuft, sollten Sie die weiteren Komponenten wie beispielsweise DHCP-Server oder die RRAS-Dienste installieren und konfigurieren.

Empfohlen: Standardinstallation und nachträglich Komponenten hinzufügen

2.2   Durchführen der Erstinstallation

In diesem Abschnitt werden überblicksweise die wichtigsten
Schritte bei einer Standard-Installation von Windows Server 2003
beschrieben (siehe auch Abschnitt *Auswahl der Komponenten bei der
Installation* ab Seite 53). Alle Aspekte von Upgrades oder speziellen
Installationsprozeduren, die Hard- und Software von Drittherstellern mit umfassen, würden den Rahmen dieses Buches bei Weitem
sprengen.

2.2.1   Checkliste vor der Installation

Bevor Sie eine Installation von Windows Server 2003 vornehmen,
sollten Sie die folgenden Punkte überprüfen:

Kompatibilität von Anwendungen überprüfen

Wichtig bei Upgrade   Haben Sie ein Upgrade eines NT 4-Serversystems vor, sollten Sie
zunächst unter NT 4 die installierten Anwendungen auf Kompati-
bilität mit Windows Server 2003 überprüfen. Insbesondere ältere
Datensicherungslösungen von Drittherstellern könnten beispielsweise nach dem Upgrade Probleme verursachen oder einfach nicht
mehr korrekt arbeiten. Informieren Sie sich zu Kompatibilität und
gegebenenfalls neuen verfügbaren Informationen bei den entsprechenden Herstellern.

Windows Server 2003 bietet ein eigenes Tools für die Überprüfung
von Anwendungen an. Dieses rufen Sie mit WINNT32.EXE
/CHECKUPGRADEONLY AUF. Das Windows Server 2003-Setup führt
eine generelle Überprüfung auf Kompatibilität Ihres Systems für
ein Upgrade durch. Das Ergebnis finden Sie im Installationsordner
in der Datei WINNT32.LOG.

Deaktivieren der Spiegelung von Datenträgern

Soll ein Upgrade von einem Windows NT-System durchgeführt
werden, bei dem Spiegelsätze eingerichtet sind, sollten diese Spiegelungen entfernt werden. Zwingend erforderlich ist dies vor allem bei System- und Startdatenträgern. Sie können Spiegelungen
nach erfolgreicher Installation jederzeit wieder einrichten und
profitieren dann von den neuen Möglichkeiten der Massenspeicherverwaltung von Windows Server 2003 (siehe auch Abschnitt
3.4 *Fehlertolerante Datenspeicherung* ab Seite 106).

Trennen einer angeschlossenen USV

Trennen Sie eine eventuell angeschlossene Unterbrechungsfreie Stromversorgung (USV) vom zu installierenden Computersystem, wenn diese über den seriellen Port kommuniziert. Das Setup untersucht standardmäßig bei der Installation alle seriellen Ports und könnte beim Vorfinden anderer Geräte als »Mäuse« durcheinander kommen. Nach der Installation können Sie die Verbindung zur USV wiederherstellen.

2.2.2   Grundsätzliche Installationsschritte

Das Setup für Windows Server 2003 besteht aus einem textorientierten und einem grafischen Teil. Nach dem Start des Setups beim Booten von CD oder der ersten Installations-Diskette (siehe auch Abschnitt *Mögliche Installationsverfahren* ab Seite 52) wird ein textorientiertes »Mini-Windows Server 2003« geladen. In den folgenden Dialogfenstern können Sie dann folgende Aufgaben ausführen:

- Laden einer HAL-Datei eines Drittherstellers   **Textorientierter Teil**
- Laden zusätzlicher Massenspeicher-Treiber (beispielsweise für eine Hardware-RAID-Lösung)
- Auswahl und Einrichtung (Partitionierung und Formatierung) des Windows Server 2003-Startvolumes

Im dann folgenden grafischen Teil können Sie weitere Einstellungen vornehmen:

- Festlegung von Gebietsschema und Tastaturlayout   **Grafischer Teil**
- Benutzerinformationen (»Besitzer« des Servers)
- Lizensierungsmodus (pro Server oder pro Arbeitsplatz)
- Servername und Administratorkennwort
- Auswahl weiterer zu installierender Komponenten

  Bei einer Erstinstallation eines Serversystems empfiehlt es sich, nur die Standardeinstellungen zu übernehmen und ein stabil laufendes Serversystem zu erreichen. Danach können Sie problemlos alle weiteren Komponenten über das Windows Server 2003-Setup (zu finden unter START | SYSTEMSTEUERUNG | SOFTWARE) oder über den *Serverkonfigurations-Assistenten*, welchen Sie in START | PROGRAMME | VERWALTUNG finden, nachinstallieren.
- Datum und Uhrzeit einstellen
- Netzwerkeinstellungen

Windows Server 2003 erlaubt auch eine automatisiert ablaufende Installation unter Verwendung von Antwortdateien.

2.2.3 Installation von HAL und Massenspeichertreibern

Gleich zu Beginn des Setups erscheint am unteren Bildschirmrand die Meldung, dass Sie über F6 SCSI-Treiber eines Drittherstellers installieren können. Während der kurzen Dauer dieser Meldung können Sie zwei Installationsvorgänge vornehmen:

Funktionstaste F5

- Installation einer herstellerspezifischen HAL-Datei

  Windows Server 2003 lässt, beispielsweise zur Unterstützung spezieller Mehrprozessorsysteme, den Einsatz von HALs (*Hardware Abstraction Layer*) von Drittherstellern zu. Halten Sie die Diskette des Herstellers mit der entsprechenden HAL-Datei bereit. Nach Druck auf F5 (statt F6) werden Sie zum Einlegen der Diskette aufgefordert. Nach dem Kopieren der HAL-Datei wird diese dann geladen und Windows Server 2003 arbeitet ab sofort damit weiter.

Funktionstaste F6

- Installation herstellerspezifischer Treiber für Massenspeicher

  Soll die Installation von Windows Server 2003 auf spezieller Massenspeicher-Hardware durchgeführt werden, für die kein Windows Server 2003-eigener Treiber im Lieferumfang enthalten ist (beispielsweise für Hardware-RAID-Lösungen), benötigen Sie den Treiber des entsprechenden Drittherstellers, damit das Setup-Programm überhaupt auf diese Datenträger zugreifen kann. Über Druck auf die Funktionstaste F6 werden Sie dann aufgefordert, die Diskette mit dem Treiber einzulegen. Setup kopiert und lädt dann diesen Treiber.

2.2.4 Kommandozeilen-Parameter des Setups

Die beiden folgenden Tabellen enthalten die wichtigsten Kommandozeilen-Optionen, die Sie im Zusammenhang mit der Installation über WINNT.EXE beziehungsweise WINNT32.EXE benötigen könnten. Winnt32 erlaubt die Installation von Windows Server 2003 über die Eingabeaufforderung eines bereits installierten Windows 95, 98, Me, NT, XP oder 2000. Bei NT 4 ist mindestens Service Pack 5 erforderlich. Der Start kann von der Eingabeaufforderung aus erfolgen.

Tabelle 2.1: Optionen für WINNT.EXE

Option	Bedeutung
/e:\<befehl>	Führt den angegebenen Befehl nach Ende des grafischen Teils des Setups aus. Sie können auch eine Textdatei angeben, die mehrere Befehle hintereinander enthält, beispielsweise /e:befehle.txt

Option	Bedeutung
`/r:<verzeichnis>`	Sie können ein Verzeichnis angeben, in welchem Sie weitere für die Installation benötigte Dateien wie spezielle Treiber, hinterlegt haben. Diese Option kann mehrfach angegeben werden. Nach der Installation bleiben diese Verzeichnisse im Stammverzeichnis erhalten.
`/rx:<verzeichnis>`	Entspricht exakt der Option /r:, nur dass am Ende der Installation die angegebenen Verzeichnisse gelöscht werden.
`/s:<pfad>`	Sie können die Position des Installationsordners \I386 explizit angeben. Der Pfad muss vollständig angegeben werden, beispielsweise C:\INSTALL\I386 und kann sich auch auf Netzwerkfreigaben beziehen, wie \\DISTSERV\INSTALL\I386.
`/t:<laufwerk>`	Geben Sie explizit ein Laufwerk zur Speicherung temporärer Dateien durch das Setup an, wenn Sie die standardmäßige Verwendung der Bootpartition oder die automatische Suche nach einem ausreichend großen Datenträger durch das Setup-Programm umgehen wollen. Haben Sie mehrere physische Festplatten in Ihrem System, empfiehlt sich die Angabe einer zur Bootpartition alternativen Partition auf einer anderen physischen Festplatte. Insbesondere bei SCSI-Systemen erreichen Sie dann ein schnelleres Setup.
`/u:<antwortdatei>`	Geben Sie eine Textdatei an, welche die Antwort-Konfiguration für ein unbeaufsichtigtes Setup enthält. Diese Option erfordert auch die Angabe der Option /s.
`/udf:<id>[,<udfdatei>]`	Mit dieser Option können Sie die unter /u angegebene Antwortdatei für benutzerspezifische Anpassungen während des Setups ändern. Geben Sie keine UDF-Datei an, verlangt das Setup während der Installation nach einer Diskette, auf der sich die Datei $UNIQUE$.UDB befindet.

Die Kommandozeilen-Optionen von WINNT32.EXE entsprechen in großen Teilen den oben beschriebenen von WINNT.EXE. Zusätzlich haben Sie Optionen, die Sie für ein Upgrade verwenden können.

Tabelle 2.2:
Optionen für
WINNT32.EXE

Option	Bedeutung
/checkupgradeonly	Setup führt nur eine Überprüfung auf Kompatibilität Ihres Systems für ein Upgrade durch. Das Ergebnis finden Sie im Installationsordner in der Datei WINNT32.LOG.
/cmd:<befehl>	Führt den angegebenen Befehl nach Ende des grafischen Teil des Setups aus. Sie können auch eine Textdatei angeben, die mehrere Befehle hintereinander enthält, beispielsweise: /e:befehle.txt
/cmdcons	Fügt dem Startmenü in der Datei BOOT.INI einen Eintrag für den Start der Wiederherstellungskonsole hinzu (siehe auch Abschnitt 3.2.5 *Die Datei Boot.ini* ab Seite 88).
/copydir:<verz.>	Sie können ein Verzeichnis angeben, in welchem Sie weitere für die Installation benötigte Dateien, beispielsweise spezielle Treiber, hinterlegt haben. Diese Option kann auch mehrfach angegeben werden, um mehr als ein Verzeichnis anzugeben. Nach der Installation bleiben diese Verzeichnisse im Windows-Stammverzeichnis erhalten.
/copysource:<verz.>	Entspricht exakt der Option /copydir:, nur dass am Ende der Installation die angegebenen Verzeichnisse gelöscht werden.
/debug<level>:<logd>	Erstellt während der Installation ein Protokoll in der Datei <logd> mit dem angegebenen Level. Die möglichen Level sind: 0 – Schwere Fehler 1 - Fehler 2 - Warnungen

Option	Bedeutung
	3 - Informationen 4 - Detaillierte Informationen Beispiel: /debug3:C:\INSTALL.LOG
/m:<pfad>	Sie können einen alternativen Ordner für die Installationsdateien angeben. Dort sucht Setup nach seinen Dateien zuerst dort, dann im Ursprungsverzeichnis \I386. Damit können Sie beispielsweise im unter /m angegebenen Verzeichnis Dateien des aktuellen Service Packs ablegen, welche so immer garantiert installiert werden. Alle anderen Dateien, die nicht im Service Pack enthalten sind, übernimmt Setup aus dem Ursprungsverzeichnis.
/dudisable	Verhindert dynamische Updates während der Installation.
/duprepare:<pfad>	Gibt eine Freigabe an, an die dynamische Updates gesendet werden können.
/dushare:<pfad>	Gibt eine Freigabe an, die zuvor geladene Updates bereitstellt.
/emsport:xxx	Xxx steht für eines der Options com1, com2, off oder usebiossettings. Mit der Option werden die Notverwaltungsdienste gesteuert.
/emsbaudrate:nnn	Nnn gibt die Baudrate an, zulässige Werte sind 115 000, 57 600, 19 200 und 9 600.
/makelocalsource	Setup kopiert alle Installationsdateien auf die lokale Festplatte, sodass die eventuell benutzte Installations-CD nach dem ersten Neustart nicht mehr benötigt wird.

Option	Bedeutung
/noreboot	Setup wird veranlasst, nach der ersten Initialisierungsphase nicht automatisch neu zu starten, sodass Sie eventuell weitere Einstellungen manuell vornehmen beziehungsweise Befehle ausführen können.
/s:<pfad>	Mit <pfad> können Sie eine oder mehrere alternative Quellen der Installationsdateien angeben. Der Parameter kann mehrfach verwendet werden. Die Pfadangabe muss dabei vollständig erfolgen mit <laufwerk>:\<verzeichnis> beziehungsweise der kompletten Netzwerkangabe: \\<server> \<freigabe> So kann die Netzwerkinstallation beispielsweise beschleunigt werden, wenn verschiedene Installationsdateien von mehreren Servern bereitgestellt werden.
/syspart:<laufwerk>	Präpariert eine mit <laufwerk> angegebene Festplatte für eine anschließende Montage in einen anderen PC, um dort die Installation zu beenden. Die Bootpartition dieser Festplatte wird als aktiv gekennzeichnet und alle für das Setup benötigten Dateien werden temporär abgelegt. Dann wird die erste Phase des Setups ausgeführt. Nach dem Umbau der Festplatte kann der neue PC direkt von dieser starten und die Installation zu Ende führen. Das Setup mit dieser Option erfordert zusätzlich die Angabe der Option /tempdrive:.

Option	Bedeutung
`/tempdrive:<laufw.>`	Geben Sie explizit ein Laufwerk zur Speicherung temporärer Dateien durch das Setup an, wenn Sie die standardmäßige Verwendung der Startpartition oder die automatische Suche nach einer ausreichend großen Partition durch das Setup-Programm umgehen wollen. Haben Sie mehrere physische Festplatten in Ihrem System, empfiehlt sich die Angabe einer zur Startpartition alternativen Partition auf einer anderen physischen Festplatte. Insbesondere bei SCSI-Systemen erreichen Sie dann ein schnelleres Setup.
`/unattend` `/unattend [optionen]`	Startet das Setup im unbeaufsichtigten Modus. Ohne eine weitere Angabe wird ein Upgrade unbeaufsichtigt durchgeführt. Mit diesen Optionen können Sie das Verhalten während einer Neuinstallation festlegen: `<sec>:<datei>`. `<sec>` Wartesekunden vor Neustart beim Setup `<datei>` Name der Antwortdatei
`/udf:<id>[,<udb-datei>]`	Mit dieser Option können Sie die unter `/unattend` angegebene Antwortdatei für benutzerspezifische Anpassungen während des Setups ändern. Geben Sie keine UDF-Datei an, verlangt das Setup während der Installation nach einer Diskette, auf der sich die Datei $UNIQUE$.UDB befindet.

2.3 Grundlegende Netzwerkeinstellungen

Einige der nötigen Einstellungen können Sie bereits während der Erstinstallation vornehmen. Es ist jedoch meist notwendig, diese nachträglich noch anzupassen.

2.3.1 IP-Adressen für LAN-Adapter einrichten

Dies erfolgt ebenfalls über den Ordner NETZWERKVERBINDUNGEN.
Öffnen Sie den Dialog EIGENSCHAFTEN der betreffenden LAN-Ver-
bindung und wählen Sie in der Liste der Eigenschaften INTERNET-
PROTOKOLL (TCP/IP).

Abbildung 2.5:
Eigenschaften eines
Netzwerkadapters

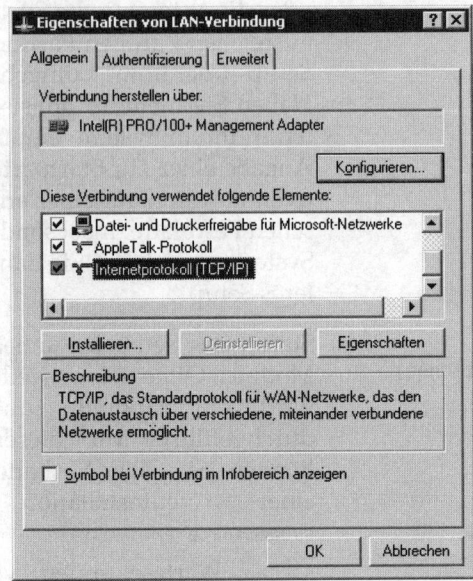

Klicken Sie dann auf die Schaltfläche EIGENSCHAFTEN. Sie finden
hier die erste konfigurierte IP-Adresse.

Abbildung 2.6:
Standard-IP-
Konfiguration

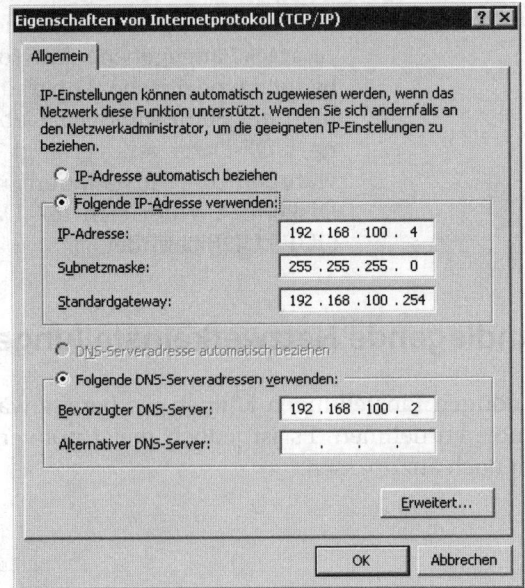

2.3.2   Weitere IP-Adressen einrichten

Klicken sie im folgenden Dialog auf ERWEITERT, um bei Bedarf
weitere IP-Adressen an denselben Adapter zu binden.

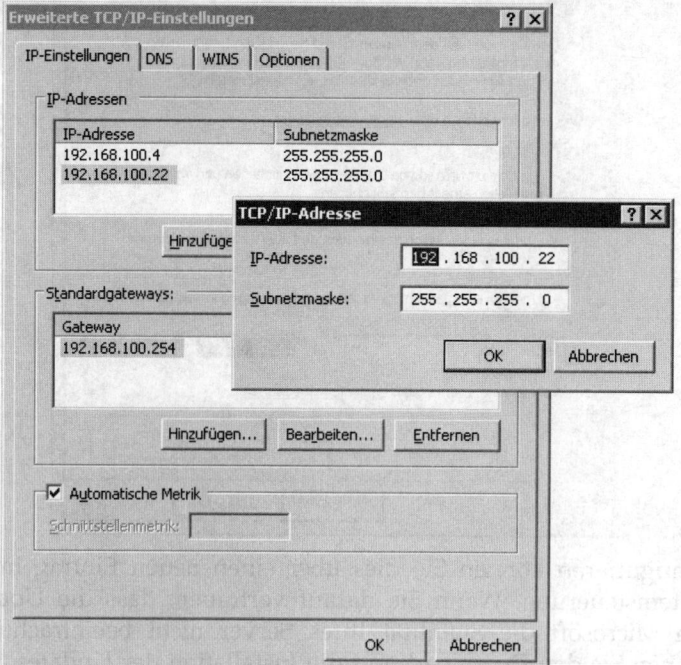

Abbildung 2.7:
Erweiterte IP-
Konfiguration

Auf derselben Seite können auch mehrere Standardgateways konfiguriert werden, wenn erforderlich. Normalerweise darf auf einem System nur ein Standardgateway existieren, damit keine
Routingkonflikte auftreten. Die Angabe ist jedoch möglich, wenn
es alternative Wege gibt. Sie sollten dann den Parameter METRIK
verwenden, um Prioritäten festzulegen. Windows Server 2003
wird zuerst den Gateway mit der geringsten Metrik verwenden.
Dies ist zugleich ein Maß für die Kosten, da die Schaltung von
Außenverbindungen mit Datenübertragungskosten verbunden
sein kann. Wenn immer es möglich ist, wird der Server die billigste
Verbindung wählen.

2.4   Automatische Updates

Automatische Updates halten das System auf dem laufenden
Stand. Insbesondere unter dem Aspekt der Sicherheit sollten aktuelle Patches schnellstmöglich eingespielt werden.

Abbildung 2.8:
Automatisches Up-
date konfigurieren

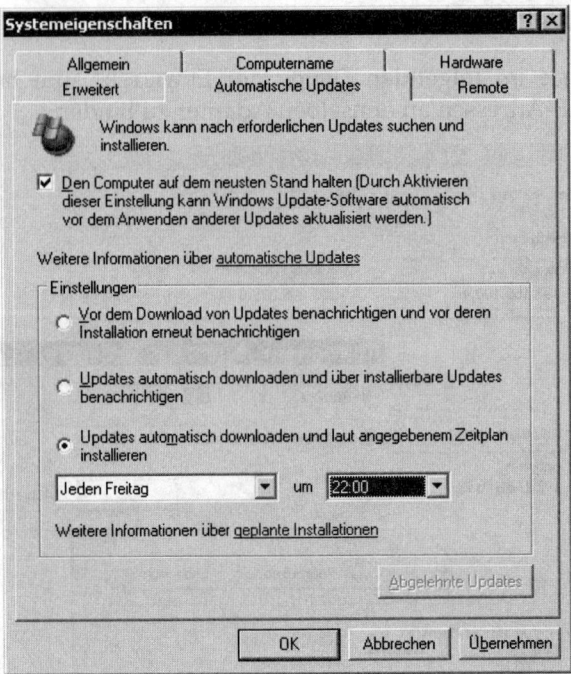

Konfigurieren können Sie dies über einen neuen Eintrag in der Systemsteuerung. Wenn Sie darauf vertrauen, dass die Updates von Microsoft die Stabilität Ihres Server nicht beeinträchtigen, können Sie den Download und die Installation der Updates automatisieren lassen.

2.5 Installation der Verwaltungsprogramme

Eine Reihe von Verwaltungsprogrammen wird bei der Installation des Windows Server 2003-Systems nicht mit auf die Festplatte kopiert. Das ist beispielsweise das Snap-In ACTIVE DIRECTORY SCHEMA für die Änderung der Zuordnung des Active Directory Schema Masters. Es gibt aber eine Möglichkeit, die Windows Server 2003-Serververwaltungsprogramme nachträglich zu installieren. Diese Dienstprogramme befinden sich in einem MSI-Archiv namens ADMINPAK.MSI im Verzeichnis \I386 auf der Server-CD 1.

So gehen Sie vor, um die Verwaltungsprogramme zu installieren:

ADMINPAK.MSI

Öffnen Sie den Windows Server 2003-Installationsordner \I368 auf der Windows Server 2003-CD 1. Mit einem Doppelklick auf ADMINPAK.MSI starten Sie die Installation der Verwaltungsprogramme. Wählen Sie dann im folgenden Dialogfenster die zweite Option zum Installieren der Verwaltungsprogramme.

Mit der ersten Option können Sie übrigens auch die Verwaltungsprogramme wieder von Ihrem System entfernen.

Nach der Installation stehen alle Windows Server 2003-Verwal-
tungsprogramme über START | VERWALTUNG zur Verfügung.

Sie können diese Verwaltungsprogramme auch auf einer Windows
2000- oder XP Professional-Arbeitsstation installieren und so über
die Remote-Verwaltungsfunktion der Managementkonsole die
Server administrieren.

Weitere Informationen zur Anpassung der Managementkonsole
finden Sie in Abschnitt 10.2 *Die Microsoft Managementkonsole* ab
Seite 614.

2.6 Windows-Produktaktivierung

Das Thema Windows-Produktaktivierung wurde im Zusammen-
hang mit der Einführung von Windows XP heiß diskutiert. Mit
Windows Server 2003 hat sich dies etwas beruhigt, weil sich das
Verfahren in der Praxis offensichtlich bewährt hat.

Bei der Windows-Produktaktivierung wird die konkrete Hardware
des betreffenden PC mit dem Betriebssystem gekoppelt und muss
immer dann durchgeführt werden, wenn Sie eine Erstinstallation
vornehmen oder bestimmte Hardware-Komponenten austauschen.
Bei vorinstalliertem Windows oder bei Systembuilder-Versionen
für Großkunden wurde die Aktivierung meist durch den Hersteller oder Systemanbieter bereits vorgenommen, sodass Sie damit in
der Regel nicht mehr konfrontiert werden.

Die Hintergründe zu dieser Zwangsmaßnahme von Microsoft
sowie zum möglichen Vorgehen bei der Aktivierung werden in
diesem Abschnitt erläutert. Dabei stehen die typischen Fragen der
meisten Anwender im Vordergrund und es wird versucht, diese
umfassend zu beantworten.

2.6.1 Warum eine Aktivierung?

Die erste Frage, die sich Ihnen vielleicht zu diesem Thema stellen
mag, ist die nach dem Warum. Warum zwingt Microsoft seine
Kunden zu einem solchen Verfahren, wo wir doch in der Vergangenheit davor verschont worden sind?

Hintergrund ist sicherlich das Bemühen Microsofts, das heute vor **Software-Raub-**
allem im Privatbereich und bei kleinen Unternehmen verbreitete **kopien**
Raubkopieren von Software wirksam einzudämmen. Über die
Produktaktivierung soll sichergestellt werden, dass das einzelne
Softwarepaket, hier das Betriebssystem selbst, nur auf einem einzi-
gen Computer genutzt wird.

Hardware- oder Softwareabsicherung

Im professionellen EDV-Umfeld sind mehr oder weniger wirksame Maßnahmen gegen das Raubkopieren schon lange an der Tagesordnung. So werden beispielsweise die Layout-Software Quark XPress und die CAD-Lösung AutoCAD schon seit Jahren durch Hardware-Dongles geschützt. Warum Microsoft diesen Weg nicht gegangen ist, wird vielleicht seine Gründe in den höheren Kosten für eine Hardware-Lösung oder vielleicht auch in Bedenken gegenüber der Wirksamkeit der Sicherheit haben. Bis jetzt ist jede Dongle-Lösung über kurz oder lang geknackt worden.

Besserer Schutz für Microsoft durch die Aktivierung

Die Microsoft-Lösung mit der erzwungenen Aktivierung bietet demgegenüber einen besseren Schutz: Zwar sind bereits »geknackte« Windows Server-Installationen im Umlauf, die nicht aktiviert werden müssen (beziehungsweise gibt es immer wieder Tipps, wie eine Installation dementsprechend manipuliert werden muss), allerdings ergeben sich daraus mittelfristig für den Anwender einige Einschränkungen (von den Risiken der Entdeckung einmal abgesehen): Grundsätzlich können manipulierte Versionen durch Microsoft im Rahmen der Windows-Updates über das Internet – und das ist die für den Normalanwender einzige Möglichkeit – erkannt und abgelehnt werden. Damit bleibt die Fassung auf einem älteren Stand stehen, was vor allem im Hinblick auf damit nicht installierte Sicherheitsupdates kaum zu empfehlen wäre. Eine andere ernsthafte Einschränkung kann sich ergeben, wenn als ungültig erkannte Installationen im Rahmen eines automatischen Updates mit speziellen Erweiterungen »versorgt« werden, welche zu einem Nichtfunktionieren des Systems führen oder dieses zumindest so lange blockieren, bis eine korrekte Aktivierung vorgenommen worden ist – über Nachinstallation einer neu erworbenen Lizenz. Das sind nur einige Gedankenspiele, die zeigen sollen, dass mit der Zwangsaktivierung die Interessen des Herstellers durchaus gut geschützt werden können.

Gegen professionelle Fälscher

Der vorrangige Kampf von Microsoft richtet sich aber nicht gegen die Masse der privaten Anwender, sondern vor allem gegen professionelle Softwarefälscher, die vor allem im asiatischen Raum operieren und täuschend ähnlich aussehende Raubkopien von Softwareprodukten seit Jahren auf den Markt bringen. Denen wird durch die zwingende Aktivierung wahrscheinlich sehr wirksam das Handwerk gelegt. Es würde massiv auffallen, wenn eine große Zahl von Benutzern ein und dieselbe Kopie eines Windows Server 2003-Systems versuchen würde zu aktivieren.

Vorsicht vor ProduktFälschungen

Misstrauisch sollten Sie werden, wenn Ihnen jemand ein Windows Server 2003 verkaufen will, welches ohne Aktivierung auskommt. Dann können Sie mit hoher Sicherheit davon ausgehen, dass dies eine Fälschung ist. Klar ist, dass der Einsatz eines solchen Produkts sehr unangenehme rechtliche Konsequenzen zur Folge haben könnte.

2.6.2 Wann muss aktiviert werden?

Nach jeder Erstinstallation eines Windows Server 2003 müssen Sie auf jeden Fall die Aktivierung durchführen. Ohne Aktivierung läuft Ihr System noch genau 30 Tage, danach startet es nur noch, um die Aktivierungsprozedur zu ermöglichen. Eine andere Verwendung ist dann nicht mehr möglich.

30 Tage Frist nach Erstinstallation

Sie müssen damit nicht automatisch nach jeder erneuten Installation von Windows Server 2003 die Aktivierung vornehmen. Wenn Sie die zuvor aktiviert gewesen Installation aus irgendwelchen Gründen erneuern wollen und die neue Fassung einfach direkt über die alte installieren, brauchen Sie keine erneute Aktivierung vorzunehmen. Installieren Sie hingegen Windows Server 2003 neu auf einem leeren oder einem anderen Datenträger, wird eine erneute Aktivierung fällig.

Erneute Installation

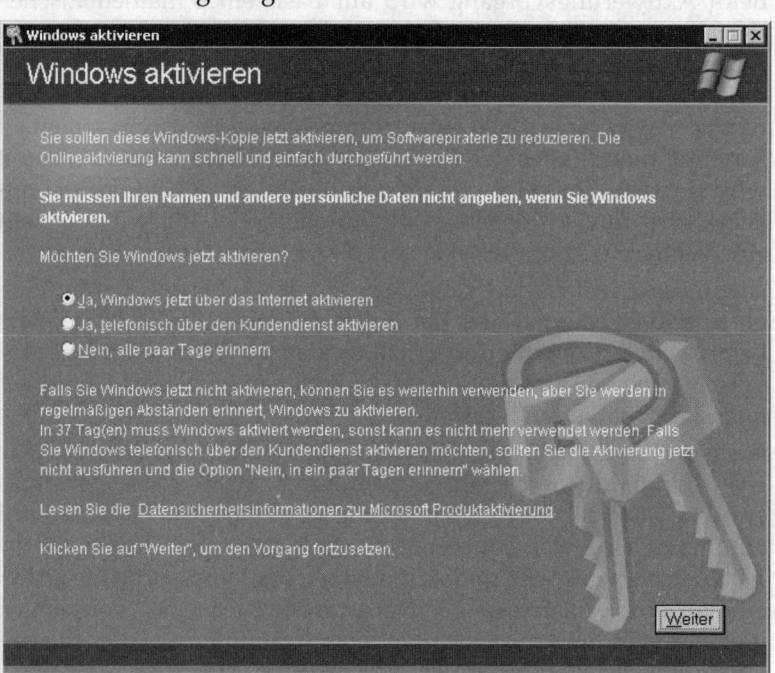

Abbildung 2.9: Startfenster für die Windows-Aktivierung

Sie müssen auch dann eine neue Aktivierung durchführen, wenn Sie wesentliche Teile der Computer-Hardware austauschen. Von diesen Komponenten – dazu gehören u.a. die Hauptplatine (*Mainboard*), die Festplatte und eine eventuell vorhandene Netzwerkkarte – nimmt Windows Server 2003 bei der ersten Installation eine Art elektronischen »Fingerabdruck«, um das System identifizieren zu können. Damit soll vermieden werden, dass ein bereits aktiviertes Server-System einfach durch einen Kopiervorgang auf einem anderen Computersystem weiterverwendet werden kann.

Austausch von Komponenten

2.6.3 Wie kann die Aktivierung vorgenommen werden?

Solange Ihr Windows Server 2003 nicht aktiviert worden ist, brauchen Sie nicht lange nach dem Weg zur Aktivierungsprozedur zu suchen. Windows wird Sie von sich aus mindestens nach jeder Anmeldung aufs Neue daran erinnern. Klicken Sie direkt in die Erinnerungsmeldung. Es startet daraufhin der Assistent für die Aktivierung.

Manuell Aktivierung starten

Sie können den Assistenten auch manuell starten. Doppelklicken Sie dazu im System-Tray auf das Schlüsselsymbol, das regelmäßig die Erinnerungssprechblasen produziert.

2.6.4 Was passiert bei der Aktivierung?

Ermittlung der Installationskennung

Beim Aktivierungsvorgang wird auf Basis eines mathematischen Verfahrens zunächst eine individuelle Installationskennung errechnet. Diese ist nicht etwa für Ihre Windows Server 2003-Kopie schon von vornherein vorhersehbar, sondern wird unter Zuhilfenahme wichtiger Hardwareparameter wie Komponenten-Seriennummern oder der Ethernet-MAC-Adresse ermittelt. Damit wird deutlich, dass sich diese Kennung ändert, sobald Sie wesentliche Hardwarekomponenten austauschen oder Ihr Windows auf einen anderen Computer übertragen.

Keine Übertragung zusätzlicher Daten

Allein diese Installationskennung wird an Microsoft übermittelt – ob über das Internet oder per Telefon spielt keine Rolle. Es sind keine weiteren Daten erforderlich, weder Ihr Name oder Ihre Anschrift noch zusätzliche Angaben zum verwendeten Computer oder zur installierten Software.

Aktivierung mit Bestätigungskennung

Nach der Übermittlung dieses Codes an Microsoft erhalten Sie eine ebenso individuelle Bestätigungskennung zurück. Diese geben Sie entweder bei der Telefonaktivierung per Hand ein oder sie wird automatisch bei der Internet-Methode eingetragen. Damit ist die Aktivierung vollzogen und wird erst wieder fällig, wenn Sie später einmal eine grundlegende Hardware-Erweiterung vornehmen oder Ihr Windows auf einem anderen Computer installieren wollen (mit Deinstallation auf dem vorherigen natürlich).

Telefonische Aktivierung

Beim Weg über das Telefon werden Sie zu einem Dialogfenster des Assistenten geführt. Wählen Sie unter SCHRITT 1 Ihren Standort aus. Gemeint ist damit das Land, von dem aus Sie die Aktivierung durchführen wollen.

Wählen Sie dann per Telefon eine der unter SCHRITT 2 angebotenen Nummern. Sie haben die Wahl unter einer gebührenfreien und einer gebührenpflichtigen. Haben Sie den Microsoft-Mitarbeiter am anderen Ende, teilen Sie diesem die bei Schritt 3 angezeigte

Installationskennung mit. Tragen Sie die Bestätigungskennung dann unter SCHRITT 4 ein. Ihr System ist damit aktiviert.

Einfacher und schneller geht es mit der Methode über das Internet. **Internet-Aktivierung** Hier werden Sie aber zunächst noch gefragt, ob Sie bei diesem Verfahren gleichzeitig die (optionale) Registrierung bei Microsoft erledigen wollen.

Gegen die Registrierung ist ja grundsätzlich nichts einzuwenden, **Registrierung hat** allerdings muss an dieser Stelle betont werden, dass diese *nichts* **nichts mit der Akti-** mit der *Aktivierung* zu tun hat. Sie können also, wenn Sie Ihre per- **vierung zu tun!** sönlichen Daten nicht an Microsoft übertragen wollen, bedenkenlos die zweite Option wählen und ausschließlich die Aktivierung durchführen. Die Registrierung führt in der Regel dazu, dass Sie per Post oder E-Mail in größeren Abständen über neue Produkte bei Microsoft informiert werden – eine reine Marketingmaßnahme also.

Die Aktivierung läuft dann vollautomatisch ab. Sie werden abschließend über den Erfolg oder Misserfolg der Aktion informiert.

2.6.5 Wie oft darf aktiviert werden?

Grundsätzlich räumt Microsoft seinen Windows Server-Kunden **Unbegrenztes** das Recht ein, sooft sie wollen die Aktivierung durchzuführen. **Aktivierungsrecht** Etwas anderes wäre auch schlicht inakzeptabel, da es allein Ihnen überlassen ist, wie oft Sie Ihren Computer umrüsten oder ob Sie Ihre Windows-Kopie von einem Rechner zum nächsten installieren – wohlgemerkt immer mit Deinstallation auf dem vorhergehenden, sodass eine Kopie auch immer nur auf einem Computer läuft.

Eine Einschränkung gibt es allerdings: Die Internet-Aktivierung **Weg über das Inter-** können Sie maximal zweimal durchführen. Danach müssen Sie **net nur zweimal** leider den telefonischen Weg einschlagen.

Wenn Sie nur Ihren Computer neu installieren, sparen Sie sich eine erneute Aktivierung, wenn Sie die alte Windows-Installation nicht vorher löschen.

Die Aktivierungsinformationen werden in der folgenden Datei **Aktivierung sichern** gespeichert:

```
%Systemroot%\System32\wpa.dbl
```

Sie können diese Datei sichern und dann sogar die Festplatte formatieren, bevor Sie Windows Server 2003 erneut installieren. Kopieren Sie dann die Datei wieder in das angegebene Verzeichnis des neuen Systems.

Wenn der Grund zur Neuinstallation allerdings der Austausch der Festplatte ist, kann es sein, dass damit die Installationskennung ungültig wird und Sie deshalb trotzdem eine erneute Aktivierung bei Microsoft durchführen müssen.

2.6.6 Weitere Informationen zur Aktivierung

Weitere umfassende Informationen zur Produktaktivierung, die gleichfalls für neue Microsoft-Anwendungsprogramme wie beispielsweise Office 2003 gilt, finden Sie auf der folgenden Website:

```
www.eu.microsoft.com/germany/themen/piraterie/prodakt.htm
```

Informationen zu den technischen Hintergründen der Aktivierung finden Sie hier:

```
www.eu.microsoft.com/germany/themen/piraterie
  /produktaktivierung
    /technisch/
```

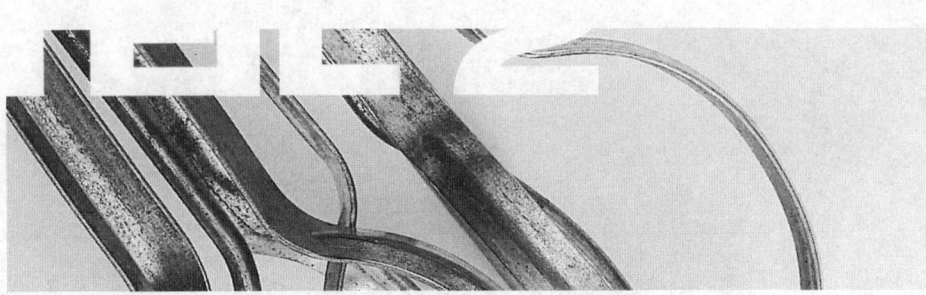

II

Grundlagen

3

Massenspeicher

Windows Server 2003 verfügt über ausgefeilte Mechanismen und Systemwerkzeuge zur Einrichtung und Verwaltung von Massenspeichern wie Festplatten oder Wechseldatenträgern. Gegenüber dem Vorgänger Windows 2000 gibt es Verbesserungen in vielen Details. Neben den Grundlagen werden in diesem Kapitel auch der Index- und der Wechselmedien-Dienst behandelt.

Inhaltsübersicht Kapitel 3

3.1 Das Volume Management

Das Volume Management beinhaltet alle Systembestandteile, die für die Einrichtung und Verwaltung der Massenspeicher unter Windows Server 2003 verantwortlich sind.

3.1.1 Aufbau des Volume Managements

Die grundsätzliche Struktur des Volume Managements ist in Abbildung 3.1 dargestellt. Erkennbar ist ein Schichtenmodell, bei dem die Anwendungen – dazu zählt auch der Windows Explorer als Benutzerschnittstelle – auf der obersten Schicht angesiedelt sind.

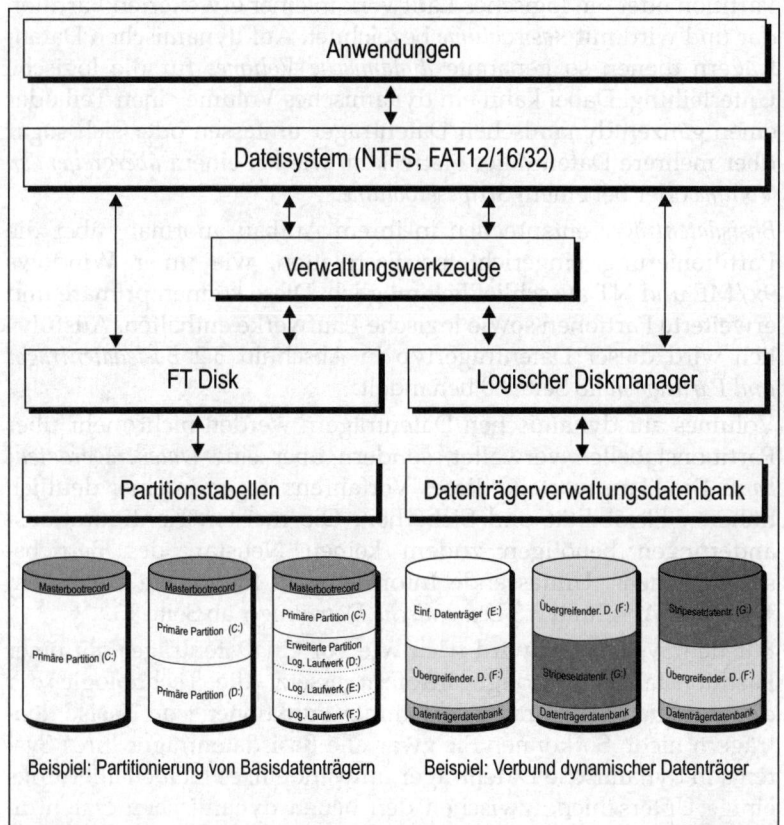

Abbildung 3.1:
Bestandteile des
Volume Manage-
ments

Diese greifen über das Dateisystem auf die einzelnen Volumes zu. Die Volumes wiederum werden auf den Datenträgern eingerichtet. Je nach Datenträgertyp erfolgt die Verwaltung der Volumes über *FT Disk* oder den *Logischen Diskmanager*.

Einige Grundbegriffe

Mit dem Übergang von Windows 2000 zu Windows XP und damit zu den neuen Serverversionen der Windows Server 2003-Familie hat Microsoft einige Grundbegriffe neu geordnet. War früher beispielsweise von *Festplatten* die Rede, dann wird heute nur noch der Begriff *Datenträger* verwendet. Zum besseren Verständnis der nachfolgenden Ausführungen folgt deshalb zunächst eine kurze Definition aller Begriffe zu diesem Themenkomplex.

Festplatten und Datenträger

In der Microsoft-Terminologie werden die physischen *Festplatten* mit dem Begriff *Datenträger* bezeichnet. Das kann etwas verwirrend sein, da damit in manchen anderen Systemwelten *logische* Datenträger gemeint sind.

Volumes

Volumes werden als logische Einheiten auf den Datenträgern eingerichtet. Auf Basisdatenträgern stellt ein Volume eine primäre Partition oder ein logisches Laufwerk in einer erweiterten Partition dar und wird mit *Basisvolume* bezeichnet. Auf dynamischen Datenträgern dienen so genannte *dynamische Volumes* für die logische Unterteilung. Dabei kann ein dynamisches Volume einen Teil oder einen ganzen dynamischen Datenträger umfassen oder sich sogar über mehrere Datenträger erstrecken, wie bei einem *übergreifenden Volume* oder bei einem *Stripesetvolume*.

Basisdatenträger

Basisdatenträger entsprechen in ihrem Aufbau »normal« über die Partitionierung eingerichteten Festplatten, wie unter Windows 9x/ME und NT ausschließlich möglich. Diese können primäre und erweiterte Partionen sowie logische Laufwerke enthalten. Ausführlich wird dieser Datenträgertyp in Abschnitt 3.2 *Basisdatenträger und Partitionen* ab Seite 80 behandelt.

Dynamische Datenträger

Volumes auf dynamischen Datenträgern werden nicht mehr über Partitionstabellen verwaltet, sondern über eine *Datenträgerdatenbank*. Die Hauptvorteile dieses Verfahrens liegen in einer deutlich höheren Flexibilität und Sicherheit. Die meisten Konfigurationsänderungen benötigen zudem keinen Neustart des Betriebssystems mehr. Umfassende Informationen finden Sie zu diesem Thema in Abschnitt 3.3 *Dynamische Datenträger* ab Seite 93.

 Für den Systemstart wird nach wie vor ein Datenträger mit einer Partitionstabelle benötigt. Insofern ersetzt die Technologie der dynamischen Datenträger bestimmte Funktionen von Basisdatenträgern nicht. So können Sie zwar alle Basisdatenträger Ihres Systems in dynamische Datenträger umwandeln, es bleiben allerdings einige Unterschiede zwischen den neuen dynamischen Datenträgern bestehen, abhängig davon, ob von einem gestartet werden kann oder nicht.

Logischer Diskmanager

Über den *Logischen Diskmanager (Logical Disk Manager – LDM)* werden die dynamischen Datenträger mit ihren dynamischen Volumes verwaltet. Er stellt auch die Funktionalität für *Einfache Volumes* sowie für *Übergreifende, Stripeset-* und *Gespiegelte Volumes* bereit.

Die Schnittstellen, über die der Logische Diskmanager implementiert wurde, sind offen gelegt und damit auch anderen Herstellern zugänglich. Diese können somit eigene professionelle Massenspeicherlösungen für die Windows-Betriebssysteme entwickeln und anbieten. **Offene Schnittstellen**

Der LDM und damit zusammenhängende Komponenten wurden unter Nutzung entsprechender Lizenzen von Veritas entwickelt. Diese Firma stellt unter anderem umfassende Lösungen für das Enterprise-Management von Datenträgern auf Windows-Serversystemen her. Weiterführende Informationen finden Sie hier: **LDM & Veritas**

`www.veritas.com`

In der nachfolgenden Tabelle werden die wichtigsten LDM-Komponenten vorgestellt. Sie finden diese direkt oder unterhalb von %SYSTEMROOT%\SYSTEM32\.

Komponente	Funktion
DMSERVER.DLL	LDM-Dienst
DMADMIN.EXE	Verwaltungsdienst für Datenträgerverwaltungsanforderungen
DMUTIL.DLL	Dienstprogrammbibliothek für die Verwaltung logischer Datenträger
DMREMOTE.DLL	Remote-Komponente des LDM
DRIVERS\DMIO.SYS	Ein-/Ausgabetreiber für die Datenträgerverwaltung für Dynamische Datenträger
DRIVERS\DMBOOT.SYS	Treiber für die Datenträgerverwaltung (Filtertreiber)
DRIVERS\DMLOAD.SYS	Starttreiber für die Datenträgerverwaltung; ausgeführt als Systembus-Erweiterung

Tabelle 3.1:
Wichtige Komponenten des LDM

FT Disk

Die Bezeichnung *FT Disk* stammt noch von Windows NT her. Sie stand dort für *Fault Tolerance Disk Manager*. Dieser wurde für die Fehlertoleranzfunktionen genutzt, die für Basisdatenträger eingerichtet werden konnten. Unter Windows Server 2003 ist der Treiber Ftdisk.sys zwar weiterhin vorhanden, im Funktionsumfang jedoch stark eingeschränkt worden. Unter Windows 2000 Server können über den Treiber vorhandene Windows NT 4-Partitionsgruppen (*Stripe Sets*, *Mirror Sets* etc.) noch genutzt werden. In Windows Server 2003 ist diese Kompatibilitätsfunktion aufgegeben worden. Hier dient der Treiber nur noch zur einfachen Verwaltung von Basisdatenträgern.

Auf unter Windows NT 4 angelegte Partitionsgruppen auf Basisdatenträgern können Sie mit Windows Server 2003 nicht mehr ohne weiteres zugreifen. Für den ausschließlich lesenden Zugriff steht das Programm FTONLINE zur Verfügung. Weitere Hinweise finden Sie in der Online-Hilfe.

3.1.2 Dateisysteme

FAT16, FAT32 und NTFS

Über FT Disk und dem Logischen Diskmanager liegt das Dateisystem. Volumes können mit jedem der unterstützten Dateisysteme FAT16, FAT32 oder NTFS betrieben werden. Für die Nutzung der Sicherheitsfunktionen und eine optimale Performance empfiehlt sich der konsequente Einsatz von NTFS. Insbesondere durch die Erweiterungen der Version 5.2 ist unter NTFS eine Reihe neuer Merkmale verfügbar, die ein flexibleres Datenmanagement erlauben.

Windows Server 2003 unterstützt auch das FAT32-Dateisystem, welches mit Windows 95 OSR2 eingeführt worden ist und einen effektiveren Umgang mit großen Datenträgern erlaubt. Beachten Sie, dass Basisdatenträger, die Sie mit dem FAT32-Dateisystem anlegen, nicht mehr unter Windows NT genutzt werden können.

NTFS ab Seite 127

Für den Einsatz auf einem Server sollten Sie jedoch von Beginn an auf NTFS setzen. Neben der höheren Sicherheit bietet es auch eine bessere Performance, insbesondere bei großen Festplatten, sowie eine höhere Wiederherstellbarkeit bei einem Systemausfall. Das Dateisystem NTFS wird eingehend in Kapitel 4 ab Seite 127 behandelt.

3.1.3 Datenträgerverwaltung

Massenspeicherverwaltungs-Interface

Über das Massenspeicherverwaltungs-Interface können Anwendungen auf die einzelnen Komponenten des Volume Managements zugreifen. Mit dem Snap-In DATENTRÄGERVERWALTUNG für die Managementkonsole stellt Microsoft ein umfassendes Werkzeug bereit. Sie können damit Basisdatenträger und Dynamische Datenträger erstellen sowie Volumes auf ihnen einrichten.

Administration ab Seite 699

Zu den konkreten Administrationsschritten finden Sie weitergehende Informationen in Kapitel 11 ab Seite 699.

3.1.4 Übersicht über die Datenträger-Funktionen

Die folgende Tabelle enthält eine Übersicht über alle wesentlichen Funktionen der Massenspeicherverwaltung von Windows Server 2003 im Vergleich zu Windows NT 4/2000.

Funktion	Windows-Version			Seite
	NT 4.0 Server	2000 Server	Server 2003	
Partitionen	✓	✓	✓	80
Mehr als 1 primäre Part.	✓	✓	✓	81
Partitionen vergrößern	✗	✗	✓	731
NT4-Datenträgersätze	✓	(✓)	(✗)	100
Fehlertoleranz-Funktionen	✓	✓	✓	106
Dynamische Festplatten	✗	✓	✓	93
64 Bit-Support	✗	✗	✓	----

Tabelle 3.2:
Vergleich der Daten-
trägerfunktionen

Die in der Tabelle aufgeführten Funktionen werden nachfolgend kurz erläutert:

*   Partitionen
    Alle aufgeführten Betriebssysteme unterstützen den klassischen partitionsorientierten Ansatz. Hierbei wird auf die Festplatte ein *Master Boot Record* (MBR) geschrieben, der unter anderem die Partitionstabelle enthält. Dieses Konzept hat sich heute, vor allem im Hinblick auf die Flexibilität und Datensicherheit, weitgehend überlebt und wird von den modernen Betriebssystemen wie Windows 2000/XP und Windows Server 2003 nur noch aus Kompatibilitätsgründen und für das System- und Startvolume benötigt.

*   Mehr als 1 primäre Partition
    Ab Windows NT 4.0 können Sie mehr als eine primäre Partition anlegen und nutzen (maximal 4). Windows 9x/ME unterstützt hingegen nur eine primäre Partition. Benötigen Sie dort mehr logische Datenträger, müssen Sie neben der primären Partition eine erweiterte Partition anlegen und in dieser logische Laufwerke definieren.

*   Partition vergrößern
    Dabei geht es um die nachträgliche Vergrößerung einer bestehenden Partition, und zwar jeweils mit den standardmäßig verfügbaren Windows-Bordmitteln. Allein Windows XP und Windows Server 2003 verfügen dazu über ein Kommandozeilentool, mit dessen Hilfe Sie eine Partition oder ein logisches

Laufwerk nachträglich noch vergrößern können. Dies sollten Sie nicht mit der Möglichkeit verwechseln, dynamische Volumes zu vergrößern.

- NT4-Datenträgersätze

  Mit Windows NT 4 können logische Datenträger zu so genannten *Datenträgersätzen* zusammengeführt werden. Damit lassen sich beispielsweise *übergreifende Datenträger* bilden, indem zwei oder mehr Partitionen zu einem einzigen logischen Datenträger zusammengefasst werden. Andere Datenträgersätze unter Windows NT sind *Stripe Sets* sowie *Mirror Sets*. Mit Windows 2000 können Sie auf unter Windows NT 4 erstellte Datenträgersätze weiter zugreifen, sie allerdings nicht mehr neu anlegen. Unter Windows XP und Windows Server 2003 gibt es diese Kompatibilitätsfunktion nicht mehr. Über ein Hilfsprogramm FTONLINE.EXE können Sie aber temporär den Zugriff auf Datenträgersätze herstellen.

- Fehlertoleranz-Funktionen

  Fehlertolerante Datenspeicherung bieten beispielsweise gespiegelte Festplatten. Beim Ausfall einer Festplatte bleibt die andere in Betrieb und stellt so sicher, dass die Daten weiterhin im Zugriff bleiben.

- Dynamische Datenträger

  Dynamische Datenträger lassen sich nur unter Windows 2000, Windows XP Professional und Windows Server 2003 einrichten und nutzen. Das sollten Sie beachten, wenn Sie auf Ihrem Computer noch ein älteres Microsoft-Betriebssystem parallel einsetzen wollen.

- 64 Bit-Support

  Neben den 32 Bit-Versionen bietet Microsoft für Windows Server 2003 auch 64 Bit-Ausführungen. Hier werden hinsichtlich des Festplattenmanagements neue Funktionen benötigt, mit denen Sie sehr große und performance-optimierte Volumes erzeugen und warten können. Dieses Thema wird im vorliegenden Buch nicht behandelt.

3.2 Basisdatenträger und Partitionen

Standardmäßig wird unter Windows Server 2003 eine neue Festplatte als Basisdatenträger eingerichtet. Die Partitionierung unterscheidet sich dabei nicht grundsätzlich vom Vorgehen unter Windows NT, bis auf die Tatsache, dass Sie das jetzt mit der Managementkonsole *Datenträgerverwaltung* ausführen müssen. Zum besseren Verständnis der inneren Zusammenhänge werden die

Grundlagen der Partitionierung sowie der Aufbau der Basisdatenträger in den folgenden Abschnitten behandelt.

3.2.1 Partitionen und Partitionstypen

Eine leere Festplatte muss vor der Nutzung durch das Betriebssystem partitioniert werden. Dabei wird die Festplatte in einen oder mehrere Bereiche (Partitionen) fest aufgeteilt. Das bedeutet, dass Sie sich vor der Einrichtung einer Festplatte Gedanken machen müssen, wie diese strukturiert werden soll. Die einfachste Variante besteht darin, die gesamte Festplatte am Stück einzurichten und zu formatieren. Das bietet allerdings keine besondere Flexibilität und Sicherheit. Besser ist es, logische Bereiche zu trennen und beispielsweise das Betriebssystem und die Anwendungsprogramme separat in einer Partition zu speichern und die Daten in einer anderen. Bei der Partitionierung wird zwischen zwei verschiedenen Partitionstypen unterschieden: *Primäre* und *Erweiterte Partition*.

Aufteilung der Festplatte durch Partitionieren

Für Wechseldatenträger wird eine Partitionierung nicht unterstützt. Diese können Sie lediglich vollständig mit einem der unterstützten Dateisysteme formatieren.

Auf einer Festplatte können Sie bis zu vier *primäre Partitionen* anlegen. Eine primäre Partition kann nicht weiter unterteilt werden. Mit Hilfe des Partitionierungstools können Sie auf einer der installierten Festplatten genau eine primäre Partition als *aktiv* markieren. Von dort beginnt der Startvorgang des Betriebssystems. Die aktive primäre Partition wird *Systempartition* genannt.

Primäre Partition Systempartition

Reicht die Unterteilung in vier primäre Partitionen nicht aus, können Sie statt einer primären eine *erweiterte Partition* erstellen. Diese ist allein noch nicht weiter benutzbar. In einer erweiterten Partition legen Sie deshalb *Logische Laufwerke* an. Diese sind genau wie primäre Partitionen nicht weiter teilbar. Ein logisches Laufwerk kann allerdings nicht als aktiv gekennzeichnet werden und demzufolge auch nicht als Systempartition dienen.

Erweiterte Partition und logische Laufwerke

Als *Startpartition* (oder *Bootpartition*) wird die Partition bezeichnet, welche die Betriebssystemdateien enthält. Unter Windows Server 2003 wird das betreffende Verzeichnis in der Systemvariablen %SYSTEMROOT% hinterlegt (wie C:\Windows) und muss nicht auf der Systempartition liegen. Es kann sich auch auf einer anderen primären oder in der erweiterten Partition in einem logischen Laufwerk befinden.

Startpartition

Windows NT/2000/XP und Windows Server 2003 unterstützen bis zu vier primäre Partitionen oder drei primäre mit einer erweiterten Partition.

MS-DOS und Windows 9x/ME unterstützen nur genau eine primäre und eine erweiterte Partition. Eventuell angelegte weitere primäre Partitionen werden nicht erkannt.

Zugriff über Laufwerkbuchstaben...

Der Zugriff auf primäre Partitionen und logische Laufwerke erfolgt normalerweise über die Vergabe von Laufwerkbuchstaben. Es wird hierbei nicht zwischen Groß- und Kleinschreibung unterschieden und es sind nur Buchstaben des englischen Alphabets erlaubt. Damit ist die maximale Anzahl von Laufwerken, die Sie über Buchstaben ansprechen können, in einem System auf 24 beschränkt[3]. Mit dem Datenträgermanagement (siehe dazu auch Abschnitt 11.9 *Volumezugriff ändern* ab Seite 745) können Sie, außer für die Systempartition, die Laufwerkbuchstaben beliebig ändern.

... und Bereitstellungspunkte

Unter Windows Server 2003 haben Sie eine weitere Möglichkeit, mehr Übersichtlichkeit in Ihre Datenorganisation zu bringen, indem Sie ein Laufwerk als *Bereitstellungspunkt* innerhalb eines anderen Laufwerks einbinden. Ein Bereitstellungspunkt ist dabei für den Benutzer nichts anderes als ein Ordner, der sich an einer beliebigen Stelle innerhalb eines NTFS-formatierten Laufwerks befinden kann. Weitere Informationen finden Sie dazu in Abschnitt 4.2.3 *Analysepunkte und Bereitstellungen* ab Seite 142.

3.2.2   Aufbau eines Basisdatenträgers im Detail

Der Aufbau eines Basisdatenträgers mit der Einteilung in eine oder mehrere primäre und gegebenenfalls eine erweiterte Partition entspricht der einer Festplatte unter Windows NT. In Abbildung 3.2 ist als Beispiel ein Basisdatenträger dargestellt, der drei primäre und eine erweiterte Partition enthält, in der zwei logische Laufwerke angelegt sind. Das gewählte Beispiel zeigt eine Festplattenaufteilung, die nicht mit Windows 9x/ME kompatibel ist. Beachten Sie, dass hier die Zuordnung der Laufwerkbuchstaben C: und D: nachträglich nicht geändert werden kann (das gilt generell für das System- und das Startvolume).

Master Boot Record

Der *Master Boot Record (MBR)* befindet sich im ersten physischen Sektor eines Basisdatenträgers. Er enthält den für den Start eines Computers wichtigen *Masterbootcode* sowie die *Partitionstabelle*. Beim Systemstart wird der Masterbootcode vom BIOS gestartet und durchsucht als erste Aktion die Partitionstabelle nach einer aktiven Partition ①. Als *aktiv* setzen Sie eine primäre Partition mit Hilfe des Partitionstools des Betriebssystems. Unter MS-DOS und Windows 9x/Me ist das FDISK, ab Windows 2000 die *Datenträger-*

---

[3] A und B sind für Diskettenlaufwerke vorgesehen, die restlichen 24 Buchstaben stehen dann für weitere Volumes zur Verfügung.

verwaltung (siehe auch Abschnitt 11.3 *Basisdatenträger einrichten* ab Seite 706).

Wurde beim Start die aktive Partition (die *Systempartition*) identifiziert, im Beispiel die primäre Partition 1 (siehe Abbildung 3.2), wird aus dem ersten Sektor dieser Partition der *Bootsektor* ausgelesen und ausgeführt ②. Dieser enthält die Information, welches Programm, auch *Urlader* genannt, von der Systempartition geladen werden soll. Bei Windows Server 2003 ist dies NTLDR. Dieser installiert ein Minidateisystem, um die Datei BOOT.INI auszulesen und die verfügbaren Betriebssysteme anzuzeigen.

Systempartition

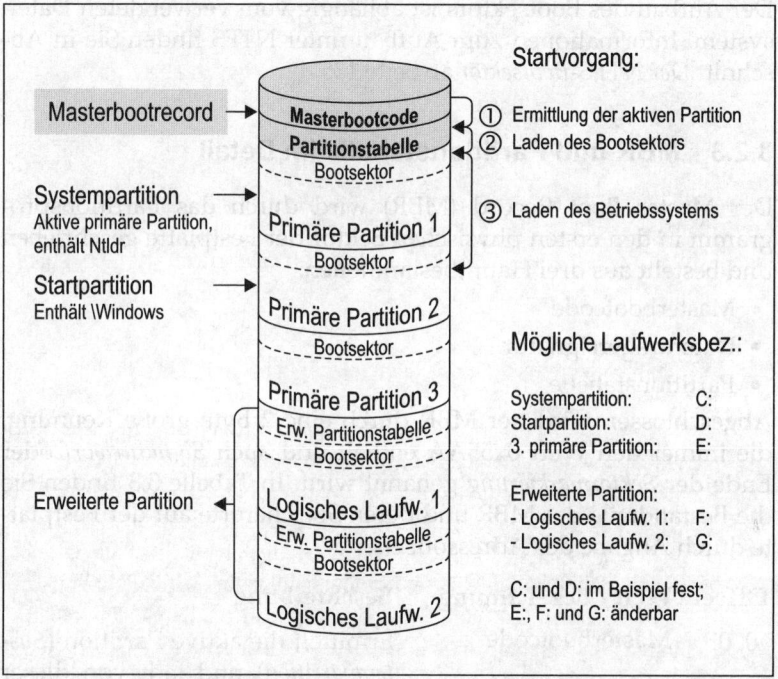

Abbildung 3.2:
Aufbau eines
Basisdatenträgers

Über die Datei BOOT.INI wird schließlich das Betriebssystem von der darin spezifizierten Partition gestartet ③. Im Beispiel ist die primäre Partition 2 (als Laufwerk D:) die *Startpartition*, auf der sich der Ordner \WINDOWS (das Basisverzeichnis von Windows Server 2003, auch mit %SYSTEMROOT% referenziert) befindet. Die Bootpartition muss nicht mit der Systempartition übereinstimmen. Sie kann sich sogar auf einer anderen physischen Festplatte befinden. Meist wird das Betriebssystem jedoch auf der ersten primären Partition installiert. Dann sind System- und Bootpartition identisch.

Bootpartition

Für den Fall, dass auf die Bootfestplatte nicht mit INT 13h über das BIOS des Computers oder des SCSI-Adapters zugegriffen werden kann, ist NTLDR auch für das Laden eines Gerätetreibers verantwortlich. Dieser verbirgt sich in der Datei NTBOOTDD.SYS und ist

eine Kopie des entsprechenden Treibers, beispielsweise
AIC78XX.SYS für den SCSI-Controller *Adaptec 2940 UW*.

Windows Server 2003 kann nur auf Festplatten gestartet und installiert werden, die über eine Partitionstabelle verfügen. Damit
kommen nur *Basisvolumes* auf *Basisdatenträgern* in Frage. Dynamische Datenträger können mit dem Programm DISKPART.EXE unter
Verwendung des Befehls retain nachträglich mit einem solchen
Eintrag versehen werden und damit wieder als Installationsziel
dienen. Weitere Informationen finden Sie dazu in Abschnitt
DISKPART-BEFEHLE im Detail ab Seite 733.

Bootsektor

Der Aufbau des Bootsektors ist abhängig vom verwendeten Dateisystem. Informationen zum Aufbau unter NTFS finden Sie in Abschnitt *Der NTFS-Bootsektor* ab Seite 135.

3.2.3 MBR und Partitionstabelle im Detail

Der Master Boot Record (MBR) wird durch das Partitionspro-
gramm in den ersten physischen Sektor der Festplatte geschrieben
und besteht aus drei Hauptbestandteilen:

* Masterbootcode
* Datenträgersignatur
* Partitionstabelle

Abgeschlossen wird der MBR durch eine 2 Byte große Kennung,
die immer den Wert 0x55AA enthält und auch *Signaturwort* oder
Ende der *Sektormarkierung* genannt wird. In Tabelle 3.3 finden Sie
die Bestandteile des MBR und deren Speicherorte auf der Festplatte durch Angabe des Adressoffsets.

*Tabelle 3.3:
Aufbau des MBR*

Offset	Wert / Bezeichnung	Beschreibung
000h	Masterbootcode	Ermittelt die aktive Partition (*Sys-tempartition*) und lädt von dieser den Bootsektor.
1B8h	Datenträgersignatur	Eindeutige Nummer zur Identifi-zierung der Festplatte im System
1BEh	Eintrag für 1. Partition	Enthält die vier Einträge für die Partitionstabelle mit je 16 Bytes (insgesamt 64 Bytes).
1CEh	Eintrag für 2. Partition	
1DEh	Eintrag für 3. Partition	
1EEh	Eintrag für 4. Partition	

Offset	Wert / Bezeichnung	Beschreibung
1FEh	0x55AA	*Signaturwort*, auch *Ende der Sektormarkierung* genannt. Kennzeichnet das Ende des MBR.

Die Partitionstabelle im MBR besteht aus einer 64 Byte großen Struktur und folgt einem betriebssystemunabhängigen Standard. Jeder der 4 Einträge ist 16 Byte lang. Die Struktur eines Eintrags ist in der nachfolgenden Tabelle dargestellt.

Offset	Feldlänge	Bezeichnung	Erklärung
00h	Byte (8 Bit)	Bootanzeige	Gibt an, ob die Partition *aktiv* ist: 0x80 – Partition aktiv 0x00 – Partition nicht aktiv
01h	Byte	Startkopf	Nummer des ersten Kopfes der Partition
02h	6 Bit	Startsektor	Nummer des ersten Sektors Es werden nur die Bits 0 bis 5 des vollen Bytes verwendet. Bit 6 und 7 sind Bestandteil des Feldes *Startzylinder*.
	10 Bit	Startzylinder	Nummer des Startzylinders Mit 10-Bit können Werte von 0 bis 1 023 (insgesamt 1 024 Zustände) gesetzt werden.
04h	Byte	Systemkennung	Mit diesem Feld wird der Partitionstyp definiert. In Tabelle 3.5 sind die Partitionstypen aufgeführt.
05h	Byte	Endkopf	Nummer des letzten Kopfes der Partition
06h	6 Bit	Endsektor	Nummer des letzten Sektors Es werden nur die Bits 0 bis 5 des vollen Bytes verwendet. Bit 6 und 7 sind Bestandteil des Feldes *Endzylinder*

Tabelle 3.4: Aufbau eines Partitionstabelleneintrages

Offset	Feldlänge	Bezeichnung	Erklärung
	10 Bit	Endzylinder	Nummer des Endzylinders
			Mit den 10-Bit können Werte von 0 bis 1 023 (insgesamt 1 024 Zustände) gesetzt werden.
08h	DWORD (32 Bit)	Relative Sektoren	Mit dieser 32-Bit-Nummer wird der Offset vom Anfang der physischen Festplatte angegeben.
0Ch	DWORD	Gesamtsektoren	Gesamtzahl an Sektoren dieser Partition

Dieser Aufbau trifft nur für die Partitionstabelle im MBR zu, mit der vier primäre Partitionen oder drei primäre und eine erweiterte Partition definiert werden können. Werden weniger als vier Partitionen angelegt, so ist der Rest der Partitionstabelle mit Nullen überschrieben. Der Aufbau der erweiterten Partitionstabelle der logischen Laufwerke ist in Abschnitt 3.2.4 *Erweiterte Partitionstabelle und logische Laufwerke* ab Seite 87 beschrieben.

Die Kennungen für die verfügbaren Partitionstypen sind in Tabelle 3.5 aufgeführt. Mit ihnen wird festgelegt, mit welchem Dateisystem das Volume formatiert ist und ob es Teil einer Partitionsgruppe ist.

Tabelle 3.5: Partitionstypen

Typ	Beschreibung
0x01	Primäre Partition oder logisches Laufwerk in einer erweiterten Partition unter dem FAT12-Dateisystem
0x04	Primäre Partition oder logisches Laufwerk in einer erweiterten Partition unter dem FAT16-Dateisystem (bis 32 MB-Partitionen)
0x05	Erweiterte Partition
0x06	Primäre Partition oder logisches Laufwerk in einer erweiterten Partition unter dem BIGDOS FAT16-Dateisystem (32 MB bis 4 GB-Partitionen)
0x07	Partition oder logisches Laufwerk unter NTFS
0x0B	Partition oder logisches Laufwerk unter FAT32
0x0C	Partition oder logisches Laufwerk unter FAT32 mit BIOS Int 13h-Erweiterungen (LBA)

Typ	Beschreibung
0x0E	Partition oder logisches Laufwerk unter BIGDOS FAT16 mit BIOS Int 13h-Erweiterungen (LBA)
0x0F	Erweiterte Partition mit BIOS Int 13h-Erweiterungen (LBA)
0x12	EISA-Partition
0x42	Dynamisches Volume
0x86	mit FT Disk verwaltetes FAT16- Volume, das Teil einer Partitionsgruppe ist
0x87	mit FT Disk verwaltetes NTFS-Volume, das Teil einer Partitionsgruppe ist
0x8B	mit FT Disk verwaltetes FAT32-Volume, das Teil einer Partitionsgruppe ist
0x8C	mit FT Disk verwaltetes FAT32-Volume mit BIOS Int 13h-Erweiterungen, das Teil einer Partitionsgruppe ist
0xEE	Partitionstypeintrag im geschützten MBR einer GPT-Disk (*GUID Partition Table*).
0xEF	Kennzeichnet eine MBR-Festplatte als ESP-Disk (*EFI System Partition*).

Diese Partitionstypen werden durch die Microsoft Betriebssysteme bis zum Windows Server 2003 verwendet. Betriebssysteme anderer Hersteller können hiervon abweichende Partitionstypen verwenden.

3.2.4 Erweiterte Partitionstabelle und logische Laufwerke

Die logischen Laufwerke in einer erweiterten Partition werden durch eine verkettete Liste von so genannten *erweiterten Partitionstabellen* beschrieben. Diese Liste ist so aufgebaut, dass jede erweiterte Partitionstabelle einen Eintrag auf die Tabelle des nächsten logischen Laufwerks enthält. Beim letzten logischen Laufwerk endet diese Liste, indem der Zeiger auf das nächste Laufwerk leer bleibt. Die folgende Tabelle zeigt die Grundstruktur einer erweiterten Partitionstabelle. Die vier Einträge sind wie bei der primären Partitionstabelle je 16 Byte groß und enthalten die gleichen Felder wie diese (siehe Tabelle 3.4 auf Seite 85). Es werden allerdings nur die ersten beiden Einträge benutzt, Nummer drei und vier bleiben leer.

Tabelleneintrag	Inhalt
1	Daten des aktuellen logischen Laufwerks
2	Daten des nächsten logischen Laufwerks; ist keins mehr vorhanden, bleibt der Eintrag leer
3	nicht verwendet
4	nicht verwendet

Durch diese Konstruktion können Sie theoretisch beliebig viele logische Laufwerke anlegen – zumindest solange die 24 Buchstaben zur Vergabe eines Laufwerkbuchstabens ausreichen. Unter Windows Server 2003 haben Sie jedoch auch die Möglichkeit, auf Laufwerkbuchstaben zu verzichten und die logischen Laufwerke über Bereitstellungspunkte in NTFS-Datenträger einzubinden (siehe dazu auch Abschnitt 4.2.3 *Analysepunkte und Bereitstellungen* ab Seite 142).

3.2.5 Die Datei BOOT.INI

Die Datei BOOT.INI liegt im Stammverzeichnis auf der Systempartition und wird beim Start durch NTLDR ausgelesen (siehe auch Abschnitt 3.2.2 *Aufbau eines Basisdatenträgers im Detail* ab Seite 82). Sie wird bei der Installation im Stammverzeichnis angelegt und dient dazu, die Liste der verfügbaren Betriebssysteme beim Start anzubieten. Verfügt Ihr System nur über eine einzige Windows Server 2003-Installation, erscheint beim Start keine Auswahl.

BOOT.INI bearbeiten ab Seite 749

Die Datei ist eine normale Textdatei und lässt sich mit jedem Texteditor bearbeiten. In Windows Server 2003 gibt es mehrere Möglichkeiten, die Datei und damit die Startoptionen zu bearbeiten. In Abschnitt 11.10 *Die BOOT.INI bearbeiten* ab Seite 749 finden Sie dazu alle erforderlichen Informationen.

Grundsätzlicher Aufbau

Die BOOT.INI im nachfolgenden Listing enthält als Beispiel eine Dual-Boot-Konfiguration für Windows Server 2003 und Windows NT 4.

Listing 3.1:
Beispiel einer
BOOT.INI

```
[boot loader]
timeout=30
default=multi(0)disk(0)rdisk(0)partition(1)\Windows
[operating systems]
multi(0)disk(0)rdisk(0)partition(1)\Windows="Windows Server
2003" /fastdetect
multi(0)disk(0)rdisk(0)partition(2)\WINNT="NT Server 4.0"
```

Die Datei ist in zwei Sektionen unterteilt:

- [boot loader]

  In der ersten Sektion sind der timeout- und der default-Eintrag untergebracht. Mit timeout geben Sie die Zeitspanne in Sekunden an, die das Auswahlmenü auf eine Reaktion des Benutzers warten soll. Ist diese Zeitspanne verstrichen (Standard: 30 Sekunden), wird der hinter default stehende Betriebssystemeintrag zum Starten verwendet.

- [operating systems]

  Hier sind die startbaren Betriebssysteme mit ihrer Startposition, dem Verweis auf die jeweilige Startpartition, hinterlegt. Dabei wird die so genannte *erweiterte RISC-Namenskonvention* benutzt. Im nachfolgenden Abschnitt werden diese als *ARC-Pfadnamen* bezeichneten Verweise näher betrachtet.

[boot loader]

[operating systems]

Wenn Sie den Parameter Timeout auf einen Wert von –1 einstellen, bleibt das Menü so lange stehen, bis Sie manuell eine Auswahl treffen. Damit verhindern Sie den automatischen Start des Systems. Für ein Serversystem ist dies jedoch in der Regel weniger geeignet.

ARC-Pfadnamen

Diese ARC-Pfadnamen *(ARC - Advanced RISC Computing)* genannten Verweise werden in drei Syntax-Klassen eingeteilt:

ARC-Pfadnamen

- Multi-Syntax
- SCSI-Syntax
- Signature-Syntax

In der Regel wird bei Standardsystemen die Multi-Syntax verwendet:

Multi-Syntax

```
multi(a)disk(b)rdisk(c)partition(d)
```

Die einzelnen Parameter haben die folgende Bedeutung:

Parameter	Bedeutung
a	Nummer des Adapters (beginnend bei 0)
b	bei Multisyntax immer 0
c	Nummer der Festplatte am Adapter (0 bis 3)
d	Nummer der Partition (beginnend mit 1)

Tabelle 3.7:
Parameter der Multi-Syntax

Die Multi-Syntax wird für alle Bootfestplatten durch das Installationsprogramm eingerichtet, die das Booten über einen INT 13h-Aufruf durch das BIOS des Computers beziehungsweise des SCSI-Adapters ermöglicht. Damit wird diese Syntax nur unter den folgenden Bedingungen eingerichtet:

- Im Computer wird ein IDE-Festplatteninterface mit bis zu zwei Kanälen und maximal 2 Festplatten pro Kanal benutzt.
- Benutzen Sie einen Computer mit SCSI-Interface, so wird die Multi-Syntax für die ersten beiden Festplatten am ersten Adapter eingerichtet. Bedingung ist, dass der SCSI-Adapter ein eigenes BIOS mit INT 13h-Erweiterung zum Booten einsetzt.
- Besitzt Ihr Computer sowohl IDE- als auch SCSI-Adapter, wird die Multi-Syntax nur für die Bootfestplatten eingerichtet, die am ersten IDE-Adapter beziehungsweise am ersten SCSI-Adapter angeschlossen sind.

SCSI-Syntax
Die SCSI-Syntax wird seit Windows 2000 nicht mehr verwendet. Unter Windows NT 4 wird sie eingesetzt, wenn der Zugriff auf die Bootfestplatte mittels Gerätetreiber (ohne INT 13h-Unterstützung) erfolgt.

Signature-Syntax
Eine spezielle Form des Zugriffs auf Bootfestplatten mit SCSI-Interface stellt die Verwendung der Signature-Syntax dar. Dabei wird unabhängig von einer Adapter-Nummer die Bootfestplatte mit Hilfe ihrer eindeutigen Signature identifiziert. Diese Signature ist Bestandteil des Master Boot Records jeder Festplatte (siehe Abschnitt 3.2.3 *MBR und Partitionstabelle im Detail* ab Seite 84).

Der grundsätzliche Aufbau einer Signature-Syntax lautet:

```
signature(a)disk(b)rdisk(c)partition(d)
```

Die einzelnen Parameter haben die folgende Bedeutung:

Tabelle 3.8:
Parameter der
Signature-Syntax

Parameter	Bedeutung
a	eindeutige Signatur der Festplatte (als hexadezimale Zahl)
b	Nummer der physischen Festplatte (beginnend bei 1) Achtung: Hierbei werden auch andere SCSI-Geräte mit in die Zählung einbezogen (beispielsweise Streamer).
c	die SCSI-LUN (Logical Unit Number) der Bootfestplatte (meist 0)
d	Nummer der Partition (beginnend mit 1)

Die Signature-Syntax wird beispielsweise dann durch das Installationsprogramm eingerichtet, wenn zwar ein INT 13h-BIOS für IDE-Festplatten vorhanden ist, die Installation jedoch auf einer SCSI-Festplatte vorgenommen wird. Der SCSI-Controller für diese Festplatte verfügt dabei über kein BIOS (beziehungsweise dieses wurde deaktiviert).

Parameter nach dem ARC-Pfadnamen
Hinter den ARC-Pfadnamen können Sie über Parameter das Startverhalten von Windows Server 2003 beeinflussen. Einige der wich-

tigsten Parameter lassen sich ohne direkte Bearbeitung der Datei
BOOT.INI über das F8-Menü setzen. In Abbildung 3.3 sind die Einträge des F8-Menüs den daraus generierten Parametern in der
BOOT.INI in Tabelle 3.9 gegenübergestellt. Diese Parameter werden
dabei nicht tatsächlich in der BOOT.INI fest verankert, sondern nur
für den nächsten Start verwendet.

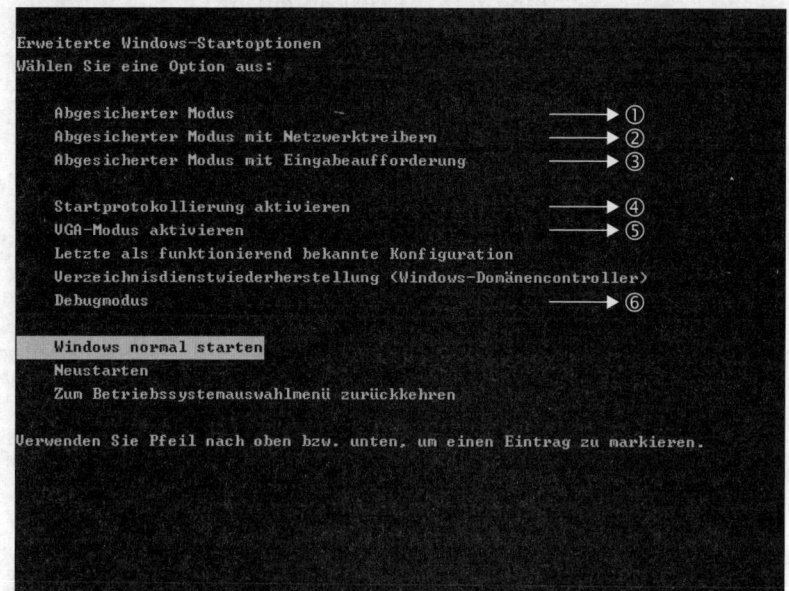

Abbildung 3.3
Erweiterte Windows
Startoptionen (F8-
Menü)

In der folgenden Tabelle werden die durch das F8-Menü gesetzten
Optionen erläutert:

Option	Bedeutung	
/SAFEBOOT:	Startet Windows Server 2003 im abgesicherten Modus. Die folgenden Varianten bestehen durch Setzen eines zusätzlichen Parameters (direkt hinter dem Doppelpunkt):	*Tabelle 3.9:* *F8 Menü-Optionen in der BOOT.INI*
①	MINIMAL	
	Windows Server 2003 wird mit einer minimalen Anzahl an Gerätetreibern im VGA-Grafikmodus (16 Farben bei einer Auflösung von 640 x 480) gestartet.	
②	NETWORK	
	Zusätzlich zur MINIMAL-Konfiguration werden die Netzwerktreiber geladen.	

Option	Bedeutung
③	MINIMAL (ALTERNATESHELL) Es wird zwar in den VGA-Grafikmodus (mit 16 Farben bei einer Auflösung von 640 x 480) umgeschaltet, allerdings als einzige Anwendung nur CMD.EXE in einem Eingabeaufforderungs-Fenster gestartet.
/BOOTLOG ④	Beim Start wird eine Protokolldatei im Verzeichnis %SYSTEMROOT%\NTBTLOG.TXT angelegt, in der das Laden aller Treiber festgehalten wird. Dies kann für die Fehlersuche nützlich sein.
/BASEVIDEO ⑤	Lädt beim Umschalten in den Grafikmodus nur den Standard VGA-Treiber mit 16 Farben bei 640 x 480.
/DEBUG ⑥	Startet Windows Server 2003 im Debug-Modus mit der Standardeinstellung für COM-Port 1 bei einer Übertragungsrate von 19 200 Baud.

Neben den in Tabelle 3.9 erläuterten Optionen gibt es weitere, die für die Administration und Fehlersuche für Windows Server 2003 wichtig sein können und die Sie manuell in der BOOT.INI setzen.

Tabelle 3.10:
Andere wichtige
Optionen in der
BOOT.INI

Option	Bedeutung
/3GB	Aktiviert das 4GT (4-Gigabyte-Tuning) genannte Verfahren auf einem Server, der zwischen 2 und 4 GB physikalischen RAM verfügt.
/BAUDRATE=	Kann alternativ zu /DEBUG angewandt werden, um den Debug-Modus zu starten. Dazu kann eine andere Baudrate eingestellt werden (Standard bei Verwendung von /DEBUG ist eine Baudrate von 19 200).
/BURNMEMORY=	Limitiert den Speicher wie /MAXMEM, nur dass Sie hier angeben, um wie viel MB der physische Hauptspeicher für die Nutzung durch Windows Server 2003 reduziert werden soll.
/CRASHDEBUG	Startet Windows im Debug-Modus. Der Debugger bleibt jedoch so lange inaktiv, bis ein Kernel-Fehler auftritt.

Option	Bedeutung
/DEBUGPORT=	Startet Windows im Debug-Modus, wobei der gewünschte serielle Port angegeben wird, beispielsweise COM2 (Standard bei Verwendung von /DEBUG ist COM1).
/FASTDETECT	Mit /fastdetect wird das Programm NTDETECT.COM, welches beim Systemstart ausgeführt wird, angewiesen, auf die Erkennung von parallelen und seriellen Geräten zu verzichten, da ab Windows 2000 spezielle Plug&Play-Gerätetreiber dies übernehmen. Unter Windows NT 4 gibt es diese Plug&Play-Gerätetreiber nicht (ist Aufgabe von NTDETECT.COM) und diese Option hat keine Wirkung.
/MAXMEM=	Limitiert den Hauptspeicher, den Windows nutzen soll, auf den Wert, den Sie (in MB) für diese Option eintragen.
/NOGUIBOOT	Veranlasst das Betriebssystem, ohne grafische Ausgabe über den VGA-Treiber zu starten. Es werden keine Meldungen über den Boot-Fortgang gegeben, allerdings auch keine *Blue Screens* erzeugt, falls das System beim Start zusammenbricht.
/NUMPROC=<anz>	Veranlasst Windows, bei einer Mehrprozessor-Maschine nur die mit <anz> angegebene Anzahl an Prozessoren zu verwenden.
/PAE	Aktiviert bei einem Windows Server 2003 Enterprise Edition die *Physical Address Extension* (PAE).

Einen Teil der Optionen benötigen Sie nur, wenn Sie für das Betriebssystem Software entwickeln.

3.3 Dynamische Datenträger

Die eigentliche Neuerung im Bereich der Massenspeicherverwaltung von Windows stellen die *dynamischen Datenträger* dar. Diese wurden mit Windows 2000 eingeführt. In Windows Server 2003 sind sie ebenso fester Bestandteil des Betriebssystems wie auch in Windows XP Professional. Nur in Windows XP Home Edition werden lediglich Basisdatenträger unterstützt.

Erstellung von dynamischen Datenträgern

Erst mit dem Konvertieren eines Basis- in einen dynamischen Datenträger stehen Ihnen alle Möglichkeiten des Datenträgermanagements zur Verfügung. Diese Konvertierung können Sie über das Managementkonsolen-Snap-In *Datenträgerverwaltung* vornehmen. Mehr zu den konkreten Administrationsschritten finden Sie in Abschnitt 11.4 *Dynamische Datenträger einrichten* ab Seite 710.

Beachten Sie, dass auf dynamische Datenträger von den Betriebssystemen MS-DOS, Windows 3.x, Windows 9x/ME und Windows NT nicht zugegriffen werden kann. Obwohl sich im Detail einige Änderungen gegenüber Windows 2000 ergeben haben, bleibt die Kompatibilität gewahrt und der Zugriff durch Windows 2000 uneingeschränkt möglich.

Datenträgerdatenbank anstelle der Partitionstabelle

Prinzipiell können Sie jeden Basisdatenträger in einen dynamischen Datenträger konvertieren. Dabei werden bestehende Basisvolumes in dynamische Volumes überführt. Dynamische Volumes werden auf dynamischen Datenträgern nicht mehr über die Partitionstabelle, sondern über die Datenträgerverwaltungsdatenbank geführt.

Für das Neuanlegen der Datenträgerdatenbank wird ein kleiner freier, unpartitionierter Speicherplatz auf der betroffenen Festplatte benötigt. Die Größe dieses Bereichs reicht von ca. einem MB bis zu einem Prozent der Festplattengröße. Steht dieser nicht zur Verfügung, kann die Konvertierung nicht durchgeführt werden.

Wenn Sie mit Windows 2000/XP oder Windows Server 2003 Basisdatenträger partitionieren, wird automatisch etwas Platz für ein späteres Konvertieren in einen dynamischen Datenträger reserviert. In der DATENTRÄGERVERWALTUNG wird dieser freie Speicherbereich aber nicht separat angezeigt. Partitionieren Sie eine Festplatte allerdings unter einem anderen Betriebssystem, kann es sein, dass kein freier Speicherplatz mehr zur Verfügung steht. Dann bleibt Ihnen leider nichts anderes übrig, als eine Partition zu sichern, zu löschen und entsprechend etwas kleiner neu anzulegen.

Mit Tools wie *Partition Magic* (*www.powerquest.de*) können Sie Partitionen von Basisdatenträgern dynamisch in der Größe anpassen, ohne dass Daten verloren gehen. Windows Server 2003 bietet Ihnen nur das Tool DISKPART.EXE, mit dessen Hilfe Sie eingeschränkt Partitionen nachträglich vergrößern können (siehe Abschnitt 11.8.1 *DISKPART.EXE* ab Seite 729).

Partitionstabelle nach wie vor für:

Nach dem Konvertieren eines Basis- in einen dynamischen Datenträger verliert die Partitionstabelle jedoch nicht vollends ihre Bedeutung. Für den Start des Betriebssystems und die Windows-Systemdateien bleibt sie erhalten:

- Das *Systemvolume*, das den Urlader NTLDR enthält, wird nach   **Systemvolume**
  wie vor über die Partitionstabelle geführt und verfügt über einen MBR (siehe auch Abschnitt 3.2.3 *MBR und Partitionstabelle
  im Detail* ab Seite 84).

- Das *Startvolume*, das die Betriebssystemdateien enthält (das   **Startvolume**
  Verzeichnis %SYSTEMROOT%, z.B. *C:\Windows*), muss ebenfalls
  in der Partitionstabelle geführt werden.

Die Partitionstabelle wird also nach wie vor benötigt. Damit ergibt
sich aber eine wesentliche Einschränkung, die Sie beachten sollten:

Über die Partitionstabelle geführte *dynamische Volumes*, die auf
einem dynamischen Datenträger liegen, können *nicht* nachträglich
erweitert werden.

Das betrifft aber nur System- und Startvolumes. Anders als bei
Windows 2000 werden alle anderen Basisvolumes, die sich zum
Zeitpunkt der Konvertierung auf einem Basisdatenträger befinden,
aus der Partitionstabelle entfernt und stehen dann als »richtige«
dynamische Volumes zur Verfügung. Somit können unter Windows Server 2003 (wie auch unter Windows XP Professional) konvertierte dynamische Volumes nachträglich erweitert werden.

Das war mit Windows 2000 leider nicht möglich. Hier wurden alle   **Einschränkungen**
Basisvolumes, die vor der Konvertierung existierten, weiterhin   **für Erweiterbarkeit**
über die Partitionstabelle geführt. Eine Erweiterung über die DA-
TENTRÄGERVERWALTUNG ist damit nicht möglich.

Müssen Sie System- oder Startpartition von Windows Server 2003
dynamisch in der Größe verändern, bleibt Ihnen noch der Weg
über Tools von Drittanbietern wie das schon genannte Programm
Partition Magic. Vergewissern Sie sich aber, ob das Programm mit
dynamischen Datenträgern umgehen kann. Anderenfalls sollten
Sie die Größenanpassung *vor* einer Konvertierung am *Basisdatenträger* durchführen.

Unterschiede zum Konvertieren unter Windows 2000 beachten

Wie bereits gesagt, werden übernommene Basisvolumes nach der   **Konvertierte**
Konvertierung unter Windows Server 2003 nicht mehr in der Parti-   **Volumes sind jetzt**
tionstabelle geführt. Damit sind diese konvertierten dynamischen   **erweiterbar!**
Volumes erweiterbar.

Anders noch bei Windows 2000: Hier sind konvertierte dynami-   **Windows 2000:**
sche Volumes grundsätzlich nicht erweiterbar, da diese zusätzlich   **Starke Einschrän-**
zur Datenträgerdatenbank immer noch über die Partitionstabelle   **kungen für kon-**
mit verwaltet werden. Damit ergibt sich eine Einschränkung, wel-   **vertierte Basis-**
che die Vorteile dynamischer Datenträger in der Praxis oft unge-   **volumes**
nutzt lässt. Die meisten Anwender und Administratoren sind sich
dieses Umstands nicht bewußt und partitionieren zuerst die Festplatten, die standardmäßig als Basisdatenträger unter Windows

2000 eingerichtet werden, und konvertieren diese erst später. Dann sind die so angelegten und konvertierten dynamischen Volumes allerdings nicht mehr erweiterbar. Umgehen können Sie das Dilemma unter Windows 2000 nur, wenn Sie eine neue Festplatte vor der weiteren Einteilung in einen dynamischen Datenträger umwandeln. Weiterführende Hinweise finden Sie dazu in unserem Buch *Windows 2000 im Netzwerkeinsatz*.

Achtung bei übernommenen Volumes von Windows 2000

Unter Windows Server 2003 haben Sie diese Einschränkung für konvertierte dynamische Volumes nicht mehr. Allerdings betrifft das nicht konvertierte dynamische Volumes, die Sie von Windows 2000 übernehmen. Da diese nach wie vor in der Partitionstabelle verankert sind, können sie unter Windows Server 2003 nicht wie »richtige« dynamische Volumes behandelt werden. Hier bleibt dann nur die Datensicherung, Löschung und Neuanlage des Volumes, wenn Sie eine dynamische Erweiterbarkeit benötigen.

Einschränkungen für System- und Startvolumes

Eine wichtige Einschränkung für die Nutzung dynamischer Datenträger bleibt aber bestehen: System- und Startvolumes lassen sich grundsätzlich nicht erweitern und behalten ihre Einträge in der Partitionstabelle.

Aufbau und Funktionen dynamischer Datenträger

Datenträgerverwaltungsdatenbank

Dynamische Datenträger verfügen zur Verwaltung der auf ihnen eingerichteten dynamischen Volumes über eine Datenträgerverwaltungsdatenbank. Diese ist am physischen Ende der Festplatte untergebracht. Die Datenträgerverwaltungsdatenbank wird automatisch zwischen allen dynamischen Datenträgern repliziert, sodass im Falle einer Beschädigung der Datenträgerinformationen diese durch die Betriebssystem-eigenen Mechanismen besser wiederhergestellt werden können.

Beachten Sie, wenn Sie Reparaturprogramme für Datenträger von Drittherstellern einsetzen wollen, dass diese ausdrücklich zu Windows Server 2003 kompatibel sind und dynamische Datenträger unterstützen. Anderenfalls könnte deren Anwendung zu Datenverlusten führen!

Dynamische Volumes, die Sie auf dynamischen Datenträgern mit Hilfe der Datenträgerverwaltung anlegen, können in die folgenden Gruppen eingeteilt werden. Dabei wird zwischen der Speicherung mit und ohne Fehlertoleranz unterschieden:

Speicherung ohne Fehlertoleranz
↓

- Einfaches Volume

  Einfache Volumes entsprechen der kleinsten Einheit eines dynamischen Datenträgers. Sie können erweitert werden, indem freier Speicherplatz auf demselben oder einem anderen dynamischen Datenträger hinzugefügt wird.

- Übergreifendes Volume

  Ein übergreifendes Volume entsteht, wenn mindestens zwei freie Bereiche auf zwei dynamischen Datenträgern zusammengefasst werden oder ein einfaches Volume mit einem freien Bereich auf einem anderen Datenträger erweitert wird. Logisch verhält sich dieses Volume dann wie eine einzige große Einheit.

- Stripesetvolume

  Für eine Erhöhung der Performance können Sie mindestens zwei gleich große freie Bereiche, die sich auf verschiedenen physischen Festplatten befinden müssen, zu einem Stripesetvolume verbinden. Die Daten werden zwischen diesen Bereichen aufgeteilt, sodass die Transferraten und Antwortzeiten beider Festplatten gebündelt zur Datenspeicherung genutzt werden können.

- RAID 5-Volume

  Diese besondere Form des Stripesetvolumes verfügt über eine hohe Fehlertoleranz. Sie wird dadurch erreicht, dass separate Paritätsinformationen verteilt gespeichert werden, sodass beim Ausfall einer Festplatte die Daten problemlos rekonstruiert werden können. Dazu werden mindestens drei Festplatten benötigt, wobei sich der effektiv nutzbare Platz hierbei um ein Drittel verringert (für die Paritätsinformationen). Bei vier Festplatten geht demzufolge ein Viertel verloren, bei fünf ein Fünftel usw. Von Vorteil ist die bessere Speicherplatzausnutzung gegenüber den rein gespiegelten Datenträgern. Nachteilig ist allerdings die bei einer reinen Softwarelösung verminderte Schreibleistung. Die Lesegeschwindigkeit kann im Idealfall an die eines Stripesetvolumes heranreichen.

  Speicherung mit Fehlertoleranz ↓

- Gespiegeltes Volume

  Maximale Fehlertoleranz für Festplatten erreichen Sie über die Einrichtung gespiegelter Volumes. Dabei werden die eingesetzten Festplatten redundant zur Speicherung der Daten genutzt. Es könne jeweils zwei Festplatten zu einem gespiegelten Volume verbunden werden, wobei nur die Hälfte der gesamten Kapazität tatsächlich genutzt werden kann.

Prinzipiell können Sie auf einem dynamischen Datenträger beliebig viele Volumes anlegen. Eine Limitierung gibt es nicht. Allerdings ist die Praktikabilität bei deutlich mehr als zehn logischen Datenträgern pro Festplatte sicher fraglich.

Zurückkonvertieren von dynamischen Datenträgern

Ein Zurückkonvertieren eines dynamischen in einen Basisdatenträger ist nur für eine leere Festplatte möglich. Das bedeutet, dass Sie zuerst alle Daten sichern und alle bestehenden dynamischen

Zurückkonvertieren nicht wirklich möglich!

Volumes löschen müssen. Erst dann können Sie das Zurückkonvertieren in einen Basisdatenträger über die DATENTRÄGERVERWALTUNG oder das Kommandozeilentool DISKPART.EXE vornehmen. Einen wirklichen Weg zurück ohne Datenverlust gibt es also nicht.

Beim Zurückkonvertieren wird die Datenträgerverwaltungsdatenbank gelöscht. Ein Übertragen der Datenträgerinformationen in eine dann zu erstellende oder zu erweiternde Partitionstabelle wird allerdings nicht vorgenommen. Technisch wäre das sicherlich realisierbar, wird von Microsoft aber wegen des Aufwands oder aus anderen Erwägungen nicht unterstützt.

3.3.1 Einschränkungen für dynamische Datenträger

Bei der Nutzung dynamischer Datenträger sollten Sie die folgenden Punkte beachten, für die diese Technologie Probleme mit sich bringen kann oder nicht zulässig ist:

Installation von Windows Server 2003

Setup benötigt eine Festplatte mit Partitionstabelle

Wie schon in Abschnitt *Erstellung von dynamischen Datenträgern* ab Seite 94 dargelegt, werden »richtige« dynamische Datenträger nur noch über die Datenträgerverwaltungsdatenbank geführt. Für den Start des Betriebssystems taugen solche Datenträger allerdings nicht. Sowohl das System- als auch das Startvolume können zwar auf einem dynamischen Datenträger liegen, müssen aber mit einem Eintrag in der zusätzlich erforderlichen Partitionstabelle geführt werden. Das Setup-Programm erkennt anderenfalls das gewünschte Ziellaufwerk nicht und verweigert die Installation. Damit bleiben Ihnen nur zwei Alternativen:

Unproblematisch: Installation auf Basisfestplatte

1. Sie installieren Windows Server 2003 auf einem Basisdatenträger. Bei diesem werden alle angelegten Volumes generell nur über die Partitionstabelle geführt und stehen damit für das Setup-Programm im direkten Zugriff.

2 Alternativen:

2. Sie installieren das Betriebssystem auf einem dynamischen Datenträger, auf dem sich Volumes befinden, die zuvor auf dem ursprünglichen Basisdatenträger gelegen haben und mit umgewandelt worden sind.

Konvertierte Basisdatenträger aus Windows 2000

Wurde dieser Basisdatenträger unter Windows 2000 umgewandelt, sind dabei bestehende Volumes danach noch in der Partitionstabelle vorhanden. Das ist der Grund dafür, dass diese Volumes sich nachträglich nicht in der Größe erweitern lassen. Damit können Sie Windows Server 2003 auf jedem dieser Volumes installieren.

Wurde der Basisdatenträger hingegen unter Windows Server 2003 oder Windows XP Professional in einen dynamischen umgewandelt, verlieren alle Volumes ihre Einträge in der Partitionstabelle und werden nur noch in der Datenträgerverwaltungsdatenbank geführt. Davon ausgenommen sind nur System- und Startdatenträger. Um eine dynamische Festplatte, die nur über »rein« dynamisch geführte Volumes verfügt, dennoch für die Installation von Windows Server 2003 nutzen zu können, steht das Kommandozeilentool DISKPART.EXE zur Verfügung. Über den Befehl RETAIN können Sie für ein einfaches dynamisches Volume nachträglich einen Eintrag in der Partitionstabelle der Festplatte erzeugen.

Dynamische Datenträger in Windows Server 2003 modifizieren

In der Praxis stellen Sie diese Besonderheiten keinesfalls vor unüberwindliche Hürden, wenn es darum geht, Windows Server 2003 zu installieren. Bei Neusystemen, wo Sie die Installation sowieso mit einer Partitionierung der Festplatte beginnen sollten, stellt sich das Problem mit dynamischen Datenträgern noch nicht. Nur bei bestehenden Daten oder einer geplanten Parallelinstallation zu einem bereits vorhandenen Windows 2000-Serversystem könnten unverhofft einige Schwierigkeiten auftreten.

Wechseldatenträger und externe Speichermedien

Wechseldatenträger wie beispielsweise Medien für große SCSI-Wechselplattenlaufwerke können Sie nicht als dynamische Datenträger einrichten. Das trifft ebenfalls für externe Festplatten zu, die über USB oder FireWire an den Computer angeschlossen sind.

Ausgenommen sind nur externe SCSI-Festplatten, die wie interne »normal« am SCSI-Bus hängen und damit nicht durch das Betriebssystem als »extern« erkannt werden können. Besondere Aufmerksamkeit sollten Sie der richtigen Absicherung der Verbindung mit dem internen SCSI-Bus widmen, da eine plötzliche Unterbrechung, insbesondere wenn Sie beispielsweise interne und externe Festplatten zu einem *Stripesetvolume* (siehe Abschnitt 3.3.4 *Stripeset* ab Seite 101) verbunden haben, mit Sicherheit zu Datenverlusten führen. Derartige Konfigurationen sollten Sie deshalb besser vermeiden.

Achtung bei externen SCSI-Festplatten

Notebooks

Generell wird für Notebooks die Nutzung von dynamischen Datenträgern nicht unterstützt. Aufgrund der besonderen Merkmale dieser Geräte, wie häufiges Abschalten für einen minimalen Stromverbrauch, wird diese Technologie hier von Microsoft nicht zugelassen. Wenn Sie dazu in Betracht ziehen, dass die allermeisten Notebooks sowieso nur über eine interne Festplatte verfügen, brächte die Umwandlung einer Basisfestplatte in eine dynamische keinen Vorteil mit sich.

3.3.2 Kompatibilität zu NT 4-Partitionsgruppen

Unter Windows NT 4 werden Volumes, die sich aus Partitionen auf einer oder mehreren (bis zu 32) physischen Festplatten zusammensetzen, als *Partitionsgruppen* bezeichnet. Es gibt hier die folgenden Typen:

- *Volume Sets*
  Diese werden auch *Datenträgersätze* genannt und entsprechen den erweiterten dynamischen Volumes.
- *Stripe Sets*:
  Das Grundprinzip gleicht den dynamischen Stripesetvolumes.
- *Stripe Sets mit Parity*
  Diese Partitionsgruppen werden wie dynamische RAID 5-Volumes aufgebaut und bestehen aus mindestens drei physischen Festplatten.
- *Mirror Sets*
  Hierbei wird eine Partition über eine zweite physische Festplatte gespiegelt und gleicht damit dem dynamischen gespiegelten Volume.

Aus Windows NT übernommene Partitionsgruppen können Sie nur unter Windows 2000 weiterhin nutzen, verwalten und im Bedarfsfall reparieren. Eine Neuanlage ist allerdings auch hier nicht möglich.

Diese Kompatibilitätsfunktion, die durch FTDISK.SYS bereitgestellt wird, gibt es unter Windows Server 2003 nicht mehr. Hier können Sie auf NT- Partitionsgruppen nur noch zu Servicezwecken temporär über das Dienstprogramm FTONLINE.EXE zugreifen. Weitere Informationen zu diesem Programm finden Sie in der Online-Hilfe von Windows Server 2003.

3.3.3 Einfache Volumes und ihre Erweiterung

Einfache dynamische Volumes können Sie während des laufenden Betriebes über die Datenträgerverwaltung erweitern. Dazu muss ein freier Bereich auf demselben oder einem anderen dynamischen Datenträger zur Verfügung stehen. Alle entsprechenden Administrationsschritte finden Sie in Abschnitt 11.4.1 *Einfache Volumes und ihre Erweiterung* ab Seite 711.

Bezeichnungen für die Volumes

Erweiterte Volumes werden unterschiedlich bezeichnet, je nachdem, ob sich die Erweiterungen auf demselben oder einem anderen Datenträger befinden.

- Erweitertes Volume

  Liegt der Bereich auf *demselben* Datenträger, spricht man von einem *einfachen erweiterten dynamischen Volume*.

- Übergreifendes Volume

  Wird das einfache Volume über einen Bereich erweitert, der auf einer anderen physischen Festplatte liegt, entsteht ein *übergreifendes Volume*. Dieses kann sich über maximal 32 physische Festplatten erstrecken.

Die Verknüpfung der physischen Teilbereiche zu einer logischen Einheit wird transparent für den Benutzer in der Datenträgerverwaltungsdatenbank eingetragen. Die Einbindung des neuen Volumes erfolgt dynamisch bei laufendem Betrieb. Ein Neustart ist nicht notwendig.

Neustart nicht notwendig

Einschränkungen für die Erweiterbarkeit

Die folgenden Einschränkungen müssen Sie hinsichtlich der Erweiterbarkeit von dynamischen Volumes beachten:

- Dynamische Volumes, die außer in der Datenträgerdatenbank auch noch in der Partitionstabelle geführt werden, können grundsätzlich nicht erweitert werden. Das betrifft insbesondere diese Volumes:

  - Windows-System- und -Startvolumes
  - Dynamische Volumes, die unter Windows 2000 aus Basisvolumes (sprich: Partitionen) konvertiert worden sind

- Als Dateisystem für eine Erweiterung wird nur NTFS unterstützt. FAT- und FAT32-formatierte dynamische Volumes lassen sich nicht erweitern. Alternativ können Sie nur unformatierte Volumes erweitern.

Erweiterungen von Volumes werden durch die Datenträgerverwaltung separat angezeigt. Trotzdem können Sie diese Erweiterungen nicht einzeln löschen, sondern nur das gesamte Volume. Möchten Sie das Volume nachträglich wieder verkleinern, bleiben nur die Sicherung aller Daten und die Neuerstellung des komplett gelöschten Volumes.

Löschen von Erweiterungen

3.3.4 Stripesetvolume

Stripesetvolumes in Windows Server 2003 entsprechen der RAID-Spezifikation Level 0 (siehe Tabelle 3.11 auf Seite 106). Wie über-

RAID 0

greifende Volumes setzen sich diese aus Teilbereichen über mehrere physische (maximal 32) Datenträger zusammen. Die Teilbereiche müssen allerdings alle exakt gleich groß sein, da die Bereiche nicht nacheinander, wie beim übergreifenden Volume, sondern gleichzeitig mit Daten gefüllt werden. Die Datenpakete werden durch den Logischen Diskmanager in gleich große *Stripes* (*Streifen* – daher auch der Name *Stripeset*) aufgeteilt und nacheinander auf alle verbundenen Datenträger gespeichert.

Erreichbare Performance

chunk size und stripe width

Die Größe der *Stripes* wird in der Fachliteratur auch *chunk size* genannt, die Anzahl der Festplatten im Set mit *stripe width* angegeben. Eine übliche, auch unter Windows Server 2003 verwendete *chunk size* beträgt 64 KB.

Hohe Performance bei großen Dateien

Hauptvorteil gegenüber den normalen übergreifenden Volumes ist die höhere Performance. Daten, deren Größe die *chunk size* übersteigen, werden von mehreren der angeschlossenen Datenträger verarbeitet. Beim Schreiben und Lesen dieser Daten kann die Datentransferrate der Festplatten gebündelt werden. Dies macht sich umso mehr bemerkbar, je größer die Daten sind. Insbesondere bei hohen Datenmengen, beispielsweise große Bilddateien bei einem Bildverarbeitungsarbeitsplatz, lassen sich signifikante Performance-Steigerungen gegenüber der herkömmlichen Speicherung auf nur einer Festplatte erzielen.

Die Abspeicherung und das Auslesen der *chunks* erfolgt über die angeschlossenen Datenträger sequentiell. Das erste Teilstück geht zur ersten Platte, das zweite zur zweiten usw. Damit müssen sich die Schreib-/Leseköpfe der einzelnen Festplatten bei einem großen Datenstrom nicht weit bewegen und die Latenzzeiten der Festplatten bleiben sehr klein.

Keine Steigerung bei kleinen Dateien im Einzelzugriff

Speichern Sie auf dem Stripesetvolume vor allem kleine Dateien, welche die *chunk size* nicht übersteigen, kommt die höhere Performance nicht zum Tragen, wenn auf die Dateien nur vereinzelt zugegriffen wird. Das Lesen sowie das Schreiben dieser Dateien dauern dann genauso lange, wie wenn Sie eine einzelne Festplatte im System einsetzen.

Anders bei transaktionsorientierten Anwendungen

Anders sieht das schon wieder aus, wenn Sie Datenbankanwendungen haben, die ein schnelles Antwortverhalten für viele Zugriffe auf verschiedene, relativ kleine Datensätze zur gleichen Zeit benötigen. Können diese Datensätze jeweils in einem Stripe abgelegt werden, steigt mit der Anzahl der Festplatten im Set die Wahrscheinlichkeit, dass sich zwei parallel angeforderte Datensätze auf zwei verschiedenen physischen Datenträgern befinden. Beide Festplatten bekommen dann praktisch gleichzeitig die E/A-Anforderung und können diese jede für sich separat abarbeiten.

Das steigert natürlich die Gesamtperformance im Vergleich zu einer einzelnen Festplatte deutlich.

Durch die integrierte RAID 0-Unterstützung von Windows Server 2003 können Sie bei den richtigen Anwendungen mit preiswerten durchschnittlichen Festplatten ein Massenspeichersystem hoher Leistung aufbauen. Dabei muss es nicht immer SCSI sein. Kleinere Arbeitsgruppenserver mit einem IDE-Interface und Ultra-DMA-Unterstützung erreichen heute bereits mit handelsüblichen, preiswerten Festplatten, die Sie in einem Stripesetvolume bündeln, sehr gute Leistungswerte.

Auf richtige Anwendung achten

Prinzipieller Aufbau

In Abbildung 3.4 sehen Sie den prinzipiellen Aufbau eines Stripesetvolumes, das sich über drei dynamische Datenträger erstreckt. So könnte beispielsweise eine Konfiguration aussehen, die aus einer Systemfestplatte von 110 GB Kapazität (die gleichzeitig Startfestplatte ist) und zwei weiteren Festplatten von ebenfalls je 110 GB besteht. Für das Betriebssystem ist ein 10 GB großer Bereich abgeteilt, der jetzt auf einem konvertierten dynamischen Datenträger als ehemalige primäre Partition vorhanden ist (siehe auch Abschnitt 3.2 *Basisdatenträger und Partitionen* ab Seite 80).

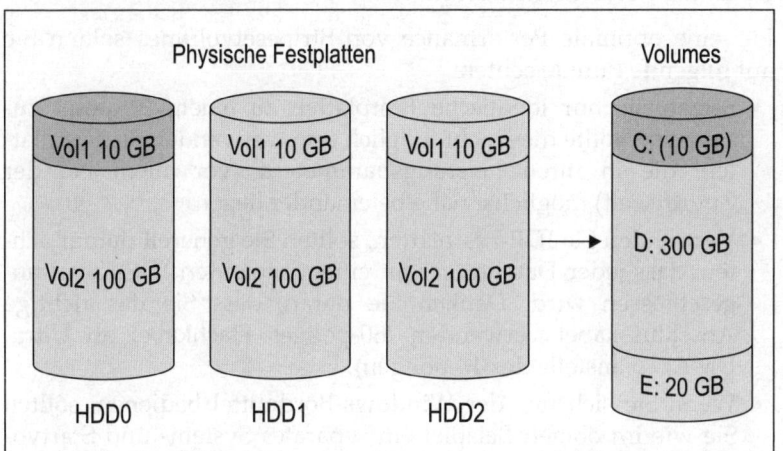

Abbildung 3.4:
Prinzipaufbau eines
Stripesetvolumes

Der Rest von 100 GB wird zusammen mit zwei gleich großen freien Bereichen auf HDD1 und HDD2 zu einem 300 GB Stripesetvolume verbunden. Der für diese Konfiguration nicht nutzbare Rest verbleibt mit zwei Teilstücken von je 10 GB, hier eingerichtet als übergreifendes Volume E:.

Beachten Sie, dass sowohl System- als auch Startvolumes von Windows Server 2003 nicht als Stripesetvolumes eingerichtet werden können. Das sollten Sie bei der logischen Aufteilung Ihrer Festplatten berücksichtigen.

Wollen Sie auch für diese Datenträger eine hohe Performance mittels einer RAID 0-Konfiguration erreichen, bleibt immer noch der Einsatz einer Hardware-Lösung.

Keine Fehlertoleranz!

Die Aufteilung der Daten in *chunks* über mehrere Festplatten bei RAID 0 erfolgt ohne Fehlertoleranz. Fällt eine der eingebundenen Festplatten eines Stripesetvolumes aus, sind alle Daten auf diesem verloren. Zwar zeichnen sich heutige Festplatten durch eine lange durchschnittliche fehlerfreie Funktionsdauer (MTBF – *Mean Time Between Failure*) aus, allerdings wird durch ein Stripeset mit zwei Festplatten die Ausfallwahrscheinlichkeit schon verdoppelt, bei drei Festplatten verdreifacht usw. Die Datensicherung gewinnt also bei der Verwendung von Stripesets an Bedeutung.

Fehlertoleranz in Stripesets nur bei RAID 5

Fehlertoleranz für ein Stripeset erreichen Sie erst mit RAID Level 5 (siehe auch Tabelle 3.11 auf Seite 106). Diese Datenträger werden unter Windows Server 2003 mit *RAID 5-Volume* bezeichnet und sind unter anderem Gegenstand des nachfolgenden Abschnitts 3.4 *Fehlertolerante Datenspeicherung*.

Optimale Performance erreichen

Für eine optimale Performance von Stripesetvolumes sollten Sie auf folgende Punkte achten:

- Setzen Sie nur identische Festplatten zu einem Stripeset zusammen. Sollte dies nicht möglich sein, verwenden Sie Festplatten, die in ihren Leistungsparametern (vor allem bei der Zugriffszeit) möglichst nahe beieinander liegen.

- Verwenden Sie IDE-Festplatten, sollten Sie generell darauf achten, dass jeder Datenträger an einem separaten IDE-Kanal angeschlossen wird. Denken Sie daran, dass Sie das richtige Anschlusskabel verwenden (80-poliges Flachkabel ab Ultra-DMA/66 anstelle des 40-poligen).

Software-Stripeset

- Wenn Sie sich nur der Windows-Bordmittel bedienen, sollten Sie wie im obigen Beispiel ein separates System- und Startvolume einrichten, das ausschließlich das Betriebssystem Windows Server 2003 selbst enthält. Alle übrigen Programme und Daten werden in einem oder mehreren Stripesetvolumes gehalten, wodurch sich die Performance dieser Volumes für Ihre Anwendungen voll auswirken kann. Beachten Sie zusätzlich, dass die folgenden Bereiche auf diese Stripesetvolumes verlagert werden:

  - Datenverzeichnisse

- temporäre Verzeichnisse des Betriebssystems und von Anwendungen
- die Auslagerungsdatei, die Sie mit einer festen Größe auf einem Stripesetvolume anlegen sollten

- Wenn Sie einen separaten RAID-Controller eines Drittherstellers einsetzen, können Sie auch das Window-Startvolume auf dem Stripeset einrichten. Damit kommt die höhere Performance dem Betriebssystem selbst zugute, was neben einem deutlich beschleunigten Start, der bei einem Serversystem sicher zweitrangig ist, auch mit einem schnelleren Systemverhalten belohnt wird. Das funktioniert deshalb, weil das Betriebssystem ein Hardware-Stripeset wie eine einzige physische Festplatte behandelt. **Hardware-Stripeset**

Neben der Einrichtung eines RAID 0-Stripesets können Sie meist mit Hilfe von Hardware-Controllern auch andere RAID-Level für Ihren Server realisieren. So lassen sich meist hardwaregestützt gespiegelte Volumes einrichten.

Beachten Sie, dass der Hersteller eines solchen RAID-Controllers aktuelle Treiber bereithält, die Windows Server 2003-zertifiziert sind. Anderenfalls kann die Benutzung Ihre Daten ernsthaft gefährden.

Den Treiber für den RAID-Controller müssen Sie in der Regel separat bei der Installation von einer Diskette oder CD einlesen lassen (Funktionstaste F6 drücken).

Einrichten und Ändern

Durch die neue dynamische Datenträgerverwaltung müssen Sie nach dem Einrichten eines Stripesetvolumes keinen Neustart vornehmen. Nach der Formatierung (es werden FAT, FAT32 und NTFS unterstützt) ist das Stripesetvolume sofort einsetzbar. **Verfügbar ohne Neustart**

Stripesetvolumes können Sie generell nach ihrer Erstellung nicht mehr verändern. Wollen Sie weitere Festplatten zu einem bestehenden Stripesetvolume hinzufügen, bleiben Ihnen nur die Sicherung aller Daten, die Löschung und Neuanlage des Volumes. Das gilt auch, wenn Sie eine der Festplatten aus dem Stripeset entfernen möchten. **Ändern von Stripesetvolumes**

Alle notwendigen Schritte zum Einrichten und Administrieren von Stripesetvolumes finden Sie in Abschnitt 11.4.2 *Stripesetvolume einrichten* ab Seite 714. **Administration ab Seite 714**

3.4 Fehlertolerante Datenspeicherung

Fehlertoleranz

Die Datenspeicherung eines Computersystems wird dann als *fehlertolerant* bezeichnet, wenn der Ausfall oder die Störung eines Teilsystems des Datenspeichers die Gesamtfunktion nicht beeinträchtigt. Umgesetzt wird dies durch den redundanten Einsatz wichtiger Teilsysteme, beispielsweise mit mehreren physischen Festplatten.

3.4.1 Die RAID-Spezifikation

Redundant Array of Independend Disks

Bei der Implementierung fehlertoleranter Datenspeicherung folgt Microsoft der systemübergreifenden *RAID-Spezifikation*. *RAID* ist die Abkürzung von *Redundant Array of Independend Disks* (Redundante Gruppen von unabhängigen Platten) und beschreibt die Funktionen, die durch den Zusammenschluss von Festplatten zu logischen Gruppen erreicht werden.

Die RAID-Level im Überblick

RAID ist in verschiedenen Levels definiert.

Tabelle 3.11: RAID-Level im Überblick

Level	Beschreibung
RAID 0	Dieses als *Disk Striping* bezeichnete Level beschreibt den Zusammenschluss von mindestens zwei physischen Festplatten zur Erhöhung der Performance zu einem so genannten *Stripeset*. Die Daten werden zwischen den Platten durch das Betriebssystem in gleich große *Streifen* aufgeteilt, wodurch gleichzeitig die Performance mehrerer Platten gebündelt zur Verfügung steht. Dieses Level bietet *keine Fehlertoleranz*. Das bedeutet, dass bei Ausfall einer Festplatte alle Daten des gesamten Stripesets verloren sind.
RAID 1	Level 1 wird auch als *Mirroring* (Spiegelung) bezeichnet. Dabei werden die Daten parallel auf zwei oder mehr physischen Festplatten gehalten. Bei Ausfall einer Festplatte wird der Betrieb mit den verbleibenden fortgesetzt. Für jedes dynamische Volume kann eine Spiegelung auf genau einem anderen dynamischen Datenträger eingerichtet werden, der dazu über ausreichend freien Speicherplatz verfügen muss. Dies wird in Abschnitt 3.4.2 *Gespiegeltes Volume* ab Seite 109 näher erläutert.

Level	Beschreibung
RAID 2	Diese 1988 vorgeschlagene Spezifikation sah vor, ein einfaches Stripeset mit Mechanismen zum Datenschutz auszustatten. So sollte über eine ECC-Methode (*Error Checking and Correction*) die Datenintegrität gewährleistet werden. Da allerdings die damals verfügbaren Festplatten ECC nicht unterstützten, kam RAID 2 nie zum kommerziellen Einsatz.
RAID 3	Wie RAID 2 beschreibt dieses Level eine besondere Form von Stripeset mit einer zusätzlichen Methode zum Schutz vor Datenverlusten. Die Parity-Informationen zur Wiederherstellung von Daten bei einem Fehlerfall sind hier jedoch auf eine separate Festplatte ausgelagert. So besteht ein RAID-3-Datenträgersatz aus mindestens zwei Festplatten für das Stripeset sowie einer für die Parity-Informationen. Windows Server 2003 unterstützt dieses RAID-Level nicht.
RAID 4	Dieses Level entspricht weitgehend RAID 3, geht aber von einer anderen *chunk size* aus. Während RAID 3 auf Byte-Ebene arbeitet, ist diese unter RAID 4 größer (Block-basiert). Damit eignet sich dieses Level eher für transaktionsorientierte Datenbankanwendungen, bei denen es auf ein gutes Antwortverhalten bei vielen kleinen parallelen Zugriffen ankommt. Dieses Level wird von Windows Server 2003 ebenfalls nicht unterstützt.
RAID 5	Bei Level 5 werden Mirroring und Striping kombiniert. Der Fehlerkorrekturcode wird über alle angeschlossenen Festplatten gleichmäßig verteilt. RAID 5 wird auch als *Striping mit Parität* bezeichnet. RAID Level 5 wird von den Window-Serverversionen unterstützt und in Abschnitt 3.4.3 *RAID 5-Volume* ab Seite 111 behandelt.
RAID 6	Level 6 stellt eine Erweiterung von Level 5 dar mit der Generierung zweier separat abgespeicherter Parity-Informationen. Diese Lösungen sind komplexer und kostenintensiver als RAID 5-Volume und damit einem begrenzteren Premium-Kreis mit einem hohen Bedarf an maximaler Absicherung vorbehalten. Hauptvorteil ist nämlich, dass selbst der Ausfall zweier Festplatten nicht zu Datenverlusten führt. Auch dieses Level wird standardmäßig nicht von Windows Server 2003 unterstützt.

Neben diesen gibt es noch die so genannten *Hybrid RAID Level*. Bei diesen werden die verschiedenen in Tabelle 3.11 gezeigten Level

Hybrid RAID Level

miteinander in Lösungen kombiniert. RAID 10 beispielsweise verbindet RAID 1 und 0 miteinander. So entsteht ein Datenträger, bei dem zwei Festplatten jeweils zu einem Spiegelsatz zusammengefasst sind. Mehrere dieser Spiegelsätze werden dann wiederum zu einem Stripeset miteinander verbunden. So erreicht man eine hohe Performance bei einer guten Fehlertoleranz. Entsprechend gibt es auch weitere Konstellationen wie beispielsweise RAID 30 und 50.

Fehlerkorrektur mit Parity-Informationen

Immer wieder ist von Parity-Informationen im Zusammenhang mit einer fehlertoleranten Datenspeicherung die Rede. Die Darstellung in Tabelle 3.12 zeigt, wie eine solche Parity-Information entstehen kann.

Summe der Daten-Bits

Aus den Datenbits der drei dargestellten Beispiel-Bytes wird die Parity-Information gewonnen. Dabei wird die Summe der jeweiligen Bits benutzt. Ist diese gerade, wird das Parity-Bit 0 gesetzt, bei einer ungeraden Summe entsprechend auf 1.

Datenwiederherstellung

Fällt ein Stripe aus, können mit Hilfe der Parity-Bits trotzdem die Daten wiederhergestellt werden. Ist die Summe der verbleibenden Bits gerade, obwohl das Parity-Bit »ungerade« anzeigt, muss das verlorene Bit auf 1 gesetzt gewesen sein. Stimmt hingegen die Summe (beispielsweise »gerade«) mit der Aussage des Parity-Bits überein (ebenfalls »gerade« beziehungsweise auf 0 gesetzt), kann das verlorene Bit nur den Wert 0 erhalten. Anderenfalls würde es die Korrektheit des Parity-Bits in Frage stellen.

Tabelle 3.12: Bildung von Parity-Informationen

Stripe	Werte		Bits							
	Dez	Hex	7	6	5	4	3	2	1	0
#1	112	70	0	1	1	1	0	0	0	0
#2	42	2A	0	0	1	0	1	0	1	0
#3	220	DC	1	1	0	1	1	1	0	0
Summe der Bits			odd	even	even	even	even	odd	odd	even
Parity Werte			1	0	0	0	0	1	1	0

Parity-Speicherort

Wo diese Parity-Information letztlich gespeichert wird, hängt von der Implementation des jeweiligen RAID-Levels ab. Bei Level 3 erfolgt die Speicherung auf einer separaten Festplatte, welche nur die Parity-Informationen hält. Bei Level 5 wird die Parity-Information gleichmäßig über alle im Set verwendeten Platten verteilt.

Parity-Speichergröße

Der für die Parity-Information benötigte Speicherplatz ist immer genauso groß wie ein einziger Datenträger im RAID-Stripeset. Das resultiert logischerweise daraus, dass sich für jede einzelne Bitfolge, welche über alle Datenträger verteilt wird, eine eindeutige Summe ergibt, aus deren Wert ein einziges Bit entsteht (mit der Information »Summe ist gerade« oder »Summe ist ungerade«).

Damit stellt die fehlertolerante Speicherung mit Zuhilfenahme der Parity-Information eine effiziente Lösung dar, wenn es um die Minimierung des Hardware-Aufwands geht. Die Errechnung des Parity-Bits sowie die Unterbringung desselben im Datenträger erzeugen jedoch Overhead, der zulasten der Performance geht. Kommen dazu auch noch Daten, welche mit der verwendeten *chunk size* nicht im richtigen Verhältnis stehen und somit die Vorteile von Stripesets nicht ausnutzen können (siehe auch Seite 102), ergeben sich im Vergleich zur einfachen Spiegelung von Datenträgern signifikante Performance-Nachteile.

Vor- und Nachteile

Hardware versus Software-RAID

Windows Server 2003 bringt von Hause aus eine RAID-Unterstützung zur Implementierung preiswerter fehlertoleranter Softwarelösungen mit. Allerdings muss bemerkt werden, dass spezielle Hardwarelösungen von Drittherstellern zumeist mehr Funktionalität und Performance (siehe vorhergehender Abschnitt) bieten. So ist eine Hot-Plug-Lösung, bei der Festplatten während des laufenden Betriebs ausgetauscht werden können, allein mit einer Softwarelösung nicht realisierbar.

In professionellen Hardware-Lösungen sind neben der Hot-Plug-Fähigkeit oft mehrere RAID-Level gemeinsam implementiert sowie andere, als von Windows Server 2003 standardmäßig unterstützt werden (beispielsweise RAID Level 3). Die in Windows Server 2003 implementierten Features für Software-RAID sind somit vorrangig eher für kleinere Serversysteme einsetzbar.

Kombination verschiedener Level

3.4.2 Gespiegeltes Volume

Eine maximale Fehlertoleranz mit einer standardmäßig verfügbaren Softwarelösung ermöglichen gespiegelte Volumes. Dabei werden genau zwei Festplatten zu einem Volume miteinander verbunden. Alle Daten werden parallel auf beiden Festplatten gehalten, wodurch sich natürlich die maximal nutzbare Kapazität auf die Größe einer Festplatte beschränkt. Fällt eine Festplatte aus, kann der Betrieb mit der verbleibenden nahtlos fortgesetzt werden.

Maximale Fehlertoleranz

Prinzipieller Aufbau

In Abbildung 3.5 sehen Sie den prinzipiellen Aufbau eines gespiegelten Volumes.

Abbildung 3.5:
Prinzip eines gespiegelten Volumes

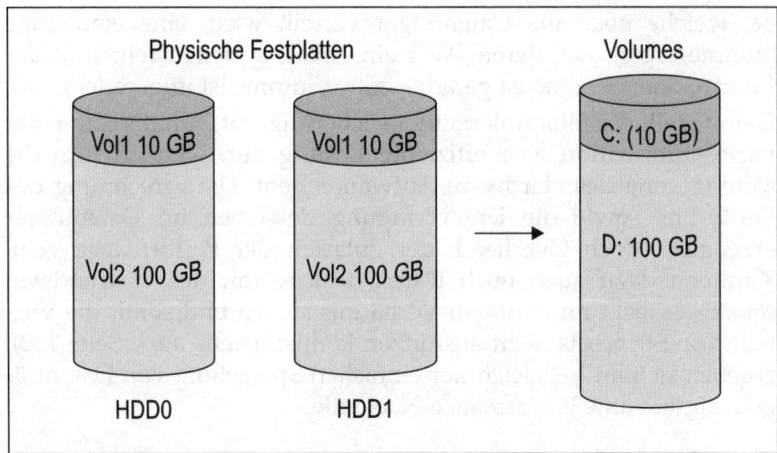

Zwei Controller

Die Spiegelung der Festplatten kann auch über zwei getrennte Festplatten-Controller implementiert werden. Damit wird das Risiko eines Controllerausfalls (welches in der Praxis allerdings eher als gering einzustufen ist) minimiert. Es ist theoretisch sogar möglich, zwei verschiedene Systemwelten, wie beispielsweise IDE und SCSI, zusammenzubringen. Allerdings sollte beachtet werden, dass die erreichbare Performance durch die schwächste Komponente bestimmt wird.

Performance

Im Vergleich zu einem einfachen Volume verschlechtert sich in der Praxis die Performance beim Schreiben geringfügig, was sich durch den Einsatz von zwei Controllern weiter vermindern lässt. Beim Lesen wird dagegen ein Geschwindigkeitsvorteil erzielt, da die Leseanforderungen auf beiden Festplatten verteilt ausgeführt werden können.

Einrichtung und Entfernung

Neuanlage oder Hinzufügen

Die Einrichtung eines gespiegelten Volumes kann auf zwei verschiedenen Wegen erfolgen:

1. Sie richten ein neues gespiegeltes Volume ein, der sich aus zwei Teilbereichen auf zwei dynamischen Datenträgern zusammensetzt.
2. Sie richten die Spiegelung für ein bestehendes einfaches dynamisches Volume ein. System- und Startvolumes lassen sich ebenfalls mit einer Spiegelung versehen.

Das Einrichten eines gespiegelten Volumes erfordert keinen Neustart, benötigt jedoch abhängig von der Größe der Festplatten einige Zeit.

Haben Sie eine Spiegelung für ein Systemvolume (enthält NTLDR **Systemvolume**
und BOOT.INI) eingerichtet, können Sie in der Datei BOOT.INI festle- **spiegeln**
gen, von welcher physischen Festplatte Windows Server 2003 gestartet werden soll.

Es empfiehlt sich, bei der Einrichtung der Spiegelung eines
Systemvolumes jeweils für beide Festplatten einen Starteintrag in
der BOOT.INI vorzunehmen, damit im Falle eines Fehlers an einer
Festplatte von der anderen gestartet werden kann.

Lesen Sie dazu auch die Hinweise in Abschnitt 3.2.5 *Die Datei
BOOT.INI* ab Seite 88.

Eine einmal eingerichtete Spiegelung können Sie jederzeit wieder **Spiegelung**
entfernen, ohne dass ein Neustart notwendig wird. Nach Entfer- **entfernen**
nen der Spiegelung arbeitet das System normal mit dem verbleibenden einfachen Volume weiter.

Die Administrationsschritte zum Einrichten und Verwalten von **Administration ab**
gespiegelten Volumes finden Sie in Abschnitt 11.5.1 *Gespiegeltes* **Seite 716**
Volume einrichten ab Seite 716.

3.4.3   RAID 5-Volume

Bei RAID 5-Volumes werden mindestens drei physische Festplatten zur Datenspeicherung benutzt (siehe auch Tabelle 3.11 auf
Seite 106). Dabei wird die errechnete Parity-Information (siehe
auch Tabelle 3.12 auf Seite 108) auf alle angeschlossene Datenträger gleichmäßig verteilt.

Prinzipieller Aufbau

In Abbildung 3.6 ist ein RAID 5-Volume dargestellt, das sich über
drei physische Festplatten erstreckt:

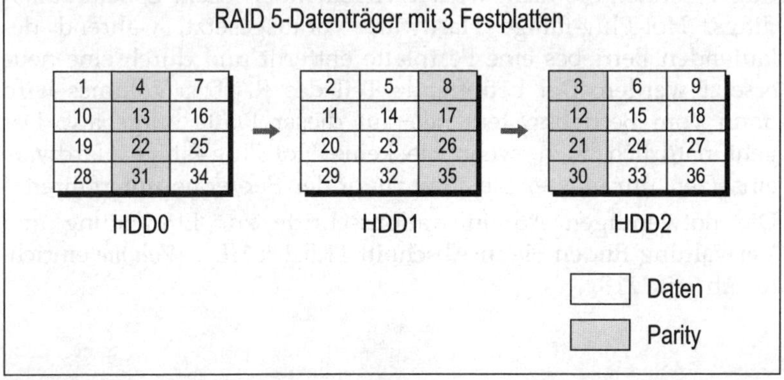

RAID 5-Datenträger mit 3 Festplatten										
1	4	7		2	5	8		3	6	9
10	13	16		11	14	17		12	15	18
19	22	25		20	23	26		21	24	27
28	31	34		29	32	35		30	33	36
HDD0				HDD1				HDD2		

Daten
Parity

*Abbildung 3.6:
Verteilung der Da-
tenblöcke bei einem
RAID 5-Volume*

Im Gegensatz zu einem gespiegelten Volume geht nicht die Hälfte
der Gesamtkapazität verloren, sondern in diesem Fall nur ein Drit-

tel. Dies reduziert sich prozentual gesehen umso mehr, je mehr Festplatten Sie zu solch einem Volume zusammenfassen. Bei vier Festplatten beträgt demzufolge der Verlust nur noch 25 Prozent, bei fünf dann entsprechend 20 Prozent usw. (siehe auch Abschnitt *Fehlerkorrektur mit Parity-Informationen* ab Seite 108).

Performance

Die Performance einer reinen RAID 5-Softwarelösung, wie standardmäßig in Windows Server 2003 implementiert, ist als nicht besonders hoch einzustufen. Die Leseperformance kann bei der richtigen Anwendungs- und Datenstruktur durchaus mit jener von reinen Stripesetvolumes mithalten (siehe auch Seite 102). Beim Schreiben gerät sie im Vergleich mit diesen und auch den gespiegelten Volumes schnell ins Hintertreffen. Die Errechnung und Unterbringung der Parity-Informationen auf den Volumes kostet Zeit und damit Performance.

Bei den heute niedrigen Preisen für Festplatten empfiehlt es sich deshalb, wenn nur eine Standard-Softwarelösung in Frage kommen soll, gespiegelte Volumes einzusetzen. Diese bieten eine im Vergleich sehr ausgewogene bis gute Performance bei einer sehr hohen Fehlertoleranz.

Einrichtung und Änderungen

RAID 5-Volumes können Sie ausschließlich auf mindestens drei dynamischen Datenträgern unter Windows Server 2003 einrichten. Dabei können allerdings System- oder Startvolumes nicht mit eingeschlossen werden. Diese lassen sich aber separat über gespiegelte Volumes absichern.

Ändern von RAID 5-Volumes

Einmal zu einem RAID 5-Volume zusammengeschlossene Datenträger können Sie nicht wieder voneinander lösen. Es kann allerdings, Hot-Plug-fähige Hardware vorausgesetzt, während des laufenden Betriebes eine Festplatte entfernt und durch eine neue ersetzt werden. Der betreffende Teil des RAID 5-Volumes wird dann vom Betriebssystem neu auf dieser Platte aufgebaut. Das geht natürlich auch, wenn Sie keine Hot-Plug-fähige Hardware einsetzen, nur müssen Sie dann zuvor den Server herunterfahren.

Administration ab Seite 718

Die notwendigen Administrationsschritte zur Einrichtung und Verwaltung finden Sie in Abschnitt 11.5.2 *RAID 5-Volume* einrichten ab Seite 718.

3.5 Der Wechselmediendienst

Mit der Einführung von Windows 2000 wurde ein vollkommen neues Konzept für die Verwaltung von Wechselmedien vorgestellt. An die Stelle der verhältnismäßig einfachen Gerätetreiber-Unterstützung von Windows NT trat ein universelles Modell, welches eine Steuerung von Geräten und eine Verwaltung von Medien über eine einheitlich API (*Application Programming Interface*) ermöglicht. In den nachfolgenden Abschnitten wird dies näher vorgestellt.

In der Praxis stellte sich aber schnell heraus, dass die Umsetzung dieses Konzepts, insbesondere die alleinige Administration über das Managementkonsolen-Snap-In *Wechselmedienverwaltung*, für Standardaufgaben zu kompliziert war. In 90% der Anwendungsfälle benötigt der Administrator ein einfaches Bandlaufwerk, um die Datensicherung auf dem Server durchführen zu können. Alle Medien werden dann ausschließlich durch das Sicherungsprogramm genutzt, was keine umständliche Verwaltung über Medienpools erfordert. Erst wenn Sie ein Bandwechslersystem einsetzen, manuell oder robotergesteuert, wird ein leistungsfähiges Verwaltungswerkzeug benötigt, welches mit dem Snap-In WECHSELMEDIENVERWALTUNG standardmäßig zur Verfügung steht.

In Windows Server 2003 hat Microsoft die Verwaltung von Wechselmedien für die Datensicherung auf einem einfachen Bandlaufwerk[4] deutlich vereinfacht. Eine leicht zu bedienende Schnittstelle zum Wechselmediendienst wurde in das standardmäßig verfügbare Sicherungsprogramm NTBACKUP integriert, sodass Sie für diesen Einsatzzweck das Snap-In WECHSELMEDIENVERWALTUNG gar nicht mehr verwenden müssen.

Die Datensicherung wird in Abschnitt 17.1 *Datensicherung* ab Seite 1271 eingehend behandelt.

Datensicherung ab Seite 1271

In den nachfolgenden Abschnitten erhalten Sie eine Einführung in die grundlegenden Prinzipien des Wechselmediendienstes. Auf eine praktische Anleitung zur Administration haben wir in diesem Buch verzichtet. Diese ist stark abhängig vom konkret zu verwendenden Bandwechslersystem und damit kaum allgemeingültig darzustellen.

3.5.1 Grundprinzip des Wechselmediendienstes

Zum besseren Verständnis der grundlegenden Änderungen, welche die Verwaltung von Wechselmedien erfahren haben, soll an

---

[4] Mit »einfach« wird ein Laufwerk bezeichnet, welches nur einen Schacht aufweist und damit immer nur ein Band gleichzeitig im Zugriff hat.

dieser Stelle mit einem Vergleich des Konzepts begonnen werden, welches unter Windows NT implementiert ist. Zwischen Windows 2000 und Windows Server 2003 sind übrigens keine grundlegenden Neuerungen eingeführt worden – abgesehen von der erwähnten vereinfachten Handhabung über das Sicherungsprogramm NTBACKUP.

Windows NT: Geräteorientierter Ansatz

In Abbildung 3.7 sehen Sie den geräteorientierten Ansatz, wie er unter Windows NT implementiert worden ist. Die einzelnen Speichermedien wie Magnetbänder oder Wechselplattenlaufwerke werden jeweils über herstellerspezifische Treiber eingebunden.

Abbildung 3.7:
Wechselmedien-
verwaltung unter
Windows NT

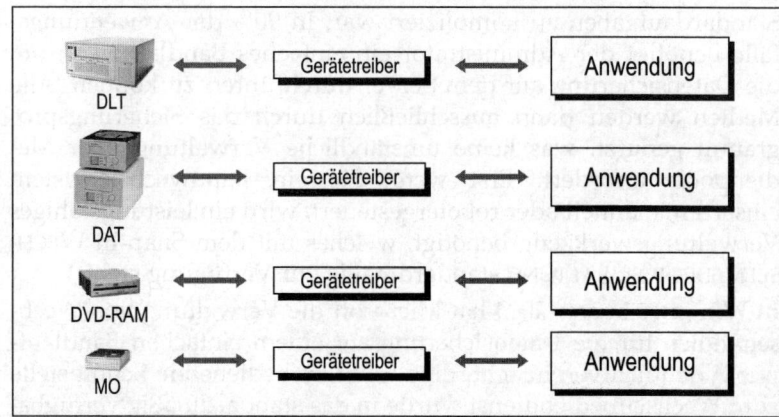

Jede Anwendung muss ihrerseits wiederum über die geeigneten Schnittstellen zu diesen Treibern verfügen, um auf die Medien zugreifen zu können.

Ab Windows 2000: Anwendungsorientierter Ansatz

Einheitliche API

Mit Windows 2000 wurde dieser Ansatz radikal über Bord geworfen. Über den *Wechselmediendienst* werden alle Geräte integriert und über eine einheitliche API (*Application Programming Interface*) allen anderen Anwendungen zur Verfügung gestellt.

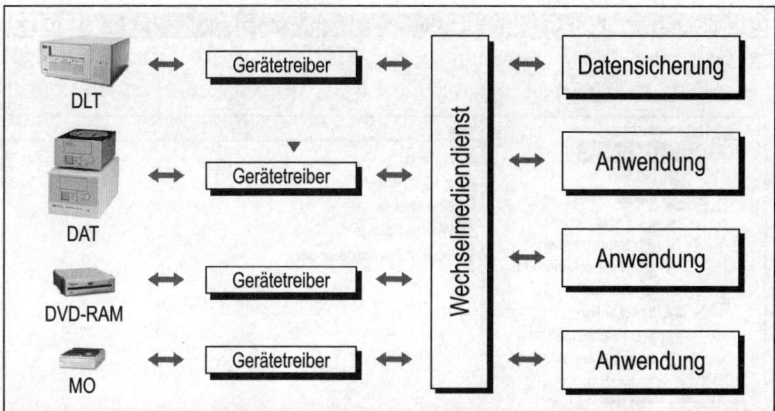

Hersteller von Speicherlösungen brauchen deshalb nicht mehr eigene, hardwarenahe Gerätetreiber zu programmieren oder auf diese direkt zuzugreifen. Vielmehr können sie sich jetzt verstärkt auf das Design ihrer Anwendungen konzentrieren. So wurde beispielsweise die aufwändige Programmierung von Treibern für große Magnetbandwechsler von der Anwendungsschnittstelle getrennt. Das Ansprechen der einzelnen Bänder bis hin zur Aufforderung an den Administrator für einen manuellen Eingriff kann nun das Betriebssystem selbstständig übernehmen.

Mit dem Datensicherungsprogramm NTBACKUP wird eine Anwendung mitgeliefert, welche direkt auf den Wechselmediendienst aufsetzt. Das Programm wurde gegenüber der Version in Windows 2000 überarbeitet und, wie bereits erwähnt, unter anderem im Hinblick auf eine einfachere Verwaltung der Medien erweitert.

Anwendung: Datensicherung

3.5.2 Medienpools

Die Verwaltung von Wechselmedien stellt eine besondere Herausforderung an die Administratoren dar, insbesondere dann, wenn umfangreiche Bibliotheken mit einer hohen Anzahl an Medien bestehen. In Windows Server 2003 wird mit dem Snap-In WECHSELMEDIENVERWALTUNG ein Werkzeug mitgeliefert, das direkt auf den Wechselmediendienst aufsetzt und eine Grundfunktionalität für die Administration mitbringt.

Sie finden dieses Snap-In unter der Bezeichnung WECHSELMEDIEN in der Managementkonsole *Computerverwaltung* im Zweig DATENSPEICHER. Alternativ können Sie natürlich auch eine eigene Managementkonsole zu diesem Zweck anlegen.

Abbildung 3.9:
Snap-In in der
Managementkonsole
Computerverwaltung

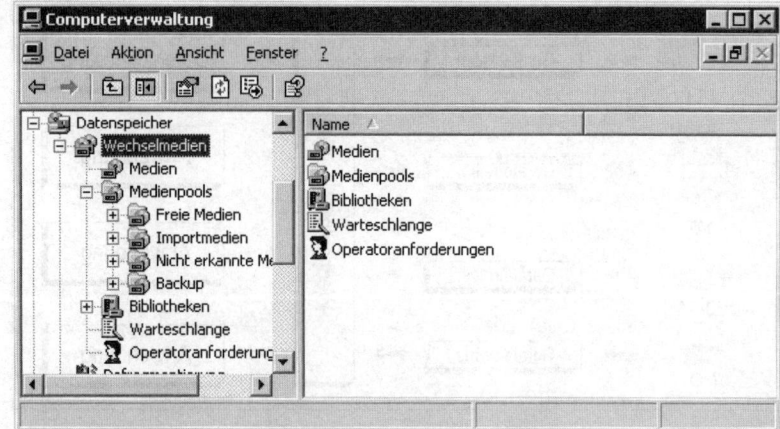

Vorrangig Band-
wechsler

Das Snap-In WECHSELMEDIENVERWALTUNG ist in erster Linie für die Verwaltung von Bandwechslern konzipiert worden, wie sie auch bei großen Serversystemen sinnvoll sind. Allerdings sollten Sie beachten, dass dieses Tool nicht ohne weiteres für die professionelle Verwaltung komplexer Bibliotheken mit einer hohen Anzahl an Medien ausreichend ist. Hier müssen die Hersteller entsprechender Hard- und Softwarelösungen eigene Verwaltungswerkzeuge mitliefern, die sich aber in die vorgegebene Struktur der Wechselmedienverwaltung einordnen und direkt auf die API des Wechselmediendienstes zugreifen sollten. Aus diesem Grund werden wir im Folgenden nicht näher auf die mitgebrachten Funktionen für die Bandwechselsysteme eingehen und verweisen auf die Dokumentationen professioneller Lösungen.

Grundfunktionalität
für alleinstehende
Bandlaufwerke

Für alleinstehende Bandlaufwerke steht eine Grundfunktionalität zur Verfügung, auf die Sie in Windows Server 2003 direkt über das Datensicherungsprogramm NTBACKUP zugreifen können.

Arten von Medienpools

Es wird grundsätzlich zwischen zwei verschiedenen Arten von Medienpools unterschieden:

Systemmedienpools

• Systemmedienpools

In der Wechselmedienverwaltung finden Sie die folgenden Systemmedienpools:

- Freie Medien

Hier werden frei verfügbar gekennzeichnete Medien geführt. Das sind Medien, die keine durch eine der Anwendungen verwalteten Daten enthalten oder derzeit nicht in Benutzung sind. Auf diese Medien kann durch alle Anwendungen zugegriffen werden, welche die API des Wechselmediendienstes benutzen.

- Importmedien

  Medien in diesem Pool sind durch die Wechselmedienverwaltung als benutzt erkannt worden. Es steht jedoch am
  konkreten System keine Anwendung für die weitere Verwendung zur Verfügung.

- Nicht erkannte Medien

  Diese Medien werden zwar als existent erkannt, ein Zugriff
  ist jedoch nicht möglich. Dies kann durch ein unbekanntes
  Format oder durch Defekte verursacht sein. Solche Medien
  können Sie über die Wechselmedienverwaltung vorbereiten
  und dann in einen anderen Pool verschieben.

- Anwendungsmedienpools

  Anwendungen, die direkt die API des Wechselmediendienstes
  benutzen, können eigene Medienpools anlegen. So finden Sie
  beispielsweise die durch NTBACKUP benutzten Medien hier wieder.

**Anwendungsme-
dienpools**

Verschieben von Medien zwischen Pools

Neben den automatischen Zuweisungen von Medien an bestimmte
Pools können Sie manuell eingreifen und Medien zwischen diesen
verschieben. So ist es beispielsweise möglich, dass Sie durch Anwendungen gehaltene Medien wieder in den Pool freier Medien
verschieben und damit allen anderen Anwendungen ebenfalls zur
Verfügung stellen.

Anlegen eigener Medienpools

Für die Katalogisierung von Medienbeständen können Sie eigene
Medienpools anlegen. Dabei lassen sich hierarchische Strukturen
aufbauen. Medienpools können so weitere Medienpools enthalten
und verhalten sich dann wie normale Verzeichnisstrukturen, welche Sie allerdings nur über die Wechselmedienverwaltung administrieren können.

**Hierarchische
Strukturen möglich**

3.5.3 Remotespeicher

Mit dieser Anwendung können Sie ein hierarchisches Speichermanagement aufbauen. Ziel ist dabei die möglichst effektive Ausnutzung von Speicherplatz bei Sicherstellung einer hohen Verfügbarkeit der Daten. Dateien, auf die eine längere, definierte
Zeitspanne nicht mehr zugegriffen worden ist, werden vom Remotespeicherdienst auf ein Bandlaufwerk ausgelagert. Dabei kommen
in der Praxis vornehmlich aufwändige Bandwechsler zum Einsatz,
die eine hohe Kapazität bieten (mehrere hundert GB bis einige TB).

**Auslagerung weni-
ger benötigter Da-
teien**

Der Remotespeicherdienst ist nur unter Windows Server 2003 Enterprise Edition und Windows Server 2003 Datacenter Edition verfügbar.

Nachfolgend finden Sie eine kurze Einführung in die Grundprinzipien dieser Anwendung. Zur konkreten Implementierung auf einem Serversystem finden Sie weitere Hinweise in der Online-Hilfe.

Grundprinzip

NTFS-Bereitstellungspunkte

Realisiert wird diese Anwendung, indem wenig benötigte Dateien auf einen externen Speicher mit hoher Kapazität, beispielsweise ein Bandlaufwerk, ausgelagert werden. Über das NTFSv5-Dateisystem und die hier verfügbaren Bereitstellungspunkte (siehe auch Abschnitt 4.2.3 *Analysepunkte und Bereitstellungen* ab Seite 142) bleiben diese Dateien aber weiterhin mit allen Eigenschaften für den Benutzer sichtbar.

Abbildung 3.10:
Prinzip Remote-
speicher

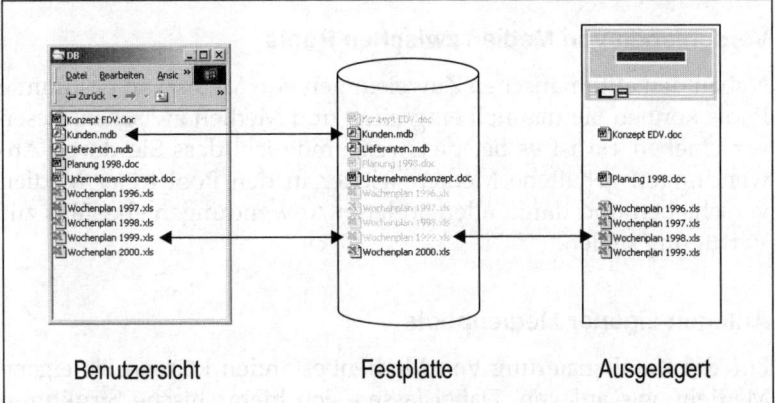

Greift ein Benutzer oder eine Anwendung auf eine der ausgelagerten Dateien zu, wird diese über den Remotespeicherdienst angefordert und vom betreffenden Medium wieder physisch auf den Datenträger kopiert. Der Benutzer merkt von diesem Vorgang nichts, sieht man einmal von der längeren Wartezeit ab, die dieser Vorgang in Anspruch nimmt.

Kriterien für die Auslagerung festlegen

Der Administrator kann die Auslagerung über zwei grundsätzliche Kriterien steuern:

- Freier Speicherplatz
  Sie können angeben, wie viel Speicherplatz auf den betreffenden Festplatten noch frei bleiben soll. Erst wenn diese Grenze

erreicht wird, beginnt das System Dateien wirklich auszulagern und Speicherplatz auf der Festplatte freizugeben.

- Auszulagernde Dateien
  Sie können festlegen, welche Dateien überhaupt ausgelagert werden dürfen.

3.6 Der Indexdienst

Die steigende elektronische Datenflut auf Arbeitsplatzcomputern und im Netzwerk, auch ausgelöst durch die immer weitere Verlagerung von Brief- und Fax-Schriftverkehr ins Internet, machen effiziente Methoden zum Finden von abgelegten Informationen notwendig. Dabei geht es um mehr als nur die Suche nach Dateinamen – wer erinnert sich schon an den Namen eines Briefes, den er vor Monaten vielleicht an einen Geschäftspartner geschrieben hat?

Mit Hilfe des Indexdienstes können Sie auf Datenträgern abgelegte Informationen katalogisieren lassen. Mit einbezogen werden dabei auch weitergehende Informationen wie der Dateiinhalt. Damit wird eine Volltextsuche für bestimmte Dokumenttypen realisiert.

Suche auch nach Inhalten

Um den Indexdienst effektiv einzusetzen, sollten Sie diesen an die konkreten Erfordernisse anpassen. So ist es wenig sinnvoll, auf einem Server alle Volumes zu indizieren. Der Index benötigt Festplattenkapazität und bindet Ressourcen bei der Erstellung und Aktualisierung, sodass nur die Dateien und Ordner indiziert werden sollten, die für eine Suche auch in Frage kommen.

Anpassungen notwendig

Die grundlegende Funktionsweise und die wesentlichen Komponenten des Indexdienstes werden in diesem Abschnitt behandelt. Wie Sie den Indexdienst als Administrator individuell anpassen können, erfahren Sie in Abschnitt 11.16 *Indexdienst einrichten* ab Seite 799.

Administration ab Seite 799

3.6.1 Überblick zur Indizierung

Unter Indizierung von Dateien versteht man deren systematische Erfassung nach bestimmten Eigenschaften. Diese werden zusammen mit der Angabe des Dokumentenpfades in einem Katalog gespeichert. Bei der Suche wird dann auf diesen Katalog zugegriffen. Die Art des Aufbaus des Kataloges entscheidet darüber, wie effizient die Suche durchgeführt wird und wie viele relevante Informationen zu den verwalteten Daten enthalten sind.

Was ist Indizierung?

Vordefinierte Kataloge

Indexdienst ist standardmäßig installiert, aber deaktiviert

Der Windows-Indexdienst wird standardmäßig installiert. Er muss für die Nutzung allerdings erst noch aktiviert werden (siehe auch Abschnitt 11.16.1 *Indexdienst aktivieren* ab Seite 799). Es gibt, abhängig von der konkreten Konfiguration Ihres Systems, zwei vordefinierte Kataloge:

- *System*

  In diesem Katalog sind alle Volumes eingeschlossen, die sich auf festen Datenträgern befinden – also im Prinzip alle auf dem Server gespeicherten Dateien. Explizit ausgeschlossen werden nur Profileinstellungen lokaler Benutzerkonten.

- *Web*

  Sind die *Internetinformationsdienste* (IIS) installiert, dann wird dieser Katalog angelegt. Er enthält alle Verzeichnisse unterhalb von *wwwroot* sowie den Ordner für die Fernadministration via Web-Oberfläche.

Kataloge

Endergebnis der Indizierung sind ein oder mehrere Kataloge, die komplette Indizes mit den Verweisen und allen gewünschten Informationen zu den entsprechenden Dateien enthalten. Die Suche wird dann automatisch auf die Kataloge ausgedehnt, die für den oder die betreffenden Datenträger existieren. Für den Benutzer läuft der Vorgang transparent ab; bei einer aufwändigeren Suche wird er nur deutlich schneller ein Ergebnis präsentiert bekommen. Eine Suche nach einem Textauszug aus dem Inhalt beispielsweise wird dann im aktuellen Katalog durchgeführt. Steht kein Katalog zur Verfügung beziehungsweise ist der Indexdienst inaktiv, erfolgt die Suche herkömmlich mit dem Durchforsten jeder einzelnen Datei. Das dauert länger und hat deutlich mehr Datenträgerzugriffe zur Folge.

Die Suche über das Explorer-Suchfenster wird nur dann automatisch über den Indexdienst abgewickelt, wenn dieser lokal auf dem betreffenden Computer läuft. Für die Suche von Clientsystemen aus auf Servervolumes müssen Sie das vorgefertigte HTML-Suchfenster des Indexdienstes benutzen oder ein eigenes erstellen.

Anpassung des Indexdienstes

Administratorrechte erforderlich

Die Aktivierung und Konfiguration des Indexdienstes ist Administratoren vorbehalten. Über die Gruppenrichtlinie *Indexdienst* können Sie festlegen, welchen Benutzern Zugriff auf die Einstellungen des Indexdienstes über das entsprechende Snap-In gewährt wird.

Indizierung im Hintergrund

Die Indizierung erfolgt als Prozess im Hintergrund. Inwieweit der Server dabei beansprucht wird, hängt in erster Linie von der Leistungsfähigkeit der eingesetzten Hardware und der Anzahl der zu indizierenden Dateien ab. Der Indexdienst sollte an die jeweiligen

Anforderungen angepasst werden (siehe auch Abschnitt 11.16 *Indexdienst einrichten* ab Seite 799). Sie können bestimmen, wie hoch die Performance des Indexdienstes sein soll und wie oft oder wie schnell Veränderungen an Dateien im Index aktualisiert werden sollen.

Dokumentfilter

Eine entscheidende Rolle für die Effektivität des Indexdienstes spielen die Dokumentfilter, als *iFilter* bezeichnet. Nur mit einem passenden iFilter können Inhalte von Dateien vollständig im Index erfasst werden. Microsoft liefert bereits einige iFilter für seine eigenen Dokumentformate mit (Office-Dokumente, Textdateien, HTML-Webseiten etc.). Einen weitergehenden Überblick erhalten Sie dazu in Abschnitt 3.6.2 *iFilter* ab Seite 122.

iFilter

Auswahl des Dateisystems

Das Dateisystem eines zu indizierenden Volumes spielt nur eine untergeordnete Rolle. Die maximale Performance und mehr Einflussmöglichkeiten bietet aber das Dateisystem NTFS:

Vorteil bei Nutzung von NTFS

- NTFS-Änderungsjournal

  Über das NTFS-Änderungsjournal können Änderungen an Dateien schnell auf Dateisystemebene erfasst werden. Dadurch kann der Indexdienst besonders bei großen Datenbeständen sehr schnell auf Änderungen reagieren. Entscheidend für die Performance ist hier nicht mehr, wie viele Dateien auf dem Volume existieren, sondern wie viele geändert worden sind.

- NTFS-Indexattribut

  Der zweite wichtige Unterschied zu den FAT-Dateisystemen ist die Existenz eines Indexattributs. Sie können damit bei Bedarf genau auf Ebene des Dateisystems bestimmen, welche Dateien und Ordner durch die Indizierung explizit eingeschlossen oder ausgenommen werden sollen.

- Sichere Abfragen

  Schließlich ist die Verwendung des NTFS-Dateisystems eng mit der Frage nach der Datensicherheit verbunden. Vor der Rückgabe eines Abfrageergebnisses an den Benutzer steht die Auswertung der Sicherheitseinstellungen. Damit werden nur die Dokumente angezeigt, für die der betreffende Benutzer die entsprechenden Zugriffsrechte hat.

Dateien, die nicht indiziert werden

Die folgenden Dateien werden nicht indiziert, auch wenn sie sich in einem zu indizierenden Verzeichnis befinden:

- Dateien ohne gesetztes Index-Attribut

NTFS-Attribut beachten

Benutzen Sie den Indexdienst für Dateien auf NTFS-Volumes, beachten Sie, dass hier ein Indizierungsattribut existiert. Ist dieses erweiterte NTFS-Attribut nicht gesetzt, wird die betreffende Datei nicht indiziert. Für Dateien auf FAT-Volumes ist dieses Attribut nicht verfügbar. Hier werden generell alle Dateien eines in den Katalog aufgenommenen Verzeichnisses indiziert.

- Verschlüsselte Dateien

Verschlüsselung kontra Indizierung

Dateien, die durch das verschlüsselnde Dateisystem (EFS; siehe Abschnitt 4.3 *Das verschlüsselnde Dateisystem (EFS)* ab Seite 159) chiffriert sind, werden nicht in den Index aufgenommen. Nachträglich verschlüsselte Dateien werden automatisch aus dem Index entfernt. Damit wird zwar eine hohe Sicherheit realisierbar, allerdings geht dies zu Lasten eines vollständigen Index oder macht unter Umständen den Indexdienst sogar obsolet.

- Dateien, die sich momentan in Benutzung befinden

Dateien, die gerade bearbeitet werden und von Anwendungsprogrammen gesperrt sind, werden so lange nicht neu indiziert, wie diese Sperre besteht. Erst nach Beendigung der Bearbeitung erfolgt die Neuindizierung.

3.6.2   iFilter

Dem iFilter kommt für den Betrieb des Indexdienstes eine entscheidende Rolle zu. Nachfolgend werden die mitgelieferten Filter näher betrachtet sowie Möglichkeiten zur Nachrüstung zusätzlicher Filter gezeigt.

Standardmäßig mitgelieferte iFilter

Für die folgenden Dateitypen werden standardmäßig iFilter mitgeliefert:

- HTML
- Text (ASCII, ANSI, Unicode)
- Microsoft Office Dokumente (Word, Excel etc.; ab Office 95)
- Internet Mail, News

Sollen andere als die oben genannten Dokumenttypen vollständig mit in den Index aufgenommen werden, benötigen Sie iFilter der entsprechenden Hersteller. Die Schnittstellen zum Indexdienst hat Microsoft offen gelegt und bietet die Informationen dazu im *Platform Software Development Kit* an.

Zusätzliche iFilter

Verschiedene Hersteller bieten eigene iFilter für die Aufrüstung des Microsoft Indexdienstes an. Nachfolgend finden Sie eine Aufstellung einiger iFilter von Drittherstellern und deren Bezugsmöglichkeiten:

- PDF-Dateien

  Adobe bietet einen iFilter für PDF-Dateien an. Diesen können Sie, derzeit aktuell in der Version 5, kostenlos über die folgende Website laden:

  `http://download.adobe.com/pub/adobe/acrobat/win/all/ifilter50.exe`

  PDF-Dateien

- DWG-Dateien (AutoCAD)

  Für DWG-Dateien, die über das verbreitete technische Zeichenprogramm AutoCAD erzeugt werden, können Sie einen passenden iFilter über die folgende Website beziehen:

  `http://www.cad-company.nl/i-filter/default.htm`

  DWG-Dateien

  In der Profi-Version ist dieser Filter übrigens nicht kostenlos.

Das Angebot an iFiltern für den Indexdienst wird scheinbar zunehmend dünner. So hat Corel seine Unterstützung offensichtlich eingestellt und den Link zum iFilter für Wordperfect mittlerweile von seiner Website entfernt.

3.6.3 Vorgang der Indizierung im Detail

Der konkrete Ablauf bei der Indizierung richtet sich danach, ob ein iFilter für die betreffende Datei vorhanden ist oder nicht.

Indizierung von Dateien bei vorhandenem iFilter

Abbildung 3.11 auf Seite 124 zeigt schematisch die einzelnen Schritte beim Indizieren einer Datei, wenn ein iFilter (siehe Abschnitt 3.6.2 *iFilter* ab Seite 122) vorhanden ist.

Bei der Indizierung werden die folgenden Schritte nacheinander durchgeführt:

Ablauf der Indizierung

1. Zuerst wird der Typ des Dokuments ermittelt. Über den passenden iFilter werden dann der Inhalt und die Dokumenteigenschaften extrahiert.

2. Der Inhalt des Dokuments wird analysiert und die verwendeten Sprachen werden ermittelt. Es wird eine Einzelwortliste erstellt, die um die Wörter aus der Ausnahmewortliste bereinigt wird. Ergebnis ist eine Liste der inhaltsrelevanten Wörter des Dokuments. Weitere Informationen finden Sie dazu im nachfolgenden Abschnitt.

3. Die ermittelten Dokumenteigenschaften werden im Eigenschaftencache abgelegt, wenn sie dort noch nicht erfasst worden

sind. Abhängig von dem Dokumentenformat und dem eingesetzten iFilter stehen die verschiedenen spezifischen Eigenschaften dadurch später für die Suchfunktion des Indexdienstes zur Verfügung.

4. Die gewonnenen Informationen zu den Eigenschaften und zum Inhalt werden zunächst temporär im Arbeitsspeicher in so genannten *Wortlisten* gehalten. Solange Dokumente nur in Wortlisten erfasst sind, erfolgt automatisch deren Neuindizierung, wenn der Computer oder der Indexdienst allein zwischenzeitlich neu gestartet werden musste. Die Wortlisten gehen, da nur im Hauptspeicher gehalten, bei einem solchen Neustart verloren.

Abbildung 3.11:
Ablauf bei der Indi-
zierung einer Datei

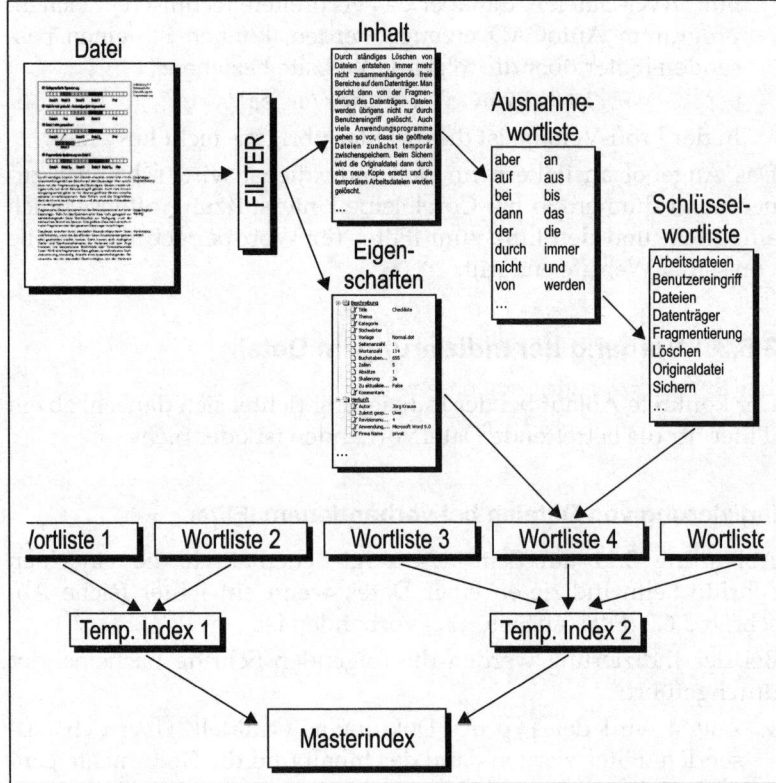

5. Wird eine bestimmte Anzahl an Wortlisten erreicht, erfolgt deren Zusammenführung zu einem temporären Index auf dem Datenträger. Dieser steht damit nach einem Neustart wieder zur Verfügung.

6. Nach einer definierten Zeitspanne (meist einmal am Tag) oder einer bestimmten Menge an temporären Indizes werden diese zu einem so genannten *Masterindex* zusammengeführt. Diese

Zusammenführung können Sie manuell vornehmen, wenn Sie eine schnellere Aktualisierung des Masterindex wünschen.

Der Masterindex stellt die effizienteste Form des Index dar. Die Daten sind hier hochkomprimiert und für die Suchfunktionen optimiert. Die Zusammenführung kann insbesondere bei umfangreichen Indizes einige Zeit in Anspruch nehmen. **Masterindex**

Indizierung von Dateien ohne iFilter

Dateien, für die kein iFilter zur Verfügung steht, können trotzdem in den Index aufgenommen werden. Allerdings beschränken sich die ermittelbaren Informationen in der Regel auf die Dateieigenschaften. Sie können sowohl für den Indexdienst insgesamt als auch für einzelne Kataloge einstellen, wie mit unbekannten Dateitypen umgegangen werden soll. Standardmäßig werden diese in die Indizierung einbezogen. **Beschränkung meist auf Eigenschaften**

3.6.4   Unterstützung mehrerer Sprachen

Der Indexdienst unterstützt mehrere Sprachen sowohl bei der Erfassung der Inhalte als auch für die Abfrage.

Extrahierung der Dateiinhalte

Bei der Indizierung, ein passender iFilter vorausgesetzt, werden die Dateiinhalte so extrahiert, dass später eine Volltextsuche zum Erfolg führen kann. Dabei ist klar, dass im Index nur die Wörter landen sollen, die eine Relevanz für den Inhalt haben. So gibt es in jeder Sprache allgemeine Wörter wie Artikel, Pronomen oder Verbindungsworte, die für eine Volltextsuche untauglich sind. Diese allgemeinen Wörter werden in sprachspezifischen Ausnahmewortlisten gehalten. Diese können Sie, da es sich um einfache Textdateien handelt, nachträglich anpassen.

Die Bezeichnung dieser Ausnahmewortlisten folgt einem einheitlichen Schema. Die Dateien sind an folgendem Ort zu finden: **Ausnahmewortlisten**

```
%Systemroot%\system32\Noise.xxx
```

xxx steht für die entsprechende Sprachen-Kennung. Die Datei *%Systemroot%\system32\Noise.deu* enthält beispielsweise die Ausnahmewortliste für die deutsche Sprache.

Bei der Indizierung werden übrigens mehrere verwendete Sprachen in einem Dokument zuverlässig erkannt. So können Sie ein Textdokument, das englische und deutsche Abschnitte beinhaltet, später über eine Abfrage nach deutschen oder englischen Schlüsselwörtern mit einer Volltextabfrage zuverlässig wiederfinden. **Mehrsprachige Dokumente**

Textinformationen im Index in Unicode Um eine spätere Abfrage zu vereinfachen, werden alle Textinformationen im Index im Unicode-Zeichensatz abgelegt. Inhalte aus ASCII-Textdateien werden damit bei der Indizierung in Unicode transformiert.

Sprachen-spezifische Abfragen

Für die Abfragen werden ebenfalls mehrere Sprachen unterstützt. So können Sie bestimmte Schlüsselwörter für die Erstellung logischer Verkettungen in der jeweils aktiven Sprache formulieren.

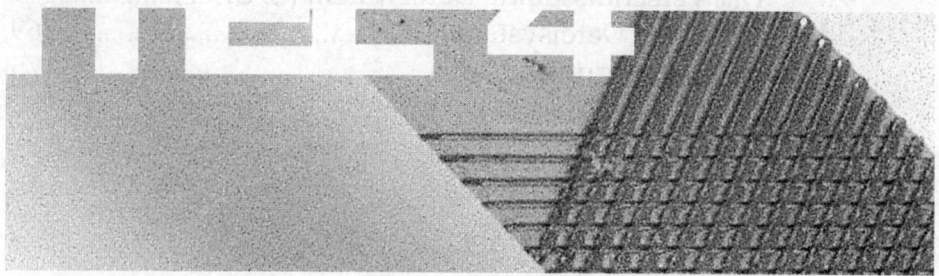

4

Dateisysteme

Für den Zugriff auf Volumes bietet das Dateisystem eines Betriebssystems eine definierte Schnittstelle. Windows Server 2003 unterstützt eine Reihe von Dateisystemen für den Zugriff auf Festplatten und Wechseldatenträger. Für den Servereinsatz kommt dem Dateisystem NTFS allerdings eine besondere Bedeutung zu.

Inhaltsübersicht Kapitel 4

4.1 Unterstützte Dateisysteme

In diesem Abschnitt erhalten Sie eine Übersicht über die von Windows Server 2003 unterstützten Dateisysteme.

FAT, FAT32 und NTFS

Das sind die Standarddateisysteme für die Verwaltung von Festplatten und den meisten wiederbeschreibbaren Wechseldatenträgern.

Außer bei Disketten und eventuell anderen externen Datenträgern sollte bei einem Serversystem immer NTFS zum Einsatz kommen. Nur dieses Dateisystem bietet ausreichende Sicherheit und Skalierbarkeit und genügt professionellen Anforderungen.

Dieses Kapitel geht deshalb nur auf NTFS ein. Zu den anderen Dateisystemen finden Sie weitergehende Informationen in unseren Büchern *Windows 2000 im professionellen Einsatz* sowie *Windows XP Professional*.

CDFS

Das *Compact Disc File System* ist das Standardformat für die Verwendung von CD-ROMs. Es basiert auf ISO 9660 Level 3 und enthält darüber hinaus die Joliet-Erweiterung.

UDF

Das *Universal Disc Format* (ISO 13346) ist ein neues Standardformat für austauschbare Wechseldatenträger. Mit UDF formatierte CD-ROMs, MOs (Magnetooptische Medien) oder DVDs sollen so zwischen den verschiedensten Plattformen und Betriebssystemen kompatibel sein. Dieser Standard gilt als Nachfolger des CDFS und ist heute in den Versionen 1.02 und 1.50 verbreitet. Aktuell ist die Version 2.01. Weitere Informationen finden Sie dazu auf der Website der OSTA (*Optical Storage Technology Association*):

`http://www.osta.org/specs/`

4.2 Dateisystem NTFS im Detail

NTFS ist das für den Betrieb eines Windows Server 2003-Systems wichtigste Dateisystem. Manche Funktionen, wie beispielsweise die eines Domänencontrollers für das Active Directory, sind sogar ohne NTFS-formatierte Volumes nicht nutzbar. Dementsprechend sind die nachfolgenden Abschnitte umfassend diesem Dateisystem gewidmet.

4.2.1 Merkmale von NTFS

NTFSv5

NTFS wurde mit Windws 2000 in einer neuen Version herausgebracht und auch als *NTFSv5* bezeichnet. Mit Windows Server 2003 wurde das Dateisystem nur geringfügig angepasst und wird nun mit der Versionsnummer 5.2 geführt.

Zum Vorgänger Windows NT ist eine weit gehende Abwärtskompatibilität gegeben. In Abschnitt 4.2.9 *Kompatibilität von Windows NT 4 mit NTFSv5* ab Seite 157 wird darauf näher eingegangen.

Maximale Speicherkapazität

In der folgenden Tabelle sind die wesentlichen technischen Merkmale zur Speicherkapazität von NTFSv5 aufgeführt:

Tabelle 4.1:
Speicherkapazitäten
von NTFS-Volumes

Merkmal	Wert
Maximale Volumegröße	2 TB (adressierbar: 16,7 Mio TB)
Maximale Dateigröße	wie Volumegröße
Dateien je Volume	$2^{32}-1 = 4\,294\,967\,295$
Einträge im Stammverzeichnis	unbegrenzt

Datenträgergröße

Wie Sie der Tabelle entnehmen können, sind beeindruckend große Volumes mit NTFS nutzbar. Hier hat Microsoft aus der Vergangenheit gelernt und von vornherein auf eine ausreichende Reserve geachtet. Wenn Sie sich vor Augen halten, dass bereits Einsteiger-PCs mit Festplatten jenseits der 60 GB ausgeliefert werden, kann dies nur begrüßt werden.

Begrenzung auf 2 TB

Die theoretische Größe von 16,7 Millionen Terabyte für NTFS ergibt sich aus der 64 Bit breiten Adresse, mit der die hohe Zahl von 18 446 744 073 709 551 616 Clustern adressiert werden können. Die Beschränkung auf 2 TB liegt weniger an Windows oder Microsoft, sondern mehr an der heute üblichen Sektorgröße bei Festplatten von 512 Byte. Hinzu kommt die derzeitige Limitierung der Datenträgertabellen auf 2^{32} Sektoren (als Industriestandard verankert). Damit ergibt sich eine maximale Größe von 2^{32} x 512 Byte = 2 TB. Durch eine Vergrößerung der Sektorgröße beziehungsweise der Datenträgertabelle könnten hier in Zukunft noch Reserven aufgedeckt werden. Ob wir bis dahin aber noch konventionelle Festplattenspeicher benutzen, ist fraglich.

Clustergröße

Die kleinste adressierbare Einheit auf einer Festplatte wird *Zuordnungseinheit* oder *Cluster* genannt. In Tabelle 4.2 sind die Clustergrößen von NTFS und FAT32 gegenübergestellt. Mit Hilfe der Windows-Formatprogramme (siehe Abschnitt 11.6 *Volumes formatieren* ab Seite 721) können Sie diese Clustergrößen an spezielle Bedürfnisse anpassen. Die Limitierungen, insbesondere des FAT32-Dateisystems, können Sie damit natürlich trotzdem nicht überwinden. Das bedeutet auch, dass die minimale Clustergröße ab einer bestimmten Volumekapazität nicht unterschritten werden kann.

Volumegröße	FAT32	NTFS
33 – 64 MB	512 Byte	512 Byte
65 – 128 MB	1 KB	512 Byte
129 – 256 MB	2 KB	512 Byte
257 – 512 MB	4 KB	512 Byte
513 – 1 024 MB	4 KB	1 KB
1 GB – 2 GB	4 KB	2 KB
2 GB – 4 GB	4 KB	4 KB
4 GB – 8 GB	4 KB	4 KB
8 GB – 16 GB	8 KB	4 KB
16 GB – 32 GB	16 KB	4 KB
32 GB – 2 TB	---	4 KB

Tabelle 4.2:
Standard-Cluster-größen von FAT32 und NTFS

Aus der Tabelle wird deutlich, dass für die Verwaltung großer Volumes ab 16 GB die Verwendung von FAT32 als Dateisystem mit einer Clustergröße von 16 KB zu einer sehr ineffizienten Ausnutzung des Speicherplatzes führt. Dies wird besonders deutlich, wenn Sie auf so einem Volume viele kleine Dateien speichern, beispielsweise kurze Texte, die allesamt nur wenige KB groß sind. Jede Datei belegt dabei mindestens einen Cluster. Bei einer Dateigröße von 2 KB bleiben mit Clustern von 16 KB glatte 14 KB ungenutzt.

Die effizienteste Speicherung auch kleiner Dateien weist NTFS auf. Kleine Dateien bis ca. 1 500 Bytes werden sogar komplett mit den zugehörigen Indizierungsattributen in der Master File Table (MFT) untergebracht (siehe auch Abschnitt *Die Master File Table (MFT)* ab Seite 136).

Effiziente Speicherung mit NTFS

Dateisystemsicherheit bei NTFS

Eine wichtige Funktion eines Dateisystems beim Einsatz in einem Serverbetriebssystem besteht in der sicheren Speicherung der Daten und einer möglichst hohen Fehlertoleranz. Nach einem Systemausfall sollten Daten wiederherstellbar sein beziehungsweise die Datenkonsistenz trotzdem gewahrt bleiben.

In diesem Abschnitt werden die Hauptmerkmale von NTFS in dieser Hinsicht erläutert. Auf die FAT-Dateisysteme wird, da sie in einem Serverumfeld nicht zu empfehlen sind, hier nicht weiter eingegangen. Sie finden dazu detaillierte Informationen in unseren Büchern *Windows 2000 im professionellen Einsatz* sowie *Windows XP Professional*.

Die folgenden Merkmale zeichnen NTFS im Hinblick auf eine hohe Dateisystemsicherheit aus:

- Transaktionsorientierte Arbeitsweise

Wiederherstellbares Dateisystem

Das NTFS-Dateisystem bietet in Sachen Datensicherheit bedeutende Erweiterungen gegenüber FAT und FAT32. NTFS wird in diesem Zusammenhang auch als *wiederherstellbares Dateisystem* bezeichnet.

Transaktionen

Grundlage der Wiederherstellbarkeit ist die Verwendung von Standardmethoden zur Transaktionsprotokollierung, wie sie auch in Datenbanksystemen Anwendung finden. Jeder Vorgang wird dabei als Transaktion betrachtet. Vor einer Aktion, das kann beispielsweise das Lesen einer Datei oder das Schreiben einer bestimmten Anzahl von Datenblöcken sein, erfolgt ein Starteintrag im Transaktionsprotokoll. Dann wird die Transaktion durchgeführt und der erfolgreiche Abschluss wiederum protokolliert. Wird die Transaktion aufgrund eines Hardware-Fehlers oder Programmabsturzes nicht bis zu Ende geführt, wird mit Hilfe des Transaktionsprotokolls und spezieller Prüfpunkte die Datenträgerkonsistenz wiederhergestellt. Die Transaktionsprotokollierung ist übrigens nicht zu verwechseln mit dem Änderungsjournal (siehe Seite 155), welches ein Merkmal des NTFSv5 darstellt.

Journaled File System

Die transaktionsorientierte Arbeitsweise unter NTFS entspricht im Prinzip dem *Journaled File System*, wie es auch in verschiedenen UNIX-Versionen zum Einsatz kommt.

- Cluster-Remapping

NTFS ist in der Lage, die Auswirkungen von auftretenden Sektorfehlern bei Datenträgern zu minimieren. Wird während des Betriebes ein defekter Sektor entdeckt, wird der entsprechende Cluster als defekt in der Datei $BADCLUS markiert und die zu schreibenden Daten werden auf einen unbeeinträchtigten Cluster umgeleitet. Tritt ein Sektorfehler bei einem Lesevorgang auf, sind die betreffenden Daten allerdings nicht wiederherstellbar und werden verworfen, da sie nicht mehr konsistent sein könnten.

Für FAT und FAT32 werden defekte Sektoren nur beim Neuformatieren eines Volumes erkannt und berücksichtigt. Treten Sektorfehler während des Betriebes auf, können Schreiboperationen beeinträchtigt werden beziehungsweise die zu schreibenden Daten verloren gehen.

Defekte Sektoren bei FAT

- Bootsektor-Sicherung

  Für den Bootsektor wird im Gegensatz zu FAT und FAT32 am Ende des Volumes eine Sicherungskopie angelegt. Im Falle einer Inkonsistenz zwischen Original und Sicherung wird automatisch der gesicherte Bootsektor verwendet und damit trotzdem noch ein Startvorgang ermöglicht.

Zugriffsrechte für Dateien und Ordner

Bei den Dateisystemen FAT und FAT32 lassen sich für Dateien und Ordner lediglich bestimmte Attribute setzen: *Schreibgeschützt, Versteckt, Archiv* und *System*. Diese Attribute können durch alle Benutzer gesetzt oder gelöscht werden und stellen damit keinen wirksamen Schutz dar. Zugriffsrechte auf Benutzerebene werden von diesen Dateisystemen nicht unterstützt. Lediglich für die Freigaben in einem Windows-Netzwerk lassen sich verbindliche Attribute festlegen, die dann nicht mehr durch jeden Benutzer über das Netzwerk geändert werden können.

FAT und FAT32: lediglich Attribute

Unter NTFS lassen sich Dateiberechtigungen für Dateien und Ordner festlegen, die den Zugriff genau für die angelegten Benutzer und Gruppen regeln. Sie können damit festlegen, wer überhaupt Zugriff erhält, und wenn, welche Aktionen im Detail zulässig sind. Diese Dateiberechtigungen gelten sowohl lokal als auch für Benutzer, die über das Netzwerk angemeldet sind.

NTFS: Benutzerrechte

Mit NTFSv5 sind vererbbare Berechtigungen eingeführt worden, die standardmäßig aktiviert sind. Durch die Festlegung der Berechtigungen für übergeordnete Ordner können Sie Berechtigungen für Dateien und Ordner, die in diesem enthalten sind, leicht ändern. Dies führt zu einer erheblichen Zeiteinsparung und zu drastisch verminderten Datenträgerzugriffen bei der Änderung der Berechtigungen für eine hohe Zahl von Dateien und Ordnern.

Vererbbare Berechtigungen

Weitere Ausführungen zu diesem Thema finden Sie bei der detaillierteren Beschreibung von NTFS in Abschnitt 4.2.4 *NTFS-Zugriffsrechte für Dateien und Ordner* ab Seite 144.

4.2.2 Der interne Aufbau von NTFS

Der folgende Abschnitt beschäftigt sich mit dem internen Aufbau von NTFS. Informationen zu FAT12/16 und FAT32 finden Sie in unseren Büchern *Windows 2000 im professionellen Einsatz* und *Windows XP Professional*.

Dateinamen

Das NTFS-Dateisystem ermöglicht die Nutzung langer Dateinamen bis zu einer Länge von 255 Zeichen. Durch die Verwendung des 16 Bit-Unicode-Zeichensatzes können Sie auch bedenkenlos Umlaute wie ä, ö, ü, ß usw. verwenden.

Nicht zulässig sind in Dateinamen die folgenden Zeichen:

```
\ / : * ? " < > |
```

Leerzeichen sind ebenfalls erlaubt. Wollen Sie über die Eingabeaufforderung auf eine Datei zugreifen, deren Name Leerzeichen enthält, müssen Sie den Namen in Anführungszeichen setzen:

```
type "Das ist eine Beispiel-Textdatei.txt"
```

Groß- und Kleinschreibung

Aufgrund der in NTFS implementierten POSIX-Kompatibilität wird grundsätzlich zwischen Groß- und Kleinschreibung unterschieden. Für das Erkennen der Dateien spielt dies aber keine Rolle. Die normalen 32-Bit-Applikationen unter Windows können die Unterschiede nicht wahrnehmen.

Mitführung kurzer 8.3-Dateinamen

Für die Anzeige der Dateinamen für ältere Anwendungen erstellt Windows Server 2003 automatisch MS-DOS kompatible Namen im 8.3-Format. Diese kurzen Dateinamen werden standardmäßig immer erzeugt und mit den langen Namen gemeinsam für eine Datei abgespeichert. Dies hat im Serverbetrieb in der Regel keine Bedeutung. In den oben genannten Büchern zu den modernen Windows-Clientsystemen wird auf die Erzeugung kurzer Dateinamen gesondert eingegangen.

Layout eines NTFS-Volumes

Bis auf Bootsektor ist alles variabel

Die Grundstruktur eines NTFS-Datenträgers ist in der Abbildung 4.1 schematisch dargestellt. Bis auf den Bootsektor selbst können alle anderen Organisationsdaten des NTFS variabel auf dem Datenträger abgelegt sein. Die *Master File Table* (MFT) als wichtigste Organisationsstruktur des NTFS-Dateisystems befindet sich an einer Position, deren Adresse im NTFS-Bootsektor hinterlegt ist.

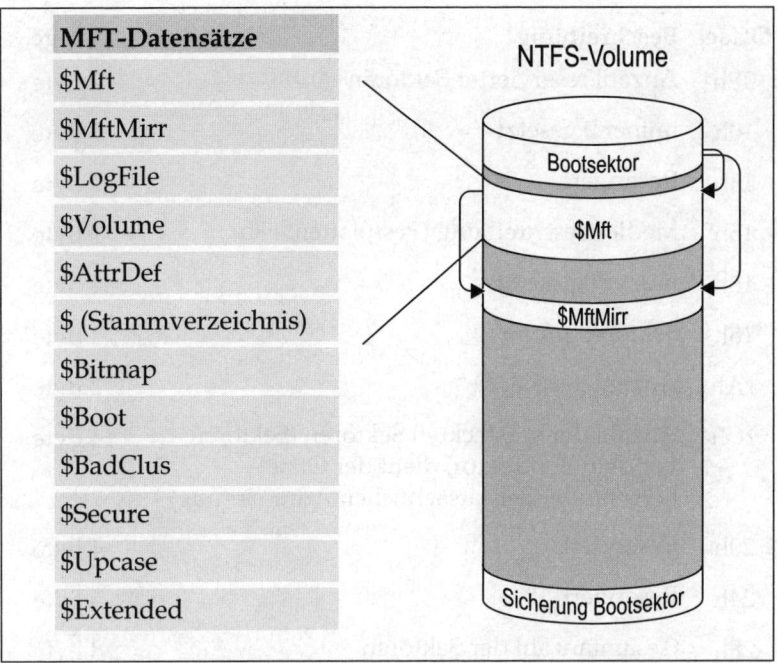

MFT-Datensätze
$Mft
$MftMirr
$LogFile
$Volume
$AttrDef
$ (Stammverzeichnis)
$Bitmap
$Boot
$BadClus
$Secure
$Upcase
$Extended

Abbildung 4.1:
Layout eines NTFS-Volumes

Die logische Organisationsstruktur von NTFS ist sehr flexibel. Es gibt bis auf den Bootsektor keine festen Positionen für bestimmte systemspezifische Daten. Dadurch kann es nicht dazu kommen, dass ein Datenträger aufgrund eines physischen Fehlers an einer bestimmten Stelle unbrauchbar wird.

Das betrifft insbesondere Datenträgerfehler am physischen Beginn eines Mediums. Während das FAT-Dateisystem hier durchaus nicht mehr lauffähig sein kann, ist solch ein Medium unter NTFS vielleicht noch nutzbar.

Stellen Sie physische Fehler auf einer Festplatte in Ihrem Serversystem fest, sollten Sie diese sicherheitshalber sofort ersetzen. Selbst das NTFS-Dateisystem bietet letztlich keine Garantie zur Vermeidung von Datenverlusten.

Der NTFS-Bootsektor

Offset	Beschreibung	Länge
00h	Sprunganweisung	3 Byte
03h	OEM Name (Hersteller der Festplatte bzw. des Mediums)	8 Byte
0Bh	Bytes pro Sektor (in der Regel 512)	2 Byte
0Dh	Sektoren pro Cluster	1 Byte

Tabelle 4.3:
Aufbau des NTFS-Bootsektors

Offset	Beschreibung	Länge
0Eh	Anzahl reservierter Sektoren	2 Byte
10h	immer 0 gesetzt	3 Byte
13h	Reserviert	2 Byte
15h	Medienbeschreibung (Festplatten: F8h)	1 Byte
16h	immer 0 gesetzt	2 Byte
18h	Sektoren pro Spur	2 Byte
1Ah	Anzahl der Köpfe	2 Byte
1Ch	Anzahl der versteckten Sektoren (Sektoren vor dem Bootsektor; dient der Offset-Berechnung der tatsächlichen Adressierung)	4 Byte
20h	Reserviert	4 Byte
24h	Reserviert	4 Byte
28h	Gesamtanzahl der Sektoren	8 Byte
30h	Adresse (log. Clusternummer) der Datei $Mft	8 Byte
38h	Adresse (log. Clusternummer) für $MftMirr	8 Byte
40h	Anzahl der Cluster pro Mft-Datensatz	1 Byte
41h	Reserviert; unter NTFS ohne Bedeutung	3 Byte
44h	Anzahl der Cluster pro Indexblock	1 Byte
45h	Reserviert; unter NTFS ohne Bedeutung	3 Byte
48h	Seriennummer des Volumes (zufällig generiert beim Formatieren)	4 Byte
50h	Prüfsumme	4 Byte
54h	Bootstrapcode	426 Byte
1FEh	Ende der Sektormarkierung 0x55AA	2 Byte

Der Bootstrapcode ist nicht nur auf die 426 Byte im Bootsektor beschränkt, sondern wird auch als Eintrag in der Master File Table (MFT) geführt.

Die Master File Table (MFT)

Alle NTFS-Strukturen sind Dateien

Alle Strukturbestandteile des NTFS-Dateisystems sind selbst originäre NTFS-Dateien, auf die aber durch Benutzer nicht direkt zuge-

griffen werden kann. Wichtigste Organisationseinheit ist die so
genannte *MFT – Master File Table*. Diese stellt für jede Datei einen
Datensatz bereit. Die ersten 16 Datensätze sind dabei für die Datei-
en reserviert, welche die Dateisystemstruktur abbilden. Diese Dateien werden auch unter dem Begriff *Metadaten* zusammengefasst.

Der erste Datensatz, die Datei *$Mft*, beschreibt den Aufbau der **Metadaten**
MFT selbst. Der zweite MFT-Datensatz enthält eine Sicherung der
MFT, allerdings nur mit den wichtigsten Einträgen. Diese Datei hat
den Namen *$MftMirr*. Die Speicherorte dieser beiden Dateien sind
im Bootsektor des NTFS-Datenträgers eingetragen, sodass im Falle
einer Beschädigung der MFT auf die Sicherungskopie zugegriffen
werden kann. Je nach Größe des Datenträgers können übrigens
noch weitere Sicherungen der MFT existieren. Die nachfolgende
Tabelle enthält die Liste der Metadaten eines NTFS-Volumes.

Datensatz	Dateiname	Beschreibung
0	$Mft	Das ist der Basisdatensatz der Mas-ter File Table selbst.
1	$MftMirr	Verweis auf die Sicherungs-MFT
		In der Datei *$MftMirr* werden die ersten vier Datensätze der MFT (0 bis 3) aus Sicherheitsgründen ge-spiegelt.
2	$LogFile	Transaktions-Protokolldatei
		Enthält eine Liste der Transaktions-schritte für die Wiederherstellung eines NTFS-Volumes.
3	$Volume	Volumeinformationen
		Weitergehende Informationen zum Volume wie Bezeichnung etc.
4	$AttrDef	Attributdefinitionen
		Eine Beschreibungstabelle mit den für das NTFS-Volume gültigen At-tributen
5	$	Stammordner
		Enthält den Stammordner des Vo-lumes (Stamm-Index der Datei-namen).
6	$Bitmap	Volume- oder Clusterbitmap
		Zeigt die Cluster-Belegung des Volumes an.

Tabelle 4.4:
Metadaten der MFT

Datensatz	Dateiname	Beschreibung
7	$Boot	Bootsektor Enthält den Bootsektor des NTFS-Volumes.
8	$BadClus	Fehlerhafte Cluster Eine Tabelle mit dem Verzeichnis der fehlerhaften Cluster dieses Volumes
9	$Secure	Sicherheitsdatei Enthält die Datenbank mit den eindeutigen Sicherheitsbeschreibungen für alle Dateien und Ordner des Volumes.
10	$Upcase	Umwandlung Klein- in Großschreibung In dieser Tabelle stehen die Vorschriften zur Umwandlung der Kleinbuchstaben in langen Dateinamen in Großbuchstaben der 8.3-Notation.
11	$Extended	NTFS-Erweiterungen Datei mit dem Verzeichnis der NTFS-Erweiterungen wie beispielsweise den Datenträgerkontingenten oder Analysepunkten (für Bereitstellungen)
12-15	Reserviert	Raum für zukünftige Erweiterungen
ab 16	Beginn der Einträge für Dateien und Ordner	

Der Beginn der MFT wird als Verweis im Bootsektor der Festplatte geführt und ist so nicht auf einen bestimmten Sektor festgelegt. Für den Bootsektor selbst gibt es eine Sicherungskopie am Ende des NTFS-Volumes.

MFT-Datensätze für Dateien und Ordner Jeder MFT-Datensatz besitzt eine Größe von 2 KB. Für jede Datei und jeden Ordner auf dem Datenträger wird so ein MFT-Datensatz eingerichtet. Kleine Dateien bis ca. 1 500 Bytes passen dabei direkt in einen einzelnen Datensatz. Das spart Platz und sorgt für einen sehr schnellen Zugriff, da lediglich der erste Datensatz verfügbar sein muss. Man spricht hier auch von der _residenten Speicherung_ der

Daten. Die folgende Abbildung zeigt den schematischen Aufbau eines MFT-Datensatzes für eine solche kleine Datei.

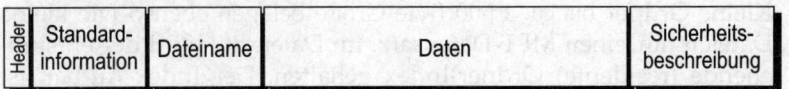

Abbildung 4.2:
MFT-Datensatz einer
kleinen Datei

Einer Datei, die größer ist, als ein Datensatz aufnehmen kann, werden weitere Datensätze zugeordnet. Der erste Datensatz, *Basis-datensatz* genannt, speichert die Zeiger auf die Speicherorte der weiteren, zugeordneten Datensätze. Diese Daten werden auch als *nicht resident gespeichert* bezeichnet.

Nichtresidente Speicherung

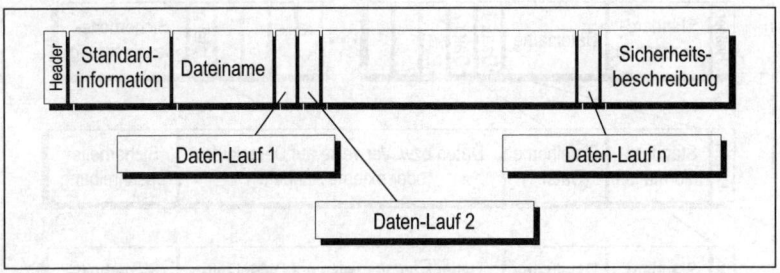

Abbildung 4.3:
Nichtresidente
Speicherung einer
Datei

Für große oder stark fragmentierte Dateien, für welche die Größe eines Basisdatensatzes zur Verwaltung der Zeiger nicht ausreicht, werden ein oder mehrere MFT-Datensätze für die Speicherung der entsprechenden Zeiger angelegt. Diese werden als so genannte *externe Attribute* im Basisdatensatz bezeichnet, der dann die Funktion eines Stammverzeichnisses im Datenbaum übernimmt.

Externe Attribute

Aufgrund dieser Baumstruktur ist eine Suche nach Dateien auch bei einer starken Fragmentierung des Datenträgers noch vergleichsweise schnell. Nur der sequenzielle Zugriff auf die Datei kann durch die Fragmentierung verlangsamt werden, da dann viele Kopfneupositionierungen der Festplatte notwendig werden.

Effektive Suche auch bei Fragmentierung

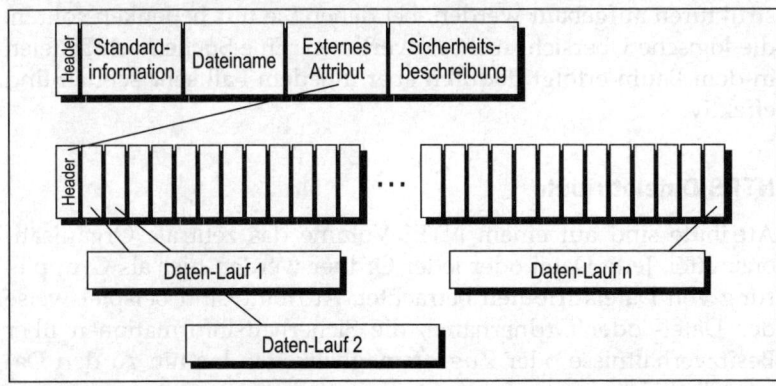

Abbildung 4.4:
Speicherung großer
Dateien

Organisationsstruktur von Verzeichnissen

Ordner sind grundsätzlich nichts anderes als spezielle Dateien. Kleine Ordner bis ca. 1 500 Byte Größe belegen ebenso wie kleine Dateien nur einen MFT-Datensatz. Im Datensatz wird der entsprechende (residente) Ordner-Index gehalten. Der Index-Aufbau ist übrigens unter NTFS sehr flexibel. Statt des Dateinamens kann grundsätzlich auch ein anderes Dateiattribut verwendet werden. Neben dem Indizierungsattribut, meist der Dateiname, wird im Index der Zeiger auf den entsprechenden Eintrag der Datei in der MFT gespeichert (auch *Dateinummer* genannt).

Abbildung 4.5: MFT-Datensatz bei kleinen Verzeichnissen

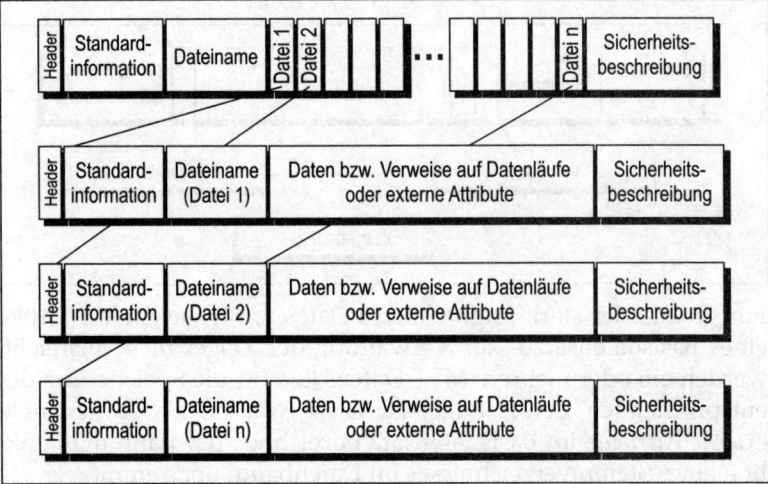

B-Bäume bei größeren Verzeichnissen

Für größere Verzeichnisse, die nicht komplett in einen MFT-Datensatz passen, wird eine *B-Baumstruktur* aufgebaut. In einem Knoten des Baumes, welcher wiederum ein MFT-Record ist, sind dann sowohl Indexeintragungen als auch die Zeiger auf weitere Knoten enthalten. Mit diesem Schema können beliebig große Verzeichnisstrukturen aufgebaut werden, bei denen Sie nur bedenken sollten, die logische Übersicht nicht zu verlieren. Eine Suche nach Dateien in dem Baum erfolgt dadurch aber in jedem Fall sehr schnell und effektiv.

NTFS-Dateiattribute

Alles ist Attribut

Attribute sind auf einem NTFS-Volume das zentrale Organisationsmittel. Jede Datei oder jeder Ordner werden hier als Gruppierung von Dateiattributen betrachtet. Attribute sind beispielsweise der Datei- oder Ordnername, die Sicherheitsinformationen über Besitzverhältnisse oder Zugriffsmöglichkeiten bis hin zu den Daten selbst.

Attribute, die vollständig in den MFT-Datensatz einer Datei passen, werden auch residente Attribute genannt. Von einer nichtresidenten Speicherung von Attributen wird dann gesprochen, wenn diese in weiteren MFT-Datensätzen abgelegt werden.

In Tabelle 4.5 sind die möglichen Typen von NTFS-Dateiattributen aufgeführt, die für NTFSv5 definiert sind. Aufgrund der flexiblen und erweiterbaren Struktur von NTFS können hier zukünftig weitere Attribute hinzukommen.

Residente und nichtresidente Attribute

NTFS-Attribut	Beschreibung
Standard-Informationen	Enthält Standardattribute wie Zeitstempel, Verbindungszähler (Anzahl der Referenzierungen auf die Datei) sowie Felder für die Sicherstellung von Transaktionen.
Attributliste	Liste der Attributdatensätze, die extern, also nichtresident gespeichert sind
Dateiname	Der Name der Datei oder des Ordners. Es werden die normale Lang- als auch die Kurzform in der 8.3-Notation gespeichert.
Sicherheitsbeschreibung	Hier werden die Besitzrechte (Eigentümer der Datei) und die Zugriffsberechtigungen gespeichert.
Daten	Enthält die eigentlichen Daten. Jede Datei kann ein oder mehrere Datenattribute enthalten.
Objektkennung	Eine vom Dateinamen unabhängige Objektkennung, die beispielsweise vom Überwachungsdienst für verteilte Verknüpfungen benutzt wird
Logged Tool Stream	Eine spezielle Form eines Datenstroms, der auch der Protokollierung in der NTFS-Protokolldatei unterliegt und beispielsweise durch das verschlüsselnde Dateisystem (EFS) benutzt wird

Tabelle 4.5: Dateiattribut-Typen in NTFSv5

NTFS-Attribut	Beschreibung
Analysepunkt	Kennzeichnet die Datei für spezielle Funktionen. Dies wird beispielsweise für Bereitstellungspunkte verwendet, die dadurch spezielle Verzeichnisse für die Einbindung kompletter Datenträgerstrukturen in das Verzeichnissystem darstellen.
Indexstamm, Indexzuweisung und Bitmap	Dient bei Ordnern der Implementierung des Verzeichnisindex oder anderer Indizes.
Datenträgerinformation	Wird nur von der NTFS-Systemdatei $VOLUME zur Speicherung von Informationen zum Datenträger benutzt.
Volumename	Wird nur von der NTFS-Systemdatei $VOLUME zur Speicherung der Datenträgerbezeichnung benutzt.

4.2.3 Analysepunkte und Bereitstellungen

Analyseattribute und Dateisystemfilter

Analysepunkte im NTFS-Dateisystem sind Dateien beziehungsweise Ordner, die über spezielle Analyseattribute verfügen. Diese werden durch spezifische Dateisystemfilter ausgewertet, mit deren Hilfe diese Dateien und Ordner bestimmte besondere Funktionen erhalten können. Der Funktionsumfang des Dateisystems kann so erweitert werden. Dabei werden die Funktionen so implementiert, dass die Nutzung transparent für Benutzer und Anwendungen möglich ist. So können beispielsweise über Ordner ganze Datenträger in eine Verzeichnisstruktur eingebunden werden (über Bereitstellungspunkte), ohne dass Benutzer oder Anwendungen davon etwas merken. Zwei Anwendungen der Analysepunkte im NTFS-Dateisystem sind Bereitstellungspunkte und Remotespeicher.

Bereitstellungspunkte

Über einen Bereitstellungspunkt können Sie einen Ordner in einer Verzeichnisstruktur eines NTFS-Volumes direkt mit einem anderen Volume verbinden. Dabei gibt es keine logischen Begrenzungen. Mit dieser Funktion können Sie theoretisch beliebig viele Volumes unter einem Verzeichnisbaum miteinander verknüpfen und so über einen einzigen Laufwerkbuchstaben ansprechen.

In der Abbildung 4.6 sehen Sie an einem Beispiel, wie drei Volumes zu einer Verzeichniseinheit miteinander verbunden worden sind. Dabei spielt es keine Rolle, in welcher Verzeichnistiefe sich die Bereitstellungen befinden. Sie können ein Volume an einer beliebigen Stelle im Dateisystem wie einen normalen Ordner einbinden.

Beliebige Stelle im Verzeichnissystem

Als Bereitstellungspunkt kann nur ein leerer NTFS-Ordner eingerichtet werden. Das einzubindende Volume kann allerdings mit einem beliebigen, von Windows Server 2003 unterstützten Dateisystem formatiert sein. Somit können Sie auch folgende Volumes einbinden:

Alles lässt sich einbinden!

- NTFS-, FAT32- und FAT-formatierte Volumes
- beliebige Wechseldatenträger (allerdings keine Disketten)
- CD- und DVD-Laufwerke

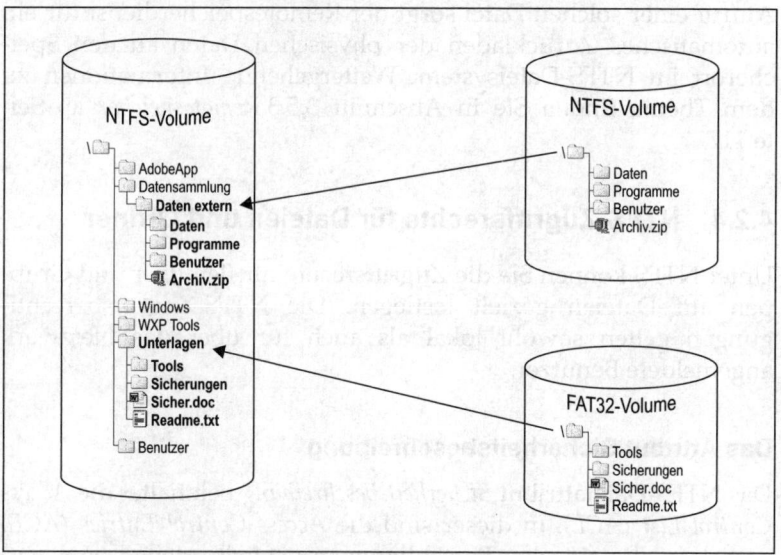

Abbildung 4.6:
Über Bereitstellungspunkte verbundene Volumes

Diese Volumes lassen sich ausschließlich mit ihrem Stammverzeichnis über einen Bereitstellungspunkt einbinden. Der Ordner selbst, über den die Bereitstellung erfolgt, kann sich wie ein normaler Ordner an einer beliebigen Stelle in der Verzeichnisstruktur des NTFS-Volumes befinden.

Einbindung nur mit Stammverzeichnis

Im Falle eines Zugriffs auf einen Bereitstellungspunkt, der auf ein entferntes Volume zeigt, erhalten Sie eine Fehlermeldung. Der Bereitstellungspunkt behält allerdings seine logische Zuordnung bei, bis Sie ihn löschen.

Stabil gegenüber Geräteänderungen

Ändern lassen sich Zuordnungen in den Bereitstellungspunkten nicht. Wollen Sie einem Ordner ein anderes Volume zuweisen, müssen Sie zuerst über die Datenträgerverwaltung den Laufwerkpfad für das zuerst eingebundene Volume löschen. Zurück bleibt

Bereitstellungen ändern

ein leerer Ordner auf dem NTFS-Volume, der um sein Analyse-punkt-Attribut beraubt jetzt wieder ein ganz normales leeres Verzeichnis ist. Dieses können Sie einem anderen Volume als neuen Laufwerkpfad zuordnen und damit eine neue Bereitstellung am gleichen Ort erzeugen.

Remotespeicher

Auslagerung von Dateien

Eine andere Anwendung der Analysepunkte stellen Remotespeicher dar. Dateien und Ordner, die entsprechend gekennzeichnet sind, können vom Server ausgelagert werden. Zurück bleiben nur Verweise auf die ausgelagerten Daten. Für den Benutzer oder die Anwendung ist dieser Vorgang transparent. Diese sehen die ausgelagerten Dateien genauso wie die nicht ausgelagerten mit allen Angaben zu Dateigröße, Datum und den anderen Attributen. Beim Aufruf einer solchen Datei sorgt der Remotespeicherdienst für ein automatisches Zurückladen der physischen Daten an den Speicherort im NTFS-Dateisystem. Weitergehende Informationen zu dem Thema finden Sie in Abschnitt 3.5.3 *Remotespeicher* ab Seite 117.

4.2.4 NTFS-Zugriffsrechte für Dateien und Ordner

Unter NTFS können Sie die Zugriffsrechte für Benutzer und Gruppen auf Dateien gezielt festlegen. Die NTFS-Zugriffsberechtigungen gelten sowohl lokal als auch für über das Netzwerk angemeldete Benutzer.

Das Attribut Sicherheitsbeschreibung

Access Control List (ACL)

Das NTFS-Dateiattribut *Sicherheitsbeschreibung* beinhaltet die *Access Control List (ACL)*. In dieser sind die *Access Control Entries (ACE)* enthalten, die einzelne Berechtigungen explizit erteilen oder entziehen. Dabei kommt es auf die Reihenfolge der ACE an.

Mehr Grundlageninformationen zu Sicherheitsattributen finden Sie in Abschnitt 6.6.3 *Elemente der Systemsicherheit* ab Seite 382 und unter *Access Control Entries (ACE)* ab Seite 383.

In dieser Reihenfolge werden die ACE einer Datei ausgewertet:

1. Auswertung der negativen ACE, das heißt: welche Berechtigungen sind entzogen?
2. Auswertung der positiven ACE: Welche Berechtigungen sind zugelassen?

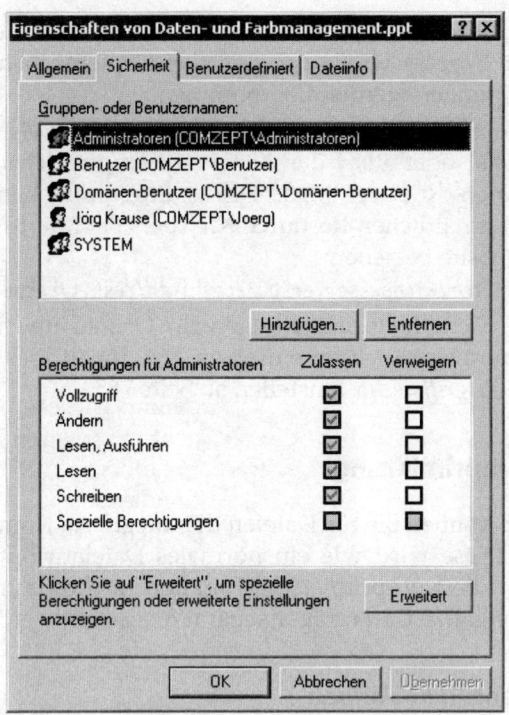

Abbildung 4.7:
NTFS-Zugriffs-
berechtigungen
erteilen

Das bedeutet, dass das Entziehen von Berechtigungen Vorrang vor dem Zulassen hat. Haben Sie beispielsweise den Vollzugriff auf eine Datei für alle Benutzer entzogen, können keine anderen Berechtigungen mehr greifen. Das wird auch so durch die neue Oberfläche zur Einstellung der Sicherheitsbeschreibung abgebildet. Ist Vollzugriff erlaubt oder verweigert, können logischerweise keine anderen Optionen mehr gesetzt werden. Das erleichtert den Umgang mit der Sicherheitsbeschreibung erheblich, da das Setzen unlogischer Kombinationen verhindert wird (beispielsweise zugelassener Vollzugriff mit verweigertem Leserecht).

Entziehen von Berechtigungen hat Vorrang

Vererbung und Beibehaltung von Berechtigungen

Neu seit NTFSv5 sind die *vererbbaren übergeordneten Berechtigungen*. Das Übernehmen der übergeordneten Berechtigungen für Dateien ist standardmäßig aktiv. Wenn Sie neue Dateien erstellen, werden die Berechtigungen des übergeordneten Ordners übernommen. Das funktioniert auch, wenn Sie Dateien in einen Ordner kopieren.

Verschieben Sie Dateien zwischen NTFS-Ordnern desselben Volumes, behalten diese ihre ursprünglich eingestellten Sicherheitseinstellungen bei.

Beim Verschieben zwischen unterschiedlichen Volumes hingegen wird dieser Prozess wiederum wie das Kopieren behandelt und die Berechtigungen werden übernommen.

Für das Kopieren von Dateien und Ordnern zwischen NTFS-Volumes lokal oder über das Netzwerk empfiehlt sich die Nutzung des Tools ROBOCOPY.EXE. Dieses Programm können Sie als Teil der frei erhältlichen Resource Kit Tools bei Microsoft über die folgende Website beziehen:

www.microsoft.com/windowsserver2003/techinfo/reskit/resourcekit.mspx

Wie Sie die Sicherheitseinstellungen für Ordner und Dateien auf NTFS-Datenträgern richtig einsetzen, ist Inhalt des Abschnitts 11.13 *NTFS-Zugriffsrechte* einstellen ab Seite 765.

4.2.5 Komprimierung

Unter NTFS können Sie für Dateien die integrierte Komprimierung aktivieren. Diese wird wie ein normales Dateiattribut betrachtet. Damit kann die Komprimierungsfunktion für bestimmte Dateien, Ordner oder ganze Datenträger separat eingestellt werden.

Der grundsätzliche Aufbau

Wie das verschlüsselnde Dateisystem (siehe Seite 159) ist auch die Komprimierungsfunktion als Dateisystemfilter implementiert.

Abbildung 4.8:
Komprimierung als
Dateisystemfilter

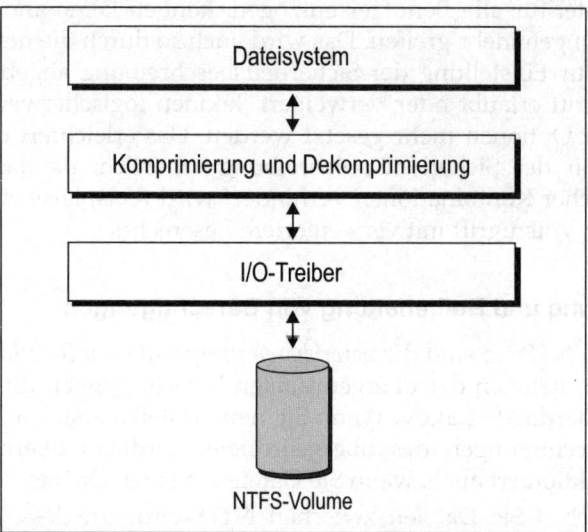

Die Kompression der Dateien erfolgt für den Benutzer oder das Anwendungsprogramm transparent. Beim Zugriff auf eine entsprechende Datei wird diese zuerst dekomprimiert und dann an

die Anwendung übergeben. Beim Speichern erfolgt vor dem Schreiben auf das Volume wiederum die Kompression.

Das trifft genauso auf die Nutzung komprimierter Dateien über das Netzwerk zu. Vor dem Netzwerktransfer werden die Dateien auf dem Server dekomprimiert und dann versendet. Das bedeutet natürlich einerseits, dass die Leistung für Kompression und Dekompression auf dem Server zu erbringen ist. Andererseits verhilft die NTFS-Kompression *nicht* zu einer Verringerung der Netzwerklast – über das Netzwerk bewegen sich immer (NTFS-) unkomprimierte Dateien.

Kompression und Netzwerk

Das Kompressionsverfahren ähnelt dem in den Kompressionstools unter MS-DOS verwendeten *DoubleSpace*. Dabei handelt es sich auch um eine Lauflängencodierung, wobei statt des 2-Byte-Minimums ein 3-Byte-Minimumsuchlauf verwendet wird. Dieses Verfahren ist etwa doppelt so schnell wie unter DoubleSpace bei einer minimalen Verschlechterung der Kompressionsrate. Die Komprimierung wird nur für eine Clustergröße bis 4 KB unterstützt.

Verfahren

Erreichbare Kompressionsraten

Die durchschnittlich erreichbaren Kompressionsraten hängen stark von den verwendeten Dateitypen ab. In der folgenden Tabelle sind typische Dateien den in der Praxis durchschnittlich erreichbaren Kompressionsraten gegenübergestellt.

Dateityp	Größe nach Kompression in %
Textdateien	30 – 60 %
Microsoft Word-Dateien	30 – 60 %
Microsoft Excel-Tabellen	30 – 60 %
Layout-Dateien (Pagemaker)	25 – 50 %
Bilddateien	10 – 100 %
Ausführbare Dateien (EXE)	50 – 60 %

Tabelle 4.6: Beispiele für erreichbare Kompressionsraten

Die angegebenen Werte dienen nur als grobe Richtlinie. Generell lässt sich sagen, dass einfache Textdokumente oder Dateien aus Tabellenkalkulationsprogrammen wie Excel eine durchschnittlich gute Kompression ermöglichen. Allerdings sind diese Dateien meist verhältnismäßig klein und belegen damit auch in einer hohen Anzahl relativ wenig Speicherplatz.

Sinnvoller ist der Einsatz einer wirkungsvollen Komprimierung bei großen Dateien, üblicherweise vor allem bei Bilddateien. Hier liegt aber genau die Schwachstelle der einfachen Komprimierungs-

Schwachstelle: Komprimierung von Bilddateien

algorithmen, die bei NTFS zum Einsatz kommen. Hohe Kompressionsraten lassen sich hier nur dann erreichen, wenn die Bilddaten von ihren Inhalten her sehr homogen sind. Bilder mit vielen Details lassen sich so gut wie gar nicht komprimieren.

Ein entsprechender Test mit 140 unkomprimierten Bilddateien der Typen TIFF und EPS, wie sie vor allem in Werbeagenturen und der Bildverarbeitung vorkommen, brachte bei einer unkomprimierten Gesamtkapazität von 640 MB keine nennenswerte Ersparnis an Speicherplatz. Ein zum Vergleich herangezogenes ZIP-Komprimierungstool erbrachte bei diesen Dateien immerhin eine Verkleinerung auf 85 %.

Wesentlich besser sah es hingegen bei einer größeren Sammlung von Screenshots aus. Diese Dateien waren gemischt als BMP- und TIF-Dateien (ohne LZW-Komprimierung) abgelegt und brachten unter der NTFS-Komprimierung eine Verringerung auf 20 % des ursprünglich benötigten Platzes. Das wieder zum Vergleich benutzte ZIP-Komprimierungstool brachte es allerdings auf 5 %.

Fazit

Die Online-Komprimierung, die sich für NTFS-Dateien aktivieren lässt, hat den Vorteil, für den Benutzer und die Anwendungen transparent zu arbeiten. Es werden keine weiteren externen Tools benötigt. Nachteil ist die im Vergleich zu speziellen Komprimierungsprogrammen erheblich schlechtere Leistung. Für große komplexe Bilddateien, wie sie beispielsweise in Werbeagenturen oder Verlagen anfallen, eignet sich die NTFS-Komprimierung kaum. Hinzu kommt, dass moderne Grafikprogramme in der Windows-Welt – wie beispielsweise CorelDraw – die Dateien selbst effizient komprimieren. Das trifft im Übrigen auch auf Microsoft PowerPoint zu. Die Präsentationsdateien können durch die Verwendung vieler Grafiken und Bilder sehr groß werden. Aufgrund der guten Komprimierung, die in PowerPoint standardmäßig auf alle damit erzeugten Dateien beim Speichern angewandt wird, können diese durch die NTFS-Komprimierung nicht weiter verkleinert werden.

Diese Tatsachen sowie die stetige Weiterentwicklung im Bereich der Festplattentechnologien lassen den Einsatz der NTFS-Komprimierung auf einem Serversystem als nicht lohnend erscheinen.

4.2.6 Datenträgerkontingente

Datenträgerkontingente, in anderen Betriebssystemen schon länger verbreitet und teilweise, wie auch in der englischen Fassung von Windows Server 2003, *Disk Quotas* genannt, dienen der Zuteilung des verfügbaren Speicherplatzes auf Datenträgern an Benutzer.

Administration ab Seite 790

Nachfolgend finden Sie einige Informationen zu den grundlegenden Verfahren. Die Verwaltung und Einrichtung von Datenträgerkontingenten wird in Abschnitt 11.15.2 *Datenträgerkontingente festlegen* ab Seite 790 behandelt.

Grundlegende Merkmale

Die Kontingentverwaltung von Windows Server 2003 ist gegenüber der in Windows 2000 weiterentwickelt worden. Nachfolgend finden Sie eine Auflistung der grundlegenden Merkmale:

- Kontingente gelten je NTFS-Volume und Benutzer

  Datenträgerkontingente können Sie beliebig je Benutzer auf **Geltungsbereich** NTFS-Volume einrichten. Darüber hinaus lassen sich Standard-Kontingenteinträge einrichten, die für alle Benutzer bezüglich des betreffenden Volumes gelten.

- Verschleierung der wahren Kapazität des Volumes

  Der Benutzer erfährt nicht mehr die wahre Größe des betreffenden Volumes. Stattdessen wird als Gesamtspeicherkapazität die Maximalgröße des Datenträgerkontingents angezeigt. Als belegter Speicherplatz erscheint die Gesamtsumme der Größe der Dateien, die dem jeweiligen Benutzer zugeordnet sind. **Größenangabe**

- Einbeziehung bisher gespeicherter Dateien

  Dateien, die sich vor der Zuweisung eines Kontingents auf dem **Bisher gespeicherte** Volume befunden haben, werden, anders als noch unter Windows 2000, ebenfalls in die Zählung des in Anspruch genommenen Speicherplatzes einbezogen. **Dateien**

- Eingebundene Volumes bleiben unberücksichtigt

  Datenträgerkontingente haben keine Wirkung auf über Bereit- **Laufwerkpfade** stellungspunkte (*Laufwerkpfade*) eingebundene Volumes (siehe Abschnitt 4.2.3 *Analysepunkte und Bereitstellungen* ab Seite 142). Das Kontingent gilt nur für die Dateien und Ordner, die sich physisch auf dem betreffenden Volume befinden. *Bereitgestellte Volumes*, auch wenn sie mit dem NTFS-Dateisystem formatiert sind, werden nicht berücksichtigt. Für diese müssten Sie wiederum eigene Kontingenteinträge definieren, wenn Sie eine Beschränkung des verwendeten Speichers benötigen.

- Hardlinks bleiben unberücksichtigt

  Verwenden Sie Hardlinks (siehe Abschnitt *Verknüpfungen und* **Hardlinks** *Hardlinks* ab Seite 153), wird zwar die Dateigröße eines Links beim Zusammenzählen im Explorer immer wie die Größe der Originaldatei hinzugezählt, bei der Berechnung der Ausnutzung des Kontingents allerdings nicht. So kann es zu der paradoxen Anzeige kommen, dass Sie mehr Speicherplatz belegen (Originale und Links zusammen), als Sie eigentlich Platz auf dem Volume tatsächlich in Anspruch nehmen.

Komprimierung

• NTFS-Komprimierung wirkungslos

Die Nutzung der NTFS-Komprimierung hat keinen Einfluss auf die Ausnutzung eines Kontingents. Bei der Berechnung des verwendeten Speicherplatzes wird immer die Größe der unkomprimierten Datei zugrunde gelegt.

Anders sieht es aus, wenn Sie externe Komprimierungsprogramme wie beispielsweise WinZIP benutzen. Die damit erstellten Archive, die übrigens wesentlich höhere Komprimierungsraten erreichen, werden als normale Dateien im NTFS-Dateisystem abgelegt und für die Ausnutzung des Kontingents mit ihrer (komprimierten) tatsächlichen Größe berücksichtigt.

Was geschieht bei Erreichen der Kontingentgrenze?

Warnschwelle und Verweigerung weiteren Speicherplatzes

Für das Erkennen einer baldigen Erreichung eines Kontingents durch einen Benutzer oder eine Gruppe können Sie eine *Warnschwelle* definieren, ab der ein Eintrag in das Ereignisprotokoll erfolgen soll. Wird das Kontingent erreicht, kann der Benutzer keine weiteren Dateien auf dem Volume speichern. Er kann nur noch Dateien löschen oder durch Bearbeitung verkleinern, oder Sie erhöhen als Administrator die Kontingentgrenze.

4.2.7 Volumenschattenkopien

Die Technologie der Volumenschattenkopien wurde bereits mit Windows XP eingeführt. In Windows Server 2003 ist sie allerdings um einige neue Funktionen erweitert worden.

Administration ab Seite 794

Nachfolgend finden Sie Informationen zu Hintergründen und den grundlegenden Merkmalen. In Abschnitt 11.15.3 *Volumenschattenkopien administrieren* ab Seite 794 werden die praktische Einrichtung und die Anwendung gezeigt.

Überblick

Normalerweise besteht eine wichtige Funktion eines Betriebssystems darin, dafür zu sorgen, dass auf bestimmte Dateien nicht durch mehrere Prozesse oder Anwendungsprogramme zur gleichen Zeit zugegriffen werden kann. Nur so können Inkonsistenzen an wichtigen Dateien wirksam vermieden werden. Für den Zugriff, auch den lesenden, sind beispielsweise wichtige System- oder Datenbankdateien gesperrt.

Sperrung von Dateien sorgt für Probleme in der Praxis

Einschränkungen und Probleme verursacht dieses Systemverhalten bei der Datensicherung. Vor der Windows 2000-Produktfamilie war es nicht möglich, eine komplette Sicherung des gesamten Betriebssystems so vorzunehmen, dass eine Wiederherstellung schnell und problemlos möglich ist. Wichtige Systemdateien konnten nicht mitgesichert werden, sodass eine zeitaufreibende Neuinstallation des Betriebssystems vor der Wiederherstellung anstand.

In Windows XP wurde der Dienst *Volumenschattenkopie* erstmals implementiert. Dieser sorgt dafür, dass auf alle Dateien, auch wenn sie eigentlich als *gesperrt* gekennzeichnet sind, durch das standardmäßige Datensicherungsprogramm NTBACKUP.EXE zugegriffen werden kann.

Dazu legt dieser Dienst vor der Sicherung eine Schattenkopie aller betreffenden Dateien an. Diese können Sie sich auch als *Schnappschuss* vorstellen, in welchem der momentane Stand aller Dateien erfasst wird. So können selbst Dateien gesichert werden, die laufend Änderungen erfahren (beispielsweise Log-Dateien). **Schnappschuss vor der Sicherung**

Anwendung bei der Datensicherung

Damit die Volumenschattenkopie-Technologie für die Datensicherung genutzt werden kann, muss das Sicherungsprogramm mit diesem Dienst kommunizieren. Das mitgelieferte Programm NTBACKUP.EXE vermag dies und stellt daher für viele Anwendungsfälle inzwischen durchaus die erste Wahl dar.

Wollen Sie dennoch einer Sicherungslösung eines anderen Herstellers den Vorzug geben, sollten Sie unbedingt darauf achten, dass diese die neue Technologie *Volumenschattenkopie* explizit unterstützt.

Für das Anlegen des Schnappschusses vor dem eigentlichen Sicherungsvorgang wird natürlich zusätzlicher Speicherplatz benötigt. Für die Betriebssystemdateien einer Standardinstallation von Windows Server 2003 können Sie mit ungefähr 100 MByte rechnen. Es werden übrigens nur die Dateien temporär zwischengespeichert, auf die ein normaler, lesender Zugriff nicht möglich ist. Dies kann auch Datenbankdateien betreffen, für die Sie dann entsprechend zusätzlichen Speicherplatz für das Zwischenspeichern einkalkulieren müssen. **Speicherplatz für den Schnappschuss beachten**

Eine Anwendung, die erst mit der neuen Technologie möglich wurde, ist die *Automatische Systemwiederherstellung* (ASR). Die komplette Sicherung des Betriebssystems nehmen Sie dazu über NTBACKUP.EXE während des laufenden Serverbetriebs vor. Im Notfall können Sie von dieser Sicherung den Server vollautomatisch wiederherstellen lassen. In Abschnitt 17.1.6 *ASR-Sicherung und -Wiederherstellung* ab Seite 1288 wird gezeigt, wie dies praktisch funktioniert. **Anwendung: ASR**

Wiederherstellung vorheriger Dateiversionen

Eine neue Funktion, die erst in Windows Server 2003 hinzugekommen ist, wendet die Technologie an, um eine Versionsverwaltung für Dateien zu ermöglichen. Die Benutzer können dann, ohne dass ein Administrator tätig werden muss, auf vorherige Versionen ihrer Dateien selbstständig zugreifen. Zuvor war dies nur umständlich über das Einspielen der betreffenden Dateien von einem Sicherungsmedium möglich – eine Sicherung nach dem Generationenprinzip vorausgesetzt.

Für jedes Servervolume können Sie einstellen, ob und wann regelmäßig Schnappschüsse angefertigt werden sollen. Standardmäßig ist dies übrigens deaktiviert. Unabhängig davon arbeitet der Dienst aber stets zur Erstellung der Schnappschüsse für die Datensicherung.

Hinweise für die Einrichtung und Konfiguration

Für die Einrichtung und Konfiguration der Volumenschattenkopie-Funktion für die Aufbewahrung vorheriger Dateiversionen sollten Sie die folgenden Hinweise beachten:

* Zeitpunkte für die Schnappschüsse einstellen

  Sie können bestimmen, wann genau Schnappschüsse angelegt werden sollen. Der Windows-Taskplaner übernimmt dazu im Hintergrund die Steuerung (siehe auch Abschnitt 10.4 *Programme zeitgesteuert ausführen* ab Seite 641). Die Voreinstellung lautet zwei Mal täglich, und zwar um 7:00 Uhr und um 12:00 Uhr. Beachten Sie aber, dass der Server bei einer Vielzahl von Dateien durchaus spürbar belastet wird. Beginnen die Mitarbeiter um 7:00 Uhr mit der Arbeit und melden sich demzufolge zu diesem Zeitpunkt viele Benutzer gleichzeitig an, dann wäre dies ein schlechter Zeitpunkt für das Anlegen des Schnappschusses. Ebenso kann 12:00 Uhr ungeeignet sein, wenn die Mitarbeiter erst deutlich später (etwa 14:00 Uhr) zur Mittagspause verschwinden und kurz vorher die bisherige Arbeit speichern.

* Volumenschattenkopien gelten pro Volume

  Die Volumenschattenkopien müssen Sie für jedes Volume separat aktivieren. Sie sollten generell nur die Volumes berücksichtigen, auf denen sich freigegebene Ordner befinden. Über Bereitstellungspunkte eingebundene Volumes werden nicht einbezogen. Für diese müssen Sie die Funktion separat aktivieren.

* Speicherplatz beachten

  In den Schnappschüssen werden die wenigsten Dateien komplett gehalten. Vielmehr wird der Status der Dateien zu diesem Zeitpunkt erfasst. Nachträgliche Änderungen werden dann in einem speziellen, reservierten Speicherbereich fortgeschrieben, wobei nur die Teile der Dateien erfasst werden, die sich auch tatsächlich geändert haben. Damit wird der benötigte Speicherplatz eingegrenzt.

Darüber hinaus können Sie genau festlegen, wie viel Speicherplatz maximal durch Schattenkopien pro Volume belegt werden darf. Wird diese Grenze erreicht, werden die zuerst
gespeicherten Schattenkopien wieder gelöscht. Maximal kann
Windows Server 2003 übrigens 64 Schattenkopien speichern.

- Zusätzliche Software für den Clientzugriff erforderlich

  Damit die Benutzer auf vorherige Versionen von Dateien
  zugreifen können, muss eine Erweiterung für den Windows
  Explorer installiert werden. Erst dann findet sich im Eigenschaften-Dialogfenster zu einer Datei, einer Freigabe oder einem Ordner eine entsprechende Registerkarte. Informationen
  zur praktischen Handhabung finden Sie in Abschnitt
  Clientsoftware installieren ab Seite 796.

Am einem Windows Server 2003-System ist die Clientsoftware
bereits standardmäßig verfügbar. Um auf vorherige Versionen
von Dateien zugreifen zu können, die sich in freigegebenen
Ordner befinden, müssen Sie über die NETZWERKUMGEBUNG
gehen. Ein direkter Zugriff auf die Schattenkopien über den
Windows Explorer ist nicht möglich.

4.2.8 Weitere besondere Merkmale von NTFS

In diesem Abschnitt werden einige weitere Merkmale von NTFS
beschrieben, die Auswirkungen auf die Arbeitsweise und den internen Ablauf haben, für den Benutzer aber weitgehend transparent bleiben. Teilweise werden diese erst durch spezielle
Anwendungsprogramme ausgenutzt und können dann zu einer
Erhöhung der Leistungsfähigkeit des Gesamtsystems führen.

Verknüpfungen und Hardlinks

Für den Zugriff auf Dateien und Ordner werden machmal »Stell-
vertreter« benötigt, die direkt auf die ursprünglichen Dateien verweisen. Dafür können Verknüpfungen oder Hardlinks in Frage
kommen. Ein Beispiel für Verknüpfungen sind Einträge im Startmenü. Hier sind natürlich nicht die Programme selbst abgelegt,
sondern nur Verweise auf diese. Verknüpfungen sind kleine, spezielle Konfigurationsdateien mit der Dateiendung LNK und enthalten Informationen zum aufzurufenden Programm oder zur
ursprünglichen Datei. Diese Verknüpfungen sind dabei nicht an
das Dateisystem NTFS gebunden. Sie können diese ebenfalls unter
FAT/FAT32 nutzen. Allein der Windows Explorer verwaltet diese.
Ein transparenter Zugriff aus allen Anwendungsprogrammen
kann dabei aber nicht immer sichergestellt werden.

Verknüpfungen

Hardlinks

Das können die mit Windows XP eingeführten *Hardlinks* leisten. Ähnlich den absoluten Links unter Unix wird dabei einer ursprünglichen Datei ein weiterer Start-Verzeichniseintrag in der NTFS-MFT zugewiesen (siehe Abschnitt *Die Master File Table (MFT)* ab Seite 136). Hardlinks lassen sich nur für Dateien erstellen, nicht jedoch für Ordner. Der Windows Explorer kann wie alle anderen Programme eine als Hardlink erzeugte Datei nicht mehr von ihrem Original unterscheiden. Der Explorer zählt übrigens bei der Emittlung der Größe eines Ordners oder eines Datenträgers die Links als vollständige Dateien mit, obwohl keine »Vermehrung« der Daten stattfindet. Bei der Berechnung von Datenträgerkontingenten werden Hardlinks aber ordnungsgemäß von der Mehrfachzählung ausgeschlossen (siehe Abschnitt 4.2.6 *Datenträgerkontingente* ab Seite 148).

Hardlinks unter Windows NT und 2000

Das ist übrigens so neu nicht – im NTFS-Dateisystem war so etwas schon immer möglich. Ein Beispiel für ein Programm, mit dem Sie Links unter Windows NT oder Windows 2000 erstellen und nutzen können, ist das kleine Programm LN.EXE aus den LS-TOOLS von *Daniel Lohmann* (*www.losoft.de*).

FSUTIL.EXE ab Seite 740

Hardlinks können Sie als Administrator mit Hilfe des Kommandozeilentools FSUTIL.EXE erzeugen (mit `fsutil hardlink create`; siehe Abschnitt 11.8.2 *Das Kommandozeilen-Tool FSUTIL.EXE* ab Seite 740).

Beachten Sie, dass unter Windows Server 2003 keine Unterscheidung zwischen einer Originaldatei und einem nachträglich erzeugten Hardlink möglich ist. Jeder erste Verzeichniseintrag auf eine Datei wird gleichberechtigt behandelt. Das hat weitreichende Konsequenzen auf das Verschieben und Löschen von Dateien.

Verschieben einer Datei

Verschieben Sie eine Datei auf ein anderes Volume, für die ein oder mehrere Hardlinks existieren, wird nur der betreffende Verzeichniseintrag gelöscht und auf dem Zielvolume zusammen mit einer *Kopie* der Datei neu angelegt. Alle bisher bestehenden Hardlinks auf dem Quellvolume existieren weiter – zusammen mit der ursprünglichen Datei. Damit existiert diese Datei danach doppelt. Änderungen an einer der Dateien bleiben dann in der jeweils anderen unberücksichtigt.

Löschen einer Datei

Gelöscht wird eine Datei erst dann, wenn der letzte noch existente Hardlink ebenfalls gelöscht ist.

Für das wirklich sichere Vernichten von Daten bietet sich das Kommandozeilentool `fsutil file setzerodata` an, mit dem Sie die Datei vor dem Löschen mit Nulldaten überschreiben können. Auch wenn danach noch ein Hardlink auf der Festplatte verblieben sein sollte, zeigt dieser dann nur noch auf die Leerdaten.

Unterstützung für Dateien mit geringer Datendichte

Eine so genannte *Datei mit geringer Dichte* verfügt über ein spezielles Attribut, welches das I/O-System des NTFS-Dateisystems bei der Speicherung der Datei veranlasst, nur nichtleeren Daten physischen Speicherplatz zuzuweisen. Alle Nulldaten werden durch entsprechende Einträge ausgewiesen. Beim Aufruf der Datei durch ein Anwendungsprogramm werden dann die tatsächlichen Datenmengen wiederhergestellt, indem automatisch die Nulldaten als leerer Datenstrom erzeugt und übergeben werden.

Ausschluss von Nulldaten

Sinn und Zweck dieses Verfahrens ist die drastische Einsparung von Speicherplatz bei dieser Art von Dateien. Die Anwendung ist allerdings sehr speziell und das NTFS-Attribut nur durch entsprechend programmierte Applikationen setzbar.

Eine praktische Anwendung ist beispielsweise das Änderungsjournal (siehe nächster Abschnitt), welches die Änderungen von Dateien mit Hilfe der Abbildung der logischen Struktur des gesamten Datenträgers verfolgt. Die hohe Effizienz dieses Journals auch bei sehr großen Datenträgern mit vielen Dateien wird dadurch erreicht, dass eine Datei gebildet wird, welche die gesamte Struktur widerspiegelt. Die nichtleeren Daten, die physisch gespeichert werden, sind die Änderungseinträge. Der Zugriff auf die Datei erfolgt aber, als wäre die gesamte Struktur abgebildet. Da aber immer nur ein relativ kleiner Teil der Dateien Änderungen unterworfen ist, kann die Speicherung des Journals auf physisch kleinem Raum erfolgen.

Anwendung beim Änderungsjournal

Änderungsjournal

Über das Änderungsjournal werden im NTFS-Dateisystem die Änderungen an Dateien ständig protokolliert. Die APIs dazu sind von Microsoft offen gelegt und können durch Softwareanbieter beispielsweise für die Entwicklung von Programmen für die Datensicherung oder Antivirenchecks genutzt werden. Der Microsoft Indexdienst benutzt als eine der ersten Applikationen das NTFS-Änderungsjournal für die schnelle Aktualisierung der Indizes.

Jede Änderung an einer Datei oder einem Ordner wird automatisch im NTFS-Änderungsjournal erfasst. Das ermöglicht die effizientere Ausführung von Programmen, die Änderungen am Datenträger auswerten müssen.

Verfahren

Pro Änderungsdatensatz fallen ca. 80 bis 100 Byte an Daten an, die dem Journal hinzugefügt werden. Da das Journal in seiner Größe begrenzt ist, verfallen bei dem Erreichen der maximalen Kapazität die ersten Einträge und werden durch neue überschrieben.

Hauptvorteil bei der Nutzung des NTFS-Änderungsjournals durch Anwendungsprogramme ist die hohe Performance auch bei sehr großen Datenträgern mit vielen Dateien, mit der Änderungen an Dateien erfasst werden. Die Geschwindigkeit der Bearbeitung der Änderungen hängt nicht von der Anzahl der Dateien ab, sondern von der Anzahl der Änderungen.

Überwachung verteilter Verknüpfungen

Überwachung über Objektkennung

Unter Windows Server 2003 gibt es zwei Dienste, die *Überwachung verteilter Verknüpfungen* heißen:

- Überwachung verteilter Verknüpfungen (Client)

  Mit Hilfe dieses Diensts werden auf NTFS-Volumes Verknüpfungen zu Dateien stets aktuell gehalten. Grundlage dieser Überwachung ist die eindeutige Objektkennung, mit der Dateien unabhängig von ihren Dateinamen geführt werden.

- Überwachung verteilter Verknüpfungen (Server)

  Dieser Dienst stellt in einem Active Directory-basierten Netzwerk sicher, dass der Clientdienst Verknüpfungen zu Dateien innerhalb der Domäne nachverfolgen kann.

Der Überwachungsdienst kann in den folgenden Fällen sicherstellen, dass die Verknüpfungen weiterhin korrekt auf die zugeordneten Quelldateien verweisen:

- Sie haben die Quelldatei umbenannt.
- Sie haben die Quelldatei innerhalb der Datenträger in der Arbeitsgruppe oder Domäne verschoben.
- Die Netzwerkfreigabe beziehungsweise der freigebende Computer, der die Quelldatei enthält, wurden umbenannt.

Mehrere Datenströme pro Datei

Benannte und unbenannte Datenströme

Das NTFS-Dateisystem wartet mit einer interessanten Eigenschaft auf, die allerdings in der Praxis für den Benutzer nicht direkt wirklich nutzbar ist: Sie können prinzipiell für eine Datei mehrere Datenströme anlegen. Unterschieden wird dabei zwischen so genannten *benannten* und *unbenannten* Datenströmen.

Standardmäßig nutzen Sie mit heute gebräuchlichen Anwendungen den unbenannten Datenstrom. Benannte Datenströme müssen durch die Applikation entsprechend angelegt und ausgewertet werden. Eine Anwendung könnte beispielsweise in der Bildverarbeitung denkbar sein, wo Sie mit einer Datei verschiedene Ebenen oder nur verschiedene Versionen eines Inhalts abspeichern könnten.

Eine andere Anwendung findet auf einem Windows-Serversystem die Datenströme statt, wenn die Dateidienste für Apple Macintosh-Computer aktiviert sind: Im unbenannten Datenstrom werden hier die »normalen« Daten einer Datei abgelegt, im benannten Datenstrom zur gleichen Datei dann der für das MAC OS notwendige Ressourcen-Teil. Weitere Informationen zu diesem Thema finden Sie in Abschnitt 5.7.2 *AppleTalk und die Macintosh-Services* ab Seite 275.

Sie können benannte Datenströme für eine Datei selbst mit Hilfe von Befehlen auf der Eingabeaufforderung erzeugen: **Beispiel**

```
echo "Hallo, Standardstrom" >Test.txt
echo "Hallo, Benannter Strom1" >Test.txt:Strom1
echo "Hallo, Benannter Strom2" >Test.txt:Strom2

more Test.txt
"Hallo, Standardstrom"

more < Test.txt:Strom1
"Hallo, Benannter Strom1"

more < Test.txt:Strom2
"Hallo, Benannter Strom2"
```

Beachten Sie, dass der Befehl type benannte Datenströme nicht anzeigen kann. Sie müssen für das Beispiel more benutzen. Auch der Windows Explorer zeigt nur als Dateigröße den Datenumfang an, der für die Speicherung des unbenannten Datenstroms benötigt wird. Allerdings bedeutet dies nicht, dass die benannten Datenströme nicht in die Zählung bei der Verwendung von Datenträgerkontingenten einbezogen werden. Hier werden grundsätzlich alle Datenströme erfasst wie bei anderen Dateisystemfiltern, beispielsweise dem verschlüsselnden Dateisystem (EFS).

Kopieren oder verschieben Sie eine Datei mit mehreren benannten Datenströmen von einem NTFS-Volume auf ein FAT/FAT32-Volume, gehen die benannten Datenströme verloren. Allein der, wenn existent, unbenannte Datenstrom bleibt erhalten. Ist dieser nicht vorhanden, erhalten Sie eine Datei ohne Inhalt. Umgekehrt bleiben alle Datenströme erhalten, wenn Sie eine Datei zwischen NTFS-Volumes kopieren. **Kopieren und Verschieben**

4.2.9 Kompatibilität von Windows NT 4 mit NTFSv5

Auf einen NTFSv5-Datenträger kann prinzipiell auch von Windows NT aus zugegriffen werden. Voraussetzung ist dabei, dass unter NT mindestens das Service Pack 4 installiert ist. Die folgenden NTFSv5-Funktionen sind unter Windows NT 4 nicht verfügbar beziehungsweise werden ignoriert:

* Datenträgerkontingente

  Unter Windows Server 2003 definierte Datenträgerkontingente werden unter NT nicht erkannt beziehungsweise das entsprechende NTFS-Attribut wird ignoriert. Damit haben alle Benutzer hinsichtlich des Speicherplatzes keine Limitierung auf dem betreffenden Volume. **Datenträgerkontingente**

Wird das Kontingent überschritten und das Volume wieder unter Windows Server 2003 bereitgestellt, kann der entsprechende Benutzer nur noch Daten verkleinern oder löschen, bis die Kontingentgrenze wieder unterschritten wird.

* Volumenschattenkopien

Volumenschatten-kopien

Die Technologie der Volumenschattenkopien ist sowohl unter Windows NT als auch unter Windows 2000 unbekannt. Die zugehörigen versteckt gespeicherten Daten bleiben dort erhalten, können allerdings nicht ausgewertet oder genutzt werden.

* Objektkennungen für Dateien und Ordner

Objektkennungen für Dateien und Ordner

Unter Windows Server 2003 werden die Objektkennungen zusätzlich im Datenträgerindex mit verwaltet. Wird ein entsprechendes Objekt unter Windows NT gelöscht, muss Windows Server 2003 beim erneuten Bereitstellen des Volumes die Objektkennung nachträglich aus dem Index entfernen.

* Änderungsjournal

Änderungsjournal

Windows NT 4 kennt das Änderungsjournal nicht. Damit werden auch die Änderungen an Dateien und Ordnern nicht berücksichtigt, die während der Bereitstellung eines NTFSv5-Datenträgers unter NT vorgenommen werden. Beim erneuten Bereitstellen des Volumes unter Windows Server 2003 wird das Journal verworfen und neu aufgesetzt.

* Analysepunkte und Bereitstellungen

Analysepunkte und Bereitstellungen

Windows NT erkennt keine Analysepunkte. Damit sind auch Bereitstellungen von Volumes über Laufwerkpfade, die unter Windows Server 2003 eingerichtet worden sind, nicht nutzbar.

* Verschlüsselte Dateien

EFS-Verschlüsse-lung

Das verschlüsselnde Dateisystem (EFS) ist als spezieller Dateisystemfilter für die Erweiterung des NTFS-Dateisystems implementiert und damit unter Windows NT nicht nutzbar. Verschlüsselte Dateien können deshalb hier nicht entschlüsselt werden.

* Dateien mit geringer Datendichte

Dateien mit geringer Datendichte

Dateien mit geringer Datendichte werden unter Windows NT nicht erkannt und sind dort nicht zugänglich.

Aufräumaktionen unter Windows Server 2003

Für die Sicherstellung der NTFSv5-Funktionen, die unter Windows NT umgangen werden können, wie beispielsweise das Änderungsjournal oder die Datenträgerkontingente, werden unter Windows Server 2003 automatisch Aufräumaktionen durchgeführt. Sie brauchen sich deshalb um die Konsistenz der Datenträger, auch wenn sie zeitweise unter NT eingesetzt werden, keine Sorgen zu machen.

Die Festplattentools von Windows NT 4 ab Service Pack 4, CHKDSK und AUTOCHK, arbeiten nicht auf NTFSv5-Datenträgern. Reparatur- und Wiederherstellungsarbeiten sollten deshalb nur unter Windows Server 2003 durchgeführt werden.

4.3 Das verschlüsselnde Dateisystem (EFS)

Für den zuverlässigen Schutz von Daten reicht das Betriebssystem allein nicht aus. Nicht erst seit dem Auftauchen des DOS-Tools NTFSDOS.EXE ist klar, dass die Sicherheit von auf NTFS-Volumes abgelegten Dateien spätestens dann nicht mehr gewährleistet ist, wenn die Datenträger in die Hände unbefugter Personen gelangen. Leider lassen sich Datenträger, gerade in kleineren Unternehmen oder Filialen, nicht immer hundertprozentig verschließen. Server stehen nicht selten wenig abgeschirmt in Großraumbüros oder in kleinen Kammern, die mit normalen Türen gesichert sind.

Mit Hilfe des verschlüsselnden Dateisystems (EFS – *Encrypting File System*) können Dateien so sicher gespeichert werden, dass auch ein bitweises Auslesen vom Datenträger und weit gehende Dechiffrierversuche erfolglos bleiben. In den nachfolgenden Abschnitten erhalten Sie dazu einen Überblick. In Abschnitt 11.12 *EFS im Netzwerk administrieren* ab Seite 762 werden Einrichtung und praktische Anwendung gezeigt.

Administration ab Seite 762

4.3.1 Der grundsätzliche Aufbau

Das verschlüsselnde Dateisystem ist als eine Erweiterung von NTFS implementiert. Diese Erweiterungen – im Übrigen gilt dies auch für die NTFS-Komprimierung – werden auch als Dateisystemfilter (siehe Abbildung 4.9) bezeichnet.

Dateisystemfilter

Der Dateisystemfilter des verschlüsselnden Dateisystems arbeitet völlig transparent. Die Verschlüsselungs- und Entschlüsselungsvorgänge laufen unsichtbar im Hintergrund ab. Der Anwender wird nicht mit störenden Unterbrechungen, wie etwa der Aufforderung zur Eingabe von Kennwörtern, konfrontiert. Die direkte Integration in den Windows Explorer gestattet eine einfache Nutzung der Datenverschlüsselungsfunktion: Das Aktivieren des entsprechenden Kontrollkästchens reicht aus, um einen Ordner oder eine einzelne Datei verschlüsseln zu lassen. Alternativ steht auf Betriebssystemebene der Befehl CIPHER zur Verfügung.

Transparente Verschlüsselung der Dateien

Ein berechtigter Benutzer erhält über das Dateisystem den vollen Zugriff auf die entschlüsselte Datei. Beim Bearbeiten mit einem Anwendungsprogramm wird die Datei zunächst entschlüsselt, damit sie dann geöffnet werden kann. Beim Abspeichern wird sie automatisch wieder verschlüsselt.

I 1 2 3 **4** 5 6 7 8 9 10 11 12 13 14 15 16 17 A B C D

Abbildung 4.9:
Das verschlüsselnde
Dateisystem als Da-
teisystemfilter

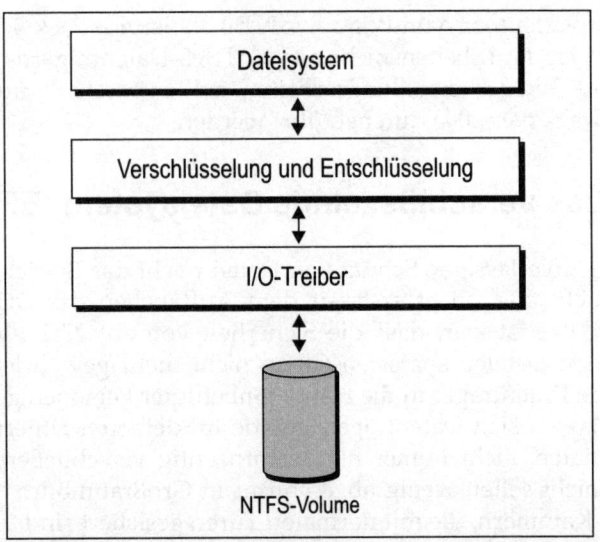

Beim Kopieren einer verschlüsselten Datei über das Netzwerk
wird sie entschlüsselt und im Zielordner wieder verschlüsselt. Sie
ist damit auf dem Transportweg über das lokale Netzwerk oder
die Datenfernverbindung prinzipiell lesbar. Für einen sicheren
Netzwerktransfer gibt es beispielsweise mit IPSec geeignete
Schutzmechanismen (siehe Abschnitt 9.3 *Sichere Netzwerkübertra-*
gung mit IPSec ab Seite 499).

Prinzipien beim Kopieren und Verschieben

Die folgenden Prinzipien gelten beim Kopieren und Verschieben
von Dateien im Hinblick auf die EFS-Verschlüsselung:

Kopieren und Verschieben auf NTFS-Volumes

- Wird eine EFS-verschlüsselte Datei an einen anderen Speicherort auf dem gleichen oder einem anderen NTFS-Volume
  verschoben oder kopiert, so bleibt die Verschlüsselung erhalten.
  Das gilt auch dann, wenn die bereits verschlüsselte Datei in einem Ordner abgelegt wird, bei dem das Verschlüsselungsattribut deaktiviert ist.

Ordner mit Verschlüsselungsattribut

- Wird eine unverschlüsselte Datei in einen Ordner kopiert oder
  verschoben, für den das Verschlüsselungsattribut aktiviert
  worden ist, so wird die Datei verschlüsselt.

FAT-Volume

- Die Verschlüsselung einer Datei wird aufgehoben, wenn Sie
  diese auf ein FAT- oder FAT32-Volume kopieren oder verschieben.

Temporäre Ordner

Es empfiehlt sich, temporäre Ordner ebenfalls mit dem Verschlüsselungsattribut zu versehen. Anderenfalls kann es passieren, dass
Dateifragmente oder sogar komplette Arbeitskopien mit sensiblen

Daten übrig bleiben. Im Benutzerprofil finden Sie den temporären Ordner standardmäßig an diesem Speicherort:

```
%Userprofile%\Lokale Einstellungen\Temp
```

Sie können diesen Ordner auch über die Systemvariable %Temp% direkt referenzieren. Für den Benutzer Uwe wäre der temporäre Ordner demzufolge hier zu finden, wenn als Startvolume C: angenommen wird:

```
C:\Dokumente und Einstellungen\Uwe\Lokale Einstellungen\Temp
```

In Abschnitt 8.2 *Benutzerprofile* ab Seite 459 finden Sie weiterführende Informationen zu diesem Themenkomplex.

Datensicherung verschlüsselter Dateien

Die in Windows Server 2003 integrierte Datensicherungssoftware NTBACKUP sichert EFS-verschlüsselte Dateien in verschlüsseltem Zustand. Damit wird sichergestellt, dass ein Zugriff auch nach unbefugter Inbesitznahme eines Sicherungsmediums nicht ohne weiteres möglich ist. Dies ist erst mit dem zugehörigen Zertifikat (einschließlich des privaten EFS-Schlüssels) des Besitzers oder des Wiederherstellungsagenten möglich.

Damit diese nicht in unbefugte Hände gelangen können, sollten Sie stets die Sicherung des Betriebssystems einschließlich der Systemstatusdateien und die Sicherung der reinen Datenbestände getrennt durchführen.

Weitere Informationen finden Sie zu diesem Thema in Abschnitt 17.1 *Datensicherung* ab Seite 1271.

4.3.2   EFS-Verschlüsselung im Detail

EFS basiert auf einem Hybridverfahren, bei dem mehrere Verschlüsselungsverfahren nacheinander zum Einsatz gelangen. Zusätzlich zu einer symmetrischen Verschlüsselung findet eine Chiffrierung mit öffentlichen und privaten Schlüsseln statt.

Verschlüsselung

Zunächst wird der Verschlüsselungsvorgang betrachtet: Die betreffende Datei wird zuerst mit Hilfe eines DES-Algorithmus symmetrisch verschlüsselt. Der Schlüssel dazu, *File Encryption Key* (FEK) genannt, wird per Zufallsgenerator erzeugt. Die Verschlüsselung der Datei mit einem generierten symmetrischen Schlüssel als FEK wird aus Performancegründen einer Verschlüsselung durch öffentlich zertifizierte Schlüssel vorgezogen.

Data Decryption Field (DDF) und Data Recovery Field (DRF)

Der FEK selbst wird wiederum mit dem öffentlichen Schlüssel aus dem öffentlichen/privaten Schlüsselpaar des Anwenders verschlüsselt. Der so chiffrierte FEK wird als EFS-Attribut der Datei im *Data Decryption Field* (DDF) abgelegt. Um eine Wiederherstellung verschlüsselter Daten ohne den privaten Schlüssel des Anwenders zu ermöglichen, kann der zufällig generierte FEK auch mit dem öffentlichen Schlüssel des öffentlichen/privaten Schlüsselpaars des Wiederherstellungsagenten verschlüsselt werden. Das kann beispielsweise notwendig sein, um an die Daten auch dann noch zu gelangen, wenn der Schlüssel versehentlich oder absichtlich gelöscht worden ist.

Unter Windows Server 2003 wird nicht mehr wie noch unter Windows 2000 ein Wiederherstellungsagent zwingend vorausgesetzt. Dennoch sollten Sie aus Sicherheitsgründen nur mit Wiederherstellungsagenten arbeiten.

Der so chiffrierte FEK wird dann als EFS-Attribut im *Data Recovery Field* (DRF) abgelegt.

Abbildung 4.10: EFS-Verschlüsselung

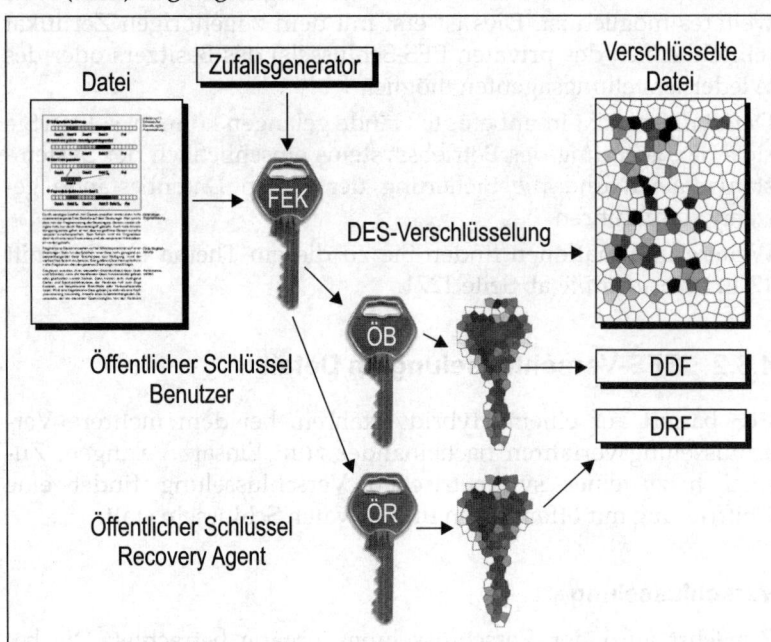

Mehreren Benutzern Zugriff erteilen

Im Unterschied zu Windows 2000 können unter Windows XP Professional und Windows Server 2003 mehr als ein Benutzer Zugriff auf eine EFS-verschlüsselte Datei erhalten. Voraussetzung ist jedoch, dass die betreffenden Benutzer jeweils über ein eigenes EFS-Schlüsselpaar verfügen, also ein entsprechendes EFS-Zertifikat besitzen.

Entschlüsselung

Bei der Abspeicherung im NTFS-Dateisystem werden zur symmetrisch verschlüsselten Datei noch zwei chiffrierte Schlüssel mit abgelegt. Diese mit den öffentlichen Schlüsseln des Anwenders bzw. des Wiederherstellungsagenten chiffrierten Schlüssel müssen für eine Entschlüsselung zunächst selbst wieder mit den zugehörigen privaten Schlüsseln dechiffriert werden. Zugriff erhalten nur berechtigte Anwender und der Wiederherstellungsagent.

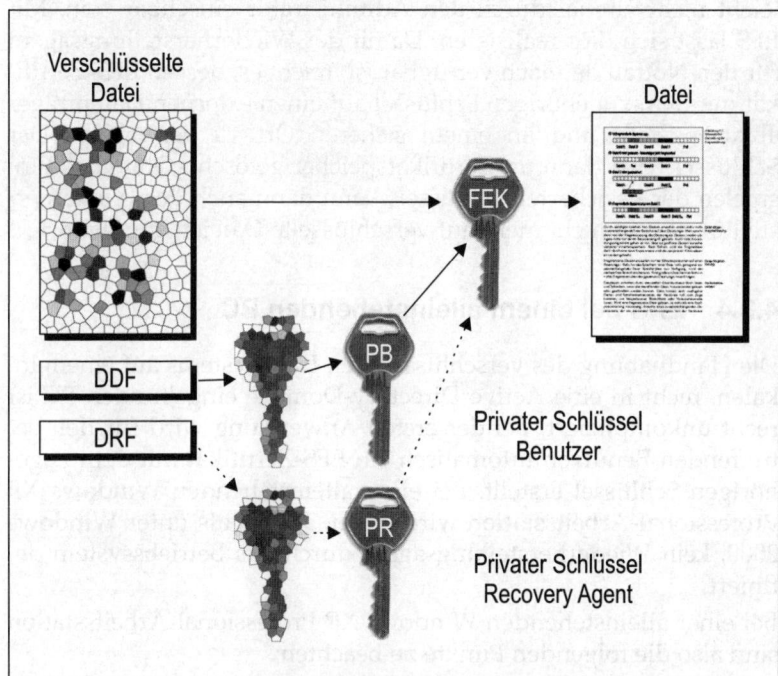

Abbildung 4.11:
EFS-Entschlüsselung

4.3.3 Wiederherstellungsagent

Die EFS-Verschlüsselung gilt nach heutigen Gesichtspunkten als sehr sicher und ist ohne zugehörigen Schlüssel praktisch nicht zu knacken. Umso wichtiger ist es, dass ein Notfallplan für den Fall vorhanden ist, dass ein Benutzerschlüssel einmal verloren geht oder sich nicht mehr im Zugriff befindet. Löschen Sie beispielsweise ein Benutzerkonto, dann wird auch das dazugehörige EFS-Zertifikat gelöscht. Eventuell noch vorhandene verschlüsselte Dateien des Benutzers sind dann verloren – wenn nicht eine dieser Voraussetzungen gegeben ist:

• Mindestens ein anderer Benutzer kann die Datei ebenfalls entschlüsseln. Dazu muss diesem das entsprechende Recht durch den »erstverschlüsselnden« Benutzer eingeräumt worden sein.

- Es existiert ein Wiederherstellungsagent. Dieser kann die EFS-verschlüsselten Dateien aller Benutzer generell entschlüsseln.

In einer Active Directory-Domäne wird standardmäßig der Domänen-Administrator als Wiederherstellungsagent eingesetzt. Dieser wird über eine Gruppenrichtlinie entsprechend gesetzt. Über diesen Weg kann auch der Wiederherstellungsagent ganz deaktiviert werden.

Bestimmte, besonders wichtige und geheime Dateien sollen vielleicht nicht einmal durch den Administrator einsehbar sein. Mit EFS lässt sich dies realisieren. Damit der Wiederherstellungsagent für den Notfall dennoch verfügbar ist, reicht es, dessen EFS-Zertifikat mit dem zugehörigen Schlüssel auf einen externen Datenträger abzuspeichern und an einem sicheren Ort zu verwahren. Der Schlüssel wird dann im Zertifikatspeicher gelöscht. Ohne das Einspielen des gesicherten Schlüssels kann dann auch der Wiederherstellungsagent nicht mehr auf verschlüsselte Dateien zugreifen.

4.3.4 EFS bei einem alleinstehenden PC

Die Handhabung des verschlüsselnden Dateisystems auf einem lokalen, nicht in eine Active Directory-Domäne eingebunden PC ist recht unkompliziert. Bei der ersten Anwendung wird für den betreffenden Benutzer automatisch ein EFS-Zertifikat mit dem zugehörigen Schlüssel erstellt. Bei einer alleinstehenden Windows XP Professional-Arbeitsstation wird dabei, anders als unter Windows 2000, kein Wiederherstellungsagent durch das Betriebssystem definiert.

Bei einer alleinstehenden Windows XP Professional-Arbeitsstation sind also die folgenden Punkte zu beachten:

Temp-Ordner
- Versehen Sie neben den eigentlichen Dateien auch die temporären Ordner mit dem Verschlüsselungsattribut, in denen Programme Kopien oder Fragmente zur Bearbeitung zwischenspeichern.

Wiederherstellungs-agent
- Definieren Sie einen Wiederherstellungsagenten, wenn dieser benötigt wird. Zu empfehlen ist dies eigentlich immer – schließlich kommen Sie im Notfall nur über diesen an Ihre Daten wieder heran. Entfernen Sie aber den Schlüssel des Wiederherstellungsagenten vom PC, nachdem Sie das Zertifikat auf einen sicheren, externen Datenträger exportiert haben.

Zertifikate sichern
- Für eine maximale Absicherung sollten Sie das Benutzer-EFS-Zertifikat nach dem Anlegen (geschieht automatisch bei der ersten Verschlüsselungsaktion) ebenfalls exportieren und auf einem externen Datenträger an einem sicheren Ort verwahren. Wenn Sie ganz sichergehen wollen, beispielsweise während einer Reise mit dem Notebook, dann löschen Sie zuvor das EFS-

Zertifikat mit dem privaten Schlüssel vom System. An die verschlüsselten Daten können Sie dann erst wieder gelangen,
wenn Sie das gesicherte Zertifikat erneut installiert haben.

Weitergehende Hinweise zur maximalen Absicherung lokaler Datenbestände mittels EFS finden Sie in unserem Buch *Windows XP
Professional*.

4.3.5 EFS-Verschlüsselung im Netzwerk

Bei der Nutzung der EFS-Verschlüsselung im Netzwerk, auch *Remote-Verschlüsselung* genannt, gibt es einige wesentliche Unterschiede zur lokalen Anwendung. Dies betrifft vor allem die Art
und Weise, wie die EFS-Zertifikate mit den zugehörigen Schlüsseln
an die Benutzer verteilt werden beziehungsweise wo diese jeweils
abgelegt sind.

Praxisanforderungen

Die nachfolgenden Ausführungen gehen von der Annahme aus,
dass die Remote-Verschlüsselung den folgenden Bedingungen genügen soll:

- Die EFS-Verschlüsselung funktioniert nach wie vor auch lokal, **EFS lokal**
  und zwar so, dass beispielsweise Benutzer mobiler Computer
  auch ohne Anschluss an das Netzwerk auf die verschlüsselten
  Dateien zugreifen können. Die Handhabung sollte sich für den
  Benutzer nicht von der bei alleinstehenden Computern unterscheiden.

- Auf freigegebenen Servervolumes soll die EFS-Verschlüsselung **EFS auf Servern**
  ebenfalls funktionieren. Dabei ist sicherzustellen, dass sich die
  Benutzer von beliebigen Arbeitsplatz-Computern aus an der
  Domäne anmelden können und dann auf die verschlüsselten
  Dateien Zugriff erhalten.

- Seit Windows XP Professional können Benutzer durch sie ver- **Mehrere Benutzer**
  schlüsselte Dateien auch anderen Benutzern zugänglich. Dies **haben Zugriff**
  soll ebenfalls im Netzwerk funktionieren. Weiterführende Informationen zur praktischen Anwendung finden Sie in unserem Buch *Windows XP Professional*.

Lösungsansätze

Es gibt zwei grundsätzlich verschiedene Verfahren, um die Remote-Verschlüsselung in einer Active Directory-Domäne so einzurichten, dass die oben genannten Bedingungen erfüllt werden:

EFS ohne...

- Einfache EFS-Einrichtung im Netzwerk

  Hierbei scheint der Verwaltungsaufwand für den Administrator zunächst recht gering zu sein. Er muss allerdings eingreifen, wenn die EFS-Verschlüsselung von Dateien und Ordnern durch jeweils mehrere Benutzer gemeinsam eingesetzt werden soll. Dann müssen die betreffenden Zertifikate manuell im Active Directory veröffentlicht werden. Im nachfolgenden Abschnitt wird das gesamte Verfahren genauer erläutert.

...oder mit PKI?

- EFS-Verschlüsselung unter Nutzung einer PKI

  Wird eine eigene PKI (*Public Key Infrastructure*) eingesetzt, werden über diese die erforderlichen EFS-Zertifikate für die Benutzer automatisch verwaltet. Bis auf den erstmaligen Verwaltungsaufwand für die Einrichtung muss sich der Administrator um die weitere EFS-Zertifikatverwaltung nicht mehr kümmern. Die Veröffentlichung im Active Directory geschieht jetzt automatisch durch die PKI.

Grundlegendes Verfahren bei der Remote-Verschlüsselung

Verschlüsselung erfolgt auf Server

Versucht ein Benutzer, bei einer Datei, die auf einer Netzwerk-Freigabe abgelegt ist, das Verschlüsselungsattribut zu setzen, dann übernimmt nicht mehr der lokale PC die EFS-Verschlüsselung, sondern der betreffende Remotecomputer. Folgendes geschieht hierbei:

1. Der Remotecomputer beginnt seine Arbeit, wenn das Kerberos-Ticket des Benutzers an ihn weitergeleitet (delegiert) worden ist. Dazu muss diesem Server vertraut werden können, weil es sich hierbei um einen sicherheitstechnisch hochsensiblen Bereich handelt. Immerhin wird mit der Delegierung des Tickets »im Namen des Benutzers« gehandelt. Durch einen Vertrauensbruch an dieser Stelle können Sicherheitslücken entstehen.

2. Der Remotecomputer überprüft, ob ein EFS-Zertifikat für den Benutzer vorhanden ist. Ist dies der Fall, erfolgt die Verschlüsselung und der Vorgang ist beendet.

3. Kann kein EFS-Zertifikat gefunden werden, dann wird auf dem Remotecomputer ein solches erzeugt und die Verschlüsselung wird vorgenommen.

Ablage in Benutzerprofil auf dem Remotecomputer

Für die Remote-Verschlüsselung werden der öffentliche Schlüssel mit dem Zertifikat sowie der private Schlüssel im lokalen Benutzerprofil auf dem Remotecomputer gespeichert. Dieses Profil wird, falls noch nicht vorhanden, in jedem Fall in einer verkürzten Form angelegt. Das geschieht unabhängig davon, ob sich der Benutzer lokal an diesem Computer anmeldet oder nicht. Selbst wenn konsequent servergespeicherte Profile eingesetzt werden sollten, wird dieses Profil hier erzeugt. Die »Erstverschlüsselung« kann deshalb ein wenig länger dauern.

Das Zertifikat mit dem öffentlichen Schlüssel ist an dieser Position zu finden:

Speicherorte für EFS-Schlüssel

```
%Userprofile%\Anwendungsdaten
 \Microsoft
  \SystemCertificates
   \My
    \Certificates
```

Der private Schlüssel wird hier abgelegt:

```
%Userprofile%\Anwendungsdaten
 \Microsoft
  \Crypto
   \RSA
    \<Benutzer-SID>
```

Zu beachten ist der Speicherplatzbedarf für diese speziellen lokalen Benutzerprofile, die auf jedem beteiligten Remotecomputer angelegt werden, wenn die Benutzer die EFS-Verschlüsselung auf einer Freigabe einsetzen. Rechnen Sie dabei mit einem Platzbedarf von circa 250 bis 320 KB pro Benutzer, wenn keine weiteren Serveranwendungen installiert sind, die das Ausgangs-Standardprofil vergrößert haben.

Speicherplatzbedarf beachten!

Das Einrichten einer Ordnerumleitung für den Ordner ANWENDUNGSDATEN hilft nicht, das Anlegen dieses Ordners im speziellen lokalen Profil auf dem Remotecomputer zu verhindern. So wird in jedem Fall sichergestellt, dass der private Schlüssel auf dem jeweiligen Computer lokal gehalten wird.

Remote-Verschlüsselung in einer Domäne ohne PKI

Standardmäßig funktioniert die Remoteverschlüsselung, ohne dass Sie vorbereitend tätig werden müssten. Die einzige Bedingung ist, dass der Remotecomputer als vertrauenswürdig gilt. Weitere Informationen finden Sie dazu weiter unten in diesem Kapitel.

Ohne PKI werden die Zertifikate jeweils durch die Crypto-API an jedem Remotecomputer lokal ausgestellt. Diese Zertifizierungsstelle gilt auf anderen Computern als nicht vertrauenswürdig. Das kann nur eine gemeinsame Stammzertifizierungsstelle leisten, die Sie durch eine eigene PKI selbst erstellen können.

Wollen Sie erreichen, dass ein Benutzer verschlüsselte Dateien auch anderen Benutzern zugänglich macht, dann müssen Sie manuell die Zertifikate aller betreffenden Benutzer mit den öffentlichen Schlüsseln im Active Directory veröffentlichen. Beachten Sie dabei, dass Sie die Zertifikate jedes Remotecomputers separat berücksichtigen müssen. Insofern bleibt der Verwaltungsaufwand nur bei wenigen Benutzern und maximal ein bis zwei Remotecom-

Hoher Verwaltungsaufwand, wenn mehrere Benutzer Zugriff auf eine Datei benötigen

putern beherrschbar. Weitere Informationen finden Sie dazu in Abschnitt 11.12.1 *EFS-Zertifikate im Verzeichnis veröffentlichen* ab Seite 762.

Remote-Verschlüsselung in einer Domäne mit PKI

Deutlich weniger Verwaltungsaufwand

Haben Sie eine eigene PKI aufgebaut, so ist diese auch für die Herausgabe der EFS-Zertifikate zuständig. Dabei wird pro Benutzer für jeden Remotecomputer, auf dem eine erstmalige Verschlüsselung erfolgt, ein separates Zertifikat angelegt und automatisch im Active Directory veröffentlicht. Dies funktioniert, weil eine gemeinsame, vertrauenswürdige Stammzertifizierungsstelle existiert. Für den Administrator ist damit der Verwaltungsaufwand sehr viel geringer, da er sich um die Veröffentlichung der Zertifikate im Active Directory nicht mehr explizit kümmern muss.

In Abschnitt 9.6 *Public Key Infrastructure (PKI)* ab Seite 534 wird das Thema PKI vertiefend behandelt.

Notwendige Vertrauensstellungen für EFS

Domänencontroller

Standardmäßig ist eine entsprechende Vertrauensstellung auf allen Domänencontrollern bereits eingerichtet. Damit funktiniert die Remote-Verschlüsselung auf derartigen Freigaben bereits, ohne dass der Administrator eingreifen muss.

Mitgliedsserver standardmäßig nicht vertrauenswürdig

Anders sieht dies bei Mitgliedsservern aus. Diese werden standardmäßig als nicht vertrauenswürdig (in Bezug auf die Delegierungszwecke) eingestuft. Das können Sie bei Bedarf aber ändern, wie in Abschnitt 11.12.2 *Vertrauensstellung einrichten* ab Seite 763 gezeigt wird.

Abbildung 4.12:
Fehlermeldung beim Versuch der EFS-Verschlüsselung auf einem Mitgliedsserver ohne eingerichtete Vertrauensstellung

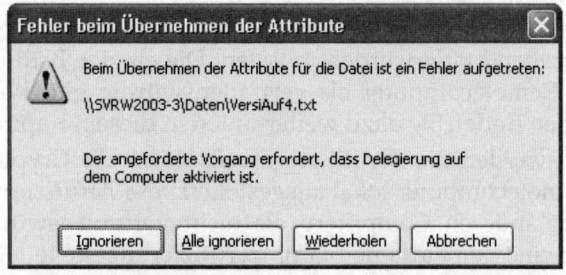

 Das nachträgliche Einrichten der Vertrauensstellung bei einem Mitgliedsserver sollte stets gut überlegt werden. Ohne weitere Absicherungen können Sicherheitslücken entstehen, die Angreifern gute Möglichkeiten bieten, in das Netzwerk einzudringen beziehungsweise Schaden anzurichten.

Mitgliedsserver mit eingerichteter Vertrauensstellung zu Delegierungszwecken sollten Sie deshalb genau so absichern wie Domänencontroller.

4.4 Verteiltes Dateisystem (DFS)

Beim verteilten Dateisystem (*Distributed File System – DFS*) handelt es sich nicht um ein Dateisystem im Sinne von NTFS oder FAT, sondern um einen speziellen Dienst, den die Serverversionen von Windows 2000 sowie Windows Server 2003-Systeme für die verteilte Speicherung von Daten im Netzwerk ausführen können. In diesem Abschnitt werden die grundlegenden Aspekte der Nutzung des verteilten Dateisystems erörtert.

Kein Dateisystem wie NTFS oder FAT

Die konkreten Schritte zur Einrichtung und Administration des verteilten Dateisystems finden Sie in Abschnitt 11.17 *DFS einrichten und verwalten* ab Seite 808.

Administration ab Seite 808

4.4.1 Überblick über das DFS

In gewachsenen Netzwerkstrukturen mit mehreren Servern kommt es mit der Zeit fast zwangsläufig dazu, dass sich Benutzer und Administratoren gleichermaßen mit einer zunehmenden Anzahl an Netzwerkfreigaben konfrontiert sehen. Die jeweils korrekten Zuweisungen bestimmter Datenbereiche im gesamten Netzwerk zu den Benutzern ist zwar beherrschbar, bedeutet aber in der Regel einiges an Administrationsaufwand. Der kann noch bedeutend umfangreicher sein, wenn womöglich verschiedene Systemwelten, beispielsweise auch UNIX- oder Netware-Server, im Netzwerk existieren.

Vielzahl an Freigaben

Mittels DFS können alle Freigaben eines Netzwerks in einem einheitlichen Namensraum zusammengeführt werden. Das können alle Freigaben sein, für die auf dem Windows Server 2003-System eine Clientsoftware existiert. Neben der Einbindung von SMB-konformen Freigaben im Windows-Netzwerk lassen sich so beispielsweise auch NFS-Volumes oder Serverlaufwerke von Novell Netware-Servern einbinden.

Einheitlicher Namensraum

Der Benutzer »sieht« dann nicht mehr verschiedene Server mit den jeweils für ihn zulässigen Netzwerkfreigaben, die sich oft auch schwer merken lassen, sondern greift nur noch auf eine einzige Instanz zu. Wie diese aussieht, hängt von der konkreten Implementierung des DFS ab und wird im nachfolgenden Abschnitt behandelt.

Abbildung 4.13:
Eine DFS-Beispiel-
konfiguration

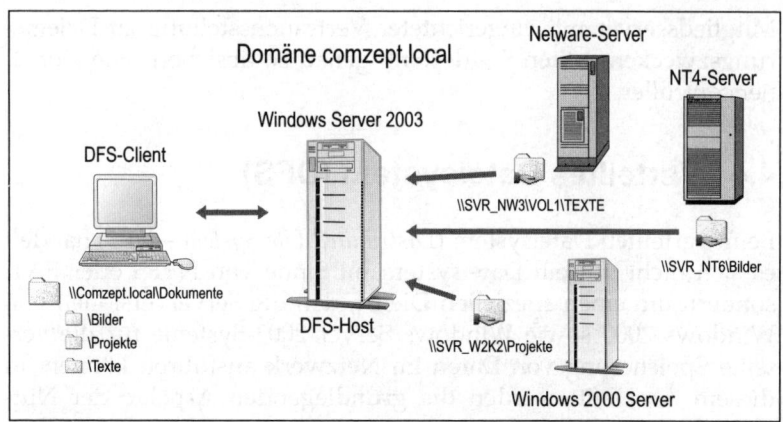

Stabil gegenüber Änderungen

Ändern sich Freigaben auf Servern oder werden andere Server mit in das DFS integriert, bedeutet das nicht zwangsläufig, dass auch auf Clientebene administrativer Aufwand entsteht. Das DFS schirmt die Sicht des Benutzers vor der konkreten technischen Struktur ab. So kann beispielsweise eine Netzwerkfreigabe von einem Server auf einen anderen übertragen werden, ohne dass der Benutzer etwas davon bemerkt.

Hohe Verfügbarkeit

Benutzen Sie DFS in einem Active Directory, können Sie es so einrichten, dass der gesamte oder Teile des damit verwalteten Datenbestandes auf mehrere Server verteilt (repliziert) werden. Damit können Sie eine hohe Verfügbarkeit sicherstellen. Fällt ein Server aus oder muss er wegen Wartungsarbeiten abgeschaltet werden, kann auf die Daten im Netzwerk trotzdem zugegriffen werden.

Lastenausgleich

Neben einer hohen Verfügbarkeit ermöglicht die Replikation von Datenbeständen auf mehreren Servern auch einen Lastenausgleich. Häufig benötigte Anfragen nach Daten können dann von mehreren Servern parallel beantwortet werden. So kommen beispielsweise bei der Anwendung der automatisierten Clientinstallation über die Remoteinstallationsdienste (*Remote Installation Services* – RIS) beachtliche Datenmengen zusammen, die übertragen werden müssen. Die gleichzeitige Anforderung durch mehrere Clients kann zu einer starken Belastung des RIS-Servers führen. Durch Bereitstellung dieser Datenbestände im DFS können Sie die Last wirkungsvoll zwischen mehreren Servern aufteilen.

Zugriffsrechte im DFS

Die Zugriffsrechte für die einzelnen Serverfreigaben bleiben bei Verwendung des DFS unangetastet. Das DFS ersetzt nicht irgendwelche Sicherheitseinstellungen oder tritt stellvertretend für Benutzer bei den angebundenen Serversystemen auf, sondern stellt wie eine Sammlung von Links nur die direkte Verbindung der Clients mit den dahinter liegenden konkreten Servern her (siehe Abschnitt 4.4.4 *DFS-Clients* ab Seite 174).

DFS gibt es auch als Erweiterung für Windows NT 4. Mehr Informationen bekommen Sie dazu auf der folgenden Microsoft-Website:

Windows NT 4 und DFS

`www.microsoft.com/ntserver/nts/downloads/winfeatures/NTSDistrFile`

Unter Windows NT wird allerdings nur der Aufbau eines *eigenständigen DFS* (siehe nächster Abschnitt) ermöglicht.

4.4.2 Domänenbasiertes und eigenständiges DFS

Für die Implementierung des DFS wird zwischen zwei grundsätzlich verschiedenen Ansätzen unterschieden, welche in diesem Abschnitt näher betrachtet werden.

Domänenbasiertes DFS

Mit dem domänenbasierten DFS wird die maximale Funktionalität für den Einsatz im Netzwerk geboten. Dabei wird das Active Directory benutzt, um alle Informationen zum eingerichteten DFS zu speichern. Für die Sicherstellung einer hohen Verfügbarkeit im Netzwerk können die Daten auf mehrere Server repliziert werden. Der Client sieht im Netzwerk ein domänenbasiertes DFS als eine Art freigegebene Ressource, die direkt unter dem Domänennamen erreichbar ist, beispielsweise in der folgenden Form:

Maximale Funktionalität

`\\comzept.local\Dokumente`

Auf welchen Servern sich die Daten tatsächlich befinden, ist dabei für den Client nicht sichtbar.

Eigenständiges DFS

Ein eigenständiges DFS kann nur für ein konkretes Windows Server 2003-System definiert werden und verwendet nicht das Active Directory. Eine Replikation von Daten ist damit nicht möglich. Der Client sieht diese Art von DFS als Freigabe eines konkreten Servers, beispielsweise so:

Eingeschränkte Funktionalität

`\\Server04\Dokumente`

Fällt der betreffende Server aus, stehen damit auch die Daten im DFS nicht mehr zur Verfügung.

Anwendungsbereiche

Beide Formen können beliebig miteinander kombiniert werden. Wenn Active Directory eingesetzt wird, können Sie bei Bedarf ein eigenständiges DFS aufsetzen. Die Definition von DFS-Stämmen erfolgt generell pro Server. Legen Sie einen eigenständigen, nicht

Beide Arten kombinierbar

über Active Directory geführten DFS-Stamm an, können Sie allerdings keine Replikation von Daten anwenden.

Umgebungen ohne AD: eigenständiges DFS

Die Verwendung eines eigenständigen DFS ist im Zusammenhang mit der konsequenten Verwendung von Active Directory kaum sinnvoll. Allerdings bietet Windows Server 2003 damit eine Möglichkeit, DFS in Umgebungen zum Einsatz zu bringen, wo Active Directory nicht verwendet werden soll. Die Funktionalität entspricht dabei der unter Windows NT 4 bekannten DFS-Erweiterung.

4.4.3 Aufbau des DFS

Der Aufbau eines DFS, auch *DFS-Topologie* genannt, gliedert sich in mehrere logische Bereiche, die nachfolgend erläutert werden. Die konkreten administrativen Schritte zur Implementierung finden Sie in Abschnitt 11.17 *DFS einrichten und verwalten* ab Seite 808.

DFS-Stamm

Oberste Instanz

Der DFS-Stamm stellt die oberste Instanz in einem DFS dar und kann nur einmal pro Windows Server 2003-System in der Standard Edition eingerichtet werden. Den DFS-Stamm richten Sie entweder als *domänenbasierten DFS-Stamm* oder als *eigenständigen DFS-Stamm* ein und bestimmen damit die grundsätzliche Art des DFS (siehe vorhergehenden Abschnitt).

Mehrere DFS-Stämme pro Server lassen sich auf Windows Server 2003-Systemen der Enterprise Edition oder der Datacenter Edition einrichten.

Mehrere DFS-Stämme mit der Standard Edition

Mehrere DFS-Stämme lassen sich auch mit der Standard Edition einrichten, wenn Sie dazu mehrere Server einsetzen. Allerdings minimieren Sie den Administrationsaufwand, wenn Sie sich auf einen oder wenige DFS-Stämme beschränken.

DFS-Stammreplikat

Sie können bei einem domänenbasierten DFS den kompletten DFS-Stamm zwischen mehreren Servern replizieren, wobei dann von einem *DFS-Stammreplikat* gesprochen wird. Sie können einen DFS-Stamm auf bis zu 256 Server replizieren.

DFS-Verknüpfung

Unterhalb eines DFS-Stammes binden Sie die freigegebenen Netzwerkbereiche der betreffenden Serversysteme ein. Diese werden auch als *DFS-Verknüpfung* bezeichnet.

Verweise auf Netzwerkfreigaben...

Beim Zugriff eines Clients auf einen DFS-Stamm werden diese angezeigt und stehen abhängig von den konkreten Zugriffsrechten des Benutzers beim jeweiligen dahinterstehenden Serversystem zur Verfügung.

Neben dem Verweis auf freigegebene Netzwerkbereiche können DFS-Verknüpfungen auch auf weitere DFS-Stämme zeigen und lassen damit eine weitgehende Strukturierung zu. Für den Client erscheinen diese Struktureinheiten immer wie normale freigegebene Netzwerkordner. **...und andere DFS-Stämme**

Auch von DFS-Verknüpfungen können Replikate auf anderen Servern erstellt werden. Gegenüber der Verwendung von Stammreplikaten lassen sich damit gezielter bestimmte Bereiche im Netzwerk verteilen. **Replikate**

Replikation im DFS

Die Replikation von Daten im DFS kann auf DFS-Stammebene oder auf Ebene der DFS-Verknüpfungen eingerichtet werden. Es wird dann von *DFS-Stammreplikaten* beziehungsweise *Replikaten* gesprochen. Realisiert wird der Replikationsvorgang im Hintergrund durch den *Dateireplikationsdienst*, welcher ebenfalls für die Replikation im Active Directory verantwortlich ist.

Die Replikation wird nur beim domänenbasierten DFS und hier nur für NTFS-formatierte Volumes unterstützt, welche sich auf Servern befinden, die unter Windows 2000 oder Windows Server 2003 laufen. Andernfalls kann eine automatische Replikation nicht stattfinden. Es bleibt dann nur der Abgleich über eine »manuelle Replikation« der Daten.

Das Verhalten des Systems können Sie dabei über die Replikationsrichtlinien steuern (zur konkreten Einrichtung siehe Abschnitt 11.17.3 *DFS-Replikation einrichten* ab Seite 812). Die Replikationstopologie können Sie an die konkreten Erfordernisse anpassen. Für die meisten Fälle mit nur zwei oder drei eingebundenen Servern dürfte die Standardvorgabe *Ring* die richtige Wahl sein. Steigt die Anzahl der Server, sollten Sie die Topologie gezielt auswählen und anpassen. Insgesamt stehen drei Vorgaben zur Verfügung: **Replikationstopologie**

* *Ring*
  Die Replikation findet zwischen den im DFS beteiligten Servern so statt, dass jeweils die direkt benachbarten Systeme ihre Daten miteinander abgleichen.

* *Hub-and-Spoke*
  Bei dieser Topologie wird ein Server als *Hub* bestimmt, der als zentraler »Umschlagplatz« für alle Replikationsvorgänge dient. Zwischen den Spokes findet keine Replikation statt. Dieses Verfahren bietet sich an, wenn die Daten zentral auf einem einzigen Server aktualisiert werden sollen. Die Netzwerklast kann

dann optimiert werden, wenn auf den Spokes selbst keine Daten geändert werden.

- *Full-Mesh*

  Hier findet die Replikation direkt zwischen allen Servern statt. Wird eine Datei auf einem Server geändert, so wird sie auf alle anderen Server repliziert. Dieses Verfahren kann bei einer größeren Anzahl von Servern und vielen zu ändernden Dateien die größte Belastung im Netzwerk erzeugen.

Abbildung 4.14:
Vorgaben für Replikationstopologien im DFS

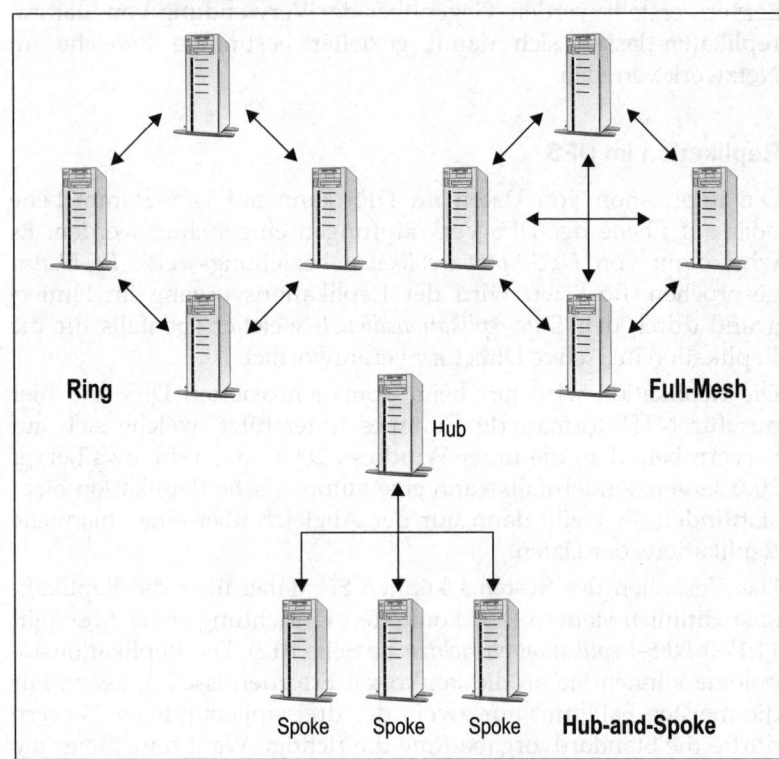

Darüber hinaus können Sie eine benutzerdefinierte Topologie erstellen. Weitere Hinweise zur Umsetzung finden Sie in Abschnitt 11.17.3 *DFS Replikation einrichten* ab Seite 812.

4.4.4 DFS-Clients

Als Clients können die Microsoft-Betriebssysteme dienen, welche in Tabelle 4.7 aufgeführt sind. Dies hängt im Einzelfall aber auch vom verwendeten Typ des DFS ab.

Clientsoftware für Zugriff auf Server

Grundsätzlich erscheinen die Ordner im DFS für den Client wie normale Netzwerkfreigaben. Allerdings ist zu beachten, dass diese nur Links auf die tatsächlichen Speicherorte auf den konkret dahinterstehenden Servern darstellen. So benötigt ein PC für den

Zugriff auf eine Ressource eines Netware-Servers auch die entsprechende Clientsoftware mit dem richtigen Netzwerkprotokoll, wie beispielsweise IPX/SPX für den Zugriff auf ältere Novell Netware-Server.

Client-Betriebs-system	DFS	
	Domänenbasiert	**Eigenständig**
Windows 98/ME	mit AD-Client	✓
Windows NT 4 ab Service Pack 3	mit AD-Client	✓
Windows 2000	✓	✓
Windows XP Professional	✓	✓

Tabelle 4.7: Microsoft DFS-Clients

Die Fähigkeit eines Betriebssystems, als DFS-Client aufzutreten, ist nur dadurch gekennzeichnet, dass die Sichtweise auf den DFS-Namensraum und damit auf eine einheitliche Benutzerschnittstelle realisiert werden kann.

DFS-Client-Fähigkeit

4.5 Fragmentierung

Neben der Effizienz der Speicherung von Daten spielt die Fragmentierung hinsichtlich der erreichbaren Performance eine entscheidende Rolle. Beim ständigen Öffnen und Zurückschreiben von Dateien kommt es mit der Zeit zu einer fortschreitenden Fragmentierung der Dateien und Volumes. Das ist übrigens unabhängig vom verwendeten Dateisystem. Sowohl unter FAT, FAT32 als auch NTFS ist diese performancehemmende Eigenschaft zu verzeichnen. In den nachfolgenden Abschnitten wird gezeigt, wie es zur Fragmentierung kommt und was Sie dagegen unternehmen können.

Auswirkung auf Performance

4.5.1 Was ist Fragmentierung?

Unter Fragmentierung wird die physische Speicherung von Dateien in mehreren Teilstücken (Fragmenten) auf dem Volume verstanden. Normalerweise wird eine Datei als zusammenhängende Clusterkette auf dem Volume gespeichert. So liegen die Daten übrigens vor, wenn Sie Dateien auf einem leeren Volume speichern. Voraussetzung ist allerdings, dass die Dateien hintereinander geschrieben werden und zwischendurch nichts gelöscht wird. In Abbildung 4.15 wird der Vorgang der Fragmentierung deutlich.

Abbildung 4.15:
Schematische
Darstellung der
Fragmentierung

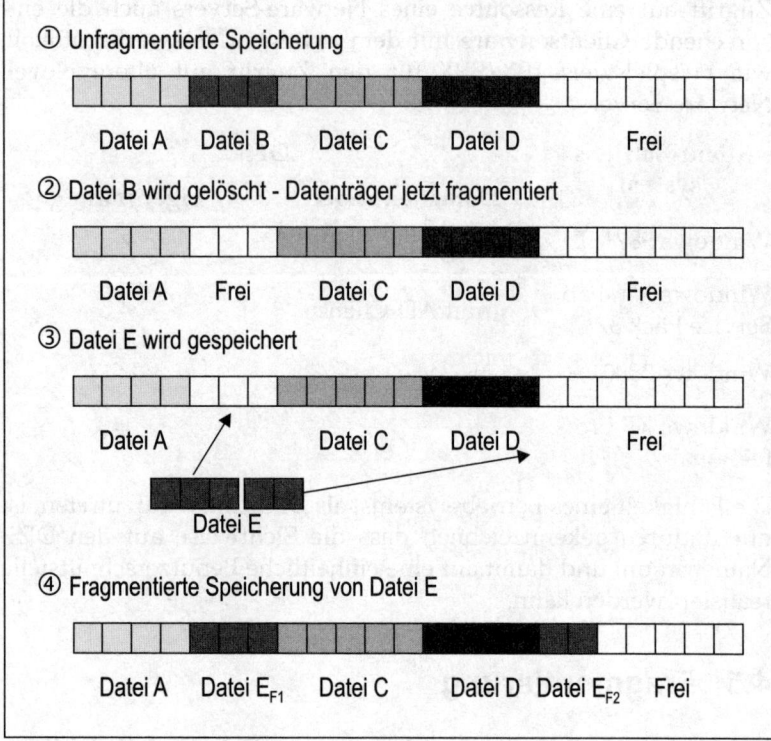

Volume-Fragmentierung

Durch ständiges Löschen von Dateien entstehen immer mehr nicht zusammenhängende freie Bereiche auf dem Volume. Dies wird als *Volume-Fragmentierung* bezeichnet. Dateien werden übrigens nicht ausschließlich durch Benutzereingriff gelöscht. Viele Anwendungsprogramme gehen so vor, dass sie geöffnete Dateien zunächst temporär zwischenspeichern. Beim Sichern wird die Originaldatei dann durch eine neue Kopie ersetzt und die temporären Arbeitsdateien werden gelöscht.

Datei-Fragmentierung

Fragmentierte Dateien entstehen nur bei Schreiboperationen auf einem Volume. Steht für das Speichern einer Datei nicht genügend zusammenhängender freier Speicherplatz zur Verfügung, wird der nächste freie Bereich mit benutzt. Eine größere Datei kann so leicht in vielen Fragmenten über das gesamte Volume verteilt liegen.

Performanceverlust   Festplatten erreichen ihren maximalen Datendurchsatz beim Lesen und Schreiben, wenn die betreffenden Daten hintereinander gelesen oder geschrieben werden können. Dann können auch intelligente Cache- und Speichermechanismen der Hardware voll zum

Zuge kommen, wie beispielsweise *Block-Mode* oder *Vorausschauendes Lesen*. Wird eine fragmentierte Datei gelesen, ist mehr als eine Kopfpositionierung notwendig.

Anstelle eines zusammenhängenden Datenstroms, der mit maximaler Geschwindigkeit von der Hardware geliefert werden kann, zerfällt der Transfer bei einem fragmentierten Volume in mehrere komplette Teilübertragungen. So wird selbst die schnellste Festplatte ausgebremst.

Clustergröße und Fragmentierung

Die Geschwindigkeit, mit der ein Volume fragmentiert wird, ist neben der Häufigkeit der Veränderung der Dateien auf ihm auch direkt von der Größe der Cluster abhängig. Kleinere Cluster erlauben zwar eine effizientere Ausnutzung des Speicherplatzes gerade für kleinere Dateien, führen aber bei größeren Dateien zu deren Zerlegung in viele Einzelteile. Das begünstigt natürlich die Bildung von Fragmenten, wenn diese Dateien wieder gelöscht beziehungsweise verändert werden.

Kleine Clustergrößen = mehr Fragmente

In Abschnitt 4.5.4 *Tipps zur Verbesserung der Performance* ab Seite 180 finden Sie auch Hinweise, wie Sie mit einer manuellen Einstellung der Clustergröße die Fragmentierung und damit die Performance beeinflussen können.

4.5.2   Besonderheiten bei NTFS

Für NTFS-Datenträger gibt es hinsichtlich der Fragmentierung einige Besonderheiten zu beachten. Diese werden nachfolgend erläutert.

NTFS-Datenträger fragmentieren

Mit Einführung von Windows NT und dem Dateisystem NTFS kam die Mär in Umlauf, dass NTFS nicht fragmentieren würde. Das ist definitiv falsch. Richtig ist, dass bei Vorliegen einer geringen Anzahl fragmentierter Dateien aufgrund der effizienten Speicherung mit Hilfe von Datenläufen und B-Baumstrukturen (siehe auch Abschnitt 4.2.2 *Der interne Aufbau von NTFS* ab Seite 134) weniger Performanceverluste zu verzeichnen sind als unter FAT oder FAT32.

NTFS fragmentiert!

Fragmentierung der MFT

Die Master File Table (MFT) ist die wichtigste Datei im NTFS-Dateisystem (siehe Abschnitt 4.2.2 *Der interne Aufbau von NTFS* ab Seite 134). Für die MFT wird ein Bereich von ca. 12% auf dem Volume reserviert. Füllt sich das Volume, wird auch die MFT zunehmend fragmentiert. Das hat deutliche Auswirkungen auf die Performance. Wird die MFT zu stark fragmentiert, kann möglicherweise sogar das Betriebssystem nicht mehr starten.

Fragmentierung der MFT vermeiden

Für die Vermeidung der Fragmentierung der MFT sollten Sie sicherstellen, dass immer genügend Speicherplatz auf dem NTFS-Volume frei gelassen wird (ca. 20%). Ein hilfreiches Instrument zur Steuerung der Nutzung des Speicherplatzes durch Benutzer sind die Datenträgerkontingente (siehe Abschnitt 4.2.6 *Datenträgerkontingente* ab Seite 148).

Defragmentierung der MFT

Zur Defragmentierung der MFT können Sie die standardmäßig verfügbare Defragmentierungslösung unter Windows Server 2003 einsetzen. Ab Windows XP und für die neuen Serverversionen wird von dieser Software die Defragmentierung der MFT unterstützt. Dies war unter Windows 2000 noch nicht der Fall, weswegen Sie dort auf die kostenpflichtige Vollversion der Software oder auf Tools von Drittherstellern ausweichen mussten.

NTFS-Komprimierung

Die unter NTFS verfügbare Komprimierung hat neben der geringen Effizienz (siehe Abschnitt 4.2.5 *Komprimierung* ab Seite 146) auch den Nebeneffekt, dass es dabei zu einer erheblichen Fragmentierung von Dateien kommt.

Abbildung 4.16: Auswirkungen der Komprimierung

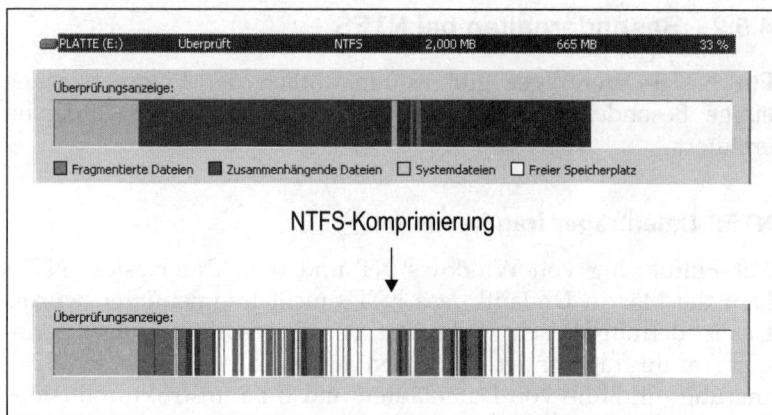

Starke Fragmentierung durch blockweises Arbeiten

Nach der Komprimierung kommt es zu einer starken Fragmentierung der Dateien und des Volumes. Der Grund dafür liegt in der Arbeitsweise der NTFS-Komprimierung. Es werden immer nur einzelne physische Blöcke auf dem Volume für sich genommen komprimiert. Der entstehende freie Platz bleibt dann leer und bildet ein Volume-Fragment. Da die Komprimierung nicht dateiorientiert arbeitet, werden auch nicht fragmentierte Dateien auseinandergerissen und liegen danach in einzelnen Fragmenten gespeichert vor.

Werden durch die Komprimierung zudem noch die falschen Dateitypen behandelt, für die keine oder nur eine geringe Kompressionsrate erreicht werden kann, bleibt als einzige Auswirkung ein in der Performance deutlich eingebrochenes Volume. Beim heutigen Preisverfall sehr großer Speichermedien macht eine Online-Komprimierung, vor allem wenn sie wie in NTFS implementiert ist, damit kaum Sinn.

Ergebnis: Schlechte Performance

4.5.3   Defragmentierungsverfahren und -strategien

Für die Wiederherstellung und Sicherung einer hohen Performance Ihrer Volumes gibt es eine Reihe von Dienstprogrammen. Diese unterscheiden sich hinsichtlich ihrer Strategien und Verfahren sowie der letztlich erreichbaren Optimierung.

Strategien

Bei der Defragmentierung kommen unterschiedliche Strategien zum Einsatz, die auch weitere Optimierungen umfassen können. Die folgenden Arbeitsmodi von Defragmentierungsprogrammen können unterschieden werden:

- Zeitoptimierte Zusammenführung fragmentierter Dateien

  Schnell...

  Die Software versucht, innerhalb kürzester Zeit die Fragmente der Dateien zusammenzuführen. Dabei verbleibt immer noch eine gewisse Fragmentierung des Volumes, was wiederum zu einer baldigen neuen Fragmentierung der Dateien führt.

- Reorganisation der Datenspeicherung

  ...oder gründlich ?

  Für die Herstellung nicht fragmentierter Dateien und die Vermeidung einer baldigen neuen Fragmentierung werden die Datenstrukturen auf dem Volume umstrukturiert. Meist wird so vorgegangen, dass alle nicht veränderbaren Dateien wie Anwendungsprogramme, Hilfedateien etc. an den Anfang des Volumes verlegt werden. Alle veränderbaren Dateien wie Dokumente, Konfigurationsdateien usw. gelangen an das physische Ende. So kann später eine neue Defragmentierung effektiver arbeiten, da nur noch ein begrenzter Teil des Volumes bearbeitet werden muss.

Verfahren

Unter MS-DOS ist die Defragmentierung noch verhältnismäßig einfach zu bewerkstelligen. Während die Defragmentierungssoftware arbeitet, kann der PC nicht verwendet werden. Die Software hat vollen Zugriff auf das gesamte Volume und kann auch Dateien des Betriebssystems bearbeiten beziehungsweise verschieben.

Bei einem modernen Multitasking-Betriebssystem wie Windows Server 2003 sieht das vollkommen anders aus. Die Defragmentierungssoftware läuft parallel zu anderen Anwendungen und Prozessen. Darüber hinaus gibt es geschützte Dateien, auf die nur das Betriebssystem selbst Zugriff hat. Damit kommen zwei grundsätzlich verschiedene Verfahren in Frage:

Online
*   Online-Defragmentierung

    Das Volume bleibt während der Defragmentierung im Zugriff durch andere Anwendungen und das Betriebssystem. Dadurch können sich permanent wieder Dateien ändern, wodurch die Effektivität der Defragmentierung leidet. Dateien, die sich im Zugriff durch andere Anwendungen oder unter Kontrolle des Betriebssystems befinden, sind für den Zugriff gesperrt und können nicht defragmentiert beziehungsweise verschoben werden. Durch die nichtexklusive Verfügung des Volumes können immer nur kleinere Datenmengen bewegt werden. Das führt dazu, dass freie Bereiche auf der Festplatte schlechter zusammengefasst werden können.

    Eine Online-Defragmentierung sollten Sie am besten dann durchführen, wenn möglichst wenig Anwendungen oder Benutzer auf den Server und die betreffenden Datenbereiche zugreifen. Damit bieten sich die Nachtstunden oder das Wochenende an, auf die moderne Defragmentierungsprogramme zum automatischen Start eingestellt werden können.

Offline
*   Offline-Defragmentierung

    Bei der Offline-Defragmentierung hat die Defragmentierungssoftware die volle Kontrolle über das Volume. Unter Windows Server 2003 muss diese Software dann vor dem Betriebssystem zum Zuge kommen, beispielsweise während des Bootprozesses. So kann dann neben der Defragmentierung auch eine komplette Optimierung des Volumes durch Reorganisation der Datenstrukturen erfolgen. Nachteil ist die Nichtverfügbarkeit des Systems während des Programmablaufs. Für Server sollte die Offline-Defragmentierung einmal gründlich bei Inbetriebnahme erfolgen (inklusive kompletter Reorganisation) und durch eine regelmäßige Online-Defragmentierung ergänzt werden.

4.5.4 Tipps zur Verbesserung der Performance

Performance-Einbußen durch stark fragmentierte Server-Volumes können sich durch schlechteres Antwortverhalten bemerkbar machen. Die folgenden Tipps sollen Ihnen helfen, die Performance Ihrer Datenträger dauerhaft zu sichern:

Auslagerungsdateigröße festlegen

Die Auslagerungsdatei wird standardmäßig durch das System als eine in der Größe variable Datei PAGEFILE.SYS geführt. Es empfiehlt sich, die Größe auf einen festen Wert einzustellen. Als ein guter Richtwert für die Größe gilt Hauptspeichergröße + 11 MB.

Hauptspeicher + 11 MB

Sie erreichen übrigens eine maximale Geschwindigkeit beim Zugriff auf die Auslagerungsdatei, wenn sich diese am physischen Anfang einer Festplatte befindet. Für die Planung einer Installation auf einem System mit einer Festplatte kann es sinnvoll sein, eine separate Partition für die Auslagerungsdatei anzulegen, die sich am Anfang der Festplatte befindet. Für die Sicherung einer späteren Erweiterbarkeit des Hauptspeichers und damit der Auslagerungsdatei sollte eine Partitionsgröße von ein bis vier GB für die meisten Fälle ausreichend sein. Haben Sie mehr als eine Festplatte im Computer installiert, können Sie die Auslagerungsdatei auch auf einer anderen als der Bootfestplatte anlegen. Dabei fällt die Wahl natürlich auf die schnellste Festplatte im System. Weitere Hinweise dazu finden Sie in Abschnitt 2.1.2 *Zum Vorgehen bei einer Neuinstallation* ab Seite 49.

Auslagerungsdatei am Festplattenanfang

Haben Sie einen Stripesetvolume im Einsatz (siehe auch Abschnitt 3.3.4 *Stripesetvolume* ab Seite 101), können Sie die Auslagerungsdatei auf diesem erstellen. Die hohe Performance dieses dynamischen Volumes ist dann direkt für die Auslagerungsdatei nutzbar.

Auslagerungsdatei auf Stripesetvolume

Defragmentierung und Optimierung nach der Installation

Führen Sie eine grundlegende Optimierung der Volumes nach der Installation des Betriebssystems und zusätzlicher Softwarepakete auf dem Server durch. Mit Hilfe einer Offline-Defragmentierungssoftware können, wenn verfügbar, bei dieser Gelegenheit gleich statische Daten wie Anwendungsprogramme, DLLs etc. an den physischen Anfang des Volumes verschoben werden.

Regelmäßige Online-Defragmentierung

Zur Sicherung der Performance sollten Sie regelmäßig Online-Defragmentierungen der Volumes durchführen. Effektiv ist der Einsatz der entsprechenden Defragmentierungssoftware allerdings nur dann, wenn dabei möglichst wenig Dateien geöffnet sind. Als gute Zeitpunkte für eine Defragmentierung eignen sich meist die Nachtstunden oder das Wochenende.

Genug Speicherkapazität freilassen

Betreiben Sie insbesondere NTFS-Volumes nicht an ihrer maximalen Kapazitätsgrenze. Als guter Wert können 20% der Gesamtkapazität gelten, die frei bleiben sollten. Richten Sie für die Benutzer Datenträgerkontingente ein, um deren »Speicherwut« etwas zu steuern. Sie wissen: Es gibt prinzipiell auf Dauer keine ausreichend großen Festplatten.

4.5.5 Defragmentierungsprogramme

Windows Server 2003 verfügt wie sein Vorgänger Windows 2000 über eine integrierte Defragmentierungs-Software der Firma *Executive Software* (*www.diskeeper.com*). Daneben gibt es aber auch eine Reihe von Programmen anderer Anbieter. Eines der bekanntesten Programme ist dabei Norton Speeddisk (*www.symantec.de*). Erst seit 1998 auf dem Markt und trotzdem schon sehr erfolgreich ist die umfassende Defragmentierungslösung der Berliner Firma O&O Software GmbH (*www.oo-software.de*).

Für das Durchführen des Defragmentierungsprozesses benötigen alle Lösungen genügend freien Speicherplatz auf dem Volume. Als Richtwert gelten hier ca. 15% der Gesamtkapazität.

Der konkret benötigte freie Speicherplatz hängt von der jeweiligen Defragmentierungssoftware ab. Steht nicht genügend Platz zur Verfügung, bricht das Programm entweder mit einer Fehlermeldung ab oder kann kein optimales Ergebnis erreichen.

Abbildung 4.17:
Integrierte Defrag-
mentierungslösung
als Teil der MMC
Computerverwaltung

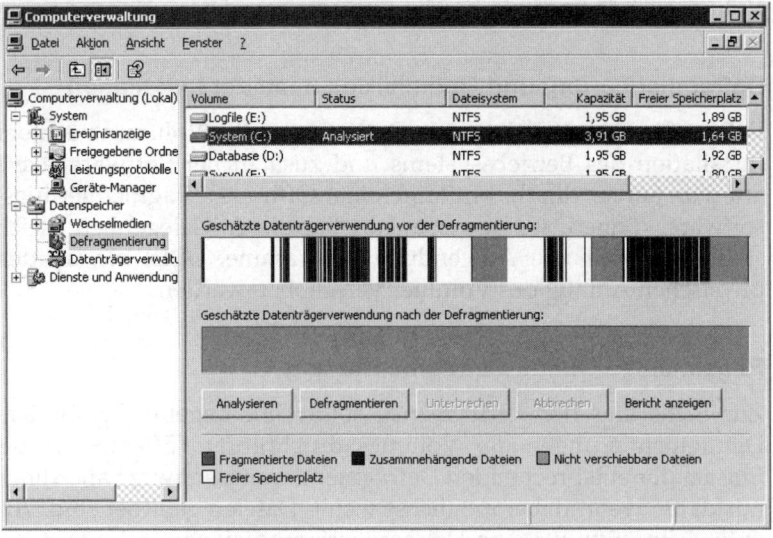

Integrierte Lösung Das integrierte Programm von Executive Software ist eine im Funktionsumfang beschränkte Version des Produkts *Diskeeper*. Die Vollversion sollten Sie erwerben, um beispielsweise über das

Netzwerk Volumes auf anderen Windows-Systemen defragmentieren zu können.

Intern arbeitet dieser Online-Defragmentierer nach der *Sliding Window*-Methode. Dabei wird immer nur ein kleiner Teil des Volumes behandelt. Der Vorteil ist die damit erreichbare hohe Geschwindigkeit beim Defragmentieren. Eine weitergehende Optimierung erfolgt allerdings nicht.

Hohe Geschwindigkeit

Möchten Sie eine umfassende Optimierung des Volumes vornehmen lassen, benötigen Sie die Vollversion *Diskeeper* oder eine andere Defragmentierungssoftware.

5

Netzwerkgrundlagen

Für einen erfolgreichen Einsatz von Windows Server 2003 sind
Kenntnisse der technischen Grundlagen der TCP/IP-Protokollfamilie
unabdingbar. Dieses Kapitel soll vor allem dazu und in die zugehörigen
Basistechnologien einen fundierten Einstieg geben. Des Weiteren
werden Themen wie Routing und RAS (RRAS) sowie die Macintosh-
Unterstützung behandelt.

Inhaltsübersicht Kapitel 5

5.1 Einige Begriffe und Standards

Der Verzeichnisdienst *Active Directory* von Microsoft setzt eine Netzwerkumgebung mit TCP/IP voraus. Insofern ist dieses Protokoll besonders wichtig, wenn Sie alle Funktionen ausnutzen wollen, die Ihnen mit den neuen Windows-Serverbetriebssystemen geboten werden. Die notwendigen Grundlagen dazu vermittelt Abschnitt 5.2 *Internetprotokolle im Detail* ab Seite 196. Dem Verzeichnisdienst *Active Directory* ist das gesamte Kapitel 6 ab Seite 319 gewidmet.

TCP/IP als Grundvoraussetzung für Active Directory

5.1.1 Die Entstehungsgeschichte von TCP/IP

Es gibt einige grundlegende Standardisierungen oder Standardisierungsbemühungen im Bereich der Vernetzung von EDV-Systemen, die Sie kennen sollten. TCP/IP nimmt hier sogar eine kleine Sonderstellung ein, da dieses Protokoll EDV-historisch gesehen ziemlich alt ist und seine Wurzeln vor manchen heute anerkannten Standardmodellen, wie zum Beispiel dem ISO/OSI-Referenzmodell, hat.

Das TCP/IP-Protokoll ist genau genommen eine ganze Protokollsammlung und wird demzufolge mit *Internet Protocol Suite (IPS)*, *Internet-Protokollfamilie* oder einfach mit *Internet-Protokolle* bezeichnet. In den folgenden Abschnitten werden Sie meist den Begriff *Internet-Protokolle* vorfinden. Die Protokollbestandteile TCP und IP, aus denen der Name TCP/IP hervorgegangen ist, werden neben den anderen Bestandteilen in Abschnitt 5.2 *Internetprotokolle im Detail* ab Seite 196 näher vorgestellt.

Bezeichnungen für TCP/IP

Obwohl das Internet heute vor allem für den friedlichen Austausch von Informationen weltweit steht (abgesehen von den Hackern, Viren...), haben die Internet-Protokolle eine »kriegerische« Vergangenheit. Ende der sechziger Jahre des vergangenen Jahrhunderts wurde auf Initiative und im Auftrag des US-Verteidigungsministeriums eine technische Lösung zur Vernetzung von (damals Groß-) Computern geschaffen. Unter anderem war eine Forderung der Militärs ein robuster Aufbau der Grundstrukturen der Protokolle, sodass eine landesweite Vernetzung auch dann noch funktioniert, wenn Teile des Netzwerks ausfallen sollten.

Vergangenheit im Kalten Krieg

Im Ergebnis der Forschung und Entwicklung entstand das so genannte ARPANET (*Advanced Research Project Agency*), aus welchem sich dann später das entwickelte, was heute allgemein als *Internet* bezeichnet wird. Das ARPANET wurde bereits 1972, schon weitgehend auf TCP/IP basierend, der Öffentlichkeit zugänglich ge-

ARPANET

macht. Am Anfang stand aber vor allem der Einsatz im Umfeld wissenschaftlicher Einrichtungen und Universitäten. Die hauptsächlich genutzten Dienste waren dabei die Fernbedienung von Rechnersystemen, E-Mail sowie der Austausch von Dateien.

DoD-Protokolle/ ARPANET-Protokolle

Die Internet-Protokolle werden aufgrund dieser Historie heute teilweise noch als *Department of Defense* (DoD)- oder *ARPANET*-Protokolle bezeichnet.

UNIX

Eine weite Verbreitung erreichte das TCP/IP-Protokoll schließlich vor allem durch die wachsende Verbreitung des Betriebssystems UNIX, anfangs vor allem im Umfeld von Universitäten. Seit der Version Berkley UNIX 4.2 wird TCP/IP umfassend unterstützt.

Geschichte in Zahlen

Die Entstehungsgeschichte der Internet-Protokolle lässt sich an den folgenden geschichtlichen Eckdaten festhalten:

- 1969 Beginn der Entwicklung des ARPANET
- 1972 Offizielle Vorstellung des ARPANET
- 1976 Erste Spezifikation zu TCP/IP durch die *International Federation of Information Processing* (IFIP)
- 1983 ARPANET wird auf das Netzwerkprotokoll TCP/IP umgestellt und die TCP/IP-Protokolle werden als MIL-Specs veröffentlicht.
- 1984 Berkeley UNIX 4.2 wird vorgestellt.
- 1987 IBM unterstützt offiziell TCP/IP.
- 1988 *Simple Network Management Protocol* (SNMP) wird veröffentlicht.
- 1990 TCP/IP wird durch weitere Hersteller unterstützt (wie DEC, Novell und andere).
- 1992 TCP/IP wird durch mehr als 10 000 Firmen weltweit unterstützt.
- 1993 Beginn der Arbeiten an IPv6, mit dem der Adressraum von 32 auf 128 Bit erweitert wird

Seit Mitte der neunziger Jahre und dem Internet-Boom ist TCP/IP aus keinem Personal Computer und keinem modernen Netzwerkbetriebssystem mehr wegzudenken.

5.1.2 Standards und die RFCs

Request for Comments

In der Welt des Internets und insbesondere für die Internet-Protokolle spielen die RFCs (*Request for Comments*) eine bedeutende Rolle. Diese Form der offenen Diskussion von technischen Verfahren und Lösungen wird dabei nicht einer staatlichen Aufsicht unterworfen, sondern lebt durch die aktive Mitarbeit von privaten Initiativen, wissenschaftlichen Organisationen und Firmen. Damit können aber insbesondere bestimmte Märkte dominierende Gruppen oder Unternehmen eigene proprietäre Lösungen als Standards propagieren. Am 7. April 1969 wurde RFC 0001 veröffentlicht.

Alle Protokolle, die im Netzwerk- und Internetbereich verwendet werden, werden heute in solchen RFCs spezifiziert. Ein RFC kann dabei verschiedene Stufen durchlaufen (siehe nächster Abschnitt). Solange das Dokument in der Entwicklung ist, wird es als »Draft« bezeichnet – als *Arbeitspapier*. Einige Protokolle sind schon seit langer Zeit in diesem Stadium. Dem Einsatz steht das nicht unbedingt entgegen. RFCs können auch reine Informationsdokumente ohne Bezug auf ein konkretes Protokoll sein.

RFCs tragen generell eine fortlaufende Nummer. Versionsnummern gibt es nicht. Ändert sich ein RFC, wird eine neue Nummer vergeben und das alte Dokument als *obsolet* gekennzeichnet. Inzwischen gibt es Tausende RFCs und viele davon sind obsolet. In diesem Buch werden Sie an einigen Stellen mit RFC-Nummern konfrontiert, die Sie als Querverweis auf die Quelle der Information nutzen können.

Fortlaufende Nummerierung

Stufen eines RFC

Ein RFC kann mehrere Stufen durchlaufen, vor allem um »offizielle« von »inoffiziellen« Veröffentlichungen zu unterscheiden. Als offiziell gelten fertige RFCs, die von einer der Standardisierungsorganisationen verabschiedet wurden. Die bekannteste ist die IETF (*Internet Engineering Task Force*).

Typische Stufen eines RFC sind:

- *Experimental* (experimentell)

  Experimental

  Das hier spezifizierte Protokoll sollte nur zu experimentellen Zwecken oder zur Evaluierung eingesetzt werden. Es sind noch grundlegende Änderungen möglich, ebenso wie das völlige Verwerfen der Entwicklung.

- *Proposal* (Vorschlag)

  Proposal

  Als Vorschlag werden RFCs gekennzeichnet, wenn die Standardisierung gezielt angestrebt wird. Dennoch befindet sich das Protokoll noch in der Entwicklung und wird voraussichtlich noch Änderungen unterworfen sein. Oft sind solche Änderungen Kompromisse, die notwendig sind, um die Anerkennung als Standard zu erlangen.

- *Draft* (Entwurf)

  Draft

  In diesem Stadium, das Sie häufiger beobachten können, befinden sich Dokumente, die als Standard ernsthaft in Betracht gezogen werden. Praktisch ist die Entwicklung abgeschlossen. Durch die Veröffentlichung gelangen die Methoden zum praktischen Einsatz. Im Feldtest können sich Probleme herausstellen, die noch zu Änderungen am endgültigen Standard führen.

Standard

- *Standard*

  In dieser Phase ist das RFC verabschiedet und endgültig. Wenn sich Änderungen oder Weiterentwicklungen ergeben, wird eine neue Nummer vergeben und das alte RFC wird obsolet. Als Verabschiedungsgremium agiert das IAB (*Internet Architecture Board*).

Neben diesen grundlegenden Eigenschaften können ergänzende Hinweise anfallen, die sich teilweise auf Systeme beziehen:

Recommended

- *Recommended* (empfohlen)

  Das Protokoll wird zum Einsatz empfohlen.

Not recommended

- *Not recommended* (nicht empfohlen)

  Es ist nicht empfehlenswert, dieses Protokoll einzusetzen – meist weil es inzwischen ein neueres gibt.

Limited use

- *Limited use* (begrenzter Einsatz)

  Dieses Protokoll wird nur für sehr eng gesteckte Spezialfälle zur Anwendung kommen.

Required

- *Required* (erforderlich)

  Die Anwendung ist im Zusammenhang mit anderen Protokollen zwingend.

Elective

- *Elective* (wahlweise)

  Für den vorgesehenen Zweck stehen mehrere Protokolle gleichwertig zur Auswahl.

Aus den gültigen, verabschiedeten RFCs werden Standards, indem eine Standardnummer STD zugewiesen wird. Manchmal umfasst ein solcher Standard mehrere RFCs. STD-Nummern sind endgültig, werden also nicht geändert, wenn sich die zugrunde liegenden RFCs ändern. Die Zusammenfassung der STDs und RFCs wird in der RFC 2500 spezifiziert, eine Art rekursive Spezifikation also.

Informationsquellen

Mehr Informationen zu RFCs

Mehr Information zu den RFCs und STDs finden Sie im Internet unter den folgenden Adressen:

```
www.faqs.org
www.rfc-editor.org
```

Für das Studium der RFCs sollten Sie neben guten Englischkenntnissen allerdings Geduld mitbringen, wenn Sie sich durch die teilweise knochentrockenen Erläuterungen durcharbeiten wollen.

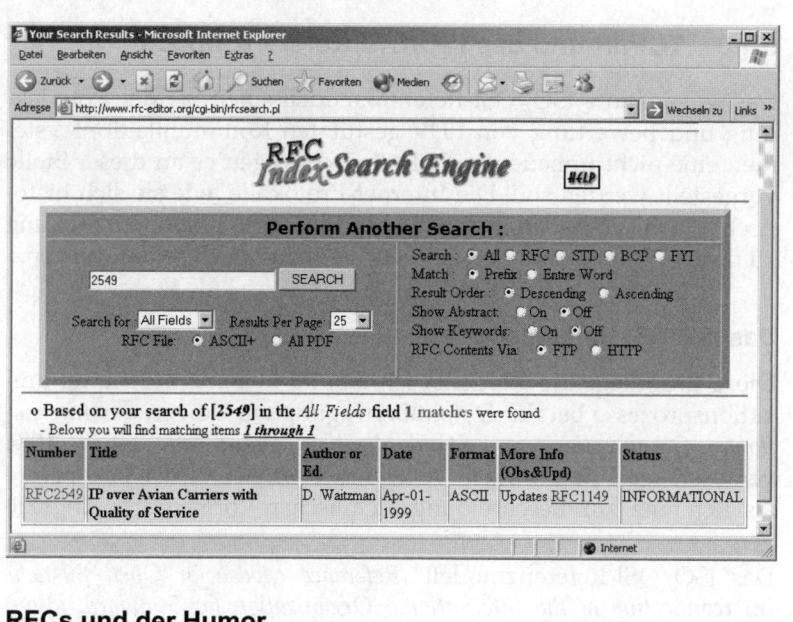

*Abbildung 5.1:
rfc-editor.org als gute
Nachschlagemöglich-
keit für RFCs*

RFCs und der Humor

Da die RFCs ein offenes Forum darstellen, darf auch der Humor
nicht fehlen (Computer-Fachleute sollen auch welchen haben).
Interessant sind in diesem Zusammenhang RFCs mit dem Datum
vom 1. April.

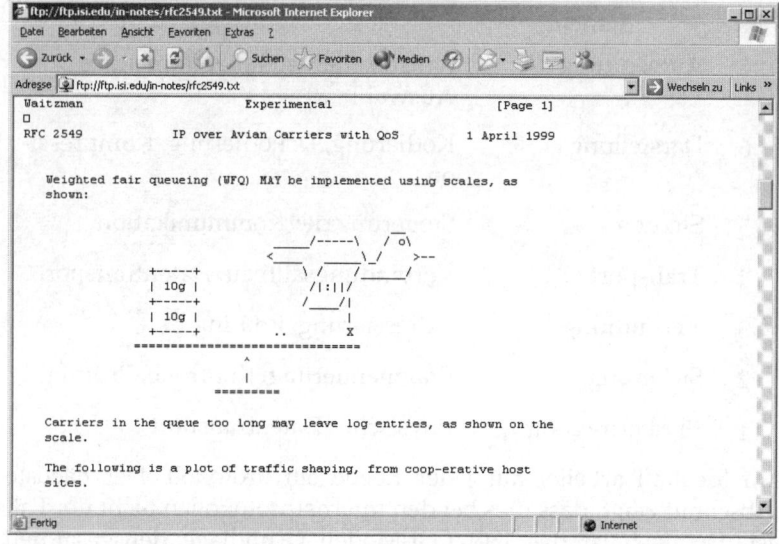

*Abbildung 5.2:
RFCs vom 1. April
sind besonders le-
senswert*

So beschreibt RFC 2549 *IP over Avian Carriers with Quality of Service*
das Verfahren der Übertragung von IP-Netzwerkpaketen mit Hilfe
von Brieftauben, und das in einem bierernsten Ton. Windows Server 2003 unterstützt Brieftauben derzeit noch nicht.

5.1.3 TCP/IP und das ISO/OSI-Referenzmodell

Das so genannte ISO/OSI-Referenzmodell spielt bei der Entwicklung und Bewertung von EDV-gestützten Kommunikationssystemen eine nicht unbedeutende Rolle, weswegen es an dieser Stelle vorgestellt werden soll. Die Internet-Protokolle, wie sie sich historisch entwickelt haben, nehmen allerdings eine besondere Stellung zu diesem Standardmodell ein, wie Sie später noch sehen werden.

Das ISO/OSI-Referenzmodell

Diese grundlegende Modellbeschreibung allgemeiner Kommunikationsprozesse bei der Datenübertragung wurde von der *International Organization for Standardization* (ISO) im Jahre 1984 verabschiedet. Das Modell wird immer wieder in der Fachpresse als Referenz zur Beschreibung technischer Vorgänge herangezogen.

Das ISO/OSI-Referenzmodell *(Reference Model for Open Systems Interconnection of the International Organization for Standardization)* teilt Netzwerkverbindungen in sieben logische Schichten ein. Jede Schicht übernimmt dabei jeweils eine eigene Aufgabe. Bei Protokollbeschreibungen oder in technischen Dokumentationen zu Netzwerkhardware wird auf diese Schichten immer wieder Bezug genommen.

Tabelle 5.1:
Das ISO/OSI-
Referenzmodell

Nr.	Schicht	Aufgabe
7	Anwendung	Nutzerschnittstelle, Kommando-Auswahl
6	Darstellung	Kodierung, Dekodierung, Kompression
5	Sitzung	Steuerung der Kommunikation
4	Transport	Verbindungsaufbau, Datentransport
3	Vermittlung	Adressierung, Routing
2	Sicherung	Fragmentierung, Kontrolle, Prüfung
1	Bitübertragung	Physischer Datentransport

Im Idealfall arbeitet auf jeder Ebene ein Protokoll. Der nächste Abschnitt zeigt, dass dies bei den Internetprotokollen nicht der Fall ist. Dennoch ist das ISO/OSI-Modell Grundlage der gesamten modernen Protokollwelt.

Die Funktionen der einzelnen Schichten können wie folgt beschrieben werden:

- Schicht 1: Bitübertragungsschicht (*physical layer*)   **Bitübertragung**

  In dieser Schicht wird die physikalische Übertragung definiert. Praktisch kann dies ein beliebiges Medium sein, etwa ein Kabel, eine Funkstrecke oder Infrarot.

- Schicht 2: Sicherungsschicht (*data link layer*, *Verbindungsschicht*   **Sicherung** oder *MAC-Layer*)

  Die Daten werden in dieser Schicht in einzelne Rahmen aufgeteilt und gesichert übertragen. Beispiele für diese Schicht sind PPP, SLIP oder HDLC.

- Schicht 3: Vermittlungsschicht (*network layer* oder *Netzwerk-*   **Vermittlung** *schicht*)

  Eine der zentralen Funktionen, die in dieser Schicht implementiert werden, dient zur Bestimmung eines optimalen Weges durch das Netzwerk.

- Schicht 4: Transportschicht (*transport layer*)   **Transport**

  In dieser Schicht wird ein gesicherter Kanal zwischen zwei Kommunikationspartnern hergestellt.

- Schicht 5: Sitzungsschicht (*session layer*, *Kommunikationssteue-*   **Sitzung** *rungsschicht*)

  Hier wird das Zusammenspiel mehrerer Stationen synchronisiert. So wird beispielsweise festgelegt, wie eine Sitzung zeitlich abzulaufen hat. In diese Schicht kann HTTP (*HyperText Transfer Protocol*) eingeordnet werden.

- Schicht 6: Darstellungsschicht (*presentation layer*)   **Darstellung**

  Die Daten werden in ein einheitliches Format transformiert, beispielsweise mit Hilfe der Kodierungsart MIME (*Multipurpose Internet Mail Extensions*).

- Schicht 7: Anwendungsschicht (*application layer*)   **Anwendung**

  Dies ist die oberste Schicht und beschreibt die Schnittstelle, über die Anwendungen auf Dienste eines anderen Systems zugreifen. CGI-Programme beispielsweise nutzen diese Schicht.

Jede Schicht kommuniziert mit der entsprechenden Schicht auf   **Kommunikations-** dem anderen System (*logischer Datenfluss*), indem sie Daten entwe-   **prozesse** der an die darüber oder die darunter liegende Schicht weiterleitet (*physikalischer Datenfluss*). Dabei verfügt jede Schicht über Schnittstellen, die folgende Abläufe ausführen können:

- Austausch von Daten mit der darüber liegenden Schicht
- Austausch von Daten mit der darunter liegenden Schicht
- Entscheidung darüber, welche Daten an dieselbe Schicht im anderen System übermittelt werden

Wenn die Sitzung auf Schicht 5 ihre Daten an die Schicht 4 übergeben hat, wartet sie, bis die Antwort von Schicht 5 des anderen Systems zurückkommt. Wie diese Nachricht auf das andere System gelangt, ist Aufgabe von Schicht 4, die sich wiederum nur mit Schicht 3 in Verbindung setzt, usw. Der wirkliche Datenaustausch findet nur auf Schicht 1 statt.

Durch dieses Verfahren sind höhere Schichten völlig unabhängig von den physikalischen Gegebenheiten (Funknetz, ISDN, Glasfaser usw.). Andererseits können über eine funktionierende physikalische Verbindung (Schicht 1) alle Arten von Daten und Protokollen (höhere Schichten) benutzt werden.

Repeater, Bridges und Router im ISO/OSI-Referenzmodell

Für das bessere Verständnis von Kommunikationsprozessen auf den unteren Ebenen können Sie die grundsätzlichen Eigenschaften von Repeatern, Bridges und Routern betrachten.

Repeater
Repeater arbeiten in Netzwerken üblicherweise als reine Signalverstärker. Die Hauptfunktion besteht also darin, den Datenfluss über größere Entfernungen aufrechtzuerhalten. Dazu arbeiten sie auf der untersten Schicht des ISO/OSI-Referenzmodells und sind unabhängig vom verwendeten Netzwerkprotokoll.

Bridge
Eine Bridge (Brücke) kann als »intelligente« Form des Repeaters bezeichnet werden, die den Datenverkehr anhand der Zieladresse im MAC-Header der Datenpakete zielgerichtet leiten kann. Daten, die nur innerhalb eines Segmentes benötigt werden, belasten somit nicht mehr das übrige Netzwerk. Bridges arbeiten wie Repeater unabhängig vom verwendeten Netzwerkprotokoll.

Ein Windows Server 2003-System können Sie über die Netzwerkbrücken-Funktion als einfache Bridge konfigurieren. Weitere Informationen finden Sie dazu in der Online-Hilfe oder in unserem Buch Windows XP Professional, wo es diese Funktion ebenfalls gibt.

Abbildung 5.3: Repeater, Bridge und Router im OSI-Modell

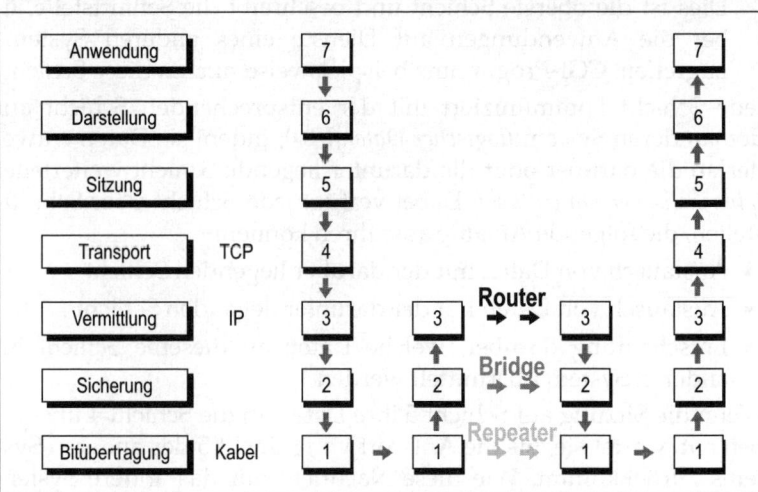

Router hingegen arbeiten auf der OSI-Schicht 3 (Vermittlungs- **Router**
schicht) und sind damit auf ein routingfähiges Netzwerkprotokoll
wie beispielsweise IP angewiesen. Damit lassen sich Router allerdings flexibler konfigurieren und bieten vor allem in größeren
Netzwerken die notwendigen Funktionen für eine sinnvolle Strukturierung.

Umfassender wird dieses Thema in Abschnitt 5.8.2 *Einige Grundla-* **Mehr ab Seite 285**
gen zum Routing ab Seite 285 behandelt.

Abbildung der Internetprotokolle im OSI-Modell

Der theoretische Ansatz des Referenzmodells geht davon aus, dass
auf jeder Ebene ein Protokoll arbeitet. Allerdings trifft das gerade
auf die Internetprotokolle nicht zu. Deren Entwicklung beginnt
bereits, bevor die ISO am Referenzmodell arbeitet und verläuft
praktisch parallel dazu.

Die Internet-Protokollfamilie kann aber durchaus mit dem **4-Schichtenmodell**
ISO/OSI-Referenzmodell verglichen werden. In Abbildung 5.4 **der Internet-Proto-**
sehen Sie eine Gegenüberstellung des OSI-Modells mit der übli- **kollfamilie**
chen Einteilung der Internet-Protokollfamilie in die vier Schichten
Verbindung, *Netzwerk*, *Transport* und *Anwendung*. Die Daten durchlaufen beim Transport über ein Übertragungsmedium, wie beispielsweise ein Kupferkabel, üblicherweise alle Schichten von der
Anwendung des Senders bis hin zum Empfänger.

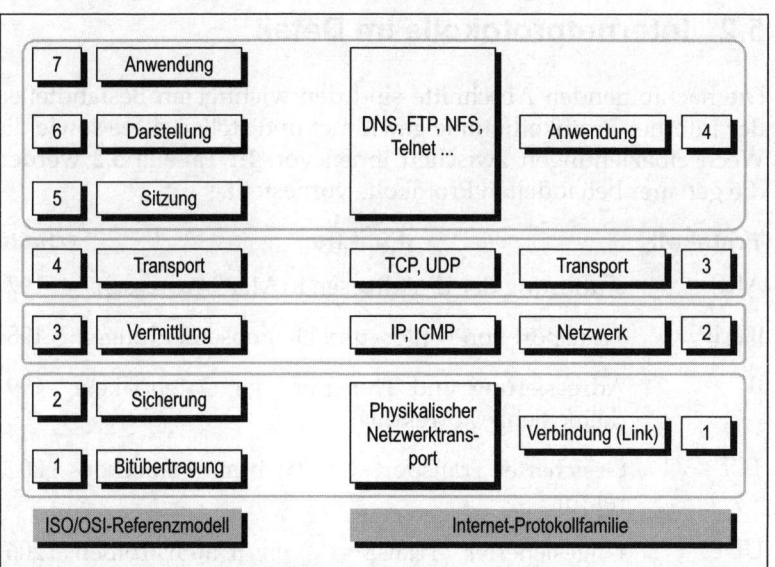

Abbildung 5.4:
Das OSI-Referenz-
modell im Vergleich
mit dem Schichten-
modell der Internet-
Protokollfamilie

So übergibt eine Anwendung wie beispielsweise ein FTP-Client **Kapselung der**
oder ein Terminalprogramm für Telnet seine Datenpakete an die **Daten**
Transportschicht. Hier bekommt das Paket einen Header, in dem

weitere Informationen zu dessen Aufbau hinterlegt werden. Wird das Protokoll TCP verwendet, befinden sich im so genannten TCP-Header Angaben zum Quell- und Zielport sowie die TCP-Flags. Bei der Übergabe an die nächste Schicht (Netzwerk) wird das Paket um einen weiteren Header, beispielsweise den IP-Header, erweitert. In diesem werden unter anderem die IP-Quell- und Zieladresse hinterlegt, um den richtigen Weg im Netzwerk, auch über IP-Router, finden zu können. Schließlich erfolgt eine letzte Erweiterung des Pakets in der Verbindungsschicht. Der neue Header enthält unter anderem Informationen zum verwendeten Übertragungsverfahren wie Ethernet oder Token Ring. Beim Weg zum Empfänger werden nun alle Schichten rückwärts wieder durchlaufen und die jeweiligen Header-Informationen entfernt. Dieser ganze Vorgang wird als Daten-Kapselung bezeichnet. Mit Hilfe dieser Daten-Kapselung können Kommunikationslösungen geschaffen werden, welche unabhängig vom verwendeten technischen Verfahren funktionieren. So ist beispielsweise die Verwendung der IP-Protokollfamilie nicht an ein bestimmtes Übertragungsverfahren gebunden, sondern auch über Ethernet, Token Ring, ATM, PPP für die Datenfernübertragung oder andere, vielleicht erst in Zukunft verfügbare Medien möglich.

Die wichtigsten Bestandteile der Internet-Protokollfamilie werden eingehender im nächsten Abschnitt beschrieben.

5.2 Internetprotokolle im Detail

Die nachfolgenden Abschnitte sind den wichtigsten Bestandteilen der Internet-Protokollfamilie gewidmet und stellen diese sowie die Wechselbeziehungen zwischen ihnen vor. In Tabelle 5.2 werden die genauer behandelten Protokolle vorgestellt.

Tabelle 5.2:
Übersicht über die behandelten Internet-Protokolle

Protokoll	Funktion	Seite
ARP	Auflösung der IP-Adressen in MAC-Adressen	197
ICMP	Transport von Fehler- und Diagnosemeldungen	198
IP	Adressierung und Transport der Datenpakete (keine Fehlerkorrektur)	199
TCP	Gesicherter Transport der Daten mit Fehlerkorrektur	204
UDP	Ungesicherter Transport von Datenströmen ohne Fehlerkorrektur	206
SMTP	Transport von E-Mails zwischen Mailservern und zum Versand vom SMTP-Mailclient	208

Protokoll	Funktion	Seite
POP3	Transport von E-Mails vom Mailserver zum POP3-Mailclient	212
FTP	Dateitransfer zwischen Computern	217
HTTP	Dient als höheres Protokoll für die Kommunikation zwischen Client und (Web-)Server.	224
NNTP	Dient zum Versenden, Empfangen und Verteilen von USENET-Nachrichten.	229

Nicht betrachtet werden hier Routingprotokolle. Zu diesem Thema finden Sie weiterführende Informationen in Abschnitt *Dynamisches Routing* ab Seite 290.

Routingprotokolle ab Seite 290

5.2.1 Address Resolution Protocol (ARP)

ARP arbeitet auf der elementarsten Ebene. Es löst die IP-Adressen in MAC-Adressen auf. MAC steht für *Media Access Control*. Diese Adresse ist für jeden Netzwerkadapter eindeutig. Liegen Router zwischen Sender und Empfänger, wird die MAC-Adresse des dem Empfänger nächstgelegenen Routers verwendet. Wenn zwei Computer die Verbindung per IP aufnehmen, wird zuerst ARP eingesetzt. ARP fragt den gegnerischen Host nach seiner MAC-Adresse mit einer Broadcast-Anfrage an die IP-Nummer. Mit der übertragenen Antwort wird die physikalische Verbindung initiiert. Die ARP-Informationen werden in einem lokalen Cache gehalten, dessen Leistungsverhalten in der Registrierung kontrolliert werden kann. Außerdem steht das Dienstprogramm ARP zur Verfügung.

ARP verwendet zum Austausch von Informationen ARP-Pakete. Der Aufbau dieser Pakete ist Tabelle 5.3 dargestellt.

ARP-Pakete

Bezeichnung	Länge in Bytes	Beschreibung
HARDWARE TYPE	2	Art der Hardware, beispielsweise Ethernet oder ISDN
PROTOCOL TYPE	2	Das übergeordnete Protokoll. Normalerweise steht hier der Wert 0x0800 für IP.
HARDWARE ADDRESS LENGTH	1	Größe der Hardware-Adresse in Byte. Für Ethernet sind dies 6 Bytes.

Tabelle 5.3:
Aufbau von ARP-Paketen

Bezeichnung	Länge in Bytes	Beschreibung
PROTOCOL ADDRESS LENGTH	1	Anzahl der Bytes der Adresse des übergeordneten Protokolls. Für IPv4 ist dies 4, für IPv6 6.
OPERATION CODE	1	Art der Anforderung, Query oder Reply
SENDER MAC ADDRESS	6	MAC-Adresse des Senders
SENDER IP ADDRESS	4	IP-Adresse des Senders
TARGET MAC ADDRESS	6	MAC-Adresse des Empfängers
TARGET IP ADDRESS	4	IP-Adresse des Empfängers

Dieses Paket kommt als Broadcast-Paket nur zur Anwendung, wenn die MAC-Adresse nicht aus dem Cache aufgelöst werden kann. Um die aktuelle ARP-Tabelle einzusehen, starten Sie ARP.EXE auf der Kommandozeile mit der Option -a:

```
Arp –a
```

Weitere Informationen zur Anwendung des Dienstprogramms ARP.EXE finden Sie in Abschnitt 13.9.2 *Die Netzwerkbefehle im Detail* ab Seite 1053.

5.2.2 Internet Control Messaging Protocol (ICMP)

Fehler- und Diagnosemeldungen

ICMP dient zum Transport von Fehler- und Diagnosemeldungen im IP-Netzwerk. Versucht ein Rechner, auf einen Port zuzugreifen, der nicht belegt ist, so wird die Fehlermeldung »Port unreachable« per ICMP zurückgeschickt. Auch Routing-Informationen werden über dieses Protokoll weitergeleitet. IP nutzt ICMP, um Fehler an TCP zu melden. ICMP-Nachrichten selbst werden wieder als IP-Datenpakete verpackt.

Tabelle 5.4:
Aufbau des ICMP-Datenpakets

Feld	Inhalt / Mögliche Werte
TYPE	Typ der Nachricht:
1. DESTINATION UNREACHABLE	Ziel nicht erreichbar
2. TIME EXCEEDED	Zeitüberschreitung
3. PARAMETER PROBLEM	Parameterproblem

Feld	Inhalt / Mögliche Werte
4. SOURCE QUENCH	Ein Datagramm konnte nicht verarbeitet werden, beispielsweise wegen eines überfüllten Empfangspuffers in einem Router.
5. REDIRECT	Es gibt eine direktere Route als die ausgewählte.
6. ECHO	Sendet das Datagramm zurück (wird von PING verwendet).
7. TIMESTAMP	Dient zum Austausch von Zeitinformationen.
8. INFORMATION	Zur Erkundung des Netzwerks
CODE	Ein dienstspezifischer Code
CHECKSUM	Eine Prüfsumme für das ICMP-Paket
DATA	Dienstspezifische Daten mit variabler Länge

ICMP eignet sich damit für die Fehlersuche und Diagnose bei Netzwerkproblemen. Der Befehl PING benutzt beispielsweise ICMP, um eine ECHO-Anfrage an einen Host zu generieren und dann auf die entsprechende ICMP ECHO-Antwort zu warten.

5.2.3 Internet-Protokoll (IP)

Das meistverwendete Protokoll auf der Schicht 2 (Netzwerk) der Internet-Protokollfamilie ist IP. Das wesentliche Merkmal dieses Protokolls besteht darin, dass jeder Netzwerkknoten (jedes Endgerät im Netzwerk) direkt angesprochen werden kann. Zu diesem Zweck verfügt jeder Knoten über eine IP-Adresse. Nachfolgend finden Sie einige Informationen zum Aufbau und zum Transport von IP-Datenpaketen im Netzwerk.

Wichtige Aspekte der IP-Adressierung werden in Abschnitt 5.4 *IP-Adressen* ab Seite 235 behandelt. **IP-Adressen ab Seite 235**

Aufbau von IP-Datenpaketen

IP ist für die Zustellung der Datenpakete verantwortlich, hat jedoch keine Mechanismen zur Fehlerkorrektur. Werden TCP-Datagramme transportiert, stellt TCP sicher, dass alle Daten garantiert fehlerfrei übertragen werden. Bei UDP-Datagrammen hinge- **Zustellung ohne Fehlerkorrektur** gen steht die fehlerfreie Übertragung zugunsten einer maximalen Performance nicht im Vordergrund.

IP zerlegt die Datenpakete der darüber liegenden Schicht in IP-Pakete, welche ihrerseits aus dem IP-Header und dem Datenteil bestehen.

Tabelle 5.5:
Aufbau des IP-
Headers

Bezeichnung	Länge in Bits	Beschreibung
VERSION	4	IP-Version: 4 = IPv4 6 = IPv6
HLEN (Internet Header Length)	4	Anzahl der 32-Bit-Wörter des Headers
SERVICE TYPE	8	Bits 0-2 haben folgende Bedeutung: 000 – ROUTINE 001 – PRIORITY 010 – IMMEDIATE 011 – FLASH 100 – FLASH OVERRIDE 101 – CRITIC/ECP 110 – INTERNETWORK CONTROL 111 – NETWORK CONTROL Bit 3, DELAY, ist normalerweise Null, für eilige (*urgent*) Pakete Eins. Bit 4, THROUGHPUT, steuert die Durchleitung, Bit 5, RELIABILITY, die Zuverlässigkeit. Die Bits 6 und 7 werden nicht verwendet.
TOTAL LENGTH	16	Die Länge des gesamten Datagramms einschließlich Daten. Die Länge darf bis zu 65 535 Byte betragen.
IDENTIFICATION	16	Eine vom Absender festgelegte, eindeutige Nummer. Mit Hilfe dieser Nummer werden fragmentierte Datagramme wieder zusammengesetzt.

Bezeichnung	Länge in Bits	Beschreibung
FRAGMENT FLAGS	3	Bit 0 ist immer 0, Bit 1 steuert die Fragmentierung (0 = Fragmentierung erlaubt, 1 = Fragmentierung verboten). Bit 2 ist 1, wenn weitere Fragmente folgen, 0, wenn das Datagramm das letzte Fragment ist.
FRAGMENT OFFSET	13	Diese Zahl gibt an, welche Position das Fragment innerhalb des Datagramms hat.
TTL (Time To Live)	8	Lebensdauer in Hops. Hops sind die Stationen, die das Datagramm durchlaufen kann. Physikalisch ist jeder Router auf dem Weg ein Hop. Jeder Router reduziert den Wert TTL um 1. Ist der Wert 0, wird das Datagramm vernichtet. So wird verhindert, dass Datagramme auf der Suche nach dem Empfänger das Netz unendlich lange durchlaufen.
PROTOCOL	8	Das Protokoll, von dem das Datagramm initiiert wurde: ICMP – Dezimalwert 1 IGMP – Dezimalwert 2 TCP – Dezimalwert 6 EGP – Dezimalwert 8 UDP – Dezimalwert 17 OSPF – Dezimalwert 89
HEADER CHECKSUM	16	Eine Prüfsumme zur Kontrolle der Integrität
SOURCE IP-ADDRESS	32	Die IP-Adresse des Absenders
DESTINATION IP-ADDRESS	32	Die IP-Adresse des Empfängers
IP OPTIONS		0 bis 11 32-Bit-Wörter Optional, nicht fest spezifiziert
PADDING	var.	Auffüllwert auf ganze Bytes
DATA		Daten

IP-Fragmentierung

MTU

Für den Datentransport im Netzwerk besitzt IP die Fähigkeit, die Pakete in kleinere Einheiten aufzuteilen (zu fragmentieren). Das kann notwendig sein, wenn das zu übertragene Paket die maximale IP-Paketgrößenbeschränkung eines Netzwerkgerätes (beispielsweise eines IP-Routers) überschreitet. Dieser Parameter wird mit MTU (*Maximum Transmission Unit*) bezeichnet.

Sicherheitsrisiko IP-Fragmente

Fragmentierte IP-Datenpakete können ein nicht unerhebliches Sicherheitsrisiko darstellen. Die einzelnen Fragmente können manipuliert den Zielhost erreichen. Geschickte Hacker sind in der Lage, die Fragmente so zu bilden, dass diese nicht direkt aneinander passen, sondern gemeinsam überlappende Bereiche enthalten. Beim Zusammensetzen im Zielsystem kann es dann durchaus dazu kommen, dass sich das Betriebssystem ins Nirwana verabschiedet. Heute gängige Firewall-Systeme weisen IP-Fragmente in der Regel ab.

Path MTU Discovery

Durch den Einsatz der »Path MTU Discovery«-Technologie in Netzwerksystemen wie Routern wird die IP-Fragmentierung überflüssig. Dabei handeln die beteiligten Systeme untereinander aus, wie groß die maximale Paketgröße (MTU) sein darf. Der eine Host startet dann Übertragungsversuche mit steigenden IP-Paketgrößen (Fragmentierungsflag: »Nicht fragmentieren«). Dies geschieht so lange, bis er eine ICMP-Fehlermeldung (»Paket zu groß«) zurückerhält.

IP-Fragmentierung wird also im Internet immer seltener, sodass Sie kaum Einschränkungen zu befürchten haben, wenn Sie generell fragmentierte IP-Pakete abweisen. Beachten Sie dabei, wie Sie die Einrichtungsschritte für Ihre Firewall durchführen müssen.

MTU anpassen für mehr Performance und bei Problemen

Für bestimmte Einsatzszenarios kann es sinnvoll sein, die MTU-Größe anzupassen. So können Sie beispielsweise die Performance einer DSL-Verbindung unter Umständen etwas verbessern oder Verbindungsstörungen beim Zugriff auf bestimmte Websites beheben.

Solche Störungen können beispielsweise dann auftreten, wenn Sie Ihr Windows Serversystem als Internetrouter konfigurieren und dabei einen TDSL-Anschluss verwenden. Dabei kann es zu dem Phänomen kommen, dass zu bestimmten Websites keine Verbindung möglich ist.

Der MTU-Parameter kann für jede logische Netzwerkverbindung separat gesetzt werden. Sie finden diese in der Registrierung im folgenden Zweig:

```
HKEY_LOCAL_MACHINE
 \SYSTEM
  \CurrentControlSet
   \Services
```

```
\Tcpip
 \Parameters
  \Interfaces
   \<Interface-ID>
```

Erzeugen Sie für das betreffende Interface einen neuen REG_DWORD-Wert mit dem Namen MTU. Der empfohlene Wert für Einwahlverbindungen über Modem ist 576 (dezimal), für DSL über das PPPoE-Protokoll 1492 (oder weniger). Weitere Informationen zur Bearbeitung der Windows-Registrierung finden Sie in Abschnitt 17.6 *Die Systemregistrierung* ab Seite 1310.

IP-Broadcast

Die meisten IP-Pakete im Netzwerk werden an einen bestimmten Zielknoten geschickt. Dies wird mit *Unicast* bezeichnet. Gehen IP-Pakete an alle erreichbaren Knoten, spricht man von *Broadcast*. Mit der Broadcast-Adresse 192.168.100.255 erreichen Sie alle Hosts im angenommenen Netzwerk 192.168.100 (mit Netzwerkmaske 255.255.255.0). Soll eine Nachricht an die über Router verbundenen Netzwerke 192.168.100, 192.168.101 und 192.168.102 gehen, ist die Broadcast-Adresse 192.168.255.255. **Unicast und Broadcast**

Über IP-Multicast lassen sich bestimmte Hosts adressieren. Dazu werden Adressen aus dem IP-Bereich 224.0.0.0 bis 239.255.255.255 gewählt und zur Bildung so genannter *Multicast-Gruppen* benutzt. Eine einzelne IP-Adresse aus diesem Bereich steht dann für eine Multicast-Gruppe (beispielsweise 224.1.1.22). Über IP-Multicast-Pakete werden nur IP-Protokolle übertragen, die nicht sitzungsorientiert (wie etwa TCP; siehe nächster Abschnitt) arbeiten. Das sind beispielsweise UDP oder Routingprotokolle wie IGMP und OSPF. **IP-Multicast**

Über UDP (siehe Abschnitt 5.2.5 *User Datagramm Protocol (UDP* ab Seite 206) lassen sich Datenströme übertragen, bei denen es auf einen absolut fehlerfreien Transport nicht ankommt. Bei der Verwendung von IP-Multicast anstelle von Unicast lässt sich die verfügbare Bandbreite für eine höhere Anzahl von Nutzern wesentlich effektiver ausnutzen. Statt Einzelverbindungen mit dem entsprechenden Overhead aufzusetzen, können die den entsprechenden Multicast-Gruppen zugewiesenen Hosts den Datenstrom direkt empfangen. Dabei ist die Vorgehensweise mit dem des Abbonierens eines bestimmten Fernsehkabelkanals vergleichbar. Eine Kabelgesellschaft speist eine Reihe von Kanälen in das Kabel ein, die jeweils nur von verschiedenen Gruppen von Kunden empfangen werden können. Damit eignet sich IP-Multicast insbesondere für die Implementierung von Audio- und Video-Streaming (beispielsweise für Konferenzsysteme). Das ist momentan die häufigste Anwendung im Internet. **Multicast und UDP**

Routing in IP-Netzwerken

Windows Server 2003 als IP-Router

Das Routing von Datenpaketen zwischen unterschiedlichen IP-Netzwerken übernehmen in der Regel IP-Router. Diese können als dedizierte Hardware-Router oder als Software-Router ausgeführt sein. Ein Serversystem mit Windows Server 2003 als Betriebssystem können Sie ebenfalls als IP-Router konfigurieren. Mehr Informationen finden Sie dazu in Abschnitt 5.8.2 *Einige Grundlagen zum Routing* ab Seite 285.

5.2.4 Transmission Control Protocol (TCP)

Verbindungsorientiert mit Fehlerkorrektur

Dieses Protokoll ist das meistbenutzte der Schicht 3 (Transport) der Internet-Protokollfamilie. Es arbeitet verbindungsorientiert und ist in der Lage, eine Fehlerkorrektur durchzuführen. Eine Verbindung wird über Ports zwischen Sender und Empfänger hergestellt (siehe Abschnitt 5.3 *Ports und Protokollnummern* ab Seite 231). Damit ist ein gleichzeitiges Senden und Empfangen, eine so genannte *vollduplexe Verbindung*, möglich.

Aufbau von TCP-Paketen

Die nachfolgende Tabelle zeigt die Bestandteile eines TCP-Pakets.

Tabelle 5.6: Aufbau eines TCP-Pakets

Feld	Länge in Bits	Beschreibung
SOURCE PORT	16	TCP-Quellport
DEST PORT	16	TCP-Zielport
SEQUENZ NR.	32	Sequenznummer
ACKN. NR.	32	Bestätigungsnummer
DATA OFFSET	4	Anzahl der 32-Bit Wörter im TCP-Vorspann
RESERVED	6	Reserviert

Feld	Länge in Bits	Beschreibung
FLAGS	6	6 Flags: URG Dringende Übertragung ACK Acknowledge. Die Bestätigungs-nummer ist gültig. PSH Push. Daten werden sofort an die höhere Schicht weitergegeben. RST Reset. Verbindung wird zurückge-setzt. SYN Sync-Flag. Dient zusammen mit ACK zum Aufbau der TCP-Verbindung. FIN Finale-Flag. Beendet die Verbin-dung.
WINDOW	16	Dient der Flusssteuerung.
CHECKSUM	16	Prüfsumme
URGENT PTR	16	Ist gültig, wenn das URG-Flag gesetzt ist und zeigt auf die Folgenummer des letzten Bytes des Datenstroms.
OPTIONS	max. 40	Optionaler Teil
PADDING		Füllzeichen, um auf volle 32-Bit zu kom-men
DATA		Daten

Aufbau einer TCP-Verbindung

Für den Aufbau einer TCP-Verbindung spielen das ACK- und das SYN-Flag eine entscheidende Rolle. So ist beim ersten TCP-Paket das ACK-Flag stets auf 0 gesetzt. Mit einem Handshake über drei Datenpakete wird die Verbindung aufgebaut.

Abbildung 5.5:
Aufbau einer TCP-
Verbindung

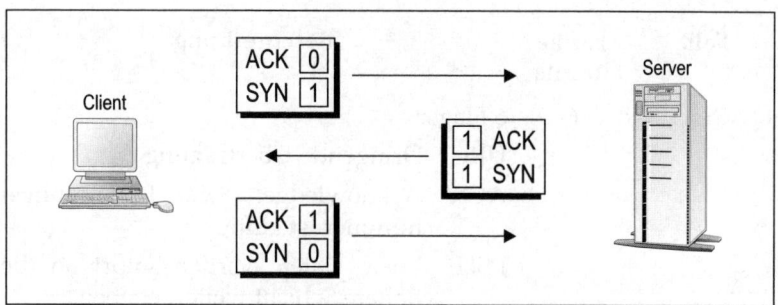

Beenden der TCP-Verbindung

Zum Beenden der Verbindung werden das RST- oder das FIN-Flag benutzt. Ein gesetztes RST zeigt einen Verbindungsfehler an, während über FIN (wird sowohl vom Empfänger als auch vom Sender im jeweils letzten Paket gesetzt) ein normaler Verbindungsabbau durchgeführt wird.

Kontrolle der Paketreihenfolge

Über die Sequenz- und Bestätigungsnummern wird dafür gesorgt, dass alle Datenpakete in der richtigen Reihenfolge beim Empfänger zusammengesetzt und doppelt versandte Pakete ignoriert werden. Beide Hosts generieren unabhängig voneinander eine eigenständige Sequenznummer, die sie sich beim Aufbau der Verbindung übermitteln (wenn SYN gesetzt ist, siehe Abbildung 5.5). Danach werden die Sequenznummern jeweils erhöht (um die Anzahl der Datenbytes im Paket). Damit wird sichergestellt, dass die Pakete beim Empfänger in der richtigen Reihenfolge wieder zusammengesetzt werden können.

Prüfsumme

Für die Sicherstellung eines ordnungsgemäßen Datentransfers ist allein die Kontrolle der richtigen Reihenfolge der Pakete nicht ausreichend. Über die Prüfsumme kann daher ermittelt werden, ob das Datenpaket selbst korrekt übertragen worden ist. Die Prüfsumme wird aus der Summe der 16-Bit-Wörter des TCP-Pakets berechnet, wobei bestimmte IP-Headerinformationen mit einbezogen werden.

5.2.5   User Datagramm Protocol (UDP)

Das Protokoll UDP arbeitet, anders als TCP, nicht verbindungsorientiert (»verbindungslos«) und besitzt keine Kontrollmöglichkeit, um die Reihenfolge von UDP-Paketen beziehungsweise die Vollständigkeit eines UDP-Datenstroms zu sichern. Allerdings ist eine einfache Fehlerprüfung der einzelnen Pakete über eine Prüfsumme möglich.

Verbindungsloses Protokoll

Damit eignet sich UDP hervorragend für Anwendungen, die eine direkte Verbindung zwischen Sender und Empfänger nicht benötigen. Der Overhead, der beim Auf- und Abbau der Verbindung wie bei TCP entsteht, entfällt und eine hohe Performance wird erreichbar. Die wird beispielsweise bei Streaming-Video-Anwendungen benötigt. Die Priorität ist dabei so gesetzt, dass es vor allem darauf ankommt, dass der Empfänger überhaupt ein fortlaufendes Bild erhält. Gehen vereinzelt Daten verloren, wird es vielleicht Bildstörungen geben. Der Informationsinhalt bleibt damit trotzdem erhalten.

Ein anderes Beispiel stellen Nameserver-Abfragen dar. Diese werden ebenfalls über UDP abgewickelt. Bei der Vielzahl der üblicherweise notwendigen Abfragen über kleine Datenpakete wird damit eine optimale Performance erreicht. Kommt von einem Nameserver keine Antwort, wird einfach der nächste Server kontaktiert. Theoretisch können DNS-Serverdienste auch über TCP abgewickelt werden. Allerdings hängt dies von der jeweiligen Implementierung ab. Der DNS-Server unter Windows Server 2003 unterstützt das beispielsweise nicht.

DNS-Abfragen über UDP

Feld	Länge in Bits	Beschreibung
SOURCE PORT	16	UDP-Quellport
DEST PORT	16	UDP-Zielport
LENGTH	16	Länge des UDP-Pakets in Bytes (Header plus Daten)
CHECKSUM	16	Prüfsummenfeld
DATA		Daten

Tabelle 5.7: Aufbau eines UDP-Pakets

UDP hat wie beschrieben keine Möglichkeiten zur Flusskontrolle. Allerdings kann über die UDP-Prüfsumme ermittelt werden, ob das Datenpaket selbst korrekt übertragen worden ist. Die Prüfsumme wird aus den Werten des UDP-Pakets unter Einbeziehung bestimmter IP-Headerinformationen berechnet.

Prüfsumme

Unter anderem setzen folgende Anwendungen auf dem Protokoll UDP auf:

UDP-Anwendungen

- DNS (*Domain Name System*; siehe auch Abschnitt 5.6 *Domain Name System (DNS)* ab Seite 252)
- NFS (*Network File System*; nur unter Unix bedeutsam)
- RIP (*Routing Information Protocol*; siehe dazu Abschnitt 5.8.2 *Einige Grundlagen zum Routing* ab Seite 285)
- SNMP (*Simple Network Management Protocol*)

  Dieses Protokoll kommt vor allem bei »intelligenten« Netzwerkgeräten zum Einsatz, die darüber Auskunft zu ihrem Status geben können.
- TFTP (*Trivial File Transfer Protocol*; siehe Abschnitt 5.2.8 *File Transfer Protocol (FTP)* ab Seite 217)

**Unsicheres
Protokoll**

Zu beachten ist, dass UDP kein sicheres Protokoll ist. Aufgrund der nicht vorhandenen Flusskontrolle können in einem Datenstrom leicht UDP-Pakete gefälscht oder gefälschte UDP-Pakete eingeschmuggelt werden. Auch lassen sich wirksame DoS-Attacken (*Denial of Service*) gegen Hosts fahren, indem diese mit UDP-Paketen überflutet werden.

5.2.6   Simple Mail Transfer Protocol (SMTP)

Windows Server 2003 bringt eine einfache Unterstützung für das Versenden von E-Mails mit: den SMTP-Server. Aus diesem Grund lohnt es sich, einen Blick auf das dabei hauptsächlich genutzte höhere Protokoll zu werfen: das *Simple Mail Transfer Protocol*. Dieses Protokoll dient zum Austausch von Mailnachrichten zwischen Clients, die SMTP verwenden, und einem Server, der SMTP zum Empfang und zur Weiterleitung einsetzt.

**Administration ab
Seite 1017**

Die Administration des Windows-SMTP-Servers wird in Abschnitt 13.6 *SMTP-Server* ab Seite 1017 näher erläutert.

Überblick

**Unterstützte Standards und ESMTP
RFC 821 und 2821**

Der in Windows Server 2003 implementierte SMTP-Dienst basiert auf RFC 821 und unterstützt darüber hinaus bestimmte Erweiterungen, die unter dem Begriff *Extended SMTP* (ESMTP) bekannt sind. Heute aktuell ist RFC 2821, wobei der Windows-SMTP-Serverdienst diesem weitgehend entspricht.

Abwärtskompatibilität sichergestellt

ESMTP umfasst eine einheitliche Beschreibung für Erweiterungen von Mailservern. Dabei kann jeder Hersteller eigene Erweiterungen in seine SMTP-Serverimplementierung einbringen. Ein ESMTP-Server und ein ESMTP-Client können einander erkennen und sich über die verfügbaren erweiterten Funktionen austauschen. Beide, Server wie Client, müssen allerdings Abwärtskompatibilität sicherstellen und die grundlegenden SMTP-Befehle (gemäß RFC 821 bzw. 2821) beherrschen.

**SMTP-Client und
-Server**

Bei der Beschreibung der SMTP-Funktionen werden im weiteren Text die Begriffe Client und Server benutzt. Genau genommen handelt es sich eigentlich um SMTP-Sender und SMTP-Empfänger, da ein SMTP-Server, den Sie unter Windows Server 2003 installieren und betreiben, E-Mails an einen anderen SMTP-Server senden (weiterleiten) kann. Damit ist dieser dann wiederum der »Client« bzw. Sender und der andere Server der »Server« bzw. Empfänger.

UA und MTA

Der Benutzer bzw. die Mailanwendung kommuniziert direkt nur mit dem *User Agent* (UA) genannten Teil des SMTP-Dienstes. Dieser sorgt für die Übernahme der Maildaten und die Weitergabe an

den eigentlichen Sendeprozess. Die SMTP-Sender- und -Empfän-
gerprozesse werden als *Message Transfer Agents* (MTA) bezeichnet.

SMTP-Befehle

In der folgenden Tabelle finden Sie den minimalen SMTP-Befehls-
satz, der durch jeden SMTP-Client und -Server unterstützt wird.

Befehl	Beschreibung
HELO <sender>	Eröffnet die Verbindung von einem SMTP-Client (dem Sender) zum SMTP-Server.
EHLO <sender>	Eröffnet wie HELO die Verbindung von einem ESMTP-Client (dem Sender) zum ESMTP-Server. Dieses Kommando ist deshalb mit in diese Tabelle aufgenommen worden, da es heute die Standard-Eröffnungsprozedur zwischen Client und Server darstellt.
MAIL FROM: <maddr>	Beginn einer Mail. Geben Sie hier die Absender-E-Mail-Adresse an.
RCPT TO: <maddr>	Empfänger der Mail. Sie können mehrere Empfänger festlegen, indem Sie den Befehl wiederholen.
DATA	Initiiert die Eingabe des Nachrichtentextes. Alles, was Sie jetzt zeilenweise eingeben, wird als Mailtext aufgenommen. Schließen Sie die Eingabe mit einem Punkt ».« ab, der allein am Beginn einer Zeile stehen muss (genau genommen zwischen zwei CTRLF).
QUIT	Beendet die Verbindung zum SMTP-Server.
RSET	Reset. Beendet die Verbindung und die laufende Mailtransaktion.

Tabelle 5.8:
Minimaler SMTP-
Befehlssatz

SMTP-Rückmeldungen

Der SMTP-Server meldet den Erfolg oder Fehlschlag von Operationen mit dreistelligen Codes. Dabei hat jede Stelle eine bestimmte
Bedeutung. Die Bedeutung der ersten Ziffer finden Sie in der folgenden Tabelle:

Tabelle 5.9:
SMTP-Server-
Antwortcodes:
1. Ziffer

Code	Beschreibung
1xx	Positive vorbereitende Antwort Diese Codes können nur durch ESMTP-Server zurückgegeben werden und zeigen an, dass das zuvor gesendete Kommando zwar akzeptiert worden ist, allerdings weitere Anweisungen benötigt werden, um die Aktion abzuschließen.
2xx	Positive komplette Antwort Die geforderte Aktion konnte erfolgreich abgeschlossen werden und es kann ein neues Kommando durch den Client ausgelöst werden.
3xx	Positive Zwischenantwort Das Kommando wurde akzeptiert. Der Server wartet auf weitere Daten, wie beispielsweise beim DATA-Befehl. Hier werden so lange Eingabedaten (Textzeilen) angenommen, bis sie durch das Zeichen ».« abgeschlossen werden (siehe Tabelle 5.8).
4xx	Vorläufige negative Antwort Das Kommando ist nicht akzeptiert und damit die angeforderte Aktion nicht durchgeführt worden. Der Fehlerstatus ist allerdings nur temporär. Dies bedeutet, dass zwar die Aktion zunächst fehlgeschlagen ist, aber eine Wiederholung des Kommandos durchaus noch zum Erfolg führen kann.
5xx	Permanente negative Antwort Das Kommando wurde hier nicht akzeptiert, allerdings ist der Fehlerstatus permanent. Eine Wiederholung des Kommandos mit den gleichen Einstellungen führt garantiert wieder zu diesem Fehlercode.

Die nachfolgende Tabelle enthält die Bedeutung der zweiten Ziffer des dreistelligen SMTP-Codes.

Tabelle 5.10:
SMTP-Server-
Antwortcodes:
2. Ziffer

Code	Beschreibung
x0x	Syntaxfehler Kennzeichnet Fehlermeldungen, die aufgrund von Syntaxfehlern (falsches oder nicht unterstütztes Kommando etc.) verursacht worden sind.
x1x	Informationen Kennzeichnet Antworten, die Informationen zurückgeben (beispielsweise Statusmeldungen).

Code	Beschreibung
x2x	**Verbindung** Kennzeichnet Meldungen, die im Zusammenhang mit dem Verbindungs- bzw. Übertragungsstatus stehen.
x5x	Mailsystem Codes in Bezug zu Meldungen des Mailsystems

Die dritte Ziffer ermöglicht eine etwas feinere Abstimmung für Meldungen, die durch die zweite Ziffer bestimmt werden. Auf diese wird in diesem Rahmen nicht näher eingegangen. Abschließend zu diesem Thema finden Sie in der folgenden Tabelle typische SMTP-Codes mit ihren Bedeutungen.

Code	Beschreibung
211	Systemstatus oder System-Hilfemeldungen
214	Hilfemeldungen Damit werden Meldungen gekennzeichnet, die direkte Hilfestellung zum System bzw. zu einzelnen, nicht standardisierten Befehlen geben. Diese Meldungen sind gedacht für den Administrator, der damit gezielte Abfragen generieren oder die Anpassung eines SMTP-Clients vornehmen kann.
220	<domainname> Service bereit
221	<domainname> Service schließt den Verbindungskanal
250	Angeforderte Mailaktion OK, vollständig abgeschlossen
354	Beginn der Mail-Eingabe; Ende mit ».«
421	<domainname> Service nicht verfügbar; Verbindungskanal wird geschlossen
450	Angeforderte Mailaktion nicht durchgeführt, da Mailbox nicht verfügbar (beispielsweise im Falle einer Überlastung)
451	Angeforderte Aktion abgebrochen, da ein lokaler Fehler in der Abarbeitung aufgetreten ist
452	Angeforderte Aktion nicht durchgeführt, zu knapper Systemspeicher
500	Syntaxfehler bzw. Kommando nicht erkannt (kann unter anderem eine zu lange Kommandozeile auslösen)

Tabelle 5.11:
Typische SMTP-
Codes mit ihren
Bedeutungen

Code	Beschreibung
501	Syntaxfehler in übergebenen Parametern/Optionen
502	Kommando nicht implementiert
503	Falsche Reihenfolge von Kommandos
504	Kommando-Parameter nicht implementiert
550	Angeforderte Mailaktion nicht durchgeführt, da Mailbox nicht verfügbar (beispielsweise Mailbox nicht existent oder Sicherheitsrichtlinien lassen keinen Zugriff zu)
552	Angeforderte Aktion nicht durchgeführt, da kein Systemspeicher mehr verfügbar ist
553	Angeforderte Aktion nicht durchgeführt, da der Name der Mailbox ungültig ist (beispielsweise Syntaxfehler im Name)
554	Übertragung fehlgeschlagen

5.2.7 Post Office Protocol Version 3 (POP3)

Während ein SMTP-Server bereits in Windows 2000 integriert ist, bietet die neue Serverversion auch einen POP3-Dienst. Damit können Sie nun einen kompletten Mailserver unter Windows Server 2003 einrichten, was zuvor nur mit dem Microsoft Exchange Server oder mit Mailserverlösungen von Drittherstellern möglich war. Unter Linux ist eine solche Mailserverlösung schon lange standardmäßig verfügbar und wird in der weltweiten Internet-Praxis in breiter Front eingesetzt.

Hier ist sicherlich auch die Zielrichtung von Microsoft zu sehen. Um den weit verbreiteten LAMP[5]-Systemen Paroli bieten zu können, wurde der Windows Server 2003 Web Edition aufgelegt, der besonders preiswert angeboten wird und auf die Funktionen reduziert ist, die für den Einsatzzweck wirklich benötigt werden. Dazu gehört auch eine einfache Mailserverlösung einschließlich eines POP3-Dienstes, um Clients das Abholen von E-Mails zu ermöglichen.

---

[5] LAMP ist die Abkürzung für Linux-Apache-MySQL-PHP und charakterisiert die Komponenten der typischen Webserverlösung unter Linux.

Beim POP3-Dienst handelt es sich nicht um einen POP-Connector, wie er beispielsweise im Microsoft Small Business Server implementiert ist. Dort werden über POP3 die E-Mails von einem »richtigen« Mailserver auf den Server abgeholt und von hier wiederum für die Clients bereitgestellt.

Der POP3-Dienst benötigt zum ordnungsgemäßen Funktionieren den SMTP-Serverdienst. Die notwendigen Einrichtungs- und Verwaltungsschritte werden in Abschnitt 13.7 *POP3-Dienst administrieren* ab Seite 1028 erläutert.

Administration ab Seite 1028

Praxisszenario

Einen Mailserver unter Windows Server 2003 können Sie selbst oder bei einem ISP (*Internet Service Provider*) betreiben. Entscheidend ist nur, dass der Server ständig über eine öffentliche IP-Adresse erreichbar ist. Der Mailserver sollte über einen Hostnamen erreichbar sein, der im DNS registriert ist. Damit die E-Mails über SMTP an diesen Server weitergeleitet werden können, muss im DNS ein entsprechender MX-Eintrag eingerichtet werden.

Die nachfolgende Abbildung zeigt den grundsätzlichen Einsatz des Windows Server 2003-Mailservers als Schnittstelle zwischen dem Internet und den lokalen Clients.

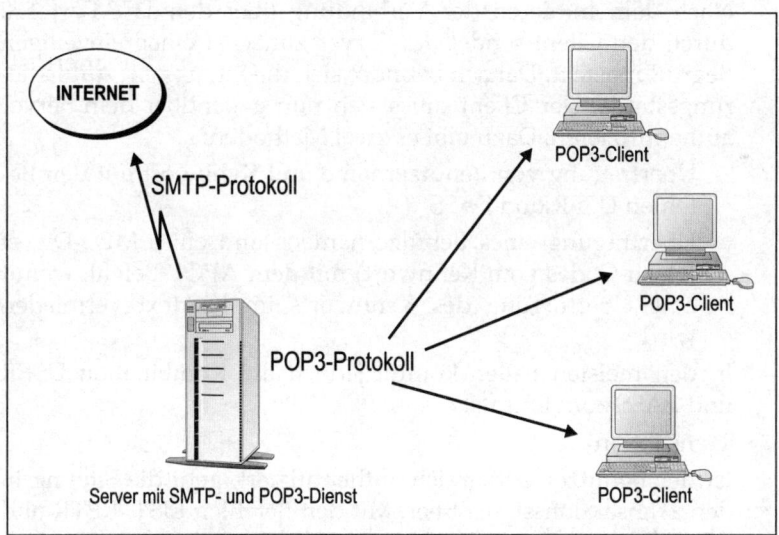

Abbildung 5.6: Grundsätzliche Arbeitsweise des Mailservers

Zum Austausch von E-Mails mit anderen Mailservern steht ausschließlich das SMTP-Protokoll zur Verfügung. Die Clientcomputer wiederum holen die Mails dann über das POP3-Protokoll ab.

Überblick über das POP3-Protokoll

RFCs 1939 und 2449 POP3 ist heute das Standardprotokoll zum Abholen von E-Mails durch Clients bei Mailservern. In RFC 1939 ist dieses Protokoll in der Version 3 seit 1996 als Standard (STD0053) veröffentlicht. In RFC 2449 sind POP3-Erweiterungen als Standard verankert.

POP3-Client und -Server Das Protokoll dient zum einfachen Abholen von bereitgestellten E-Mails von einem Mailserver. Das Protokoll wurde vor allem deshalb entwickelt, weil der alleinige Mailaustausch über SMTP für normale Clientsysteme zu aufwändig ist. SMTP setzt voraus, dass die beteiligten Kommunikationspartner, also sowohl Server als auch Client, ständig online sind. Mit dem Post Office Protocol ist dies nicht mehr notwendig. Der Client holt dann die Post ab, wenn er es für notwendig erachtet. Nur der Mailserver selbst muss ständig verfügbar sein.

Port 110 Den POP3-Clientdienst bieten alle gängigen E-Mail-Clientprogramme wie beispielsweise Outlook Express. Auf der Seite des Mailservers muss ein entsprechender POP3-Serverdienst laufen. Die Kommunikation findet standardmäßig über Port 110 statt (siehe Abschnitt 5.3.1 *Ports* ab Seite 232) und ist in mehrere Abschnitte unterteilt:

- Autorisierung

Autorisierungsstatus Nach dem Initiieren der Verbindung über den TCP-Port 110 durch den Client sendet der Server zunächst einen einzeiligen Begrüßungstext. Danach befindet sich die Sitzung im Autorisierungsstatus. Der Client muss sich nun gegenüber dem Server authentifizieren. Dazu gibt es zwei Methoden:

- Übertragung von Benutzername und Kennwort mit den Befehlen USER und PASS
- Übertragung eines Benutzernamens und eines MD5-Digest (Hash-Codes vom Kennwort) mit dem APOP-Befehl, womit eine Übertragung des Kennworts im Klartext vermieden wird.

In den meisten Fällen kommt jedoch die Kombination USER und PASS zum Einsatz.

- Transaktion

Transaktionsstatus Ist der Benutzer erfolgreich authentifiziert, geht die Sitzung in den Transaktionsstatus über. Mit den Befehlen LIST, RETR und DELE können die Nachrichten vom Server aufgelistet, abgeholt und zum Löschen markiert werden. Üblich ist das Markieren zum Löschen, damit das Postfach auf dem Server wieder frei wird. Es ist allerdings nicht zwingend.

- Update

Update-Status Der Transaktionsstatus wird mit einem abschließenden QUIT verlassen. Die Sitzung geht dann in den Update-Status über.

Als gelöscht markierte Nachrichten werden nun endgültig vom Server entfernt.

POP3-Befehle

Die wichtigsten Befehle sind in der nachfolgenden Tabelle aufgeführt.

Befehl	Beschreibung	
USER <benutzername>	Übergibt den Benutzernamen an den POP3-Server zur Authentifizierung über die Methode USER/PASS.	*Tabelle 5.12: Wichtige POP3-Befehle*
PASS <kennwort>	Nach erfolgreicher Quittierung der Abarbeitung des Befehls USER muss das Kennwort mit dem PASS-Kommando übergeben werden.	
STAT	Gibt die Anzahl der Nachrichten und deren Gesamtgröße in Oktette[6] an.	
LIST [<nummer>]	Gibt eine Liste mit allen Nachrichten aus, wobei jede Nachricht mit einer Nummer versehen ist und dazu ihre Größe angegeben wird. Die Daten zu einer einzelnen Nachricht können über die Angabe ihrer Nummer ausgegeben werden.	
RETR <nummer>	Empfängt die Nachricht mit der angegebenen Nummer vom Server.	
DELE <nummer>	Markiert die mit der Nummer angegebene Nachricht als gelöscht.	
RSET	Setzt alle Löschmarkierungen bei Nachrichten zurück.	
QUIT	Beendet den Autorisierungsstatus bzw. den Transaktionsstatus und führt bei letzterem zum Update-Status. Alle als gelöscht markierten Nachrichten gehen dann endgültig verloren.	

Eine erfolgreiche Abarbeitung wird durch den Server mit +OK und eventuell einem zusätzlichen Meldungstext quittiert. Ein Fehler erzeugt eine –ERR-Meldung.

Erfolgs- und Fehlermeldungen

---

[6] Mit Oktett (engl. *octet*) wird in der Informatik ein 8 Bit großes Byte bezeichnet. Bytes können im Gegensatz zum Oktett auch 4 bis 10 Bits umfassen.

Beispielsitzung

Im nachfolgenden Listing ist eine Beispielsitzung über den Telnet-Client zu einem POP3-Server abgebildet. Fett gedruckt sind alle Befehle, die von Seiten des Clients eingegeben worden sind.

Listing 5.1:
Beispiel für den
Ablauf einer POP3-
Sitzung

```
C:\>telnet getmail.buenning.com 110
+OK MailSite POP3 Server 4.5.6.0 Ready <61292552.1055317087.5
74@np.pangia.biz>
USER uwe@buenning.com
+OK uwe@buenning.com is welcome here
PASS XXXXXXXX
+OK uwe's mailbox has 3 message(s) (111289 octets)
STAT
+OK 3 111289
LIST
+OK 3 messages (111289 octets)
1 71699
2 32724
3 6866
.
RETR 3
+OK 6866 octets
Return-path: <uwe@buenning.com>
Received: from npweb091a (unverified [10.1.203.116]) by ⏎
npsmtp031a.mail2world.com
 (Rockliffe SMTPRA 4.5.6) with ESMTP id ⏎
<B0041210673@npsmtp031a.mail2world.com>
for <uwe@buenning.com>;
 Wed, 11 Jun 2003 00:34:49 -0700
thread-index: AcMv6/BfUVK89/HhTo2XEzojwJOiMA==
Thread-Topic: Projekt
From: "joerg krause" <joerg@krause.net>
To: <uwe@buenning.com>
Cc:
Bcc:
Subject: Projekt
Date: Wed, 11 Jun 2003 00:34:49 -0700
Message-ID: <769701c32feb$f05f8e00$74cb010a@mail2world.com>
MIME-Version: 1.0
Content-Type: multipart/alternative;
        boundary="-----=_NextPart_000_7698_01C32FB1.4400B600"
X-Mailer: Microsoft CDO for Exchange 2000
...
DELE 3
+OK message 3 deleted
QUIT
```

```
+OK npima06.mail2world.com POP3 server signing off (2 messages left)

Verbindung zu Host verloren.
```

Wo ist IMAP4?

POP3 ist ein vergleichsweise einfaches Protokoll. E-Mail-Nachrichten können damit lediglich abgeholt und auf dem POP3-Server gelöscht werden. Deutlich leistungsfähiger ist IMAP (*Internet Message Access Protocol*), aktuell in der Version 4. Mit einem entsprechenden Client können Sie damit auf einem geeigneten IMAP-Server Ihre Nachrichten direkt durchsuchen oder anderweitig bearbeiten. IMAP-Clients laden, anders als es bei POP3 in der Regel implementiert ist, nicht komplett die Nachrichten vom Server herunter, sondern bieten zunächst einen Überblick. Zu allen Nachrichten erhalten Sie Angaben zur Betreff-Zeile und zu den Absendern, sodass Sie schon vor dem Herunterladen eine Vorselektion und gegebenenfalls ein Löschen veranlassen können.

IMAP4 ist deutlich leistungsfähiger als POP3...

Trotzdem spielt IMAP4 heute in der Praxis kaum noch eine Rolle. Ein Grund ist sicherlich, dass die Provider das Belassen einer großen Anzahl von E-Mails auf ihren Servern vermeiden wollen. Das Protokoll lädt schließlich geradewegs dazu ein. Der Kunde kann alle Mails bequem einsehen, ohne sie herunterladen zu müssen. Prüfen Sie doch spaßeshalber einmal Ihre eigene »Mailsammlung«, die Sie mittlerweile in Ihrem Mailprogramm wie Outlook oder Outlook Express aufgebaut haben. Nicht selten belegen diese 100 MByte oder mehr, wobei das auf heutigen PCs nicht sonderlich ins Gewicht fällt. Bei einem Provider, der 10 000 solcher Kunden hat, schlagen die dafür erforderlichen 1 TeraByte allerdings schon deutlich zu Buche.

...wird aber dennoch kaum noch angeboten

Mit POP3 kann dies vermieden werden. In der Standardkonfiguration der POP3-Clients können die Nachrichten einerseits nur genau in der Reihenfolge vom Server bezogen werden, in der sie eingetroffen sind, andererseits erfolgt danach ein Löschen aller ausgelieferten Nachrichten aus dem Postfach des Servers. Insofern ist POP3 das für den Provider deutlich bessere Protokoll – auch wenn IMAP4 für den Kunden mehr bringen würde.

POP3 als bessere Alternative für Provider

5.2.8   File Transfer Protocol (FTP)

Nach HTTP ist FTP eines der wichtigsten Internet-Protokolle. Mit FTP haben Sie Zugriff auf Teile des Dateisystems eines Servers. FTP wurde in der RFC 959 definiert und stammt von den Vorläufern TFTP (*Trivial File Transfer Protocol*, RFC 1350) und SFTP (*Simple File Transfer Protocol*, RFC 913) ab.

RFC 959
RFC 1350
RFC 913

TFTP

TFTP ist kaum noch gebräuchlich, da es sich auf UDP stützt und nicht sicher ist (siehe Abschnitt 5.2.5 *User Datagramm Protocol (UDP* ab Seite 206). In der Praxis kommt es noch bei bestimmten Bootstrap-Protokollen zum Einsatz, die zum Laden von Betriebssystemen über das Netzwerk (so genanntes *Remote Boot*) verwendet werden.

Administration ab Seite 948

Weiterführende Informationen, wie Sie einen FTP-Server unter Windows Server 2003 einrichten und administrieren, finden Sie in Abschnitt 13.5 *FTP-Server* ab Seite 1005.

Überblick über FTP-Kommandos

FTP kennt eine Vielzahl von Kommandos. Einige grafische FTP-Clients zeigen diese an, wenn die Kommunikation abläuft. Es ist durchaus gebräuchlich, FTP-Kommandos direkt an der Konsole einzugeben. Auch FTP ist verbindungslos und jedes Kommando umfasst nur eine Zeile. Die nachfolgende Tabelle zeigt einen Überblick über alle einsetzbaren Kommandos.

Tabelle 5.13: FTP-Kommandos

Kommando	Parameter	Beschreibung
ABOR		Transfer abbrechen
ACCT	\<kennung>	Zugangskennung
ALLO	\<dateigröße>	Platz auf dem Server beantragen
APPE	\<dateiname>	Datei an vorhandene anhängen
CDUP		Eine Verzeichnisebene höher
CWD	\<verzeichnis>	Verzeichnis wechseln
DELE	\<dateiname>	Datei löschen
HELP	\<kommando>	Hilfe anfordern
LIST	\<verzeichnis>	Liste im Verzeichnis anzeigen
MKD	\<verzeichnis>	Verzeichnis erstellen
MODE	\<modus>	Datentransfer-Modus festlegen
NLST	\<verzeichnis>	Einfache Dateiliste
NOOP		Verbindung prüfen
PASS	\<kennwort>	Kennwort des Nutzers
PASV		Passiver Datentransfer-Modus
PORT	\<port>	Adresse und Port festlegen
PWD		Aktuelles Verzeichnis abfragen

Kommando	Parameter	Beschreibung
QUIT		Verbindung beenden
REIN		Verbindung neu initialisieren
REST	`<kennung>`	Abgebrochenen Transfer neu starten
RETR	`<dateiname>`	Datei von FTP-Server holen
RMD	`<verzeichnis>`	Verzeichnis löschen
RNFR	`<dateiname>`	Datei umbenennen (siehe RNTO)
RNTO	`<dateiname>`	Neuer Name der Datei
STAT	`<dateiname>`	Verbindungsstatus abfragen
STOR	`<dateiname>`	Datei ablegen
STOU		Datei mit eindeutigem Namen ablegen
STRU	`<struktur>`	Dateistruktur festlegen (Datei, Datensatz oder Seite)
SYST		Betriebssystem des FTP-Servers
TYPE	`<typ>`	Transfer-Typ (ACSII, EBCDIC,...)
USER	`<name>`	Nutzername zur Authentifizierung

Benutzer-Authentifizierung

Eine Authentifizierung ist auf mehreren Wegen möglich. Sicher kennen Sie selbst FTP-Server, die Name und Kennwort verlangen, während andere den anonymen Zugriff erlauben. Für die Anmeldung an einem geschützten Server sind die Kommandos USER, PASS und optional ACCT zuständig. Die Übertragung der Kennwörter erfolgt generell unverschlüsselt.

Die unverschlüsselte Übertragung von Kennwörtern bei FTP stellt ein erhebliches Sicherheitsrisiko dar. FTP-Server sollten deshalb nur für nicht besonders schützenswerte Informationen, beispielsweise öffentlich zugängliche Datenbestände, eingesetzt werden.

Anonymous-FTP

Für öffentlich zugängliche Daten wird sogar meist ein anonymer FTP-Zugang eingerichtet, der ohne weitere Authentifizierung genutzt werden kann. Dabei ist nur eine bestimmte Konvention für Name und Kennwort einzuhalten, die heute auf fast allen FTP-Serversystemen auf die gleiche Art und Weise implementiert ist.

Mit dem folgenden Befehl wird der Wunsch nach einer anonymen Verbindung mitgeteilt:

```
USER anonymous
```

Das Wort »anonymous« muss exakt in dieser Schreibweise, mit Kleinbuchstaben, geschrieben werden. Beachten Sie auch, dass alle Kommandos mit Großbuchstaben geschrieben werden müssen. Viele FTP-Clients setzen dies allerdings intern um, sodass der Eindruck entsteht, man könne auch mit Kleinbuchstaben arbeiten. Auch die anonyme Anmeldung verlangt ein Kennwort. Mit folgendem Befehl senden Sie als Kennwort die eigene E-Mail-Adresse:

```
PASS name@mail.com
```

Ob die Adresse korrekt ist oder nicht, spielt keine Rolle. Es ergeben sich keine Konsequenzen daraus. Der Server schaltet nun die für anonyme Besucher zulässigen Ressourcen frei. Normalerweise werden nur bestimmte Verzeichnisse zum Download freigegeben und grundsätzlich keine Schreibrechte erteilt. Hasardeure mögen dies anders handhaben.

FTP-Datenübertragung

FTP benutzt einen Kanal für die Authentifizierung und Steuerung. Dieser Kanal arbeitet normalerweise auf Port 21. Die Übertragung der Daten findet dann auf einem weiteren Datenkanal statt. Der Sinn ist in der Verbindung zweier FTP-Server zu suchen. Wenn Sie einen Datenabgleich zwischen zwei Servern herstellen, muss ein Server den anderen anrufen. Lauschen aber beide auf Port 21, können entweder nur Daten oder nur Kommandos ausgetauscht werden. Durch den zweiten Port bleibt auch während einer langen Datenübertragung der Austausch von Kommandos möglich.

Transfer-Typen

Ein wichtiger Parameter ist die Übertragung des Transfer-Typs. Damit wird das Datenformat festgelegt, in dem die Übertragung der Daten erfolgt. Tabelle 5.14 zeigt die Typen im Detail.

Tabelle 5.14:
Datentransfer-Typen
für FTP

Kürzel	Option	Beschreibung
A	N|T|I	ASCII, Non-Print, TelNet, Carriage Control
E	N|T|I	EBCDIC, Non-Print, TelNet, Carriage Control
I		binär, 8-Bit
L	n	binär, n Bit

Zwischen dem Transfer-Typ und der Option muss ein Leerzeichen stehen. Für den normalen Einsatz genügt das Umschalten zwischen A und I. Wenn Sie alle Dateien mit I übertragen, gibt es am wenigsten Probleme.

Die Option A überträgt bei den meisten Servern nur 7-Bit-ASCII, sodass Binärdateien völlig verstümmelt werden. Dazu gehören aber ebenso Textdateien aus einer Textverarbeitung wie Word, die für ihre Steuerzeichen den gesamten Zeichensatz verwenden. Standardmäßig steht der Transfer-Typ bei vielen FTP-Servern nach der Etablierung einer neuen Verbindung allerdings auf A.

Die Datenstruktur ist ein weiteres Merkmal, das vor einer Übertragung eingestellt werden kann. Diese Optionen sind verwendbar: **Datenstruktur**

* F: Datei (File)
* R: Datensatz (Record)
* P: Seite (Page)

R und P sind allerdings nur selten implementiert, beispielsweise bei FTP-fähigen Datenbanken. Die Einstellung erfolgt mit

```
STRU <option>
```

Standardmäßig ist in aller Regel die Option F voreingestellt.

Weiter verbreitet ist dagegen die Angabe des Transfer-Modus mit dem Kommando MODE. Auch hier sind drei Optionen möglich: **Transfer-Modus**

* S: Stream-Mode für kontinuierliche Übertragung
* B: Block-Mode für die Zerlegung in Blöcke mit eigenen Headern
* C: Compress-Mode für die Komprimierung von Daten (RLE)

Die Standardeinstellung lautet S und wird folgendermaßen eingestellt:

```
MODE S
```

Normalerweise liegt die Kontrolle des Verbindungsaufbaus beim Server. Wenn ein FTP-Client eine Verbindung aufbaut, werden nur die IP-Adresse und Port-Nummer übertragen. Der FTP-Server speichert diese Werte, beendet die anfordernde Verbindung und baut dann seinerseits eine neue auf. Das funktioniert, solange der Weg zwischen Server und Client in beiden Richtungen frei ist. Oft sitzen die Clients jedoch hinter einem Gateway oder einer Firewall. Dann erreicht der Server den Client mit der übergegebenen Adresse nicht mehr. Um dieses Problem zu umgehen, gibt es den passiven Modus. Mit dem Kommando PASV teilt der Client mit, dass der Server passiv kommunizieren soll. Der Server sendet nun seinerseits IP-Adresse und Portnummer für die Kommunikation und der Client baut die Verbindung in der gewünschten Form auf. **Passiver Modus**

Auch FTP verwendet einen Statuscode zur Beantwortung von Anfragen. Wie bei HTTP und SMTP genügt es oft, nur die erste Ziffer auszuwerten, um Fehlerzustände oder normal verlaufende Operationen zu erkennen. **FTP-Statuscodes**

Code	Bedeutung
1xx	neutrale Antwort; unaufgeforderte Meldung
2xx	positive Antwort; Kommando erfolgreich verarbeitet
3xx	positive Antwort mit der Bitte um weitere Informationen
4xx	Fehler. Das Kommando kann zeitweilig nicht beantwortet werden, Wiederholung möglich.
5xx	Fehler. Wiederholung zwecklos, Kommando falsch oder Server nicht verfügbar

Tabelle 5.15: FTP-Statuscodes

Die mit 1xx beginnenden Statuscodes gibt es nur bei FTP. Sie sind besonders schwierig zu verarbeiten, denn die Absendung durch den Server kann zu jeder Zeit erfolgen, also während der Datenübertragung oder zwischen anderen Kommandos und Meldungen. Sie ersetzen jedoch nicht die normalen Antworten. Jedes Kommando wird garantiert mit mindestens einem 2xx – 5xx-Kommando beantwortet. Folgende Kommandos können von 1xx-Statuscodes begleitet werden:

APPE, LIST, NLST, REIN, RETR, STOR, STOU

Ablauf der Kommunikation

Der folgende Abschnitt zeigt den Ablauf einer typischen Kommunikation zwischen Client und Server mit dem Protokoll FTP:

Listing 5.2: Typischer Ablauf einer FTP-Verbindung

```
Client: (Verbindungsaufbau mit FTP-Client)
Server: 220-Service ready
Server: (optional Informationen zur Authentifizierung)
Server: 220-Service ready
Client: USER anonymous
Server: 331 guest login ok, send e-mail as password
Client: PASS joerg@krause.net
Server: 250 guest login ok, access restrictions apply
Client: CWD ftp/download/
Server: 250 CWD command succesfull
Client: PWD
Server: 257 "ftp/download/" is current directory
Client: TYPE I
Server: 200 TYPE set to I
Client: PASV
Server: 227 Entering Passive Mode (62,208,3,4,4,23)
Client: RETR servicepack5.exe
Server: 150 Opening Data Connection
Server: (sendet Daten)
Server: 226 Transfer complete
Client: QUIT
Server: 221 Goodbye
```

Das Beispiel zeigt eine Authentifizierung als anonymer Nutzer, einen Verzeichniswechsel und einen Download einer Datei. Zur

Übertragung (im Binärformat) wird außerdem der passive Modus verwendet.

Das PORT-Kommando und die Antwort auf PASV enthalten die zu verwendende IP-Adresse und den Datenport. Wie in Listing 5.2 zu sehen ist, erfolgt die Angabe als kommaseparierte Liste. Das Format der Liste hat folgenden Aufbau:

IP-Adresse erkennen

```
IP1, IP2, IP3, IP4, PORT1, PORT2
```

Sie kennen den Aufbau einer IP-Adresse nach folgendem Schema:

```
IP1.IP2.IP3.IP4:PORT1,PORT2
```

Jede Zahl umfasst ein Byte. Da Portnummern 16-Bit breit sind, müssen für die Angabe zwei Byte angegeben werden. Die Adresse 1 024 würde also als 4,0 geschrieben werden. Zur Umrechnung multiplizieren Sie einfach das höherwertige Byte mit 256.

Im Internet herrscht ein zunehmender Mangel an IP-Adressen. Deshalb wurde bereits vor einigen Jahren ein neues Adresssystem entworfen. Offensichtlich ist aber ein Teil des Mangels politisch bedingt und so konnte sich IPv6 nicht so schnell wie erhofft durchsetzen. Dennoch sind die Protokolle auf die Umstellung vorbereitet. Da FTP unmittelbar mit IP-Adressen umgeht, ist eine Erweiterung erforderlich. Neu sind die Kommandos LPTR (Long Port) und LPSV (Long Passive). In der RFC 1639 ist die Syntax beschrieben.

Umgang mit IPv6-Adressen

RFC 1639

FTP wird häufig eingesetzt, um große Datenmengen zu übertragen. Dabei kann es leicht zu Leitungsstörungen kommen. Bei direkten Verbindungen zwischen FTP-Servern oder beim Einsatz von ISDN ist die Störanfälligkeit verhältnismäßig gering. Häufiger werden jedoch Nutzer per Modem auf Server zugreifen. Wenn eine 1 MByte große Datei nach 980 000 Byte abreißt, ist dies ausgesprochen ärgerlich. Das Standardverfahren der Datenübertragung, Stream, ist also nur bedingt geeignet. Es ist allerdings die schnellste Form der Übertragung.

Wiederaufnahme der Übertragung

Damit stellen Sie das Block-Verfahren ein:

Block-Verfahren

```
MODE B
```

Dabei zerlegt der Server die Datei in Blöcke, versieht jeden Block mit einem eigenen Header und sendet sie einzeln an den Client. Reißt die Verbindung ab, kann der Client die schon empfangenen Blöcke speichern und die nach der erneuten Verbindungsaufnahme eintreffenden Blöcke richtig zuordnen. Allerdings unterstützen nicht alle FTP-Server die erweiterten Transfermodi B (Block) und C (Compressed). Die Anforderung der übrigen Blöcke erfolgt mit dem Kommando REST.

Probleme mit FTP

FTP ist ein sehr altes Protokoll. Die Ausgaben der Kommandos LIST und NLST sind nicht ausreichend standardisiert. Eine Angabe zur Übertragung der Dateilänge gibt es nicht. Intelligente Clients speichern die Angaben des LIST-Kommandos und geben den Wert dann bei einem nachfolgenden GET an. Ob die Datei tatsächlich im Augenblick der Übertragung diese Größe hat, wissen sie nicht. Dateien und Verzeichnisse können kaum unterschieden werden. Praktisch bleibt der Versuch, sichere Angaben über die Größe der nächsten zu ladenden Datei zu machen, ein Wagnis.

Alternativen zu FTP im alltäglichen Internet-Einsatz gibt es derzeit nicht. Die Nachteile werden zwar von anderen Entwicklungen vermieden, ausreichende Verbreitung fand indes keines der möglicherweise zu diesem Zweck einsetzbaren Protokolle wie LDAP, NDS oder WebNFS.

5.2.9 HyperText Transfer Protocol (HTTP)

HTTP (*HyperText Transfer Protocol*) dient der Kommunikation mit Webservern. Es gibt derzeit zwei Versionen, 1.0 und 1.1. Das modernere 1.1 steht allerdings nicht allen Servern zur Verfügung. Auf Seiten der Browser dominiert inzwischen HTTP 1.1, denn alle Browser ab Version 4 beherrschen dieses Protokoll. Der Internet Information Server 6, der in Windows Server 2003 implementiert ist, beherrscht die Version 1.1 vollständig.

RFC 1945
RFC 2616

HTTP 1.0 wurde im Mai 1996 in der RFC 1945 veröffentlicht. Bereits im August desselben Jahres folgte HTTP 1.1. Das neue Protokoll ist in RFC 2616 beschrieben. Trotz der langen Zeit (für Internet-Verhältnisse) und den enormen Vorteilen von HTTP 1.x sind übrigens immer noch Server mit der Entwicklungsversion 0.9 im Einsatz.

Verbindungsloses Protokoll

Bei HTTP handelt es sich, wie bei Finger, Telnet und Echo auch, um ein verbindungs- oder statusloses Protokoll. Server und Client nehmen also nie einen besonderen Zustand ein, sondern beenden nach jedem Kommando den Prozess komplett, entweder mit Erfolg oder mit einer Fehlermeldung. Es obliegt dem Kommunikationspartner, darauf in angemessener Weise zu reagieren.

Protokollaufbau

Header
Body

HTTP-Kommandos können aus mehreren Zeilen bestehen. Die erste Zeile ist immer die Kommandozeile. Daran angehängt kann ein Message-Header folgen. Der Header enthält weitere Parameter, die das Kommando spezifizieren. So kann ein *Content-Length*-Feld enthalten sein. Steht dort ein Wert größer als 0, folgen dem Header

Daten. Die Daten werden also gleich zusammen mit dem Kommando gesendet. Man spricht dann vom Body der Nachricht. HTTP versteht im Gegensatz zu SMTP den Umgang mit 8-Bit-Werten. Binärdaten, wie Bilder oder Sounds, müssen nicht konvertiert werden.

Folgen dem HTTP-Kommando und den Header-Zeilen zwei Leerzeilen (Zeilenwechsel »\n«), so gilt das Kommando als beendet. Kommandos mit Body haben kein spezielles Ende-Zeichen. Das *Content-Length*-Feld bestimmt, wie viele Bytes als Inhalt der Nachricht eingelesen werden.

Ein HTTP-Kommando hat immer folgenden Aufbau:

Aufbau eines HTTP-Kommandos

```
METHODE ID VERSION
```

Als METHODE wird das Kommando selbst bezeichnet. Die folgende Tabelle zeigt die HTTP-Kommandos auf einen Blick.

Name	Beschreibung
DELETE	Ressource löschen
GET	Ressource anfordern
HEAD	Header der Ressource anfordern
LINK	Verknüpfung zweier Ressourcen beantragen
OPTIONS	Optionen des Webservers erfragen
POST	Daten an einen Serverprozess senden
PUT	Ressource auf dem Webserver ablegen
TRACE	Kommando zurückschicken lassen
UNLINK	Verknüpfung zwischen Ressourcen löschen

Tabelle 5.16: HTTP-Kommandos

Beachten Sie, dass die Kommandos unbedingt in Großbuchstaben geschrieben werden müssen, exakt wie in Tabelle 5.16 gezeigt. Die ID einer Ressource kann beispielsweise eine Adresse oder ein Dateiname sein:

```
GET index.htm HTTP/1.0
```

Dieses Kommando fordert die Datei INDEX.HTM an.

Statuscodes

Die Antwort auf ein Kommando besteht im Senden eines Statuscodes. Dem Statuscode folgen optionale Felder und, bei der Übertragung von Ressourcen, die Daten. Die Statuszeile hat folgenden Aufbau:

```
VERSION STATUSCODE STATUSTEXT
```

Der Statuscode ist eine dreistellige Ziffer, von denen die erste (Hunderter) die Zuordnung zu einer bestimmten Gruppe zeigt. In Tabelle 5.17 finden Sie eine Übersicht der wichtigsten Codes.

Tabelle 5.17:
Statuscodes einer
HTTP-Antwort

Code	Beschreibung
200	Kommando erfolgreich
201	Ressource wurde erstellt
202	Authentifizierung akzeptiert
204	Kein Inhalt oder nicht angefordert
301	Ressource am anderen Ort
302	Ressource nicht verfügbar (temporär Zustand)
304	Ressource wurde nicht verändert (steuert Proxy)
400	Syntaxfehler
401	Keine Autorisierung
403	Nicht öffentlicher Bereich
404	Nicht gefunden (der berühmteste HTTP-Fehler!)
500	Serverfehler, Fehlfunktion
501	Kommando nicht implementiert
502	Feldwert oder URL ungültig (nur Proxy)
503	Dienst nicht verfügbar

Der HTTP-Message-Header

An ein Kommando oder an die Statuszeile können weitere Felder angehängt werden. Die Header-Felder können in drei Hauptgruppen aufgeteilt werden:

Header-Felder

*   F: Frage-Felder (Request-Header-Fields) sind nur in Kommandos erlaubt.
*   A: Antwort-Felder (Response-Header-Fields) kommen nur in der Antwort (Statusnachricht) vor.
*   I: Informationsfelder (General-Header-Fields) übertragen alle anderen Nachrichten, wie Größen und Parameter.

Nicht alle Server stellen alle Felder zur Verfügung. Teilweise ergeben sich durch die Weiterleitung der Nachrichten an den Nutzer, immerhin empfängt der Browser die Daten, erhebliche Sicherheitslücken. Wenn ein Feld mehrfach übertragen werden muss, kann die Angabe der Werte als kommaseparierte Liste oder durch Wiederholung der Feldnamen erfolgen:

```
Header-Field Wert, Wert, Wert ..
```
oder
```
Header-Field Wert
Header-Field Wert
Header-Field Wert
```
Einige Header können untergeordnete (optionale) Informationen enthalten. So kann dem Content-Type der Name der Datei übergeben werden. Diese Elemente werden durch ein Semikolon getrennt:
```
Content-Type: application/pdf; name=orderform.pdf
```
In der folgenden Tabelle finden Sie alle Header-Felder und die zugehörigen Gruppen.

Grp	Feldname	Beschreibung
F	Accept	MIME-Typen, die der Client verarbeiten kann
F	Accept-Charset	Bevorzugter Zeichensatz
F	Accept-Encoding	Kodierung des Clients
F	Accept-Language	Sprache des Clients
I	Allow	Liste aller erlaubten Kommandos
F	Authorization	Authentifizierung des Clients
I	Content-Disposition	Inhaltsbeschreibung einer MIME-Quelle
I	Content-Encoding	Kodierung der Ressource
I	Content-Language	Sprache der Ressource
I	Content-Length	Größe der Ressource (in Byte)
I	Content-Type	MIME-Typ der Ressource
I	Date	Absende- oder Erstellungsdatum
I	Expires	Verfallsdatum der Ressource
F	From	E-Mail-Adresse des Nutzers
F	Host	Domainname des Webservers
F	If-Modified-Since	Nur dann GET, wenn neueren Datums
I	Last-Modified	Aktualisierungsdatum der Ressource
I	Link	Verknüpfung
A	Location	URL der Ressource (bei Redirect)
I	MIME-Version	MIME-Version des Headers

Tabelle 5.18: Header-Felder und Feldgruppen

Grp	Feldname	Beschreibung
I	Pragma	Allgemeiner Schalter »Name=Wert«
F	Referer	URL der Herkunfts-Ressource
A	Retry-After	Datum der nächsten Verfügbarkeit
A	Server	Name und Version des Webservers
I	Title	Titel der Ressource
U	URI	URI der Ressource
F	User-Agent	Name und Versionsnummer des Browsers
A	WWW-Authenticate	Authentifizierungs-Schema

Im Gegensatz zu anderen Protokollen ist die Länge eines Daten-blocks im *Content-Length* festgelegt, irgendwelche Begrenzungszei-chen gibt es nicht. Beachtenswert ist auch, dass der Server nach dem Verbindungsaufbau keine Antwort sendet. Erst das erste ein-treffende Kommando löst eine Reaktion aus. Darin ist die Ursache zu sehen, wenn die Browser nach der Anforderung eines uner-reichbaren Servers lange Zeit nicht reagieren. Als »Totsignal« wird einfach eine vorgegebene Zeit gewartet, in welcher der Server auf das erste Kommando reagieren sollte.

Beispiel für eine HTTP-Verbindung

Der Abruf einer Website vom Server könnte folgendermaßen aus-sehen:

Listing 5.3:
Beispiel für eine
HTTP-Verbindung

```
Client: (Verbindungsaufbau des Browsers)
Server: (keine Antwort)
Client: GET /index.htm HTTP/1.0
        <CRLF>
        <CRLF>
Server: HTTP/1.1 200 OK
        Content-Length: 1504
        Content-Type: text/html
        Last-Modified: Thu, 12 Jun 2003 08:08:06 GMT
        Accept-Ranges: bytes
        ETag: "405f58c1b930c31:799"
        Server: Microsoft-IIS/6.0
        Date: Fri, 13 Jun 2003 10:42:28 GMT
        Connection: close
        <html>
        <head>
```

```
<meta HTTP-EQUIV="Content-Type" Content="text/html;
charset=Windows-1252">

<title ID=titletext>Startseite</title>
...
```

Vom Client wird die Seite /index.htm angefordert. Kann der Server diese finden, dann liefert er sie an den Client aus. Die Verbindung wird danach wieder geschlossen; HTTP ist schließlich ein verbindungsloses Protokoll.

5.2.10 Network News Transfer Protocol (NNTP)

NNTP ist ein sehr altes Protokoll – Nachrichtengruppen gab es **RFC 977** lange vor der Eroberung des Internets durch das WWW. Es wurde **RFC 2980** in RFC 977 vom Februar 1986 definiert. Seit August 1996 gibt es einen Draft mit einer Reihe von Erweiterungen, die zwischenzeitlich ohne Standard eingeführt wurden. Dieser Draft mündete im Dezember 2000 in die RFC 2980, die die Erweiterungen von NNTP unter expliziter Bezugnahme auf RFC 977 beschreibt.

Nachfolgend erhalten Sie einen Überblick über grundlegende Elemente dieses Protokolls. Den Zugriff auf Newsgroups erhalten Sie mit dem Programm *Outlook Express*. Darüber hinaus bietet Windows Server 2003 einen integrierten NNTP-Dienst. Dessen Einrichtung wird in Abschnitt 13.8 *NNTP-Server* ab Seite 1040 behandelt.

Arbeitsweise

Das Protokoll wird durch den Austausch von Texten zwischen Server und Client bestimmt. Die rein ASCII-basierte Übermittlung erspart die typischen Netzprobleme mit Binärdaten. Der Server arbeitet nicht statuslos, sondern führt einen so genannten Message-Pointer. Aus diesem Grunde ist eine Anmeldung erforderlich und es sollte auch eine Abmeldung erfolgen.

Der Client muss die Kommunikation aufnehmen und sollte in der Lage sein, alle denkbaren Antworten des Servers zumindest soweit zu bearbeiten, dass kein Blockieren im Protokoll entsteht.

Serverantworten

Auf jede Anfrage wird der Server zunächst mit einem dreistelligen Zahlencode reagieren. Die folgende Tabelle zeigt die möglichen Antwortklassen:

Code	Bescheibung
1xx	Informationen

Tabelle 5.19: Antwortklassen in NNTP

Code	Beschreibung
2xx	Kommando korrekt
3xx	Kommando soweit korrekt, erwarte Daten
4xx	Kommando war korrekt, konnte aber nicht ausgeführt werden
5xx	Kommando unbekannt oder Fehler

Die nächste Stelle sagt etwas über die Kategorie:

Tabelle 5.20:
Kategorie innerhalb
des Antwortcodes

Code	Beschreibung
x0x	Verbindung, Setup und sonstige Nachrichten
x1x	Newsgroupauswahl
x2x	Artikelauswahl
x3x	Distributionsfunktionen
x4x	Senden von Artikeln
x8x	Erweiterungen, die nicht standardisiert sind
x9x	Debug-Ausgaben

Beispielsitzung

Der Client fragt nach den Gruppen auf dem Server:

```
LIST
```

Der Server antwortet zunächst mit dem Code 215, dass die Liste mit den Gruppen folgt und sendet dann Zeile für Zeile diese Gruppen:

```
groupname last first p
```

Dabei ist `groupname` der Gruppenname, beispielsweise `microsoft.iis.de` ist die letzte, also neueste Nachricht in der Gruppe, analog ist `first` die erste verfügbare Nachrichtennummer. `p` kann »y« oder »n« sein und gibt an, ob Benutzer in der Gruppe Nachrichten absetzen dürfen oder nicht. Die Sendung wird durch das Senden einer Zeile, die nur einen Punkt enthält, beendet.

Der Client wechselt in eine der Gruppen durch Senden des GROUP-Kommandos. Als Parameter gibt er den Namen der Gruppe an. Der Server bestätigt mit folgender Zeile:

```
211 article_count first last groupname
```

Mit dem folgenden Befehl wird die Nummer der Nachricht aufgerufen:

```
STAT MsgNr
```

Mit dem Kommando HEAD wird der Kopf der Nachricht und mit BODY der Inhalt der Nachricht bezeichnet. Durch das Kommando NEXT kann die nächste Nachricht gelesen werden.

Das Senden von Artikeln

Nach dem Senden von POST wird der Server zunächst mitteilen, ob er Senden akzeptieren kann. Folgende Antwort-Codes sind möglich:

Code	Beschreibung
240	Artikel wurde bereits gesendet.
340	Aufforderung zum Senden. Der Artikel soll mit `<CR-LF>.<CR-LF>` beendet werden.
440	Posten von Artikeln ist nicht erlaubt.
441	Das Posten ist misslungen.

Tabelle 5.21: Mögliche Antwortcodes nach POST

RFC 850 gilt für das Format einer Nachricht. Speziell für die Usenet News Artikel gilt die RFC 1036.

RFC 850
RFC 1036

Beenden der Verbindung

Auf das Kommando QUIT sendet der Server die Antwort 205. Der Vorgang ist damit abgeschlossen und bei späteren Zugriffen ist eine erneute Anmeldung notwendig.

Threadverfolgung

Threads sind Diskussionsbäume, die durch Erwiderung auf Artikel entstehen. Im Artikel wird durch Belegen des Feldes References: die Message-ID abgelegt, auf die sich der Artikel bezieht. Es gibt also Rückwärts-, aber keine Vorwärtsbezüge.

Zugriffsrechte auf den News-Server

Der Zugriff auf News-Server kann so eingeschränkt werden, dass er nur einer speziellen Benutzergruppe gestattet wird. Diese Gruppe kann auch über Active Directory verwaltet werden.

5.3 Ports und Protokollnummern

Für die eindeutige Identifizierung der Protokolle und Ports bei der Netzwerkkommunikation über IP, TCP und UDP gibt es die so genannten Port- und Protokollnummern. Vor der Explosion der Protokolle (es gibt inzwischen Hunderte solcher Kombinationen aus Protokollen und Ports), wurden diese in der RFC 1700 geführt. Da RFCs keine Versionsnummer besitzen und bei jeder Änderung durch eine neue ersetzt werden, würde dies zu einer Inflation von RFCs führen. Die für die Nummernvergabe zuständige Organisation IANA verwaltet deshalb die Nummern heute direkt auf ihrer Website:

```
http://www.iana.org/numbers.html
```

5.3.1 Ports

Multiplexing

Damit ein Rechner gleichzeitig mehrere Verbindungen (*Multiplexing*) bearbeiten kann, müssen diese unterschieden werden. Dazu bedient sich das TCP der *Ports*. Jeder Anwendung, die das TCP benutzen will, wird ein Port zugeordnet. Es gibt 65 535 verschiedene Ports, fortlaufend nummeriert. Dabei gelten folgende Grundsätze:

Socket

- *Socket* ist ein im Zusammenhang mit TCP/IP häufig verwendeter Begriff, der die Kombination aus IP-Adresse und Port bezeichnet.

- Eine Verbindung zwischen zwei Rechnern ist wiederum eindeutig durch *zwei Sockets* definiert.

- Kann ein Rechner kann mehrere TCP-Verbindungen gleichzeitig bearbeiten, nennt man das *Multiplexing*. Dafür werden verschiedene Ports definiert.

Eine Portbezeichnung wird normalerweise hinter einem Doppelpunkt an die IP-Adresse oder den DNS-Namen gehängt, beispielsweise wie folgt: `192.168.0.101:80`.

Ports

Das *Port-Konzept* lässt sich in etwa mit einer Telefonnummer vergleichen: Der Netzwerkteil einer Internet-Adresse entspricht der Vorwahl, der Host-Teil der eigentlichen Telefonnummer und der Port schließlich einer Nebenstellennummer. Dabei wird eine TCP-Verbindung generell eindeutig durch die beteiligten Sockets definiert (Sender und Empfänger). Es kann keine zwei identischen Socket-Paare zur gleichen Zeit geben. Der Sender bestimmt eine Portnummer per Zufallsgenerator. Damit ist es beispielsweise möglich, dass von einem Rechner zwei TELNET-Verbindungen zu dem gleichen Zielrechner existieren. In einem solchen Fall unterscheiden sich dann jedoch die einzelnen Portnummern des Client-Rechners. Beim Verbindungsaufbau leitet die Anwendungsschicht das Datenpaket mit der Internet-Adresse des Servers und dem Port 21 an die Transportschicht weiter. Da TCP stromorientiert sendet, verläuft die Übertragung der Bytes in der gleichen Reihenfolge vom Client zum Server und vermittelt der Anwendungsschicht das Bild eines kontinuierlichen Datenstroms.

Auf den meisten Systemen sind die Ports über 1024 für jede Anwendung offen, während die Ports 1–1024 nur Systemprozessen (oder Anwendungen, die entsprechende Privilegien haben) zur Verfügung stehen. Die folgende Tabelle zeigt die wichtigsten Ports, die auch beim Einsatz von Windows Server 2003 benutzt werden können:

Dienst	Port	Erklärung
ftp-data	20	File Transfer [Default Data]
ftp	21	File Transfer [Control]
telnet	23	Telnet
Smtp	25	Simple Mail Transfer
domain	53	Domain Name Server
finger	79	Finger
www-http	80	World Wide Web HTTP
pop3	110	Post Office Protocol – Version 3
uucp-path	117	UUCP Path Service
nntp	119	Network News Transfer Protocol
Ntp	123	Network Time Protocol
netbios-ns	137	NETBIOS Name Service
netbios-dgm	138	NETBIOS Datagram Service
netbios-ssn	139	NETBIOS Session Service
imap2	143	Interim Mail Access Protocol v2
Irc	194	Internet Relay Chat Protocol
Ipx	213	IPX
imap3	220	Interactive Mail Access Protocol v3

Tabelle 5.22:
Einige wichtige
Portnummern

Dienst	Port	Erklärung
Uucp	540	uucpd

Interner Einsatz

Innerhalb der Transportschicht werden bestimmte Ports zur Adressierung verwendet. Sowohl UDP als auch TCP verwenden Port-Adressen, um Daten an das betreffende Programm (Protokoll) der Anwendungsschicht zu senden, wobei beide teilweise unterschiedliche Dienste für die gleiche Portnummer vermitteln.

5.3.2 Protokollnummern

Im Feld Header des IP-Datenpakets (siehe auch *Aufbau von IP-Datenpaketen* auf Seite 199) finden Sie die Nummer des nächsthöheren Protokolls, an das die Daten weitergeleitet werden sollen. Diese Nummern sind für alle Protokolle der Internet-Protokollfamilie definiert und befinden sich unter Windows Server 2003 in dieser Datei:

```
%Systemroot%\System32\drivers\etc\protocol
```

Der Inhalt dieser Datei ist im nachfolgenden Listing abgebildet:

Listing 5.4: Inhalt der Datei PROTOCOL

```
# Copyright (c) 1993-1999 Microsoft Corp.
#
# Diese Datei enthält die Internetprotokolle gemäß
# RFC 1700 (Assigned Numbers).
# Bearbeiten Sie diese Datei mit einem ASCII-Editor.
#
# Format:
#
# <Protokollname>  <Nummer>    [Alias...]      [#<Kommentar>]

ip        0     IP       # Internet Protocol
icmp      1     ICMP     # Internet Control Message Protocol
ggp       3     GGP      # Gateway-Gateway Protocol
tcp       6     TCP      # Transmission Control Protocol
egp       8     EGP      # Exterior Gateway Protocol
pup      12     PUP      # PARC Universal Packet Protocol
udp      17     UDP      # User Datagram Protocol
hmp      20     HMP      # Host Monitoring Protocol
xns-idp  22     XNS-IDP  # Xerox NS IDP
rdp      27     RDP      # "Reliable Datagram" Protocol
rvd      66     RVD      # MIT Remote Virtual Disk
```

Diese Datei ist eine normale Textdatei und kann mit dem Editor NOTEPAD.EXE geöffnet und bearbeitet werden.

5.4 IP-Adressen

In diesem Abschnitt werden die wichtigsten Aspekte der IP-Adressierung behandelt. Für den Aufbau und die Pflege eines IP-Netzwerkes sind diese Kenntnisse elementar. Fehler bei der Adressvergabe und der richtigen Erstellung von Subnetzen verursachen immer wieder Probleme beim Netzwerkbetrieb.

Die IP-Adressvergabe kann auch automatisiert und dynamisch an die Clients erfolgen. Die heute meistbenutzte Technologie basiert dabei auf dem *Dynamic Host Configuration Protocol* (DHCP). Die Grundlagen dazu werden in Abschnitt 5.5 *Automatische IP-Adressvergabe* ab Seite 239 näher betrachtet.

IP-Adressvergabe mit DHCP

Allein mit der Verwendung von IP-Nummern lässt sich ein Netzwerk noch nicht komfortabel bedienen und administrieren. Die Verfahren zur Kopplung von Namen an IP-Adressen werden unter dem Begriff *IP-Namensauflösung* zusammengefasst und sind Inhalt des Abschnitts 5.6 *Domain Name System (DNS)* ab Seite 252.

IP-Namens- auflösung

5.4.1 IP-Adressversionen

Die heute gebräuchliche und jedem bekannte Form einer IP-Adresse besteht aus vier dezimalen Zahlen, die jeweils durch einen Punkt voneinander getrennt sind. Hier wird sich in Zukunft einiges ändern, sodass sich eine nähere Betrachtung der IP-Adressversionen lohnt.

Das heutige IPv4

Im derzeitigen Standard IPv4 (*Internet Protocol Version 4*) besteht die IP-Adresse aus 4 Oktetts. Jedes Oktett entspricht einem Byte (0–255). Zur besseren Lesbarkeit werden sie dezimal ausgeschrieben und durch Punkte getrennt. Eine typische IP-Adresse sieht beispielsweise so aus:

Internet Protocol Version 4

```
195.145.212.138
```

Theoretisch lassen sich damit $256^4 = 2^{32} = 4\,294\,967\,296$ verschiedene Adressen darstellen. In der Realität verbleiben aber weniger direkt im Internet nutzbare Adressen übrig, da ein Teil davon für die nichtöffentliche Verwendung reserviert ist (siehe auch Abschnitt 5.4.3 *Spezielle IP-Adressen* ab Seite 238). Letztlich bleibt festzustellen, dass der einmal mit IPv4 definierte Adressraum langsam knapp wird und auf absehbare Zeit nicht mehr ausreicht.

Die Zukunft: IP-Version 6

Internet Protocol Version 6

Mit IPv6 wird die Größe einer IP-Adresse von 4 auf 16 Oktetts erweitert. Der derzeitigen Adressenverknappung mit IPv4 kann damit massiv entgegengetreten werden. Es können jetzt 2^{128} statt 2^{32} Adressen gebildet werden. Dies entspricht einer Menge von etwa $3{,}4 \times 10^{38}$ Computern oder anderen Systemen, die mit einer eindeutigen IP-Adresse versorgt werden könnten, was auch für die weitere Zukunft ausreichend dimensioniert ist.

Diese neue IP-Version steht kurz vor der Praxiseinführung. Erste Geräte unterstützen es bereits. Der Großteil des Internets läuft aber noch unter der Version 4.

Erweiterte Möglichkeiten

Neben einer grundsätzlich höheren Anzahl an verfügbaren Adressen bringt IPv6 auch weitere Möglichkeiten mit. So lassen sich beispielsweise unterschiedliche Datentypen spezifizieren (wie etwa Video- oder Ton-Übertragungen), die gegenüber weniger zeitkritischen Datentypen (zum Beispiel E-Mails) bevorzugt bearbeitet werden. Damit können Echtzeitanwendungen besser mit der nötigen Bandbreite ausgeführt werden.

Beschränkung im Buch auf IPv4

Alle folgenden Ausführungen im vorliegenden Buch sind allerdings der derzeitigen Praxis angepasst und auf die aktuelle IP-Version 4 beschränkt. Allerdings unterstützt Windows Server 2003 bereits das neue Protokoll, sodass der Einsatz in der Praxis durchaus möglich wäre. Im Gegensatz zu IPv4 ist allerdings die explizite Installation notwendig.

5.4.2 Subnetze und Netzwerkklassen

Aufteilung in Netz und Host

Jede IP-Adresse wird in einen *Netzwerk-* und einen *Rechnerbereich* (auch *Hostbereich*) aufgeteilt. Dafür wird eine so genannte *Subnetzmaske* eingerichtet, die angibt, wie viele Bits einer Adresse zum Netz und wie viele zum Rechner gehören. Hier ein Beispiel in dezimaler und binärer Notation.

Tabelle 5.23:
Netzwerk- und
Hostadresse in
dezimaler und
binärer Form

	Netzwerkadresse		Hostadresse	
	Dezimal	**Binär**	**Dez.**	**Binär**
Subnetzmaske	255.255.255	11111111.11111111.11111111	000	00000000
IP-Adresse	192.168.000	11000000.10101000.00000000	101	01100101

Dieses Beispiel würde 254 Rechner im Netzwerk 192.168.0.x erlauben. Von den theoretisch verfügbaren 256 Werten geht einer (mit der 255) als Broadcast-Adresse weg, während die 0 das Netzwerk bezeichnet und als Hostadresse unzulässig ist. So kann für jede beliebige Adresse festgestellt werden, ob sie im eigenen Netzwerk oder in einem anderen Netzwerk liegt (wichtig für Router, Bridges und Internet-Gateways).

Die Subnetzmaske muss aus einem durchgängigen Bereich von binären Einsen bestehen. Es hat sich eingebürgert, die Einsen zu zählen und in der Kurzform /n aufzuschreiben (n ist die Anzahl der Einsen). Eine Angabe von 192.168.0.0/24 bedeutet also Netzadressen im Bereich von 192.168.0.x mit einer Subnetzmaske von 255.255.255.0 (24 Einsen).

Subnetzmaske

Aus verschiedenen Gründen erfolgt in der Praxis nun die Aufteilung eines Gesamtnetzwerkes in einzelne Teilnetzwerke (Subnetze). In Abschnitt *Routing im TCP/IP-Netzwerk* ab Seite 286 finden Sie weitere Informationen, wie Sie die Subnetze über IP-Router miteinander verbinden können.

IP-Routing ab Seite 286

Netzklassen

Bestimmte Standard-Subnetzmasken werden verschiedenen *Netzklassen* zugeordnet.

Abbildung 5.7: Netzwerkklassen

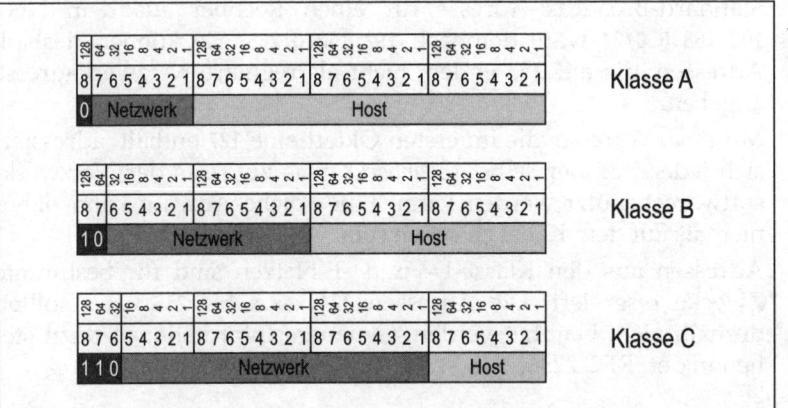

- Klasse-A-Netz

  Ein Klasse-A-Netz hat standardmäßig die Subnetzmaske 255.0.0.0. Das erste Bit der Adresse (ganz links) ist dabei auf 0 gesetzt.

- Klasse-B-Netz

  Ein Klasse-B-Netz hat die Subnetzmaske 255.255.0.0. Die ersten beiden Bits der Adresse sind auf 10 gesetzt.

- Klasse-C-Netz

  Ein Klasse-C-Netz hat die Subnetzmaske 255.255.255.0. Die ersten drei Bits der Adresse sind hier auf 110 gesetzt.

- Klasse-D- und -E-Netze

  Daneben gibt es noch Klasse-D- (beginnt mit 1110) und Klasse-E-Netze (beginnend mit 1111). Diese sind für Spezialfälle zuständig und werden hier nicht weiter behandelt.

5.4.3 Spezielle IP-Adressen

RFC 3330

Es gibt eine Reihe von IP-Adressen, die nicht im öffentlichen Internet oder generell nicht im Netzwerk selbst zum Einsatz kommen und für spezielle Einsatzzwecke reserviert sind. Informationen zu allen IPv4-Sonderadressbereichen finden Sie in der RFC 3330.

Spezialadressen

Broadcast-Adressen

Eine *Broadcast-Adresse* teilt dem Rechner mit, wie er alle Rechner in seinem Netz auf einmal erreichen kann (sog. *Broadcast*). Dabei werden einfach alle Bits im Rechnerbereich der Adresse auf 1 gesetzt (allgemeingültige Definition für *ALL-ONE-Broadcasts*). Die Standard-Broadcast-Adresse für einen Rechner aus dem Netz 192.168.0.0/24 wäre demnach 192.168.0.255. Sie können deshalb Adressen, die auf 255 enden, nicht als reguläre Netzwerkadresse angeben.

Loopback

Mit einer Adresse, die im ersten Oktett eine 127 enthält, adressiert sich jeder Rechner selbst (*Loopback*), was zu Tests der Netzwerksoftware benutzt werden kann. Eine solche Adresse kann daher niemals auf dem Kabel zu sehen sein.

Reservierte Adressen

Adressen aus den Klasse-D- und -E-Netzen sind für bestimmte Zwecke reserviert. Die Adressen 224.x.x.x bis 255.x.x.x sollten deshalb nicht benutzt werden. Genauere Informationen dazu stehen in der RFC 2236.

Private Netzwerkadressen

In jeder IP-Netzklasse (siehe vorhergehender Abschnitt) gibt es Adressbereiche, die nicht im Internet selbst zulässig sind und somit für die Implementierung lokaler Netzwerke genutzt werden können.

Tabelle 5.24: Private Netzwerkadressen je Netzklasse

Klasse	Subnetze	Hosts	Adressbereiche
A	1	16 777 215	10.0.0.0 bis 10.255.255.255
B	16	65 535	172.16.0.0 bis 172.31.255.255
C	256	255	192.168.0.0 bis 192.168.255.255

NAT

Für die Anbindung lokaler Netzwerke an das Internet, in denen diese privaten IP-Adressen verwendet werden, kommt *NAT* (*Net-*

work Adress Translation) zum Einsatz. Dabei werden die Anfragen der Clients, die über eine private IP verfügen, in die jeweilige öffentliche IP-Adresse des Internet-Routers übersetzt. Dieses Verfahren wird in anderen Systemwelten auch *Masquerading* genannt. Weitere Hinweise dazu finden Sie in Abschnitt 5.8.4 *Windows Server 2003 als Internetrouter* ab Seite 295.

Link Local-Adressbereich

Ein weiterer nichtöffentlicher Adressbereich hat in der Praxis eine große Bedeutung erlangt. Dies ist der so genannte *Link Local*-Bereich, der in kleinen Netzwerken zur automatischen Adressvergabe ohne DHCP verwendet wird (siehe Abschnitt 5.5.1 *APIPA* ab Seite 240).

Bereich	Subnetze	Hosts	Adressbereich
Link Local	1	65 024	169.254.1.0 bis 169.254.254.255

Tabelle 5.25:
Link Local-Bereich

5.4.4 IP-Adressvergabe im Internet

Jede öffentliche IP-Adresse ist weltweit eindeutig und wird von der *IANA* an die drei Organisationen *APNIC*, *ARIN* und *RIPE* vergeben, die diese dann wiederum an Endkunden (Firmen oder Internetprovider) verteilen. Weitere Informationen gibt es bei den entsprechenden Organisationen unter folgenden Adressen:

- IANA (*Internet Assigned Numbers Authority*):
  `www.iana.net`
- APNIC (*Asia-Pacific Network Information Center*):
  `www.apnic.net`
- ARIN (*American Registry for Internet Numbers*):
  `www.arin.net`
- RIPE NCC (*Réseaux IP Europeens*):
  `www.ripe.net`

Generell bleibt festzuhalten, dass jegliche Verwendung von IP-Adressen bei direkt am Internet angeschlossenen Computern oder anderen Netzwerkgeräten sich nach diesen Bestimmungen zu richten hat. Für den Aufbau lokaler Netzwerke empfiehlt sich hingegen im Regelfall die Einrichtung von IP-Adressen aus dem nichtöffentlichen (privaten) Adressbereich.

5.5 Automatische IP-Adressvergabe

Bei der Verwendung der TCP/IP-Protokollfamilie im Netzwerk benötigt jedes angeschlossene Gerät eine eindeutige IP-Adresse.

Administrationsaufwand senken

Bei kleinen Netzwerken mit einer Handvoll PCs kann der Administrator diese Nummern noch manuell eintragen und verwalten. Aber bereits bei zwanzig und mehr angeschlossenen Geräten steigt der Verwaltungsaufwand immens an.

Verschiedene Verfahren

Deshalb gibt es heute eine Reihe von Verfahren, Netzwerkclients automatisch mit IP-Nummern zu versorgen. Beim Hochfahren eines Clients verfügt er noch über keine IP-Adresse. Er muss sich diese von einer bestimmten Instanz im Netzwerk abholen. Diese Instanz kontrolliert auch, aus welchem Adressbereich die IP-Nummer kommt und ob die einmal an einen Client vergebene Adresse für diesen eine bestimmte Zeit reserviert bleiben soll.

APIPA und DHCP

Die Windows-Serverversion bieten zwei grundlegend verschiedene Verfahren zur automatischen IP-Adressvergabe:

- APIPA – *Automatic Private IP Adressing*
- DHCP – *Dynamic Host Configuration Protocol*

Diese Verfahren werden in den folgenden beiden Abschnitten näher betrachtet.

5.5.1 APIPA

Entwickelt für kleine Netze

Verbinden Sie mehrere Windows-Systeme über ein Netzwerk miteinander, können Sie das Protokoll TCP/IP mit automatischer Adressvergabe benutzen, auch wenn Sie keinen DHCP-Server zur Verfügung haben. Jeder der Windows-Computer benutzt dann einen eigenen Mechanismus, sich selbst IP-Adressen zuzuweisen: APIPA. Diese Abkürzung steht für *Automatic Private IP Adressing* und wurde von Microsoft für die einfache Nutzung von TCP/IP in kleinen Netzwerkumgebungen in Windows implementiert.

Überblick

Historie

Die von Microsoft als APIPA bezeichnete Technologie basiert auf mehreren Entwürfen für die Verwendung von bestimmten Adressbereichen für die automatische Konfiguration von Netzwerken. Auch wenn einige Quellen auf RFCs Bezug nehmen, die meist DHCP beschreiben, gibt es keine endgültige RFC, die APIPA definiert. APIPA wird heute in vielen Betriebssystemen von den DHCP-Clientkomponenten unterstützt. In der Windows-Welt gilt dies für alle Windows-Versionen seit Windows 98.

Adressbereich Link Local

Der verwendete Adressbereich 169.254/16 ist von der IANA als »Link Local«-Bereich reserviert (siehe Abschnitt *Link Local-Adressbereich* ab Seite 239). Router sollen Pakete mit einer Zieladresse innerhalb dieses Netzwerks nicht routen. Auf der anderen Seite sollen Clients, die sich selbst eine Adresse aus diesem Bereich zuweisen, selbstständig prüfen, ob die Adresse bereits verwendet

wird und dann eine andere wählen. Aufgrund des Routing-Ver-
botes können APIPA-Netzwerke nicht in Subnetze gesplittet werden – jeder Client muss jeden anderen direkt ansprechen können.

Diese Vorgehensweise erscheint primitiv, ist aber beabsichtigt. Die **Nicht routingfähig**
Verwendung ist nicht primär auf die Vernetzung großer lokaler
Netzwerke ausgerichtet, sondern auf die einfache Integration von
netzwerkfähigen Kleingeräten wie USB-Hubs, Firewire-Geräte
oder ähnliche Produkte, die sich nach der Verbindung mit dem
Netzwerk selbst eine IP-Nummer vergeben, um über IP erreichbar
zu sein, sodass eine transparente Verwendung möglich wird. Es ist
wichtig, dass solche Geräte so einfach wie möglich konstruiert
werden können. Dazu gehört der Verzicht auf Konfigurationen,
die normale Computer-Anwender kaum beherrschen. APIPA ist
die Antwort auf diese Forderung. Wenn derartige Geräte von außerhalb des Netzwerks gesteuert werden sollen, sind Router notwendig, die auf der einen Seite das öffentliche Netzwerk bedienen,
auf der anderen dagegen den lokalen Linkbereich. Ein Host, der
über mehr als eine Netzwerkkarte verfügt, sollte deshalb APIPA
immer nur auf einer Schnittstelle aktivieren. Zukünftige Anwendungen könnten Heimnetzwerke sein, die neben dem Homecom-
puter, der als Router zum Internet fungiert, auch die Heizung
steuern, den Kühlschrank überwachen und die Einbruchsmeldean-
lage integrieren. Verständlich ist, dass niemand erst eine IP-Konfiguration abwickeln will, ebenso wie den meisten Anwendern nicht
ernsthaft die Einrichtung eines DHCP-Servers zugemutet werden
kann.

Bei der Wahl der Adresse sollte der Client den tatsächlichen Be- **Verantwortung des**
reich von 169.254.1.0 bis 169.254.254.255 verwenden. Die ersten **Clients**
und die letzten 256 Adressen sind für spätere Sonderfunktionen
reserviert, welche bislang nicht definiert sind. Daraus ergeben sich
genau 65 024 Adressen, die ein derartiges Netzwerk umfassen
kann. Für ein straff vernetztes Haus mag dies ausreichend erscheinen.

Es gibt zum Thema APIPA einige konkurrierende Drafts, auch von **APIPA: Noch kein**
Microsoft und Apple bzw. deren Mitarbeitern. Sie erklären mehr **Standard**
oder weniger gut lesbar mögliche Anwendungsfälle. Bei der IANA
ist die Verwendung dagegen nicht weiter erklärt. Ebenso ist der
Unterschied zu den ohnehin vorhandenen lokalen Adressbereichen (so genannte Site-Links) nicht eindeutig spezifiziert. Typischerweise wird davon ausgegangen, dass Router diese lokal
verwendeten Adressbereiche bei Netzwerkadressübersetzung
(NAT) übertragen können, den lokalen Bereich 169.245/16 jedoch
nicht. Die Erreichbarkeit derartiger Geräte von außen ist nur dann
gegeben, wenn eine Applikation dies erledigt, idealerweise in Verbindung mit zusätzlichen Sicherheitsmaßnahmen. Dies ist jedoch
eine »freiwillige« Aktion der Router, die gegebenenfalls vom Ad-

ministrator konfiguriert werden muss. In Anbetracht des Draft-Status entsprechender Dokumente dürfte die Umsetzung noch einige Zeit auf sich warten lassen.

Vorgang der IP-Adresszuweisung

Verwendung ohne DHCP-Server

APIPA wird unter Windows immer dann aktiv, wenn die Netzwerkkonfiguration auf einen automatischen Bezug der IP-Adresse über DHCP eingestellt ist und kein entsprechender DHCP-Server gefunden werden kann. Die betroffene Arbeitsstation nimmt sich per Zufallsgenerator eine Adresse aus dem genannten speziellen Adressraum und prüft dann mittels PING, ob die Adresse noch frei ist. Ist das der Fall, weist sie sich die Adresse selbst zu, andernfalls wird die Adresse inkrementiert und erneut geprüft, bis eine freie Adresse gefunden wird.

Netzwerkmaske 255.255.0.0

Für APIPA steht ein Klasse-B-Netz zur Verfügung, von dem wie bereits erwähnt 65 024 Adressen genutzt werden können. Als Netzwerkmaske kommt im jedem Fall die Klasse-B-Maske 255.255.0.0 zum Einsatz (siehe Abschnitt 5.4.2 *Subnetze und Netzwerkklassen* ab Seite 236).

Nachrüstung DHCP

Wird in einem solchen Netzwerk später ein DHCP-Server hinzugefügt, wird dieser automatisch anstelle von APIPA durch die Clients verwendet. An der IP-Adresskonfiguration der Clients brauchen Sie dazu nichts zu verändern. Sie können diese auf »automatisch« konfiguriert belassen.

APIPA eignet sich lediglich in kleinen Netzwerkumgebungen mit einer geringen Anzahl von Clients. Neben der reinen IP-Adresse und der Standard-Subnetzmaske können keine weiteren Angaben zugeteilt werden wie etwa die Adressen des Standard-Gateways oder von DNS-Servern.

Für größere Umgebungen, insbesondere bei Verwendung mehrerer Subnetze, sollten Sie immer andere Verfahren wie DHCP zum Einsatz bringen.

Wenn Sie für den Internet-Zugang eines kleineren Arbeitsgruppen-Netzwerks einen Hardware-Internet-Router einsetzen, können Sie DHCP ohne einen dedizierten DHCP-Server einsetzen. Die meisten dieser Geräte bringen nämlich einen eigenen DHCP-Serverdienst mit, der allerdings in der Regel noch eingerichtet werden muss.

APIPA deaktivieren

Normalerweise wird APIPA wie oben beschrieben verwendet, wenn bei den Windows-Systemen die IP-Adressen auf *automatisch* stehen und im Netzwerk kein DHCP-Server verfügbar ist. Allerdings kann das in der Praxis auch zu Problemen führen. Fällt ein

DHCP-Server aus, kann dies eine Zeit lang unbemerkt bleiben. Immerhin behält ein Client solange seine ihm zugewiesene IP-Adresse, bis seine Lease abgelaufen ist. Nach Ablauf der Lease wird er aber auf jeden Fall versuchen, eine neue IP-Adresse zu erhalten. Meldet sich jetzt der DHCP-Server nicht mehr, kommt APIPA zum Zuge. Das Fatale dabei: Auch jetzt kann eine Kommunikation zwischen einzelnen Computersystemen durchaus noch möglich sein – nämlich zwischen allen, die inzwischen ihre »reguläre«, vormals per DHCP zugewiesene Adresse verloren haben. Diese aus dem restlichen Netzwerk ausgegrenzten Systeme verbünden sich dann via APIPA und »bilden« unter Umständen ihr eigenes Netzwerk. Im Ergebnis entsteht ein Netzwerk, bei dem die Systeme irgendwie gar nicht oder nur teilweise nicht miteinander kommunizieren können.

Für eine bessere Kontrolle können Sie über einen Eingriff in die Windows-Registrierung APIPA deaktivieren. Dann wird, wenn die DHCP-Lease abgelaufen beziehungsweise kein DHCP-Server vorhanden ist, als IP-Adresse 0.0.0.0 zugewiesen und damit die Kommunikation mit anderen Netzteilnehmern unmöglich gemacht.

Für die Deaktivierung von APIPA für das gesamte System öffnen Sie den folgenden Zweig:

APIPA für das gesamte System deaktivieren

```
HKEY_LOCAL_MACHINE
 \SYSTEM
  \CurrentControlSet
   \Services
    \Tcpip
     \Parameters
```

Fügen Sie hier diesen neuen REG_DWORD-Wert hinzu, falls noch nicht vorhanden, und weisen Sie ihm 0 zu.

```
IPAutoconfigurationEnabled=0
```

Der Wert 1 wird als Standardeinstellung angenommen, falls der Wert nicht existiert, und aktiviert APIPA.

Wenn Sie APIPA nur für einen bestimmten Adapter deaktivieren wollen, suchen Sie den folgenden Schlüssel:

Deaktivierung für einen Adapter

```
HKEY_LOCAL_MACHINE
 \SYSTEM
  \CurrentControlSet
   \Services
    \Tcpip
     \Parameters
      \Interfaces
```

Hier finden Sie eine Liste mit kryptischen Adapter-Identifikatoren. Erstellen Sie auch hier für den betreffenden Adapter den oben beschriebenen Wert mit dem Eintrag 0.

Haben Sie Probleme, den richtigen Adapter zu identifizieren, öffnen Sie den folgenden Zweig (siehe Abbildung 5.8):

Adapter identifizieren

```
HKEY_LOCAL_MACHINE
 \system
  \CurrentControlSet
   \Enum
    \PCI
```

Hier sind alle Geräte aufgelistet. Nach einer kurzen Suche sollten Sie den betreffenden Netzwerkadapter finden.

Abbildung 5.8: Suche nach einem Netzwerkadapter

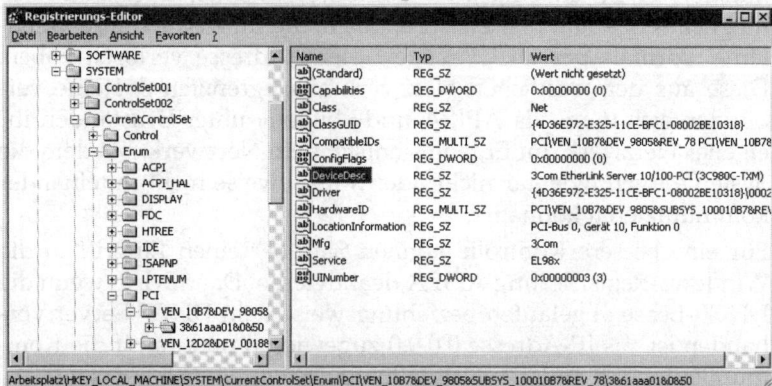

Merken Sie sich dessen CLASSGUID-Eintrag und durchsuchen Sie alle entsprechenden Klassen-Einträge nach dem Namen der Netzwerkkarte (oben unter DEVICEDESC zu finden) unterhalb dieses Zweiges:

```
HKEY_LOCAL_MACHINE
 \system
  \CurrentControlSet
   \Control
    \Class
```

Abbildung 5.9: Finden der Adapter-ID in der betreffenden Klasse

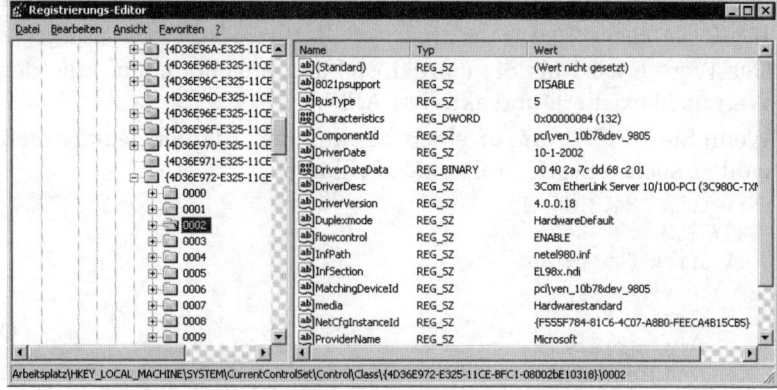

Hier sollten Sie dann den Netzwerkadapter finden. Unter NETCF-GINSTANCEID ist die Adapter-ID eingetragen. Vergleichen Sie diese ID mit den Einträgen unter INTERFACES, um den richtigen Adapter zu identifizieren.

Es geht auch einfacher: Stellen Sie für den Adapter eine ganz bestimmte IP-Adresse manuell ein. Suchen Sie dann den Eintrag unter dem Zweig
`HKLM\SYSTEM\CurrentControlSet\Services\Tcpip\Parameters\Interfaces`
heraus, bei dem diese IP-Adresse vorhanden ist. Dieses Verfahren ist genauso sicher wie das oben beschriebene – nur dauert es vermutlich nicht halb so lange.

Administrative Vorlage für APIPA

Für die Aktivierung oder Deaktivierung von APIPA gibt es standardmäßig keine Gruppenrichtlinie. Das nachfolgende Listing enthält eine einfache administrative Vorlage, mit deren Hilfe Sie APIPA ein- oder ausschalten können.

```
CLASS MACHINE
  CATEGORY "Netzwerk"
    POLICY "APIPA"
      KEYNAME "SYSTEM\CurrentControlSet\Services\Tcpip\Parameters"
      EXPLAIN "Dieser Eintrag schaltet APIPA ein oder aus."
        VALUENAME "IPAutoconfigurationEnabled"
          VALUEON NUMERIC 1
          VALUEOFF NUMERIC 0
    END POLICY
  END CATEGORY
```

Listing 5.5: APIPA.adm: Einfache administrative Vorlage für Aktivieren und Deaktivieren von APIPA direkt in der Registrierung

Beachten Sie, dass es sich hierbei um keine echte Gruppenrichtlinieneinstellung handelt. Weitere Hinweise finden Sie zu diesem Thema in Abschnitt 6.7 *Gruppenrichtlinien* ab Seite 395.

5.5.2 IP-Adressvergabe mit DHCP

In professionellen Netzwerkumgebungen kommt heute in der Regel die automatische IP-Adressvergabe über das *Dynamic Host Configuration Protocol* (DHCP) zum Einsatz. Dabei fungieren eine oder mehrere DHCP-Server als zentrale Adressverwaltungsinstanzen. Das kann auch ein Serversystem mit Windows Server 2003 sein. In diesem Abschnitt werden dazu die notwendigen Grundlagen vermittelt.

Die konkreten Administrationsschritte zum Einrichten und Verwalten eines DHCP-Servers finden Sie in Abschnitt 13.1 *DHCP einrichten und verwalten* ab Seite 933.

Administration ab Seite 933

Einführung

DHCP ist eine Weiterentwicklung des BOOTP (*Bootstrap Protocol*) und verlangt entsprechend eingerichtete Clients und Server.

Entwicklung und RFCs

Microsoft war führend an der Entwicklung von DHCP beteiligt. DHCP ist von der IETF in RFC 2131 und RFC 2132 spezifiziert.

DHCP-Clients

Über DHCP-Clientfunktionalität verfügen heute alle aktuellen Microsoft-Betriebssysteme sowie zunehmend Systeme anderer Hersteller.

BOOTP-Clients

Ein DHCP-Server unter Windows Server 2003 kann auch die Anfragen von BOOTP-Clients beantworten. Diese Clients finden sich beispielsweise vielfach bei integrierten oder externen Druckservern professioneller Netzwerkdrucksysteme.

DHCP-Adressvergabe im Detail

DHCPDISCOVER

Beim Starten eines entsprechend konfigurierten Computers sucht der DHCP-Client zuerst einen DHCP-Server, der bereit ist, die Anfrage zu beantworten. Dazu wird eine Broadcast-Information an das Netzwerksegment (Subnetz) gesendet, in welchem sich der Client befindet. Die Nachricht DHCPDISCOVER wird von einem DHCP-Server erkannt. Als Rücksendeadresse gibt der Client seine MAC-Adresse an, da er ja noch keine IP-Nummer besitzt.

DHCP-Server in anderem Subnetz

Befindet sich der DHCP-Server übrigens in einem anderen Subnetz, muss der Router entsprechend konfiguriert werden, um DHCP-Broadcastinformationen weiterleiten zu können. Weitere Informationen dazu finden Sie im Abschnitt *Routing und DHCP* ab Seite 251.

DHCPOFFER

Ein DHCP-Server, der DHCPDISCOVER empfängt, beantwortet die Anfrage mit DHCPOFFER und bietet damit seine Dienste an. In dieser Antwort-Broadcast sind auch die IP-Adresse des DHCP-Servers und eine bereits reservierte IP für den Client enthalten.

DHCPREQUEST

Der DHCP-Client reagiert im Normalfall auf die erste DHCPOFFER-Broadcast, die bei ihm eintrifft, und sendet diesem ein DHCPREQUEST, mit dem er die weiteren Konfigurationsinformationen anfordert.

DHCPACK

Mit DHCPACK sendet der DHCP-Server nun diesem weitere Informationen. Damit ist der erste Teil des Prozesses abgeschlossen.

DHCPRELEASE

Bis hierhin laufen alle Nachrichten über Broadcast. Damit können auch alle anderen DHCP-Server dies erkennen und geben die ihrerseits vorsorglich reservierte IP-Adresse wieder frei. Wenn ein Client die Arbeit vor Ablauf der Gültigkeitsdauer der IP-Nummer (Lease) abschließt, kann er diese mit DHCPRELEASE freigeben.

Sowohl auf der Seite des Servers als auch des Clients werden die Verbindungsdaten der letzten DHCP-Transaktion gespeichert. Damit stehen diese Informationen beim nächsten Hochfahren des Systems sofort zur Verfügung. Das Suchen des DHCP-Servers mit DHCPDISCOVER entfällt dann.

DHCPNAK

Auch die Vergabe der IP-Nummern kann so eingestellt werden, dass derselbe Client immer wieder dieselbe IP-Nummer erhält.

Wurde nun die so reservierte Nummer anderweitig vergeben, beispielsweise durch Eingriff des Administrators, muss die Zuweisung abgelehnt werden. Der Server sendet in diesem Fall DHCPNAK. Der Client verwirft nun alle gespeicherten Informationen und beginnt mit DHCPDISCOVER von vorn.

DHCP-Lease

Eines der Grundkonzepte von DHCP besteht im *Leasen* der IP-Nummern an die Clients. Das bedeutet, dass die dem Client zugeteilte IP-Nummer nicht fest vergeben wird, sondern nur für eine bestimmte Zeit gültig ist.

Standardmäßig vergibt DHCP bei jedem Hochfahren eines Clients dessen Adresse erneut. Da im lokalen Netzwerk genug Adressen für alle Clients zur Verfügung stehen, ist es sinnvoll, die Adresse für einen Client immer wieder zu verwenden. Durch die entfallenen Abfragen sinkt die Netzwerkbelastung, die vor allem wegen der Broadcast-Nachrichten nicht unerheblich ist. **Lease-Dauer**

Der Client bekommt die Lease-Dauer mit der Bestätigung der IP-Adresse mitgeteilt. Nach Ablauf von 50% der Zeit informiert er den Server, dass er weiter aktiv ist. Erfolgt diese Anforderung nicht, löscht der Server den Lease und gibt die Nummer frei, da er davon ausgeht, dass der Client nicht mehr aktiv ist. Läuft der Lease ab, gibt der Client die Adresse frei und fordert eine neue beim Server an.

In der Praxis kann das Leasen von IP-Adressen – geschickt eingesetzt – die Netzwerkbelastung verringern oder den Betrieb auch mit knappen IP-Adressen ermöglichen. Eine geringe Lease-Dauer gibt die Adressen schnell wieder frei. Dafür steigt die Netzwerklast. Eine lange Lease-Dauer verringert die Last, blockiert aber möglicherweise viele Adressen. Wichtig ist, daran zu denken, dass die Verlängerung zur Hälfte der Lease-Dauer erfolgt. Wenn Sie einen Lease am Donnerstag vergeben – bei einer Laufzeit von 3 Tagen – würde dieser Freitagabend erneuert werden. Dies erfolgt nicht, da der Nutzer bereits im Wochenende ist. Die Erneuerung erfolgt dann erst Montagmorgen. Das ist bei großen Netzwerken kritisch, denn nun versuchen möglicherweise Hunderte von Clients neue IP-Adressen anzufordern, was selbst schnelle Netzwerke spürbar in die Knie zwingt. **Netzlast verringern**

Leases können auch eine unbegrenzte Dauer haben. Dann stehen den Clients immer dieselben IP-Adressen zur Verfügung. Außerdem ist eine Reservierung in Abhängigkeit von der MAC-Adresse möglich. Sinnvoll ist das für Computer, die Dienste unter einer festen IP-Adresse zur Verfügung stellen sollen. DHCP lohnt sich trotzdem, da der Administrator ein komfortables Werkzeug zur

Verwaltung seiner IP-Adressen nutzen kann, auch wenn nicht allzuviel DHCP »stattfindet«.

Autorisierung des DHCP-Servers im Active Directory

Sicherheitsfunktion

Soll ein DHCP-Server auf einem Mitgliedsserver oder einem Domänencontroller in einem Active Directory-Netzwerk eingesetzt werden, so muss dieser im Verzeichnis autorisiert werden. Diese Autorisierung ist eine Sicherheitsfunktion und hilft, fehlerhafte Adresszuweisungen an Clients zu vermeiden.

Beschränkt auf DHCP-Server unter Windows Server 2003 und Windows 2000

Dies funktioniert unter aktiver Mitarbeit des DHCP-Serverdienstes selbst. Erkennt der Dienst, dass er im Verzeichnis nicht autorisiert ist, stellt er sofort die Arbeit ein. Das funktioniert nur mit den DHCP-Servern, die in den Betriebssystemen Windows 2000 Server und Windows Server 2003 implementiert sind.

Selbstkontrolle beim Start des Dienstes

Ob eine Autorisierung vorliegt oder nicht, wird durch den DHCP-Serverdienst bereits beim Start erkannt. Alle autorisierten DHCP-Server sind im Verzeichnis eingetragen. Ergibt die Anfrage an das Verzeichnis, dass dieser DHCP-Server noch nicht registriert ist, stellt er selbstständig die Arbeit ein.

DHCP-Optionen

Neben der IP-Nummer und der Subnetzmaske gibt es noch weitere Informationen, die vom DHCP-Server an die Clients verteilt werden können. Eine Option besteht in der Angabe der IP-Adresse des Routers (Standard-Gateway), über welche beispielsweise das Netzwerk an das Internet angeschlossen sein kann. So lassen sich im Netzwerk alle wesentlichen Parameter der TCP/IP-Konfiguration bei den Clients automatisch setzen und erfordern an dieser Stelle keinen weiteren Administrationsaufwand.

Ebenen der Optionendefinition

Für einen DHCP-Server unter Windows Server 2003 können Sie die Optionen auf vier verschiedenen Ebenen einstellen:

- Serveroptionen
  Die Serveroptionen stellen die Standard-DHCP-Optionen dar, die zunächst von allen Clients verwendet werden.
- Bereichsoptionen
  Zusätzlich können Sie spezielle Optionen für jeden definierten Bereich festlegen. Diese ergänzen oder ersetzen die Serveroptionen, wenn dort gleichlautende definiert worden sind.
- Clientoptionen
  Sie können Reservierungen von IP-Nummern für bestimmte Clientcomputer vornehmen. Diese Reservierung wird für die MAC-Adresse der Netzwerkkarte des betreffenden PC vorgenommen. Hier eingerichtete Optionen überschreiben für diesen

Client alle anderen gegebenenfalls auf Server- oder Bereichsebene definierten Optionen.

- Klassenoptionen

  Sie können Benutzer- und Herstellerklassen einrichten beziehungsweise standardmäßig verfügbare verwenden (siehe auch
  Abschnitt *DHCP-Benutzer- und Herstellerklassen* ab Seite 250),
  um Clients zu gruppieren. Diesen Clientgruppen können Sie
  auf jeder der drei oben genannten Ebenen separate Optionen
  zuweisen. Eine Klassenoption überschreibt und ergänzt dann
  jeweils die auf derselben Ebene definierten »allgemeinen« Optionen.

Abbildung 5.10 verdeutlicht den Zusammenhang der verschiedenen Ebenen und zeigt, mit welcher Priorität diese wirken.

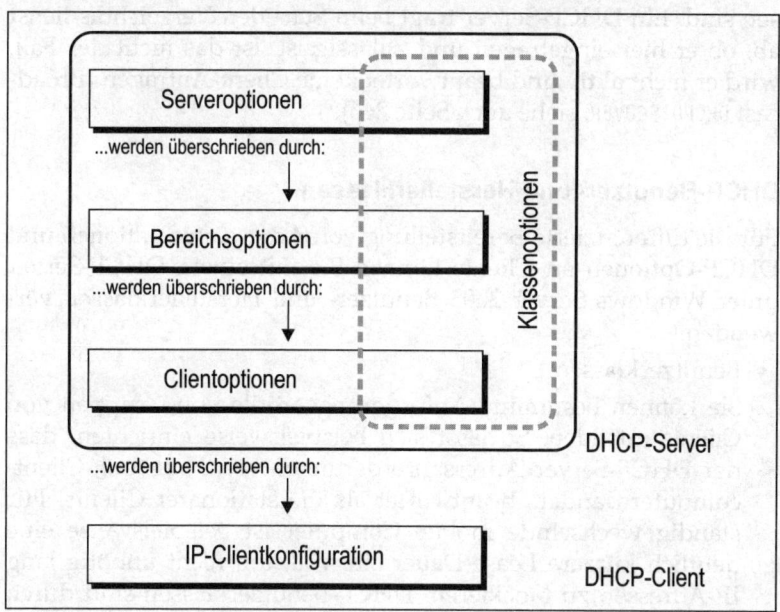

Abbildung 5.10:
Wirkungsbereich der
DHCP-Optionen

Die Optionen werden dabei von oben nach unten vererbt beziehungsweise ersetzt. Jeweils definierte Klassenoptionen ersetzen
beziehungsweise ergänzen gesetzte Optionen auf der jeweiligen
Ebene.

Letztlich »nützen« alle gesetzten DHCP-Optionen nichts, wenn am
Client-PC manuell Optionen gesetzt worden sind. Hier sollten für
eine saubere DHCP-Konfiguration alle Einstellungen in der Netzwerkumgebung unter TCP/IP auf »automatisch« gesetzt worden
sein.

Einstellungen am
Client beachten

Weitergehende Informationen zur Einrichtung von DHCP-
Optionen finden Sie in Abschnitt 13.1.4 *DHCP-Optionen* ab Seite
937.

DHCP-DNS-Integration

Dynamisches DNS

Ein wesentliches Merkmal der DHCP-Implementationen in Windows 2000 und Windows Server 2003 gegenüber der im Vorgänger Windows NT ist die Integration mit DNS. Im Ergebnis der DHCP-DNS-Integration werden die IP-Adressen mit den dazugehörenden Computernamen automatisch beim DNS-Server registriert. Voraussetzung ist hierbei, dass der DNS-Server dynamisches DNS beherrscht (siehe auch Abschnitt 5.6.8 *Dynamisches DNS* ab Seite 270).

Autorisierung im Active Directory

Ein weiteres Merkmal der Microsoft DHCP-Serverimplementation ist die Autorisierung bei der Verwendung zusammen mit dem Active Directory. Das bedeutet, dass nur solche DHCP-Server im Active Directory zum Einsatz kommen können, die hier zugelassen sind. Ein DHCP-Server fragt beim Start den Verzeichnisdienst ab, ob er hier eingetragen und zulässig ist. Ist das nicht der Fall, wird er nicht aktiv und beantwortet keine Client-Anfragen (Broadcast DHCPDISCOVER, siehe auch Seite 246).

DHCP-Benutzer- und Herstellerklassen

Individuelle Konfigurationen

Für die differenzierte Bereitstellung von Adressinformationen und DHCP-Optionen an Clients können Sie mit einem DHCP-Server unter Windows Server 2003 Benutzer- und Herstellerklassen verwenden:

- Benutzerklassen

  Sie können bestimmte Anforderungsprofile von Gruppen von Clients abbilden. So lässt sich beispielsweise einrichten, dass der DHCP-Server Adressanforderungen von Notebook-Clientcomputern anders beantwortet als die stationärer Clients. Für ständig wechselnde mobile Computer ist beispielsweise eine deutlich kürzere Lease-Dauer sinnvoll, um nicht unnötig lang IP-Adressen zu blockieren. DHCP-Benutzerklassen sind durch Microsoft derzeit als Entwürfe (Drafts) vorgelegt und haben gute Chancen, als RFC verabschiedet zu werden. Microsoft liefert einige Standard-Benutzerklassen mit. Sie können aber auch beliebige neue Klassen einführen. Voraussetzung für die Nutzung ist, dass am Client eine entsprechende DHCP-Klassenkennung eingerichtet wird, damit er durch den DHCP-Server auch erkannt wird.

- Herstellerklassen

  Mit Herstellerklassen können Clients nach dem verwendeten Betriebssystem gruppiert und individuell durch den DHCP-Server behandelt werden. Die Herstellerklasse kann nur durch den Betriebssystemhersteller auf Ebene der DHCP-Clientsoftware eingestellt werden. Die Verfahren dazu sind in den RFCs

2131 und 2132 dargelegt. Im DHCP-Server sind derzeit drei Herstellerklassen vordefiniert, welche für die Erkennung von Microsoft-Clientbetriebssystemen benutzt werden können.

Klassenname	ASCII-Kennung	Beschreibung
Microsoft Windows 2000 Optionen	MSFT 5.0	Dient der Erkennung von Windows 2000-Clients und der Definition spezieller DHCP-Optionen, die nur diesen Clients zugewiesen werden.
Microsoft Windows 98 Optionen	MSFT 98	Wie oben, nur dass hier speziell Windows 98-Clients behandelt werden.
Microsoft Optionen	MSFT	Eine allgemeine Klasse für Microsoft-Betriebssysteme

Tabelle 5.26:
Vordefinierte DHCP-Herstellerklassen

Für Clients, die nicht in eine der definierten Herstellerklassen eingeteilt werden können, gelten die allgemeinen DHCP-Optionen. Für das Hinzufügen weiterer Herstellerklassen benötigen Sie die genaue Syntax, die Ihnen der jeweilige Betriebssystemhersteller nennen kann, wenn er diesen Standard unterstützt.

Weitere Informationen zur Einrichtung und Verwaltung von DHCP-Klassen finden Sie in Abschnitt 13.1.5 *Verwendung von Klassenoptionen* ab Seite 938.

Routing und DHCP

DHCP arbeitet mit Broadcasts. Solche Pakete werden an alle Stationen eines Subnetzes gesendet. Router leiten Broadcasts nicht weiter, denn damit würden die angeschlossenen Netzwerke mit Anfragen zugeschwemmt werden. Nun stehen aber DHCP-Server nicht in jedem Subnetz zur Verfügung – dies würde dem Ziel einer einfacheren Verwaltung widersprechen. Router besitzen deshalb so genannte Relay-Agenten, die RFC 2131-konforme Nachrichten erkennen und dennoch weiterleiten. Der Relay-Agent entnimmt die Adresse des DHCP-Servers dem Informationsfeld des DHCP-Pakets und leitet die Nachricht gezielt an den Server weiter, verteilt also das Broadcast-Paket nicht unkontrolliert in alle Subnetze.

Relay-Agenten

Zur Einrichtung von Relay-Agenten finden Sie weiterführende Informationen in den betreffenden Administrationsabschnitten zum Routing innerhalb des Abschnitts 13.10 *Administration von Routing und RAS* ab Seite 1063.

5.6 Domain Name System (DNS)

Bei der Verwendung von TCP/IP im Netzwerk verfügt jeder angeschlossene Computer über mindestens eine eindeutige IP-Nummer
für seine Identifikation. Das Handling allein mit diesen Nummern
ist allerdings wenig praktikabel. Deshalb wurde das Domain Name System (DNS) entwickelt, das dafür sorgt, dass anstelle der IP-
Nummern klare und einfacher zu merkende Namen verwendet
werden können.

RFCs

Das DNS ist grundlegend in den RFCs 1034 und 1035 spezifiziert.
RFC 2136 steht für die Erweiterung auf das dynamische DNS.

**Voraussetzung bei
Active Directory**

Insbesondere mit Verwendung des Verzeichnisdienstes Active
Directory (siehe auch Kapitel 6 ab Seite 319) kommt dem DNS in
einem Netzwerk, ob im lokalen Intranet oder im Internet, eine
zentrale Bedeutung zu.

DNS im Internet

Im vorliegenden Buch wird DNS vor allem im Hinblick auf den
Einsatz im lokalen Netzwerk bei Nutzung des Active Directory
behandelt. Trotzdem finden Sie auch Grundlagen zu DNS, wie es
im Internet eingesetzt wird, da hier ja die »Geburtsstätte« dieses
fundamentalen Dienstes liegt.

**Administration ab
Seite 941**

Die Administration eines DNS-Servers ist Inhalt des Abschnitts
13.2 *DNS einrichten und verwalten* ab Seite 941.

5.6.1 Einführung

DNS im Internet

Das Domain Name System (DNS) sorgt im Internet für eine Auflösung der klaren und verständlichen Namen wie *www.microsoft.com*
in die jeweils richtigen IP-Adressen, mit denen diese Hosts dann
letztlich erreichbar sind. Ändert sich eine IP-Adresse eines Hosts,
braucht das den normalen Benutzer nicht zu kümmern. Er muss
sich nach wie vor lediglich den Namen *www.microsoft.com* merken.

DNS-Server

Die Aufgabe der Zuordnung der Namen zu den jeweils richtigen
IP-Adressen nehmen *DNS-Server* wahr. Diese befinden sich bei
jedem *Internet Service Provider* (ISP). Dabei können natürlich bei
einem Nameserver eines ISPs nicht alle IP-Nummern und Namen
des gesamten Internet geführt werden. Dies würde einen ungeheu-
ren Administrationsaufwand verursachen, da täglich neue Einträge hinzukommen und Änderungen an bestehenden durchzuführen sind. Vielmehr sorgt die Verbindung der DNS-Server weltweit
untereinander dafür, dass Anfragen nach Namensauflösungen, die
ein Server nicht beantworten kann, an den nächsten weitergeleitet
werden. Dabei sind die DNS-Server hierarchisch miteinander verbunden, sodass die Anfragen in kürzestmöglicher Zeit beantwortet
werden können.

Bei einem ISP wird generell aus Sicherheitsgründen nicht nur ein DNS-Server betrieben. Das DNS hat eine Schlüsselfunktion zum richtigen Funktionieren des Internets. Somit wird mit einem DNS-Server mindestens ein weiterer Server betrieben, der genau die gleichen Daten verwaltet und bei Ausfall oder Überlastung des Ersten sofort einspringen kann. Dieser sollte dabei örtlich getrennt aufgestellt sowie am besten in einem anderen Subnetz eingebunden sein.

Redundanz

Die Anfrage an einen DNS-Server führt der DNS-Client des jeweiligen PC durch. Dieser muss nur die richtigen IP-Adressen der für ihn zuständigen DNS-Server wissen. Der auch als *Resolver* bezeichnete Teil der DNS-Clientsoftware stellt die Anfragen an den DNS-Server, um die IP-Adressen zu den gewünschten Namen zu erhalten. Einmal erfolgreich beantwortete Anfragen werden aus Gründen einer besseren Performance und der Minimierung der Netzlast lokal für eine gewisse Zeit in einem Cache abgelegt.

DNS-Client

DNS besitzt aber nicht allein im Internet Bedeutung. Auch im Intranet macht die Verwendung von DNS Sinn, wenn mit dem Netzwerkprotokoll TCP/IP gearbeitet wird. Der Verwaltungsaufwand kann minimiert werden, da Änderungen an den IP-Adressen für den Benutzer transparent durchgeführt werden können. Hinzu kommt, dass durch DNS auch weitere Informationen, beispielsweise über den Typ von Geräten, mit gespeichert werden. Der Verzeichnisdienst von Microsoft Active Directory baut insofern auf DNS auf und kann ohne dieses nicht betrieben werden.

DNS im Intranet

Um DNS im Intranet zu verwenden, brauchen Sie nicht zwingend selbst einen oder mehrere DNS-Server einzusetzen. Sie könnten dies theoretisch auch Ihrem ISP übertragen. In der Praxis ist das aber kaum durchführbar. Sie bräuchten für alle Ihre Geräte im Netzwerk entweder öffentliche IP-Adressen, was aus Gründen der Sicherheit und der Verknappung des heutigen IPv4 Adressraums (siehe auch Abschnitt *Das heutige IPv4* ab Seite 235) wenig praktikabel ist, oder Sie müssten einen ISP finden, der einen oder mehrere private IP-Nummernbereiche für Sie verwaltet und Ihnen einen oder mehrere DNS-Server zur Verfügung stellt.

Wo wird das DNS verwaltet?

Letztlich ist die Verwaltung, insbesondere bei der DNS-Implementation unter Windows Server 2003, nicht sehr aufwändig, sodass eigene DNS-Server im Intranet eingesetzt werden sollten. Eine Verbindung ins Internet ist trotzdem realisierbar, auch wenn alle Clients im Intranet über nichtöffentliche IP-Nummern (siehe Abschnitt *Private Netzwerkadressen* ab Seite 238) erreichbar sind. Sie können das über einen Internetrouter erreichen. Dafür lässt sich übrigens auch ein Server unter Windows Server 2003 heranziehen, der nur entsprechend als *Internetrouter* (siehe Seite 295) eingerichtet werden muss.

Eigene DNS-Server im Intranet

5.6.2 Einige Begriffe rund ums DNS

Begriffe und Funktionsweise

Um die Arbeitsweise und Struktur des DNS zu verstehen, ist die Kenntnis einiger Begriffe notwendig. Die wichtigsten werden nachfolgend aufgeführt:

FQDN

- *Fully Qualified Domain Name – FQDN*

  Die Bildung von Namen, wie beispielsweise *comzept-gmbh.de*, erfolgt nach bestimmten Regeln. Dabei wird der eigentliche Name der Domäne, hier *comzept-gmbh*, mit dem Namen der übergeordneten Domäne, hier *de*, verbunden. Zwischen diese Teile wird ein Punkt gesetzt.

Domain

- *Domain*

  Jeder Knoten innerhalb der DNS-Struktur mit allen darunter befindlichen Knoten wird als Domain bezeichnet. Wenn beispielsweise die virtuellen Server »chat.buchshop.de« und »news.buchshop.de« verwaltet werden, ist die entsprechende übergeordnete Domain »buchshop.de«.

Zone

- *Zone*

  Die Speicherung der Namensinformationen geschieht in einer so genannten Zone. Diese umfasst alle Informationen zu einer oder mehreren zusammenhängenden Domains und dient als Verwaltungsinstrument.

Name- oder DNS-Server

- *Nameserver*

  Der Nameserver oder DNS-Server speichert Informationen über eine oder mehrere Domains. Seine Aufgabe ist die Auflösung der Namen, das heißt die Lieferung der richtigen IP-Adresse für eine Namensanfrage.

Forwarder

- *Forwarder*

  Kann ein Nameserver eine Anfrage nicht beantworten, muss er über Informationen verfügen, welche die Weiterleitung der Anfrage an einen übergeordneten Nameserver erlauben. Die Kette endet spätestens bei den Root-Nameservern.

in-addr.arpa

- *in-addr.arpa*

  Normalerweise wird ein Nameserver eingesetzt, um zu einem Domainnamen eine IP-Adresse zu liefern. In bestimmten Fällen kann auch der umgekehrte Weg notwendig sein. Das Verfahren dazu wird auch mit in-addr.arpa bezeichnet.

Auf diese Begriffe wird in den folgenden Abschnitten immer wieder eingegangen, wenn die Zusammenhänge erläutert werden.

5.6.3 Alternative Verfahren zur IP-Namensauflösung

Für die IP-Namensauflösung unter Windows Server 2003 können auch alternative Verfahren zum Einsatz kommen:

- Lokale HOSTS-Dateien

  In kleinen Netzwerkumgebungen können auch FQDN auf IP-Adressen abgebildet werden, ohne dass ein DNS-Dienst verwendet werden muss (siehe nächster Abschnitt).

  FQDN in IP-Adresse ohne DNS

- *Bind*-kompatible Dateien

  Alternativ zum DNS-Server unter Windows Server 2003, der komfortabel über eine grafische Managementkonsole verwaltet werden kann, ist der DNS-Dienst über Bind-kompatible Dateien einsetzbar (siehe Seite 256).

  FQDN in IP-Adresse mit DNS und Bind-Dateien

- WINS und LMHOSTS-Dateien

  Den mit Windows NT eingeführten Dienst WINS zur Namensauflösung von NETBIOS-Namen in IP-Adressen können Sie ebenfalls unter Windows Server 2003 verwenden (siehe auch Seite 257).

  NETBIOS-Name in IP-Adresse

Alle diese genannten Verfahren brauchen Sie nicht einzusetzen, wenn Sie ein normales Active Directory-Netzwerk betreiben wollen. Es kann aber nicht schaden, wenn Sie die alternativen Möglichkeiten kennen.

Datei HOSTS

Die IP-Namensauflösung kann auch ohne einen DNS-Server vorgenommen werden. Dazu dient eine lokal abgelegte Textdatei namens HOSTS, in welcher die IP-Adressen und Hostnamen eingetragen sind. Unter Windows Server 2003 liegt diese Datei in folgendem Verzeichnis:

```
%Systemroot%\System32\Drivers\Etc
```

Verzeichnis von HOSTS

Klar ist, dass hierbei der Verwaltungsaufwand bei einer größeren Anzahl von Clients nicht unerheblich ist. Änderungen an der Datei HOSTS müssen dann jeweils bei allen Systemen vorgenommen werden oder Sie benutzen Methoden, servergespeicherte HOSTS-Dateien in die lokalen Dateien einzubinden.

Die Handhabung der Namensauflösung über HOSTS-Dateien kann den Einsatz eines DNS-Servers im Zusammenhang mit Active Directory nicht ersetzen und eignet sich nur für kleinere Netzwerkumgebungen ohne diesen Verzeichnisdienst.

Die in dieser Datei zu verwendende Syntax ist denkbar einfach. Öffnen Sie HOSTS mit einem normalen Texteditor.

Syntax

Abbildung 5.11:
Datei HOSTS

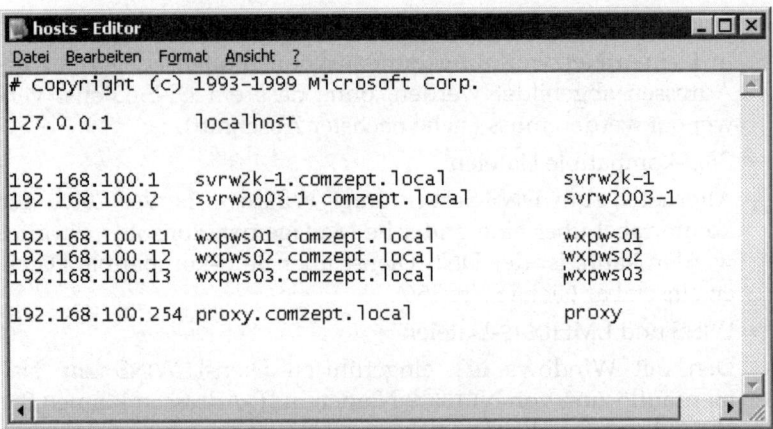

```
 hosts - Editor                                          _ □ ×
Datei  Bearbeiten  Format  Ansicht  ?
# Copyright (c) 1993-1999 Microsoft Corp.

127.0.0.1        localhost


192.168.100.1    svrw2k-1.comzept.local        svrw2k-1
192.168.100.2    svrw2003-1.comzept.local      svrw2003-1

192.168.100.11   wxpws01.comzept.local         wxpws01
192.168.100.12   wxpws02.comzept.local         wxpws02
192.168.100.13   wxpws03.comzept.local         wxpws03

192.168.100.254  proxy.comzept.local           proxy
```

Die IP-Adresse wird gefolgt von einem Tabulator und dem Hostnamen (FQDN) eingegeben. Dahinter können Sie auch noch die Kurzform des Hostnamens angeben. Beachten Sie, dass die IP 127.0.0.1 den Host selbst kennzeichnet und nicht gelöscht werden darf.

Mit BIND-kompatiblen Dateien arbeiten

BIND und NAMED

Eine der populärsten Implementierungen eines DNS ist die *Berkeley Internet Name Domain* (BIND). Über diesen Standard ist der weitverbreitete DNS-Server NAMED realisiert. Windows Server 2003 wahrt zu BIND die Kompatibilität und kann somit mit DNS-Servern anderer Hersteller kommunizieren.

BIND 8.2.x

Zu beachten ist dabei, dass es bei BIND verschiedene Versionen gibt. Aktuell ist die Version BIND 8.2.x, welche dynamisches DNS ebenfalls beherrscht (siehe Abschnitt 5.6.8 *Dynamisches DNS* ab Seite 270).

Verwendung unter Windows Server 2003 optional

Für das nötige Grundverständnis sind die Funktion und das Zusammenspiel der auf UNIX basierenden Nameserver sowie die Kenntnis der Dateistruktur von Bedeutung. Die Verwendung BIND-kompatibler Dateien in Windows Server 2003 ist optional. Für den normalen Einsatzfall reicht die standardmäßige DNS-Serverimplementation völlig aus und ist zudem bedeutend leichter zu administrieren. Für bestimmte Einsatzfälle, beispielsweise bei der Migration eines Unix-DNS-Servers, kann die Verwendung der BIND-kompatiblen Konfigurationsdateien Sinn machen.

Die folgenden Dateien enthalten die vom DNS-Server zu verwendenden Daten. Dabei werden in der nachfolgenden Tabelle die Dateinamen den in der Unix-Welt gebräuchlichen gegenübergestellt.

Name unter W2K	Name unter Unix	Inhalt
Boot	named.boot	Startdatei des DNS-Dienstes
Cache.dns	named.root	Stammservereinträge
<domname>.dns	Db.<domname>	Forward-Lookupzonen
<ip_reverse>.dns	Db.<ip>	Reverse-Lookupzonen

Tabelle 5.27: BIND-Konfigurationsdateien

Wollen Sie die BIND-Datenbankdateien von einem anderen DNS-Serversystem nutzen, müssen Sie diese in das folgende Verzeichnis kopieren:

Verzeichnis BIND-Dateien

```
%Systemroot%\System32\Dns
```

Ändern müssen Sie danach auch die Startart des DNS-Servers.

Im Verzeichnis SAMPLES unter dem oben genannten DNS-Verzeichnis finden Sie vier entsprechende Beispiel-BIND-Dateien. In diesen wird über Kommentare weitere Hilfestellung zur korrekten Handhabung der Einträge gegeben. Sie können, wenn Sie einen BIND-DNS-Server unter Windows Server 2003 neu aufsetzten wollen, diese in das DNS-Verzeichnis kopieren und dann die notwendigen Anpassungen per Hand vornehmen.

LMHOSTS-Dateien und WINS-Server

Alle bisherigen Ausführungen der Microsoft-Betriebssysteme benutzen für die gegenseitige Identifikation im Netzwerk NETBIOS-Namen. Das standardmäßige Protokoll war historisch gesehen NETBEUI, welches noch heute in so manchem kleinen Windows-Netzwerk eingesetzt wird. Mit Einführung von TCP/IP als Netzwerkprotokoll auch in der Windows-Welt entstand der Bedarf nach einer »richtigen« IP-Namensauflösung.

Bei WINS wird die Namensauflösung in eine IP-Adresse entweder über einen WINS-Server oder die LMHOSTS-Datei aufgelöst. LMHOSTS-Dateien werden, wie auch die Hosts-Dateien für die Auflösung von FQDN, lokal auf dem Windows-PC gehalten und bedürfen wie diese eines relativ hohen Verwaltungsaufwandes. Es gibt allerdings die Möglichkeit, serverbasierte LMHOSTS-Dateien in die lokal vorliegenden einzulesen.

LMHOSTS-Datei

Die LMHOSTS-Datei befindet sich unter Windows Server 2003 in folgendem Verzeichnis:

```
%Systemroot%\System32\drivers\etc
```

In größeren Windows-Netzwerken kamen in der Vergangenheit hingegen WINS-Server, meist unter Windws NT, zum Einsatz. Ein WINS-Server erfasst automatisch die NETBIOS-Computernamen und die IP-Adressen der Clients im Netzwerk und stellt diese In-

WINS-Server

formationen für die IP-Namensauflösung netzwerkweit zur Verfügung. Auf der Clientseite muss nur die IP-Adresse des WINS-Servers bei der TCP/IP-Konfiguration eingetragen werden.

Im vorliegenden Buch wird weder auf den Umgang mit LMHOSTS-Dateien noch auf den WINS-Serverdienst weiter eingegangen. Bei Bedarf finden Sie Informationen zu diesen Themen in der Online-Hilfe.

5.6.4 Aufbau des Domain Name Systems (DNS)

Für das Verständnis der Funktionsweise des DNS sind Kenntnisse des grundlegenden Aufbaus notwendig.

Domain-Hierarchie

Das DNS ist durch einen hierarchischen Aufbau gekennzeichnet. Dabei geht alles von der _Stamm- oder Rootdomain_ aus. Darunter befinden sich die so genannten _Top-Level-Domains_.

Abbildung 5.12:
Beispiel einer
Domain-Struktur

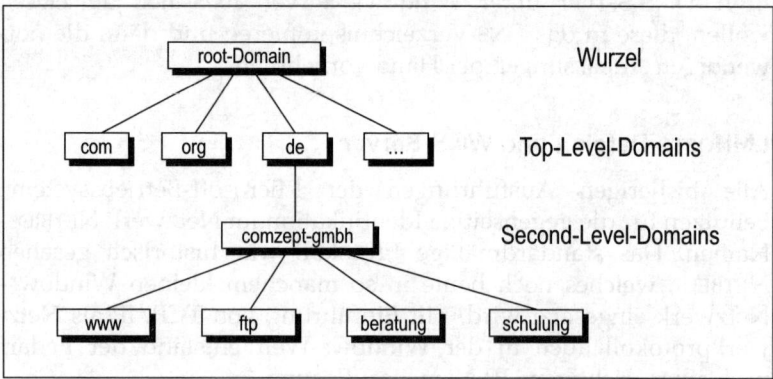

Die im Internet verwendeten Top-Level-Domains (TLDs) werden international festgelegt und sind bindend.

Es existieren zwei grundlegende Arten von TLDs:

Organisatorisch
• Organisatorische TLDs
Über diese TLDs kann die Organisationsform des Domäneninhabers der zweiten Domainebene (_Second Level Domain_) näher beschrieben werden.

Tabelle 5.28:
Organisatorische
Top-Level-Domains

TLD	Bedeutung
.com	Unternehmen allgemein
.edu	Bildungseinrichtungen
.gov	Regierungsbehörden
.int	Internationale Organisationen auf Regierungsebene

TLD	Bedeutung
.mil	Militär
.net	Unternehmen allgemein oder Personen
.org	Allgemeine nicht-profitorientierte Organisationen
Seit ca. Mitte 2001 können auch eingesetzt werden:	
.biz	Business, allgemein geschäftliche Organisationen
.info	Allgemeine Informationen, frei verwendbar
.name	Für Registrierungen durch Personen bestimmt
.pro	Für professionelle (meist selbstständige) Berufs-gruppen
Ab 2004 sollen folgende Toplevel verfügbar werden:	
.coop	Nicht-gewinnorientierte Genossenschaften oder Vereine
.aero	Luftfahrtindustrie
.museum	Museen

* Geografische TLDs

  Geografisch

  Neben den organisatorischen TLDs kommen geografische zum Einsatz. Bekannt sind hier sicherlich ».de« für Deutschland oder ».us« für die USA. Ab 2004 soll auch »eu« für Firmen, Verbände und Behörden aus Europa einsetzbar werden. Die komplette Liste können Sie bei der IANA (*Internet Assigned Numbers Authority*) unter der folgenden Webadresse einsehen:

  `www.iana.org/cctld/cctld-whois.htm`

  Diese geografischen TLDs werden auch mit ccTLD – *country co-de TLD* bezeichnet.

Bildung des FQDN

Jede Ebene, auch Domain genannt, wird dabei für die Bildung des FQDN (*Fully Qualified Domain Name*) durch einen Punkt von der anderen abgetrennt:

`beratung.comzept-gmbh.de.`

Beispiel-FQDN

In der Schreibweise des FQDN ist zu berücksichtigen, dass die TLD am Ende des Namens stehen muss. Auf der nächsten Ebene befinden sich dann die Domains der zweiten Stufe (*Second Level Domain* oder *SLD* genannt), welche vor der TLD erscheinen (hier: *comzept-gmbh*). Darunter können sich dann weitere Domains befinden, welche durch den Inhaber der SLD frei vergeben werden können.

Abschließender Punkt

Ein FQDN benötigt immer einen abschließenden Punkt. Damit wird er als *absoluter* Name gekennzeichnet, der bei der Stammdomäne endet. In der Praxis hat es sich allerdings eingebürgert, diesen Punkt wegzulassen. Die meisten DNS-Clients fügen aber einen fehlenden abschließenden Punkt selbstständig hinzu.

5.6.5 Zonen

Für die Verwaltung des DNS gibt es *Zonen*. Eine Zone umfasst dabei immer eine oder mehrere Domänen mit den ihnen untergeordneten Domänen.

Überblick

Beginnen Sie den Aufbau eines DNS mit einer einzigen Domäne, entspricht diese auch der einzigen Zone, die dann für die Verwaltung eingerichtet ist. Erstellen Sie weitere, untergeordnete Domänen, können Sie diese entweder mit in die schon bestehende Zone integrieren oder wiederum in einer eigenen Zone verwalten.

Abbildung 5.13: DNS-Domänen und -Zonen

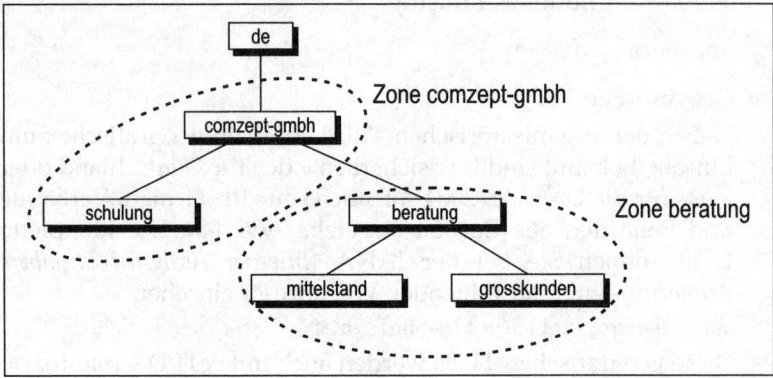

Delegierungsinformationen

Die übergeordnete Zone enthält einige Delegierungsinformationen in Form von bestimmten Ressourceneinträgen (»NS« und »A«; siehe auch Seite 263) für die untergeordneten Zonen.

Eine Zone kann nur hierarchisch miteinander verbundene Domänen umfassen. Nicht möglich ist die Verteilung einer Domäne über mehrere Zonen.

Zonentransfers

Replikation der Zonendaten

Für eine maximale Ausfallsicherheit sollte eine Zone niemals durch nur einen Nameserver verwaltet werden. Deshalb gibt es neben dem primären Nameserver auch weitere sekundäre Nameserver. Die Zonendaten müssen dann beim Einrichten sowie bei Änderungen zwischen diesen verteilt (repliziert) werden.

Bei der Replikation der Zonendaten muss zwischen zwei grundle- **Replikations-**
genden Verfahren unterschieden werden: **verfahren**

- Single-Master Replikation

  Die DNS-Serverimplementationen arbeiten mit einer Single
  Master Replikation. Dabei können Änderungen nur am primären DNS-Server vorgenommen werden. Von diesem aus werden die Zonendaten über einen *Zonentransfer* auf die anderen
  zuständigen sekundären Nameserver übertragen.

- Replikation über das Active Directory

  Bei Verwendung des Active Directory können Sie Zonen einrichten, die durch das Active Directory gespeichert werden. Damit werden diese Daten auch über das Verzeichnis repliziert.
  Zum einen wird dadurch die zu übertragende Datenmenge reduziert, da nur die Änderungen verteilt werden. Zum anderen
  kommen natürlich alle AD-Sicherheitsoptionen zum Tragen.
  Letztendlich reduziert sich auch der Administrationsaufwand,
  da nur noch eine Replikationstopologie verwaltet werden muss.

Diese Art der teilweisen Zonenreplikation im Active Directory **Inkrementelle Zo-**
wird auch mit *inkrementeller Zonenübertragung* bezeichnet und ist **nenübertragung**
gemäß RFC 1995 spezifiziert. Sie stellt eine Erweiterung des DNS-
Standards dar, welche aber im Gegensatz zu Microsofts Lösung
derzeit von vielen DNS-Serverimplementationen noch nicht unterstützt wird.

Im Gegensatz dazu steht die *vollständige Zonenübertragung*, bei der **Vollständige Zonen-**
die komplette Zonendatei zwischen den Nameservern übertragen **übertragung**
wird.

5.6.6 Aufbau von DNS-Servern

Die Namensauflösung führen beim DNS letztlich DNS-Server,
auch *Nameserver* genannt, durch. Diese führen die Datenbank, in
welcher IP-Adressen und zugehörige Namen verwaltet werden.

Primärer Nameserver

Jede Zone wird durch einen primären Nameserver verwaltet. Auf
diesem wird die Zonendatei geführt, welche dann zu den sekundären Nameservern verteilt wird. Der primäre Nameserver besitzt
die Autorität über die betreffende Zone und wird auch als *autori-
sierender Nameserver* oder *Start of Authority* (SOA) bezeichnet.

Durch die Einrichtung einer primären Zone auf einem DNS-Server **Primäre Zone**
wird dieser zum primären DNS-Server dieser Zone.

Sekundärer Nameserver

Sekundäre Zone Durch Einrichtung einer sekundären Zone auf einem DNS-Server wird dieser zum sekundären DNS-Server. Die Zoneninformationen bekommt er dabei vom primären Nameserver der betreffenden Zone übermittelt, welcher in diesem Zusammenhang auch als *Master Nameserver* bezeichnet wird.

Active-Directory-verwaltete Zonen

In einem lokalen Netzwerk mit Active Directory benötigen Sie für ein internes DNS keine primären und sekundären Zonen. Vielmehr können Sie über das Anlegen Active-Directory-verwalteter Zonen den Administrationsaufwand senken sowie die Sicherheit erhöhen. Diese Zonen werden automatisch zwischen allen DNS-Servern im Verzeichnis automatisch repliziert. Dabei kommen alle Sicherheitseinstellungen zum Tragen, die auch bei der Replikation der Verzeichnisdatenbank zwischen den Domänencontrollern angewendet werden.

Forwarder

Wenn ein primärer Nameserver als Root-Nameserver der ihm anvertrauten Zonen eingerichtet worden ist, kann er Anfragen nur zu diesen Zonen beantworten. Alle anderen Anfragen werden negativ beschieden.

Weiterleitung von Anfragen Damit der Nameserver Anfragen für Zonen beantworten kann, für die er nicht autorisiert ist, muss er als *Forwarder* konfiguriert sein. Hier stellen Sie ein, welche nächsten DNS-Server er in diesem Fall kontaktieren soll.

Forward- und Reverse-Lookupzonen

Für den Betrieb eines DNS-Servers werden zwei Zonenarten unterschieden:

- Forward-Lookupzone
  Über diese Zone wird die »normale« Form der Namensauflösung durchgeführt. Für jeden eingetragenen Hostnamen gibt es die entsprechende IP-Adresse, die der DNS-Server auf Anfrage des Clients zurückübermittelt.

- Reverse-Lookupzone
in-addr.arpa Die Auflösung umgekehrter Anfragen, also mit Angabe einer IP-Adresse zur Rückübermittlung des Hostnamens, wird über Reverse-Lookupzonen realisiert. Dabei wird von der Netzwerknummer der zugehörigen Forward-Lookupzone ausgegangen. Der Zonenname kennzeichnet dieses Vorgehen. Die

Netznummer (siehe auch Abschnitt 5.4 *IP-Adressen* ab Seite 235) wird in umgekehrter Notation geschrieben, gefolgt von *.in-addr.arpa*. Damit ergibt sich für das Netzwerk 192.168.100.x folgende Schreibweise:

100.168.192.in-addr.arpa

Die einzelnen Hostnamen, die über diese Zone ermittelt werden sollen, werden dann als PTR-Records (Zeiger) erfasst. Erfolgt nun eine Anfrage nach einem Hostnamen, wird die IP-Adresse auf die Netzwerknummer abgebildet und, wenn dies erfolgreich war, der entsprechende PTR-Record gesucht. Wird dieser gefunden, erfolgt die Antwort mit Übermittlung des vollständigen FQDN.

Stubzonen

Neu in Windows Server 2003 ist die Unterstützung von so genannten Stubzonen (*Stub* = engl. *Stummel*). Diese dienen der Einrichtung dynamischer Delegationen und spielen nur in großen DNS-Umgebungen eine Rolle. Sie enthalten Einträge zu autorisierenden Nameservern von untergeordneten Zonen. Mit deren Hilfe können Anfragen zur Namensauflösung über die Nameserver übergeordneter Zonen effizienter abgewickelt werden. Darüber hinaus lassen sich Informationen für die Verbindung von Zonen unterbringen. Auf dieses Thema wird im vorliegenden Buch nicht weiter eingegangen.

Delegationen in umfangreichen DNS-Umgebungen

5.6.7 DNS-Ressourcentypen

In diesem Abschnitt werden die wichtigsten durch den DNS-Serverdienst unter Windows Server 2003 unterstützten Ressourcentypen erläutert. Dabei sind nicht alle einsetzbaren Einträge gleichermaßen wichtig. Im ersten Unterabschnitt werden deshalb die vorgestellt, die Sie für den Einsatz von DNS wirklich häufig benötigen. In den folgenden Abschnitten werden dann noch Einträge behandelt, die zum einen Teil informativen, zum anderen Teil experimentellen Charakter haben.

Beim Einsatz des DNS-Servers im Active Directory-Netzwerk müssen Sie normalerweise die genaue Syntax der Einträge nicht wissen. Mit dem dynamischen DNS wird der Großteil aller Hosteinträge ohnehin automatisch erzeugt und aktualisiert.

Wichtige DNS-Ressourceneinträge

Die wichtigsten DNS-Ressourceneinträge, die Sie gewöhnlich beim Einsatz von DNS benötigen, enthält die folgende Auflistung. Dabei wird zunächst die Syntax zu diesem Eintrag aufgelistet. Nach den

Erklärungen zum Eintrag finden Sie für eine verständlichere Darstellung noch ein oder mehrere Beispiele.

A

• Adresseintrag (IPv4)

```
<hostname> [<TTL>] [<klasse>] A <IP>
```

Mit diesem Eintrag ordnen Sie einem Domainnamen eine IP-Adresse zu (IPv4).

`<TTL>`   Gültigkeits-Zeitdauer (*Time To Live*) in Sekunden

`<klasse>`   Klasse; in der Regel die Internet-Klasse IN

```
svr-doc-2.comzept.local.    A    192.168.100.5
www.comzept.de.             A    212.227.105.18
mailserver1.comzept.de.     A    192.168.1.67
mailserver2.comzept.de.     A    192.168.1.68
```

AAAA

• Adresseintrag (IPv6)

```
<hostname> [<TTL>] [<klasse>] AAAA <IP>
```

Der AAAA-Eintrag entspricht dem vorhergehenden, nur dass Sie damit eine IPv6-Adresse zuweisen können.

```
ip6svrm04.comzept.de    A 1234:0:0:0:1b2:0:0:2
```

CNAME

• Alias-Eintrag

```
<aliasname> CNAME <hostname>
```

Sie können einem Host (mit dem Canonical Name, Kanonischer Name), der schon an anderer Stelle innerhalb dieser Zone über einen A-Eintrag spezifiziert worden ist, einen Aliasnamen zuweisen. Damit lassen sich verschiedene Namen ein und demselben Host zuweisen.

Für eine korrekte Namensauflösung ist es wichtig, dass der hier vergebene Alias-Name nicht noch einmal in der Zone als »echter« Host existiert.

```
www.comzept-gmbh.de.    CNAME    server4.comzept-gmbh.de.
proxy                   CNAME    server3
```

MX

• Mail Exchanger

```
<domainname> MX <pref> <mailhost>
```

Damit legen Sie für den angegebenen Domain-Namen den Host fest, der für das Mailrouting bzw. den Mailempfang verantwortlich ist. Zusätzlich vergeben Sie eine Präferenz (16-Bit-Zahlenwert; 0 bis 65 535). Haben Sie mehrere Mailserver, können Sie damit die bevorzugte Reihenfolge darüber steuern. Niedrigere Werte stehen dabei für eine höhere Präferenz.

Der in MX angegebene Hostname muss innerhalb der Zone bereits mit einem A-Adresseintrag spezifiziert worden sein.

```
comzept-gmbh.de.    MX    10    mailsvr1.comzept-gmbh.de.
comzept-gmbh.de.    MX    20    mailsvr2.comzept-gmbh.de.
```

NS

• Nameserver-Eintrag

```
<domainname> NS <hostname>
```

Sie ordnen damit einer Domain einen Nameserver zu. Sie sollten pro Domain mindestens zwei, maximal jedoch nur sechs bis sieben Nameserver einsetzen (Empfehlung).

Der angegebene Hostname muss innerhalb der Zone mit einem Adresseintrag bereits existieren.

```
comzept-gmbh.de.    NS    ns1.comzept-gmbh.de.
```

* Pointer-Eintrag   **PTR**

```
<ptraddr> [<TTL>] [<klasse>] PTR <hostname>
```

Sie können damit umgekehrt einer IP-Adresse einen Hostnamen zuordnen. Dieser Eintragstyp wird in der Reverse-Lookupzone verwendet und bezieht sich direkt auf einen Eintrag in einer anderen Zone des DNS-Namensraums (der entsprechenden Forward-Lookupzone).

```
32    PTR    exsvr4.comzept-gmbh.de.
```

* Start of Authority   **SOA**

```
@ [<TTL>] <klasse> SOA <nameserver> <mail-kontakt> (
                        <seriennr>
                        <aktualisierung>
                        <wiederholung>
                        <ablauf>
                        <minTTL> )
```

Dieser Eintrag definiert den Autoritätsursprung in der betreffenden Domain. Damit definieren Sie eine Reihe grundlegender Eigenschaften, die bei der Kommunikation mit anderen Nameservern wichtig sind. Um alle Angaben übersichtlich über mehrere Zeilen zu schreiben, verbinden Sie diese über Klammern.

`<mail-kontakt>` Geben Sie die E-Mail-Adresse an, die für Anfragen zu Ihren Zonendaten benutzt werden soll. Die Notation unterscheidet sich dabei von der gewohnten Schreibweise insofern, als dass anstelle des »@« ein Punkt ».« gesetzt werden muss.

`<seriennr>` Mit der fortlaufenden Seriennummer werden Änderungen an den Zonendaten dokumentiert. Bei jeder Änderung wird sie um einen Zähler erhöht. Ein sekundärer Server kann dann erkennen, dass seine Zoneninformationen veraltet sind (siehe auch Abschnitt *Zonentransfers* ab Seite 260).

Die Seriennummer einer neuen Domain beginnt mit 1, wenn Sie keinen anderen Wert eingeben.

Es empfiehlt sich, die Seriennummer nach einem bestimmten Schema anzulegen. Haben Sie Wartungsarbeiten an einem Masternameserver durchzuführen oder müssen Sie womöglich eine primäre Zone aus einer Datensicherung neu anlegen, sollten Sie sicherstellen, dass die Seriennummer größer ist als die der sekundären Zonen. Vertippen Sie sich beispielsweise und geben anstelle 11246 die Zahl 1246 ein, wird bis auf Weiteres zu bestimmten sekundären Servern kein Zonentransfer mehr stattfinden, da deren Seriennummer ja größer und damit die Zonendaten scheinbar aktueller sind.

Eine Seriennummer für einen SOA-Eintrag kann nach folgenden Regeln neu erzeugt werden und ist damit garantiert immer der größte Wert: <j><mm><tt><hh>

Wichtig ist, dass Sie die Anzahl der Stellen immer einhalten (beispielsweise »04« für den Monat April, nicht allein »4«).

Ein Beispiel: 3062610 für den 26. Juni 2003, 10:00 Uhr

Sie können natürlich auch ein ganz anderes Schema nutzen. Beachten Sie nur, dass der Maximalwert für die Seriennummer 4 294 967 295 (FFFFFFFFh) beträgt.

`<aktualisierung>`	Geben Sie die Zeitdauer (in Sekunden) an, nach der sekundäre Nameserver eine Überprüfung auf geänderte Zonendaten durchführen. Haben Sie nur sekundäre Nameserver, die vom Master-Nameserver über Änderungen informiert werden, können Sie diese Zeitdauer stark erhöhen (ein bis mehrere Tage).
	Legen Sie diesen Wert aber auch dann ausreichend groß fest (12 bis 24 Stunden), wenn Sie Ihren Nameserver im Internet betreiben und Änderungen an den Zonendaten eher selten sind.
`<wiederholung>`	Geben Sie hier die Dauer (in Sekunden) an, die ein sekundärer Nameserver warten soll, bis er nach einer fehlgeschlagenen Verbindung erneut versucht, eine Verbindung aufzunehmen. Dieser Wert sollte kleiner als `<aktualisierung>` sein.
`<ablauf>`	Hier bestimmen Sie die maximale Dauer, die ein sekundärer Nameserver nach einem Verbindungsverlust zum Master-Nameserver noch als aktuell zu betrachten ist. Nach Ablauf dieser Zeitspanne wird der sekundäre Nameserver ungültig und beantwortet zu

der betreffenden Zone keine Anfragen mehr. Diesen Wert können Sie sehr groß wählen, wenn kaum Zonenänderungen vorkommen, Sie aber eine maximale Verfügbarkeit sicherstellen wollen.

`<minTTL>`   Hiermit bestimmen Sie den TTL-Standardwert (*Time To Live* = Lebensdauer; in Sekunden), der angibt, wie lange ein anderer Nameserver Einträge aus Ihrer Zone zwischenspeichern darf. Beim Einsatz des Nameservers im Internet sollte diese Zeitspanne ausreichend groß (ein Tag) sein. Damit vermindern Sie die Last auf Ihren Server, da viele Anfragen von anderen Nameservern aus deren Cache beantwortet werden können. Nur wenn umfassende Änderungen an Ihren Zonendaten vorgenommen werden, können Sie durch eine vorübergehend kurze Zeitdauer dafür sorgen, dass diese Änderungen schnell im Internet bekannt werden. Wählen Sie dann beispielsweise vorübergehend eine Dauer von einer Stunde.

`<TTL>`   Gibt die maximale Zeitdauer an, für die der SOA-Eintrag selbst Gültigkeit hat.

```
@ IN 300 SOA ns1.comzept-gmbh.de. admin.comzept-gmbh.de. (
                    24513
                    259200
                    3600
                    604800
                    86400 )
```

- Servereintrag (Dienstressourcen)   **SRV**

```
<dienstprot> SRV <pref> <wichtung> <port> <hostname>
```

Mit den SRV-Einträgen können Sie Dienstressourcen, bei Bedarf verbunden mit bestimmten Prioritäten, im DNS bekannt geben. Diese Einträge werden beispielsweise auch benutzt, um in einer Domäne Informationen zu den Active Directory Domänencontrollern zu veröffentlichen.

Option	Erklärung

`<dienstprot>`	Die möglichen Dienstnamen sind in RFC 1700 festgelegt. Sie können aber auch eigene Dienstnamen für lokale Dienste einbinden, wenn diese nicht in RFC 1700 bereits spezifiziert worden sind. Die Dienstebezeichnungen werden mit einem vorangestellten Unterstrich »_« gekennzeichnet. Mögliche Einträge sind:
	
	 `_finger` `_kbpasswd**`
	 `_ftp` `_ldap`
	 `_gc*` `_nntp`
	 `_http` `_telnet`
	 `_kerberos` `_whois`
	
	 *Globaler Katalog **Kerberos Password
	
	 Verbunden werden diese mit einem Protokollbezeichner (`_tcp` oder `_udp`), beispielsweise `_ldap._tcp`.

`<pref>`	Präferenz eines Hosts als 16-Bit-Zahlenwert (0 bis 65 535). Ein niedrigerer Wert bedeutet eine höhere Präferenz
`<wichtung>`	Zusätzlich lassen sich neben der Präferenz auch Wichtungen für die Dienstanbieter vergeben, um eine Lastverteilung durchführen zu können. Haben zwei Hosts dieselbe Präferenz, wird der mit der höheren Wichtung bevorzugt (0 = keine weitere Lastverteilung).
`<port>`	Gibt die Portnummer an, unter der dieser Dienst auf dem Host erreichbar ist.

Tabelle 5.29: Optionen der SVR-Einträge

Hier das Beispiel eines Servereintrags:

```
_ldap._tcp   SRV   0   100   389   svr1.comzept-gmbh.de.
```

Weitere Informationen zu den SVR-Ressourceneinträgen finden Sie in den RFCs 2052 sowie 2782.

TTL-Werte für Einträge

Beachten Sie, dass die gesetzten TTL-Werte für Einträge bestimmte Obergrenzen, die für zwischenspeichernde DNS-Server individuell festgelegt werden, nicht überschreiten können.

Informations-Ressourceneinträge

Informationen zur Erleichterung der Administration in DNS unterbringen

Im DNS lassen sich auch einige Informationen über Personen beziehungsweise Systeme einbauen. Dies kann helfen, die Administration übersichtlicher zu gestalten, birgt aber auch, wenn die Zone im Internet sichtbar ist, ein Sicherheitsrisiko in sich. Sie sollten in

solchen Zonen besser keine weitergehenden Informationen, beispielsweise über Ihre eingesetzte Hardware oder die Betriebssysteme der Hosts, veröffentlichen.

- Hostinformationen   **HINFO**

```
<hostname> HINFO <cpu> <os>
```

Dieser Eintrag ermöglicht die Speicherung von CPU-Typ
(`<cpu>`) und Betriebssystem (`<os>`) für einen Host im DNS (zu
den möglichen Einträgen siehe auch RFC 1060).

```
dtpws13   HINFO   MICROVAX-II UNIX
wordws7   HINFO   INTEL-386   DOS
```

- Verantwortliche Person (Responsible Person)   **RP**

```
<hostname> RP <mail-kontakt> <texteintrag>
```

Sie können für einen bestimmten Host eine verantwortliche
Person eintragen. Der Host muss dabei zuvor innerhalb der
Zone bereits mit einem Adresseintrag spezifiziert worden sein.
Der Texteintrag muss ebenfalls in der Zone eingerichtet sein.

```
adm1.comzept.de.    TXT "Uwe Bünning, Zi 266, -2564"
server3.comzept.de. RP uweb.comzept.de. adm1.comzept.de.
```

- Texteintrag   **TXT**

```
<hostname> TXT <textinformation>
```

Über einen TXT-Eintrag können Sie beliebige Informationen innerhalb des DNS eintragen und verwenden. Meist wird dies für
Angaben zu speziellen Kontaktpersonen benutzt (siehe auch
RP-Eintrag). Die Textinformation darf maximal 255 Zeichen
umfassen.

Weitere Ressourceneinträge

Die in der folgenden Tabelle aufgeführten weiteren Ressourceneinträge werden seltener genutzt und haben teilweise experimentellen
Status. Sie sollten nur eingesetzt werden, wenn Sie genaue Kenntnis über deren Auswirkung haben beziehungsweise sichergehen
können, dass alle beteiligten Systeme mit diesen Einträgen auch
klarkommen. Weitere Informationen zu den einzelnen Einträgen
erhalten Sie über die angegebenen RFCs.

Einträge vor allem
mit experimentellem
Status

Typ	Erklärung	RFC
AFSDB	*Andrew File System Database*-Server-Eintrag	1183

Tabelle 5.30:
Weitere DNS-
Ressourceneinträge

Typ	Erklärung	RFC
ATMA	Weist einem Hostnamen eine bestimmte ATM-Adresse (ATM = *Asynchronous Transfer Mode*) zu; weiter Informationen erhalten Sie auch über die folgende FTP-Site: `ftp.atmforum.com/pub/approved-specs` Im Dokument `af-saa-0069.000.doc` erfahren Sie mehr zur DNS-Integration von ATM.	1035
ISDN	Zuweisung eines Domain-Namens zu einer ISDN-Nummer	1183
MB	Mailbox-Eintrag; Zuweisung eines Domain-Mailboxnamens zu einem bestimmten Mailboxhost	1035
MG	Mailgruppen-Eintrag. Weist der Domain-Mailgruppe ein oder mehrere Domain-Mailboxen zu	1035
MINFO	Legt für eine Mailing-Liste (meistbenutzt, kann aber auch eine Mailbox sein) eine verantwortliche Mailbox fest; es kann zusätzlich eine Fehler-Mailbox mit angegeben werden.	1035
MR	Umleitungs-Eintrag. Wird genutzt, um Mails von einer alten Mailbox auf eine neue umzuleiten.	1035
RT	Route Trough-Eintrag; kann eingesetzt werden, um interne Hosts, die nicht über eine direkte WAN-Verbindung verfügen, über einen Zwischenhost zu leiten	1183
WKS	Bekannte Dienste (engl. *Well Known Services*). Spezifiziert die von einem Protokoll (TCP oder UDP) über eine bestimmte IP-Adresse bereitgestellten Dienste.	1035
X25	X25-Eintrag, der einem Host eine X.121-Adresse zuordnet	1183

5.6.8 Dynamisches DNS

DDNS

Dynamisches DNS, abgekürzt *DDNS*, erlaubt das automatische Hinzufügen und Entfernen von Ressourceneinträgen in der Zonendatei. Diese Erweiterung von DNS ist in RFC 2136 spezifiziert und wird auch von DNS-Servern anderer Hersteller unterstützt (beispielsweise ab BIND Version 8).

In einem lokalen Netzwerk, an dem viele Hosts über DHCP (siehe Abschnitt *DHCP-DNS-Integration* ab Seite 250) mit IP-Adressen versorgt werden, ermöglicht DDNS die IP-Namensauflösung.

Verwendung mit DHCP

Aber auch in Netzwerken, in denen Hosts häufiger die IP-Nummer wechseln oder ständig andere Hosts zum Einsatz kommen, kann DDNS Sinn machen. Anstelle der aufwändigen manuellen Pflege der Zoneneinträge am Nameserver können diese Vorgänge automatisch ablaufen und so den Administrator signifikant entlasten.

Hosts mit häufig wechselnder IP

Unterstützte Clients

Clientseitig wird DDNS in der Microsoft-Welt nur von Systemen mit einem Betriebssystem ab Windows 2000 unterstützt. Damit sind Windows XP Professional ebenso wie Windows Server 2003 DDNS-fähig. Windows XP Home bleibt mangels Fähigkeit zur Active Directory-Integration außen vor.

Ab Windows 2000 unterstützt

Für alle anderen Clients kann der DHCP-Server so konfiguriert werden, dass dieser für die von ihm mit IP-Adressen versorgten Clients die Aktualisierung beim DNS-Server vornimmt. Allerdings ist damit eine Einschränkung der maximal möglichen Sicherheit verbunden.

Andere Clients

Verfahren

Ein Eintrag beim DNS-Server wird dann automatisch aktualisiert, wenn eines der folgenden Ereignisse eintritt:

Auslöser

- Sie starten den Computer neu.
- Sie haben Ihre TCP/IP-Konfiguration geändert.
- Sie haben den Computernamen geändert (was sowieso einen Neustart nach sich zieht).
- Die Lease für einen DHCP-Clientcomputer wird erneuert (automatisch oder manuell mit `ipconfig /renew`; siehe auch Abschnitt 13.9 *Kommandozeilen-Tools für TCP/IP* ab Seite 1052) beziehungsweise hat sich verändert.
- Sie erzeugen eine manuelle Aktualisierung beim DNS-Server mit Hilfe des Komandos `ipconfig /registerdns`.

Wenn einer dieser Fälle eintritt, sendet der DHCP-Client des Computers entsprechende Aktualisierungsinformationen, die durch den DNS-Server ausgewertet werden. Dieser nimmt dann den Neueintrag oder die Änderung des A-Ressourceneintrags für den Host vor. Daneben wird, falls die entsprechende Reverse-

Übermittlung mit DHCP-Client

Lookupzone eingerichtet worden ist, auch der PTR-Eintrag für die rückwärtsgerichtete Adressauflösung generiert.

Sicherheit bei DDNS

Generell können bei DDNS zunächst alle DDNS-fähigen Computer eines Netzwerks dynamische Aktualisierungen beim DNS-Server auslösen. Leider sieht die Spezifikation in RFC 2136 keine expliziten Sicherheitsverfahren vor. Diese sind zwar in RFC 3007 spezifiziert worden, allerdings geht Microsoft hier wieder einen eigenen Weg.

Voraussetzung: Active Directory

Zur sicheren Authentifizierung wird beim Microsoft-DDNS das Active Directory eingesetzt. Das setzt aber voraus, dass die Zone im Active Directory geführt wird (siehe Seite 262). Dann erfolgt die Authentifizierung über das im Active Directory verwendete Kerberos-Protokoll.

DDNS und Nicht-DDNS-fähige Clients

Haben Sie Windows NT oder 9x/ME-Clients im Einsatz, können Sie die Vorteile, die DDNS bietet, leider nicht direkt nutzen. Es gibt aber eine Möglichkeit, über einen DHCP-Server die Registrierung beim DNS-Server vornehmen zu lassen. Dazu muss der DHCP-Server entsprechend eingerichtet werden (siehe auch Abschnitt 5.5.2 *IP-Adressvergabe mit DHCP* ab Seite 245).

Sie sollten allerdings beachten, dass diese Einträge, die der DHCP-Server stellvertretend für seine Nicht-DDNS-fähigen Clients beim DNS-Server vornimmt, keiner sicheren Authentifizierung unterliegen.

Der DHCP-Server wird dann zum Besitzer der entsprechenden A- und PTR-Ressourceneinträge beim DNS-Server. Haben Sie mehrere DHCP-Server im Einsatz, kann es dazu kommen, dass bei Ausfall eines Systems die von diesem angelegten Ressourceneinträge durch andere nicht mehr geändert werden können.

DNSUPDATEPROXY

Um dieses Problem zu umgehen, sollten Sie alle DHCP-Server zur Sicherheitsgruppe DNSUPDATEPROXY hinzufügen. Die Mitglieder dieser Gruppe haben dann die Berechtigung, alle auf dem DNS-Server durch sie gesetzten Einträge manipulieren zu können. Da DNS-Einträge allerdings unter Umständen unkontrolliert geändert werden können, ergibt sich eine Sicherheitslücke.

Für die Gewährleistung einer maximalen Sicherheit ist es deshalb ratsam, einen DHCP-Server, der zur Gruppe DNSUPDATEPROXY gehört, nicht auf einem Domänencontroller laufen zu lassen.

5.6.9 DNS-Lastverteilung – Round Robin

Haben Sie mehrere Hosts, die alle die gleichen Clientanfragen bedienen sollen, können Sie eine einfache Lastverteilung auch über
DNS realisieren. Dieses auch als »Arme-Leute-Lastverteilung«
(engl. Original: »Poor Mans Load Balancing«) bezeichnete Verfahren ist unter dem Namen *Round Robin* bekannt und findet sich so
auch in den Einstellungen des Windows Server 2003-Nameservers
wieder.

Poor Mans Load Balancing

Eine weitaus leistungsfähigere Möglichkeit zur Lastverteilung
steht mit der NLB-Clustertechnologie zur Verfügung, die im Zusammenhang mit Webserver-Anwendungen eine größere Rolle
spielt. Dieses Thema wird nicht nicht weiter betrachtet.

Mehr Möglichkeiten mit einem Windows Server 2003 NLB-Cluster

Das Round Robin-Prinzip

Stehen für einen Hostnamen mehrere A-Ressourceneinträge mit
unterschiedlichen IP-Adressen zur Verfügung, wird Round Robin
standardmäßig aktiv, wenn Clientanfragen beantwortet werden.
Dabei wird die Reihenfolge der zurückgegebenen IP-
Adressinformationen jeweils umlaufend nach dem Rotationsprinzip geändert.

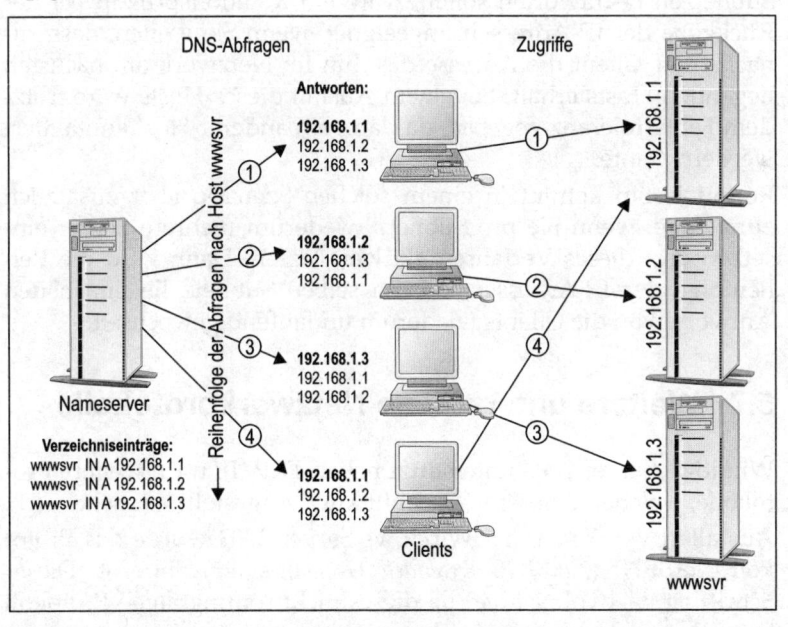

Abbildung 5.14:
Funktionsprinzip von
Round Robin

Hosts, die über einen einheitlichen Namen mit mehreren IP-
Adressen im DNS eingetragen sind, werden auch als *Multi-Homed
Hosts* bezeichnet.

Multi-Homed Hosts

Jede neue Clientanfrage wird über Round Robin-DNS mit einer anderen bevorzugten IP-Adresse beantwortet und damit der Client an einen anderen Host verwiesen. Dieses Verfahren ist natürlich vergleichsweise primitiv. Sie haben keine Möglichkeit, die Lastverteilung wirklich zu steuern, beispielsweise über eine exakte Bandbreitenverteilung oder abhängig von der konkreten Auslastung der einzelnen Hosts.

Das können Sie mit Windows Server 2003-Systemen (nur *Enterprise*-Version) besser über NLB-Clustertechnik (NLB = *Network Load Balancing*) realisieren.

Round Robin ist bei einem Windows Server 2003-Nameserver standardmäßig aktiviert.

Ausnahmen bei der Verwendung von Subnetzen

Führen Sie mehrere Host-IP-Adressen im DNS unter einem A-Verzeichniseintrag zusammen, die in unterschiedlichen Subnetzen liegen, kann die alleinige Anwendung von Round Robin nicht erwünscht sein.

Haben Sie beispielsweise in einem größeren Firmennetzwerk mehrere Server im Einsatz, welche die Anfragen aus verschiedenen Subnetzen beantworten sollen, wäre ein Rotationsprinzip bei der Rückgabe der IP-Adressen ungeeignet, wenn Sie wollen, dass zunächst der Client die Adresse des ihm im Netzwerk am nächsten liegenden Hosts erhält. Bei einem Ausfall dieses Hosts wäre trotzdem Fehlertoleranz gegeben, da dann ein anderer Host kontaktiert werden könnte.

Zusätzliche Verwendung von Round Robin Round Robin kommt in einem solchen Szenario aber zusätzlich zum Zuge, wenn Sie pro Subnetz wiederum mehrere Server einsetzen und dieses Verfahren aktiviert lassen. Dann wird die Reihenfolge der IP-Adressen, die im selben Subnetz liegen, in den Antworten an die Clients wiederum umlaufend gewechselt.

5.7 Weitere unterstützte Netzwerkprotokolle

Windows Server 2003 unterstützt neben TCP/IP noch weitere Protokolle, welche in diesem Abschnitt kurz vorgestellt werden.

Aus allen Versionen von Windows Server 2003 wurde das Protokoll NetBEUI (*NetBIOS Extended User Interface*) entfernt. Dieser Schritt ist nachvollziehbar, da dieses nicht routingfähige Protokoll in modernen Netzwerkumgebungen mittlerweile keine Rolle mehr spielt.

5.7.1 IPX/SPX

IPX/SPX (*Internetwork Packet Exchange/Sequenced Packet Exchange*) spielte Mitte der neunziger Jahre als Standardprotokoll des Netzwerkbetriebssystems Netware 2.x bis 4.x von Novell eine bedeutende Rolle. Mittlerweile ist dies jedoch nicht mehr so, seit der Version 5 von Netware setzt Novell ebenfalls auf TCP/IP.

Ehemaliges Novell Netware-Standardprotokoll

Eine rudimentäre Unterstützung für dieses Protokoll ist in den 32 Bit-Versionen von Windows Server 2003 noch enthalten. In der Praxis spielt diese allerdings keine Rolle mehr und wird aus diesem Grunde im vorliegenden Buch auch nicht weiter behandelt.

Rudimentäre Unterstützung in den 32 Bit-Versionen

In den 64 Bit-Versionen von Windows Server 2003 ist die IPX/SPX-Unterstützung komplett entfernt worden.

5.7.2 AppleTalk und die Macintosh-Services

Ein Windows Server 2003-System eignet sich als zentrales Serversystem für ein Netzwerk mit Apple Macintosh-Clients.

In den 64 Bit-Versionen von Windows Server 2003 sind die Macintosh-Services nicht verfügbar.

Überblick über die Funktionen

Die Macintosh-Unterstützung, welche Windows Server 2003 mitbringt, entspricht der des Vorgängers Windows 2000. Die folgenden Netzwerkfunktionen stehen damit zur Verfügung:

- Dateiserver

  Das Serversystem lässt sich über AFP (*AppleTalk File Protocol*) als Dateiserver für Macintosh-Clients einrichten. Dabei sind grundlegende Sicherheitseinstellungen für die Authentifizierung und die Zugriffssteuerung auf Dateiebene anwendbar. Sie finden weitergehende Informationen dazu ab Seite 276.

  AFP-Dateiserver

- SFM-Druckserver

  Netzwerkdrucker können mit den *Services for Macintosh* (SFM) neben Windows- auch Macintosh-Clients zur Verfügung gestellt werden. Weitere Hinweise zum grundsätzlichen Aufbau finden Sie dazu in Abschnitt 7.3.4 *Appletalk-Druckunterstützung* ab Seite 447.

  Druckserver

- Appletalk-Netzwerkrouter

  Bei Verwendung des Appletalk-Protokolls (siehe auch nachfolgender Abschnitt) in größeren Macintosh-Netzwerken werden Routingfunktionen benötigt, die Sie auch mit einem Serversystem unter Windows Server 2003 bereitstellen können. Lesen Sie dazu den Abschnitt 5.8.7 *Appletalk-Netzwerkrouter* ab Seite 312.

  Netzwerkrouter

Unterstützte Protokolle

Appletalk

Ein nach wie vor recht häufig verwendetes Protokoll in kleineren MAC-Netzwerken ist *Appletalk*. Dieses Netzwerkprotokoll zeichnet sich allerdings nicht eben durch eine hohe Performance aus. Verantwortlich dafür ist der hohe Protokolloverhead, über welchen sich alle Appletalk-Geräte im Netzwerk permanent mitteilen, wie sie heißen und was sie an Diensten anbieten.

Der Begriff *Appletalk* steht übrigens nicht nur für ein Protokoll, sondern beschreibt auch einen Hardware-Standard. Ursprünglich wurden damit die seriellen Kommunikationsschnittstellen (RS-422) bezeichnet, über welche Macs unter Nutzung von einfachen Kabeln und Connector-Boxen miteinander kommunizieren konnten. *AppleTalk Phase 1* unterstützt Kabellängen von bis zu 300 Metern, maximal 256 Knoten (in der ersten Version maximal 32) und eine Übertragungsrate von etwa 230 kbps. *AppleTalk Phase 2* schließt die Verwendung von Ethernet ein und hebt zugleich die Beschränkung auf 256 Rechner auf: Einem Ethernet-Subnetz wird eine Network Number Range zugeteilt, wodurch in jedem Subnetz 256 Rechner (Knoten) möglich sind (siehe auch Abschnitt 5.8.7 *Appletalk-Netzwerkrouter* ab Seite 312).

Wird AppleTalk über die serielle Schnittstelle der Macintosh-Rechner betrieben, so wird dies auch mit *LocalTalk* bezeichnet, bei der Verwendung von Ethernet entsprechend *EtherTalk*.

AFP

Mit Hilfe des *AppleTalk File Protocols* (AFP), welches sich im OSI-Referenzmodell in der obersten Schicht wiederfindet (siehe auch Abschnitt *Das ISO/OSI-Referenzmodell* ab Seite 192), wird der Zugriff auf freigegebene Servervolumes ermöglicht. AFP ist in Windows Server 2003 implementiert und steht mit den Macintosh-Services zur Verfügung.

TCP/IP

Alle neueren Macintosh (ab MAC OS 8.1) unterstützen standardmäßig auch TCP/IP als Netzwerkprotokoll für die AFP-Services. Damit wird eine bedeutend höhere Übertragungsgeschwindigkeit erreicht. In heterogenen Netzwerkumgebungen kann auf den zusätzlichen Einsatz von Appletalk als Protokoll verzichtet werden. Das betrifft damit natürlich auch eventuell benötigte Routingfunktionen in größeren Netzen. Wird hier allein TCP/IP eingesetzt, kann eine einheitliche Routingtopologie mit IP-Routern für alle Clients genutzt werden (siehe auch Abschnitt 5.8 *Routing und RAS* ab Seite 278).

AFP-Dateiserver unter Windows Server 2003

Bei der Nutzung eines AFP-Dateiservers unter Windows Server 2003 gibt es einige Dinge zu beachten, die nachfolgend erläutert werden.

Weiterführende Informationen zur Einrichtung und Administration eines Windows Server 2003 AFP-Servers finden Sie in Abschnitt 13.12 *Dateiserver für MAC-Clients einrichten* ab Seite 1101. **Administration ab Seite 1101**

Für die Authentifizierung (über das *User Authentification Modul - UAM*) eines Macintosh-Clients bei einem Windows-Server stehen zwei alternative Verfahren zur Verfügung: **Authentifizierung**

- Standard-UAM

  Das Standard-UAM des MAC OS stellt nur eine einfache Funktionalität bereit. Kennwörter werden unverschlüsselt übertragen. Das Anmelden an einer bestimmten Domäne wird nicht unterstützt.

- Microsoft-UAM

  Mit Windows Server 2003 wird auch ein UAM für die Installation beim Macintosh-Client mitgeliefert. Mit diesem *Microsoft UAM* stehen erweiterte Möglichkeiten zur Verfügung. Kennwörter werden verschlüsselt im Netzwerk übertragen und das Anmelden eines Benutzers an einer Domäne wird ermöglicht. Dazu gibt der Nutzer im Feld Name des UAM einfach seinen bei der betreffenden Domäne registrierten Benutzernamen in der folgenden Form an:

  `<benutzername>@<domänenname>`

Das Microsoft-UAM wird in der Version 5.0 bereitgestellt. Diese unterstützt auch AFP über TCP/IP (siehe vorhergehender Abschnitt). Voraussetzung ist, dass auf dem Macintosh der Appleshare-Client 3.8 (verfügbar ab MAC OS 8.1) oder höher läuft. **Microsoft-UAM 5.0**

Für das neue MAC OS X stellt Microsoft ebenfalls ein UAM zur Verfügung. Sie finden dieses zum kostenlosen Download auf der folgenden Website: **UAM für MAC OS X**

`www.microsoft.com/mac/products/win2ksfm`

Für ältere MAC OS-Betriebssystemversionen mit Appleshare bis Version 3.6 wird das Microsoft-UAM 1.0 mitgeliefert. Dieses ermöglicht allerdings nur die Nutzung des Appletalk-Protokolls für AFP-Dateiserver. Microsoft-UAM der Versionen 2.0 bis 4.0 gibt es übrigens nicht. Hier wurde einfach wieder einmal eine »Versionsnummernanpassung« vorgenommen. Mit Windows NT 4.0 hielt die UAM-Technologie Einzug und hatte demzufolge die (richtige) Versionsnummer 1.0. Mit Windows 2000 änderte sich bekanntlich die interne Version von NT 4.0 auf NT 5.0 und damit auch die Versionsnummer einiger interner Komponenten von 1 auf 5. Unter Windows Server 2003 wurde dies so beibehalten – schließlich erfuhren die SFM hier keine Veränderungen. **Microsoft-UAM 1.0**

Welche Appleshare-Version auf Ihrem MAC OS installiert ist, können Sie über APFELMENÜ | KONTROLLFELDER | ERWEITE- **Appleshare-Version**

28 5 Netzwerkgrundlagen

RUNGEN EIN/AUS selbst überprüfen. Die jeweils aktuelle Appleshare-Clientsoftware wird über die Website von Apple (*www.apple.de*) zum kostenlosen Download angeboten.

Bereitstellung der UAMs bis MAC OS 9

Die Microsoft UAM 1.0 und 5.0 werden in folgendem Ordner bereitgestellt, wenn die SFM installiert worden sind:

```
%Systemdrive%\Microsoft UAM-Datenträger
```

Für Macintosh-Clients ist dieser Ordner freigegeben, sodass das UAM über das Netzwerk installiert werden kann. In Abschnitt *Installation der Microsoft-UAM* ab Seite 1110 finden Sie dazu weitere Informationen.

Zugriffsrechte

Unter MAC OS (bis zur aktuellen Version 9.x) können Sie Zugriffsrechte nur auf Ordnerebene, nicht jedoch auf Dateiebene festlegen. Windows Server 2003 stellt serverseitig sicher, dass die definierten Zugriffsrechte für auf dem Server abgelegte Dateien entsprechend »übersetzt« werden. Für Macintosh-Clients unterscheidet sich dadurch so ein Server nicht von einem anderen AFP-Dateiserver.

Clientkonfiguration

Clientseitig muss am Macintosh nur das zu verwendende Netzwerkprotokoll eingestellt sowie ggf. das richtige UAM (siehe oben) installiert werden. Bei der Konfiguration von TCP/IP stehen alle Optionen zur Verfügung, um beispielsweise auch einen DHCP- oder DNS-Server benutzen zu können. Weitere Hinweise zu den konkreten Administrationsschritten erhalten Sie in Abschnitt 13.12.4 *Konfiguration der Mac-Clients* ab Seite 1105.

5.8 Routing und RAS

RRAS

Die Serverversionen von Windows 2000 warteten gegenüber dem Vorgänger NT mit stark ausgebauten Routing-Eigenschaften auf. Diese sind teilweise weiterentwickelt in Windows Server 2003 wiederzufinden, allerdings dank ausgebauter Assistenten für Standardanwendungen nun deutlich einfacher einzurichten.

Administration ab Seite 1063

In den nachfolgenden Abschnitten wird eine Einführung in die wichtigsten technischen Grundlagen gegeben. Alle wesentlichen Administrationsschritte für die Einrichtung der wichtigsten Routing-Funktionen finden Sie in Abschnitt 13.10 *Administration von Routing und RAS* ab Seite 1063.

5.8.1 Einführung in das Routing

Routingfunktionen werden überall dort benötigt, wo Netzwerke oder Netzwerkteile voneinander getrennt bestehen und Kommunikationsverbindungen zwischen diesen geschaffen werden müssen. Im Folgenden werden die häufigsten Gründe dafür benannt und damit die hauptsächlichen Einsatzbereiche von Routern deutlich gemacht:

* Performance-Steigerung im Ethernet-Netzwerk
* Verbindung verschiedener Netzwerktopologien
* Geografische Trennung und Sicherheitsaspekte
* Verbindung lokaler Netzwerke mit dem Internet

In den nachfolgenden Abschnitten werden diese Punkte näher betrachtet und Szenarios gezeigt, für die entsprechende Routinglösungen unter Windows Server 2003 sinnvoll erscheinen.

Zum Verbinden von verschiedenen Netzwerksegmenten eignet sich mit Einschränkungen auch die Netzwerkbrückenfunktion von Windows Server 2003.

Performance-Steigerung im Ethernet-Netzwerk

Ethernet, heute Standard für lokale Netzwerke, verwendet das CSMA/CD-Verfahren für die Kollisionserkennung und Paketübertragung. Mit zunehmender Anzahl von Last im Netzwerk kommt es zu immer mehr Kollisionen. Diese Last kann durch eine hohe Anzahl von Clients entstehen oder durch wenige Stationen, die permanent hohe Datenmengen zu übertragen haben. **Kollisionen**

Teilweise Abhilfe bringen hier moderne, aktive Netzwerkkomponenten wie beispielsweise Switches. Diese schaffen direkte Übertragungskanäle zwischen den sternförmig verbundenen Endgeräten. Laufen letztendlich alle Clientanfragen wieder auf einen Server auf, hilft ein Switch allerdings auch nicht weiter. In Abbildung 5.15 ist so ein Netzwerk dargestellt, welches nur über einen zentralen Server verfügt, auf dem beispielsweise der gesamte Datenbestand gehalten wird. **Teilweise Abhilfe durch Switches**

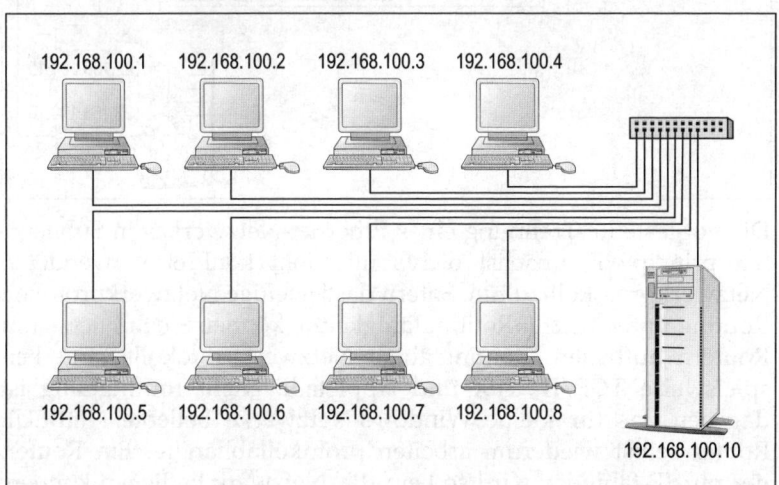

Abbildung 5.15:
Ethernet-Netzwerk-konfiguration ohne Subnetze (hier mit Protokoll TCP/IP)

Subnetze

Eine Lösung kann die Zerlegung des Netzwerkes in zwei oder mehr Teilnetzwerke (Subnetze) sein, die wiederum über einen oder mehrere Router miteinander verbunden sind.

Abgesehen wird hier von anderen Verfahren zur Lastverteilung im Netzwerk, beispielsweise durch Kopplung mehrerer Server zu einem Cluster. Das kann natürlich immer dann zur Anwendung kommen, wenn es gilt, Serverlasten besser zu verteilen. Beim Aufteilen von Ethernet-Netzwerken geht es hier zunächst um eine Verringerung der Kollisionen und damit um eine bessere Ausnutzung der maximal verfügbaren Bandbreite, weniger um die Serverlast.

In Abbildung 5.16 ist ein Netzwerk dargestellt, in welchem zwei Subnetze gebildet worden sind. Diese werden in einem Server zusammengeführt, der über zwei Netzwerkkarten verfügt und als Router konfiguriert ist. Die Pakete in einem Subnetz erreichen nicht das andere, wenn dort kein Ziel liegt. Wird aber dennoch ein Gerät auf der anderen Seite angesprochen, öffnet der Router die Verbindung und lässt die betreffenden Pakete durch.

Abbildung 5.16:
Netzwerk mit einem
Server und zwei
Subnetzen (hier mit
Protokoll TCP/IP)

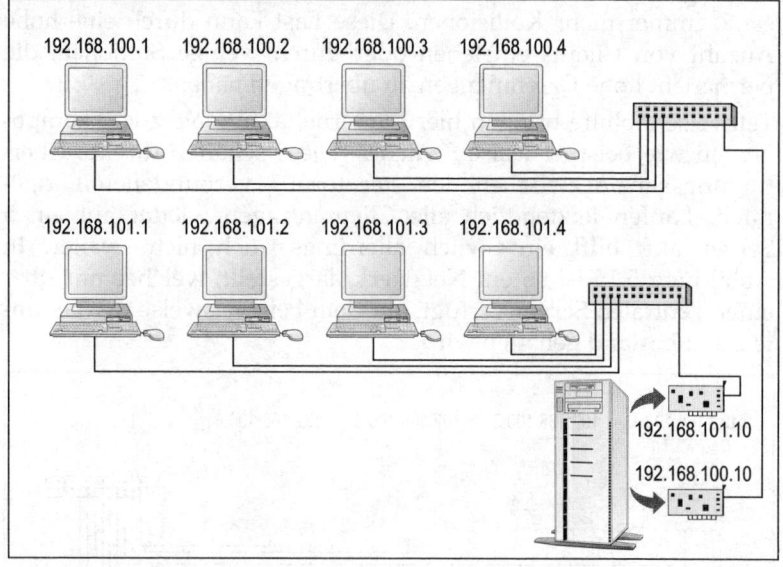

Netzwerkprotokoll

Die vorgestellte Trennung eines Ethernet-Netzwerkes in Subnetze hat prinzipiell zunächst nichts mit dem konkret verwendeten Netzwerkprotokoll zu tun. Sofern das jeweilige Netzwerkprotokoll Routing unterstützt (»Routingfähigkeit«), können Sie Subnetze mit Routern aufbauen. Routingfähige Netzwerkprotokolle sind beispielsweise TCP/IP, IPX und Appletalk. Nicht routingfähig ist dagegen das für kleine Windows-Netzwerke beliebte NetBEUI. Router selbst wiederum arbeiten protokollabhängig. Ein Router, der nur IP-fähig ist, wird so kein IPX-Netzwerk bedienen können.

Mehr zu diesen allgemeinen Grundlagen erfahren Sie in Abschnitt 5.8.2 *Einige Grundlagen zum Routing* ab Seite 285.

Mit Windows Server 2003 können Sie Netzwerkrouter aufbauen, welche die folgenden Protokolle unterstützen:

Netzwerkrouter mit Windows Server 2003

- TCP/IP
- IPX (nur die 32 Bit-Versionen von Windows Server 2003)
- Appletalk

Für diese drei Protokolle können Sie »native«-Netzwerkrouter mit Windows Server 2003 implementieren und damit alle wichtigen Routingfunktionen in IP-, Netware- und Macintosh-Netzwerken realisieren.

Verbindung verschiedener Netzwerktopologien

Da Router allein auf der Protokollebene arbeiten (OSI-Schicht 3; mehr dazu ab Seite 285), eignen sie sich auch gut zum Verbinden verschiedener Netzwerktopologien und -zugriffsverfahren.

Topologien

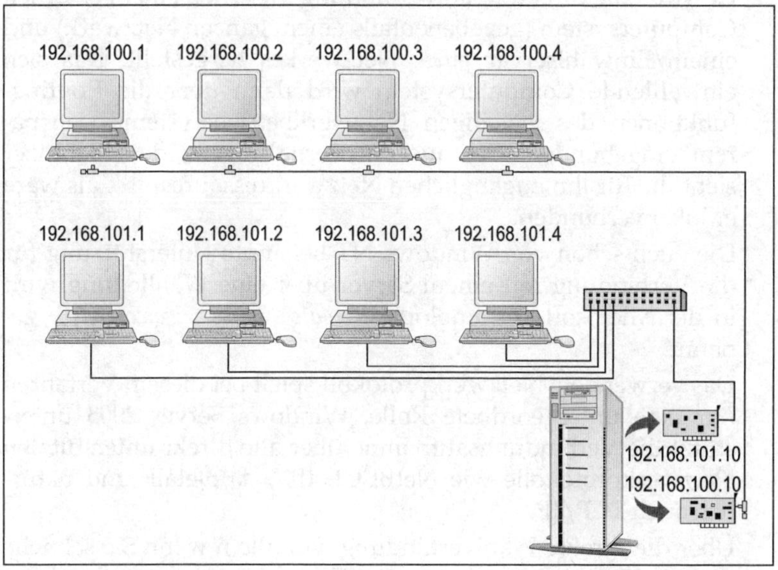

Abbildung 5.17: Verbindung verschiedener Topologien mit einem Router (hier über TCP/IP)

Haben Sie beispielsweise noch einen alten 10 MBit-Strang im Einsatz, der über Koaxialkabel (auch mit Thin Ethernet oder RG-58 bezeichnet) realisiert ist, können Sie diesen über einen Router mit einem neuen 100 MBit-Segment verbinden, welches heute häufig über Fast Ethernet mit Kupferleitungen (Twisted Pair) in Sternform vernetzt ist. Abbildung 5.17 zeigt eine in der Praxis nicht seltene Beispielkonfiguration mit einem älteren Koax-Ethernet-Strang (RG-58), der über einen Router mit der neueren strukturierten Verkabelung zusammengebracht werden kann. Das gleiche

Verfahren lässt sich einsetzen, um ein 100 MBit-Netzwerk mit einem neuen Segment mit 1 GBit-Ethernet zu verschalten.

Zugriffsverfahren Genauso gut lassen sich verschiedene Zugriffsverfahren zusammenbringen, wie beispielsweise ein Token Ring-Netzwerk mit einem Ethernet. Ausschlaggebend ist dabei allein die Verwendung eines gemeinsamen, routingfähigen Netzwerkprotokolls.

Geografische Trennung

Eine physische Trennung von Netzwerken liegt prinzipiell auch dann vor, wenn eine geografische Entfernung zu überbrücken ist. Das betrifft beispielsweise verschiedene Standorte einer Firma oder die Integration von extern arbeitenden Mitarbeitern in das Netzwerk ihres Arbeitgebers. Für eine transparente Verbindung der Netzwerkkomponenten über weite Entfernungen gibt es verschiedene Möglichkeiten:

- *Datenverbindung mit direkter Einwahl*

  Es wird eine direkte Wählverbindung zwischen einem externen Computersystem (gegebenenfalls einem ganzen Netzwerk) und einem Einwahlserver eines Netzwerkes hergestellt. Das sich einwählende Computersystem wird dann über die Routingfunktionen des jeweiligen Netzwerkbetriebssystems transparent eingebunden. Der aus der Ferne angemeldete Benutzer sieht die für ihn zugänglichen Netzwerkressourcen so, als wäre er lokal verbunden.

RAS Die auch schon von Windows NT bekannte Unterstützung für die Verbindung mit einem Server über eine Wählleitung wird in der Microsoft-Terminologie *Remote Access Service (RAS)* genannt.

Das verwendete Netzwerkprotokoll spielt bei diesem Verfahren nur eine untergeordnete Rolle. Windows Server 2003 unterstützt die Verbindungsaufnahme über alle direkt unterstützten Netzwerkprotokolle wie NetBEUI, IPX, Appletalk und natürlich auch TCP/IP.

Vorteile... Über die direkte Wählverbindung, vor allem wenn Sie schnelle digitale Übertragungswege wie ISDN nutzen, können Sie sichere Verbindungen mit einer definierten Bandbreite aufbauen. Über die Definition eines Rückrufs, bei dem der angerufene RAS-Server wieder auflegt und seinerseits den Client über eine ihm bekannte Rückrufummer zum endgültigen Verbindungsaufbau zurückruft, kann auch eine sehr hohe Sicherheit gewährleistet werden.

...und Nachteile von RAS Die Nachteile dieser Lösung sind vor allem in zweierlei Hinsicht zu sehen: Zum einen benötigen Sie eine kostenpflichtige Fernverbindung, welche bei langen Distanzen schnell sehr teu-

er werden kann, zum anderen ist die maximale Anzahl der Benutzer, die sich gleichzeitig »remote« anmelden können, durch
die Menge an physisch verfügbaren Einwahlgeräten beziehungsweise -kanälen begrenzt.

- *Datenverbindung über das Internet*

Eine Alternative zur direkten Einwahl ist die Verbindung von **VPN**
entfernten Clients mit einem lokalen Netzwerk oder die Verbindung zweier Netzwerke über das Internet. Diese Technologie ist auch unter dem Begriff *Virtuelles Privates Netzwerk* (VPN)
bekannt. Ein so genannter VPN-Server ist dabei mit dem Internet verbunden. Dazu kann ein ganz normaler Internet-Zugang
genutzt werden, wie Sie ihn bei einem Internet Service Provider
(ISP) bekommen können. Damit der VPN-Server für Clients erreichbar ist, muss er über eine feste öffentliche IP-Adresse verfügen. Der VPN-Client benötigt selbst nur einen Internetzugang
und kann sowohl unter Windows 2000/XP als auch Windows
9x/ME laufen.

Über die hergestellte (TCP/IP-)Verbindung können dann mit
Hilfe ausgefeilter Sicherheits- und Tunnelungsmechanismen
Datenpakete abhörsicher übertragen werden. Das dabei ver-
wendete (und »getunnelt« übertragene) Netzwerkprotokoll ist
zweitrangig. Prinzipiell sind alle Netzwerkprotokolle, die der
RAS-Dienst unterstützt, auch für ein VPN einsetzbar.

Vorteile dieser Lösung sind die Vermeidung entfernungsab- **VPN-Vorteile...**
hängiger Verbindungsgebühren sowie eine wesentlich höhere
maximale Anzahl gleichzeitig verbundener Clients, da diese
nicht direkt mit einer Geräteschnittstelle am VPN-Server verbunden sind, sondern nur über virtuelle VPN-Ports.

Sie sollten berücksichtigen, dass sich die Bandbreite, die im In- **...und Nachteile**
ternet stark schwanken kann, zwischen den VPN-Clients auf-
teilt.

Abbildung 5.18:
Vergleich RAS und
VPN

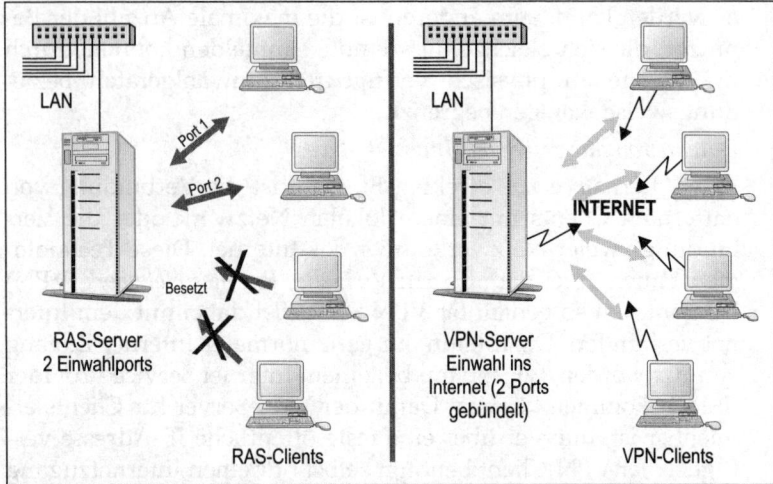

Verbinden von
Netzwerken

Mit beiden Verfahren können Sie lokale Netzwerke miteinander verbinden, beispielsweise um ein überregionales homogenes Netz mit einem zentralen Verzeichnisdienst wie Active Directory zu realisieren. Über eine transparente Fernverbindung können dann neben Daten auch die Informationen zwischen Domänen-controllern repliziert werden.

Nicht nur Internet

Der Vollständigkeit halber sei erwähnt, dass VPNs auch über andere Medien als das Internet betrieben werden können. So lässt sich eine abgeschirmte VPN-Verbindung innerhalb einer lokalen Netzwerkstruktur implementieren, um beispielsweise erhöhten Sicherheitsanforderungen zu genügen.

Sicherheitsaspekte

Die physische Trennung kann auch aus sicherheitsrelevanten Gründen erfolgen. Zwar können in einem modernen Netzwerk mit Active Directory alle Sicherheitsfragen über entsprechende Authentifizierungs- und Zugriffsrichtlinien gelöst werden, aber eine zusätzliche Absicherung kann in manchen Fällen nicht schaden. So können separate Subnetze über einen Router noch einmal zusätzlich physisch abgeschirmt werden, um Angriffsversuche von außen zu erschweren.

Verbindung lokaler Netzwerke mit dem Internet

Für die Verbindung eines lokalen Netzwerkes mit dem Internet können Sie heute auf ein breites Sortiment von Hardware-Routern zurückgreifen. Diese stellen auf der einen Seite einen Netzwerkanschluss für die Einbindung ins lokale Netz zur Verfügung und werden auf der anderen Seite direkt über einen DFÜ-

Anschlussport (ISDN, Ethernet-PPP für DSL o.ä.) mit dem Internet verbunden.

Die Hauptfunktion eines derartigen Routers besteht in der Übersetzung der internen Client-IP-Adressen, die in der Regel aus einem nichtöffentlich verwendbaren Adresspool entnommen worden sind, in die öffentliche IP-Adresse des Routers. Dieser gibt sozusagen die Anfragen der Netzwerkclients als seine aus und leitet die Antworten aus dem Internet wieder an diese zurück.

Diese Routerfunktionalität lässt sich mit einem System unter Windows Server 2003 abbilden und wird in Abschnitt 5.8.4 *Windows Server 2003 als Internetrouter* ab Seite 295 näher erläutert.

Internetverbindungsserver

5.8.2 Einige Grundlagen zum Routing

In diesem Abschnitt werden einige technische Grundlagen zum Routing vermittelt, ohne jedoch alle Aspekte dieses komplexen Themas zeigen zu können. Zu TCP/IP selbst gibt es umfangreiche Fachwerke, die hiermit natürlich nicht ersetzt werden sollen.

Repeater, Bridge, Router, Brouter...

Vor dem eigentlichen Thema »Routing« sollten einige Begriffe geklärt werden. Für die Verbindung von physischen Netzwerken gibt es verschiedene technische Einrichtungen, die im Folgenden kurz vorgestellt werden.

In der Vergangenheit wurden lokale Netzwerke meist über das 10 MBit Ethernet realisiert, welches in der Regel mit Koaxialkabel (auch mit RG-85 bezeichnet) umgesetzt wurde. Die maximale Länge eines Stranges ist allerdings mit dieser Verkabelungstechnik auf 185 m begrenzt. Repeater arbeiten als Signalverstärker, um diese Beschränkung aufzuheben. Allerdings sind hier Grenzen gesetzt, da bei Überschreitung einer gewissen Übertragungsdauer von einem Fehler ausgegangen wird und damit die Verbindung steht.

Repeater

Eine besondere Form stellen die *Multiportrepeater* (»Mehrfachverteiler«) dar, die nicht nur zwei Segmente miteinander verbinden können, sondern auch drei oder mehr. Diese Systeme werden häufig als Sternkoppler oder Ringleitungsverteiler bezeichnet.

Im Grunde besteht die einzige Funktion eines Repeaters in der Signalverstärkung. Trotzdem gibt es »halbintelligente« Systeme, die mehr Funktionalität aufweisen (wie beispielsweise die Kopplung unterschiedlicher Verkabelungssysteme). Das betrifft teilweise auch Funktionen, die per Definition den *Transceivern* zugeordnet werden. Auf diese wird im Rahmen dieses Buches nicht weiter eingegangen.

Repeater arbeiten auf der untersten Schicht des ISO/OSI-Referenzmodells und sind damit unabhängig vom verwendeten Netzwerkprotokoll. Es lassen sich so natürlich auch Netzwerksegmente miteinander verbinden, auf denen Protokolle verwendet werden, die nicht routingfähig sind (wie beispielsweise NETBEUI). Allerdings gilt es dabei immer zu beachten, dass keine Funktionen für eine Lastverteilung (bei Ethernet: Kollisionsverringerung) oder weitere Filterfunktionen für die Datenpakete zur Verfügung stehen.

Bridge

Eine *Bridge* (Brücke) kann als »intelligente« Form des Repeaters bezeichnet werden, die den Datenverkehr anhand der Zieladresse im MAC-Header der Datenpakete weiterleitet. Daten, die nur innerhalb eines Segmentes benötigt werden, belasten somit nicht mehr das übrige Netzwerk. Vergleichbar mit den MultiportRepeatern gibt es auch *Multiport-Bridges* mit der Unterstützung für mehr als zwei Teilnetze. Bridges arbeiten auf der OSI-Schicht 2 (Sicherungsschicht) und sind damit ebenfalls unabhängig vom verwendeten Netzwerkprotokoll (siehe auch Abschnitt *Repeater, Bridges und Router im ISO/OSI-Referenzmodell* ab Seite 194).

Router

Router arbeiten auf der OSI-Schicht 3 (Vermittlungsschicht) und sind damit auf ein routingfähiges Netzwerkprotokoll angewiesen. Dabei muss ein Router nicht auf ein Protokoll festgelegt sein. Multiprotokollrouter unterstützen mehrere Protokolle, beispielsweise TCP/IP und IPX. Der Vorteil von Routern liegt in der höheren Effizienz und Flexibilität. Ein Router arbeitet unabhängig vom zugrunde liegenden Zugriffsverfahren oder von der Verkabelungstopologie. Die Datenpakete werden über das Netzwerkprotokoll gezielt im Netzwerk verteilt. Dazu verfügt der Router über Informationen über alle im Gesamtnetzwerk verfügbaren Teilnetze oder, je nach eingesetztem Routingverfahren, über den grundsätzlichen Weg für die Weiterleitung.

Brouter

Eine Mischform aus Router und Bridge stellen *Brouter* dar. Bei diesen werden die Funktionen beider Systeme gekoppelt. Bestimmte Datenpakete, die nicht über die OSI-Schicht 3 übergeben werden können, sind damit trotzdem transportierbar (beispielsweise Datenpakete nicht unterstützter beziehungsweise nicht routingfähiger Protokolle).

Routing im TCP/IP-Netzwerk

Windows Server 2003 unterstützt neben TCP/IP auch das routingfähige Netzwerkprotokoll Appletalk.

Die *Gateway Services für Netware*, mit deren Hilfe Sie unter Windows 2000 Server einen IPX-Router implementieren können, sind in Windows Server 2003 nicht mehr enthalten.

Alle nachfolgenden Ausführungen zu den Grundlagen des Routing beschränken sich auf das Protokoll TCP/IP. Informationen zum Aufbau eines Appletalk-Routers finden Sie in Abschnitt 5.8.7 *Appletalk-Netzwerkrouter* ab Seite 312.

Ein Beispiel für eine einfache Netzwerkkonfiguration, die aus zwei getrennten Subnetzen besteht, ist in Abbildung 5.19 dargestellt.

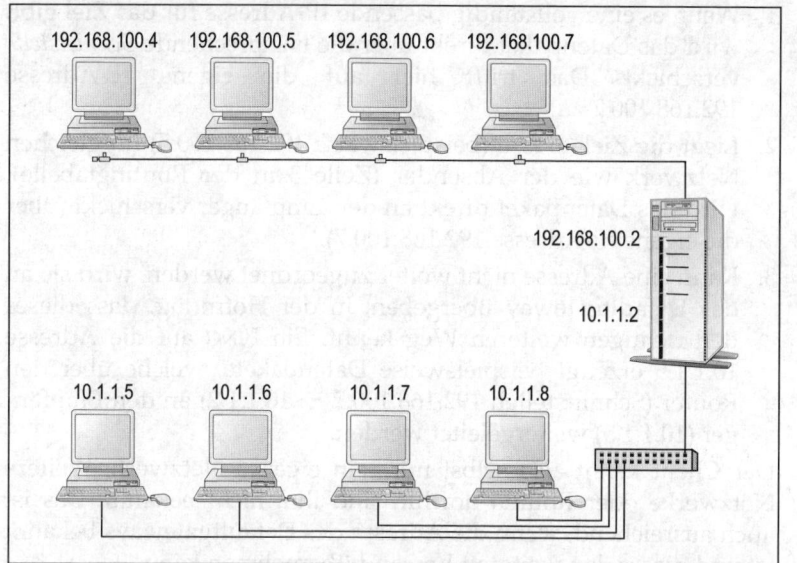

Abbildung 5.19: Beispiel eines IP-Netzwerkes mit einem Router

Jeder Computer im Netzwerk verfügt über eine Routingtabelle, welche Sie bei allen modernen Windows-Betriebssystemen ab Windows 2000 mit dem Befehl ROUTE PRINT einsehen können. In Abbildung 5.20 sehen Sie die Routingtabelle des PC aus Abbildung 5.19 mit der IP-Adresse 192.168.100.7.

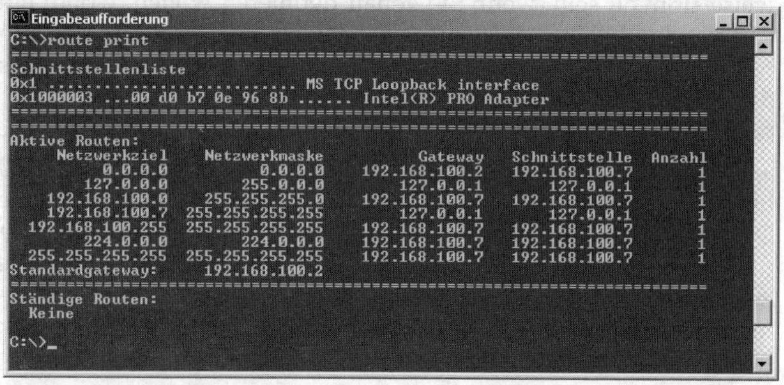

```
Eingabeaufforderung                                                    _ □ ×
C:\>route print

Schnittstellenliste
0x1 ........................... MS TCP Loopback interface
0x1000003 ...00 d0 b7 0e 96 8b ...... Intel(R) PRO Adapter
=================================================================
=================================================================
Aktive Routen:
    Netzwerkziel      Netzwerkmaske          Gateway    Schnittstelle  Anzahl
         0.0.0.0           0.0.0.0    192.168.100.2  192.168.100.7       1
       127.0.0.0         255.0.0.0        127.0.0.1      127.0.0.1       1
   192.168.100.0   255.255.255.0    192.168.100.7  192.168.100.7       1
   192.168.100.7 255.255.255.255        127.0.0.1      127.0.0.1       1
 192.168.100.255 255.255.255.255    192.168.100.7  192.168.100.7       1
       224.0.0.0         224.0.0.0    192.168.100.7  192.168.100.7       1
 255.255.255.255 255.255.255.255    192.168.100.7  192.168.100.7       1
Standardgateway:      192.168.100.2
=================================================================
Ständige Routen:
  Keine

C:\>_
```

Abbildung 5.20: Routingtabelle

Diese Routingtabelle wird vom Betriebssystem automatisch aus drei Angaben generiert:

- IP-Adresse des eigenen Computers (hier: 192.168.100.7)
- Subnetzmaske (hier: 255.255.255.0)

- IP-Adresse des Defaultgateways[7] (hier: 192.168.100.2)

Weg eines Datenpakets

Der Weg eines Datenpakets wird anhand seiner IP-Adresse und dieser Routingtabelle bestimmt. Das geschieht in den folgenden Schritten:

1. Wenn es eine vollständig passende IP-Adresse für das Ziel gibt, wird das Datenpaket direkt über die entsprechende *Schnittstelle* verschickt. Das trifft hier auf die eigene IP-Adresse 192.168.100.7 zu.

2. Liegt die Zieladresse (beispielsweise 192.168.100.5) im gleichen Netzwerk wie der Absender (Zeile 3 in der Routingtabelle), wird das Datenpaket direkt an den Empfänger verschickt (über die eigene IP-Adresse 192.168.100.7).

3. Kann eine Adresse nicht weiter zugeordnet werden, wird sie an das Defaultgateway übergeben, in der Hoffnung, dass dieses den richtigen weiteren Weg kennt. Ein PING auf die Adresse 10.1.1.5 erzeugt beispielsweise Datenpakete, welche über den Router (Schnittstellen 192.168.100.2 → 10.1.1.2) an den Empfänger (10.1.1.5) weitergeleitet werden.

Der Client kennt also selbst nur sein eigenes Netzwerk. Weitere Netzwerke oder Routen dorthin sind ihm nicht bekannt. Das ist auch ausreichend, wenn die Adresse des Defaultgateways bekannt ist und dieses den weiteren Versand übernehmen kann.

Statisches Routing

Befehl ROUTE

Sie haben aber auch die Möglichkeit, über den Befehl ROUTE direkt Wege zu anderen Netzwerken zu definieren. Das kann beispielsweise sinnvoll sein, wenn Sie genau definieren wollen, wohin ein Client seine Pakete schicken darf. So könnten Sie die Route zum Netzwerk 10.0.0.0 selbst in die Routingtabelle eintragen, ohne dass dem Client ein Standard-Gateway bekannt sein muss:

```
Route Add 10.0.0.0 Mask 255.0.0.0 192.168.100.2
```

Sie fügen mit dieser Befehlszeile die Route zum Netzwerk 10.0.0.0 hinzu. Die Standard-Netzmaske ist dabei 255.0.0.0. So werden alle Datenpakete, die diesem Standard-Class A Netzwerk entsprechen und im ersten Adressbyte eine 10 aufweisen, dorthin geleitet. Die zuständige Schnittstelle dazu (das heisst die IP-Adresse des Routers) ist die 192.168.100.2, welche natürlich im selben Netzwerk liegen muss wie der Client.

Haben Sie mehrere Netzwerke, die damit erreichbar sein könnten, lässt sich die Ziel-Adressangabe mit ROUTE.EXE aber auch weiter einschränken. Geben Sie dann anstelle der 10.0.0.0 (alle entsprechenden Netze) das Netzwerk 10.1.1.0 mit der Netzmaske

---

[7] Bei Microsoft wird der Standardrouter meist mit *Defaultgateway* bezeichnet.

255.255.255.0 an. Danach werden nur noch Datenpakete an dieses
eine Netzwerk weitergeleitet. Alle anderen Anfragen (beispielsweise an 10.10.1.6) werden mit einem »Zielhost nicht erreichbar«
abgewiesen.

Sollen diese manuell eingetragenen Routen in der Routingtabelle **Erhalt der Routen**
auch bei einem Neustart des Systems erhalten bleiben, müssen Sie **nach Neustart**
nach ROUTE den Befehlsparameter –P angeben:

```
Route –P Add 10.0.0.0 Mask 255.0.0.0 192.168.100.2
```

Die so definierten Routen werden in der Routingtabelle unter
Ständige Routen aufgeführt.

Besteht ein Netzwerk hingegen aus einer Anzahl von Subnetzen **Größere Netzwerke**
mit mehreren Routern, gestaltet sich die Sache schon etwas
schwieriger. Sie könnten natürlich jedem Client über seine individuelle Routingtabelle alle ihn betreffenden Routen mitteilen. Das
wäre allerdings in der Praxis kaum durchsetzbar und sinnvoll.
Wichtiger ist, dass die Router untereinander »Bescheid wissen«.
Die Clients der einzelnen Subnetze kennen dann nur noch den für
sie zuständigen Router (Standard-Gateway).

Jeder Router im Netzwerk sollte wissen, wie er die anderen Subnetze erreichen kann. In Abbildung 5.21 ist eine entsprechende
Beispielkonfiguration abgebildet.

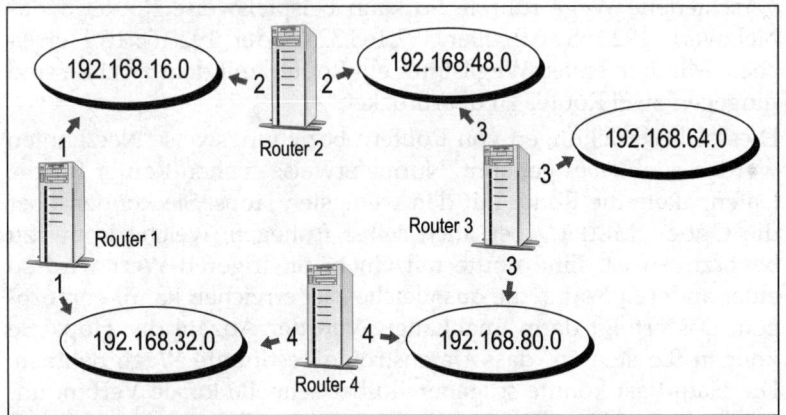

Abbildung 5.21:
Netzwerk mit meh-
reren Subnetzen
(hier: TCP/IP)

Hier sind fünf Subnetze über vier Router miteinander verbunden.
Ein Router verbindet drei Subnetze, die anderen jeweils zwei. Die-
se Routen können Sie in den IP-Routingtabellen statisch mit dem
Befehl ROUTE definieren. Das bedeutet natürlich immer noch einen
hohen Administrationsaufwand, da jede Änderung an einem der
Router oder den Subnetzen manuell gepflegt werden muss.

Statische Routen können Sie sowohl mit Hilfe des Kommando-
zeilenbefehls ROUTE als auch über die Managementkonsole ROU-
TING UND RAS definieren. Für das Beispiel aus Abbildung 5.21

müssten Sie, wenn Sie ROUTE verwenden, die folgenden Routing-
einträge erzeugen:

Für Router 1 (IP 192.168.16.1 / 192.168.32.1):

Router 1

```
Route –P Add 192.168.48.0 Mask 255.255.240.0 192.168.16.2
Route –P Add 192.168.64.0 Mask 255.255.240.0 192.168.16.2
Route –P Add 192.168.80.0 Mask 255.255.240.0 192.168.32.4 Metric 1
Route –P Add 192.168.80.0 Mask 255.255.240.0 192.168.16.2 Metric 2
```

Für Router 2 (IP 192.168.16.2 / 192.168.48.2):

Router 2

```
Route –P Add 192.168.32.0 Mask 255.255.240.0 192.168.16.1
Route –P Add 192.168.64.0 Mask 255.255.240.0 192.168.48.3
Route –P Add 192.168.80.0 Mask 255.255.240.0 192.168.48.3 Metric 1
Route –P Add 192.168.80.0 Mask 255.255.240.0 192.168.16.1 Metric 2
```

Für Router 3 (IP 192.168.48.3 / 192.168.64.3 / 192.168.80.3):

Router 3

```
Route –P Add 192.168.16.0 Mask 255.255.240.0 192.168.48.2
Route –P Add 192.168.32.0 Mask 255.255.240.0 192.168.80.4
```

Für Router 4 (IP 192.168.32.4 / 192.168.80.4):

Router 4

```
Route –P Add 192.168.16.0 Mask 255.255.240.0 192.168.32.1
Route –P Add 192.168.48.0 Mask 255.255.240.0 192.168.80.3
Route –P Add 192.168.64.0 Mask 255.255.240.0 192.168.80.3
```

In diesem Beispiel können Routen zum gleichen Ziel auch über
verschiedene Wege führen. So kann beispielsweise Router 1 das
Netzwerk 192.168.80.0 über 192.168.32.4 oder 192.168.16.2 erreichen. Mit dem ersten Weg ist nur ein Router, mit dem zweiten sind
hingegen zwei Router zu überbrücken.

Hops

Diese Überbrückungen von Routern beziehungsweise Netzknoten
werden auch *Hops* genannt. Normalerweise suchen Router für die
Datenpakete die Route mit den wenigsten Hops. Sie können über
die Option METRIC aber auch selbst festlegen, welche Route zu
bevorzugen ist. Eine Route mit einem niedrigeren Wert wird so
einer anderen Route, die das gleiche Ziel erreichen kann, vorgezogen. Das erfolgt dann unabhängig von der Anzahl der Hops. So
können Sie steuern, dass Datenströme bestimmte Wege nehmen.
Die Hauptlast könnte so generell über schnelle lokale Verbindungen laufen, während alternative Routen über (langsame und teure)
Datenfernverbindungen nur im Notfall bei Ausfall des normalen
Weges zum Einsatz kommen.

Dynamisches Routing

Die beschriebene Einrichtung von festen Routingtabellen ist natürlich bei komplexen Konfigurationen nicht praxisgerecht. Große
Netzwerke bestehen aus einer hohen Anzahl an Teilnetzen und
dementsprechend vielen Routern. Aus Gründen der Fehlertoleranz
sind dabei viele Wege redundant ausgelegt. Im Falle eines Ausfalls

eines Routers muss das entsprechende Teilnetz auf jeden Fall weiterhin erreichbar sein.

Für den Austausch der Informationen zwischen Routern eines Netzwerks gibt es zwei wesentliche Protokolle: *RIP (Routing Information Protocol)* und *OSPF (Open Shortest Path First)*. Darüber hinaus gibt es noch andere Protokolle, wie beispielsweise *RTMP (Routing Table Maintenance Protocol)* für Appletalk-Router in Apple-Macintosh-Umgebungen. Über diese Protokolle finden sich die Router selbst und geben Informationen über die jeweils durch sie betreuten Netzwerke weiter. So ergibt sich eine verteilte Datenbank über alle Routen. Im grundsätzlichen Vorgehen beim Informationsaustausch unterscheiden sich die Routingprotokolle voneinander.

Routingprotokolle

In der folgenden Tabelle finden Sie die wichtigsten, durch Windows Server 2003 unterstützten Routingprotokolle mit den entsprechenden Netzwerkprotokollen:

Routingprotokoll		Netzwerkprotokoll
RIP, RIPv2	Routing Information Protocol	TCP/IP, IPX
SAP	Service Advertising Protocol	IPX
OSPF	Open Shortest Path First	TCP/IP
RTMP	Routing Table Maintenance Protocol	Appletalk

Tabelle 5.31:
Die wichtigsten
Routingprotokolle in
Windows Server
2003

Darüber hinaus können weitere Routingprotokolle von Drittherstellern zum Einsatz kommen. Mit einem Serversystem unter Windows Server 2003 sind damit sehr flexibel vielfältige Routingfunktionen realisierbar.

Das Protokoll RIP wurde ursprünglich in RFC 1058 definiert und durch die neuere Version RIPv2 (RFC 2453) ergänzt. Windows Server 2003 unterstützt beide Versionen. RIP wird vor allem bei Routern in kleinen bis mittleren Netzwerken eingesetzt. Von Vorteil ist dabei die sehr einfache Konfiguration. Sie brauchen für den Router lediglich RIP als Routingprotokoll zu definieren und den entsprechenden (meist LAN-) Schnittstellen zuzuweisen.

RIP / RIPv2

RIP-Router aktualisieren Ihre Routinginformationen innerhalb eines bestimmten Zeitintervalls selbstständig. Standardmäßig sind das beim Windows Server 2003-Router 30 Sekunden. Bei Änderungen an den eigenen Routinginformationen wird automatisch eine sofortige Übertragung der Aktualisierung vorgenommen, die nach einer definierbaren Pause (Standard: fünf Sekunden) beginnt. Diese Zeitspannen können Sie individuell anpassen.

RIPv2 umfasst einige Erweiterungen und Verbesserungen hinsichtlich des Datenaustauschs und der Authentifizierung zwischen Routern sowie weitere spezielle Eigenschaften. Werden die Informationen mit RIP über IP-Broadcasts ausgetauscht, können diese bei RIPv2 über Multicasts verteilt werden. Damit lassen sich die zu übertragenden Datenmengen verringern. Mit einer einfachen Kennwort-Authentifizierung können Sie festlegen, dass nur bestimmte Router miteinander kommunizieren dürfen. Eine vollwertige Sicherheitsfunktion stellt dies aber nicht dar.

Achten Sie auf Kompatibilität des eingesetzten RIP-Protokolls beim Einsatz von verschiedenen Routern in einem Netzwerk, beispielsweise beim Mischen von Hard- und Softwareroutern. Nicht alle Router unterstützen RIPv2, sodass Sie in einem solchen Fall auf RIP ausweichen müssen.

Für den Windows-RIP/RIPv2-Router gibt es vielfältige Konfigurationsmöglichkeiten, von denen die wichtigsten hier aufgezählt werden:

- Einstellung der RIP-Version (1 oder 2) für jede Netzwerkschnittstelle
- Einrichtung von Routenfiltern, mit denen Sie festlegen können, wie Datenpakete in welche Netzwerke durch den Router weitergeleitet werden sollen
- Peerfilter zur Steuerung der Kommunikation zwischen Routern
- Einstellung bestimmter Verfahren zur Vermeidung von Routingschleifen und für eine schnellere Wiederherstellung aktueller Routinginformationen bei Änderungen am Netzwerk

Für kleinere Netzwerkumgebungen mit einer überschaubaren Anzahl von Routern ist der Konfigurationsaufwand jedoch vergleichsweise minimal. Normalerweise reicht es, die RIP-Version für die Netzwerkschnittstellen des Routers richtig zu konfigurieren.

Einschränkungen für RIP

RIP wie auch RIPv2 eignen sich nicht für große Netzwerkumgebungen. So können durch einen RIP-Router nur maximal 15 Hops verarbeitet werden. Hinzu kommt die relativ hohe Netzbelastung durch die periodischen Bekanntgaben der Routinginformationen zwischen den Routern. Bei einer Änderung im Netzwerk kann es bei einer großen Zahl von Routern relativ lange dauern, bis alle wieder über die aktuellen Informationen verfügen. Das kann im Einzelfall eine Zeitspanne von mehreren Minuten bedeuten, in der dann Datenpakete falsch oder nicht weitergeleitet werden.

OSPF

Das Protokoll OSPF (*Open Shortest Path First*) eignet sich insbesondere für den Einsatz in großen und umfangreichen Netzwerkstrukturen mit einer hohen Anzahl an Subnetzen und Routern. Das Protokoll liegt in der Version 2 vor und ist in RFC 2328 spezifiziert.

OSPF wird in den 64 Bit-Versionen von Windows Server 2003 nicht unterstützt.

Ein OSPF-Router ermittelt nach dem Einschalten zuerst alle benachbarten Geräte per Multicast. Dann werden ein designierter Router und ein Backup-Router definiert, die den Betrieb steuern. Die Router tauschen Informationen über das Netzwerk aus und bauen einen Routing-Baum auf, der das sie umgebende Netzwerk repräsentiert. Daraus lässt sich der kürzeste Weg berechnen und die Bildung von Schleifen verhindern. Jeder Router sieht dies natürlich aus seiner Sicht. Aus dem Baum entwickelt der Router die Routing-Tabelle, nach der zukünftig Pakete weitergeleitet werden.

Eine weitergehende Betrachtung von OSPF würde den Rahmen dieses Buches sprengen. Sie finden ausführliche Informationen zu diesem Thema in der Online-Hilfe.

5.8.3 Die Routing-Funktionen im Überblick

Mit einem System unter Windows Server 2003 als Router können Sie vielfältige Routing-Aufgaben in einem Netzwerk erledigen. Dabei steht der hier implementierte Funktionsumfang speziellen Hardware-Routern kaum nach. Als einer der Vorteile einer Softwarelösung kann die damit erreichbare konsistente Administrationsoberfläche genannt werden. Über die Managementkonsole ROUTING UND RAS können alle Administrationsaufgaben am Router in einer einheitlichen Art und Weise erledigt werden.

Vorteil von Software-Routern

In der folgenden Tabelle sind alle Routing-Funktionen von Windows Server 2003 mit der Seitenangabe der weiterführenden Abschnitte aufgeführt:

Funktion	Bemerkungen	Seite
Internetrouter	Dient der Anbindung eines lokalen Netzwerkes an das Internet, wobei der RRAS-Server als Internetrouter konfiguriert wird. Für kleinere Netze ohne separaten DHCP- und DNS-Server kann der RRAS-Server auch automatisch IP-Adressen vergeben sowie als DNS-Proxy arbeiten.	295

Tabelle 5.32: Überblick über die RRAS-Fähigkeiten von Windows Server 2003

Funktion	Bemerkungen	Seite
RAS-Server	Die klassische DFÜ-Anbindung von externen Clients wird wie schon unter Windows NT/2000 unterstützt. Hervorzuheben sind vor allem die neuen Sicherheitsfeatures für die Authentifizierung und die Verschlüsselung des Datentransfers.	300
VPN-Server	Das Internet kann für die Schaffung von preiswerten Verbindungen zwischen lokalen Netzwerken oder für die Anbindung entfernter Clients genutzt werden. Sie können sich damit teure DFÜ-Direktverbindungen ersparen. Für den Transport werden die Datenpakete über das so genannte IP-Tunneling abhörsicher zum Ziel gebracht.	306
IP-Netzwerkrouter	Das klassische Routing von IP-Subnetzen können Sie vollständig in die Hände Ihres Serversystems legen. Die Grundlagen dazu finden Sie weiter vorn in Abschnitt 5.8.2 *Einige Grundlagen zum Routing* ab Seite 285. Die Einrichtung und Administration werden in Abschnitt 13.10.6 *IP-Netzwerkrouter einrichten* Seite 1095 beschrieben.	285
Appletalk-Router	Für die Integration von Apple Macintosh Clients bietet Windows Server 2003 neben der direkten Unterstützung des Protokolls *Appletalk* auch Routingfähigkeiten für größere Appletalk-Netzwerke, die in mehrere Zonen aufgeteilt sind. Weitergehende Informationen zur generellen Macintosh-Unterstützung finden Sie in Abschnitt 5.7.2 *AppleTalk und die Macintosh-Services* ab Seite 275.	312

Diese RRAS-Funktionen lassen sich auch auf einem einzigen Server miteinander kombinieren. Allerdings dürfte die Aufteilung der Funktionen in größeren Netzwerken auf mehrere Serversysteme eher die Regel sein.

5.8.4   Windows Server 2003 als Internetrouter

Windows Server 2003 bringt die Fähigkeit mit, die Verbindung zum Internet für lokale Netzwerke bereitzustellen. Das scheint zunächst nichts Neues zu sein: Bereits Windows 98 kam mit entsprechenden Fähigkeiten zur gemeinsamen Nutzung einer Internet-Wählverbindung auf den Markt. Allerdings unterscheidet sich die jetzt verfügbare Lösung unter dem Serverbetriebssystem deutlich von einem einfachen Internet-Sharing.

Bevor diese Unterschiede aber näher erläutert werden, lohnt sich zunächst ein Blick auf alle Möglichkeiten, die von Windows Server 2003 serienmäßig mitgebracht werden:

- Internet Connection Sharing (ICS)

  Die einfache gemeinsame Nutzung einer Wählverbindung in einem kleinen lokalen Netzwerk kann sowohl mit einer Windows XP-Arbeitsstation (Home und Professional) als auch über einen Server mit Windows Server 2003[8] realisiert werden. Sie müssen dabei aber grundlegende Einschränkungen beachten: So können Sie keinen separaten DHCP- und DNS-Server einsetzen. Eine rudimentäre DHCP-Funktion zur automatischen Versorgung der Clients mit (lokalen) IP-Adressen stellt dabei der »ICS-Server« zur Verfügung. Anfragen zur DNS-Namensauflösung werden immer direkt an den primären DNS-Server des Internet Service Providers (ISP) weitergereicht. **ICS für kleine Netzwerkumgebungen**

  Mit einem Serversystem unter Windows Server 2003 sollten Sie generell auf die Funktion *Internetrouter* setzen. Diese bietet wesentlich feinere Einstellmöglichkeiten und erlaubt auch den eventuellen späteren Ausbau der Netzwerkstruktur mit einem eigenen DHCP- und DNS-Server.

  Weitergehende Informationen zu den ICS-Grundlagen und der richtigen Administration finden Sie in folgenden unserer Bücher:

  - *Windows 2000 im professionellen Einsatz*
  - *Windows XP Home*
  - *Windows XP Professional*

- RRAS-Internetrouter

  Die bereits unter Windows 2000 Server verfügbare Funktion der Routing und RAS-Dienste[9], dort *Internetverbindungsserver* genannt, wurde in Windows Server 2003 weiterentwickelt. Neu ist eine *Basisfirewall*, die technisch gesehen auf der mit Win- **Internetrouter inkl. Basisfirewall**

---

[8] ICS ist nur in den 32 Bit-Versionen der Standard- und der Enterprise-Edition verfügbar.

[9] Im Englischen mit *Routing & RAS Services* (RRAS) bezeichnet

dows XP erstmals eingeführten *Internetverbindungsfirewall* basiert. Damit wird das mit dem Internet verbundene Netzwerk jetzt deutlich besser geschützt.

Zur Anbindung von Netzwerken an das Internet eignen sich natürlich auch dedizierte Hardware-Router. Diese gibt es heute in allen Leistungs- und Preisklassen, einschließlich integrierter Firewall- und VPN-Funktionen. Eine solche Lösung sollten Sie dann vorziehen, wenn Sie anderenfalls einen Windows Server 2003-Domänencontroller als Internetrouter einsetzen müssten. Zwar kann der über die Basisfirewall geschützt werden, allerdings ist zu erwarten, dass eventuelle Schwächen in dieser zuerst entdeckt und von Hackern ausgenutzt werden. Ein Domänencontroller ist dann in jedem Fall ein lohnendes Ziel.

Generelles Verfahren

Abbildung 5.22 (Seite 296) zeigt die Verwendung der Internetrouter-Funktion von Windows Server 2003 in einem lokalen Netzwerk. Schematisch dargestellt ist ein lokales Netzwerk, bei dem die Server und Arbeitsstationen über private, nicht öffentliche IP-Nummern verfügen. Im genannten Beispiel ist das der Nummernbereich 192.168.100.0/24 (siehe auch Abschnitt *Private Netzwerkadressen* ab Seite 238). Der Internetrouter ist hier über eine Wählleitung mit dem Internet beziehungsweise dem ISP verbunden. Diese Wählleitung kann dabei sowohl über ein Modem (sicherlich immer seltener), ISDN, einen DSL-Anschluss oder anderweitig realisiert werden.

Abbildung 5.22: RRAS-Internetrouter im lokalen Netzwerk

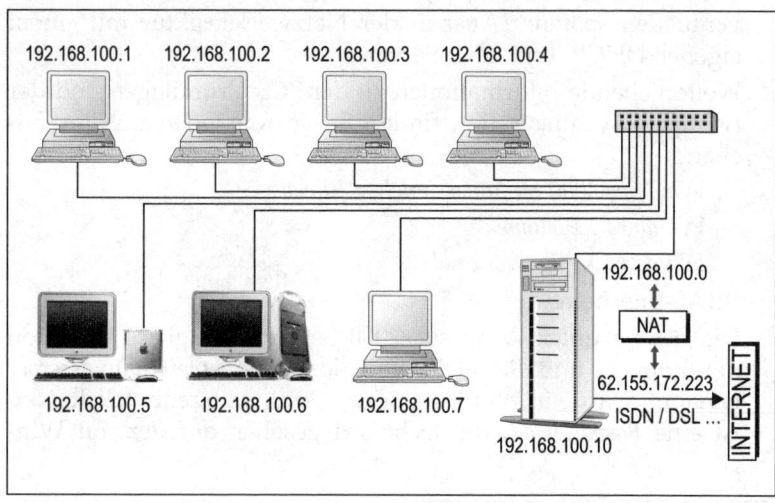

Besonderheiten beim Einsatz von Flatrate

Günstige Flatrates, gekoppelt mit relativ breitbandigen digitalen DSL-Verbindungen, ermöglichen auch kleineren und mittleren Netzwerkumgebungen einen einfachen und sehr preiswerten Zugang ins Internet. Sind solche Zugänge vom Anbieter zunächst für einen Benutzer mit einem Computer vorgesehen, kann über einen derartigen Internetverbindungsserver der Wert desselben vervielfacht werden. Die Grenze der Nutzbarkeit wird dadurch bestimmt, wieviele Clients maximal gleichzeitig diese Verbindung nutzen wollen und welche Bandbreite dann noch für jeden zur Verfügung steht.

Einwahlzugänge und Flatrates

Sie sollten die vertraglichen Grundlagen mit Ihrem ISP beachten. Nicht selten haben Anbieter von sehr preiswerten Flatrates Klauseln in ihren Verträgen, welche die Nutzung des Zugangs ausdrücklich auf nur einen Computer beziehungsweise Benutzer zur gleichen Zeit zulassen.

Network Address Translation (NAT)

Die Netzwerkclients verfügen im Allgemeinen selbst nur über IP-Adressen, die einem privaten, nur im Intranet nutzbaren Adresspool angehören. Um eine Verbindung nach draußen ins Internet zu ermöglichen, muss der Internetrouter die Anfragen der lokalen Clients in eigene Anfragen umsetzen. Dafür wird die Quell-IP-Adresse des Clients durch die des Routers ausgetauscht.

Übersetzung von private → öffentliche IP

Nach außen zeigt sich das Netzwerk mit den Clients, die alle das Internet nutzen können, wie ein einziger Nutzer. Damit sind auch Zugänge bei ISP nutzbar, die eigentlich nur für einen Benutzer vorgesehen sind (siehe dazu allerdings Hinweis auf dieser Seite).

Nach außen: Ein Benutzer

Intern muss der betreffende Internetrouter natürlich wissen, wer ihm die Anfrage geschickt hat, die er »stellvertretend« ausführt. Dies wird über Portzuordnungen realisiert. Die Antwort wird dann wieder als Datenpaket mit der privaten IP-Adresse des Clients versehen (»zurückübersetzt«) und zurückgegeben.

Die öffentliche IP-Adresse, die der Internetrouter für den Kontakt mit der Außenwelt erhalten muss, kann fest vergeben (statisch) oder dynamisch durch den ISP zugeteilt worden sein.

Vergabe der öffentlichen IP-Adresse

- Statische öffentliche IP-Adressen

  Sie haben von Ihrem ISP eine oder mehrere feste, im Internet gültige öffentliche IP-Nummern bekommen. Diese werden in den entsprechenden Wählschnittstellen des RRAS-Servers eingetragen und dann über die NAT für die korrekte Übersetzung der privaten IP-Adressen genutzt.

  Statische IP

- Dynamische öffentliche IP-Adressen

  Dynamische IP

1
2
3
4
5
6
7
8
9
10
11
12
13
14
15
16
17
A
B
C
D

Wesentlich häufiger sind Verträge mit dem ISP üblich, wo Sie bei einer Wählverbindung mit einer wechselnden öffentlichen IP-Adresse versorgt werden. Auch in diesem Fall wird die jeweils zugeteilte IP-Adresse korrekt durch die NAT für die Adressübersetzung eingesetzt.

Der Hauptvorteil von NAT besteht darin, dass der Zugriff auf das private IP-Netzwerk vom Internet aus komplett unterbunden wird. Allerdings ist der mit NAT operierende Router selbst unter Umständen noch angreifbar.

Basisfirewall

Statische Paketfilter Zum besseren Schutz des Servers bietet die Funktion Internetverbindungsserver in Windows Server 2003 statische Paketfilter. Damit kann der Datenverkehr mit dem Internet in einem gewissen Umfang abgesichert werden. So kann mit einfachen Regeln festgelegt werden, welche Adress- und Portbereiche in welcher Kombination eingehend und ausgehend zugelassen werden.

Stateful Inspection Firewall Diese Paketfilter sind in Windows Server 2003 ebenfalls noch verfügbar, allerdings ist zusätzlich eine Basisfirewall-Funktion hinzugekommen. Diese arbeitet als so genannte *Stateful Inspection Firewall*. Dabei werden die Pakete mit ihren Adressinformationen im gesamten Zusammenhang zur auslösenden Sitzung betrachtet. Alle ausgehenden Pakete werden in einer Statustabelle protokolliert. Einkommende Datenpakete werden dann auf ihre Gültigkeit hin untersucht. Erst wenn erkannt wird, dass es zu dem eintreffenden Paket eine passende Ausgangs-Kommunikation gibt, darf das Paket passieren.

Protokollabhängige Untersuchung Dabei wird auch unterschieden, ob das verwendete Protokoll verbindungsorientiert arbeitet (wie TCP) oder nicht (wie beispielsweise UDP). Bei einem verbindungsorientierten Protokoll wird der gesamte Sitzungsstatus protokolliert und auf seine Gültigkeit überprüft. Bei TCP umfasst dies beispielsweise die Flags und Sequenznummern der Pakete (siehe auch Abschnitt 5.2.4 *Transmission Control Protocol (TCP)* ab Seite 204). Bei einem UDP-Datenstrom hingegen erfolgt lediglich eine Untersuchung, ob die eintreffenden Daten bezüglich ihrer IP-Adressen und Port-Nummern gültig sind (siehe auch 5.2.5 *User Datagramm Protocol (UDP* ab Seite 206).

Firewall-Regeln Die Firewall arbeitet nach diesen Regeln:

- Wird ein Paket gesendet, für das es keinen laufenden Sitzungsstatus in der Statustabelle gibt, wird ein neuer Eintrag in dieser Tabelle erzeugt. Das Paket kann passieren.

- Wird ein Paket empfangen, für das es keinen laufenden Sitzungsstatus in der Statustabelle gibt, wird es abgewiesen.

- Wird ein Paket empfangen, für das es einen laufenden Sitzungsstatus in der Statustabelle gibt, und wird seine Gültigkeit innerhalb dieser Sitzung erkannt, kann es passieren.

Damit wird klar, wovor diese Firewall-Lösung nicht schützen kann: Vor Software, die unbefugt Datenpakete nach außen sendet. So arbeiten beispielsweise Trojaner oder Backdoor-Programme. Das Schlimme dabei: Da der Datenstrom dieser Programme ebenso wie der der normal im Internet surfenden Benutzer als gültig erkannt wird, können diese Programme mit ihren »Besitzern« direkt und ungestört kommunizieren.   **Kein Schutz vor Trojanern!**

Auf der gleichen Technologie basiert die Internetverbindungsfirewall, die als Clientfuntion bei der Verbindungsaufnahme des Servers mit dem Internet über eine Netzwerkverbindung aktiviert werden kann.

Sowohl die Basisfirewall als auch die Internetverbindungsfirewall verfügen über Protokoll-Möglichkeiten, die standardmäßig jedoch deaktiviert sind.   **Protokollierung**

Die Basisfirewall ist in ihrem Funktionsbereich eingeschränkt, erfüllt aber dennoch grundlegende Sicherheitsanforderungen. In kleineren Netzwerkumgebungen ist sie zusammen mit der Internetrouter-Funktion von Windows Server 2003 durchaus einsetzbar. Allerdings fehlen Funktionen, wie sie erst umfassende Unternehmensfirewalllösungen bieten. So ist beispielsweise eine Authentifizierung der Benutzer nicht möglich. Alle Clientsysteme, bei denen der Router als Standardgateway und DNS-Server eingetragen ist, haben damit Zugang ins Internet. Ebenso werden Seitenelemente nicht zwischengespeichert (Proxy-Funktion).   **Einsatzbereich: Kleine Netzwerke**

Eine moderne Unternehmensfirewall- und Proxylösung bietet Microsoft mit dem *Internet Security & Acceleration Server* (ISAS).

TCP/IP-Clientkonfiguration

Die Clients im Netzwerk, welche die gemeinsame Internetverbindung nutzen wollen, müssen mit den folgenden Daten versorgt werden:

- Standard-Gateway   **Standard-Gateway**

  Als Standard-Gateway muss die Adresse des Internetrouters eingetragen werden.

- DNS-Server   **DNS-Server**

  Für die korrekte Namensauflösung von Internetadressen wird auf jeden Fall eine Verbindung zum DNS-Server des ISP benötigt. Diese Weiterleitung kann der Internetverbindungsserver vornehmen, sodass Sie den Clients nur dessen IP-Adresse mitzuteilen brauchen.

Haben Sie im Netzwerk einen oder mehrere eigene DNS-Server im Einsatz, beispielsweise im Zusammenhang mit dem Einsatz von Active Directory, benötigen die Clients primär deren Adressen und nicht die des Internetrouters. Sie können einen DNS-Server unter Windows Server 2003 aber so konfigurieren, dass dieser als *Forwarder* die Anfragen an den DNS-Server des ISP beziehungsweise an den Internetrouter weiterleitet (siehe auch Abschnitt *Forwarder* ab Seite 262).

Manuell oder DHCP Die IP-Adressen des Defaultgateways und der zuständigen DNS-Server können Sie manuell oder via DHCP an die Clients verteilen (siehe auch Abschnitt 5.5.2 *IP-Adressvergabe mit DHCP* ab Seite 245).

5.8.5 Windows Server 2003 als RAS-Server

Wie schon die Vorgänger Windows NT und 2000 unterstützt Windows Server 2003 die Einrichtung einer direkten Einwahl durch entfernte Clients. Damit werden dem Client, beispielsweise der PC eines von seinem Heimbüro aus arbeitenden Anwenders, die Ressourcen des Netzwerks zur Verfügung gestellt. In diesem Abschnitt werden dazu grundlegende Aspekte behandelt, deren Verständnis für die Planung und Einrichtung einer RAS-Infrastruktur notwendig ist.

Administration ab Seite 1078 Die konkreten praktischen Administrationsschritte zu diesem Thema finden Sie in Abschnitt 13.10.3 *RAS-Server einrichten* ab Seite 1078.

Grundsätzlicher Aufbau

Ein RAS-Server verfügt zunächst über eine bestimmte Anzahl von *Einwahlports*. Diese werden in der Regel über Modem- oder ISDN-Geräte realisiert. Die Anzahl der Einwahlports ist dabei beschränkt, was bedeutet, dass nur eine definierte Anzahl von Clients gleichzeitig Zugriff erhalten kann.

Transparente Netzwerk-Einbindung Für den Windows-Client (mehr zu Clients siehe Seite 301) erscheint nach dem Verbindungsaufbau die Integration in das entfernte Netzwerk wie eine normale lokale Verbindung, abgesehen natürlich von der in der Regel geringeren Geschwindigkeit bei der Datenübertragung.

Verbindungskosten Bei der klassischen Einwahl in einen RAS-Server fallen Kosten für die Datenfernverbindung an, die je nach Entfernung nicht unerheblich sein können. Planen Sie den Einsatz von RAS zwischen Standorten in mehreren Städten oder sogar über Ländergrenzen hinweg, ist eine alternative Verbindung über ein VPN (Virtuelles Privates Netzwerk; siehe auch Seite 306) sicher die bessere Lösung.

Bei Verbindungen zwischen zwei Punkten innerhalb einer Stadt kann hingegen die direkte Einwahl die kostengünstigere Lösung sein. Immerhin wird ja nur von einem PC aus die Verbindung initiiert, der angerufene Server »hebt ab«. Der anrufende Client trägt also alle Verbindungskosten.

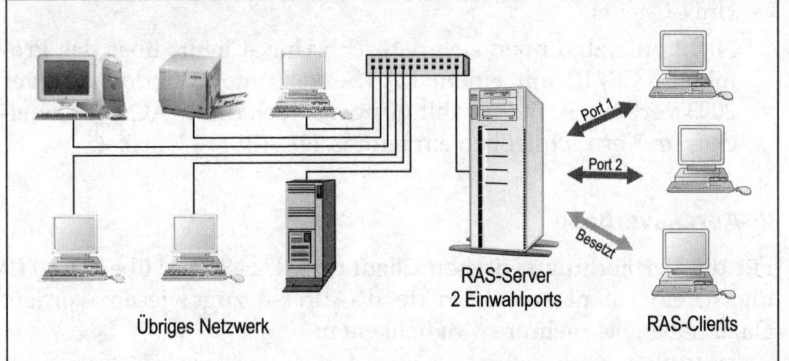

Abbildung 5.23:
RAS-Server mit 2
ISDN-Einwahlports

Über die Rückruffunktion, die auch gern für eine höhere Sicherheit **Rückruf** eingesetzt wird (vergleiche Seite 303), können die Kosten auf die Seite des Servers verlagert werden. Damit gestaltet sich die Abrechnung der Kosten ebenfalls einfacher, wenn regelmäßig Verbindungen zu extern arbeitenden Mitarbeitern benötigt werden.

Ein VPN wird dann wieder kostenmäßig interessanter, wenn Sie für die Einwahl in das Internet server- als auch clientseitig einen pauschalen Zugang über eine Flatrate benutzen. Für die einzelne Verbindungsaufnahme fallen dann keine separaten Kosten mehr an.

Für eine Erhöhung der Datenübertragungsrate können Sie am **Datenrate** RAS-Server mehrere Kanäle zusammenfassen (beispielsweise die beiden ISDN-B-Kanäle), was aber auch proportional höhere Verbindungskosten nach sich zieht. Bei Nutzung der Internet-Verbindungen über ein VPN sind Sie hingegen in der Regel auf eine bestimmte Übertragungsrate festgelegt, die normalerweise, anders als bei einer direkten Wählverbindung, nicht garantiert werden kann. Je nach Belastung der beteiligten Verbindungsknoten beziehungsweise Ihres Providers kann die real verfügbare Datenrate stark schwanken. Benötigen Sie aber eine garantierte Übertragungsrate zwischen zwei Punkten, ist eine RAS-Verbindung einem VPN an dieser Stelle überlegen.

RAS-Clients

RAS-Clients gibt es standardmäßig bei den Windows-Betriebssystemen 95/98/ME/NT/2000/XP. Aber auch für Clients anderer Betriebssysteme bieten sich Möglichkeiten an:

- Apple Macintosh

  Über die Remote Access Clientsoftware ab Version 3.8 (ab MAC OS 8.1 verfügbar) können sich auch Benutzer von Apple Macintosh Computern an einem RAS-Server unter Windows Server 2003 einwählen.

- Unix-Clients

  Nicht zuletzt können sich natürlich Unix-Clients über das Protokoll TCP/IP mit einem RAS-Server unter Windows Server 2003 verbinden. Dazu zählt übrigens auch das MAC OS X, welches im Kern schließlich ein reinrassiges (BSD-) Unix ist.

IP-Adressvergabe

Für die Verbindung zwischen Client und RAS-Server über TCP/IP muss dem Client eine korrekte IP-Adresse zugewiesen werden. Dazu haben Sie mehrere Möglichkeiten:

- *DHCP-Server*

Block mit 10 DHCP-Leases
Steht ein DHCP-Server zur Verfügung, kann dieser auch für die IP-Nummernvergabe an die RAS-Clients verwendet werden. Der RAS-Server wird dann so konfiguriert, dass er vom DHCP-Server Nummern für seine Clients anfordert. Dabei ist eine Besonderheit zu beachten: Der RAS-Server fordert nicht jeweils nur eine IP-Nummer für den gerade aktuellen Client an, sondern holt sich einen Block von DHCP-Leases (standardmäßig 10) ab. Dieser wird dann durch den RAS-Server verwaltet. Der Client bekommt aus diesem Block seine IP-Adresse und gibt sie nach Beendigung der Verbindung wieder an den RAS-Server zurück – nicht jedoch an den DHCP-Server.

Vorteil dieses Verfahrens ist ein schnelles und flexibles Handling mit IP-Adressen bei ständig wechselnden RAS-Clients. Da anzunehmen ist, dass die RAS-Verbindungen, anders als LAN-Verbindungen, nur von kurzer Dauer sind und immer wieder andere Clients erwartet werden können, macht eine Verwaltung dieser IP-Adressen durch einen »normalen« DHCP-Server wenig Sinn. Wäre die Leasedauer zu lang, käme es nach kurzer Zeit zu einer Verknappung des Adresspools. So aber werden die für die RAS-Clients benötigten Adressen »am Stück« reserviert und stehen immer den sich abwechselnden Clients sofort wieder zur Verfügung.

Für Konfigurationen, bei denen der RAS-Server über mehr als zehn Einwahlports verfügt, können Sie auch die Anzahl der in einem Block angeforderten IP-Nummern vom DHCP-Server einstellen.

DHCP-Relay-Agent
Wird der DHCP-Server nicht auf dem gleichen Server wie der RAS-Server ausgeführt, müssen Sie über den DHCP-Relay-

Agenten die Adresse dieses DHCP-Servers bekannt geben (siehe Abschnitt *DHCP-Relay-Agent konfigurieren* ab Seite 1079).

- *Statischer Adresspool*

  Sie haben die Möglichkeit, unabhängig von einem eventuell e- **Statische Adressen**
  xistierenden DHCP-Server manuell einen IP-Bereich zu definieren, aus dem der RAS-Server Adressen an die Clients
  herausgeben soll.

  Bei der Festlegung dieses Adressbereichs sollten Sie Folgendes
  beachten:

  - Vermeiden Sie Adressüberlappungen mit eventuell existierenden Bereichen eines DHCP-Servers.
  - Liegen die statischen Adressen außerhalb des Bereichs des
    durch die Clients zu erreichenden physischen Netzwerks,
    müssen Sie den oder die IP-Router in Ihrem Netzwerk entsprechend um die Routen zwischen diesem Adressbereich
    und dem übrigen Netzwerk erweitern.

Welches Verfahren Sie letztlich anwenden, hängt von Ihrer konkreten Netzwerkkonfiguration ab. Setzen Sie einen eigenen DHCP-Server im Intranet ein, empfiehlt sich die erste Option. Der Verwaltungsaufwand ist dabei minimal und erledigt sich mit der Konfiguration eines zentralen DHCP-Servers.

Authentifizierung von RAS-Benutzern

Die Authentifizierung von RAS-Clients kann auf verschiedene **Authentifizierungs-**
Arten erfolgen: **arten**

- Lokale oder Domänen-Benutzerkonten

  Standardmäßig erfolgt die Authentifizierung über die Domä- **Benutzerkonten**
  nen-Benutzerkonten oder über die lokale Benutzerdatenbank
  bei einem alleinstehenden Server. Die Authentifizierungsprotokolle werden in Abschnitt *Sicherheit bei RAS-Verbindungen* ab
  Seite 305 behandelt.

- RADIUS (*Remote Authentication Dial-In User Service*)

  Für die Verwaltung meist sehr umfangreicher Benutzerdaten- **RADIUS**
  banken kann auch dieser Dienst in Anspruch genommen werden. RADIUS ist nach den RFCs 2138 und 2139 spezifiziert und
  inzwischen als Industriestandard etabliert. Ein RADIUS-Server
  übernimmt dabei die Verwaltung der Benutzerkonten, die sich
  auf einem (beliebigen) System anmelden dürfen. Praktische
  Anwendung findet RADIUS meist dann, wenn eine sehr große
  Anzahl von Benutzern (beispielsweise Kunden eines Internet-
  Shops) zu verwalten sind.

RADIUS-Client

Ein System unter Windows Server 2003 kann als RADIUS-Client konfiguriert werden und stellt an diesen die Authentifizierungsanfragen der RAS-Clients.

RADIUS-Server

Ein Serversystem mit Windows Server 2003 können Sie ebenfalls als RADIUS-Server einrichten. Die dazu notwendige Komponente heißt bei Microsoft IAS (*Internet Authentication Service*) und muss separat installiert werden. Im vorliegenden Buch wird dieses Thema allerdings nicht weiter behandelt.

Einwahlberechtigungen

Für jeden Benutzer kann genau festgelegt werden, ob sich dieser bei einem RAS-Server über eine Fernverbindung anmelden darf. Ob die Einwahlberechtigung erteilt wird, hängt von den folgenden Bedingungen ab:

- Eintrag im Benutzerkonto

Benutzerkonto: generell Einwahl zulassen oder verweigern

Hier kann pauschal der Zugriff gestattet oder verweigert werden. Bei einem alleinstehenden Server oder in einer Domäne, die in der Domänenfunktionsebene *Windows 2000 gemischt* läuft, ist dies die einzige Steuerungsmöglichkeit. Aus Sicherheitsgründen wird in allen Benutzerkonten übrigens stets der Zugriff verweigert.

- RAS-Richtlinien

Differenzierte Einstellungen mit RAS-Richtlinien

In einer Active Directory-Domäne, die allerdings in einer Domänenfunktionsebene laufen muss, die über *Windows 2000 gemischt* liegt, kommen RAS-Richtlinien zur Anwendung. Mit diesen können Sie sehr gezielt festlegen, welche Bedingungen zutreffen müssen, damit sich ein Benutzer einwählen kann. Zeiteinschränkungen sind hier ebenso definierbar wie Sicherheitsgruppen, zu denen ein Benutzer gehören muss.

Standardmäßig ist in einem Domänen-Benutzerkonto die Einwahlberechtigung so gesetzt, dass sie von den RAS-Richtlinien abhängig gemacht wird. Die vordefinierten Richtlinien lassen allerdings keine Einwahl zu – sicher die richtige Voreinstellung, um keine Sicherheitslücke an dieser Stelle zuzulassen.

Die Steuerung über RAS-Richtlinien können Sie aushebeln, indem Sie im Benutzerkonto pauschal das Einwahlrecht erteilen (Option: ZUGRIFF GESTATTET). Dieses Vorgehen empfiehlt sich meist dann, wenn Sie den RAS-Zugang nur für eine oder zwei Personen benötigen, beispielsweise für die Fernadministration des Servers.

Einwahlberechtigung allein reicht nicht aus

Wird dem Benutzer die RAS-Einwahlberechtigung erteilt, ob pauschal oder über RAS-Richtlinien, muss dies nicht bedeuten, dass er sich auch tatsächlich einwählen kann. Bevor eine endgültige »Zusage« zur Einwahl erteilt wird, werden die Konto-Eigenschaften des Benutzers überprüft. So kann beispielsweise festgelegt sein, dass der Benutzer sich generell an der Domäne täglich nur zwischen 8:00 und 20:00 Uhr anmelden darf. Dies muss nicht noch einmal in einer RAS-Richtlinie explizit definiert werden, da die Einschränkung des Benutzerkontos greift und der Benutzer außerhalb der zulässigen Anmeldezeiten abgewiesen wird.

Nach Prüfung der Eigenschaften des Benutzerkontos werden zusätzlich noch die *Profileigenschaften* für die betreffende RAS-Richtlinie herangezogen. Hier können Sie explizit noch einmal einschränkende Einstellungen vornehmen.

Profileigenschaften

Sicherheit bei RAS-Verbindungen

Neben der generellen Einstellung der RAS-Zugangsberechtigung für bestimmte Benutzer oder während einer bestimmten Zeit können Sie Ihre RAS-Verbindung durch die folgenden Technologien absichern:

- Sichere Authentifizierung

  Authentifizierung

  Für die sichere Authentifizierung eines RAS-Clients stehen verschiedene Protokolle zur Verfügung:
  - EAP (*Extensible Authentication Protocol*)

    Dient der Benutzung von Zertifikaten, die beispielsweise auch über Smartcards gehalten und ausgelesen werden können.
  - CHAP (*Challenge Handshake Authentication Protocol*)

    Dieses mittlerweile als Standard etablierte Protokoll erlaubt die Verbindungsaufnahme mit einer Reihe von RAS-Servern und -Clients aus vielen Betriebssystemwelten.
  - MS-CHAP

    Dies ist die ältere Microsoft-spezifische CHAP-Authentifizierung, die allerdings als nicht besonders sicher gilt.
  - MS-CHAP v2

    Die weiterentwickelte MS-CHAP-Authentifizierung mit verbesserten Sicherheitsmechanismen. Unter anderem wird das verschlüsselte Kennwort selbst nicht mehr übertragen.

  Eine unverschlüsselte Authentifizierung (mit PAP, SPAP) wird ebenfalls unterstützt. Diese sollte aber aus Sicherheitsgründen eher nicht zur Anwendung kommen, es sei denn, Ihr RAS-Client kann anderenfalls keine Verbindung aufnehmen und Sie sichern die Verbindung anderweitig ab.

- Verschlüsselung der Verbindung

  Verschlüsselung über MPPE

  Für eine abhörsichere Verbindung steht auf Seiten des RAS-Servers unter Windows Server 2003 die Verschlüsselungsmethode MPPE (*Microsoft Point to Point Encryption*) zur Verfügung. Dieser Algorithmus wird in drei Schlüsselstärken von 40 bis 128 Bit bereitgestellt. Die höchsten Stufe wird dabei nur von entsprechenden Clients unterstützt, wie beispielsweise Windows XP Professional oder Windows 2000 Professional (mit *High Encryption Pack*).

Bei der Verwendung von MPPE muss für die Authentifizierung MS-CHAP (beide Versionen) oder EAP verwendet werden.

Rückruf
- Rückruf

  Ein einfaches, aber wirkungsvolles Mittel, den Zugang zu erschweren, auch wenn das Zugangskennwort in die falschen Hände geraten sein sollte, ist der Rückruf. Der RAS-Server legt nach der ersten (erfolgreichen) Verbindungsaufnahme mit dem RAS-Client gleich wieder auf und versucht seinerseits, den RAS-Client zu kontaktieren. Wirksam ist diese Form der Absicherung natürlich nur, wenn die Rückrufnummer ausschließlich dem RAS-Server bekannt ist und nicht durch den RAS-Client übergeben werden kann.

5.8.6 Windows Server 2003 als VPN-Server

Die weltweite Vernetzung der Computer über das Internet eröffnet neue Möglichkeiten, die eigene EDV-Infrastruktur flexibel und kostengünstig zu erweitern. Windows Server 2003 bringt alle Voraussetzungen mit, damit Sie das Internet als sicheres und transparentes Transportmedium für Ihre Datenströme nutzen können.

Einführung

Herkömmlich: Teure DFÜ-Verbindungen
Für die Überbrückung großer geografischer Entfernungen dominierten in der Vergangenheit vor allem direkte Datenfernverbindungen zwischen den Kommunikationspartnern. Diese können permanent als Standleitung zwischen zwei Punkten oder auf Anforderung aufgebaut werden. Nachteil sind die dabei entstehenden relativ hohen Kosten für die Verbindung, die je nach Anbieter zeit- oder/und volumenabhängig anfallen. In der Regel sind Verbindungen, die größere Entfernungen überbrücken, deutlich teurer als solche, die innerhalb einer Stadt eingesetzt werden.

Internet
Mit der globalen Verfügbarkeit des Internets wurden völlig neue Möglichkeiten geschaffen, zwischen zwei Partnern Informationen auszutauschen. Die Entfernung spielt hier keine Rolle mehr. Es ist allein erforderlich, dass beide über einen Internetzugang verfügen. Verbindungskosten fallen dann nur noch beim lokalen ISP (Internet Service Provider) an.

Tunnel
Neben dem Datentransfer via E-Mail oder FTP kann das Internet aber auch für die direkte Vernetzung eingesetzt werden. Dabei

wird eine virtuelle Netzwerkverbindung, auch *Tunnel* genannt, zwischen zwei Endpunkten geschaffen, welche mit geeigneten Technologien gegen illegale Zugriffe und Abhören abgesichert ist. Die Datenpakete zwischen den Kommunikationspartnern werden verschlüsselt und in IP-Transportpakete verpackt (gekapselt) auf die Reise durch das Internet geschickt. Eine solche Verbindung wird als VPN (*Virtuelles Privates Netzwerk*) bezeichnet.

Für die Partner ist diese Verbindung transparent, als würden sie sich im selben lokalen Netzwerk befinden. Es spielt keine Rolle, welches Netzwerkprotokoll bei einem VPN zum Einsatz kommt. **Protokoll-unabhängig**

Unterstützte Netzwerkprotokolle

Für ein VPN können Sie alle Netzwerkprotokolle einsetzen, die auch über eine direkte RAS-Verbindung nutzbar sind. Das ist vor allem TCP/IP, welches das Standardprotokoll für VPN ist. **TCP/IP als Standard-protokoll**

Ferner können Sie das Protokoll Appletalk einsetzen, um Apple Macintosh-Clients den Zugriff auf den VPN-Server zu ermöglichen. Im vorliegenden Buch wird dies aber nicht weiter betrachtet.

Virtuelle Ports

Bei einer direkten Datenfernverbindung, wie sie mit der Implementierung eines RAS-Servers (siehe auch Abschnitt 5.8.5 *Windows Server 2003 als RAS-Server* ab Seite 300) realisiert werden kann, ist die Anzahl der gleichzeitigen Verbindungen durch die effektiv vorhandenen technischen Einwahlschnittstellen begrenzt. Ein RAS-Server, der nur über zwei ISDN-Kanäle verfügt, kann demzufolge auch nur maximal zwei Clients zur gleichen Zeit bedienen. **Begrenzung bei direkter DFÜ-Verbindung**

Anders sieht das bei einem VPN-Server aus. Hier haben Sie zunächst eine Verbindung ins Internet, die günstigerweise permanent verfügbar sein sollte. Ein VPN-Client baut zuerst seinerseits eine Verbindung ins Internet auf und kontaktiert darüber dann den VPN-Server. Dieser überprüft die ordnungsgemäße Authentifizierung und gibt im Erfolgsfall die Verbindung frei. Die Verbindung läuft dann über einen virtuellen Port auf dem Server, der dem physischen Anschlussport ins Internet zugeordnet ist. **VPN: Flexible Anzahl gleichzeitiger Verbindungen**

Wie viele virtuelle Ports ein VPN-Server für gleichzeitige Verbindungen mit VPN-Clients zur Verfügung hat, können Sie einstellen. Standardmäßig werden durch den Assistenten 128 PPTP- und 128 L2TP-Ports vorkonfiguriert. Für die Sicherstellung einer reibungslosen Kommunikation der Clients mit dem Server sollten Sie an eine ausreichend dimensionierte Bandbreite der Internet-Anbindung des VPN-Servers denken. Eine 2- oder 10-MBit-Standleitung kann sicher deutlich mehr Clientzugriffe gleichzeitig verkraften als eine einfache ISDN-Anbindung. **128 PPTP- und 128 L2TP-Ports**

Ein VPN-Server unter Windows Server 2003 Standard Edition erlaubt maximal bis zu 1 000 VPN-Verbindungen gleichzeitig. In der Web Edition ist dies auf eine Verbindung beschränkt, während die Enterprise Edition keinerlei derartige Beschränkungen hat.

Effektive Datenrate im VPN

Die effektiv erzielbare Datenrate bei einer VPN-Verbindung wird durch eine Reihe von Faktoren bestimmt. Zum einen ist hier die Datenrate der Internet-Verbindung des VPN-Clients zu beachten. Dieser kann sich zwar beispielsweise mit nominell 128 KBit (entspricht 16 KByte pro Sekunde) bei seinem ISP einwählen, netto verbleiben aber, je nach Belastung der Verbindung zum ISP durch andere Internet-Nutzer, vielleicht nur noch 6 bis 12 KByte pro Sekunde. Der Protokolloverhead durch die Kapselung der Datenpakete sowie die Zeit für die Ver- und Entschlüsselung gehen nochmals zu Lasten der effektiv erzielbaren Datenrate. Letztlich bleiben als Faktoren noch die Belastung des VPN-Servers sowie der aktuelle Verbindungsstatus zu dessen ISP. Dabei teilt sich die effektive Datenrate am physischen Port des Servers durch die Anzahl der gleichzeitig aktiven virtuellen Ports.

Sichere Datenrate: Direktverbindung im Vorteil

Verbindungen, deren oberste Priorität eine gesicherte maximale Geschwindigkeit bei der Datenübertragung ist, sollten, wenn Sie sich in dieser Hinsicht nicht auf die Ihnen zur Verfügung stehenden ISPs verlassen können, besser über direkte RAS-Verbindungen realisiert werden (siehe auch Abschnitt 5.8.5 *Windows Server 2003 als RAS-Server* ab Seite 300).

Einwahlberechtigungen

Die Einwahlberechtigungen werden analog zu denen für den RAS-Zugriff gehandhabt – es gibt hierbei keine Unterscheidung in den Optionen. Hat ein Benutzer RAS-Einwahlrechte, so beziehen sich diese gleichermaßen auf den »reinen« RAS- wie auch auf den VPN-Zugriff. In Abschnitt *Einwahlberechtigungen* ab Seite 304 finden Sie dazu weitere Informationen.

Sicherheit von VPN-Verbindungen

Es stehen zwei verschiedene Verbindungsprotokolle zur Auswahl, für die wiederum Möglichkeiten zur Verschlüsselung gegeben sind:

PPTP und MPPE

- PPTP (*Point-to-Point-Tunneling Protocol*)

  Dieses Protokoll wurde von Microsoft entwickelt und stellt eine Erweiterung von PPP dar. Für die Verschlüsselung des Datenverkehrs kommt MPPE (siehe Abschnitt *Sicherheit bei RAS-Verbindungen* ab Seite 305) zum Einsatz. Als Vorteil von PPTP kann genannt werden, dass keine aufwändige Zertifikatstruktur eingerichtet werden muss. Viele ältere VPN-Clients unterstützen zudem PPTP und eine der MPPE-Varianten.

- L2TP (*Layer-2-Tunneling Protocol*) **L2TP und IPSec**

Deutlich moderner ist dieses Protokoll, wobei IPSec ESP (*Encapsulating Security Payload*) für die Verschlüsselung eingesetzt wird. Voraussetzung ist dabei, dass sowohl auf dem Client als auch auf dem VPN-Server Computerzertifikate installiert sind. Die Vertrauensstellungen werden damit auf der Ebene der Computersysteme, nicht auf der von Benutzern geschaffen. Erst nachdem die IPSec-Sicherheit gegeben ist, wird der eigentliche Transporttunnel durch das L2TP zwischen den Endpunkten ausgehandelt. Hier erfolgen dann die jeweilige Benutzerauthentifizierung und die Zugriffssteuerung über die Einstellungen im Benutzerkonto beziehungsweise in den RAS-Richtlinien. Zusätzlich können noch Komprimierungsalgorithmen zur Anwendung kommen.

VPN-Clients

Clientsoftware für den Zugriff auf ein VPN stellen alle aktuellen Microsoft-Betriebssysteme zur Verfügung. Tabelle 5.33 enthält eine entsprechende Auflistung mit den jeweils unterstützten Authentifizierungs- und Verbindungsprotokollen.

Betriebssystem	Authentifizierung	Verbindung
Windows 2000 Windows XP	EAP PAP, SPAP, MS-CHAP, MS-CHAP v2	L2TP PPTP
Windows NT 4.0	PAP, SPAP, MS-CHAP, MS-CHAP v2	PPTP
Windows 98/ME	PAP, SPAP, MS-CHAP, MS-CHAP v2	PPTP

Tabelle 5.33: Microsoft VPN-Clients

Verbindung zweier Netzwerke über VPN-Router

Neben der Einwahl von VPN-Clients können auch lokale Netzwerke über ein VPN miteinander verbunden werden. Die VPN-Serversysteme in beiden Netzen fungieren dann als VPN-Router.

Für die Konfiguration der Routen (siehe auch Abschnitt *Routing im* **Einzelhop** *TCP/IP-Netzwerk* ab Seite 286) müssen Sie lediglich beachten, dass der Weg über die beiden VPN-Router zwischen zwei Netzen immer als ein Hop betrachtet wird. Das ist unabhängig davon, über wie viele Router die (eingekapselten) Datenpakete im Internet tatsächlich transportiert werden. Ihr eigenes »virtuelles« Netzwerk wird schließlich durch Ihre eigene IT-Infrastruktur abgebildet und über ein »physisches« Netzwerk (meist das Internet) realisiert, dessen tatsächliche Struktur und die effektiv zur Verfügung stehenden Wege sich jederzeit ändern können.

Abbildung 5.24:
VPN-Router zum
Verbinden von
Netzwerken

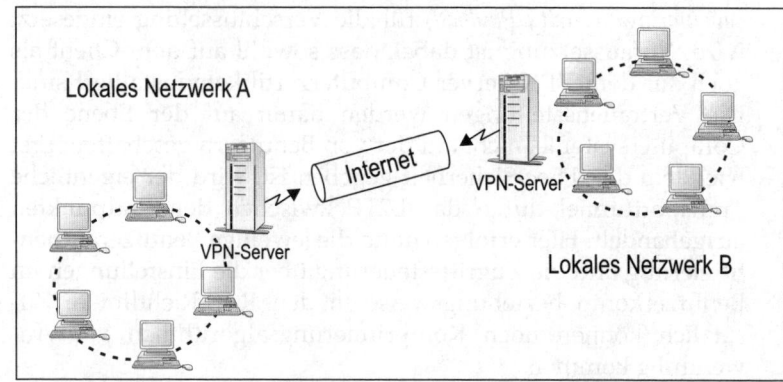

Wer initiiert die Verbindung?

Dabei wird unterschieden, wie die VPN-Router miteinander Kontakt aufnehmen. Wird generell nur von einem Netzwerk das andere »angerufen«, spricht man von einer *Unidirektional initiierten Verbindung*. Rufen sich hingegen die VPN-Router gegenseitig an, bezeichnet man das als *Bidirektional initiierte Verbindung*.

Unidirektional initiierte Verbindung

Bei diesem Szenario wird die Verbindung immer nur dann aufgebaut, wenn der VPN-Router des einen lokalen Netzwerkes den des anderen Netzes kontaktiert.

Abbildung 5.25:
Unidirektional initi-
ierte Verbindung

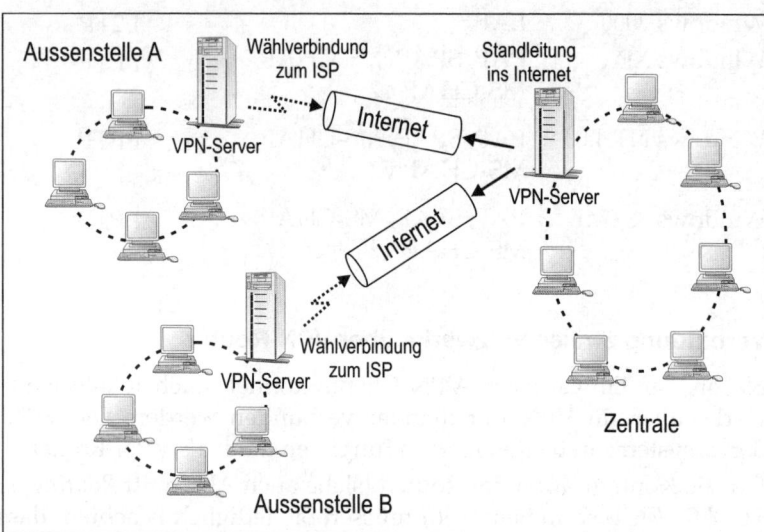

Denkbar ist dieser Anwendungsfall für Außenstellen eines Unternehmens, die regelmäßig Daten aus der Zentrale abrufen beziehungsweise Berichte an diese übermitteln. Eine dauerhafte Verbindung ins Internet wird dabei nur vom VPN-Router in der

Zentrale benötigt. Dieser muss ja bei Bedarf rund um die Uhr verfügbar sein, falls einer der VPN-Router einer Außenstelle Kontakt aufnehmen will. Diese VPN-Router wiederum müssen sich nur dann ins Internet einwählen, wenn tatsächlich Datenverkehr zur Zentrale notwendig wird.

Der anrufende VPN-Router baut also jeweils eine temporäre Verbindung zum Internet auf. Für die Einrichtung dieses Routers werden die folgenden Komponenten benötigt, wobei hier von der alleinigen Verwendung von TCP/IP als Netzwerkprotokoll ausgegangen wird:

- Eine *Schnittstelle für Wählen bei Bedarf* für die Verbindungsaufnahme mit dem Internet (über einen lokalen ISP)   **Internet-Einwahl**

  Voraussetzung ist natürlich das Vorhandensein eines entsprechenden Gerätes wie ISDN- oder DSL-Adapter. Das Vorgehen bei der Einrichtung entspricht dem beim Aufbau eines Servers als Internetrouter (siehe auch 5.8.4 *Windows Server 2003 als Internetrouter* ab Seite 295). Für die Einwahl beim ISP wird eine entsprechende Benutzerkennung benötigt (beziehungsweise ein anonymer Zugriff bei einer Call-by-Call-Verbindung).

- Je eine *Schnittstelle für Wählen bei Bedarf* bei beiden VPN-Routern für die Herstellung der (virtuellen) Netzwerkverbindung   **VPN-Router-Einwahl**

  Die *Schnittstelle für Wählen bei Bedarf* enthält die IP-Adresse des jeweils anderen Routers sowie eine Benutzerkennung, welche für die Authentifizierung beim jeweils anderen Netzwerk benötigt wird. Die VPN-Schnittstelle beim VPN-Router der Zentrale muss dabei so konfiguriert werden, dass zum einen deren Bezeichnung mit der Einwahl-Benutzerkennung des anrufenden Routers übereinstimmt und dass sie zum anderen für die Einwahl eingerichtet ist.

- Eine statische Route zum VPN-Router der Zentrale für die automatische Verbindungsaufnahme ins Internet   **IP-Route für Einwahl ins Internet**

  Damit die Datenpakete zum Netzwerk in der Zentrale weitergeleitet werden können, muss ja zuerst eine Internetverbindung aufgebaut werden. Erstellen Sie also eine Route zur IP-Adresse des VPN-Routers der Zentrale, über welche die Schnittstelle für Wählen bei Bedarf zum ISP angesprochen wird.

- Eine oder mehrere statische IP-Routen zu Zielen im Netzwerk der Zentrale, welche die Verbindungsaufnahme über Schnittstelle A zur Folge haben   **IP-Route(n) für Aktivierung der VPN-Verbindung**

  Wird ein Datenpaket an eine Zieladresse in der Zentrale gesendet, wird automatisch die VPN-Schnittstelle A angesprochen. Über deren Konfigurationsinformationen versucht Router A, eine Verbindung zur IP-Adresse von Router B aufzubauen. Dabei wird die Route zur Einwahl ins Internet aktiv und die Einwahl erfolgt beim ISP.

VPN-Router der Zentrale

- Konfiguration des VPN-Routers der Zentrale mit einer VPN-Schnittstelle und entsprechenden Routen zum Netzwerk der Außenstelle

  Der VPN-Router der Zentrale, der selbstständig mit dem Internet verbunden ist, benötigt eine eingerichtete VPN-Schnittstelle für die Kontaktaufnahme mit dem Router der Außenstelle. Die Bezeichnung dieser Schnittstelle muss mit dem Benutzernamen für die Authentifizierung übereinstimmen (siehe oben), welcher durch den VPN-Router der Außenstelle übermittelt wird. Dieser Benutzer muss im Netzwerk gültig sein und über Einwählrechte verfügen.

  Für die Sicherstellung der richtigen Rückleitung von Antwort-IP-Paketen an das Netzwerk der Außenstelle müssen entsprechende statische Routen im Netzwerk der Zentrale eingerichtet werden.

  In Abschnitt 13.10.5 *VPN-Verbindung zwischen Netzwerken* ab Seite 1090 erfahren Sie, wie Sie eine solche VPN-Verbindung einrichten können.

Bidirektional initiierte Verbindung

Bei einer bidirektional initiierten Verbindung haben beide Router permanent Verbindung mit dem Internet. Die Konfiguration entspricht der oben besprochenen, wobei die Konfiguration der virtuellen VPN-Schnittstellen sowie der korrekten statischen Routen im Vordergrund steht. Beide VPN-Schnittstellen verfügen dabei über Einwählkonfigurationen. Die Bezeichnungen entsprechen den Benutzerkonten, die bei beiden Routern jeweils bekannt sind und über die entsprechenden Einwählrechte verfügen.

5.8.7 Appletalk-Netzwerkrouter

Windows Server 2003 bringt eine recht umfassende Routingfunktionalität im Zusammenhang mit dem Protokoll Appletalk mit. Es ergeben sich daraus zwei mögliche Haupteinsatzbereiche:

Appletalk-Router

- Appletalk-Router in einem Netzwerk

  Auch in einem Ethernet-Netzwerk mit hauptsächlicher Nutzung des Appletalk-Protokolls, beispielsweise das MAC-Netz in einer Agentur, besteht Bedarf nach einer guten Ausnutzung der Bandbreite und damit nach einer richtigen Strukturierung. Der Einsatz eines Routers kann eine deutliche Entlastung von Netzwerkteilen bedeuten und damit die Produktivität erhöhen.

RAS-/VPN-Server

- RAS-/VPN-Server mit Appletalk-Unterstützung

  MAC-Clients können ebenfalls einen RAS- beziehungsweise VPN-Server unter Windows Server 2003 nutzen, um auf ein Netzwerk remote zuzugreifen. Dazu gibt es eine direkte Unterstützung des Protokolls *Appletalk*. Dieses Thema wird im vorliegenden Buch allerdings nicht weiter behandelt.

Im folgenden Text geht es ausschließlich um die Funktion eines Servers unter Windows Server 2003 als Appletalk-Router. Weitere Informationen zur Unterstützung von Apple Macintosh-Clients finden Sie in Abschnitt 5.7.2 *AppleTalk und die Macintosh-Services* ab Seite 275.

Einführung

Appletalk kann leider, was den Protokolloverhead betrifft, nicht gerade als besonders performant bezeichnet werden. Deshalb empfiehlt sich hier spätestens ab MAC OS 8.1 der Einsatz von TCP/IP. Für das Routing in einer reinen IP-Netzwerkumgebung wird dann wiederum nur ein normaler IP-Router benötigt. Das kann natürlich auch ein Software-Router sein, der unter Windows Server 2003 eingerichtet wird. Weitere Informationen finden Sie dazu in Abschnitt 5.8.2 *Einige Grundlagen zum Routing* ab Seite 285.

Bessere Performance: TCP/IP

Allerdings sind nach wie vor nicht alle Apple-Benutzer und -Administratoren bereit, ihr Netzwerk und ihre MACs konsequent auf TCP/IP umzustellen. Vielfach sind ältere Systeme gemeinsam mit den neuesten Hochleistungs-MACs unter MAC OS X im Einsatz, sodass es durchaus noch Sinn machen kann, ein strukturiertes Appletalk-Netzwerk zu betreiben. Ein Server unter Windows Server 2003 kann hierbei als Router fungieren und verschiedene LAN-Segmente miteinander verbinden.

Traditionell: Appletalk

Nachfolgend wird davon ausgegangen, dass ausschließlich Ethernet-Netzwerkverbindungen (auch *Ethertalk* genannt) im Zusammenhang mit Appletalk eingesetzt werden. Die alte und extrem langsame LocalTalk-Schnittstelle dürfte in der Praxis keinerlei Bedeutung mehr haben, sodass auf diese nicht weiter eingegangen werden muss.

Ethertalk

Bei der richtigen Strukturierung eines Appletalk-Netzwerkes kann die Gesamtleistung deutlich erhöht werden. Dazu werden die separaten Subnetze in so genannte *Zonen* eingeteilt, die über Appletalk-Router miteinander verbunden sind. Dabei sollte sich die Strukturierung nach der Verteilung der Netzlast richten. In einer großen Werbe- und Medienagentur mit angeschlossener digitaler Druckvorstufe könnte eine Strukturierung wie in Abbildung 5.26 aussehen.

Zonen

In diesem Beispiel sind Verwaltung, Design und Produktion physikalisch getrennt und werden über einen Server, der als Router fungiert, zusammengeführt. Die *Verwaltung* arbeitet mit einem abgeschlossenen 100 MBit-Strang und wird vom Datentransfer der anderen Abteilungen nichts mitbekommen. Im Bereich *Design* werden Vorlagen gescannt und Layouts erstellt. Die fertigen Druckjobs zum Proof der Vorlagen und zur Erzeugung von Filmen oder Druckplatten werden dann direkt in der Produktion erstellt.

Das können recht umfangreiche Datenströme mit bis zu mehreren hundert Megabyte sein, die nur noch dieses Teilnetz belasten.

Abbildung 5.26:
Strukturierung eines
Appletalk-Netzwerks
mit Zonen

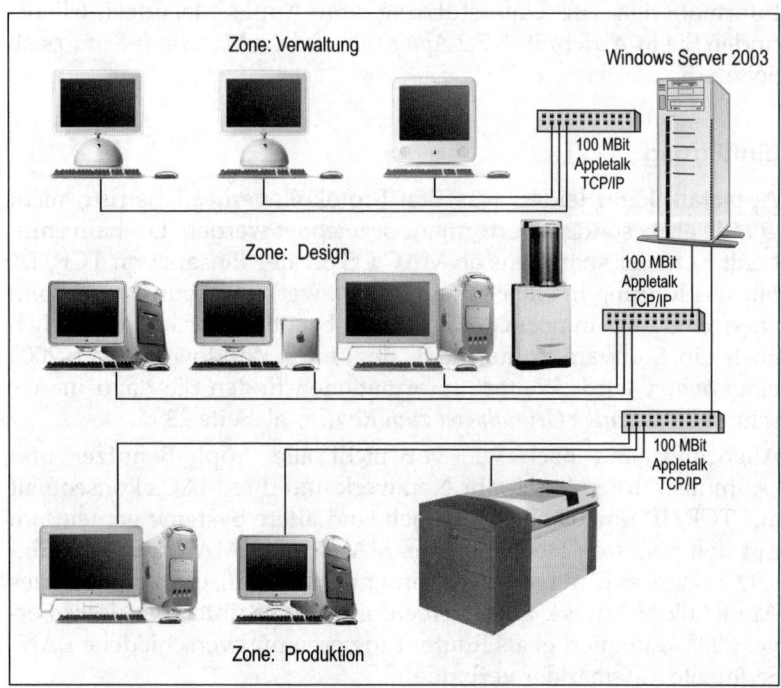

Einsatz gemeinsam mit TCP/IP

Sie können dabei natürlich auch Appletalk gemeinsam mit TCP/IP zum Einsatz bringen. Dadurch verbessert sich die Netzwerkleistung signifikant und Sie können auf normales IP-Routing zurückgreifen. Im gezeigten Beispiel (siehe Abbildung 5.26) würde das einen Zuwachs an nutzbarer Bandbreite gerade für die Bereiche *Design* und *Produktion* bedeuten, wo ja die größten Datenvolumina zu bewältigen sind. Der Server könnte also in diesem Beispiel-Netzwerk zwei Routingfunktionen in sich vereinigen: Routing für IP und für Appletalk.

Seedrouter

Hauptrouter

In einem Appletalk-Netzwerk ist der *Seedrouter* der »Hauptrouter«, der über die gesamten Routinginformationen verfügt. Er verwaltet die Zoneneinträge und Netzwerknummernbereiche.

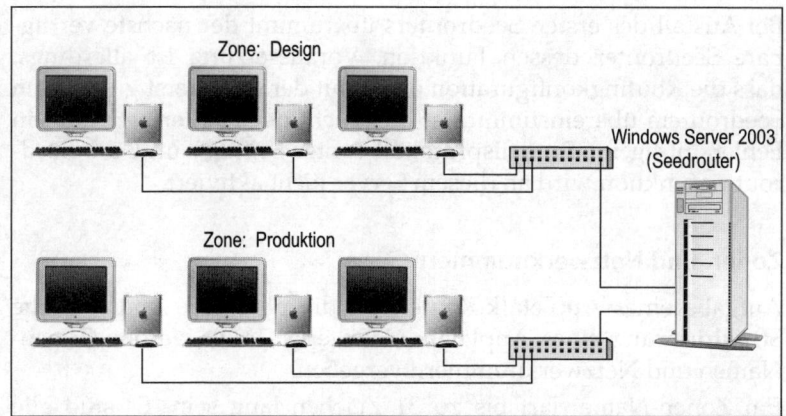

Abbildung 5.27:
Ein Seedrouter für
mehrere Appletalk-
Netzwerke

In einem Appletalk-Netzwerk wird für jedes Subnetz mindestens ein Seedrouter benötigt. Sie können einen Server so konfigurieren, sodass er für jedes an ihn angeschlossene Subnetz als Seedrouter fungiert.

Es sind Netzwerkkonfigurationen denkbar, wo mehrere Seedrouter verschiedene physische Netzwerke mit Routinginformationen versorgen. In Abbildung 5.28 sehen Sie eine Beispielkonfiguration mit zwei Subnetzen, die über zwei Seedrouter miteinander verbunden sind. Ein Server fungiert dann für das andere Netzwerk nicht als Seedrouter, sondern »nur« als normaler Router. Seine Netzwerk-Schnittstelle wird dann entsprechend *nicht* für das Seedrouting konfiguriert.

Zur Erhöhung der Ausfallsicherheit können Sie außerdem mehrere Seedrouter im gleichen physischen Netzwerk einsetzen. Dabei gilt: Der zuerst aktive Seedrouter hat das Sagen. Alle später gestarteten Seedrouter verhalten sich als »normale Router«.

**Mehrere Seedrouter
für das gleiche Netz**

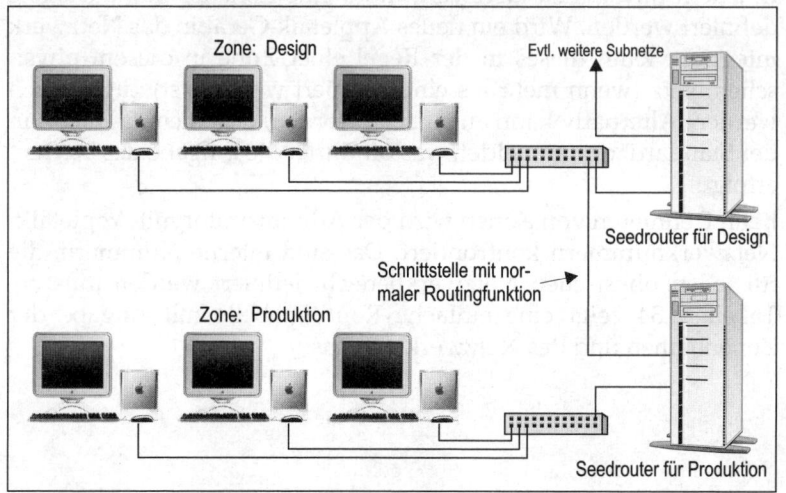

Abbildung 5.28:
Mehrere Seedrouter
für mehrere Subnetze

Bei Ausfall des ersten Seedrouters übernimmt der nächste verfügbare Seedrouter dessen Funktion. Voraussetzung ist allerdings, dass die Routingkonfiguration exakt mit der des zuerst gestarteten Seedrouters übereinstimmt. Ist dies nicht der Fall, erfolgt nur ein Fehlereintrag im Ereignisprotokoll (unter SYSTEM) und die Seedroutingfunktion wird an diesem Server nicht aktiviert.

Zonen und Netzwerknummern

Aufgabe eines Appletalk-Routers ist die physische und logische Strukturierung eines Appletalk-Netzwerks. Dazu werden Zonen-Namen und Netzwerknummern vergeben.

Zonen-Name

Ein Zonen-Name darf bis zu 31 Zeichen lang sein. Es sind alle ASCII-Zeichen des englischsprachigen Alphabets erlaubt, einschließlich des Leerzeichens. Nicht zulässig sind deutsche Umlaute, Sonderzeichen sowie der Stern *. Der Stern * gilt als Synonym für die _Standardzone_ und wird oft bei der Konfiguration von Appletalk-Geräten benötigt.

Mehrere Zonen pro Netzwerk

Sie können für ein physisches Netzwerk auch mehrere Zonen einrichten. Auf den ersten Blick mag das merkwürdig erscheinen, sollen doch die Zonen in erster Linie die physisch getrennten Netzwerke bezeichnen. Eine logische Strukturierung innerhalb eines physischen Netzwerks kann jedoch Sinn machen. Bei einer Vielzahl angeschlossener Clients und weiterer Appletalk-Geräte wie Drucker können diese zu Zonen (»Gruppen«) zusammengefasst werden. Jeder Benutzer im Netzwerk ist dann einer Zone zugeordnet und sieht auf den ersten Blick nur die Geräte, die in seiner Zone liegen. Über die Auswahl hat er aber natürlich auch Zugriff auf alle anderen Zonen.

Standardzone

In jedem physischen Netzwerk muss eine Zone als Standardzone definiert werden. Wird ein neues Appletalk-Gerät in das Netzwerk integriert, kann dieses in der Regel einer Zone in diesem physischen Netz (wenn mehr als eine definiert worden ist) zugewiesen werden. Alternativ kann angegeben werden, dass sich das Gerät in der Standardzone anmeldet, was oft durch die Eingabe des Sterns * erfolgt.

Netzwerknummern

Beim Definieren von Zonen wird der Administrator mit Appletalk-Netzwerknummern konfrontiert. Das sind interne Nummern, die für jeden physischen Netzwerkbereich definiert werden müssen. Tabelle 5.34 zeigt eine einfache Routingtabelle mit Angabe der Zonennamen und des Netzwerkbereichs.

Zone	Beginn	Ende	Anzahl Nummern	Anzahl Clients	
Druckvorstufe Scan	15	17	3	759	*Tabelle 5.34: Beispiel einer Zonendefinition*
Verwaltung	20	20	1	253	
Produktion Digitaldruck Proof	22	23	2	506	

Pro Netzwerknummer können 253 Appletalk-Geräte bedient werden. Dies sollten Sie bei der Planung eines Appletalk-Netzwerks bedenken. Für eine geringe Anzahl von Clients reicht demzufolge eine einzige Netzwerknummer aus, das heißt, Beginn und Ende des Bereichs sind gleich.

Beachten Sie, dass sich die Netzwerkbereiche für verschiedene physische Netzwerke auf keinen Fall gleichen oder überschneiden dürfen. Anderenfalls sind Zugriffsprobleme vorprogrammiert.

In Abschnitt 13.10.7 *Einrichten eines Appletalk-Routers* ab Seite 1098 erfahren Sie die konkreten Administrationsschritte für die entsprechende Einrichtung und Verwaltung.

Administration ab Seite 1098

6

Grundlagen Active Directory

Active Directory war die wichtigste Neuerung im Netzwerkbereich, die Microsoft mit Windows 2000 eingeführt hat. Seitdem hat sich der Verzeichnisdienst in der Praxis etabliert. Mit Windows Server 2003 hat sich nichts Grundlegendes geändert, allerdings sind leichte Modifikationen vorgenommen worden.

In diesem Kapitel werden die Grundlagen zu Active Directory behandelt sowie Informationen zur Strukturierung vermittelt.

Inhaltsübersicht Kapitel 6

6.1 Einführung

Der Verzeichnisdienst *Active Directory* stellte die umfassendste Neuerung im (Windows-)Netzwerkbereich dar, die mit den Serverversionen von Windows 2000 eingeführt worden sind. Das alte Domänenmodell von Windows NT wurde dabei einer grundlegenden Erneuerung unterzogen. Damit änderten sich aber auch fast alle Aspekte, die bei der Planung und Umsetzung einer modernen Netzwerkumgebung unter Windows berücksichtigt werden sollten.

Um den neuen Verzeichnisdienst von Microsoft effizient einsetzen und administrieren zu können, sind fundierte Kenntnisse über die zugrunde liegenden Konzepte unerlässlich. Active Directory ist wesentlich mehr als nur eine zentral angelegte und verwaltete Datenbank für Benutzer, Gruppen und Netzwerkressourcen. Erst mit den neuen Anwendungen und Dienstprogrammen, die direkt auf dem Active Directory aufsetzen, lassen sich leistungsfähige und flexible Informationsflüsse für die unternehmensweite Vernetzung schaffen und mit einem verhältnismäßig geringen Aufwand administrieren. Wichtig ist allerdings eine gründliche Planung, die natürlich auch einen fließenden Übergang von bisher eingesetzten Lösungen einschließt. Dieses Kapitel stellt die Konzepte vor, die Active Directory zugrunde liegen.

In Kapitel 12 ab Seite 817 finden Sie alle notwendigen Informationen, um Active Directory einzurichten und zu administrieren.

Administration ab Seite 817

Hinweise zur Migration bestehender Windows NT-Netzwerkstrukturen bekommen Sie in Abschnitt 6.9 *Migration von Windows NT 4* ab Seite 422.

Migration von NT 4 ab Seite 422

6.1.1 Wozu dient ein Verzeichnisdienst?

Je komplexer eine Netzwerkumgebung wird, desto höhere Anforderungen werden an die Verwaltung gestellt. Den einzelnen Benutzer mag dies gar nicht weiter interessieren. Für ihn ist nur wichtig, dass er auf alle Datenbestände und Ressourcen zugreifen kann, die für ihn von Bedeutung sind. Zunächst folgen einige Betrachtungen, aus welcher Motivation heraus Verzeichnisdienste entwickelt worden sind und welche Vorteile diese für die Administration und die Benutzer mit sich bringen.

Peer-to-Peer-Netzwerke

In kleinen Peer-to-Peer-Netzwerken mit einer Handvoll von Computern und Benutzern ist dies recht einfach zu realisieren. Wird auf ein Sicherheitsmodell mit der Notwendigkeit zur Authentifizierung der einzelnen Benutzer verzichtet, so brauchen nicht einmal aufwändige Benutzerdatenbanken gepflegt zu werden. In den Standardeinstellungen der Clientbetriebssysteme Windows XP (Home und Professional) und Windows 2000 Professional ist mittlerweile der »freie« Gastzugang jedoch verschwunden. In kleinen Unternehmen sollten zudem selten die Computer und die Datenbestände frei zugänglich sein, sodass eine Peer-to-Peer-Umgebung ohne zentrale Benutzerdatenbank nur für wenige Netzwerkteilnehmer praktikabel ist.

Abbildung 6.1:
Prinzip eines Peer-to-Peer-Netzwerks

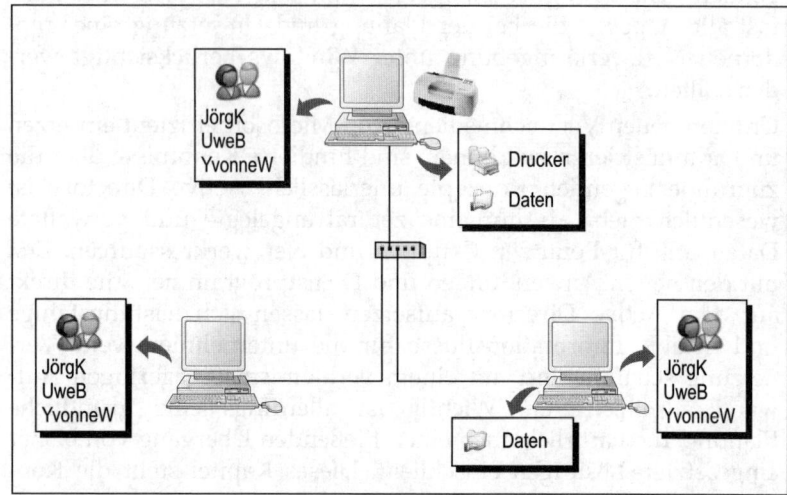

Dezentralisierte Administration

Die Benutzerrechte und die Freigaben von Ressourcen müssen Sie bei dieser Form auf jedem Computer separat verwalten. Bei einer Handvoll Computer ist der Aufwand dabei sicherlich vertretbar. Sie benötigen kein separat zu erwerbendes Serverbetriebssystem, sondern können die Betriebssystem-eigenen Funktionen von Windows benutzen. Sie sind dabei nicht auf eine einzige Windows-Version festgelegt. Sie können zusammen mit Windows XP auch Computer mit Windows 9x/Me, Windows NT oder sogar dem alten Windows for Workgroups 3.11 zu einem kleinen Netzwerk vereinen.

Lokale Benutzerdatenbanken

Auf jedem Computer in so einem Netzwerk muss eine lokale Benutzerdatenbank eingerichtet und gepflegt werden. Das hat auch Auswirkungen auf die Zugriffsrechte. So erhält jeder Benutzer eine völlig eigenständige SID. Über die automatisierten Anmeldemechanismen unter Windows wird dennoch sichergestellt, dass Sie mit dem aktuell angemeldeten Benutzernamen und dem lokal eingegebenen Kennwort auch Kontakt zu einem benachbarten Computer aufnehmen können. Das läuft dann transparent ab, solange dort ein gleichlautendes Benutzerkonto mit identischem Kennwort existiert.

Weitere Informationen

Weitere Informationen zur Peer-to-Peer-Vernetzung unter modernen Windows-Clientbetriebssystemen finden Sie in unseren Büchern:

- *Windows XP Professional*
- *Windows XP Home*
- *Windows 2000 im professionellen Einsatz*

Domänenbasierte Windows-Netzwerke

Unternehmens-Netzwerke werden in der Regel Server-basiert implementiert. Auf einem oder mehreren Servern laufen dann Netzwerkbetriebssysteme, die als wichtigste Verwaltungsinstanz eine zentrale Benutzerdatenbank beinhalten. Hinzu kommen über die Server zentral verwaltete Ressourcen, wie beispielsweise Drucker und Datenbestände.

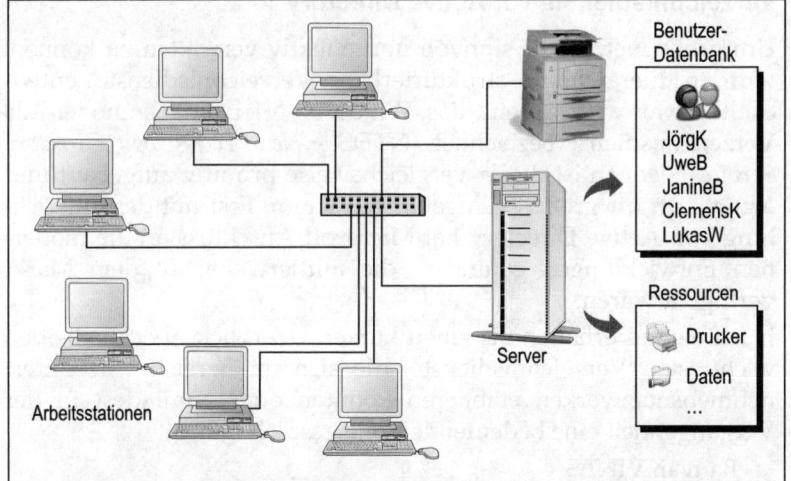

Abbildung 6.2:
Prinzip eines Server-
basierten Netzwerks

Der Vorteil einer solchen Lösung ist die zentrale Administration. In einer einzigen Benutzerdatenbank werden die Daten aller Netzwerkbenutzer geführt. Neben Benutzernamen und anderen Daten zur Person sind hier das Kennwort sowie die Benutzerrechte hinterlegt. Damit lassen sich sehr sichere Netzwerke realisieren, in denen die einzelnen Benutzer nur genau die Daten beziehungsweise Ressourcen nutzen können, für die sie die entsprechenden Berechtigungen haben.

Vorteil: Zentrale Administration und Datenhaltung

Die zentral gehaltenen Daten auf Servern können wesentlich sicherer vor unbefugtem Zugriff geschützt werden als Daten auf einem normalen PC in einem Heim- oder Büroumfeld. Das fängt schon bei der sicheren Unterbringung in einem speziell geschützten Serverraum an. Die Datensicherung kann ebenfalls zentral und automatisiert direkt an den Servern durchgeführt werden.

Hohe Sicherheit möglich

Server-basierte Windows-Netzwerke werden über *Domänen* strukturiert. Dabei fungieren ein oder mehrere Server als *Domänencontroller*, welche die Benutzerdatenbank führen. Unter Windows NT war das Domänenmodell vergleichsweise einfach und flach gehalten. Es gab nur eine einzige Darstellungsform für die Benutzerda-

NT-Domänenmodell

tenbank, die mit einer steigenden Anzahl von Benutzerkonten immer unübersichtlicher wurde. Eine Strukturierung zur Vereinfachung und für mehr Übersichtlichkeit war nur mit mehreren Domänen realisierbar, was allerdings neue Herausforderungen mit sich brachte. Jeder, der sich schon einmal mit dem Anlegen und Pflegen von Vertrauensstellungen zwischen NT-Domänen beschäftigt hat, wird uns dies bestätigen können. Eine große Anzahl von Benutzerkonten und Ressourcen war zwar in einer NT-Domänenumgebung realisierbar, jedoch war hier scheinbar mit »Skalierbarkeit« auch die proportionale (oder überproportionale?) Erhöhung des Administrationsaufwands gemeint.

Verzeichnisdienste vor Active Directory

Um große Netzwerke sinnvoll und effektiv verwalten zu können, wurden hierarchisch strukturierbare Verzeichnisdienste entwickelt. Zwar wird bereits das Windows NT-Domänenmodell als Verzeichnisdienst bezeichnet (NTDS - *New Technology Directory Services*), jedoch ist dieser vergleichsweise primitiv aufgebaut und eignet sich für größere Umgebungen kaum. Erst mit der Entwicklung von Active Directory hat Microsoft Anschluss an die modernen Entwicklungen gefunden, die mittlerweile auf dem Markt verfügbar waren.

Nachfolgend erhalten Sie einen kurzen Überblick über die beiden wichtigsten Verzeichnisdienste, die sich im Bereich von Unternehmensnetzwerken etablieren konnten oder zumindest in der Vergangenheit eine bedeutende Rolle gespielt haben:

Banyan VINES

- Banyan VINES

  Ein Vorreiter auf dem Gebiet der Verzeichnisdienste war die mittlerweile vom Markt verschwundene Firma Banyan. Deren Produkt VINES (*Virtual Networking System*), verfügbar seit Anfang der neunziger Jahre des letzten Jahrhunderts, ist speziell nach den Anforderungen entwickelt worden, die Administratoren und Benutzer an große Netzwerke gestellt haben. Neben ausgefeilten Verwaltungswerkzeugen war beispielsweise sehr früh eine unternehmensweite Kommunikation über ein eigenes Mailsystem möglich.

  Grundlage von VINES bildet ein *StreetTalk* genanntes Namenssystem, welches nach dem X.500-Standard aufgebaut ist. Über das Banyan-eigene Protokoll VINES/IP erfolgt die Kommunikation im Netzwerk, alternativ kann auch LDAP eingesetzt werden.

  Nach anfänglichen Erfolgen bei großen Kunden konnte sich Banyan jedoch am Markt nicht durchsetzen. Zunehmend wurde von anderen Anbietern wie Novell oder Microsoft Druck ausgeübt, da diese ihre anfangs für kleinere Umgebungen entwickelten Netzwerkbetriebssysteme weiterentwickelten und für große Netzwerke ebenfalls einsatzfähig machten.

Banyan versuchte durch Öffnung gegenüber anderen System-welten dem zunehmenden Druck standzuhalten. VINES, als ei-genständiges Betriebssystem mit UNIX-Kern entwickelt, wurde auf andere UNIX-Derivate portiert und als offenes *Enterprise Networking Services* (ENS) vermarktet. StreetTalk wurde auch als separates Produkt angeboten, mit welchem andere Netz-werkbetriebssysteme zu Verzeichnisdiensten aufgerüstet wer-den konnten.

Letztlich halfen alle Maßnahmen nicht, das Unternehmen mit VINES wieder in die Gewinnzone zu bringen. Nach einigen Neuausrichtungen und Umstrukturierungen, unter anderem in den Bereichen Netzwerk- und Internet-Dienstleistungen, ist im Jahre 2000 der Firmenname Banyan vom Markt verschwunden. Die zuletzt *Banyan Wordwide* genannte Firma wurde *Epresence*. Weitere Informationen finden Sie auf deren Website:

```
http://www.epresence.com/
```

- Novell Directory Services

  Novell NDS

  Der Netzwerkpionier bei LANs, Novell, hatte bis Anfang der neunziger Jahre einen Marktanteil von mehr als 70% bei kleinen und mittleren Unternehmensnetzwerken erreicht. 1993 wurde die Version 4 von Novell Netware vorgestellt, die erstmals mit dem neu entwickelten eigenen Verzeichnisdienst NDS (*Novell Directory Services*) aufwartete. Nach einigen Startschwierigkei-ten konnten sich die NDS gut etablieren.

  Seit Mitte der neunziger Jahre verliert Novell immer mehr Marktanteile. Bei kleinen und mittleren Netzwerken bekommt das Unternehmen zunehmend die Konkurrenz anderer Anbie-ter zu spüren. Es sind vor allem die aufkommenden LINUX-Server und Windows NT, die Novell Marktanteile abnehmen.

  Inzwischen führt Novell mehr und mehr ein Nischendasein und kämpft ums Überleben. Daran konnten auch verschiedene Versuche nichts ändern, wie beispielsweise das Anbieten der NDS als separates Produkt für andere Systemwelten (UNIX, Windows NT) oder die Einführung des Meta-Verzeichnissys-tems *eDirectory*. Mit der Verfügbarkeit von Active Directory und dem aggressiven Marketing von Microsoft wird den NDS der Weg in die Windows-Netzwerkwelt immer mehr verbaut.

6.1.2 Die Protokolle X.500 und LDAP

Bei modernen Verzeichnisdiensten wird immer wieder Bezug auf die Protokolle X.500 und LDAP genommen. In diesem Abschnitt finden Sie eine Einführung zu diesen Protokollen. Der Administra-tor wird allerdings in der Praxis nur selten damit konfrontiert. Allenfalls Kenntnisse zu LDAP können bei der Integration heterogener Systemwelten in Active Directory für den Praktiker hilfreich sein.

Standards

X.500-Directory-Service (in der Kurzform X.500-DS oder X.500 genannt) ist der ISO/OSI-Standard für einen Verzeichnisdienst. Dieser bildet die Grundlage für den Aufbau moderner Verzeichnisdienste.

X.500-Normen

Es gibt im Umfeld der X.500-Spezifikation weitere Normen, von denen die wichtigsten nachfolgend aufgeführt sind:

- X.500

  Vorgaben für die Konzepte, das Modell und die Dienste eines standardisierten Verzeichnisdienstes

- X.501

  Beschreibung des eingesetzten Informationsmodells

- X.509

  Sicherheitsaspekte

- X.511

  Abstrakte Dienste-Spezifikation

- X.518

  Prozeduren der verteilten Verzeichnisoperationen

- X.519

  Protokoll-Spezifikationen

- X.520

  Festlegung der Attributtypen

- X.521

  Festlegung der Objektklassen

- X.525

  Vorgaben zum Konzept der Replikationen

X.500-Grundelemente

Objektklassen und Attribute

Jeder Eintrag im Verzeichnis wird einer *Objektklasse* zugeordnet, welche die Art des Objektes beschreibt. Mit der Zuordnung zu einer Objektklasse werden jeweils bestimmte *Attribute* festgelegt. Ein Attribut besteht aus dem *Attributtyp* und kann mit einem oder mehreren *Attributwerten* belegt werden.

Schema

X.500 definiert die erlaubten Objektklassen und Attributtypen als so genanntes *Schema*, wobei dieses nicht starr ausgelegt ist. Erweiterungen des Schemas sind demnach zulässig, wodurch eine maximale Flexibilität gesichert ist.

Hierarchie

Die Einträge sind im Verzeichnis in einer baumartigen Hierarchie angeordnet, welche mit DIT (*Directory Information Tree*) bezeichnet wird. Dessen Struktur ist übrigens ebenfalls im Schema festgelegt. Unterhalb der Wurzel (*root*) sind gemäß X.500 die Länder positioniert (USA, Deutschland etc.). Darunter befinden sich wiederum die Organisationen. Dies können beispielsweise Universitäten oder Forschungseinrichtungen sein. Unterhalb der Organisationen sind weitere Untergliederungen in so genannten Container-Objekten möglich, wie die nach Abteilungen. Diese Objekte können, wie der Name deutlich macht, weitere Objekte aufnehmen. Das können Einträge zu Personen (*Benutzerkonten*) oder zu anderen Objekten (*Ressourcen*) sein.

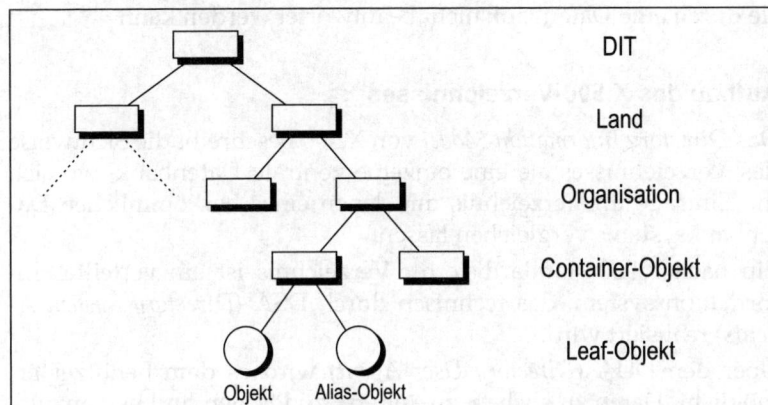

Abbildung 6.3: Directory Information Tree unter X.500

Für jeden Eintrag im Verzeichnis gibt es einen global eindeutigen Namen, den DN (*Distinguished Name*). Der DN ist wie das Verzeichnis hierarchisch aufgebaut. Er besteht aus einer geordneten Sequenz von relativen Namenskomponenten, den RDN (*Relative Distinguished Names*). Die letzte Namenskomponente ist Teil des Eintrags. Das Präfix ergibt sich aus der Position des Eintrags im Verzeichnis. Der RDN ist somit immer aus einem Attributtyp und einem Attributwert zusammengesetzt. **Distinguished Name**

Mit dem RDN, der im Namensattribut des Eintrags gespeichert wird, ist ein sehr einfacher Zugriff möglich. Im Gegensatz dazu gibt es noch einen global eindeutigen Namen, der sich aus den RDNs der übergeordneten Einträge und dem RDN des jeweiligen Eintrags zusammensetzt. Vor den einzelnen RDNs steht jeweils das Zeichen @ oder ein Komma oder Punkt. Trägt beispielsweise die Organisation den Namen COMZEPT, die sich wiederum in DEUTSCHLAND befindet, und soll Bezug genommen werden auf den Benutzer KRAUSE, so lautet der Pfad zu dem Objekt KRAUSE wie folgt: **RDN**

```
DEUTSCHLAND@COMZEPT@KRAUSE
```

Um den Benutzer von unnötigem Aufwand zu entlasten (Einprägen und Eintippen der langen Adressen) wurde das Konzept des *User friendly naming* (UFN) entworfen (RFCs 1781 und 3494). **UFN**

Informationen schnell finden

Das Verzeichnis ist so ausgelegt, dass die Suche nach Informationen möglichst effektiv und damit schnell funktionieren kann. Dabei wird durch die Art der Speicherung im hierarchischen System stets eine hohe Datenkonsistenz gewährleistet. Alle Informationen können eineindeutig abgelegt werden. Das erleichert natürlich auch die Pflege von Datenbeständen. Änderungen müssen nur an einer einzigen Stelle vorgenommen werden.

Verteilte Speicherung

Dennoch ist das Verzeichnis kein monolithisches Gebilde, sondern kann verteilt über mehrere Datenbanken geführt werden. Dabei wird eine Anfrage im gesamten Verzeichnis weitergeleitet, wenn sie durch eine Datenbank nicht beantwortet werden kann.

Aufbau des X.500-Verzeichnisses

Das *Directory Information Model* von X.500 beschreibt die Sichtweise des Verzeichnisses als eine einzelne zentrale Datenbank, wo sich die Einträge im Verzeichnis mit denen eines herkömmlichen Datenbanksystems vergleichen lassen.

DSA

Ein nach X.500 standardisiertes Verzeichnis ist ein verteiltes Informationssystem, das technisch durch DSA (*Directory System Agents*) realisiert wird.

DUA

Über den DUA (*Directory User Agent*) wird es dem Benutzer ermöglicht, Daten zu suchen, zu ändern, zu löschen und neu anzulegen. Dabei wird das DAP (*Directory Access Protocol*) eingesetzt.

Abbildung 6.4:
DUA und DSA

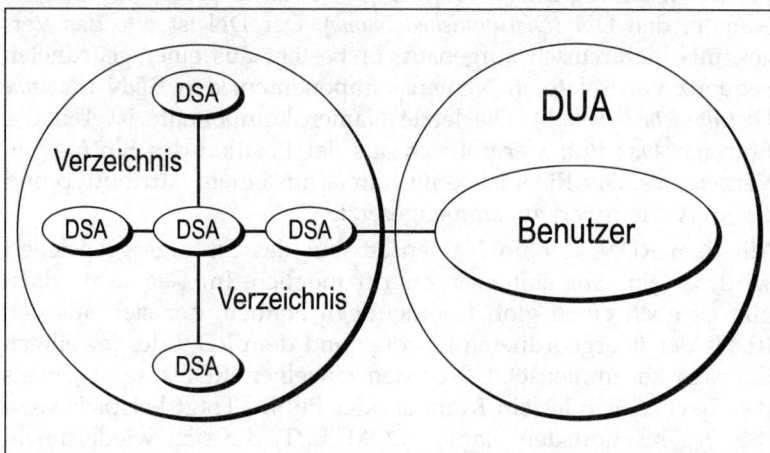

DSP

Kann ein DSA eine an ihn gestellte Anfrage nicht beantworten, leitet er die Anfrage mittels DSP (*Directory System Protocol*) an einen kooperierenden DSA weiter. Kann der kooperierende DSA die Anfrage ebenfalls nicht beantworten, kontaktiert der erste DSA wiederum einen anderen DSA, um die Informationen zu erhalten. Schlägt auch dies fehl, wird eine entsprechende Fehlermeldung zurückgegeben. Dieser Prozess wird mit *Chaining* bezeichnet.

Über DISP (*Directory Information Shadowing Protocol*) wird in X.500 **DISP**
ein vollständiges Replikationsmodell bereitgestellt. Die Replikation
funktioniert grundsätzlich in zwei Richtungen: Daten können e-
benso an andere DSAs weitergegeben werden, ebenso wie Kopien
von Daten anderer DSAs bezogen werden können.

Das X.500-Verzeichnis verhält sich nach außen wie eine riesige
verteilte Datenbank. Dennoch unterscheidet sich das X.500-Kon-
zept grundlegend von dem Konzept relationaler Datenbanken.
Während in einer relationalen Datenbank alle Daten in Tabellen
verwaltet werden, sind die Informationen im Verzeichnis strukturierte Datentypen (Einträge), die innerhalb einer Baumstruktur
miteinander verbunden sind. Der Zugriff bzw. die Abfrage der
Daten geschieht bei einer relationalen Datenbank mittels der Abfragesprache SQL (*Structured Query Language*). In einem Verzeichnis erfolgt der Zugriff verbindungsorientiert. Darüber hinaus
können die Daten in einer relationalen Datenbank zwar verteilt
verwaltet werden, einzelne Teile davon bilden aber kein eigenständiges, abgeschlossenes System, das für sich allein stehen könnte. Dies muss aber beim Verzeichnis auf jeden Fall gewährleistet
sein.

Zugriff auf X.500-Daten

Es gibt unterschiedliche Möglichkeiten für den Zugriff auf Infor- **Datenzugriff**
mationen im X.500-Verzeichnis. Zur Abfrage des Verzeichnisses
müssen Anwendungen entsprechende Schnittstellen aufweisen,
deren Implementierung und Anwendung allerdings recht komplex
ausfallen können.

Ein einfacher Zugriff ist aber auch mit dem Programm FINGER **Finger**
möglich, welches in allen Unix-Derivaten und den modernen
Windows-Betriebssystemen verfügbar ist. So kann mit einer Anweisung ein Objekt im X.500-Verzeichnis gesucht werden:

```
finger joerg.krause@comzept.de
```

Wenn Sie nur einen Teil des Namens angegeben, werden alle Ob-
jekte gesucht und angezeigt, auf welche die Angabe zutrifft. Eine
Syntaxbeschreibung zu FINGER finden Sie in Abschnitt 13.9
Kommandozeilen-Tools für TCP/IP ab Seite 1052.

Alternativ können Sie in einem X.500-Verzeichnis mit dem Infor- **Gopher**
mationssystem *Gopher* navigieren. Gopher ist allerdings veraltet
und spielt in der Praxis kaum noch eine Rolle.

Eine komplette X.500-Kommandozeile stellt *Dish* dar. Dish steht **Dish**
für *Directory Interface Shell* und erlaubt über spezielle Kommandos
den Zugriff auf das Verzeichnis.

FRED steht für *FRont End Directory* und ist ebenfalls ein zeilenori- **FRED**
entiertes X.500-Clientprogramm.

Sicherheit und Datenschutz

X.500 enthielt bis 1993 noch kein umfassendes und geschlossenes Sicherheitskonzept, sondern war lediglich auf die Authentifizierung beschränkt. Im 93er-Standard wurde dieses Manko behoben. Die Sicherheitskonzeptionen umfassen nun folgende Bereiche:

* Authentifizierung
* Verschlüsselung
* Zugriffsschutz

Authentifizierung Mit der Authentifizierung, auch *Prinzip der Echtheit* genannt, soll sichergestellt werden, dass ein Benutzer, der sich unter einem Namen im System anmeldet, auch wirklich dieser Benutzer ist und sich nicht für einen anderen ausgibt. Somit müssen alle Instanzen im System eindeutig sein und verlässlich identifiziert werden. Es gibt drei Sicherheitsstufen:

* Keine Authentifizierung

  Damit ist natürlich keine Sicherheit auf Benutzerebene gegeben. Dies wird dort eingesetzt, wo es auf eine Authentifizierung nicht ankommt und Inhalte beispielsweise allen zugänglich sein sollen.

* Einfache Authentifizierung

  Die Prüfung der Identität erfolgt über die Eingabe einer Kombination aus Benutzernamen und Kennwort. Das Kennwort ist im Attribut *UserPassword* definiert und steht für Organisationen, Organisationseinheiten und Personen zur Verfügung.

* Strenge Authentifizierung

  Die Prüfung der Identität erfolgt mit Hilfe von Schlüsselpaaren eines asymmetrischen Kodieralgorithmus. Dazu wird eine PKI (*Public Key Infrastructure*) benötigt. Weitere Informationen finden Sie in Abschnitt 9.6 *Public Key Infrastructure (PKI)* ab Seite 534.

Verschlüsselung Die Integrität der übermittelten Daten wird mit einer zuverlässigen Verschlüsselung (auch *Kryptographie* genannt) sichergestellt. Hierbei kommen ebenfalls asymmetrische Kodierungsverfahren zur Anwendung.

Zugriffsschutz Zur Steuerung der Zugriffsrechte auf die Objekte im Verzeichnis gibt es Zugriffssteuerlisten (ACL - *Access Control List*). In diesen ist zu den jeweiligen Benutzern verzeichnet, welche Zugriffsrechte diese besitzen. Die Zugriffsrechte können gewichtet sein. Ein Eintrag in einer ACL kann somit einen Eintrag in einer anderen ACL außer Kraft setzen.

Lightweight Directory Access Protocol (LDAP)

Für den Zugriff auf X.500 ist ursprünglich das DAP (*Directory Access Protocol*) entwickelt worden. Allerdings ist eine komplette

X.500-Umsetzung eines Verzeichnisdienstes einschließlich der Beschränkung auf DAP-Clients sehr aufwändig zu implementieren und war Anfang der 90er Jahre kaum zu vertretbaren Kosten zu realisieren. So kam es zur Entwicklung einer einfacher zu handhabenden Alternative: LDAP. Das Protokoll kann als Abbildung des DAP auf eine einfache, den verwandten Protokollen SMTP oder FTP ähnliche Struktur verstanden werden.

Mit der Version LDAPv3 erfolgt die Loslösung von X.500 als Protokollbasis. Damit wurden die Einsatzmöglichkeiten von LDAP deutlich erweitert, beispielsweise für den Zugriff auf Fremdverzeichnisse beziehungsweise auf andere, nicht X.500 basierende Dienste wie das Microsoft Exchange-Verzeichnis[10]. **LDAPv3**

LDAPv3 ist vor allem in den RFCs 2251 und 3377 spezifiziert und umfasst unter anderem die folgenden Neuerungen: **RFCs 2251, 3377**

- Unterstützung von nicht-Standard LDAP-Operationen, die via LDAP vom Server angefordert werden können
- Erweiterung der LDAP-Funktionalität auf Server- und Client-Seite über Kontrollelemente
- Zur Authentifizierung stehen die SASL (*Simple Authentification and Security Layer*) zur Verfügung.
- Mit DSE (*DSA-Specific Entries*) können Informationen über den jeweiligen Server (Protokollversion, Kontrollelemente, Namenskontext, Verzeichnisschema etc.) abgefragt werden.
- Attributwerte und DN (Distinguished Names) sind über die Verwendung des ISO 10646-Zeichensatzes internationalisiert worden.

Weiterhin steht ein LDAP-URL-Format zur Nutzung von LDAP-Protokollaufrufen aus Browsern zur Verfügung. **LDAP-URL**

Hinzu kommen besondere Funktionen zur Implementierung eines Verzeichnisdienstes, die durch LDAPv3 unterstützt werden: **Weitere wichtige Funktionen**

- Caching
- Multimaster Replikation und LDAP Replikation
- Verwaltung von Informationen über die Partitionierung des DIT
- Zugriffsschutz
- LDAP-basiertes Routing von SMTP-Nachrichten
- SMTP-Mailinglisten und Aliase über LDAP
- Einbettung von LDAP-APIs in Java und C

Zwischen LDAPv2 und LDAPv3 besteht eine weit gehende Kompatibilität. Dies erstreckt sich sogar in einem begrenzten Umfang auf eine *Aufwärtskompatibilität*. So können mit LDAPv2 Informati- **Kompatibilität**

---

[10] Mit Exchange 2000 erfolgte die Integration des Exchange Verzeichnisses in Active Directory.

onen in LDAPv3-Verzeichnissen genutzt und gepflegt werden – hier natürlich beschränkt auf die Möglichkeiten, die der Protokollumfang von LDAPv2 bietet.

6.2 Aufbau des Active Directory

Als Nachfolger des NT-Domänenmodells wurde Active Directory von Microsoft erstmals mit der Windows 2000-Serverfamilie eingeführt. In diesem Abschnitt geht es zunächst um die wesentlichen Bestandteile dieses Verzeichnisdienstes.

6.2.1 Überblick

Aus den folgenden Komponenten ist das Active Directory aufgebaut:

Verzeichnis

- Verzeichnis

  Im Verzeichnis, auch *Verzeichnisdatenbank* oder *Directory Information Tree (DIT)* genannt, sind alle Objekte (Verzeichnisinformationen) abgelegt. Dabei ist diese Datenbank so konzipiert, dass sie auch verteilt im Netzwerk gehalten werden kann und bei Bedarf bis zu mehrere Millionen Objekte verwalten kann.

Schema

- Schema

  Das Schema bestimmt die Eigenschaften (Attribute) und grundlegenden Objektstrukturen, welche im Verzeichnis gespeichert werden können. Objekte können Benutzer, aber auch Gruppen oder andere Organisationseinheiten sein. Attribute sind beispielsweise die E-Mail-Adresse oder die Telefonnummer eines Benutzers.

  Das Schema ist dabei nicht von vornherein festgelegt, wie das beispielsweise bei der Windows NT-Benutzerverwaltung der Fall ist, sondern kann erweitert werden. Somit können jederzeit neue Attribute definiert werden, die dann einzelnen Objekten zugewiesen werden können und nach denen auch das Verzeichnis durchsucht werden kann.

Replikation

- Replikationsdienst

  Bei einer höheren Menge an zu verwaltenden Objekten macht es Sinn, die Verzeichnisdatenbank ganz oder teilweise auf mehrere Server zu verteilen. Damit wird durch Redundanz eine höhere Ausfallsicherheit erreicht sowie das Antwortverhalten verbessert. Ein Benutzer wird so beispielsweise bei der Anmeldung durch einen Server authentifiziert, der sich physisch in der Nähe befindet. Trotzdem kann der Datenbestand in der Verzeichnisdatenbank ebenfalls in einem großen Netzwerk, welches sich auch über Datenfernverbindungen erstrecken kann, konsistent gehalten werden. Fällt ein Server aus, führt das nicht unweigerlich zum Stillstand des Systems, sondern die Authentifizierungen erfolgen einfach beim nächsten Server.

Der Replikationsdienst sorgt dafür, dass die verteilte Speicherung der Verzeichnisdatenbank im gesamten Netzwerk über mehrere Server realisiert werden kann.

* Globaler Katalog

  Globaler Katalog

  Der globale Katalog stellt einen Index über die wichtigsten Informationen zu den Objekten im Active Directory dar. Damit wird eine komfortable und leistungsfähige Suchfunktion realisiert.

* Sicherheitskonzepte

  Sicherheit

  Für die Regelung der Zugriffsrechte auf die Objekte im Active Directory gibt es integrierte Sicherheitskonzepte. Diese beginnen mit der korrekten und sicheren Authentifizierung und reichen bis zur Zuordnung der Rechte für einzelne Objekte und den sicheren Informationsaustausch im Active Directory.

Diese Komponenten werden in den folgenden Abschnitten näher erläutert.

6.2.2 Verzeichnis

Bei dieser Datenbank, auch Verzeichnisdatenbank oder *Directory Information Tree* (DIT) genannt, handelt es sich um eine spezielle Form einer relationalen Datenbank. In dieser werden ausschließlich Verzeichnisinformationen gehalten. Sie ist so ausgelegt, dass auch eine sehr hohe Anzahl an Objekten gespeichert werden kann. Das Antwortverhalten (Performance) bleibt dabei trotzdem – eine gute Planung und technische Umsetzung vorausgesetzt – sehr gut.

DIT

Die Grundlage des Verzeichnisses im Active Directory bildet das Datenmodell des X.500-Standards (siehe Abschnitt 6.1.2 *Die* Protokolle X.500 ab Seite 325). Dieser beschreibt den grundsätzlichen Aufbau von Verzeichnisdiensten und wurde bereits 1988 verabschiedet. Microsoft orientierte sich bei der Entwicklung des Active Directory an diesem Standard, setzte ihn aber nicht vollständig um und implementierte teilweise eigene, proprietäre Erweiterungen. Begründet wird dies damit, dass eine reine X.500-Umsetzung eines Verzeichnisdienstes zu komplex und damit nicht marktfähig geworden wäre.

Grundlage ist X.500

Die teilweise Etablierung proprietärer Technologien im Active Directory führt aber nicht zu Inkompatibilitäten oder Nachteilen für den Administrator oder Benutzer. Es konnten im Gegenteil so bestimmte Prozessabläufe, wie beispielsweise die Replikation des Verzeichnisses innerhalb des Active Directory, leistungsfähiger und besser anpassbar umgesetzt werden.

Zugriff über LDAP

Abbildung 6.5:
Directory Informa-
tion Tree unter
Active Directory

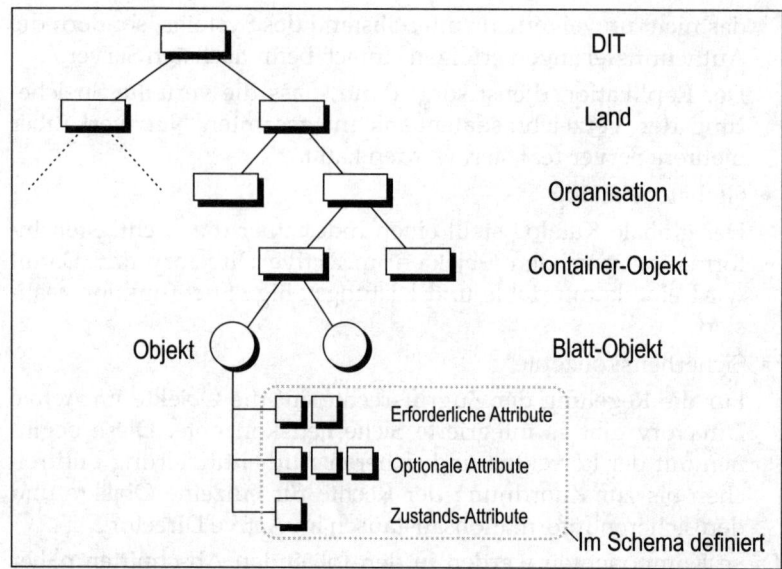

Als Zugriffsprotokoll dient nicht gemäß X.500 das DAP (*Directory Access Protocol*), sondern die praxistauglichere Variante LDAP (*Lightwight Directory Access Protocol*). Weitere Informationen finden Sie dazu in Abschnitt 6.1.2 *Die Protokolle X.500 und LDAP* ab Seite 325.

6.2.3   Schema

Flexibel erweiterbar   Das Verzeichnisschema beschreibt genau, wie Objekte und deren Eigenschaften im Verzeichnis gespeichert werden können. Das flexible Schema im Active Directory ermöglicht es im Bedarfsfall, existierenden Objekten weitere Eigenschaften hinzuzufügen oder gar zusätzliche Objekttypen zu definieren.

Dadurch eröffnen sich neue Möglichkeiten, denn eine Anwendung wie Microsoft Exchange (ab Exchange 2000) braucht somit keine eigene Benutzerdatenbank mehr. Es findet eine Erweiterung des Schemas um entsprechende Objekte für die gewünschte Anwendung statt.

Einheiten des Schemas   Die Einheiten eines Verzeichnisschemas werden im Active Directory wie folgt eingeteilt:

- Klassen
- Attribute
- Attribute der Klassen

Alle Objekte werden normalerweise aus Klassen abgeleitet. Damit es nicht zu kompliziert wird, wird bei der Installation des Active Directory ein Beispiel-Schema erzeugt.

Eine wichtige Einschränkung gilt es zu beachten: Einmal definierte Klassen und Attribute eines Schemas können Sie nicht wieder löschen. Statt dessen besteht die Möglichkeit, die betroffenen Schemenobjekte zu deaktivieren.

Als Administrator können Sie nicht ohne weiteres Klassen und Attribute hinzufügen. Sie benötigen dazu eine eindeutige *Objektkennung (X.500-OID)*, welche sich nur über entsprechend zertifizierte Organisationen beziehen lässt. Weitere Hinweise zur Erweiterung des Schemas erhalten Sie in der Online-Hilfe.

6.2.4 Replikationsdienst

Um eine hohe Verfügbarkeit und Performance auch bei einem umfangreichen Active Directory zu gewährleisten, können Teile desselben oder das gesamte Verzeichnis auf mehrere Server repliziert werden. Die Anmeldung und der Zugriff eines Benutzers können so am nächsten physischen Server erfolgen. Damit wird ein schnelles Antwortverhalten des Netzwerks garantiert. Fällt hingegen ein Server aus, kommt es nicht zwangsläufig zum Stillstand im Netzwerk. Der nächste verfügbare Server stellt die reibungslose Authentifizierung und den Zugriff der Benutzer sicher. **Verfügbarkeit und Performance**

Hinzu kommt, dass Änderungen im Active Directory von jeder Stelle aus im Netzwerk möglich sind. Dabei spielt der physische Standort keine Rolle. So kann es für ein großes Netzwerk, welches sich über mehrere geografische Standorte erstreckt, wichtig sein, dass der entsprechende Administrator Änderungen an Benutzer- oder anderen Objekteinträgen direkt dort vornehmen kann, wo er sich aufhält (beispielsweise in der Firmenzentrale). Die Änderungen müssen dann schnell und sicher im gesamten Active Directory bekannt gemacht werden **Einfachere Administration**

Die Server, die im Netzwerk die verteilte Verzeichnisdatenbank halten, werden *Domänencontroller* genannt. Im Gegensatz zum Vorgänger NT wird hierbei nicht mehr zwischen primären und Sicherungsdomänencontrollern unterschieden, sondern die Domänencontroller sind gleichrangig. Im Active Directory wird für den Datenaustausch der Verzeichnisänderungen zwischen den Domänencontrollern die *Multi-Master-Replikationsmethode* angewandt. Dadurch können Änderungen an jedem Domänencontroller des Active Directory vorgenommen werden, welche dann automatisch auf alle anderen Domänencontroller repliziert werden. Auf konkrete Aspekte bei der Planung und Umsetzung der Verzeichnisreplikation wird in Abschnitt 6.4.4 *Replikation* ab Seite 350 eingegangen. **Domänencontroller**

6.2.5 Globaler Katalog

Ausgewählte Attribute

Um eine schnelle Suche im gesamten Verzeichnis zu ermöglichen, werden ausgewählte Attribute von allen Objekten des Active Directory im globalen Katalog erfasst (partielle Replikation). Das können auch die Objekte aus mehreren Domänen sein. So lassen sich Suchfunktionen domänenübergreifend einsetzen und schnelle Ergebnisse sicherstellen. Neben den festen Standardattributen können durch den Administrator weitere Attribute zur Indizierung durch den globalen Katalog festgelegt werden. Voraussetzung ist dabei das Recht des Administrators, das Schema des Active Directory anpassen zu können.

Katalog-Dienst

Der globale Katalog-Dienst wird auf bestimmten Domänencontrollern ausgeführt, die auch *Katalogserver* oder *Global Catalog Server* (*GC Server*) genannt werden. Der erste eingerichtete Domänencontroller einer Domäne wird übrigens standardmäßig zum Katalogserver bestimmt. Sie können dies nachträglich anpassen, wobei als Empfehlung gilt, dass pro Standort ein Katalogserver existieren sollte.

Standorte ohne Katalogserver

Allerdings kann es nicht immer sinnvoll sein, pro Standort einen Katalogserver zu betreiben. Inbesondere bei schmalbandigen beziehungsweise teuren Verbindungen in größeren Netzwerken kann die notwendige Replikation zwischen den Katalogservern vermieden werden, wenn stattdessen ein Caching bestimmter Informationen im Standort stattfindet. Dies ist allerdings erst mit Windows Server 2003 möglich und kann gezielt beeinflusst werden.

Administration ab Seite 835

Lesen Sie in Abschnitt 12.2.1 *Anpassung des globalen Katalogs* ab Seite 835, wie Sie globale Katalogserver einrichten und verwalten können. Auf die planerischen Aspekte, die dem vorausgehen sollten, wird unter anderem im nachfolgenden Abschnitt eingegangen.

6.3 Logische Struktur des Active Directory

Mit einem Verzeichnisdienst wie Active Directory lassen sich komplexe Organisationsstrukturen abbilden. Theoretisch kann diese sogar exakt der Unternehmensstruktur folgen. Allerdings ist das nicht uneingeschränkt zu empfehlen. In den nachfolgenden Abschnitten finden Sie grundlegende Informationen dazu sowie Empfehlungen, wie Sie die richtige Struktur Ihres Verzeichnisses finden können.

6.3.1 Überblick

Im Active Directory werden die wesentlichen IT-Ressourcen im Unternehmen erfasst. Das sind unter anderem Benutzerkonten,

Dateien, Drucker oder auch Richtlinien für die Verwaltung derartiger Objekte. Die Objekte können dabei hierarchisch strukturiert und zu organisatorischen Einheiten zusammengefasst werden. So lassen sich Unternehmensstrukturen wie Arbeitsgruppen, Abteilungen oder ganze Bereiche erfassen.

Die folgenden Elemente werden in den nachfolgenden Abschnitten näher vorgestellt: **Die Elemente der logischen Struktur**

- Domäne (*domain*)
- Organisatorische Einheit (*OU – Organizational Unit*)
- Objekte (*objects*)
- Domänenstruktur (*tree*)
- Gesamtstruktur (*forest*)

Diese Elemente werden häufig in der Fachliteratur nur mit den englischen Bezeichnungen verwendet, sodass es von Vorteil ist, wenn Sie diese kennen. Die deutschen Begriffe erscheinen uns jedoch zutreffender und weniger blumig.

Daneben gibt es noch eine physische Struktur, die weitgehend den Gegebenheiten der Infrastruktur folgt. Diese umfasst folgende Elemente: **Physische Struktur**

- Domänencontroller (*domain controller*)
- Globaler Katalog (*global catalog*)
- Standorte (*sites*)

Eine genaue Darstellung und planerische Aspekte finden Sie in Abschnitt 6.4 *Physische Struktur des Active Directory* ab Seite 346.

6.3.2 Domäne

Wer sich mit dem Vorgänger NT Server befasst hat, wird hier eine alte Bekannte wiederfinden – die Domäne. Auch im Active Directory ist diese die Basis für die Bildung von Organisationsstrukturen. Allerdings wurde die Funktionalität der Domäne deutlich erweitert.

Eine AD-Domäne ist nicht mit einer NT 4-Domäne identisch, auch wenn eine solche Konstellation nach einer direkten Migration entstehen kann. Normalerweise benötigt Active Directory weniger – idealerweise nur eine – Domäne gegenüber mehreren unter NT 4.

Weitere Hinweise dazu finden Sie in Abschnitt 6.9 *Migration von Windows NT 4* ab Seite 422.

Der Begriff *Domäne* taucht in verschiedenen Zusammenhängen auf. Dazu kommt noch der englische Begriff *Domain* – auch in verschiedenen Beziehungen. Was womit gemeint ist, legen wir nachfolgend fest: **Domäne – Domain**

Domäne: im Active Directory

- Im Active Directory wird unter *Domäne*[11] Folgendes verstanden:
  - Ein Organisationsinstrument. Jede Domäne hat einen DNS-Namen, unter dem die Objekte gespeichert werden.
  - Eine Authentifizierungseinheit. Um sich anmelden zu können, muss ein Benutzer den Namen der Domäne kennen.
  - Eine Replikationsgrenze. Replikationen laufen nur innerhalb einer Domäne ab.
  - Eine Sicherheitsgrenze. Die Domänengrenze ist eine Grenze für die Wirkung der Richtlinien und Sicherheitseinstellungen.
  - Eine Administrationsgrenze. Die Macht eines Administrators endet normalerweise an der Domänengrenze.

Domain: im Internet

- Als *Domain* bezeichnet man hingegen:
  - Den DNS-Namen einer Domäne
  - Ein bei einem NIC (*Network Information Center*) öffentlich registrierter Name einschließlich einer Toplevel-Domain

Der Domänensuffix .local

Der Domänenname kann, muss aber nicht dem Internet-Domain-Namen entsprechen. Es hat sich mittlerweile eingebürgert, den Active Directory-Domänennamen abweichend vom Domain-Namen so zu bilden, dass anstelle des Toplevel-Domain-Namens (wie .de oder .com) die Endung .local verwendet wird. Damit wird eine saubere Abtrennung vom Internet-Namensraum erreicht, was für die meisten lokalen Netzwerke beabsichtigt ist.

Abbildung 6.6:
Prinzipaufbau einer
Domäne

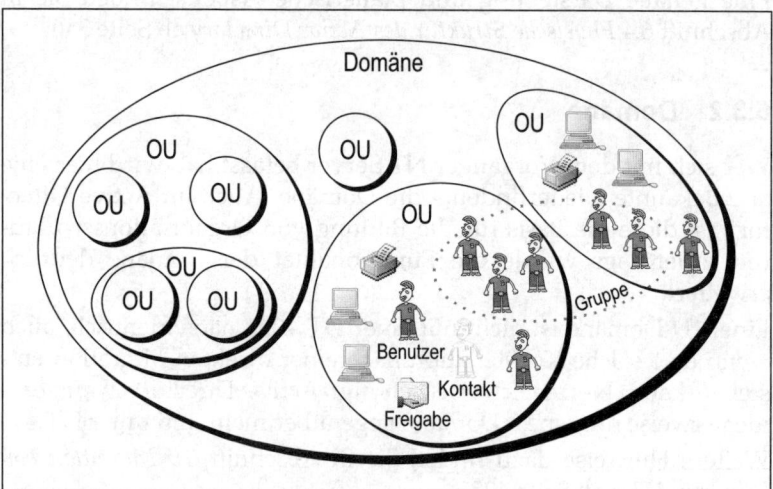

Eine Domäne im Active Directory dient der logischen Gruppierung zusammengehöriger Objekte. Die Anzahl der speicherbaren Objekte ist dabei praktisch unbeschränkt. Eine Domäne kann, wie

---

[11] Administratoren der englischsprachigen Welt haben da weniger Glück bei der Begriffswahl. Dort gibt es nur das Wort »Domain« für alle Formen.

ein Container, weitere Organisationseinheiten in sich aufnehmen, die wiederum Objekte enthalten können.

Alle Objekte einer Domäne sind über einen einheitlichen Namens- **Namenskontext** kontext, der durch den Domänennamen definiert wird, ansprechbar. Der Benutzer KRAUSE in der Domäne COMZEPT-GMBH.LOCAL wird über *krause@comzept.local* angesprochen, entsprechend die Arbeitsstation WXPWS01 mit *wxpws01@comzept.local*. Weitergehende Informationen zum Namenskontext im Active Directory finden Sie in Abschnitt *Namenskonventionen entwerfen* ab Seite 376.

Die Domänengrenze gilt auch als Sicherheitsgrenze. Innerhalb der **Domänengrenze =** Domäne werden die Zugriffsrechte gesteuert. Jede Domäne kann **Sicherheitsgrenze** einen eigenen Domänenadministrator haben, der in anderen Domänen keine Rechte besitzt.

6.3.3 Organisationseinheit

Die Organisationseinheit, meist einfach mit OU (*Organizational* **OU** *Unit*) bezeichnet, ist das wesentliche Strukturierungselement für den Aufbau eines Active Directory. Sie sind Comtainerobjekte, die wiederum andere Objekte oder auch weitere Organisationseinheiten enthalten können. Damit tritt an die Stelle endloser Listen eine hierarchische Struktur. Das ist besonders wichtig, wenn Tausende Objekte verwaltet werden müssen.

Die Struktur der Hierarchie kann sehr vielfältig gestaltet werden, sodass Sie beispielsweise die Organisation eines Unternehmens abbilden können. So oder ähnlich wird die Fähigkeit von Active Directory oft angepriesen. In der Praxis ist es leider nicht so einfach, eine intelligente Struktur zu entwerfen. In diesem Abschnitt erfahren Sie mehr zu den grundlegenden Möglichkeiten der Strukturierung des Verzeichnisses und zur Erleichterung der Administration mit Hilfe von Organisationseinheiten. In Abschnitt 6.5.2 *Planung der Organisationseinheiten* ab Seite 364 finden Sie weiterführende Informationen zur praktischen Umsetzung.

Merkmale von Organisationseinheiten

Organisationseinheiten haben bestimmte Merkmale, die Sie kennen sollten:

- Organisationseinheiten sind Bestandteil einer Domäne.
- Sie sind immer Container-Objekte, enthalten also andere Organisationseinheiten oder Objekte.
- Sie erzeugen die hierarchische Struktur der Domäne.
- Sie können sehr einfach erzeugt, verschoben, verändert oder gelöscht werden.

Aufgrund der hierarchischen Natur können sie ein nahezu voll- **Hierarchische** ständiges Abbild der Organisation Ihres Geschäfts darstellen. Die **Struktur**

Möglichkeit, mit Organisationseinheiten eine Struktur zu entwerfen, verringert die Notwendigkeit, Domänen zur Gliederung einzurichten. Generell sollten Sie mit möglichst wenigen – im Idealfall nur einer – Domäne arbeiten. Organisationseinheiten sind der Schlüssel zu einem einfach zu administrierenden und zugleich leistungsfähigen Verzeichnisdienst.

Dabei muss die Abbildung des Unternehmens nicht den für Menschen geschaffenen Prinzipien folgen, sondern sollte in erster Linie administrativen Erfordernissen unterliegen. Die oft beschworene »Abbildung der Unternehmensstruktur« könnte man besser und praxisnäher als »Abbildung einer *administrierbaren* Unternehmensstruktur bezeichnen«.

Organisationseinheiten eignen sich auch, um untergeordneten Personen die Verwaltung einer gewissen Tiefe der Hierarchie zu übertragen. Sie können also dazu dienen, die Administration besser zu verteilen. Die Verwaltung der Rechte der Organisationseinheiten erlaubt in Kombination mit den *Access Control Lists* (ACL) eine sehr feine Steuerung der Zugriffsmöglichkeiten.

Eigener Namensraum

Organisationseinheiten werden nicht über den DNS-Namensraum angesprochen. Der Zugriff außerhalb der Administrationswerkzeuge kann nur mit Hilfe von LDAP, ADSI oder MAPI erfolgen, mit der Syntax spezieller Programmierschnittstellen. In LDAP wird eine Organisationseinheit mit dem Namen *Einkauf* durch *OU=Einkauf* adressiert.

Objekte in OUs

Organisationseinheiten sind Container

Einige typische Objekte, die in einer Organisationseinheit abgelegt werden können, sind:

- Benutzer
- Computer
- Gruppen
- Drucker
- Software
- Sicherheitsrichtlinien
- Freigegebene Ordner
- weitere Organisationseinheiten

Gründe für neue Organisationseinheiten

Typische Aspekte, eine Organisationseinheit anzulegen, sollten vordergründig folgende sein:

- Delegation der Administration
- Ersatz einer NT 4-Domäne bei einer Migration
- Einführen eines Verwaltungsbereiches für die Softwareverteilung
- Kontrolle und Vereinfachung der Administration durch Zusammenfassung von Objekten

- Begrenzung der Anzahl von Objekten, die zusammen erscheinen
- Erzeugen einer verhältnismäßig stabilen Struktur

6.3.4 Objekte

Das Verzeichnis dient grundsätzlich zur Speicherung von Objekten. Diese Objekte können verschiedene Merkmale und Eigenschaften haben, welche durch das Schema (siehe auch Abschnitt 6.2.3 *Schema* ab Seite 334) bestimmt werden.

Ein wichtiges Unterscheidungsmerkmal von Objekten stellt die Fähigkeit dar, weitere Objekte in sich aufnehmen zu können. Ein grundlegendes Containerobjekt in einem Active Directory ist die Domäne selbst. In dieser können wieder andere Objekte, auch andere Containerobjekte, angelegt werden. Ein weiteres Containerobjekt ist beispielsweise die Organisationseinheit. **Containerobjekte**

Andere Objekte, wie beispielsweise Benutzer oder Drucker, können keine weiteren Objekte enthalten. Diese Objekte werden auch Blattobjekte genannt. **Blattobjekte**

Sie werden aber, wie generell alle Objekte im Active Directory, durch spezifische Eigenschaften, auch Attribute genannt, gekennzeichnet. Ein Attribut eines Benutzers ist beispielsweise dessen Name oder die E-Mail-Adresse.

6.3.5 Domänenstruktur

Für eine stärkere Gliederung eines Active Directory können mehrere Domänen zu einer Domänenstruktur (engl. Original *Tree*) zusammengefasst werden. Eine Domänenstruktur stellt dabei grundsätzlich eine hierarchische Struktur von Domänen dar, die alle einen einheitlichen Namenskontext bilden. In Abbildung 6.7 sehen Sie das Beispiel einer Domänenstruktur für die Domäne COMZEPT-GMBH.DE.

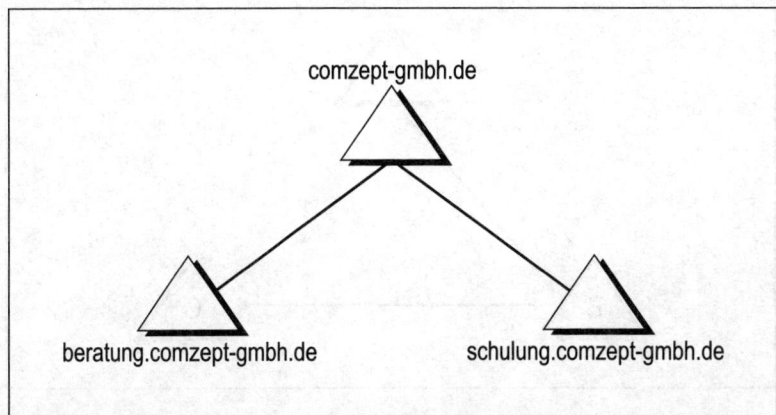

Abbildung 6.7:
Beispiel eines
Domänenbaums

comzept-gmbh.de

beratung.comzept-gmbh.de   schulung.comzept-gmbh.de

Mit der Installation der ersten Domäne wird automatisch die Wurzel einer neuen Domänenstruktur generiert, an der sich hierarchisch gestaffelt weitere Domänen anbinden lassen.

Voraussetzungen

Für die Bildung einer Domänenstruktur müssen die darin enthaltenen Domänen bestimmte Voraussetzungen erfüllen:

Einheitlicher Namenskontext

- Alle in der Domänenstruktur zusammengefassten Domänen müssen einem einheitlichen Namenskontext folgen. Das bedeutet, dass beispielsweise unterhalb einer Domäne COMZEPT-GMBH.DE nur Domänen eingebunden werden können, welche über eine Erweiterung des Domänennamens COMZEPT-GMBH.DE angesprochen werden können (wie beispielsweise BERATUNG.COMZEPT-GMBH.DE).

Gleiches Schema

- Alle Domänen benutzen das gleiche Schema. Damit wird sichergestellt, dass Objekte und Informationen innerhalb des Trees reibungslos austauschbar sind.

Vertrauensstellungen zwischen Domänen

Vertrauensstellungen zwischen Domänen

Für den Zugriff auf Objekte innerhalb des Trees über Domänengrenzen hinweg müssen Vertrauensstellungen zwischen den Domänen definiert werden. Diese Vertrauensstellungen werden über so genannte *2-Wege transitive Kerberos Trusts* realisiert. Das bedeutet, dass grundsätzlich die Vertrauensstellungen in beiden Richtungen zwischen zwei Domänen existieren. Transitivität (Übertragbarkeit) heißt, dass das Vertrauen einer Domäne A zu einer anderen Domäne B sich auch automatisch auf eine Domäne C überträgt, wenn zu dieser gar keine direkte Vertrauensstellung definiert worden ist, aber eine zwischen B und C existiert. In Abbildung 6.8 ist so eine Vertrauensstellung schematisch dargestellt.

Abbildung 6.8: 2-Wege transitive Vertrauenstellungen zwischen Domänen im AD

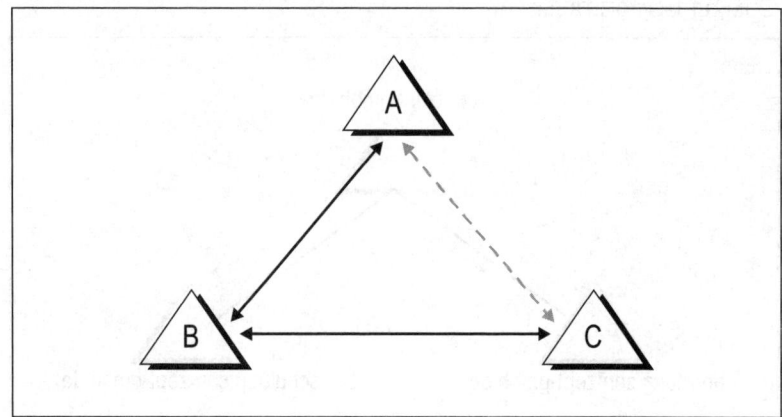

Der Vorteil eines solchen Vorgehens besteht darin, dass nicht un- **Reduzierung des**
nötig viele einzelne Vertrauensstellungen definiert werden müs- **Verwaltungsauf-**
sen. Für die drei genannten Domänen im obigen Beispiel werden **wandes**
so nur zwei Vertrauensstellungen benötigt, bei N Domänen entsprechend nur N-1.

Unter Windows NT konnten nur *1-Weg-non-transitive Vertrauens-* **Windows NT**
stellungen eingerichtet werden. Für die obigen drei Domänen wären das schon sechs zu definierende Vertrauensstellungen
gewesen: A-B; B-C; A-C; B-A; C-B; C-A, bei N Domänen dann entsprechend (N*(N-1)).

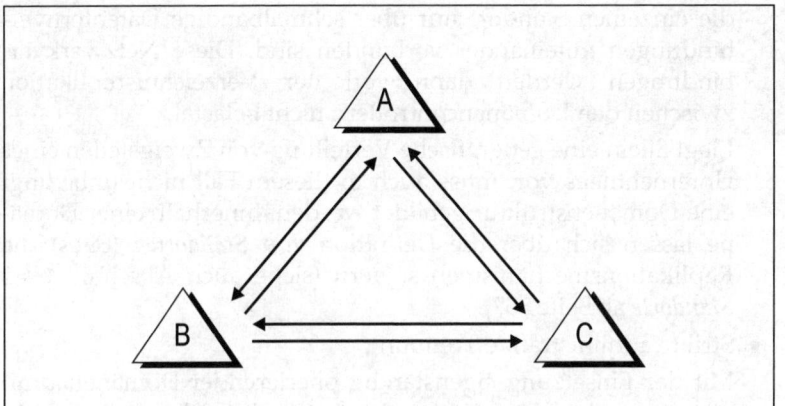

Abbildung 6.9:
1-Weg-non-transi-
tive Vertrauens-
stellungen bei NT

Die Vertrauensstellungen zwischen Domänen eines Trees werden
automatisch bei der Einbindung einer untergeordneten Domäne
erzeugt und über das Kerberos-Protokoll abgewickelt. Damit werden dann alle verfügbaren Netzwerkressourcen allen Domänen im
Tree zur Verfügung gestellt. Rechte können innerhalb des Trees für
die Benutzer und Gruppen domänenübergreifend für alle Objekte
vergeben werden.

Suche in der Domänenstruktur

Für die Suche nach Objekten in einer Gesamtstruktur verfügen alle **Globaler Katalog**
enthaltenen Domänen über einen gemeinsamen globalen Katalog
(siehe auch Abschnitt 6.2.5 *Globaler Katalog* ab Seite 336). Damit
wird eine domänenübergreifende Suchfunktion realisiert, mit der
auch in einem umfangreichen Verzeichnis, welches aus einer hohen Anzahl von Objekten besteht, ein schnelles Finden der gewünschten Information sichergestellt wird.

Vorteile von Domänenstrukturen

Für die Abbildung komplexer hierarchischer Strukturen von Unternehmen oder Organisationen werden nicht unbedingt Domänenstrukturen benötigt. Dazu gibt es das Mittel der
Organisationseinheiten (OUs; siehe Abschnitt 6.5.2 *Planung der*

Organisationseinheiten ab Seite 364). Allerdings kann die Einrichtung von Domänenstrukturen, also die Untergliederung des Verzeichnisses in mehrere hierarchisch organisierte Domänen, unter bestimmten Bedingungen Vorteile bringen oder sogar erforderlich sein.

Die folgenden Gründe können die Schaffung von Domänenstrukturen notwendig machen:

- Geografische Verteilung

Geografische Verteilung

Bei Unternehmen, die geografisch weiträumig verteilt sind, kann die Bildung separater Domänen dann sinnvoll sein, wenn die einzelnen Standort nur über schmalbandige Datenfernverbindungen miteinander verbunden sind. Diese Netzwerkverbindungen werden dann von der Verzeichnisreplikation zwischen den Domänencontrollern nicht belastet.

Alternative: Standorte

Liegt allein eine geografische Verteilung von Zweigstellen eines Unternehmens vor, muss auch in diesem Fall nicht unbedingt eine Domänenstruktur gebildet werden. Innerhalb einer Domäne lassen sich über die Definition von *Standorten* (Sites) die Replikationsmechanismen steuern (siehe auch Abschnitt 6.4.5 *Standorte* ab Seite 357).

- Strikte administrative Trennung

Administrative Trennung

Mit der Einsetzung eigenständig operierender Domänenadministratoren können die Administrationsbereiche auch logisch getrennter Standorte von Unternehmen klar voneinander abgeteilt werden.

- Sicherheitsanforderungen

Sicherheitsanforderungen

Neben der strikten Trennung der Administrationsbereiche können Sicherheitsrichtlinien auf Domänenebene verwendet werden, welche sich insbesondere für sicherheitsrelevante Teilbereiche von Unternehmen unter Umständen so besser abtrennen und verwalten lassen.

Es ist eher besser, die Anzahl der im Verzeichnis zu verwaltenden Domänen so gering wie möglich zu halten. Domänenbäume sollten nur dann angelegt werden, wenn wirklich schlüssige Gründe dafür vorliegen.

Migration von NT

Dies gilt es auch zu berücksichtigen, wenn von einer NT-Domänenstruktur in das Active Directory migriert werden soll. Hier war die Verwendung mehrerer Domänen oft die einzige Möglichkeit, hierarchische Strukturen wenigstens ansatzweise abzubilden. Mit dem Active Directory und den hier verfügbaren Organisationseinheiten stehen bessere Mittel für eine Strukturierung des Verzeichnisses zur Verfügung. Bei einer Migration von NT-Domänen in das Active Directory ist es deshalb oft sinnvoll, NT-Domänen in Organisationseinheiten zu überführen. Mehr zu diesem Thema erfahren Sie in Abschnitt 6.9 *Migration von Windows NT* ab Seite 422.

6.3.6 Gesamtstruktur

Eine Gesamtstruktur (engl. Original: *forest*) entsteht, wenn mehrere Domänenstrukturen (*trees*; siehe vorhergehender Abschnitt) zusammengefasst werden. Der wesentliche Unterschied zu einer abgeschlossenen Domänenstruktur besteht bei der Gesamtstruktur darin, dass hier kein einheitlicher Namensraum verwendet werden muss. So können Domänenstrukturen mit verschiedenen Namensräumen integriert werden.

Kein einheitlicher Namensraum

Für alle enthaltenen Domänen gilt allerdings, dass ein einheitliches Schema verwendet wird. Nur so kann sichergestellt werden, dass die gespeicherten Objekte einheitlich aufgebaut sind. Das ist für den globalen Katalog wichtig, der für die Gesamtstruktur geführt wird und sicherstellt, dass Suchfunktionen auch domänen- und domänenstrukturübergreifend genutzt werden können. In Abbildung 6.10 ist ein Beispiel für eine Gesamtstruktur dargestellt, welche aus drei Domänen, die Domänenstrukturen sein könnten, besteht.

Einheitliches Schema

Die Domänen *Comzept.de, Beratung.de* und *Schulung.de* sind hier zu einer administrativen Einheit zusammengefasst worden. Daraus wird schon der wichtigste Grund erkennbar, der für die Bildung einer Gesamtstruktur spricht: Die strikte Trennung von organisatorischen Einheiten innerhalb des Verzeichnisses.

Gründe für eine Gesamtstruktur

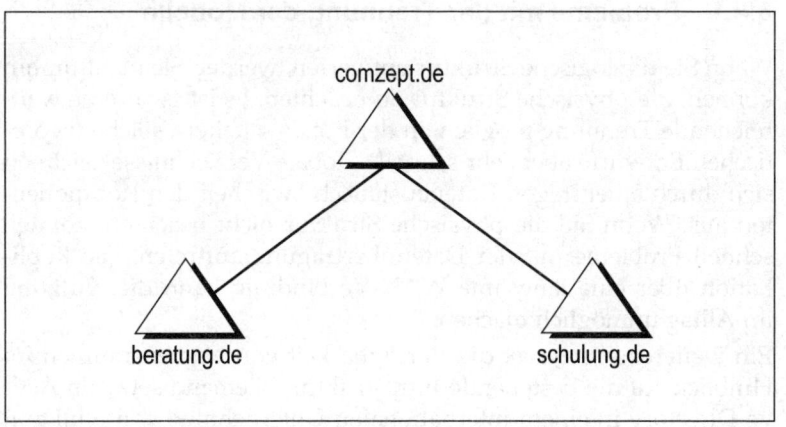

Abbildung 6.10: Beispiel für eine Gesamtstruktur

Domänen einer Domänenstruktur folgen bekanntlich einem einheitlichen Namenskontext und präsentieren sich in der Regel nach außen als eine Einheit. Über eine Gesamtstruktur können dann auch nach außen getrennte Bereiche eines Unternehmens gemeinsam verwaltet werden. Das können beispielsweise Tochterunternehmen sein, die in einem Konzern oder einer Holding zusammengefasst sind, am Markt aber unabhängig voneinander in Erscheinung treten. Der Verwaltungsaufwand ist dabei genauso groß ist wie der für die Administration einer Domänenstruktur.

Wie in einer Domänenstruktur sind die Domänen innerhalb einer Gesamtstruktur über 2-Wege transitive Vertrauensstellungen (sie-

Vertrauensstellungen

he auch Seite 342) miteinander verbunden. Damit können die Ressourcen des gesamten Verzeichnisses gemeinsam genutzt werden.

6.4 Physische Struktur des Active Directory

Mit Active Directory besteht die Möglichkeit, die physische Struktur eines großen Netzwerks von der logischen Struktur zu trennen. Die physische Struktur beschreibt die Eigenschaften der verwendeten Technik – Server, Router, Hubs usw. –, die Komponenten, aus denen das Netzwerk zusammengesetzt ist. Die logische Struktur dagegen stellt die Objekte des Netzwerkes aus Sicht ihrer Funktion dar. Für den effektiven Umgang sind die logische Struktur und diese Trennung sehr wichtig. In diesem Abschnitt werden die Elemente des Active Directory beschrieben, welche die physische Struktur abbilden:

- Domänencontroller
- Globaler Katalog
- Standorte

Zur darauf aufbauenden logischen Struktur lesen Sie auch den Abschnitt 6.3 *Logische Struktur des Active Directory* ab Seite 336.

6.4.1 Probleme mit der Trennung der Modelle

Wenn Sie die logische Struktur entwerfen, werden Sie nicht umhin können, die physische Struktur zu beachten. Es ist zwar eine weitreichende Trennung möglich, in der Praxis scheitern solche theoretischen Entwürfe aber sehr schnell. Globale Verzeichnisse zeichnen sich durch einen regen Datenaustausch zwischen den Komponenten aus. Wenn Sie die physische Struktur nicht beachten, können schnell Probleme mit der Datenübertragung auftreten. Die Replikation über eine langsame WAN-Verbindung kann die Nutzung im Alltag unmöglich machen.

Ein weiterer Aspekt ist die Verfügbarkeit von Namensräumen im Hinblick auf die bestehende Infrastruktur. Niemand setzt ein Active Directory in einem internationalen Unternehmen von Null auf. Die Migration bestehender Strukturen dürfte der Regelfall sein. Auch wenn wir – wie viele andere Praktiker – die parallele Installation empfehlen, irgendwann befinden sich neue und alte System am selben Netzwerkstrang. Spätestens dann stolpern Sie über Namenskonflikte. Hier muss ebenfalls die bestehende und künftige physische Struktur beim Entwurf der logischen Modelle berücksichtigt werden.

6.4.2 Domänencontroller

Der Domänencontroller ist ein Server, der die vollständige Datenbank des Active Directory für eine Domäne enthält.

Typen von Domänencontrollern

Eine Domäne verfügt über einen oder mehrere Domänencontroller. Im Gegensatz zum Vorgänger NT sind allerdings alle Domänencontroller einer Domäne gleichberechtigt. Es gibt keine Unterscheidung mehr zwischen einem übergeordneten primären Domänencontroller und Sicherungsdomänencontrollern. Dadurch kann insbesondere die Administration erheblich vereinfacht werden. Mit der Installation des ersten Domänencontrollers wird das Verzeichnis aufgebaut. Jeder weitere Domänencontroller enthält wiederum das komplette Verzeichnis, welches zwischen den Domänencontrollern einer Domäne repliziert wird.

Gleichberechtigte Domänencontroller

Innerhalb einer Domäne werden die Änderungen der Verzeichnisinformationen mit einer Multi-Master-Replikation auf allen Domänencontrollern durchgeführt. Damit können Sie als Administrator grundsätzlich alle Verwaltungsarbeiten am Active Directory und seinen Objekten an jedem Domänencontroller durchführen. Während also unter NT Änderungen immer am primären Domänencontroller vorgenommen werden mussten, der das Verzeichnis dann auf die Sicherungsdomänencontroller replizierte, können Sie dies nun an jedem beliebigen Domänencontroller tun.

Multi-Master-Replikation

Der Vorteil dieser Vorgehensweise wird dann besonders deutlich, wenn der primäre Domänencontroller eines NT-Netzwerks einer größeren Firma beispielsweise in der Firmenzentrale steht und für Verwaltungsaufgaben von einem entfernteren geografischen Standort nur über eine schmalbandige Datenfernverbindung erreichbar ist. Im Active Directory könnten Sie diese Verwaltungsaufgaben auch am nächstgelegenen Domänencontroller vornehmen, der dann seinerseits die Änderungen an alle anderen Domänencontroller repliziert.

Vereinfachte Administration

Nach außen sind Domänencontroller über das standardisierte LDAP-Protokoll erreichbar (siehe auch Abschnitt 6.1.2 *Die Protokolle X.500 und LDAP ab Seite 325*), die Replikationsvorgänge hingegen laufen über ein proprietäres Protokoll ab.

Protokolle

Aufgaben von Domänencontrollern

Domänencontroller sind weniger aufwändig, als ihr Einsatzzweck vermuten lässt. Die folgende Liste zeigt die typischen Aufgaben:

- Jeder Domänencontroller ist für genau eine Domäne zuständig.
- Jede Domäne muss mindestens einem Domänencontroller zugewiesen sein.

- Der Domänencontroller führt die Anmeldung von Benutzern an der Domäne aus.
- Der Domänencontroller beantwortet Anfragen an die Domäne, beispielsweise die Suche nach Objekten in der Domäne.
- Auf dem Domänencontroller und mit Hilfe seiner Werkzeuge werden Objekte der Domäne erstellt, bearbeitet und gelöscht.
- Wenn mehrere Domänencontroller in einer Domäne existieren, werden Änderungen der Datenbank auf alle Systemen repliziert.

Einbeziehen normaler Server

Ein Windows Server 2003-System muss nicht zwingend als Domänencontroller konfiguriert werden. Diese beiden Typen lassen sich einrichten:

- Alleinstehender Server

Alleinstehender Server

Dies ist ein Server, der nicht Mitglied einer Domäne, sondern in eine Windows-Arbeitsgruppe eingebunden ist. Das ist der standardmäßige Zustand, wenn Sie einen Server ohne Verbindung zu einem bestehenden Netzwerk neu installieren.

- Mitgliedsserver

Mitgliedsserver

Wird ein Server in eine Domäne eingebunden, dann wird er als Mitgliedsserver bezeichnet. Er unterscheidet sich dann kaum von einem normalen Clientsystem unter Windows XP Professional oder Windows 2000.

Heraufstufen zum Domänencontroller

Beide Arten von Servern können zu Domänencontrollern umgewandelt werden. Dieser Vorgang wird auch mit *Heraufstufen* bezeichnet und wird in Abschnitt 12.1.1 *Neuinstallation* ab Seite 819 beschrieben.

Replikationsprinzipien

Domänencontroller sorgen automatisch für bestimmte Replikationsprinzipien. Darüber hinaus sind vielfältige Steuerungen möglich. Zu den wichtigsten Aspekten gehören folgende:

- Repliziert werden nur Änderungen von Eigenschaften. Wenn sich beispielsweise die Adresse eines Benutzers ändert, wird nur diese übertragen, nicht das ganze Benutzerobjekt.
- Der Zeitplan, nach dem repliziert wird, kann für Verbindungen mit unterschiedlichen Bandbreiten getrennt aufgestellt werden, sodass eine Anpassung an die physischen Gegebenheiten erfolgt.

 Aus diesem Grund muss für einen entfernten Standort nicht zwingend eine neue Domäne erstellt werden. Active Directory kann sehr große Strukturen effektiv mit einer oder sehr wenigen Domänen verwalten, was die Administration deutlich vereinfacht.

Auf die theoretischen Grundlagen der Replikation wird in Abschnitt 6.4.4 *Replikation* ab Seite 350 detailliert eingegangen.

6.4.3 Globaler Katalog

Für die Bereitstellung des globalen Katalogs können Sie beliebige Domänencontroller eines Standortes bestimmen. Pro Standort sind in der Regel ein bis zwei globale Katalogserver zu empfehlen. Der normale Benutzer, der eine Suche im Active Directory startet, wird von der Existenz der Katalogserver nichts bemerken, sondern nur vom schnellen Antwortverhalten profitieren.

Grundsätzlich wird der erste Domänencontroller eines Domänenwaldes automatisch zum globalen Katalogserver. Alle weiteren globalen Katalogserver müssen hingegen manuell konfiguriert werden. **Katalogserver**

Insbesondere bei Berücksichtigung der Datenverbindungen in großen Netzwerken kann die zusätzliche Einrichtung globaler Katalogserver Sinn machen, um schmalbandige Datenfernverbindungen zu entlasten. **Netzlast verringern**

In Abschnitt 12.2.1 *Anpassung des globalen Katalogs* ab Seite 835 erfahren Sie, wie Sie globale Katalogserver einrichten und gegebenenfalls die betreffenden Attribute des globalen Katalogs anpassen können.

Das Konzept des globalen Katalogs basiert auf den folgenden Grundsätzen: **Grundsätze**

- Der globale Katalog ist eine zentrale Datenbank zur Beantwortung von Anfragen, ein so genanntes *Repository*. Dieser Katalog enthält alle Namenskontexte der Gesamtstruktur.

- Der globale Katalog enthält zu allen Objekte aller Domänen der Gesamtstruktur die am häufigsten genutzten Attribute. Damit ist er ähnlich einem Index einer Datenbank aufgebaut.

- Eine direkte Anfrage an den globalen Katalogserver belastet das Netzwerk nur wenig. Weiterhin kann eine Anfrage per LDAP innerhalb einer Domänenstruktur abgesetzt werden. Direkte Anfragen werden intern ebenfalls in LDAP-Anfragen gewandelt. Um direkt anfragen zu können, stellt der globale Katalogserver einen dedizierten Port (standardmäßig 3268) zur Verfügung.

- Der Zugriff auf den globalen Katalog kann auch per MAPI (*Messaging Application Programming Interface*) erfolgen. Damit können ältere E-Mail- und Messaging-Anwendungen auf Daten im Verzeichnis zugreifen.

- Client-Computer finden den globale Katalogserver über den DNS-Dienst.

- Im globalen Katalog werden universelle Gruppen und deren Mitglieder gespeichert. Lokale Gruppen und Domänengruppen werden ebenfalls im globalen Katalog gespeichert, jedoch nicht deren Mitglieder.

- Jeder Domänencontroller kann den globalen Katalog enthalten; welcher von ihnen diese Aufgabe übernimmt, spielt keine Rolle. Der erste Domänencontroller übernimmt automatisch den globalen Katalog nach der Installation. Dies kann später geändert werden.

- In jedem Standort kann nur ein globaler Katalog existieren, der allerdings bei Bedarf durch mehrere Katalogserver geführt werden kann.

6.4.4 Replikation

In einem Netzwerk gibt es immer zwei Quellen für den Netzwerkverkehr – die Benutzer bei der Ausführung der Arbeitsvorgänge und Server, die automatische Prozesse zur Aufrechterhaltung ihrer Funktionen ablaufen lassen. Unter den Serverprozessen ist die Replikation ein aufwändiger und umfangreicher Vorgang. Das Verständnis für den Ablauf der Replikation ist wichtig, um mit Bandbreite sorgfältig umzugehen und das Netzwerk performant und stabil zu halten.

Verfahren

Multimaster-Replikation

Active Directory verwendet die so genannte *Multimaster-Replikation*. Dabei ist kein Domänencontroller ein Master – alle sind gleichberechtigt. Dies hat einige signifikante Vorteile:

- Es existiert kein Server, dessen Ausfall das gesamte Netzwerk zum Stillstand bringt.

- Änderungen an Objekten im Verzeichnis können an jedem Domänencontroller vorgenommen werden. Die Informationen können somit dezentral erfasst werden. Die Zusammenführung erfolgt dann über die Replikation zwischen den Domänencontrollern.

Für die Ausführung der Replikation werden zwei Formen unterschieden:

- Replikation innerhalb eines Standortes

  Hier wird von schnellen Verbindungen ausgegangen (siehe auch Abschnitt 6.4.5 *Standorte* ab Seite 357). Als Protokoll kommt RPC (*Remote Procedure Call*) zum Einsatz. Die Replikationstopologie kann automatisch erstellt werden.

- Replikation zwischen Standorten

  Hier kommen meist Verbindungen mit relativ geringen Bandbreiten (beispielsweise DFÜ- oder VPN-Verbindungen) zum Einsatz. Als alternatives Protokoll neben RPC steht dabei SMTP zur Verfügung. Die Verknüpfung muss von Hand konfiguriert werden.

Die folgenden Daten müssen zwischen den Domänencontrollern repliziert werden:

Zu replizierende Daten

- Änderungen in der Verzeichnisdatenbank

  Werden Objekte im Verzeichnis geändert, so erfolgt im Rahmen der Replikation nicht deren komplette Übertragung. Es werden lediglich die Objekt-GUID (*Globally Unique Identifier*) sowie die *geänderten* Attribute übertragen. Das minimiert die notwendige Datenmenge und sorgt zusätzlich dafür, dass Konfliktsituationen weit gehend vermieden werden, die dann entstehen können, wenn von unterschiedlichen Stellen aus ein Objekt gleichzeitig bearbeitet wird. Solange an einem Objekt unterschiedliche Attribute[12] geändert werden, ist dies kein Problem und führt nicht zu einem Konflikt.

  Kommt es dennoch zu einer Konfliktsituation (ein Objektattribut wurde an zwei verschiedenen Stellen zur gleichen Zeit geändert), dann wird dies von Active Directory automatisch gelöst:

Konfliktsituationen werden automatisch gelöst

  - Jedes Objekt verfügt über eine Versionsnummer (USN – *Update Sequence Number*), die fortlaufend gepflegt wird. Das zuletzt geänderte Objekt hat damit immer eine höhere Nummer und wird so zur aktuellen Fassung.

    Soll übrigens erreicht werden, dass die Sicherungskopie der Verzeichnisdatenbank komplett maßgebend wiederhergestellt wird, so erhöhen Sie die USNs aller Objekte. Bei der nachfolgenden Replikation wird die rückgesicherte Fassung der Verzeichnisdatenbank mit allen Objekten auf die anderen Domänencontroller repliziert. Weitere Informationen finden Sie dazu in Abschnitt 17.2.4 *Wiederherstellung der Verzeichnisdatenbank* ab Seite 1293.

  - Wird ein Objekt an zwei DC mit dem gleichen Namen angelegt, wird etwas anders verfahren: Das zuerst angelegte Objekt hat das »Recht der ersten Geburt« und bleibt genau so im Verzeichnis bestehen. Das zuletzt erzeugte gleich lautende Objekt wird automatisch umbenannt, indem eine Nummer an den ursprünglichen Namen angehängt wird. Im Ergebnis liegen dann zwei Objekte im Verzeichnis vor, welches der Administrator dann manuell bereinigen muss.

- Dateien im SYSVOL-Ordner

  In diesem Ordner werden die folgenden Daten gehalten, die ebenfalls zwischen den Domänencontrollern repliziert werden:

---

[12] So kann problemlos an einem DC die E-Mail-Adresse eines Benutzerkontos geändert werden, während an einem anderen DC zur gleichen Zeit das Kennwort zurückgesetzt wird.

- Dateien zu Active Directory-Gruppenrichtlinienobjekten
- Anmeldeskripte

Replikations-
intervalle

Standardmäßig werden die Daten der Verzeichnisdatenbank alle 15 Minuten über die Replikation auf einen Stand gebracht. In Abschnitt 12.2.2 *Administration von Standorten und Replikation* ab Seite 836 wird gezeigt, die Sie die Replikation manuell steuern beziehungsweise die Intervalldauer beeinflussen können.

Die Dateien im SYSVOL-Ordner werden innerhalb eines Standorts nach einer Änderung sofort repliziert. Wenn Sie die Replikation zwischen Standorten einrichten, richtet sich das Übertragen der Änderungen dann nach diesen Einstellungen. Für die Replikation dieser Dateien ist der Dienst *Dateireplikation* (NTFRS.EXE) verantwortlich.

Replikationstopologie

KCC

Um die Replikation zwischen den Domänencontrollern auszuführen, muss die Topologie bekannt sein. Dazu setzt ein Prozess ein, der *Knowledge Consistency Checker* (KCC) genannt wird. Es wird ein Ring definiert, in dem die Domänencontroller logisch angeordnet sind und an dem entlang die Replikation abläuft. Damit ist sichergestellt, dass von jedem Domänencontroller zwei Pfade zum nächsten führen. Fällt ein Domänencontroller im Ring aus, gibt es immer noch einen zweiten Weg, alle anderen zu erreichen.

Abbildung 6.11:
Größtmöglicher Ring
aus Domänencontrol-
lern mit maximal drei
Hops

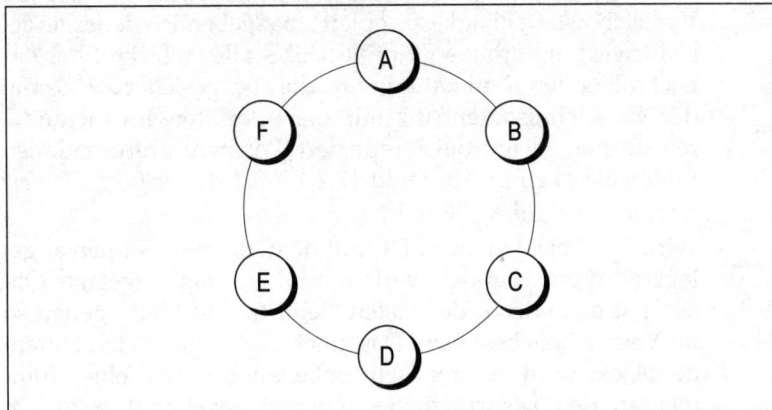

Querverbindungen

Manchmal werden sehr viele Domänencontroller eingesetzt, weil die Dichte an Arbeitsstationen im lokalen Netzwerk sehr groß ist. Dann erkennt KCC dies und wird Querverbindungen hinzufügen. Als Faustregel wird dabei versucht, nicht mehr als drei Hops von der Datenquelle bis zur Datensenke zu erzeugen. Das ist der Fall, wenn der Ring mehr als sechs Domänencontroller enthält. Der KCC erzeugt dabei so lange neue Querverbindungen per Zufallsgenerator, bis die Regel – maximal drei Hops zum Ziel – wieder für alle Domänencontroller erfüllt ist.

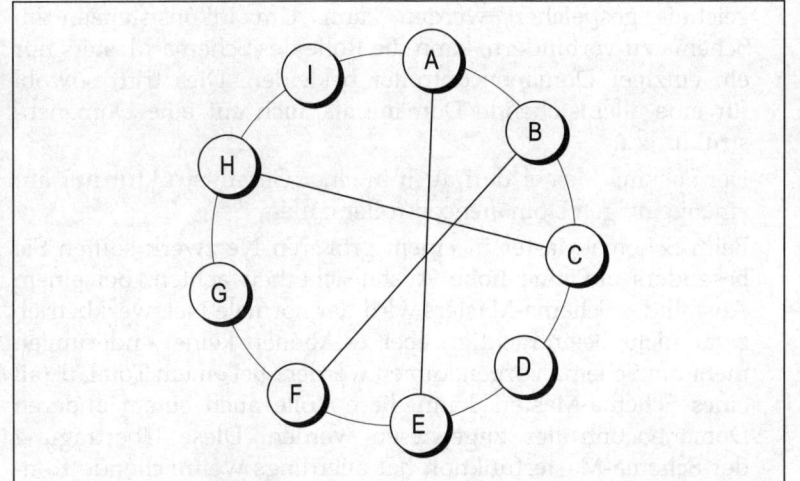

Abbildung 6.12:
Ring mit neun Do-
mänencontrollern
und Querverbin-
dungen

KCC läuft auf jedem Domänencontroller im Hintergrund und kann durch Abstimmung mit anderen KCC-Prozessen die Topologie ermitteln. Insbesondere wird der Ausfall eines Domänencontrollers sofort bemerkt und die Topologie angepasst.

Sie können den KCC abschalten und die Topologie von Hand festlegen. Dies ist normalerweise nicht notwendig und vor allem auch nicht empfehlenswert. Erst bei sehr durchwachsenen Strukturen, Netzwerken mit stark unterschiedlich belasteten Segmenten, kann der KCC versagen und den Eingriff des Administrators notwendig machen. Dies erfolgt durch die Definition so genannter Verbindungsobjekte, die die zwei Endpunkte einer Replikationslinie zwischen zwei Domänencontrollern bezeichnen.

KCC ist abschaltbar

KCC definiert die bereits erwähnten Verbindungsobjekte automatisch. Zusätzliche sollten Sie nur festlegen, wenn es dafür einen wirklich guten Grund gibt. KCC wird manuell erzeugte Verbindungsobjekte nicht wieder löschen. Der Eingriff bedingt also einen fortlaufend höheren Administrationsaufwand, der meist durch nichts gerechtfertigt ist.

Betriebsmaster

Grundsätzlich sind alle Domänencontroller einer Domäne gleichberechtigt. Trotzdem gibt es spezielle Aufgaben, die nur bestimmte Domänencontroller ausführen dürfen. Diese werden unter dem Begriff Betriebsmaster oder *Flexible Single Master Operation-Server* (FSMO-Server) geführt. Im Active Directory sind fünf verschiedene FSMO-Server definiert, welche im Folgenden näher betrachtet werden:

Betriebsmaster
FSMO-Server

• Schema-Master

Einen der sensibelsten Bereiche im Active Directory stellt sicherlich das Schema dar, ist doch hier definiert, was im Ver-

Schema-Master

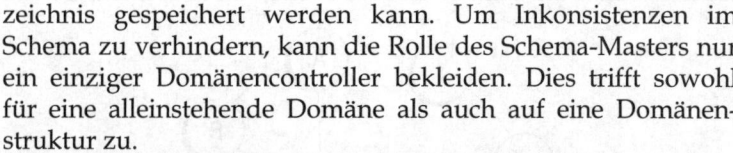

zeichnis gespeichert werden kann. Um Inkonsistenzen im Schema zu verhindern, kann die Rolle des Schema-Masters nur ein einziger Domänencontroller bekleiden. Dies trifft sowohl für eine alleinstehende Domäne als auch auf eine Domänenstruktur zu.

Der Schema-Master darf auch in einer Gesamtstruktur nur auf einem einzigen Domänencontroller laufen.

Ausfall des Schema-Masters

Beim Schema-Master in einem größeren Netzwerk sollten Sie besonders auf eine hohe Ausfallsicherheit achten. Bei einem Ausfall des Schema-Masters wird der normale Netzwerkbetrieb zwar nicht beeinträchtigt, aber es können keine Änderungen mehr am Schema vorgenommen werden. Bei einem Totalausfall eines Schema-Masters kann diese Rolle auch einem anderen Domänencontroller zugewiesen werden. Diese Übertragung der Schema-Masterfunktion hat allerdings weitreichende Konsequenzen.

Ein Domänencontroller, von dem wegen eines Ausfalls die Schema-Masterfunktion auf einen anderen Domänencontroller übertragen wurde, darf auf keinen Fall mehr in das Netzwerk eingebunden werden.

Das sollten Sie auf jeden Fall beachten, bevor Sie diese Masterfunktion bei einem vielleicht nur vorübergehenden Ausfall vorschnell auf einen anderen Domänencontroller übertragen.

RID-Master

- RID-Master

Für die eindeutige Identifizierung von Objekten innerhalb des Active Directory werden RIDs (siehe auch Abschnitt 6.6.3 *Elemente der Systemsicherheit* ab Seite 382) benötigt. In einem großen Netzwerk mit einer Vielzahl von Objekten würde es viel zu lange dauern, vor dem Anlegen eines neuen Objektes mit allen Domänencontrollern zu kommunizieren, um eine RID zu ermitteln, die eindeutig und auf keinen Fall schon in Benutzung ist. Zur Vereinfachung dieses Prozesses wird ein Domänencontroller für jede Domäne als RID-Master bestimmt, der Pools von jeweils 500 vordefinierten, eindeutigen RIDs an die Domänencontroller vergibt. Sind nur noch 100 RIDs verfügbar, fordert der betreffende Domänencontroller einfach einen neuen Pool beim RID-Master an.

Ausfall des RID-Masters

Bei Ausfall des RID-Masters wird zunächst der normale Netzwerkbetrieb nicht beeinträchtigt. Im schlimmsten Fall verfügt der Domänencontroller noch über 100 übriggebliebene RIDs, sodass auch die Einrichtung neuer Objekte zunächst noch möglich ist. Bemerkbar wird der Ausfall für den Administrator nur dann, wenn dieser neue Objekte anlegen will und der betreffende Domänencontroller über keine freien RIDs mehr verfügt.

Bei einem dauerhaften Ausfall des RID-Masters kann diese Rolle auch auf einen anderen Domänencontroller übertragen wer-

den. Allerdings hat dies auch hier, wie schon beim Schema-
Master beschrieben, Konsequenzen:

Ein RID-Master, von dem diese Masterfunktion wegen eines
Ausfalls auf einen anderen Domänencontroller übertragen
worden ist, darf auf keinen Fall mehr im Netzwerk in Betrieb
gehen.

Damit verbietet sich ein Vorgehen, bei dem nach einem Ausfall
diese Masterfunktion auf einen anderen Domänencontroller
übertragen worden ist und nach einer erfolgten Wiederherstellung des alten RID-Masters dieser wieder in Betrieb genommen
wird.

- Domänennamenmaster

    DNS-Master

    Nur über den mit der auch *DNS-Master* genannten Funktion
    betrauten Domänencontroller können Sie in einer Gesamtstruk-
    tur Domänen hinzufügen und entfernen. Dieser Master stellt si-
    cher, dass es zu keinen Namenskonflikten im Domänenwald
    kommt.

    Der DNS-Master darf in einer Gesamtstruktur nur auf einem
    einzigen Domänencontroller laufen.

    Ein Ausfall dieses Masters wird die normale Netzwerkfunktio-
    nalität im Active Directory nicht beeinflussen – es sei denn, Sie
    versuchen, die Gesamtstruktur zu verändern. Bei einem dauer-
    haften Ausfall des DNS-Masters kann diese Masterrolle auf ei-
    nen anderen Domänencontroller des Domänenwaldes über-
    tragen werden. Allerdings gilt hier, wie zuvor beim Schema-
    und beim RID-Master, dass diese erzwungene Übertragung ein
    dauerhaftes Entfernen des alten DNS-Masters aus dem Netz-
    werk erfordert.

    **Ausfall des DNS-
    Masters**

    Ein DNS-Master, von dem diese Masterfunktion wegen eines
    Ausfalls auf einen anderen Domänencontroller übertragen
    worden ist, darf auf keinen Fall mehr im Netzwerk in Betrieb
    gehen.

    Deswegen gilt auch hier, gewissenhaft zu prüfen, ob der DNS-
    Master nach einer Wiederherstellung seinen Dienst aufnehmen
    kann oder nach einem Ausfall dauerhaft entfernt wird.

- PDC-Emulator Master

    PDC-Emulator

    Zur Wahrung der Abwärtskompatibilität mit Windows NT
    Domänen können Domänen im Active Directory im Modus
    Windows 2000 gemischt (siehe auch Abschnitt 6.8.1 *Domänenfunk-
    tionsebenen* ab Seite 420) betrieben werden. In einer derartigen
    Domäne wird einem Domänencontroller die Rolle des
    PDC (*Primary Domain Controller*)-Emulators übertragen. Alle
    anderen Domänencontroller verhalten sich dann gegenüber NT
    Domänencontrollern wie Sicherungsdomänencontroller. Wei-
    terhin stellt der PDC-Emulator sicher, dass Down Level-

Clients[13] trotzdem in das Netzwerk integriert werden können und Änderungen an deren Benutzerkonten schnell über alle Domänencontroller repliziert werden.

Ausfall des PDC-Emulators

Der Ausfall des PDC-Emulators kann direkte Auswirkungen auf den Netzwerkbetrieb für die Down Level-Clients haben und sollte deshalb schnell behoben werden. Alternativ können Sie hier auch die Rolle dieses Betriebsmasters auf einen anderen Domänencontroller übertragen.

Wiederinbetriebnahme

Nach einer Wiederinbetriebnahme des alten PDC-Emulators ist die Rückübertragung der Masterfunktion an den alten Domänencontroller grundsätzlich kein Problem.

Infrastruktur-Master

• Infrastruktur-Master

In jeder Domäne existiert ein Infrastruktur-Master. Dieser ist für die Verfolgung der Informationen über Objekte verantwortlich, die in der eigenen Domäne definiert worden sind und in andere Domänen verschoben werden. Dies betrifft insbesondere die Gruppenzugehörigkeit von Objekten, die mit anderen Domänen in direkter Beziehung stehen. Der Infrastruktur-Master sorgt dafür, dass Änderungen an diesen an alle anderen Domänencontroller in der Domäne repliziert werden.

Existieren mehrere Domänencontroller in einer Domäne, sollte darauf geachtet werden, dass der Infrastruktur-Master nicht gleichzeitig als Globaler Katalog-Server arbeitet. Dies ist allerdings nur für Verzeichnisse bedeutsam, die aus mehr als einer Domäne bestehen.

Ausfall des Infrastruktur-Masters

Bei Ausfall des Infrastruktur-Masters wird sich dies in der Regel nicht im normalen Netzbetrieb bemerkbar machen, es sei denn, es wurde eine Reihe von Objekten in andere Domänen verschoben. Die Rolle des Infrastruktur-Masters kann bei einem längeren Ausfall auf einen anderen Domänencontroller übertragen werden, der allerdings nicht als »Globaler Katalog«-Server arbeiten darf. Nach Wiederinbetriebnahme des ursprünglichen Infrastruktur-Masters kann auf diesen diese Masterfunktion wieder zurückübertragen werden.

Ausfall eines Betriebsmasters

Wie oben beschrieben, kann der Ausfall eines Betriebsmasters umfassende Auswirkungen auf den korrekten Netzwerkbetrieb haben. In Abschnitt 12.1.3 *Administration von Betriebsmastern* ab Seite 829 erfahren Sie die konkreten Administrationsschritte für die Übertragung der Betriebsmasterfunktionen auf Domänencontroller.

---

[13] Als Down Level-Clients werden Clients bezeichnet, die Active Directory nicht direkt unterstützen, sondern über die NETBIOS-Schnittstelle mit Windows Netzwerken kommunizieren können.

6.4.5 Standorte

Als Standort wird allgemein ein Teil eines Netzwerks mit ein oder mehreren TCP/IP-Subnetzen bezeichnet. Genauer – auch im Hinblick auf die Verwendung – sind Standorte solche Teile des Netzwerks, bei denen alle Systeme mit Leitungen hoher Bandbreite verbunden sind. Standorte folgen damit meist den geografischen Standorten eines Unternehmens. Dies muss jedoch nicht zwangsläufig so sein. Es geht tatsächlich um die Trennung von Gebieten durch Verbindungen mit geringer Bandbreite.

Die Replikation basiert auf der Verteilung von Daten innerhalb von Standorten. Die Definition von Standorten ist auch aus Gründen der Optimierung der Replikation wichtig. Dieser Teil wird in Abschnitt 6.4.4 *Replikation* ab Seite 350 beschrieben.

Die Informationen über den Aufbau der Standorte sind wichtig für den Anmeldeprozess. Der Client kann so den am nächsten stehenden Domänencontroller zur Authentifizierung ermitteln.

Ein Standort muss nicht zwangsläufig mehrere Domänen enthalten oder genau den Domänengrenzen folgen. Die Standortdefinition unterliegt nur der physischen Struktur des Netzwerks, während Domänen eine logische Strukturierung darstellen.

Aufgaben von Standorten

Standorte enthalten Informationen über die physische Struktur des Netzwerks und die optimale Replikation. Mit Hilfe von Standorten lassen sich fehlertolerante Netzwerke entwerfen, die Verfügbarkeit von Ressourcen verbessern und die allgemeine Leistung des Systems erhöhen.

Ein Standort kann die folgenden Aufgaben übernehmen:

- Eine Sammlung von Computern, die schnell und billig miteinander kommunizieren können
- Eine Struktur, die unabhängig von der logischen Struktur einer Domäne ist
- Ein Konzept, das die Erkennung physisch naher Ressourcen ermöglicht
- Ein physisches Ordnungsprinzip, mit dem die Zuverlässigkeit verbessert werden kann

Definition eines Standortes

Ein Standort beschreibt alle Computer, die über eine sehr gute Verbindung kommunizieren können. Diese Aussage alleine legt nahe, immer nur lokale Netzwerke als Standorte zu betrachten. Geht man heute davon aus, dass lokale Netzwerke mit 100 MBit arbeiten und manche Weitverkehrsverbindung 155 MBit hat, ist diese Definition nicht immer zutreffend. Den meisten Unterneh-

Verbindungs-geschwindigkeit

men dürften jedoch 155 MBit nicht exklusiv zustehen. Gemietete Leitungen garantieren selten eine bestimmte Bandbreite in dieser Größenordnung. Verbindungen über mehrere Router sind ohnehin verhältnismäßig langsam.

TCP/IP-Subnetze Der Zusammenhang mit den Routern ist auch ein Weg, die richtige Konfiguration für einen Standort herauszufinden. So werden über Router oft langsame Subnetze abgetrennt. TCP/IP-Subnetze sind die andere Grenze, die Standorte definieren. Jedes Subnetz kann nur Bestandteil genau eines Standorts sein. Active Directory löst solche Beziehungen mit Hilfe von reversen Namensserverabfragen auf.

Dienste von Standorten

Die Definition von Standorten dient auch der Festlegung der Zuständigkeit für bestimmte Aufgaben:

- Authentifizierung

  Wenn ein Benutzer seinen Arbeitsplatz einschaltet und sich an der Domäne anmeldet, sucht der zuerst angesprochene Server einen Domänencontroller und anschließend den globalen Katalog, der sich *im selben Standort* wie der Arbeitsplatz befindet. Durch diese Zuweisung wird der über Standorte hinausgehende Netzwerkverkehr minimiert.

- Replikation

  Für die Replikation sind Standorte ebenfalls bedeutungsvoll. Die Konfiguration des Standorts bestimmt, wie und wohin repliziert wird. Domänencontroller und globale Kataloge replizieren sehr oft – meist unmittelbar nach Änderungen –, während standortübergreifend nach anderen, vom Administrator einstellbaren Regeln repliziert wird, die auf die Gegebenheiten des Netzwerks Rücksicht nehmen. Weitere Informationen finden Sie dazu auch in Abschnitt 6.4.4 *Replikation* ab Seite 350.

- Active-Directory-Dienste

  Einige Dienste sind an den Standort gebunden, beispielsweise das verteilte Dateisystem DFS (siehe Abschnitt 4.4 *Verteiltes Dateisystem (DFS)* ab Seite 169).

Standorte dienen dazu, das richtige Verhältnis zwischen den Ansprüchen der Benutzer – schnelle Anmeldung, Verfügbarkeit globaler Informationen und Zugriff auf Ressourcen – mit den tatsächlichen physischen Gegebenheiten des Netzwerks in Übereinstimmung zu bringen.

Oft verwendet Software anderer Hersteller die Definition des Standortes, um schnelle von langsamen Verbindungen zu unterscheiden und die eigenen Produkte darauf abzustimmen. Unglücklich definierte Standorte führen dann zu Leistungseinbrüchen. So könnte ein Benutzer, der zu Besuch in einer entfernten Niederlas-

sung des Unternehmens ist, sich dort an einem zeitweilig bereitgestellten Arbeitsplatz anmelden. Wenn er nun üblicherweise Applikationen auf einem Applikationsserver startet, der auf seinem
Standort läuft, könnte die Applikation in der Lage sein, den Stand-
ortwechsel zu erkennen und die Ausführung der Aufgabe auf eine
Kopie der Software in einem anderen Standort zu übertragen.

Replikation zwischen Standorten

Sind die Standorte über schmalbandige Leitungen miteinander
verbunden, bekommt die richtige Einrichtung der Replikationsprozesse eine besondere Bedeutung. Zwei Instrumente dienen der
Verbindung zwischen Standorten:

- Standortverknüpfungen (*Site Links*)
- Standortverknüpfungsbrücken (*Site Link Bridges*)

Diese Form der Verbindung muss immer manuell konfiguriert
werden. Eine Hilfe wie KCC steht nicht zur Verfügung. Allerdings
wird beim Hinzufügen eines Domänencontrollers eine Standortverknüpfung angeboten, sodass der erste Schritt mit wenig Aufwand verbunden ist.

Eine Standortverknüpfung verbindet zwei oder mehr Standorte
miteinander. Eine solche Verbindung ist immer unidirektional –
also in einer Richtung – und kann transitiv sein. Sie müssen normalerweise Standortverknüpfungen zwischen allen Standorten
und für alle denkbaren Richtungen einrichten.

*Standort-
verknüpfungen*

Für jede Standortverknüpfung können folgende Komponenten
konfiguriert werden:

- Transport

  Das Transportprotokoll, das für die Datenübertragung genutzt
  werden soll. Hier besteht die Wahl zwischen RPC (*Remote Procedure Call*) und SMTP (*Simple Mail Transfer Protocol*). RPC ist effektiv, verwendet Komprimierung und ist das Standardprotokoll für diesen Vorgang. SMTP ist eigentlich ein Protokoll
  zum Austausch von E-Mail zwischen E-Mail-Servern. Dies ist
  mit einigen Einschränkungen verbunden, aber dafür funktioniert es auch mit einfachsten Internetverbindungen. Im Wesentlichen kann SMTP nur für die Replikation des globalen
  Katalogs zwischen Standorten eingesetzt werden.

- Kosten

  Zu jeder Standortverknüpfung kann ein Kostenfaktor definiert
  werden. Dies ist ein abstrakter Wert, kein Geldwert. Stehen
  mehrere Verbindungen zur Auswahl, wird der günstigste Weg
  zuerst versucht. Erst wenn diese Verbindung ausfällt, wird eine
  teurere Alternative genutzt. So lassen sich parallel zu einer
  Festverbindung auch Wählverbindungen vorhalten, die nur im
  Fehlerfall genutzt werden.

- Häufigkeit

  Hier wird definiert, wie oft die Verbindung genutzt wird, um zu prüfen, ob eine Replikation notwendig ist. Die Angabe erfolgt in Minuten.

- Ausführungszeitplan

  Der Zeitplan legt fest, wann eine bestimmte Verbindung verfügbar ist. Interessant ist das für Wählleitungen, die zu bestimmten Zeiten billig sind. Eine andere Anwendungsmöglichkeit ist die Anpassung an die Arbeitsweise des Unternehmens. So könnte man die Replikation am Wochenende unterdrücken, um Kosten zu sparen – Änderungen können in dieser Zeit ohnehin nicht erfolgen.

Standortbrücken Bei deaktivierter Transitivität können Standorte nicht »in Reihe« geschaltet werden. Standortverknüpfungen sind netzförmig anzulegen, nicht ringförmig. Das ist nicht immer optimal. Deshalb gibt es Standortbrücken. Diese können innerhalb eines Standortes zum Weiterreichen der Replikationsdaten an einen anderen Standort genutzt werden. Damit lassen sich Übertragungswege optimieren.

Verbindungsobjekte Mit Hilfe der Verbindungsobjekte können Sie die Topologie völlig frei gestalten. In der Praxis gibt es drei Wege vorzugehen:

- Manuell

  Hier deaktivieren Sie den KCC und stellen alles selbst ein.

- Vollautomatisch

  Schalten Sie die Transitivität ein und überlassen Sie alles Active Directory.

- Automatisch mit Eingriff

  Schalten Sie nur die Transitivität ab und richten dann bevorzugte Routen für die Replikation ein. Dies spart Kosten und überlässt die aufwändige lokale Konfiguration Active Directory.

6.5 Praktische Strukturierung einer Domäne

Mit den in den letzten Kapiteln gezeigten Grundlagen können Sie nun daran gehen, Active Directory im eigenen Netzwerk aufzusetzen. In diesem Kapitel werden vor allem strategische Elemente vermittelt.

6.5.1 Grundlegende Vorgehensweise

Ein breites Spektrum an Einsatzfällen Active Directory bietet eine große Vielfalt von Möglichkeiten. Sie werden sich nach ein paar Klicks in den Verwaltungswerkzeugen vielleicht über die Zahl der Funktionen wundern und neue Begriffe und komplexe Abhängigkeiten erkennen. Active Directory deckt mit seiner Leistungsfähigkeit ein breites Spektrum an Einsatzfällen ab. Ein Blick in die Online-Hilfe und verschiedene Veröffentlichungen bei Microsoft zum Thema »Active Directory Planung und Installation« zeigen gigantische Netzwerke, Dutzende Domänencontroller, ringförmige Replikationsstrukturen und andere »unheimliche« Szenarien. Die Masse der Server steht aber in Firmen, die ein paar Hundert oder Tausend Mitarbeitern beschäftigen, über zwei oder drei Standorte verfügen und in denen eine Hand voll halb- und vollberuflicher Administratoren versucht, ein heterogenes Netzwerk am Laufen zu halten. Auf diese Anwender wollen wir uns hier konzentrieren – die goldene Mitte quasi. Wenn Ihr Unternehmen kleiner ist, werden Sie die gezeigten Techniken leicht nach unten skalieren können. Wenn Ihr Unternehmen deutlich größer ist, gestatten Ihnen die hier gezeigten Strategien einen risikofreien und schnellen Einstieg mit einer ebenso klaren Skalierung nach oben.

Entwerfen Sie Ihr Active Directory so einfach wie möglich – das bekannte KISS-Prinzip (*Keep It Small and Simple*). Vergessen Sie die komplexen Verschachtelungsoptionen und tiefen Strukturen, wenn Sie diese nicht wirklich gut begründet anwenden können.

Vor dem Start

Ein Active Directory kann einfach sein, wenn man die Technik versteht und konkrete Einsatzfälle gezielt umsetzt, ohne sich bis zur letzten Funktion durchzuhangeln. Im Zweifelsfall stehen Ihnen natürlich weitere Möglichkeiten offen. Sie müssen aber auch die Philosophie hinter dem Produkt verstanden haben, um nicht in klassische Designfallen zu laufen. Das ist eines der Probleme, die Kritiker, vor allem aus der Welt anderer Verzeichnisdienste, zuerst anbringen. Sie versuchen, ihre auf anderen Systemen bewährten Designmodelle auf Active Directory zu übertragen und scheitern damit zwangsläufig. Mal abgesehen von den leidlich standardisierten Protokollen X.500 und LDAP gibt es keinen wirklichen Standard, wie ein Verzeichnisdienst strukturiert werden muss. Niemand kann sich also darauf berufen, dass etwas »so oder so« zu funktionieren hat. Vergessen Sie deshalb Berichte über mangelnde Funktionalität in Active Directory und investieren Sie die Zeit in das Studium der Möglichkeiten in diesem Buch.

Neuaufbau: schrittweise vorgehen

Der einfachste Fall eines Active Directory besteht aus einer einzigen Domäne. Sie als Administrator installieren dann einen Domänencontroller, der als Server auch alle anderen Aufgaben im lokalen Netzwerk übernimmt. Der eine oder andere Administrator wird – vielleicht gut begründet – größere Pläne haben: »Aber wir haben doch ..., und wir brauchen doch ...«. Das mag richtig sein. Fangen Sie trotzdem mit einer Domäne und einem Domänencontroller an. Es ist kein Problem, mit Active Directory zu wachsen

Active Directory kann auch einfach sein

und die Möglichkeiten schrittweise zu erkunden und umzusetzen. Ihre Benutzer werden dankbar dafür sein, ein von Anfang an stabiles und zuverlässiges Netzwerk zur Verfügung zu haben. Aus Gründen der Fehlertoleranz mehrere Domänencontroller zu haben, kann schon in kleineren Netzwerken sinnvoll sein. Dies ist verhältnismäßig unproblematisch. Mehrere Domänen sind dagegen eine administrative Herausforderung. Die hier getroffenen Aussagen mit dem Ziel einer einfachen Struktur beziehen sich auf Domänen, nicht auf Domänencontroller.

Eine Domäne meist ausreichend

Fügen Sie neue Domänen nur hinzu, wenn es unbedingt notwendig ist und Sie selbst klar technisch begründen können, warum dies so ist. Organisationseinheiten – als primäres Organisationsmerkmal in Active Directory – sind viel flexibler und leichter handhabbar als Domänen. Viele Domänen sind nicht einfach zu administrieren. Änderungen in der Struktur der Domänen verursachen einigen Aufwand und müssen dennoch von Anpassungen in der Struktur der Organisationseinheiten begleitet werden. Ob die eine oder andere Variante günstiger ist, hängt natürlich vom Einzelfall ab. Es bleibt der Grundsatz: So einfach wie möglich.

Was für mehrere Domänen spricht

Um Ihnen eine Vorstellung davon zu geben, wann mehrere Domänen notwendig sein *können*, schauen Sie sich die folgenden Szenarios an:

- Die Anzahl der Objekte liegt über 100 000

  Die theoretische Grenze für Active Directory liegt bei 10 000 000 Objekten. Microsoft selbst hat eine erfolgreiche Implementierung mit 1 000 000 Objekten ausgeführt. Aus diesen Erfahrungen errechnete Microsoft eine Empfehlung von maximal 100 000 Objekten pro Domäne. Rechnen Sie mit 3 Objekten pro Mitarbeiter (Benutzerkonto, Computerkonto, Drucker), dann dürften Sie pro 30 000 Benutzer eine Domäne benötigen.

- Die Hierarchie der Organisation ist sehr tief

  Eine andere Limitierung ist die Anzahl der Stufen in der OU-Hierarchie. Ab 10 Stufen bricht die Leistung der Datenbank deutlich zusammen. Wenn Sie mehr als neun Stufen benötigen, ist eine Abtrennung der obersten Hierarchie in eigene Domänen sinnvoll. Denken Sie darüber nach, wenn Sie bei der Planung ohne weiteres mehr als fünf Stufen überschreiten.

- Teile des Netzwerks sind über langsame Verbindungen angeschlossen

  Wenn ein Teil des Netzwerks über eine langsame Verbindung angeschlossen ist, dann muss der Netzwerkverkehr über diese Verbindung minimiert werden. Dem Netzwerk hinter der langsamen Verbindung eine eigene Domäne zu spendieren, um dieses Ziel zu erreichen, kann eine Lösung sein. Eine andere und oft transparentere sind mehrere Standorte mit eigenen Domänencontrollern.

- Einige Teile des Unternehmens haben spezielle Sicherheitsanforderungen

  Domänen sind Sicherheitsgrenzen. Wenn Unternehmensteile
  besonders erhöhte Sicherheitsanforderungen haben, kann die
  Implementierung einer eigenen Domäne Vorteile bei der Verwaltung bringen.

- Das Unternehmen ist stark dezentralisiert

  Ist das Unternehmen dezentralisiert und sind die einzelnen Einheiten so selbstständig, dass sie auch ihre Technik selbst administrieren, können eigene Domänen dies unterstützen. Dies
  kann auch dann sinnvoll sein, wenn das Unternehmen global
  tätig ist und Gesellschaften in verschiedenen Ländern hat.

- Verringerung des Fehlerrisikos

  Technisch gesehen ist Active Directory sehr sicher. Gegen
  »menschliches Versagen« hilft das nicht. Wenn ein Administrator eine aktive Domäne löscht, ist das Netzwerk davon signifikant in Mitleidenschaft gezogen. Haben Sie mehrere Domänen,
  kann ein solcher Totalausfall schneller kompensiert werden.

- Ihre Migrationsstrategie erfordert mehrere Domänen.

  Wenn Sie unter NT 4 mehrere Domänen haben und leicht
  migrieren möchten, setzen Sie direkt um. Das ist aber nicht
  immer optimal, weil Active Directory bessere Organisationsstrukturen bietet.

Bevor Sie jetzt feststellen, dass mindestens drei der genannten **Was gegen mehrere**
Punkte für viele Domänen sprechen, werfen Sie einen Blick auf die **Domänen spricht**
folgenden Punkte:

- Gute Strukturen sollten eine Reorganisation überleben

  Denken Sie daran, was passiert, wenn Ihr Unternehmen verkauft wird, fusioniert, Tochtergesellschaften verkauft, sich re-
  organisiert usw. Ihre OU-Struktur ist leicht anpassbar, eine
  komplizierte Domänenlandschaft kaum.

- Widerstehen Sie politischem Druck

  Ihre IT-Struktur sollte sich technischen Gesichtspunkten unter-
  ordnen, nicht politischen. Widerstehen Sie politischem Druck,
  der zu einer komplizierten Domänenlandschaft führt. Mehrere
  Namen für die Homepage kann man auch ohne Active Directory einrichten.

Es gibt sicher viele weitere Gründe für eine bestimmte Gestaltung
der Domänen. Fangen Sie zuerst mit einer Domäne an und erweitern Sie diese erst, wenn es wirklich einen triftigen Grund dafür
gibt und andere Lösungen sicher ausscheiden.

6.5.2 Planung der Organisationseinheiten

Das Konzept der Organisationseinheiten ist das Erfolgsrezept beim Aufbau eines Active Directory. Organisationseinheiten sind das wesentliche Strukturierungselement. Sie sind ausschließlich einfache Container, die wiederum andere Objekte oder auch weitere Organisationseinheiten enthalten können. In Abschnitt 6.3.3 *Organisationseinheit* ab Seite 339 finden Sie grundlegende Informationen zu den Merkmalen. In den nachfolgenden Abschnitten erfahren Sie, wozu Sie Organisationseinheiten neben der Strukturierung noch gewinnbringend einsetzen können.

Delegation der Administration

Verteilen der Administration
Durch Delegation der Administration werden Administratoren in die Lage versetzt, Aufgaben teilweise auf andere Personen zu übertragen. Die Rechte zur Verwaltung umfassen typischerweise Organisationseinheiten und deren Inhalt, einschließlich untergeordneter Objekte. Welche Aufgaben übertragen werden, kann sehr genau eingestellt werden. So können Sie einen Mitarbeiter bestimmen, der in Ihrer Abwesenheit für die Kollegen seiner Abteilung die Kennwörter zurücksetzt und durch neue ersetzt, jedoch keinerlei weiterführende administrative Rechte hat. Er kann damit seinen Kollegen helfen, wenn diese ihr Kennwort vergessen haben, aber durch Fehlbedienung keinen weiteren Schaden anrichten, weil er vielleicht nur mangelhafte Kenntnisse über die Administration hat. Solche Delegierungen sind im Alltag ungemein wichtig, denn sie erlauben die fortlaufende Pflege des Netzwerks auch bei zeitweiliger Abwesenheit von Administratoren, ohne gleich alle Rechte aus der Hand zu geben.

Übertragbare Rechte
Grundsätzlich sind folgende administrative Rechte übertragbar:

- Änderungen an Attributen von Objekten in einem bestimmten Container vornehmen, beispielsweise das Eintragen von Raum- und Telefonnummern für Benutzerkonten. Eine solche Aufgabe kann auch eine Sekretärin übernehmen und damit den Administrator entlasten.

- Das Erzeugen von untergeordneten Objekten, einschließlich weiterer Organisationseinheiten und deren Inhalt. Damit können Sie die Kontrolle über eine Einheit an einen Administrator weitergeben, der seinen Bereich nun selbstständig verwaltet, sonst aber keinen Einfluss auf die globalen Einstellungen der Domäne hat.

- Die Aktualisierung bestimmter Attribute unter bestimmten Bedingungen. Dazu gehört das oben bereits beschriebene Beispiel der Kennworthilfe.

Beim Entwurf der OU-Modelle, was in Abschnitt 6.5.3 *Design der OU-Modelle* ab Seite 366 beschrieben wird, sollten Sie zuerst bestehende administrative Modelle abbilden und erst später verfeinern.

Die Möglichkeiten, die Active Directory tatsächlich bietet, sind weitaus umfangreicher. Erzwingen Sie nicht von Anfang an eine komplexe Struktur. So können Sie mehreren Personen unterschiedliche Rechte auf ein- und dieselbe Organisationseinheit geben. Dann wäre ein Administrator für die Einrichtung neuer Objekte zuständig, ein anderer dagegen für die Pflege der Kennwörter der Benutzer und ein dritter hat das Recht, die gesamte Softwareverteilung im Unternehmen zu steuern. Das ist sicher hilfreich, wenn es um die Arbeitsteilung in einem großen Unternehmen geht. Es ist aber ebenso sicher nicht empfehlenswert, ohne tiefgehende Kenntnisse von Active Directory eine solche Struktur von Anfang an einzuführen.

Die Struktur ist ausbaubar

Ersatz von NT 4-Domänen

Domänen waren unter NT 4 ein Organisationsmittel. In der Regel werden diese Domänen im Active Directory durch eine Domäne und eine entsprechende Anzahl Organisationseinheiten in der obersten Ebene der Hierarchie abgebildet. Die Einrichtung weiterer Domänen war oft auch ein Grund für die Verteilung der Administration. Da dies mit Organisationseinheiten sehr flexibel erfolgen kann, ist der Ersatz von NT 4-Domänen ein Grund, Organisationseinheiten einzuführen.

Organisationseinheiten ersetzen NT 4-Domänen

Zuweisen von Gruppenrichtlinien

Eines der umfangreichsten und leistungsfähigsten Konzepte sind die Gruppenrichtlinien. Ihnen ist ein eigenes Kapitel gewidmet. Sie finden Informationen über die Grundlagen in Abschnitt 6.7 *Gruppenrichtlinien* ab Seite 395 und praktische Hinweise zur Administration in Abschnitt 12.6 *Gruppenrichtlinien administrieren* ab Seite 899.

Gruppenrichtlinien dienen der Kontrolle der Benutzerumgebung

Gruppenrichtlinien bestimmen die Gestaltung des Arbeitsplatzes der Benutzer in Abhängigkeit von deren Aufgaben und dem Computer, an dem sie gerade arbeiten. Zu den Einstellungen gehören:

- Sicherheitsoptionen
- Zuweisen von Skripten
- Gestaltung des Desktops
- Verfügbarmachen bestimmter Anwendungsprogramme
- Steuerung der Softwarerichtlinien, beispielsweise Funktionen des Windows Explorers

Einige sehr grundlegende Richtlinien können nur auf der Ebene einer Domäne eingestellt werden. Diese Einstellungen gelten dann für alle Objekte dieser Domäne. Dazu gehören:

Gruppenrichtlinien auf Domänenebene

- Kennworteigenschaften
- Verriegelung des Kontos bei Anmeldefehlern
- Verschlüsselung der Anmeldung (Kerberos)
- Wiederherstellung von Dateien des verschlüsselnden Dateisystems (EFS)
- IP-Sicherheit
- Öffentliche Schlüssel (Zertifikate)
- Zertifikate für vertrauenswürdige Instanzen

 Gruppenrichtlinien sind kein Instrument, um Zugriffsrechte zu kontrollieren. Sie können Zugriffsrechte nur einem so genannten Sicherheitsprinzipal zuweisen, also Benutzern, Computern und Gruppen, nicht jedoch Organisationseinheiten. Das einzige Organisationsinstrument für Zugriffsrechte sind also Gruppen. Beachten Sie dies bei der Planung der Organisationseinheiten.

Gruppierung von Objekten

Verkleinern von Listen mit Organisationseinheiten

Die Einrichtung von Organisationseinheiten kann auch allein der Gruppierung dienen. Wenn Sie mit den Werkzeugen arbeiten, die Windows Server 2003 mitliefert, ist eine Begrenzung der Listen anzuraten. Standardmäßig zeigt die Managementkonsole *Active Directory-Benutzer und -Computer* 2 000 Objekte an. Sie können den Wert beliebig hoch setzen. Allerdings sind schon ein paar Hundert Objekte nur schwer zu handhaben. Mit eigenen, der Situation angepassten Skripten, die per ADSI zugreifen, mag das anders aussehen. Vorerst ist die Einführung einer weiteren Ebene mit Organisationseinheiten ein gutes Mittel, die Anzahl der Objekte zu begrenzen. Sie können ohne Leistungseinbrüche zehn Ebenen verwenden, wobei aus Gründen der Verfügbarkeit von Reserven nicht mehr als sieben oder acht Ebenen zu empfehlen sind. Normalerweise kann eine komplexe Organisationsstruktur mit drei bis fünf Ebenen abgebildet werden. Sie haben also fast immer genug Reserve, um große Gruppen allein aus »verwaltungstechnischen« Gründen zu teilen. Eine theoretische Grenze der Tiefe der Hierarchie gibt es nicht.

6.5.3 Design der OU-Modelle

Vorbereitung des Entwurfs

Bevor Sie das Design entwerfen – und sich damit möglicherweise für eines der Standardmodelle entscheiden –, sollten Sie die folgenden Aufgaben ausführen:

1. Ermitteln Sie die Personen, die in Ihrer IT-Struktur in der Lage sind, irgendwelche administrativen Aufgaben zu übernehmen. Dies können auch weniger qualifizierte Aufgaben, beispielsweise zur Datenpflege, sein.

2. Entscheiden Sie, welche Änderungen zum bisherigen administrativen Modell – das vielleicht technisch erzwungen war – Sie sich wünschen.

3. Legen Sie fest, welchen geeigneten Personen Sie gern administrative Aufgaben übertragen würden und welchen Umfang diese Aufgaben haben.

4. Entscheiden Sie sich für ein hierarchisches OU-Modell. Die typischen Modelle werden nachfolgend vorgestellt.

5. Implementieren Sie die konkrete OU-Struktur in dem gewählten Modell.

6. Entwerfen Sie einen Plan, welche Teile der Struktur von wem administriert werden.

Der Entwurf der administrativen Rechte mag Ihnen nicht so wichtig erscheinen. Er ist aber bedeutend für die tatsächliche Struktur der Elemente. Wenn Sie später eine andere Art der Administration wünschen, kann ein Umbau sehr kompliziert werden. Active Directory bietet hier viele sehr gut einstellbare Möglichkeiten. Denken Sie beim Aufsetzen einer Domäne an die gesamte Struktur des Unternehmens. **Die Verteilung der Administration ist wichtig**

Versuchen Sie die Struktur so zu entwerfen, dass spätere Änderungen in der Politik oder Organisation des Unternehmens nicht mit massiven Änderungen an der Struktur der Organisationseinheiten verbunden sind. Man spricht dann von einem statischen Modell, das vor allem einen Effekt hat – weniger Administrationsaufwand. **Die Struktur sollte politischen Änderungen widerstehen**

Denken Sie an die folgenden Gründe, eine Organisationseinheit zu erzeugen: **Gründe für eine Organisationseinheit**

- Die Administration für Objekte delegieren
- Sichtbereich für Gruppenrichtlinien darstellen
- Ersatz für eine NT 4-Domäne
- Sichtbereich auf Objekte in der Verwaltung

Organisationseinheiten dienen fast ausschließlich dem Administrator. Der Benutzer bekommt in der Regel von den Strukturen nichts mit. Er meldet sich an einer Domäne mit Benutzername und Kennwort an, nicht in einer Organisationseinheit. Letztere dienen daher vor allem Ihnen als Administrator. Es ist wichtig, dass Sie verstehen, wozu Organisationseinheiten dienen, und dass Sie diese als Werkzeug zur Erleichterung der eigenen Arbeit betrachten.

Wenn von vornherein geplant ist, mehrere Domänen in einem Stück aufzusetzen, sollten auch diesbezüglich Überlegungen zur Struktur der OU-Hierarchie angestellt werden. Idealerweise werden Sie für alle Domänen dieselbe OU-Struktur benutzen. Das vereinfacht die Administration erheblich. Vielleicht sind einige Organisationseinheiten in einigen Domänen leer, aber das stört niemanden. **Mehrere Domänen**

Typische Modelle

Modelle erleichtern den ersten Entwurf

Wenn Sie das erste Mal mit Active Directory arbeiten, werden Sie vielleicht ein fertiges Modell für die Struktur der Organisationseinheiten suchen. Einen allgemeingültigen Standard gibt es nicht. Es gibt aber mehrere Modelle, die für bestimmte Einsatzfälle zutreffend sein können. Diese werden hier vorgestellt:

- Das geografische Modell
- Die Unternehmensmodelle
- Das projektbasierte Modell
- Das administrative Modell
- Das objektbasierte Modell

Andere Quellen in der Literatur zeigen andere Standardmodelle. Wir wollen uns nicht anmaßen, das Nonplusultra der Modelle gefunden zu haben. Die hier gezeigten Varianten bilden aber unserer Meinung nach praktische Fälle besonders gut ab. Wenn Sie ein gut begründetes Modell entwickeln, das nicht in dieses Schema passt, sollten Sie es verwenden und nicht in eines der vorgestellten Typen pressen, nur um einem vermeintlichen Standard zu genügen. Wenn Sie aber unsicher sind, dann nehmen Sie eines der genannten Modelle.

Das geografische Modell

Modell folgt den Standorten

Dieses Modell basiert auf dem für NT 4-Domänenkonzepte verbreiteten Verfahren. Microsoft hat lange Zeit die Aufteilung nach Standorten empfohlen. Große international operierende Unternehmen können davon profitieren, wenn die Gesellschaften auch politisch weitgehend nach Ländern geteilt sind. Das ist bei modernen Unternehmen nur selten der Fall. Unternehmen mit vielen rechtlich sehr selbstständigen, örtlich verteilten Filialen können aber von einem solchen Modell profitieren.

Beim geografischen Modell ist zu berücksichtigen, wie die Standorte miteinander verbunden sind. Eine Unterteilung nach Ländern, Regionen und Städten ist nur sinnvoll, wenn wichtige Unternehmensteile dort auch existieren. Diese Unternehmensteile sind durch WAN-Verbindungen miteinander vernetzt. Der Austausch von Daten über solche Verbindungen ist kostenintensiv. Man muss beim Entwurf also berücksichtigen, wie die Daten zwischen den Domänencontrollern repliziert werden. Stehen sehr schnelle Verbindungen zur Verfügung, die nur geringe Kosten für den Datentransfer verursachen, sollte nur eine Domäne verwendet werden.

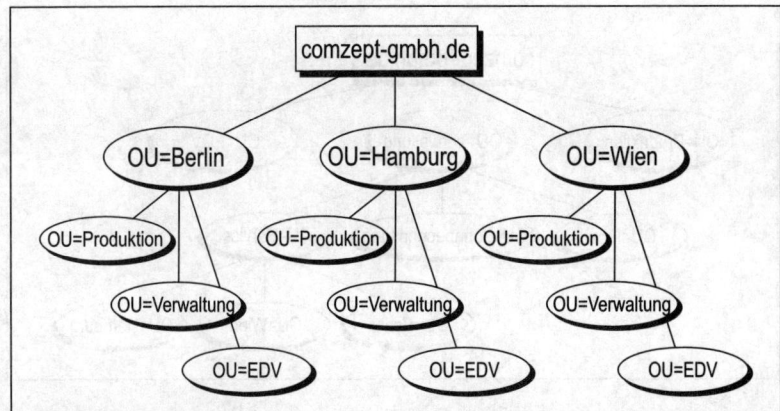

Abbildung 6.13:
Das geografische
Modell

Die gesamte Struktur des geografischen Modells wird dann mit Organisationseinheiten abgebildet. Wird die Replikation zwischen den Domänencontrollern der Standorte aber zum Problem, dann sind verschiedene Domänen sinnvoller. Sie sollten in diesem Fall die geografische Struktur grob mit Domänen abbilden und innerhalb der Domänen ein einheitliches Modell aus einem der folgenden Varianten auswählen. Das allgemeine geografische Modell aus Abbildung 6.13 kann je nach Qualität der Fernverbindungen so modifiziert werden, dass langsame Verbindungen toleriert werden können.

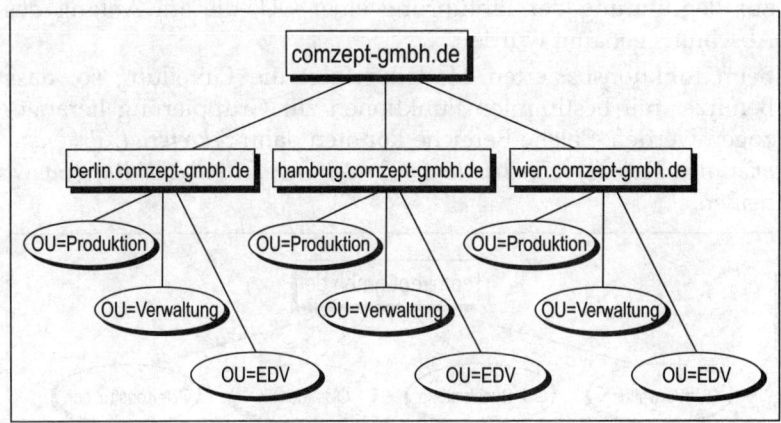

Abbildung 6.14:
Mehrere Domänen

Sind alle Verbindungen hinreichend schnell, ist eine Trennung der Domänen allein aufgrund der geografischen Lage nicht gegeben. In diesem Fall reicht eine Einteilung mit Hilfe der Organisationseinheiten.

Abbildung 6.15:
Einteilung mit OUs

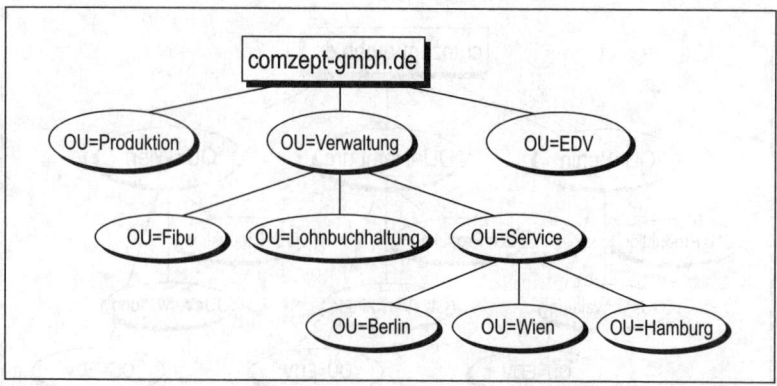

Unternehmensmodelle

Modell folgt der Unternehmensstruktur

Bei den Unternehmensmodellen gibt es zwei Versionen, die ein- und denselben Zweck verfolgen, aber einen unterschiedlichen Ansatz haben:

- Funktionsbasiertes Modell
- Abteilungsbasiertes Modell

In beiden Fällen werden tatsächliche Strukturen des Unternehmens als Vorbild für die Hierarchie der Organisationseinheiten genommen. Vergessen Sie aber nicht die allgemeinen Vorgaben zur Begründung der Einführung einer OU, die am Anfang des Abschnitts genannt wurden.

Funktionsbasiertes Modell

Beim funktionsbasierten Modell erfolgt die Einteilung so, dass Benutzer mit bestimmten Funktionen zur Gruppierung herangezogen werden. Solche Bereiche könnten dann *Sekretariat, Programmierung, Technik, Konstruktion, Verwaltung, Lohnbuchhaltung* usw. heißen.

Abbildung 6.16:
Unternehmensmodell
nach der Funktion

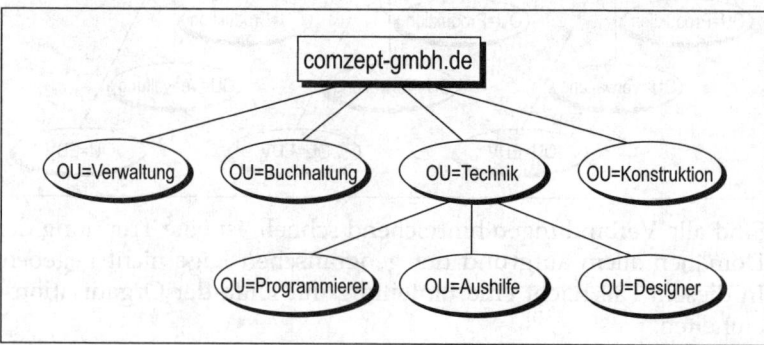

Abteilungsbasiertes Modell

Beim abteilungsbasierten Modell ist die Trennung strenger nach Abteilungen organisiert. Das bietet sich im öffentlichen Dienst und anderen gut durchstrukturierten Organisationen an, wo Mitarbeiter zu Abteilung IV/ME oder III/CV gehören. Oft ist dies auch für moderne Produktionsbetriebe gut geeignet, die Tausende ähnlicher Arbeitsplätze in der Produktion haben, die aber unterschiedlichen Produktionslinien angehören.

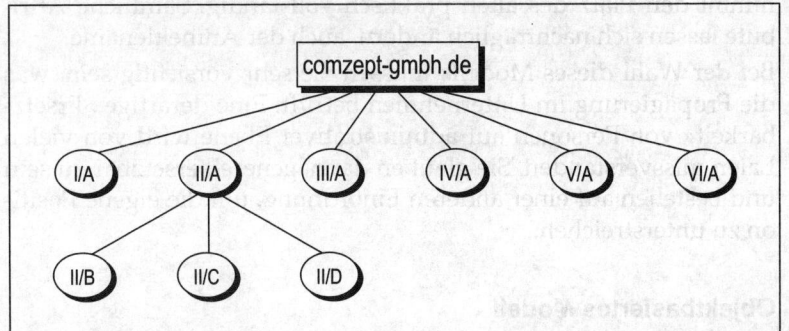

Abbildung 6.17:
Abteilungsmodell

Projektmodelle

Das Projektmodell bildet Projektgruppen ab. Das lohnt sich, wenn diese Gruppen nicht zu häufig wechseln. Eventuell bleiben Projektgruppen grundsätzlich bestehen, nur die Mitglieder wechseln und damit deren Tätigkeitsfelder und Aufgabengebiete. Die Organisation nach Projektgruppen kann auch bei hoher Fluktuation innerhalb der Firma sinnvoll sein. Dann müssen Sie Benutzer bei einem Arbeitsplatzwechsel nur von einer Organisationseinheit in eine andere verschieben. Generell ist diese Form aber kritisch, wenn sie nicht der Unternehmensorganisation entspricht. Denken Sie auch daran, dass Sie damit kaum ein statisches Modell erhalten.

Modell folgt dem Workflow

Administrationsmodell

Beim Administrationsmodell wird die Hierarchie nach der bevorzugten Delegation der administrativen Aufgaben entworfen. So wie Sie teilweise oder ganz die Kontrolle über bestimmte Objekte weitergeben möchten, entwerfen Sie auch die Struktur. Active Directory unterstützt dies vorbildlich. Da hier ebenfalls die Aussage gilt, dass den Benutzern nichts über die Struktur bekannt sein muss, ist dieses Modell sehr beliebt. Der Einsatz lohnt aber nur, wenn es tatsächlich eine ausreichende Anzahl Personen gibt, die als Empfänger der Delegation dienen.

Rein administrativ orientiertes Modell

Bei diesem Modell spielen Standorte und Funktionen kaum eine Rolle. Abteilungen sind oft mit der Administration konform strukturiert. Eine andere Möglichkeit sind die Ebenen in der Hierarchie des Unternehmens, wobei man mit der Ebene eine gewisse Kompetenz in Bezug auf die Administration verbindet.

Im administrativen Modell werden Benutzer als Objekte aufgefasst, die bestimmte Rechte in Bezug auf ihre Position in der Hierarchie haben. In der Praxis kann das so weit führen, dass beim Ausscheiden eines Mitarbeiters und der Einstellung eines neuen das Benutzerkonto nicht gelöscht, sondern nur umbenannt und mit neuen Attributen gefüllt wird. Der neue Mitarbeiter übernimmt den Platz des alten praktisch vollständig. Sämtliche Attribute lassen sich nachträglich ändern, auch der Anmeldename.

Bei der Wahl dieses Modells müssen Sie sehr vorsichtig sein, was die Propagierung im Unternehmen betrifft. Eine derartige »Ersetzbarkeit« von Personen auf administrativer Ebene wird von vielen Laien missverstanden. Sie glauben dann, generell ersetzbar zu sein und bestehen auf einer anderen Einordnung, um die eigene Position zu unterstreichen.

Objektbasiertes Modell

Bei diesem Modell unterwerfen Sie sich der inneren Struktur von Active Directory. Die oberste Ebene definiert also Benutzer, Computer, Drucker, Freigaben usw. Dann folgen unter den Benutzern typische Gruppen wie Administratoren, Hauptbenutzer, Gäste usw. Diese können dann weiter unterteilt werden, beispielsweise nach der Nutzung bestimmter Software oder Ressourcen.

Modelle, die Sie nicht verwenden sollten

Manchmal wird ein Verzeichnisdienst mit viel Aufwand eingeführt, um technologisch auf dem Laufenden zu sein, die Ansprüche der Muttergesellschaft zu erfüllen oder dem Vorstand zu genügen. In allen Fällen kann es vorkommen, dass die Bedeutung der Organisationseinheiten von technischen Laien falsch eingeschätzt wird und die politische Struktur zur Abbildung gelangt. Hier sollten Sie als Administrator standhaft bleiben und die Ansicht durchsetzen, dass die Struktur der Organisationseinheiten nichts mit politischen Modellen zu tun hat, sondern mit der Vereinfachung der Administration und dass die Abbildung von Richtlinien und Zugriffsrechten unabhängig davon gestaltet werden kann.

Vor- und Nachteile der Modelle

Die folgende Tabelle zeigt für alle Modelle im Überblick die wesentlichen Vor- und Nachteile auf. Entscheiden Sie dann anhand des konkreten Einsatzfalles, welches Modell am geeignetsten erscheint.

Wenn Sie damit fertig sind, ergänzen Sie die nicht darstellbaren Objekte. So erhalten Sie ein »Freestyle«-Modell, das in keine der Kategorien passt. Es basiert aber auf einer soliden Annahme und erfüllt Ihre Ansprüche optimal. Dieses Modell ist deshalb das beste.

Modell	Vorteile	Nachteile	
Geografisches Modell	• Oberste Ebene sehr statisch • Standort von Ressourcen gut erkennbar	• Keine Abbildung der Unternehmensstruktur • Zuordnung von Ressourcen teilweise unlogisch	*Tabelle 6.1:* *Vor- und Nachteile* *der Modelle*
Funktionales Modell	• Gute Abbildung von Richtlinien möglich	• Häufige Änderungen • Lokalisierung von Ressourcen schwierig	
Abteilungs-modell	• Relativ statisch	• Lokalisierung von Ressourcen schwierig	
Projektmodell	• Gute Abbildung der Arbeitsprozesse	• Häufige Änderungen • Schwer zu administrieren • Lokalisierung von Ressourcen schwierig	
Administrations-modell	• Ressourcen gut erkennbar • Leichte Delegation von Aufgaben	• Nicht intuitiv für Benutzer bei Suchvorgängen • Schlechte Abbildung der Unternehmensstruktur	
Objektmodell	• Leichte Delegation von Aufgaben • Lokalisierung von Ressourcen gut • ACLs leichter verwaltbar	• Nicht intuitiv für Benutzer • Schlechte Abbildung der Unternehmensstruktur	

Alle Modelle haben Vor- und Nachteile. Das ideale Modell gibt es nicht. Erinnern Sie sich deshalb an die Aussage am Anfang des Abschnitts: In erster Linie dient Active Directory administrativen Zwecken. Modifizieren Sie ein annähernd passendes Modell in diesem Sinne und Sie bekommen einen fast idealen Verzeichnisdienst. **Kein Ideal**

6.5.4   Planung der Struktur

Wenn Sie sich für ein Modell entschieden haben, müssen Sie nun die eigentlichen Organisationseinheiten entwerfen. Bauen Sie die Hierarchie zuerst auf dem Papier auf. Erst, wenn Sie zufrieden sind, klicken Sie die Objekte mit der Managementkonsole oder ADSI-Skripten zusammen.

Vorgaben für die Gestaltung der Organisationseinheiten

Die Struktur der Organisationseinheiten ist nicht nur durch die hierarchische Anordnung geprägt. Wenn Sie mehrere Domänen haben, ist jede Hierarchie von der anderen völlig getrennt. Um eine überschaubare Administration zu bekommen, sollten Sie des- **Primärziel ist die Schaffung eines Administrationswerkzeugs** halb vor der Eingabe der Organisationseinheiten festlegen, welchen Standards diese genügen sollen. Auch hier gibt es nur wenige allgemeingültige Empfehlungen, keine echten Standards.

Nehmen Sie bei der Gestaltung keine Rücksicht auf Suchmöglichkeiten. Die AD-Datenbank ist indiziert und kann deshalb in allen Varianten gleich schnell durchsucht werden.

Erstellen Sie ein einfaches Regelwerk für folgende Aufgaben:

Inhalt der Container

- Legen Sie zu jeder OU fest, welche Art von Objekten dort untergebracht werden darf, beispielsweise Computer, Administratorenkonten, Benutzerkonten, Drucker usw.

Zweck der Organisationseinheiten

- Legen Sie fest, welchen Zweck eine bestimmte Ebene von Organisationseinheiten hat. Sie sollten sich darüber im Klaren sein, ob Sie auf den oberen Ebenen Objekte speichern oder nur weitere Organisationseinheiten zulassen.

Namensregeln

- Erstellen Sie eine einheitliche Namensregel für Ihre Organisationseinheiten. Dabei gelten die folgenden Grundsätze:
  - Organisationseinheiten müssen keinen eindeutigen Namen innerhalb der Domäne haben, da deren Position in der Hierarchie sie eindeutig festlegt.
  - Die maximale Länge der Namen beträgt 64 Zeichen.
  - Es sind alle Sonderzeichen zugelassen.

Besitzer festlegen

- Definieren Sie, wer der Besitzer einer Organisationseinheit ist und wer sie administrieren darf.

Diese Punkte werden nachfolgend detailliert besprochen.

Welche Objekte werden gespeichert

Organisationseinheiten sind nicht nur Container für die klassischen Objekte wie Benutzer oder Computer, sondern auch für Gruppenrichtlinien. Dies sollte beim Entwurf berücksichtigt werden. Wenn Sie keine Gruppenrichtlinien für eine Anzahl von Objekten benötigen, kann eine Organisationseinheit dafür unter Umständen obsolet werden. Gruppenrichtlinien werden in Abschnitt 6.7 *Gruppenrichtlinien* ab Seite 395 ausführlich behandelt. Die dort getroffenen Aussagen wirken sich auch auf die Gestaltung der Organisationseinheiten aus. Denken Sie daran, dass die Zuweisung von Zugriffsrechten nur an Sicherheitsprinzipale erfolgen kann, also direkt an Computer, Benutzer und Gruppen, nicht jedoch an Organisationseinheiten. Wenn primär Zugriffsrechte vergeben werden, ist die Platzierung der Benutzer in einer Gruppe und der Sicherheitsgruppe selbst in einer OU der einfachste Weg. Dies hat einen ganz praktischen Effekt. Wenn Sie alle Benutzer einer OU einer Sicherheitsgruppe zuweisen möchten, können Sie alle Einträge der Liste zugleich auswählen und dann über das Kontextmenü zuweisen. Sind die Benutzer dagegen auf mehrere

Organisationseinheiten verteilt, ist die Zuweisung ungleich aufwändiger.

Für die Anmeldung spielt die Position eines Benutzerkontos in der Hierarchie keine Rolle. Sollen Benutzer aber auch im Active Directory suchen, beispielsweise um die Daten von Kollegen im Sinne eines zentrales Adressbuches zu finden, kann eine rein administrative Struktur für Konfusion sorgen. Das Active Directory als Plattform für das hausinterne Informationssystem im Intranet ist aber eine durchaus gebräuchliche Anwendung. Bei der Wahl der Objekte sollten also auch künftige Bedürfnisse der Benutzer berücksichtigt werden. Allerdings ist der administrative Aspekt wichtiger, da Sie mit Hilfe von Skripten für Benutzer immer eine andere Umgebung schaffen können, die deren Anforderungen besser genügt.

Der Zugriff mit Skripten spielt in der Windows-Welt inzwischen eine große Rolle. Sehr einfach ist die Programmierung mit Active Server Pages (ASP), die Sie mit VBScript und HTML schreiben können. Damit stehen zugleich eine leistungsfähige Benutzerschnittstelle (der Browser) zur Verfügung und ein transparenter Zugriff auf alle Datenquellen, die Windows intern verwendet: das Dateisystem, die IIS-Metabasis, Datenbanken (SQL Server, Access, Text), Windows-Anwenderprogramme (Sie können auch direkt in Word- oder Excel-Dokumente hineinschreiben) sowie Active Directory. Solche Skripte laufen auf dem Server und stellen die Ergebnisse per HTTP – dem Internetprotokoll – zur Verfügung. Damit können Anwender von Apple Macintosh oder Unix auf die Ausgaben zugreifen. In jedem Fall kann eine Benutzerschnittstelle geschaffen werden, die genau einem bestimmten Zweck genügt und selbst für Benutzer ohne Computerkenntnisse bedienbar ist.

Mehr Zugriff mit Skripten

Definition der Bedeutung der Ebenen

Unabhängig vom gewählten Organisationsmodell müssen Sie festlegen, welche Objekte auf welcher Ebene untergebracht werden dürfen. Die daraus entstehende Vorschrift notieren Sie, sodass andere Administratoren darauf zurückgreifen können und zukünftig Objekte nach einem einheitlichen Schema untergebracht werden.

Entscheidend ist dabei nicht festzulegen, dass in der einen Ebene Objekte gespeichert werden dürfen und in einer anderen nicht, sondern ob Sie für eine Organisationseinheit die folgenden drei Fragen beantworten können:

Begründung für den Einsatz einer Organisationseinheit

- Wie wird diese Organisationseinheit verwendet?
- Wer soll die Organisationseinheit administrieren?
- Welche Rechte benötigt der Administrator dieser Organisationseinheit?

Dies gilt umso stärker, je tiefer die Hierarchie der Organisationseinheiten ist. Wenn Sie nur zwei Ebenen haben, ist die Entscheidung über eine Zuordnung sicher einfach. Wenn Sie aber als Prämisse eine größtmögliche Statik der höheren Ebenen ansetzen, was unbedingt zu empfehlen ist, kommt einer tieferen Hierarchie eine größere Bedeutung zu. Dann sind aber auch genauere Definitionen der Verwendung notwendig.

Praktische Grenzen der Hierarchie-Tiefe

Wenn Sie neue Ebenen entwerfen, um den Anforderungen zu genügen, sollten Sie einige praktische Grenzen kennen. Eine theoretische Grenze gibt es nicht. Microsoft selbst spricht von maximal 10 Ebenen, nach denen ein Leistungseinbruch zu beobachten ist. Damit Sie Reserven für Erweiterungen haben, sollte die erste Struktur nur sieben bis acht Ebenen umfassen. Weniger ist natürlich immer besser, wenn es nicht zu Lasten der Administrierbarkeit geht. Mit jeder Ebene wächst die Anzahl möglicher Objekte exponentiell. Brauchen Sie wirklich so viele Container?

Namenskonventionen entwerfen

Regeln für Namen

Wie bereits in der Übersicht erwähnt, bestehen aus Sicht des Systems nur wenige Ansprüche an die Namensgestaltung. Es besteht keine Notwendigkeit, die Namen eindeutig zu machen (der Namensraum ist praktisch der übergeordnete Container, nicht die Domäne). Die Länge ist mit 64 Zeichen relativ komfortabel. Auf DNS-Namen müssen Sie auch keine Rücksicht nehmen. Organisationseinheiten tauchen dort nicht auf.

LDAP-Nutzer nicht vergessen!

Es gibt einen ganz anderen Grund, sich Gedanken über die Namenskonventionen zu machen: die Benutzer. Benutzer können nach Organisationseinheiten suchen oder müssen diese als LDAP-Adressen verwenden. In beiden Fällen sind kryptische Zeichenfolgen oder künstliche Verkürzungen wenig geeignet.

Die Namen sollten weitestgehend selbsterklärend sein, die Position widerspiegeln, die Suche unterstützen und einfach sein.

ISO 3166-Codes

Für Namen geografischer Regionen kann auch das ISO 3166 Landesschema verwendet werden. Diese Codes sind nur zwei Buchstaben lang und leicht zu merken. Dieser Standard wird auch von den Toplevel-Domains im Internet verwendet (siehe auch Abschnitt 5.6.4 *Aufbau des Domain Name Systems (DNS)* ab Seite 258).

Tabelle 6.2:
ISO 3166 Landes-
kennzeichen (Auszug)

Landesbezeichnung	ISO	Landesbezeichnung	ISO
Afghanistan	AF	Kenya	KE
Albania	AL	Korea, Republic of	KR
Algeria	DZ	Kuwait	KW
Andorra	AD	Lao Democratic Republic	LA
Angola	AO	Lebanon	LB

Landesbezeichnung	ISO	Landesbezeichnung	ISO
Argentina	AR	Liberia	LR
Armenia	AM	Libyan	LY
Australia	AU	Liechtenstein	LI
Austria	AT	Lithuania	LT
Bahamas	BS	Luxembourg	LU
Bahrain	BH	Macau	MO
Bangladesh	BD	Macedonia	MK
Barbados	BB	Malaysia	MY
Belarus	BY	Malta	MT
Belgium	BE	Marshall Islands	MH
Bolivia	BO	Martinique	MQ
Bosnia and Herzegovina	BA	Mauritius	MU
Brazil	BR	Mayotte	YT
Bulgaria	BG	Mexico	MX
Canada	CA	Monaco	MC
Chile	CL	Morocco	MA
China	CN	Namibia	NA
Cocos (keeling) Islands	CC	Netherlands	NL
Croatia	HR	Norway	NO
Cuba	CU	Pakistan	PK
Cyprus	CY	Panama	PA
Czech Republic	CZ	Paraguay	PY
Denmark	DK	Poland	PL
Ecuador	EC	Portugal	PT
Egypt	EG	Romania	RO
Estonia	EE	Russian Federation	RU
Finland	FI	Saudi Arabia	SA
France	FR	Singapore	SG

Landesbezeichnung	ISO	Landesbezeichnung	ISO
Germany	DE	South Africa	ZA
Greece	GR	Spain	ES
Greenland	GL	Sweden	SE
Vatican City	VA	Switzerland	CH
Honduras	HN	Syrian Arab Republic	SY
Hong Kong	HK	Taiwan, Province of China	TW
Hungary	HU	Thailand	TH
Iceland	IS	Turkey	TR
India	IN	Tuvalu	TV
Iraq	IQ	Ukraine	UA
Ireland	IE	United Kingdom	GB
Israel	IL	United States	US
Italy	IT	Vietnam	VN
Japan	JP	Yugoslavia	YU

Wenn ISO 3166 verwendet wird, ist es zur Unterscheidung anderer Organisationseinheiten sinnvoll, mindestens drei Zeichen zu vereinbaren. Dann kann es keine Konflikte mit den zwei Zeichen langen Codes geben.

Beispiel Wenn Sie das geografische Modell verwenden und in 14 Standorten eine OU »Verkauf« haben, ist dies nicht unbedingt sinnvoll, dies so beizubehalten. Besser wäre es dann, den Namen der übergeordneten OU mit einzubeziehen, beispielsweise »Berlin Verkauf«. Selbsterklärend sind Namen wie »Berlin Verkauf Benutzer«. Eine clevere Namenswahl spart auch einige Seiten Dokumentation, mit der Sie sonst Organisationseinheiten wie »DE_B_XII/3_Usr« erklären müssten.

Delegierung der Administration

Aufgaben des Administrators Wenn Sie eine Organisationseinheit erzeugen, sind Sie der Eigentümer und damit für die Administration verantwortlich. Zu Ihren Aufgaben gehören:

- Hinzufügen, Löschen und Bearbeiten von Objekten
- Entscheiden, welche Richtlinien von übergeordneten Organisationseinheiten geerbt werden

- Entscheiden, welche Richtlinien hinzugefügt oder geändert werden

- Entscheiden, welche Richtlinien an die nächsttiefere Ebene vererbt werden sollen

- Entscheiden, ob die Administration der nächsten Ebene an eine andere Person übertragen werden kann

Der Domänenadministrator kann übrigens jederzeit den Besitz jeder Organisationseinheit übernehmen und dann einem neuen Administrator zuordnen. Achten Sie darauf, dass nicht ohne ganz triftigen Grund Personen der Gruppe der Domänenadministratoren zugeordnet werden.

Die Kontrolle durch den Besitz und die Delegierung sind kritische Punkte. Es ist problematisch, weil durch falsche Anwendung oder laxen Umgang Sicherheitslücken entstehen. Auf der anderen Seite ist diese Form der Verwaltung sehr flexibel und passt sich gut Alltagssituationen an. So können Sie leicht auf Veränderungen im Mitarbeiterstamm bei Urlaub, Krankheit oder Lehrgangsbesuchen reagieren.

Die totale Macht des Domänenadministrators ist aber auch kritisch. Wenn Sie eine solche Situation vermeiden wollen, nutzen Sie mehrere Domänen, die jeweils einen Administrator haben. Dieser hat keine Kontrolle in einer anderen Domäne.

Die Zuweisung der Administrations- und Zugriffsrechte erfolgt durch Zuordnung eines Benutzerkontos zu einer Sicherheitsgruppe und nicht durch Platzierung des Kontos in einer OU.

Wenn Sie weitere Personen als Administratoren einsetzen, stellen Sie genau fest, wer dafür geeignet ist, und beantworten Sie folgende Fragen:

Planen der Delegierung

- Wer? Wer darf administrieren → Benutzerkonto oder Gruppe?
- Was? Was darf administriert werden → Rechte, Eigenschaften?
- Wo? Wo darf administriert werden → OU?

6.6 Benutzer und Gruppen

Nach der Festlegung der Struktur des Active Directory und der Organisationseinheiten wird das Verzeichnis mit den eigentlichen Objekten gefüllt: Benutzer, Gruppen, Computer, Drucker usw. Dabei nehmen Benutzer und Gruppen eine herausragende Stellung ein.

6.6.1 Benutzer- und Gruppenmanagement

Benutzer und Gruppen sind – auch aus historischer Sicht – das primäre Verwaltungskriterium. Mit Active Directory kommen weitere Verwaltungsinstanzen hinzu, wie es in den vorhergehenden Kapiteln bereits diskutiert wurde. Benutzer und Gruppen bleiben aber, vor allem wegen der vielen spezifischen Eigenschaften, die am intensivsten zu administrierenden Objekte. Dieses Kapitel führt in das Benutzer- und Gruppenmanagement ein und berücksichtigt dabei die Beziehungen zum Active Directory.

Unterschiede zu Windows NT 4

Das Benutzer- und Gruppenmanagement im Active Directory unterscheidet sich grundlegend von dem aus Windows NT 4 bekannten. Einige Bezeichnungen, wie die »Gruppe«, sind zwar erhalten geblieben, finden jedoch im Active Directory andere Entsprechungen. Dieser einleitende Abschnitt soll vor allem der Begriffsdefinition und der Erläuterung der Struktur dienen. Der Einfachheit halber wird nur vom Benutzermanagement gesprochen, wenngleich dies neben den Benutzern auch andere Elemente der Organisationsstruktur betrifft.

Active Directory for ever

In jedem Fall wird aber davon ausgegangen, dass mit Active Directory gearbeitet wird. Dies lohnt, trotz des am Anfang bestehenden Einarbeitungsaufwands, auch für kleinere Netzwerke.

Vorausgesetzt wird hier zugleich, dass die Einrichtung von Active Directory und der Domänenstruktur bereits erfolgt ist.

Strategien zum Benutzermanagement

Strategien

Um Benutzer einzurichten und damit zu einem funktionierenden Netzwerk zu gelangen, gehen Sie in folgenden Schritten vor:

- Planung der Benutzerkonten und des Gruppenmanagements

  Hier geht es um die Benutzerkonten. Obwohl zwei Organisationsmöglichkeiten bestehen, Gruppen und Organisationseinheiten, beziehen sie sich dennoch auf ein gemeinsames Element: Benutzer. Hier steht die Frage der Synchronisation an.
- Planung der Strategie der Gruppenrichtlinien

  Die aus NT bekannten Systemrichtlinien wurden mit Windows 2000 zu den Gruppenrichtlinien weiterentwickelt und sind ein äußerst leistungsfähiges Werkzeug. Client-Computern mit Windows 2000 und XP Professional kann ein explizites Rechtesystem zugewiesen werden, ebenso wie jedem Element in der Struktur des AD.
- Planung der physischen Struktur der Site, Domänen und Pfade

  Gruppenrichtlinien können auch der Site und der Domäne zugewiesen werden. Dadurch haben Sie eine einfache globale Kontrolle der Zugriffs- und Ausführungsrechte, auch wenn sich die physische Struktur der Organisationseinheiten ändert.
- Planung der Delegation der Administration

In großen Unternehmen werden Sie die Aufgaben vielleicht auf mehrere Administratoren verteilen wollen. Auch in kleineren Unternehmen kann in der Urlaubszeit eine Delegierung einiger Aufgaben sinnvoll sein. Dies erfolgt auf Ebene der Organisationseinheiten.

- Testaufgaben

  Nicht zu vergessen sind Tests der Einstellungen, damit Benutzer nicht »vergessene« Sicherheitslöcher finden oder Aufgaben nicht ausführen können.

Alle Aufgaben und deren Lösung werden nachfolgend ausführlich beschrieben.

6.6.2 Einführung in die Benutzerverwaltung

Das Sicherheitskonzept für Benutzer basiert auf dem Konzept der Benutzerkonten. Jeder Benutzer wird eindeutig identifiziert, um ihm Zugriff auf bestimmte Ressourcen zu geben. Wer auch immer das Netzwerk oder eine Arbeitsstation mit Windows 2000 oder XP Professional nutzen möchte, benötigt ein Benutzerkonto. Das führt auch dazu, dass interne Prozesse über Konten verfügen. Diese können jedoch überwiegend nicht administriert werden.

Aus Sicht des Benutzers ist dieses Konzept sehr einfach. Der Benutzername ist für ihn ein fassbarer Begriff, mit dem er täglichen Umgang hat. Aus Sicht des Administrators ist es kritischer. Ein laxer Umgang mit den Benutzerkonten kann zu erheblichen Sicherheitsmängeln führen.

Benutzersicht: Name und Kennwort

Die Verwaltung der Benutzerkonten ist aus zweierlei Sicht bedeutend:

- Hier wird das Sicherheitsniveau implementiert, das für das Netzwerk wichtig ist.
- Cleverer Umgang mit den Benutzerkonten kann den administrativen Aufwand signifikant reduzieren.

Diese Reduktion des Aufwands setzt natürlich tiefgehende Kenntnisse der Werkzeuge und deren Bedeutung voraus. Dieses Kapitel vermittelt die entsprechenden Kenntnisse. Sie sollten es lesen, bevor Sie Entscheidungen bezüglich der Benutzereinrichtung treffen.

Gruppen sind der zweite große Komplex in der Benutzerverwaltung. In Windows NT waren Gruppen ein Werkzeug zur Verwaltung von Benutzern und zum Zuweisen von Rechten. Das hat sich nicht geändert. Die Verwendung von Organisationseinheiten dient nur der Vereinfachung der Verwaltung und Zuweisung von Richtlinien. Intern bilden Gruppen das primäre Verwaltungsinstrument. Wer sich begierig auf Active Directory stürzt, wird von dieser Aussage vielleicht befremdet sein. Das Gruppenkonzept stützt sich natürlich nicht auf X.500. Es ist quasi neben Active Directory gestellt, was aufgrund der unterschiedlichen Anforderungen sinnvoll

Umgang mit Gruppen

ist. Verzeichnisdienste sind vordergründig auf die Informations-
weitergabe, globale Authentifizierung und Verteilung von Richtlinien ausgelegt. Die Regelung des Zugriffs auf dezentrale
Ressourcen hat damit nur am Rande zu tun. Hier setzt das Sicherheitskonzept von Windows Server 2003 mit den *Access Control Lists*
(ACL) ein, deren Zuordnung wahlweise Benutzer- oder Gruppen-
orientiert erfolgen kann.

In diesem Kapitel geht es deshalb um die Steuerung der Zugriffsrechte – die Seite der Ressourcen also. Im nächsten Kapitel werden
dann die Richtlinien behandelt, die irreführend Gruppenrichtlinien
heißen und mit Sicherheitsgruppen nichts zu tun haben.

6.6.3   Elemente der Systemsicherheit

Benutzer- und Gruppeninformationen werden in einer zentralen
Datenbank gespeichert. In Windows NT war dies die SAM-
Datenbank. Unter Windows 2000 und Windows Server 2003 erledigt diese Aufgabe – wenn es sich um einen Domänencontroller
handelt – Active Directory. Jedes Element, Benutzer und Gruppen,
wird durch den *Security Identifier* (SID) identifiziert.

Der Security Identifier

Security Identifier   Wenn ein neues Benutzerkonto angelegt wird, erzeugt das Betriebssystem eine so genannte SID. Diese Nummer besteht aus
zwei Teilen. Der erste bezeichnet die Domäne, der zweite das Element. Dieser zweite Teil wird *Relative Security Identifier* (RID) genannt. Eine SID wird niemals mehrfach verwendet. Jedes Konto
wird deshalb eine eindeutige SID tragen, auch wenn es gelöscht
und mit identischem Namen erneut angelegt wird. Alle internen
Prozesse nutzen deshalb immer die SID, niemals den Namen. SIDs
identifizieren auch Gruppen und Computer und alle anderen sicherheitsrelevanten Elemente.

Der Security Descriptor

Security Descriptor   Jedes Objekt hat eine eindeutige Beschreibung, den *Security Descriptor* (SD). Dort werden die Zugriffsrechte des Objekts in Form
von Sicherheitsattributen beschrieben.

Der SD enthält:

- Die SID des Eigentümers dieses Objekts. Der Eigentümer darf
  die Zugriffsrechte auf sein Objekt verändern.
- Die Liste spezifischer Zugriffsrechte (ACL, *Access Control List*).
  Diese Liste beschreibt Benutzerkonten und Gruppen, die explizite Zugriffsrechte erhalten haben oder denen Rechte explizit
  entzogen wurden. Auch diese Zuordnung darf der Eigentümer
  ändern.

- Die System-ACL. Hier werden Systemmeldungen kontrolliert, beispielsweise die Zugriffsüberwachung. Diese Einstellungen kann nur der Systemadministrator ändern.

Die ACL spielt also für die Zugriffssicherheit eine herausragende Rolle. Sie wird nachfolgend näher betrachtet.

Die Access Control List

Die *Access Control List* (ACL) besteht aus einer Liste von Einträgen, den *Access Control Entries* (ACE). Diese Einträge geben oder entziehen bestimmten Benutzerkonten oder Gruppen Rechte und Zugriffsgenehmigungen. Die Unterscheidung zwischen Zugriff und Ausführung wird folgendermaßen definiert:

- *Rechte*

  Rechte regeln die Möglichkeit, Aufgaben auszuführen, beispielsweise die Änderung der Systemzeit.

- *Genehmigungen*

  Hierunter wird der Zugriff auf Ressourcen verstanden, beispielsweise das Lesen von Verzeichnissen.

Ein ACE besteht also immer aus der SID, für die der Eintrag angelegt wird, und den Kontrollinformationen. Es gibt drei Typen von ACEs:

- ACCESSALLOWED

  Dieses ACE erlaubt einen Zugriff.

- ACCESSDENIED

  Hiermit wird der Zugriff entzogen.

- SYSTEMAUDIT

  Dieses ACE überwacht das Objekt.

ACCESSALLOWED und ACCESSDENIED können sich widersprechen. In diesem Fall »gewinnt« ACCESSDENIED.

SYSTEMAUDIT wird im Wesentlichen zur Überwachung des Objekts verwendet, steuert also, welche Ereignisse zu Einträgen in die Protokolldateien führen.

Access Control Entries (ACE)

Jeder Eintrag enthält eine so genannte Zugriffsmaske. Damit werden alle zulässigen Aktionen für das Objekt definiert. Vergleichbar ist dies mit einer Liste, aus dem der Administrator Genehmigungen auswählen und wieder abwählen kann. Dies wird bei der Zugriffserteilung zu Dateien und Ordnern im Explorer auch so angezeigt.

Abbildung 6.18:
ACE für einen
Ordner im ACE-
Editor

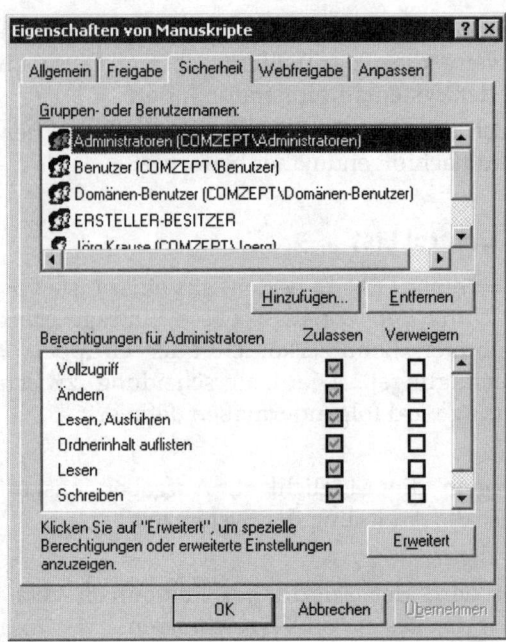

Die Zugriffserteilung kann dabei – NTFS vorausgesetzt – sehr differenziert erfolgen.

Die Registerkarte SICHERHEITSEINSTELLUNGEN wird oft auch als ACE-Editor bezeichnet. Sie ist in nahezu allen sicherheitsorientierten Dialogfeldern in unterschiedlicher Ausprägung anzutreffen.

Die Verwaltung jeder einzelnen Datei wird kaum das Ziel des Administrators sein können. Mit den Zugriffsrechten lässt sich hier aber eine übersichtliche Struktur einbringen.

Stufen der Zugriffsrechte

Zugriffsrechte können auf folgenden Stufen definiert werden:

- Für das Objekt als Ganzes, dass heißt, für alle Attribute
- Zu einer Gruppe von Attributen, die durch Eigenschaften des Objekts definiert werden
- Zu individuellen Attributen des Objekts

Zugriffstypen

Insgesamt kennen Objekte viele verschiedene Zugriffstypen. Nicht alle Zugriffstypen stehen für alle Objekte zur Verfügung. Die spezifische Zugriffsmaske definiert, welche Zugriffstypen tatsächlich angeboten werden. So würde man bei einem Ordner Rechte wie »Lesen« oder »Ausführen« definieren, für die Druckerwarteschlange dagegen »Bearbeiten und Drucken in der Druckerwarteschlange«. Die Zugriffstypen sind also objektabhängig.

Intern muss das Betriebssystem ständig Zugriffsrechte mit den ACEs vergleichen. Dazu wird ein Zugriffstoken angelegt (*Access Token*). Dieses Token beschreibt die Rechte, die ein Benutzerkonto hat. Enthalten sind folgende Informationen:

- Die SID
- Die SIDs aller Gruppen, zu denen das Benutzerkonto gehört

- Die Privilegien dieses Benutzerkontos

Das Token wird vom WinLogon-Dienst angelegt, wenn sich der Benutzer am Netzwerk bzw. Server anmeldet. Bei jedem Zugriff wird dann das Zugriffstoken mit der ACL des Objekts verglichen, auf das der Benutzer zugreift. Erscheinen eine oder mehrere der SIDs auch in der ACL, wird der Zugriff auf die Ressourcen im definierten Umfang gewährt.

6.6.4 Gruppen

Gruppen sind kein Organisationsinstrument im Active Directory, stellen aber ein wirkungsvolles Instrument zur Vereinfachung der Verwaltung dar. Gruppen eignen sich sehr gut, wenn Zugriffsrechte definiert werden sollen, die mehr als einen Benutzer betreffen. Anstatt das Zugriffsrecht an jeden betreffenden Benutzer separat zu vergeben, setzen Sie es für Gruppe, deren Mitglied der Benutzer ist.

Gruppentypen

Es werden die folgenden beiden Typen von Gruppen unterschieden:

- Sicherheitsgruppen

  Diese Gruppen können in ACLs aufgeführt werden, wo Rechte zum Zugriff auf Ressourcen und Objekte verwaltet werden.

- Verteilergruppen

  Diese Gruppen sind reine Verteiler für E-Mail. Sie können nicht ACLs zugeordnet werden. Um sie zu verwenden, benötigen Sie zusätzliche Software. Microsoft Exchange unterstützt dies ab Version 2000.

Unabhängig davon können Sicherheitsgruppen gleichzeitig als Verteilergruppen genutzt werden.

Zwei Typen

Gruppenbereiche

Im Active Directory gibt es drei Gruppenbereiche:

- Universelle Gruppe

  Mitglieder solcher Gruppen können aus der lokalen oder jeder anderen Domäne sein und sind überall sichtbar. Universelle Gruppen können andere universelle Gruppen, globale Gruppen und lokale Gruppen enthalten. Mitglieder können auf ACLs erscheinen. Normalerweise kommt dieser Gruppenbereich zur Anwendung, um Mailinglisten oder andere große und anonyme Verteiler mit Exchange aufzubauen. Universelle Gruppen entsprechen Verteilerlisten in Exchange. Eine andere Anwendung sind kleine Unternehmen, die eine Unterteilung in Grup-

Universell

pentypen nicht benötigen. Universelle Gruppen erscheinen im globalen Katalog zusammen mit ihren Mitgliedern.

Dieser Gruppenbereich steht nur zur Verfügung, wenn Active Directory in einer Domänenfunktionsebene höher als *Windows 2000 gemischt* betrieben wird (siehe Abschnitt 6.8.1 *Domänenfunktionsebenen* ab Seite 420).

Global • Globale Gruppe

Diese Gruppen enthalten nur Mitglieder der lokalen Domäne. Diese sind jedoch nach außen hin sichtbar. Verwenden Sie diese Form für Benutzer, die von außen ansprechbar sein sollen. Die Verschachtelung von globalen Gruppen ist nur dann möglich, wenn Active Directory in einer Domänenfunktionsebene höher als *Windows 2000 gemischt* betrieben wird. Ansonsten entspricht dieser Gruppentyp dem im Windows NT 4-Domänenmodell.

Globale Gruppen erscheinen im globalen Katalog, nicht jedoch ihre Mitglieder.

Lokal • Lokale Gruppe

Lokale Gruppen können nur in ACLs der lokalen Domäne verwendet werden. Mitglieder haben also keine Möglichkeit des Zugriffs auf andere Domänen.

Lokale Gruppen erscheinen nicht im globalen Katalog.

Mit diesen Gruppen ist eine flexible Zuordnung möglich. Kleinere Organisationen werden dabei kaum Unterschiede in der Verwendung feststellen. Große Unternehmen mit mehreren Domänen sollten die Einordnung der Gruppen in den globalen Katalog beachten. Nur lokale Gruppen erscheinen nicht im globalen Katalog. Das führt bei mehreren Domänencontrollern und vielen universellen Gruppen dazu, dass der Replikationsoverhead zunimmt. Stehen dann nur teure WAN-Verbindungen zur Verfügung, kann allein eine falsch installierte Gruppenstruktur zum Kostenfaktor werden.

Replikationsaufwand reduzieren Der Replikationsaufwand zwischen Domänen, also für den globalen Katalog, ist davon abhängig, welche Objekte die Gruppen enthalten. Universelle Gruppen enthalten Mitglieder, die ebenfalls repliziert werden. Bei globalen Gruppen werden diese nicht repliziert, da diese Gruppen nur in einer Domäne existieren. Es eignet sich dann folgende Strategie:

• Verwenden Sie universelle Gruppen nur als Container für globale Gruppen.

• Ordnen Sie Benutzerkonten nur globalen Gruppen zu, nicht den universellen.

Ändern des Gruppenbereichs

Es besteht die Möglichkeit, den Bereich einer Gruppe zu ändern. Das gilt allerdings nur, wenn die Domänenfunktionsebene höher

als *Windows 2000 gemischt* lautet. Erlaubt sind folgende Konvertie-
rungen:

- Globale Gruppe nach universelle Gruppe

  Das funktioniert nur, wenn die globale Gruppe nicht selbst
  Mitglied einer anderen globalen Gruppe ist.

- Lokale Gruppe nach universelle Gruppe

  Die zu konvertierende Gruppe darf keine anderen lokalen
  Gruppen enthalten.

- Universelle Gruppe in lokale oder globale Gruppe

  Dies funktioniert nur, wenn die Gruppe keine anderen universellen Gruppen enthält.

Konvertierungs-regeln

Gruppen-Mitgliedschaft

Alle Gruppen können sowohl Benutzerkonten als auch Kontakte
enthalten. Dies wird übergreifend als *Mitgliedschaft* bezeichnet.

Mitgliedschaft

Ein Benutzerkonto kann Mitglied mehrerer Gruppen sein. Seine
Rechte entsprechen der Summe der Rechte aller Mitgliedschaften.
Bei sich widersprechenden Einstellungen gewinnt das restriktivste
Recht.

Benutzerkonten

Neben Benutzern können auch Kontakte Mitglieder von Gruppen
sein. Dies ist nur sinnvoll, wenn es sich um Verteiler- oder Sicherheitsgruppen handelt. Kontakte können keine sicherheitsrelevanten Attribute haben. Sie können aber E-Mail an Kontakte
versenden oder Benutzern das Einsehen der Kontaktdaten erlauben. Wenn Kontakte Sicherheitsgruppen zugeordnet werden, erben diese *nicht* die Sicherheitseinstellungen der Gruppe.

Kontakte

Verschachtelung von Gruppen

Gruppen können verschachtelt werden. Das mindert etwas den negativen Effekt der flachen Hierarchie, die Gruppen eigentlich darstellen. Die Verschachtelung ist auch aus Leistungsgründen
notwendig, wenn sehr große Benutzerzahlen verwaltet werden.
Die Tiefe der Verschachtelung ist dabei theoretisch nicht begrenzt.
Bereits mit wenigen Ebenen lassen sich aber Zehntausende Benutzerkonten übersichtlicher verwalten.

Da Windows NT 4 die Verschachtelung nicht unterstützt, verhält
sich auch die Behandlung der Gruppen anders, wenn die Domäne
in der Domänenfunktionsebene *Windows 2000 gemischt* läuft. Sie
können Gruppen dort nicht verschachteln.

Befindet sich die Domäne hingegen in einer höheren Domänenfunktionsebene, dann funktioniert die Verschachtelung folgendermaßen:

Verschachtelung

- Universelle Gruppen können Benutzerkonten, andere universelle Gruppen, globale und lokale Gruppen enthalten.

- Globale Gruppen können Benutzerkonten derselben Domäne und andere globale Gruppen enthalten.
- Lokale Gruppen können Benutzerkonten sowie universelle, globale und lokale Gruppen derselben Domäne enthalten.

6.6.5 Die integrierten Gruppen

Integrierte oder vordefinierte Gruppen

Active Directory kommt mit einer Reihe bereits eingebauter Gruppen. Sie können die Eigenschaften in gewissen Grenzen verändern, jedoch keine eingebauten Gruppen löschen. Der Einsatz sollte ernsthaft in Erwägung gezogen werden, denn es spart Ihnen eine Menge Arbeit, wenn Sie die voreingestellten Eigenschaften verwenden.

Einige Eigenschaften werden den eingebauten Gruppen exklusiv zur Verfügung gestellt. In diesen Fällen müssen Sie Benutzer einer dieser Gruppen zuweisen. Die eingebauten Gruppen werden während der Installation von Active Directory erzeugt und stehen sofort zur Verfügung. Die nachfolgende Tabelle zeigt die wichtigsten Gruppen, die in einer Active Directory-Domäne zur Verfügung stehen:

Tabelle 6.3:
Ausgewählte inte-
grierte Gruppen

Name	Typ	Mitglieder dieser Gruppe...
Administrato-ren	Lokal	... dürfen die volle Kontrolle über die Domäne ausüben.
Konten-Opera-toren	Lokal	... dürfen Benutzer und Gruppen verwalten, nicht jedoch solche, die Administratorrechte haben.
Server-Operato-ren	Lokal	... dürfen Domänencontroller verwalten.
DHCP-Administra-toren	Lokal	... dürfen den DHCP-Serverdienst verwalten.
DNS-Adminis-tratoren	Lokal	... dürfen den DNS-Serverdienst verwalten.
Benutzer	Lokal	... können Dokumente bearbeiten und speichern. Sie können Programme ausführen, aber nicht installieren.
Gäste	Lokal	... dürfen sich mit Computer und Netzwerk verbinden. Der Zugriff auf Ressourcen muss zusätzlich explizit gewährt werden.

Name	Typ	Mitglieder dieser Gruppe...
Sicherungs-Operatoren	Lokal	... dürfen alle Dateien mit der integrierten Datensicherungslösung oder entsprechenden Programmen von Drittherstellern sichern. Dies funktioniert auch dann, wenn der Benutzer eigentlich keine ausreichenden Zugriffsrechte auf die Dateien hat.
Druck-Operatoren	Lokal	... können Drucker steuern, Jobs verändern, löschen usw. Sie können sich auch an einem Domänencontroller anmelden, wenn dort die Druckerverwaltung stattfindet.
Replikations-Operatoren	Lokal	... dürfen die Replikation zwischen Servern steuern.
Hilfedienstgruppe	Lokal	... dürfen Inhalte für das Hilfe- und Supportcenter pflegen.
TelnetClients	Lokal	... haben Zugriff auf den Telnet-Serverdienst und können sich demzufolge remote via Telnet-Clientsoftware anmelden.
Remotedesktopbenutzer	Lokal	... haben die Berechtigung zur Remote-Anmeldung.
RAS- und IAS-Server	Lokal	... haben als Server die Berechtigung zum Zugriff auf die RAS-Eigenschaften von Benutzern.
Domänen-Admins	Global	... sind Administratoren der Domäne.
Domänencomputer	Global	... sind alle Computer der Domäne.
Domänencontroller	Global	... sind alle Domänencontroller der Domäne.
Domänen-Gäste	Global	... sind alle Gastkonten der Domäne.
Domänen-Benutzer	Global	... sind alle allgemeinen Benutzerkonten der Domäne.
Richtlinien-Ersteller-Besitzer	Global	... können die Gruppenrichtlinien der Domäne bearbeiten.

Name	Typ	Mitglieder dieser Gruppe...
Zertifikatsher-ausgeber	Global	... können Zertifikate in Domänen-Gesamtstrukturen herausgeben und erneuern.
Organisations-Adminstratoren	Universal	... sind Administratoren der Ge-samtstruktur.
Schema-Administrato-ren	Universal	... dürfen das Verzeichnis-Schema bearbeiten.

Sie finden die eingebauten lokalen Gruppen im Container BUILTIN im Active Directory, erreichbar über die Managementkonsole AC-TIVE DIRECTORY-BENUTZER UND -COMPUTER. Diese sowie alle anderen Gruppen sind außerdem im Container USERS abgelegt.

Umgang mit eingebauten Gruppen

Die eingebauten Gruppen sind nicht nur eine Erleichterung für den Umgang mit Active Directory bei der täglichen Arbeit.

Benutzer

- BENUTZER und DOMÄNENBENUTZER

  Jedes Benutzerkonto, das in der Domäne angelegt wird, ist automatisch Mitglied in der globalen Benutzergruppe. Diese Gruppe repräsentiert also immer alle Mitglieder der Domäne.

Administratoren

- ADMINISTRATOREN und DOMÄNENADMINISTRATOREN

  Diese Gruppe enthält alle Administratoren mit weitreichenden Rechten. Beim Anlegen von Benutzerkonten werden diese niemals automatisch dieser Gruppe hinzugefügt. Sie müssen das immer von Hand erledigen. Diese Gruppe ist außerdem automatisch Mitglied der lokalen Gruppe der Administratoren der Computer, die selbst Mitglied der Domäne sind.

- SCHEMA-ADMINISTRATOREN und UNTERNEHMENS-ADMINISTRA-TOREN

  In diesen Gruppen ist standardmäßig nur der Domänen-Administrator.

Gäste

- GÄSTE und DOMÄNENGÄSTE

  Diese Gruppe enthält das Gastkonto. Die Gruppe der Domänengäste ist außerdem automatisch Mitglied der lokalen Gruppe GÄSTE.

Die eingebauten Gruppen Domänenbenutzer, Domänengäste und Domänen-Administratoren haben keine Vererbungsautorität. Sie erreichen dies nur durch die automatische Mitgliedschaft in lokalen Gruppen. Dieses Verhalten wird etwas klarer, wenn Sie sich mit den Benutzerrechten auseinandersetzen (siehe auch Abschnitt 6.6.2 *Einführung in die Benutzerverwaltung* ab Seite 381).

6.6.6 Strategien zur Verwendung von Gruppen

Grundsätzlich benötigen Benutzer Zugriff auf viele Ressourcen. **Gruppen**
Gruppen helfen, die Zugriffsrechte auf solche Ressourcen einfach **vereinfachen die**
zu verwalten. Bei der Zuordnung von Benutzern zu Gruppen wer- **Verwaltung von**
den Sie früher oder später auf Probleme stoßen, was die Handhab- **Zugriffsrechten**
barkeit betrifft. Die Denkweise, Benutzer aus organisatorischen
Gründen in Gruppen zu platzieren, ist mit Active Directory über-
holt. Denken Sie stattdessen ressourcenorientiert. Legen Sie Gruppen an, denen bestimmte Zugriffsrechte gestattet sind, beispielsweise auf Verzeichnisse, Drucker oder Computer. Dann fügen Sie
diesen Gruppen diejenigen Benutzer hinzu, die die entsprechenden Rechte bekommen sollen, oder entfernen Sie Benutzer, die
keinen Zugriff mehr benötigen.

Idealerweise sollten Sie im laufenden Betrieb nur Benutzerkonten
zwischen Gruppen verschieben, diesen hinzufügen oder von diesen entfernen, die Benutzerkonten selbst aber unangetastet lassen.
Passt ein Benutzer nicht in Ihr bisheriges Schema von Gruppen,
legen Sie eine neue Gruppe an und platzieren den Benutzer dort.
Ändern Sie Rechte nur für Gruppen, nicht für Benutzer.

Die Bearbeitung von Gruppen anstatt Benutzern reduziert die **Gruppen sind ein**
Verwaltungskosten für ein großes Netzwerk erheblich. Gruppen **Sicherheits-**
sind kein Organisationsinstrument (das ist die Aufgabe von Active **instrument**
Directory), sondern ein *Sicherheitsinstrument*.

Bei der Vergabe von Rechten können Sie die Verschachtelbarkeit **Verschachtelbarkeit**
der Gruppen ausnutzen. Rechte werden an eingebettete Gruppen **von Gruppen nutzen**
vererbt, wenn dies nicht explizit verhindert wird.

Praxistipps zur Verschachtelung von Gruppen

Die Verschachtelung von Gruppen erleichtert zwar die Definition **Verschachtelung**
logischer Abhängigkeiten, eine flache Hierarchie bleibt es trotz- **und Vererbung in**
dem. Wenn Sie Dutzende Gruppen anlegen, werden diese trotz- **der Praxis**
dem auf einer Ebene angezeigt. Sie stoßen hier sehr schnell an die
Grenzen der grafischen Darstellung. Auch Ihre Benutzer können
nicht Gruppen zur Auswahl von anderen Benutzern verwenden.
Hier bleibt Ihnen nur der Weg über Organisationseinheiten.

Um es noch einmal klar zu sagen: Gruppen in Organisationseinheiten haben keine Auswirkungen auf andere Objekte derselben
oder untergeordneter Organisationseinheiten. Ebenso wirken Sicherheitsrichtlinien nicht auf Gruppen. Die Platzierung in Organisationseinheiten dient nur »optischen« Gesichtspunkten.

Die Einrichtung von Gruppen ist deshalb auch nicht auf das Verzeichnis *Users* begrenzt. Eine gute Idee ist es, die Definition der
Gruppen in der obersten Ebene der OU-Struktur abzulegen und
Objekte dann innerhalb der Ebenen zuzuordnen. So haben Sie die
eingebauten Gruppen und Standardgruppen sauber getrennt, eine

halbwegs übersichtliche Struktur und eine klare Trennung der Logik von der Organisation.

Gruppen und die Systemleistung

Grundsätzlich gelten folgende Hinweise mit Blick auf die Systemleistung:

- Geringere Verschachtelungstiefen vereinfachen die Erstellung von Sicherheitstoken und die Verwaltung von Vererbungsprozessen. Sicherheitstoken enthalten die tatsächlichen Zugriffsrechte auf ein Objekt. Dies ist zwar ein vollkommen intern ablaufender Prozess, die Leistung des Gesamtsystems kann aber beeinflusst werden, wenn man die Zusammenhänge der Arbeitsweise solcher Objekte kennt. Mehr dazu finden Sie im Abschnitt *Verwendung von Verteiler- und Sicherheitsgruppen* auf Seite 393.

- Dokumentieren Sie die Verschachtelung – Sie werden sonst sehr schnell den Überblick verlieren.

Die Gruppenstrategie

Strategische Aspekte für die Nutzung von Gruppen

Der folgende Ablauf hilft, die richtige Strategie für Gruppen zu entwerfen:

- Erzeugen Sie Gruppen, die Sicherheitsrichtlinien enthalten, und solche, die als Verteilergruppen dienen.
- Definieren Sie, wo der Schwerpunkt der Aufgabe liegt:
  - Verfügbarkeit des Netzwerkes
  - Zugriffssteuerung auf Ressourcen
  - E-Mail-Listen
- Nutzen Sie zuerst eingebaute Gruppen, solange es geht.
- Erzeugen Sie dann zusätzliche Gruppen nach den definierten Aufgaben und für die Fälle, die nicht mit eingebauten Gruppen abgedeckt werden können.
- Vergeben Sie die Rechte der Sicherheitsgruppen, bevor Sie den ersten Benutzer erzeugen. Dazu beachten Sie folgende Strategien:
  - Innerhalb der Domäne: Ordnen Sie die globale Sicherheitsgruppe der Domäne der lokalen Sicherheitsgruppe zu. Weisen Sie dann der lokalen Sicherheitsgruppe die Rechte zu.
  - Zwischen Domänen: Ordnen Sie die universelle Sicherheitsgruppe der Domäne der lokalen Sicherheitsgruppe zu. Weisen Sie dann der lokalen Sicherheitsgruppe die Rechte zu.
- Enthält eine Domäne verschachtelte Organisationseinheiten, können auch verschachtelte Gruppen sinnvoll sein. Sie erzeugen für jede mit Benutzerkonten belegte Organisationseinheit eine Gruppe und verschachteln diese dann wie die Organisationseinheiten. So haben Sie eine transparente Kontrolle über die Rechte der Objekte in den Organisationseinheiten.

- Übertragen Sie die Kontrolle und Administration von Gruppen auf Gruppenadministratoren.
- Ordnen Sie dann erst Benutzerkonten den Gruppen zu. Achten Sie auf die Unterschiede zwischen Sicherheitsgruppen und Verteilergruppen.

Benennungsvorschriften für Gruppen

Gruppen unterliegen wie die Benutzernamen bestimmten Benennungsvorschriften:

Namen für Gruppen

- Gruppennamen müssen auf dem Computer, wo sie administriert werden, eindeutig sein. Lokale Gruppen also auf einem lokalen System, globale Gruppen innerhalb der Domäne und universelle Gruppen im Domänenwald.
- Universelle und globale Gruppennamen dürfen 64 Zeichen lang sein, wenn Active Directory im einheitlichen Modus läuft. Folgende Zeichen sind nicht erlaubt:

  " \ ; = , + < >

- Im gemischten Modus ist die Länge auf 20 Zeichen begrenzt. Folgende Zeichen sind nicht erlaubt:

  " \ / [ ] ;|= , + < >

- Namen von Gruppen dürfen nicht ausschließlich aus Leerzeichen und Satzzeichen bestehen.
- Lokale Gruppen dürfen 256 Zeichen lang sein und dürfen alle Zeichen außer \ enthalten.

Verwendung von Verteiler- und Sicherheitsgruppen

Wenn ein Benutzer sich anmeldet, wird erkannt, in welchen Gruppen er Mitglied ist. Dann wird ein Sicherheitstoken erzeugt und dem Benutzer zugeordnet. Dieses Token enthält eine Liste aller IDs aller Sicherheitsgruppen, in denen der Benutzer Mitglied ist. Dieses Token wird dann zu allen Computern gesendet, auf die der Benutzer zuzugreifen versucht. Damit kann der angesprochene Computer erkennen, ob er dem Zugriffsversuch stattgeben kann oder nicht. So erlangt ein Benutzer Zugriff auf eine Ressource.

Wie die Anmeldung abläuft

Die Mitgliedschaft in Verteilergruppen wird bei diesem Vorgang ignoriert. Das führt natürlich zu kleineren Sicherheitstoken und damit zu einem beschleunigten Anmeldevorgang. Wenn die Mitgliedschaft in einer Verteilerliste ausreichend ist, sollten Sie keine Sicherheitsgruppen verwenden, auch wenn dies funktional keinen Unterschied macht.

Typische Einschränkungen beim Umgang mit Gruppen

Aus Sicht des Administrators sind globale oder universelle Gruppen zu bevorzugen. Universelle Gruppen sind leistungsfähiger und flexibler – der Name ist hier Programm. Vor allem bei mehreren Domänen erleichtern sie die Administration erheblich.

Wenn Sie die Domäne in einer Domänenfunktionsebene oberhalb von *Windows 2000 gemischt* betreiben und keine langsamen Verbindungen haben, können Sie grundsätzlich mit universellen Gruppen arbeiten. Sie können damit alle Anwendungsfälle verarbeiten und müssen nicht viel Zeit in die Auswahl des richtigen Gruppentyps investieren. Die Anzahl der Replikationen ist steuerbar und in einem Netzwerk, das komplett im lokalen Netz läuft, dürfte die Anzahl der Gruppen und Benutzer nicht exorbitante Größen erreichen.

In der Domänenfunktionsebene *Windows 2000 gemischt* führt an globalen und lokalen Gruppen kein Weg vorbei – Windows NT 4-BDCs haben sonst keine Chance, am Austausch teilzunehmen. Wenn Sie später komplett migrieren, verwandeln Sie die globalen Gruppen in universelle.

Wenn Sie eine langsame Verbindung haben, über die Replikationsprozesse laufen, müssen Sie ebenfalls globale Gruppen verwenden. Der Begriff »langsam« ist bei Microsoft klar definiert, leider nicht ganz einfach. In der Praxis kann man davon ausgehen, dass WAN-Verbindungen, die langsamer als das lokale Netzwerk sind, als langsam gelten. Wenn Sie lokal ein 100 Mbit-Netz einsetzen und über eine 2 Mbit-Festverbindung replizieren, ist diese Verbindung langsam. Setzen Sie intern 10 Mbit-Leitungen ein und replizieren über 10 Mbit (beispielsweise ein Funk-LAN), dann ist es nicht langsam. Die Gruppenrichtlinie zum Erkennen langsamer Verbindung setzt 500 Kbit/s an, die unterschritten werden müssen. Der Wert kann frei gewählt werden.

Noch einmal zur Erinnerung der Hintergrund der Maßnahmen: Universelle Gruppen, deren Mitglieder sich ändern, replizieren den globalen Katalog. Das ist aufwändiger und umfangreicher als andere Replikationen. Wenn Sie mit langsamen Verbindungen universelle Gruppen einsetzen, sollten sich diese nur selten ändern. Das erreichen Sie, indem den universellen Gruppen keine Benutzerkonten zugeordnet werden, sondern nur globalen Gruppen. Die Benutzerkonten werden in den globalen (oder lokalen) Gruppen quasi gekapselt. Der globale Katalog enthält keine Objekte, die Mitglied in globalen oder lokalen Gruppen sind (nur die Gruppeninformationen selbst). Diese Maßnahme reduziert also konkret die Größe des globalen Katalogs.

Wenn Sie sich der Mühe des Entwurfs einer dedizierten Gruppenstruktur unterziehen möchten, ist die Reduktion des globalen Katalogs natürlich immer eine gute Idee.

Angenommen, Sie möchten eine universelle Gruppen anlegen, die alle Administratoren aller Domänen Ihres Domänenwaldes enthält. Sie nennen diese Gruppe *sysops*. Wenn Sie fünf Domänen haben und in diesen 14 Administratoren sind, werden diese im globalen Katalog gespeichert. Besser ist es, in den fünf Domänen jeweils eine globale Gruppe mit dem Namen *sysop* anzulegen. Dann ordnen Sie die Administratoren der jeweiligen Domäne der globalen Gruppe zu. Anschließend werden die fünf globalen Gruppen mit dem Namen *sysop* Mitglied der universellen Gruppe *sysops*. Ordnen Sie als Domänenadministrator die Administration der Filialen neu, muss dies nicht im globalen Katalog repliziert werden.

Praxisbeispiel

6.7 Gruppenrichtlinien

Gruppenrichtlinien sind eine der radikalsten Weiterentwicklungen gegenüber Windows NT, die erstmals mit Windows 2000 eingeführt worden sind. Der erste Blick auf die Werkzeuge mag verwirrend sein. Lassen Sie sich davon nicht abschrecken. Gruppenrichtlinien sind ein mächtiges Werkzeug, das bei korrekter Verwendung den Administrationsaufwand auch in sehr großen Netzwerken drastisch reduzieren kann.

6.7.1 Einführung

Gruppenrichtlinien erlauben dem Administrator die einmalige Definition bestimmter Regeln über den Status von Benutzern im Netzwerk. Die Wirkung wird dabei bis auf den Desktop ausgedehnt, was in Kombination mit IntelliMirror zu einem exzellent administrierbaren Netzwerk führt.

Diese Einführung soll die grundlegenden Prinzipien und Methoden der Gruppenrichtlinien erläutern, bevor praktische Aspekte des Einsatzes gezeigt werden.

Abgrenzung zu Benutzern und Gruppen

Gruppenrichtlinien suggerieren einen Zusammenhang mit Gruppen oder Benutzern. Sie sind Verwaltungsvorschriften, die Sie auf Organisationseinheiten, Sites oder Domänen anwenden können – also praktisch auf *Gruppen von Benutzern oder Computern*, daher der Name. Mitglieder von Containerobjekten können Computer oder Benutzer sein. Auf diese üben die Gruppenrichtlinien auch eine Wirkung aus. Ein Zusammenhang mit den Sicherheits- oder Verteilergruppen (die unter Windows NT 4 noch einfach als »Gruppen« bezeichnet wurden) besteht *nicht*.

Gruppenrichtlinien haben nichts mit Gruppen zu tun

Profile und Gruppenrichtlinien

Die Definition der Regeln, unter denen sich Benutzer im Netzwerk bewegen, erfolgt mit Hilfe von zwei Maßnahmen:

- Profile

  Ein Profil ist eine Sammlung von Einstellungen der Umgebung, die der Benutzer weitestgehend selbst beeinflussen kann. Das gesamte Profil wird an verschiedenen Stellen gespeichert: in der Registrierung, in lokalen Ordnern, auf dem Desktop usw. Einige Einstellungen können auch vorgegeben und unveränderlich sein. Profile sind eine Mischung aus computer- und benutzerorientierten Einstellungen. Weitere Informationen finden Sie dazu in Abschnitt 8.2 *Benutzerprofile* ab Seite 459.

- Gruppenrichtlinien

  Gruppenrichtlinien sind dagegen eine Sammlung von Regeln und Einstellungen – auch solche der Arbeitsumgebung –, die von einem Administrator vorgegeben werden. Sie werden zentral gespeichert und gelten pro Benutzer, egal an welchem Computer er sich anmeldet.

Aufgaben der Gruppenrichtlinien

Gegenüber den Systemrichtlinien in NT 4 sind die Gruppenrichtlinien drastisch erweitert worden (siehe auch Abschnitt 6.7.4 *Vergleich mit Systemrichtlinien* ab Seite 404). Sie beinhalten die Verwaltung folgender Aspekte:

- Software-Installation

  Administratoren können die Verwendung bestimmter Formen der Installation auf den Arbeitsplatzcomputern erzwingen.

- Zuweisung von Anwendungsprogrammen

  Sie können Anwendungsprogramme zwangsweise zuordnen, diese aktualisieren und wieder entfernen – von einem zentralen Punkt im Netzwerk aus. Ebenso werden die Zuordnungen von Dateitypen zentral und für Benutzer unveränderlich festgelegt.

- Verteilung von Anwendungsprogrammen

  Hierunter wird die Bereitstellung von Anwendungsprogrammen verstanden, die sich Benutzer nach Bedarf selbst installieren können.

- Sicherheitseinstellungen

  Hier wird der Zugriff auf Ordner, Registrierungseinträge und Systemdienste ebenso wie die Nutzung von Ressourcen aller Art geregelt. Dies gilt sowohl für lokale Computer als auch Ressourcen im Netzwerk und in der Domäne.

- Administrative Vorlagen

  Die Gruppenrichtlinien-Einträge, die letztlich über die Eingriffe in die Client-Registrierungsdatenbanken wirksam werden, sind in den administrativen Vorlagen definiert. Weiterführende Informationen finden Sie dazu in Abschnitt 12.6.5 *Administrative Vorlagen* ab Seite 906.

- Umleitung von Ordnern

  Damit werden Dateien auf dem Desktop in Ordner auf dem Server umgeleitet. So finden Benutzer ihren Desktop auch dann vor, wenn sie sich an anderen Computern anmelden. Dadurch können echte »Roaming«-Profile gestaltet werden.

- An- und Abmeldeskripte

  Hier werden Skripte – Shellskripte, WSH-Skripte u.ä. – gestartet, wenn der Benutzer sich an- oder abmeldet bzw. der Computer hoch- oder runtergefahren wird.

Computer- und Benutzereinstellungen

Gruppenrichtlinien werden in folgende zwei Kategorien eingeteilt:

- Computerkonfiguration

  In diese Kategorie fallen alle Richtlinien, die der Konfiguration des Computersystems selbst dienen. Sie werden beim Start von Windows wirksam. Die Einstellungen werden in die Registrierung unterhalb von HKEY_CURRENT_MACHINE übertragen.

- Benutzerkonfiguration

  Hier sind alle benutzerorientierten Richtlinien zusammengefasst. Sie werden wirksam, sobald sich ein Benutzer am System anmeldet. Die Einstellungen werden in die Registrierung unterhalb von HKEY_CURRENT_USER übertragen.

Kommt es zu einem Konflikt zwischen Computer- und Benutzer-Richtlinien, so haben die Computerrichtlinien Vorrang.

Computerrichtlinien haben Vorrang

Bearbeitungswerkzeuge

Zur Bearbeitung von Gruppenrichtlinien dient das Management-konsolen-Snap-In GRUPPENRICHTLINIE. Dieses können Sie in eine eigene Managementkonsole einbinden. Verwendbar ist auch die vorkonfigurierte Managementkonsole GPEDIT.MSC. Diese umfasst allerdings nur die lokalen Gruppenrichtlinien.

Snap-In GRUPPEN-RICHTLINIE

Zur Bearbeitung von Gruppenrichtlinien im Active Directory können Sie eine entsprechende Managementkonsole direkt über das Eigenschaften-Dialogfenster des betreffenden Containerobjekts aufrufen. Eingehend wird dies in Abschnitt 12.6.2 *Gruppenrichtlinien anwenden* ab Seite 901 behandelt.

6.7.2 Gruppenrichtlinien im Active Directory

Innerhalb des Active Directory können Sie Gruppenrichtlinien Sites, Domänen oder Organisationseinheiten zuweisen. Die Gruppenrichtlinien bilden eine Hierarchie. Dabei ist die höchste Ebene (Site) am wenigsten restriktiv. Mit zunehmender Tiefe in der Hierarchie – hin zu den Organisationseinheiten – nimmt die Restrikti-

Hierarchie

on zu. Abgeleitete Gruppenrichtlinien-Objekte erben die Restriktionen der darüber liegenden Ebene und fügen, wenn es sinnvoll ist, weitere hinzu. Das heißt natürlich auch, dass das Hinzufügen eines Gruppenrichtlinien-Objekts zu einer OU einer oberen Ebene alle Richtlinien der darunter liegenden Organisationseinheiten beeinflusst.

Wie Sie Chaos erzeugen und vermeiden

Wenn Sie aber eine Richtlinie in einer OU explizit definieren, überschreibt dieser Wert den ererbten Wert. Damit Sie das nicht immer so einrichten müssen, kann die Vererbung ausgeschaltet werden. Umgekehrt können Sie die Vererbung aber auch erzwingen, um einen untergeordneten Container zu verändern, ohne dort einzugreifen. Bei sich widersprechenden Rechten – was bei solchen Konstellationen leicht passieren kann – gewinnt das restriktivere Recht. Solche verquickten Methoden sind in der Praxis ziemlich schwer zu beherrschen und führen oft zur Verzweiflung des Administrators, weil die tatsächlich herrschenden Verhältnisse nicht zu durchschauen sind. Es gibt zwar eine Sicherheitsprüfung, die in Abschnitt 12.6.7 *Wirksame Gruppenrichtlinien* ab Seite 917 erklärt wird, diese zeigt aber nur das Resultat des selbst verursachten Chaos an und keine Lösungsstrategie.

Ordnen Sie Gruppenrichtlinien-Objekte einem Container zu, betreffen diese alle enthaltenen Computer und Benutzer. Auch wenn einige Einstellungen die Oberfläche, also eigentlich Benutzeroptionen darstellen, können diese ebenfalls Computer betreffen. Das trifft zu, wenn an bestimmten Computern Systemressourcen, wie spezielle Drucker oder Scanner ohne Netzwerkanschluss, verfügbar sind. Dann sollten autorisierte Benutzer an dieser Maschine – und nur dort – diese Ressourcen nutzen können und dafür beispielsweise auf dem Desktop entsprechende Symbole vorfinden. Dies leisten Gruppenrichtlinien problemlos. Eine andere Anwendung sind Hintergrundbilder, die sich auf den Standort des Computers beziehen. Wichtig ist auch hier zu beachten, was im Fall eines Konflikts passiert. Hier wird der Benutzereinstellung der Vorrang gegeben.

Gruppenrichtlinien stellen eine globale Vorgabe für das Rechtespektrum eines Nutzers dar. Sicherheitsgruppen, wie sie in Abschnitt 6.6.5 *Die integrierten Gruppen* ab Seite 388 besprochen wurden, haben nichts mit Gruppenrichtlinien zu tun. Sie werden eingesetzt, um Zugriffsrechte (ACLs) effektiv zu verwalten. Hier wird auch klar, warum Gruppen mit Active Directory nicht obsolet werden. Gruppen steuern den Zugriff auf Ressourcen, Gruppenrichtlinien dagegen die Verwendung derselben. Die Unterordnung der Gruppenrichtlinien unter die Gruppen, die in ACLs gespeichert und beim Anmelden analysiert werden, verbessert die Systemleistung beim Anmelden erheblich. Sicherheitsrelevant ist das nicht.

Berechtigung zum Zuweisen von Richtlinien

Active Directory enthält ein ACE mit dem Namen ZUWEISUNG GRUPPENRICHTLINIE. Sie müssen die Rechte LESEN und ZUWEISEN VON GRUPPENRICHTLINIEN besitzen, um Gruppenrichtlinien-Objekte den Objekten im Active Directory zuweisen zu können. Diese Information ist für die Delegation von Administratorrechten wichtig. Mitglieder der Gruppe DOMÄNEN-ADMINS haben dieses Recht ohnehin.

Delegation der Administration

Standard-Gruppenrichtlinie

Im Active Directory existiert auf Domänenebene eine Standard-Richtlinie. Hier können Sie Einstellungen vornehmen, die global wirksam sein sollen. Weiterführende Informationen finden Sie dazu in Abschnitt 12.6.1 *Bearbeiten der Standardrichtlinie* ab Seite 899.

Einstellungen auf der Domänenebene

Lokale Gruppenrichtlinien

Neben den Gruppenrichtlinien, die Sie über das Active Directory einsetzen können, lassen sich auf Windows 2000- und Windows XP Professional-Systemen lokale Gruppenrichtlinien einrichten. Diese können Sie direkt über die Managementkonsole GPEDIT.MSC konfigurieren.

Lokale Gruppenrichtlinien sind immer den im Verzeichnis definierten untergeordnet. Das bedeutet, dass eine lokale Richtlinie dann gegebenenfalls überschrieben wird.

Zur Einrichtung lokaler Gruppenrichtlinien finden Sie weiterführende Informationen in unseren Büchern *Windows 2000 im professionellen Einsatz* und *Windows XP Professional*.

6.7.3 WMI-Filter

In Windows Server 2003 stellen die WMI-Filter eine Neuerung dar. WMI steht für *Windows Management Instrumentation* und wird in Abschnitt 16.2.1 *WMI – Windows Management Instrumentation* ab Seite 1246 näher erklärt. Für jedes Gruppenrichtlinienobjekt können Sie einen WMI-Filter einrichten, über den Sie genau festlegen können, welche Bedingungen am Clientsystem gegeben sein müssen, damit die Richtlinie aktiv wird.

So lässt sich beispielsweise eine Abfrage nach dem noch verfügbaren freien Speicherplatz auf dem Zielsystem definieren. Für die automatisierte Softwareinstallation (siehe Abschnitt 8.4 *Remoteinstallationsdienste* ab Seite 472) ist es durchaus hilfreich zu wissen, ob ein Installationsversuch überhaupt Sinn macht. Steht nicht genügend Speicherplatz zur Verfügung, wird die Richtlinie nicht aktiv und die Software nicht installiert. Eine andere Anwendung

Informationen über das Clientsystem ermitteln

kann das Ermitteln der Betriebssystemversion sein, von dessen Ergebnis die Aktivierung der Gruppenrichtlinie abhängig gemacht wird.

WMI-Filter werden nur für Clientsysteme ausgewertet, die unter Windows XP Professional oder Windows Server 2003 (alle Editionen) laufen. Bei Windows 2000-Systemen werden die WMI-Filter ignoriert. Die Gruppenrichtlinien kommen hier damit stets zur Anwendung.

WMI und WQL

Die Abfragesprache WQL (*Windows Management Instrumentation Query Language*) ist eine Untermenge von SQL (*Structured Query Language*), einer Sprache zur Abfrage von Datenbanken. Gegenüber SQL wird nur ein Teil der Befehle unterstützt und zugleich gibt es einige Erweiterungen, um den Erfordernissen von WMI zu genügen. Um praktisch mit WQL arbeiten zu können, benötigen Sie zwei Informationen: Zum einen die Syntax der Abfragesprache, also das modifizierte SQL, zum anderen eine Referenz der Klassen und deren Methoden, die WMI liefert. Beides zusammen ergibt eine leistungsfähige Methode zur Abfrage sämtlicher Systemparameter und Zustände, von Microsoft selbst als „Extrem-Management" bezeichnet. Tatsächlich ist Windows mit WMI – verfügbar ab Windows 95 OSR2 – ein vollständig programmtechnisch kontrollierbares System. WQL ist der Schlüssel, dies einfach und ohne tiefgehende Programmierkenntnisse zu verwenden.

Win32-WMI-Klassen-Referenz Innerhalb der MSDN-Bibliothek gehen Sie folgenden Pfad, um auf die WMI-Referenz zuzugreifen:

```
MSDN Home
  \ MSDN Library
   \SDK Documentation
    \WMI Reference
     \WMI Classes
      \Win32 Classes
```

Hier finden Sie fünf Gruppen, in die die Klassen eingeteilt sind:

- COMPUTER SYSTEM HARDWARE

  Fragen Sie mit den hier enthaltenen Klassen die Hardware des Systems ab, beispielsweise ob ein FireWire-Controller installiert ist oder welche CPU im Rechner steckt.

- OPERATING SYSTEM

  Daten über das Betriebssystem finden Sie in dieser Gruppe. Dazu gehören Daten über bekannte Benutzer und Gruppen, die Partitionierung der Festplatten oder IP-Routing-Tabellen. So bietet der Windows 2003 Server beispielsweise einige Klassen mit dem Präfix Win32_Shadow, die der Kontrolle von Volumen-Schatten-Kopien dienen.

- INSTALLED APPLICATIONS

Diese Gruppe erlaubt die Kontrolle der installierten Programme
und deren Komponenten.

- WMI SERVICE MANAGEMENT

  Hier wird das WMI-System selbst kontrolliert.

- PERFORMANCE COUNTER

  Diese Klassen bieten Zugriff auf Leistungskontrollinstanzen zur
  Sicherung der Systemverfügbarkeit. Auf der Benutzeroberfläche dient der System Monitor zur Anzeige von Leistungswerten. Programmtechnisch dienen Performance Counter-Klassen
  in Verbindung mit WQL dem Zugriff. Die Klasse
  `Win32_PerfFormattedData_ContentFilter_IndexingServiceFilter`
  (kein Scherz!) ermittelt beispielsweise die Zugriffsbelastung eines speziellen Filters des Indexserver-Dienstes.

Dies ist freilich nur ein kleiner Teil der gesamten WMI-Welt. Informationen speziell zu WQL finden Sie über diesen Pfad:

```
MSDN Home
 \MSDN Library
  \SDK Documentation
   \Using WMI
    \Supporting Tasks for WMI
     \Querying with WQL
```

SQL für WMI

Die folgende Tabelle gibt einen Überblick über die SQL-Schlüsselwörter, die in WQL zur Verfügung stehen:

WQL-Schlüsselwort	Bedeutung
AND	Kombiniert zwei Boolesche Ausdrücke und gibt TRUE zurück, wenn beide Ausdrücke TRUE sind.
ASSOCIATORS OF	Ermittelt alle Instanzen, die mit der Quelle verbunden sind.
__CLASS	Ergibt eine Referenz zu einer Klasse eines gegebenen Objekts. Beachten Sie die zwei (2) Unterstriche vor dem Namen.
FROM	Spezifiziert eine Klasse aus der WMI-Bibliothek im Rahmen einer SELECT-Abfrage.
GROUP Clause	Im Rahmen von Ereignisabfragen repräsentiert dieser Befehl eine Gruppe von Ereignissen.
HAVING	Ein Filter für Ereignisabfragen nach einer Gruppierung mit WITHIN

Tabelle 6.4:
SQL-Schlüsselwörter
in WQL

WQL-Schlüsselwort	Bedeutung
IS	Vergleichsoperator, der zusammen mit NOT (nicht) und NULL verwendet wird. Fehlende Geräte geben oft NULL zurück, mit Hilfe von IS kann man derartige Abfragen erstellen: IS NOT NULL.
ISA	Operator zur Abfrage einer Subklasse
KEYSONLY	Nur Windows Server 2003 und Windows XP: Verwendet mit REFERENCES OF und ASSOCIATORS OF Abfragen, um nur die Schlüssel der Resultate zurückzugeben, was oft ausreichend ist, um weitere Verarbeitungsschritte zu gehen und die übertragene Datenmenge reduziert.
LIKE	Sucht nach einer Zeichenkette mittels Platzhalterzeichen.
NOT	Vergleichsoperator, der einen Abfragewert negiert
NULL	Vergleichswert, der NULL (nichts) repräsentiert. NULL ist verschieden von einer leeren Zeichenkette und der Zahl Null (0), die jeweils ein Objekt repräsentieren.
OR	Verknüpft zwei Boolesche Ausdrücke so, dass das Resultat TRUE ist, wenn mindestens einer der beiden TRUE ist.
REFERENCES OF	Ermittelt alle verknüpften Instanzen zu einer Quelle.
SELECT	Ermittelt die Eigenschaften eines Objekts durch eine Abfrage. Dieser Befehl leitet jede WQL-Abfrage ein.
TRUE	Boolescher Operator für »Wahr«, intern als -1 dargestellt
WHERE	Schränkt den Abfragebereich einer Abfrage ein.
WITHIN	Spezifiziert eine Gruppierung einer Abfrage bei Ereignisabfragen.
FALSE	Boolescher Operator für »Falsch«, intern als 0 dargestellt

Abfragetechniken

Um WQL zu nutzen, müssen Sie sich ein wenig mit den syntaktischen Besonderheiten auseinandersetzen. Danach genügt ein Blick in die WMI-Referenz in der MSDN-Bibliothek, um Steuerungs- und Kontrollaufgaben unter Windows effizient zu lösen. Die grundsätzliche Struktur einer Abfrage sieht folgendermaßen aus:

```
SELECT * FROM Klasse
```

Für Klasse wird eine der WMI-Klassen eingesetzt, beispielsweise Win32_Processor, um Daten über die CPU abzufragen.

Jede der WMI-Klassen enthält viele Eigenschaften. Das *-Zeichen steht für die Abfrage aller Eigenschaften. Die übertragenen Datenmengen können erheblich sein. Es ist also sinnvoll, die Abfragen auf die tatsächlich benötigten Daten zu beschränken. So könnte die Abfrage des Prozessors folgendermaßen aussehen:

```
SELECT Family, L2CacheSize, Manufacturer FROM Win32_Processor
```

Die Eigenschaften geben oft keine Zeichenketten zurück, sondern Zahlen, die jeweils eine besondere Bedeutung haben. Nummer 28 steht beispielsweise für AMD Athlon™-Prozessoren.

Eine andere Technik besteht in der Nutzung des Schlüsselwortes _CLASS. Manche Klassen enthalten Eigenschaften, die wiederum Klassen darstellen. Die Abfrage einer solchen Struktur kann erheblich Zeit in Anspruch nehmen. Durch die folgende Abfrage wird die Ermittlung der Unterklassen unterdrückt:

```
SELECT * FROM Device WHERE __CLASS="Modem"
```

Hinter WHERE können mehrere Abfragebestandteile mit den Booleschen Operatoren verknüpft werden.

Umgang mit WMI

WMI dient nicht allein der Abfrage von Systemdaten, sondern auch der Steuerung von Komponenten. Die Klassen liefern deshalb nicht nur Eigenschaften. Mit einer SELECT-Abfrage können jedoch nur Eigenschaften abgefragt werden. In einigen Fällen liefern Eigenschaften wiederum Klassen, die selbst Eigenschaften haben. Derartige Konstruktionen werden als Assoziationen bezeichnet. Assoziationen entstehen, wenn zwei Klassen miteinander in Beziehung stehen. So enthält die Klasse Win32_POTSModemToSerialPort Daten sowohl über die seriellen Ports als auch solche über installierte Modems.

Neben Eigenschaften, die hier und vor allem im Rahmen der WMI-Filter eine Rolle spielen, gibt es auch Methoden, die der Steuerung von Komponenten dienen, sowie Ereignisse, die ausgelöst werden, wenn bestimmte Zustände eintreten. Die Nutzung erfordert eine Skript- oder Programmiersprache, beispielsweise VBScript oder .NET. In Abschnitt 16.2.1 *WMI – Windows Management Instrumentation* ab Seite 1246 finden Sie dazu weitere Informationen.

6.7.4 Vergleich mit Systemrichtlinien

Mit Systemrichtlinien, die für Windows 9x- und Windows NT-Clients eingesetzt werden können, haben die Gruppenrichtlinien nur das Format der ADM-Vorlagendateien gemeinsam. Sonst unterscheiden sie sich erheblich von diesen, vor allem, was die Auswirkung auf die Clientsysteme betrifft. Für die Wahrung der Abwärtskompatibilität werden aber nach wie vor Systemrichtlinien unterstützt.

Behandlung von Registrierungseinträgen bei Clients

Wie mit den Systemrichtlinien von Windows NT lassen sich mit Hilfe von Gruppenrichtlinien Einstellungen in der Windows-Registrierung setzen oder ändern. Bei der Art und Weise, wie dies geschieht, wird ein fundamentaler Unterschied deutlich:

- Systemrichtlinien setzen Registrierungseinstellungen direkt. Wenn Sie eine Systemrichtlinie anwenden und beispielsweise damit ein Wert in der Registrierung neu erzeugt wird, bleibt dieser auch dann erhalten, wenn die Systemrichtlinie wieder entfernt wird. Dies wird auch mit »Tätowierung« der Registrierung bezeichnet – in Anlehnung daran, dass es schwierig ist, eine solche wieder zu entfernen. Wenn Sie sich vorstellen, Sie haben eine Vielzahl solcher Richtlinien auf einige Hundert Clientcomputern angewendet und sollen nun diese wieder entfernen und die Registrierungen auf den ursprünglichen Stand bringen, werden Sie verstehen, was mit »Tätowierung« gemeint ist.

- Gruppenrichtlinien setzen generell die Registrierungseinstellungen nicht direkt, sondern schreiben ihre Werte in dafür reservierte Bereiche. Werden die Richtlinien entfernt oder auf den Status *Nicht konfiguriert* gesetzt, verschwinden diese Einstellungen wieder spurlos aus den Windows-Registrierungen der Clientsysteme.

  Die Registrierungseinträge, die durch Gruppenrichtlinien im Active Directory an den Clients gesetzt werden, sind in RE-GISTRY.POL-Dateien gespeichert und werden beim Anmeldevorgang auf den entsprechenden Clientcomputer übertragen. Die Registrierung wird dabei nur im Arbeitsspeicher geändert. Nach Abmelden aus der Domäne ist die Registrierung damit wieder in ihrem ursprünglichen Zustand.

Vorlagendateien für Systemrichtlinien

Mit Windows Server 2003 wird eine Reihe von ADM-Vorlagendateien mitgeliefert. Darunter sind auch solche für Systemrichtlinien.

6.7.5 Gruppenrichtlinien und Windows XP-Clients

Setzen Sie Windows XP Professional-Clients in einer Active Directory-Domäne ein, können Sie für diese Gruppenrichtlinien zur Anwendung bringen – ebenso wie für die Windows 2000-Clients. Alle Windows 2000-Gruppenrichtlinien werden durch Windows XP unterstützt. Eine Ausnahme bilden nur Windows XP Home-Systeme, die weder Gruppenrichtlinien kennen noch die Einbindung in eine Active Directory-Domäne als Client ermöglichen.

Windows XP-spezifische Richtlinien verwenden

Windows XP Professional bringt im Vergleich zu Windows 2000 mehr als 200 neue Gruppenrichtlinien mit. Diese sind in Windows Server 2003 komplett integriert.

Bei einem Windows 2000-Serversystem müssen Sie diese erst noch nachträglich installieren, damit Sie dort im Verzeichnis die speziellen Richtlinien für Windows XP Professional-Clients einsetzen können. Dies wird in unserem Buch *Windows 2000 im Netzwerkeinsatz* gezeigt.

Verzögerte Annahme von Richtlinien ausschalten

Windows XP Professional bietet eine neue Funktionalität, mit welcher der Anmeldeprozess im Vergleich zu Windows 2000 deutlich beschleunigt wird. Damit kann sich allerdings das Problem ergeben, dass geänderte Richtlinieneinstellungen erst verzögert wirken. Das wird deutlich, wenn die Art und Weise der Verarbeitung von Gruppenrichtlinien bei Windows XP und Windows 2000 gegenübergestellt werden:

- Computer-Richtlinien
  An einem Windows 2000-Client werden alle Computer-Richtlinien vollständig von der Domäne geladen und abgearbeitet, bevor der Benutzer die Möglichkeit zur Anmeldung erhält - also das Anmeldefenster mit Strg+Alt+Entf aufrufen kann.

- Benutzer-Richtlinien
  Nach der Anmeldung werden an einem Windows 2000-Client zunächst alle benutzerspezifischen Richtlinien geladen und zur Anwendung gebracht.

Bei einem Windows XP Professional-System ist dies standardmäßig anders: Für eine beschleunigte Anmeldung werden sowohl Computer- als auch Benutzerrichtlinien asynchron verarbeitet und können damit verzögert wirksam werden. Bestimmte Richtlinien, wie beispielsweise ein geänderter Speicherort für das Benutzerprofil oder ein neues Login-Skript, werden damit erst nach mehrmaligem An- und Abmelden wirksam. Das ist in Firmennetzwerken natürlich nicht unbedingt wünschenswert – welcher Administrator möchte schon mit solchen Unwägbarkeiten leben? Über die folgende Gruppenrichtlinie können Sie das aber wiederum ändern:

```
Computerkonfiguration
 \Administrative Vorlagen
  \System
   \Anmeldung
    \Beim Neustart des Computers und bei der Anmeldung immer
    auf das Netzwerk warten
```

Wenn Sie diese Einstellungen aktivieren, verhält sich ein Client mit Windows XP Professional genauso in Bezug auf die Abarbeitung der Gruppenrichtlinien wie einer mit Windows 2000.

6.7.6 Speicherorte von Gruppenrichtlinien

Nachfolgend finden Sie einige Hintergrundinformationen zu den Speicherorten von Gruppenrichtlinien.

Speicherort lokaler Gruppenrichtlinien

Auf einem Windows 2000- oder XP Professional-System kann es nur ein einziges lokales Gruppenrichtlinien-Objekt geben. Dieses wird in folgendem Verzeichnis abgelegt:

```
%Systemroot%\System32\GroupPolicy
```

Die Dateien und Ordner in diesem Verzeichnis sollten Sie niemals direkt bearbeiten. Ändern Sie Richtlinieneinstellungen nur über das Snap-In GRUPPENRICHTLINIE.

Speicherorte von Gruppenrichtlinien in der Domäne

GPO

Gruppenrichtlinien sind in Gruppenrichtlinien-Objekten (GPO) gespeichert. Diese werden wiederum in zwei Formen physisch abgelegt:

- Als Gruppenrichtlinien-Container (GPC). Diese Container sollten Gruppenrichtlinien-Objekte enthalten, die nicht sehr groß sind und sich nur selten ändern. Sie werden direkt im Active Directory gehalten.

- In Form von Gruppenrichtlinien-Vorlagen (GPT; engl. *Group Policy Template*). Die Vorlagen werden im Dateisystem abgelegt und eignen sich für umfangreichere Gruppenrichtlinien-Objekte und häufigere Änderungen.

GPC

Gruppenrichtlinien-Container sind Active Directory-Objekte, die Gruppenrichtlinien-Objekte speichern. Zusätzlich werden hier auch Informationen über den Computer und den Benutzer abgelegt. GPC kennt außerdem zwei Eigenschaften:

- VERSIONSINFORMATION

  Dient der Synchronisation

- STATUSINFORMATION

  Zeigt an, ob das GPO aktiviert oder deaktiviert ist

Im GPC wird außerdem die Information über die Software-Installation mit IntelliMirror gespeichert.

Die Gruppenrichtlinien-Vorlagen sind als Dateien mit der Erweiterung ADM gespeichert. Die mit Windows Server 2003 mitgelieferten Vorlagendateien sind in folgendem Verzeichnis zu finden:

GPT & ADM-Dateien

```
%Systemroot%\inf
```

Die Vorlagen sind editierbare Textdateien, in denen Kategorien und Unterkategorien stehen. Die Einträge bestimmen, was in der Managementkonsole zur Auswahl angezeigt wird. Festgelegt werden auch die Pfade für die Registrierung.

In ein Gruppenrichtlinien-Objekt können Sie verschiedene ADM-Vorlagen im Bereich ADMINISTRATIVE VORLAGEN einbinden. Dabei können Sie dies sowohl für den Bereich COMPUTERKONFIGURATION als auch für die BENUTZERKONFIGURATION vornehmen. Aktivieren Sie eine der hier abgelegten registrierungsbasierten Gruppenrichtlinien, wird die Registrierungseinstellungen in die REGISTRY.POL abgelegt. Diese Datei wird wiederum von den Clientsystemen beim Anmelden an der Domäne übernommen und ausgelesen. Die hier verankerten Registrierungseinstellung werden dann in die im Speicher befindlichen lokalen Registrierungsdatenbanken eingetragen und erlangen so ihre Wirkung.

REGISTRY.POL

Es gibt für jedes Gruppenrichtlinien-Objekt zwei REGISTRY.POL-Dateien. Dies wird deutlicher, wenn Sie sich die Ordnerstruktur eines GPT ansehen:

Das Basisverzeichnis eines GPT liegt auf einem Domänencontroller an folgendem Ort:

GPT-Ordnerstruktur

```
%Systemroot%\SYSVOL\sysvol\<domäne>\Policies\<GPT-GUID>
```

Die GPTs werden anhand eindeutiger GUIDs identifiziert. Diese GUIDs können Sie bei Bedarf über das Eigenschaften-Fenster zu dem entsprechenden Gruppenrichtlinien-Objekt ermitteln. Unterhalb dieses Ordners befinden sich des Weiteren diese Dateien und Ordner:

- GPT.INI

  Hier ist eine Versionsinformation für das GPT hinterlegt.

- ADM

  In diesen Ordner werden die Vorlagendateien kopiert, die für dieses Gruppenrichtlinien-Objekt verwendet werden.

- USER

  Hier wird die Datei REGISTRY.POL gespeichert, die nutzerspezifische Registrierungseinstellungen enthält. Der Pfad der Registrierung, der damit modifiziert wird, lautet:

```
HKEY_CURRENT_USER
```

Außerdem finden Sie hier gegebenenfalls zwei weitere Ordner, die für den benutzerorientierten Installationsdienst benötigt werden:

- APPS: Enthält die AAS-Dateien für den betriebssystembasierten Installationsdienst.
- FILES: Enthält die Dateien, die verteilt werden sollen. Normalerweise sind hier weitere Ordner mit der zu installierenden Struktur hinterlegt.

- MACHINE

Hier wird die Datei REGISTRY.POL gespeichert, die computerspezifische Registrierungseinstellungen enthält.

`HKEY_LOCAL_MACHINE`

Außerdem sind hier Ordner, die für den computerorientierten Installationsdienst benötigt werden:

- APPS

  Enthält die AAS-Dateien für den betriebssystembasierten Installationsdienst.
- FILES

  Enthält die Dateien, die verteilt werden sollen. Normalerweise sind hier weitere Ordner mit der zu installierenden Struktur.
- MICROSOFT\WINDOWS NT\SECEDIT

  Hier finden Sie eine Vorlage für den Sicherheitsrichtlinieneditor mit dem Namen GPTTMPL.INF.

Beachten Sie, dass der zweite Ordner SYSVOL freigegeben ist. Dieser Ordner und die unterliegende Struktur werden auf alle Domänencontroller der Domäne repliziert. Jede Vorlage wird außerdem über die GUID angesprochen, die gleichzeitig auch als Verzeichnisname dient.

Skripte

In den Ordnern USER und MACHINE werden außerdem Skripte gespeichert, die beim Start und beim Herunterfahren des Computers und beim An- und Abmelden eines Benutzers ausgeführt werden:

- SCRIPTS\LOGON

  Skript startet beim Anmelden des Benutzers.
- SCRIPTS\LOGOFF

  Skript startet beim Abmelden des Benutzers.
- SCRIPTS\STARTUP

  Skript startet beim Starten des Computers.
- SCRIPTS\SHUTDOWN

  Skript startet beim Herunterfahren.

Zwischen den An- und Abmeldeskripten der Gruppenrichtlinien und den Skripten der Benutzerprofile besteht kein Zusammenhang.

Um Skripte zu schreiben, können alle in Windows Server 2003 verfügbaren Technologien verwendet werden. Dazu gehören:

- Batchdateien (*.BAT)
- Windows Scripting Host (WSH) in VBScript oder JScript (*.VBS, *.JS)
- XML-basierte Windows Script-Dateien (*.WS)

6.7.7 Hinweise zur Planung

Die Planung von Gruppenrichtlinien ist nicht trivial. Die erforderlichen Grundkenntnisse und einige Hinweise zur prinzipiellen Arbeitsweise sowie ein Überblick über die zur Verfügung stehenden Richtlinien wurden bereits gegeben. In diesem Abschnitt geht es um den Entwurf einer Strategie für die Vergaben von Gruppenrichtlinien im AD.

Allgemeine Hinweise zur Planung

Der Umgang mit Gruppenrichtlinien ist eine Herausforderung für jeden Administrator. Sie sind sehr leistungsfähig und können, falsch angewendet, ein unglaubliches Chaos anrichten. Mit dem nötigen Verständnis und Wissen ist dafür aber auch die einwandfreie und sichere Administration sehr großer Netzwerke mit mehreren Tausend Benutzern möglich.

Je intensiver Sie Gruppenrichtlinien benutzen werden, umso schwieriger wird der Umgang damit. Sie sollten die folgenden Aspekte verstanden haben, bevor Sie in der Praxis Gruppenrichtlinien anwenden:

- Gruppenrichtlinien können verwendet werden, um die Arbeitsumgebung der Benutzer komplett zu gestalten. Dazu gehören der Zugriff auf Applikationen, Ressourcen, administrative Rechte, die Gestaltung des Desktops und der Standardprogramme wie der Internet Explorer.
- Gruppenrichtlinien-Einstellungen werden in Gruppenrichtlinienobjekten gespeichert. Diese Objekte werden mit Objekten im Active Directory verknüpft. Außerdem können Gruppenrichtlinien mit Computern außerhalb des Active Directory verbunden werden.
- Gruppenrichtlinien werden an Domänen, Standorte oder Organisationseinheiten gebunden. Sie werden in eben dieser Reihenfolge verarbeitet.
- Werden Gruppenrichtlinien an eine Organisationseinheit gebunden, gelten sie für alle dort enthaltenen Benutzer und Computer und vererben sich auf untergeordnete Organisationseinheiten.

- Gruppenrichtlinien wirken nicht auf andere Container-Objekte wie beispielsweise Gruppen.
- Gruppenrichtlinien, die nicht miteinander in Konflikt stehen, werden kumulativ angewendet. Das gilt vor allem bei der Wirkung der Vererbung in der Hierarchie. Die Vererbung kann jedoch explizit unterbunden werden.
- Befinden sich zwei Gruppenrichtlinien miteinander im Konflikt, gewinnt die Gruppenrichtlinie, die sich näher am Objekt befindet. Konflikte treten aber nur auf, wenn zwei identische Einstellungen explizit aktiviert wurden und eine entgegengesetzte Wirkung definieren. Dadurch ist es sehr einfach, globale Richtlinien zu entwerfen – die Wirkung am Objekt lässt sich durch dort platzierte Gruppenrichtlinien leicht aufheben. Es gibt einige spezielle Einstellungen, die dieses Verhalten nicht aufweisen und zwangsweise wirken. Diese Wirkung ist jedoch ebenfalls steuerbar.
- Gruppenrichtlinien vom Typ COMPUTEREINSTELLUNGEN werden im Augenblick des Hochfahrens des Computers angewendet, BENUTZEREINSTELLUNGEN unmittelbar nach dem Anmelden.
- Computereinstellungen haben im Falle eines Konflikts Vorrang vor Benutzereinstellungen. Es gibt einige wenige Gruppenrichtlinien, bei denen dieses Verhalten anders ist. Sie erkennen dies im Dialogfenster des Richtlinieneditors.

Praktische Hinweise

Aktualisierung

Gruppenrichtlinien werden standardmäßig alle 90 Minuten aktualisiert. Wenn Sie Änderungen vornehmen und die Standardeinstellungen nicht geändert haben, werden Benutzer dies also nicht sofort bemerken. Die Wirkung setzt natürlich sofort ein, wenn der Benutzer sich neu anmeldet oder ein Computer gestartet wird.

Zuweisung

Gruppenrichtlinien können nicht direkt Benutzern, Computern oder Gruppen zugewiesen werden, sondern nur dem übergeordneten Container. Die Zuweisung zu Gruppen innerhalb einer Organisationseinheit kann jedoch zum Filtern der Einstellungen verwendet werden. Die Einstellungen selbst müssen aber bereits erfolgt sein.

Eigene Rechte

Sie müssen, um Gruppenrichtlinien einstellen zu können, Zugriff auf einen Domänencontroller und Schreibrechte auf den Ordner SYSVOL haben.

Computerrichtlinien

Computerrichtlinien, die nur für einen speziellen Computer angelegt wurden, werden auf dem betreffenden Computer gespeichert, nicht im AD. Sie müssen dann die Managementkonsole COMPUTERVERWALTUNG verwenden, um an das Gruppenrichtlinien-Snap-In zu gelangen.

Migrationshinweise

Wenn Sie ein Upgrade von NT 4 ausführen, werden Clients mit den Betriebssystemen Windows 9x/NT 4 weiterhin NT 4-Richtlinien erhalten. Wenn Sie später die Clients auf Windows 2000 oder Windows XP Professional aktualisieren, ändert sich dieses Verhalten nicht automatisch. Sie müssen die Richtlinie DEAKTIVIERE RE NT 4-KOMPATIBLE RICHTLINIEN von Hand aktivieren.

Gruppenrichtlinien werden in der folgenden Reihenfolge verarbeitet: **Reihenfolge der Verarbeitung**

1. Lokale Gruppen
2. NT-4-kompatible Gruppen
3. Standort-Gruppenrichtlinien
4. Domänen-Gruppenrichtlinien
5. Gruppenrichtlinien, die an Organisationseinheiten gebunden sind

Einige Gruppenrichtlinien verhalten sich bei langsamen Verbindungen anders. Dies kann unter Umständen zu schwer nachvollziehbaren Effekten führen, wenn die Bandbreite einer Verbindung starken Schwankungen unterworfen ist. Zusammenfassend treten folgende Effekte auf, wenn eine langsame Verbindung erkannt wurde: **Verhalten bei langsamen Verbindungen beachten**

- Software-Installationen (IntelliMirror) werden nicht ausgeführt.
- Ordner werden nicht umgeleitet.

Wann eine Verbindung als *langsam* erkannt wird, ist ebenfalls über eine entsprechende Gruppenrichtlinie konfigurierbar:

```
\Computerkonfiguration
  \Administrative Vorlagen
    \System
     \Gruppenrichtlinien
      \Gruppenrichtlinien zur Erkennung von langsamen Verbindungen
```

6.7.8   Entwurf des Richtlinienmanagements

Bevor Sie mit der Planung der Richtlinien beginnen, sollten Sie eine Antwort auf folgende Fragen haben:

- Ist die Administration zentralisiert oder nicht?
- An wen wird die Administrationsautorität delegiert?
- Gibt es Abteilungen, Arbeitsgruppen, Filialen etc., die sich selbst administrieren sollen?
- Wie flexibel muss das Design sein? Designmodelle werden nachfolgend ausführlich besprochen.

Designmodelle

Beim monolithischen Modell wird jedem Containerobjekt eine eigene Gruppenrichtlinie zugewiesen. Diese Gruppenrichtlinie enthält jeweils alle wesentlichen Einstellungen und die Vererbung wird nur über die Gruppenrichtlinien der OUs genutzt – für ganz **Monolithisches Modell** elementare Einstellungen. Dieses Modell eignet sich für eine kleine Organisation mit sehr dedizierten Rechten. Von Vorteil ist die geringe Anmeldezeit, wenn Sie es schaffen, jedem Benutzer tatsächlich nur eine einzige Gruppenrichtlinie zuzuweisen. Nachteilig ist die mangelnde Flexibilität, die in größeren Netzen bis zum Verlust der Administrierbarkeit führen kann. Die praktische Folge sind dann anarchische Zustände durch unkoordinierte Gruppenrichtlinien-Objekte, die per zwangsweiser Vererbung Probleme anderer Gruppenrichtlinien-Objekte lösen sollen.

Abbildung 6.19:
Monolithisches
Design

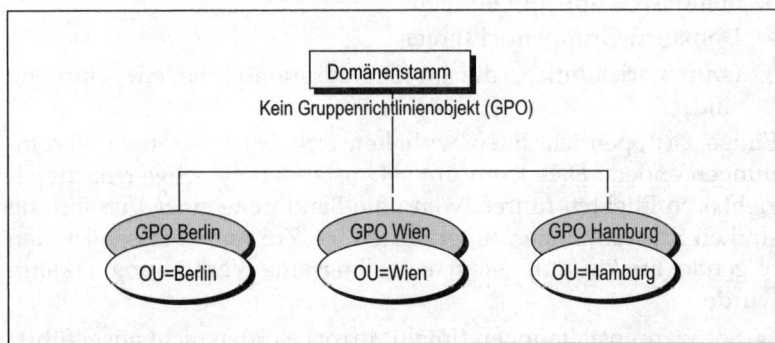

Schichtendesign Flexibler ist das Schichtendesign, das im Wesentlichen auf Vererbung basiert. Hierbei vergeben Sie auf der obersten Ebene ein Gruppenrichtlinien-Objekt mit den Rechten der obersten Ebene und gültig für alle tieferliegenden.

Abbildung 6.20:
Schichtendesign

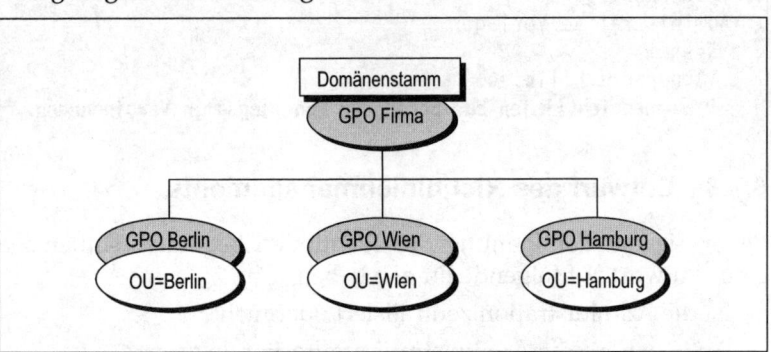

In den unteren Ebenen wird die Vererbung ausgenutzt und nur Änderungen gegenüber den oberen Ebenen werden in Gruppenrichtlinien eingestellt. Dies ist ein sehr flexibles und verhältnismäßig leicht zu wartendes Design. Sie müssen allerdings viel Sorgfalt in den Entwurf der Struktur der Organisationseinheiten setzen. Das Schichtendesign erlaubt außerdem relativ leicht die Delegierung der Administration von Einheiten an andere Personen.

Strukturierung von Gruppenrichtlinien-Objekten

Beide Designmodelle können weiter strukturiert werden. Sie können sich nun entscheiden, ob Sie für alle Einstellungen ein Gruppenrichtlinien-Objekt anlegen oder diese gruppieren.

Bei der einfachen Gruppenrichtlinien-Objekt-Struktur werden alle Einstellungen in einer Richtlinie vorgenommen. Diese Form erlaubt eine sehr zentrale Administration, komfortable Delegation und einfache Verwaltung.

Einfache Gruppenrichtlinien-Objekt-Struktur

Bei der multiplen Gruppenrichtlinien-Objekt-Struktur legen Sie für jede Gruppe von Einstellungen ein eigenes Gruppenrichtlinien-Objekt an. Eine vernünftige Aufteilung könnte folgendermaßen aussehen:

Multiple Gruppenrichtlinien-Objekt-Struktur

- Benutzereinstellungen
- Computereinstellungen
- Softwarerichtlinien

Wenn Sie ein sehr großes Netzwerk betreuen, könnten die Einstellungen für Internet Explorer und Windows Explorer usw. abgetrennt werden und in eigenen Gruppenrichtlinien-Objekten stehen. Ebenso können Einstellungen für Skripte in einem eigenen Gruppenrichtlinien-Objekt platziert werden usw. Wenn Sie Gruppenrichtlinien-Objekte einem Objekt zuweisen, werden natürlich mehrere Zuweisungen nötig sein.

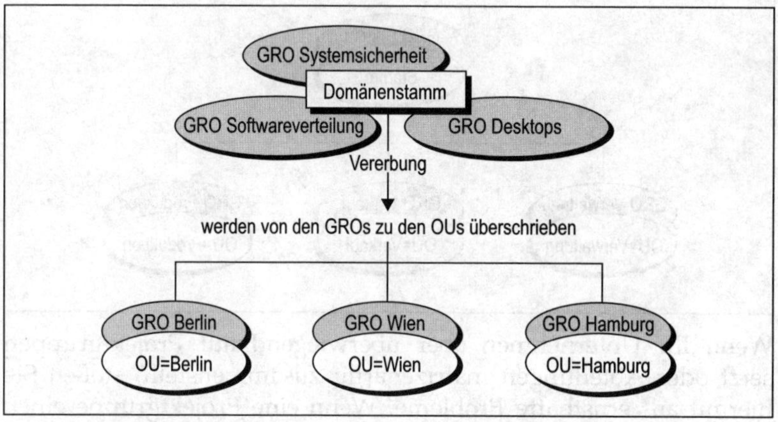

Abbildung 6.21: Multiple Strukturierung von Gruppenrichtlinien-Objekten

Vorteil ist die sehr flexible Verteilung. Möglicherweise werden Sie insgesamt weniger Gruppenrichtlinien-Objekte benötigen als bei der einfachen Struktur. Allerdings werden bei der Zuweisung nach dem Anmelden Benutzern mehrere Gruppenrichtlinien-Objekte zugewiesen, was den Anmeldeprozess verlängert und Netzwerkbandbreite benötigt. Eine ausufernde Nutzung dieser Methode sollte mit guten Hardware-Ressourcen einhergehen. Unter Umständen kann auch die Fehlersuche komplizierter sein.

Überlegungen zur Hierarchie der Gruppenrichtlinien-Objekte

Wenn Sie es schaffen, Ihre Organisation in einer exakten Hierarchie abzubilden, in der jedes Objekt nur eine übergeordnete Instanz hat, dann ist Active Directory sicher in der Lage, dies exakt abzubilden. In den meisten Firmen wird die Struktur jedoch komplexer sein. Es werden zeitweilig Arbeitsgruppen zusammengestellt, Mitarbeiter erfüllen mehrere Aufgaben und Abteilungen kooperieren mit anderen, die denselben Chef haben. Es gibt in der Zuständigkeit Querverbindungen und manchmal ist eine Zuordnung nicht eindeutig. Ist eine solche Mehrdeutigkeit gegeben, können Sie nur eines von zwei grundlegenden Modellen darstellen. Entweder Sie gruppieren Objekte nach der Funktion oder nach den Teams.

Das funktionale Design

Beim funktionalen Design ist die Position des Mitarbeiters in der Unternehmenshierarchie entscheidend. Dies ist meist nicht so schwer festzustellen. Typische Gruppen sind:

- Verkauf
- Einkauf
- Produktion
- Verwaltung
- Forschung

Abbildung 6.22:
Beim funktionalen Design folgen die Gruppenrichtlinien-Objekte der OU-Struktur

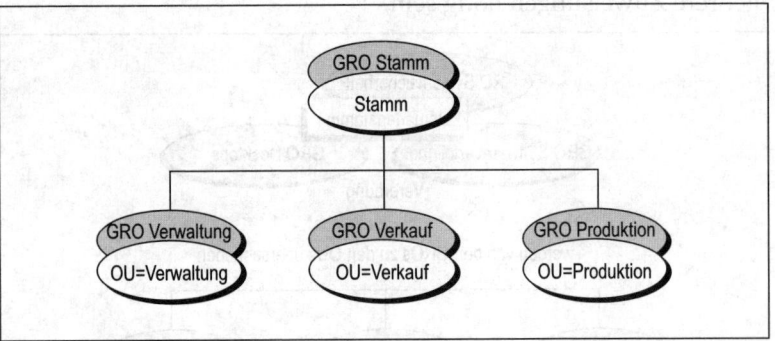

Wenn Ihr Unternehmen aber überwiegend auf Projektgruppen setzt oder Abteilungen matrizenartig zusammenstellt, stoßen Sie hiermit auf ernsthafte Probleme. Wenn eine Projektgruppe einen Mitarbeiter aus der Forschung, einen aus dem Einkauf, zwei aus der Verwaltung und drei aus der Produktion hat, werden Sie eine vernünftige Zuordnung von Rechten kaum erreichen. In diesem Fall ist das Teamdesign besser geeignet.

Teamdesign

Hier bauen Sie zuerst gute globale Gruppenrichtlinien-Objekte, die in der gesamten Domäne gelten. Dann werden die Mitarbeiter entsprechend der Teamzugehörigkeit zusammengestellt. Das Filtern spezifischer Rechte erfolgt durch die Zugehörigkeit zu Sicherheitsgruppen.

Da Teams häufig wechseln und in großen Organisationen auch sehr viele Teams existieren, stellt dieses Modell höhere Anforderungen an die Administration. Dieses Modell ist sehr flach, weil Teams nur selten über abgeleitete »Unterteams« verfügen. Möglicherweise werden Sie auch mit den zur Verfügung stehenden Werkzeugen nicht so glücklich.

Ein Mischung beider Modelle wäre sicher wünschenswert. Benutzer und auch Computer können aber in der Hierarchie nur einmal existieren. Zwangsläufig ist eine mehrfache Zuordnung wie bei den Gruppenrichtlinien-Objekten nicht möglich. Eine konkrete Lösung dafür gibt es nicht. Es ist aber eine gute Empfehlung, nicht von vornherein eine besonders komplexe Struktur zu entwerfen, um ganz fein abgestimmte Richtlinien zu verteilen. Versuchen Sie hier, soweit es sinnvoll ist, zu vereinfachen. Wenn sich Ihr Modell in der Praxis nicht bewährt, können Sie eine einfache falsche Struktur leichter umbauen als eine komplizierte falsche Struktur.

Delegationsmodelle

In großen Unternehmen werden Sie zwangsläufig weitere Administratoren einsetzen, die die Verwaltung von Ebenen in der Hierarchie oder von Teams übernehmen. Es gibt auch hier zwei Modelle, die auf die Vergabe der Gruppenrichtlinien wirken.

Das verteilte Modell geht davon aus, dass jeder Administrator in seinem Bereich eigene Gruppenrichtlinien-Objekte anlegt und selbstständig agiert. Sie geben lediglich zentrale Empfehlungen, erlauben aber das Abblocken der Richtlinien. Solche Modelle sind sehr flexibel und verringern den zentralen Administrationsaufwand. **Verteiltes Modell**

Im zentralisierten Modell werden möglichst viele Richtlinien zentral definiert und zwangsweise vererbt. Die Administratoren der Abteilungen haben darauf keinen Einfluss. Sie können nur zusätzliche Restriktionen einführen. Dieses Modell ist vorteilhaft, wenn die Kontrolle der untergeordneten Einheiten schwer fällt und die Sicherheitsansprüche relativ hoch sind. Der Verwaltungsaufwand ist höher, weshalb dieses Modell eher größeren Firmen vorbehalten ist. **Zentralisiertes Modell**

Leistungsoptimierung

Auch auf die allgemeine Systemleistung haben Gruppenrichtlinien einen Einfluss. Worin sich diese Leistung darstellt, ist natürlich von vielen Faktoren abhängig. Der Mitarbeiter hat ganz bestimmte Ansprüche an die Leistung seines Computers. Er soll sich schnell anmelden, Daten schnell von und zum Server schaffen, schnell drucken, Programme zügig abarbeiten usw. Von den Gruppenrichtlinien-Objekten wird die Start- und Anmeldezeit beeinflusst. Alle anderen Faktoren müssen Sie durch geeignete Kombinationen aus Hard- und Software beeinflussen. Gruppenrichtlinien-Objekte werden beim Anmeldeprozess gelesen. Je mehr davon genutzt werden, desto länger dauert dieser Vorgang. Der Anmeldeprozess wird erst fortgesetzt, wenn alle Richtlinien verarbeitet worden sind. Problematisch können hier auch Skripte sein. Skripte, die in Gruppenrichtlinien definiert werden, müssen ausgeführt werden, bevor die Abarbeitung der Gruppenrichtlinien-Objekte beendet wird. Wenn Sie Probleme mit Skripten haben, wartet der Anmeldeprozess bis zum Abbruch des Skripts mit Zeitüberschreitung. Standardmäßig liegt dieser Wert bei 10 Minuten – keine gute Zeit für den Anmeldevorgang.

Ein guter Weg, hier zu optimieren, sind Sicherheitsgruppen. Sicherheitsgruppen können Gruppenrichtlinien filtern. Durch die Filterung wird die Anzahl anzuwendender Richtlinien reduziert, was relativ effizient erfolgt.

Ein anderer Weg führt über die Betrachtung der Reichweite der Gruppenrichtlinien-Objekte. Die Objekte werden auf Domänencontrollern gespeichert. Wenn Sie Gruppenrichtlinien-Objekte auf Siteebene verwenden, werden diese nur über Verknüpfungen auf anderen Domänen registriert. Beim Anmeldeprozess muss aber ein Zugriff erfolgen – bei WAN-Verbindungen ist das keine gute Idee. Generell ist die Verknüpfung mit Organisationseinheiten am effizientesten.

Eine weitere Optimierung besteht in der Abtrennung nicht benötigter Teile. Wenn Sie mehrfache Gruppenrichtlinien-Objekte verwenden, sind die Teile Benutzer-, Computer- oder Softwareeinstellungen getrennt. Solange keine Einstellungen vorgenommen wurden, ist die Versionsnummer 0. Solche Gruppenrichtlinien-Objekte werden nicht gelesen. Lassen Sie deshalb nicht benötigte Einstellungen unbedingt auf NICHT KONFIGURIERT. Wählen Sie nicht die Option DEAKTIVIERT, auch wenn dies denselben Effekt hat.

Standardmäßig werden Gruppenrichtlinien alle 90 Minuten aktualisiert. Wenn Sie Änderungen erst dann sichtbar machen möchten, wenn sich die Benutzer erneut anmelden, setzen Sie diesen Wert höher. Sie sparen damit Netzwerkbandbreite.

Günstig wirkt es sich auch aus, die Anzahl der Administratoren zu verringern, die Gruppenrichtlinien-Objekte verwalten dürfen.

Vermeiden Sie außerdem die folgenden Funktionen:

- Verhindern der Vererbung
- Erzwingen der Vererbung
- Zuweisungen eines Gruppenrichtlinien-Objekts über mehrere Domänen hinweg

6.7.9 Praktischer Richtlinienentwurf

Das gesamte Modell der Richtlinien hat einen gewissen »Hang zur Flachheit«. Sie müssen sich in der Praxis immer wieder zwingen, Hierarchien und Vererbung zu verwenden. Das ist ein Designproblem, was seine Ursache in der Kompatibilität zu Windows NT 4 hat. Auf der anderen Seite ist auch die Denkweise der Administratoren an die alten NT 4-Konzepte gebunden.

Im Gegensatz zu dieser Aussage muss aber festgestellt werden, dass Active Directory alle Voraussetzungen für ein modernes, hierarchisches Design bietet. Sie müssen bestimmte Optionen nur hartnäckig genug ignorieren. In diesem Abschnitt werden deshalb allgemeingültige Entwurfsregeln gezeigt, die Sie für die Planung im Hinterkopf haben sollten.

Entwurf der Benutzernamen

Hier ist tatsächlich »Flachheit« angesagt – Benutzernamen müssen global eindeutig sein. Zugleich sind sie direkt an die E-Mail-Adresse gekoppelt, die weltweit eindeutig sein muss (in der Praxis natürlich innerhalb der Domäne). Machen Sie die Struktur der E-Mail-Namen zum dominanten Entwurfskriterium und ordnen Sie die Benutzernamen dem unter.

Richtlinien für die Benutzerrechte

Entscheiden Sie, welche Rechte überhaupt Benutzern zugeteilt und explizit verweigert werden sollen. Oft sind es nur sehr wenige Einstellungen, die wirklich sinnvoll sind. Je weniger Sie hier finden, desto einfacher wird die Administration und umso schneller ist das Netzwerk. Denken Sie daran, welche Informationen über mehrere Domänen hinweg (im Domänenwald) benötigt werden. Dies wirkt sich auf den globalen Katalog aus. Legen Sie vor allem Konto-Richtlinien fest. Feinere Einstellungen anderer Funktionen werden nur sehr selten global benötigt.

Planen Sie Sicherheitsgruppen sorgfältig

Verwenden Sie unbedingt Sicherheitsgruppen für die Verwaltung der Zugriffsrechte auf Ressourcen und zum Filtern von Gruppenrichtlinien. Ohne Gruppen herrscht in Ihrem Netzwerk bald Anarchie und damit besteht die Gefahr von Sicherheitslücken.

Gruppen sind, trotz der Gruppentypen, ein vollkommen flaches Modell. Eine sorgfältige Anlage der Verwendung ist deshalb noch wichtiger als bei den hierarchischen Objekten im AD. Die Verwendung universeller Gruppen ist günstiger als die globaler Gruppen. Legen Sie nicht mehr Gruppen als unbedingt notwendig an. Ver-

Entwurf eines Gruppenmodells

zichten Sie aber auch nicht auf Gruppen – ohne wird es noch schwerer, das Netzwerk zu beherrschen.

Design der Gruppen Wegen des flachen Modells ist die Namenswahl wichtig. Lassen Sie sich Gruppennamen einfallen, die eindeutig sind und mit denen auch andere Administratoren etwas anfangen können. Die Namen sollten die Zuordnung der Benutzer eindeutig machen. So verhindern Sie die bei Zuordnungsproblemen übliche Inflation neuer Gruppen. Verwenden Sie vorzugsweise die eingebauten Gruppen, wenn es möglich ist.

Notwendigkeit prüfen Analysieren Sie bei jeder neuen Gruppe folgende Fragen:

* Können Sie Benutzer und Ressourcen eindeutig zuordnen?
* Können Sie Gruppen intelligent verschachteln und so die Anzahl der Gruppen auf der obersten Ebene reduzieren?
* Wissen Sie, wie Sie die Gruppe verwenden möchten?
* Wer soll die Gruppen verwalten?

Keine Einzelentscheidungen Das Anlegen von Gruppen ist oft mit tiefgreifenden Konsequenzen verbunden. Entscheiden Sie das nicht allein, sondern immer zusammen mit anderen Administratoren. Delegieren Sie die Macht, Gruppen anzulegen, nicht auf Personen, die nur geringes Fachwissen oder mangelnde Kenntnisse über innere Strukturen des Netzwerks haben.

Klare Kompetenzen Legen Sie klar fest, wer Gruppen anlegen darf und wer diese dann verwaltet.

Speicherplatz für Gruppen Auch wenn Gruppen auf einem flachen Konzept basieren, können Sie diese irgendwo in der OU-Hierarchie ablegen. Dies sollte nicht wahllos erfolgen, weil man durch die koordinierte Wahl des Speicherplatzes Hinweise auf die Verwendung erhält.

Auf Konsistenz achten

Wenn Sie mit mehreren Domänen arbeiten, achten Sie auf konsistente Namensschemata. Sie sollten auch in allen Domänen vergleichbare Gruppenstrukturen und Hierarchiemodelle aufsetzen. Passen Sie das Design ggf. an.

Entwurf von Regeln für das Design

Designregeln helfen Ihnen künftig, die Konsistenz aufrechtzuerhalten. Wenn künftig andere Administratoren neue Gruppen und Benutzer anlegen, müssen Sie nur diesen Regeln folgen, um die bestehende Ordnung nicht zu zerstören. Dokumentieren Sie diese Regeln deshalb sorgfältig.

Entwurf eines Gruppenrichtlinienmodells

Der Entwurf des Gruppenrichtlinienmodells ist vermutlich eine größere Herausforderung. Nehmen Sie sich die Zeit dafür. Es gibt einige Kernaufgaben, die damit gut gelöst werden können. Die folgende Aufstellung hilft Ihnen, die Überlegungen zu strukturieren:

- Automatisierung der Software-Installation
- Verwaltung von Sicherheitseinstellungen
- Kundenspezifische Registrierungseinstellungen
- Umleiten von Ordnern
- Scripting

Gruppenrichtlinien werden an Containerobjekte im Active Directory gebunden. Sie erlauben mehrfache Zuordnungen und Vererbung. Folgende mögliche Implementierungen gibt es:

- In einer flachen Hierarchie erlauben Gruppenrichtlinien feinere Einstellungen, wenn Sie mit Sicherheitsgruppen Filter setzen.
- In einer tiefen Hierarchie sollten die Vererbungskonzepte der Gruppenrichtlinien genutzt werden, um feinere Steuerungen vorzunehmen.

Die Kunst, Namen zu finden

Der Umgang mit dem Netzwerk basiert auf Namen. Auf den sorgfältigen Entwurf von Benutzer- und Gruppennamen wurde bereits hingewiesen. In Ergänzung des Kapitels zu Active Directory hier noch einmal eine Zusammenfassung, welche Namen Sie in Ihrem Namensraum verwalten müssen:

- Benutzernamen haben drei Erscheinungsformen:
  - UPN
  - Rückwärtskompatible Namen
  - E-Mail-Adressen
- Gruppen können in zwei Versionen benannt werden:
  - Rückwärtskompatible Namen
  - E-Mail-Adressen
- Computernamen erscheinen auch in zwei Formen:
  - DNS-Namen
  - NetBIOS-Namen

Machen Sie es so einfach wie möglich

Active Directory, Gruppenrichtlinien, Gruppen und viele weitere Optionen verleiten dazu, komplexeste Strukturen zu errichten. Lassen Sie sich durch das Überangebot an Möglichkeiten nicht dazu verleiten, diese auch zu nutzen. Wenn es keinen Grund gibt, sollten Sie angebotene Einstellungen nicht aktivieren. Es ist keine Schande, ein Netzwerk sehr einfach zu verwalten, sondern die hohe Kunst! Nutzen Sie Standardwege, wie beispielsweise die Vererbung, wann immer es geht. Wenn Sie tausend Benutzer haben und diese mit einer dreistufigen Hierarchie, sechs Gruppen und zehn Gruppenrichtlinien-Objekten verwalten und alle Ansprüche damit erfüllen, haben Sie gewonnen – nicht mit Dutzenden Gruppen, bis auf Benutzerebene sich vertiefenden OUs und einem Konglomerat aus hundert Gruppenrichtlinien-Objekten.

ADSI-Scripting

Mit Hilfe von ADSI können Sie Organisationseinheiten auch per Skript erzeugen. Der Vorteil macht sich schon bei wenigen Dutzend Objekten bemerkbar. Sie können Ihre Organisationseinheiten mit allen Daten bequem in Excel oder einer Datenbank anlegen und dann in einem Zug installieren. Dies wird praktisch in Abschnitt 12.3.2 *Organisationseinheiten per ADSI bearbeiten* ab Seite 856 gezeigt.

6.8 Active Directory-Funktionsebenen

Für die Wahrung einer maximalen Kompatibilität hat Microsoft für den überarbeiteten Verzeichnisdienst verschiedene Funktionsebenen definiert, in denen sowohl einzelne Domänen als auch Gesamtstrukturen laufen können.

6.8.1 Domänenfunktionsebenen

Windows 2000: Gemischter und einheitlicher Modus

Mit der Einführung von Active Directory in Windows 2000 wurde der neue Verzeichnisdienst mit zwei Betriebsmodi bedacht. Der gemischte Modus stellt die notwendige Kompatibilität her, um die Koexistenz mit Windows NT 4-BDCs zu gewährleisten. Weitere Informationen finden Sie dazu in unserem Buch *Windows 2000 im Netzwerkeinsatz*.

Windows Server 2003: Vier Funktionsebenen

Dieses Konzept findet sich in erweiterter Form auch in Windows Server 2003 wieder. Die Betriebsmodi wurden dabei in *Domänenfunktionsebenen* umbenannt und sind statt zwei nunmehr vier:

- *Windows 2000 gemischt*

  Diese Ebene entspricht dem *gemischten Modus* von Windows 2000 Server. Sie bietet dabei die gleichen Kompatibilitätsfunktionen zu Windows NT 4. Dadurch können Sie NT-BDCs weiterhin einsetzen.

- *Windows 2000 pur*

  In dieser Ebene sind nur noch Windows 2000- und Windows Server 2003-Serversysteme als Domänencontroller zugelassen.

- *Windows Server 2003-interim*

  Diese Domänenfunktionsebene kann bei der direkten Migration von Windows NT 4 auf Windows Server 2003 gewählt werden. Es sind dann nur Windows NT 4- und Windows Server 2003-Serversysteme als Domänencontroller zugelassen.

- *Windows Server 2003*

  Dies ist die höchste Funktionsebene, in die eine Active Directory-Domäne gebracht werden kann. Es werden alle neuen Funktionen von Windows Server 2003 unterstützt. Es können nur noch Domänencontroller eingesetzt werden, die unter Windows Server 2003 laufen.

In Abschnitt 12.1.4 *Ändern der Domänenfunktionsebenen* ab Seite 833 wird gezeigt, wie Sie das Heraufstufen auf eine höhere Domänenfunktionsebene vornehmen können.

Das Wechseln in eine höhere Domänenfunktionsebene kann nicht mehr rückgängig gemacht werden.

6.8.2 Gesamtstrukturfunktionsebenen

Wie für einzelne Domänen gibt es auch für Gesamtstrukturen unterschiedliche Funktionsebenen:

- *Windows 2000*

  Dies ist die standardmäßig eingestellte Ebene. Sie können Domänencontroller unter Windows NT 4 (BDC), Windows 2000 Server und Windows Server 2003 einsetzen. Die Domänen können damit in der Funktionsebene *Windows 2000 gemischt* betrieben werden.

- *Windows Server 2003-interim*

  Diese Funktionsebene kann bei der direkten Migration von Windows NT 4 auf Windows Server 2003 gewählt werden. Es sind dann nur Windows NT 4- und Windows Server 2003-Serversysteme als Domänencontroller in den Domänen zugelassen. Die Domänen können damit nur in den Funktionsebenen *Windows Server 2003-interim* oder *Windows Server 2003* laufen.

- *Windows Server 2003*

  Dies ist die höchste Funktionsebene, in der sich eine Gesamtstruktur befinden kann. Es werden alle Funktionen von Windows Server 2003 unterstützt. Alle Domänen werden dazu ebenfalls in die Funktionsebene *Windows Server 2003* gebracht.

Das Wechseln in eine höhere Gesamtstrukturfunktionsebene kann nicht mehr rückgängig gemacht werden. Beachten Sie ebenfalls, dass das Heraufstufen auf die Ebene *Windows Server 2003* nur dann möglich ist, wenn alle Domänen mindestens in der Domänenfunktionsebene *Windows 2000 pur* laufen. Mit dem Heraufstufen auf die Gesamtstrukturfunktionsebene *Windows Server 2003* werden alle betreffenden Domänen ebenfalls automatisch auf die Domänenfunktionsebene *Windows Server 2003* gebracht.

6.9 Migration von Windows NT 4

Mit der Einführung von Windows 2000 wurde das Thema Migration von bestehenden NT 4-Domänen nach Active Directory bereits vielfach und ausführlich diskutiert. Mittlerweile dürften viele NT-Netzwerke nach Windows 2000 umgestellt worden sein. Dennoch haben so manche Unternehmen diesen Schritt ausgelassen und stehen nun ernsthaft vor der Überlegung, die alten Strukturen aufbrechen zu müssen. Da sich das vorliegende Buch mit Windows Server 2003 beschäftigt, wird von der Annahme ausgegangen, dass die Entscheidung in der Regel pro Microsoft ausfällt.

6.9.1 Überblick

Beim Umstellen von Windows NT 4-Serversystemen sind einige Randbedingungen zu beachten. Besonders trifft dies auf NT-Domänennetzwerke zu, die nach Active Directory migriert werden sollen. Nachfolgend werden einzelne typische Praxisszenarios kurz skizziert.

Upgrade von alleinstehenden Servern und Mitgliedsservern

Das Upgrade von alleinstehenden und NT-Mitgliedsservern dürfte die geringsten Anforderungen an den Administrator stellen. Es sind dazu lediglich die Hardware- und Softwarevoraussetzungen zu beachten.

Beachten Sie, dass Sie notwendige Hardware-Aufrüstungen vor dem Upgrade vornehmen. Das betrifft insbesondere die Erweiterung des Server-Hauptspeichers. Während Windows NT 4 mit 64 MB durchaus annehmbar laufen kann, ist dies für Windows Server 2003 definitiv nicht ausreichend.

Ersetzen und Neuinstallation?   Bevor Sie einen älteren NT-Server direkt upgraden, empfiehlt sich die Überlegung, ob dieser nicht direkt durch einen neuen Server ersetzt werden sollte.

Infrastruktur-Server   Eine besondere Rolle spielen Infrastruktur-Server, die DHCP- oder DNS-Dienste im Netzwerk bereitstellen. Diese sollten vor einer Migration einer NT-Domäne auf Windows Server 2003 aktualisiert werden. Dies betrifft auch WINS-Server, die in NT4-Domänen in der Regel eingesetzt werden.

Upgrade einer NT4-Domäne

Eine Windows NT-Domäne wird physisch durch einen PDC (*Primary Domain Controller*) bereitgestellt, dem normalerweise ein oder mehrere BDC (*Backup Domain Controller*) zur Seite stehen.

Zur Migration der Domäne empfiehlt sich folgendes Vorgehen:

Grundlegende Schritte

1. Sie bereiten die Migration vor. Dazu gehört die Bereitstellung beziehungsweise Absicherung wichtiger Infrastruktur-Server. Denken Sie daran, dass Active Directory nur mit einem funktionierenden DNS (*Domain Name System*) betrieben werden kann.

2. Sie upgraden den PDC auf Windows Server 2003. Dazu sollten Sie zuvor sicherstellen, dass die Hardwareausstattung des alten PDC gegebenenfalls so weit aufgerüstet wird, dass Windows Server 2003 problemlos ausgeführt werden kann. Nach dem Upgrade übernimmt der neue Domänencontroller, der nun unter Windows Server 2003 läuft, die Funktion des PDC.

3. Upgraden Sie die BDC ebenfalls auf das neue Betriebssystem.

4. Sind alle alten NT-Domänencontroller auf Windows Server 2003 gebracht worden, können Sie die Domänenfunktionsebene auf eine höhere Stufe heben (siehe Abschnitt 6.8.1 *Domänenfunktionsebenen* ab Seite 420).

Detaillierter wird das Vorgehen in Abschnitt 6.9.2 *Praxistipps zur Migration einer NT-Domäne* ab Seite 426 behandelt.

Upgrade und Konsolidierung von NT 4-Domänenlandschaften

Große Windows NT-Netzwerke bestehen, nicht zuletzt aufgrund des relativ starren und flachen NT-Domänenmodells, meist aus mehr als einer Domäne. Hier war dies die einzige Möglichkeit, Strukturen zu bilden und Verwaltungseinheiten physisch und logisch voneinander zu trennen. Um diese dennoch wieder miteinander zu verbinden, waren aufwändig zu erstellende Vertrauensstellungen notwendig (siehe auch Abschnitt *Vertrauensstellungen zwischen Domänen* ab Seite 342).

Das Schema des grundlegenden Aufbaus von Windows-Netzwerken, die aus mehr als einer NT-Domäne bestehen, wird mit *Multi-Domänenmodell* bezeichnet. Dabei gibt es verschiedene Unterarten:

Master-Domänenmodell

- Master-Domänenmodell

  Bei diesem verbreiteten Designmodell existiert eine einzige *Masterdomäne*. In dieser sind meist alle Benutzerkonten, Gruppen und Clientcomputerkonten zusammengefasst. In den untergeordneten Domänen befinden sich die zu verwaltenden

Ressourcen. Dies sind beispielsweise Anwendungen, Ordner-Freigaben, Server oder freigegebene Drucker.

Die Ressourcendomänen sind über 1-Weg-non-transitive Vertrauensstellungen mit der Masterdomäne verbunden. Dadurch können die Benutzer die Ressourcen nutzen. Die Administration wird vereinfacht, da alle Benutzerkonten in einer einzigen Domäne zusammengefasst sind.

Bei diesem Domänenmodell bietet es sich geradezu an, die Vielzahl der Domänen in eine einzige Active Directory-Domäne zu überführen. Dazu muss zuerst die Masterdomäne in eine Active Directory-Domäne überführt werden. Im zweiten Schritt sollten Sie versuchen, alle Ressourcen neu in Organisationseinheiten anzulegen oder mit Hilfe der Migrationstools einzubinden.

Die Ressourcendomänen in Active Directory-Domänen zu überführen und damit eine Domänenstruktur zu bilden, dürfte in den meisten Fällen kaum sinnvoll sein. Dennoch ist dies möglich, wenn Sie nach der Migration der Masterdomäne die Ressourcendomänen migrieren und diese dabei in die neue Active Directory-Gesamtstruktur einordnen.

Multi Master-Domänenmodell

• Multi Master-Domänenmodell

Hier existiert mehr als eine Masterdomäne. Wie beim zuvor besprochenen Modell dienen diese in der Regel ausschließlich zur Verwaltung der Benutzerkonten. Die Masterdomänen werden dabei über 2-Wege-Vertrauensstellungen so miteinander verbunden, dass die Benutzer sich an allen Masterdomänen anmelden können. Die Ressourcendomänen werden wiederum über 1 Weg-non-transitive Vertrauensstellungen mit den Masterdomänen verbunden, sodass auf die hier verwalteten Ressourcen von allen Benutzern zugegriffen werden kann.

Abhängig von der tatsächlichen Größe eines solchen Netzwerks kann die Migration nach Active Directory sehr komplex sein. Allerdings bietet die Implementierung in Windows Server 2003 verschiedene Möglichkeiten, um nach der teilweisen oder kompletten Migration wieder ein homogenes und möglichst einfach zu verwaltendes Netzwerk zu erhalten. Im vorliegenden Buch kann dieses Thema nicht erschöpfend behandelt werden. Deshalb beschränken wir uns nur auf einige grundsätzliche Anmerkungen:

- Wollen Sie die bisherigen Masterdomänen in eine Active Directory-Gesamtstruktur einordnen, dann sollten Sie zuerst eine neue Active Directory-Domäne einrichten. Stufen Sie dazu ein erstes Windows Server 2003-System zu einem Domänencontroller herauf, der die Stammdomäne der neuen Gesamtstruktur führt. Migrieren Sie dann die einzelnen Masterdomänen so, dass diese als untergeordnete Domänen in die Gesamtstruktur eingebunden werden.

- Wollen Sie im Ergebnis nur noch eine einzige Active Directory-Domäne erreichen, beschränken Sie zunächst die Migration auf eine ausgewählte Masterdomäne. Überführen Sie dann die Benutzerkonten, Gruppen und anderen Ressourcen mit Hilfe der Migrationstools in die Domäne.

- Da diese Vorgänge gerade in größeren Netzwerken in der Praxis nur schrittweise vollzogen werden können, lassen sich Vertrauensstellungen zwischen einer Active Directory-Gesamtstruktur und NT-Domänen ebenfalls einrichten. Diese werden als *externe Vertrauensstellungen* bezeichnet. Sie sollten diese mit Bedacht einsetzen, da hierbei besondere Sicherheitsrisiken auftreten können. Weitere Hinweise finden Sie dazu in der Online-Hilfe.

- Complete Trust-Modell
  Bei diesem Modell existiert eine Anzahl gleichberechtigter Domänen, die über komplexe Vertrauensstellungen miteinander verbunden sind. Unter Umständen macht es hierbei wenig Sinn, die Domänen unter einer Active Directory-Gesamtstruktur zusammenzuführen. Dann bleibt der Weg, über die Migration mehrere unabhängige Active Directory-Gesamtstrukturen zu bilden und diese über *Gesamtstrukturvertrauensstellungen* wiederum miteinander zu verbinden. Dazu finden Sie ebenfalls weiterführende Informationen in der Online-Hilfe.

Complete Trust-Modell

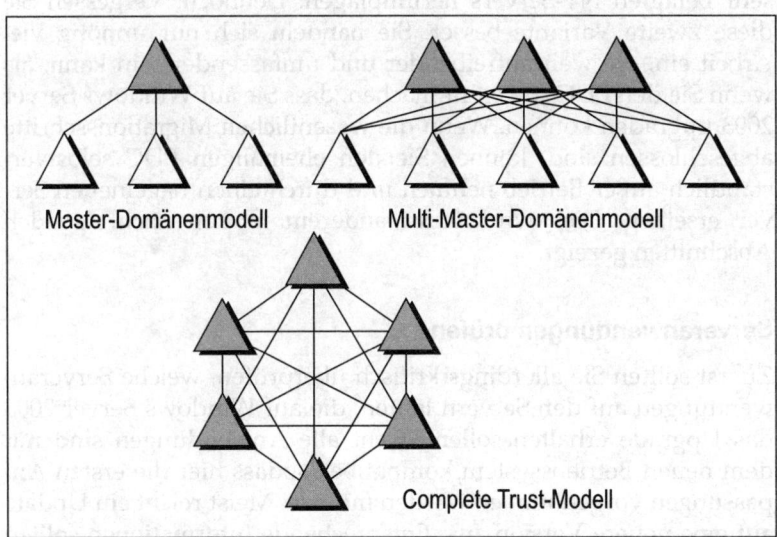

Abbildung 6.23: Beispiele für NT-Domänenmodelle

Master-Domänenmodell   Multi-Master-Domänenmodell

Complete Trust-Modell

Wenn Sie mehrere NT-Domänen zusammenführen müssen, sollten Sie zuvor diese Hinweise beachten:

NT-Domänen zusammenführen

- Beachten Sie, dass Anmeldenamen in einer Domäne eindeutig sein müssen. Benennen Sie gegebenenfalls Benutzerkonten vor dem Verschieben in die Zieldomäne um.

- Das gleiche gilt für Gruppennamen. Prüfen Sie hierbei, in welche Gruppen die zu verschiebenden Benutzerkonten in der Zieldomäne eingeordnet werden sollen.

- Überführen Sie die NT-Systemrichtlinien in Gruppenrichtlinien, soweit möglich und sinnvoll. Prüfen Sie dabei auch ihr Richtlinien-Management (siehe Abschnitt 6.7 *Gruppenrichtlinien* ab Seite 395).

6.9.2 Praxistipps zur Migration einer NT-Domäne

Für die Migration einer NT-Domäne gibt es grundsätzlich zwei Varianten:

1. Sie upgraden direkt den alten NT-PDC und erhalten damit einen Windows Server 2003-Domänencontroller, der als PDC die Kontrolle über das Netzwerk übernimmt.

2. Sie erstellen parallel auf einem neuen Serversystem mit Windows Server 2003 eine neue Active Directory-Domäne und überführen mit Hilfe der Migrationstools die Benutzerkonten und anderen verwalteten Ressourcen aus der alten NT-Domäne in diese.

Upgrade des alten PDC oder parallele Neuinstallation?

Vielleicht hört sich die zweite Variante verlockend an. Schließlich müssen Sie sich dann nicht mit dem Upgrade eines vielleicht schon sehr betagten NT-Servers herumplagen. Dennoch: Vergessen Sie diese zweite Variante besser. Sie handeln sich nur unnötig viel Arbeit ein, die weit aufreibender und umfassender sein kann, als wenn Sie den PDC soweit fit machen, dass Sie auf Windows Server 2003 upgraden können. Wenn die wesentlichen Migrationsschritte abgeschlossen sind, können Sie den ehemaligen PDC selbstverständlich außer Betrieb nehmen und durch einen nagelneuen Server ersetzen. Dies wird unter anderem in den nachfolgenden Abschnitten gezeigt.

Serveranwendungen prüfen

Anwendungen von Drittherstellern

Zuerst sollten Sie allerdings kritisch überprüfen, welche Serveranwendungen auf den Servern laufen, die auf Windows Server 2003 das Upgrade erhalten sollen. Nicht alle Anwendungen sind mit dem neuen Betriebssystem kompatibel, sodass hier die ersten Anpassungen vorgenommen werden müssen. Meist reicht ein Update auf eine neuere Version aus. Entsprechende Informationen sollten über den Hersteller der Software zu erhalten sein.

NT-Dienste

Neben den Anwendungen sind es die eingesetzten NT-Dienste, die Sie einer Überprüfung unterziehen sollten. Nicht alle Dienste und Einstellungen können bei einem Upgrade auf Windows Server 2003 übernommen werden. Dies trifft in besonderem Maße auf die RRAS-Dienste (*Routing & Remote Access Services*) zu. Deren Einstellungen müssen Sie komplett neu unter Windows Server 2003 einrichten.

Ein zweiter kritischer Bereich ist die vergleichsweise primitive IP-Routingfunktionalität von Windows NT. Diese ist in Windows Server 2003, wie schon in Windows 2000 Server, in die RRAS-Dienste gewandert und muss dort separat eingerichtet werden. **IP-Routing**

Zu den RRAS-Diensten finden Sie weiterführende Informationen in Abschnitt 5.8 *Routing und RAS* ab Seite 278. **RRAS ab Seite 278**

DNS-Serverdienst prüfen

Active Directory benötigt zum Betrieb einen DNS-Server, der bestimmten Anforderungen genügen muss. Es ist unbedingt zu empfehlen, diesen ebenfalls auf einem Windows Server 2003-System zu betreiben. Findet der Assistent zum Heraufstufen des Servers zu einem Domänencontroller keinen geeigneten DNS-Server, schlägt er vor, diesen automatisch auf dem betreffenden Server mit zu installieren.

Weitere Informationen zu DNS finden Sie in Abschnitt 5.6 *Domain Name System (DNS)* ab Seite 252. **DNS ab Seite 252**

Vorbereitung des PDC

Bereiten Sie den PDC so vor, dass er hardwareseitig den Anforderungen genügt, die Windows Server 2003 an das System stellt. Dabei sollten Sie insbesondere den Ausbau des Hauptspeichers im Auge haben. Für Windows Server 2003 ist als untere Grenze 256 MB anzusetzen. Beachten Sie darüber hinaus, dass ausreichend freier Speicherplatz auf der Startpartition zur Verfügung steht.

Eignet sich der PDC definitiv nicht für ein Upgrade auf Windows Server 2003, bleiben Ihnen immer noch zwei Alternativen: Entweder Sie stufen einen bisherigen BDC, der sich besser eignet, zum PDC herauf und führen das Upgrade dann dort durch, oder Sie installieren Windows NT Server auf einem neuen Serversystem. Stufen Sie dann diesen Server zum PDC herauf und führen Sie das Upgrade anschließend durch.

Datensicherung der NT-Domäne

Trotz bester Vorbereitung kann das Upgrade schief gehen. Damit für den Notfall die alte NT-Domäne wiederhergestellt werden kann, sollten Sie unbedingt eine Datensicherung anfertigen. Die einfachste Methode besteht darin, einen bisherigen BDC (*Backup Domain Controller*) vom Netzwerk zu trennen. Damit haben Sie eine Sicherung der aktuellen Domänendaten. **Einen BDC vom Netz nehmen**

Die zweite Möglichkeit besteht sicherlich darin, einfach Kopien der Festplatten des PDC anzufertigen. Dazu gibt es zwei Wege: **Festplatten-Image**

- Ziehen Sie ein Image mit einem der dazu verbreiteten Tools wie *Norton Ghost* oder *PowerQuest Drive Image*.
- Richten Sie unter Windows NT entsprechende Spiegelsätze ein. Damit erhalten Sie ebenfalls bitgenaue Abbilder der Festplatten, wenn Sie danach die Platten vorübergehend stilllegen.

Ersetzen des ehemaligen PDC durch einen neuen Server

Ist das Upgrade vollzogen und der ehemalige PDC ist der erste Domänencontroller der neuen Active Directory-Gesamtstruktur, führen Sie das Upgrade für mindestens einen BDC durch. Soll dann der alte PDC-Server durch ein neues System ersetzt werden, gehen Sie folgendermaßen vor:

1. Installieren Sie Windows Server 2003 auf dem neuen System.
2. Stufen Sie diesen Server zu einem Domänencontroller herauf.
3. Übertragen Sie die Betriebsmaster-Funktionen sowie das Führen des globalen Katalogs auf den neuen Server.
4. Nehmen Sie den alten Server außer Betrieb.

7

Drucken

Eine der häufigsten Serveraufgaben besteht neben der Bereitstellung von Datenbeständen im Netzwerk sicherlich in der Wahrnehmung zentraler Druckfunktionen. Die Serversysteme unter Windows Server 2003 verfügen über ein breites Spektrum an Lösungen, mit denen Druckdienste im Netzwerk realisiert werden können.

Inhaltsübersicht Kapitel 7

7.1 Überblick

In diesem Kapitel werden die grundlegenden Aspekte der Netz- **Administration ab** werkdruckunterstützung der Windows Server 2003-Serverfamilie **Seite 1117** behandelt. In Kapitel 14 ab Seite 1117 finden Sie dann die entsprechenden konkreten Anleitungen für die Einrichtung und Administration dieser Ressourcen.

7.1.1 Wichtige Funktionen

Dieser Abschnitt gibt Ihnen einen Überblick über die wichtigsten Druckfunktionen, die unter Windows Server 2003 zur Verfügung stehen.

- Leichte Installation von Druckern dank Plug&Play

Durch die leistungsfähigen Plug&Play-Funktionen können wie **Plug&Play** unter Windows 2000 neue Drucker einfach installiert werden. Mitgeliefert werden circa 4 000 Treiber, wobei die meisten davon Anpassungen an die beiden Basis-Druckertreiber (siehe Abschnitt 7.2.4 *Druckertreiber* ab Seite 442) darstellen. Die meisten angeschlossenen Drucksysteme werden beim Systemstart oder beim manuellen Aufruf des Installationsassistenten automatisch erkannt und bei Verfügbarkeit eines eigenen Treibers selbstständig eingebunden. Dennoch werden Sie feststellen, dass viele spezielle Hochleistungs-Drucksysteme nicht oder nur ungenügend von den mitgelieferten Treibern abgedeckt werden.

Wie unter Windows 2000 laufen viele Druckertreiber im Gegensatz zu Windows NT 4 im Kernelmodus, um eine möglichst hohe Performance sicherstellen zu können. Beachten Sie, dass unsaubere Treiber die Stabilität des Servers ernsthaft beeinträchtigen können. Setzen Sie deshalb nach Möglichkeit nur zertifizierte Treiber ein. Sicherer sind Treiber, die aus Anpassungsdateien der mitgelieferten Basistreiber bestehen.

Über Gruppenrichtlinien können Sie übrigens das Installieren von Kernelmodustreibern wirksam verhindern. Weitere Hinweise finden Sie auch in Abschnitt 7.5.2 *Richtlinien im Active Directory* ab Seite 450.

- Druckertreiber für Clients bereitstellen

In Druckerfreigaben lassen sich Clienttreiber hinterlegen. Greift **Clienttreiber** ein Client auf die Freigabe zu und hat dieser keinen eigenen Treiber zur Verfügung, wird der vom Server automatisch geladen und installiert.

- Integration in das Active Directory

Bereitgestellte Druckressourcen im Netzwerk lassen sich direkt **Active Directory-** in die logischen Strukturen des Active Directory einbinden. **Integration**

Darüber hinaus erlaubt die Verwaltung im Verzeichnisdienst die Suche nach bestimmten Merkmalen (wie Farbfähigkeit, Materialarten, Papierformate etc.) von Drucksystemen, um beispielsweise spezielle Druckjobs auf den dafür optimal geeigneten Druckern ausgeben zu können. Tiefergehende Informationen finden Sie dazu in Abschnitt 7.3.1 *Windows-Netzwerk und Active Directory* ab Seite 443.

Point&Print

- Point&Print

    Mit dieser Funktion wird die Installation eines im Netzwerk freigegebenen Druckers am Clientsystem stark vereinfacht. Es reicht ein einziger Mausklick. Allerdings ist die Funktion standardmäßig deaktiviert, da ein gewisses Sicherheitsrisiko gegeben ist, wenn manipulierte Druckertreiber zum Zuge kommen würden. Sie aktivieren Point&Print über eine spezielle Gruppenrichtlinie, die in Abschnitt *Drucker-Richtlinien für die Benutzerkonfiguration* ab Seite 451 beschrieben wird.

- Remoteverwaltung

Fernadministration
    Sie können Drucker direkt von jedem anderen Windows Server 2003-System aus umfassend fernadministrieren. In Abschnitt 10.1.3 *Tools für die Fernadministration* ab Seite 605 finden Sie dazu weiterführende Informationen.

- Internet Printing Protocols (IPP)

IPP
    Diese Funktion spielt zwar in lokalen Netzwerken nach wie vor keine nennenswerte Rolle, dennoch stellt sie eine interessante Möglichkeit dar, Druckdienste in IP-Netzwerken zur Verfügung zu stellen. Dieses vor allem für die Standardisierung von Schnittstellen zum Druck im Netzwerk entwickelte Protokoll ermöglicht plattformübergreifend den Zugriff auf Netzwerkdrucker über eine URL und die Verwaltung über einen Browser. IPP wird in Abschnitt 7.3.3 *Drucken mit dem Internet Printing Protocol* ab Seite 445 näher betrachtet.

- Drucker-Pools

Drucker-Pools
    Diese Funktionalität ist an und für sich nicht neu und konnte schon unter den Vorgängern Windows NT und 2000 eingesetzt werden. Über die Zusammenfassung mehrerer Drucker eines Typs lassen sich sehr einfach leistungsfähige Netzwerkdrucklösungen mit einer hohen Fehlertoleranz schaffen. Weitere Informationen finden Sie in Abschnitt 7.4 *Druckerpools* ab Seite 448.

- Druckserver-Clustering

Druckserver-Cluster
    Für die Sicherung einer hohen Performance und maximaler Ausfallsicherheit können im Rahmen der Clustering-Fähigkeiten der Enterprise Server-Version auch Druckserver-Cluster gebildet werden. Auf dieses Thema wird im vorliegenden Buch allerdings nicht weiter eingegangen.

7.1.2 Einsatz in heterogenen Netzwerken

Druckserverdienste können von Windows Server 2003 auch für Clientsysteme bereitgestellt werden, die unter Unix oder Apples MAC OS 9.x[14] laufen. Hinzu kommt, dass verschiedene Schnittstellen unterstützt werden, um Drucker in heterogenen Umgebungen einbinden zu können.

7.1.3 Windows 2000/XP Professional als Druckserver

Für kleinere Netzwerke bieten die Professional-Versionen von Windows 2000 und Windows XP einen Teil der unter Windows Server 2003 möglichen Druckdienste an. Dabei ist die maximale Anzahl an Benutzern im Netzwerk, die auf einen solchen Druckserver zugreifen können, auf 10 beschränkt. Weitergehende Informationen finden Sie dazu in unseren Büchern *Windows 2000 im professionellen Einsatz* und *Windows XP Professional*.

Geeignet für kleine Netzwerke

7.2 Grundprinzipien der Druckansteuerung

In diesem Abschnitt werden grundlegende Funktionen der Druckansteuerung unter Windows Server 2003 im Netzwerk behandelt.

7.2.1 Logische und physische Drucker

Unter allen heute auf dem Markt befindlichen Windows-Betriebssystemen wird zunächst eine Unterscheidung zwischen logischen und physischen Druckern getroffen.

Logische Drucker

Logische Drucker werden unter dem Betriebssystem mit der Installation eines Druckertreibers (siehe auch Abschnitt 7.2.4 *Druckertreiber* ab Seite 442) eingerichtet. Diese Softwarekomponente ist ihrerseits wiederum eng mit dem Windows-Druckerspooler (siehe auch Abschnitt 7.2.2 *Interner Ablauf im Server* ab Seite 436) verbunden. Dieser leitet die mit dem logischen Drucker generierten Daten an den oder die entsprechenden physischen Drucker weiter.

Druckertreiber

Physische Drucker

Logische Drucker können Sie wiederum einem oder mehreren physischen Druckern oder auch einem virtuellen Port, beispiels-

Gerät

---

[14] MAC OS X ist ein reinrassiges Unix-System und wird damit ebenfalls unterstützt.

weise für die Ausgabe in eine Datei oder die Übergabe an eine Faxsoftware, zuordnen. Als *physischer Drucker* wird das konkrete technische Gerät bezeichnet, auf dem der Druck hergestellt wird.

Hohe Flexibilität Diese konsequente Trennung von logischen und physischen Komponenten verhilft zu einer hohen Flexibilität bei der Einbindung und Organisation von Druckressourcen.

Offline drucken Einen logischen Drucker können Sie auch dann für die Druckausgabe benutzen, wenn der physische Drucker nicht vorhanden ist. So haben Sie die Möglichkeit, den Anschlussport des logischen Druckers auf FILE umzustellen und den Druckdatenstrom in eine Datei umzuleiten und dann bei einem anderen, kompatiblen Drucksystem zu laden. Oder Sie stellen den logischen Drucker auf *Offline verwenden*. Im zugeordneten Spooler werden die Druckdaten dann so lange aufbewahrt, bis Sie den logischen Drucker wieder *Online* schalten. So können Benutzer im Netzwerk auch weiterhin Druckaufträge senden, wenn ein Drucker kurzzeitig ausgefallen ist. Ist der Drucker wieder verfügbar, werden alle bisher aufgelaufenen Druckjobs abgearbeitet.

Abbildung 7.1:
Logischer und
physischer Drucker

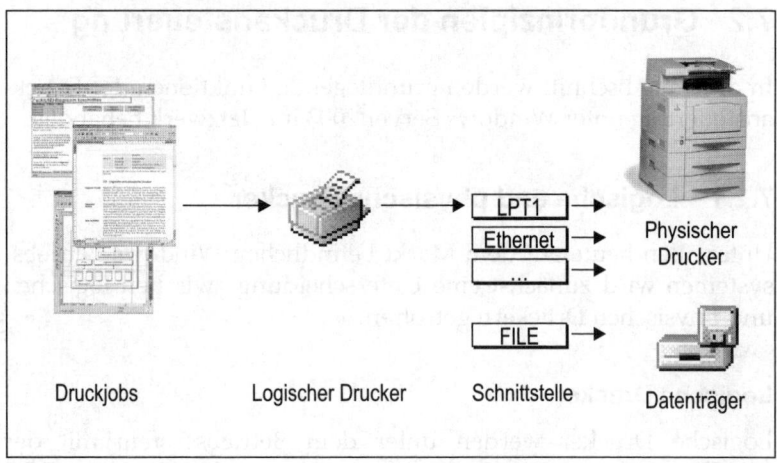

Druckjobs   Logischer Drucker   Schnittstelle   Datenträger

Umleitung Neben der Möglichkeit, logische Drucker offline zu verwenden, können Sie für die Benutzer transparent eine Umleitung von Druckjobs vornehmen. Ohne dass sich für den Benutzer in der Bedienung »seines« Netzwerkdruckers etwas ändert, kann der Auftrag auf einem anderen, allerdings kompatiblen Drucksystem ausgegeben werden. Dem logischen Drucker wird dann einfach nur ein anderer physischer Drucker zugeordnet.

Druckerpool Über einen logischen Drucker können auch mehrere (gleichartige) physische Drucker zu einem so genannten Druckerpool zusammengefasst werden. Weitere Informationen dazu finden Sie in Abschnitt 7.4 *Druckerpools* ab Seite 448.

Mehrere logische Drucker verwenden

Für bestimmte Anwendungsfälle kann es sinnvoll sein, für einen physischen Drucker mehrere logische Drucker einzurichten. Sie sind da in der Entscheidung völlig frei. Unter Windows Server 2003 können Sie beliebig viele logische Drucker einrichten. Die einzige Bedingung ist die eindeutige Unterscheidbarkeit durch den gewählten Namen.

In Abbildung 7.2 sehen Sie einen möglichen Anwendungsfall für die Verwendung mehrerer logischer Drucker für den Betrieb eines physischen Gerätes. Das angenommene Drucksystem versteht zwei Druckersprachen: PCL und Postscript. Der PCL-Druckertreiber verfügt gegenüber dem Postscript-Treiber über mehr Funktionen, beispielsweise die, um aus einem mehrseitigen Dokument elektronisch eine fertige Broschüre zu erstellen und auszugeben. Mit dem Postscript-Treiber können Sie wiederum aus Layout-Programmen wie PageMaker oder Quark XPress zum Offsetdruck standverbindliche Probedrucke herstellen. Um die Vorteile beider Druckertreiber jeweils nutzen zu können, installieren Sie diese und erhalten im Ergebnis zwei logische Drucker, die mit einem physischen Gerät verbunden sind.

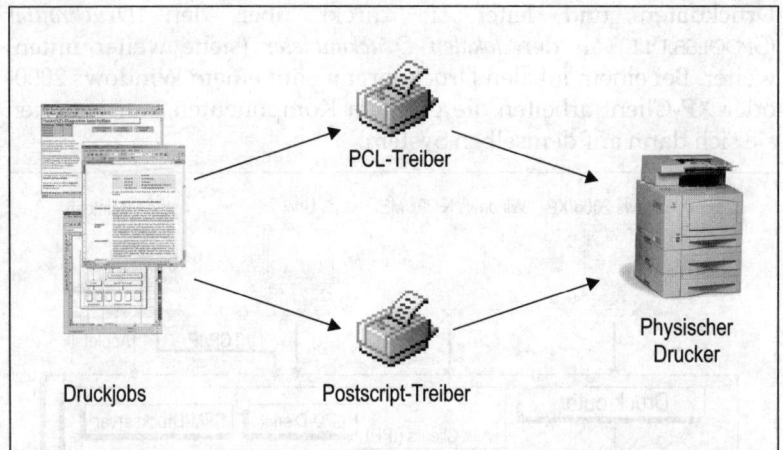

PCL-Treiber

Druckjobs

Postscript-Treiber

Physischer Drucker

Abbildung 7.2: Zwei logische Drucker für ein physisches Gerät

Für den Einsatz eines Windows Server 2003-Systems als Druckserver reicht es eigentlich aus, wenn Sie einen beliebigen logischen Drucker einrichten, der dem betreffenden physischen Drucker zugeordnet ist. Für die Sicherstellung der Spoolfunktionen im Netzwerkbetrieb ist der konkrete, am Server installierte Druckertreiber unerheblich. Allerdings fragen bestimmte Clients (beispielsweise Apple Macintosh-Computer) die Fähigkeiten eines Netzwerkdrucksystems ab und benötigen dabei »halbwegs« verlässliche Angaben, um bestimmte Funktionen wie etwa Farbfähigkeit dem Benutzer zur Verfügung stellen zu können. Deshalb empfiehlt es sich, auch am Druckserver korrekte Druckertreiber zu installieren.

Druckertreiber am Server

7.2.2 Interner Ablauf im Server

Dieser Abschnitt gibt einen kurzen Überblick in die internen Abläufe in einem Windows Server 2003-System als Druckserver.

Druckspooler

Nach der Generierung der Druckdaten durch den Druckertreiber am Netzwerk-Client werden diese an den Druckspooler übergeben. Der konkrete Weg, den die Daten dabei nehmen, ist abhängig vom Client-Betriebssystem.

Windows-Clients   Zwischen Windows-Clients unter Windows 2000 und Windows XP Professional und einem Windows-Druckserver besteht beim Druck eine besonders enge Verbindung, welche eine hohe Verarbeitungsgeschwindigkeit und Entlastung des Clients zum Ziel hat. So ist der Windows-*Druckspooler* als typische Client-Server-Anwendung aufgebaut. Clientseitig arbeitet hier die Komponente WINSPOOL.DRV, welche die über die GDI (*Graphical Device Interface*) und den Druckertreiber generierten Druckdaten entgegennimmt und einen RPC (*Remote Procedure Call*) an die Serverseite (SPOOLSV.EXE auf dem Server) absetzt. SPOOLSV.EXE übernimmt die Druckdaten und leitet sie direkt über den *Druckrouter* (SPOOLSS.DLL) an den *lokalen Druckanbieter* (siehe weiter unten) weiter. Bei einem lokalen Druckvorgang auf einem Windows 2000- oder XP-Client arbeiten die gleichen Komponenten, nur befinden sie sich dann auf demselben System.

Abbildung 7.3:
Ablauf des Drucks
beim Windows-
Druckserver

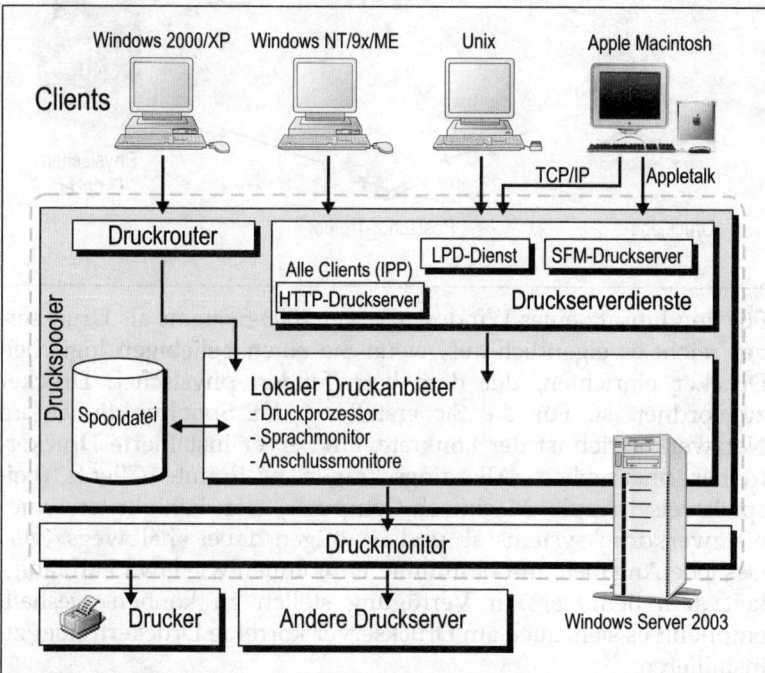

Andere Windows-Clients senden ihre Daten über ihren SMB-Redirector (*Server Message Block*) an den Druckserver des Serversystems, der sie wiederum an den lokalen Druckanbieter weiterleitet.

Andere Windows-Clients

Die Druckdaten von einem LPR-Client nimmt der LPD-Dienst entgegen und sendet sie an den Druckspooler weiter. Weitere Informationen finden Sie dazu auch im Abschnitt 7.3.2 *TCP/IP-Druckunterstützung* ab Seite 444.

Unix-Clients

Macintosh-Clients unter MAC OS 9.x können Druckdaten sowohl über Appletalk als auch über TCP/IP mit einem optionalen LPR-Client senden. Für die Entgegennahme der Druckdaten über Appletalk zeichnet der SFM-Druckserverdienst verantwortlich. Lesen Sie dazu auch Abschnitt 7.3.4 *Appletalk-Druckunterstützung* ab Seite 447.

Apple Macintosh

Über das IPP (*Internet Printing Protocol*) können theoretisch aus beliebigen Systemwelten Druckdienste auf einem Serversystem in Anspruch genommen werden. Voraussetzung sind das Protokoll TCP/IP sowie ein entsprechender IPP-Client. Auf dem Server nimmt der HTTP-Druckserverdienst die Daten entgegen, der mit dem IIS (*Internet Information Server*) oder den PWS (*Peer Web Services*) installiert wird. In Abschnitt 7.3.3 *Drucken mit dem Internet Printing Protocol* ab Seite 445 finden Sie dazu weitere Informationen.

IPP

Der lokale Druckanbieter umfasst die folgenden Komponenten:

Lokaler Druckanbieter

- Druckprozessor

  Druckprozessoren stellen spezielle Treiber für die Spooldatenformate dar, welche auch eng mit den Druckertreibern zusammenarbeiten. Sie sorgen beispielsweise für den Einbau von Trennseiten oder das Hinzufügen der abschließenden Seitenumbrüche beim Datentyp RAW [FF APPENDED].

  Dritthersteller können auch eigene Druckprozessoren entwickeln, um spezielle Aufgabenstellungen bei der Druckdatenformatierung zu lösen. Die wichtigsten Spooldatenformate werden im nächsten Abschnitt vorgestellt.

- Sprachmonitor

  Ermöglicht ein Drucksystem eine bidirektionale Kommunikation, wird diese über einen Sprachmonitor abgewickelt. Standardmäßig enthält Windows Server 2003 beispielsweise den Sprachmonitor PJLMON.DLL, über den die Kommunikation mit bestimmten HP-Laserdruckern realisiert wird.

- Anschlussmonitor

  Die Anschlussmonitore steuern die physischen Anschlüsse zu den Drucksystemen. Es wird zwischen *lokalen* und *Remote*-Anschlussmonitoren unterschieden. Lokale Anschlussmonitore steuern beispielsweise die Ausgabe über die parallele oder serielle Schnittstelle sowie in Druckdateien (FILE). Remote-

Anschlussmonitore dienen der Verbindung mit Netzwerk-drucksystemen (siehe auch Abschnitt 7.2.3 *Anschlussmonitore* ab Seite 439).

Spooldatei Die Druckdaten werden über den Druckspooler in Spooldateien zwischengespeichert. Dazu werden pro Druckjob zwei Dateien angelegt:

- `<zähler>.SPL`

  `<zähler>` steht für einen Dateinamen, der aus einem fünfstelligen numerischen Zähler gebildet wird. `00012.SLP` steht beispielsweise für die zwölfte Spooldatei. In der SPL-Datei sind die reinen Druckdaten abgelegt, welche dann so an den Drucker gesendet werden.

- `<zähler>.SHD`

  Der Dateiname der SHD-Datei entspricht exakt dem der dazugehörigen SPL-Datei. In der SHD-Datei werden administrative Informationen zum Druckjob wie Benutzer- und Dokumentname gespeichert.

Diese Dateien bleiben so lange gespeichert, bis der Druckvorgang erfolgreich beendet worden ist. Damit gehen keine Daten verloren, auch wenn es zu einem vorübergehenden Ausfall eines Druckers oder Servers kommt.

Speicherort Standardmäßig werden die Spooldateien in folgendem Verzeichnis abgelegt:

`%Systemroot%\System32\Spool\Printers`

Sie können als Administrator den Speicherort sowohl für den Server insgesamt als auch für einzelne Drucker ändern. Die entsprechenden Administrationsschritte finden Sie in Abschnitt 14.3.2 *Druckserver anpassen* ab Seite 1132.

Spool-Datenformate

Für die Übergabe der Druckaufträge an den Spooler stehen die folgenden Formate zur Verfügung:

- EMF

Enhanced Metafile EMF (*Enhanced Metafile*) ist das Standardformat. Hierbei wird der Druckauftrag beim Client zusammengestellt. Die eigentliche Verarbeitung, beispielsweise das Erzeugen von Kopien oder die Umdrehung der Druckreihenfolge, erfolgt im Spooler. Wenn der Spooler auf einem Druckserver im Netzwerk läuft, wird der lokale Client erheblich entlastet.

- Raw

Raw Raw ist das Standardformat für alle Clients, die nicht unter Windows 2000/XP laufen. Die Daten werden im Spooler nicht verändert und direkt an den Drucker weitergeleitet. Es gibt zwei Modifikationen des Datentyps:

- Raw [FF appended]   **[FF appended]**

  Hierbei wird bei jedem Druckauftrag ein Seitenvorschub angehängt. Laserdrucker und andere Seitendrucker geben die letzte Seite nicht aus, wenn sie nicht vollständig ist. Bricht ein Programm den Druckprozess ab, ohne die Seite zu füllen, wartet der Drucker auf den Abschluss. Mit dieser Option erzwingen Sie den abschließenden Umbruch.

- Raw [FF auto]   **[FF auto]**

  Mit dieser Option prüft der Spooler, ob die letzte Seite bereits mit einem Seitenumbruch abgeschlossen wird. Ist das der Fall, unternimmt der Spooler nichts, andernfalls wird der Seitenumbruch angehängt.

- PSCRIPT1

  Hinter diesem Datentyp verbirgt sich ein einfacher Postscript- **Apple Macintosh** Interpreter, der vor allem für die Verarbeitung von Druckaufträgen von Apple Macintosh-Clients (siehe auch Abschnitt 7.3.4 *Appletalk-Druckunterstützung* ab Seite 447) vorgesehen ist. Es wird nur einfarbiges Postscript Level I unterstützt. Auf den Macintosh-Clients können Sie einen standardmäßigen Laserwriter-Postscripttreiber mit der entsprechenden PPD verwenden. Damit wird die Ausgabe von Postscript-Code auch auf Nicht-Postscriptdruckern ermöglicht. Die Qualität des Interpreters beschränkt die Möglichkeiten auf Text und einfache Strichgrafiken, Halbtonbilder werden nur sehr grob umgesetzt. Darüber hinaus werden keine binären, sondern nur ASCII-codierte Druckdaten korrekt verarbeitet.

- Text

  Mit der Einstellung TEXT werden reine ANSI-Daten gesendet, **Text** die nicht vom Spooler modifiziert werden. Der Drucker druckt diese in seiner Standardschriftart aus.

7.2.3 Anschlussmonitore

Wie im vorhergehenden Abschnitt erläutert, wird die physische Schnittstelle zu den Drucksystemen über Anschlussmonitore gesteuert. In diesem Abschnitt werden die wichtigsten standardmäßig vorhandenen lokalen und Remote-Anschlussmonitore vorgestellt.

Lokale Anschlussmonitore

In der folgenden Tabelle sind die lokalen Anschlussmonitore aufgeführt, welche Sie unter Windows Server 2003 standardmäßig vorfinden:

Anschluss	Erklärung
LPT1 ... n	Parallelport 1 bis n (Standard 1 bis 3)
COM1 ... n	Serieller Port 1 bis n (Standard 1 bis 4)
FILE	Ausgabe in Datei
Local Port	weitere Lokale Anschlüsse (siehe Tabelle unten)

Weitere lokale Ports können Sie als Administrator hinzufügen. Die nachfolgende Tabelle enthält dafür mögliche Werte, welche Sie dabei für die Portbezeichnung verwenden können:

Lokaler Port	Erklärung
<dateiname>	Geben Sie einfach einen Namen einer beliebigen Ausgabedatei fest an. Der Druck wird dann automatisch in diese Datei geleitet. Damit lassen sich beispielsweise Druckaufträge in Netzwerkverzeichnissen ablegen, wo sie durch andere Programme automatisch weiterverarbeitet werden können. Existiert bereits eine Datei gleichen Namens, wird diese ohne Vorwarnung überschrieben.
<freigabename>	Sie können auch direkt einen im Netzwerk freigegebenen Drucker als Port angeben. Damit können Sie beispielsweise das Spoolen auf dem entsprechenden Druckserver unterbinden. Die Druckdaten werden stattdessen lokal auf dem Server zwischengespeichert, der über diesen Port die Daten versendet. Als Portbezeichnung ist nur diese Notation zulässig: `\\<server oder domäne>\<drucker>`
NUL	Gibt als Ausgabeziel das NUL-Device an. Damit können Sie Druckaufträge ins »Nichts« leiten und so beispielsweise die Funktionsfähigkeit von Druckservern überprüfen.
IrDA	Spezifiziert den Infrarot-Port nach dem IrDA-Standard (*Infrared Data Association*)
1394	Gibt als Ausgabeport einen Anschluss nach der IEEE-1394-Spezifikation (FireWire) an.
USB	Angabe eines USB-Anschlussports. Dieser wird automatisch über die Plug&Play-Funktionen eingerichtet, wenn ein entsprechender Drucker an dieser Schnittstelle vorgefunden wird.

Die konkreten Einrichtungsschritte finden Sie in Abschnitt 14.1 *Netzwerk-Drucksysteme installieren* ab Seite 1119.

Remote-Anschlussmonitore

Über die Remote-Anschlussmonitore werden Drucker angesteuert, welche über eine Netzwerkschnittstelle verfügen. Auch hier können Dritthersteller spezielle Monitore entwickeln, um bestimmte Funktionen ihrer Drucksysteme spezifisch ansteuern zu können.

Die folgende Tabelle enthält die wichtigsten standardmäßig verfügbaren Remote-Anschlussmonitore:

Monitor	Erklärung
SPM	Standard TCP/IP Port Monitor Dient der Verbindung mit TCP/IP-Drucksystemen. Dabei wird auch SNMP (*Simple Network Management Protocol*; RFC 1759) unterstützt, über das erweiterte Statusabfragen des Druckers erfolgen können. SMP ist leistungsfähiger und besser konfigurierbar als der LPR-Portmonitor und sollte diesem, wenn möglich, vorgezogen werden.
LPR	LPR-Anschlussmonitor Diese unter Unix weit verbreitete Methode der Anbindung von Drucksystemen wird unter Windows Server 2003 durch einen entsprechenden LPR-Client unterstützt. Für die Ansteuerung wird auf der Seite des Druckers ein LPD-Dienst benötigt. Beim LPR-Client wird dann der Hostname des LPD-Servers und der Remotedruckername für den Netzwerkdrucker angegeben.
HPMON	HP-Anschlussmonitor Diese heute nur noch wenig gebräuchliche, von bestimmten HP-Druckern unterstützte Methode basiert allein auf dem DLC-Protokoll. In einem Netzwerk lassen sich damit auch ältere Drucksysteme einbinden, die nicht über einen der IP-Anschlussmonitore (SPM oder LPR) ansprechbar sind.
NWMON	Netware-Anschlussmonitor Über diesen Anschlussmonitor und das NWLink-Protokoll können Sie Druckdaten auf Netware-Druckwarteschlangen senden. Dazu benötigen Sie die standardmäßig verfügbaren *Client Services für Netware*, die im vorliegenden Buch allerdings nicht weiter behandelt werden.

Tabelle 7.3:
Remote-Anschluss-
monitore

Monitor	Erklärung
SFMMON	Appletalk-Anschlussmonitor
	Mit Hilfe dieses Anschlussmonitors und dem Protokoll Appletalk sind entsprechende Drucker direkt von Windows Server 2003 ansteuerbar.

7.2.4 Druckertreiber

Unter Windows Server 2003 werden im Wesentlichen drei Basistypen von Druckertreibern unterschieden, die in diesem Abschnitt kurz vorgestellt werden. Tiefergehende Informationen finden Sie dazu in unseren Büchern *Windows 2000 im professionellen Einsatz* und *Windows XP Professional*.

Universeller Druckertreiber

Unidriver

Der Universelle Druckertreiber wird für die meisten Druckertypen eingesetzt, die sich im typischen Geschäfts- oder Heimumfeld befinden. Dieser Treibertyp wird auch als *Rastertreiber* bezeichnet, da er das Drucken von Rastergrafiken direkt übernehmen kann. Für den Farbdruck werden verschiedene Farbtiefen und eine Reihe von Rasterverfahren unterstützt.

PCL

Als eine Untermenge der durch den Unidriver unterstützten Druckersprachen findet sich auch die von Hewlett Packard entwickelte *Printer Control Language (PCL)* wieder – heute neben Postscript ein Standard für viele Drucksysteme im geschäftlichen Umfeld.

Postscript-Druckertreiber

Postscript

Der Standard in der grafischen Industrie schlechthin ist Postscript. In Zusammenarbeit mit Adobe ist wie in Windows 2000 ein moderner Postscript-Treiber in Windows Server 2003 enthalten, der unter anderem auch Postscript 3 unterstützt. Der Postscript-Treiber bildet das universelle Grundsystem für die Generierung der Befehle dieser Seitenbeschreibungssprache.

HPGL/2-Druckertreiber

HPGL/2

Der Ausgabe auf Plottern mit der Beschreibungssprache HPGL (*Hewlett Packard Graphics Language*) dient dieser Druckertreibertyp. Dabei wird nur noch die Version HPGL/2 unterstützt.

Druckertreiber an Clients bereitstellen

Wenn Sie Netzwerkdrucker installieren, können Sie die Treiber für andere Betriebssysteme auf dem Server bereithalten und so die

Installation auf den Clients automatisch ablaufen lassen. Dafür müssen Sie – im Gegensatz zu Windows NT 4 – nicht über die entsprechenden CDs der Betriebssysteme Windows 95/98 verfügen. Deren Druckertreiber sind auf der Installations-CD von Windows Server 2003 bereits enthalten.

Lesen Sie in Abschnitt *Clientdruckertreiber bereitstellen* ab Seite 1124, wie Sie hier konkret bei der Einrichtung auf dem Server vorgehen müssen.

7.3 Druckserver-Funktionen im Netzwerk

Ein Windows-Druckserver kann neben Windows-Clients auch die anderer Systemwelten bedienen. In diesem Abschnitt werden die wichtigsten Grundlagen dazu näher betrachtet.

7.3.1 Windows-Netzwerk und Active Directory

Die höchste Performance und Funktionalität bringt ein Windows-Druckserver, wenn Windows 2000- oder XP-Clientsysteme auf ihn zugreifen. Das beginnt mit dem RPC-Aufruf für die Übergabe der Druckdaten an den Druckspooler und reicht bis zur Verwendung des Spooldatenformats EMF, welches eine Entlastung der Clients mit sich bringt (siehe auch Abschnitt 7.2.2 *Interner Ablauf im Server* ab Seite 436).

Freigaben im Netzwerk

Zunächst können Drucksysteme, die über lokale oder Netzwerkschnittstellen von einem Serversystem unter Windows Server 2003 angesteuert werden, anderen Benutzern im Netzwerk zur Verfügung gestellt werden. Dazu wird für den betreffenden logischen Drucker (siehe auch Abschnitt 7.2.1 *Logische und physische Drucker* ab Seite 433) eine Netzwerkfreigabe definiert.

Bereitstellung im Active Directory

Freigegebene Drucker können Sie im Active Directory, beispielsweise direkt in einer Organisationseinheit, bereitstellen. Dazu gibt es grundsätzlich zwei Verfahren:

- Freigegebene Drucker auf Active Directory-Clients **AD-integrierte**
  Druckserver

  Auf Clientsystemen, welche über das Active Directory verwaltet werden, können Sie freigegebene Drucker auch im Verzeichnis veröffentlichen. Diese Drucker stehen dann allen Benutzern direkt zur Verfügung.

Nach der Veröffentlichung im Verzeichnis können Sie diese Drucker bei Bedarf in eine bestimmte Organisationseinheit verschieben.

Nicht-AD-Druck-server
- Freigegebene Drucker auf anderen Windows-Druckservern

  Freigegebene Drucker, die auf anderen Windows-Druckservern angelegt sind, die nicht direkt Active Directory unterstützen, können Sie über ihre Freigabenamen \\<server>\<drucker> in das Verzeichnis integrieren.

Weitere Hinweise zu den entsprechenden administrativen Schritten finden Sie im Abschnitt *Veröffentlichung im Active Directory* ab Seite 1126.

7.3.2 TCP/IP-Druckunterstützung

Windows Server 2003 kann in heterogenen Netzwerkumgebungen sowohl auf eine breite Palette von IP-Drucksystemen zugreifen als auch direkt für andere IP-Clients Druckserverfunktionen bereitstellen.

In diesem Abschnitt werden die Methoden LPR/LPD sowie Standard-TCP/IP-Druckansteuerung behandelt. Eine weitere, neue Technologie für die plattformübergreifende Druckansteuerung steht bei Nutzung des Internet Printing Protocols (IPP) zur Verfügung und wird eingehend in Abschnitt 7.3.3 *Drucken mit dem Internet Printing Protocol* ab Seite 445 betrachtet.

Ansteuerung von IP-Drucksystemen

Für die Einbindung von IP-Drucksystemen bietet Windows Server 2003 zwei grundlegende Möglichkeiten:

Standard TCP/IP Port Monitor (SPM)
- Ansteuerung über SPM

  Mit Hilfe des *Standard TCP/IP Port Monitors* (SPM; siehe auch Abschnitt *Remote-Anschlussmonitore* ab Seite 441) können Sie Drucker einbinden, die über das TCP/IP-Protokoll im Netzwerk erreichbar sind und sich dabei an die Standards gemäß RFC 1759 halten. Dieser auch *Simple Network Management Protocol* (SNMP) genannte Standard definiert unter anderem, wie entsprechende Drucker im Netzwerk kommunizieren. Ziel ist eine möglichst einfache Einbindung auf Clientseite und eine einfache Administration. Nach Angabe der erforderlichen IP-Adresse oder des Namens des Druckservers kann die weitere Installation meist automatisch vonstatten gehen.

  Typische Geräte, die über SPM eingebunden werden können, sind moderne Drucksysteme von HP (inklusive der *HP JetDirect*-Karten) oder auch Netzwerkports von Intel *(Intel NetPort)*.

* LPR-Anschlussport

   Über den *LPR-Anschlussmonitor* (*Line Printer*; siehe auch Abschnitt *Remote-Anschlussmonitore* ab Seite 441) können Sie Drucker einbinden, die beispielsweise auf Unix-Systemen eingerichtet sind. Gegenüber SMP (siehe vorhergehender Abschnitt)
   ist die Einbindung weniger komfortabel und es werden weniger detaillierte Rückmeldungen zum Druckerstatus geliefert.
   Für die Einrichtung eines über LPR ansprechbaren Druckers
   müssen dessen Hostname oder IP-Adresse sowie der Name des
   Druckers (standardmäßig meist *lp*) angegeben werden. Zusätzlich kann es notwendig sein, dass das Zugriffsrecht auf den
   Drucker am LPD-Druckserver explizit für den Benutzer eingerichtet werden muss.

   Die Einrichtung der Ansteuerung von Druckern über den LPR-
   Client von Windows Server 2003 finden Sie in Abschnitt *LPR-
   Drucker einbinden* ab Seite 1121.

Druckserverfunktion im IP-Netzwerk

Neben einem LPR-Client stellt Windows Server 2003 auch einen
LPD-Druckserver zur Verfügung. Damit können alle im Netzwerk
freigegebenen Drucker direkt über andere LPR-Clients, beispielsweise auf Unix-Systemen, angesteuert werden. Auf Clientseite
müssen dann angegeben werden:

* IP-Adresse oder Hostname des Windows-Druckservers
* Druckername, der dem Windows-Freigabenamen entspricht

Die administrativen Schritte dazu finden Sie in Abschnitt 14.2.2
LPD-Druckserverfunktion ab Seite 1126.

7.3.3   Drucken mit dem Internet Printing Protocol

Mit IPP (*Internet Printing Protocol*) ist es möglich, Druckdienste
über Betriebssystemgrenzen hinweg zu nutzen. Voraussetzung
dazu ist das Netzwerkprotokoll TCP/IP sowie HTTP, um die Konfiguration und Administration dieser Druckdienste mit einem
Browser durchführen zu können.

Historisches

IPP wurde von der *Internet Engineering Task Force* (IETF) entwickelt, um auch Druckvorgänge über das Internet ausführen zu
können. Vor allem Dienstleister des Druckgewerbes könnten davon profitieren. Die Initiative zu IPP stammt schon aus dem Jahre
1996, in dem die *Printer Working Group* (PWG) erste Vorschläge
dazu machte. An der PWG waren alle großen Hersteller beteiligt.
Zu den Gründern gehörten IBM, Novell und Xerox. Mehr Informationen sind unter folgenden Links zu finden:

- Internet Printing Protocol:
  `www.pwg.org/ipp`
- Printer Working Group:
  `www.pwg.org`
- Internet Engineering Task Force:
  `www.ietf.org`

Grundsätzlich erlaubt IPP das Drucken über eine Webverbindung, also über HTTP. Bestimmte Funktionen werden durch das darauf aufsetzende IPP realisiert:

- Erlaubt Nutzern herauszufinden, welche Druckparameter der Drucker hat.
- Erlaubt Nutzern, Druckaufträge an den Drucker zu senden.
- Ermittelt den Status des Druckers.
- Nutzer können gesendete, aber noch nicht gedruckte Aufträge stornieren.

Die praktische Umsetzung wurde vor allem von Microsoft und Hewlett Packard vorangetrieben, die diese Arbeiten im *Simple Web Printing-Papier* (SWP) veröffentlichten. Die Erfüllung dieses Papiers liegt nun mit den Internetdruckdiensten in Windows Server 2003 vor.

Aktueller Status

RFC zu IPP

IPP liegt derzeit in der offiziellen Version 1.0 vor. Die Version 1.1 ist als Draft veröffentlicht. IPP/1.0 ist bereits im Status der RFCs. Folgende RFCs geben detaillierte Auskunft:

- RFC 2568
  Rationale for the Structure of the Model and Protocol for the Internet Printing Protocol
- RFC 2567
  Design Goals for an Internet Printing Protocol
- RFC 2566
  Internet Printing Protocol/1.0: Model and Semantics
- RFC 2565
  Internet Printing Protocol/1.0: Encoding and Transport
- RFC 2569
  Mapping between LPD and IPP Protocols
- RFC 2639
  Internet Printing Protocol/1.0: Implementers Guide

IPP/1.1

IPP/1.1 ist in Windows Server 2003 noch nicht implementiert. Zu dieser Version geben vor allem die folgenden RFCs Auskunft:

- RFC 2910
  Internet Printing Protocol/1.1: Encoding & Transport

- RFC 2911

  Internet Printing Protocol/1.1: Models & Semantics

- RFC 3196

  Internet Printing Protocol/1.1: Implementers Guide

- RFC 3510

  Internet Printing Protocol/1.1: IPP URL Schema

Anwendungen

Benutzer aus dem Internet können per Browser direkt auf Drucker zugreifen. Hotels könnten ihren Gästen Drucker zur Verfügung stellen, die Dokumente empfangen. Copyshops können ihre Kapazitäten im Internet anbieten und Druckaufträge nach Bezahlung direkt vom Kunden ausführen lassen. Im Intranet können auch Benutzer exotischer Betriebssysteme auf Drucker zugreifen, was die Migration erleichtert. Zusammen mit den Sicherheitsfunktionen unter Windows Server 2003 ist der Druck sehr sicher möglich.

Umgekehrt ist IPP ein offener Standard, der beispielsweise auch in Linux implementiert werden kann. So können Drucker an anderen Systemen angesprochen werden, ohne die üblichen Probleme beim Umgang mit heterogenen Systemen in Kauf nehmen zu müssen. Gerade Unix, bei dem die Druckerunterstützung eher unterentwickelt ist, dürfte am stärksten von IPP profitieren.

Windows Server 2003 als IPP-Server

Windows Server 2003 bringt alle notwendigen Tools und Treiber mit, die Sie für IPP serverseitig benötigen. Notwendige Voraussetzungen dazu sind:

- Installation der *Internet Information Services*
- TCP/IP als Netzwerkprotokoll
- Freigabe eines Druckers

Die konkreten Installations- und Administrationsschritte zum Einrichten von IPP finden Sie in Abschnitt 14.2.3 *IPP-Druckserver einrichten* ab Seite 1126.

7.3.4 Appletalk-Druckunterstützung

Windows Server 2003 bringt eine weitreichende Unterstützung für Apple Macintosh-Clients mit (siehe auch Abschnitt 5.7.2 *AppleTalk und die Macintosh-Services* ab Seite 275).

Windows Server 2003 als Appletalk-Druckerclient

Es ist möglich, das Netzwerkprotokoll APPLETALK einzusetzen und damit Drucker zu bedienen, die über dieses Protokoll angesteuert

Appletalk-
Druckmonitor

werden. Dazu wird auf den Appletalk-Druckmonitor zurückgegriffen (SFMMON; siehe auch Abschnitt 7.2.3 *Anschlussmonitore* ab Seite 439).

Drucker übernehmen

Ein Appletalk-Druckgerät kann dabei »übernommen« werden. Das bedeutet, dass nur noch der Server die Kontrolle über diesen Drucker hat. Andere Appletalk-Clients sehen den Drucker dann nicht mehr. Diese Option macht beispielsweise dann Sinn, wenn Sie einen Drucker haben, der ausschließlich über Appletalk angesteuert werden kann und garantiert von niemandem sonst im Netzwerk mit Daten versorgt werden soll. Damit können Sie verhindern, dass ein Auftragsstau entsteht, wenn der Drucker über keine eigenen Spooling-Funktionen verfügt und mehrere Clients gleichzeitig Daten an ihn senden.

Die Einrichtung von Appletalk-Druckern ist Inhalt des Abschnitts 14.1.2 *Appletalk-Drucker einbinden* ab Seite 1123.

Windows Server 2003 als Druckserver für Macintosh-Clients

SFM-Druckserver

Windows Server 2003 verfügt über die Möglichkeit, auch als SFM-Druckserver (SFM - *Services for Macintosh*) aufzutreten. Mit der Installation der DRUCKDIENSTE FÜR DEN MACINTOSH wird der entsprechende SFM-Druckserverdienst mit eingerichtet. Standardmäßig werden dann alle freigegebenen Drucker auch als Appletalk-Drucker im Netzwerk angezeigt und können durch Apple Macintosh-Clients angesteuert werden.

Die notwendigen Administrationsschritte dazu finden Sie in Abschnitt 14.2.4 *Druckserver für Apple Macintosh-Clients* ab Seite 1128.

7.4 Druckerpools

Druckerpools fassen mehrere Geräte zusammen

Unter Druckerpools versteht man die Zusammenfassung mehrerer physischer Geräte für die Ansteuerung über einen logischen Drucker (siehe auch Abschnitt 7.2.1 *Logische und physische Drucker* ab Seite 433). Bedingung ist allerdings, dass die so zusammengefassten Drucker vom gleichen Typ sind.

Gestiegenes Druckvolumen

Mit so einer Lösung lässt sich beispielsweise im Netzwerk ein gestiegenes Druckvolumen abdecken. Für die Benutzer ändert sich nichts. Sie sehen nach wie vor einen (logischen) Netzwerkdrucker, der ihre Druckaufträge entgegennimmt. So lässt sich auch schrittweise eine höhere Druckleistung implementieren. Der Windows Druckmanager steuert automatisch die Verteilung der Druckaufträge auf das jeweils freie Gerät.

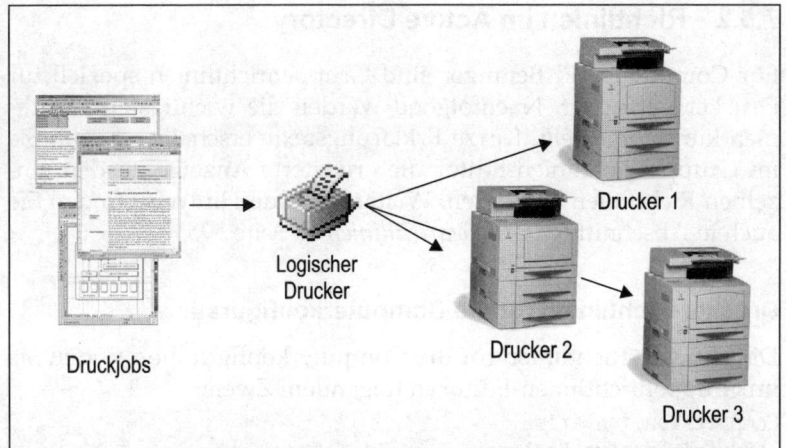

Die konkreten Einrichtungsschritte finden Sie in Abschnitt 14.3.1 *Einrichten eines Druckerpools* ab Seite 1131.

7.5 Sicherheit und Verwaltung von Druckern

Das in Windows Server 2003 integrierte Sicherheitskonzept gilt uneingeschränkt für Drucker. Dabei werden verschiedene Sicherheitsstufen unterschieden.

7.5.1 Allgemeine Berechtigungen

Windows Server 2003 bietet dem Administrator die Möglichkeit, die Zugriffsberechtigungen in drei Stufen einzustellen. Damit können Benutzern, untergeordneten Administratoren und Druckadministratoren unterschiedliche Rechte zugeordnet werden.

Unterschieden werden die folgenden Berechtigungen:

Berechtigungs-stufen

- Drucken

  Inhaber dieses Rechts dürfen auf dem betreffenden Drucker Dokumente zum Druck ausgeben. Auf die Konfiguration des Druckers oder auf andere Druckjobs hat der Benutzer keinen Zugriff.

- Dokumente verwalten

  Dieses Recht umfasst den Zugriff auf den Spooler. Das gilt nicht nur für die eigenen, sondern für alle Dokumente, die im Spooler zum Druck bereitgestellt worden sind. Druckaufträge können gelöscht, angehalten oder fortgesetzt werden.

- Drucker verwalten

  Dieses Recht gewährt den vollen Zugriff auf den Drucker und auch auf dessen Druckaufträge. Inhaber der Berechtigung können die Eigenschaften des Druckers so weit ändern, wie es die Druckertreiber zulassen.

7.5.2 Richtlinien im Active Directory

Für Computer und Benutzer sind Gruppenrichtlinien speziell für Drucker verfügbar. Nachfolgend werden die wichtigsten Richtlinien kurz vorgestellt. Kurze Erklärungstexte erscheinen, wenn Sie im Gruppenrichtlinien-Editor die erweiterte Anzeige zu den einzelnen Richtlinien aktivieren. Weiterführende Hinweise finden Sie auch in Abschnitt 6.7 *Gruppenrichtlinien* ab Seite 395.

Drucker-Richtlinien für die Computerkonfiguration

Die Drucker-Richtlinien für die Computerkonfiguration finden Sie im Gruppenrichtlinien-Editor in folgendem Zweig:

```
Computerkonfiguration
  \Administrative Vorlagen
    \Drucker
```

Veröffentlichung von Druckern

Die folgenden Richtlinien steuern die Art und Weise der Veröffentlichung von Druckern im Active Directory:

- DRUCKERVERÖFFENTLICHUNG ZULASSEN

  Diese Richtlinien regelt, ob freigegebene Drucker am Clientcomputer überhaupt im Active Directory veröffentlicht werden dürfen.

- NEUE DRUCKER AUTOMATISCH IM ACTIVE DIRECTORY VERÖFFENTLICHEN

  Damit können Sie festlegen, ob freigegebene Drucker im Active Directory automatisch veröffentlicht werden. Wird dies unterdrückt, können freigegebene Drucker immer noch manuell veröffentlicht werden.

- VERÖFFENTLICHUNGSSTATUS ÜBERPRÜFEN

  Diese Richtlinie dient der Kontrolle durch das Computersystem, welches Drucker im Active Directory veröffentlicht hat.

Löschen von Druckern

Folgende Richtlinien steuern den Umgang mit dem Löschen von veröffentlichten Druckern aus dem Verzeichnis:

- LÖSCHEN VON ÖFFENTLICHEN DRUCKERN ZULASSEN

  Wenn Sie diese Richtlinie deaktivieren, dann werden veröffentlichte Drucker, die auf einem Computer freigegeben sind, der vorübergehend nicht erreichbar ist, nicht mehr vom Domänencontroller automatisch gelöscht.

- VERZEICHNISLÖSCHINTERVALL

- VERZEICHNISLÖSCHPRIORITÄT

- VERZEICHNISLÖSCHWIEDERHOLUNGEN

- VERZEICHNISLÖSCHWIEDERHOLUNGSVERSUCHE PROTOKOLLIEREN

  Diese Richtlinien steuern das Löschen von veröffentlichten Druckern aus dem Verzeichnis, die nicht mehr erreichbar sind.

- NICHT WIEDERVERÖFFENTLICHENDE DRUCKER LÖSCHEN

  Alle modernen Windows-Betriebssysteme ab Windows 2000
  sind in der Lage, freigegebene Drucker automatisch im Verzeichnis zu veröffentlichen. Das gilt nicht für ältere Windows-
  Clients oder Freigaben auf anderen Betriebssystemen. Solche
  Drucker müssen Sie dann manuell im Verzeichnis veröffentlichen. Standardmäßig werden diese Drucker nicht aus dem Verzeichnis gelöscht, wenn der freigebende Host nicht mehr
  erreichbar ist. Wollen Sie das dennoch erreichen, müssen Sie
  diese Richtlinie aktivieren.

- INSTALLATION VON DRUCKERN, DIE KERNELMODUSTREIBER VER-   **Treiberinstallation**
  WENDEN, NICHT ZULASSEN

  Wie mehrfach betont worden ist, stellen Kernelmodustreiber
  ein gewisses Risiko dar, wenn sie nicht wie gewünscht funktionieren. Die mit den modernen Windows-Betriebssystemen (ab
  Windows 2000) mitgelieferten Basistreiber gelten als ausgereift
  und stellen die Plattform für viele Treiber anderer Hersteller
  dar, die lediglich Anpassungsdateien mitliefern müssen (siehe
  Abschnitt 7.2.4 *Druckertreiber* ab Seite 442). Davon stark abweichende Treiber von Drittherstellern bringen aber eigene Kernelmodustreiber mit. Wenn diese fehlerhaft sind, kann das zu
  Beeinträchtigungen des gesamten Betriebssystems bis hin zum
  Absturz führen. Insofern sollte zumindest für Domänencontroller diese Richtlinie aktiviert werden, wenn Sie dort die Treiberinstallation auch an andere Mitarbeiter delegiert haben.

- WEBBASIERTES DRUCKEN   **IPP auf Server**

  Über diese Richtlinie können Sie steuern, ob der Server über die
  IIS die Funktion *Internetdrucken* über IPP (*Internet Printing Protocol*) anbieten soll.

- COMPUTERSTANDORT   **Standort-Steuerung**
- DRUCKERSTANDORTSUCHTEXT IM VORHINEIN AUSFÜLLEN

  Mit diesen beiden Richtlinien können Sie Einfluss auf den
  Suchkontext nach Druckern im Verzeichnis für bestimmte
  Clients nehmen. Standardmäßig suchen Clients Drucker in ih-
  rem Standort. Dies können Sie bei Bedarf damit ändern.

Drucker-Richtlinien für die Benutzerkonfiguration

Die Drucker-Richtlinien für die Benutzerkonfiguration finden Sie
in diesem Zweig:

```
Benutzerkonfiguration
 \Administrative Vorlagen
  \Systemsteuerung
   \Drucker
```

- HINZUFÜGEN VON DRUCKERN VERHINDERN   **Drucker fest**
- LÖSCHEN VON DRUCKERN VERHINDERN   **zuweisen**

- NETZWERK NACH DRUCKERN DURCHSUCHEN

Diese Richtlinien sind sehr nützlich, wenn Sie den Benutzern den Zugriff auf ganz bestimmte, vorinstallierte Drucker fest zuweisen wollen. Aktivieren Sie die ersten beiden Richtlinien. Die dritte sollte dann zusätzlich deaktiviert werden.

Point&Print

- POINT-AND-PRINT-BESCHRÄNKUNGEN

Point&Print ist standardmäßig aus Sicherheitsgründen deaktiviert. Hiermit können Sie festlegen, ob und wie diese Funktion aktiviert werden soll.

Drucker Clients anbieten

- WEBSITES NACH DRUCKERN DURCHSUCHEN

Hiermit können Sie eine Website angeben, über die freigegebene Drucker den Clients angeboten werden.

- STANDARDPFAD IM ACTIVE DIRECTORY FÜR DIE SUCHE NACH DRUCKERN

Für die Suche nach Druckern an den Clients können Sie hier einen Standardpfad, beispielsweise zu einer separaten Druckressourcen-Organisationseinheit, hinterlegen.

Konflikte zwischen Computer- und Benutzerrichtlinien

Im Falle von Konflikten sind die Benutzerrichtlinien priorisiert. Generell gilt darüber hinaus: Es siegt im Zweifelsfall stets die restriktivere Richtlinie.

Clientsysteme und -daten verwalten

Windows Server 2003 bietet umfassende Steuerungs- und Wartungsmöglichkeiten für die Clientbetriebssysteme Windows 2000 Professional und Windows XP Professional. Dazu gehört die Benutzerdatenverwaltung, die Remoteinstallation von Systemen und die Softwareverteilung.

Im Hinblick auf gestiegene Sicherheitsansprüche ist auch die automatische Verteilung von Updates eine sinnvolle Funktion, die hier vorgestellt wird.

Inhaltsübersicht Kapitel 8

8.1 Überblick

Bereits mit Windows NT wurde begonnen, die Clientadministration zu zentralisieren und damit die Arbeit des Administrators wirksam zu entlasten. Dies wurde mit der Einführung von Windows 2000 und Active Directory stark ausgebaut. Das Marketing-Schlagwort, unter dem die zugehörigen Funktionen zusammengefasst worden sind, lautet seitdem *IntelliMirror*. Windows Server 2003 bietet einige kleinere Verbesserungen.

IntelliMirror ist ein Teil der Umsetzung der *Zero Administration Initiative for Windows* (ZAW) von Microsoft, die vor allem die Kosten für die Administration der Clients senken soll. Um es vorweg zu nehmen – IntelliMirror setzt, wenn man alle Funktionen nutzen möchte, Windows 2000 Server oder Windows Server 2003 als Serverbetriebssystem sowie geeignete Windows-Clientsysteme ab Windows 2000 Professional voraus. Windows NT 4 und Windows 9x/ME werden nur eingeschränkt unterstützt.

IntelliMirror und ZAW

Mit Windows Server 2003 haben die von Windows 2000 bekannten Funktionen in weiten Teilen nur marginale Änderungen erfahren. In den nachfolgenden Abschnitten werden alle relevanten Funktionen vorgestellt.

Ein zentrales Verwaltungsinstrument, über welches die meisten der nachfolgend beschriebenen Funktionen und Lösungen implementiert werden, sind die Gruppenrichtlinien. Dazu finden Sie grundlegende Informationen in Abschnitt 6.7 *Gruppenrichtlinien* ab Seite 395.

Gruppenrichtlinien

8.1.1 Speicherorte für Benutzerdaten

Die Datenbestände, die auf den Clientsystemen erzeugt und gespeichert werden, setzen sich genau genommen aus zwei Teilbereichen zusammen:

- Dateien aus Anwendungsprogrammen
- Benutzerspezifische Einstellungen zum Betriebssystem und den Anwendungen

Dateien aus Anwendungsprogrammen

Gespeichert werden diese Dateien in Ordnern, die der Benutzer selbst anlegt oder in solchen, die von Anwendungen automatisch für die Ablage benutzt werden.

Texte oder Tabellen, die mit Office-Anwendungen bearbeitet werden, landen standardmäßig im Ordner EIGENE DATEIEN, der in den

Eigene Dateien

modernen Windows-Betriebssystemen ab Windows 2000 jeweils in die Verzeichnisstruktur des individuellen Benutzerprofils einge- bettet ist.

Spezielle Ablageorte Bestimmte Anwendungen speichern ihre Datenbestände in speziellen Ordnern, die durch den Benutzer teilweise gar nicht direkt einsehbar sind. Damit werden diese oftmals bei einer lokalen Datensicherung übersehen. Ein gutes Beispiel dafür ist Microsoft Outlook, welches in der lokalen Version (ohne Exchange-Anbindung) alle Daten in einer so genannten persönlichen Ordnerdatei in diesem Verzeichnis ablegt:

```
%SystemDrive%\Dokumente und Einstellungen
 \<benutzername>
  \Lokale Einstellungen
   \Anwendungsdaten
    \Microsoft
     \Outlook
```

Hinzu kommen Ordner, die Benutzer für die Ablage ihrer Dateien an anderen Orten beziehungsweise lokalen Laufwerken anlegen.

Benutzerspezifische Systemeinstellungen

Die benutzerspezifischen Einstellungen zum Betriebssystem, unter anderem die Windows-Explorer-Einstellungen, sowie die für die Anwendungsprogramme werden in speziellen Konfigurationsda- teien und Ordnern abgelegt. Ein zentraler Speicherort ist hierbei die Windows-Registrierungsdatenbank, genau genommen ein spezifischer Teil davon. Weitergehende Informationen finden Sie dazu in Abschnitt 17.6 *Die Systemregistrierung* ab Seite 1310.

8.1.2   Benutzerdaten zentral ablegen

Der erste Ansatz, Benutzerdaten zentral abzulegen, besteht bei Verfügbarkeit eines Netzwerkbetriebssystems in der Regel darin, auf dem Server Freigaben einzurichten, die jeder Benutzer für die Speicherung der Daten nutzen soll. Das allein reicht allerdings nicht aus, Daten wirklich konsistent und sicher immer zentral in den gewünschten Ablageorten auf dem Server zu haben. Hinzu kommt, dass damit die benutzerspezifischen Einstellungen oder versteckten Benutzerdateien nach wie vor nur lokal auf den Clients vorliegen.

Wechselt ein Benutzer den Clientcomputer, kann er sich dort zwar über seinen Netzwerk-Account anmelden, ohne weitere Maßnah- men findet er hier allerdings seine Systemeinstellungen nicht wie- der. Falls nocht nicht existent, wird einfach ein neues Benutzerprofil lokal auf dem Computer angelegt und alle Einstel- lungen sind wieder in einem jungfräulichen Zustand.

Servergespeicherte Benutzerprofile

Eine Lösung kann darin bestehen, Benutzerprofile auf einem freigegebenen Ordner im Netzwerk abzulegen. Solche Profile werden
als *servergespeicherte Benutzerprofile* bezeichnet. Meldet sich der
Benutzer an einem beliebigen Clientcomputer an, so wird vom
Server sein Profil geladen und er findet im Idealfall alle seine Dateien und Einstellungen so vor, wie er sie zuletzt vielleicht an einem anderen Arbeitsplatz verlassen hat.

Dateien und Einstellungen wandern mit

In der Praxis lauern allerdings einige Fallstricke. Dieses Thema
wird deshalb in Abschnitt 8.2 *Benutzerprofile* ab Seite 459 vertieft.

Ordnerumleitungen

Zusätzlich oder an Stelle der servergespeicherten Benutzerprofile
können Sie im Active Directory mit Hilfe von Gruppenrichtlinien
Umleitungen für Benutzerordner einrichten. So lassen sich beispielsweise die jeweils individuellen Ordner EIGENE DATEIEN zentral auf einem Server ablegen.

8.1.3   Mit Daten flexibel umgehen

Windows Server 2003 bietet zwei Funktionen, mit deren Hilfe Benutzer flexibel Datenbestände handhaben können.

Offlinedateien

Für mobil arbeitende Benutzer, die ihre Dateien regelmäßig zwischen dem Unternehmensnetzwerk und dem Notebook abgleichen
müssen, bietet sich die Einrichtung von so genannten *Offlinedateien*
an. Der Benutzer markiert dazu einfach bestimmte, auf Serverfreigaben befindliche Dateien oder Ordner für die Offline-Verwendung. Der Synchronisationsmanager, der fester Bestandteil von
Clientsystemen mit Windows 2000 und Windows XP Professional
ist, übernimmt dann automatisch das Kopieren dieser Dateien auf
das mobile Gerät und alle notwendigen Aktualisierungsschritte.

Daten mobil bearbeiten

Der Umgang mit Offlinedateien gestaltet sich für den Benutzer
vollkommen transparent. Die Dateien werden auch bei unterbro-
chener Netzwerkverbindung so angezeigt, als wäre die Freigabe
nach wie vor verfügbar. Damit funktionieren auch Anwendungsprogramme, die feste Pfadeinstellungen benötigen.

Transparente Nutzung

In Abschnitt 8.3 *Offlinedateien* ab Seite 468 wird auf dieses Thema
detailliert eingegangen.

Volumenschattenkopien

Zugriff auf alle Dateien möglich

Eine vollkommen neue Funktion stellen die Volumenschattenkopien dar. Die Basistechnologie dazu wurde erstmals in Windows XP Professional eingeführt und sorgt dort dafür, dass das Betriebssystem und geeignete Anwendungen stets in der Lage sind, auf alle Dateien und Ordner zuzugreifen. Das betrifft ebenfalls Dateien, die momentan durch ein Anwendungsprogramm bearbeitet werden. Damit konnte erstmals eine Datensicherung implementiert werden, die allein mit den Bordmitteln eine 100%ige Sicherung aller Dateien und damit eine automatische Systemwiederherstellung ermöglicht.

Versionsverwaltung von Dateien

In Windows Server 2003 wurde die Nutzung dieser Technologie so ausgebaut, dass Benutzer auf entsprechend eingerichteten Freigaben Zugriff auf vorherige Versionen ihrer Dateien erhalten. Dazu wird in regelmäßigen Abständen ein Schnappschuss des Zustands aller Dateien angelegt und Änderungen an diesen werden protokolliert. Löscht oder überschreibt ein Benutzer versehentlich eine Datei, so kann er selbstständig auf eine frühere Version zugreifen und diese wieder reaktivieren.

Diese Funktion soll in erster Linie dazu dienen, Datenbestände vor dem Verlieren zu bewahren und gleichzeitig den Administrator zu entlasten. Die oftmals einzige Lösung bestand bisher stets darin, dass aus einer Generationensicherung das richtige Medium gefunden werden musste, aus welcher der Administrator die Datei manuell wiederherstellen sollte.

Weitere Infos ab Seite 150

In Abschnitt 4.2.7 *Volumenschattenkopien* ab Seite 150 finden Sie dazu weiterführende Informationen.

8.1.4   Remoteinstallation

Software automatisch auf Clients installieren lassen

Das automatisierte Verteilen von Software auf Clientsystemen wird spätestens dann notwendig, wenn Sie einige Dutzend oder Hundert Clients zu administrieren haben und nicht auf eine große Schar von Helfern zurückgreifen können. Zwar gibt es dazu spezielle Serverlösungen, wie beispielsweise den *Systems Management Server* (SMS) von Microsoft, Windows Server 2003 bietet allerdings standardmäßig einige Funktionen, mit denen Sie in kleineren und mittleren Netzwerken bereits eine wirksame Arbeitserleichterung für den Administrator erreichen können.

Client-Betriebssysteminstallation

Die Remoteinstallationsdienste (RIS, *Remote Installation Services*) unter Windows Server 2003 erlauben die halb- oder vollautomatische Installation von Windows-Betriebssystemen auf Servern oder

Clientcomputern. Dazu speichert der RIS-Server ein vorkonfiguriertes Abbild der Installationsdateien des Betriebssystems. Der Clientcomputer wird dann über eine bootfähige Netzwerkkarte oder eine Bootdiskette gestartet. Die weiteren Installationsschritte laufen danach, abhängig von der Vorbereitung, halb- oder vollautomatisch ab.

Weitere Informationen finden Sie zu diesem Thema in Abschnitt 8.4 *Remoteinstallationsdienste* ab Seite 472.

Betriebssystem-Updates

Alle modernen Windows-Betriebssysteme seit Windows 2000 (Service Pack 3) erlauben das automatisierte Laden und Installieren von Betriebssystem-Updates. In einem Unternehmens-Netzwerk ist es jedoch oft nicht erwünscht, wenn dies jeder Clientcomputer separat über die Update-Website von Microsoft vornimmt.

In Abschnitt 8.5 *Update-Verteilung auf Windows-Clients* ab Seite 478 wird gezeigt, wie Sie den Download von Windows-Updates automatisiert auf dem Server ausführen können und wie die Updates dann an die Clientsysteme zum Aktualisieren von deren Betriebssystemen verteilt werden.

Anwendungen automatisiert auf Clients installieren

Neben Installation und Update von Betriebssystemen bietet Windows Server 2003 grundlegende Funktionen zur Installation von Anwendungsprogrammen auf Clientsystemen. Es muss allerdings die Voraussetzung gegeben sein, dass die Installationspakete im Windows Installer-Format vorliegen. In Abschnitt 8.6 *Softwareverteilung auf Clientsystemen* ab Seite 481 wird an einem Beispiel gezeigt, wie Sie so ein Paket selbst zusammenstellen und im Netzwerk verteilen können.

8.2 Benutzerprofile

Benutzerprofile enthalten die Einstellungen der Arbeitsumgebung der Benutzer. Standardmäßig wird das Profil eines Benutzers von Windows automatisch erstellt, wenn dieser sich das erste Mal beim Betriebssystem anmeldet. In einer Netzwerkumgebung, ob mit oder ohne Active Directory-Verzeichnisdienst, können Sie als Administrator über eine geschickte Einrichtung und Zuordnung von Benutzerprofilen die Arbeitsbedingungen der Benutzer entscheidend beeinflussen.

Im vorliegenden Buch werden nur die Clientsysteme Windows 2000 und XP Professional berücksichtigt. Unter Windows 9x/ME **Beschränkung auf Windows 2000/XP Professional** gibt es zwar auch so etwas wie Profile, allerdings unterscheiden sich diese vor allem in Bezug auf den Netzwerkeinsatz erheblich.

8.2.1 Arten von Benutzerprofilen

Es gibt drei Arten von Benutzerprofilen, deren Kenntnis für die Einrichtung des Computers im Netzwerk wichtig ist:

- Lokales Benutzerprofil

Lokal

Dieses Profil wird automatisch erstellt, wenn der Benutzer sich zum ersten Mal anmeldet und keine weiteren Profiloptionen in seinem Benutzerkonto eingestellt sind. Es wird auf der lokalen Festplatte des Computers gespeichert. Auf anderen Computern im Netzwerk ist dieses Profil nicht verfügbar. Diese Profilart wird im nachfolgenden Abschnitt näher betrachtet.

- Serverbasiertes Profil

Server

Das Profil wird vom Administrator auf einem Server angelegt. Es wird geladen, wenn sich der Benutzer am Netzwerk anmeldet. Beim Abmelden des Benutzers wird das Profil auf dem Server aktualisiert. In Abschnitt 8.2.4 *Servergespeicherte Benutzerprofile* ab Seite 463 finden Sie dazu weiterführende Informationen.

- Verbindliches Profil

Verbindlich

Verbindliche Profile werden vom Server geladen und vor allen anderen Profilen ausgeführt. Sie können nur vom Administrator erstellt werden und sind vom Benutzer nicht änderbar. Es erfolgt generell keine Aktualisierung des Profils beim Abmeldevorgang. In Abschnitt 8.2.5 *Verbindliche Benutzerprofile* ab Seite 467 wird diese Profilart näher vorgestellt.

8.2.2 Lokale Benutzerprofile

Das Benutzerprofil wird standardmäßig in diesem Verzeichnis erstellt:

Lokaler Speicherort `%Systemdrive%\Dokumente und Einstellungen\<benutzername>`

Unterhalb dieses Ordners wird ein Unterordner `<benutzername>` angelegt, der das Profil des Benutzers enthält. Der Name des Ordners wird aus dem Namen des Benutzers abgeleitet. Normalerweise finden Sie dort wenigstens einen Ordner mit dem Namen ADMINISTRATOR.

Aufbau von Benutzerprofilen

Benutzerprofile folgen einem ganz bestimmten Aufbau. Sie bestehen, wenn es sich um verbindliche oder servergespeicherte Profile handelt, aus zwei Teilen – einem lokalen und einem servergespeicherten. Lokale Profile werden dagegen auch wirklich nur lokal gespeichert.

Name	Erklärung
NTUSER.DAT	Teil der Windows-Registrierung; beinhaltet die Daten, die unter diesem Zweig in der Registrierung erscheinen: HKEY_CURRENT_USER
NTUSER.POL	Konfigurierte Gruppenrichtlinien für den Benutzer
EIGENE DATEIEN	Ordner, in welchem standardmäßig die Dateien des Benutzers abgelegt werden. Kann zusätzlich die Ordner EIGENE BILDER und EIGENE MUSIK enthalten.
STARTMENÜ	Ablageort für den benutzerspezifischen Teil des Startmenüs
DESKTOP	Ordner, in welchem die auf dem Windows-Desktop abgelegten Elemente (Dateien, Ordner etc.) des Benutzers gespeichert sind
FAVORITEN	Ordner, in welchem Verknüpfungen zu den Favoriten sowie die Unterordner für angelegte Kategorien abgelegt sind
VORLAGEN	Ordner für das Speichern von Vorlagen-Dateien. Wird beispielsweise von Microsoft Office, genutzt.
RECENT	Ordner mit den Verknüpfungen zu den zuletzt verwendeten Dokumenten
SENDTO	Ordner mit Verknüpfungen zu den Programmen abgelegt, die im Menü SENDEN AN des allgemeinen Kontextmenüs des Explorers erscheinen
DRUCKUMGEBUNG	Ablageort für Einstellungen des Windows-Drucksystems; nicht zu verwechseln mit dem Spool-Ordner
NETZWERKUMGEBUNG	Enthält Verknüpfungen zu den zuletzt verwendeten Freigaben.
ANWENDUNGSDATEN	Ordner zur Ablage von Einstellungen für Anwendungsprogramme.

Tabelle 8.1:
Typische Bestandteile
eines Benutzerprofils

Name	Erklärung
COOKIES	Ablageort für Cookies, die der Internet Explorer angenommen hat. Andere Browser legen ihre Cookies teilweise woanders ab.
LOKALE EINSTELLUNGEN	Ordner für die Ablage von temporären Daten. Wird bei einem servergespeicherten Profil generell nicht zum Server kopiert.

Variable für Profil-verzeichnis

Für den Zugriff auf das Profilverzeichnis des aktuell angemeldeten Benutzers können Sie die Systemvariable %USERPROFILE% einsetzen. Für den Benutzer UWE ergibt sich dann dieses Verzeichnis:

C:\DOKUMENTE UND EINSTELLUNGEN\UWE

DEFAULT USER und ALL USERS

Sie finden unterhalb von \DOKUMENTE UND EINSTELLUNGEN zwei Ordner, die allgemeine Zustände einstellen:

• DEFAULT USER

Wenn sich noch nie ein Benutzer an diesem Computer angemeldet hat, existiert hier bereits ein Musterprofil. Darin sind die Standardeinstellungen zu finden. Wenn ein neuer Benutzer sich anmeldet und damit sein erstes Profil erzeugt, kopiert Windows den Inhalt dieses Ordners in das neue Profil. Nachträgliche Änderungen an diesem Profil haben auf bereits angelegte Benutzer keinen Einfluss mehr.

Weiterführende Informationen zu lokalen Profilen, beispielsweise wie Sie diese an einem anderen Standard-Speicherort lokal ablegen, werden in unserem Buch *Windows XP Professional* dargelegt.

• ALL USERS

Zusammen mit dem ersten Benutzer wird auch der Ordner ALL USERS angelegt. Die hier untergebrachten Einstellungen gelten immer auch für alle bereits bestehenden Benutzer. Hier definierte Inhalte des Startmenüs ergänzen das benutzerspezifische Startmenü. Ein Blick in diesen Ordner kann hilfreich sein, wenn Sie Programme installieren, die nicht Windows-konform sind und keine Rücksicht auf Benutzerkonten nehmen.

8.2.3 Profile von Windows NT 4 nach dem Update

NT 4-Pfade bleiben bestehen

Bei der Aktualisierung von NT 4 wird der Standard-Speicherort der lokal abgelegten Benutzerprofile nicht geändert. Sie finden den Ordner dann wie unter Windows NT 4 an diesem Ort:

```
%Systemroot%\profiles
```

8.2.4   Servergespeicherte Benutzerprofile

Ein Profil gilt dann als *servergespeichert*, wenn es sich nicht im lokalen Standard-Ordner, sondern an einem anderen, üblicherweise über das Netzwerk erreichbaren Speicherort befindet. Als Ablageort für das Profil kann dabei jeder freigegebene Ordner im Netzwerk dienen. Ein Windows-Serversystem ist dazu nicht zwingend erforderlich. Sie können theoretisch jeden beliebigen Windows-PC als Profilserver einsetzen.

Vorteile von servergespeicherten Profilen

Durch die Verwendung servergespeicherter Profile können sich zwei Hauptvorteile ergeben:

- Benutzer finden an jeder Arbeitsstation »ihr« System vor.

  Statten Sie die Computer in einem Netzwerk identisch mit Software (Betriebssystem-Einstellungen *und* Anwendungen) aus, können Sie über servergespeicherte Profile erreichen, dass sich jeder Benutzer an jedem Arbeitsplatz anmelden kann und überall seinen Desktop und seine Anwendungsdateien wiederfindet.

- Zentrale Datensicherung und einfache Wiederherstellung

  Sind identisch eingerichtete PCs im Einsatz und werden konsequent servergespeicherte Profile eingesetzt, kann die Datensicherung zentral organisiert werden. Beim Ausfall eines PCs braucht nur ein neues System mit allen Anwendungen installiert zu werden und nach der ersten Anmeldung steht dem Benutzer wieder sein gewohntes System zur Verfügung. Voraussetzung ist allerdings, dass die Benutzer ihre Daten nur in den dafür vorgesehenen Ordnern ablegen, die mit dem Profil beziehungsweise anderweitig servergespeichert abgelegt werden (siehe dazu auch nachfolgender Abschnitt).

Nachteile und Risiken von servergespeicherten Profilen

Servergespeicherte Profile haben auch einige Nachteile und können Risiken in sich bergen, die aus unsachgemäßer oder nachlässiger Anwendung heraus entstehen:

- Langwieriges Kopieren des Profils über das Netzwerk

  Bei jedem Anmeldevorgang wird ein servergespeichertes Profil über das Netzwerk mit der auf der Station vorliegenden lokalen Kopie abgeglichen. Beim Abmelden erfolgt wiederum ein Zurückschreiben der geänderten Dateien im Profil zum Server. Da auch der Ordner EIGENE DATEIEN im Profil gespeichert wird, kann schnell eine große Menge an Dateien mit einigen hundert

MegaByte oder mehr zusammenkommen – und damit An- und Abmeldung zur Geduldsprobe werden lassen.

Um dieses Problem zu umgehen, sollten Sie generell dafür sorgen, dass Profile möglichst »schlank« bleiben. Der Speicherort für EIGENE DATEIEN kann dazu auf einem Serververzeichnis separat für jeden Benutzer abgelegt werden (siehe Abschnitt *Benutzerordner umleiten* ab Seite 468).

Setzen Sie ein Active Directory-basiertes Netzwerk ein, können Sie sowohl den Speicherort für EIGENE DATEIEN als auch weitergehende Restriktionen, beispielsweise Zugriffsbeschränkungen auf andere lokale Laufwerke oder das Verhindern des Speicherns von Dateien auf dem Desktop, zentral über Gruppenrichtlinien steuern.

* Risiken von Datenverlusten

Vielfach werden servergespeicherte Profile nicht eingesetzt, weil schon schmerzhafte Erfahrungen mit plötzlichen Datenverlusten gemacht worden sind. Ursachen sind dabei fast immer eine nachlässige Einrichtung sowie nicht abgefangene Benutzerfehler. Zu Datenverlusten kann es beispielsweise dann kommen, wenn sich ein Benutzer an zwei Arbeitsstationen gleichzeitig anmeldet und Dateien verändert. Das Profil der Station, von der er sich zuletzt abmeldet, wird dann auf dem Profilserver gespeichert.

Differenzierte Replikation

Glücklicherweise wird das ältere Profil nicht wahllos mit allen Dateien des neueren Profils überschrieben. Beim Replikationsvorgang werden vielmehr alle Dateien der Profile einzeln bezüglich ihrer Zeitstempel miteinander verglichen. Neuere Dateien im älteren Profil werden damit übernommen.

Verlegen Sie den Speicherort für EIGENE DATEIEN!

Um Verluste an Benutzerdaten garantiert zu vermeiden, sollte trotzdem der Tipp zum ersten Punkt beherzigt werden: Legen Sie den Speicherort von EIGENE DATEIEN an einen anderen Ort und sorgen Sie so dafür, dass hier abgelegte Dateien nicht zusammen mit dem Profil gespeichert werden. Wenn Sie dann über Restriktionen durch Gruppenrichtlinien noch einrichten, dass Benutzer nirgend sonst Dateien ablegen können, haben Sie gewonnen, und das einzige, was verloren gehen kann, sind vielleicht kosmetische Einstellungen am System wie der neu eingestellte Bildschirmschoner.

Wann nur auf die lokale Kopie zurückgegriffen wird

Nach Erstellung des servergespeicherten Profils wird dieses bei der Anmeldung normalerweise verwendet und auf die Arbeitsstation übertragen. Diese lokale Kopie wird dann bei der Anmeldung aktiviert, wenn Folgendes eintritt:

- Die gesamte Netzwerkverbindung oder der Pfad zum Profilordner auf dem Server sind nicht verfügbar.
- Die Verbindung weist eine zu geringe Übertragungsrate auf. Standardmäßig ist dieser Wert mit 500 KBit/s (ca. 62 KB/s) bemessen. Das kann dann eintreten, wenn zuviel Last auf dem Profilserver liegt oder eine andere Netzwerkstörung auftritt. Den Schwellwert, ab wann eine Verbindung als *langsam* eingestuft wird, können Sie beeinflussen (siehe Abschnitt *Gruppenrichtlinien für servergespeicherte Profile* ab Seite 465).

Normalerweise ist dies unkritisch. Mit der lokalen Kopie kann der Anwender zunächst ganz normal arbeiten. Voraussetzung ist natürlich, dass diese aktuell ist, also der Benutzer zuletzt an diesem PC gearbeitet hat. Nimmt der Benutzer Änderungen an Dateien vor, die mit dem Profil gespeichert werden, ist die lokale Kopie dann aktueller als das Profil auf dem Server. Steht der Profilserver wieder zur Verfügung, wird bei der Anmeldung untersucht, wo das aktuellere Profil liegt. Im beschriebenen Fall wird dann die lokale Kopie auf den Server übertragen und das servergespeicherte Profil so auf den aktuellen Stand gebracht.

Auch wenn wir uns an dieser Stelle wiederholen: Verlegen Sie den Speicherort für EIGENE DATEIEN bzw. alle Benutzerdateien aus dem Profil heraus an einen separaten Ort! Dann können Störungen im Netzwerk den Daten nichts anhaben – schlimmstenfalls kann der Benutzer auf sie nicht zugreifen, bis das Problem behoben ist.

Gruppenrichtlinien für servergespeicherte Profile

Für den Umgang mit servergespeicherten Profilen gibt es eine Reihe von Gruppenrichtlinien-Einstellungen. Dabei muss unterschieden werden, ob Sie diese lokal oder für eine Organisationseinheit im Active Directory anwenden. Umfassendere Einstellmöglichkeiten sind mit dem Einsatz im Active Directory möglich. Nur hier haben Sie auch die Möglichkeit, diese für verschiedene Benutzer und Computer differenziert festzulegen. Lokale Gruppenrichtlinien hingegen wirken generell für alle Benutzer des betreffenden Computers.

Die Gruppenrichtlinien für den lokalen Einsatz werden in unserem Buch *Windows XP Professional* behandelt. Nachfolgend finden Sie Erläuterungen zu ausgewählten Gruppenrichtlinien, mit denen Sie die Konfiguration servergespeicherter Profile im Active Directory beeinflussen können.

Auf Ebene der Computereinstellungen können Sie, ausgehend von **Computer** dieser Position im Gruppenrichtlinien-Objekt, folgende Einstellungen treffen:

```
<Gruppenrichtlinienobjekt>
 \Computerkonfiguration
  \Administrative Vorlagen
   \System
    \Benutzerprofile
```

- EIGENTÜMER VON SERVERGESPEICHERTEN PROFILEN NICHT PRÜFEN

**Berechtigungsein-
träge prüfen**

Unter Windows Server 2003, Windows 2000 SP 4 sowie Windows XP Professional XP SP1 wird standardmäßig vor dem Anmelden eines Benutzers und Übertragen seines bereits vorhandenen servergespeicherten Profils geprüft, ob die Berechtigungseinträge in den Dateien und Ordnern korrekt gesetzt sind. Demnach hat der Benutzer Vollzugriff auf seine Daten, während alle anderen, einschließlich der Administratorengruppe, keinen Zugriff erhalten sollen. Ist dies nicht der Fall, erfolgt eine entsprechende Fehlermeldung. Mit dem Aktivieren der Richtlinie können Sie die Überprüfung ausschalten.

- ZWISCHENGESPEICHERTE KOPIEN VON SERVERGESPEICHERTEN PROFILEN LÖSCHEN

**Lokale Kopie des
Profils löschen**

Wenn Sie verhindern wollen, dass die lokale Kopie eines servergespeicherten Profils auf dem Arbeitsplatzcomputer verbleibt, aktivieren Sie die folgende Richtlinie. Damit wird bei jeder Abmeldung die lokale Kopie vom Computer wieder gelöscht. Diese Einstellung sollten Sie aber nur dann einsetzen, wenn Sie *immer* eine schnelle Netzwerkverbindung zwischen Client und Server sicherstellen können. Bei Ausfall des Servers oder einer erkannten langsamen Netzwerkverbindung (siehe weiter unten) kann sonst keine Anmeldung vorgenommen werden.

- BENUTZER BEI FEHLSCHLAG DES SERVERGESPEICHERTEN PROFILS ABMELDEN

**Keine lokale Kopie
bei Fehlschlag**

Wollen Sie sichergehen, dass stets das servergespeicherte Profil verwendet wird, aktivieren Sie diese Option.

- SICHERHEITSGRUPPE "ADMINISTRATOREN" ZU SERVERGESPEICHERTEN BENUTZERPROFILEN HINZUFÜGEN

**Adminstratoren den
Zugriff gewähren**

Standardmäßig haben nur die Benutzer selbst Vollzugriff auf ihre eigenen Profilordner. Damit ermöglichen Sie auch Administratoren den Zugriff.

- LANGSAME NETZWERKVERBINDUNG NICHT ERKENNEN

**Langsame Netz-
werkverbindung**

Wird durch das Betriebssystem eine langsame Netzwerkverbindung erkannt, lädt dieses in der Standardeinstellung nur die lokale Kopie. Dieses Verhalten können Sie über diese Richtlinien beeinflussen. Mit Aktivierung dieser Einstellung deaktivieren Sie die Erkennung langsamer Verbindungen. Das hat zur Folge, dass generell das servergespeicherte Profil geladen wird.

Bei einer langsamen Verbindung erfordert dies allerdings unter Umständen sehr viel Zeit.

- ZEITLIMIT FÜR LANGSAME VERBINDUNGEN FÜR BENUTZERPROFILE

  Mit dieser Richtlinie können Sie genau einstellen, wann eine Verbindung als langsam einzustufen ist. Die Standardwerte sind 500 KBit/s beziehungsweise 120 ms.

Weitere Richtlinien, die das Systemverhalten für langsame Verbindungen steuern, sind folgende:

- REMOTEBENUTZERPROFIL ABWARTEN

  Damit wird garantiert die Remotekopie des servergespeicherten Profils geladen, auch wenn eine langsame Verbindung besteht.

- BENUTZER BEI LANGSAMEN VERBINDUNGEN ZUM BESTÄTIGEN AUFFORDERN

  Benutzer können hiermit selbst entscheiden, ob sie bei einer langsamen Verbindung warten oder die lokale Kopie verwenden wollen.

- ZEITLIMIT FÜR DIALOGFELDER

  Sie können festlegen, wie lange auf eine Benutzerreaktion gewartet werden soll, bevor mit einer Standard-Vorauswahl fortgefahren wird.

8.2.5 Verbindliche Benutzerprofile

Servergespeichert mit Schreibschutz

Bei den verbindlichen Benutzerprofilen handelt es sich um eine Sonderform der servergespeicherten Profile. Der Unterschied zu diesen besteht darin, dass Änderungen, die ein Benutzer an Profildateien vornimmt, nicht gespeichert werden. Das Profil ist damit *schreibgeschützt*.

Änderungen an Benutzerdateien beachten

Verbindliche Benutzerprofile können Sie beispielsweise dann einsetzen, wenn Sie sicherstellen wollen, dass eine Clientinstallation stets das gleiche Aussehen hat. Alle Änderungen, die ein Benutzer am Aussehen des Desktops oder am Startmenü vornimmt, sind nach dem erneuten Anmelden wieder rückgängig gemacht worden. Das betrifft natürlich auch alle Dateien, die ein Benutzer anlegt oder ändert und die im Profil mit gespeichert werden. Standardmäßig ist dies auch der Ordner EIGENE DATEIEN (siehe auch Abschnitt *Benutzerordner umleiten* ab Seite 468). Wenn Sie verhindern wollen, dass Benutzer während der Sitzung Dateien im Profil anlegen und ändern, müssen Sie dies gesondert über Gruppenrichtlinien festlegen.

Mehrere Benutzer

Aufgrund des Schreibschutzes eignen sich verbindliche Benutzerprofile für den Einsatz mit mehreren Benutzern. Weisen Sie dem Profil die Zugriffsrechte einer Gruppe zu, können Sie in den Benutzerkonten der Mitglieder dieser Gruppe auf ein und dasselbe Profil verweisen.

NTUSER.MAN   Ein verbindliches Benutzerprofil legen Sie zunächst genauso an wie ein servergespeichertes. Weisen Sie diesem beim Kopieren über den Profil-Manager eine Gruppe zu, wenn mehrere Benutzer auf das Profil zugreifen sollen. Im kopierten Profil auf dem Profilserver benennen Sie dann die Datei NTUSER.DAT in NTUSER.MAN um. Allein durch diese neue Dateiendung (MAN von engl. *mandatory*) wird der Schreibschutz aktiviert.

Neben der Umbenennung der NTUSER.DAT gibt es noch diese Möglichkeit: Benennen Sie einfach den Profilordner so um, dass dieser die Dateiendung .MAN erhält.

Kontrolle   Ob das Anlegen eines verbindlichen Profils funktioniert hat, können Sie im Profil-Mananger kontrollieren. Hier erscheint dann unter TYP der Hinweis OBLIGATORISCH.

8.2.6 Benutzerordner umleiten

Lokal   Außerhalb einer Active Directory-Domäne können Sie den Ordner EIGENE DATEIEN umleiten, indem Sie über dessen Eigenschaften-Fenster den neuen Pfad festlegen. Eingehend wird dies in unserem Buch *Windows XP Professional* beschrieben.

Active Directory   Für Benutzerkonten in einer Active Directory-Domäne können Sie dies deutlich eleganter und zentralisiert über ein entsprechendes Gruppenrichtlinien-Objekt vornehmen. Diese Gruppenrichtlinie definieren Sie über die Managementkonsole *Active Directory Benutzer und -Computer*. Markieren Sie dazu die Organisationseinheit (OU), in welcher die betreffenden Benutzerkonten enthalten sind. Über das Eigenschaften-Fenster zu dieser OU können Sie dann eine neue oder eine bereits bestehende Richtlinie erzeugen beziehungsweise zuordnen.

8.3 Offlinedateien

Mit dieser Funktion lassen sich Dateien von Server-Freigaben auf Clientcomputern temporär zwischenspeichern, sodass der Zugriff nach Unterbrechung der Netzwerkverbindung weiterhin möglich ist. Damit eignet sich diese Funktion vor allem für den Datenabgleich von Notebook-Benutzern mit dem Unternehmensnetzwerk.

8.3.1 Grundlegendes Verfahren

Nachfolgend erfahren Sie, wie die Funktion Offlinedateien prinzipiell funktioniert und was Sie bei der Einrichtung und Anwendung beachten sollten.

System-Voraussetzungen

Folgende Voraussetzungen müssen gegeben sein, damit Offlinedateien genutzt werden können:

- Der Server muss diese Funktion unterstützen. Neben Windows Server 2003 und Windows 2000 Server bringen übrigens auch die Desktop-Versionen von Windows 2000 sowie Windows XP entsprechende Fähigkeiten mit. **Server**

- Das Clientsystem muss das Zwischenspeichern der Dateien unterstützen. Dazu sind ebenfalls die zuvor genannten Windows-Versionen in der Lage. Hier sorgt der Synchronisationsmanager dafür, dass die ausgewählten Dateien und Ordner gezielt auf dem Clientsystem abgelegt und nach Änderungen wieder mit dem Server synchronisiert werden. **Client**

Eine weiterentwickelte Implementierung der Clientfunktion für Offlinedateien weist das Betriebssystem *Windows XP Professional* auf. So werden offline verwendbare Programmdateien nur dann vom Server geladen, wenn lokal keine oder veraltete Versionen vorliegen. So wird die Belastung des Servers optimiert.

Arbeitsweise des Zwischenspeicherns

Die Funktion *Offlinedateien* lässt sich nur nutzen, wenn eine Kombination von Server und einer geeignetem Clientkomponente zusammenarbeiten:

- Am Server wird die Freigabe als *Offline-fähig* markiert. Dabei bringen die Serverversionen von Windows 2000 und der Windows Server 2003 weitergehende Optionen mit als die im Abschnitt zuvor genannten Desktop-Versionen. Bei diesen können Sie lediglich einstellen, ob das Zwischenspeichern clientseitig zulässig ist oder nicht. **Freigabe als *Offline-fähig* markieren**

  Weitere Informationen zur Einstellung am Server finden Sie in Abschnitt *Offline-Verfügbarkeit aktivieren* ab Seite 798.

- Am Client legt der Benutzer (falls am Server nicht anders eingestellt) fest, welche Dateien und Ordner er auch offline benötigt. Diese werden dann vom Synchronisationsmanager (standardmäßig beim Abmelden) auf den Client übertragen und stehen nach Trennung vom Netzwerk genauso zur Verfügung, als wäre der Clientcomputer noch verbunden. **Zwischenspeichern der gewählten Dateien am Client**

Informationen zu den genauen Einrichtungsschritten am Client finden Sie in unseren Büchern *Windows 2000 im professionellen Einsatz* und *Windows XP Professional*.

CSC-Ordner

Für die Anwendungsprogramme wie auch für den Windows Explorer ist dieser Vorgang transparent. Real werden die Dateien jedoch im CSC-Ordner (*Client Side Cache*) abgelegt:

`%Systemroot%\CSC`

Aktualisierung der Dateien

Steht die Netzwerkverbindung wieder zur Verfügung, normalerweise also nach dem Anmelden mit dem Notebook in der Firma, werden die Dateien über den Synchronisationsmanager mit dem Bestand auf dem Server abgeglichen. Ist eine offline gespeicherte Datei neuer als die auf dem Server, ersetzt sie die Serverversion. Umgekehrt überschreibt eine aktuellere Serverdatei die im CSC-Ordner.

Aufgrund dieser Verfahrensweise eignet sich die Funktion Offlinedateien nicht für Dateien, die durch mehrere Benutzer im ständigen Zugriff stehen.

Konfliktbehandlung

Es entsteht ein Konflikt, wenn auf beiden Seiten eine Datei geändert worden ist. In diesem Fall wird der Benutzer vor die Entscheidung gestellt und muss wählen, ob und was passieren soll.

Erkennen von langsamen Verbindungen

Wie für viele andere Bereiche auch wird bei der Aktualisierung von Offline-Dateien die momentane Übertragungsleistung des Netzwerks mit berücksichtigt. Wird eine langsame Verbindung erkannt, beispielsweise der Benutzer ist über eine RAS- oder VPN-Leitung mit der Firma verbunden, dann erfolgt standardmäßig keine Aktualisierung. Diese kann aber bei Bedarf manuell ausgelöst werden.

Bandbreite einstellen

Über die Gruppenrichtlinien können Sie übrigens genau festlegen, was unter einer langsamen Verbindung verstanden werden soll. Als Vorgabe wird ein Wert von 64 KBit/s verwendet. Dieser ist recht ungünstig gewählt, da bereits typische DSL-Verbindungen damit als schnell eingestuft werden, obwohl für Upload meist nur 128 KBit/s zur Verfügung stehen. Weitere Hinweise finden Sie in Abschnitt 8.3.3 *Gruppenrichtlinien für Offlinedateien* ab Seite 471.

8.3.2   Sicherheitsfragen

Sensible Dateien im CSC?

Die Verwendung von Offlinedateien birgt durchaus auch einige Sicherheitsrisiken. So können auf das Notebook des Benutzers sensible Daten gelangen, die eigentlich nur auf dem Server gespeichert bleiben sollten. Dabei geht es hierbei nicht in erster Linie darum, dem Benutzer zu misstrauen. Wenn ein normaler Benutzer mit seinen Zugriffsrechten auf eine Datei im Netzwerk zugreifen kann, werden Sie ohnehin kaum verhindern können, dass sie dieser aus der Firma in unbefugte Hände schafft.

Was aber passiert, wenn das Notebook verloren geht oder gestohlen wird? Die folgenden Hinweise sollen helfen, für diesen Fall eine Lösung zu finden:

- Gezielt die Offline-Verwendung von Dateien steuern

  Als Administrator haben Sie es in der Hand, welche Dateien offline verwendet werden dürfen beziehungsweise für welche Clients dies zulässig ist. Über die Gruppenrichtlinien können Sie dies genau steuern (siehe nachfolgender Abschnitt).

- EFS-Verschlüsselung des CSC-Ordners

  Für Clientsysteme mit Windows XP Professional und Windows Server 2003 können Sie über eine Gruppenrichtlinie die EFS-Verschlüsslung des CSC-Ordners aktivieren. Bei Windows 2000-Clients funktioniert dies leider nicht. Ein nachträgliches Verschlüsseln des CSC-Ordners durch den Benutzer wird hier ebenfalls nicht unterstützt.

  Damit die EFS-Verschlüsselung auch wirklich sicher ist, sollten Sie einige Hinweise zur Handhabung von persönlichen EFS-Schlüsseln beachten. Informationen finden Sie dazu in Abschnitt 4.3 *Das verschlüsselnde Dateisystem (EFS)* ab Seite 159 sowie in unserem Buch *Windows XP Professional*.

- CSC bei Weitergabe des Notebooks wieder löschen!

  Den CSC-Ordner können Sie löschen, beispielsweise wenn das Notebook an einen anderen Mitarbeiter geht, der auf bestimmte Dateien keinen Zugriff erhalten soll. Zwar sind die im CSC hinterlegten Dateien genau mit den gleichen ACLs versehen wie im Netzwerk, dennoch kann ein lokaler Administrator diese aushebeln. Einzig wirksame Absicherung wäre eine EFS-Verschlüsselung (siehe oben), bei der allerdings keine privaten EFS-Schlüssel lokal auf dem System gespeichert sein dürfen.

8.3.3 Gruppenrichtlinien für Offlinedateien

Für die Steuerung der Verwendung von Offlinedateien steht eine Reihe von Gruppenrichtlinien zur Verfügung. Diese finden Sie sowohl im Zweig COMPUTERKONFIGURATION als auch im Zweig BENUTZERKONFIGURATION:

```
<Gruppenrichtlinienobjekt>
 \Computerkonfiguration
  \Administrative Vorlagen
   \Netzwerk
    \Offlinedateien
```

Computer

Die Richtlinien in diesem Zweig gelten für die betreffenden Computer, unabhängig davon, welcher Benutzer angemeldet ist. Diese Richtlinien können Sie so setzen, dass beispielsweise die Funktion Offlinedateien nur mit bestimmten Notebooks verwendet werden kann.

Benutzer
```
<Gruppenrichtlinienobjekt>
 \Benutzerkonfiguration
  \Administrative Vorlagen
   \Netzwerk
    \Offlinedateien
```

Die Richtlinien hier wirken auf Benutzerebene. Damit kann ein bestimmter Benutzerkreis von der Nutzung der Funktion ein- oder ausgeschlossen werden.

8.4 Remoteinstallationsdienste

Für die automatisierte Installation von Windows-Clientsystemen bietet Windows Server 2003 mit den Remoteinstallationsdiensten eine Reihe nützlicher und interessanter Funktionen. Sie können damit erreichen, dass ein neu zu installierender oder wegen Ausfall zu ersetzender Clientcomputer in kürzester Zeit wieder einsatzfähig ist.

Dabei lässt sich dies so konfigurieren, dass entweder nur ein nacktes Betriebssystem oder sogar ein komplett voreingerichteter Client mit allen Anwendungsprogrammen automatisch installiert wird. Dank der Delegierbarkeit von Administrationsaufgaben muss dazu nicht einmal unbedingt ein Administrator zugegen sein. Autorisierte Benutzer können dies innerhalb ihrer Organisationseinheit bei Bedarf selbstständig vornehmen.

8.4.1 Grundlegendes Verfahren

Ein oder mehrere RIS-Server übernehmen die Verteilung von RIS-Abbildern über das Netzwerk an die Clients. Damit die Installation automatisch ablaufen kann, sind die Abbilder mit zusätzlichen Steuerinformationen versehen. Diese SIF-Textdateien entsprechen weit gehend denen bei einer automatisierten Windows-Installation (standalone) mit Antwortdateien.

Arten von RIS-Abbildern

Es wird zwischen zwei Abbild-Arten unterschieden:

- Flaches Installationsabbild (Flat-Image)

Betriebssystem-Grundinstallation
  Dieses Abbild erzeugen Sie am RIS-Server über den Installations-Datenträger des Client-Betriebssystems. Über eine spezielle

Antwortdatei werden alle normalerweise notwendigen Benutzereingaben (Product Key etc.) verringert oder ganz vermieden. Nach der Installation steht dann ein »nackter« Clientcomputer zur Verfügung, der lediglich eine Windows-Grundinstallation beherbergt.

Die Verwendung eines flachen RIS-Abbildes eignet sich insbesondere dann, wenn Sie für eine große Zahl von Clientsystemen eine grundlegende Betriebssystem-Installation benötigen und im Nachgang die einzelnen Clients sehr individuell mit Software versehen werden. Die einzelnen Computer können in der Hardware-Ausstattung sehr unterschiedlich sein.

In Abschnitt 15.1.2 *Erzeugen eines flachen Installationsabbildes* ab Seite 1142 wird erläutert, wie Sie ein solches Abbild erzeugen können.

- RIPrep-Abbild

  Bei diesem Abbild wird ein konkret eingerichteter Clientcomputer als »Master« für die RIS-Installation verwendet. Damit werden auch alle Anwendungsprogramme erfasst, die auf diesem installiert sind. Damit die RIS-Clientinstallation reibungslos funktioniert, sollten Sie folgende Vorgehensweise einhalten:

  Vervielfältigen eines Master-PCs

  1. Stellen Sie einen Clientcomputer hardwareseitig so zusammen, wie die Mehrzahl der späteren Clients ebenfalls ausgestattet sein wird. Anders als beim flachen Installationsabbild wird am Client keine komplette Betriebssystem-Neuinstallation durchgeführt, sondern nur das Windows-Minisetup ausgeführt.

  2. Installieren Sie das Betriebssystem einschließlich aller aktuellen Servicepacks neu. Eine »saubere« Ausgangsinstallation ohne Altlasten hilft ungemein, damit die RIS-Clientinstallationen später reibungslos ablaufen können. Verwenden Sie Windows XP Professional als Betriebssystem, so beachten Sie, dass auf jeden Fall nach der RIS-Clientinstallation eine neue Aktivierungsprozedur notwendig wird. Vermeiden können Sie dies nur, wenn Sie entsprechende Firmen-Lizenzen dieses Systems einsetzen. Weitere Informationen finden Sie dazu bei Microsoft.

  3. Installieren Sie dann die benötigten Anwendungsprogramme. Bei Microsoft Office 2000/XP empfiehlt es sich, die gewünschten Anwendungen jeweils mit allen Optionen zu installieren. Sie vermeiden so, dass der Benutzer später mit Aufforderungen zum Einlegen des Installationsmediums belästigt wird.

Es kann kein RIPrep-Abbild eines Windows 2000-Systems erzeugt werden, wenn die IIS (*Internet Informationsdienste*) auf dem Master-PC installiert sind.

Ist der Master-PC fertig konfiguriert, sollten Sie alle Anwendungen unter dem lokalen Administratorkonto einmal testen. Das weitere Vorgehen zum Erstellen des Abbildes wird in Abschnitt 15.1.3 *Erzeugen eines Riprep-Installationsabbildes* ab Seite 1146 erklärt. Liegt das Abbild auf dem Server vor, muss die entsprechend SIF-Antwortdatei noch so modifiziert werden, dass damit das Mini-Setup auf dem Clientsystem automatisch ablaufen kann.

Abbildung 8.1:
Möglichkeiten der
RIS-Clientinstalla-
tion mit den Abbild-
Arten

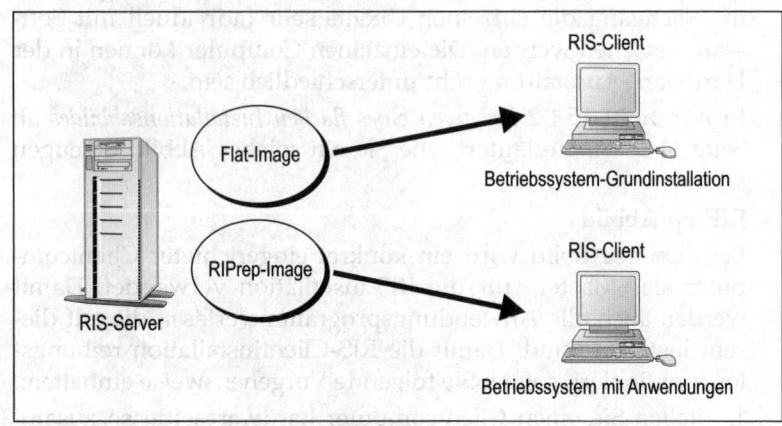

Unterstützte Clientsysteme

Die folgenden Client-Betriebssysteme werden durch RIS derzeit unterstützt:

- Windows XP Professional
  Von diesem Betriebssystem wird nur die 32 Bit-Version unterstützt.
- Windows 2000
  Es werden sowohl die Professional- als auch die Serverversionen (Server- und Advanced Server-Version) unterstützt.
- Windows Server 2003
  Für die automatisierte Installation von Servern lassen sich die RIS ebenfalls einsetzen. Es werden die Standard-, die Web- und die Enterprise-Edition[15] unterstützt.

Nur Vollversionen   Beachten Sie, dass für die RIS-Installation nur Vollversionen der Betriebssysteme verteilt werden können. Update-Versionen eignen sich nicht, da während der Installation dann nach einer Vorgängerversion gesucht wird.

---

[15] Für die 64 Bit-Version der Enterprise Edition kann nur das flache Installationsabbild verwendet werden.

Wiederherstellungskonsole über RIS-Server starten

Für Reparaturzwecke eignet sich die Wiederherstellungskonsole, die seit Windows 2000 in den modernen Windows-Betriebssystemen Einzug gehalten hat. Diese wird in Abschnitt 17.7.4 *Wiederherstellungskonsole* ab Seite 1321 im Zusammenhang mit der Server-Diagnose eingehend beschrieben. Für die Wartung von geeigneten Clientsystemen ist sie ebenfalls gut geeignet.

Sie können die Wiederherstellungskonsole fest installieren, sodass sie lokal auf jedem Client vorliegt. Im Notfall schneller kann es mit der Wiederherstellungskonsole gehen, wenn Sie diese über den RIS-Server anbieten.

Wird die Wiederherstellungskonsole vom RIS-Server aus gestartet, so wird das Computerkonto im Active Directory zurückgesetzt. Sie müssen danach den Computer wieder manuell zur Domäne hinzufügen (über das SYSTEMEIGENSCHAFTEN-Dialogfenster des Clients). Vermeiden Sie auf jeden Fall den Start der Konsole über RIS an einem Domänencontroller!

Wenn Sie die Wiederherstellungskonsole direkt von der Installations-CD oder lokal vom Clientcomputer aus starten, geschieht dies nicht. Insofern sollten Sie es sich gut überlegen, ob Sie die Konsole über den RIS-Server bereitstellen wollen.

In Abschnitt 15.1.5 *Wiederherstellungskonsole einbinden* ab Seite 1154 wird beschrieben, wie eine solche SIF-Datei aussehen kann und wo sie diese auf dem RIS-Server unterbringen.

Einrichtung ab Seite 1154

8.4.2 Technische Voraussetzungen

Die folgenden Voraussetzungen müssen erfüllt sein, damit Sie die Remoteinstallationsdienste für die Einrichtung von neuen Clientcomputern über das Netzwerk nutzen können.

Serverseitige Voraussetzungen

Verschiedene Serverdienste werden benötigt, um RIS-Server und RIS-Client miteinander in Kontakt zu bringen. In einem kleinen Netzwerk kann dies ein einziger Server leisten. Zu empfehlen ist dies aber nicht, sobald einige Dutzend Clients versorgt werden müssen.

- DNS-Server
  Die Remoteinstallationsdienste benötigen einen verfügbaren DNS-Server (siehe auch Abschnitt 5.6 *Domain Name System (DNS)* ab Seite 252) für die Lokalisierung des Active Directory.

DNS-Server

DHCP-Server

- DHCP-Server

  Für den Start des Installationsprozesses ist ein DHCP-Server unabdingbar. Dieser weist den Clientcomputern während des Bootprozesses eine IP-Adresse zu.

Active Directory

- Active Directory

  Die Remoteinstallationsdienste müssen auf einem Server installiert sein, welcher Zugriff zum Active Directory hat. Der RIS-Server kann ein Domänencontroller oder einfach ein Mitglied einer Domäne im Active Directory sein.

Speicherplatz für RIS-Dateien

- Speicherplatz für Remoteinstallationsdateien

  Auf dem RIS-Server muss neben dem Systemvolume ein weiteres, ausreichend groß dimensioniertes Volume existieren, das die Remoteinstallationsdateien beherbergt.

Eine Speicherung der Remoteinstallationsdateien auf dem Systemvolume des RIS-Servers ist grundsätzlich nicht möglich, auch wenn dort vielleicht ausreichend Platz vorhanden wäre.

Clientseitige Voraussetzungen

Für den Clientcomputer sollten die folgenden Voraussetzungen erfüllt sein, um auf einen RIS-Server zugreifen zu können:

- Netzwerkkarte

PXE-fähige Netzwerkkarte

  Für den Bootprozess wird eine PXE-kompatible Netzwerkkarte benötigt, die über ein entsprechendes BIOS zum Booten über das Netzwerk verfügt. Dazu muss das BIOS des Computers explizit den Netzwerkbootprozess unterstützen. Je nach Hersteller stellen Sie im BIOS-Setup die Startsequenz entsprechend auf Netzwerkboot ein.

- Floppy-Laufwerk

Notlösung: Floppy

  Haben Sie keine entsprechende Netzwerkkarte, können Sie über die Remoteinstallationsdienste eine spezielle Bootdiskette erstellen, welche eine Reihe der wichtigsten Netzwerkkarten unterstützt.

- Festplatte

Festplatte

  Der Clientcomputer muss über eine ausreichend dimensionierte Festplatte verfügen, welche durch das Windows-Setup neu eingerichtet und formatiert wird. Dabei spielt es keine Rolle, ob es sich um eine IDE- oder eine SCSI-Festplatte handelt.

Prüfen Sie vor einer Installation über die Remoteinstallationsdienste, ob sich noch wichtige Daten auf der Festplatte des Clientcomputers befinden. Die Boot- und Systemfestplatte wird durch das Setup grundsätzlich neu eingerichtet und formatiert.

Die praktische Umsetzung der Installation wird in Abschnitt 15.1.7 *Clientinstallation durchführen* ab Seite 1155 behandelt.

8.4.3 RIS-Gruppenrichtlinien

Zusätzlich zu den SIF-Antwortdateien können Sie die RIS-Client-installation über spezielle Gruppenrichtlinien steuern. Diese werden benutzerdefiniert über diesen Zweig im Gruppenrichtlinien-Objekt festgelegt:

```
<Gruppenrichtlinienobjekt>
 \Benutzerkonfiguration
  \Windows-Einstellungen
   \Remoteinstallationsdienste
```

Doppelklicken Sie im Detailfenster auf AUSWAHLOPTIONEN. Es öffnet sich dann ein entsprechendes Dialogfenster:

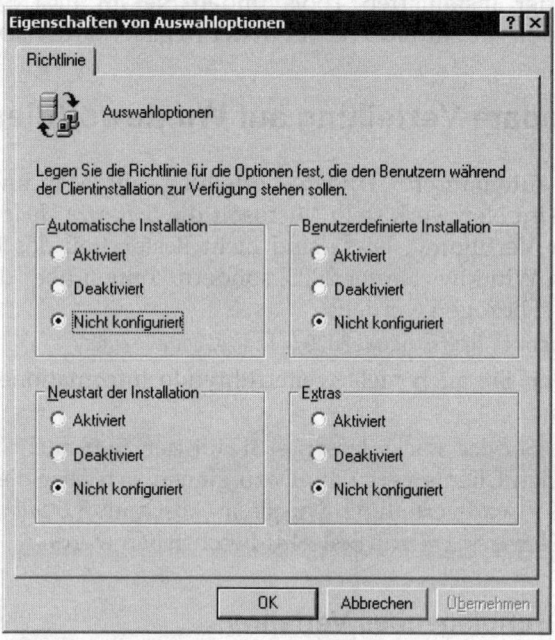

Abbildung 8.2:
RIS-Gruppenricht-
linien

Die vier Kategorien haben die folgende Bedeutung:

Beeinflussung der Clientinstallation

- Automatische Installation

  Ist diese Option aktiviert, wird auf jeden Fall eine automatische Installation vorgenommen. Der Computername sowie der Speicherort im Active Directory müssen vordefiniert worden sein.

- Benutzerdefinierte Installation

  Wollen Sie erreichen, dass der Benutzer, der die RIS-Client-installation vornimmt, einen Computernamen und einen Speicherort im Active Directory angeben kann, aktivieren Sie diese Option. Nach dem Anmelden am CIW wird der Benutzer vor die Wahl gestellt, Angaben machen zu können oder den Installationsprozess automatisch ablaufen zu lassen.

- Neustart der Installation

  Schlägt die Installation fehl, erreichen Sie mit dem Aktivieren dieser Option, dass ein Neustart und ein weiterer Versuch erfolgt.

- Extras

  Verschiedene Hersteller liefern separate Tools für das Einrichten eines Computers vor der Installation eines Betriebssystems. Diese müssen separat für den RIS-Server mit dem speziellen Installationsprogramm des Herstellers verfügbar gemacht werden. Über diese Gruppenrichtlinie können Sie festlegen, ob der Benutzer Zugriff auf solche Tools erhalten soll oder nicht. Die Liste der installierten Tools finden Sie im EIGENSCHAFTEN-Dialogfenster zum RIS-Server in der Registerkarte PROGRAMME.

8.5 Update-Verteilung auf Windows-Clients

Für die automatische Update-Verteilung auf Windows-Clientsystemen im Netzwerk stellt Microsoft die *Software Update Services* (SUS) zur Verfügung. Diese sind nicht Bestandteil des Lieferumfangs von Windows Server 2003, sondern können über die folgende Website bezogen werden:

SUS-Website

`www.microsoft.com/windows2000/windowsupdate/sus/`

Hier finden Sie auch viele weiterführende Informationen zu diesem Thema.

Windows Service Packs lassen sich mit den SUS nicht automatisiert auf den Clients verteilen. Dazu eignen sich aber die Funktionen zur Softwareverteilung, wie sie in Abschnitt 8.6 *Softwareverteilung auf Clientsystemen* ab Seite 481 beschrieben werden.

8.5.1 Grundlegendes Verfahren

Über die Komponente *SUS Server* wird der Windows-Server dazu befähigt, die Betriebssystem-Updates von den Microsoft Servern zentral zu sammeln und den Clients im Netzwerk zur Verfügung zu stellen. So benötigt der einzelne Clientcomputer keine direkte Verbindung zu den Microsoft-Update-Servern mehr. Stellvertretend für die Clients werden die Updates nur noch durch den SUS-Server heruntergeladen.

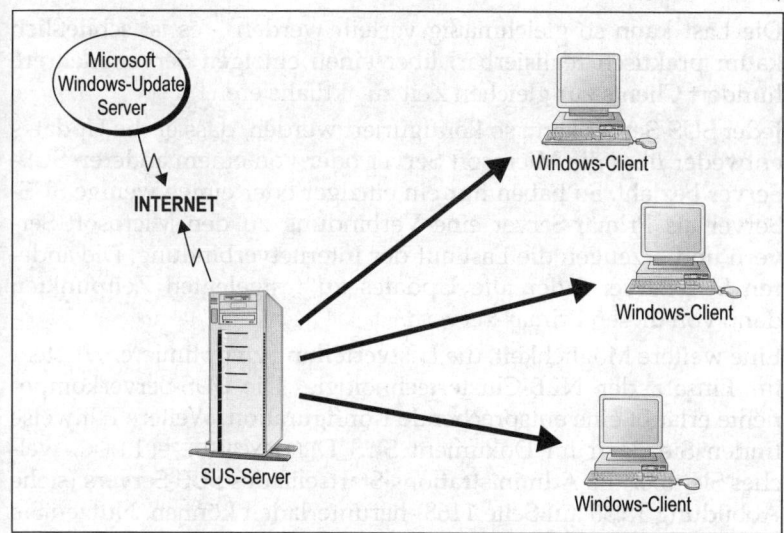

Abbildung 8.3:
Grundprinzip der
Software Update
Services

Die Clients erhalten den Zugriff auf den SUS-Server, indem entsprechende Gruppenrichtlinien angepasst werden. Dies wird in Abschnitt 15.2.3 *Update-Verteilung für SUS-Clients einrichten* ab Seite 1171 erklärt.

Mehrere SUS-Server einsetzen

In größeren Netzwerken kann es durchaus Sinn machen, mehrere SUS-Server einzusetzen.

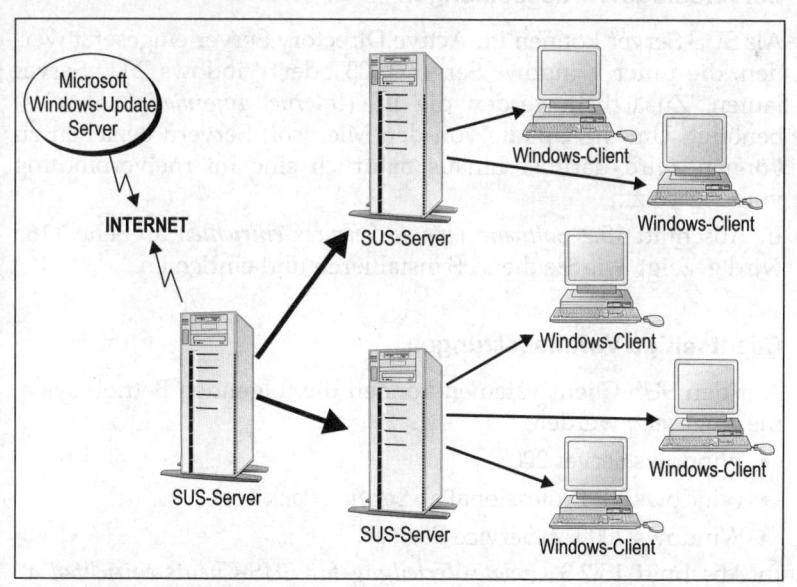

Abbildung 8.4:
Mehrere SUS-Server
im Einsatz

Die Last kann so gleichmäßig verteilt werden – es ist schließlich kaum praktisch realisierbar, über einen einzigen Server mehrere hundert Clients zur gleichen Zeit zu aktualisieren.

Updates von anderen SUS-Servern beziehen

Jeder SUS-Server kann so konfiguriert werden, dass er die Updates entweder über die Microsoft Server oder von einem anderen SUS-Server bezieht. So haben nur ein einziger oder einige wenige SUS-Server als Primär-Server eine Verbindung zu den Microsoft Servern und erzeugen die Last auf der Internetverbindung. Die anderen SUS-Server laden die Updates zu festgelegten Zeitpunkten dann von diesen Primär-Servern.

NLB-Cluster

Eine weitere Möglichkeit, die Lastverteilung zu optimieren, besteht im Einsatz der NLB-Clustertechnologie. Die SUS-Serverkomponente erlaubt eine entsprechende Konfiguration. Weitere Hinweise finden Sie dazu im Dokument SUS_DEPLOYGUIDE_SP1.DOC, welches Sie über die Administrations-Startseite des SUS-Servers (siehe Abbildung 15.30 auf Seite 1168) herunterladen können. Nutzen Sie dort den Link MICROSOFT SOFTWARE UPDATE SERVICES DEPLOYMENT GUIDE.

8.5.2 Technische Voraussetzungen

Damit die SUS eingesetzt werden können, sind einige Voraussetzungen zu erfüllen.

Serverseitige Voraussetzungen

Als SUS-Server können im Active Directory Server eingesetzt werden, die unter Windows Server 2003 oder Windows 2000 Server laufen. Zusätzlich werden die IIS (*Internet Information Services*) benötigt. Um die Update von den Microsoft Servern beziehen zu können, wird darüber hinaus natürlich eine Internetverbindung vorausgesetzt.

Einrichtung ab Seite 1165

In Abschnitt 15.2 *Software Update Services einrichten* ab Seite 1165 wird gezeigt, wie Sie die SUS installieren und einrichten.

Clientseitige Voraussetzungen

Auf den SUS-Clientsystemen können die folgenden Betriebssysteme eingesetzt werden:

- Windows Server 2003
- Windows XP Professional ab Service Pack 1
- Windows 2000 ab Service Pack 3

Einrichtung ab Seite 1171

In Abschnitt 15.2.3 *Update-Verteilung für SUS-Clients einrichten* ab Seite 1171 wird gezeigt, wie Sie gezielt Clients für die regelmäßige automatische Update-Versorgung einrichten.

local

...chhaltig   EDV

Programmierung   Aushilfe

5370   1.03

v w x # !

I C z j M P !

q c W L a O ?

b 6 c a A ! c Z u v q E E K

Summe	988,57 €
Gesamtsumme	1.374,17 €

Shopit 2

Verwaltung

Socket 771   ¡ 5000 VF

Benutzer :   Administrator
                Webmaster   Qu
                Mitarbeiter   EK
                Aushilfe   FL

                SQLServer   SA

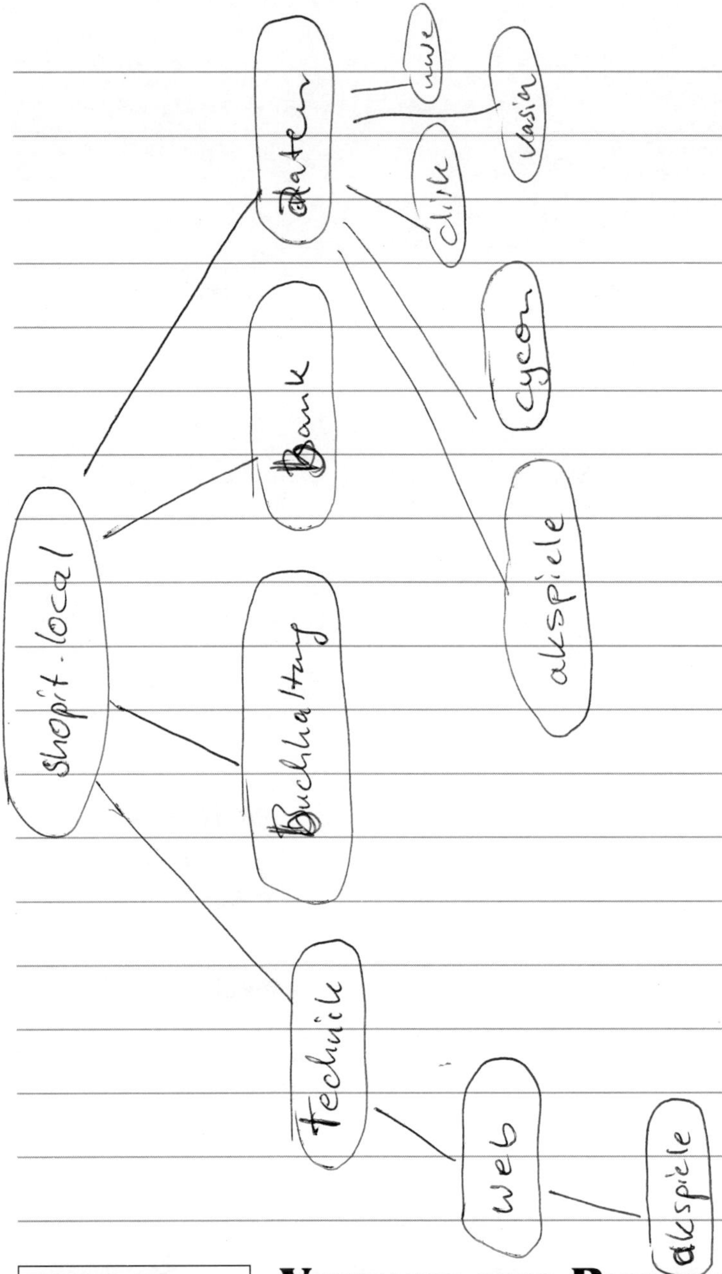

Daten

uwe

vasin

clirk

cycon

Bank

akspiele

shop't. local

Buchhaltug

Technik

web

akspiele

VDP
HESSEN

VERBAND DER PFLEGEDIREKTOREN
HESSEN E.V.

Telefon 0 69/76 01 32 07 · Telefax 0 69/76 38 51
Internet: http://www.vdp-hessen.de

8.6 Softwareverteilung auf Clientsystemen

Dieses Thema ist für viele Administratoren ein rotes Tuch, denn
die Verteilung von Software im Netzwerk ist ein umfangreiches
und riskantes Unterfangen. Üblicherweise wird dazu in größeren
Netzwerken Systemmanagement-Software (SMS) eingesetzt, die
jedoch selbst wieder anspruchsvolle Konfigurationsschritte erfordert. Außerdem ist die Softwareverteilung eng mit den Client-
Betriebssystemfunktionen verknüpft, was nicht jede SMS ausreichend unterstützt.

Alternativen für die Bereitstellung einheitlicher Desktops und ge- **Alternativen**
meinsam genutzter Software gibt es auch mit den Terminaldiens-
ten. Hier muss man sich aber darüber im Klaren sein, dass eine
effektive Nutzung durch eine größere Anzahl Terminals außerordentlich hohe Ansprüche an die Serverhardware und das Netzwerk stellt. Dies umfasst möglicherweise erhebliche Investitionen
in die Infrastruktur, die nicht unbedingt mit einer äquivalenten
Kosteneinsparung bei den Clients einhergehen.

Die standardmäßig in Windows Server 2003 verfügbaren Funktionen für die Softwareverteilung sind deshalb eine echte Alternative.
Die Software ist im Betriebssystem integriert, sodass keine Zusatz-
kosten entstehen. Zum Installieren von Systemtools, Anwendungen und Windows Service Packs in kleinen und mittleren
Netzwerken sind diese gut geeignet.

In den nachfolgenden Abschnitten werden einige Grundlagen zur **Administration ab**
Softwareverteilung erläutert. Die konkreten Einrichtungsschritte **Seite 1173**
finden Sie in Abschnitt 15.3 *Softwareverteilung* ab Seite 1173.

8.6.1 Überblick

Die Softwareverteilung wird im Active Directory über Gruppenrichtlinien organisiert. MSI-Pakete (*Microsoft Installer*) können so an
die Clients verteilt werden. Andere Installationspakete und –programme werden nicht unterstützt.

Über MST-Dateien (*Microsoft Transforms*) können die MSI-Pakete **MST-Dateien**
angepasst werden. So lässt sich beispielsweise festlegen, dass ein
Office-Paket bestimmten Clients mit deutsch Rechtschreibkon-
trollmodulen und anderen Clients mit französischen Modulen
verteilt wird.

Bei den heute üblichen Festplattengrößen macht es kaum noch
Sinn, den Installationsumfang von Anwendungen einzuschränken.
Sie ersparen sich viel Zeit und unter Umständen Probleme, wenn
eben manche Benutzer doch bestimmte Module benötigen, indem
Sie generell die Programmpakete mit allen Optionen installieren.

Abbildung 8.5:
Grundprinzip der
Softwareverteilung
über Gruppenricht-
linien

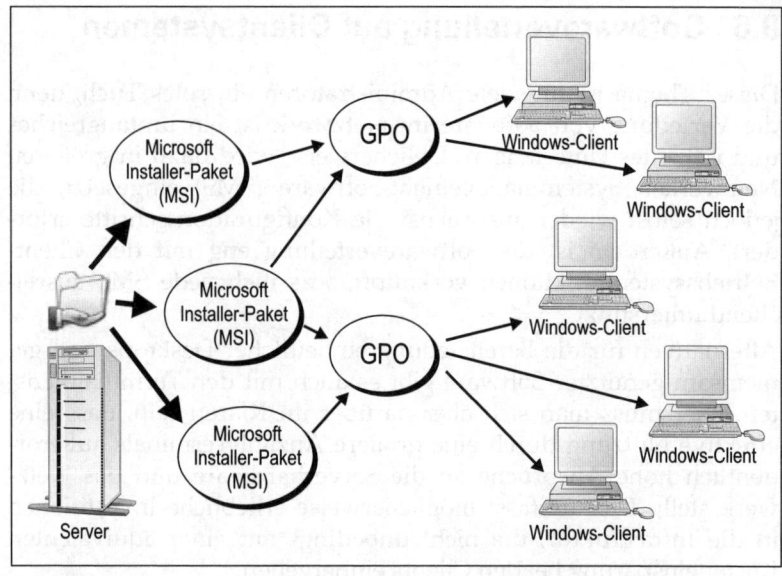

MSI-Pakete erzeu-
gen ab Seite 1180

MST-Dateien lassen sich, ebenso wie MSI-Pakete, mit Tools von Drittherstellern erzeugen. Im vorliegenden Buch wird darauf allerdings nicht weiter eingegangen. In Abschnitt 15.3.4 *MSI-Pakete mit WinINSTALL LE 2003 erstellen* ab Seite 1180 wird jedoch gezeigt, wie Sie mit einem frei erhältlichen Programm eigene MSI-Pakete für Anwendungen erzeugen können, die selbst nur proprietäre Installationsprogramme bieten.

8.6.2 Grundlegende Merkmale

Nachfolgend finden Sie Ausführungen zu den grundlegenden Merkmalen der Softwareverteilung. Ab Seite 1173 werden die konkreten Administrationsschritte gezeigt.

Softwareverteilung an Computer oder Benutzer

Die Verteilung von Softwarepaketen kann sowohl für den Clientcomputer als auch je Benutzer gesteuert werden. Es stehen beide Gruppenrichtlinien dazu zur Verfügung:

- Je Computer

Software auf Client-
computer verteilen

  Die Software wird auf dem Clientcomputer installiert, unabhängig davon, welche Benutzer sich hier anmelden. Setzen Sie dieses Verfahren dann ein, wenn die Software pauschal auf den Clientsystemen benötigt wird. Es ist auch das Szenario denkbar, dass Programme (wie Adobe Photoshop) nur auf bestimmten Arbeitsplatzcomputern (mit spezifischer Hardware-Ausstattung wie Scannern) installiert werden sollen.

- Je Benutzer

  Benötigen bestimmte Benutzer spezielle Anwendungen, so **Software direkt an** können Sie diesen mit der benutzerorientierten Richtlinie zur **Benutzer verteilen** Softwareverteilung ihre Anwendungen bereitstellen, egal an welchem Arbeitsplatz sie sich gerade anmelden. In der Praxis ist dies aber der eher seltenere Einsatzfall. Schließlich kann es so leicht passieren, dass Software damit ungewollt auf Computern verteilt wird, wo sie überhaupt nicht benötigt wird. Lizenzbestimmungen können unter Umständen damit ebenfalls leichter verletzt werden.

Methoden zur Verteilung

Es gibt verschiedene Methoden, mit denen die Software verteilt werden kann:

- Veröffentlichen im Active Directory

  Veröffentlichte Software wird nicht offensiv zur Installation an- **Veröffentlichen** geboten. Diese Möglichkeit gibt es zudem nur bei der Benutzer-Richtlinie. Die Software kann dann über das Applet *Software* in der *Systemsteuerung* manuell installiert werden. Außerdem können Sie einrichten, dass eine Installation automatisch vorgenommen werden soll, wenn der Benutzer ein Dokument öffnet, welches durch die Software bearbeitet werden kann.

- Installation durch feste Zuweisung

  Bei der Zuweisung über eine Computer-Richtlinie wird die In- **Zuweisen** stallation »zwangsweise« sofort durchgeführt.

  Wird dies für eine Benutzer-Richtlinie angewendet, dann werden zwei grundlegende Verfahren unterschieden:

  - *Installation bei Bedarf*

    Für die Software wird ein Symbol im Startmenü angelegt. Klickt der Benutzer darauf oder versucht er, ein Dokument zu öffnen, mit dessen Typ die zu installierende Anwendung verknüpft ist, dann wird die Installation eingeleitet. Diese Vorgehensweise ist unbedingt dann zu empfehlen, wenn Sie eine größere Anzahl von Clientsystemen mit Software ausstatten wollen. Würden beispielsweise hundert Systeme zur gleichen Zeit mit der tatsächlichen Installation beginnen, etwa beim morgendlichen Anmelden um 8:00 Uhr, würde binnen kurzer Zeit das Netzwerk zusammenbrechen.

  - *Automatisch bei der Anmeldung installieren*

    Die Software wird generell bei der Anmeldung des Benutzers installiert.

8.6.3 Windows Installer

Der Windows Installer ist keine erst für Windows 2000/XP oder Windows Server 2003 entwickelte Komponente. Sie finden diese Technologie bereits in Windows 9x/ME und Windows NT 4.0.

Basisfunktionen

Softwaremanagementsystem

Der Windows Installer ist kein einfaches Installationsprogramm, sondern ein Softwaremanagementsystem (SMS). Verwaltet werden außer der Installation auch das Löschen von Programmen oder Programmteilen und die Wiederherstellung defekter Programme. Die Installation von verschiedenen Quellen wird ebenfalls unterstützt. So spielt es keine Rolle, ob Sie als Quelle die originale Diskette oder eine Kopie auf der Festplatte nutzen.

Die Basisfunktionen umfassen:

• Wiederherstellung des Ausgangszustandes, wenn die Installation misslingt

• Verhinderung von gegenseitigen Beeinflussungen von Programmen

Hier ist vor allem der Schutz vorhandener DLLs hervorzuheben, die bei früheren Installationsmethoden einfach durch neuere Versionen ersetzt wurden, obwohl sie von anderen Programmen in der bisher vorliegenden Fassung benötigt werden. Wenn sich Programme eine DLL teilen, wird verhindert, dass diese DLL bei der Deinstallation eines der Programme gelöscht wird.

• Diagnose- und Reparaturfunktionen

Dazu gehört vor allem das Nachinstallieren von defekten Dateien, ohne dass der gesamte Installationsprozess wiederholt werden muss.

• Zuverlässiger Deinstallationsprozess

Der Deinstallationsprozess ist äußerst zuverlässig. Er erkennt alle nicht mehr benötigten Dateien und entfernt diese. Das betrifft auch die Registrierungseinträge.

• Dynamische Nachinstallation von selten benötigten Programmfunktionen

Die Applikation kann die Installation selbst anfordern, wenn der Benutzer eine Funktion wählt, die noch nicht installiert wurde.

• Unbeaufsichtigte Installation

Mit Hilfe von Skripten kann ein vorkonfigurierter Ablauf genutzt werden.

Arbeitsweise des Windows Installers

Der Windows Installer ist in zwei Teile getrennt: Ein clientseitiges Programm (MSIEXEC.EXE) und ein Installationsskript mit der Dateierweiterung MSI. Zusätzlich können noch Transformationsanweisungen in einer MSI-Datei existieren. Das Installationsprogramm führt dann alle Aufgaben der Installation aus:

- Kopieren der Dateien
- Generierung von Dialogen für Benutzereingaben
- Einstellungen in der Registrierung
- Verknüpfung auf dem Desktop
- Einrichtung im Startmenü

Das MSI-Paket ist ein primitives relationales Datenbankformat. **MSI-Paket** Diese Datenbank enthält alle Installations- und Deinstallationsinformationen. Es ist normalerweise Aufgabe des Herstellers der Software, das MSI-Paket zu erzeugen.

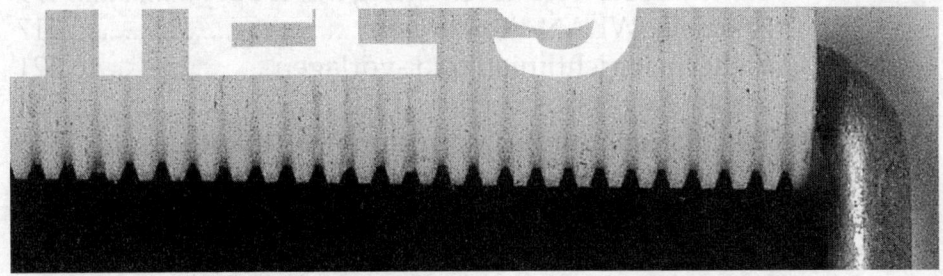

9

Sicherheit

Window Server 2003 bietet umfassende Techniken zum Aufbau sicherer Netzwerke. Dies betrifft sowohl Maßnahmen für eine sichere Anmeldung und eine sichere Datenübertragung als auch den Aufbau kompletter Strukturen für die Verwaltung öffentlicher Schlüssel (PKI).

Dieses Kapitel bietet unter anderem eine Einführung in PKI-Techniken und die Darstellung elementarer Awendungen von Zertifikaten. Des Weiteren werden alle sicherheitsrelevanten Module besprochen.

Inhaltsübersicht Kapitel 9

9.1 Einführung

In den folgenden Abschnitten erhalten Sie einen Überblick über dieses Thema sowie über die Mechanismen, die in Windows Server 2003 die System- und Netzwerksicherheit gewährleisten sollen.

9.1.1 Typische Sicherheitsanforderungen

Windows Server 2003 bietet verschiedene Sicherheitsdienste, die teilweise fest integriert sind und nicht konfiguriert werden können. Andere Dienste lassen sich sehr genau an spezielle Bedürfnisse anpassen. Um was es eigentlich bei den Sicherheitsanforderungen geht, sollte zuvor geklärt werden. Denn bei jeder Maßnahme müssen Sie wissen, welche Art von Angriffen abgewehrt werden soll; andernfalls kann ein unqualifizierter Eingriff größeren Schaden anrichten als wenn Sie die Standardkonfiguration einfach zu belassen.

Die folgende Liste von Sicherheitsanforderungen hilft Ihnen, die Systemsicherheit Ihrer Server gezielt verbessern:

Liste von Sicherheitsanforderungen

- Anmeldung von Benutzern

  Windows Server 2003 ermöglicht die einmalige Anmeldung von Benutzern trotz der unternehmensweiten Bereitstellung von Ressourcen. Dies ist ein großer Vorteil, verlangt jedoch auch eine zentrale Verwaltung der Sicherheitsrichtlinien.

- Starke Authentifizierung und Autorisierung

  In vielen Fällen kann die Übertragung von Kennwörtern verschlüsselt werden.

- Sichere Kommunikation zwischen internen und externen Ressourcen

  Ebenso lassen sich Datenströme mit großen Schlüsselbreiten sichern. Damit sind auch die Wege gesichert, die nicht unter der Kontrolle des Administrators verlaufen.

- Vergabe von Sicherheitsrichtlinien

  Sicherheitsrichtlinien erlauben die zentrale Verwaltung und Kontrolle von Zugriffsrechten auf Ressourcen.

- Überwachung

  Fast alle Vorgänge in Windows Server 2003 lassen sich detailliert überwachen. Damit können Sicherheitslücken entdeckt werden, die bei der Installation nicht sofort geschlossen wurden.

9.1.2 Sicherheitsrelevante Systemkomponenten

Sicherheitsrelevante
Funktionen

Folgende Systemkomponenten enthalten sicherheitsrelevante Funktionen und werden nachfolgend näher betrachtet:

* Active Directory

  Active Directory spielt eine wesentliche Rolle in Bezug auf die Systemsicherheit. Für die Absicherung eines Servers, der universelle Aufgaben im Netzwerk erfüllt, ist Active Directory unbedingt notwendig. Lesen Sie dazu das Kapitel 6 *Grundlagen Active Directory* ab Seite 319.

* Kerberos Authentifizierungsprotokoll

  Dieses Protokoll sichert die Verschlüsselung des Anmeldevorgangs, damit Kennwörter nicht unverschlüsselt übertragen werden müssen. Diesem Thema ist der Abschnitt 9.2 *Sichere Authentifizierung* ab Seite 491 gewidmet.

* Public Key Infrastructure

  Hier geht es um die Ausstellung von Zertifikaten im Unternehmen. Damit können sicherheitsrelevante Funktionen direkt kontrolliert werden. Eine Einführung finden Sie in Abschnitt 9.6 *Public Key Infrastructure (PKI)* ab Seite 534.

* Smartcards

  Smartcards erlauben die Anmeldung an Computern mit Windows 2000, XP und 2003 ohne Eingabe von Benutzername und Kennwort. Zur Authentifizierung ist auf der Smartcard ein Zertifikat gespeichert. In Abschnitt 9.8.5 *Smartcards für die Benutzeranmeldung* ab Seite 581 finden Sie dazu weitere Informationen.

* Verschlüsselndes Dateisystem (EFS)

  Mit Hilfe des verschlüsselnden Dateisystems lassen sich Daten wirksam schützen. In Abschnitt 4.3 *Das verschlüsselnde Dateisystem (EFS)* ab Seite 159 wird dieses Thema behandelt.

* Sicherheitsvorlagen

  Sicherheitsvorlagen erlauben die Einstellung sicherheitsrelevanter Funktionen auf lokalen Systemen oder im Active Directory auf besonders einfache Weise. Einige Vorlagen sind bereits vordefiniert. Informationen dazu finden Sie in Abschnitt 9.5 *Sicherheitsrichtlinien und -vorlagen* ab Seite 521.

* IPSec

  IPSec sichert die Übertragung zwischen zwei Netzwerkknoten. Vor allem im WAN-Bereich bietet sich der Einsatz an. Grundlegende Informationen finden Sie in Abschnitt 9.3 *Sichere Netzwerkübertragung mit IPSec* ab Seite 499.

9.2   Sichere Authentifizierung

Jeder Benutzer, der im Active Directory-Netzwerk arbeiten möchte, muss sich authentifizieren. Dies erfolgt über die Anmeldung an einem Domänencontroller. Erst nach der erfolgreichen Anmeldung können Ressourcen genutzt oder Programme ausgeführt werden. Es ist naheliegend, dass dieser Anmeldevorgang in ganz besonderer Weise abgesichert werden muss.

Kerberos (dt. Zerberus) ist in der klassischen griechischen Mythologie der dreiköpfige Hund, der den Eingang zum Hades, der Unterwelt, bewacht. Damit wird das Grundprinzip des Protokolls reflektiert, an dem drei Parteien beteiligt sind: Client, Server und ein vertrauenswürdiger Dritter. **Dreiköpfiger Hund**

9.2.1   Der Anmeldevorgang

Prinzipiell stehen zwei Methoden für die Anmeldung zur Verfügung:

- Eingabe von Benutzername und Kennwort im Anmeldedialog
- Eingabe einer Smartcard und der dazugehörigen PIN-Nummer

Die Anmeldung per Smartcard setzt voraus, dass ein kompatibler Smartcard-Leser verwendet wird. Außerdem muss ein Smartcard-Schreiber im Netzwerk existieren, mit dem die für die Anmeldung verwendeten Zertifikate auf die Karten kopiert werden. Details dazu finden Sie im Abschnitt 9.8.5 *Smartcards für die Benutzeranmeldung* ab Seite 581. **Smartcard**

Der Anmeldedialog WINDOWS-ANMELDUNG kann nach dem Hochfahren des Systems mit der Tastenkombination Strg+Alt+Entf gestartet werden. In WINDOWS-ANMELDUNG müssen dann der Benutzername und das Kennwort angegeben werden. Ist der Computer in einer Domäne, ist zusätzlich der Name der Domäne anzugeben. Es werden hier also prinzipiell zwei verschiedene Anmeldeprinzipien angeboten: **Anmeldedialog**

- Lokale Anmeldung
- Anmeldung im Netzwerk

Im folgenden Text wird der Anmeldevorgang im Netzwerk beschrieben, wobei generell eine Anmeldung am Active Directory gemeint ist.

Der Anmeldevorgang an einer Domäne unterscheidet sich aus Benutzersicht nur wenig von der lokalen Anmeldung. Der Benutzer gibt Namen und Kennwort ein und wählt die Domäne aus. Dabei besteht nur die Wahl zwischen der lokalen Anmeldung und der vom Administrator beim Registrieren des Computers eingetragenen Domäne. **Anmeldevorgang für eine Domäne**

Alternativ kann der Benutzer auch als Benutzername den UPN (*User Principal Name*) angeben, der als »konto@domäne« definiert ist und in der Regel der E-Mail-Adresse entspricht. In dem Augenblick, zu dem der Benutzer das @-Zeichen eingibt, wird das Feld zur Eingabe der Domäne gesperrt. Für manche Benutzer, die den Begriff Domäne nicht verstehen, ist diese Form der Anmeldung angenehmer. Für den Anmeldeprozess selbst spielt das keine Rolle.

Wie der Startvorgang intern abläuft

Der Anmeldevorgang ist besonders kritisch, denn hier werden der Anmeldename und das Kennwort übertragen. Spezielle Sicherungsmaßnahmen sind eingeführt worden, um hier keine Angriffspunkte zu bieten.

Tatsächlich beginnt der Anmeldeprozess nicht mit der Eingabe des Kennwortes, sondern bedeutend früher – unmittelbar mit dem Start des Betriebssystems der lokalen Arbeitsstation. Dies wird auch mit *Start- und Anmeldevorgang* bezeichnet.

DHCP

Der Prozess beginnt mit dem Start des Arbeitsplatzcomputers. Zuerst wird die Verbindung mit dem Netzwerk hergestellt. Dies erfolgt durch Suchen eines DHCP-Servers, wenn mit dynamischen IP-Adressen gearbeitet wird. Wird mit festen IP-Nummern gearbeitet, kann sofort mit der Suche des Domänencontrollers begonnen werden. Andernfalls wird die Antwort des DHCP-Servers abgewartet. Der Suchvorgang des DHCP-Servers generiert entsprechende Abfragen auf dem Netzwerk, in der Regel die Sequenz DISCOVER → OFFER → REQUEST → ACK. Als Protokolle kommen DHCP und REVERSE ARP zum Einsatz. Mehr Informationen dazu finden Sie in den Abschnitten 5.5.2 *IP-Adressvergabe mit DHCP* ab Seite 245 und 5.2.1 *Address Resolution Protocol (ARP)* ab Seite 197.

Auch wenn der Client eine feste Lease einer IP-Adresse hat, erneuert er die Anfrage wie beschrieben, da sich die Konfiguration geändert haben könnte. Im nächsten Schritt wird der Domänencontroller gesucht. Dazu generiert der Client eine spezielle Anfrage an den DNS-Server. Diese Anfrage hat die folgende Form:

```
_ldap._tcp.dc._msdcs.<Domäne>
```

DNS

Für <Domäne> wird der angegebene Domänenname eingesetzt. Als Protokoll kommt natürlich DNS zum Einsatz. Der DNS-Server liefert nun die IP-Nummer aller Domänencontroller.

DC ermitteln

Wenn mehrere Domänencontroller zur Auswahl stehen, nimmt der Client einen Zufallsgenerator, um die Auswahl zu treffen. Dieser Wert wird in der Registrierung gespeichert und bei künftigen Anmeldungen bevorzugt verwendet. Das Verhalten kann gesteuert werden, falls die Domäne sich über mehrere Standorte erstreckt. Dazu wird die Anfrage folgendermaßen erweitert:

`_ldap._tcp.<Standort>.dc._msdcs.<Domäne>`

Wenn Standorte definiert und ihnen Domänencontroller und Clients zugeteilt wurden, kann das Auswahlverhalten beeinflusst werden. Nach Zuteilung der Liste der Domänencontroller wird aus dieser Auswahl – gegebenenfalls bereits auf einen Standort beschränkt – der nächstliegende ermittelt. Dazu wird die IP-Adresse mit ARP und mit DNS eines Domänencontrollers ermittelt und letzterer mit LDAP abgefragt. Diese Abfrage dient nur dem Testen des Antwortverhaltens. Der schnellste Domänencontroller wird nur ausgewählt, um den Anmeldeprozess ausführen zu können.

Für den Anmeldeprozess muss ein sicherer Kanal aufgebaut werden, da sicherheitsrelevante Daten übertragen werden. Dazu findet zuerst eine Aushandlung über SMB (*Server Message Block*) statt. An diese schließt sich ein Aufruf des Netzanmeldeprozesses per RPC (*Remote Procedure Call*) an. **SMB/RPC**

Ist der sichere Kanal aufgebaut, versucht der Client ein Kerberos-Ticket zu erhalten. Dies erhält er von einem KDC (*Key Distribution Controller*). Normalerweise bietet diesen Dienst jeder Domänencontroller an. Der Vorgang ähnelt der Abfrage des LDAP-Dienstes und nutzt wieder den DNS-Server mit der folgenden Anfrage, wobei allerdings statt DNS das sicherere SMB verwendet wird: **Kerberos**

`_kerberos._tcp.dc._msdcs.<Domäne>`

Ist der KDC bekannt, wird mittels Kerberos ein Ticket verlangt. Wie dieser Prozess abläuft und welche Bedeutung er hat, wird weiter unten beschrieben. Ist das Kerberos-Ticket vorhanden, werden Verweise auf das *Distributed Files System* (DFS) aufgelöst.

Im DFS erfolgen die Anfragen über SMB und für jede Freigabe gesondert. Allerdings kann der Client die Ergebnisse zwischenspeichern. Dieser Prozess läuft ab, wenn die Startsequenz das Nachrichtenfenster »Netzwerkverbindungen werden hergestellt« anzeigt. **DFS**

Nun werden Objekte im Active Directory abgefragt. Das erste ist der Benutzername, der in verschiedenen Formen angegeben sein kann. Der Aufruf der Dienste findet über RPC statt. Der Client ruft also entsprechende Dienste auf dem Domänencontroller auf. Darin eingeschlossen ist auch die Abfrage des *RootDSE* (Root des Domänencontrollers, ein LDAP-Standardattribut). Alle Organisationseinheiten liegen unterhalb des RootDSE. Der Client transformiert den Anmeldenamen – egal wie er eingegeben wurde – mit Hilfe eines entsprechenden Dienstes auf dem Server in den *Distinguished Name* (DN) und fordert für diesen die Gruppenrichtlinien an. Die Identifizierung von Objekten – in erster Instanz gilt das für den

Benutzernamen – wird auch als »Binden« bezeichnet. Als Protokoll kommt für Abfragen LDAP zum Einsatz, für Dienstaufrufe RPC. Die Gruppenrichtlinien erreichen den Client wiederum über DFS, denn sie liegen im freigegebenen Verzeichnis SYSVOL, und auf dieses wird vom DFS verwiesen.

Abbildung 9.1:
Zusammenfassung
des Startvorgangs

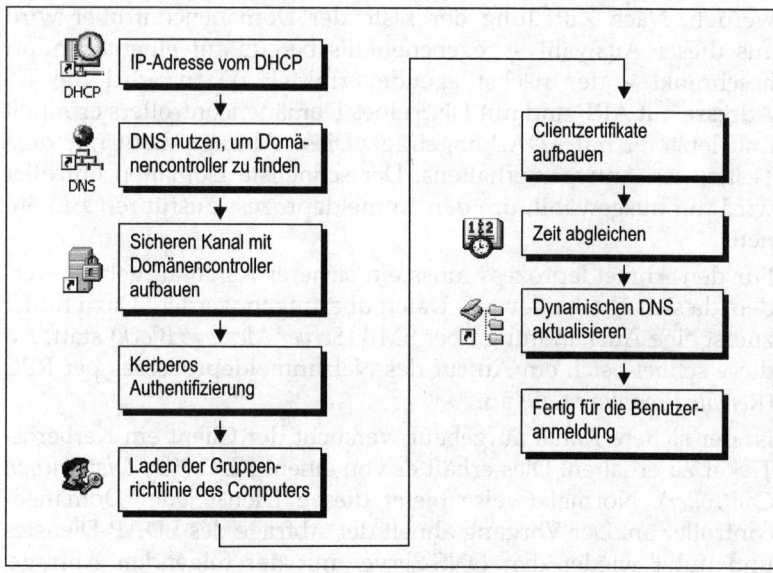

Zertifikate austauschen

Wenn Zertifikate für die sichere Kommunikation verwendet werden, wird der Client diese mit jeder Anforderung einer Gruppenrichtlinie verwenden. Dazu muss er die Rootzertifikate der *Public Key Infrastructure* (PKI) kennen. Dies sind zentral herausgegebene Zertifikate – vom Administrator oder einer externen Instanz –, denen alle Benutzer vertrauen. Das Rootzertifikat wird auch benötigt, um damit das Zertifikat auf einer Smartcard zu überprüfen, falls diese später bei der Anmeldung benutzt wird.

Zeit synchronisieren

Jetzt ist der Client weitestgehend authentifiziert – der Computername war bekannt und eventuell wurden Zertifikate ausgetauscht. Danach wird die Zeit von Server und Client synchronisiert. Die Kommunikation mit dem Zeitnormal findet über SNTP (*Simple Network Time Protocol*) statt.

DDNS

Als letzten Schritt meldet sich der Client im Dynamischen DNS an und wird dort mit der aktuellen IP-Adresse registriert. Hier wird wieder auf DNS als Protokoll zurückgegriffen.

Dann erfolgt noch ein Zugriff auf die Domäne, um die Verbindung zu prüfen. Dies erfolgt mit SMB. Das System ist nun bereit für den Benutzer. An dieser Stelle wird der Anmeldedialog aufgeblendet und der Benutzer kann Strg+Alt+Entf drücken.

Wie der Authentifizierungsvorgang intern abläuft

Die Authentifizierung des Benutzers entspricht einer verkürzten Version der Authentifizierung des Computers. Der Benutzer kann sich effektiv auf zwei Arten anmelden:

- Nutzung des Kontonamens, so wie es im *Security Account Manager* (SAM) gespeichert wird. Zusätzlich ist die Domäne anzugeben. Der Benutzer »uwe« meldet sich dann in der Domäne »comzept-gmbh« an.

- Angabe des *User Principle Name* (UPN) oder des vollen Domainnamens. Normalerweise werden diese beiden Varianten gleich sein (nämlich wenn der Name der Domäne und der DNS-Name identisch sind). Es ist aber möglich, dass hier zwei verschiedene Namen stehen. Ein kompletter UPN sieht etwa so aus: `uwe@comzept-gmbh.de`

Die hier beschriebenen Varianten gelten nur, wenn die Domäne in einer Domänenfunktionsebene läuft, die über *Windows 2000 gemischt* liegt. Zu diesem Thema finden Sie weitere Informationen in Abschnitt 6.8.1 *Domänenfunktionsebenen* ab Seite 420.

Der Client überführt alle Namensversionen in die interne Darstellung des Distinguished Name (DN) und sucht diesen dann im globalen Katalog der Domäne. Verbunden mit diesem Prozess ist zuerst die Aushandlung eines Sitzungstickets mit Kerberos. Insgesamt werden vier Tickets benötigt:

Name abgleichen und im GC suchen

- Servername `<Server>$`
- Name des Domänencontrollers `<DC>$`
- Kerberos-Dienst des DNS `krbtgt.<DNS-Domänenname>`
- LDAP-Dienst `ldap.<DC>.<DNS-Domänenname>`

Kerberos-Tickets besorgen

Eine genauere Darstellung der Vorgänge bei der Authentifizierung über Kerberos finden Sie im Abschnitt 9.2.2 *Kerberos-Authentifizierung im Detail* ab Seite 496. Der Zugriff auf den Globalen Katalog sichert die Kontrolle der Mitgliedschaft in globalen Sicherheitsgruppen.

Abbildung 9.2:
Ablauf der
Benutzeranmeldung

Danach werden die Gruppenrichtlinien des Benutzers geladen. Dies erfolgt über LDAP und SMB. Dann wird die Verbindung vorerst beendet. Jede weitere Aktivität auf dem Netzwerk hängt nun von den Aktionen des Benutzers oder eventuell startender Software ab.

9.2.2 Kerberos-Authentifizierung im Detail

Wie dargestellt, spielt Kerberos eine zentrale Rolle im Authentifizierungsprozess. Mit Kerberos besteht die Möglichkeit, den Authentifizierungsprozess auf einen einmaligen Vorgang zu beschränken, das so genannte *Single Sign-On*. Die Kontrolle der Authentizität beruht bei Kerberos auf Gegenseitigkeit, das heißt, auch der Server wird authentifiziert. Das war bei NTLM nicht der Fall. Dort vertraute der Client dem Server blind.

Im Folgenden wird nur von Benutzern gesprochen. Der Ablauf ist aber bei jeder Authentifizierung gleich, beispielsweise auch bei der gegenseitigen Authentifizierung von Domänencontrollern, die Vertrauensstellungen aufbauen.

Kerberos basiert auf der Überlegung, dass zwei Stellen sich gern gegenseitig vertrauen möchten und dazu über einen geheimen Schlüssel verfügen. Da der Übertragungsweg zwischen diesen Stellen aber nicht sicher ist, können sie nicht einfach den Schlüssel austauschen. Die beiden Partner verwenden daher einen so genannten kryptografischen Schlüssel. Dies ist ein symmetrischer Schlüssel, der sowohl ver- als auch entschlüsseln kann. Mit diesem Schlüssel wird eine zur Identifikation geeignete Information verschlüsselt und vom Partner wieder entschlüsselt. Durch den kryptografischen Schlüssel wird lediglich die Echtheit der Verschlüsselung überprüft, weder die Information selbst noch der Schlüssel werden dem Empfänger bekannt gegeben. Der Empfänger kann nur feststellen, dass der Partner über ein zu seinem Schlüssel passendes Exemplar verfügt. Horcht ein Hacker an der Leitung und empfängt das verschlüsselte Paket, verfügt er ja nicht über das Pendant des anderen Teilnehmers. Er kann vielleicht mit viel Aufwand dieses Paket entschlüsseln, erfährt aber nur die sinnlose Information, die zu Prüfzwecken verschlüsselt wurde. Dieser erste Schritt ist also nur eine Echtheitsbestätigung. Der Vorgang kann in beiden Richtungen ablaufen, sodass sich sowohl der Server als auch der Client gegenseitig der Echtheit versichern.

Als Informationen werden unter Windows Server 2003 der Benutzername und ein Zeitstempel gesendet. Die Zeitinformation stellt sicher, dass das Paket nicht abgefangen und woanders bearbeitet wurde. Der Ablauf muss also immer zeitnah sein. Der Standardwert beträgt fünf Minuten und kann in den Sicherheitsrichtlinien vom Administrator geändert werden. Durch den Zeitstempel ist auch eine Wiederverwendung der Pakete durch Dritte nicht möglich – es sind praktisch nur einmalig verwendbare Vorgänge.

Zeitkontrolle

Der Vorgang geht bis dahin immer noch davon aus, dass beide Parteien über einen gemeinsam genutzten, symmetrischen geheimen Schlüssel verfügen. Diesen verteilt ein gemeinsamer vertrauenswürdiger Dritter – das *Key Distribution Center* (KDC). Dieser Dienst wird normalerweise auf einem Domänencontroller installiert. Dies ist kein vom Administrator beeinflussbarer Vorgang – Kerberos und der KDC sind standardmäßig installiert und aktiviert. Der KDC kennt alle Sicherheitsprinzipale der Domäne und kann deshalb dauerhafte sichere Schlüssel ausstellen. Dies erfolgt durch Anforderung eines Schlüssels durch den Client an den KDC. Der KDC erstellt zwei Kopien eines Sitzungsschlüssels. Beide werden an den Client gesendet. Die Kopie für den Server wird mit den Daten des Clients in einem Sitzungsticket verpackt. Dazu kommt der Sitzungsschlüssel. Alles zusammen wird mit dem neuen geheimen Schlüssel verschlüsselt. Der Client empfängt dieses Paket und extrahiert das Ticket und die Kopie des Schlüssels. Der Schlüssel wird im Speicher gehalten, nicht auf der Festplatte – ein Diebstahl des Clientcomputers ist also zwecklos. Wenn der Client nun mit dem Server kommunizieren will, sendet er das originale Ticket zurück, dessen Inhalt er weder entschlüsseln noch verändern kann. Außerdem verschlüsselt er seine Anmeldedaten, also das Kennwort, mit dem übertragenen Sitzungsschlüssel. Damit wird er vom Server authentifiziert. Das Kennwort ging also niemals unverschlüsselt über die Leitung. Der KDC kann das Ticket entschlüsseln, weil er über den Originalschlüssel verfügt. Damit kann er überprüfen, ob das Ticket von ihm selbst stammt. So sind Angriffe durch gefälschte KDC ausgeschlossen (die überdies auch einen gültigen Domänencontroller simulieren müssten). Der Client wiederum muss über Benutzername (mit Kennwort) verfügen, der in der Domäne bekannt sein muss. Diese Daten sind aber zu kei-

Schlüsselaustausch

nem Zeitpunkt unverschlüsselt übertragen worden, sodass ein Abhören der Leitung zwecklos ist. Ein Diebstahl des Clientcomputers ist ebenfalls sinnlos, weil dort keine relevanten Daten gespeichert sind.

Zeitbegrenzung des Sitzungstickets

In der Praxis ist das Sitzungsticket auch für folgende Authentifizierung gültig, sodass der KDC nicht ständig Anfragen bearbeiten muss. Die Laufzeit der Tickets ist aber begrenzt. Der Standardwert beträgt zehn Stunden. Dieser Wert kann in den Sicherheitsrichtlinien eingestellt werden. Damit wird üblicherweise ein Arbeitstag abgedeckt. Das Sitzungsticket wird früh beim Anmelden ausgestellt und bleibt dann den ganzen Tag gültig. Mit dem Herunterfahren des Computers geht es verloren. Damit wird einem Diebstahl des Tickets vorgebeugt.

Langzeittickets

Bei der allerersten Anmeldung eines Clients – und nur dann – wird ein Langzeitschlüssel erstellt. Dieser Prozess geht mit der Herausgabe des Sitzungstickets einher. Der KDC gibt dabei ein spezielles Ticket an sich selbst heraus, »Ticket erteilendes Ticket« genannt (*Ticket Granting Ticket* - TGT). Der Langzeitschlüssel für diesen ersten Vorgang basiert auf einer Hashfunktion, die das eingegebene Benutzerkennwort als Startwert benutzt. Hashfunktionen verschlüsseln nur in einer Richtung, sind also nach heutigen Kenntnissen nicht dechiffrierbar. Eine typische Hashfunktion ist MD5. Der aus dem Kennwort abgeleitete Schlüssel wird verwendet, um das erste Sitzungsticket zu entschlüsseln. Das ist möglich, weil der Server auch über die Kennwortinformationen verfügt und – dieselbe Hashfunktion vorausgesetzt – gleichartige Schlüssel erstellt.

Anwendung

Kerberos läuft für den Benutzer völlig transparent ab. Verwendet werden bei jeder Authentifizierung das TGT mit dem Langzeitschlüssel (der an das Kennwort gebunden ist), der aktuelle Sitzungsschlüssel (der täglich wechselt) und die Echtheitsbestätigung des Clients.

Konfiguration von Kerberos

Sicherheitsrichtlinien

Kerberos wird über die Sicherheitsrichtlinien konfiguriert. Die Einstellungen erfolgen pro Computer. Einstellungen auf der Ebene der Gruppenrichtlinienobjekte im Active Directory sind nicht möglich, weil Kerberos bereits vor der Anmeldung benötigt wird, die Gruppenrichtlinien für Benutzer aber erst nach der Anmeldung geladen werden können.

Zur Konfiguration öffnen Sie die Sicherheitsrichtlinie über das Gruppenrichtlinienobjekt zur Domäne. Die Kerberos-Richtlinie finden Sie im Richtlinieneditor an dieser Stelle:

```
Computerkonfiguration
\Windows-Einstellungen
```

```
\Sicherheitseinstellungen
 \Kontorichtlinien
  \Kerberos-Richtlinie
```

Doppelklicken Sie auf eine der Richtlinien, die nun rechts in der Liste erscheinen, um Einstellungen vorzunehmen.

Die Kerberos-Richtlinien bestimmen das Verhalten der Ticketausgabe für die Authentifizierung über das Sicherheitsprotokoll Kerberos. Eingestellt werden können:

Kerberos-Richtlinien im Detail

- BENUTZERANMELDEEINSCHRÄNKUNGEN ERZWINGEN

  Prüft zusätzlich die Richtlinien LOKALE ANMELDUNG und ZUGRIFF AUF DIESEN COMPUTER ÜBER DAS NETZ. Diese Richtlinie ist standardmäßig aktiviert.

- MAX. GÜLTIGKEITSDAUER DES BENUTZERTICKETS

  Dies ist das TGT, das standardmäßig 10 Stunden gültig ist und im Allgemeinen dem Arbeitstag des Benutzers entsprechen sollte.

- MAX. GÜLTIGKEITSDAUER DES DIENSTTICKETS

  Dies ist das Sitzungsticket, das standardmäßig 10 Stunden gültig ist und im Allgemeinen dem Arbeitstag des Benutzers entsprechen sollte. Die Angabe erfolgt in Minuten, deshalb stehen dort 600 Minuten.

- MAX. TOLERANZ FÜR DIE SYNCHRONISATION DES COMPUTERTAKTS

  Diese Abweichung in Minuten wird zwischen Client und Server maximal toleriert, wenn bei der Herausgabe des Sitzungstickets der Zeitstempel überprüft wird. Der Standardwert beträgt fünf Minuten und sollte nur verändert werden, wenn Clients die Zeit nicht synchronisieren können.

- MAX. ZEITRAUM, IN DEM DAS BENUTZERTICKET ERNEUERT WERDEN KANN

  Zeitraum in Tagen (Standardwert 7 Tage), innerhalb dessen das TGT erneuert werden kann. Danach wird es neu herausgegeben.

9.3 Sichere Netzwerkübertragung mit IPSec

Eine sichere Anmeldung, beispielsweise über das Kerberos-Protokoll, bedeutet nicht, dass der Netzwerkdatenverkehr selbst gesichert ist. Das Standardprotokoll IP (siehe auch Abschnitt 5.2.3 *Internet-Protokoll (IP)* ab Seite 199) bietet standardmäßig keine Möglichkeiten für eine geschützte Übertragung. Mit geeigneter Soft- und Hardware können Hacker problemlos IP-Pakete abfangen und deren Inhalt auslesen oder sogar verfälscht weitergeben.

9.3.1 Anwendungsbereiche für IPSec

Der Netzwerkverkehr ist in diesen Anwendungsbereichen gefährdet:

LAN
- Intranet

  In den meisten Firmennetzwerken laufen die Datenströme ungeschützt über die Kabel. In sicherheitskritischen Bereichen ist es aber durchaus einer Überlegung wert (und ist in der Praxis teilweise auch schon Realität), den Transport der Daten im Intranet wirksam zu schützen. Allerdings macht das sicherlich nur dann Sinn, wenn das gesamte Sicherheitskonzept keine Schwächen aufweist. So werden Datendiebe auch bei den folgenden Quellen fündig:
  - Schlecht gesicherte Firmen-Räumlichkeiten: Wenn brisante Daten ausgedruckt herumliegen oder in frei zugänglichen Aktenordnern abgeheftet sind, braucht sich niemand die Arbeit zu machen, erst Computer zu knacken.
  - In Verbindung mit dem ersten Punkt: Unzureichende Kennwort-Richtlinien beziehungsweise deren laxe Handhabung in der Praxis, die zu leicht dechiffrierbaren Mitarbeiter-Kennwörtern führen (Denken Sie an die Vornamen der Kinder!).
  - In einfachen Büroräumen abgestellte Serversysteme (oder Notebooks!), die so bei einem Diebstahl leichte Beute sind – oder die damit einen einfachen physischen Zugang ermöglichen.
  - Wenn auch Ihre Netzwerkkabel über eine IPSec-Implementierung keine Daten an potentielle Lauscher mehr abgeben – denken Sie an die Abstrahlung von Bildschirmen, die mit etwas technischem Geschick und handelsüblicher Gerätschaft aus dem Elektronik-Laden über einige Entfernungen aufgefangen werden können.

  Diese kleine Aufstellung erhebt keinen Anspruch auf Vollständigkeit, soll aber auf die grundsätzliche Problematik hinweisen. Es reicht also nicht aus, nur die Authentifizierung und die Netzwerkübertragung sicher zu gestalten, wenn andere Sicherheitslücken bleiben.

Internet (SSL)
- Internet-Verbindungen

  In der Praxis deutlich mehr Relevanz, vor allem auch für den privaten Nutzer, hat die Absicherung der Verbindung ins Internet. Hier gibt es mit SSL (*Secure Socket Layer*) bereits eine heute weit verbreitete und sichere Lösung. Als Voraussetzung für den Einsatz von SSL müssen allerdings die betreffenden Anwendungen das Protokoll unterstützen. Das sind beispielsweise der Webserver sowie der Browser auf der Seite des

Clients. Eine generelle Absicherung beliebiger IP-Netzwerkver-
bindungen ist damit nicht oder nur mit entsprechendem Aufwand möglich.

- WAN-Verbindungen und VPNs **WAN und VPN**

 Wollen Sie zwei Computer (oder Netzwerke) über eine Datenfernverbindung miteinander koppeln, können Sie das heute ü-
 ber zwei grundlegende Techniken erledigen:

 - Direkte Datenfernübertragung (DFÜ)

 Sie benutzen dazu ein Modem, ISDN-Adapter o.ä. und wählen sich mit einem System (DFÜ-Client) beim anderen (DFÜ-
 Server) ein.

 - VPN (*Virtuelles Privates Netzwerk*)

 Während bei einer klassischen DFÜ-Verbindung immer die
 vollen Verbindungskosten, abhängig von der Entfernung,
 anfallen, wird bei der Einrichtung eines VPNs eine bereits
 bestehende Infrastruktur genutzt. In den meisten Fällen ist
 dies das Internet. Haben zwei Computersysteme eine Verbindung ins Internet eröffnet, können Sie prinzipiell auch
 miteinander in Kontakt treten. Beide verfügen dazu über eine öffentliche und damit auch prinzipiell weltweit erreichbare IP-Adresse. Weitere Informationen finden Sie dazu in
 Abschnitt 5.8.6 *Windows Server 2003 als VPN-Server* ab
 Seite 306.

Bei einer klassischen DFÜ-Verbindung können proprietäre **Sicherheitsrisiken**
Netzwerkprotokolle (wie beispielsweise IPX/SPX, NetBEUI
oder Appletalk) zum Einsatz kommen. Diese sind zwar nicht
unbedingt sicherer als TCP/IP, bei Hackern aber bei weitem
nicht so geläufig und damit wesentlich weniger kriminellen
Abhörversuchen ausgesetzt. Anders sieht das bei der Implementierung eines VPNs aus: Hier ist üblicherweise die Verwendung von IP Pflicht – und damit auch das Risiko, abgehört
zu werden, größer.

9.3.2 Theoretische Grundlagen zu IPSec

Mit IPSec (*IP Security*) steht eine Protokolltechnik bereit, die generell die Verbindung zwischen zwei Computersystemen über IP
absichern kann. Dabei spielt die Art dieser Verbindung, ob im
lokalen Netzwerk, per DFÜ oder VPN, keine Rolle. Wichtig ist nur,
dass beide Seiten IPSec »verstehen«. Das beginnt damit, dass sie
sich über eine Authentifizierungsmethode einigen müssen.

Damit wird deutlich, dass IPSec nicht allein auf den reinen Netz- **RFCs 1825 – 1829**
werktransport der Datenpakete beschränkt ist, sondern ein Paket **RFCs 2401 – 2408**
von Protokollen umfasst, die für Authentifizierung, Datenintegri-
tät, Zugriffskontrolle und Vertraulichkeitsbelange innerhalb der

Verbindung zuständig sind. Zu IPSec finden Sie in den RFCs 1825
bis 1829 und 2401 bis 2408 weitere Informationen.

IPSec und PPTP Der häufigste Anwendungsbereich von IPSec ist die Verschlüsselung des Datenverkehrs im VPN. Dabei kommt es im Zusammen-
hang mit dem L2TP (*Layer 2 Tunneling Protocol*) zum Einsatz.
Dieses Protokoll löst zunehmend PPTP (*Point-to-Point Tunneling
Protocol*) ab, das bisher unter Windows NT verfügbar war. L2TP
verfügt im Gegensatz zu PPTP über keine integrierte Verschlüsse-
lungstechnologie, sodass hier der Einsatz von IPSec eine geeignete
Lösung darstellt.

Authentifizierung

IPSec arbeitet mit einer symmetrischen Verschlüsselungstechnik.
Das bedeutet, dass beide IPSec-Clients über den gleichen Schlüssel
verfügen. Dieser Schlüssel kann mit diesen Methoden vor dem
eigentlichen Verbindungsaufbau auf beide Clients verteilt werden:

- Manuell

  Dies ist die einfachste Methode. Sie installieren auf beiden Systemen den gleichen Schlüssel in Form einer ASCII-Zeichen-
  folge. Von Nachteil ist allerdings der manuelle Aufwand, da Sie
  den Schlüssel auf einem sicheren Weg (eben nicht unverschlüsselt über eine E-Mail) auf beide Systeme bringen müssen.

- Kerberos

  Die IPSec-Implementierung unter Windows Server 2003 unter-
  stützt Kerberos als Authentifizierungsmethode. Diese können
  Sie allerdings nur dann benutzen, wenn beide Clients im selben
  Active Directory integriert sind.

- X.509-Zertifikate

  Über eine PKI (*Public Key Infrastructure*) können Sie öffentliche
  Schlüssel einsetzen. Dies ist dann sinnvoll, wenn Sie die Verbindung mit Systemen herstellen wollen, die nicht über Kerberos
  verfügen. Dazu benötigen Sie eine vertrauenswürdige Zertifizierungsstelle. Diese können Sie über ein Serversystem unter
  Windows Server 2003 selbst einrichten oder Sie nutzen Zertifikate kommerzieller Anbieter. Informationen zum Aufbau einer
  PKI finden Sie in Abschnitt 9.6 *Public Key Infrastructure (PKI)* ab
  Seite 534.

IPSec-Betriebsmodi

IPSec besitzt zwei verschiedene Betriebsmodi: den *Transportmodus*
und den *Tunnelmodus*:

- Tunnelmodus

  Im Tunnelmodus wird das komplette IP-Paket verschlüsselt und mit einem neuen IP-Kopf und IPSec-Kopf versehen. Dadurch ist das IPSec-Paket größer als im Transportmodus. Der Vorteil besteht hier darin, dass in den LANs, die zu einem VPN verbunden werden sollen, je ein Gateway so konfiguriert werden kann, dass es IP-Pakete annimmt, sie in IPSec-Pakete umwandelt und dann über das Internet dem Gateway im Zielnetzwerk zusendet, welches das ursprüngliche Paket wiederherstellt und weiterleitet. Dadurch wird eine Neukonfiguration der LANs umgangen, da nur in den Gateways IPSec implementiert sein muss. Außerdem können Angreifer so nur den Anfangs- und Endpunkt des IPSec-Tunnels feststellen. Der IPSec-Kopf wird hinter dem IP-Kopf eingefügt. Er kann zwei Komponenten enthalten, die einzeln, unabhängig voneinander oder zusammen eingesetzt werden können: den Authentifizierungskopf (*Authentification Header*, AH) und den *Encapsulating Security Payload* (ESP). Der AH sichert die Integrität und Authentizität der Daten und der statischen Felder des IP-Kopfes. Er bietet jedoch keinen Schutz der Vertraulichkeit. Der AH benutzt eine kryptographische Hashfunktion (*keyed-hash function*) und keine digitale Signatur, da diese Technik zu langsam ist und den Datendurchsatz im VPN stark reduzieren würde. Der ESP schützt die Vertraulichkeit, die Integrität und Authentizität von Datagrammen. Er schließt aber die statischen Felder des IP-Headers bei einer Integritätsprüfung nicht ein.

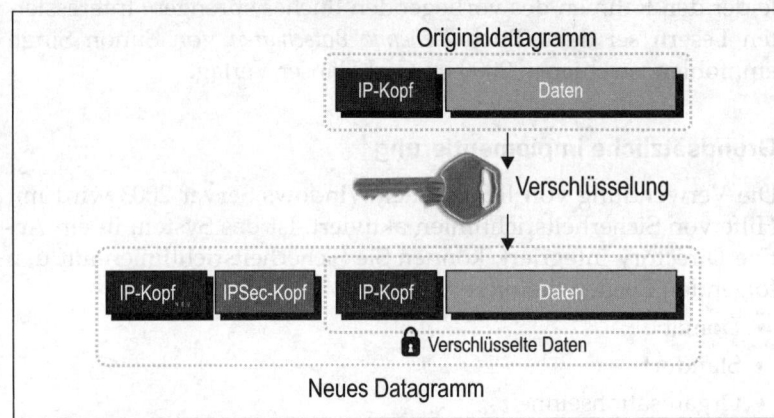

Abbildung 9.3: Aufbau von IPSec-Paketen im Tunnelmodus

- Transportmodus

  Im Transportmodus verschlüsselt IPSec nur den Datenteil des zu transportierenden IP-Paketes. Der Original-IP-Kopf bleibt dabei erhalten und es wird ein zusätzlicher IPSec-Kopf hinzugefügt. Der Vorteil dieser Betriebsart ist, dass jedem Paket nur wenige Bytes hinzugefügt werden. Demgegenüber steht, dass

jede Station im VPN IPSec beherrschen muss, was eine Neukonfiguration von bestehenden Netzen nötig macht. Außerdem
ist es für Angreifer möglich, den Datenverkehr im VPN zu analysieren, da die IP-Header nicht modifiziert werden. Die Daten
selbst sind aber verschlüsselt, sodass man nur feststellen kann,
welche Stationen wie viele Daten austauschen, aber nicht welche Daten.

Abbildung 9.4:
Aufbau von IPSec-
Paketen im Trans-
portmodus

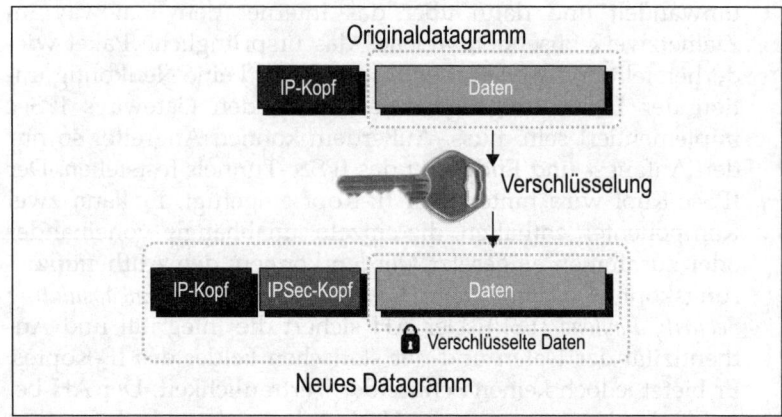

Verschlüsselungs-
verfahren

IPSec verwendet das Diffie-Hellman-Schlüsselaustauschverfahren
zur Identitätsprüfung. Die benutzten kryptographischen Hashfunktionen sind unter anderem HMAC, MD5 und SHA. Als Ver-
schlüsselungsalgorithmen dienen zum Beispiel DES und IDEA,
Blowfish und RC4. Alle diese Verfahren näher zu erläutern, würde
leider den Rahmen des vorliegenden Buches sprengen. Interessierten Lesern sei dazu Buch *Geheime Botschaften* von Simon Singh
empfohlen, erschienen 2000 im Carl Hanser Verlag.

Grundsätzliche Implementierung

Die Verwendung von IPSec unter Windows Server 2003 wird mit
Hilfe von Sicherheitsrichtlinien aktiviert. Ist das System in ein Active Directory integriert, können Sie Sicherheitsrichtlinien auf den
folgenden Ebenen definieren:

• Domäne
• Standort
• Organisationseinheit
• Lokaler Computer

9.3.3 Einrichtung und Administration von IPSec

IPSec (*Internet Protocol Security*) hilft bei der Sicherung der Privatsphäre, der Datenintegrität, bei der Authentifizierung und dem Zugriff auf Netzwerke. Dabei sind folgende Szenarien denkbar:

- Verbindungen Client-Server, Server-Server und Client-Client, die IPSec als direkten Transportmodus für ein TCP/IP-Netzwerk nutzen
- Remote-Verbindungen über L2TP, die zusätzlich über IPSec gesichert werden.

Richtlinie für IP-Sicherheit

Die Bereitstellung von IPSec kann durch Gruppenrichtlinien erzwungen werden. Die Richtlinie für IP-Sicherheit steht auf mehreren Wegen zur Verfügung:

- Als Richtlinie im Snap-In SICHERHEITSEINSTELLUNGEN

  Dies dient der lokalen Konfiguration. Die Einstellungen werden von Active Directory überschrieben, wenn eine Gruppenrichtlinie dies verlangt.

- Als eigenes Snap-In IP-SICHERHEITSEINSTELLUNGEN

  Dies ist nur ein Hilfs-Snap-In, das Sie einer eigenen Managementkonsole hinzufügen können, um die IP-Sicherheit bequem zu verwalten. Die dahinter liegende Datenbank entspricht der des Snap-Ins Sicherheitseinstellungen, das Sie über das Menü VERWALTUNG erreichen.

- In jedem Gruppenrichtlinienobjekt im Active Directory

  Hier konfigurieren Sie Sicherheitsrichtlinien, die für bestimmte Objekte im Active Directory gelten. Lokale Sicherheitseinstellungen werden davon überschrieben.

Die Nutzung des eigenständigen Snap-Ins für IP-Sicherheit hat den Vorteil, dass Sie als Administrator die IP-Sicherheit von einem zentralen Punkt für mehrere Systeme zugleich einrichten können.

Einrichten des Snap-Ins für IP-Sicherheit

Starten Sie dazu eine neue Konsole oder eine bereits vorhande im administrativen Modus. Fügen Sie dann das Snap-In IP-SICHERHEITSRICHTLINIENVERWALTUNG hinzu.

Abbildung 9.5: Snap-In IP-Sicher-heitsrichtlinienver-waltung

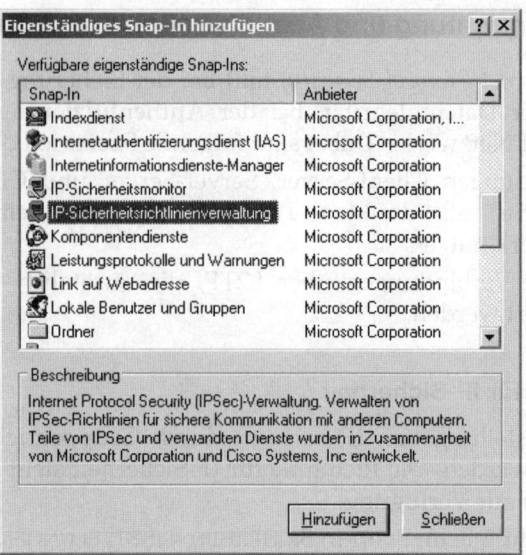

Nach der Auswahl des Snap-Ins können Sie bestimmen, für welches System die Darstellung erfolgt:

- LOKALER COMPUTER

  Die IP-Sicherheitsrichtlinie gilt nur für das lokale System.

- DIE ACTIVE DIRECTORY-DOMÄNE DIESES COMPUTERS

  Diese Option verwaltet IPSec für die gesamte Domäne.

- EINE ANDERE ACTIVE DIRECTORY-DOMÄNE

  Diese Option verwaltet IPSec für eine bestimmte Domäne.

- ANDERER COMPUTER

  Hiermit verwalten Sie die Richtlinie eines anderen Computers im Active Directory, unabhängig davon, ob es sich um einen Server handelt oder nicht.

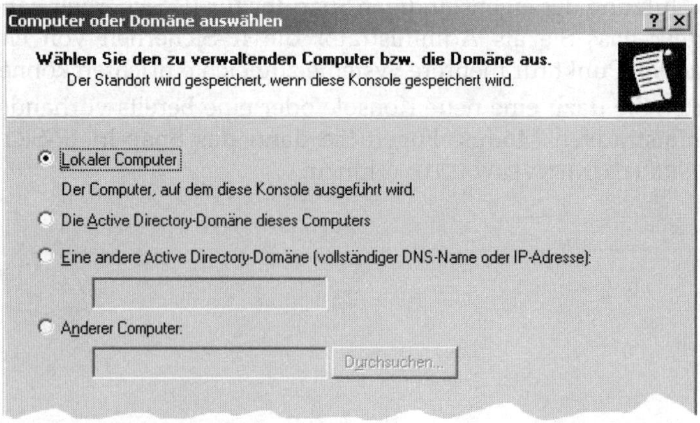

Abbildung 9.6: Auswahl, für welchen Computer IPSec konfiguriert werden soll

Computer oder Domäne auswählen ? X

Wählen Sie den zu verwaltenden Computer bzw. die Domäne aus.
Der Standort wird gespeichert, wenn diese Konsole gespeichert wird.

◉ Lokaler Computer
Der Computer, auf dem diese Konsole ausgeführt wird.

○ Die Active Directory-Domäne dieses Computers

○ Eine andere Active Directory-Domäne (vollständiger DNS-Name oder IP-Adresse):

○ Anderer Computer:

Durchsuchen...

Sie können jetzt IP-Sicherheitsrichtlinien konfigurieren, wie es nachfolgend beschrieben wird.

IP-Sicherheit ist an Computer gebunden. Deshalb sind die Einstellungen der Gruppenrichtlinie IP-Sicherheit im Active Directory in folgendem Pfad zu finden: **IP-Sicherheit im Active Directory**

1. Öffnen Sie eine Richtlinie im Richtlinieneditor.
2. Öffnen Sie den folgenden Zweig:

```
Computereinstellungen
\Windows-Einstellungen
 \Sicherheitseinstellungen
```

Die folgenden Ausführungen gehen davon aus, dass Sie sich an dieser Position des Richtlinieneditors befinden, ohne dass darauf erneut hingewiesen wird. **Ausgangspunkt**

Wenn Sie Einstellungen für alleinstehende Server oder Clients ohne Active Directory vornehmen, nutzen Sie das Snap-In LOKALE SICHERHEITSEINSTELLUNGEN. **Ohne Active Directory**

Protokollierung aktivieren

Es ist sinnvoll, bei sicherheitsrelevanten Prozessen die Protokollierung zu aktivieren. So können Sie Angriffe erkennen und rechtzeitig Maßnahmen ergreifen, bevor modifizierte Angriffe zum Ziel führen. Gehen Sie dazu folgendermaßen vor:

1. Öffnen Sie den Zweig LOKALE RICHTLINIEN.
2. Klicken Sie auf ÜBERWACHUNGSRICHTLINIE.
3. Wählen Sie die folgenden Richtlinien aus und aktivieren Sie jeweils die Kontrollkästchen ERFOLGREICH und FEHLGESCHLAGEN:
   - ANMELDEEREIGNISSE ÜBERWACHEN
   - OBJEKTZUGRIFFSVERSUCHE ÜBERWACHEN

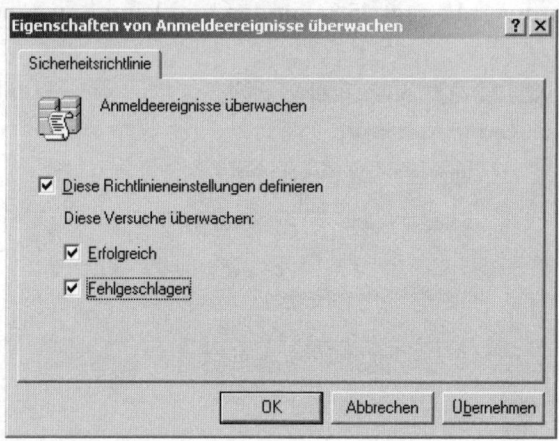

Abbildung 9.7:
Aktivierung der
Protokollierung für
Anmeldeereignisse

IP-Überwachung aktivieren

Im nächsten Schritt wird die IP-Überwachung aktiviert. Dazu gehen Sie folgendermaßen vor:

1. Öffnen Sie eine leere Konsole oder eine vorhandene, der Sie ein weiteres Snap-IN hinzufügen können.
2. Wählen Sie als Snap-In IP-Sicherheitsmonitor aus.

Abbildung 9.8:
Der Sicherheits-
monitor als Snap-In

Nun kann die Anzeige noch eingerichtet werden:

1. Klicken Sie mit der rechten Maustaste auf den Servernamen und dann auf EIGENSCHAFTEN.
2. Aktivieren Sie das Kontrollkästchen AUTOMATISCHE AKTUALISIERUNG AKTIVIEREN (wenn dies nicht ohnehin der Fall ist).
3. Stellen Sie einen Wert von 1 Minute oder weniger ein (Der Standardwert beträgt 45 Sekunden und kann unverändert bleiben).

Abbildung 9.9:
IP-Sicherheitsmoni-
tor und Aktualisie-
rungs-Option

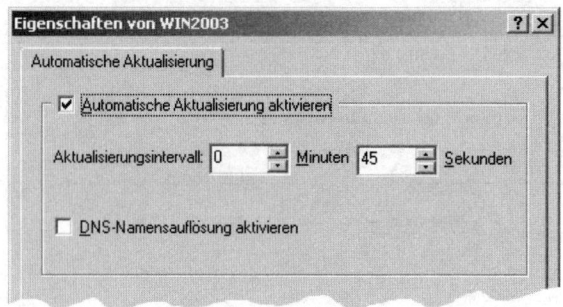

Damit wird eine permanente Überwachung der IPSec-Aktivität ermöglicht. Setzen Sie das Aktualisierungsintervall höher, wenn Sie die Last auf dem betreffenden System verringern wollen.

Einstellung der IPSec-Sicherheitsrichtlinie

Jetzt stellen Sie die IPSec-Sicherheitsrichtlinien ein. Dazu gehen Sie folgendermaßen vor:

1. Öffnen Sie die Richtlinie IP-SICHERHEITSRICHTLINIEN für den **Für den Server** Server (wenn Sie an der Konsole arbeiten heißt diese IP-SICHERHEITSRICHTLINIE AUF LOKALER COMPUTER).
2. Wählen Sie auf der rechten Seite der Managementkonsole den Eintrag SICHERER SERVER aus.
3. Wählen Sie im Kontextmenü die Option ZUWEISEN. In der Liste steht nun in der Spalte RICHTLINIE ZUGEWIESEN ein JA.
4. Wechseln Sie dann zu einer anderen Richtlinie, die für den **Für den Client** Client gilt.
5. Öffnen Sie die Richtlinie IP-SICHERHEITSRICHTLINIEN AUF ACTIVE DIRECTORY für den Client.
6. Wählen Sie auf der rechten Seite der Managementkonsole den Eintrag CLIENT aus.
7. Wählen Sie im Kontextmenü die Option ZUWEISEN. In der Liste steht nun in der Spalte RICHTLINIE ZUGEWIESEN ein JA.

Sie können in einer Richtlinie immer nur Client oder Server auswählen, nicht aber beides gleichzeitig. Es ist jedoch möglich, sowohl auf dem Server als auch auf dem Client die Option SICHERER SERVER zu wählen, damit von beiden Seiten aus eine sichere Verbindung initiiert werden kann.

9.3.4 Verbindungstest mit IPSec

Nun sind Client und Server so eingerichtet, dass IPSec verwendet wird, wenn es beide Seiten unterstützen. Dies gilt natürlich erst, wenn die Gruppenrichtlinien gültig werden. Danach wird der Client die Kommunikation wie üblich mit einem unsicheren PING beginnen – ein ICMP-Paket wird an den Server gesendet. Der antwortet mit der Anforderung des Wechsels in den sicheren Modus und ab diesem Zeitpunkt läuft die Kommunikation mit IPSec gesichert ab.

Abbildung 9.10:
IP-Sicherheitsmoni-
tor mit der Anzeige
der IPSec-Daten

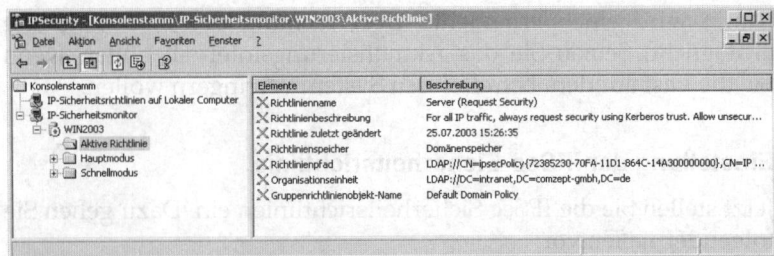

Wenn Sie diese Schritte testweise in einem Netzwerk absolvieren, werden möglicherweise einige Netzwerkfunktionen nicht mehr zur Verfügung stehen. Haben Sie beispielsweise im Hintergrund einen DNS-Server, der zum Betrieb erforderlich ist, und dieser verwendet nicht IPSec, so kann er mit dem Server nicht mehr kommunizieren. Stellen Sie dann auch für diesen die entsprechende Richtlinie ein (normalerweise *Client*).

Jetzt können Sie die Zugriffe mit dem Sicherheitsmonitor überwachen. Der erste Test kann mit PING erfolgen, wobei beim allerersten Zugriff nach der Umschaltung die Aushandlung der Sicherheitsparameter erfolgt, wie in der folgenden Abbildung gezeigt.

Abbildung 9.11:
Ping beim ersten
Zugriff des Clients
auf den gesicherten
Server

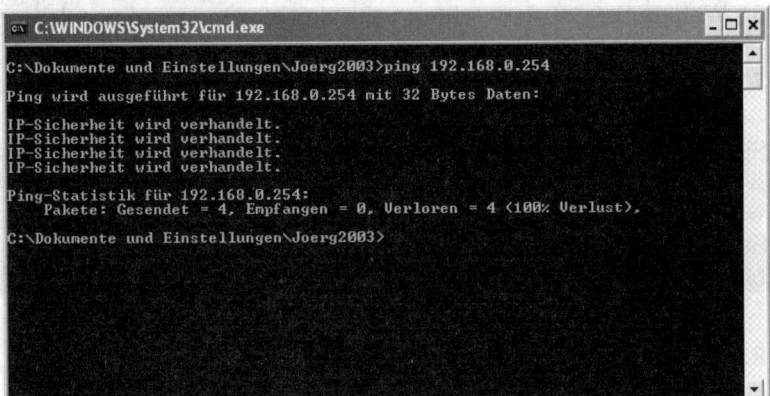

War der Vorgang erfolgreich, stehen danach alle Netzwerkfunktionen zur Verfügung. Andernfalls wird der Datenverkehr mit dem Client nicht zugelassen. PING dient hier natürlich nur Demonstrationszwecken und muss keinesfalls zur Initialisierung verwendet werden.

9.3.5 Einrichten eigener Sicherheitsrichtlinien

Manchmal kann es notwendig sein, eigene IP-Sicherheitsrichtlinien zu erstellen. Typische Gründe sind:

- Anstatt Kerberos sollen Zertifikate oder persönliche Schlüsselcodes genutzt werden.

- Die Kommunikation mit IPSec-fähiger Hardware ist erforderlich. Dann können Sie Windows Server 2003 an die Bedingungen der Firmware anpassen.
- Es sind nur bestimmte Protokolle zu sichern, andere jedoch nicht, beispielsweise weil die beteiligte Hardware IPSec nicht zulässt.

Für IP-Sicherheitsrichtlinien gibt es keine Sicherheitsvorlagen. Sie können Richtlinien aber exportieren und woanders wieder importieren.

Eine IP-Sicherheitsrichtlinie anlegen

Um eine IP-Sicherheitsrichtlinie neu anzulegen, gehen Sie folgendermaßen vor:

1. Wählen Sie im Kontextmenü des Containers IP-SICHERHEITS-RICHTLINIEN den Eintrag IP-SICHERHEITSRICHTLINIEN ERSTELLEN. Es startet ein Assistent, dessen Schritte nachfolgend erläutert werden. Klicken Sie zuerst auf WEITER.

2. Vergeben Sie einen Namen und eine Beschreibung für die Richtlinie. Klicken Sie dann auf WEITER.

3. Aktivieren Sie das Kontrollkästchen DIE STANDARDANTWORT-REGEL AKTIVIEREN. Damit sichern Sie, dass Anforderungen für sichere Kommunikation beantwortet werden. Wenn Sie die Option deaktivieren, müssen Sie später andere Regeln selbst definieren, sonst kommt keine Kommunikation zustande. Klicken Sie dann auf WEITER.

4. Wählen Sie nun aus, welcher Sicherheitsstandard für die IP-Sicherheit verwendet wird. Verfügbar sind folgende Optionen:
   - ACTIVE DIRECTORY-STANDARD (KERBEROS V5-PROTOKOLL)
   - ZERTIFIKAT

     Sie können ein Zertifikat benutzen, um den dort gespeicherten Schlüssel zu verwenden. Zertifikate erhalten Sie von einer Zertifizierungsinstanz. Es bietet sich an, dafür eine eigene PKI zu benutzen. An dieser Stelle wird *nicht* das IPSec-Zertifikat benötigt, sondern das Stammzertifikat des Herausgebers (der PKI).
   - DIESE ZEICHENFOLGE ZUM SCHUTZ DES SCHLÜSSELAUSTAUSCHS VERWENDEN

     Diese Option lässt den Eintrag einer Zeichenkette zu, die als Startwert der Hashfunktion verwendet wird. Hashfunktionen sind unumkehrbare Kodierungsfunktionen. Sie können solche Zeichenketten verwenden, wenn Sie den Schlüssel auf einem anderen sicheren Weg, beispielsweise auf Diskette, dem Client und dem Server mitteilen.

Abbildung 9.12:
Auswahl der
Verschlüsselungs-
methode

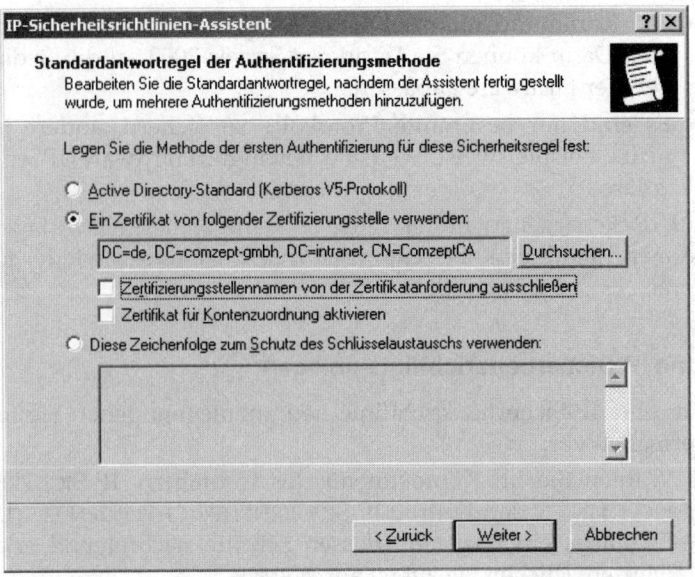

5. Der Assistent ist nun beendet. Auf der letzten Seite können Sie das Kontrollkästchen EIGENSCHAFTEN JETZT BEARBEITEN wählen, um die Einstellungen sofort weiter vorzunehmen.

Registerkarte
ALLGEMEIN

Alle Optionen lassen sich nachträglich ändern. Die Einstellungen der Registerkarte ALLGEMEIN werden nachfolgend vorgestellt:

- NAME und BESCHREIBUNG

  Ändern Sie hier Namen und Beschreibung der Richtlinie.

- NEUE RICHTLINIE ÜBERPRÜFEN ALLE

  Der Standardwert für die Überprüfung beträgt 180 Minuten. Nach dieser Zeit überprüft der Client, ob sich Einstellungen der Richtlinie geändert haben.

- Unterhalb der Option ERWEITERT finden Sie weitere Einstellungen:

  - HAUPTSCHLÜSSEL FÜR PERFECT FORWARD SECRECY

    Ist diese Option aktiviert, wird verhindert, dass der Hauptschlüssel oder seine Bestandteile zu einem späteren Zeitpunkt wieder verwendet werden.

  - AUTHENTIFIZIERUNG UND NEUEN SCHLÜSSEL ERZEUGEN NACH ... MINUTEN

    Ein kürzerer Zeitraum erhöht die Sicherheit, benötigt aber auch mehr Bandbreite, was beim Verkehr in öffentlichen Netzwerken Kosten verursachen kann. Der Standardwert beträgt 480 Minuten (8 Stunden).

- AUTHENTIFIZIERUNG UND NEUEN SCHLÜSSEL ERZEUGEN NACH

   Diese Option erzwingt einen neuen Schlüssel nicht nach einer Anzahl Minuten, sondern nach einer Anzahl Sitzungen. Der Wert 0 erzeugt neue Schlüssel für jede Sitzung.

- METHODEN

   Hier finden Sie Konfigurationsmöglichkeiten für die Schlüsselaustauschmethoden. Die Einstellungen umfassen die Hashfunktion zur Integritätssicherung und die Verschlüsselungsfunktion. Höhere Sicherheit erfordert mehr Rechenleistung auf beiden Seiten.

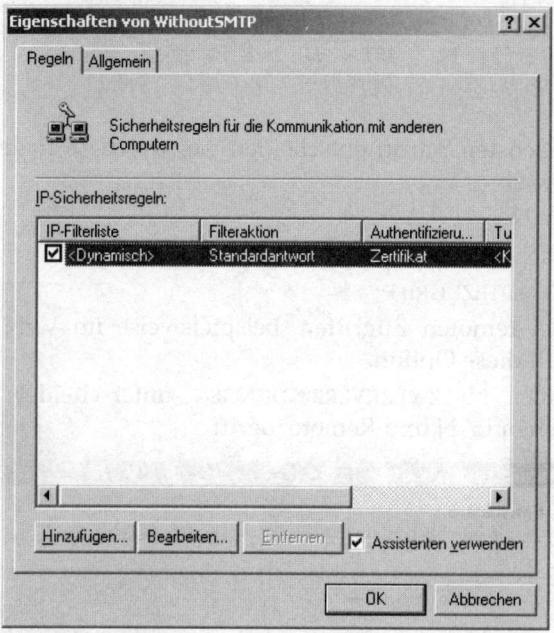

Abbildung 9.13:
Einstellen der Filter-
regeln

Nach dem Abschluss der Grundeinstellungen können Sie Filterregeln hinzufügen, um festzulegen, welcher Teil des IP- oder ICMP-Verkehrs verschlüsselt werden soll.

Regeln hinzufügen und bearbeiten

Im EIGENSCHAFTEN-Dialog sehen Sie nun auf der Registerkarte REGELN die bereits definierte Standardregel. Um weitere Regeln hinzuzufügen, gehen Sie folgendermaßen vor:

1. Klicken Sie auf HINZUFÜGEN. Es startet ein Assistent, der die nachfolgend erläuterten Schritte ausführt.

2. Spezifizieren Sie einen Tunnel. Dazu wird die IP-Adresse des Tunnelendpunkts (aus Sicht des Servers) angegeben. IP-Sicherheit bietet sich vor allem für VPNs (siehe auch Abschnitt 13.10.4 *VPN-Serverfunktionen installieren* ab Seite 1087) an. Wenn

Sie für alle angeschlossenen Computer feste IP-Adressen haben,
können Sie IPSec-Tunnel definieren, die dann über L2PT arbeiten. Im LAN wird diese Option nicht benötigt.

Abbildung 9.14:
Angabe eines IPSec-
Tunnelendpunkts

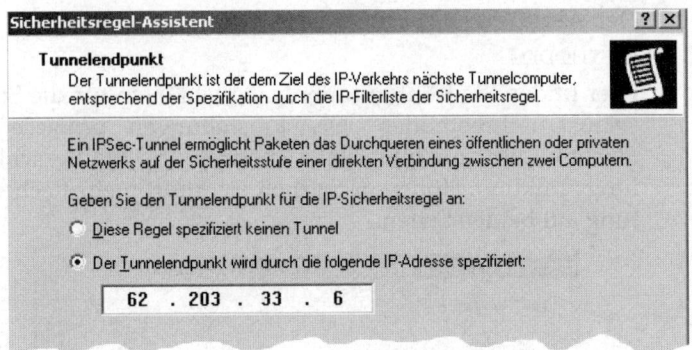

3. Im nächsten Schritt entscheiden Sie, wo diese Regel angewendet wird:

   - LAN

     Dies gilt für Zugriffe aus dem lokalen Netz.

   - REMOTEZUGRIFF

     Bei remoten Zugriffen, beispielsweise im VPN oder RAS,
     gilt diese Option.

   - ALLE NETZWERKVERBINDUNGEN unterscheidet nicht zwi-
     schen LAN und Remotezugriff.

Abbildung 9.15:
Netzwerktyp der
Regel (Anwendungs-
bereich)

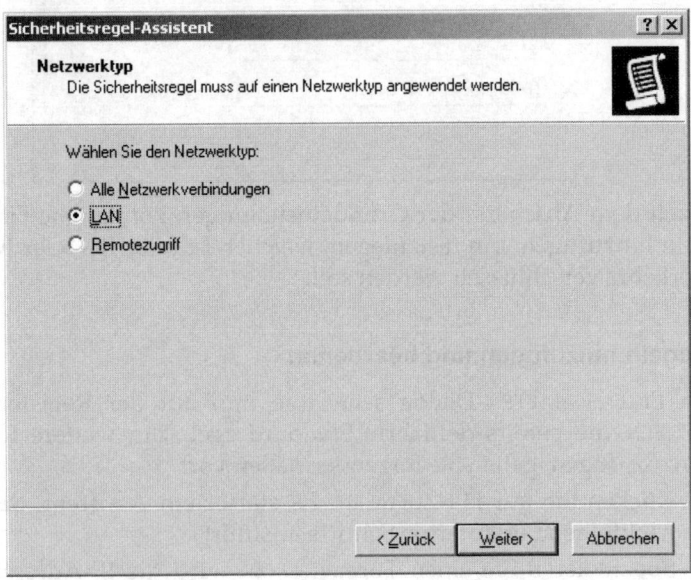

4. Erstellen Sie nun eine neue Filterliste. Dazu startet ein weiterer
   Assistent, nach dessen Absolvierung Sie wieder zum Hauptas-

sistenten zurückkehren. Das Erstellen einer Filterliste wird weiter unten beschrieben. Sie können außerdem die Filterung von zwei Protokolltypen wählen: IP oder ICMP. Eine genauere Beschreibung der Erstellung einer Filterliste folgt nach der Vorstellung dieses Assistenten.

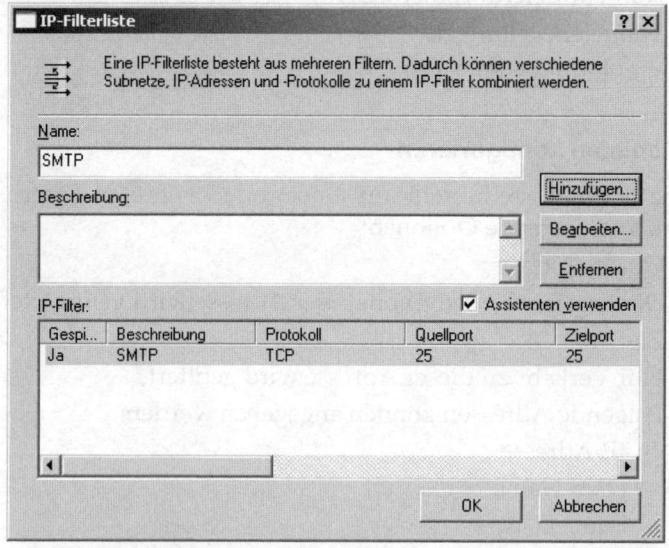

Abbildung 9.16:
Erstellen einer
Filterliste für SMTP-
Verkehr

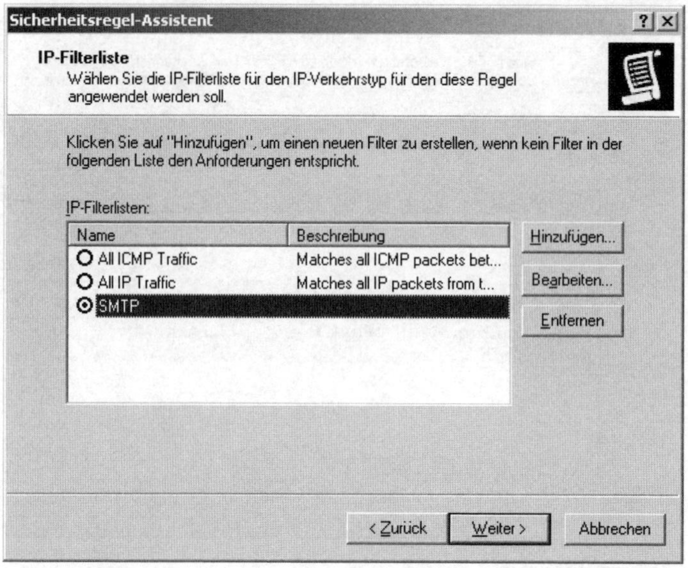

Abbildung 9.17:
Aktivierung der
neuen Filterliste

5. Nun wird eine Filteraktion festgelegt. Entweder Sie verwenden eine der fertigen Aktionen oder nutzen einen weiteren Assistenten, der neue Aktionen erzeugt.

Damit ist der Assistent fertig.

Bearbeiten der Re-
geleigenschaften
Im EIGENSCHAFTEN-Dialog lassen sich alle bereits vorgestellten Optionen nachträglich ändern:

- IP-Filterliste
- Filteraktion
- Authentifizierungsmethoden
- Tunneleinstellungen
- Verbindungstyp

Filterlisten konfigurieren

Eine IP-Filterliste besteht aus einem oder mehreren Filtern. Filter umfassen folgende Optionen:

- QUELLADRESSE
  Der gesamte Verkehr von dieser Adresse wird verarbeitet.

- ZIELADRESSE
  Nur Verkehr zu dieser Adresse wird gefiltert.
  Folgende Adressen können angegeben werden:
  - IP-Adresse
  - DNS-Name
  - Subnetz

Abbildung 9.18:
Eine fertige
IP-Filterliste mit
einem Filter

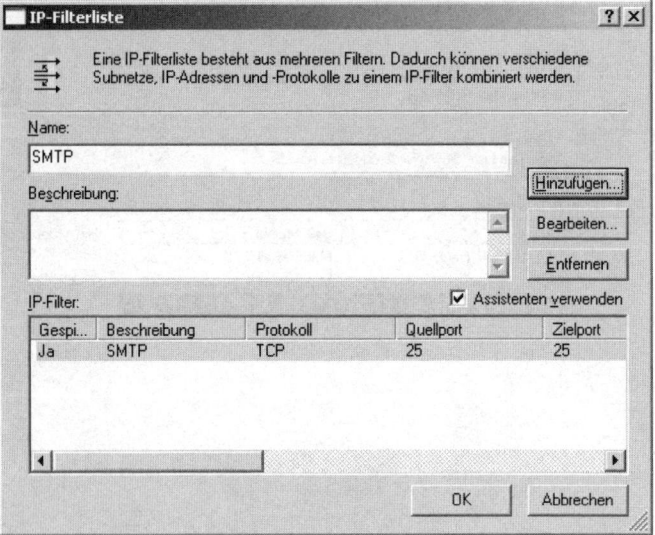

- PROTOKOLLTYP
  Eines der Protokolle EGP, HMP, ICMP, RAW, RDP, RVD, TCP, UDP, XNS-IDP. Legen Sie mehrere Filter an, wenn eine Auswahl benötigt wird. Falls Sie ein anderes Protokoll filtern möchten, das einen IP-Port benutzt, wählen Sie als Option ANDERE. Der Wert muss zwischen 0 und 255 liegen. Informationen zu

Protokollnummern finden Sie auch in Abschnitt 5.3.2 *Protokollnummern* ab Seite 234. Eine typische Protokollnummer ist 6 für TCP.

- PORTS

    Hier legen Sie Quell- und Zielports fest, beispielsweise 25 für SMTP.

Richtlinien im- und exportieren

Die fertigen Richtlinien können Sie exportieren. Gehen Sie dazu folgendermaßen vor:

1. Wählen Sie im Kontextmenü des Containers IP-SICHERHEITS-RICHTLINIEN die Option ALLE TASKS | RICHTLINIEN EXPORTIEREN.

    Exportieren

2. Wählen Sie einen Namen und ein Ziel. Standardmäßig wird unter dem folgenden Pfad abgespeichert:

```
\Dokumente und Einstellungen
 \<name>
  \Eigene Ordner
   \security
    \Database
```

Zum Importieren gehen Sie folgendermaßen vor:

Importieren

1. Wählen Sie im Kontextmenü des Containers IP-SICHERHEITS-RICHTLINIEN die Option ALLE TASKS | RICHTLINIEN IMPORTIEREN.

2. Wählen Sie einen Ordner und eine Datei mit der Erweiterung IPSEC aus.

9.4   Spezielle WLAN-Funktionen

WLANs (*Wireless Local Area Network*) erfreuen sich großer Beliebtheit. Ob es um den schnellen Anschluss eines mobilen Gerätes oder eine Netzwerkerweiterung ohne aufwändiges Kabelverlegen geht – drahtlosen Netzwerken haben sich fest etabliert. Prinzipbedingt enden die Übertragungswege natürlich nicht an den Bürowänden, sondern reichen je nach Bauart der Antennen bis zu hundert Meter in die Umgebung. An die Sicherheit werden deshalb sehr viel höhere Anforderungen gestellt, als es bei herkömmlichen kabelbasierten Netzwerken nötig ist, wo die »Kabelenden« im Allgemeinen einer gewissen Kontrolle unterliegen.

9.4.1   WLAN-Standards

WLANs basieren heute fast immer auf dem Standard IEEE 802.11, der bereits 1997 verabschiedet wurde, zuerst mit einer Übertragungsrate von 1-2 MBit/s. Später kam die heute verbreitetste Version 802.11b hinzu, die 11 MBit erlaubt. Neuester Standard ist 802.11g mit bis zu 54 MBit/s, der anders als 802.11a das selbe Frequenzband wie 802.11b nutzt. Damit können Geräte entwickelt werden, die beide Standards unterstützen und die Geschwindigkeit jeweils an die konkreten Bedingungen anpassen.

Tabelle 9.1:
IEEE 802.11-Standards im Vergleich

Parameter	802.11	802.11b	802.11a	802.11g
Übertragungsraten (in MBit/s)	1, 2	1, 2, 5.5, 11	bis zu 54	bis zu 54
Frequenzband	2.4 GHz	2.4 GHz	5 GHz	2.4 GHz

Die maximale Übertragungsleistung wird generell nur bei optimaler Verbindung zwischen Client und Zugriffspunkt (Access Point) erreicht.

Wi-Fi

Viele Produkte nach dem 802.11b-Standard schmücken sich auch mit der Abkürzung Wi-Fi (*Wireless Fidelity*). Diese Bezeichnung dürfen die Hersteller dann ihren Produkten mitgeben, wenn diese IEEE 802.11b-kompatibel nach den Richtlinien der WECA (*Wireless Ethernet Compatibility Alliance*) sind. Weitere Informationen erhalten Sie auf dieser Website:

`www.wirelessethernet.org`

9.4.2 WLAN-Betriebsarten

Sie können ein 802.11b-Funknetzwerk in zwei verschiedenen Betriebsarten betreiben:

* Ohne Basisstation

Adhoc-Modus

In der auch *Adhoc-Modus* genannten Betriebsart verfügen alle angeschlossenen Computer über einen entsprechenden Funknetz-Adapter und kommunizieren direkt miteinander. Die einzelnen Stationen sollten dabei höchstens 20 m voneinander entfernt stehen. Dies ist übrigens die maximale Entfernung, die viele Hersteller für einen optimalen Empfang angeben und die eher unter- als überschritten werden sollte.

Wollen Sie nur wenige Computer über das Funknetzwerk miteinander verbinden, können Sie auf eine Basisstation verzichten. Diese Funktionen lassen sich mit Windows XP-Bordmitteln realisieren und sind in unserem Buch *Windows XP Professional* beschrieben.

* Mit Basisstation

Infrastruktur-Modus

In der auch mit *Infrastruktur-Modus* bezeichneten Betriebsart übernimmt ein zentraler Verteiler, die Basisstation, die Rolle eines Verstärkers im Netzwerk. Zusätzlich verfügen viele Basis-

stationen über weitere Funktionen, beispielsweise den Anschluss für ein (kabelgebundenes) Ethernet-Netzwerk. Es gibt
auch Geräte, die zusätzlich ein Modem, einen ISDN-Anschluss
oder DSL-Unterstützung bieten und damit den Zugang des gesamten Netzwerkes in das Internet ermöglichen.

Neben dem Mehrnutzen, den eine gute Basisstation im lokalen
Netzwerk bieten kann, ist auch die höhere Reichweite des gesamten Funknetzes hervorzuheben. In der Mitte platziert kann
die Basisstation zwei Computer zuverlässig miteinander verbinden, die sonst zu weit auseinander stehen würden.

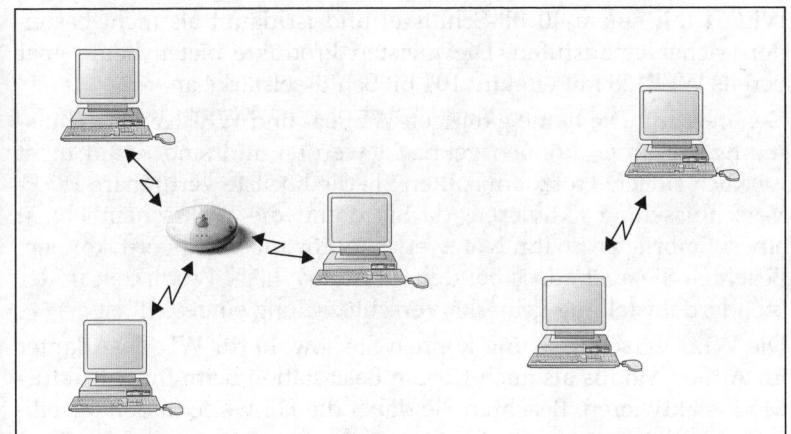

Abbildung 9.19:
Funknetzwerke mit
und ohne Basis-
station

Bezeichnung des Funknetzes

Ein Funknetzwerk, ob im Adhoc- oder im Infrastruktur-Modus **ESSID/SSID**
betrieben, weist einen eindeutigen Bezeichner auf, über den es von
allen Stationen erkannt werden kann. Dieser wird ESSID (*Extended
Service Set Identifier*) beziehungsweise SSID (*Service Set Identifier*)
genannt.

Bei Systemen, die ohne Basisstation direkt miteinander kommuni- **ESSID eintragen**
zieren sollen, stellen Sie dieselbe ESSID in den erweiterten Einstellungen zum WLAN-Adapter ein. Arbeitet Ihr Netzwerk im
Infrastruktur-Modus, legen Sie dieselbe ESSID bei der Basisstation
sowie den WLAN-Adaptern der Arbeitsplatzrechner fest. Wollen
Sie mehr als eine Basisstation im Netzwerk betreiben, um beispielsweise Reichweiten-Begrenzungen zu umgehen, tragen Sie
diese ESSID bei allen Basisstationen einheitlich ein.

Geben Sie an einer WLAN-Basisstation als SSID »ANY« an, kön- **SSID »ANY«**
nen alle WLAN-Clients, die diese erreichen, mit dieser Kontakt
aufnehmen. Zu empfehlen ist dies aber nicht.

9.4.3 Sicherheitsaspekte bei Funknetzwerken

Da die Daten bei einem WLAN-Netzwerk naturgemäß nicht über Kabel, sondern per Funkwellen übertragen werden, ist hier der Aufwand zum Mithören verständlicherweise sehr gering. Es reicht, sich mit einem Notebook und einem 802.11b-Adapter in der Nähe des betreffenden Gebäudes aufzuhalten. Insofern sollten Sie der Verschlüsselung des Datenverkehrs besondere Aufmerksamkeit zuteil werden lassen.

Verschlüsselung mit WEP

Für 802.11b-Netze wird meist die Verschlüsselungsmethode WEP (*Wired Equivalent Privacy*) verwendet. Standardmäßig arbeitet WEP64 mit einem 40 Bit-Schlüssel und ist damit als nicht besonders sicher einzustufen. Die meisten Produkte bieten heute aber bereits WEP128 mit effektiv 104 Bit Schlüsselstärke an.

Generell gilt: Die heute gängigen WEP64- und WEP128-Verschlüsselungsverfahren können geknackt werden und sind damit nicht wirklich sicher. Trotzdem sollten Sie die höchste verfügbare WEP-Verschlüsselung aktivieren, da Sie damit die Wahrscheinlichkeit eines Einbruchs in Ihr Netzwerk signifikant verringern können. Beachten Sie auch, dass bei den meisten WLAN-Produkten in der Standardeinstellung keinerlei Verschlüsselung eingestellt ist.

Hersteller-Anleitungen beachten

Die WEP-Verschlüsselung können Sie sowohl für WLAN-Adapter im Adhoc-Modus als auch für die Basisstation beim Infrastruktur-Modus aktivieren. Beachten Sie dabei die Hinweise in den jeweiligen Handbüchern zu den Geräten.

Abbildung 9.20: Aktivierung der WEP-Verschlüsselung für eine 3COM-Basisstation

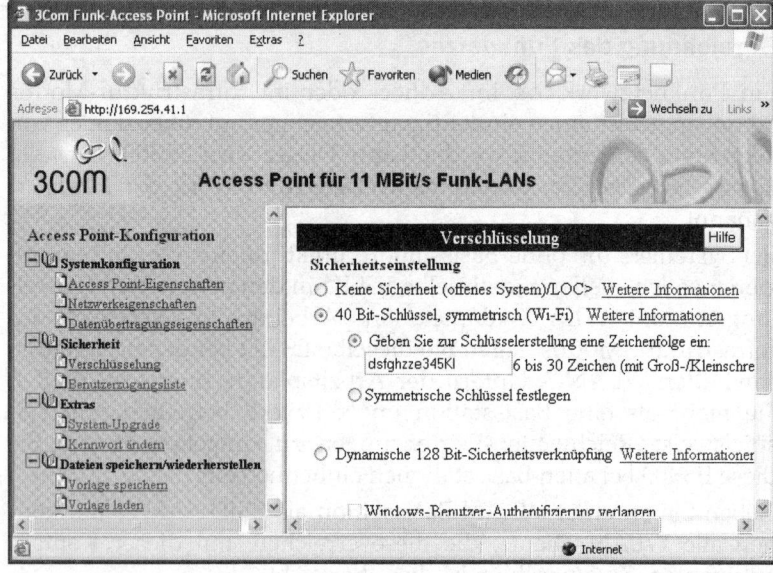

Sicherheit ganzheitlich betrachten

Wenn Sie bedenken, dass mit entsprechendem Elektronik-Knowhow und Basteltalent der Bildschirminhalt eines Röhrenmonitors über dessen elektromagnetische Abstrahlung über handelsübliche Technik abgefangen und auf einem fremden Bildschirm angezeigt werden kann, werden Sie einsehen, dass Sie nicht deshalb 100-prozentige Sicherheit haben, nur wenn Sie auf ein Funknetzwerk verzichten. Ein komplettes Sicherheitskonzept wird deshalb ganzheitlich aufgestellt und umfasst alle Komponenten, vom Zugang zur physischen Hardware bis zur Netzwerkübertragung und den Sicherheitsrichtlinien für die Benutzer. Dies ist allerdings ein sehr weites Feld und kann leicht ein Buch wie das vorliegende füllen.

Je nach Hersteller bieten die WLAN-Lösungen noch unterschiedliche zusätzliche Sicherheitsfunktionen, die Sie nach Möglichkeit nutzen sollten. Eine solche ist die Einrichtung einer Zugriffskontrollliste auf der Basisstation. In dieser werden die MAC-Netzwerkadressen aller Stationen eingetragen, die zum Zugriff auf das Funknetz berechtigt sind. Auch hier gilt: Studieren Sie unbedingt das entsprechende Handbuch zu Ihrem System, um alle Einstellungen optimal vornehmen zu können. **Zusätzliche Sicherheitsfunktionen**

Mehr Sicherheit mit 802.1X

Höhere Sicherheitsanforderungen, wie sie an Unternehmensnetzwerke gestellt werden, sind mit WEP also kaum erfüllbar. Als Ausweg können Verfahren eingesetzt werden, die wie in einem VPN sichere Methoden zur Authentifizierung und Verschlüsselung bieten. Microsoft hat zusammen mit Cisco (*www.cisco.com*) eine solche technische Lösung ausgearbeitet, die unter dem Begriff 802.1X geführt wird und inzwischen in die folgenden Windows-Betriebssysteme integriert worden ist:

- Windows Server 2003 **Verfügbarkeit**
- Windows XP Professional (seit Service Pack 1)
- Windows 2000 (seit Service Pack 3; siehe nachfolgender Text)

Während die beiden anderen genannten Betriebssysteme die erforderliche Softwarekomponenten bereits mitbringen, muss für Windows 2000 eine Erweiterung (Paket 313664) installiert werden. Sie finden den Download sowie weiterführende Informationen auf dieser Website: **Erweiterung für Windows 2000**

```
http://support.microsoft.com/default.aspx?scid=kb;en-us;313664
```

9.5 Sicherheitsrichtlinien und -vorlagen

Um sicherheitsrelevante Einstellungen im Active Directory vorzunehmen, werden die Richtlinien für Sicherheit unter Computereinstellungen verwendet. Alternativ können aber auch Sicherheitsrichtlinien vorbereitet werden, die lokalen Computern, Domänencontrollern oder ganzen Domänen zugeordnet sind. Dies vereinfacht die Konfiguration, weil Sicherheitseinstellungen im Netzwerk in der Regel viele oder alle Computer betreffen und eine Einrichtung »lokal pro Computer« einen unnützen Verwaltungsaufwand nach sich zieht. Zusätzlich besteht durch die Nutzung vorgefertigter oder eigener Vorlagen die Möglichkeit, schnell die Einrichtung einer Sicherheitsrichtlinie durch Import der Vorlage vorzunehmen. Beide Themen werden in diesem Abschnitt behandelt.

9.5.1 Einrichten von Sicherheitsrichtlinien

Auf einem Windows Server 2003, der als Domänencontroller installiert wurde, stehen drei Sicherheitsrichtlinien zur Verfügung:

- LOKALE SICHERHEITSRICHTLINIE

  Über diese Sicherheitsrichtlinien verfügen alle Computer unter Windows Server 2003, Windows 2000 und Windows XP Professional. Damit werden die Sicherheitseinstellungen für einen alleinstehenden Server und Arbeitsstationen vorgenommen. Wenn innerhalb der Domäne Sicherheitsrichtlinien definiert wurden und für das betreffende System gültig sind, werden diese allerdings überschrieben.

Abbildung 9.21:
Domänenrichtlinien
sind dominant

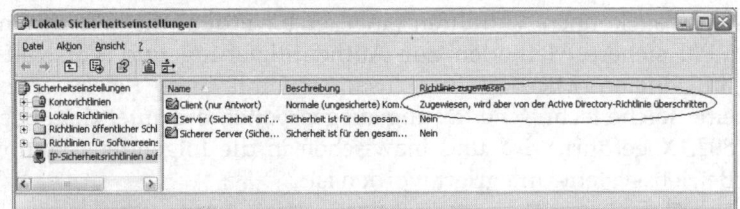

- SICHERHEITSRICHTLINIEN DES DOMÄNENCONTROLLERS

  Diese Richtlinie gilt für den betreffenden Domänencontroller.

- SICHERHEITSRICHTLINIE DER DOMÄNE

  Diese Richtlinie gilt für alle Mitglieder der Domäne, die der Domänencontroller verwaltet, auf dem diese Richtlinie definiert wurde.

Direkter Zugriff

Sie können die Sicherheitsrichtlinien über START | VERWALTUNG erreichen.

Gruppenrichtlinien

Die Sicherheitseinstellungen sind pro System definiert. Dies ist der direkte Weg. Sie können dieselben Einstellungen aber auch über Gruppenrichtlinien vornehmen. Einzige Ausnahme ist die Kerberos-Richtlinie – zwangsläufig, denn diese muss schon vor dem Abrufen der Gruppenrichtlinienobjekte im Active Directory verfügbar sein, um einen Zugriff zu erlauben.

Effektive Einstellung

Die effektive Einstellung wird in der Übersicht der Richtlinien im rechten Teil der Managementkonsole dargestellt. Soweit die lokale Sicherheitsrichtlinie alleine gilt, entspricht dies den lokalen Einstellungen. Wenn Sicherheitsrichtlinien für eine Domäne oder Gruppenrichtlinien im Active Directory abweichende Festlegungen treffen, überschreiben diese die lokalen Werte. Die tatsächlich gültigen Einstellungen werden als »Effektive Einstellung« bezeichnet.

Eine andere Methode ist die Erstellung eines Richtlinienergebnissatzes zur Kontrolle der tatsächlichen Einstellungen.

9.5.2   Sicherheitsrichtlinien im Detail

Die Sicherheitsrichtlinien umfassen folgende Einstellungen:

- Kontorichtlinien
- Lokale Richtlinien
- Richtlinien öffentlicher Schlüssel
- IP-Sicherheitsrichtlinien auf ... (je nach Konfiguration beziehen sich diese Richtlinien auf den lokalen Computer oder das Active Directory)

Kontorichtlinien

Dieser Zweig enthält drei Richtliniengruppen:

- KONTORICHTLINIEN

  Diese Richtlinie umfasst den Umgang mit Benutzerkonten, **Anforderungen an** Verhalten beim Sperren, Komplexitätsanforderungen usw. Die **Kennwörter** Einstellungen sind mit denen der entsprechenden Gruppenrichtlinie im Active Directory identisch. Folgende Richtlinien können konkret eingestellt werden:

  - KENNWORTCHRONIK ERZWINGEN

    Legt fest, wie viele Kennwörter gespeichert werden. Damit wird verhindert, dass bei erzwungenem Kennwortwechsel Benutzer wieder bereits verwendete Kennwörter eintragen.

  - KENNWÖRTER MÜSSEN KOMPLEXITÄTSANFORDERUNGEN GENÜGEN

    Für eine detaillierte Darstellung der Komplexitätsanforderungen für Kennwörter lesen Sie den Abschnitt *Vergabe von Kennwörtern* ab Seite 872.

  - KENNWÖRTER MIT UMKEHRBARER VERSCHLÜSSELUNG SPEICHERN

Aktivieren Sie diese Richtlinie, wenn Kennwörter wieder entschlüsselt werden sollen. Einige Algorithmen wie MD5 sind nicht dechiffrierbare Hashverfahren.

- MAXIMALES KENNWORTALTER

  Nach Ablauf dieser Zeit in Tagen wird die Vergabe eines neuen Kennworts erzwungen. Dies erfolgt im Rahmen des Anmeldedialogs.

- MINIMALES KENNWORTALTER

  Mit dieser Richtlinie wird die Mindestlaufzeit eines Kennworts erzwungen. Bei zu häufigem Wechsel neigen Benutzer dazu, die Komplexität des Kennworts zu reduzieren.

- MINIMALE KENNWORTLÄNGE

  Hier legen Sie die minimale Kennwortlänge in Zeichen fest. Sechs Zeichen sind ein guter Wert.

- KONTOSPERRUNGSRICHTLINIEN

Verhalten bei ungültigen Anmeldeversuchen

Diese Gruppe umfasst Richtlinien zur Steuerung des Verhaltens gesperrter Konten, beispielsweise nach erfolglosen Anmeldeversuchen. Folgende Richtlinien können konkret eingestellt werden:

- KONTOSPERRUNGSSCHWELLE

  Geben Sie hier die Anzahl ungültiger Anmeldeversuche an, nach der das Konto gesperrt wird.

- KONTOSPERRDAUER

  Wurde das Konto aufgrund ungültiger Anmeldeversuche gesperrt, legen Sie mit dieser Richtlinie die Dauer fest. Der Wert muss nicht sehr hoch sein. Es soll damit nur der Einsatz automatisierter »Password Hacker« verhindert werden. Der Standardwert beträgt 30 Minuten.

- KONTOSPERRUNGSZÄHLER ZURÜCKSETZEN NACH

  Der Zähler für ungültige Versuche wird nach dieser Zeit – Standardwert fünf Minuten – wieder zurückgesetzt.

- KERBEROS-RICHTLINIE

  Diese Richtlinie bestimmt das Verhalten der Ticketausgabe für die Authentifizierung über das Sicherheitsprotokoll Kerberos. Die Kerberos-Richtlinie steht nur im lokalen Sicherheitsrichtlinieneditor zur Verfügung, nicht aber im entsprechenden Gruppenrichtlinienobjekt.

Lokale Richtlinien

Lokal

Dieser Zweig umfasst folgende Richtliniengruppen:

- Überwachungsrichtlinien

  Legen Sie hier fest, welche Ereignisse protokolliert werden.

- Zuweisen von Benutzerrechten

  Hier werden Rechte zum Zugriff auf Ressourcen auf Computerebene definiert. Die Rechte sind pro Computer definiert und werden dann einer Liste von Benutzern oder Sicherheitsgruppen des lokalen Computers oder aus der Domäne zugewiesen. Die Rechte umfassen beispielsweise die Dienstanmeldung oder das Ändern der Systemzeit.

- Sicherheitsoptionen

  Hier finden Sie eine Sammlung sicherheitsrelevanter Einstellungen, die das lokale System betreffen.

  Sie können beispielsweise

  - den Administrator umbenennen,
  - die Installation von Druckertreibern verhindern,
  - Anwender daran hindern, auf dem Computer das CD-ROM-Laufwerk freizugeben,
  - verhindern, dass der letzte Benutzername im Anmeldedialog angezeigt wird,
  - Benutzern eine Nachricht anzeigen, wenn sie sich anmelden.

Richtlinien öffentlicher Schlüssel

Hier finden Sie einige Agenten, die Schlüssel für bestimmte Aktionen definieren. Schlüssel können Sie sich vom Zertifikatserver beschaffen, wenn Windows als PKI (*Public Key Infrastructure*) installiert wurde, oder von einer öffentlichen Zertifizierungsinstanz, wie beispielsweise Verisign. Eine häufige Anwendung ist die Bereitstellung von Zertifikaten für die Wiederherstellung von Dateien des verschlüsselnden Dateisystems (EFS).

PKI, EFS...

IP-Sicherheitsrichtlinien

Mit diesen Richtlinien wird die Verschlüsselung des Datenverkehrs über IP gesteuert. Dieses wichtige Thema wird in Abschnitt 9.3 *Sichere Netzwerkübertragung mit IPSec* ab Seite 499 ausführlich diskutiert. Für die IP-Sicherheitsrichtlinien steht außerdem ein eigenes Snap-In zur Verfügung.

IPSec

Eingeschränkte Gruppen

Dieses Sicherheitsfeature fungiert als Kontrollorgan für Gruppenmitgliedschaften. Eingeschränkte Gruppen bieten automatisch Sicherheitsmitgliedschaften für Standardgruppen von Windows Server 2003, die über vordefinierte Fähigkeiten verfügen. Dazu gehören Gruppen wie *Administratoren, Hauptbenutzer, Druckoperatoren, Serveroperatoren* und *Domänenadministratoren*. Sie haben die Möglichkeit, zu einem späteren Zeitpunkt beliebige Gruppen, die Sie für wichtig oder privilegiert halten, zur Sicherheitsliste *Eingeschränkte Gruppen* hinzuzufügen.

Benutzer, auf die diese Sicherheitsrichtlinie angewendet wird, werden automatisch aus der Mitgliedschaft einer hier aufgelisteten Gruppe entfernt, wenn sie nicht explizit aufgeführt werden. Damit lassen sich Zuordnungen von Benutzern zu lokalen Gruppen durch Gruppenrichtlinien wieder aufheben. Das Verfahren eignet sich, um temporär vorgenommene Änderungen – beispielsweise für Urlaubsvertretungen – zentral wieder zurückzunehmen.

Um Gruppen aufzunehmen, wählen Sie im Kontextmenü der Richtlinie GRUPPE HINZUFÜGEN. Normalerweise ist die Liste leer und Gruppen unterliegen keinen Beschränkungen. Ist eine Gruppe in der Liste, können Sie sie mit einem Doppelklick öffnen und Mitglieder hinzufügen.

Abbildung 9.22:
Eingeschränkte
Gruppen bearbeiten

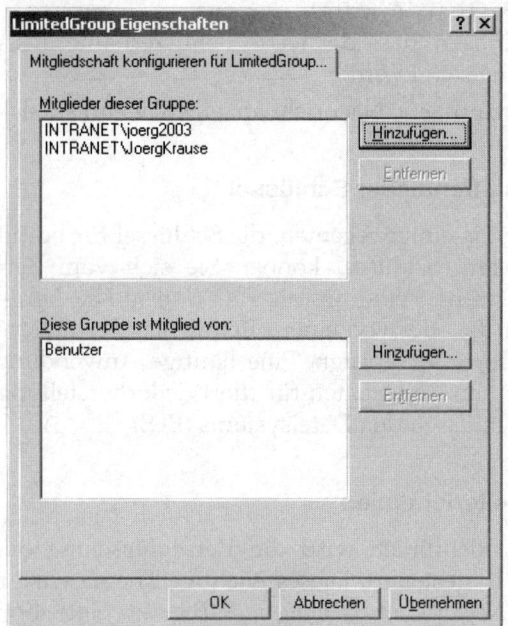

Anschließend können diese Benutzer nur noch Mitglieder von Gruppen sein, wenn die Sicherheitsrichtlinie gültig wird. Bereits enthaltene andere Benutzer werden entfernt.

Dateisystem, Systemdienste und Registrierung

Dateisystem

Sie können Sicherheitsattribute für alle vorhandenen Dateien und Ordner im lokalen Dateisystem, für vorhandene Registrierungsschlüssel des lokalen Systems und für vorhandene Systemdienste auf dem lokalen Computer konfigurieren:

- ERBEN

  Alle untergeordneten Objekte dieses Objekts erben die Sicherheitseinstellungen des übergeordneten Objekts – unter der Voraussetzung, dass das untergeordnete Objekt nicht vor Vererbung geschützt ist.

- ÜBERSCHREIBEN

  In diesem Fall überschreiben die Sicherheitseinstellungen des übergeordneten Objekts alle für das untergeordnete Objekt festgelegten Sicherheitseinstellungen – unabhängig davon, ob für das untergeordnete Objekt ein Schutz eingestellt ist oder nicht.

- IGNORIEREN

  Verwenden Sie diese Einstellung, wenn Sie die Sicherheitseinstellungen für dieses Objekt oder die dazugehörigen untergeordneten Objekte nicht konfigurieren oder analysieren möchten.

An dieser Stelle können Sie auch die SICHERHEITSEIGENSCHAFTEN des Objekts bearbeiten. Dazu gehören Berechtigungen zum Lesen, Schreiben, Löschen, Ausführen für Benutzer- oder Gruppenkonten sowie Vererbungseinstellungen und Besitzrechte.

Bei der Auswahl der Dateien können Sie nur auf lokale Ordner zugreifen. Wenn die Rechte auch auf anderen Computern gelten sollen, müssen Sie die Pfade direkt eingeben. Das Verfahren eignet sich jedoch ohnehin nur für Namen, die auf allen Computer vorhanden sind.

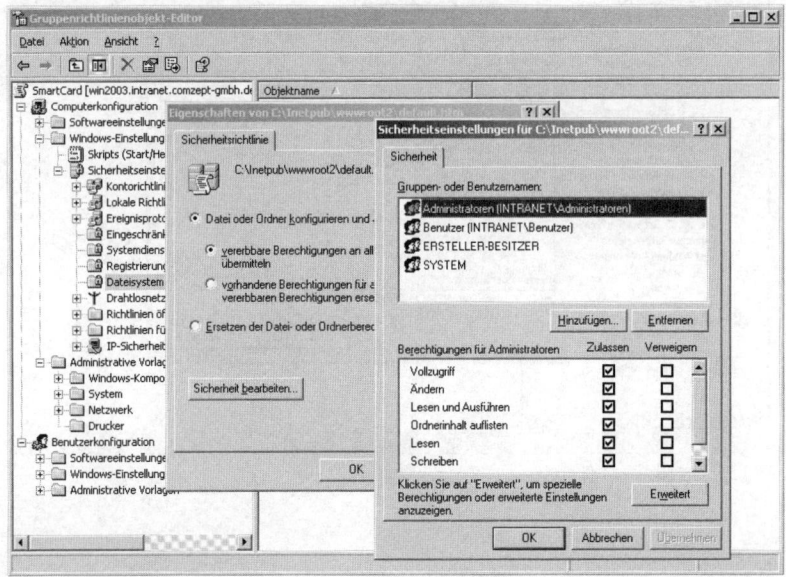

Abbildung 9.23:
Rechte gemeinsam
genutzter Dateien
zentral einstellen

Mehr Informationen zu den Vorlagen finden Sie in Abschnitt 12.6.5 *Administrative Vorlagen* ab Seite 906. Diese Vorlagen enthalten eine Vorauswahl, die Dateien von MS Office mit einschließt, unabhängig davon, ob diese Applikation installiert ist. Für den Einsatz bieten sich Pfadvariablen an, damit lokal abweichende Installationen trotzdem akzeptiert werden.

Systemdienste

Wenn Sie einen automatischen Systemdienststart wählen, führen Sie entsprechende Tests aus, um zu prüfen, ob die Dienste ohne Benutzereingriff gestartet werden können.

Aus Sicherheitsgründen sollten Sie die auf einem Computer verwendeten Systemdienste protokollieren. Zur Optimierung der Leistung sollte die Ausführung unnötiger oder nicht verwendeter Dienste auf MANUELL gesetzt sein.

Registrierungs-schlüssel

Registrierungsschlüssel werden ebenso wie Dateien einzeln erfasst und dann mit den Zugriffsrechten versehen. Dieses Verfahren eignet sich zur Anpassung von Software, die mit den Standardrechten eines Benutzers nicht korrekt ausgeführt werden kann, beispielsweise weil sie nicht Windows 2000/2003-konform ist. Der Eintrag eines Schlüssels führt aber nicht zur Generierung des Schlüssels, sondern nur zum Setzen der Rechte des Benutzers zum Lesen, Ändern oder Löschen dieses Schlüssels auf seinem lokalen System.

Abbildung 9.24:
Einrichten und
Bearbeiten von
Registrierungs-
schlüsseln

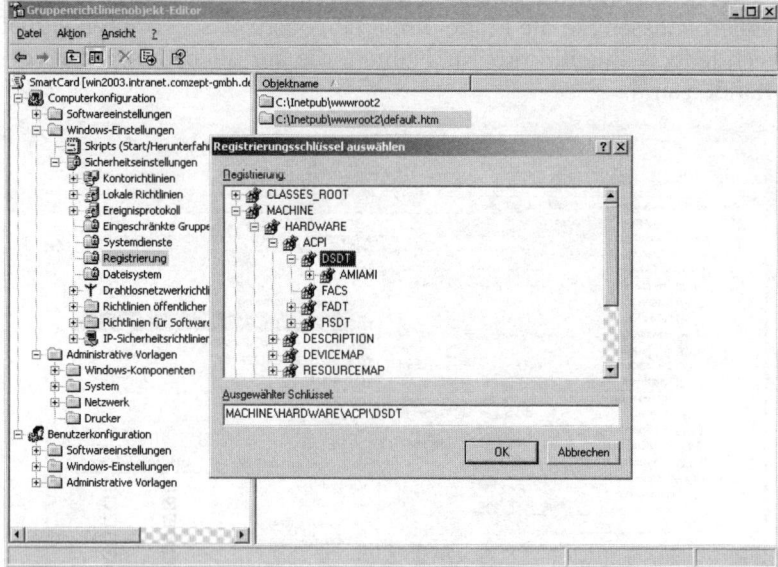

Ereignisprotokoll

Einstellungen für das Ereignisprotokoll umfassen die Überwachung von bestimmten Ereignissen. Dies wird in Abschnitt 10.3 *Ereignisanzeige* ab Seite 622 beschrieben.

9.5.3 Verwendung von Sicherheitsvorlagen

Sicherheitsdatenbanken sind Dateien, die Sicherheitseinstellungen enthalten. Sie können damit Einstellungen speichern und auf einem anderen System wieder laden, um die Verwaltung komplexer Sicherheitseinstellungen zu erleichtern. Die Sicherheitsdatenbanken basieren auf Sicherheitsvorlagen, die elementare Einstellungen bereits enthalten.

Managementkonsolen-Snap-In installieren

Für die Verwaltung der SICHERHEITSVORLAGEN gibt es ein spezielles Snap-In. Weiterhin wird das Snap-In *Sicherheitskonfiguration und -analyse* benötigt.

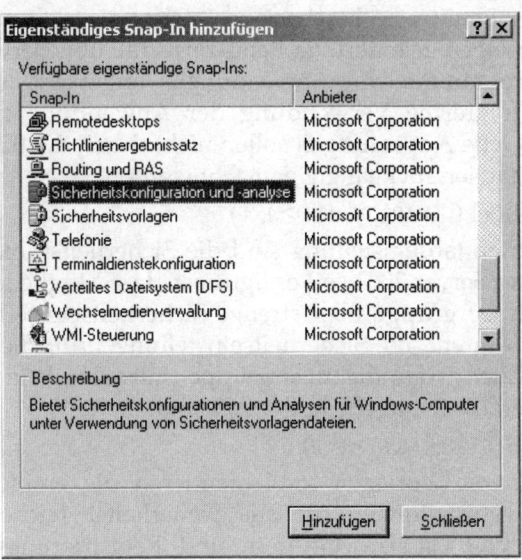

Abbildung 9.25:
Hinzufügen der
Snap-Ins

Auch hier ist zu empfehlen, die Snap-Ins in die Konsole *Computerverwaltung* einzubauen.

Sicherheitsvorlagen

Die Sicherheitsvorlagen liegen in folgendem Ordner:

```
%Systemroot%\security\templates
```

Sie haben die Erweiterung INF und sind mit einem Texteditor zu bearbeiten. Einfacher ist natürlich der Weg über die Managementkonsole. Die Struktur orientiert sich an den Gruppenrichtlinien.

Die Vorlagen dienen der Bereitstellung einer Ausgangssituation für die Einstellung der Sicherheitsrichtlinien. Je nach Installation gilt dies für lokale, domänenweite oder dem Domänencontroller zugeordnete Sicherheitsrichtlinien. Wenn Sie viele Computer konfigurieren, kopieren Sie die Vorlagen und vereinfachen so die Einrichtung der anderen Systeme erheblich.

Typen von Sicherheitsvorlagen

Verschiedene Vorlagen sind bereits vorbereitet, um die Einrichtung des Systems zu vereinfachen. Die folgende Liste zeigt die zur Verfügung stehenden Varianten (der Platzhalter <MOD> wird anschließend erläutert):

- Basic (BASIC<MOD>.INF)

  Mit den Vorlagen für die Basiskonfiguration kann die Anwendung einer anderen Sicherheitskonfiguration aufgehoben werden. Die Basiskonfigurationen wenden die Standardsicherheitseinstellungen von Windows Server 2003 auf alle Sicherheitsbereiche an. Eine Ausnahme bilden die Sicherheitsbereiche, die sich auf Benutzerrechte beziehen. Diese werden nicht in den Basisvorlagen geändert, da Benutzerrechte üblicherweise durch Setupprogramme von Anwendungen angepasst werden, um eine erfolgreiche Verwendung der Anwendung zu ermöglichen. Solche Anpassungen sollen nicht durch die Basiskonfigurationsdateien rückgängig gemacht werden.

- Kompatibel (COMPAT<MOD>.INF)

  In der Standardeinstellung sind die Sicherheitsfunktionen von Windows Server 2003 so konfiguriert, dass Mitglieder der lokalen Benutzergruppe über strenge Sicherheitseinstellungen verfügen, während die Sicherheitseinstellungen für die Mitglieder der lokalen Hauptbenutzergruppe mit den Windows NT 4-Benutzerzuweisungen kompatibel sind.

- Sicher (SECURE<MOD>.INF)

  Die sicheren Vorlagen implementieren die empfohlenen Sicherheitseinstellungen für alle Sicherheitsbereiche mit Ausnahme von Dateien, Ordnern und Registrierungsschlüsseln. Diese werden nicht geändert, da Dateisystem- und Registrierungsberechtigungen standardmäßig sicher konfiguriert werden.

- Hochsicher (HISEC<MOD>.INF): Die sehr sicheren Vorlagen definieren Standardeinstellungen für die Netzkonfiguration unter Windows Server 2003. Die Sicherheitsbereiche bieten maximalen Schutz für den Netzwerkverkehr sowie für Netzwerkprotokolle für Computer, auf denen Windows Server 2003 ausgeführt wird. Eine Kommunikation mit Computern, auf denen

Windows 95 oder 98 bzw. Windows NT ausgeführt wird, ist nicht möglich.

Zu einigen Vorlagen gibt es Modifikationen, die folgende Bedeutung haben (Platzhalter <MOD> in der vorhergehenden Liste):

- WS bzw. WK

  Vorlage für Arbeitsstationen, verfügbar für alle Varianten

- DC

  Vorlagen für Domänencontroller, verfügbar für BASIC, SECURE und HISEC

- SV

  Alleinstehende Server, nur für BASIC verfügbar

Zwei weitere Vorlagen, OCFILESS und OCFILESW, definieren Zugriffsrechte auf gemeinsam genutzte Dateien des Betriebssystems und MS Office 2000/XP.

Importieren einer Sicherheitsrichtlinienvorlage in eine Gruppenrichtlinie

Da alle Sicherheitsrichtlinien – mit Ausnahme der Kerberos-Richtlinien – auch über Gruppenrichtlinienobjekte verteilt werden können, bietet sich der Import an.

Dazu gehen Sie folgendermaßen vor:

1. Öffnen Sie das Gruppenrichtlinienobjekt, in das die Sicherheitsvorlage importiert werden soll.
2. Öffnen Sie den Zweig COMPUTEREINSTELLUNGEN | WINDOWS-EINSTELLUNGEN.
3. Im Kontextmenü des Containers SICHERHEITSEINSTELLUNGEN klicken Sie auf die Option RICHTLINIE IMPORTIEREN.
4. Wählen Sie eine der gespeicherten Standardrichtlinien oder eine an einem anderen Ort abgelegte eigene Vorlage aus.
5. Aktivieren Sie das Kontrollkästchen DATENBANK VOR DEM IMPORTIEREN AUFRÄUMEN, wenn die Daten exklusiv importiert werden sollen. Ist diese Option deaktiviert, werden die bereits vorgenommenen Einstellungen mit denen der Vorlage kombiniert.

Starten Sie den Importvorgang mit OK.

Der Vorgang wird je nach Umfang der Änderungen einige Sekunden in Anspruch nehmen.

9.5.4 Durchführen einer Sicherheitsanalyse

Dieses Snap-In ermittelt die effektive Konfiguration. Es ist sinnvoll, sich hier nach der Installation einen Überblick zu verschaffen, wie Windows Server 2003 eingerichtet wurde, vor allem wenn zuvor Vorlagen geändert wurden und mit den modifizierten Vorlagen gearbeitet wurde.

Bedienung Die Bedienung dieses Snap-Ins unterscheidet sich etwas von den anderen hier beschriebenen. Sie erreichen alle Optionen über das Kontextmenü des Knotens.

Datenbank anlegen Die Arbeitsweise ist einfach. Zuerst legen Sie eine Datenbank an, in der alle Konfigurationen gespeichert werden. Dazu öffnen Sie eine neue Datei. Ist der Name nicht vorhanden, wird die Datenbank angelegt. Dann importieren Sie eine Sicherheitsvorlage, die als Ausgangsbasis der Analyse gilt. Die Datenbank liegt in folgendem Pfad:

`%Systemroot%\security\Database`

Protokolle Der Ablauf der Analyse wird in einem Protokoll festgehalten. Dieses Protokoll finden Sie unter:

`%Systemroot%\security\logs`

Konfiguration des Snap-Ins Sicherheitskonfiguration und -analyse

Der folgende Ablauf importiert eine der Vorlagen in die Sicherheitsrichtlinien:

1. Öffnen Sie das Snap-In SICHERHEITSKONFIGURATION UND -ANALYSE.
2. Öffnen Sie eine Sicherheitsdatenbank, die analysiert werden soll. Diese wurde bereits oben unter *Datenbank anlegen* beschrieben.
3. Importieren Sie eine Sicherheitsvorlage, die als Vorgabe der Analyse dient. Das Programm vergleicht die Einstellungen der Vorlage mit der tatsächlichen Situation des Computers. Nach dem Anlegen gelangen Sie automatisch zur Auswahl einer Vorlage. Haben Sie eine vorhandene Datenbank benutzt, wählen Sie nun VORLAGE IMPORTIEREN. Die Vorlagen wurden bereits oben beschrieben.
4. Wählen Sie im Kontextmenü SYSTEM JETZT KONFIGURIEREN. Geben Sie einen Pfad zu einer Fehlerprotokolldatei an. Das System wird auf die Parameter der Vorlage eingestellt.

Ablauf der Analyse

Sie können die aktuelle Situation des Computers auch mit einer Vorlage vergleichen. Anschließend entsteht im Knoten des Snap-Ins eine Widerspiegelung der Gruppenrichtlinienstruktur, deren Parameter die analysierten Werte anzeigen. Sie können hier auch gleich Änderungen vornehmen. Gehen Sie folgendermaßen vor:

Die Schritte 1 und 2 müssen Sie nicht ausführen, wenn Sie die beschriebene Konfiguration unmittelbar vorher vorgenommen haben.

1. Öffnen Sie das Snap-In SICHERHEITSKONFIGURATION UND -ANALYSE.

2. Importieren Sie eine Sicherheitsvorlage, die als Vorgabe der Analyse dient. Das Programm vergleicht die Einstellungen der Vorlage mit der tatsächlichen Situation des Computers. Wählen Sie dazu VORLAGE IMPORTIEREN. Die Vorlagen wurden bereits oben beschrieben.

3. Wählen Sie im Kontextmenü COMPUTER JETZT ANALYSIEREN. Geben Sie einen Pfad zu einer Fehlerprotokolldatei an. Das System wird auf die Parameter der Vorlage eingestellt. Der Vorgang kann einige Sekunden in Anspruch nehmen.

Die Analyse umfasst auch Dateiberechtigungen und Angaben zur Registrierung, zur Gruppenzugehörigkeit u.v.m.

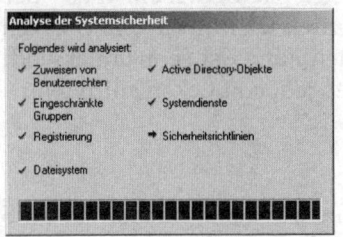

Abbildung 9.26:
Umfassende Analyse der Sicherheitssituation des Computers

Danach stehen die Ergebnisse der Analyse im Protokoll zur Verfügung. Im Kontextmenü des Snap-Ins können Sie den Eintrag PROTOKOLLDATEI ANZEIGEN aktivieren. Dann wird das Protokoll in der rechten Seite der Managementkonsole angezeigt.

Anzeige des Protokolls

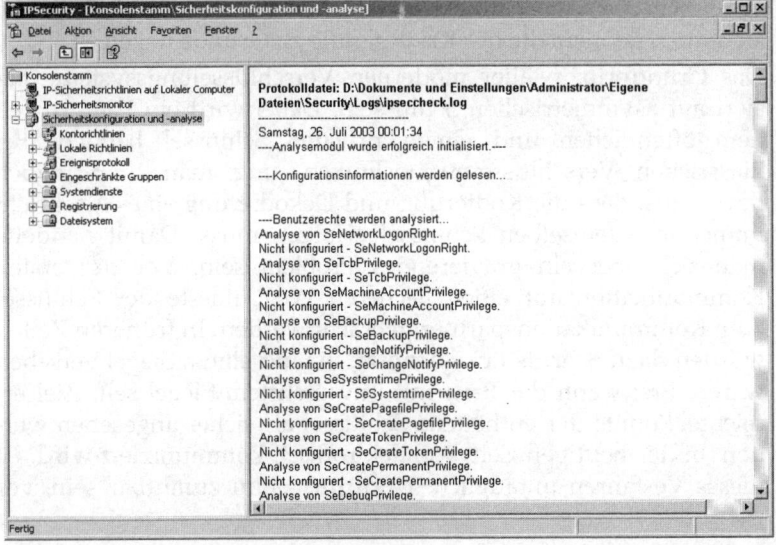

Abbildung 9.27:
Protokoll einer Analyse

Das Protokoll liegt in Form einer ASCII-Datei vor und kann mit jedem Editor geöffnet oder mit Skripten weiterverarbeitet werden.

9.6 Public Key Infrastructure (PKI)

Vor der Beschäftigung mit dem Begriff Public Key Infrastructure und den dahinter stehenden Technologien stellt sich die Frage, ob der Einsatz überhaupt gerechtfertigt ist. Ist das der Fall, muss der Aufwand zur Einrichtung und Administration abgeschätzt werden. Dies erfolgt sinnvollerweise im Hinblick auf alternative Techniken.

9.6.1 Grundlagen

Um eine PKI nicht nur nach Anleitung aufzubauen, sondern auch dauerhaft erfolgreich zu betreiben, muss der Administrator ein solides Grundlagenwissen mitbringen. Die Sicherheit, die mit einer PKI erreicht werden kann, ist sehr umfassend. Bei falscher Implementierung können jedoch Lücken auftreten.

Begriffe

Verschlüsselung

An allererster Stelle bei der Darstellung von Sicherheitssystemen, die auf Verschlüsselung basieren, steht die Erläuterung des Verschlüsselungsprinzips. Damit einhergeht die Klärung der typischerweise verwendeten Abkürzungen. Diese finden sich in einigen Dialogen bei der Einrichtung einer PKI unter Windows Server 2003 wieder und sind deshalb wenigstens ansatzweise zu beherrschen. Freilich müssen Sie keineswegs alle mathematischen Verfahren kennen, die der Kryptografie zu Grunde liegen.

Öffentliche und private Schlüssel

Das Grundprinzip aller modernen Verschlüsselungssysteme basiert auf asymmetrischen Schlüsseln. Dabei wird ein Paar aus einem öffentlichen und einem privaten Schlüssel benutzt. Bei klassischen Verschlüsselungstechniken ging man ursprünglich davon aus, dass die Kodierung und Dekodierung einer Nachricht immer mit demselben Schlüssel erfolgen muss. Damit handelte man sich aber ein gravierendes Problem sein. Vor der ersten Kommunikation auf einem sicheren Weg musste der Schlüssel zum Kommunikationspartner gebracht werden. In früheren Zeiten wurden dazu Schriftstücke benutzt, die mit einem Siegel versehen waren. Erst wenn der Brief mit unversehrtem Siegel sein Ziel erreichte, konnte der enthaltene Schlüssel als sicher angesehen werden. In der heutigen Zeit, wo elektronisch kommuniziert wird, ist dieses Verfahren untauglich. Es dürfte kaum zumutbar sein, vor dem Aufbau einer SSL-Verbindung zur Bank eine Diskette mit dem Schlüssel per Einschreiben zu versenden.

Die Kryptografieexperten Rivest, Shamir und Adleman entwickelten deshalb in den 70er Jahren ein Verfahren, das zwei zueinander passende, aber verschieden entwickelte Schlüssel benutzt. Ein mathematisches Verfahren (Primfaktorenzerlegung) wird benutzt, um einen Schlüssel zum Verschlüsseln einer Nachricht zu verwenden, während der andere dazu kompatible Schlüssel ausschließlich der Entschlüsselung dient. Der Clou an der Sache ist eigentlich, dass der Besitz des einen Schlüssels keinerlei Rückschlüsse auf den anderen zulässt. Man betrachtet nun den Schlüssel zum Verschlüsseln der Nachricht als öffentlichen Schlüssel. Er wird über geeignete Methoden, beispielsweise einen Webserver, an all diejenigen verteilt, die dem ursprünglichen Besitzer geschützte Informationen zukommen lassen wollen. Die Kommunikationspartner verpacken nun ihre Daten mit dem öffentlichen Schlüssel. Entschlüsseln kann man diese nur mit dem dazu passenden privaten Schlüssel. Private und öffentliche Schlüssel werden zusammen erzeugt. Der private verbleibt beim Herausgeber, muss also nie über einen unsicheren Weg gesendet werden.

Lösung des kryptografischen Paradoxons

Asymmetrische Schlüssel lösen zwar das Problem der Schlüsselverteilung und damit eines der klassischen Paradoxa der Kryptografie, sind aber vergleichsweise langsam. Das aufwändige Verfahren zum Erzeugen der Schlüssel führt auch zu einer rechenintensiven Ver- und Entschlüsselung. Denn die Sicherheit basiert nicht zuletzt auf möglichst großen Primzahlfaktoren und damit auf großen Primzahlen. Auch moderne Prozessoren im GHz-Bereich finden darin eine Herausforderung. Symmetrische Schlüsselverfahren sind dagegen ebenso sicher und vergleichsweise schnell, wenn das Problem der Schlüsselverteilung nicht wäre.

Anspruch an Hardware

In der Praxis wird deshalb eine Kombination aus beiden Verfahren eingesetzt. Das asymmetrische Verfahren wird zu Beginn der Kommunikation eingesetzt, um über den entstandenen sicheren Kanal die symmetrischen Schlüssel auszutauschen. Ist das erfolgt, wird die Kommunikation fortan mit den symmetrischen Schlüsseln fortgesetzt. Diese Kombination wird in der Praxis beispielsweise für SSL (*Secure Socket Layer*) im Web eingesetzt.

Symmetrische Schlüssel

Da Sicherheit letztlich darauf basiert, dass öffentliche Schlüssel zur Initiierung der Kommunikation eingesetzt werden, ist das gwählte Verfahren Namensgeber der PKI (*Public Key Infrastructure* = Infrastruktur öffentlicher Schlüssel).

Ursprung der Sicherheit

Bedeutung der Zertifizierungsstellen

Nun basiert die Sicherheit letztlich auf der Stelle, die das erste Zertifikat herausgibt. Es ist nicht üblich, alle benötigten Zertifikate von ein und derselben Stelle zu beziehen. Stattdessen stellt eine vertrauenswürdige Zertifizierungsstelle ein so genanntes Stammzertifikat aus. Öffentliche Herausgeber, von denen viele in Windows bereits registriert sind, prüfen die Identität des Beantragenden, beispielsweise durch Einsicht in Handelsregisterauszüge, die Kontrolle von Telefonnummern und Adressen. Auf dieser Basis wird ein Zertifikat erzeugt, das eine Verknüpfung zwischen einem Domain-Namen und dem Firmennamen herstellt. Kommunikationspartner können dieses Zertifikat einsehen und sich im Zweifelsfall beim Herausgeber die Echtheit versichern lassen.

Beim Aufbau einer PKI muss aber nicht zwingend auf ein fremdes Stammzertifikat gesetzt werden. Wenn Kommunikationswege innerhalb des Unternehmens gesichert werden müssen, kann die Quelle des Vertrauens natürlich im eigenen Hause liegen. Der Aufbau einer PKI ist dann unter Umständen kostensparend, denn externe Zertifizierungsstellen lassen sich ihre Dienstleistung gut bezahlen.

9.6.2 Hintergründe

Public Key Infrastructures (PKI) stellen eine Basistechnologie für die sichere elektronische Kommunikation in verteilten Systemen dar. Die wichtigsten Sicherheitsziele sind die Authentizität (Echtheit), Integrität (Unverletztheit) und Vertraulichkeit von Dokumenten. Der Einsatz dient vor allem der Autorisierung und dem Aufbau rechtsverbindlicher Kommunikationswege auf rein elektronischem Wege.

Anwendungen

Auch wenn es heute noch unheimlich erscheint, so ist dennoch absehbar, dass es in naher Zunkunft in großen Teilen der internationalen Wirtschaft zu weitgefächerten Geschäftsbeziehungen kommen wird. Während die Internationalisierung und Globalisierung bislang durch Konzerne und staatliche Einrichtungen vorangetrieben und genutzt wurde, sind durch die billigen Kommunikationswege nunmehr auch kleine und mittelständische Unternehmen in der Lage, die Vorteile der Globalisierung zu nutzen. Immer mehr Unternehmen bieten digitalisierbare Leistungen »offshore« an, das heißt, Softwareentwickler, Grafikdesigner und Journalisten arbeiten in Asien oder Südamerika für Auftraggeber in Europa oder Asien. Sind es am Anfang noch kleine Projekte mit kurzer Laufzeit und geringem Risiko, werden zunehmend auch große Projekte und vielfältige Geschäftsbeziehungen gepflegt.

Damit kommen Probleme auf. Mangels internationaler Gerichtsbarkeit müssen andere Sicherungsmaßnahmen ergriffen werden, die derzeit auf Betreiben der Wirtschaft außerhalb jeder staatlichen Kontrolle entstehen. In erster Linie geht es darum, dass ein Unternehmen sich eindeutig darstellen und identifizieren kann. Zum anderen geht es darum, dass die gesamte Kommunikation, die teilweise geheime Daten umfassen kann, geschützt wird. Im dritten Schritt geht es um die Abwicklung von Zahlungen.

Kryptografische Methoden sind in ihrer ganzen Vielfalt und Leistungsbandbreite dazu entworfen worden, diese Probleme zu lösen. Die zwei wesentlichen Techniken sind die Verschlüsselung und die Signatur. Die Signatur dient als Ersatz der rechtsverbindlichen Unterschrift. Signierte Daten können vom Empfänger geprüft werden, um die Identität des wahren Absenders festzustellen. Des weiteren eignen sich Signaturen zur Beschaffung von Zugangsberechtigungen. So wäre es vorstellbar, dass zwei Firmen aus verschiedenen Kontinenten gemeinsam an einem Projekt arbeiten und die Mitarbeiter sich einen geschützten Zugang zu einem gemeinsamen Server mittels Signaturen beschaffen. Die Verschlüsselung dient dagegen dem Schutz der Daten auf diesen Systemen und auf den Übertragungswegen vor dem Zugriff Dritter. Aber auch ohne internationale Szenarien zu bemühen, ist die Anwendung sinnvoll. Industriespionage bringt oft einen »Geschäftspartner« ins Spiel, der jedoch höchst unerwünscht ist. Der Aufbau einer PKI zum Schutz aller Arten von Daten ist deshalb auch für kleine und mittelständische Unternehmen aktuell.

Grundlagen der Kryptografie

Eine PKI basiert auf der Anwendung mehrerer kryptografischer Verfahren. Dazu gehören sowohl symmetrische als auch asymmetrische Verfahren, deren Besonderheiten noch genauer dargestellt werden. Keines dieser Verfahren ist jedoch bewiesen sicher (im Sinne eines mathematischen Beweises). Es kann nur als sicher angenommen werden, dass die Verfahren mit den heute zur Verfügung stehenden Rechenleistungen nicht ausgehebelt werden können. Man muss jedoch Aufwand und Nutzen betrachten. Wer einen Cluster aus Hochleistungsrechnern zusammenstellen muss, um eine einfache E-Mail zu entschlüsseln, wird vermutlich allein vom Aufwand[16] davon abgehalten. Eine vollkommen sichere Lösung ist also in den allermeisten Fällen nicht notwendig. Insofern korrelieren Anspruch und Wirklichkeit. Für den Entscheider heißt dies, dass der Einsatz möglich und erforderlich ist.

---

[16] Es ist vermutlich einfacher, den richtigen Mitarbeiter zu entführen und mit den üblichen Methoden zum Reden zu bringen.

Eine vollständige PKI basiert auf der Verwaltung von Schlüsseln, wie sie für die Verschlüsselung benötigt werden. Sie ist außerdem oft integraler Bestandteil eines unternehmensweiten Verzeichnisdienstes.

Das Zertifikat

Zertifikate sind kein Selbstzweck. Viele Anwendungen nutzen sie, um Daten zu verschlüsseln oder Übertragungswege zu schützen. Das Zertifikat selbst ist eine Datei, die Angaben über den Zweck, den Herausgeber und Sicherungsinformationen enthält. Zusammen mit dem Zugriff auf die herausgebende Stelle kann der Nutzer prüfen, ob das Zertifikat echt, unverändert und gültig ist.

X.509

Zertifikate unterliegen einem bestimmten Standard. Der bekannteste ist X.509. Aktuell wird Version 3 (X.509v3) eingesetzt. Ein solches Zertifikat enthält Daten, die einem Vergleich mit einem Personalausweis angebracht erscheinen lassen. Dazu gehört der Aussteller (im folgenden als Herausgeber (engl. *issuer*) bezeichnet), der eigene Name, E-Mail- und Webadresse (Domain) und eine eindeutige Zertifikatsnummer. X.509-Zertifikate enthalten eine Sammlung dieser und vieler weiterer Felder, die beispielsweise den Zweck erklären. Es gibt Zertifikate für die Signierung von E-Mail und solche zum Verschlüsseln von Dateien im Betriebssystem. Gespeichert werden Zertifikate als Datei in speziellen Datenbanken des Betriebssystems (Zertifikatspeicher) oder im Dateisystem, im Verzeichnisdienst (beispielsweise Active Directory) oder auch auf SmartCards. Noch ein anderer Standard spielt eine Rolle: X.500. Dieser definiert den Aufbau von Namen in einem Verzeichnissystem. Er wird verwendet, um Namen im Zertifikat zu notieren.

Die wichtigsten Felder eines Zertifikats zeigt die folgende Tabelle. Der Zertifikat-Anzeigedialog in Windows kann diese Felder als Liste anzeigen.

Tabelle 9.2:
Aufbau eines
Zertifikats (Feldsicht)

Feldname	Inhalt
version	Versionsnummer, als Zahl; Version 1 = 0, Version 2 = 1 usw.
serialNumber	Seriennummer
signature	Algorithmus, mit dem die Signatur gebildet wurde
Name	Distinguished Name der Zertifizierungsstelle, nach X.500-Regeln gebildet
Validity	Gültigkeitszeitraum von und bis zu dem das Zertifikat gültig ist; außerdem eine Zeitangabe über den Herausgabezeitpunkt

Feldname	Inhalt
subject	Daten des Inhabers nach X.500-Regeln
subjectPublicKeyInfo	Öffentlicher Schlüssel des Inhabers als Sequenz aus Bildungsalgorithmus (Hashverfahren) und der Bitfolge, die den Schlüssel darstellt
issuerUniqueID subjectUniqueID	Optionale IDs, die Herausgeber und Inhaber charakterisieren
extensions	Diverse Erweiterungen, die unter Windows beispielsweise den Zweck festlegen

Wie diese Felder in der Praxis gefüllt sind, zeigt die folgende Abbildung. Die Liste zeigt nicht die von der Windows Server 2003-PKI erzeugten zusätzlichen Felder an.

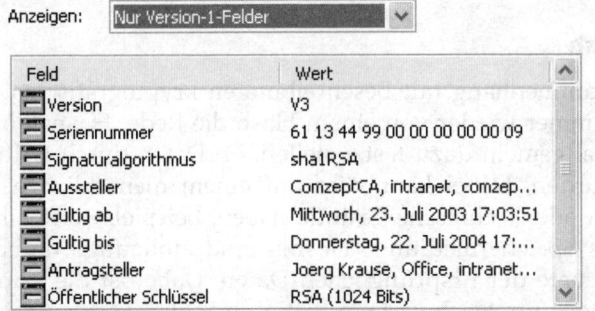

Abbildung 9.28: Standardfelder eines Zertifikats

Die Anzeige der Namen im X.500-Format wird nach der Auswahl eines Feldes dann folgendermaßen ausgegeben:

```
CN = Joerg Krause
OU = Office
DC = intranet
DC = comzept-gmbh
DC = de
```

Abbildung 9.29: X.500-Namen in der Zertifikatanzeige

Da der Name in diesem Fall im Active Directory definiert ist, ist er anhand der Angaben leicht zu finden.

X.509 definiert nicht nur die Feldformate, sondern auch die Kodierung: ASN.1 (*Abstract Syntax Notation One*). Der ISO-Standard, in dem ASN.1 definiert wird, heißt ISO 8824. Beschrieben wird ein einfacher Standard zur Kodierung hierarchisch[17] aufgebauter

ASN.1

---

[17] Früher oder später dürfte hier XML das Rennen machen. ASN.1 ist ein historisches Überbleibsel – entwickelt bereits in den 80er Jahren – in der Welt der Zertifikate.

Nachrichten. Das ist notwendig, weil Zertifikate so genannte Zertifikatketten bilden können. Untergeordnete Zertifikate hängen vom übergeordneten ab und sind nur dann glaubwürdig, wenn die gesamte Kette einsehbar ist. ASN.1 kann diese Ketten abbilden. Im OSI-Modell erfolgt die Anwendung auf der Präsentationsschicht (siehe auch Abschnitt *Das ISO/OSI-Referenzmodell* ab Seite 192). Das Wort *Abstract* in ASN.1 definiert die Sprache als prädestiniert für theoretische, abstrakte Datenmodelle. Sie definiert also nicht den Zweck des Einsatzes und ist deshalb unabhängig von Plattformen, Programmiersprachen und Inhalten. ASN.1 selbst definiert nur die Kodierung der Strukturen. Zur Umsetzung plattformneutraler binärsicherer Übertragungen dient der Standard X.690, der unter anderem DER (*Distingueshed Encoding Rules*) und CER (*Canonical Encoding Rules*) kennt. Die beiden letzteren Begriffe werden Sie gelegentlich wiedersehen – beim Speichern von Zertifikaten fragt Windows nach dem Speicherformat.

Der Hash

Prinzip der Hashalgorithmen (Message Digest)

Im Zusammenhang mit Beschreibungen kryptografischer Verfahren ist immer wieder von einem Hash die Rede. Hashalgorithmen dienen allgemein dazu festzustellen, ob Daten durch Dritte geändert wurden. Dabei kann dies auf einem menschlichen Eingriff beruhen oder technische Gründe haben, beispielsweise ein Versagen des Speichermediums. Hashes sind eindeutige numerischen Komprimate der ursprünglichen Daten. Dabei ist die Zuordnung von Daten zum Hashwert eindeutig und unumkehrbar. Man kann also aus einem Hash nie wieder die ursprünglichen Daten errechnen, was im Prinzip darauf beruht, dass der Hash viel weniger Informationen enthält. Stark vereinfacht kann man sich Hashes als Ergebnis einer Multiplikation vorstellen. Aus den Zahlen 4 und 5 entsteht der Hash 20. Wird nur eine der Zahlen geändert, ändert sich auch der Hash. Aus der Zahl 20 lässt sich jedoch nicht sicher ableiten, ob die ursprünglichen Zahlen 4 und 5 oder 2 und 10 waren. Es handelt sich also um einen Einwegalgorithmus. In der Praxis sind Hashes freilich komplexer, denn sie müssen sicherstellen, dass verschiedene Daten immer zu verschiedenen Werten führen. Es ist üblich, Hashwerte konstanter Länge zu produzieren, um deren Verarbeitung zu erleichtern. Typisch sind 128 oder 160 Bit, was immerhin 2^{128} bzw. 2^{160} Kombinationen erlaubt – astronomische Größenordnungen übrigens.

MD5

Der bekannteste Hashalgorithmus ist MD5 (*Message Digest Version 5*). Dieses Verfahren erzeugt einen Hashwert von 128 Bit Länge. Message Digest ist ein anderer Name für den Begriff »Hashwert«. Ron Rivest von den RSA Laboratories entwickelte sie im Zusammenhang mit dem PEM-Standard (*Privacy Enhanced Mail*). Der

Algorithmus wurde so entworfen, dass er auf 32-Bit-Prozessoren besonders schnell ausgeführt wird. Der Ablauf der Berechnung erfolgt durch Auffüllen der Bitfolge auf eine durch 512 teilbare Menge und die wortweise Verdichtung durch spezielle Funktionen. Im Ergebnis entstehen vier 32-Bit-Blöcke, zusammen 128 Bit.

Ein anderer ist SHA (*Secure Hash Algorithm*), der in mehreren Varianten existiert. Alle SHA-Algorithmen liefern 160 Bit breite Hashwerte. Sie wurden ursprünglich entwickelt, um die Integrität von Schlüsseln von Verschlüsselungsverfahren zu sichern. Die Versionen SHA256, SHA384 und SHA512 beziehen sich jeweils auf das Doppelte der effektiv schützbaren Schlüssellänge. Der Basisalgorithmus heißt SHA1. Er entstand auf Basis von SHA, der von der NSA entwickelt und als US-Standard angenommen wurde. Hash-Algorithmen benötigen selbst keinen Schlüssel. Es ist aber möglich, die Implementierung so zu erweitern, dass der Hash selbst auf einem Schlüssel basiert. Die Windows Server 2003-PKI verwendet meist eine Kombination mit RSA, was durch die Angabe des Algorithmus *sha1RSA* (vergleichen Sie dazu Abbildung 9.28, dritter Wert von oben) verdeutlicht wird.

Symmetrische Verschlüsselungsverfahren

Symmetrische Verschlüsselungsverfahren basieren darauf, dass derselbe Schlüssel zum Ver- und Entschlüsseln benutzt wird. Sie sind schnell und effektiv, benötigen aber einen sicheren Kanal, über den der Schlüssel zwischen den Kommunikationspartners ausgetauscht wird.

DES DES steht für *Data Encryption Standard*. 1973/74 initiierte das National Bureau of Standards (NBS, heute NIST) einen Wettbewerb für ein Verschlüsselungsverfahren, um begrenzten Schutz bei der Übermittlung nichtgeheimer Daten zu erreichen. 1977 wurde der DES, von IBM im Rahmen des Wettbewerbs entwickelt, zum Standard erklärt. DES verschlüsselt immer Blöcke zu 64 Bit. Die Schlüssellänge beträgt 56 oder 112 Bit, wobei heute beide Längen nicht mehr als sicher gelten. DES ist für Hardwareimplementierungen gedacht und in Software recht langsam.

TripleDES Der Kryptologe Tuchman erfand ein Verfahren, bei dem mit drei Schlüsseln (deshalb Triple) gearbeitet wird. Der erste Schlüssel verschlüsselt, der zweite entschlüsselt den verschlüsselten Code (was nicht zum Original zurückführt) und der dritte verschlüsselt erneut. Die einzelnen Vorgänge basieren auf DES und die Schlüssellänge ist 112 oder 168 Bit. Auch dieses Verfahren ist vergleichsweise langsam.

Rijndael Die Kryptoforscher Vincent Rijmen und Joan Daemen aus Belgien beteiligten sich am 1997 ausgetragenen Wettbewerb zur Ermittlung eines Algorithmus zum *Advanced Encryption Standard* (AES).

Sie gewannen und nannten ihren designierten DES-Nachfolger Rijndael (aus den Anfangszeichen der Nachnamen). Die Schlüssellänge beträgt standardmäßig 128 Bit, 192 und 256 Bit sind möglich. Bei Umsetzung in Software ist Rijndael verhältnismäßig schnell. Außerdem ist die Nutzung lizenzfrei möglich.

RC2

Eine bekannte Größe in der Welt der Kryptografen ist Ron Rivest. Er entwickelte zusammen mit Shamir und Adleman den asymmetrischen RSA-Algorithmus. Unter den symmetrischen Verfahren ist er mit RC2 (*Rivest Cipher 2*) vertreten, der Teil des S/MIME-Standards ist. Typische Schlüssellängen sind 40 (heute unsicher), 56 und 128 Bit. Lizenziert wird RC2 von RSA Data Security Inc. Ron Rivest hat übrigens weitere Verfahren, darunter den Hash-Algorithmus MD5 gefunden.

Asymmetrische Verschlüsselungsverfahren (Public Key)

Zwei bekannte asymmetrische Verschlüsselungsverfahren sind RSA und DSA. RSA stammt von den bereits erwähnten Ron Rivest, Adi Shamir und Leonard Adleman und ist seit 1977 bekannt. Entsprechend verbreitet sind RSA-Implementierungen. Der *Digital Signature Algorithm* (DSA) wurde dagegen erst 1991 entwickelt – auf Initiative der amerikanischen Behörde *National Institute of Standards and Technology* (NIST). Asymmetrische Schlüssel sind etwas komplexer als symmetrische, weil immer zwei zusammengehörige existieren und die Berechnung mehr Werte benötigt.

RSA

Rivest, Shamir und Adleman wollten 1978 zeigen, dass Public-Key-Kryptographie unmöglich ist. Statt dessen entdeckten sie den RSA-Algorithmus, benannt nach den Nachnamen seiner Entdecker Rivest, Shamir und Adleman. Er kann einerseits zur Verschlüsselung und andererseits auch zur Signierung elektronischer Nachrichten genutzt werden.

Das RSA-Verfahren beruht auf folgender mathematischer Tatsache: Angenommen n = pq ist das Produkt zweier Primzahlen p und q. Dann gilt für jede natürliche Zahl m, die kleiner ist als n und für jede natürliche Zahl k folgende Gleichung:

$$m^{k(p-1)(q-1)+1} \bmod n = m$$

Für die Realisierung des Verfahrens werden zwei natürliche Zahlen e und d gewählt, sodass sie sich in der Form ed = k(p-1)(q-1)+1 darstellen lassen. Damit gilt dann folgende Gleichung:

$$(m^e)^d \bmod n = m$$

Konkret funktioniert das dann folgendermaßen: Für jeden Teilnehmer werden zwei verschieden große Primzahlen p und q gewählt. Ihr Produkt ergibt n = pq und $\varphi(n)$ berechnet sich mit $\varphi(n)$ = (p-1)(q-1). Anschließend wählt man eine natürliche Zahl e. Sie muss teilerfremd zu $\varphi(n)$ sein. Nun berechnet man eine ebenfalls natürliche Zahl d so, dass gilt: `ed mod φ(n) = 1`. Damit gilt dann `ed = k(p-1)(q-1)+1` für eine natürliche Zahl `k`. `e` bildet zusammen mit `n` den öffentlichen Schlüssel. `d` ist der geheime Schlüssel eines Teilnehmers. `p`, `q` und `φ(n)` müssen ebenfalls geheim gehalten werden. Da sie aber nicht wieder genutzt werden, können sie auch vernichtet werden.

Insgesamt eine aufwändige Angelegenheit, die auch heutige Prozessoren kräftig rechnen lässt. Auf der anderen Seite keine Zauberei, sondern einfach nur Mathematik.

DSA (*Digital Signature Algorithm*) dient in erster Linie der Signierung mit Hilfe asymmetrischer Schlüssel. Aus dem mit Hilfe einer Hash-Funktion generierten *Message Authentication Code* (MAC) lässt sich eine digitale Unterschrift erzeugen, indem man ihn mit einem privaten Schlüssel chiffriert. DSA ist Teil des *Digital Signature Standard* (DSS). Nachfolgend wird ein mögliches Vorgehen auf der Grundlage eines mit SHA-1 erzeugten MAC erläutert:

DSA

Es wird eine große Primzahl `p` ausgewählt, die typisch zwischen 512 und 1 024 Bit lang ist. Es wird ein Primfaktor `q` der Zahl `(p-1)` berechnet. `q` ist 160 Bit lang. Es wird eine Zahl `g` gemäß folgender Formel berechnet:

$$g = h^{\left(\frac{p-1}{q}\right)} \bmod p$$

Dabei muss `h` kleiner `p` und `g` größer 1 sein. Es wird nun eine weitere Zahl `x` als privater Schlüssel des Senders ausgewählt, wobei `x` kleiner `q`. Die Zahl `y = gx mod p` wird nun als öffentlicher Schlüssel verwendet. Der Sender unterzeichnet seine Mitteilungen mit `r = (gk mod p) mod q` sowie `s = (k-1·(SHA1(m)+x·r)) mod q`. Der Sender versendet nun `(m, r, s)`. Der Empfänger überprüft die digitale Unterschrift mit Hilfe der folgenden Berechnungen:

- `w = s⁻¹ mod q`
- `u(1) = (SHA1(m)·w) mod q`
- `u(2) = (r·w) mod q`
- `v = ((gu(1)·gu(2)) mod p) mod q`

Falls `v` = `r` ist, gilt die Unterschrift des Senders als bestätigt. Auch dies ist leicht nachvollziehbar, wenngleich der gesamte Ablauf nicht trivial ist.

9.6.3 PKI-Anwendungen

Windows Server 2003 unterstützt eine vollständige PKI. In Verbindung mit Clients aller Betriebssysteme können Applikationen und deren Daten sowie Übertragungswege vielfältig durch Verschlüsselung geschützt werden. Aufgabe einer PKI ist es, die öffentlichen Schlüssel zu verwalten, die zur Initiierung sicherer Kommunikationswege benötigt werden.

Dieser Abschnitt beschreibt die möglichen Einsatzgebiete und ermöglicht so die Abschätzung des Kosten/Nutzen-Verhältnisses.

Einsatzgebiete Der Einsatz einer PKI ist für die folgenden Gebiete möglich:

- Sicherung der Kommunikationswege im Intranet oder Extranet
- Vertrauenswürdige und sichere E-Mail
- Sicherung von Dateien auf tragbaren Computern bei Diebstahl oder Verlust
- Kontrolle des Zugriffs auf Webserver oder webbasierte Dienste und Applikations-Server
- Digitale Signatur von Dokumenten für die rechtsverbindliche Kommunikation
- Vertrauenswürdige Kommunikation zwischen entfernten Benutzern und dem lokalen Netzwerk
- Permanente, vertrauenswürdige, gesicherte Verbindungen zwischen entfernten Unternehmensteilen

Das alles ist auch ohne eine PKI zu erledigen. Allerdings wäre dann eine Vielzahl von Lösungen verschiedener Hersteller nötig (abgesehen davon, wenn man nur eine einzige Anwendung nutzt). Eine PKI sichert jedoch die Beherrschbarkeit auch bei Millionen Nutzern und hohem Datenvolumen. Sie vereinfacht die Administration und spart Kosten.

Letztlich dient eine PKI der Herausgabe von Zertifikaten. Der Herausgeber ist jedoch für viele weitere Aufgaben zuständig, denn die Gültigkeit der Zertifikate ist begrenzt und der Einsatz an bestimmte Bedingungen gebunden. All das muss fortlaufend verwaltet werden.

Wichtige Anwendungsfälle

Zu den wichtigen Anwendungsfällen gehören:

- Sicherung von E-Mail

  Alle Nutzer, die sicher E-Mail versenden möchten, besitzen ein Schlüsselpaar und ein freigegebenes Zertifikat. Der Industriestandard für sichere E-Mail ist S/MIME. S/MIME-Zertifikate lassen sich von öffentlichen Zertifizierungsstellen oder über eine Windows Server 2003-PKI erzeugen.

- Sichere Datenübertragung von und zu Webservern

  Die häufigste Anwendung kryptografischer Methoden findet im Web statt – bei der Verschlüsselung des Übertragungsweges zwischen Webserver und Browser. Eingesetzt wird hier SSL/TLS (siehe Abschnitt 9.8.2 *IIS per SSL absichern* ab Seite

563). SSL-Zertifikate lassen sich von öffentlichen Zertifizierungsstellen oder über eine Windows Server 2003-PKI erzeugen. Einige öffentliche Herausgeber sind im Browser bereits registriert, sodass der Benutzer diese nicht gesondert bestätigen muss.

- Sichere Benutzerauthentifizierung auf Webservern

  Nicht nur der Benutzer möchte dem Betreiber eines Webservers und dessen Daten vertrauen (SSL), sondern auch der Anbieter möchte in manchen Fällen den Benutzer zweifelsfrei identifizieren, beispielsweise beim Online-Banking. Dazu werden Client-Zertifikate eingesetzt und die Kommunikation wird ebenfalls über SSL/TLS abgewickelt. SSL-Zertifikate lassen sich von öffentlichen Zertifizierungsstellen oder über eine Windows Server 2003-PKI erzeugen.

- Signierung von Software

  Bei der Signierung von Software geht es darum, dass der Code einer Partei zweifelsfrei identifiziert werden kann. Software kann nur dann vertraut werden, wenn diese von einem vertrauenswürdigen Herausgeber stammt und auf dem Weg zum Benutzer nicht verändert wurde. Zertifikate können dies absichern. Derartige Signierungs-Zertifikate lassen sich von öffentlichen Zertifizierungsstellen oder über eine Windows Server 2003-PKI erzeugen.

- Smart-Card-Authentifizierung

  Um die Anmeldung an Rechnersystemen zu kontrollieren, bietet es sich an, Smart-Cards einzusetzen. Die dazu benötigten Anmelde-Zertifikate können nur mit einer Windows Server 2003-PKI erzeugt werden.

- IPSec

  In Windows-Netzwerken mit Windows 2000- oder XP-Computern wird IPSec über Kerberos abgesichert. Andere Clients können jedoch mit IPSec nicht umgehen. Deshalb kann IPSec auch mit Zertifikaten genutzt werden, die die benötigten Schlüsselpaar liefern. IPSec-Zertifikate lassen sich von öffentlichen Zertifizierungsstellen oder über eine Windows Server 2003-PKI erzeugen.

- Encrypted File System (EFS)

  Um Daten auf lokalen Festplatten zu schützen, können diese mittels EFS verschlüsselt werden. Die zur Ver- und Entschlüsselung benutzten Zertifikate können von einer Windows Server 2003-PKI erzeugt werden.

- Kundenspezifische Applikationen

  Softwareentwickler können Schnittstellen benutzen, um ihre Applikationen mit kryptografischen Techniken auszustatten.

Da Zertifikate Standards unterliegen, kann jede Applikation, die auf diese Standards aufbaut, die von einer PKI erzeugten Zertifikate nutzen.

Ist die PKI zwingend erforderlich? Aus der Beschreibung ist ersichtlich, dass für viele Einsatzfälle nicht zwingend eine PKI erforderlich ist. In der Praxis können natürlich immer wieder öffentliche Zertifizierungsstellen genutzt werden. Allerdings kann dies teuer werden. Jedes Zertifikat ist gesondert anzufordern und wird in Rechnung gestellt. Abgesehen von den enormen Kosten ist der Zeitaufwand relativ hoch, denn die Zertifizierungsstelle muss den Anfordernden sorgfältig prüfen. Diese Prüfung ist die Basis des Vertrauens zwischen den Netzwerkteilnehmern. Bei Unternehmen bedeutet dies, dass der Besitz einer Domain als Identifizierungsgrundlage mit den Unternehmensdaten abgeglichen werden muss. Dazu werden Adresse, Telefonnummern und Handelsregistereinträge geprüft. Öffentliche Zertifizierungsstellen[18] sind überdies nicht daran interessiert, die Leistungen einer PKI aus der Hand zu geben. Sie werden daher in der Regel nicht einfach ein Stammzertifikat ausstellen und sich dann aus dem Geschäft raushalten. Stattdessen bieten sie den Aufbau der PKI als Dienstleistung an – auf eigenen Server wohlgemerkt. Es wird also in aller Regel zwar bequem, aber teuer.

Eine eigene PKI vereinfacht und verbilligt dies erheblich. Damit Dritte aber dennoch Vertrauen haben, wird in der Regel ein Verfahren entworfen, dass eigene Stammzertifikat zu verteilen. Für die Kommunikation in der eigenen Organisation ist dies ebenso notwendig wie extern. Intern ist es einfach – hier kann die Verteilung über Active Directory erfolgen. Extern muss man sich über verschiedene Wege mit Kunden verständigen, wobei die Ausgabe über eine Website an verantwortliche Administratoren am einfachsten ist. Vielleicht haben Sie auch Glück, und können eine öffentliche und bekannte Zertifizierungsstelle zur Zusammenarbeit bewegen.

Solange man sich nur in einem lokalen Netzwerk bewegt, sind Zertifikate nicht erforderlich. Windows NT, 2000, XP und 2003 haben eine Struktur für den Austausch von Schlüsseln und den Aufbau sicherer Kommunikationswege. So werden Kennwörter zwischen Client und Domänencontroller mit Kerberos verschlüsselt.

Applikationen

In einem Windows-Netzwerk gibt es viele Applikationen, die mit den von einer PKI erzeugten Zertifikaten umgehen können. Dazu

---

[18] Dies ist die Zertifizierungsstelle (Certificate Authority = CA).

gehören die Internet Information Services (IIS) zum Aufbau verschlüsselter Verbindungen im Intra- oder Internet. Für die Sicherung der Übertragungswege auf IP-Ebene kann IPSec eingesetzt
werden. Zertifikate sind hier notwendig, wenn Kerberos nicht zum
Einsatz kommen kann, weil beispielsweise einige Netzwerkteilnehmer damit nicht umgehen können. Wichtig ist auch die Anmeldung über Smart-Cards an Windows-Clients. Obwohl EFS
eigene Zertifikate ohne PKI erzeugen kann, ist die Verwaltung in
einer PKI bei hohem Bedarf eine sinnvolle Alternative. Und nicht
zuletzt profitiert der Internet Explorer von Zertifikaten, indem er
Client-Zertifikate verwaltet und damit eine Benutzerauthentifizierung über das Internet erlaubt. Kommt als E-Mail-Client Outlook
oder Outlook-Express zum Einsatz, kann eine sichere Kommunikation erreicht werden, auch wenn öffentliche Netzwerke als Übertragungsweg dienen.

Neben diesen Windows-eigenen Applikationen sind viele Programme anderer Anbieter in der Lage, Zertifikate für die sichere
Kommunikation einzusetzen.

9.6.4 Strukturen der Microsoft-PKI

Die PKI eines Windows-Systems besteht aus mehreren Komponenten. Neben den bereits erwähnten Applikationen sind dies:

- Die Zertifikatdienste selbst

  Dieser Teil umfasst den Zertifikatserver und die entsprechenden Verwaltungswerkzeuge – Kommandozeilen-Tools und
  Managementkonsolen bzw. Snap-Ins.

- Active Directory

  Benutzer und Zertifikate können im Active Directory gespeichert werden. Die Anwendung erleichtert den Umgang mit der
  PKI und einige Funktionen sind nur zusammen mit Active Directory möglich.

- Die Zertifikatspeicher

  Hier werden die Zertifikate der Benutzer und Systeme gespeichert. Dass diese die öffentlichen Schlüssel enthalten, muss
  auch ein Zeiger auf den Kryptografiediensteanbieter dabei sein,
  der den privaten Schlüssel erzeugt hat.

- Zertifikatverwaltung mit der Managementkonsole

  Hiermit kann der Administrator, der eine Zertifizierungsstelle
  betreut, Zertifikat-Anforderungen erkennen und bearbeiten,
  Sperrlisten erzeugen und Zertifikat-Vorlagen bearbeiten.

- Gruppenrichtlinien für die Schlüsselverwaltung

  Einige auf Zertifikaten basierende Eigenschaften der Systeme
  lassen sich über Gruppenrichtlinien steuern.

Allgemein besteht eine vollständige PKI aus einer Zertifizierungsstelle, die Zertifikate herausgibt und deren Gültigkeit überwacht.
Die Gültigkeit wird über Zertifikatsperrlisten kontrolliert. Jede
Zertifizierungsstelle hat außerdem einen Veröffentlichungspunkt,
an dem die Zertifikate für Benutzer bereitgestellt werden. Kern der
Sicherheit sind natürlich die Zertifikate selbst und die ihnen zugeordneten Schlüsselpaare.

Ausblick auf Techniken für große Unternehmen

Auch wenn in diesem Buch im Wesentlichen die Windows Server
2003 Enterprise Edition behandelt wird, so orientieren sich die
vorgestellten Anwendungsfälle doch eher am Bedarf kleiner und
mittelständischer Unternehmen. Während Konzerne und Großun-
ternehmen oft über umfassende Sicherheitskonzepte und heterogene IT-Strukturen verfügen, sind in kleineren Firmen eher
homogene Konzepte gefragt, denn sie sparen am entscheidenden
Kostenanteil: der administrativen Manpower. Microsoft verfügt
über ein umfassendes Angebot an Servern für alle Einsatzzwecke
und ist praktisch der einzige Anbieter, mit dem der Aufbau einer
homogenen IT-Struktur gelingt. Eine eigene PKI ist damit ebenso
realisierbar wie ein darauf aufbauendes umfassendes Sicherheitskonzept. Dennoch werden Funktionen angeboten, die den Aufbau
großer Strukturen ermöglichen. An dieser Stelle kann eine praxis-
nahe und ausreichende Darstellung mangels Platz nicht erfolgen.
Dieses Buch verzichtet deshalb auf eine umfassende Darstellung
von komplexeren PKI-Implementierungen, wie sie von Microsoft
empfohlen werden. Da diese auch die Anschaffung mehrere Server
allein für die PKI bedingen, eignen sie sich ohnehin nicht für kleinere Unternehmen. Ein kurzer Überblick über die Techniken soll
zeigen, was theoretisch alles möglich ist.

Einfaches Hierarchiemodell Microsoft empfiehlt generell ein Hierarchiemodell für die PKI.
Dabei bleibt die Stammzertifizierungsstelle immer offline. So kann
gesichert werden, dass sich niemand über Netz Zugang zum sensibelsten Element der PKI verschaffen kann. Übertragen wird das
Zertifikat der Stammzertifizierungsstelle entweder per Diskette
oder kurzzeitigen Netzwerkzugriff. Danach geht der Rechner wieder offline. Untergeordnete Zertifizierungsstellen folgen dann. Sie
werden so eingerichtet, dass sie das Stammzertifikat annehmen
und als zweite Stufe selbst für die Herausgabe der Zertifikat sorgen. Es ist möglich, hierfür mehrere Server einzusetzen, beispielsweise einen für die Clientzertifikate, der für alle Mitarbeiter
erreichbar ist, und einen anderen für Zertifikate, die für SSL oder
IPSec eingesetzt werden, der natürlich sehr restriktiv installiert ist.

Dreistufiges Hierarchiemodell Beim dreistufigen Hierarchiemodell wird noch eine weitere Ebene
installiert. Auf die Stammzertifizierungsstelle folgen so genannte

intermediäre Zertifizierungsstellen, die für die jeweiligen Herausgeber-Server die übergeordnete Instanz bilden. Der Einsatz folgt meist geografischen Gesichtspunkten. So könnte die Stammzertifizierungsstelle eines Konzerns mehrere intermediäre Zertifizierungsstellen auf den Kontinenten bedienen, auf denen Hauptniederlassungen existieren. Jede dieser Stellen bedient dann eine Anzahl Herausgeber-Server, die jeweils auf eine Aufgabe spezialisert sind. Der Server für die Herausgabe von Clientzertifikaten existiert dann mehrfach – auf jedem Kontinent einer.

Beim Organisationsvertrauen soll eine Vertrauensstellung zwischen zwei Unternehmen erreicht werden. Dies muss kein fremdes Unternehmen sein. Der Fall tritt beispielsweise ein, wenn zwei Konzerne fusionieren. Bevor alle Domänen vereinigt sind und die ganze IT einheitlich verwaltet wird, was oft niemals wirklich stattfindet, muss eine Vertrauensstellung die Zusammenarbeit der Mitarbeiter ermöglichen, ohne dass die Unternehmenssicherheit gefährdet wird. Mehrere Methoden sind möglich, um das Problem zu lösen:

Organisations-vertrauen

- Gemeinsame Zertifizierungsstelle

  Hier wird eine Stammzertifizierungsstelle bestimmt, der beide Unternehmen gleichermaßen vertrauen. Meist ist dies eine öffentliche CA wie Thawte oder Verisign.

- Kreuzzertifizierung

  Hierbei zertifizieren sich zwei Stammzertifizierungsstellen gegenseitig. Wird einer vertraut, impliziert das Vertrauen der anderen. Eingesetzt wird dazu ein spezielles Zertifikat, das Kreuzzertifizierungsstellen-Zertifikat.

- Brückenzertifizierung

  Wenn mehrere Organisationen sich gegenseitig vertrauen müssen, ist die Einrichtung von Kreuzzertifizierungen aufwändig, weil alle Richtungen beachtet werden müssen. Man kann dann eine Brückenzertifizierungsstelle einrichten, die mit allen Organisationen Kreuzzertifizierungen austauscht, quasi eine Mittlerinstanz bildet.

Die Einrichtung derartige Vertrauensstellungen zwischen PKIs ist nicht trivial und setzt sehr viel Erfahrung und Wissen voraus. Dass große Netzwerke nie homogen sind, ist außerdem eine umfassende Kenntnis der Signatur- und Verschlüsselungsgrundlagen notwendig, um die Interoperabilität mit anderen Betriebssystemen und Hardware zu ermöglichen.

Weitere Techniken für große PKI-Installationen

Bei großen Organisationen sind zwei weitere Dinge zu beachten. Es muss jederzeit möglich sein, die Konfiguration der PKI zu verfeinern und zudem die Gültigkeit der Zertifikate in allen Unternehmensteilen zu überwachen. Da naturgemäß eine bestimmte Fluktuation herrscht, gilt dem Management der Gültigkeiten hohe Aufmerksamkeit.

Ungewollte Transivität

Eine ungewollte Transivität kann auftreten, wenn sich drei Unternehmen gegenseitig Kreuzzertifikate ausstellen. Wenn A der Firma B vertraut und B zugleich C, so gilt: A vertraut C. Das muss nicht im Interesse von A bzw. C liegen. B kann also die Sicherheitsstufe unterlaufen. In einer Windows Server 2003-PKI kann man deshalb das Unternehmensvertrauen über *Certificate Trust Lists* (CTL) einrichten. Diese Listen begrenzen die Vertrauensstellung bei Bedarf durch die so genannten Vertrauenseinschränkungen (*Trust Constraints*).

Zertifikatvorlagen

Die bestehenden Zertifikatvorlagen sind meist ausreichend. Große Organisationen benötigen jedoch feiner gestufte Zertifikate. Je einfacher ein Zertifikat ist, desto weiter reicht sein Einsatzzweck. So könnte ein Mitarbeiter ein unzureichend eingeschränktes Clientzertifikat dazu missbrauchen, einen Webserver abzusichern und diesen nach außen hin sichtbar illegal betreiben, sodass Geschäftspartner des Unternehmens diesem Vetrauen und der Mitarbeiter sich damit Daten der Unternehmen beschafft, die nicht zu seinem Arbeitsumfeld gehören. Möglicherweise ist dieser Mitarbeiter nicht loyal und betreibt aktiv Industriespionage. Eine schwache PKI gaukelt hier vermeintliche Sicherheit vor, die nicht gegeben ist.

9.6.5 Organisatorische Voraussetzungen

Neben den technischen Strukturen, die eine PKI errichten kann, müssen im Unternehmen auch organisatorische Voraussetzungen getroffen werden, um tatsächlich das gewünschte Sicherheitsniveau zu erreichen. Dieses Buch kann nicht alle Fragen klären, die in diesem Zusammenhang auftreten. In diesem Abschnitt soll dennoch ein kurzer Überblick über die wichtigsten Maßnahmen gegeben werden.

Bedingungen für die Herausgabe von Zertifikaten

Besitzer von Zertifikaten können Daten zuverlässig verschlüsseln und damit vor Dritten schützen. Es sollte nicht allen Personen erlaubt werden, Daten in eigener Verantwortung so zu behandeln, denn es gibt Missbrauchsmöglichkeiten.

Benutzer fordern normalerweise für verschiedene Aufgaben Zertifikate an. Ein erster Schritt besteht deshalb darin, die Berechtigung der Anforderung zu prüfen. So sollten Gäste nicht in der Lage sein, E-Mails zu zertifizieren, die an Geschäftspartner gesendet werden, die diesen Informationen dann vertrauen. Ein Missbrauch wäre leicht möglich, weil quasi externe Personen namens des Unternehmens auftreten. In aktiven Vertrauensstellungen können durchaus rechtsverbindliche Geschäfte initiiert werden.

Um dies zu erleichtern, erstellen viele Unternehmen ein *Certificate Practise Statement* (CPS), das Anweisungen darüber enthält, welche Mitarbeiter welche Arten von Zertifikaten anfordern dürfen. Daneben ist zu prüfen, ob bestimmte Personen besondere Anforderungen an ein Zertifikat stellen, beispielsweise Manager.

**CPS
Certificate Practise
Statement**

Da Zertifikate den Zugriff auf Daten regeln, wäre ein Verlust unter Umständen mit dem Verlust der Daten gleichzusetzen. Es sind deshalb verbindliche Strategien erforderlich, auf welchem Wege und mit welchen Methoden Zertifikate und die damit verknüpften privaten und öffentlichen Schlüssel gesichert werden. Es ist leicht einzusehen, dass die sensiblen privaten Schlüssel nicht auf denselben Bändern abgelegt werden können wie die übrigen Daten.

Nicht zuletzt ist der Ablauf der Zertifikatanforderung zu klären. Sind Benutzer auf Zertifikate angewiesen, muss die Herausgabe oder Aktualisierung gesichert sein. Es darf eben nicht passieren, dass der Administrator im Urlaub zwar einen Vertreter benennt, diesem aber nicht das Recht zur Freigabe von Zertifikatanforderung erteilt. Bei kleineren Unternehmen werden Administratoren jedoch in der Urlaubszeit oft durch externe Kräfte ersetzt, denen geringere Rechte zugeordnet sind, um sensible Daten zu schützen. Entwerfen Sie rechtzeitig eine Strategie, wie dann verfahren wird.

Geregelt werden muss außerdem das Sperren von Zertifikaten. Der Administrator muss erkennen, wenn es Sicherheitsprobleme gibt und dann die entsprechenden Maßnahmen ergreifen. Dazu gehört die Festlegung von Berechtigungen zum Anfordern von Sperren. So sollte bei der Entlassung eines Mitarbeiters sein Zertifikat gesperrt werden, damit er nicht im Namen der Firma auftreten kann. Andererseits könnten berufliche Daten mit EFS verschlüsselt sein und der Zugriff darauf erfordert das passende Zertifikat. Hier ist festzulegen, wo es nach der Sperre verbleibt und ob es eventuell zu einem späteren Zeitpunkt wieder freigegeben werden soll.

Unterstützung in Windows Server 2003

Windows Server 2003 wurde in Bezug auf die Kontrolle der Zertifikatherausgabe und des PKI-Managements gegenüber Windows 2000 Server drastisch erweitert. Die meisten Funktionen stehen jedoch nur in der Enterprise-Version zur Verfügung. Alle Ausführungen in diesem Kapitel beziehen sich auf die Enterprise-Version und können auch nur mit dieser nachvollzogen werden.

Die Windows Server 2003-PKI arbeitet rollenbasiert. Administratoren oder ihnen normalerweise gleichgestellte Personen können gezielt mit einzelnen Berechtigungen im Umgang mit Zertifikaten versorgt werden. Vor allem kann aber der technische Aspekt der Administration, der beispielsweie das Starten und Stoppen von Diensten beinhaltet, vom organisatorischen entkoppelt werden. Denn die Herausgabe von Zertifikaten als finaler Schritt einer Anforderung ist im Unternehmen eigentlich eine Verwaltungsaufgabe und daher besser im Management platziert, nicht bei der Technik. Der Aufbau einer solchen Struktur ist mit Windows Server 2003 optimal möglich.

Die folgende Tabelle zeigt die verfügbaren Rollen und deren Bedeutung:

Tabelle 9.3:
Rollen einer
Windows Server
2003-Zertifizierungs-
autorität

Rolle	Bedeutung
CA Administrator	Konfiguriert und pflegt die gesamte CA. Dmit einher geht auch die Einrichtung anderer Konten mit den nachfolgend beschriebenen Rollen. Dies ist eine technische Aufgabe.
Certificate Manager	Überprüft Anforderungen und erfüllt sie oder lehnt sie ab. Dies ist eine organisatorische Aufgabe.
Backup Operator	Sichert die Systemdaten. Dies ist eine technische Aufgabe, die sehr systemnah ist.
Auditor	Konfiguriert, prüft und pflegt Protokolle. Dies ist eine technische Aufgabe, die sehr systemnah ist.
Enrollees	Dies sind alle Benutzer, die Zertifikatanforderungen senden dürfen. Dies können, müssen aber nicht einfache Benutzer sein. Wird die Aufgabe delegiert, ergibt sich eine organisatorische Aufgabe, beispielsweise für einen Teamleiter.
Read	Erlaubt es, Informationen aus der PKI-Datenbank zu lesen. Dies betrifft alle Benutzer, die PKI-basierte Applikationen betreiben.

Ob und wie komplex die Einrichtung der Rollen erfolgt, hängt von der Unternehmensstruktur ab. Letzlich müssen alle aktiven Positionen in diesem Prozess zuverlässig besetzt werden. In kleineren

Firmen dürfte deshalb die alte 2000er-Version, die dem CA Administrator alle Rechte gab, nach wie vor aktuell sein.

Denken Sie vor der Vergabe von Rollen daran, die Benutzer in praktisch handhabbare Gruppen aufzunehmen und dann diesen Gruppen die entsprechenden Funktionen zu erteilen.

9.7 Installation von PKI und Stammzertifikat

Die Installation einer PKI beginnt mit der Einrichtung des Windows Server 2003-Zertifikatdienstes. Danach erfolgen die Beschaffung oder Erzeugung des Stammzertifikates. Erst nach Abschluss dieses Prozesses können Zertifikate erzeugt und genutzt werden.

9.7.1 Installation der Dienste

Um eine neue PKI aufzubauen, installieren Sie zuerst die Zertifikatdienste. Gehen Sie dazu folgendermaßen vor:

1. Öffnen Sie in der Systemsteuerung das Programm SOFTWARE.
2. Unter WINDOWS-KOMPONENTEN HINZUFÜGEN/ENTFERNEN suchen Sie den Eintrag ZERTIFIKATDIENSTE.
3. Aktivieren Sie das Kontrollkästchen und installieren Sie die Dienste dann mit dem Assistenten.

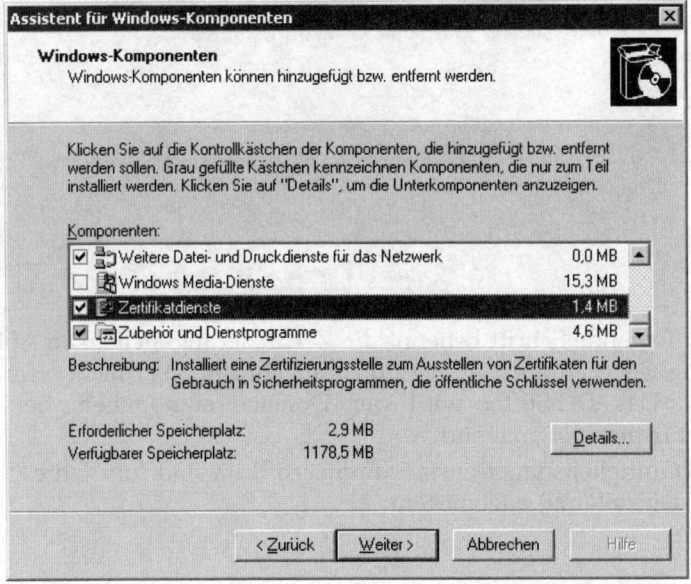

Abbildung 9.30:
Installation der
Zertifikatdienste

Der Assistent startet mit einer Warnung, die darauf hinweist, dass der Name der Domäne nicht mehr geändert werden kann. Dies ist darin begründet, dass die Zertifikate an ebendiesen Namen gebunden sind und ungültig würden, wenn sich der Name ändert.

Abbildung 9.31:
Warnung

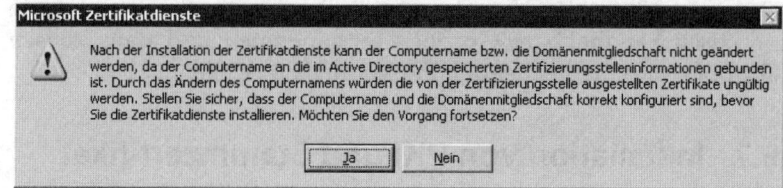

Diese Warnung müssen Sie zwangsläufig mit JA beantworten, um die Installation fortzusetzen.

Der nächste Schritt richtet den Typ der Zertifizierungsstelle ein. An dieser Stelle wird nur der Neuaufbau einer PKI betrachtet. Der erste Computer wird nun zur STAMMZERTIFIZIERUNGSSTELLE DES UNTERNEHMENS.

Abbildung 9.32:
Einrichten des Zerti-
fizierungsstellentyps

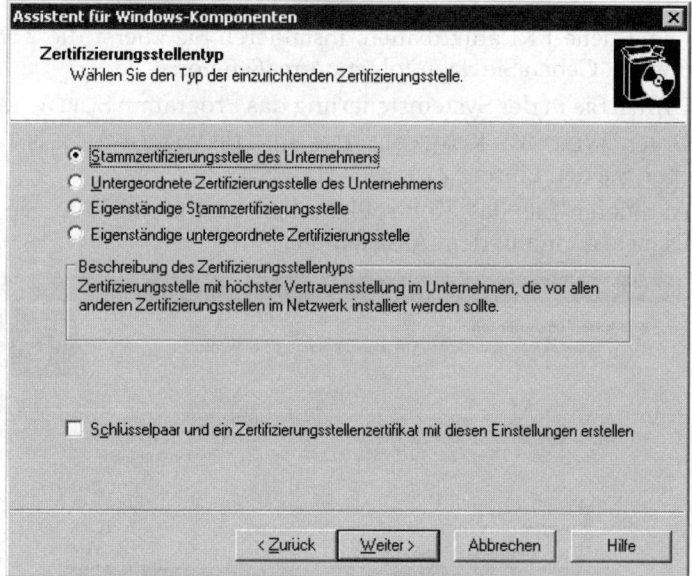

Der folgende Schritt benennt die Zertifizierungsstelle. Die Abkürzung CA (*Certificate Authority*) ist angebracht, aber nicht erforderlich. Das DC-Suffix wird der Domäne entnommen, der der Zertifikatserver angehört.

Als Gültigkeitsdauer eines Stammzertifikats sind fünf Jahre (Standardeinstellung) angemessen.

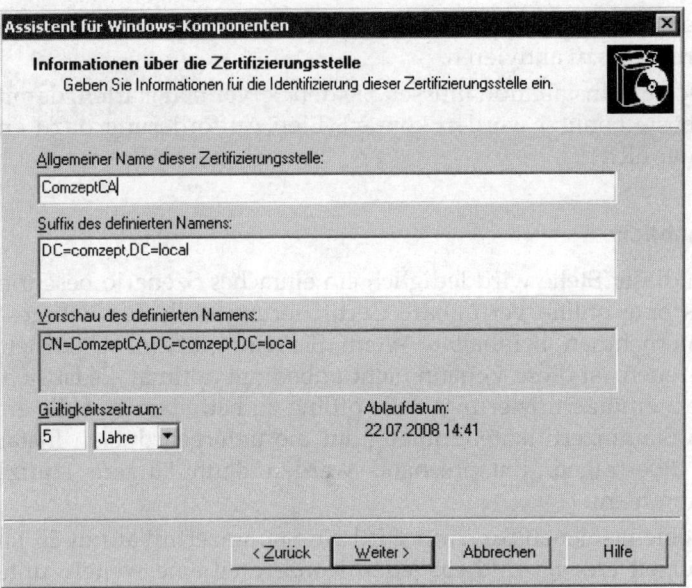

Abbildung 9.33:
Einrichten der Zerti-
fizierungsstelle

Nun sind noch die Speicher der Zertifizierungsdatenbank und des Protokolls anzulegen. Soweit eine gesonderte Partition dafür zur Verfügung steht, nutzen Sie diese. Dies vereinfacht das wichtige Backup der Daten.

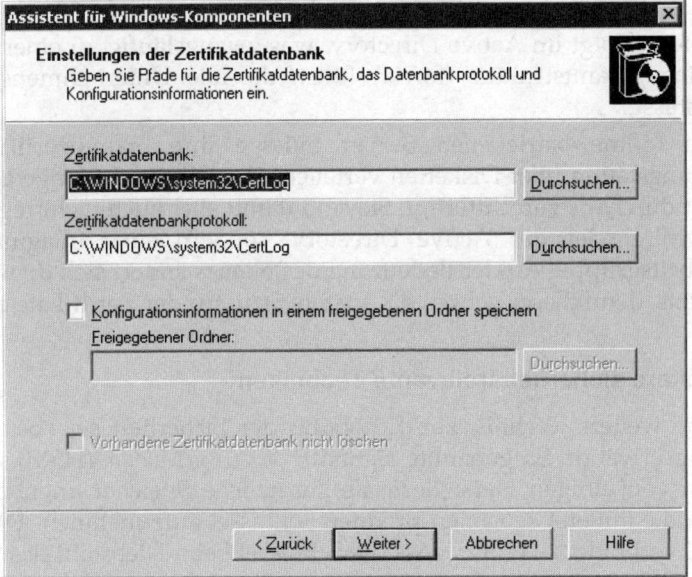

Abbildung 9.34:
Datenbankein-
richtung

Der Assistent kann nun abgeschlossen werden. Die Installation benötigt Zugriff auf die Original-Medien. Falls der IIS nicht installiert war, wird dies nun ebenfalls nachgeholt. Andernfalls wird der

Dienst kurz gestoppt, um die Veröffentlichungswebsite zu installieren und zu aktivieren.

> Nach der Installation müssen Sie den Server neu starten, damit alle Dienste benutzt werden können. Eine Aufforderung dazu erfolgt leider nicht.

Ausblick

An dieser Stelle wird lediglich ein einfaches Szenario beschrieben, das eine online verfügbare Zertifizierungsstelle für das gesamte Unternehmen beinhaltet. Wenn Sie ein größeres Unternehmen betreuen, ist diese Version nicht unbedingt optimal. Es ist sicherer, die Stammzertifizierungsstelle offline zu betreiben und die erstellten Stammzertifikate einmalig auf die untergeordneten Instanzen zu übertragen. Entsprechend werden dann längere Laufzeiten empfohlen.

In einem solchen Szenario wird ein Stammzertifikat mit 20 Jahren Laufzeit erzeugt und für jeden Konzernteil eine weitere untergeordnete Stammzertifizierungsstelle eingerichtet, deren Stammzertifikate zehn Jahre Gültigkeit haben. Alle diese Server bleiben offline und sind in einem Hochsicherheitsrechenzentrum untergebracht. Für die einzelnen Firmenteile stehen dann Herausgabeserver zur Verfügung, die ausgehend vom Stammzertifikat des Konzernteils die Verwaltung der Zertifikate übernehmen. Die Speicherung der Daten erfolgt im Active Directory, was zwangsläufig zu einer Domänengesamtstruktur (forest) führt, die alle Unternehmensteile umfasst.

Die offline betriebenen Server müssen ihre Stammzertifikate zwangsläufig über Disketten verteilen. Deshalb ist die lange Laufzeit durchaus gerechtfertigt. Sie sind damit aber auch nicht reguläre Mitglieder des Active Directory, sondern einer imaginären Arbeitsgruppe. An der Bedeutung des Names ändert sich dennoch nichts, denn dieser geht in die spätere Struktur der Zertifikate ein.

Weitere sicherheitsrelevante Techniken

Eine weitere Technik zur Erhöhung der Sicherheit sei ebenfalls kurz erwähnt. So genannte *Hardware Security Module* (HSM) werden von einigen Herstellern als zusätzliche Speicher angeboten, um die äußerst sensiblen privaten Schlüssel aufzunehmen. Damit soll verhindert werden, dass die Schlüssel beim Diebstahl des Systems in brauchbarem Zustand in die Hände Dritter fallen. Denn viele PKIs sind zwar sicher im Sinne der Installation, können jedoch an einzelnen Schwachstellen leicht ausgehebelt werden. Das ist so, als ob jemand eine Hochsicherheitstür einbaut und anschließend den Schlüssel unter die Matte legt.

HSM nShield der Firma nCipher (ca. $4500 inkl. Zertifikat für SSL-Zugriff)

9.7.2 Erste Schritte

Nach dieser Prozedur hat sich am Server augenscheinlich nichts verändert. Es steht lediglich eine weitere Managementkonsole zur Verfügung: ZERTIFIKATDIENSTE. Daneben gelingt auch der Zugriff über den Webclient, über den Benutzer systemunabhängig Zertifikate anfordern können.

Ein Benutzerzertifikat anfordern

Die Anforderung über die Website der Zertifizierungsstelle erfordert, dass der Benutzer sich im Active Directory authentifizieren kann. Die Adresse, die der Benutzer im Browser eingibt, lautet:

```
http://<server>/CertSrv
```

Anschließend muss er Benutzername und Kennwort angeben.

Im ersten Schritt ist der Anforderungstyp anzugeben. Normalerweise ist dies die Option EIN ZERTIFIKAT ANFORDERN.

Abbildung 9.35: Zertifikatanforderung per Website

Der nächste Schritt schränkt die Auswahl auf ein Benutzerzertifikat ein. Ob andere Optionen möglich sind, hängt von den Berechtigungen des Benutzers ab.

Abbildung 9.36:
Zertifikattyp

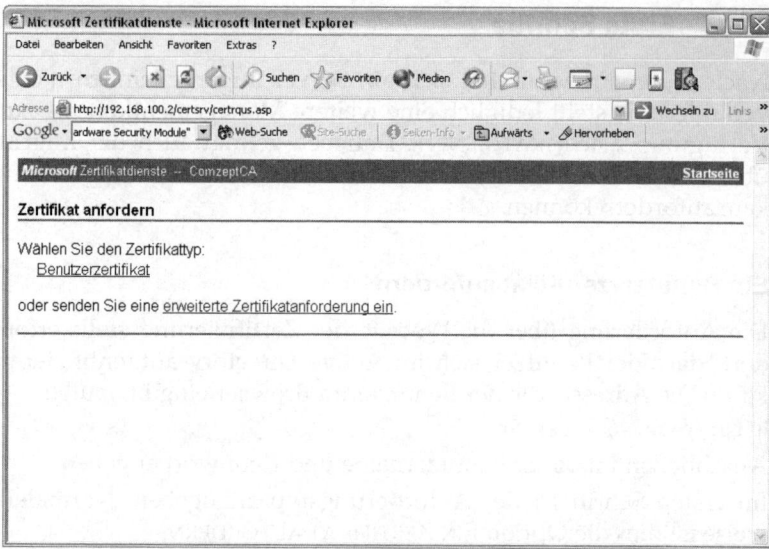

Wählen Sie nun BENUTZERZERTIFIKAT aus. Bei der ersten Benutzung werden Sie zur Installation eines ActiveX-Controls aufgefordert. Dazu ist die entsprechende Sicherheitsabfrage zu bestätigen.

Über WEITERE OPTIONEN kann der Typ gewechselt oder die Anforderung feiner konfiguriert werden. Für ein normales Benutzerzertifikat ist hier keine Änderung erforderlich.

Abbildung 9.37:
Einsenden der
Anforderung

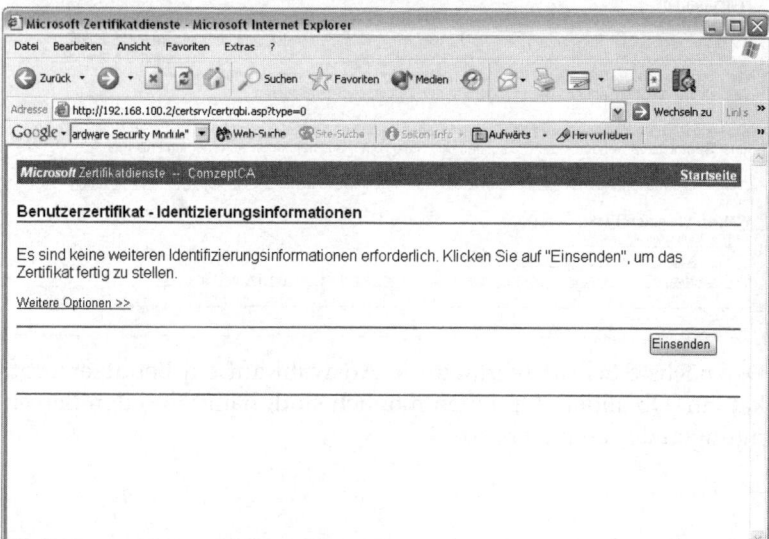

Es folgt noch eine Warnung, die besagt, dass die Website die Anforderung nun ausführt und dafür im Namen des anfordernden
Benutzers gegenüber der Zertifizierungsstelle auftritt. Diese Frage
muss natürlich mit JA beantwortet werden.

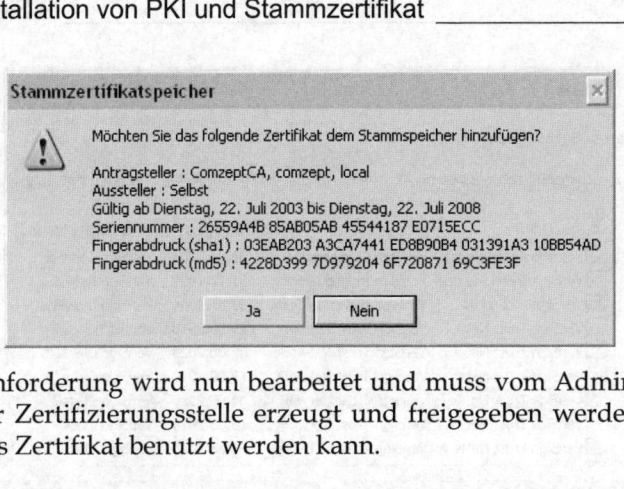

Die Anforderung wird nun bearbeitet und muss vom Administrator der Zertifizierungsstelle erzeugt und freigegeben werden, damit das Zertifikat benutzt werden kann.

9.7.3 Beschaffung eines externen Stammzertifikats

Externe Stammzertifikate zum Aufbau einer PKI sind kein billiges Unterfangen. Dennoch kann der Einsatz sinnvoll sein, wenn eine umfassende Kommunikation mit externen Personen über elektronische Wege erforderlich ist und sich Mitarbeiter und Instanzen einwandfrei ausweisen müssen. Während intern einem selbst herausgegebenen Zertifikat vertraut wird, müssen Fremde dies nicht unbedingt anerkennen. Es bietet sich an, die Aufgabe zur Erstellung eines Stammzertifikats an eine der Registrierungsstellen zu übergeben, die in Windows bereits bekannt sind. Dies erleichtert allen Benutzern mit Windows-Computern den Umgang damit, da sie nicht mehr zur gesonderten Installation des Stammzertifikats aufgefordert werden. Auch wenn der Vorgang an sich unkritisch ist, sind die teilweise drakonisch klingenden Meldungen so abschreckend, dass sich daraus Probleme ergeben könnten. Der Hintergrund: Wenn man ein Stammzertifikat installiert und daraufhin eine Kommunikation aufbaut, die auf Zertifikaten basiert, die dieses Stammzertifikat als Ursprung der Zertifizierungskette ansehen, wäre ein falsches Stammzertifikat fatal.

Liste der Stammzertifikate

Sie finden die Liste der Vertrauenswürdigen Stammzertifizierungsstellen folgendermaßen:

- Rufen Sie das Programm INTERNETKONFIGURATION auf.
- Auf der Registerkarte INHALTE klicken Sie auf ZERTIFIKATE.
- Im folgenden Dialog finden Sie auf der Registerkarte VERTRAUENSWÜRDIGEN STAMMZERTIFIZIERUNGSSTELLEN die Zertifikate, deren Details Sie mit Doppelklick einsehen können.

Abbildung 9.39:
Vertrauenswürdige
Stammzertifi-
zierungsstellen

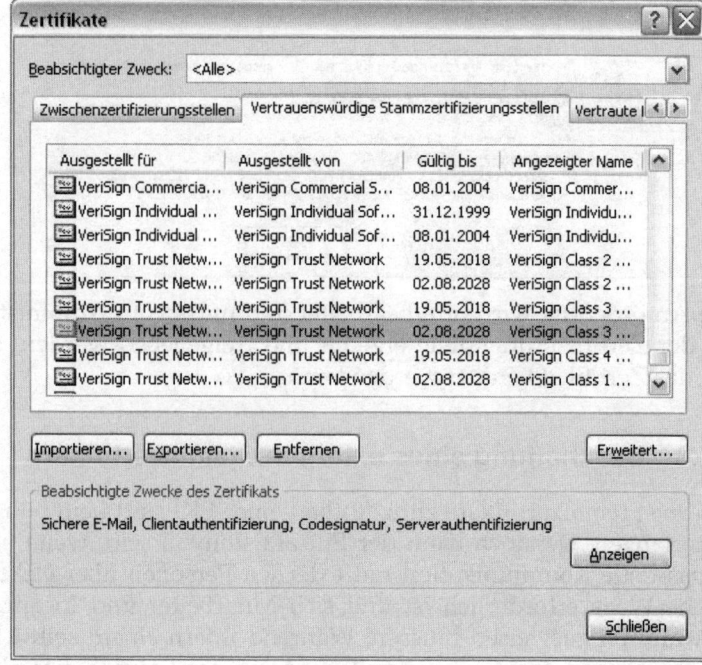

Einrichtung der PKI

Übersicht

Beim Einrichten der PKI gehen Sie prinzipiell folgendermaßen vor:

1. Installieren Sie die Zertifikatdienste auf dem Server.
2. Wählen Sie die Option UNTERGEORDNETE STAMMZERTIFIZIE-RUNGSSTELLEN.
3. Speichern Sie die Zertifikatanforderung in einer Datei.
4. Gehen Sie auf die Website des bevorzugten Anbieters und fordern Sie dort ein Stammzertifikat an. Diese Prozedur kann unter Umständen einige Zeit dauern, weil die Anbieter die Identität Ihres Unternehmens prüfen.
5. Während der Eingabe werden Sie zur Angabe einer kodierten Anforderungs-Zeichenfolge aufgefordert. Diese ist der während der Diensteinstallation erzeugten Anforderungsdatei zu entnehmen und hat in etwa folgendes Aussehen:

```
-----BEGIN NEW CERTIFICATE REQUEST-----
MIIDcTCCAtoCAQAwgZUxCZAJBgNVBAYTAkRFMQ8wDQYDVQQIEwZCZCXJsaW4xDZAN
BgNVBACTBkJlcmxpbjEgMB4GA1UEChMXQ29temVwwdCBTeXN0ZW1l0YXVzIEdtYkgx
FZAVBgNVBASTDkFkbW1uaxN0cmF0aW9uMSkwJwYDVQQDEyB3aW44yMDAZLmludHJh
bmV0LmNvbXplcGlcHQtZ21iaC5kZTCBnzANBgkqhkiG9w0BAQEFAAOBjQAwgYkCgYEA
s9q36E+cbPr7gwkZRoGm1YZcepRxH3vKxfkvZCWpcXv0Sisq0GtpOPj1Xk/0zqQd
tQ0MXFSdnvy1+3QoUG9vB5ukox806bfN2chYf9rGIU1FHskphPCMpwiLOPTEsIXP
b0tfd1fk/nSoaTWPcFqHkg5jPy8aA3bG9798O/vwQqsCAwEAAaCCAZkwGgYKKWYB
BAGCNw0CAZEMFgo1LjIuMZc5MC4yMHsGCisGAQQBgjCCAQ4xbTBrMA4GA1UdDwEB
/wQEAwIE8DBEBgkqhkiG9w0BCQ8ENzA1MA4GCCqGSIb3DQMCAgIAgDAOBggqhkiG
9w0DBAICAIAwBwYFKw4DAgcwCgYIKoZIhvcNAwcWEWYDVR0lBAwwCgYIKwYBBQUH
AwEwgf0GCisGAQQBgjcNAgIxge4wgesCAQEeWgBNAGkAYWByAG8AcwBVAGYAdAAg
AFIAUWBBACAAUWBDAGgAYQBUAG4AZQBSACAAQwByAHkACAB0AG8AZWByAGEACABO
AGkAYWAgAFAACgBVAHYAaQBkAGUAcgB1QAAAAAAAAAAAAAAAAAAAAAAAAAAAAAAA
AAAAAAAAAAAAAAAAAAAAAAAAAAAAAAAAAAAAAAAAAAAAAAAAAAAAAAAAAAAAAAAA
AAAAAAAAAAAAAAAA0GCSqGSIb3DQEBBQUAA4GBALCz2ehC6KWhDOuE
by0ujopUHFzasTpfE69zhwn3c9n1juwDL2G9Rw5DcRYoOgkfiHTXgWwrmRI+kvTL
RLjF8ou2mO+GG991tjGioJbwPUTaYtxTp6un3f1HQDwM6/De6RMLVOva6yHoKp27
dMH1kJ++kSGmLyKn4CohNUZbYgFd
-----END NEW CERTIFICATE REQUEST-----
```

6. Der Anbieter sendet nach erfolgreicher Abwicklung das Stammzertifikat. Dies wird dann über die Managementkonsole *Zertifikatdienste* installiert.

Umgang mit eigenen Stammzertifikaten

Wenn Sie auf der Basis eines Stammzertifikats ein eigenes Stammzertifikat erstellt haben, ist es notwendig, dies an die Benutzer der Organisation zu verteilen. Dies ist über entsprechende Gruppenrichtlinien leicht möglich.

9.8 Praktischer Einsatz von Zertifikaten

In diesem Abschnitt wird die Nutzung in konkreten Anwendungsfällen beschrieben, wobei sich die Ausführungen auf die Nutzung der PKI beschränken. In fast allen Fällen sind weitere Verschlüsselungsmethoden mit externen Zertifikaten oder internen Techniken alternativ möglich.

9.8.1 IPSec absichern

Um IPSec per Zertifikat abzusichern, müssen Sie zuerst ein Zertifikat vorbereiten. Weitere Hinweise zur Anwendung von IPSec-Sicherheitsrichtlinien finden Sie in Abschnitt *Einstellung der IPSec-Sicherheitsrichtlinie* ab Seite 509. Die Beschaffung des Zertifikats wird nachfolgend beschrieben.

Vorbereiten der Vorlage

Die IPSec-Vorlage gehört nicht zu den Standardvorlagen. Gehen Sie folgendermaßen vor, um sie vorzubereiten:

1. Öffnen Sie die Zertifizierungsstelle und dort den Zweig ZERTIFIKATVORLAGEN.

2. Über das Kontextmenü wählen Sie NEU | AUSZUSTELLENDE ZER-
   TIFIKATVORLAGE.

3. Aus der Liste wählen Sie IPSEC.

Anfordern eines Zertifikats

Wechseln Sie nun zur Managementkonsole *Zertifikate (Lokaler Com-*
puter) bzw. zur Verwaltung der Zertifikate des Computers, für den
die Sicherheitsrichtlinie erstellt werden soll.

Dort wählen Sie den Zweig EIGENE ZERTIFIKATE | ZERTIFIKATE. Jetzt
nutzen Sie im Kontextmenü die Option ALLE TASKS | NEUES ZERTI-
FIKAT ANFORDERN. Es startet ein Assistent, dessen Verwendung
nachfolgend gezeigt wird.

Abbildung 9.40:
Auswahl des passen-
den Zertifikattyps

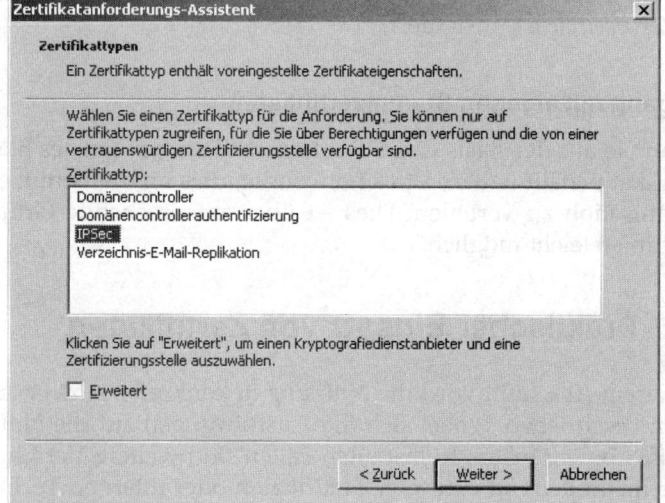

Denken Sie vor der Vergabe des Namens daran, dass der Zertifikatspeicher sehr umfangreich werden kann und der Name die
Wiedererkennbarkeit erleichtert.

Abbildung 9.41:
Vergabe von Namen
und Beschreibung

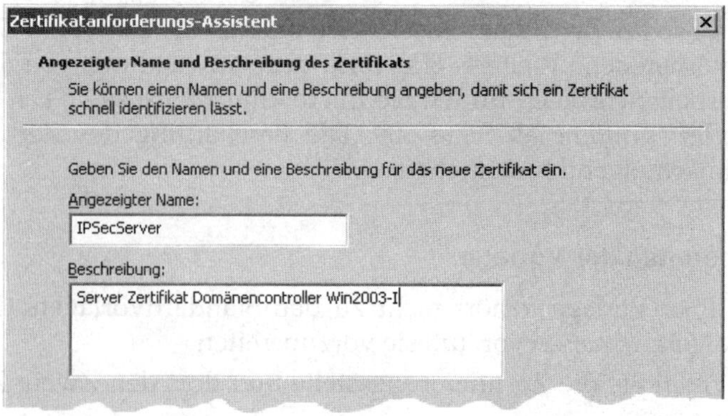

Der nächste Schritt schließt den Vorgang ab. Das erzeugte Zertifikat kann nun beim Erstellen der IPSec-Sicherheitsrichtlinie benutzt werden. Mehr dazu finden Sie in Abschnitt *Eine IP-Sicherheitsrichtlinie anlegen* ab Seite 511.

9.8.2 IIS per SSL absichern

Der IIS benutzt Zertifikate für SSL-Verbindungen (*Secure Socket Layer*). Der vollständige Installationsvorgang besteht aus zwei Schritten:

Schritte

- Anfordern eines Webserver-Zertifikats
- Herausgeben und Installieren des Zertifikats

Im Gegensatz zu den anderen PKI-typischen Prozessen verfügen die IIS über einen Assistenten, der beide Schritte in einem Vorgang zusammenfasst. Eine Trennung ist nur dann erforderlich, wenn das SSL-Zertifikat von einer externen Zertifizierungsstelle angefordert wird. Dieser Fall soll hier nicht weiter betrachtet werden.

Der Assistent

Wenn Sie ein Zertifikat einer eigenen PKI nutzen, muss die Stammzertifizierungsstelle als vertrauenswürdig eingestuft werden. Das entsprechende Zertifikat kann über Active Directory oder manuell verteilt werden.

Ein Website absichern

Anforderung und Installation des Zertifikats erfolgen in der Managementkonsole *Internetinformationsdienste-Manager*. Jedes Web, das in den IIS installiert wurde, kann gesondert gesichert werden.

Gehen Sie zur Anforderung und Installation des Zertifikats nun folgendermaßen vor:

1. Öffnen Sie das Dialogfenster EIGENSCHAFTEN der betreffenden Website.
2. Wechseln Sie zur Registerkarte VERZEICHNISSICHERHEIT.
3. Klicken Sie in der Gruppe SICHERE KOMMUNIKATION auf SERVERZERTIFIKAT.
4. Es startet ein Assistent, der Sie durch den Installationsprozess leitet.

Im ersten Schritt müssen Sie angeben, welche Art von Anforderung gestellt werden soll.

Abbildung 9.42:
Ein neues
Serverzertifikat
erstellen

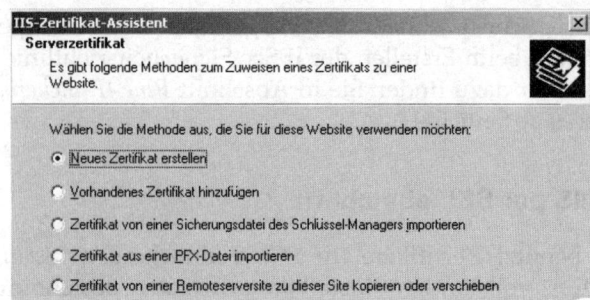

Optionen

Nun wird entschieden, was mit der Anforderung passiert, nachdem sie erzeugt wurde. Die erste Option dient der Übergabe der Daten an eine externe Zertifizierungsstelle wie Verisign. In diesem Fall würde eine Datei erzeugt werden, die die kodierte Anforderung enthält. In dem hier beschriebenen Beispiel wird die eigene PKI benutzt.

Abbildung 9.43:
Anforderung sofort
an die PKI
weiterleiten

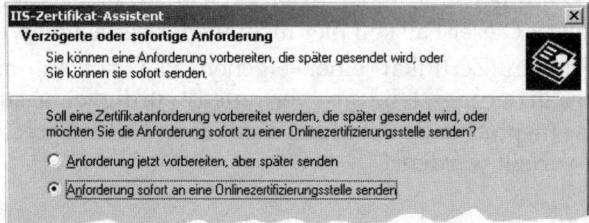

Name

Nun ist dem Zertifikat ein Name zu geben. Hier hängt es von der Organisation ab, wie diese Namen gestaltet werden. Sind nur wenige Zertifikate im Einsatz, ist die Vergabe unkritisch.

Bitlänge

Die Bitlänge des Schlüssels sollte 1 024 sein. Größere Schlüssel erfordern mehr (spürbare) Rechenleistung, kleinere sind unsicher.

Einen Kryptografiediensteanbieter wählen Sie dann, wenn eine Verschlüsselungshardware installiert wurde, die eine bessere Verschlüsselung ohne Belastung des Systemprozessors erlaubt. Folgen Sie an dieser Stelle den Vorgaben des Herstellers.

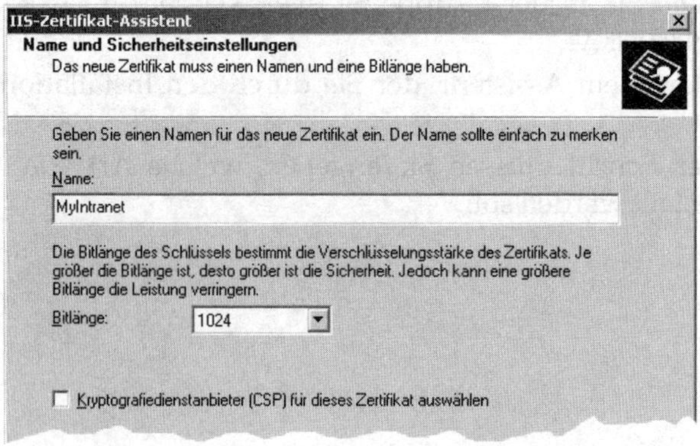

Abbildung 9.44:
Dem Zertifikat einen
Namen geben

Jetzt sind noch der Firmenname und die Abteilung zu nennen. Der Benutzer kann später diese Daten einsehen und mit seinen Erwarttungen überprüfen. Geben Sie hier übliche bzw. öffentlich bekannte Namen an, keine kryptischen internen Abkürzungen.

Firmenname

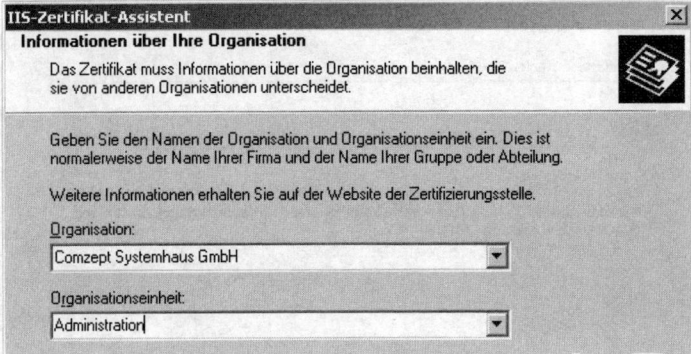

Abbildung 9.45:
Name und Abteilung
des Besitzers

Nun ist noch der vollständig qualifizierte Name der Website anzugeben. Dieser Wert wird im Zertifikat verschlüsselt. Der Browser wird eine Warnung anzeigen, wenn dieser Name nicht mit dem übereinstimmt, den der Benutzer in der Adresszeile eingegeben hat.

Name der Site

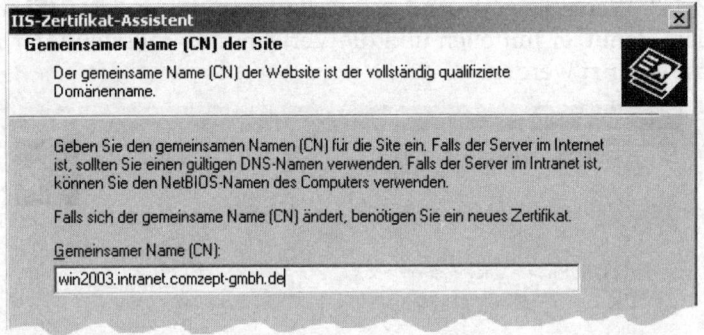

Abbildung 9.46:
Name der Website,
die gesichert wird

Es folgen noch einige Informationen über den Besitzer des Zertifkats in Bezug auf die Herkunftsregion. Denken Sie auch hier daran, dass Benutzer der Site diese Daten verifizieren können.

Herkunftsregion

Abbildung 9.47:
Informationen über
den Besitzer für die
Benutzer

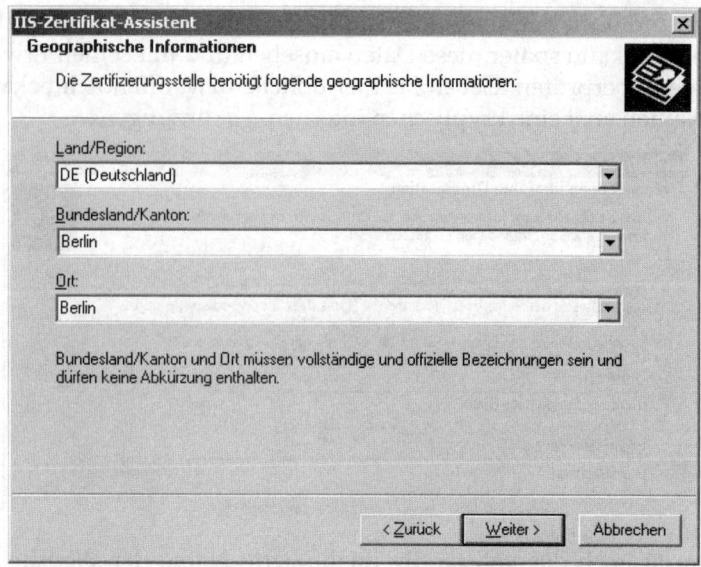

SSL-Port

Für die Einrichtung der IIS ist noch der SSL-Port anzugeben. Der Vorschlag 443 entspricht dem Standard und sollte nicht verändert werden. Browser erkennen anhand des Monikers *https* eine SSL-Verbindung und ergänzen daraufhin automatisch die Portnummer auf 443. Wenn Sie einen anderen Port verwenden, müssten Sie dies jedem Benutzer mitteilen und die Verwendung müsste in der Adresse ergänzt werden.

Abbildung 9.48:
SSL-Port (443 ist der
Standardport)

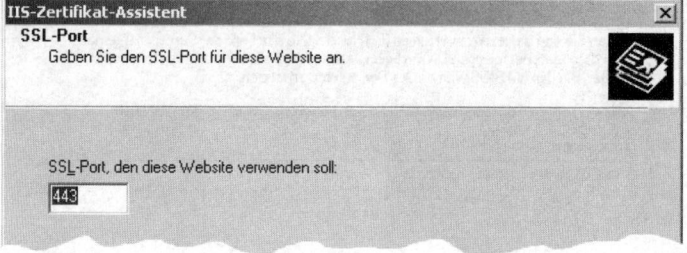

Zertifizierungsstelle

Es folgt die Angabe der Zertifizierungsstelle der PKI, damit die Anforderung sofort verarbeitet werden kann.

Abbildung 9.49:
Die Adresse der
Zertifizierungsstelle
der PKI

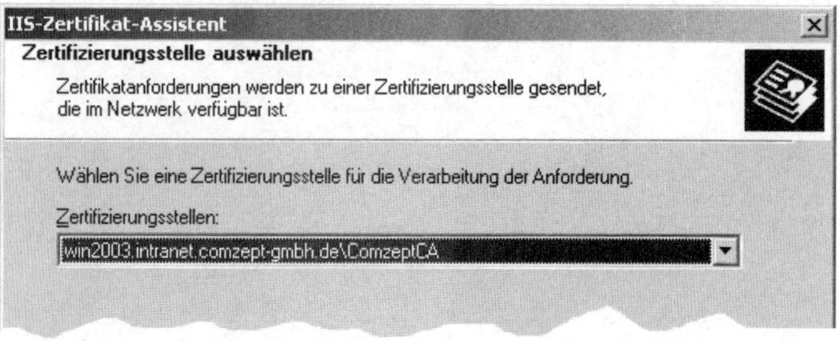

Der Assistent fasst nun die Angaben noch einmal zusammen. Dann ist der Vorgang fertig und es beginnen die Anforderung und Installation. Unmittelbar danach können Clients eine verschlüsselte Verbindung aufbauen.

Die IIS für verschlüsselte Übertragungen vorbereiten

Nachdem SSL jetzt prinzipiell möglich ist, können Sie noch entscheiden, ob es erzwungen werden soll. Dazu klicken Sie auf der Registerkarte VERZEICHNISSICHERHEIT in der Gruppe SICHERE KOMMUNIKATION auf BEARBEITEN.

SSL wird mit der Option SICHEREN KANAL VORAUSSETZEN (SSL) obligatorisch. Außerdem ist die Option 128-BIT-VERSCHLÜSSELUNG ERFORDERLICH zu empfehlen.

SSL erzwingen

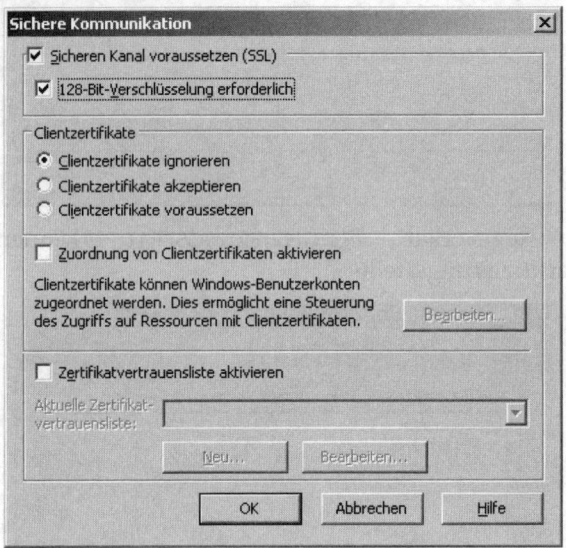

Abbildung 9.50:
Optionen zum Er-
zwingen von SSL

Das Zertifikat überprüfen

Wenn Sie nun von einem externen Computer die gesicherte Seite aufrufen und SSL nutzen (als Protokoll wird *https* statt *http* geschrieben), zeigt der Browser eine Warnung an, dass Ihr Computer der Stammzertifizierungsstelle nicht vertraut. Das ist auf das am Anfang beschriebene Problem zurückzuführen. Sie können das Zertifikat nun installieren und damit dem Herausgeber vertrauen oder die Kommunikation abbrechen.

Abbildung 9.51:
Das Zertifikat eines
Webservers

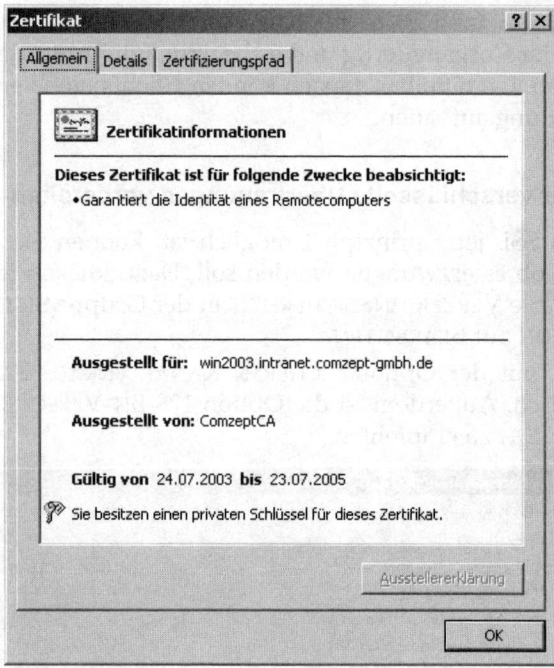

Abbildung 9.51:
Das Zertifikat eines
Webservers

Über die Registerkarte ZERTIFIZIERUNGSPFAD erkennen Sie die Stammzertifizierungsstelle.

Abbildung 9.52:
Der Pfad zur Stamm-
zertifizierungsstelle
im Zertifikat selbst

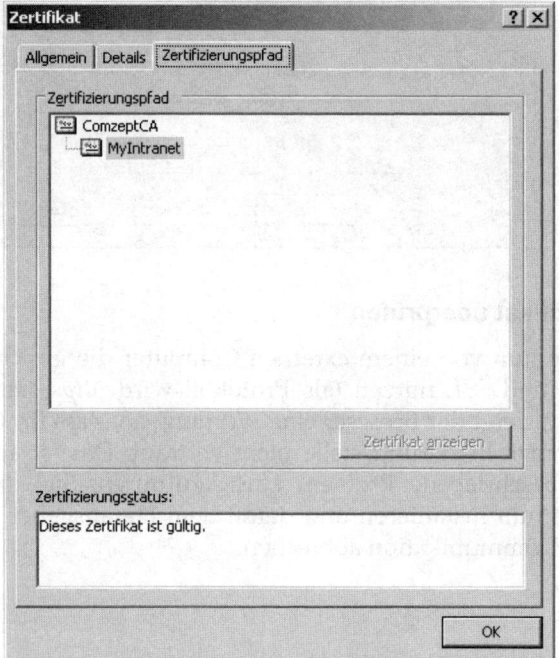

Die Anzeige einer verschlüsselten Verbindung erfolgt im Browser durch ein Schlüsselsymbol in der Statuszeile. Wenn der Benutzer darauf klickt, kann er das Zertifikat sehen, die Angaben überprüfen und dann entscheiden, ob er dem Kommunikationspartner vertraut und persönliche Daten überträgt.

9.8.3 E-Mails in Outlook signieren und verschlüsseln

Für die firmeninterne Kommunikation kann es sinnvoll sein, E-Mails zu signieren und zu verschlüsseln. Zum Einsatz kommen auch dafür Zertifikate, wie Sie eine PKI herausgeben kann.

Zugriff auf den Zertifikatspeicher

Am Beispiel von Outlook 2003 soll gezeigt werden, wie auf Zertifikate zugegriffen werden kann und welche Arten von Zertifikaten für Outlook benötigt werden. Die Ausführungen gelten außerdem sinngemäß auch für Outlook 2000, XP und Express. Lediglich die Gestaltung der Dialoge hat sich von Version zu Version etwas verändert.

Die Einrichtung der Zertifikate erfolgt über die Registerkarte SI-CHERHEIT im Dialog OPTIONEN (über das Menü EXTRAS zu erreichen). Klicken Sie dort auf EINSTELLUNGEN, um den in Abbildung 9.53 gezeigten Dialog zu sehen.

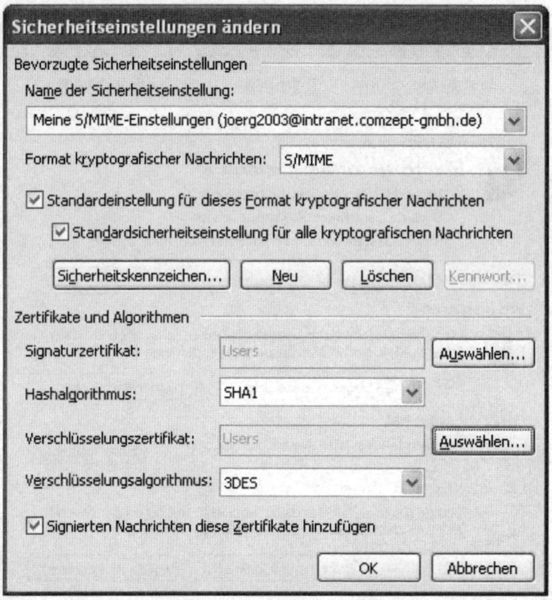

Zertifikate einrichten

Abbildung 9.53: Sicherheitseinstellungen in Outlook 2003

Im Bereich ZERTIFIKATE UND ALGORITHMEN kann jeweils ein Signaturzertifkat zum Unterzeichnen von E-Mails und ein Verschlüsselungszertifikat ausgewählt werden. Es ist nicht notwendig, dafür zwei getrennte Benutzerzertifikate zu erzeugen. Je nach Organisationstruktur kann eine Trennung aber sinnvoll sein. Das von der Windows Server 2003-PKI herausgegebene Benutzer-Zertifikat eignet sich genau für den hier beabsichtigten Zweck.

Der Zertifikatspeicher enthält alle Benutzerzertifikate. Ist hier keines enthalten, muss eine entsprechende Anforderung erfolgen. Diese weist keinerlei Besonderheiten auf.

Abbildung 9.54:
Auswahl des
Benutzer-Zertifikats

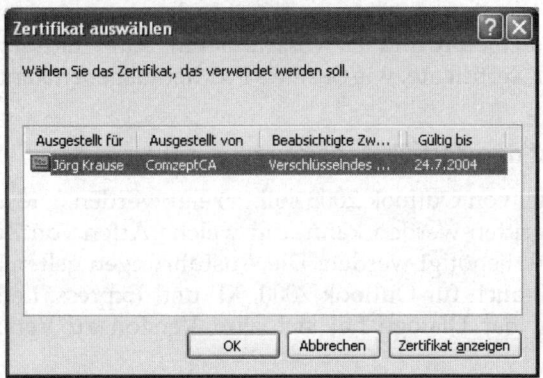

Nun sind noch die Sicherheitseinstellungen in Outlook so einzurichten, dass standardmäßig verschlüsselt und signiert wird. Abbildung 9.55 zeigt, wie dies erfolgen muss (im oberen Teil, VERSCHLÜSSELTE NACHRICHTEN).

Abbildung 9.55:
Aktivierung der
Verschlüsselung und
Signierung

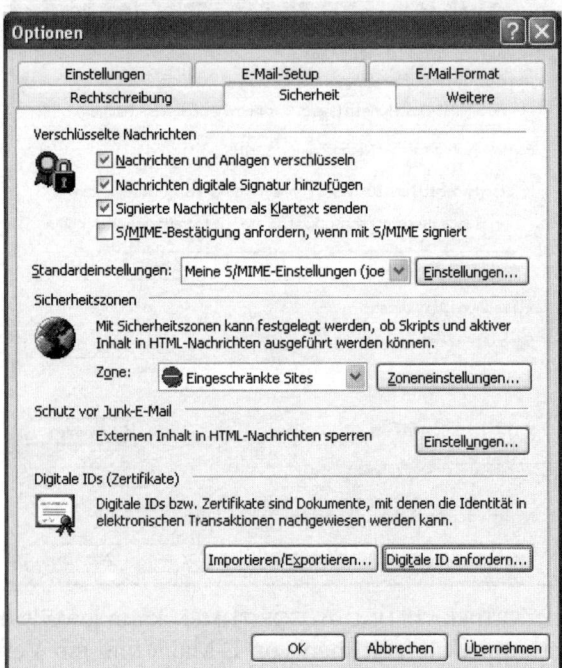

Nachrichten senden und die Signatur überprüfen

Nach der Einrichtung muss nun nur noch vor dem Senden über-prüft werden, dass die beiden Optionen zum Signieren und Ver-schlüsseln – falls gewünscht – auch wirklich aktiv sind.

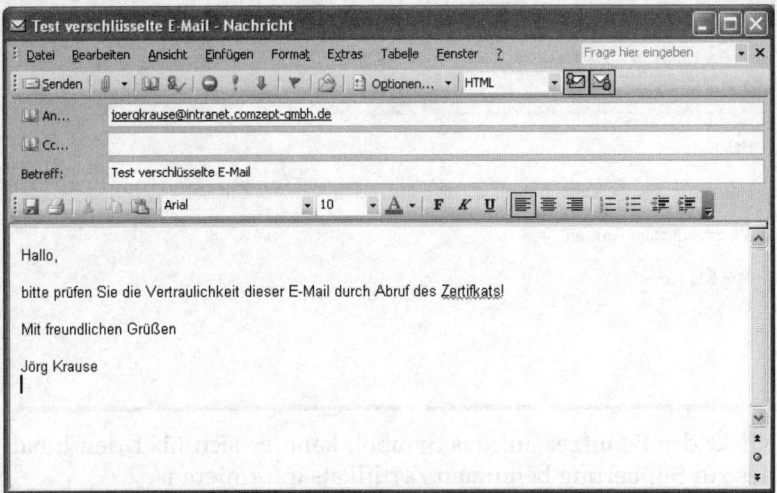

Abbildung 9.56:
Signiert und
Verschlüsselt (die
beiden Symbole
rechts auf der
Symbolleiste)

Danach kann es losgehen. Das Versenden unterscheidet sich nicht vom üblichen Vorgang. Die Verschlüsselung ist damit auch com-putermäßig unbedarften Personen zuzumuten. Ein Eindringen in die Einstellungen und Inhalte der Zertifikate ist dagegen Experten vorbehalten.

Der Empfänger der E-Mail soll dem Absender und dem Inhalt **Empfang prüfen** vertrauen. Outlook zeigt eine Warnung an, wenn dem Stammzerti-fikat des Herausgebers nicht vertraut wird. Der Benutzer kann dann entscheiden, ob er dieses Vertrauen erteilt oder nicht. Spielt sich der Vorgang im Intranet ab, wo die Stammzertifizierungsstelle sich befindet, erfolgt eine solche Warnung nicht.

Dennoch kann der Benutzer immer prüfen, ob die E-Mail signiert wurde und wie und von wem dies erfolgte. Unabhängig davon kann auch die Verschlüsselung geprüft werden.

Eine signierte oder verschlüsselte E-Mail zeigt auf der Empfänger-seite ein entsprechendes Symbol.

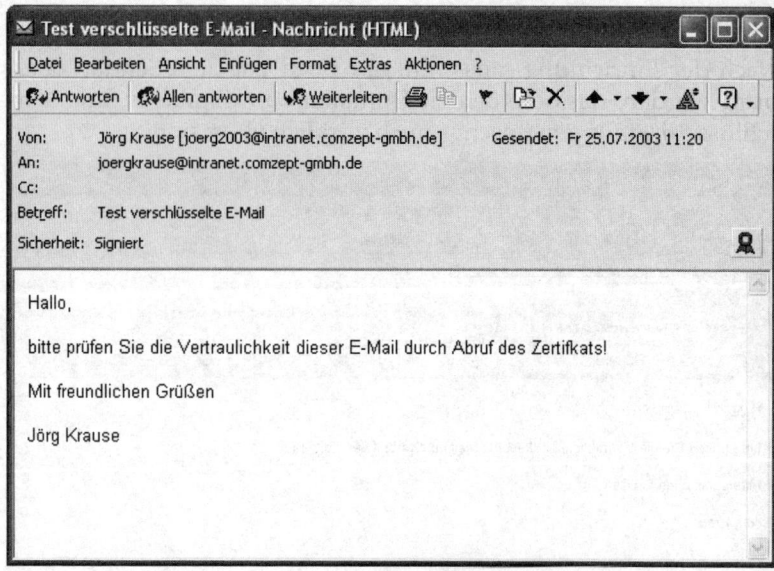

Klickt der Benutzer auf das Symbol, kann er sich über den Inhalt des zur Signierung benutzten Zertifikats informieren.

Abbildung 9.58:
Kontrolle einer Sig-
natur (Outlook 2000)

In Outlook 2003 sieht dies ein wenig anders aus, wie die nachfolgende Abbildung belegt.

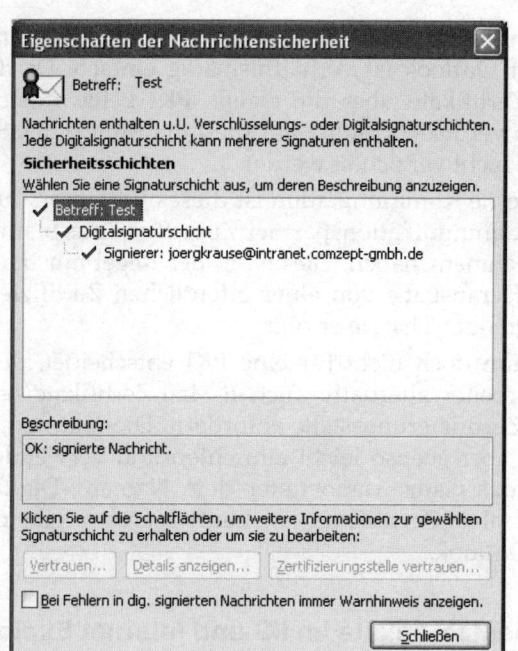

Abbildung 9.59:
Kontrolle einer Sig-
natur (Outlook 2003)

Diese Informationen dürften für die meisten Benutzer mehr als ausreichend sein. Wer nun noch Zweifel hat, kann sich die Zertifikate direkt ansehen und damit auch auf den Zertifizierungspfad zugreifen.

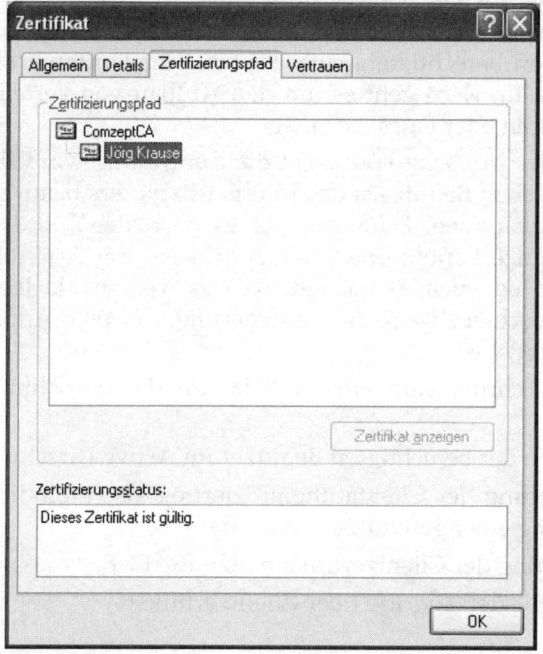

Abbildung 9.60:
Zertifizierungspfad
eines Signatur-
Zertifikats im
Intranet

Die Einrichtung einer verschlüsselnden und signierenden Infrastruktur für Outlook ist verhältnismäßig einfach. Da die Herausgabe der Zertifikate über die eigene PKI keine Kosten externer Lieferanten verursacht, sollte auf diese wirkungsvolle Sicherheitsmaßnahme nicht verzichtet werden.

Externe Kommunikation

Für die externe Kommunikation ist dieses Verfahren nur geeignet, wenn die Kommunikationspartner Zugriff auf das Stammzertifikat des Unternehmens haben. Dies ist in der Regel nur dann der Fall, wenn die Herausgabe von einer öffentlichen Zertifizierungsstelle wie Verisign oder Thawte erfolgt.

Wer sich nun doch nicht für eine PKI entscheidet, der kann für jeden Mitarbeiter alternativ auch E-Mail-Zertifikate bei einer öffentlichen Zertifizierungsstelle anfordern. Diese kosten zwar Geld, lassen sich aber ebenso leicht einrichten und verwenden. In Outlook läuft das Ganze dann unter dem Namen »Digital-ID«. Gemeint sind aber Zertifikate. Auskunft hierüber gibt die Online-Hilfe von Outlook.

9.8.4 Clientzertifikate im IIS und Internet Explorer

Im Internet Explorer werden Zertifikate eingesetzt, um eine Client-Authentifizierung über das Internet zu ermöglichen. Benutzer können Zertifikate explizit anfordern oder über Active Directory erhalten. Der Besitz erlaubt die Authentifizierung gegenüber einer Website, die entsprechend programmiert ist.

Diese Anwendung sichert vor allem interne Websites, die über das Internet von berechtigten Mitarbeitern oder Dritten erreicht werden sollen. Im Kern geht es um den Aufbau von verteilten Intranetstrukturen oder eines Extranets.

Welches Prinzip der Zuordnungen wird hier betrachtet?

Der hier beschriebene Weg zeigt die Zuordnung von Clientzertifikaten zwischen Benutzern des Internet Explorers beim Zugriff auf Web-Applikationen. Daneben gibt es noch die Zuordnung zwischen Benutzerkonten und Clientzertifikaten im Active Directory. Dies wird hier nicht betrachtet, weil es weniger flexibel und für den spezifischen Zweck der Absicherung von Web-Applikationen kaum geeignet ist.

Folgende Schritte sind erforderlich, um die Einrichtung vorzunehmen:

Schritte

- Anlegen der berechtigten Benutzer im Active Directory
- Einrichtung der Clientauthentifizierung als verbindlich für die Nutzung einer geschützten Website
- Verteilung der Clientzertifikate über die PKI
- Kontrolle der Zugriffe über Clientzertifikate

Programme, die mit Active Server Pages (ASP) oder ASP.NET **Webprogram-** entwickelt wurden, können über die reine Authentifizierung hin- **mierung** aus die Informationen aus den Clientzertifikaten entnehmen und Webapplikationen in Abhängigkeit von diesen Daten steuern.

Die folgende Anleitung geht davon aus, dass eine PKI wie beschrieben eingerichtet wurde und in der Lage ist, Zertifikate auszugeben.

Einrichten der Clientauthentifizierung

Die Einrichtung der Clientauthentifizerung erfolgt in der Managementkonsole *Internetinformationsdienste-Manager* für eine spezifische Website. Gehen Sie dazu folgendermaßen vor:

1. Öffnen Sie die Managementkonsole *Internetinformationsdienste-* **Schritte (Erster Teil)** *Manager*.
2. Wählen Sie die Standardwebsite oder eine andere Website, deren Zugriff geschützt werden soll. Öffen Sie hier den Dialog EIGENSCHAFTEN über das Kontextmenü des Zweigs.
3. Wechseln Sie zur Registerkarte VERZEICHNISSICHERHEIT.
4. Klicken Sie im Bereich SICHERE KOMMUNIKATION auf BEARBEITEN.
5. Jetzt können Sie entscheiden, ob für die Anmeldung Clientzertifikate akzeptiert (dies spart dem Benutzer die Eingabe von Benutzername und Kennwort, erlaubt den Zugriff jedoch auch ohne Vorhandensein eines Zertifikats) oder erzwungen werden.

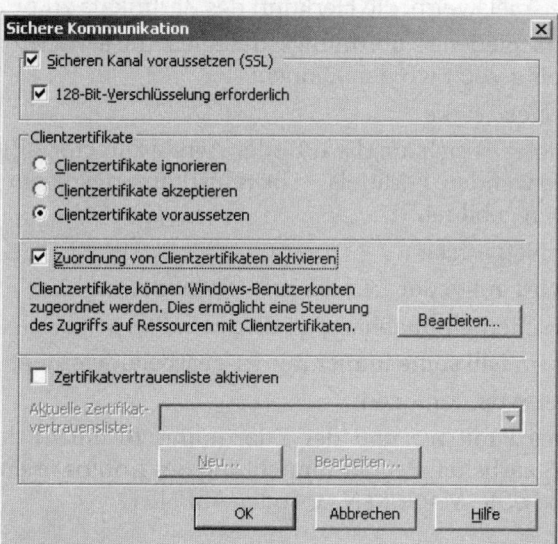

Abbildung 9.61:
Aktivierung der
Zuordnung von
Clientzertifikaten

In der Praxis ist es nicht immer sinnvoll, allen Benutzern eines Web individuellen Zugriff zu gewähren. So könnten Sie ein Zertifikat herausgeben, das einer ganzen Gruppe von Personen den Zugriff gewährt. In der Regel ist es auch so, dass Web-Anwendungen unter einem speziellen Konto mit stark einge-schränkten Rechten laufen. Die Anmeldung läuft dann unter einer so genannten Impersonifizierung, das heißt, die Anmeldedaten des Benutzers aktivieren die Zugriffsrechte der Applikation nicht unter seinem Konto, sondern unter einem anderen. Das passiert schon bei der anonymen Anmeldung, wenn der unbekannte Benutzer unter dem Konto IUSR_*MACHINENAME* (ASP-Anwendungen) bzw. ASPNET (ASP.NET-Anwendungen) impersonifiziert wird.

Zuordnungen von Clientzertifikaten zu Konten

Zuordnungen steuern

Um die Zuordnungen zu steuern, aktivieren Sie das Kontrollkäst-chen ZUORDNUNGEN FÜR CLIENTZERTIFIKATE AKTIVIEREN. Es gibt nun zwei Optionen für die Zuordnungen:

* 1:1

  Jedem Konto wird genau ein Zertifikat zugeordnet. Der Server vergleicht das gesendete Zertifikat mit der ihm vorliegenden Kopie (Textdatei). Nur wenn es exakt übereinstimmt, wird der Zugriff gewährt.

* n:1

  Hier werden Platzhalter benutzt, um bestimmte Informationen aus den Feldern eines Zertifikats zu vergleichen und auf der Basis dieses Vergleichs den Zugriff zu gewähren. Es genügt hier beispielsweise, die Herkunft des Zertifikats zu prüfen.

Zuordnungs-strategien

Es gibt verschiedene Zuordnungsstrategien, die je nach Zweck und Szenario eingesetzt werden können:

* Große Netzwerke

  Hier bietet es sich an, die n:1 oder Active Directory-Zuordnung zu verwenden. Mittels Übereinstimmungsregeln werden Gruppen gebildet.

* Kleine Netzwerke

  Hier wird entweder 1:1 oder n:1 verwendet.

* Hohe Sicherheit unabhängig von der Größe

  In diesem Fall sollte immer mit 1:1 gearbeitet werden.

* Internet-Applikationen

  Hier wird mit n:1 und der Zuordnung zu einem dedizierten Konto gearbeitet. Bei der Einrichtung des Kontos orientieren Sie sich an IUSR_*MACHINENAME* oder ASPNET.

1:1-Zuordnung von Clientzertifikaten

Bei der 1:1-Zuordnung von Clientzertifikaten muss der Server über eine Kopie des Clientzertifikats verfügen. Da der Benutzer dies unter Umständen selbst angefordert hat, liegt es im Zertifikatspeicher des Servers nicht vor. Hoffentlich[19] ist auch die Zertifizierungsstelle nicht auf derselben Maschine wie der Webserver eingerichtet.

Folgendermaßen exportieren Sie ein Clientzertifikat: **Export**

1. Öffnen Sie das Programm EIGENSCHAFTEN VON INTERNET (über die Systemsteuerung oder den Internet Explorer, im Menü EXTRAS | INTERNETOPTIONEN).
2. Auf der Registerkarte INHALTE klicken Sie auf ZERTIFIKATE.
3. Öffnen Sie im folgenden Dialog die Registerkarte EIGENE ZERTIFIKATE.
4. Wählen Sie das Zertifikat aus und klicken Sie dann auf EXPORTIEREN.

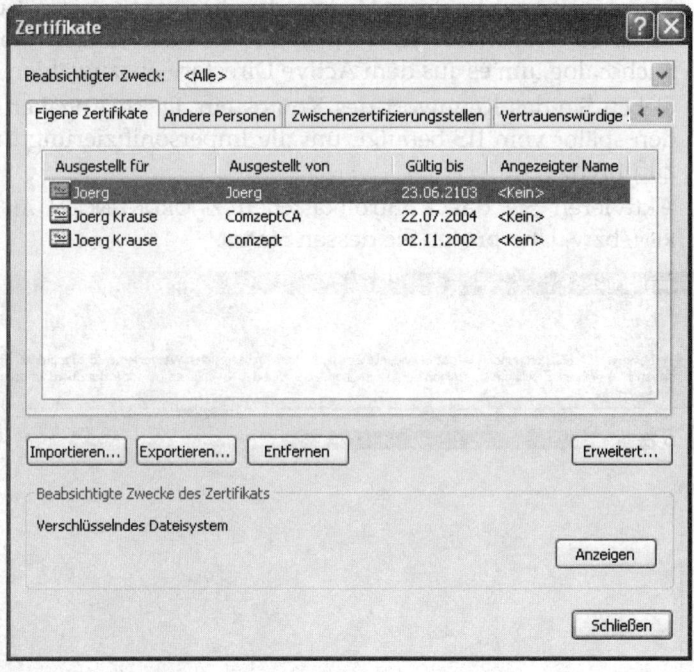

Abbildung 9.62:
Export eines Client-
Zertifikats (auf dem
Client, hier Windows
XP)

5. Es startet der Exportassistent, der folgende Angaben verlangt:
   a) Export des privaten Schlüssels

---

[19] Abgesehen von einer Testumgebung wäre dies ein massives Sicherheitsloch! *Niemals* darf eine Zertifizierungsstelle von außen erreichbar sein.

Hier aktivieren Sie NEIN, PRIVATEN SCHLÜSSEL NICHT EXPOR-
TIERN. Den privaten Schlüssel sollten Sie niemals herausgeben, auch nicht an den Administrator.

b) Kodierung der Exportdatei

Wählen Sie hier BASE-64-CODIERT X.509 (.CER).

c) Dateiname

Es ist empfehlenswert, hier mit einer Freigabe auf dem Server zu arbeiten und diesen Namen anzugeben.

6. Schließen Sie den Assistenten ab.

Zuordnung Nun folgt die Zuordnung des Zertifikats im INTERNETINFORMATI-
ONSDIENSTE-MANAGER. Setzen Sie hier an der Stelle fort, wo
»Schritte (Erster Teil)« vorhin aufhörte (siehe Seite 575). Die 1:1-
Zuordnung erfolgt im Dialogfenster KONTOZUORDNUNGEN folgen-
dermaßen auf der Registerkarte 1:1:

1:1 1. Klicken Sie auf HINZUFÜGEN, um das exportierte Zertifikat aufzunehmen.

2. Es erscheint ein weiterer Dialog, der die Angabe eines Kontos
verlangt. Tragen Sie es von Hand ein oder nutzen Sie den
Suchdialog, um es aus dem Active Directory auszuwählen.

3. Geben Sie das Kennwort des Kontos ein. Diese Angaben werden später vom IIS benutzt, um die Impersonifizierung durchzuführen.

4. Aktivieren Sie das Kontrollkästchen ZUORDNUNGEN AKTIVIE-
REN, bzw. Überprüfen Sie dessen Status.

Abbildung 9.63:
Zuordnung von
Clientzertifikaten zu
Konten

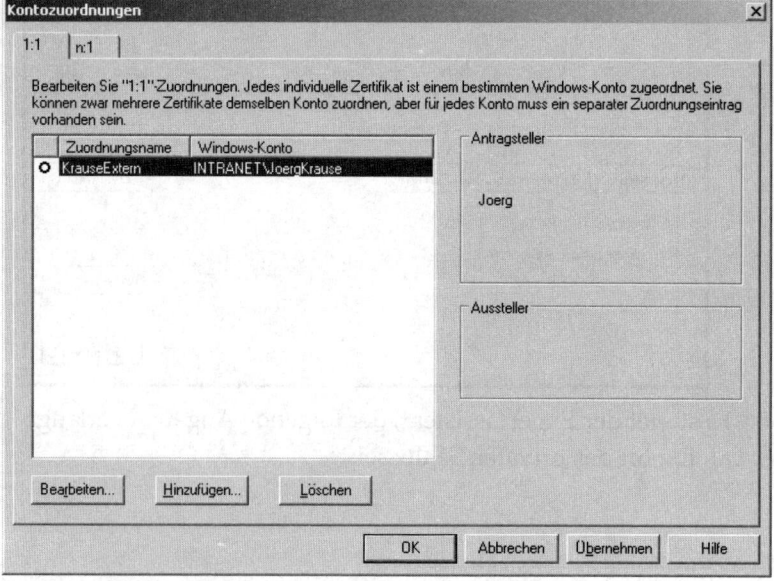

Die n:1-Zuordnung erfolgt im Dialogfenster KONTOZUORDNUNGEN folgendermaßen auf der Registerkarte N:1:

1. Klicken Sie auf HINZUFÜGEN, um das exportierte Zertifikat aufzunehmen.

2. Geben Sie im folgenden Dialog einen Namen für die Regel an.

3. Klicken Sie im Dialog REGELN auf NEU.

4. Stellen Sie die gewünschten Regeln ein.

5. Klicken Sie auf WEITER und ordnen Sie der Regel ein Benutzerkonto zu. Dies entspricht dem Vorgang, der bereits bei 1:1 beschrieben wurde. Freilich ist es empfehlenswert, kein reguläres Benutzerkonto zu verwenden, sondern eines, das diesem Zweck angemessen ist und extra dafür errichtet wurde. Ein Beispiel wäre ein Konto, das alle Außendienstmitarbeiter zusammenfasst und den Zugriff auf eine Web-Applikation erlaubt, die aktuelle Verkaufsdaten liefert.

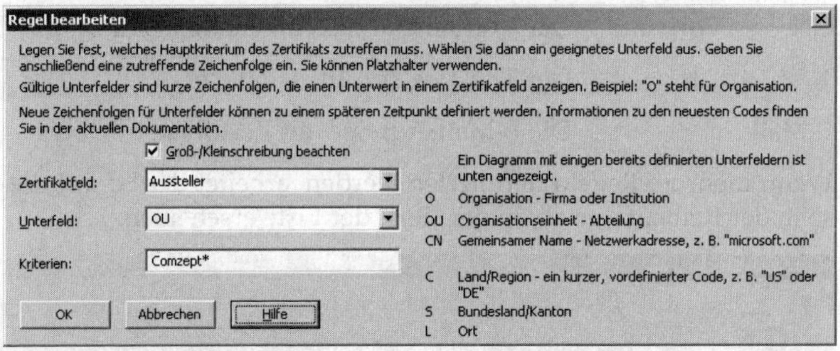

n:1

Abbildung 9.64:
Definition einer
Regel

Über dasselbe Dialogfenster können Sie auch bestehende Platzhalterregeln bearbeiten. Da die Platzhalter Feldnamen verwenden, die den X.500-Bezeichnern entsprechen, finden Sie in der folgenden Tabelle eine entsprechende Aufstellung:

Feld	Name	Beschreibung
O	Organisation	Vorzugsweise die ISO-registrierte Organisation der obersten Ebene oder der Firmenname
OU	Organisationseinheit (Organisational Unit)	Eine Abteilung innerhalb eines Unternehmens, beispielsweise »Marketing«
CN	Gemeinsamer Name (Common Name)	Der Domänenname des Servers, beispielsweise www.comzept.de
C	Land/Region (Country)	Ein aus 2 Buchstaben bestehender ISO-Länder- bzw. Regionencode, beispielsweise US, DE, AT oder UK

Tabelle 9.4:
X.500-Feldnamen für
Clientzertifikate

Feld	Name	Beschreibung
S	Bundesland/Kanton (State)	Der vollständige, nicht abgekürzte Name des Bundeslandes oder des Kantons, beispielsweise Nordrhein-Westfalen anstatt NRW
L	Ort (Location)	Der vollständige Namen der Stadt, in der sich Ihr Unternehmen befindet, beispielsweise Berlin oder München

Darüber hinaus werden diverse, nicht dem Standard entsprechende Unterfeldkategorien unterstützt, darunter folgende:

Tabelle 9.5:
Microsoft-eigene
Erweiterungen der
Feldnamen

Feld	Name	Beschreibung
I	Inititalen	Die Initialen des Zertifikatsinhabers
GN	Vorname	Der Vorname des Zertifikatsinhabers
T	Titel	Der Titel des Zertifikatsinhabers
E-Mail		Die E-Mail-Adresse des Zertifikatsinhabers

Wenn mehrere Regeln definierten werden, arbeitet der Server diese in der Reihenfolge ab, in der sie in der Liste erscheinen.

Abbildung 9.65:
Aktive Regeln

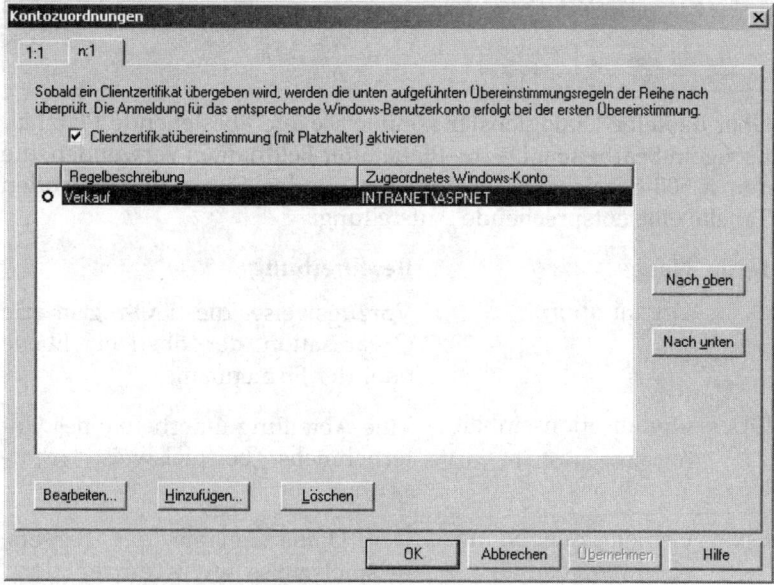

Damit ist die Einrichtung abgeschlossen. Clients ohne Zertifikat können sich an diesem Web nicht mehr anmelden.

Eine Kombination mit SSL ist darüber hinaus sinnvoll, weil sich der Übertragungsweg nur dann vollständig absichern lässt. Mehr Informationen dazu finden Sie im Abschnitt 9.8.2 *IIS per SSL absichern* ab Seite 563.

9.8.5 Smartcards für die Benutzeranmeldung

Smartcards sind Chipkarten, die Zertifikate speichern können und sich deshalb zur Anmeldung an einem Netzwerk eignen. Da die physikalischen Eigenschaften einer Chipkarte weitere Funktionen erlauben, beispielsweise die Nutzung als Betriebsausweis, sind damit sehr gut integrierte Lösungen möglich. **Technik**

Smartcards enthalten einen einfachen Mikroprozessor und einen nichtflüchtigen Speicher (Flash). Sie kosten in der Herstellung nur wenige Cent und sind deshalb ideal für den Masseneinsatz. Kryptografische Karten sind überdies sehr sicher und verfügen über raffinierte Selbstzertstörungsmechanismen, die bei wiederholten Angriffen ausgelöst werden. Große Kartenmengen lassen sich vorbedruckt beschaffen, für kleinere gibt es weiße Karten und spezielle Thermotransferdrucker zum Bedrucken, beispielsweise mit dem Bild des Inhabers auf einer als Betriebsausweis benutzten Karte. Die Größe der Karte ist standardisiert, was die Beschaffung von Karten und Lesegeräten sehr einfach macht.

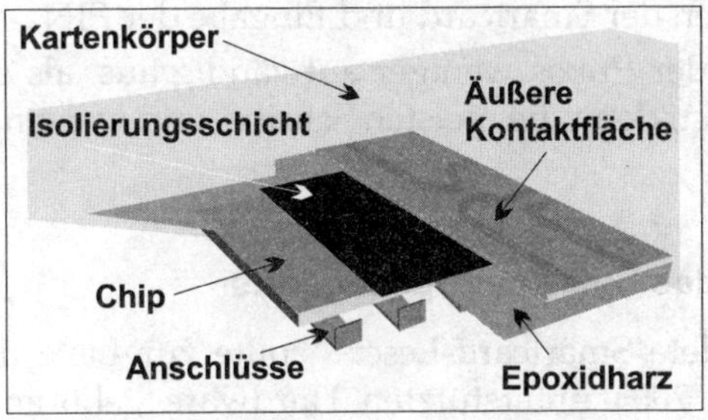

Abbildung 9.66:
Innerer Aufbau einer
Smartcard

In der Praxis sieht es natürlich so aus, dass der Administrator nicht für die Herausgabe von Betriebsausweisen zuständig ist. Deshalb wird in jedem praktischen Szenario davon ausgegangen, dass ein Mitarbeiter der Personalverwaltung die Zertifikate ausstellt und die Chipkarten codiert.

Übersicht

Ein wichtiger Schritt besteht in der Festlegung der Berechtigung zur Anforderung von Smartcard-Zertifikaten für andere Benutzer (die Mitarbeiter). Damit hier kein Sicherheitsloch entsteht, muss die betroffene Person zuerst selbst über ein Signatur-Zertifikat verfügen. Bei den später ausgelösten Anforderungen dient dieses **Schritte**

Zertifikat der Kontrolle. Die folgende Beschreibung schließt diesen Vorgang deshalb mit ein. Verwendet wurde als Kartenlesegerät ein Schlumberger Reflex 72 mit seriellem Anschluss. Das schon etwas betagte Gerät erfüllte die Aufgabe hervorragend.

Folgende Schritte sind insgesamt notwendig:

- Vorbereiten der Smartcard-Zertifizierungsstelle:
  - Installation des Smartcard-Lesers
  - Installation der Software (wenn erforderlich)
  - Erstellen einer modifizierten Zertifikat-Vorlage für den Registrierungsagenten
  - Registrieren des Benutzers als Registrierungs-Agent
  - Freigabe der Smartcard-Zertifikat-Vorlagen für den herausgebenden Benutzer
- Durchführen von Smartcard-Anforderungen:
  - Einrichten des neuen Benutzers im Active Directory (optional)
  - Aufruf der Zertifizierungsstelle
  - Anfordern eines Smartcard-Zertifikats
  - Beschreiben der Smartcard, Vergabe der PIN
- Durchführen der Anmeldung mit Hilfe der Smartcard
  - Einrichten des Smartcard-Lesers an der Workstation
  - Einlegen der Smartcard und Eingabe der PIN

Das sieht in der Praxis weniger aufwändig aus, als es diese Liste vermuten lässt, denn die meisten Schritte sind nur ein einziges Mal erforderlich.

Installation des Smartcard-Lesegeräts

Der verwendete Smartcard-Leser[20] sollte zur Liste der von Windows Server 2003 unterstützten Hardware gehören. Damit vermeiden Sie unnötige Probleme durch fehlende Treiber oder falsche Karten. Die folgende Tabelle zeigt die möglichen Geräte:

Tabelle 9.6:
Unterstützte
Kartenlesegeräte

Lesegerät	Anschlusstyp
BULL SmarTLP3	Seriell
GEMPLUS GCR410P	Seriell
GEMPLUS GPR400	PCMCIA
GEMPLUS GemPC400	USB

---

[20] Auch wenn diese Geräte durchgehend als »Leser« oder »Reader« bezeichnet werden, lassen sich damit in jedem Fall Karten auch beschreiben.

Lesegerät	Anschlusstyp
Litronic 220	Seriell
Schlumberger Reflex 20	PCMCIA
Schlumberger Reflex 72	Seriell
Schlumberger Reflex Lite	Seriell
SCM Microsystems SCR120	PCMCIA
SCM Microsystems SCR200	Seriell
SCM Microsystems SCR300	USB
SCM Microsystems SCR111	Seriell
HP ProtectTools	Seriell
Systemneeds External	Seriell
Omnikey AG CardMan 2020	USB
Omnikey AG CardMan 4000	PCMCIA
Omnikey AG CardMan 2010	Seriell

Die Auflistung der Geräte garantiert den erfolgreichen Einsatz der Hardware. Dies bedeutet nicht, dass Geräte anderer Hersteller nicht eingesetzt werden können. Neben den Geräten benötigen Sie passende Karten. Einige Typen liegen den meisten Geräten bei, sodass Sie erste Experimente gut damit abwickeln können. Vor der Bestellung einer größeren Anzahl individuell bedruckter Karten sollten Sie völlig sicher sein, dass der bestellte Typ auch wirklich funktioniert. Praktisch kommt es auf den auf der Karte verfügbaren Speicherplatz an. Die folgende Tabelle zeigt brauchbare Karten und deren Kapazität. Wenn Sie zukunftssicher investieren möchten, sind mindestens 8 KByte interner Speicher empfehlenswert.

Kartenname/Hersteller	Kapazität in KByte
Gemplus GemSAFE	4
Gemplus GemSAFE	8
Schlumberger Cryptoflex	4
Schlumberger Cryptoflex	8
Schlumberger Cyperflex Access	16
Infineon	16

Tabelle 9.7:
Karten für Windows
Server 2003

Abgesehen von diesen Karten sind weitere auf dem Markt, teilweise auch mit erheblich höherer Kapazität. Für die Speicherung eines Zertifikats ist diese jedoch nicht erforderlich.

Installation der Software

Dieser Schritt kann übergangen werden, wenn der Kartenleser vom Plug&Play-Dienst erkannt wurde und zur Liste der von Windows Server 2003 unterstützten Geräte gehört.

Andernfalls folgen Sie nun den Anweisungen des Geräteherstellers zur Installation der eventuell benötigten Software.

Vorbereiten von Schlumberger-Karten

Bei dem verwendeten Schlumberger Reflex 72 war noch ein zusätzliches Personalisierungs-Toolkit erforderlich, um die Karten entsprechend vorzubereiten. Dieser Vorgang versieht die Karten quasi mit einer Art Formatierung. Anwendbar war der Typ »Cryptografic Provider for Windows 2000«. Die Angabe kann bei anderen Herstellern allerdings anders lauten. Bei einer großen Anzahl Karten wäre es sinnvoll, mit dem Lieferanten zu vereinbaren, dass die Konditionierung bereits bei der Herstellung erfolgt. Nach dieser Prozedur ist die Karte leer und eine Standard-PIN (Personal Identification Number) wird initialisiert. Bei den Schlumberger-Karten sind dies folgende Daten:

- Transportschlüssel: MICROSFT (ohne »O«in »SFT«)
- Standard-PIN: 00000000 (acht Nullen)
- PIN zum Aufheben versehentlich blockierter Karten: 11111111 (acht Einsen)

Der Transportschlüssel wird benötigt, um die Karten nach der Anlieferung zu formatieren.

Diese Form der Formatierung ist kein Sicherheitsloch. Der Besitz des Formatierwerkzeugs macht die Karte für die Anmeldung definitiv unbrauchbar und vernichtet zuverlässig jedes darauf gespeicherte Zertifikat.

Erstellen einer modifizierten Zertifikat-Vorlage

Da die Herausgabe der Karten eine sensible Aufgabe ist, gibt es ein spezielles Zertifikat, dessen Besitz einen Benutzer zum Registrierungs-Agenten macht. Damit sind keine weiterreichenden Systembefugnisse verbunden. Es ist nicht sinnvoll und auch nicht empfehlenswert, dass diese Aufgabe ein Administrator übernimmt. Es ist allerdings erforderlich, dass der Registrierungs-Agent selbst vom Domänenadministrator eingerichtet wird.

Der erste Schritt besteht darin, eine neue Zertifikatvorlage einzurichten. Sie sollten auf jeden Fall vermeiden, das Original zu verändern. Gehen Sie dazu folgendermaßen vor:

1. Öffnen Sie die Managementkonsole *Zertifikatvorlagen*. Wenn diese nicht existiert, fügen Sie einer administrativ veränderbaren Konsole das Snap-In ZERTIFIKATVORLAGEN hinzu.

2. Suchen Sie in diesem Zweig die Vorlage REGISTRIERUNGS-AGENT.

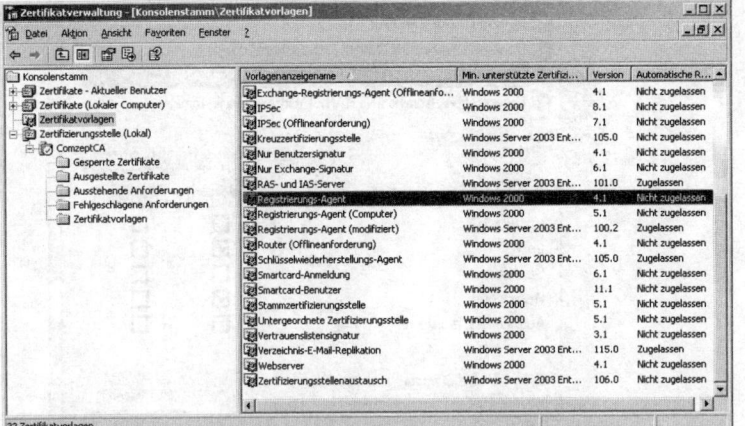

Abbildung 9.67: Auswahl der Vorlage für den Registrierungs-Agent

3. Klicken Sie mit der rechten Maustaste darauf und wählen Sie dann die Option DOPPELTE VORLAGE. Dies ist übrigens wieder ein klassischer Fall falscher Übersetzung, gemeint ist »Vorlage verdoppeln«.

4. Vergeben Sie der Vorlage im folgenden Dialog einen sinnvollen Namen, beispielsweise »Registrierungs-Agent (modifiziert)« und ebenso einen passenden Anzeigenamen (kann identisch sein).

5. Unter ANFORDERUNGSVERARBEITUNG wählen Sie als ZWECK den Eintrag SIGNATUR. Es geht hier ja nur darum, einem Benutzer das Recht zur Herausgabe von Smartcards zu geben. Dazu reicht ein Signatur-Zertifikat aus.

6. Fügen Sie unter SICHERHEIT den Benutzer hinzu, der diese Vorlage nutzen soll. Dem Benutzer muss nun noch das Recht REGISTRIEREN erteilt werden (standardmäßig können Benutzer die Vorlagen nur lesen).

Abbildung 9.68:
Einem Benutzer das
Recht zur Nutzung
der Vorlage erteilen

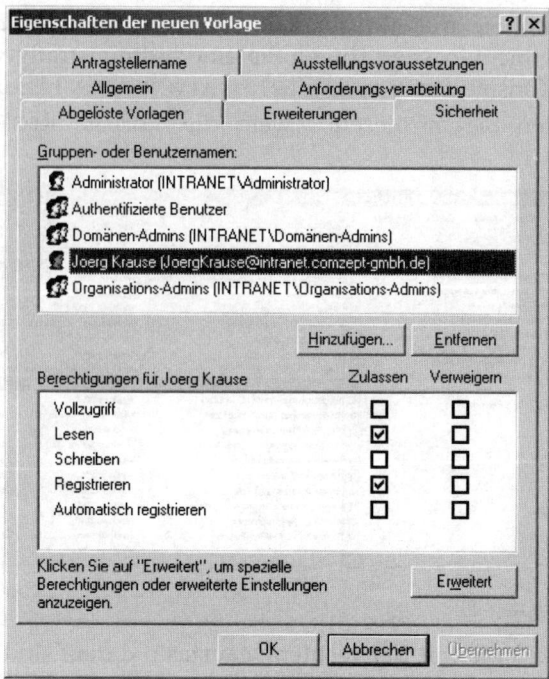

7. Lassen Sie die übrigen Optionen unverändert.

Die Anforderung Nun muss der Benutzer sich ein Zertifikat anfordern, das auf dieser Vorlage basiert. Dazu muss die Vorlage zum Bestandteil der Liste der Zertifikatvorlagen gemacht werden:

1. Öffnen Sie die Managementkonsole *Zertifizierungsstelle*.

2. Klicken Sie mit der rechten Maustaste auf den Zweig ZERTIFI-KATVORLAGEN.

3. Wählen Sie dort NEU | AUSZUSTELLENDE ZERTIFIKATVORLAGE.

4. Wählen Sie aus der folgenden Liste die modifizierte Vorlage.

Abbildung 9.69:
Auswahl der Vorlage
zur Aufnahme in die
Liste ausstellbarer
Vorlagen

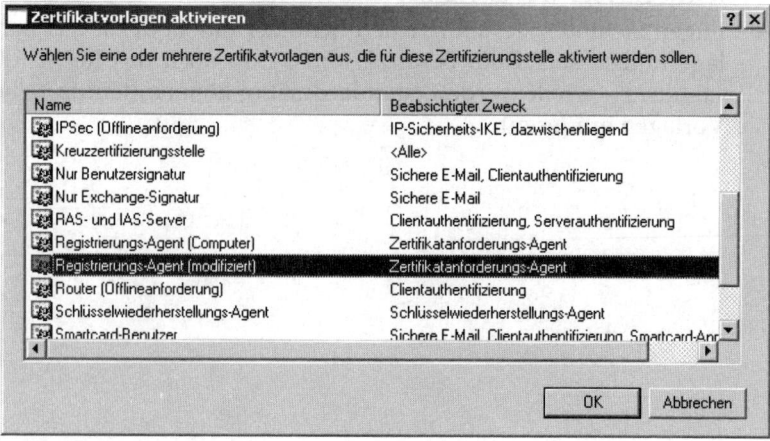

Damit steht die passende Vorlage bereit, um als Grundlage der Zertifizierung zu dienen. Der Benutzer muss nun das entsprechende Zertifikat anfordern. Dies kann entweder über die Managementkonsole erfolgen, wenn entsprechende Zugriffsrechte existieren, oder über die Web-Schnittstelle.

Den Registrierungs-Agenten vorbereiten

Der Registrierungs-Agent wird vorbereitet, indem er ein Signatur-Zertifikat anfordert. Dieses muss auf der modifizierten Vorlage basieren.

Folgender Ablauf erledigt dies über die Web-Schnittstelle, wobei davon ausgegangen wird, dass sich dazu der betreffende Mitarbeiter an seiner Workstation mit seinem Namen an der Domäne angemeldet hat:

Über die Web-Schnittstelle

1. Rufen Sie im Browser die Adresse der Zertifizierungsstelle auf:
   `http://<localhost>/CertSrv`

2. Wählen Sie die Option EIN ZERTIFIKAT ANFORDERN.

Abbildung 9.70: Start der Zertifikat-Anforderung

3. Wählen Sie auf der nächsten Seite ERWEITERTE ZERTIFIKATAN-FORDERUNG.

4. Nun klicken Sie auf EINE ANFORDERUNG AN DIESE ZERTIFIZIE-RUNGSSTELLE ERSTELLEN UND EINREICHEN.

5. Im folgenden Dialog wählen Sie als Zertifikatvorlage die modifizierte aus.

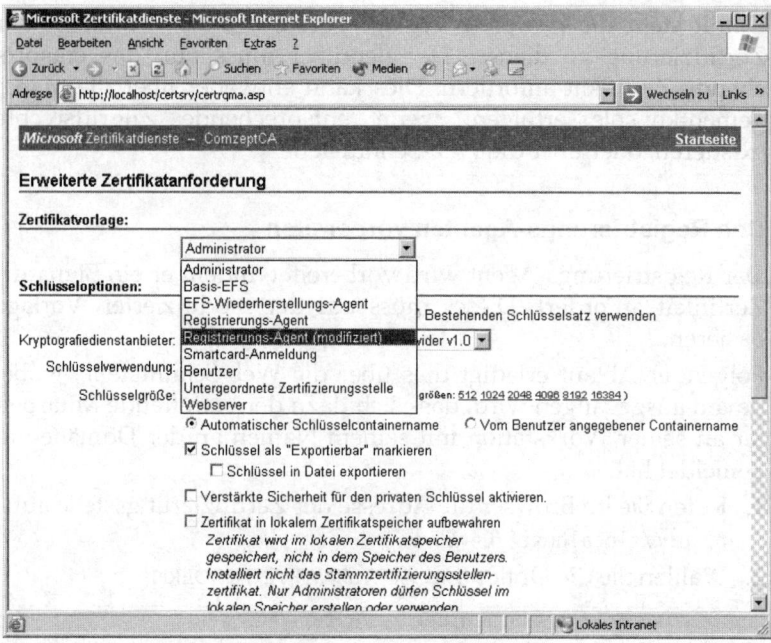

6. Senden Sie die Anforderung nun ab.

7. Erfolgt die Registrierung automatisch, können Sie das Zertifikat sofort installieren. Andernfalls müssen Sie warten, bis der Administrator die Anforderung bearbeitet hat.

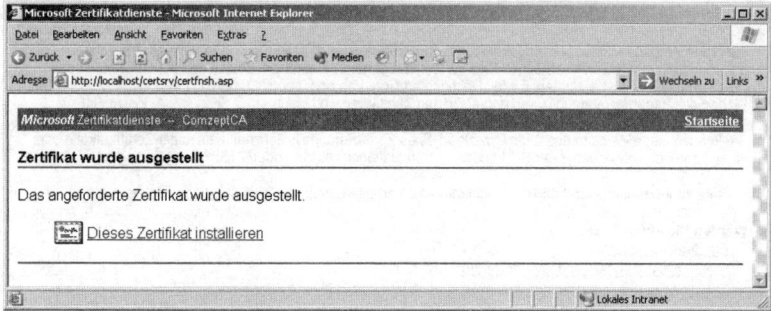

Ist diese Prozedur beendet, kann es eigentlich mit der Herausgabe der Smartcard-Zertifikate losgehen.

Weg über die Managementkonsole

Der Weg über die Managementkonsole sieht nur anders aus, führt aber zum selben Ergebnis. Gehen Sie dazu folgendermaßen vor:

1. Öffnen Sie die Managementkonsole *Zertifikate – Aktueller Benutzer*.

2. Wählen Sie im Zweig EIGENE ZERTIFIKATE den Eintrag ZERTIFIKATE und dort im Kontextmenü ALLE TASKS | NEUES ZERTIFIKAT ANFORDERN.

3. Klicken Sie im nun startenden Assistenten auf WEITER und wählen Sie in der folgenden Liste die modifizierte Vorlage aus.

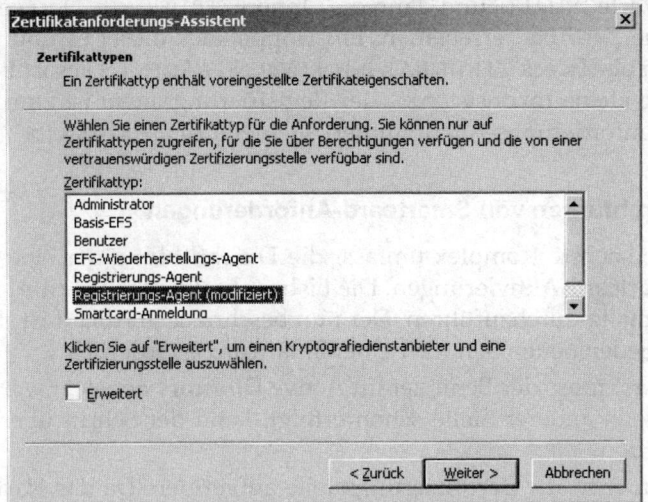

Abbildung 9.73:
Auswahl der Vorlage

4. Die Option ERWEITERT benötigen Sie hier nicht. Sie erlaubt die Auswahl eines anderen Kryptografieproviders, was an dieser Stelle nicht erforderlich ist.

5. Vergeben Sie einen Namen und eine Beschreibung.

6 Schließen Sie den Vorgang ab.

Zur Kontrolle wäre es noch möglich, einen Blick in den eigenen Zertifikatspeicher zu werfen.

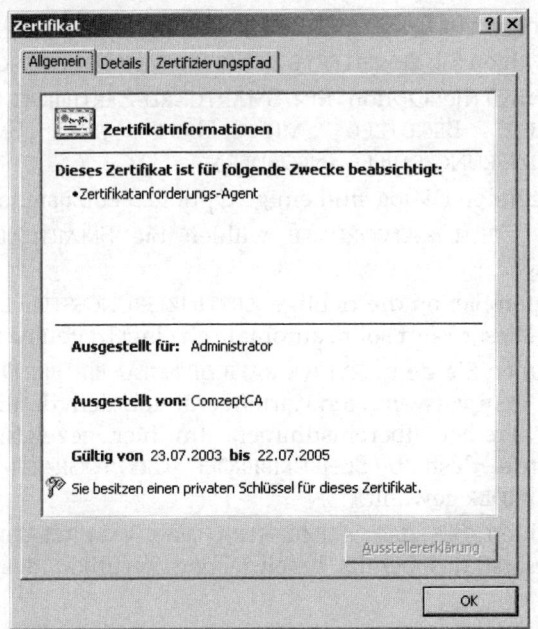

Abbildung 9.74:
Das Zertifikat, das
Anforderungen des
Registrierungs-
Agenten signiert

Auf einer Workstation können Sie diesen über das Programm EI-
GENSCHAFTEN VON INTERNET erreichen. Wählen Sie dort die Registerkarte INHALTE und dann die Option ZERTIFIKATE. Dort sollte das
neue Zertifikat erscheinen. Ein Doppelklick öffnet es und präsentiert als Zweck ZERTIFIKATANFORDERUNGS-AGENT. Dies ist übrigens
eine kleine Inkonsistenz – der Registrierungsagent ist zum Zertifikatanforderungs-Agent mutiert. Gemeint ist aber dasselbe.

Durchführen von Smartcard-Anforderungen

Der nächste Komplex umfasst die Durchführung der eigentlichen
Smartcard-Aktivierungen. Die bisher absolvierten Schritte sind nur
einmalig durchzuführen. Der nun beschriebene Ablauf ist dagegen
für jeden neuen Benutzer einer Smartcard erforderlich.

Einrichten des neuen Benutzers im Active Directory

Zuerst muss der Benutzer im Active Directory angelegt werden. Ist
dies an anderer Stelle schon erfolgt, kann der Schritt übergangen
werden.

Aufruf der Zertifizierungsstelle

Nun wird die Zertifizierungsstelle aufgerufen. Da das Kartenlesegerät vermutlich an einer Workstation steht, erfolgt der Zugriff
über die bereits mehrfach benutzte Web-Schnittstelle:

```
http://<ZertifizierungsServer>/CertSrv
```

Im Gegensatz zu allen bisherigen Anforderungen ist nun ein etwas
anderer Ablauf notwendig. Dies wird nachfolgend detailliert beschrieben.

Anfordern eines Smartcard-Zertifikats

Gehen Sie zum Anfordern eines Smartcard-Zertifikates folgendermaßen vor:

1. Klicken Sie auf EIN ZERTIFIKAT ANFORDERN.

2. Nun wählen Sie ERWEITERTE ZERTIFIKATANFORDERUNG.

3. Jetzt wird die Option EIN SMARTCARD-ZERTIFIKAT FÜR EINEN
   ANDEREN BENUTZER MIT HILFE DER SMARTCARD-
   ZERTIFIZIERUNGSSTELLE ANFORDERN.

4. Im folgenden Dialog sind einige Optionen einzustellen:

   a) Als ZERTIFIKATVORLAGE wählen Sie SMARTCARD-ANMEL-
      DUNG.

   b) Prüfen Sie, ob die richtige ZERTIFIZIERUNGSSTELLE verfügbar
      ist. Dieser Wert sollte automatisch eingetragen werden.

   c) Wählen Sie den KRYPTOGRAFIEDIENSTANBIETER. Dieser muss
      mit dem verwendeten Kartengerät und dem dafür installier-
      ten Treiber übereinstimmen. Im hier gezeigten Beispiel
      wurde deshalb SCHLUMBERGER CRYPTOGRAPHIC SERVICE
      PROVIDER gewählt.

   d) Wählen Sie das ADMINISTRATORSIGNATURZERTIFIKAT aus.
      Dies ist das bereits beschriebene Zertifikat des Registrie-

rungs-Agenten. Unter Umständen erkennt das Programm dieses Zertifikat automatisch und zeigt es sofort an.

5. Nun ist es bereits soweit: Legen Sie eine leere, formatierte Smartcard ins Lesegerät und wählen Sie dann den Benutzer aus, für den Sie diese Karte erstellen.

6. Klicken Sie jetzt auf REGISTRIEREN.

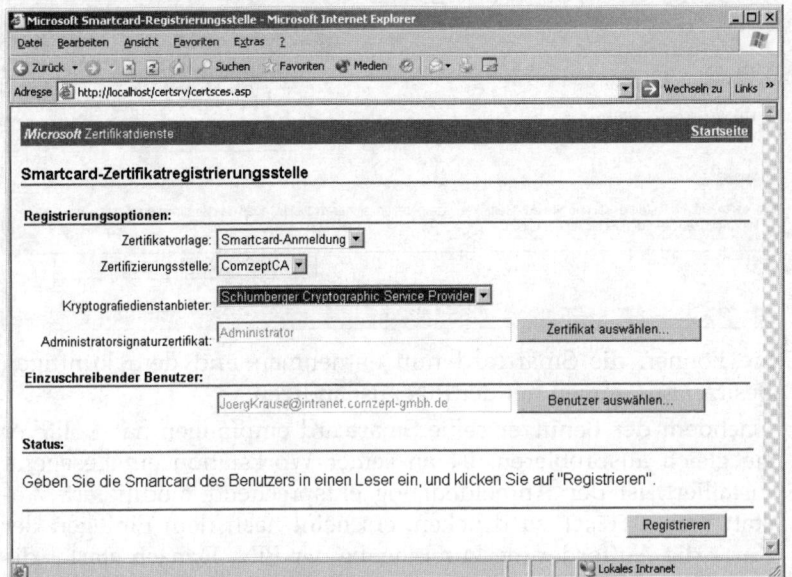

Abbildung 9.75:
Start der Erzeugung eines Smartcard-Zertifikats

Der Vorgang nimmt einige Sekunden in Anspruch.

Das Beschreiben der Smartcard verlangt nach einer kurzen Interaktion. War der Zugriff erfolgreich, müssen Sie die alte PIN eingeben.

Beschreiben der Smartcard, Vergabe der PIN

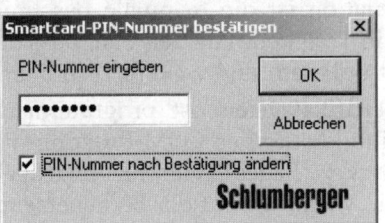

Abbildung 9.76:
Änderung der PIN

Aktivieren Sie im Dialog die Option PIN-NUMMER NACH DER BESTÄTIGUNG ÄNDERN, um eine bestimmte PIN-Nummer vorzugeben.

Ist alles fertig, erfolgt eine entsprechende Meldung.

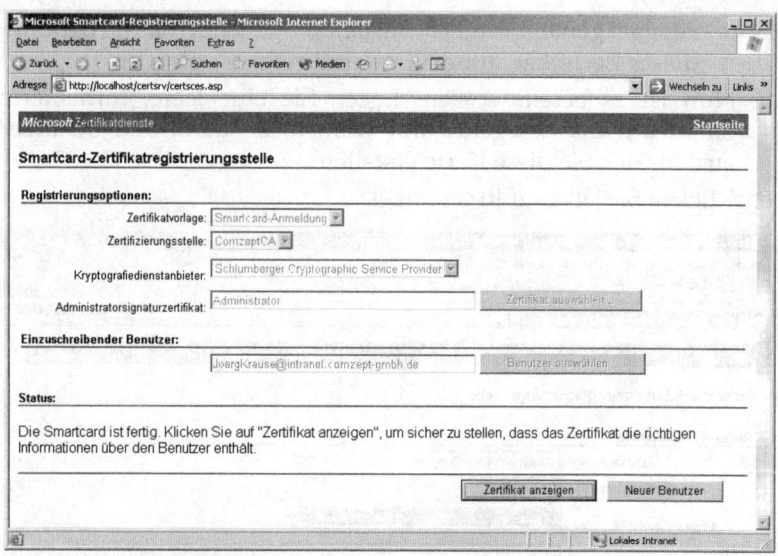

Sie können die Smartcard nun entnehmen und dem künftigen Besitzer zusammen mit der PIN aushändigen.

Durchführen der Anmeldung mit Hilfe der Smartcard

Nachdem der Benutzer seine Smartcard empfangen hat, sollte er sie gleich ausprobieren. Ist an seiner Workstation ein Lesegerät installiert, ist der Anmeldedialog entsprechend modifiziert. Anstatt Strg+Alt+Entf zu drücken, erscheint nach dem Einlegen der Karte die Aufforderung zur Eingabe der PIN. Danach startet die normale Anmeldeprozedur.

Weiterführende Informationen zu Smartcards

Das Verfahren ist in der Praxis nur für wenige Mitarbeiter tauglich. Bei hoher Fluktuation ist die manuelle Beschreibung der Karten eine zeitraubende Tätigkeit. Für den Fall, dass Sie die Herausgabe Tausender Karten planen, sind weitere Techniken möglich.

Smartcards programmieren

Das gesamte Zertifikatsystem ist programmierbar. Es ist daher möglich, mit Hilfe klassischer COM-Programmierung, .NET oder ASP (Active Server Pages) verschiedenartige Programme zu schreiben, die die Vorgänge auf der Bedienerseite vereinfachen. So könnte ein entsprechendes Programm nach dem Einlegen der Karte und der Auswahl des Benutzernamens alle Einstellungen selbsttätig vornehmen und gleich die Beschreibung der Anmeldeprozedur mitsamt PIN ausdrucken. Wenn dies auf verdecktem Papier erfolgt, wie Sie dies von Bank- oder Mobilfunk-PINs gewohnt sind, erhält auch der Herausgeber der Karte keine Kenntnis der PIN.

Verhalten der Smartcard im Active Directory

Zusätzlich zur Option Smartcard kann mit den Sicherheitsrichtlinien im Active Directory festgelegt werden, wie sich Computer in

Bezug auf die Smartcard-Anmeldung verhalten. Die entsprechenden Optionen finden Sie in der Managementkonsole *Gruppenrichtlinien-Editor*. Suchen Sie dazu den folgenden Zweig auf:

```
Computerkonfiguration
\Windows-Einstellungen
 \Sicherheitseinstellungen
  \Lokale Richtlinien
   \Sicherheitsoptionen
```

In der Liste der hier verfügbaren Richtlinien sind zwei von besonderem Interesse. Die erste erzwingt die Verwendung der Smartcard:

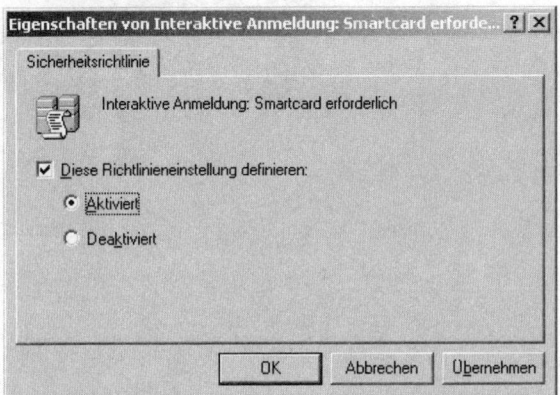

*Abbildung 9.78:
Richtlinie für
erzwungene
Anmeldung mit
Smartcard*

Die zweite definiert das Verhalten der Arbeitsstation, wenn die
Smartcard entfernt wird:

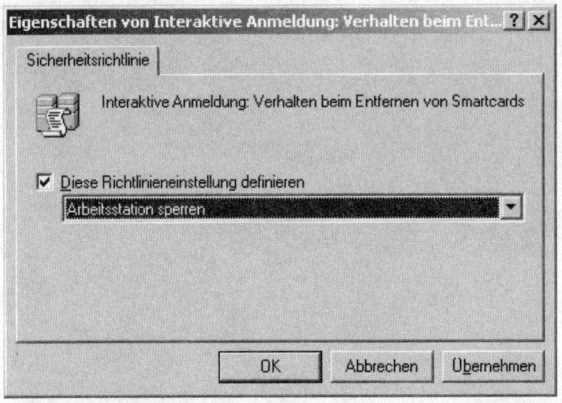

*Abbildung 9.79:
Richtlinie zur
interaktiven
Anmeldung*

Wenn Sie die Richtlinien so einstellen, dass eine Smartcard erzwungen wird, kann der Rechner nicht mehr benutzt werden,
wenn das Kartenlesegerät defekt ist. Vor allem sollten Sie vermeiden, das letzte Administratorenkonto so zu sichern. Sie könnten
sich sonst selbst wirkungsvoll aussperren, wenn die Karte defekt
ist.

Administration

10

Wichtige Administrationswerkzeuge

In diesem Kapitel geht es um die wichtigsten Werkzeuge, die für die Administration des Serversystems unter Windows Server 2003 zur Verfügung stehen. Weiterhin werden Werkzeuge vorgestellt, die zur Fernsteuerung, zur Analyse des Systems sowie zur zeitgesteuerten automatischen Ausführung von Programmen eingesetzt werden können.

Inhaltsübersicht Kapitel 10

10.1 Überblick

Gegenüber dem direkten Vorgänger Windows 2000 hat sich im Hinblick auf die reine Bedienung des Servers scheinbar nicht allzu viel geändert. Auf den zweiten Blick offenbaren sich aber viele Detailverbesserungen. So gibt es zusätzlich zu den »normalen« grafischen Werkzeugen eine Vielzahl neuer Assistenten. Ebenso wurde die Palette an Kommandozeilen-Tools stark ausgebaut. In diesem Abschnitt erhalten Sie einen Überblick über alle Möglichkeiten.

10.1.1 Neue Assistenten

Bereits in Windows 2000 gab es an verschiedenen Stellen hilfreiche Assistenten, mit deren Hilfe Standardaufgaben gut und schnell erledigt werden konnten. Im neuen Betriebssystem sind diese ausgebaut beziehungsweise um neue ergänzt worden.

Für viele grundlegende Aufgaben, beispielsweise das Hochstufen eines Servers zu einem Domänencontroller, sollten Sie generell auf den entsprechenden Assistenten vertrauen. Manuelle Konfigurationswege, falls sie überhaupt bestehen, werden sich häufig als deutlich länger und fehleranfälliger erweisen.

Nachfolgend werden einige ausgewählte Assistenten genannt, die Sie bei der Administration sicherlich benötigen und einsetzen werden.

Serververwaltung

Nach der Neuinstallation des Servers werden Sie zuerst mit diesem Dialogfenster konfrontiert. Besonders für den Einstieg in das neue Betriebssystem ist dieses gut geeignet, bietet es doch einen direkten Zugriff auf das *Hilfe- und Supportcenter* sowie viele Einstiegspunkte für die Erstkonfiguration und weiterführende Informationen.

Unter *Serverfunktionen verwalten* finden Sie über den Link FUNKTION HINZUFÜGEN ODER ENTFERNEN den Startpunkt für den *Serverkonfigurations-Assistenten*, welcher im nachfolgenden Abschnitt erläutert wird.

Serverfunktionen verwalten

Unterhalb der Überschrift werden die bereits eingerichteten Serverfunktionen aufgelistet. Nach der Erstinstallation ist diese Liste meist leer. Sobald Sie aber beispielsweise eine Ordner-Freigabe auf dem Server eingerichtet haben, wird hier als eingerichtete Funktion DATEISERVER angezeigt. Ein Klick auf den zugehörigen Link

DIESEN DATEISERVER VERWALTEN öffnet dann sofort die Managementkonsole *Dateiserverwaltung*.

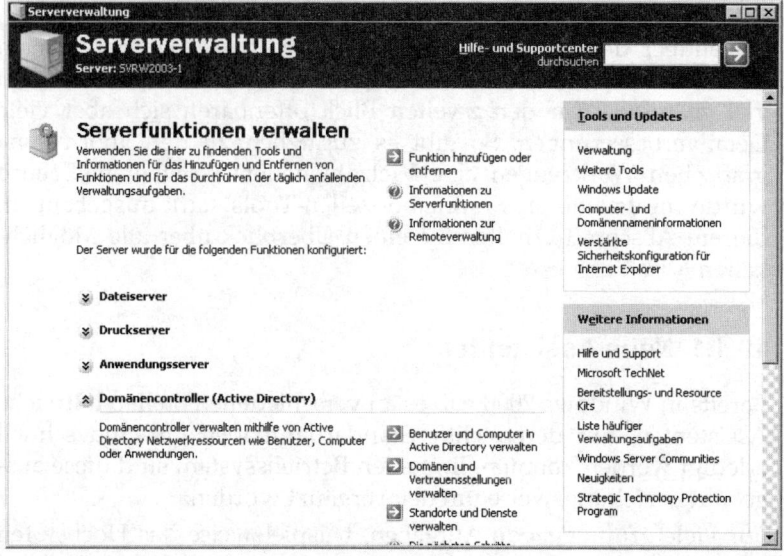

Serverkonfigurations-Assistent

Dieser Assistent ist gänzlich neu und soll den Einstieg in die Administration des Serversystems erleichtern. Bei der Einrichtung der wichtigsten Serverfunktionen werden Sie durch diesen Assistenten direkt unterstützt. Sie sollten allerdings genügend Hintergrundwissen mitbringen, damit Sie verstehen, was der Assistent im Einzelnen einrichtet.

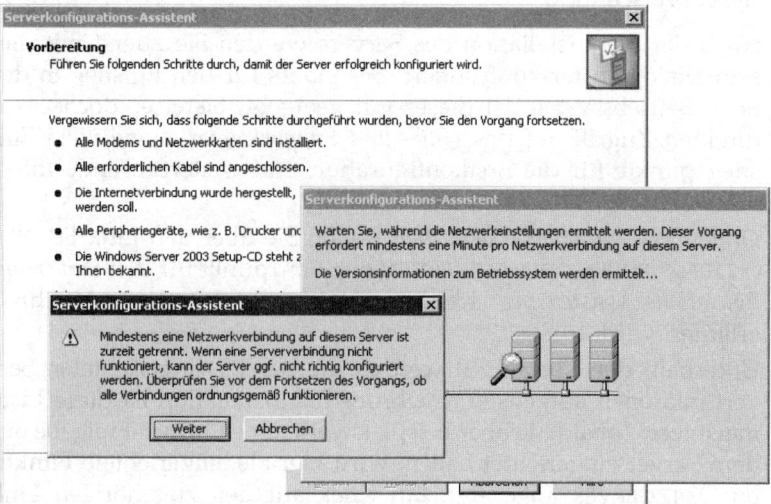

Den Assistenten starten Sie über das Dialogfenster SERVERVERWAL-   **CYS.EXE**
TUNG (siehe vorhergehender Abschnitt). Alternativ können Sie
über AUSFÜHREN im Startmenü oder an der Eingabeaufforderung
CYS.EXE aufrufen.

Nach dem Start bietet Ihnen der Assistent die folgenden zwei Op-   **»Nackter Server«**
tionen an, wenn der Server noch nicht Mitglied einer Domäne oder
sebst ein Domänencontroller ist:

- STANDARDKONFIGURATION FÜR EINEN ERSTEN SERVER

  Diese Option eignet sich eigentlich nur dann, wenn Sie einen   **Erster Server für**
  ersten Server für eine neu zu schaffende Active Directory-Ge-   **eine neue Gesamt-**
  samtstruktur einrichten wollen. Dies kann das kleine Peer-to-   **struktur**
  Peer-Netzwerk sein, welches nun komplett auf ein »richtiges«
  Netzwerkbetriebssystem umgestellt werden soll.

  Diese Option ist übrigens nur dann verfügbar, wenn Sie den
  Assistenten direkt an der Serverkonsole aufrufen. Über eine
  normale Terminalsitzung ist dies nicht möglich (siehe auch Abschnitt *Remote die Serverkonsole bedienen* ab Seite 653). Die Option wird auch dann nicht angezeigt, wenn eine Serverfunktion
  (wie DNS- oder DHCP-Server) am alleinstehenden Server eingerichtet worden ist.

- BENUTZERDEFINIERTE KONFIGURATION

  Mit dieser Option erhalten Sie ein Auswahlfenster, in welchem   **Benutzerdefiniert**
  alle wichtigen Serverfunktionen zusammengefasst sind. Unter
  KONFIGURIERT erkennen Sie, ob die jeweilige Funktion bereits
  eingerichtet ist.

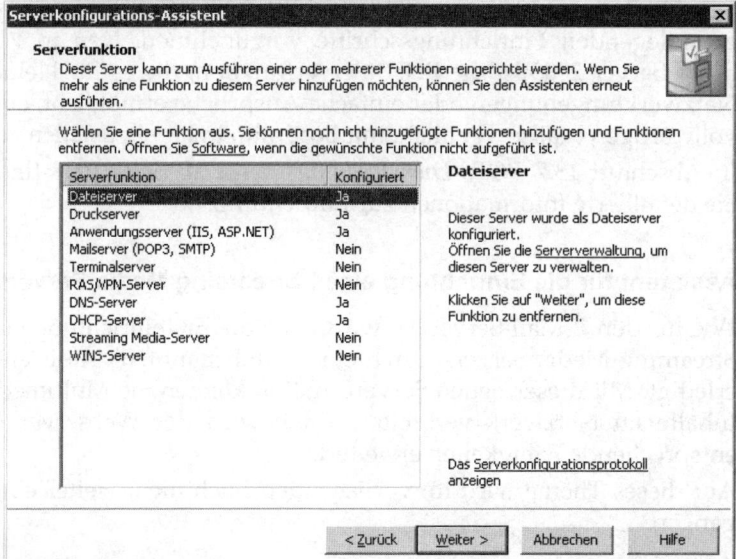

Abbildung 10.3:
Überblick über den
Status der
wichtigsten
Serverfunktionen

Mit NEIN deklarierte Funktionen können Sie hier über den Aufruf des entsprechenden Assistenten installieren und konfigurieren. Bereits eingerichtete Funktionen (Status JA) lassen sich komplett wieder entfernen.

Konfigurationsanpassungen an einmal eingerichteten Funktionen lassen sich von hier aus nicht direkt vornehmen. Gehen Sie dazu über das Dialogfenster *Serververwaltung*, zu welchem ein Link ebenfalls angeboten wird.

Assistent zum Installieren von Active Directory

DCPROMO.EXE

Mit diesem Assistenten, den Sie auch über die Eingabeaufforderung mit DCPROMO.EXE starten können, stufen Sie einen alleinstehenden oder einen Mitgliedsserver zu einem Domänencontroller herauf. Dabei kann eine komplett neue Gesamtstruktur erstellt werden, wie dies ebenfalls über den *Serverkonfigurations-Assistenten* mit der Option STANDARDKONFIGURATION FÜR EINEN ERSTEN SERVER möglich ist. Darüber hinaus lässt sich ein Domänencontroller für eine bestehende Domäne einrichten.

Mehr ab Seite 819

In Abschnitt 12.1 *Installation und Erweiterung* ab Seite 819 wird dies genauer gezeigt.

Assistent für die E-Mail-Einrichtung

Neu: POP3-Server

Dieser Assistent tritt nicht mit diesem Namen direkt in Erscheinung. Wenn Sie die entsprechende Funktion im Dialogfenster (siehe Abbildung 10.3) auswählen, hilft er aber dennoch, die grundlegenden Einrichtungsschritte vorzunehmen. Neu in Windows Server 2003 ist die POP3-Serverfunktion, die es für kleinere Netzwerkumgebungen oder einfache Ansprüche ermöglicht, einen vollwertigen Mailserver allein mit Bordmitteln bereitzustellen.

Mehr ab Seite 1028

In Abschnitt 13.7 *POP3-Dienst administrieren* ab Seite 1028 finden Sie detaillierte Informationen zur Einrichtung.

Assistent für die Einrichtung eines Streaming Media Servers

Wie für den E-Mail-Server, so wird auch die Ersteinrichtung eines Streaming Media Servers durch einen »unbenannten« Assistenten erledigt. Mit dieser neuen Serverfunktion können Sie Multimedia-Inhalte im Netzwerk verbreiten. Dazu wird der Webserver um entsprechende Fähigkeiten erweitert.

Auf dieses Thema wird im vorliegenden Buch nicht weiter eingegangen.

Setup-Assistent für den Routing- und RAS-Server

Dieser Assistent hilft bei der Ersteinrichtung der RRAS-Funktionen von Windows Server 2003. Gegenüber Windows 2000 sind diese erweitert worden. So findet sich beispielsweise eine Internetrouter-Funktion, die sogar über eine Firewall-Absicherung verfügt.

In Abschnitt 13.10 *Administration von Routing und RAS* ab Seite 1063 wird das Einrichten der Routing-Funktionen praktisch gezeigt.

Mehr ab Seite 1063

Sicherungs- und Wiederherstellungs-Assistent

Dank der erstmals in Windows XP eingeführten Funktionen *Volumenschattenkopien* und *Automatische Systemwiederherstellung* (ASR), welche sich in Windows Server 2003 ebenfalls wiederfinden, ist die Datensicherung allein mit Bordmitteln deutlich leistungsfähiger geworden. Durch die Konfigurationsschritte für die Sicherung und die Wiederherstellung führt bei Bedarf ebenfalls ein Assistent.

Verbesserte Datensicherung

Dieses Thema wird in Abschnitt 17.1 *Datensicherung* ab Seite 1271 weiter vertieft.

Mehr ab Seite 1271

10.1.2 Grafische Verwaltungswerkzeuge

Die Windows-Betriebssysteme zeichnen sich seit den ersten Versionen dadurch aus, dass alle Verwaltungsaufgaben über Programme mit einer grafischen Benutzeroberfläche ausgeführt werden können. Hier sind ohne Zweifel Maßstäbe gesetzt worden, denen sich nicht einmal mehr die etablierten Unix/Linux-Anbieter länger entziehen können, bei denen das ausschließliche Hacken auf der Kommandozeile bislang zum guten Ton gehörte[21].

Die grafischen Verwaltungsprogramme unter Windows Server 2003 können in mehrere Kategorien eingeteilt werden, die nachfolgend kurz vorgestellt werden.

Microsoft Managementkonsole

Die meisten Verwaltungswerkzeuge sind als Snap-Ins für die Managementkonsole (MMC) ausgeführt und verfügen damit über eine grafische Oberfläche. Der Hauptvorteil der Managementkonsole liegt sicherlich darin, dass alle Snap-Ins ähnlich bedient werden und damit wenig Einarbeitungsaufwand erfordern. Hinzu kommt die prinzipielle Eignung von Snap-Ins, für entfernte Systeme, also *remote*, ausgeführt werden zu können.

---

[21] ...und sicher bei vielen »Gusseisernen« so bleiben wird.

Abbildung 10.4:
Managementkonsole
Computerverwaltung
mit einer Reihe
wichtiger Snap-Ins

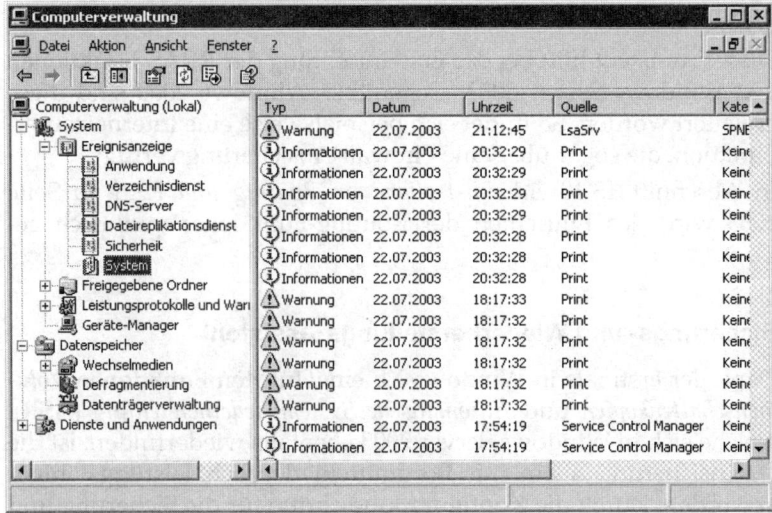

In Abschnitt 10.2 *Die Microsoft Managementkonsole* ab Seite 614 wird diese Managementkonsole separat vorgestellt und gezeigt, wie Sie sich eigene Konsolen erstellen können.

Browser-gestützte Verwaltungsprogramme

Einige Verwaltungswerkzeuge werden über die IIS (*Internet Information Services*) als Webapplikationen bereitgestellt und können so über das Netzwerk (Intranet oder Internet) bedient werden. Ein Beispiel ist die Administrationsoberfläche für den Webserver selbst.

Abbildung 10.5:
Administrations-
Website für die IIS

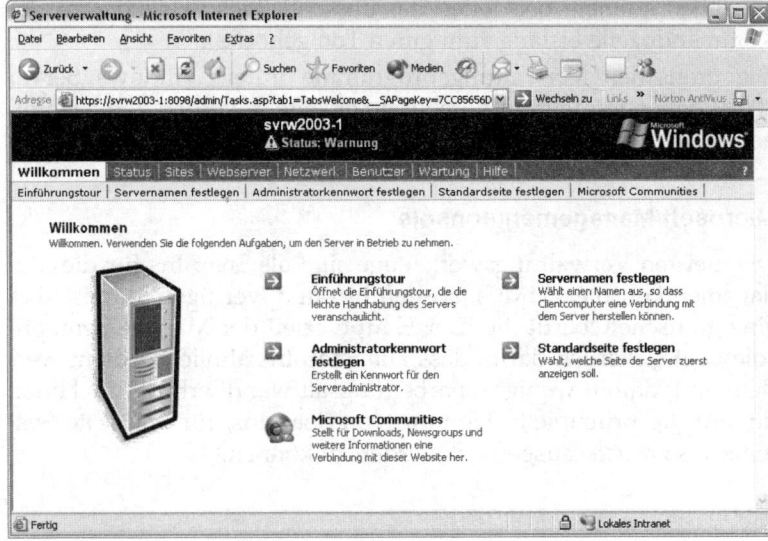

Nicht alle Applikationen sind Browser-unabhängig programmiert. Die webbasierte Remotedesktop-Funktion beispielsweise verfügt über ActiveX-Controls und lässt sich nur über den Microsoft Internet Explorer (ab Version 5) ausführen.

Standalone-Anwendungen

Hinzu kommt eine Reihe von Programmen, welche reine standalone-Anwendungen oder als Applets in die Systemsteuerung integriert sind.

10.1.3 Tools für die Fernadministration

Für die Fernadministration eines Windows Server 2003-Systems gibt es eine Reihe von Möglichkeiten. Bereits mit Boardmitteln lassen sich im Prinzip alle Administrationsaufgaben über das Netzwerk ausführen.

Remotedesktop

Mit der auf der Terminaldienste-Technologie basierenden Remotedesktop-Funktion lässt sich die grafische Windows-Oberfläche auf ein anderes Computersystem holen. Den Server können Sie damit genauso bedienen, als säßen Sie direkt an der Konsole.

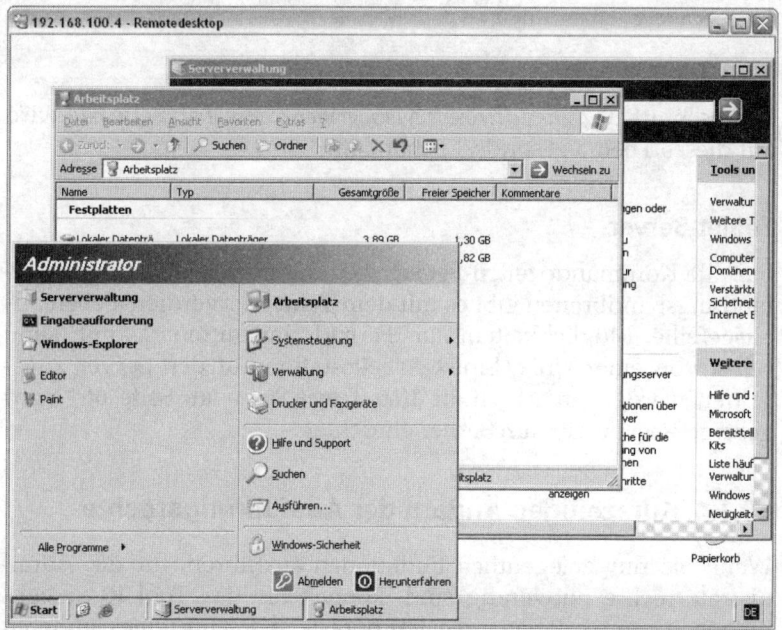

Abbildung 10.6: Fernsteuerung über den Remotedesktop

Gegenüber Windows 2000 hat sich hier die konkrete Implementierung im Betriebssystem geändert. Zusätzlich besteht nun die Möglichkeit, die Konsole selbst über diese Funktion fernzusteuern. Weitere Informationen finden Sie in Abschnitt 10.5 _Remotedesktop_ ab Seite 645.

Managementkonsolen-Snap-Ins

Die Microsoft Managementkonsole bietet den Snap-Ins grundsätzlich die Möglichkeit, für entfernte Systeme ausgeführt zu werden. Verfügt das Snap-In über eine solche Funktion, so können Sie damit direkt von einer Arbeitsstation aus auf den Server zugreifen. Der Blick in das Ereignisprotokoll lässt sich beispielsweise damit realisieren.

Abbildung 10.7:
Managementkonsole
Ereignisanzeige für
den Server an einer
Windows XP-
Arbeitsstation

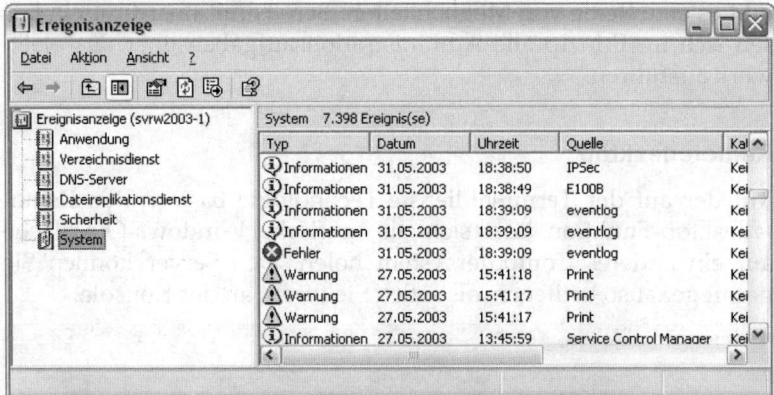

In Abschnitt 10.2 _Die Microsoft Managementkonsole_ ab Seite 614 wird auf dieses Thema gesondert behandelt.

Telnet-Server

Für alle Kommandozeilen-Fetischisten oder bei sehr geringen Verbindungsbandbreiten gibt es mit dem Telnet-Serverdienst ebenfalls ausgefeilte Möglichkeiten zur Fernadministration. Damit kann selbst von einer Unix/Linux-Arbeitsstation auf den Server zugegriffen werden. In Abschnitt 10.6 _Telnet-Server_ ab Seite 664 wird gezeigt, wie Sie dies am Server einrichten.

10.1.4 Kurzzeitiges Ändern der Ausführungsrechte

Programme mit höheren Rechten ausführen

Wenn Sie nur gelegentlich Funktionen ausführen, für die Administratorrechte notwendig sind, können Sie das Tool RUNAS.EXE nutzen. Damit erlangen Sie temporär die Rechte eines anderen Benutzers.

Runas `/u:<computer>\<username> <befehl>`

Setzen Sie für `<computer>` den Namen des Computers ein, auf dem Sie als Administrator registriert sind. Sie können die Angabe weglassen, wenn Sie am lokalen System arbeiten. Für `<username>` geben Sie *Administrator* oder den Namen eines Mitglieds der Administratorengruppe ein.

Um beispielsweise die Eingabeaufforderung als Administrator zu starten, geben Sie Folgendes ein:

Eingabeaufforderung als Administrator aufrufen

Runas `/u:Administrator cmd`

Wenn Sie für Befehl CMD einsetzen, werden Sie nun am Prompt zur Angabe des Kennwortes aufgefordert. Die Ausführung wird in der Kopfzeile des Fensters angezeigt.

Vom Windows-Explorer aus können Sie den Befehl über Kontextmenü erreichen. Im Menü wählen Sie den Eintrag AUSFÜHREN ALS.... Sie können dann die alternativen Anmeldedaten eingeben.

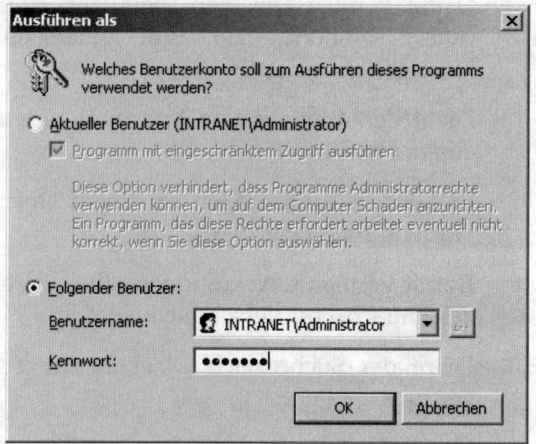

Abbildung 10.8: Programme als Administrator ausführen

Sie können so die umständliche An- und Abmeldung umgehen und sind vielleicht eher motiviert, auch als Administrator nicht alle Arbeiten unter diesem Konto auszuführen, was zur Erhöhung der Systemsicherheit beiträgt.

10.1.5 Kommandozeilen-Tools

Zwar haben bei einem Windows-Server die primären Verwaltungswerkzeuge eine grafische Benutzeroberfläche, dennoch können heute praktisch alle wichtigen Aufgaben auch auf der Kommandozeile erledigt werden. In Windows Server 2003 wurde dazu das Arsenal an verfügbaren Tools gegenüber Windows 2000 deutlich ausgeweitet. Viele Programme, die zuvor nur im Rahmen des kostenpflichtigen Ressource Packs verfügbar waren, sind nun Bestandteil des Lieferumfangs.

Deutlich erweitertes Arsenal

In den nachfolgenden Abschnitten erhalten Sie einen Überblick über die wichtigsten Tools. Desweiteren werden im gesamten Buch an verschiedenen Stellen ausgewählte Programme näher vorgestellt. Unter der Spalte SEITE der Tabellen finden Sie jeweils die Seitenzahl, wo Tools im Buch näher erläutert werden.

Tools für die Active Directory-Verwaltung

Diese Tools dienen der Verwaltung beziehungsweise Reparatur des Verzeichnisdienstes Active Directory.

Tabelle 10.1:
Überblick über Tools
für die Active Direc-
tory-Verwaltung

Tool	Verwendung	Seite
ADPREP.EXE	Dient der Vorbereitung einer Windows 2000 Domäne für ein Upgrade auf Windows Server 2003	---
DSADD.EXE	Damit können Objekten (Benutzer, Computer, Kontakte etc.) zum Verzeichnis hinzugefügt werden	---
DSGET.EXE	Dient der Ausgabe von Informationen zu einem Objekt	---
DSMOD.EXE	Es können Änderungen an einem Objekt vorgenommen werden	---
DSMOVE.EXE	Damit können Objekte innerhalb der Verzeichnisstruktur verschoben werden	---
DSQUERY.EXE	Dient der Suche nach Objekten im Verzeichnis	---
DSRM.EXE	Dient dem Entfernen von Objekten aus dem Verzeichnis	---
GPRESULT.EXE	Mit dem Programm können Gruppenrichtlinien-Einstellungen und die daraus resultierenden effektiven Rechte für Computer und Benutzer ausgegeben weden	925
NTDSUTIL.EXE	Administrationsarbeiten am Active Directory; vor allem für Wartung und Reparatur wichtig	1297

Tools für Datei- und Ordneroperationen

Die nachfolgend aufgeführten Tools und Befehle des Kommandointerpreters CMD.EXE dienen zur Manipulation von Dateien und

Ordnern außerhalb der komfortablen Windows Explorer-Oberfläche.

Tool	Verwendung	Seite
ATTRIB.EXE	Dient der Anzeige und dem Ändern einfacher Dateiattribute	1345
CACLS.EXE	Zugriffsberechtigungen von Dateien und Ordner können angezeigt und geändert werden	773
CD; CHDIR	Dient dem Wechseln des aktuellen Verzeichnisses	1345
CIPHER.EXE	Dient der Einstellung der EFS-Verschlüsselung für Dateien	760
COMP	Vergleicht den Inhalt zweier Dateien	1345
COMPACT	Dient der Anzeige und dem Aktivieren der NTFS-Komprimierung für Dateien und Ordner	757
COPY	Dient dem Kopieren von Dateien	1345
DEL; ERASE	Damit können Dateien gelöscht werden	1345
DIR	Dient dem Auflisten von Dateien und Ordnern	1345
DISKCOMP.COM	Vergleicht den Inhalt zweier Disketten	1345
DISKCOPY.COM	Dient zum Kopieren von Disketten	1345
EXPAND.EXE	Entpackt komprimierte Installationsdateien. Dies darf nicht mit der NTFS-Komprimierung verwechselt werden.	1345
FC.EXE	Vergleicht den Inhalt zweier Dateien mit umfangreicheren Möglichkeiten als bei COMP.EXE.	1345
FIND.EXE	Dient der Suche nach bestimmten Textinhalten in Dateien.	1345
FINDSTR	Dient der umfassenden Suche nach Textinhalten in Dateien; hierbei können reguläre Ausdrücke verwendet werden, ähnlich dem GREP-Kommando unter Unix	1345
MD; MKDIR	Dient dem Anlegen neuer Verzeichnisse	1345

Tabelle 10.2: Überblick über Tools für Datei- und Ordneroperationen

Tool	Verwendung	Seite
MOVE	Dient dem Verschieben von Dateien	1345
RENAME; REN	Dient dem Umbenennen von Dateien und Ordnern	1345
REPLACE	Dient dem Ersetzen von Dateien	1345
RD; RMDIR	Kann zum Löschen von Verzeichnissen genutzt werden	1345
TREE.COM	Gibt die Struktur von Verzeichnissen und deren Unterverzeichnissen mit einer einfachen grafischen Anzeige aus	1345
TYPE	Zeigt den Inhalt von Dateien an	1345
XCOPY.EXE	Dient dem kompletten Kopieren von Verzeichnissen mit darin enthaltenen Unterverzeichnissen und Dateien	1345

Tools zur Datenträgerverwaltung

Diese Tools dienen der Einrichtung und Verwaltung von Volumes und Datenträgern.

Tabelle 10.3: Überblick über Tools zur Verwaltung von Volumes und Datenträgern

Tool	Verwendung	Seite
BOOTCFG.EXE	Dient der interaktiven Einrichtung und Modifizierung der Datei BOOT.INI	751
CHKDSK.EXE	Dient der Fehlersuche und Reparatur von Volumes	789
CHKNTFS	Dient der Kontrolle und Beeinflussung des Prüfbits für NTFS-Volumes	1345
CONVERT.EXE	Wird zur Konvertierung von FAT-/ FAT32-Volumes in das Dateisystem NTFS eingesetzt	726
DEFRAG.EXE	Kommandozeilen-Variante des integrierten grafischen Defragmentierprogramms	---
DISKPART.EXE	Dient dem Einrichten von Datenträgern; kann zum Partitionieren und zur Behandlung dynamischer Datenträger verwendet werden	729
FORMAT.COM	Dient dem Formatieren von Volumes	724

Tool	Verwendung	Seite
FREEDISK.EXE	Zeigt den freien Speicherplatz auf einem Volume an	---
FSUTIL.EXE	Dient der Verwaltung von Dateisystem-Eigenschaften und -Funktionen	740
FTONLINE	Ermöglicht einen schreibgeschützten Zugriff auf alte Windows NT 4-Datenträgersätze	---
LABEL.EXE	Ermöglicht das Ändern der Bezeichnung eines Volumes	---
MOUNTVOL.EXE	Dient der Verwaltung von Bereitstellungspunkten für Volumes	748
RECOVER.EXE	Kann zur Reparatur von beschädigten Volumes und Datenträgern eingesetzt werden	1345
VOL	Zeigt Informationen zu Volumes an	1345
VSSADMIN.EXE	Dient der Einrichtung und Verwaltung von Volumenschattenkopien	---

Tools für die Dienste- und Gerätetreibersteuerung

Mit diesen Tools können Sie über die Kommandozeile Einfluss auf Dienste- und Gerätetreibereinstellungen nehmen.

Tool	Verwendung	Seite
DRIVERQUERY	Dient der Anzeige von Informationen zu Gerätetreibern	---
MODE.COM	Dient der Anzeige und Konfiguration von Anschlussports wie LPT, COM und CON	---
NET.EXE	Bietet neben Funktionen für das Management von Netzwerkfunktionen auch solche zur Steuerung von Diensten	1343
SC.EXE	Dient der Steuerung von Diensten	1307

Tabelle 10.4:
Überblick über Tools für die Dienste- und Gerätetreibersteuerung

Tools für die Druckdienste-Steuerung

Mit den nachfolgend vorgestellten Tools steuern Sie Einstellungen zu den Druckdiensten von Windows Server 2003.

Tool	Verwendung	Seite
LPQ.EXE	Zeigt Informationen zu Remote-Druckwarteschlangen an	1057
LPR.EXE	Sendet Druckaufträge zu Remote-Druckwarteschlangen	1058
PRINT.EXE	Sendet einer Datei an einen Drucker	---
PRNCNFG.VBS	WSH-Skript zur Diagnose und Konfiguration von Druckern	---
PRNDRVR.VBS	WSH-Skript zum Installieren und Entfernen von Druckertreibern	---
PRNJOBS.VBS	WSH-Skript zur Steuerung von Druckjobs	---
PRNMNGR.VBS	WSH-Skript zum Installieren und Entfernen von Druckern	---
PRNPORT.VBS	WSH-Skript zum Installieren und Entfernen von TCP/IP-Druckerports	---

Tools für die Steuerung und Analyse im Netzwerk

Mit diesen Tools können Sie umfangreiche Steuerungs- und Analyseaufgaben im Netzwerk ausführen.

Tool	Verwendung	Seite
ARP.EXE	Dient der Anzeige und Konfiguration der Übersetzungstabellen von IP-Adressen in physische MAC-Adressen	1053
FTP.EXE	Dient als FTP-Clientsoftware für den Zugriff auf einen FTP-Server	1054
GETMAC.EXE	Gibt MAC-Adressen zu Netzwerkadaptern aus	---
HOSTNAME.EXE	Zeigt den Computernamen an	1057
IPCONFIG.EXE	Bietet umfangreiche Möglichkeiten zur Anzeige und Steuerung der IP-Adressierung aller Netzwerkadapter	1057
NET.EXE	Tool für die Windos-Netzwerksteuerung einschließlich der Freigabesteuerung	1343

Tool	Verwendung	Seite
NETSTAT.EXE	Gibt Informationen zum Status von Netzwerkverbindungen an	1058
NSLOOKUP.EXE	Dient dem Abruf von Informationen von einem DNS-Server	1059
PING.EXE	Dient der einfachen Verbindungskontrolle zwischen Hosts im Netzwerk über das Protokoll ICMP	1060
ROUTE.EXE	Dient der Anzeige und Bearbeitung der lokalen IP-Routingtabelle eines Hosts	1061
TELNET.EXE	Dient als Clientsoftware zum Zugriff auf einen Telnet-Server	671
TRACERT.EXE	Dient der Diagnose des IP-Routings zwischen Hosts	1062

Tools für das Systemmanagement

Die folgenden Tools dienen sonstigen Systemmanagement-Aufgaben.

Tool	Verwendung	Seite
AT.EXE	Dient wie schon unter Windows NT zum Einrichten, Ändern und Entfernen von Tasks für die zeitgesteuerte Abarbeitung von Programmen	644
DATE.EXE	Dient zum Einstellen des Datums	1345
EVENTCREATE	Dient zum Erzeugen eigener Ereignismeldungen	639
EVENTTRIGGERS	Dient zum Überwachen von Ereignismeldungen sowie zum Einleiten bestimmter Maßnahmen bei Erkennung von kritischen Zuständen	638
EVENTQUERY.VBS	Skript zum Filtern, Anzeigen und Schreiben von Ereignismeldungen in Textdateien	---
DUMPEL.EXE	Programm von Microsoft zum Weiterverarbeiten von Ereignismeldungen	634

Tabelle 10.7:
Überblick über Tools
für allgemeines Sys-
temmanagement

Tool	Verwendung	Seite
DUMPEVT.EXE	Programm von Somarsoft zum Weiterverarbeiten von Ereignismeldungen	635
RUNAS.EXE	Ermöglicht das Starten eines Programm unter einem anderen Benutzerkonto	---
SCHTASKS.EXE	Neue Variante von AT.EXE	644
SHUTDOWN.EXE	Erlaubt das Herunterfahren des Servers	---
SYSTEMINFO.EXE	Gibt Informationen zu wesentlichen Hardware- und Betriebssystemparametern aus	---
TASKKILL.EXE	Beendet einen laufenden Prozess	---
TASKLIST.EXE	Gibt Informationen zu laufenden Prozessen aus	---
TIME.EXE	Dient dem Einstellen der Systemzeit	---
VER	Zeigt die Windows-Version an	---
WHOAMI.EXE	Gibt Informationen zum angemeldeten Benutzer aus	---

10.2 Die Microsoft Managementkonsole

Managementkonsole Die meisten grafischen Verwaltungsprogramme für die modernen Windows-Betriebssysteme sind heute als Snap-Ins für die MMC (*Microsoft Management Console*) ausgeführt. Diese Umstellung begann mit Windows 2000 und ermöglichte eine signifikante Vereinfachung der Administration gegenüber dem Vorgänger Windows NT, bei welchem die Tools noch sehr uneinheitlich aufgebaut waren. Managementkonsolen-Snap-Ins hingegen werden immer auf die gleiche Art und Weise bedient.

Snap-Ins Die Snap-Ins können Sie in einer Managementkonsole nach Belieben arrangieren und von dieser aus aufrufen. Für die wichtigsten Verwaltungsarbeiten ist bereits eine Reihe von Managementkonsolen vorkonfiguriert, so zum Beispiel für wesentliche Teile der Active Directory-Verwaltung. Es gibt aber noch Raum für Anpassungen und Erweiterungen. Sie können dabei frei bestimmen, welche Managementwerkzeuge Sie wem mit welchen Zugriffrechten zuordnen.

Für die Administration eines Serversystems unter Windows Server 2003 gibt es eine Reihe von speziellen Verwaltungsprogrammen (als Snap-Ins, in vorgerfertigten Managementkonsolen), die Sie erst nach manueller Installation von der Installations-CD beziehungsweise dem Installationsverzeichnis nutzen können. Sie finden weiterführende Informationen in Abschnitt 2.5 *Installation der Verwaltungsprogramme* ab Seite 64.

In den folgenden Abschnitten wird die Technologie der Managementkonsolen vom grundlegenden Aufbau bis hin zur individuellen Konfiguration näher betrachtet.

10.2.1 Das Prinzip der Managementkonsole

Die Managementkonsole ist eine Windows-Anwendung, die einen einheitlichen Rahmen für verschiedene Verwaltungstools bildet. Die einzelnen Verwaltungstools sind als Snap-Ins aufgebaut, die nicht selbstständig aufgerufen werden können. Die Snap-Ins können dabei selbst wieder aus mehreren Objekten, eigenständigen Snap-Ins oder von Snap-Ins abhängigen Erweiterungen, bestehen. Die Schnittstellen der Snap-Ins und ihrer Erweiterungen sind von Microsoft offen gelegt und erlauben es auch Drittherstellern, Administrationstools für ihre Hard- bzw. Software zu entwickeln, die sich so nahtlos in das Konzept der Managementkonsole einfügen. Die Bedienung und Konfiguration von Hard- und Software können dadurch vereinheitlicht werden.

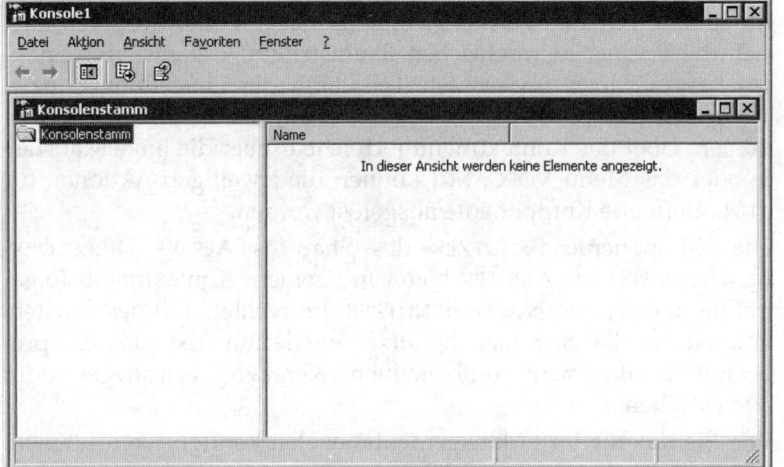

Abbildung 10.9:
Eine leere Managementkonsole

In einer Managementkonsole werden übrigens nicht die Snap-Ins selbst abgespeichert, sondern nur Verweise auf diese. Dadurch sind die Managementkonsolen an sich nur sehr kleine Konfigurationsdateien (mit der Endung MSC), die Sie beispielsweise leicht über E-Mail austauschen oder verteilen können.

Das Programm MMC.EXE

MMC.EXE

Wenn Sie über START│AUSFÜHREN das Programm MMC starten, erhalten Sie eine leere Managementkonsole.

Eine leere Managementkonsole besteht zunächst nur aus dem Konsolenrahmen. Über das Menü KONSOLE können Snap-Ins hinzugefügt oder gelöscht, Konsolen geladen oder gespeichert und grundlegende Optionen festgelegt werden.

Abbildung 10.10:
Managementkonsole
Active Directory-
Benutzer und
-Computer

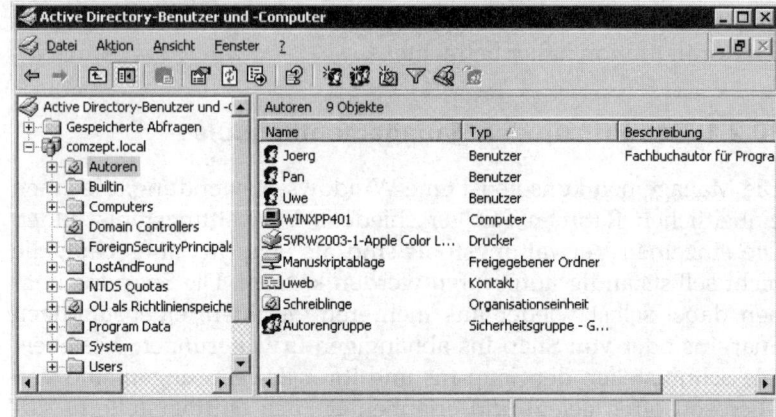

Das Fenster Konsolenstamm stellt den eigentlichen Ausführungsrahmen Ihrer Managementkonsole dar. Unter dem Konsolenstamm werden wie in einem hierarchischen Verzeichnis die Snap-Ins verwaltet, die Sie in dieser Managementkonsole anordnen.

Baumstruktur

Im linken Teil des Fensters einer Managementkonsole befinden sich die in einer hierarchischen Baumstruktur organisierten Snap-Ins bzw. Ordner, im rechten Teil dann die Einstellungen bzw. Ausgaben (beispielsweise bei Protokollen) der einzelnen Komponenten. Über das Kontextmenü (erreichbar über die linke Maustaste oder das Menü VORGANG) können die jeweiligen Aktionen für die betreffende Komponente ausgelöst werden.

Die Komponente BENUTZER des Snap-Ins ACTIVE DIRECTORY-BENUTZER UND -COMPUTER bietet mit seinem Kontextmenü folgerichtig den Eintrag NEUER BENUTZER. Im rechten Teil des Fensters können Sie die einzelnen Benutzer wiederum über das entsprechende Kontextmenü umbenennen, Kennwörter festlegen oder auch löschen.

Taskpad-Ansichten

Wie Sie das für Ihre Managementkonsolen konfigurieren können, ist Inhalt des Abschnitts 10.2.2 *Benutzerspezifische Managementkonsolen* ab Seite 617. Die Möglichkeiten der optischen Anpassung der Oberfläche einer Managementkonsole mit Taskpad-Ansichten wird in unseren Büchern *Windows 2000 im professionellen Einsatz* sowie *Windows XP Professional* erläutert.

Modi der Benutzung einer Managementkonsole

Über die Optionen zu einer Managementkonsole lassen sich verschiedene Modi für eine Managementkonsole festlegen:

- Im AUTORENMODUS können alle Änderungen an einer Managementkonsole vorgenommen werden einschließlich der Möglichkeit, Snap-Ins hinzuzufügen oder zu entfernen.

Autorenmodus

- In den drei verschiedenen Stufen des BENUTZERMODUS können die Rechte für die Anwendung der Managementkonsole so weit eingeschränkt werden, dass keine inhaltlichen Änderungen vorgenommen werden können bzw. der Benutzer nur Zugriff auf für ihn vorgesehene Snap-Ins mit speziellen Einstellungen hat.

Benutzermodus

Durch diese Modi können Sie sicherstellen, wie Managementkonsolen durch den Anwender beeinflusst werden können und welche Sicht er auf die Werkzeuge erhält.

Weiterführende Informationen zur Managementkonsole

Im Internet hat Microsoft ein umfassendes Informationsangebot zu seiner Managementkonsolen-Technologie. Auf dieser Website finden Sie weiterführende Informationen:

```
www.microsoft.com/windows2000/techinfo/howitworks/management↩
/mmcover.asp
```

Management-konsolen im Internet

10.2.2 Benutzerspezifische Managementkonsolen

Die vorkonfigurierten Managementkonsolen der Server-Standardinstallation sowie die optional installierbaren weiteren Managementkonsolen (siehe auch Abschnitt 2.5 *Installation der Verwaltungsprogramme* ab Seite 64) decken zwar so gut wie alle Administrationsaufgaben ab, aber je nach Bedarf möchten Sie sich vielleicht die von Ihnen am häufigsten benutzten Werkzeuge selbst anders arrangieren. Dafür gibt es die Möglichkeit, eigene Konsolen anzulegen und mit den Funktionen zu versehen, die auch wirklich benötigt werden.

Eine eigene Managementkonsole anlegen

Um eigene Managementkonsolen zusammenzustellen, können Sie folgendermaßen vorgehen:

1. Starten Sie eine leere Managementkonsole, indem Sie über START | AUSFÜHREN das Programm MMC ausführen.
2. Über SNAP-IN HINZUFÜGEN/ENTFERNEN des Hauptmenüpunkts DATEI suchen Sie aus den verfügbaren Snap-Ins das gewünschte aus.

3. Im dann folgenden Dialogfenster erreichen Sie über HINZUFÜGEN die Liste der verfügbaren Snap-Ins. Wählen Sie aus der Liste das gewünschte Snap-In aus.

4. Viele Snap-Ins für die Administration bieten die Funktionalität, auch entfernte Server oder Arbeitsstationen zu verwalten. Sie haben dazu nach Auswahl des entsprechenden Snap-Ins die Möglichkeit, den zu verwaltenden Computer anzugeben.

Abbildung 10.11:
Auswahl zur
Verwaltung eines
lokalen oder
entfernten
Computers

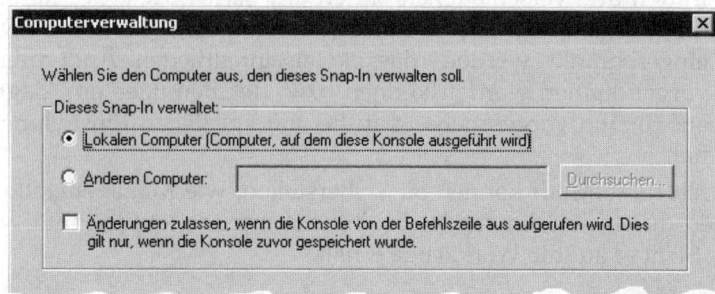

Für eine Reihe von Snap-Ins können Sie diese Zuordnung zum lokalen oder zu einem entfernten Computer auch innerhalb der Managementkonsole jederzeit ändern, allerdings nicht bei allen.

Zusammengesetzte Snap-Ins

Im Fenster für die Konfiguration der zu dieser Managementkonsole gehörenden Snap-Ins können Sie für bestimmte Snap-Ins noch weitere Konfigurationen vornehmen. Snap-Ins können aus mehr als einer Komponente bestehen. Diese werden dann im Fenster unter ERWEITERUNGEN aufgeführt.

Abbildung 10.12:
Erweiterungen des
Snap-Ins Com-
puterverwaltung

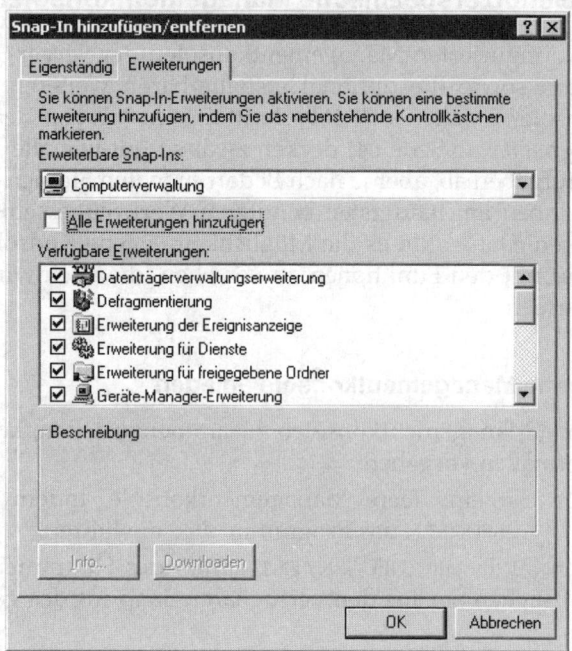

Erweiterungen benötigen zum Funktionieren ein zugehöriges Basis-Snap-In oder stellen selbst ein eigenständiges Snap-In dar. In unserem Beispiel enthält die COMPUTERVERWALTUNG mehrere eigenständige Snap-Ins wie beispielsweise DEFRAGMENTIERUNG. **Erweiterungen von Snap-Ins**

Durch das Konzept der Erweiterbarkeit können auch Dritthersteller von Hard- bzw. Software ihre Erweiterungen für existierende Snap-Ins liefern und diese so mit den benötigten Funktionen versehen. **Erweiterbarkeit durch Dritthersteller**

Es ist ratsam, Managementkonsolen nicht mit zu vielen Snap-Ins zu versehen, da sonst die Übersichtlichkeit stark leiden kann. Vereinfachen können Sie den Zugriff für komplexere Managementkonsolen dennoch mit zwei Mitteln:

- Favoriten

  Häufig benutzte Komponenten fügen Sie einfach über das Kontextmenü zu den Favoriten hinzu. So haben Sie diese ähnlich wie mit den Favoriten im Internet-Explorer immer im schnellen Zugriff. **Favoriten**

- Taskpad-Ansichten

  Mit den Taskpad-Ansichten können Sie wichtige Komponenten oder andere Tasks über einfache grafische Symbole verfügbar machen. Die Erstellung von Taskpad-Ansichten wird in unseren Büchern *Windows 2000 im professionellen Einsatz* sowie *Windows XP Professional* ausführlich erläutert. **Taskpad-Ansichten**

Wie Sie das Aussehen einer Managementkonsole noch weiter beeinflussen können, welche Menüeinträge sichtbar sein sollen oder ob die Konsolenstruktur überhaupt angezeigt wird, ist Inhalt des nächsten Abschnitts.

Anpassen von Managementkonsolen-Ansichten

Das Aussehen der Managementkonsole können Sie weiter beeinflussen, indem Sie im Hauptmenü ANSICHT | ANPASSEN auswählen.

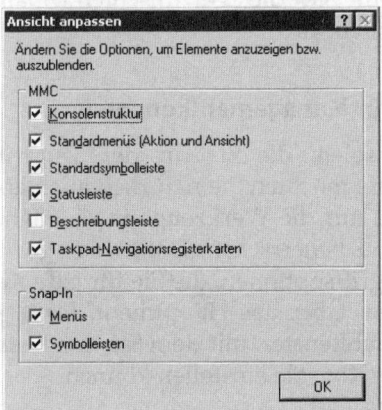

Abbildung 10.13: Ansicht einer Managementkonsole anpassen

Sie erhalten ein Fenster mit einer Auflistung der Ansichts-Optionen für das Erscheinungsbild der Managementkonsole. Das Verhalten der einzelnen Optionen können Sie sehr gut erkennen, da die im Hintergrund geöffnete Managementkonsole gleich auf die Änderungen reagiert. In der nachfolgenden Abbildung sehen Sie die einzelnen Bestandteile der Bedienoberfläche einer Konsole im Überblick.

Abbildung 10.14:
Ansichtsobjekte einer
Managementkonsole

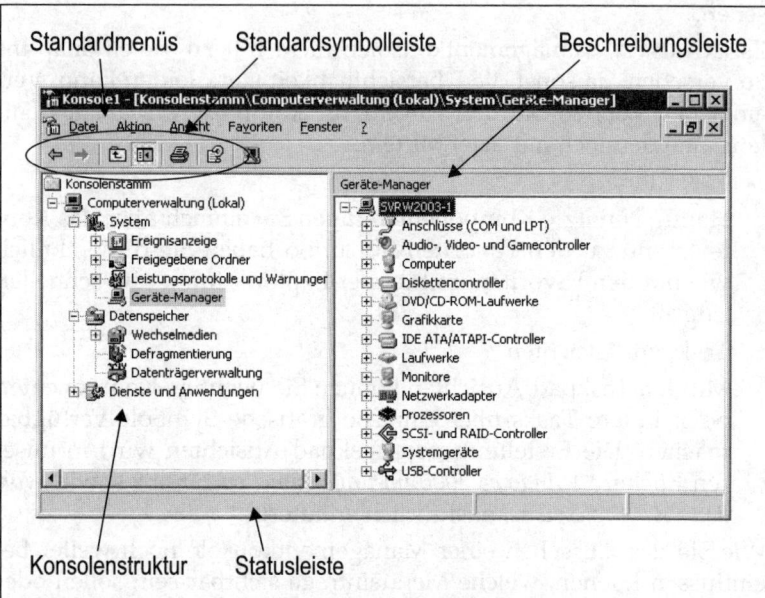

Spalten ändern

Umfangreiche Detailansichten von Strukturelementen als Liste im rechten Teil der Managementkonsole können Sie ebenfalls in ihrem Darstellungsumfang beeinflussen. So gewinnen Detailansichten an Übersichtlichkeit, wenn nur die Spalten angezeigt werden, die Sie für den konkreten Zusammenhang als wichtig erachten. Über AN-SICHT | SPALTEN HINZUFÜGEN/ENTFERNEN erhalten Sie ein Auswahl-fenster, mit dem Sie die gewünschten Spalten der Anzeige beeinflussen können.

Benutzermodi für Managementkonsolen

Managementkonsolen, die Sie für den Zugriff durch normale Benutzer erstellen, möchten Sie natürlich auch absichern. Benutzer sollen schließlich nur die Werkzeuge in die Hand bekommen, die sie benötigen und beherrschen. Damit das gewährleistet werden kann, gibt es Zugriffsoptionen, die Sie für jede Konsole individuell einstellen können. Über das Hauptmenü DATEI | OPTIONEN erhalten Sie ein Auswahlfenster, mit dem Sie den beabsichtigten Benut-zermodus für die Konsole einstellen können.

Sie können für Ihre Managementkonsole einen der vier Modi für
die Benutzung auswählen:

- Autorenmodus

  Dieser Modus ist der Standard für eine neue Konsole. Sie kön-   **Autorenmodus**
  nen, auch als Benutzer, beliebig Änderungen an der Konsole
  vornehmen, Snap-Ins hinzufügen oder löschen bzw. die Erweiterungen für Snap-Ins anpassen. Möchten Sie angepasste Managementkonsolen Ihren Benutzern zur Verfügung stellen, sollten Sie diese auf keinen Fall im Autorenmodus belassen.

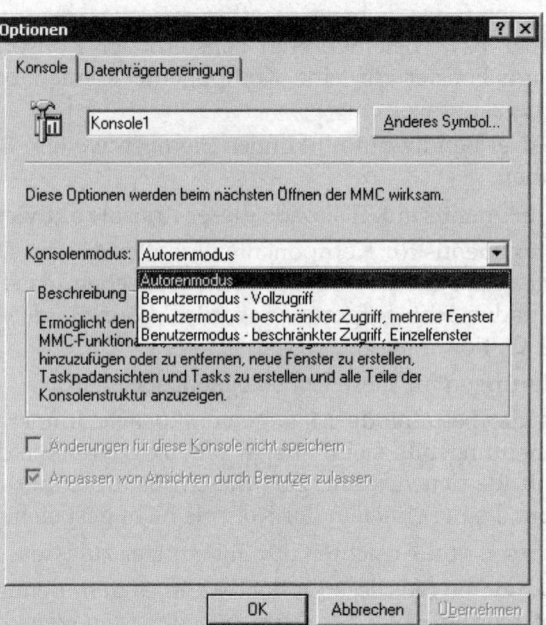

Abbildung 10.15:
Auswahl des Kon-
solenmodus für eine
Managementkonsole

- Benutzermodus – Vollzugriff

  In diesem Modus ist die Managementkonsole an sich geschützt.   **Benutzermodus –**
  Benutzer können keine weiteren Snap-Ins aufnehmen oder vor-   **Vollzugriff**
  handene modifizieren bzw. löschen. Es ist aber erlaubt, für
  Komponenten andere Fensteransichten zu starten oder sich frei
  in allen installierten Komponenten zu bewegen. Dieser Modus
  eignet sich für erfahrene Benutzer, denen Sie bestimmte Administrationsaufgaben vollständig übertragen haben.

- Benutzermodus – beschränkter Zugriff, mehrere Fenster

  Sie können für eine Komponente einer Managementkonsole ein   **Benutzermodus –**
  weiteres Sichtfenster öffnen (über das Kontextmenü). Schließen   **beschränkter**
  Sie jetzt alle weiteren Fenster außer das soeben erzeugte, stellen   **Zugriff, mehrere**
  Sie mit diesem Benutzermodus sicher, dass der Anwender beim   **Fenster**
  nächsten Öffnen der Konsole nur das zuletzt geöffnete sehen
  kann. Die anderen, übergeordneten Komponenten bleiben ihm

verborgen. So können Sie gezielt Verwaltungsaufgaben für einen beschränkten Bereich, beispielsweise eines komplexen Snap-Ins wie die »Computerverwaltung«, an Benutzer übertragen bzw. diesen zugänglich machen. Der Benutzer kann jedoch noch weitere Fenster für die Komponenten öffnen, die Sie ihm zugeteilt haben.

- Benutzermodus – beschränkter Zugriff, Einzelfenster

Benutzermodus – beschränkter Zugriff, Einzelfenster

Dieser Modus einer Managementkonsole bietet die meiste Absicherung vor Veränderungen durch den Benutzer. Es bleibt nur genau das Fenster sichtbar, welches beim Abspeichern sichtbar bzw. bei mehreren Fenstern der Konsole aktiv war. Weitere Fenster für eine Komponente können benutzerseitig nicht erzeugt werden.

Weitere Einstellungen

Für die drei Benutzermodi können Sie noch weitere Einstellungen vornehmen:

- Kontextmenüs auf Taskpads dieser Konsole aktivieren

  Kontextmenüs für Komponenten erhalten Sie mit Druck auf die rechte Maustaste. Wenn Sie nicht wünschen, dass diese in der Taskpadansicht aufgerufen werden können, deaktivieren Sie diese Option.

- Änderungen für diese Konsole nicht speichern

  Falls die betreffende Managementkonsole immer im gleichen Erscheinungsbild sichtbar sein soll, aktivieren Sie diese Option. Damit werden Änderungen, die ein Benutzer der Konsole vornimmt, beim Schließen der Konsole nicht gespeichert.

- Anpassen von Ansichten durch Benutzer zulassen

  Deaktivieren Sie diese Option, wenn es dem Benutzer nicht erlaubt werden soll, das Aussehen der Managementkonsole zu beeinflussen.

Wenn Sie die Konsole abspeichern und das nächste Mal aufrufen, dann sehen Sie diese nur noch im eingestellten Modus, auch wenn Sie als Administrator angemeldet sind. Möchten Sie nachträglich Änderungen an der Konsole vornehmen, öffnen Sie diese einfach wieder mit dem folgenden Aufruf von der Eingabeaufforderung:

```
mmc <konsolendateiname> /a
```

Sie können auch zuerst nur MMC /A starten und über das Hauptmenü DATEI|ÖFFNEN die gewünschte Konfigurationsdatei laden.

10.3 Ereignisanzeige

Die Ereignisanzeige ist eines der wichtigsten Werkzeuge für den Administrator, um Schwachstellen im System zu finden oder Fehler zu beseitigen. Es ist als Managementkonsolen-Snap-In ausgeführt und ein Bestandteil der Managementkonsole *Computerverwal-tung*. Darüber hinaus gibt es eine eigenständige Konsole, die Sie über START | VERWALTUNG | EREIGNISANZEIGE aufrufen können.

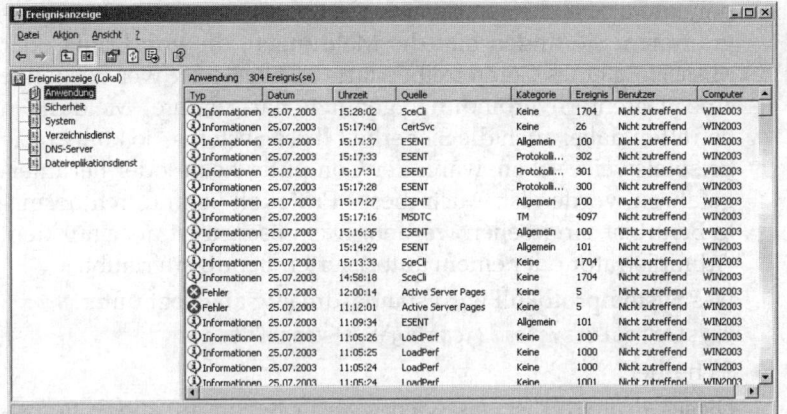

Abbildung 10.16:
Managementkonsole
Ereignisanzeige

Auf einem Domänencontroller finden Sie mindestens die folgen-den Ereignisprotokolle:

* Anwendung
* Sicherheit
* System
* Verzeichnisdienst
* DNS-Server
* Dateireplikationsdienst

Diese Protokollarten werden nachfolgend kurz vorgestellt.

10.3.1 Protokollarten

In der Ereignisanzeige von Windows Server 2003 werden Meldun-gen zu Ereignissen in den folgenden Protokollen erfasst:

* Anwendung

  Im diesem Protokoll werden Meldungen aufgezeichnet, die von Anwendungsprogrammen ausgegeben werden. Dabei be-stimmt der Programmierer der Software, welche Meldungen ausgegeben werden. Diese Meldungen müssen aber nicht nur von externer Software stammen, auch viele Windows-Kompo-nenten protokollieren hier Ereignisse.

  Anwendungs-protokoll

  Das Anwendungsprotokoll und die Meldungen darin können durch jeden normalen Benutzer eingesehen werden. Das Lö-schen von Ereignissen ist jedoch ausschließlich dem Administ-rator (oder autorisierten Benutzern) vorbehalten.

  Das Anwendungsprotokoll wird standardmäßig abgelegt unter:

`%Systemroot%\system32\config\AppEvent.Evt`

- System

Systemprotokoll

Das Systemprotokoll enthält Meldungen von Windows-Komponenten, wie beispielsweise Gerätetreibern und Dienstprogrammen. Sie finden hier die Meldungen, die von Erfolg oder Misserfolg eines Gerätetreiberstarts künden oder wer wie lange eine Datenfernverbindung genutzt hat. Einige Meldungen betreffen dabei auch die Sicherheit Ihres Systems. So können Sie beispielsweise sehen, wann der Computer hoch- oder heruntergefahren worden ist. Auch dieses Protokoll kann durch normale Benutzer eingesehen werden. Das Löschen ist aber nur dem Administrator oder einem autorisierten Benutzer erlaubt.

Das Systemprotokoll wird standardmäßig abgelegt unter:

`%Systemroot%\system32\config\SysEvent.Evt`

- Sicherheit

Sicherheitsprotokoll

Dieses Protokoll ist das wichtigste in Bezug auf die Systemsicherheit. Hier werden Ereignisse protokolliert, die direkt den Zugang zum System und den Umgang mit Ressourcen betreffen. Was dabei protokolliert wird, können Sie entscheiden. Unter Windows Server 2003 werden die Ereignisse für das Sicherheitsprotokoll standardmäßig überwacht, anders als noch unter Windows 2000.

Das Sicherheitsprotokoll wird standardmäßig abgelegt unter:

`%Systemroot%\system32\config\SecEvent.Evt`

Verzeichnisdienst

- Verzeichnisdienst

Dieses Protokoll ist im Zusammenhang mit Active Directory interessant. Hier werden Fehler und Replikationsinformationen abgelegt.

Das Protokoll wird standardmäßig abgelegt unter:

`%Systemroot%\system32\config\NTDS.Evt`

DNS-Server

- DNS-Server

Wenn ein DNS-Server installiert ist, werden in diesem Protokoll die Meldungen abgelegt, die der DNS-Dienst generiert.

Das Protokoll wird standardmäßig abgelegt unter:

`%Systemroot%\system32\config\DNSEvent.Evt`

Dateireplikations-dienst

- Dateireplikationsdienst

Hier werden Meldungen des Dateireplikationsdienstes abgelegt. Die Dateireplikation ist auch der übergeordnete Dienst für die Replikation des Active Directory-Verzeichnisses SYSVOL.

`%Systemroot%\system32\config\FileRep.Evt`

10.3.2 Richtlinien für Ereignisprotokolle

Im Active Directory können Sie für alle geeigneten Clientcomputer die Arbeitsweise der Ereignisprotokolle festlegen. Die Richtlinien finden Sie im folgenden Zweig:

```
<Gruppenrichtlinienobjekt>
 \Computerkonfiguration
  \Windows-Einstellungen
   \Sicherheitseinstellungen
    \Ereignisprotokoll
```

Richtlinien im Detail

Nachfolgend finden Sie eine Darstellung der Richtlinien, die für alle Protokoll gleichermaßen einstellbar sind:

- PROTOKOLL-AUFBEWAHRUNG

  Hier können Sie angeben, wieviele Tage das Anwendungspro- **Aufbewahr-Dauer** tokoll aufbewahrt werden soll.

- AUFBEWAHRUNGSMETHODE

  Hier können Sie drei Optionen auswählen: **Aufbewahr- Methoden**

  - EREIGNISSE AUF TAGEN BASIEREND ÜBERSCHREIBEN

    Wenn Sie die vorige Option PROTOKOLL AUFBEWAHREN FÜR nicht definiert haben, wird der Standardwert von 7 Tagen eingestellt. Ansonsten gilt der Wert, der bereits definiert wurde. Nach Ablauf der Dauer wird das Protokoll überschrieben.

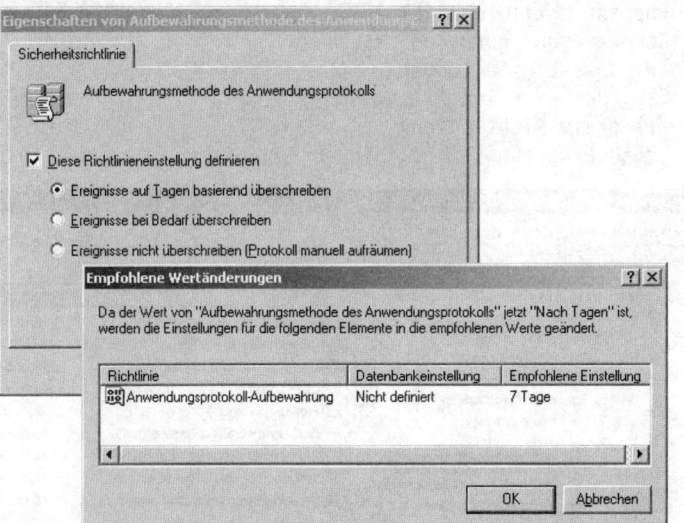

Abbildung 10.17: Auswahl des Standardwerts für die Überschreibe-Option

- EREIGNISSE BEI BEDARF ÜBERSCHREIBEN

  Dies ist normalerweise der Fall, wenn der Speicherplatz nicht ausreicht oder die reservierte Speicherplatzgrenze erreicht ist.

- EREIGNISSE NICHT ÜBERSCHREIBEN

  Ist diese Option aktiviert, müssen Sie das Protokoll manuell löschen oder verschieben.

- MAXIMALE GRÖSSE

Größe

  Hier können Sie die Größe des Protokolls in KBytes festlegen. Standardmäßig ist die Größe nicht begrenzt.

- LOKALEN GASTKONTOZUGRIFF AUF ...PROTOKOLL VERHINDERN

Gastzugriff

  Diese Richtlinie ist im lokalen Richtlinienobjekt sowie unter Windows Server 2003 nicht verfügbar. Für Computer unter Windows 2000 und Windows XP Professional können Sie damit festlegen, dass unter dem Gastkonto angemeldete Benutzer keinen Zugriff auf das jeweilige Protokoll erhalten. Standardmäßig ist die Richtlinie aktiviert. Beachten Sie, dass in der Regel das Gastkonto ohnehin deaktiviert ist.

10.3.3 Aktivieren und Konfigurieren des Sicherheitsprotokolls

Die Vorgänge, die durch das System überwacht und im Sicherheitsprotokoll verzeichnet werden sollen, definieren Sie über die Richtlinie LOKALE RICHTLINIEN. Sie finden sie im folgenden Zweig:

```
<Gruppenrichtlinienobjekt>
 \Computerkonfiguration
  \Windows-Einstellungen
   \Sicherheitseinstellungen
    \Lokale Richtlinien
     \Überwachungsrichtlinie
```

Abbildung 10.18:
Überwachungs-
richtlinien

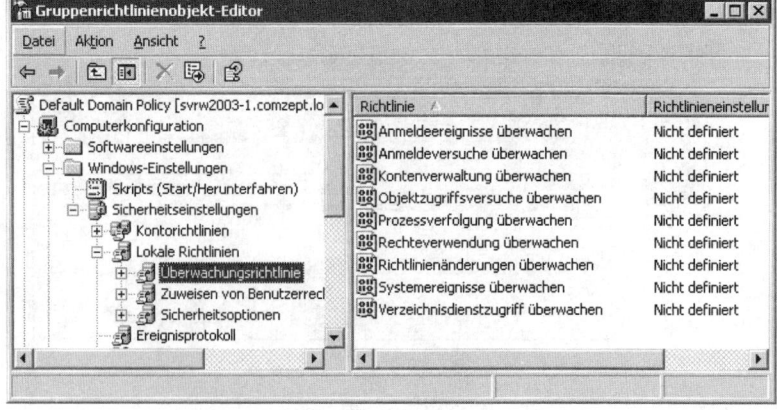

Wählen Sie hier die gewünschte Richtlinie aus und ändern Sie die betreffende Einstellung. Verfügbar sind jeweils diese Optionen:

- ERFOLGREICH

  Wenn der entsprechende Vorgang erfolgreich verlief, erfolgt ein Eintrag in das Sicherheitsprotokoll.

- FEHLGESCHLAGEN

  War der Vorgang nicht erfolgreich, erfolgt ein Eintrag.

Folgende Überwachungsrichtlinien stehen zur Verfügung: **Richtlinien**

- Anmeldeereignisse
- Anmeldeversuche
- Kontenverwaltung
- Objektzugriffsversuche
- Prozessverfolgung
- Rechteverwendung
- Richtlinienänderungen
- Systemereignisse
- Verzeichnisdienstzugriff (Active Directory)

10.3.4 Meldungsarten

Es gibt verschiedene Arten von Meldungen, die durch den Ereignisprotokolldienst aufgezeichnet werden:

- Informationen   ⓘ Informationen

  Diese Meldungen zeigen Ihnen in der Regel die erfolgreiche Durchführung einer Aktion an. Beispielsweise finden Sie im Systemprotokoll erfolgreiche Meldungen über den Start von Gerätetreibern oder die Anwahl einer Datenfernverbindung.

- Warnung   ⚠ Warnung

  Warnungen beinhalten meist nicht akute Fehler, sondern Meldungen, die auf wichtige Vorgänge aufmerksam machen sollen. So verursacht die Installation eines neuen Druckers eine Warnung, auch wenn dieser Prozess erfolgreich abgeschlossen worden ist.

  Ernst zu nehmende Warnungen entstehen aber beispielsweise dann, wenn bestimmte wichtige Systemkomponenten nicht richtig laufen (wie der Installationsdienst, der bestimmte Komponenten einer Software nicht entfernen konnte) oder eine Hardwareressource erst sehr spät reagiert (wie eine Festplatte, die immer mehr Zeit zum Reagieren auf Anforderungen des Systems benötigt – dies kann ein Hinweis auf einen bevorstehenden Ausfall sein). Solchen Warnungen sollten Sie daher besser auf den Grund gehen, damit daraus nicht irgendwann Fehler werden.

⊗ Fehler

- Fehler

Protokollierte Fehler sollten Sie immer ernst nehmen, da hier in jedem Fall das ordnungsgemäße Funktionieren des Gesamtsystems beeinträchtigt sein kann. Im Systemprotokoll finden Sie Fehlermeldungen häufig dann, wenn Gerätetreiber aufgrund von Hardware- oder Konfigurationsproblemen nicht gestartet werden oder bestimmte Systemaktionen nicht oder nicht vollständig ausgeführt werden konnten (wie beispielsweise das Sichern des Hauptspeicherinhalts auf die Festplatte, um in den Ruhezustand gehen zu können).

Erfolgsüberw.

- Erfolgsüberwachung

Diese Meldung im Sicherheitsprotokoll zeugt von einer erfolgreichen Überwachung eines Vorgangs. Wenn Sie beispielsweise die Anmeldeversuche überwachen lassen, können Sie durch diese Meldungen erkennen, wann welcher Benutzer sich am System angemeldet hat.

Fehlerüberw.

- Fehlerüberwachung

Eine Meldung mit der Kennzeichnung FEHLERÜBERWACHUNG im Sicherheitsprotokoll zeugt von einem protokollierten Fehlversuch. Wenn Sie Anmeldeversuche überwachen lassen, können Sie sehen, wenn jemand versucht hat, sich mit einer ungültigen Benutzerkennung oder einem falschen Kennwort anzumelden.

10.3.5 Die Ereignisanzeige im Detail

Die angezeigten Meldungen aller Protokolle in der Ereignisanzeige werden in der Detailansicht in einer einheitlichen Listenform dargestellt.

Spalten in der Listenanzeige

Die einzelnen Spalten haben dabei folgende Bedeutung:

- TYP

Hier sehen Sie, welcher Art die Meldung ist (siehe vorhergehender Abschnitt).

- DATUM / UHRZEIT

Hier wird der Zeitpunkt angegeben, zu dem die Meldung generiert worden ist. Wenn Sie sich über eine Netzwerkverbindung (im lokalen Netz oder über eine Fernverbindung) die Ereignisanzeige eines anderen Computers ansehen, beachten Sie, dass hier immer die lokale Zeit des betreffenden Computers gemeint ist.

- QUELLE

  In dieser Spalte stehen die Namen der Prozesse, Anwendungen oder Dienste, die die Meldungen verursacht haben. Aus dieser Information können Sie in der Regel den Sinn der Meldung schon gut.

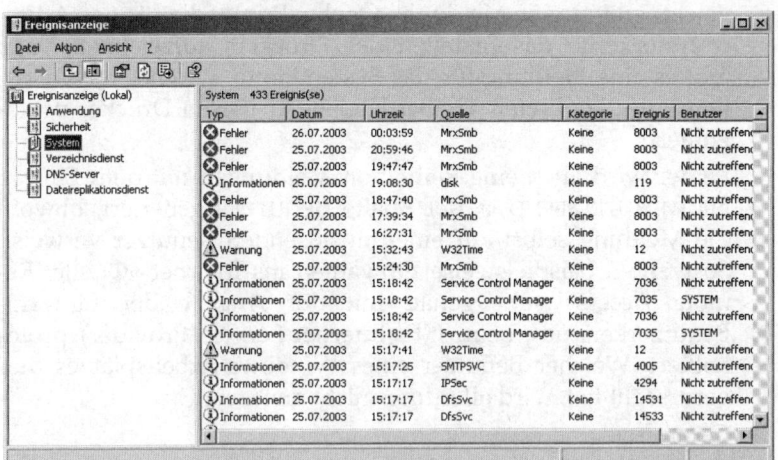

Abbildung 10.19: Anzeige von Meldungen

- KATEGORIE

  Bestimmte Meldungen generieren auch eine Kategorie-Bezeichnung, unter der diese dann weiter eingeordnet werden können. Besonders bedeutsam sind die Einträge im Sicherheitsprotokoll, da die Kategorien nach der zu überwachenden Sicherheitsrichtlinie untergliedert sind. So werden beispielsweise unter der Kategorie ANMELDUNG/ABMELDUNG alle Meldungen geführt, die aufgrund der überwachten An- und Abmeldevorgänge erzeugt worden sind.

  Ist eine Meldung ohne eine bestimmte Kategorie, wird hier nur KEINE angezeigt.

- EREIGNIS

  Jedes Ereignis besitzt eine eindeutige Nummer, eine so genannte Ereignis-ID. Diese kann helfen, eine Fehlerursache zu ergründen, wenn die Textaussagen in der Meldung nicht ausreichen sollten.

  Zu empfehlen ist die Suche in der englischen Microsoft Knowledge Base. Die Suchseite ist unter folgender Adresse zu finden:
  ```
  http://support.microsoft.com/default.aspx?scid=fh;
  EN-US;kbhowto&sd=GN&ln=EN-US&FR=0
  ```
  Geben Sie hier als Suchbegriff einfach `EventID: <nummer>` (für `<nummer>` die konkrete ID angeben) ein.

- BENUTZER

  Ist für die Meldung ein Benutzerkonto verantwortlich, wird hier dessen Name ausgegeben. Das können eines der konkreten Benutzerkonten oder das allgemeine Systemkonto sein. Wurde beispielsweise durch den Administrator ein neuer Drucker angelegt, gibt es eine Meldung »Quelle: Print«, die für das Administratorkonto das Erstellen des Druckers aufzeichnet. Dazu gibt es eine Meldung für das Systemkonto, welches das Installieren der konkreten Treiberdateien für diesen Drucker protokolliert.

  Leider wird auch eine Reihe von Meldungen mit dem Eintrag NICHT ZUTREFFEND in der Spalte BENUTZER generiert, obwohl die Meldung selbst auf einen auslösenden Benutzer verweist. So werden beispielsweise Einwahlen ins Internet »Quelle: Remote Access« sehr genau mit der Angabe der Einwahl-Benutzerkennung beim ISP (Internet Service Provider) protokolliert. Welcher Benutzer eines Windows-Arbeitsplatzes dies verursacht hat, wird allerdings nicht angezeigt.

- COMPUTER

  In dieser Spalte wird der ausführende Computer angezeigt.

Möchten Sie die Anzeige bestimmter Spalten unterdrücken oder die Reihenfolge ändern, um mehr Übersichtlichkeit zu erhalten, erreichen Sie das über das Menü ANSICHT|SPALTEN HINZUFÜGEN/ENTFERNEN. Wie bei jeder anderen Managementkonsole erhalten Sie dann das Auswahlfenster, um die Spaltenanzeigen zu manipulieren.

Abbildung 10.20:
Eine Meldung im
Detail

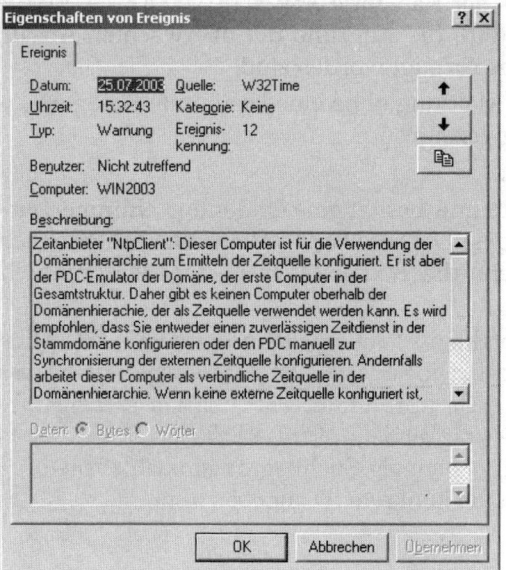

Über das Menü AKTION | EIGENSCHAFTEN oder das Kontextmenü **Ereignismeldung im** zu einer Meldung (bzw. einfach ein Doppelklick darauf) öffnet sich **Detail** das entsprechende Eigenschaften-Fenster. Neben den auch in der Listenform angegebenen Informationen bekommen Sie hier einen Beschreibungstext, der oft schon sehr aussagekräftig ist. Mit den beiden Pfeil-Schaltflächen bewegen Sie sich bei geöffnetem Eigenschaften-Fenster durch die Meldungen in der Ereignisanzeige.

Mit dem Schaltknopf 📋 kopieren Sie den Inhalt des gesamten **Inhalt kopieren** Fensters als Text in die Zwischenablage. Dies kann Ihnen helfen, eine konkrete Meldung vollständig und schnell weiterzugeben, um vielleicht eine Fehlerursache zusammen mit anderen Spezialisten zu analysieren.

Für viele Meldungen können Sie, wenn Ihr System Zugang zum **Weitere Hilfe bei** Internet hat, weitergehende Hilfe von Microsofts Support-Seiten **Microsoft** bekommen. Klicken Sie dazu einfach auf den entsprechenden Link am Ende des Feldes BESCHREIBUNG.

Die Suche nach bestimmten Ereignis-Meldungen wird Ihnen über **Suchen** ANSICHT | SUCHEN ermöglicht. In dem SUCHEN-Dialogfenster können Sie Ihre Suchkriterien definieren. Die Suche wird dabei immer auf das gewählte Protokoll beschränkt.

Abbildung 10.21: Dialogfenster für das Suchen in Ereignismeldungen

Je nach EREIGNISQUELLE sind im oberen Teil die EREIGNISTYPEN aktivierbar, die hier in Frage kommen können, und es stehen die dazugehörigen KATEGORIEN zur Auswahl. Unter EREIGNISKENNUNG können Sie eine spezielle Ereignis-ID eingeben. Wenn Sie nach einer Meldung suchen, die einen speziellen Benutzernamen enthält, können Sie bei BENUTZER auch nur die ersten Zeichen des

Namens eingeben (allerdings ohne »*« wie bei der Suche nach Dateien). Dies funktioniert übrigens bei der Suche nach einem bestimmten COMPUTER nicht. Hier muss der Name komplett eingetragen werden. Unter BESCHREIBUNG können Sie jetzt auch innerhalb der Meldungstexte suchen lassen.

Abbildung 10.22:
Filtereigenschaften
definieren

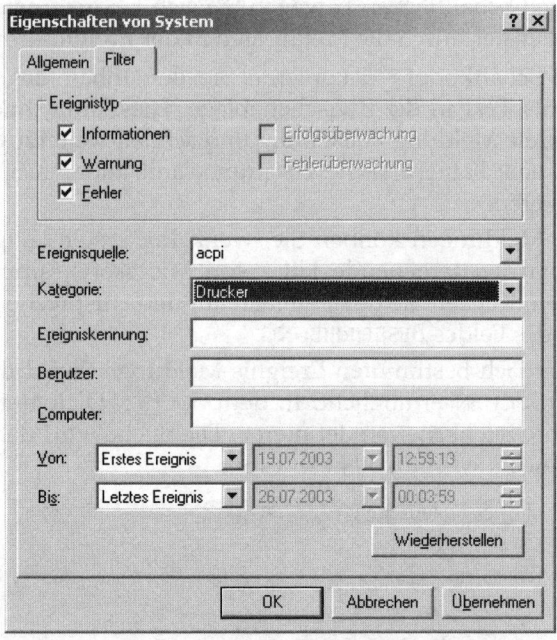

Filter

Eine Suche nach Ereignissen, die an einem bestimmten Datum und Uhrzeit aufgetreten sind, ist nicht möglich. Dies können Sie aber über die Filterfunktionen für die Anzeige erreichen. Die Definition von Anzeigefiltern erfolgt über ANSICHT | FILTER. Beachten Sie, dass auch hier die Einstellung für das gerade in der Anzeige aktive Protokoll erfolgt und nicht für die gesamte Ereignisanzeige. Wie schon beim Suchen-Dialogfenster spezifizieren Sie Ihre Anforderungen zu EREIGNISTYP, EREIGNISQUELLE usw. (siehe oben). Zusätzlich können Sie jedoch noch einen Zeitrahmen definieren, für den die gefundenen Ereignismeldungen angezeigt werden sollen.

10.3.6 Einstellungen der Ereignisanzeige

Über das Kontextmenü EIGENSCHAFTEN eines Protokolls können Sie weitere Einstellungen festlegen.

Maximale Größe des Protokolls Die MAXIMALE PROTOKOLLGRÖSSE ist einstellbar in 64 KB–Schritten. Die aktuell erreichte Größe können Sie übrigens im Ereignisprotokoll sehen, wenn Sie die Strukturwurzel EREIGNISANZEIGE aktivieren. Im rechten Fensterteil werden dann alle enthaltenen Protokolle mit ihrer aktuellen Größe angezeigt.

Für den Fall, dass ein Protokoll die maximal zulässige Größe erreicht hat, können Sie das Verhalten des Systems festlegen:

Das Protokoll ist voll!

- Ereignisse nach Bedarf überschreiben

  Mit dieser Einstellung ersetzen bei Erreichen der Dateigröße
  neue Ereignismeldungen die jeweils ältesten. Diese Einstellung
  ist ausreichend, wenn Sie das Protokoll regelmäßig überprüfen
  oder die Wichtigkeit der Protokollierung nicht so sehr im Vordergrund steht.

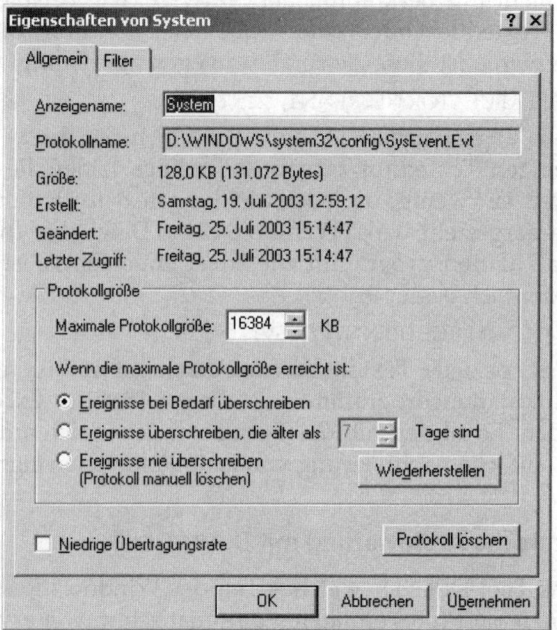

*Abbildung 10.23:
Einstellungen zum
Protokoll*

- Ereignisse überschreiben, die älter als ____ Tage sind

  Sollen Protokolleinträge auf jeden Fall für einen bestimmten
  Zeitraum erhalten bleiben, beispielsweise um diese wöchentlich
  zu sichern, ist diese Einstellung zu empfehlen. Beachten Sie allerdings, dass keine neuen Ereignismeldungen hinzugefügt
  werden können, wenn das Protokoll die maximale Größe erreicht hat und keine Meldungen enthält, die älter als von Ihnen
  eingestellt sind.

- Ereignisse nie überschreiben

  Wenn Sie möchten, dass garantiert alle Ereignismeldungen erhalten bleiben sollen, wählen Sie diese Einstellung. Dabei liegt
  es allein in der Verantwortung des Administrators, regelmäßig
  das Protokoll zu leeren und gegebenenfalls vorher zu archivieren.

10.3.7 Protokolle speichern und weiterverarbeiten

Protokolle können Sie zur Archivierung oder Weiterverarbeitung durch andere Programme über das Menü AKTION|PROTOKOLL-DATEI SPEICHERN UNTER abspeichern. Dabei können Sie aus drei unterstützten Dateitypen auswählen:

- EREIGNISPROTOKOLL (*.EVT)

  Dies ist das binäre Dateiformat für die Ereignisanzeige. Es lässt sich nicht mit herkömmlicher Software, wie beispielsweise einem Texteditor oder einer Tabellenkalkulation, öffnen. Zum Archivieren ist dieses Format deswegen nur bedingt geeignet.

- TEXT (TABULATOR GETRENNT, *.TXT)

  Das so abgespeicherte Protokoll können Sie direkt mit einem beliebigen Texteditor öffnen. Allerdings leidet die Übersichtlichkeit ein wenig, da jeder Meldungstext fortlaufend in einer Zeile dargestellt wird. Wenn Sie diese Datei aber in ein Tabellenkalkulationsprogramm wie Excel importieren, ist das Protokoll deutlich besser lesbar.

- CSV (KOMMA GETRENNT, *.CSV)

  Dieses spezielle Textdateiformat kann sofort durch ein Tabellenkalkulationsprogramm wie beispielsweise Excel geladen werden. Es ist deshalb das Format, welches sich am besten für eine einfache Archivierung von Protokolldateien eignet.

Automatische Archivierung mit DUMPEL.EXE

Über das Tool DUMPEL, welches Teil des Windows Ressource Kits ist, können Sie Protokolldateien automatisch in weiterverarbeitbare Textdateien abspeichern. Dieses Tool kann frei über Microsoft bezogen werden. Hier eine der möglichen Download-Webseiten, über die Sie das Tool finden:

Download-Suche

`www.microsoft.com/downloads/search.aspx`

Sie können Dumpel für jedes Computersystem ab Windows 2000 Professional einsetzen. Das Programm lässt sich an der Kommandozeile oder in einer Stapelverarbeitungsdatei aufrufen.

Syntax von DUMPEL

```
Dumpel -f <datei> [-s \\<Server>] [-l <log> [-m <quelle>]]
                  [-e <n1> <n2> <n3>...] [-r] [-t] [-c] [-ns]
                  [-d <tage>] [-format <schalter>]
```

Die Optionen für DUMPEL.EXE sind in der folgenden Tabelle aufgeführt:

Tabelle 10.8:
Optionen von
DUMPEL.EXE

Option	Bedeutung
`-f <datei>`	Name der Ausgabedatei
`-s \\<server>`	Name und Netzwerkpfad zum Serversystem

Option	Bedeutung
-l \<log>	Name der zu sichernden Logdatei: - system: System - application: Anwendung - security: Sicherheit
-m \<quelle>	Geben Sie maximal eine Quelle im Protokoll an, nach der die Ereignisse selektiert werden sollen. Mögliche Quellen sind beispielsweise WINLOGON, CI oder REMOTEACCESS.
-e \<n1> \<n2>...	Angabe von bis zu 10 Ereignis-IDs, nach denen selektiert werden soll
-r	Filtert die mit –m angegebenen Ereignisse *heraus*.
-t	Trennt die Felder mit Tabulatoren (Standard sind Leerzeichen).
-c	Trennt die Felder mit Kommata.
-ns	Gibt keine Beschreibungssätze aus.
-d \<tage>	Filtert die Ereignisse der letzten angegebenen Tage.
-format \<schalter>	Das Format der Ausgabe. Mögliche Schalter sind: d - Datum t - Zeit T - Ereignis-Typ C - Ereignis-Kategorie I - Ereignis-ID S - Ereignis-Quelle u - Benutzer c - Computer s - Beschreibung Die Standardeinstellung entspricht genau dieser Auflistung und ist **dtTCISucs.**

Automatische Archivierung mit DUMPEVT.EXE

Alternativ zum oben beschriebenen Tool DUMPEL.EXE gibt es das Programm DUMPEVT.EXE von *Somarsoft*. Dieses zeichnet sich da-

Erweiterte Unterstützung der Windows-Serverfamilie

durch aus, dass auch Windows Server 2003-Systeme umfassend unterstützt werden. So können Sie hier die Protokolle für DNS, FRS (Dateireplikationsdienst) und DS (Active Directory) sichern. Darüber hinaus kann DUMPEVT die entsprechenden Ereignisprotokolle nach Sicherung in Dateien *leeren*. Damit brauchen Sie sich nicht um überquellende Protokolldateien zu kümmern und können trotzdem alle wichtigen Ereignisse lückenlos und dauerhaft festhalten.

Download-Adresse   Das Tool DUMPEVT können Sie frei über die folgende Webseite beziehen:

`www.somarsoft.com`

In der dazugehörenden Datei DUMPEVT.INI bestimmen Sie dabei die wichtigsten Konvertierungsparameter. Zu empfehlen ist, dass Sie hier zumindest den Eintrag FIELDSEPARATOR modifizieren und mit dem Editor statt des Kommas einen Tabulator eintragen. Der Kommandozeilenaufruf von DUMPEVT lautet dann wie folgt, wenn Sie beispielsweise das Sicherheitsprotokoll in eine Textdatei SICHERHEIT.TXT abspeichern wollen:

`dumpevt /logfile=sec /outfile=d:\protokolle\sicherheit.txt`

Die so erzeugte Textdatei können Sie problemlos in Excel oder Access importieren und weiter auswerten. Falls die Textdatei SICHERHEIT.TXT schon vorhanden ist, werden die nächsten Einträge angehängt. Mit der Standardeinstellung werden bei jedem Aufruf von DUMPEVT übrigens nur jene Ereignisse abgespeichert, die seit dem letzten Aufruf neu hinzugekommen sind. DUMPEVT speichert dazu einen entsprechenden Vermerk in der Windows-Registrierung unter `HKEY_CURRENT_USER`.

Hier die wichtigsten Optionen von DUMPEVT für den Einsatz mit Windows Server 2003 im Überblick:

Tabelle 10.9:
Optionen von
DUMPEVT.EXE

Option	Bedeutung
`/logfile=`	Angabe der zu konvertierenden Protokolldatei : app Anwendungsprotokoll sec Sicherheitsprotokoll sys Systemprotokoll dir Directory Service dns DNS rpl Dateireplikationsdienst
`/outfile=<datei>`	Name (und ggf. Pfad) der Ausgabe-Textdatei
`/outdir=<pfad>`	optional Angabe eines Pfades zum Anlegen der temporären Arbeitsdateien von DUMPEVT

Option	Bedeutung
/all	Alle Ereignisse des Protokolls werden in die Textdatei geschrieben. Ohne diese Option werden nur Ereignismeldungen gesichert, die seit dem letzten Aufruf von DUMPEVT des betreffenden Protokolls neu hinzugekommen sind.
/computer=<name>	Angabe eines entfernten Computers, für den das Ereignisprotokoll gespeichert werden soll. Ohne eine Angabe wird immer der lokale Computer benutzt.
/reg=local_machine	Damit wird DUMPEVT veranlasst, sich die zuletzt gesicherte Ereignismeldung für ein Protokoll unter HKEY_LOCAL_MACHINE in der Registrierung zu merken. Ohne diese Option wird HKEY_CURRENT_USER benutzt.
/clear	Löscht das Ereignisprotokoll nach dem Speichern.

Um ein oder mehrere Protokolle automatisch zu festgelegten Terminen abspeichern zu lassen, können Sie folgendermaßen vorgehen:

Erstellen Sie eine Stapeldatei für Windows Server 2003 (mit dem Editor, Endung *.CMD), welche die entsprechenden Aufrufe von DUMPEVT enthält. Diese Stapeldatei (beispielsweise *sicherprt.cmd*) könnte folgendermaßen aussehen, wenn Sie die folgenden Protokolle auf einem zentralen Netzwerklaufwerk archivieren wollen:

```
REM Protokollsicherung Server W2KSVR1
REM Sicherheitsprotokoll
DUMPEVT /logfile=sec /outfile=f:\sicherheit_WSVR1.txt /clear
REM Anwendungsprotokoll
DUMPEVT /logfile=app /outfile=f:\anwendung_WSVR1.txt /clear
REM Systemprotokoll
DUMPEVT /logfile=sys /outfile=f:\system_WSVR1.txt /clear
REM Active Directory
DUMPEVT /logfile=dir /outfile=f:\ad_WSVR1.txt /clear
```

Hierbei werden die einzelnen Protokolle auch geleert. An die Textdateien werden die seit der letzten Sicherung hinzugekommenen Ereignismeldungen angehängt. F: ist im Beispiel ein angenommenes Netzwerklaufwerk, in dem die Protokolle zentral abgelegt werden.

Binden Sie diese Batchdatei über das AT-Kommando in die Liste der zeitgesteuerten Befehle ein (siehe auch Abschnitt 10.4 *Programme zeitgesteuert ausführen* ab Seite 641).

```
AT 10:00 /every:Freitag sicherprt.cmd
```

Damit werden die Protokolle jeden Freitag, 10:00 Uhr, automatisch gespeichert. Mehr Informationen zu DUMPEVT finden Sie in der Hilfedatei DUMPEVT.HLP.

10.3.8 Ereignismeldungen überwachen und erzeugen

Windows Server 2003 bringt zwei Tools mit, welche das Überwachen beziehungsweise das Erzeugen von Ereignismeldungen erlauben.

Überwachen von Ereignismeldungen mit EVENTTRIGGERS.EXE

Das Kommandozeilen-Tool EVENTTRIGGERS.EXE dient nicht allein der Überwachung. Vielmehr können Sie beim Eintreten bestimmter Ereignisse mit dem Starten eines Programms oder eines Skripts reagieren. Dazu legen Sie so genannte *Trigger* (Überwacher) an. Drei grundlegende Parameter können Sie mit dem Programm einsetzen. Diese werden nachfolgend kurz vorgestellt. Eine umfassende Syntaxbeschreibung finden Sie in der Online-Hilfe.

Trigger erzeugen
```
Eventtriggers /create <optionen>
```
*Beispiel: Löschen temporärer Dateien über ein eigenes Tool,
wenn erkannt wird, dass nur noch wenig Platz auf einer Festplatte ist (Ereignis-ID 2013)*
```
Eventtriggers /create /tr "Temp-Löschen" /l system /eid 2013↵
/tk c:\tools\Temploesch.cmd
```

Mit /create erzeugen Sie neue Trigger. Mit der Option /l können Sie das zu überwachende Protokoll explizit festlegen. In der Standardeinstellung ist hier ein »*« eingetragen – es wird also in allen Protokollen gesucht.

Triggerliste zeigen
Beim Aufruf von Eventtriggers ohne einen Parameter wird die Liste der bisher erstellten Trigger ausgegeben.

Abbildung 10.24: Anzeige der Liste der Trigger

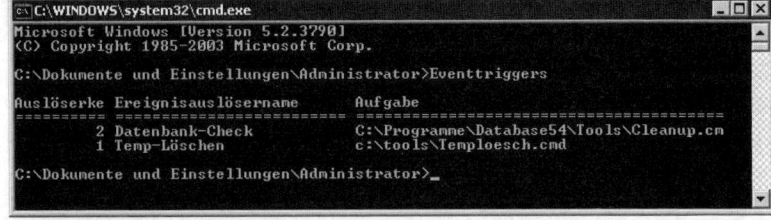

Trigger löschen
```
Eventtriggers /delete <optionen>
```
Beispiel:
```
Eventtriggers /delete /TID 1
```

Über die Option /delete lassen sich Trigger wieder löschen. Geben Sie dazu die Trigger-ID (Option /TID) an, die Sie über die Trigger-Liste ermitteln können.

Eventtriggers /query <optionen>
Beispiel:
Eventtriggers /query /ID 2
Eventtriggers /query /FO CSV >Triggerliste.txt

Informationen zu Triggern anzeigen

Mit /query können Sie Informationen gezielt zu ausgewählten Triggern anzeigen lassen. Dabei lässt sich das Ausgabeformat über den Schalter /FO so ändern, dass die Informationen in eine Datei geschrieben und mit anderen Programmen weiterverarbeitet werden können.

Jede Neuanlage, Änderung oder Löschung sowie Fehler bei der Abarbeitung werden protokolliert. Die Protokolldatei hat den Namen TRIGGERCONSUMER.LOG und ist in folgendem Ordner zu finden:

Protokoll

```
%Systemroot%\system32\wbem\logs
```

Ereignismeldungen erzeugen mit EVENTCREATE.EXE

Für die Ereignisprotokolle *Anwendung* und *System* können Sie mit Hilfe des Kommandozeilen-Tools EVENTCREATE.EXE eigene Ereignismeldungen erzeugen. Nachfolgend erhalten Sie einen Überblick über die wichtigsten Optionen und Parameter. Umfassende Informationen finden Sie in der Online-Hilfe.

Eventcreate [<optionen>] /t <typ> /id <ereignisid> /d <beschreibung>

Syntax

Die wichtigsten Werte für <optionen> werden in der nachfolgenden Tabelle erläutert.

Option	Bedeutung
/s <computer>	Hier wird der Zielcomputer angegeben, auf dem die Meldung erzeugt werden soll. Standardmäßig wird ohne das Setzen dieses Schalters das lokale System verwendet.
/u <benutzer>	Dies ist das Benutzerkonto, unter dem die Meldung generiert werden soll.
/p <passwort>	Übergibt das Kennwort für den über /u angegebenen Benutzer.
/l <protokoll>	Hier wird das Zielprotokoll spezifiziert; gültig sind APPLICATION oder SYSTEM. Die Standardvorgabe ist APPLICATION.

Tabelle 10.10: Optionen für Eventcreate.exe

Option	Bedeutung
/so <quelle>	Hier wird als Information für die spätere Auswertung die Quelle für das Ereignis übergeben. Diese kann beliebig gewählt werden und sollte aussagekräftig sein.

Meldungstyp

Mit dem Schalter /t geben Sie den Typ der Ereignismeldung an. Sie können hier ERROR, WARNING oder INFORMATION festlegen. In Abschnitt 10.3.4 *Meldungsarten* ab Seite 627 sind diese näher erläutert.

Ereignis-ID

Als ID ist der Zahlenbereich von 1 bis 1 000 wählbar. Wenn Sie Ereignisse allein nach der ID, beispielsweise mit dem im vorhergehenden Abschnitt besprochenen EVENTTRIGGERS.EXE, auswerten möchten, dann sollten Sie darauf achten, nur IDs zu verwenden, die nicht durch das Betriebssystem oder andere Anwendungen benutzt werden. Einen Überblick über die im Betriebssystem genutzten IDs liefert die *Technische Referenz* zu Windows Server 2003 oder die Knowledge Base (siehe Tipp auf Seite 629).

Beispiele

Eventcreate /l SYSTEM /so Sicherung /t ERROR /id 999 ↩
/d "Sicherung ist fehlgeschlagen"
Eventcreate /l APPLICATION /so MeinProgramm /t INFORMATION ↩
/id 777 /d "Programm gestartet"

Abbildung 10.25:
Eine selbst erzeugte
Ereignismeldung

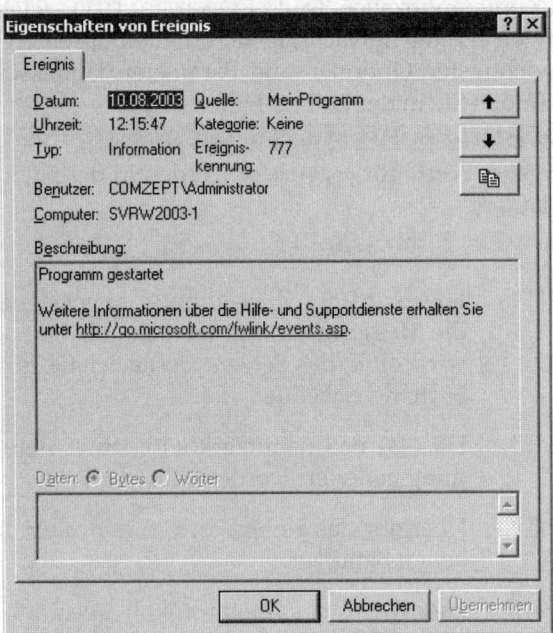

Eigene Meldungen überwachen

Derart selbst erzeugte Ereignismeldungen können Sie wiederum nutzen, um mit eigenen Triggern darauf zu reagieren. Dies erfolgt mit EVENTTRIGGERS.EXE und wird im vorhergehenden Abschnitt behandelt.

10.4 Programme zeitgesteuert ausführen

Um Verwaltungsaufgaben zeitgesteuert ablaufen lassen zu können, eignet sich der Taskplaner.

10.4.1 Überblick

Sie finden das Fenster GEPLANTE TASKS in der *Systemsteuerung*. Einige Programme, wie das Sicherungsprogramm NTBACKUP.EXE, greifen direkt auf den Taskplaner zu. Die dort vorgenommen Einstellungen sind hier sichtbar. Der Taskplaner kann

- Programme zu einer bestimmten Zeit starten,
- Programme beim Start oder Herunterfahren des Servers ausführen,
- Aufgaben zu einem späteren Zeitpunkt oder regelmäßig ausführen.

Neben dem Taskplaner-Programm gibt es auch das Kommando- **AT.EXE**
zeilenwerkzeug AT.EXE, das in Stapelverarbeitungsdateien eingesetzt werden kann.

10.4.2 Taskplaner im Detail

Wenn noch keine Aufgaben geplant wurden, steht nur das Symbol GEPLANTEN TASK HINZUFÜGEN zur Verfügung. Diese Option startet einen Assistenten, der folgende Angaben verlangt:

- Auswahl des Programms, das die Aufgabe ausführt
- Auswahl der Ausführungszeit (Zeitpunkt, Einmalig oder beim Starten bzw. Herunterfahren)
- Benutzername und Kennwort, das gegebenenfalls zur Ausführung benötigt wird

Anschließend erscheinen die Aufgaben in der Übersicht. Ist die Aufgabe aktiviert, wird dem Programmsymbol eine Uhr hinzugefügt, andernfalls ein weißes Kreuz.

Eigenschaften eines Tasks

Über das Kontextmenü oder DATEI | EIGENSCHAFTEN können Sie nun weitere Einstellungen vornehmen.

Auf der Registerkarte TASKS stellen Sie Namen, Pfad zur ausführ- **Tasks**
baren Datei und Zugriffsbedingungen ein. Hier kann ein Task auch deaktiviert werden.

Auf der Registerkarte ZEITPLAN werden die Ausführungstermine **Zeitplan**
eingerichtet. Folgende Ausführungsoptionen stehen zur Verfügung:

- TÄGLICH

  Hier ist die Auswahl der Zeit möglich.

- WÖCHENTLICH

  Hier können Sie den Rhythmus auswählen (jede Woche, alle zwei Wochen usw.) und die Wochentage (einen, alle oder bestimmte).

- EINMAL

  Legen Sie Datum und Uhrzeit fest.

- BEIM SYSTEMSTART

  Die Aufgabe wird beim Systemstart ausgeführt.

- BEI DER ANMELDUNG

  Die Aufgabe wird beim Anmelden ausgeführt.

- IM LEERLAUF

  Die Aufgabe startet, wenn der Computer eine Zeit lang nicht in Benutzung ist.

Einstellungen   Auf der Registerkarte EINSTELLUNGEN finden Sie folgende Optionen:

- VERHALTEN AM ENDE DES TASKS:

  - TASK LÖSCHEN....

    Wenn der Task nicht erneut geplant ist, wird er gelöscht.

  - TASK BEENDEN....

    Legt eine maximale Laufzeit des Tasks fest.

Abbildung 10.26:
Weitere Einstel-
lungen zu einem
Task vornehmen

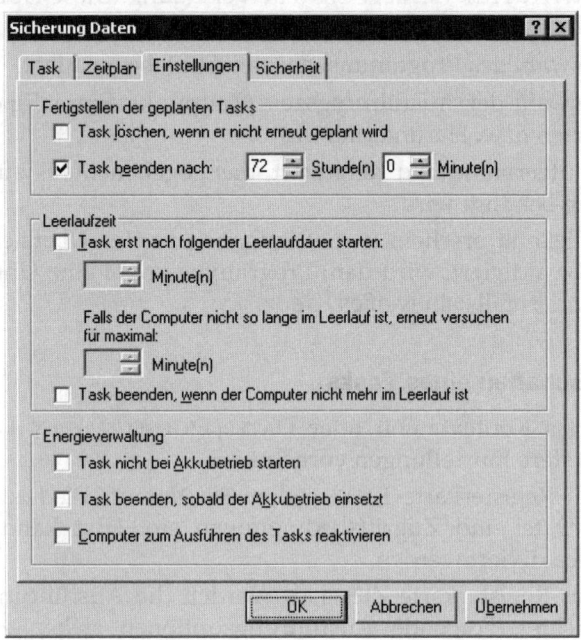

- LEERLAUFVERHALTEN

  Viele Programme, wie beispielsweise der Indexdienst, nutzen vorrangig die Zeit, in welcher sich der Computer im Leerlauf befindet. Hier können Sie festlegen, nach wieviel Leerlaufdauer der Task gestartet beziehungsweise wieder aufgenommen werden soll.

- ENERGIEVERWALTUNG

  Diese Optionen haben beim Serverbetrieb keine Relevanz.

Spezielle Zeitoptionen

Jeder Task kann mehrere Ausführzeiten haben. Dazu aktivieren Sie das Kontrollkästchen MEHRFACHE ZEITPLÄNE ANZEIGEN auf der Registerkarte ZEITPLAN. Mit der Schaltfläche NEU fügen Sie dann einen neuen Zeitplan hinzu. Die Ausführung wird addiert – mehrere verschachtelte Zeitpläne können also auch komplexe Ausführungsstrukturen bedienen. Sie können so lange Zeiträume im Voraus planen, auch unter Einbeziehung von Feiertagen usw.

Mehrfache Zeitpläne

Über die Schaltfläche erweitert gelangen Sie zu weiteren Einstellungen. Hier können Sie ein Start- und Enddatum und Wiederholungsoptionen festlegen. Intervalle sind in Stunden und Minuten einstellbar (längere Intervalle sind im Zeitplan selbst auszuwählen, siehe oben).

Wiederholungs-optionen

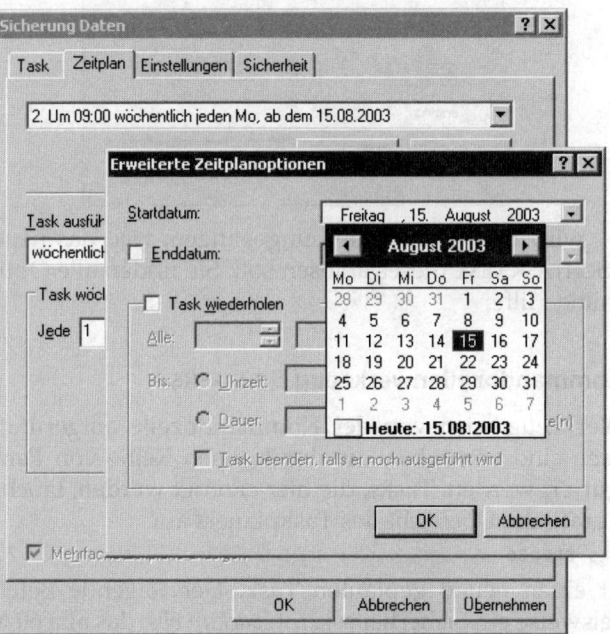

Abbildung 10.27: Wiederholte Ausführungen

Insgesamt sind die Zeitplanoptionen so umfangreich, dass sich auch komplexe Ausführungspläne umsetzen lassen.

10.4.3 Die Kommandozeilenwerkzeuge

Für die Erstellung zeitgesteuerter Tasks bietet Windows Server 2003 zwei Programme: AT.EXE und SCHTASKS.EXE.

Das Kommandozeilenwerkzeug AT.EXE

Was ist neu ?

Das Kommandozeilenwerkzeug AT lässt den automatischen Start von Programmen und Skripten zu einem beliebigen Zeitpunkt zu. Neu ist die Verknüpfung zwischen dem Taskplaner und AT. Wenn mit AT Aufgaben geplant wurden, erscheinen die im grafischen Werkzeug ebenfalls. AT wurde früher immer unter dem Konto des Zeitplandienstes ausgeführt – dem lokalen Systemkonto. Bei der Ausführung von Programmen kann das zu Problemen führen, weil dieses Konto möglicherweise keine ausreichenden Rechte besitzt. Durch die Verknüpfung der beiden Werkzeuge kann das Ausführungsrecht nun nachträglich auf ein anderes Konto übertragen werden, beispielsweise das eines Sicherungsadministrators.

Das Dienstkonto für AT.EXE ändern Sie, indem Sie Fenster GEPLANTE TASKS im Hauptmenü ERWEITERET | AT-DIENSTKONTO wählen.

Abbildung 10.28:
Ändern des Dienst-
kontos für AT.EXE

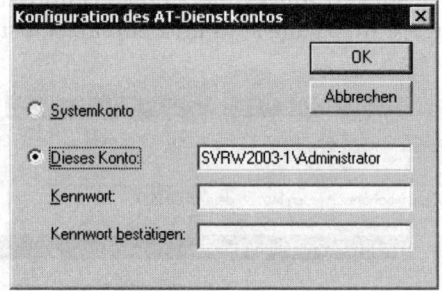

Auf AT wird hier nicht weiter eingegangen, weil das neue Werkzeug SCHTASKS.EXE dieses ablösen soll. Sie finden alle Optionen in der Online-Hilfe.

Das Kommandozeilenwerkzeug SCHTASKS

SCHTASKS ist eine Obermenge von AT

Das Werkzeug wird von der Kommandozeile aufgerufen. Sechs Optionen sind verfügbar, die durch einen Reihe von Parametern konfiguriert werden. Tasks, die hier erzeugt werden, tauchen auch in der grafische Übersicht des Taskplaners auf.

create

Schtasks create

Erstellt einen neuen geplanten Task. Der folgende Befehl plant beispielsweise ein Sicherheitsskript, *backup.vbs*, das alle 60 Minuten ausgeführt wird.

```
Schtasks /create /sc minute /mo 60 /tn "Sicherung" /tr ↵
\\central\data\scripts\backup.vbs
```

Schtasks change   change

Diese Option ändert eine oder mehrere der folgenden Eigenschaften eines Tasks.

Schtasks run   run

Hiermit startet ein geplanter Task unabhängig von der program-
mierten Startzeit sofort. Der Vorgang ignoriert den Zeitplan, verwendet jedoch den im Task gespeicherten Pfad der
Programmdatei, das Benutzerkonto und das Kennwort, um den
Task sofort auszuführen.

Schtasks end   end

Die Option beendet ein von einem Task gestartetes Programm.

Schtasks delete   delete

Damit wird ein geplanter Task gelöscht.

Schtasks query   query

Dient zur Anzeige aller geplanten Tasks.

Eine genaue Beschreibung der Parameter mit vielen Beispielen
finden Sie in der Online-Hilfe.

10.5 Remotedesktop

In Windows 2000 war die Fernsteuerung der grafischen Server-
Benutzeroberfläche noch eine Funktion, die direkt mit den Termi-
nalserverdiensten bereitgestellt wurde. In Windows Server 2003 ist
dies geändert worden. Zwar funktioniert dies hier aus Clientsicht
auf den ersten Blick genauso wie beim Vorgänger, jedoch wurde
die Funktion anders implementiert und bietet standardmäßig
mehr Möglichkeiten.

Die Terminaldienste-Funktion für den administrativen Zugriff   **Terminaldienste für**
heisst unter Windows Server 2003 nun Remotedesktop – wie unter **Administration**
Windows XP Professional. Bei diesem Clientbetriebssystem ist sie
analog verfügbar, allerdings in einem eingeschränkten Umfang.
Weitere Informationen finden Sie dazu in unserem Buch *Windows
XP Professional*.

Die Aktivierung und Nutzung der Remotedesktop-Funktion zur
Server-Fernadministration wird in den nachfolgenden Abschnitten
behandelt.

10.5.1 Aktivieren des Remotedesktops

Aus Sicherheitsgründen ist die Remotedesktop-Funktion stan-   **Standardmäßig**
dardmäßig nicht aktiviert. Um sie nutzen zu können, müssen Sie **nicht aktiv**
nun nicht mehr die Terminaldienste explizit installieren – es sind

bereits mit der Standardinstallation von Windows Server 2003 alle benötigten Module verfügbar.

Die Remotedesktop-Funktion aktivieren Sie über das Dialogfenster SYSTEMEIGENSCHAFTEN, welches Sie über den Punkt EIGENSCHAFTEN des Kontextmenüs zum ARBEITSPLATZ-Symbol im Startmenü oder über die Tastenkombination Windows-Taste + Pause aufrufen können.

Abbildung 10.29:
Aktivieren der
Remotedesktop-Funktion

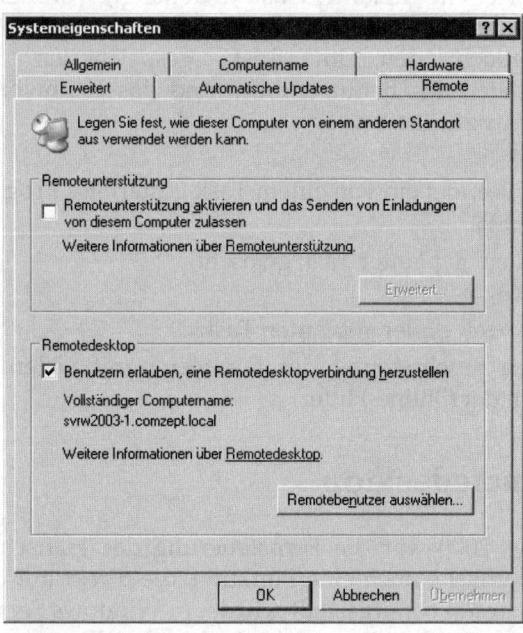

Zwei Verbindungen ohne weitere Lizensierung

Über die Remotedesktop-Funktion können zur gleichen Zeit genau zwei Anmeldungen an einem Server stattfinden. Dies gilt auch dann, wenn bereits eine lokale Anmeldung am Serversystem vorgenommen worden ist. Reicht dies nicht aus, benötigen Sie die lizenzpflichtigen Terminaldienste.

Berechtigte Benutzer

Standardmäßig auf Administratoren beschränkt

Standardmäßig haben Mitglieder der Gruppe der Administratoren das Recht zur Anmeldung über eine entsprechende Clientsoftware. Über die Schaltfläche REMOTEBENUTZER AUSWÄHLEN können Sie zusätzlich Benutzer bestimmen, die sich am Server remote anmelden können. Die hier ausgewählten Benutzer werden der Sicherheitsgruppe REMOTEDESKTOPBENUTZER hinzugefügt.

Die lokale Sicherheitsrichtlinie für Domänencontroller gestattet es ausschließlich Mitgliedern der Administratoren-Gruppe, sich lokal am Server anzumelden. Bei alleinstehenden und Mitgliedsservern hingegen sind dazu die Gruppe der ADMINISTRATOREN und die der REMOTEDESKTOPBENUTZER berechtigt.

Wenn Sie normalen Benutzer, die Mitgliedern der Gruppe REMO- **Beschränkungen für**
TEDESKTOPBENUTZER sind, ebenfalls die Anmeldung an einem Do- **Domänencontroller**
mänencontroller erlauben wollen, dann gehen Sie wie folgt vor: **aufheben**

1. Öffnen Sie über START | VERWALTUNG die Managementkonsole
   Lokale Sicherheitsrichtlinie am Domänencontroller.

2. Die Richtlinie finden Sie an dieser Stelle:

```
Sicherheitseinstellungen
 \Lokale Richtlinien
  \Zuweisen von Benutzerrechten
   \Anmelden über Terminaldienste zulassen
```

3. Doppelklicken Sie auf die Richtlinie und fügen Sie im dann
   erscheinenden Dialogfenster über die Schaltfläche BENUTZER
   ODER GRUPPE HINZUFÜGEN die Gruppe REMOTEDESKTOPBENUT-
   ZER ein.

Sie können diese Sicherheitsrichtlinie alternativ auch auf Domänenebene setzen, sodass automatisch alle Domänencontroller einbezogen werden. Ändern Sie dazu das Standard-Gruppenricht-
linienobjekt für die vordefinierte Organisationseinheit *Domain
Controllers*, die *Default Domain Controllers Policy*. Diese überschreibt
auf jeden Fall die lokalen Sicherheitsrichtlinien der Domänencontroller.

Remotedesktop über die Webschnittstelle aktivieren

Auf den Server können Sie auch über einen Webbrowser zugreifen, der ActiveX-Controls unterstützt. Dazu müssen auf dem Server die IIS (*Internet Information Services*) installiert werden, wobei
bei diesen nur ganz bestimmte Komponenten benötigt werden.

Gehen Sie so vor, um die benötigen Komponenten am Server zu **Komponenten**
installieren: **installieren**

1. Starten Sie über die *Systemsteuerung* das Applet *Software* und
   klicken Sie hier auf die Schaltfläche WINDOWS-KOMPONENTEN
   HINZUFÜGEN / ENTFERNEN.

2. Markieren Sie in der Komponenten-Liste den Eintrag ANWEN-
   DUNGSSERVER und klicken Sie auf die Schaltfläche DETAILS.

3. Markieren Sie im dann folgenden Dialogfenster den Eintrag
   INTERNETINFORMATIONSDIENSTE (IIS) und klicken Sie wiederum
   auf DETAILS.

4. Im danach folgenden Dialogfenster wählen Sie nun den Eintrag
   WWW-DIENST und klicken noch einmal auf DETAILS.

5. Markieren Sie im Dialogfenster WWW-DIENST das Kontrollkästchen vor REMOTEDESKTOP-WEBVERBINDUNG.

Abbildung 10.30:
Installation der
Komponente für die
Remotedesktop-
Steuerung über das
Browser-ActiveX-
Control

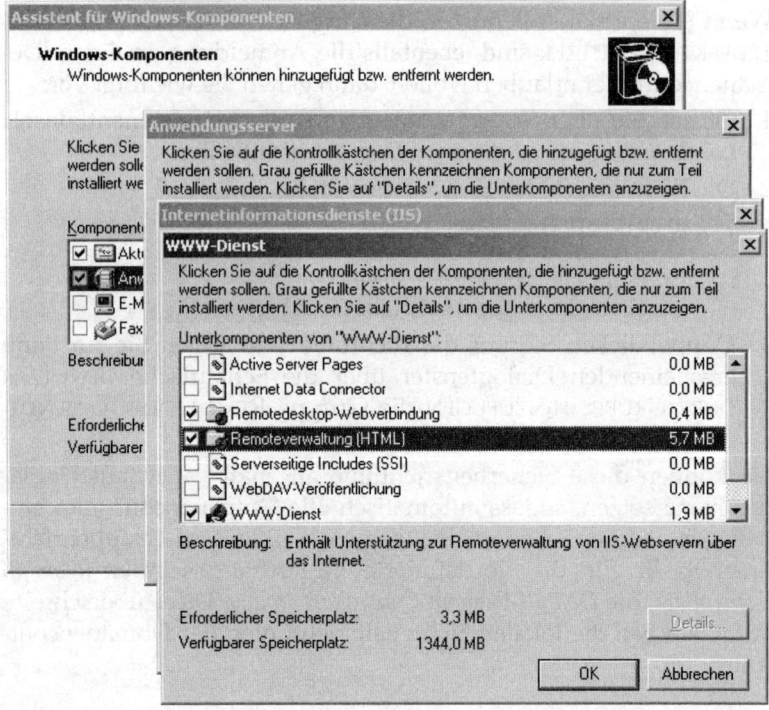

IIS-Verwaltung

Mit Aktivierung der darunter befindlichen Komponente REMOTE-VERWALTUNG (HTML) installieren Sie die Verwaltungsoberfläche für die IIS, die Sie über jeden Standard-Browser aufrufen können. Weitere Hinweise finden Sie dazu in Abschnitt *Web-Zugriff auf den Remotedesktop über einen Browser* ab Seite 655.

10.5.2 Remotedesktop-Clientzugriff

Haben Sie die ersten grundlegenden Einstellungen am Server zur Remotedesktop-Funktion vorgenommen, dann können Sie sofort von einem Clientsystem aus auf die Server-Bedienoberfläche zugreifen.

Installation der Remotedesktop-Clientsoftware

Windows Server 2003 und XP Professional

Bei den Betriebssystemen Windows Server 2003 und Windows XP Professional wird die Remotedesktop-Clientsoftware bereits mitgeliefert. Sie finden diese im Startmenü unter ALLE PROGRAMME | ZUBEHÖR | KOMMUNIKATION.

Für andere Windows-Betriebssysteme kann die passende Clientsoftware auf dem Serversystem für die Installation über das Netzwerk bereitgestellt werden. Die Software ist in diesem Ordner abgelegt:

```
%Systemroot%\system32\clients\tsclient\net\win32
```

Sie haben zur bequemen Installation auf den Clients zwei Möglichkeiten:

**Software auf den
Clients installieren**

- Geben Sie den oben genannten Ordner im Netzwerk frei. Verbinden Sie sich dann vom Client aus mit dem Server und rufen
  Sie SETUP.EXE auf.

- Nutzen Sie die *Softwareverteilung*, wie sie in Abschnitt 8.6 *Softwareverteilung auf Clientsystemen* ab Seite 481 beschrieben wird.

Clientsoftware für MAC OS X

Für das Betriebssystem MAC OS X von Apple hat Microsoft ebenfalls eine Version seiner Clientsoftware entwickelt. Diese können
Sie über die folgende Website kostenlos beziehen:

```
www.microsoft.com/downloads/details.aspx?displaylang=en⤸
&familyid=c669fcf7-c868-4d45-95f3-f75ddd969232
```

Einstellungen für die Windows-Clientsoftware

Wenn Sie die Clientsoftware starten, können Sie über die Schaltfläche OPTIONEN gleich einige Voreinstellungen festlegen. Geben Sie
unter der Registerkarte ALLGEMEIN einen Benutzernamen nebst
Kennwort an, dann sparen Sie sich die Anmeldung am Windows-
Anmeldedialogfenster.

*Abbildung 10.31:
Clientsoftware unter
XP Professional mit
erweiterten Optionen*

Einstellungen speichern

In der Rubrik VERBINDUNGSEINSTELLUNGEN lassen sich übrigens Voreinstellungen abspeichern und wieder abrufen.

Abbildung 10.32: Anzeigeeinstellungen

Anzeigeeinstellungen

Unter ANZEIGE legen Sie die Auflösung und die Farbtiefe fest, mit der Sie den Remotedesktop anzeigen lassen wollen. Stellen Sie eine Auflösung ein, die genau dem des Windows-Desktops am Clientsystem entspricht, können Sie die Clientsoftware im Vollbild-Modus betreiben. Das Kontrollkästchen VERBINDUNGSLEISTE BEI VOLLBILD ANZEIGEN sollten Sie aktiviert lassen. Es wird dann eine Leiste am oberen Rand angezeigt, die Sie aber wahlweise automatisch ausblenden lassen können, indem Sie auf das Reißzwecken-Symbol klicken.

Lokale Ressourcen

In der Registerkarte LOKALE RESSOURCEN lässt sich einstellen, welche lokalen Ressourcen des Clientcomputers bei der Remotedesktop-Verbindung mitgenutzt werden sollen. Dies betrifft beispielsweise die Soundausgabe. Bei Servern werden Sie selten Soundkarten nutzen, sodass Sie aber am Clientcomputer immerhin das Quäken des Systemlautsprechers vernehmen (Standardeinstellung).

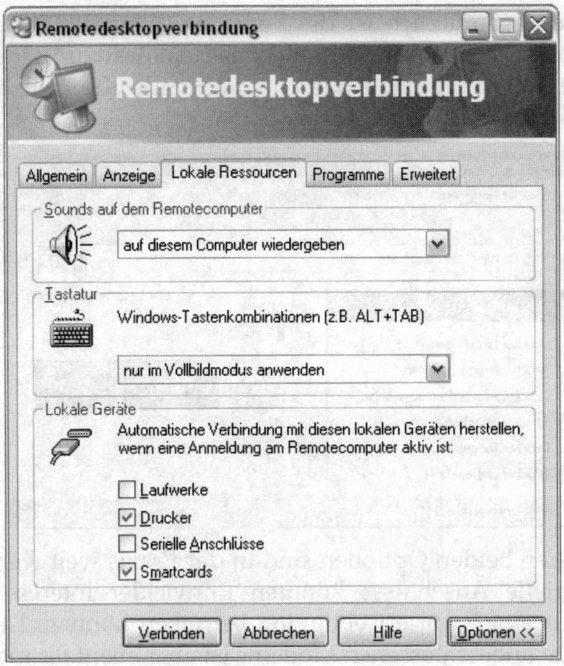

Abbildung 10.33:
Nutzung lokaler
Ressourcen für die
Remote-Verbindung

In der Rubrik TASTATUR können Sie definieren, in welchem Kontext die Windows-Tastenkombinationen (siehe Tabelle 10.11 auf Seite 654) wirksam sein sollen.

Wesentliche Erleichterungen bei der Administrationarbeit bringen die Optionen in der Rubrik LOKALE GERÄTE. Aktivieren Sie das Kontrollkästchen LAUFWERKE, werden alle Laufwerke des Clientcomputers, einschließlich Wechsellaufwerke wie Floppy oder CD-ROM, in der Sitzung als Netzwerklaufwerke eingebunden. Die Zugriffsrechte bestimmt dabei das derzeit am Clientsystem für die Anmeldung genutzte Benutzerkonto.

Client-Laufwerke einbinden

Abbildung 10.34:
Eingebundene
Client-Laufwerke
erscheinen im
Windows Explorer
des Servers

Client-Drucker nutzen

Nicht weniger nützlich ist die Funktion, über die Sie am Client angeschlossene Drucker während der Remotesitzung nuzten können. Aktivieren Sie dazu das entsprechende Kontrollkästchen in den Optionen der Clientsoftware.

Abbildung 10.35:
Client-Drucker in der
Remotesitzung am
Server nutzen

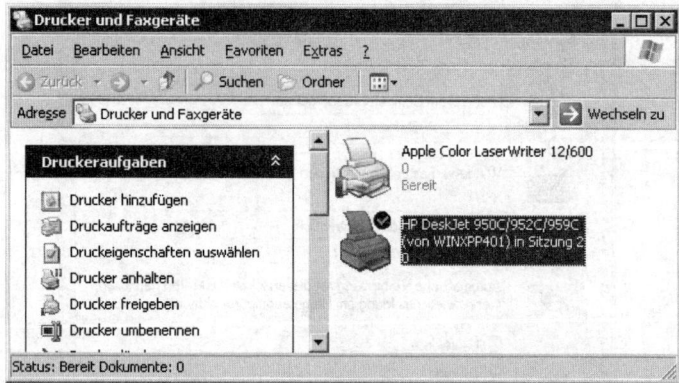

Die anderen beiden Optionen sind in der Praxis weit weniger relevant. Serielle Anschlüsse könnten Entwickler interessieren, die darüber beispielsweise Debugging betreiben können. Der Einsatz eines lokal angeschlossenen Modems ist aber ebenfalls möglich.

Programm starten

Über die Registerkarte PROGRAMME können Sie mit dem Start der Sitzung automatisch ein bestimmtes Programm ausführen lassen.

Leistung optimieren

Über die Registerkarte ERWEITERT gelangen Sie zu einigen Optionen, mit denen Sie die Leistung bei der Anzeige des Remotedesktops optimieren können.

Abbildung 10.36:
Optionen zur Lei-
stungsoptimierung

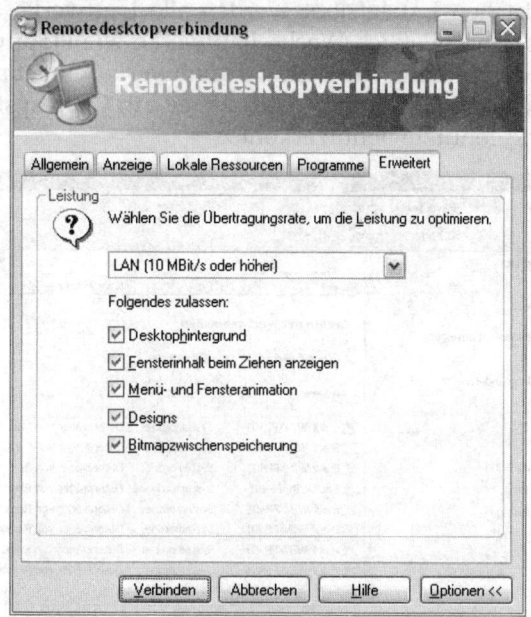

Sie finden hier einige vordefinierte Einstellungen vor, unter denen Sie die auswählen sollten, die der konkreten Übertragungs-Bandbreite entspricht.

Remote die Serverkonsole bedienen

Eine neue Option der Clientsoftware erlaubt jetzt sogar, die Serverkonsole, also den lokalen Windows-Desktop, fernzusteuern. Dazu versehen Sie den Aufruf der Clientsoftware einfach mit dem Parameter /console. Sie können diesen Parameter in der Verknüpfung im Startmenü eintragen.

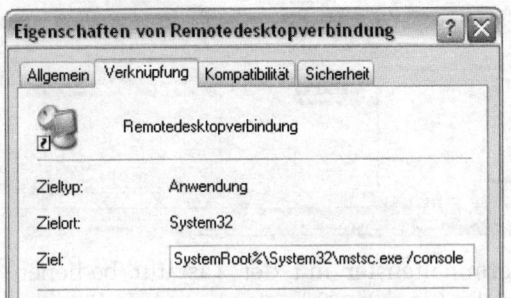

Abbildung 10.37: Clientsoftware im Konsolen-Modus über die Verknüpfung im Startmenü aufrufen

Für den schnellen Aufruf eignet sich natürlich auch die Eingabeaufforderung oder der Punkt AUSFÜHREN im Startmenü:

```
Mstsc /console
```

Besteht beim Verbindungsaufbau eine aktive Anmeldung an der Serverkonsole, wird diese zwar nicht beendet, aber für weitere Eingaben gesperrt. So soll verhindert werden, dass zur gleichen Zeit auf die Konsole von zwei Standorten aus zugegriffen werden kann. Übernimmt der ausgeschlossene Administrator an der Konsole über die Eingabe seines Kennworts wieder die Kontrolle, wird die Remotedesktopverbindung sofort beendet.

Bedienung der Clientsoftware

Die Bedienung eines Servers über die Remotedesktop-Clientsoftware unterscheidet sich eigentlich kaum von der lokal am System selbst.

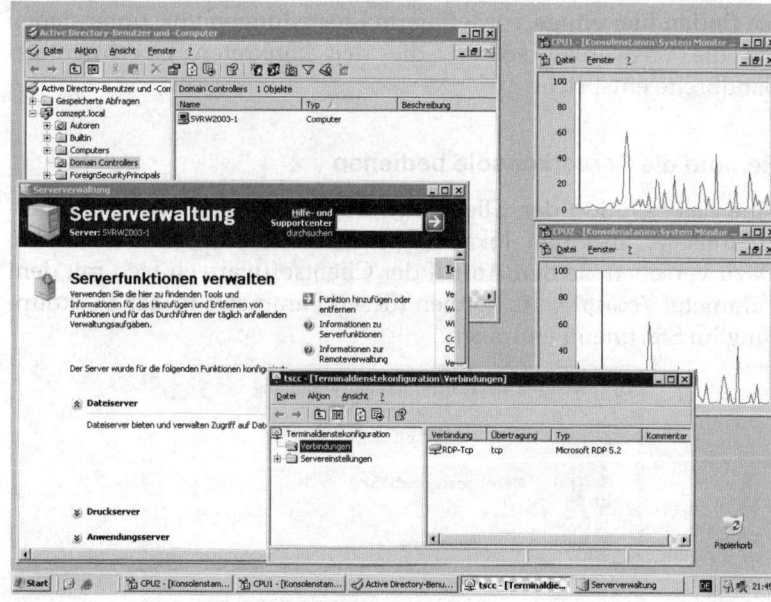

Abbildung 10.38:
Remote auf einen
Server zugreifen

Tastenkombina-
tionen

Um das Terminalfenster mit der Tastatur bedienen zu können, stehen spezielle Tastenkombinationen zur Verfügung.

Tabelle 10.11:
Ausgewählte Tasten-
kombination für die
Remotedesktopsit-
zung

Tastenkombination	Bedeutung
Alt-Tab	Umschalten zwischen Anwendungen (standardmäßig im Vollbild-Modus)
Alt+Bild↑ / Bild↓	Umschalten zwischen Anwendungen (im Fenstermodus)
Alt+Einfügen	Programme in der Taskleiste durchgehen (im Fenstermodus)
Alt+Pos1	Startmenü (im Fenstermodus)
Strg+Alt+Untbr	Wechsel zwischen Fenster- und Vollbildmodus
Strg+Alt+Plus (auf dem Ziffernblock)	Screenshot vom gesamten Bildschirm (im Fenstermodus)
Strg+Alt+Minus	Screenshot vom aktiven Fenster
Strg+Alt+Ende	Dialogfeld WINDOWS-SICHERHEIT

Zwischenablage

Die Zwischenablage ist transparent, wie zwischen normalen Anwendungsfenstern. Sie können also Inhalte aus dem Terminalfenster kopieren und in einen Text oder eine andere Anwendung auf dem Client einfügen und umgekehrt. Allerdings muss dazu der Fokus gewechselt werden, damit die Umschaltung erfolgt.

Web-Zugriff auf den Remotedesktop über einen Browser

Wie in Abschnitt *Remotedesktop über die Webschnittstelle aktivieren* ab Seite 647 beschrieben, können Sie die IIS so anpassen, dass ein Zugriff auf den Server über einen Browser möglich ist. Allerdings wird hier ActiveX-Kompatibilität vorausgesetzt, welche bekanntlich nur der Internet Explorer (ab Version 5) bietet.

Beschränkt auf den Internet Explorer

Um die Verbindung herzustellen, geben Sie den folgenden URL am Browser ein:

```
http://servername/tsweb
```

Bei der erstmaligen Anmeldung ist das entsprechende ActiveX-Control am Clientsystem noch nicht installiert. Deshalb erscheint zunächst ein entsprechender Hinweis. Nach der Installation des Controls gelangen Sie auf die Anmelde-Website. Hier müssen Sie lediglich im Feld GRÖSSE angeben, ob die Anwendung im Vollbildmodus oder in einem Browserfenster laufen soll. Wird letzteres gewünscht, wählen Sie eine der festen Auflösungsstufen aus.

ActiveX-Control

Unter ANMELDEINFORMATIONEN ANGEBEN können Sie explizit ein Active Directory-Domänenkonto bestimmen, welches für die Anmeldung verwendet werden soll.

Abbildung 10.39: Anmelde-Website

Nach einer erfolgreichen Anmeldung können Sie am Server fast ebenso komfortabel arbeiten wie mit der Clientsoftware.

Abbildung 10.40:
Remotedesktop im
Webbrowser

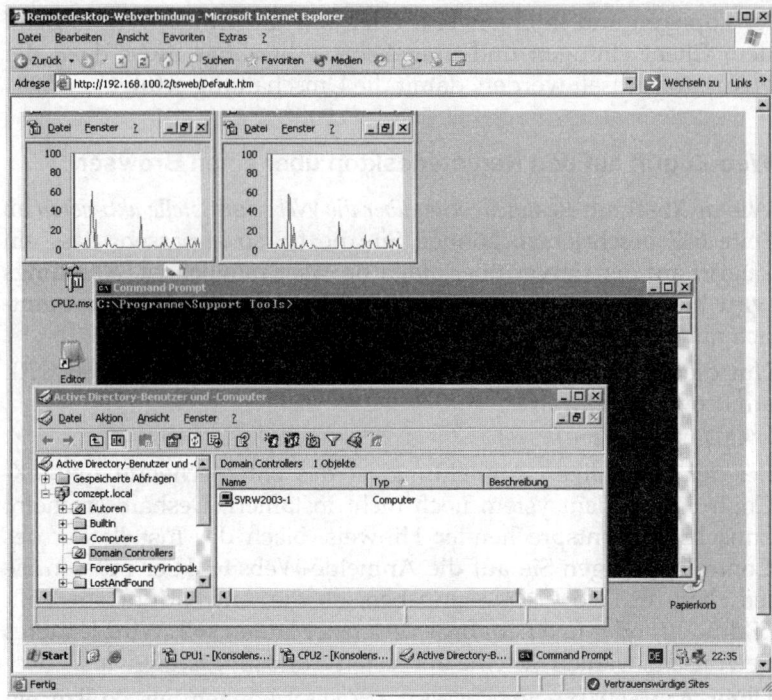

Sie werden allerdings feststellen, dass die Performance etwas geringer erscheint als mit der normalen Clientsoftware. Der Hauptvorteil besteht jedoch darin, dass diese Methode der Kommunikation mit dem Server auch dann funktioniert, wenn eine andere Netzwerkverbindung an den Sicherheitseinstellungen (Firewall) scheitert.

Zugriff auf andere Systeme über ActiveX

Ist die IIS-Erweiterung für den browsergestützten Remotedesktop-Zugriff auf einem Serversystem installiert, können Sie dies auch nutzen, um auf beliebige andere Systeme über den Browser eine Remotedesktopverbindung im Browser herzustellen. Geben Sie dazu im Anmeldefenster (siehe Abbildung 10.39) unter SERVER den Namen oder die IP-Adresse des Computers an. Voraussetzung ist lediglich, dass dieses System die Remotedesktop-Serverfunktion bietet. Das kann neben einem Windows Server 2003-System auch ein Windows 2000-Computer oder eine Arbeitsstation unter Windows XP Professional sein.

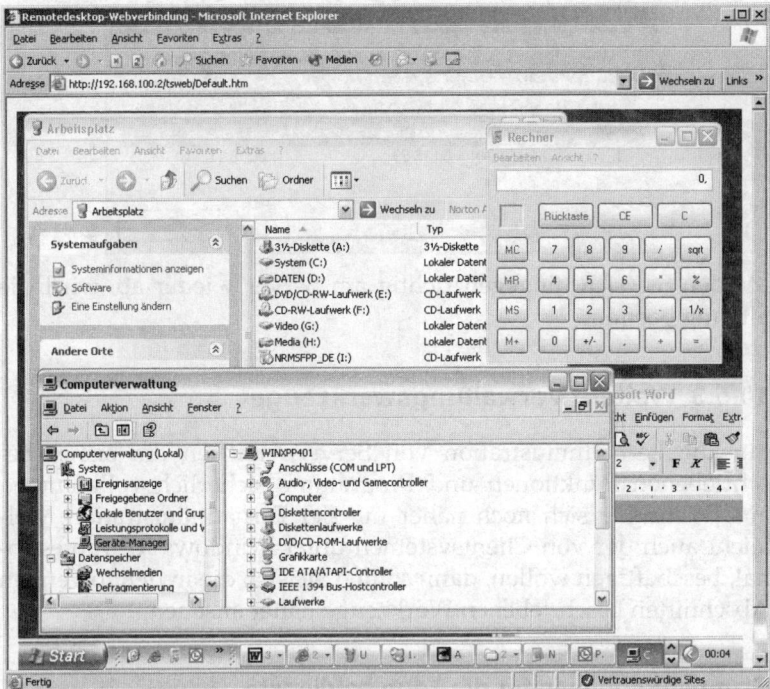

Abbildung 10.41:
Zugriff auf einen XP
Professional-Client
über den Browser

Das Windows Server 2003-System wird damit nur zur Initialisierung des Datenverkehrs via ActiveX-Control benutzt. Die eigentliche Kommunikation findet dann direkt zwischen dem Browser und dem Clientsystem, welches die Remotedesktop-Serverfunktion bietet, statt.

Remotedesktopsitzung beenden

Zum Beenden einer Sitzung reicht es eigentlich aus, wenn Sie die Clientsoftware einfach schließen. Allerdings wird damit nur der Kontakt zum Server abgebrochen. Eine Abmeldung ist nicht erfolgt. Alle innerhalb der Benutzersitzung gestarteten Programme werden weiter ausgeführt. Dies kann beispielsweise sehr nützlich sein, wenn Sie nur kurz die Defragmentierung eines Volumes oder die Datensicherung manuell starten wollen. Wenn Sie sich erneut über den Remotedesktopclient anmelden, gelangen Sie automatisch zur offenen Sitzung.

Offene Sitzungen

Haben Sie zuvor mehrere offene Sitzungen hinterlassen (standardmäßig sind zwei möglich), dann erhalten Sie ein Auswahlfenster, über welches Sie entscheiden können, welche Sitzung Sie wieder aufnehmen wollen.

Auswahl der Sitzung

Abbildung 10.42:
Auswahl zwischen
offenen Sitzungen

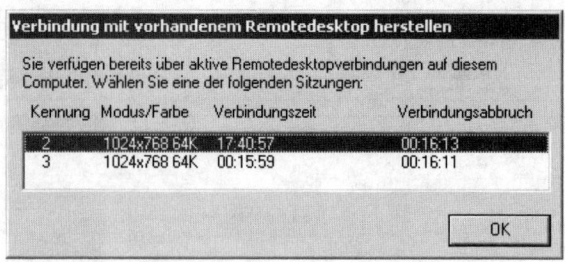

Sitzung beenden Melden Sie sich hingegen richtig am Server wieder ab, wird die Sitzung beendet.

10.5.3 Weitere Verwaltungswerkzeuge

Für die Fernadministration von Servern reichen die bisher beschriebenen Funktionen und Programme sicherlich vollkommen aus. Wenn Sie sich noch näher mit der Fernadministration, vielleicht auch der von Clientsystemen unter Windows XP Professional, beschäftigen wollen, dann sollten Sie sich die in den folgenden Abschnitten beschriebenen Werkzeuge näher ansehen.

Gruppenrichtlinien für die Terminaldienste

In einem Active Directory-Netzwerk, in welchem Sie Terminaldienste serverseitig auf Windows Server 2003-Systemen anwenden und als Clients Windows XP Professional, sollten Sie nach Möglichkeit die Gruppenrichtlinien verwenden. Die Richtlinien sind sowohl für die Computer- als auch die Benutzerkonfiguration verfügbar und an dieser Stelle im Gruppenrichtlinien-Editor zu finden:

```
Gruppenrichtlinienobjekt
 \Computerkonfiguration oder Benutzerkonfiguration
  \Administrative Vorlagen
   \Windows-Komponenten
    \Terminaldienste
```

Sicherheitsoptionen Hervorzuheben sind hier die Sicherheitsoptionen, die das Verhalten des Terminalservers gegenüber dem Client regeln. Die Einbindung lokaler Ressourcen steuern Sie beispielsweise über die Richtlinien im Zweig CLIENT/SERVER-DATENUMLEITUNG. Im Zweig VERSCHLÜSSELUNG UND SICHERHEIT können Sie die Verschlüsselungsstärke für die Verbindung ebenso festschreiben wie die Vorgabe, dass nur noch eine sichere RPC-Konfiguration (*Remote Procedure Call*) zugelassen wird.

Managementkonsole Terminaldienstekonfiguration

Mit dieser Managementkonsole können Sie einige wichtige Grundeinstellungen lokal für den Terminalserver vornehmen. Das kann dann Sinn machen, wenn Sie kein Active Directory einsetzen oder die Einstellungen sowieso nur für einen einzigen Server vornehmen wollen.

In einem Active Directory-Netzwerk mit mehr als einem Terminalserver sollten Sie die Einstellungen über die Gruppenrichtlinien vorziehen.

Im Zweig VERBINDUNGEN finden Sie die Einstellmöglichkeiten zur Verbindung zwischen Client und Server. Unter SERVEREINSTEL-LUNGEN sind einige ausgewählte Terminaldienste-Optionen für den Server zusammengefasst.

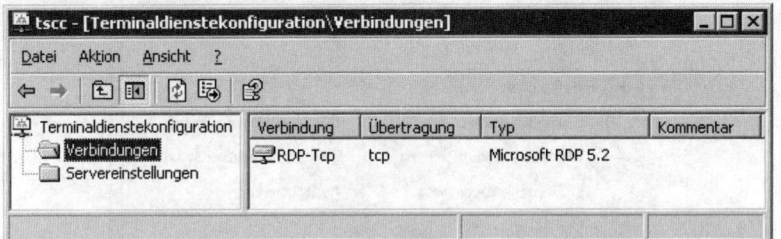

Abbildung 10.43:
Managementkonsole
Terminaldienste-
konfiguration

Um die Einstellungen zur Verbindung zu konfigurieren, doppelklicken Sie auf RDP-TCP. In der Registerkarte ALLGEMEIN ist die Einstellung zur Verschlüsselungsstärke untergebracht, welche als verbindlich vom Server gegenüber den Clients gilt.

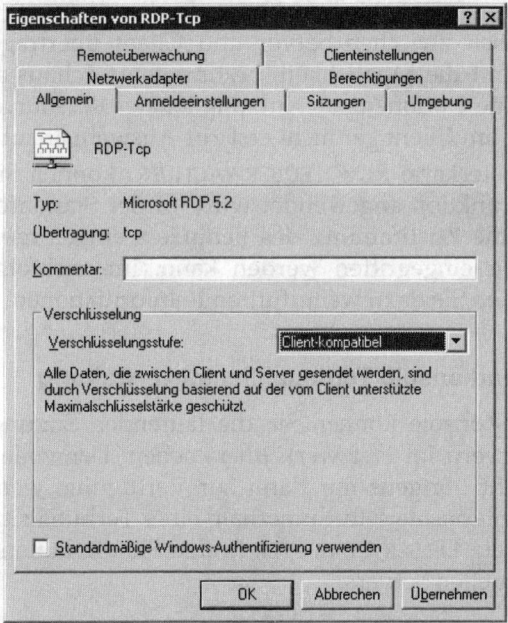

Abbildung 10.44:
Eigenschaften zur
Verbindung anpas-
sen; hier die Ver-
schlüsselungsstärke

Clienteinstellungen

Unter der Registerkarte CLIENTEINSTELLUNGEN können Sie Einfluss darauf nehmen, wie die Clientverbindung gestaltet ist.

Abbildung 10.45:
Verbindungsoptionen
für den Client ein-
schränken

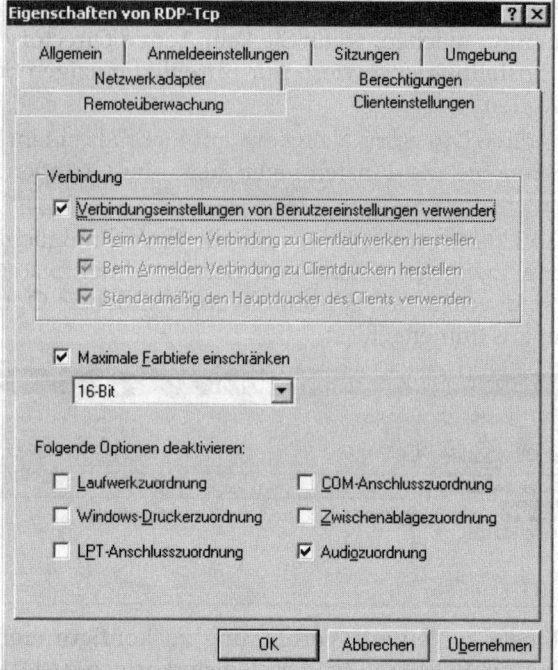

Für eine geringere Belastung des Netzwerks kann hier die maximale Farbtiefe eingeschränkt werden, mit der der Remotedesktop am Client angezeigt wird. Je höher die Farbtiefe ist, desto mehr Daten müssen zwischen Server und Client übertragen werden. Hinzu kommt die Möglichkeit, bestimmte, durchaus auch sicherheitsrelevante Optionen zur Nutzung lokaler Ressourcen während der Sitzung am Client gar nicht erst zur Auswahl anzubieten.

Remoteüber-
wachung

In der Registerkarte REMOTEÜBERWACHUNG können Sie festlegen, wie diese Funktion angewendet wird. In der Standardeinstellung wird stets die Zustimmung des Benutzers eingefordert, bevor in eine Sitzung eingegriffen werden kann. Im nachfolgenden Abschnitt finden Sie dazu weiterführende Informationen.

Managementkonsole Terminaldiensteverwaltung

Mit dieser Konsole können Sie die laufenden Sitzungen zu den Terminalservern im Netzwerk überwachen. Der volle Funktionsumfang steht übrigens nur dann zur Verfügung, wenn Sie diese Managementkonsole selbst innerhalb einer Terminalsitzung aufrufen. Im Zweig DIESER COMPUTER finden Sie die laufenden Sitzungen des aktuellen Servers.

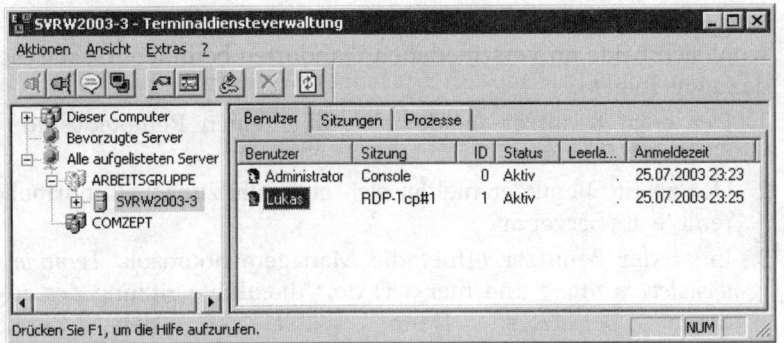

Abbildung 10.46:
Managementkonsole
Terminaldien-
steverwaltung

Sie können aber auch die Verbindung zu einem anderen Terminal-server herstellen. Wählen Sie dazu im Kontextmenü zum Punkt ALLE AUFGELISTETEN SERVER einen der Menüpunkte:

Verbindung zu anderem Terminalserver herstellen

- VERBINDUNG MIT COMPUTER HERSTELLEN

  Sie können hier den Namen oder die IP-Adresse zu einem anderen Server angeben.

- SERVER IN ALLEN DOMÄNEN AKTUALISIEREN

  Damit werden alle Terminalserver der Gesamtstruktur aufgelistet.

Im Detailfenster zu ALLE AUFGELISTETEN SERVER werden alle derzeit aktiven Sitzungen angezeigt. Darunter sind die Domänen beziehungsweise Arbeitsgruppen mit den eingeblendeten Terminalservern zu finden. Im Detailfenster werden die jeweils momentan bestehenden Sitzungen aufgeführt.

Sitzungen anzeigen

Über das Kontextmenü zu einer aktuell aktiven Sitzung können Sie direkten Einfluss nehmen. Hervorzuheben ist hier der Punkt REMOTEÜBERWACHUNG. Damit haben Sie die Möglichkeit, eine laufende Sitzung zu beobachten beziehungsweise direkt in diese einzugreifen. Zuerst erscheint ein Auswahl-Dialogfenster für die Tastenkombination, mit der Sie die Remoteüberwachung wieder beenden können. Abmelden wäre schließlich eine schlechte Idee, da Sie so die gesamte Sitzung beenden würden.

In Sitzungen eingreifen

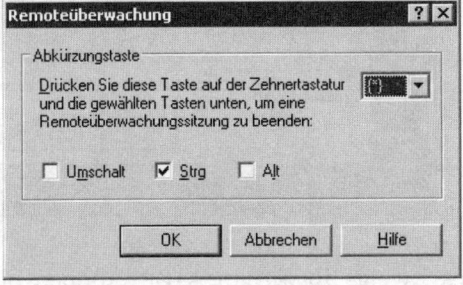

Abbildung 10.47:
Tastenkombination
zur Unterbrechung
der Remoteüberwa-
chung

Die Remoteüberwachung kann auch dann interessant sein, wenn sie gemeinsam mit einem anderen IT-Fachmann bestimmte Einstel-

Gemeinsam auf Server zugreifen

lungen und Analysen an einem Server durchführen wollen, obwohl sich beide an verschiedenen Standorten befinden. Gehen Sie dazu wie folgt vor:

1. Der erste Benutzer meldet sich über einen Remotedesktop-Client am Server an.

2. Der zweite Benutzer meldet sich ebenfalls zunächst »normal« remote am Server an.

3. Einer der Benutzer öffnet die Managementkonsole _Terminaldiensteverwaltung_ und markiert dort die aktive Sitzung des anderen Benutzers. Dann wählt er den Punkt REMOTEÜBERWACHUNG.

4. In der Standardeinstellung muss nun der andere Benutzer in einem Dialogfenster der Überwachung zustimmen, bevor diese eingeleitet werden kann.

Die Überwachung der Sitzung muss der Benutzer über die eingangs festgelegte Tastenkombination beenden, der diese auch eingeleitet hat.

Managementkonsole Remotedesktops

Diese Managementkonsole eignet sich insbesondere dazu, mehrere Remotedesktops zu verschiedenen Servern oder auch Clientsystemen unter Windows XP Professional im direkten Zugriff zu haben. Wenn Sie die Server-Verwaltungsprogramme auf einem Clientsystem installieren (siehe Abschnitt 2.5 _Installation der Verwaltungsprogramme_ ab Seite 64), können Sie dies von Ihrem Arbeitsplatz aus steuern.

Abbildung 10.48: MCC Remotedesktops

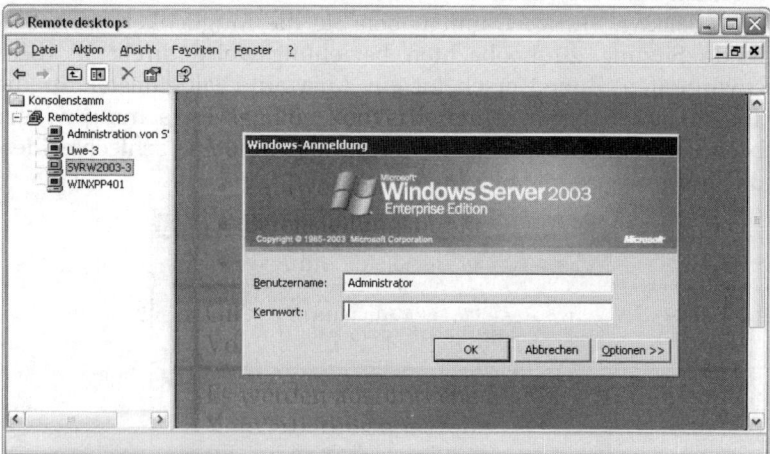

Unterhalb des Zweigs REMOTEDESKTOPS können Sie die Verbindungen zu den entsprechenden Computersystemen anlegen, indem Sie den Punkt NEUE VERBINDUNG HINZUFÜGEN aus dem

Kontextmenü wählen. Klicken Sie auf einen Eintrag, wird die Verbindung im Detailfenster sofort angezeigt. Die Anmeldung kann dann erfolgen.

10.5.4 Spezielle Kommandozeilen-Befehle

Während einer Terminalsitzung stehen einige spezielle Befehle und Tools an der Eingabeaufforderung des Servers zur Verfügung, die an dieser Stelle kurz vorgestellt werden sollen. Auf eine umfassende Darstellung muss aus Platzgründen verzichtet werden. Sie finden aber in der Online-Hilfe weiterführende Informationen.

Befehle zur administrativen Server-Verwaltung

Die nachfolgend aufgeführten Befehle eignen sich vor allem für die Steuerung während der administrativen Remote-Server-Verwaltung.

Befehl	Zweck
Change port	Einstellungen zu seriellen Ports ändern
Mstsc	Aufruf der Remotedesktop-Clientsoftware. Kann darüber hinaus zum Bearbeiten von Einstellungsdateien dienen.
Query process	Anzeige von laufenden Prozessen
Query session	Anzeige von offenen Sitzungen
Query termserver	Anzeige von Informationen über den Server
Query user	Anzeige von Informationen zu Benutzersitzungen
Reset session	Beenden einer Sitzung
Tscon	Aufnehmen der Verbindung mit einer anderen Sitzung
Tsdiscon	Beenden einer Sitzung auf dem Server
Tskill	Beenden eines Prozesses
Tsshutdn	Herunterfahren oder Neustart eines Terminalservers

Tabelle 10.12: Befehle für die Steuerung einer Server-Verwaltungssitzung

Befehle zur Steuerung von Terminalserver-Clients

Die folgenden Befehle sind vor allem für die Konfiguration und Verwaltung der Clients eines »richtigen« Terminalservers gedacht.

Tabelle 10.13:
Befehle zur Verwal-
tung von Terminal-
server-Clients

Befehl	Zweck
Change logon	Steuerung der Zugangsberechtigung zu einem Terminalserver. Kann beispielsweise zum Blockieren von neuen Anmeldungen während einer Serverwartung eingesetzt werden.
Change user	Umstellung des Installationsmodus von Anwenungen für Clients
Cprofile	Verwaltung von Benutzerprofilen
Flattemp	Steuerung der Speicherung von temporären Dateien der Clients
Logoff	Beenden einer Clientsitzung
Msg	Senden einer Mitteilung an einen Client
Register	Registrieren von Client-Anwendungen
Shadow	Einleiten der Teilnahme an einer Clientsitzung
Tsprof	Kopieren von Client-Profilen

10.5.5 Remoteunterstützung

Anders als bei der aktiven Verbindungsaufnahme via Remote-desktopclient können Sie über die Anforderung einer Hilfestellung über das Hilfe- und Supportcenter einen anderen Fachmann einladen, Ihnen bei der Lösung eines Problems zu helfen. Diese Funktion wird in unserem Buch *Windows XP Professional* eingehend beschrieben.

10.6 Telnet-Server

Nicht für alle Aufgaben wird die grafische Oberfläche benötigt. Wenn Sie nur über das Netzwerk auf die Eingabeaufforderung des Servers zugreifen möchten, reichen die Telnet-Serverdienste vollkommen aus. Von Vorteil sind diese auch dann, wenn nur eine sehr langsame Verbindung zum Server besteht, beispielsweise über ein Modem.

Mehr als zwei Client-Verbindungen   Der mitgelieferte Telnet-Server unterstützt im Gegensatz zu seinem Vorgänger unter Windows 2000 mehr als zwei gleichzeitige Verbindungen.

10.6.1 Starten und Beenden des Telnet-Servers

Aus Sicherheitsgründen ist der Telnet-Serverdienst unter Windows Server 2003 standardmäßig deaktiviert. Um den Dienst nutzen zu können, müssen Sie ihn zuerst aktivieren und dann starten.

Aktivieren und Starten des Telnet-Serverdienstes

Um den Dienst zu aktivieren, haben Sie zwei Möglichkeiten:

- Benutzen Sie das Snap-In *Dienste*. Sie finden dieses Snap-In in der Managementkonsole *Computerverwaltung* oder über START | VERWALTUNG | DIENSTE. Stellen Sie hier die STARTART für den Dienst TELNET auf MANUELL um. Danach können Sie über einen Klick auf die entsprechende Schaltfläche den Dienst gleich starten.

Managementkonsolen-Snap-In *Dienste*

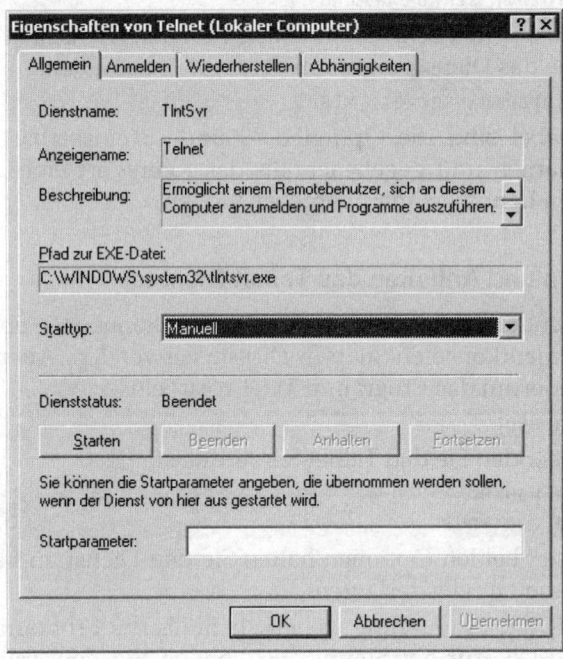

Abbildung 10.49: Umstellen der Startart und starten des Telnet-Dienstes über das Managementkonsolen-Snap-In Dienste

- Die zweite Möglichkeit besteht in der konsequenten Anwendung von Tools auf Ebene der Kommandozeile, mit der sich sowohl die Startart ändern als auch der Dienst selbst starten lässt:

Kommandozeile

1. Stellen Sie mit SC.EXE die Startart des deaktivierten Dienstes um. Das Programm wird in Abschnitt *Dienste mit SC.EXE steuern* ab Seite 1307 näher erläutert. Nachfolgend finden Sie deshalb nur die Syntax ohne tiefergehende Erklärungen:

```
Sc config TlntSvr start= demand
```

Damit wird die Startart des Dienstes auf MANUELL geändert. Wollen Sie dies von einer Arbeitsstation aus erledigen, die beispielsweise unter Windows XP Professional läuft, dann geben Sie den Namen des Servers in der UNC-Notation als erste Option an:

`Sc \\<servername> config TlntSvr start= demand`

Die Angabe einer IP-Adresse ist hier auch möglich, nur muss diese ebenfalls durch \\ angeführt werden.

Sie müssen hierbei die Zugriffsrechte beachten, da standardmäßig Name und Kennwort des aktuell angemeldeten Benutzers verwendet werden. SC.EXE bietet hier leider keine Option zur Übergabe dieser Daten. Ihnen bleibt aber der kombinierte Aufruf mit RUNAS.EXE:

`Runas /user:Administrator "Sc \\<servername> config ⏎ TlntSvr start= demand"`

2. Im zweiten Schritt können Sie nun den Dienst starten, indem Sie das Dienstprogramm TLNTADMN bemühen:

`Tlntadmn <server> start`

Dabei sind die Optionen –u und –p einsetzbar, wenn Sie Namen und gegebenenfalls das Kennwort eines autorisierten Benutzers mit übergeben wollen.

Beenden und Anhalten des Telnet-Dienstes

Zum Beenden oder Anhalten des Dienstes können Sie ebenfalls das Managementkonsolen-Snap-In _Dienste_ verwenden. Alternativ lässt sich wiederum das Programm TLNTADMN einsetzen:

Beenden

`Tlntadmn stop`

Damit beenden Sie den Telnet-Serverdienst.

Pause und Wiederaufnahme

`Tlntadmn pause`
`Tlntadmn continue`

Mit diesen beiden Optionen halten Sie den Dienst an beziehungsweise lassen ihn weiterlaufen.

Für die Dienstesteuerung stehen ebenfalls die Programme SC.EXE und NET.EXE zur Verfügung. So können Sie den Telnet-Serverdienst auch mit `Net start telnet` starten.

10.6.2 Konfigurieren des Telnet-Serverdienstes

TLNTADMN

Für die Konfiguration des Telnet-Serverdienstes steht kein grafisches Dienstprogramm zur Verfügung. Für die bessere Eingewöhnung in den Umgang mit Kommandos auf der Eingabeaufforderung müssen Sie das Programm TLNTADMN.EXE bemühen.

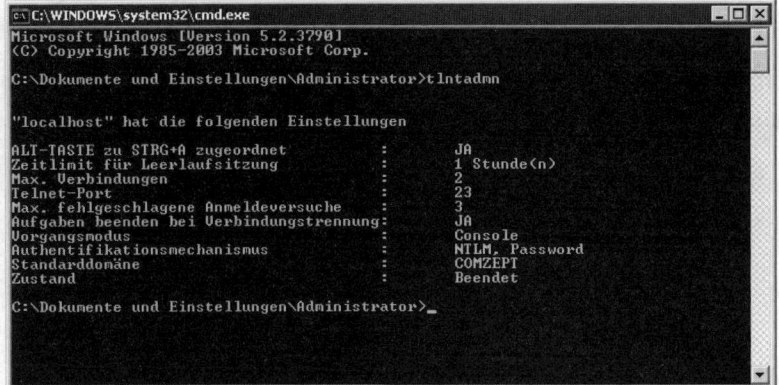

Abbildung 10.50:
Tlntadmn.exe zum
Konfigurieren des
Telnet-Servers

Der Aufruf ohne die Angabe weiterer Optionen liefert Ihnen Angaben zum Telnet-Serverdienst des lokalen Systems. In der letzten Zeile finden Sie neben ZUSTAND den Hinweis auf den momentanen Ausführungsstatus des Dienstes.

Sie können das Programm direkt mit der IP-Adresse oder dem Hostnamen eines anderen Computers versehen:

Aufruf für entfernten Host

`Tlntadmn [<ip-adresse>|<hostname>]`

Für den Zugriff über das Netzwerk auf einen entfernten Server müssen Sie die Zugriffsrechte beachten. Standardmäßig werden die Anmeldedaten des aktuell am lokalen System angemeldeten Benutzers verwendet. Alternativ können Sie aber auch einen Benutzernamen direkt angeben:

`Tlntadmn [<server>] –u <benutzername> -p <kennwort>`

Beispiel:

`Tlntadmn 10.1.1.211 –u Administrator –p skqw1s_e$`

Beachten Sie, dass bei Verwendung der Option -p das Kennwort im Klartext übertragen wird. Wenn Sie diese Option weglassen, können Sie das Kennwort nachträglich an der Konsole eingeben.

Umgang mit TLNTADMN im Detail

Die genaue Syntax für dieses Dienstprogramm finden Sie in der Online-Hilfe. Nachfolgend werden die wichtigsten Optionen und ihre Bedeutung behandelt.

`Tlntadmn [<server>] [<option>] –u <benutzername> -p <kennwort>`

Syntax

Sie können bestimmte Optionen zur Steuerung und Konfiguration übergeben, die in der nachfolgenden Tabelle erläutert werden.

Option	Zweck
start	Startet den Dienst. Dieser darf dabei aber nicht deaktiviert sein.

Tabelle 10.14:
Optionen von
TLNTADMN

Option	Zweck
stop	Beendet den Dienst.
pause	Stoppt (pausiert) den Dienst.
continue	Setzt den gestoppten Dienst fort.
-s <id>	Ermittelt den Status einer Sitzung. Die ID kann ermittelt werden, wenn an die Stelle einer konkreten ID der Parameter all gesetzt wird.
-k <id>	Beendet eine bestimmte Sitzung.
-m <id> "<nachricht>"	Sendet eine Nachricht an einen bestimmten oder an alle Benutzer (Parameter all).
config <parameter>	Erlaubt die Konfiguration des Dienstes über weitere Parameter

Abbildung 10.51:
Informationen zu
aktuellen Sitzungen
ermitteln

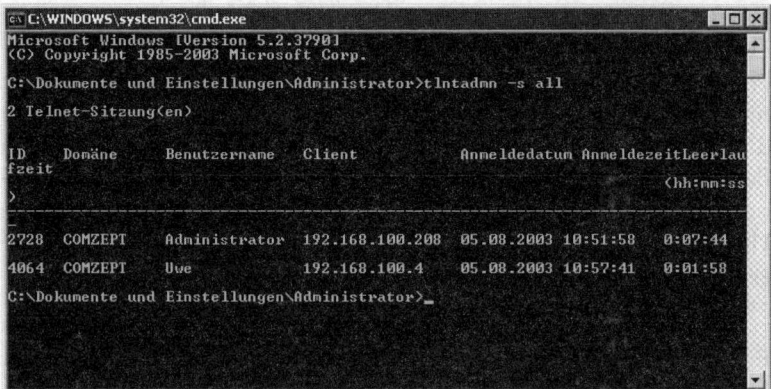

Sitzungssteuerung Zur Verdeutlichung werden nachfolgend die drei Optionen zur Sitzungssteuerung mit einigen Beispielen unterlegt:

Tlntadmn –s all

Damit ermitteln Sie Informationen zu den aktuell laufenden Sitzungen am Server. Wenn Sie anstelle von all eine konkrete ID angeben, erhalten Sie diese Informationen nur zu dieser Sitzung.

Tlntadmn –k 2728

Hiermit »killen« Sie die angegebene Sitzung. Der Benutzer kann dagegen nichts unternehmen. Er sieht nur eine entsprechende Mitteilung, die vom Ende seines Zugriffs auf den Server kündet.

Tlntadmn –m 4064 "Muss Dich nachher mal privat sprechen!"
Tlntadmn –m all "In 10 Minuten ist Mittagspause!"

So versenden Sie eine Mitteilung an einen bestimmten oder an alle Nutzer.

Für die eigentliche Konfiguration gibt es das Kommando config, **config**
welches mit weiteren Parametern zur Steuerung versehen wird.

config-Parameter	Bedeutung
dom=<domäne>	Damit wird die Standarddomäne für die Anmeldung festgelegt. Ist nur dann sinnvoll, wenn mehrere Domänen verwendet werden.
ctrlakeymap=yes|no	Ordnet die Tastenkombination Strg+A der Alt-Taste zu, sodass diese in Konsolenanwendungen verwendet werden kann.
port=<portnr>	Legt den Port für den Telnet-Serverdienst auf eine andere Portnummer um.
maxconn=<anzahl>	Legt die Anzahl der möglichen gleichzeitigen Verbindungen fest. Standardmäßig sind zwei Verbindungen eingestellt.
maxfail=<anzahl>	Gibt die Anzahl der möglichen Fehlversuche für die Anmeldung an, nach der die Verbindung zum Server unterbrochen wird. Standardmäßig sind dies drei Versuche.
timeout=<hh:mm:ss>	Gibt die Zeit an, nach deren Verstreichen ohne Aktivität die Verbindung automatisch getrennt wird. Standardmäßig ist dies eine Stunde.
timeoutactive=yes|no	Aktiviert oder deaktiviert die Einstellung der Leerlaufzeit-Erkennung.
sec=<authmodus>	Aktiviert oder deaktiviert die Authentifizierungsmethoden. Es gibt die folgenden Möglichkeiten: +ntlm: Aktiviert NTLM-Authentifizierung -ntlm: Deaktiviert diese +passwd: Aktiviert Kennwort-Authentifiz. -passwd: Deaktiviert diese Standardmäßig sind beide Methoden aktiv.
mode=console|stream	Stellt den Betriebsmodus des Telnet-Servers um. Standardmäßig ist der Modus console aktiv, den Sie für »normale« Sitzungen benötigen.

Tabelle 10.15: config-Parameter und deren Bedeutung

Einstellen sicherheitsrelevanter Optionen

Über bestimmte `config`-Parameter können Sie direkten Einfluss auf die Absicherung des Telnet-Servers nehmen.

Port ändern

Tlntadmn config port=555

Hiermit stellen Sie den Port um, unter dem der Telnet-Server erreicht werden kann. Der standardmäßig verwendete Port 23 ist allgemein bekannt und stellt somit ein beliebtes Angriffsziel für Hacker dar. Allerdings wird auch die alleinige Umstellung auf einen anderen Port keine sehr hohe Sicherheit bringen, da Portscans über alle Ports einfach und schnell mit geeigneter Software zu bewerkstelligen sind. Immerhin können Sie so den Telnet-Server vor »Gelegenheits-Hackern« verstecken oder an bestimmte Gegebenheiten im Netzwerk (Firewall) anpassen.

Authentifizierung

Tlntadmn config sec=-passwd

Standardmäßig unterstützt der Telnet-Serverdienst von Windows Server 2003 zwei Authentifizierungsmethoden, die beide aktiviert sind:

- NTLM-Authentifizierung

  Im Vergleich zur Kerberos-Authentifizierung im Active Directory ist diese Methode nicht wirklich sicher. Allerdings wird damit der Anmeldevorgang wesentlich besser abgesichert als mit der einfachen Kennwort-Authentifizierung. Der Benutzername und das Kennwort werden verschlüsselt übertragen und sind auch mit Netzwerk-Sniffern nicht mehr so einfach zu lesen. Diese Methode kann nur von Windows-Clientcomputern aus genutzt werden, mit den meisten Unix-/Linux-Clients ist sie nicht ohne weiteres nutzbar.

- Kennwort-Authentifizierung

  Hierbei werden Benutzername und Kennwort im Klartext übertragen. Insofern ist diese Methode sehr unsicher. Wenn Sie diese nicht benötigen, sollten Sie diese deaktivieren.

Verschlüsselung der Netzwerkverbindung

Zur Verschlüsselung der Netzwerkverbindung zwischen dem Telnet-Server und den Clientcomputern müssen Sie zusätzliche Maßnahmen ergreifen. Der Telnet-Serverdienst hat hierzu keine Optionen. Mit IPSec steht unter Windows Server 2003 aber eine geeignete Technologie zur Verfügung. In Abschnitt 9.3 *Sichere Netzwerkübertragung mit IPSec* ab Seite 499 finden Sie dazu weitere Informationen.

10.6.3 Telnet-Clientsoftware

Die modernen Windows-Clientsysteme bringen alle eine oder mehre Telnet-Clientprogramme mit. Nachfolgend finden Sie dazu einen Überblick sowie einige grundlegende Hinweise zur Bedienung.

Verfügbare Clientprogramme

Unter Windows 2000/XP Professional stehen gleich zwei Programme bereit:

- TELNET.EXE

  Diese einfache und schlanke Clientsoftware ist für die meisten Fälle das bevorzugte Werkzeug für den Administrator und wird im nachfolgenden Abschnitt näher erläutert.

- Hyperterminal

  Mit diesem Terminalprogramm können Sie weitergehende Optionen einstellen und werden dabei von einer grafischen Oberfläche unterstützt. Für den schnellen Zugriff auf einen Windows Server 2003-Telnetserver ist dies allerdings weniger zu empfehlen. In unserem Buch *Windows XP Professional* finden Sie dazu weiterführende Informationen.

Arbeiten mit TELNET.EXE

Zu empfehlen ist der Aufruf des Telnet-Clients mit gleichzeitiger Angabe des Servers.

`Telnet <server> [<port>]`

Standardmäßig versucht der Client über den Port 23 mit dem Server in Verbindung zu treten. Haben Sie die Portnummer umgestellt (siehe Abschnitt *Einstellen sicherheitsrelevanter Optionen* ab Seite 670), dann können Sie hier explizit eine andere Portnummer mit übergeben.

Die wichtigsten Befehle, die innerhalb des Programms verfügbar sind, werden in der nachfolgenden Tabelle zusammengefasst.

Befehl	Bedeutung
open <server>	Stellt eine Verbindung zum angegebenen Telnetserver her.
close	Trennt die aktuelle Verbindung.
display	Zeigt die aktuellen Befehlsparameter an.
quit	Beendet das Programm.

Tabelle 10.16: Wichtige Telnet-Befehle

Befehl	Bedeutung
set <parameter>	Legt bestimmte Parameter fest: NTLM : Aktiviert die NTLM-Authentifizierung. LOCAL_ECHO: Schaltet das lokale Echo ab. TERM <x>: Legt die Terminalemulation fest; für <x> kann ANSI, VT100, VT52 oder VTNT eingesetzt werden. CRLF: Sendet bei Enter sowohl CR als auch LF.
status	Zeigt Statusinformationen an.
unset	Hebt Optionsfestlegungen auf, die mit set gesetzt wurden bzw. kehrt deren Bedeutung um (außer für Parameter TERM).

10.7 Werkzeuge für die Systemüberwachung

Die folgenden Werkzeuge für die System- und Leistungsüberwachung stehen unter Windows Server 2003 standardmäßig zur Verfügung:

Tabelle 10.17:
Werkzeuge für die
System- und Leis-
tungsüberwachung

Werkzeug	Beschreibung	Seite
System Monitor Control	ActiveX-Steuerelement als Managementkonsolen-Snap-In für die grafische Anzeige wichtiger Systemparameter	673
Leistungsprotokolle und Warnungen	Managementkonsolen-Snap-In mit der Aufzeichnungsmöglichkeit für bestimmte Protokolle	679
Netzwerkmonitor	Programm zum detaillierten Erfassen des Netzwerkverkehrs	686
Task-Manager	Programm zur Ausgabe aktueller Systeminformationen wie Auslastung oder laufende Prozesse und Anwendungen	689

In den folgenden Abschnitten werden diese Tools näher beschrieben.

10.7.1 System Monitor Control

Besonders für die Anzeige der aktuellen Auslastung bestimmter Ressourcen wie der CPU eignet sich dieses ActiveX-Steuerelement, welches als Snap-In für die Managementkonsole ausgeführt ist.

Managementkonsole Leistung

Wie unter Windows 2000 existiert eine vorgefertigte Management-konsole *Leistung*, die neben dem Snap-In *Leistungsprotokolle und Warnungen* das System Monitor Control enthält. Sie erreichen diese Managementkonsole über START | VERWALTUNG.

Diese Managementkonsole ist unter dem Namen PERFMON.MSC abgespeichert und kann auch so aus einer Eingabeaufforderung heraus oder über START | AUSFÜHREN gestartet werden.

PERFMON.MSC

Wollen Sie eine eigene Managementkonsole erstellen, die nur den Systemmonitor enthält, wählen Sie beim Hinzufügen eines Snap-Ins die Kategorie ACTIVEX-STEUERELEMENT und aus der dann erscheinenden Liste SYSTEM MONITOR CONTROL (siehe auch Abschnitt 10.2 *Die Microsoft Managementkonsole* ab Seite 614).

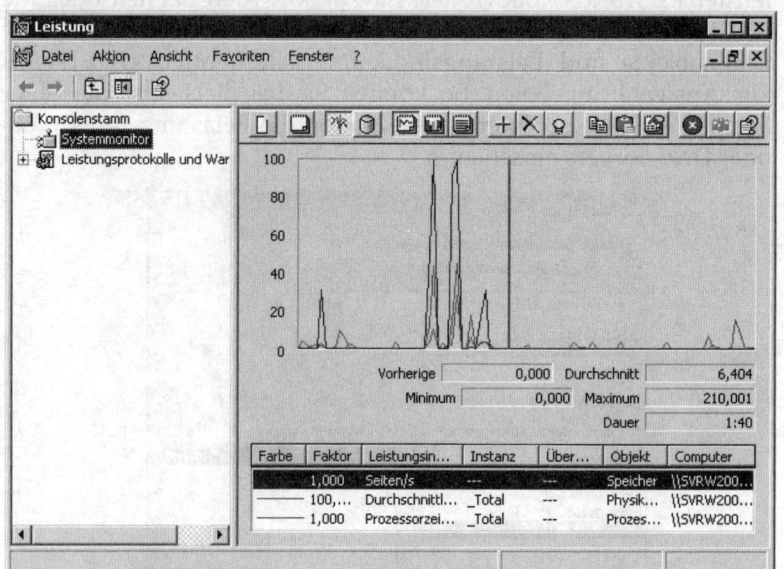

Abbildung 10.52:
Vorgefertigte Managementkonsole Leistung

Leistungsindikatoren

Die Grundlage der Erfassung aller Messwerte bilden die so genannten Leistungsindikatoren. Diese sind in Datenobjekte eingeteilt, wie beispielsweise PROZESSOR oder DNS. Damit können Sie komfortabel für jede Kategorie die entsprechend gewünschten

Einteilung in Datenobjekte

Informationsquellen gezielt aussuchen. In der Managementkonsole *Leistung* verfügt der Systemmonitor bereits über drei Indikatoren.

Instanzen

Für viele Indikatoren gibt es eine oder mehrere so genannte *Instanzen*. Bei einem Mehrprozessorsystem sind das beispielsweise die einzelnen Prozessoren, die Sie damit ansprechen können. Meist wird auch eine Instanz _Total mit zur Auswahl angeboten, über die alle Werte zusammengefasst dargestellt werden können.

Indikatoren hinzu-fügen

Zum Hinzufügen von Leistungsindikatoren klicken Sie auf das Symbol mit dem Pluszeichen oder wählen Sie aus dem Kontextmenü zum Diagrammhintergrund den entsprechend Menüpunkt aus.

Erklärung

Sie erhalten einen Erklärungstext für jedes verfügbare Datenobjekt, wenn Sie im Dialogfenster LEISTUNGSINDIKATOREN HINZUFÜGEN die Schaltfläche ERKLÄRUNG aktivieren.

Verbindung mit anderen Computern

Anders als bei vielen normalen Managementkonsolen-Snap-Ins können Sie für dieses ActiveX-Steuerelement keine direkte Verbindung zu einem anderen Computersystem aufnehmen. Stattdessen lassen sich die Leistungsindikatoren eines entfernten Windows-Systems direkt verwenden. Geben Sie dazu im Dialogfenster LEISTUNGSINDIKATOREN HINZUFÜGEN den Namen oder die IP-Adresse des entsprechenden Systems ein. Es werden dann die Datenobjekte und Leistungsindikatoren des entfernten Systems zur Auswahl angeboten. So können Sie beispielsweise auf einer eigenen Konsole an Ihrer Arbeitsstation die Belastung Ihres Web- oder DNS-Servers einsehen.

Abbildung 10.53:
Leistungsindikatoren
hinzufügen

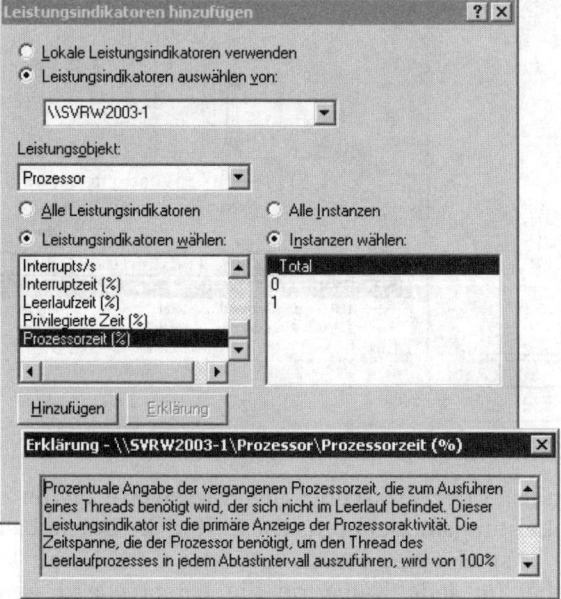

Erhalten Sie beim Versuch, Leistungsindikatoren eines entfernten Windows-Systems einzubinden, die Meldung COMPUTERVERBINDUNG KONNTE NICHT HERGESTELLT WERDEN, verfügen Sie wahrscheinlich nicht über die entsprechenden Zugriffsrechte für das betreffende System. Sie müssen dafür Mitglied der Gruppe *Administratoren* oder der Gruppe *Leistungsprotokollbenutzer* sein.

Um zu diesen Rechten für die Ausführung des Systemmonitors zu kommen, reicht es aus, wenn Sie die entsprechende Managementkonsole über das Startmenü bei gedrückter Umschalt-Taste unter AUSFÜHREN ALS... mit den Rechten eines entsprechenden Benutzers starten. Sie können dies auch von der Eingabeaufforderung aus über das Dienstprogramm RUNAS.EXE erledigen:

Starten des Systemmonitors mit Administratorrechten

```
Runas /user:Uwe@comzept.local "mmc.exe Perfmon.msc"
```

Beachten Sie, dass Sie hier das Programm MMC.EXE starten müssen, dem Sie als Parameter die Managementkonsole PERFMON.MSC (oder die von Ihnen individuell erstellte) übergeben.

ActiveX-Steuerelement Systemmonitor im Detail

Das ActiveX-Steuerelement *Systemmonitor* kommt mit einer eigenen Bedienoberfläche, die im oberen Bereich standardmäßig mit einer Symbolleiste aufwartet. Die einzelnen Schaltflächen haben die folgenden Bedeutungen:

Systemmonitor-Symbolleiste

 Löscht das aktuelle Diagramm und entfernt alle bisher eingetragenen Leistungsindikatoren ohne vorherige Rückfrage. Sie erhalten damit einen neuen, leeren Systemmonitor.

 Löscht die aktuelle Anzeige. Alle bisher eingetragenen Leistungsindikatoren bleiben unverändert.

 Aktiviert die Anzeige der aktuellen Werte für die ausgewählten Leistungsindikatoren. Das kann nützlich sein, wenn Sie von der Anzeige protokollierter Werte wieder auf die aktuelle Anzeige zurückwechseln wollen.

 Erlaubt die Auswahl und Anzeige einer abgelegten Protokolldatei.

 Stellt die Diagrammanzeige auf eine Liniendarstellung um (Standardeinstellung).

 Stellt die Anzeige auf eine Balkendarstellung um. Dies kann bei einer Vielzahl von verwendeten Leistungsindikatoren die übersichtlichere Darstellungsform sein.

 Stellt die Anzeige auf eine reine Textdarstellung der Messwerte um.

Öffnet das Dialogfenster LEISTUNGSINDIKATOREN HINZU-FÜGEN.

 Entfernt den markierten Leistungsindikator aus der Anzeige.

 Hebt den markierten Leistungsindikator hervor, sodass Sie ihn unter mehreren Indikatoren in der Anzeige besser finden können.

 Kopiert die aktuellen Einstellungen des ActiveX-Steuerelements in die Zwischenablage. Sie können damit den Aufruf dieses Elements als Programmcode in eigene Anwendungen oder in eine eigene Webseite übernehmen (siehe auch Seite 678) beziehungsweise in einen anderen Systemmonitor über das nachfolgend beschriebene Symbol einfügen.

 Fügt aus der Zwischenablage Einstellungen in das ActiveX-Steuerelement wieder ein (siehe zuvor).

 Öffnet das EIGENSCHAFTEN-Dialogfenster.

 Stoppt die aktuelle Anzeige der Werte.

 Nimmt eine manuell ausgelöste Momentaufnahme der Werte der aktuell eingetragenen Leistungsindikatoren vor (nur bei gestoppter Anzeige möglich).

 Öffnet die Hilfedatei zum Systemmonitor.

Kontextmenü

Klicken Sie mit der rechten Maustaste auf den Diagrammhintergrund, erhalten Sie ein Kontextmenü, über das weitere Funktionen abrufbar sind:

- LEISTUNGSINDIKATOREN HINZUFÜGEN...

  Sie erreichen damit die gleiche Funktion wie über das »+«-Symbol zum Hinzufügen weiterer Leistungsindikatoren.

- SPEICHERN UNTER...

  Sie können das aktuelle Diagramm als Webseite (*.htm) oder als Tabulator-separierte Textdatei (*.tsv) abspeichern.

- EIGENSCHAFTEN...

  Sie öffnen darüber das EIGENSCHAFTEN-Dialogfenster des Systemmonitors und beeinflussen damit das Verhalten und das Aussehen des Programms.

Systemmonitor-Eigenschaften

Das EIGENSCHAFTEN-Dialogfenster des Systemmonitors verfügt über mehrere Registerkarten für alle relevanten Einstellungen.

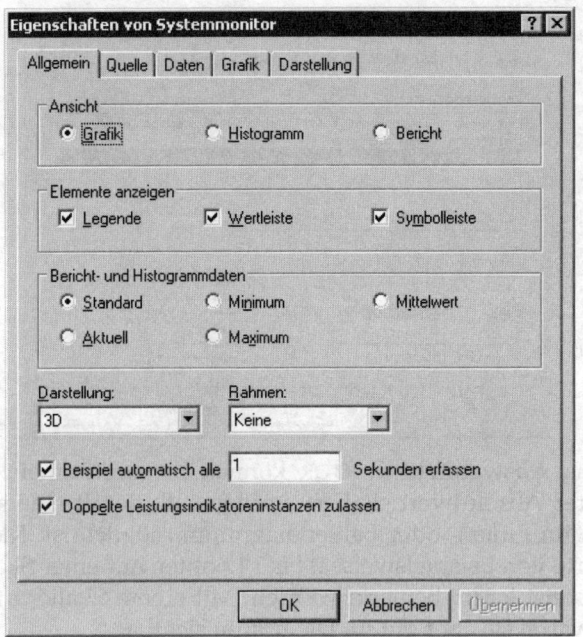

Abbildung 10.54:
Allgemeine Einstel-
lungen des System-
monitors

Neben rein optischen Anpassungen können Sie über die Register- **Allgemeine Ein-**
karte ALLGEMEIN auch festlegen, ob überhaupt eine automatische **stellungen**
Aktualisierung vorgenommen werden soll.

Standardmäßig ist diese bei der normalen Anzeige des ActiveX-
Steuerelements in der Managementkonsole *Systemmonitor* aktiviert,
nicht jedoch bei der Anzeige im WebBrowser.

Über die Registerkarte QUELLE können Sie eine abgelegte Proto- **Datenquelle und**
kolldatei laden und den Anzeigezeitraum eingrenzen. Weitere **Zeitraum wählen**
Hinweise zu diesem Thema finden Sie auch in Abschnitt 10.7.2
Leistungsprotokolle und Warnungen ab Seite 679.

In der nächsten Registerkarte DATEN bestimmen Sie, welche Da- **Auswahl der anzu-**
tenobjekte angezeigt werden sollen. Gehen Sie dazu über die **zeigenden Daten**
Schaltfläche HINZUFÜGEN. Es öffnet sich dann das Dialogfenster
LEISTUNGSINDIKATOREN HINZUFÜGEN (siehe auch Abbildung 10.53
auf Seite 674).

Beachten Sie, dass die Auswahl der Leistungsindikatoren durch
die aktuelle Datenquelle bestimmt wird. Haben Sie über QUELLE
eine Protokolldatei geladen, können Sie hier nur die Leistungsindikatoren hinzufügen, für die in der Datei Werte erfasst worden
sind.

Abbildung 10.55:
Auswahl der anzu-
zeigenden Leistungs-
indikatoren

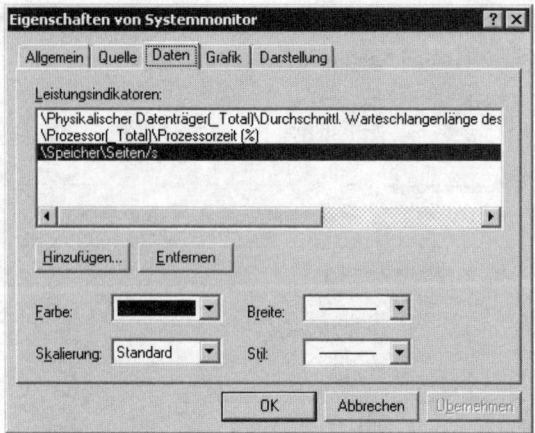

Über das Auswahlfeld FAKTOR können Sie bestimmen, wie ein ermittelter Absolutwert skaliert werden soll, damit eine sinnvolle Anzeige im Linien- oder Balkendiagramm möglich ist. Kleine Absolutwerte von beispielsweise 0 bis 1 könnten auf einer Skala von 0 bis 100 sonst kaum bemerkt werden. Mit einem Skalierungsfaktor von 10 wären sie aber gut im Diagramm sichtbar.

Systemmonitor im Web-Browser anzeigen

Ein Vorteil von ActiveX-Steuerelementen besteht darin, dass Sie sich verhältnismäßig einfach in andere Windows-Programme integrieren lassen.

Abbildung 10.56:
Der Systemmonitor
im Internet Explorer

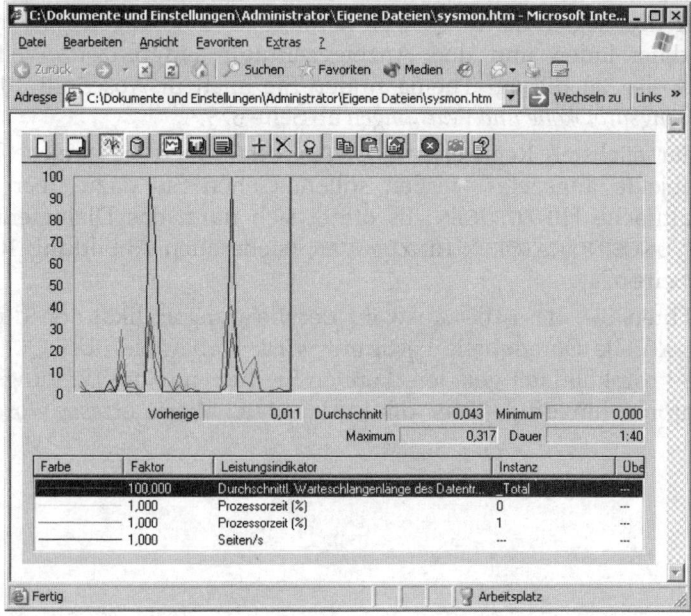

So können Sie den Systemmonitor auch im Internet Explorer innerhalb einer Webseite ablaufen lassen. Speichern Sie dazu das fertig erstellte Diagramm als Webseite (*.htm) ab, indem Sie direkt in der Anzeige über das Kontextmenü (rechte Maustaste) den Punkt SPEICHERN UNTER... aktivieren. Mit einem Doppelklick auf die so erzeugte HTML-Datei öffnet sich dann der Internet Explorer mit dem aktivierten ActiveX-Steuerelement.

Standardmäßig wird allerdings die Anzeige nicht automatisch aktualisiert. Über das Eigenschaften-Fenster können Sie das und andere Einstellungen wie in der »normalen« Ansicht über die Managementkonsole festlegen (siehe Abbildung 10.54).

10.7.2 Leistungsprotokolle und Warnungen

Die Komponente LEISTUNGSDATENPROTOKOLLE UND WARNUNGEN in der vorgefertigten Managementkonsole *Leistung* kann zur umfassenden Überwachung wichtiger Leistungsparameter verwendet werden. Das geht sogar so weit, dass bei Überschreiten bestimmter Grenzwerte automatisch Programme gestartet oder zumindest Einträge im Ereignisprotokoll vorgenommen werden können.

Umfassende Überwachung wichtiger Leistungsparameter

Die folgenden drei Bestandteile werden dabei unterschieden (siehe Abbildung 10.57):

- LEISTUNGSINDIKATORENPROTOKOLLE

  Sie können bestimmte Leistungsindikatoren für eine gezielte Protokollierung auswählen und damit eine Aufzeichnung der Werte über einen längeren Zeitraum hinweg vornehmen. Die gewonnenen Protokolldateien können Sie über den Systemmonitor selbst wieder laden und einsehen oder in andere Programme, wie beispielsweise Excel, importieren.

- PROTOKOLLE DER ABLAUFVERFOLGUNG

  Hiermit lassen sich spezielle Protokolle erzeugen, die nur dann Werte erhalten, wenn bestimmte Ereignisse eintreten, welche durch ausgewählte Systemanbieter verursacht werden. Für die normale Tätigkeit eines Administrators spielt diese Protokollart kaum eine Rolle. Im vorliegenden Buch wird deshalb auf diese nicht weiter eingegangen.

  Für die Auswertung können Sie die Informationen aus der erzeugten Protokolldatei (Endung .ETL) mit Hilfe des Programms TRACERPT.EXE in eine lesbare Form bringen. Zur Bedienung dieses Kommandozeilen-Programms finden Sie weiterführende Hinweise in der Online-Hilfe.

- WARNUNGEN

  Damit können Sie für ausgewählte Leistungsindikatoren die Einhaltung bestimmter Grenzwerte überwachen. Beim Überschreiten dieser Grenzen sind verschiedene Reaktionen des Systems einstellbar. Das reicht vom einfachen Eintrag im Ereignisprotokoll bis zum Starten von Programmen.

Abbildung 10.57:
Komponente LEIS-
TUNGSDATEN-
PROTOKOLLE UND
WARNUNGEN

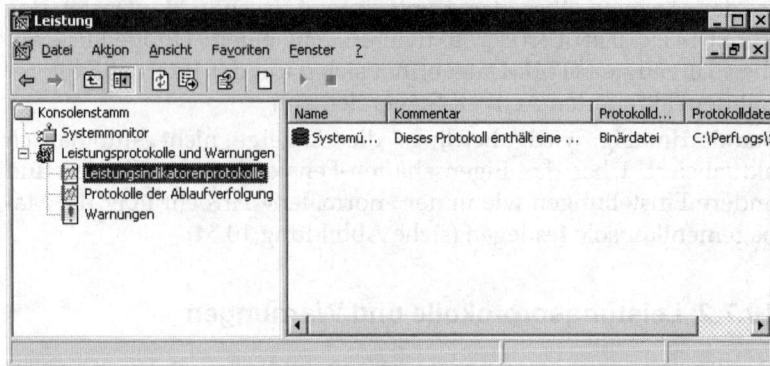

Leistungsindikatorenprotokolle

Leistungsprotokoll
SYSTEMÜBERSICHT

Bereits standardmäßig voreingestellt ist ein einfaches Leistungsindikatorenprotokoll mit der Bezeichnung SYSTEMÜBERSICHT, welches Sie jedoch nicht weiter in seinen Parametern beeinflussen können. Sie können dieses lediglich manuell starten und beenden und erhalten dann eine Protokollierung der folgenden Parameter:

- Durchschnittliche Warteschlangenlänge des Datenträgers
- Prozessorzeit in % (alle Prozessoren als _Total-Wert)
- Speicherseiten je Sekunde

Neu: Leistungsindi-
katorobjekte

Neu in Windows Server 2003 ist die Verfügbarkeit so genannter *Leistungsindikatorobjekte*. In diesen sind Leistungsindikatoren gruppiert. So können Sie mit einem Mausklick alle Indikatoren überwachen lassen, die beispielsweise zum DNS-Serverdienst gehören. Für jedes Objekt wird übrigens eine separate Protokolldatei angelegt, woduch für die Auswertung mehr Übersichtlichkeit erreicht werden kann.

Beachten Sie, dass Sie bei Verwendung der Leistungsindikatorobjekte schnell eine hohe Zahl von Indikatoren erreichen, die der Server protokollieren soll. Das kann zu einer spürbaren Belastung des Servers und zu einem Anschwellen der Protokolldateien führen.

Neues Leistungs-
indikatorenprotokoll
erstellen

Wollen Sie ein neues Leistungsindikatorenprotokoll erstellen, gehen Sie folgendermaßen vor:

1. Aktivieren Sie in der Strukturansicht der Managementkonsole das Element LEISTUNGSINDIKATORENPROTOKOLLE. Aktivieren Sie den Punkt NEUE PROTOKOLLEINSTELLUNGEN im Hauptmenü AKTION oder im Kontextmenü.

2. Geben Sie dem neu zu erstellenden Protokoll einen Namen.

3. In der ersten Registerkarte ALLGEMEIN geben Sie die Indikatoren an, für die eine Protokollierung erfolgen soll. Über die Schaltfläche OBJEKTE HINZUFÜGEN können Sie LEISTUNGSINDIKATOROBJEKTE einsetzen, während die Schaltfläche INDIKATOREN HINZUFÜGEN die Auswahl einzelner Indikatoren erlaubt.

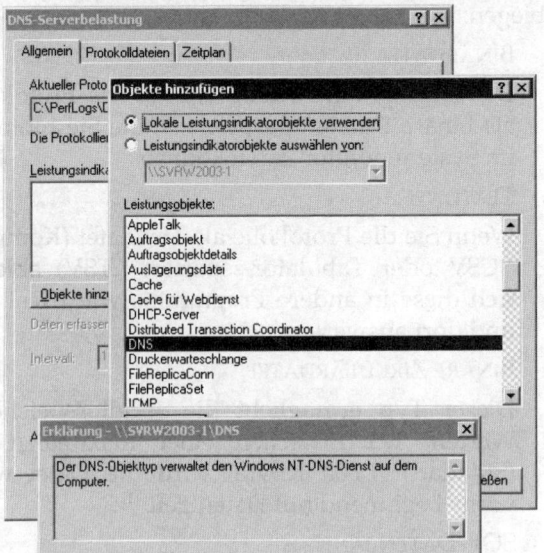

Abbildung 10.58:
Leistungsindikator-
objekte für die Proto-
kollierung auswählen

4. Nach dem Hinzufügen von Indikatoren können Sie in der Registerkarte ALLGEMEIN einstellen, in welchem Intervall die Werte protokolliert werden sollen. Die Standardeinstellung beträgt 15 Sekunden.

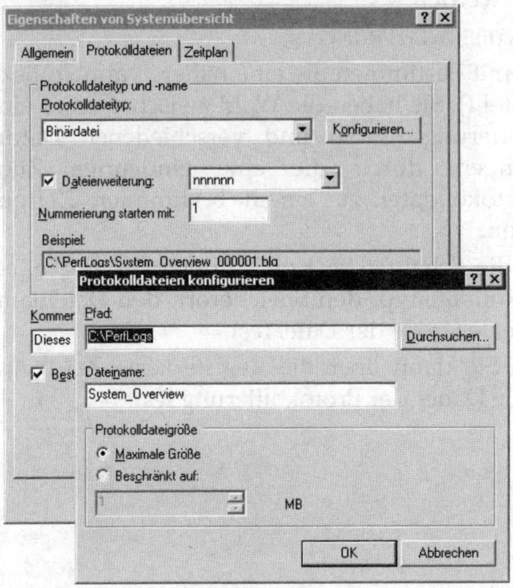

Abbildung 10.59:
Weitere Einstel-
lungen zu den
Protokolldateien

5. In der Registerkarte PROTOKOLLDATEIEN können Sie weitere Einstellungen zu Speicherort und Art der Protokolldateien vornehmen:

- PROTOKOLLDATEITYP

  Die Protokolle lassen sich in verschiedenen Formaten ablegen:

  - BINÄRDATEI

    Das ist die Standardeinstellung. Die Protokolle werden als binäre Dateien gespeichert, die Sie hinterher wieder im Systemmonitor laden können.

  - TEXTDATEI

    Wenn Sie die Protokolle als Textdatei (Komma-separiert *.CSV oder Tabulator-separiert *.TSV) ablegen, lassen sich diese in andere Programme wie Excel importieren und dort auswerten.

  - BINÄRE ZIRKULÄRDATEI

    Dieser Typ ermöglicht die »Endlosspeicherung« von Werten. Bei Erreichen einer maximalen Dateigröße (Standard: 1 000 KByte) wird die Datei wieder »von vorn« beginnend mit Daten gefüllt.

  - SQL-DATENBANK

    Für die Speicherung und Auswertung einer größeren Datenmenge eignet sich eine Datenbank wesentlich besser als eine riesige Datei. Hier können Sie eine SQL-Datenbank angeben, in die die Werte dann übergeben werden.

- DATEIERWEITERUNG

  Damit bestimmen Sie eine nähere variable Bezeichnung der Datei (). Sie haben die Wahl zwischen einer einfachen Nummerierung (nnnnn) und verschiedenen Datumskennzeichnungen, durch die eine eindeutige Zuordnung der Protokolldatei zu einem bestimmten Zeitpunkt erfolgen kann.

Über die Schaltfläche Konfigurieren legen Sie, abhängig vom Protokolldateityp, den Speicherort, den Dateinamen sowie die maximale Größe der Datei fest.

6. Legen Sie dann über die Registerkarte ZEITPLAN den Beginn und die Dauer der Protokollierung fest.

Wollen Sie eine »endlose« Protokollierung erreichen, müssen Sie das Kontrollkästchen EINE NEUE PROTOKOLLDATEI ANFANGEN aktivieren. Abhängig von der Einstellung der Dateierweiterung (siehe Abbildung 10.59) wird dann ein neues Protokoll mit einem neuen Namen erstellt oder das alte überschrieben.

Endlose Protokollierung

Sie können natürlich auch die Beendigung auf MANUELL einstellen. Dann wird das Ende der Protokollierung allein durch die maximale Dateigröße auf dem Datenträger begrenzt. Ob das allerdings eine vernünftige Einstellung ist, bleibt Ihrer Beurteilung überlassen.

Warnungen einrichten

Die Überwachung von Grenzwerten für Leistungsindikatoren richten Sie über die Definition von Warnungen ein. Gehen Sie dazu folgendermaßen vor:

1. Aktivieren Sie in der Strukturansicht der Managementkonsole das Element WARNUNGEN. Aktivieren Sie den Punkt NEUE WARNUNGSEINSTELLUNGEN im Hauptmenü AKTION oder im Kontextmenü.

2. Geben Sie der neuen Warnung einen eindeutigen Namen.

3. In der ersten Einstellungs-Registerkarte ALLGEMEIN geben Sie die Leistungsindikatoren an, für die die Überwachung erfolgen soll. Geben Sie für jeden eingetragenen Leistungsindikator den Wert an, ab dem eine Warnung generiert werden soll, und

bestimmen Sie das Zeitintervall, mit dem die Überprüfung erfolgen soll.

Abbildung 10.61:
Eingabe der zu über-
wachenden Leis-
tungsindikatoren

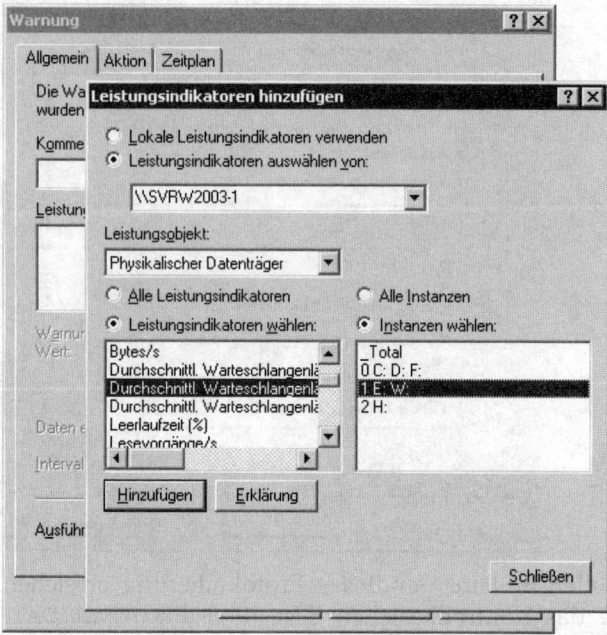

4. Legen Sie dann über die Registerkarte AKTION das weitere Vorgehen bei Erreichen eines der definierten Grenzwerte fest.

Abbildung 10.62:
Vorgänge bei der
Warnung festlegen

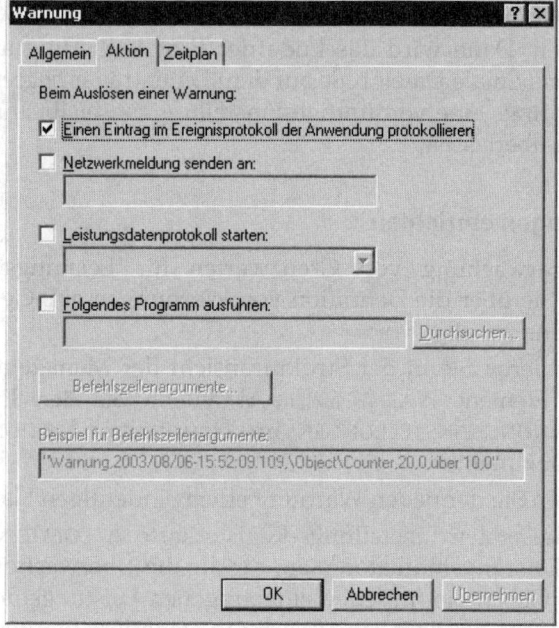

Sie können neben einem einfachen Eintrag im Anwendungs-Ereignisprotokoll eine Netzwerkmeldung an den Administrator generieren. Allerdings ist die Wahrscheinlichkeit, dass dieser sich an seinem Arbeitsplatz befindet und dort eingeloggt ist, oft schwer abzuschätzen. Sie können deshalb auch eine Mailadresse eingeben und so die schlechte Nachricht garantiert zustellen lassen. Abhängig vom verwendeten Mailsystem ist damit auch die automatische Generierung einer SMS auf das Handy des Administrators denkbar.

Interessant kann die Auslösung eines Leistungsdatenprotokolls durch eine Warnung sein (siehe Seite 680). Eine geschickte Konfiguration desselben kann dann zu einer gezielten Fehlersuche wirkungsvoll beitragen.

Schließlich können Sie auch ein Programm ausführen lassen, dem für eine weitere Verarbeitung alle wichtigen Informationen über Befehlszeilenargumente mitgegeben werden.

5. Über die Registerkarte ZEITPLAN lässt sich genau einstellen, wann und wie lange die Warnung aktiv sein soll.

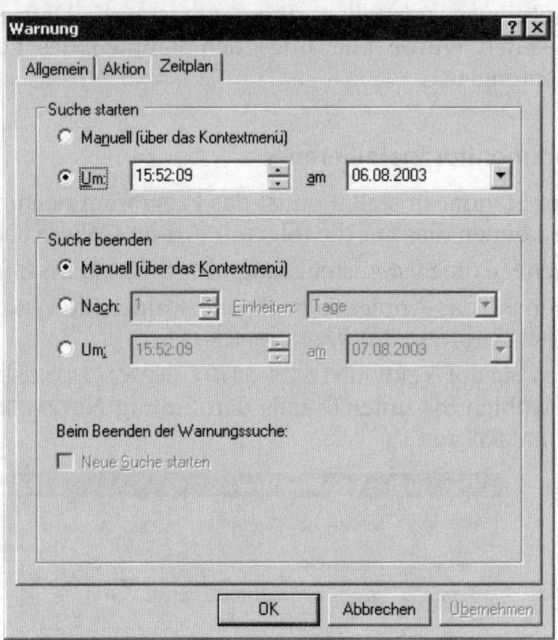

Abbildung 10.63: Zeitplan-Einstellungen für Warnungen

Wollen Sie eine Kontrolle kritischer Systemparameter lediglich eine Zeitlang im Auge behalten, richten Sie hier eine begrenzte Zeitdauer für die Warnung ein. Benötigen Sie hingegen eine permanente Überwachung, lassen Sie das Beenden auf MANUELL stehen. Anders als bei den Leistungsdatenprotokollen brauchen Sie sich um eine anwachsende Protokolldatei keine Gedanken zu machen. Sie sollten allerdings bedenken, dass auch eine Überwachung von Systemparametern nicht umsonst zu haben ist und Performance kostet. Aber das lässt sich ja über ein entsprechendes Leistungsdatenprotokoll gut kontrollieren.

10.7.3 Netzwerkmonitor

Für die Analyse des Netzwerks liefert Microsoft das Tool NETZWERKMONITOR standardmäßig mit. Sie können damit auf Paketebene Informationen über den Netzwerkverkehr sammeln und die gewonnen Daten anzeigen und auswerten.

Eingeschränkte Version des SMS-Netzwerkmonitors

Bei dem vorliegenden Tool handelt es sich um eine im Funktionsumfang eingeschränkte Version des Dienstprogramms, welches auch beim *Microsoft Systems Management Server* (SMS) Verwendung findet. Eine Einschränkung besteht darin, dass mit dieser Fassung nur der lokale Netzwerkverkehr analysiert werden kann. Mit der SMS-Version können Sie auch eine Überwachung »remote« über ein anderes System durchführen.

In den folgenden Abschnitten werden wir einige der grundlegenden Funktionen vorstellen. Eine umfassende Darstellung aller Möglichkeiten würde allerdings den Rahmen des vorliegenden Buches sprengen.

Netzwerkmonitor installieren

Windows-Komponente installieren

Nach der Standardinstallation ist das Programm noch nicht installiert. Sie können dies auf die folgende Art und Weise nachholen:

1. Öffnen Sie die Systemsteuerung über START | EINSTELLUNGEN.
2. Starten Sie das Applet *Software* und wählen Sie WINDOWS-KOMPONENTEN HINZUFÜGEN / ENTFERNEN.
3. Gehen Sie auf VERWALTUNGS- UND ÜBERWACHUNGSPROGRAMME und wählen Sie unter Details den Eintrag NETZWERKMONITOR-PROGRAMME aus.

Abbildung 10.64:
Netzwerkmonitor-
treiber bei einer
LAN-Verbindung

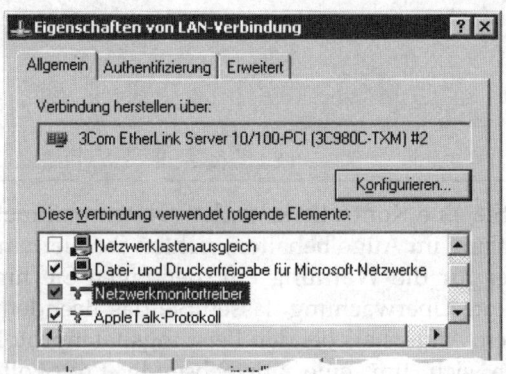

Nach der Installation aller Programmbestandteile finden Sie in den Eigenschaften der Netzwerkverbindungen einen neuen Protokolleintrag NETZWERKMONITORTREIBER. Standardmäßig ist dieser bei allen installierten Adaptern aktiviert.

Netzwerkmonitortreiber

Besser ist es aber, wenn Sie diesen nur für den Adapter aktivieren, für den Sie eine Überwachung durch den Netzwerkmonitor durchführen wollen.

Daten mit dem Netzwerkmonitor sammeln

Beim ersten Start des Programms über START | VERWALTUNG werden Sie aufgefordert, das zu untersuchende Netzwerk anzugeben. Nachträglich können Sie diese Auswahl jederzeit über das Hauptmenü SAMMELN | NETZWERKE wieder neu vornehmen.

Auswahl des Netzwerks

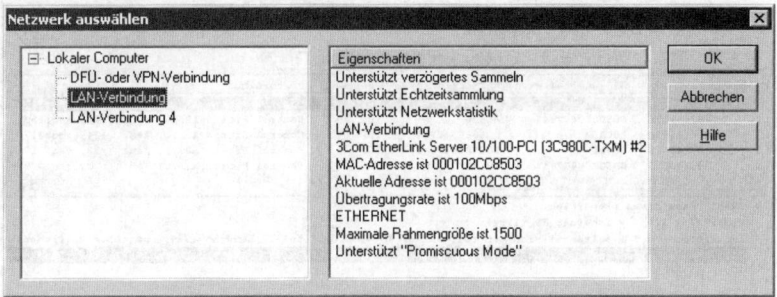

Abbildung 10.65: Auswahl des Netzwerks, für welches Daten ermittelt werden sollen

Danach präsentiert sich der Netzwerkmonitor zunächst noch ohne Aktivitäten. Starten Sie die Datensammlung über das Hauptmenü SAMMELN | STARTEN oder Druck auf die Funktionstaste F10.

Sammlung starten

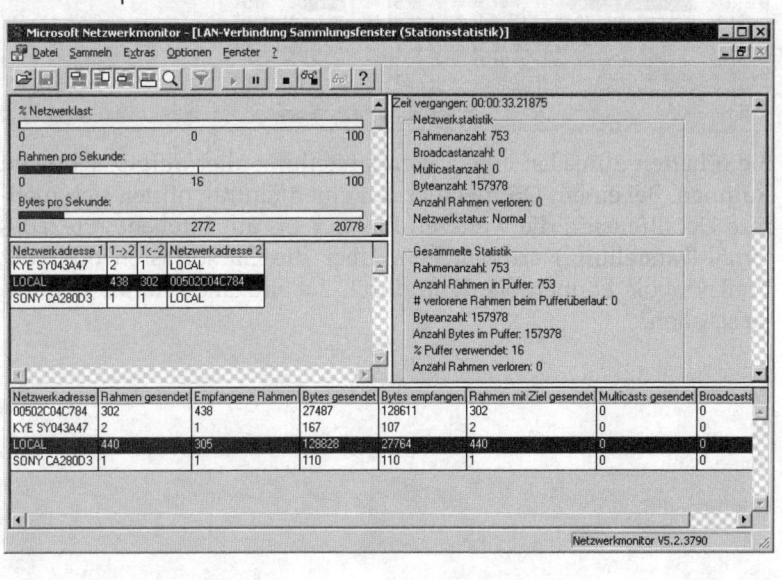

Abbildung 10.66: Netzwerkmonitor beim Sammeln von Daten

Jetzt werden für das spezifizierte Netzwerk die Daten detailliert erfasst. Beachten Sie, dass innerhalb kurzer Zeit umfangreiche Datenbestände auflaufen, sodass eine längere Datensammlung selten Sinn macht. Um beispielsweise die Netzwerklast über einen längeren Zeitraum zu erfassen, sollten Sie keinesfalls den Netzwerkmonitor benutzen, sondern die Managementkonsole *Leistung*.

Daten auswerten

Sammeln beenden, Daten anzeigen

Nachdem Sie genug Daten gesammelt haben, können Sie das Programm stoppen und die Daten anzeigen lassen. Gehen Sie dazu über das Hauptmenü SAMMELN | BEENDEN UND ANZEIGEN oder betätigen Sie die Tastenkombination Umschalt-F11 (beziehungsweise das nebenstehende Symbol).

Abbildung 10.67:
Anzeige der gesammelten Daten

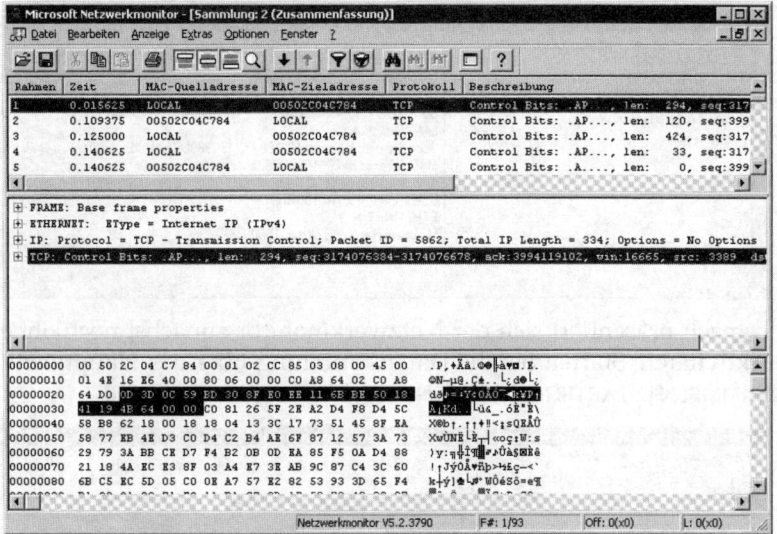

Sie erhalten zunächst eine Listendarstellung aller aufgezeichneten Rahmen. Bei einem Doppelklick auf einen Eintrag öffnen sich mehrere Detailfenster, die weiteren Einblick bis auf Bitebene (Hexadezimal-Darstellung) ermöglichen. Über die Cursortasten oder die Pfeilsymbole können Sie dann durch die einzelnen Rahmeneinträge scrollen.

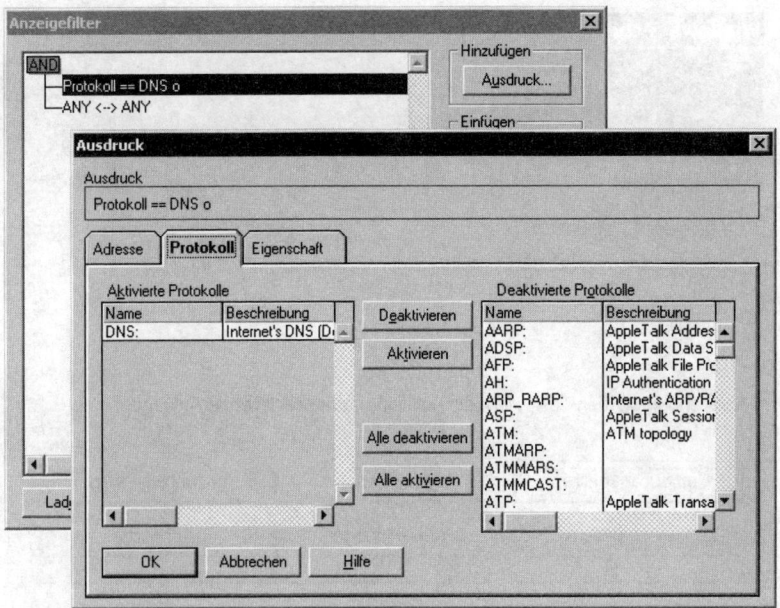

*Abbildung 10.68:
Anzeigefilter ein-
richten*

Um die Auswertungen praktikabel zu ermöglichen, können Sie **Filter einsetzen**
eine leistungsfähige Filterfunktion einsetzen. Über das Hauptmenü
ANZEIGE | FILTER oder die Funktionstaste F8 kommen Sie zum Dia-
logfenster für die Definition der Anzeigefilteroptionen. Sie können
hier logische Verkettungen mit spezifischen Angaben zu Protokollen und anderen Eigenschaften verknüpfen und so genau die Pakete ermitteln, die Sie für die weiteren Untersuchungen benötigen.

10.7.4 Task-Manager

Der Task-Manager ist ein nützliches Werkzeug, mit dem Sie direkt
am System oder über die Terminaldienste Prozesse überwachen
oder sogar in diese eingreifen können. Wie der Systemmonitor
(siehe Abschnitt 10.7.1 *System Monitor Control* ab Seite 673) liefert
der Task-Manager eine Reihe von aktuellen Systeminformationen.
Allerdings stehen hier nur ausgewählte Indikatoren zur Verfügung. Darüber hinaus können Sie Prozesse beenden, starten oder
in deren Verhalten in einem gewissen Umfang eingreifen.

Starten des Task-Managers

Den Task-Manager können Sie mit Hilfe verschiedener Methoden
starten. Eine der bekanntesten ist sicherlich die über die Tastenkombination Strg-Alt-Entf. Damit kommen Sie zum Dialogfenster
WINDOWS-SICHERHEIT, über das Sie unter anderem den Task-
Manager aufrufen können.

Abbildung 10.69:
Das Dialogfenster
WINDOWS-SICHER-
HEIT nach Drücken
von Strg-Alt-Entf

Sie können das Dialogfenster WINDOWS-SICHERHEIT über einen Terminaldienste-Client aufrufen, indem Sie dort im Startmenü den Punkt WINDOWS-SICHERHEIT anwählen.

Aber es geht noch eleganter. Nachfolgend finden Sie die anderen Möglichkeiten für den Start des Task-Managers:

Strg+Umschalt+Esc

- Drücken Sie einfach die Tastenkombination Strg+Umschalt+Esc. Der Task-Manager erscheint dann sofort.

Kontextmenü der Taskleiste

- Klicken Sie mit der rechten Maustaste (Linkshänder bitte die linke) auf eine leere Stelle in der Taskleiste und wählen aus dem erscheinenden Kontextmenü TASK-MANAGER... aus.

Aufruf von TASKMGR.EXE

- Starten Sie den Task-Manager über START | AUSFÜHREN oder in einer Eingabeaufforderung:

  Taskmgr.exe

Der Task-Manager ist eine originäre Windows-Anwendung und verfügt, anders als die Managementkonsole, nicht über die Möglichkeit, für entfernte Systeme ausgeführt zu werden.

Aufbau des Task-Managers

Sie finden im Task-Manager fünf Registerkarten, die jeweils unterschiedlichen Funktionsbereichen zugeordnet sind:

- ANWENDUNGEN

  Hier werden alle laufenden Anwendungen aufgeführt. An einem Serversystem, an dem Sie keine weiteren Programme gestartet haben, wird diese Liste meist ziemlich leer sein. Die meisten Serveranwendungen dürften auch als Prozesse im Hintergrund ausgeführt werden.

- PROZESSE

  Das ist die aktuelle Prozessliste des Betriebssystems. Sie sehen hier, welche Prozesse aktiv sind und erhalten darüber hinaus weitere Informationen über deren Abarbeitung.

- SYSTEMLEISTUNG

  Diese Ansicht des Task-Managers gibt Ihnen einen Überblick über die momentane Auslastung des Systems hinsichtlich einiger ausgewählter Parameter.

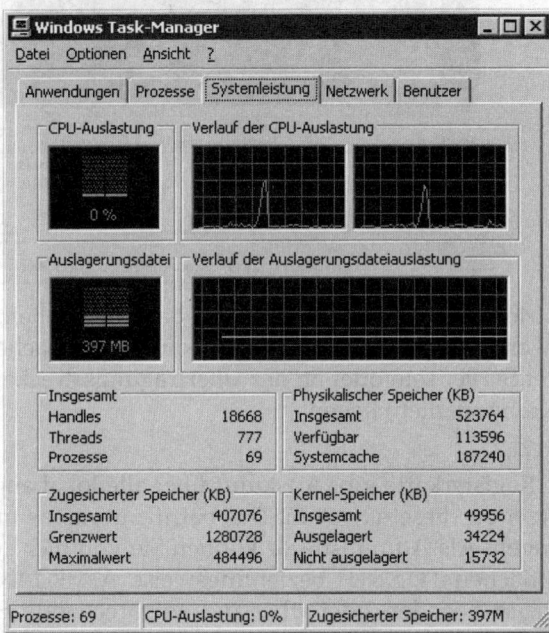

Abbildung 10.70:
Der Windows 2000
Task-Manager mit
der Registerkarte
SYSTEMLEISTUNG

Neben der CPU-Belastung – bei Mehrprozessorsystemen erhalten Sie auch die grafische Anzeige für jede CPU getrennt – sehen Sie die Nutzung wichtiger Speicherressourcen. Die einzelnen Parameter dieser Anzeige werden im nachfolgenden Abschnitt näher vorgestellt.

- NETZWERK

  In dieser Rubrik wird eine grafische Anzeige der momentanen Auslastung der Netzwerkschnittstellen dargestellt. Sie sehen, wieweit die physikalisch mögliche Bandbreite Ihrer Netzwerkschnittstellen überhaupt ausgenutzt wird.

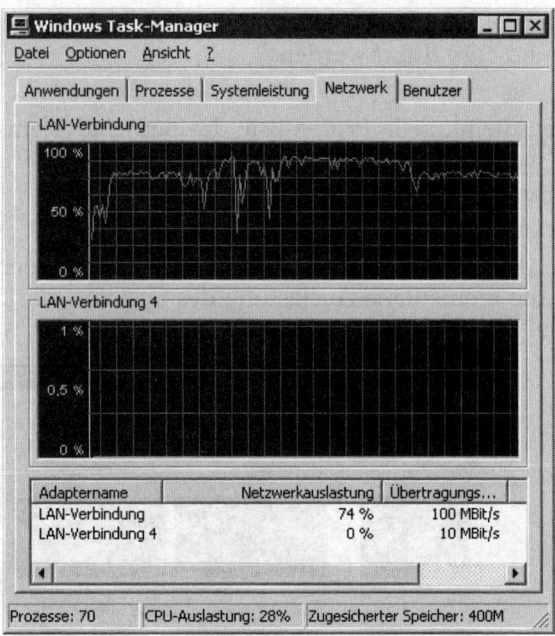

Registrieren Sie hier niedrige Werte bei einer unbefriedigenden Netzwerkperformance zum Server, kann die Ursache ein ausgelasteter Server sein oder an der Übertragungsstrecke (Kabel, aktive Komponenten) liegen.

- BENUTZER

Lokale Benutzersitzungen

Diese Registerkarte gibt Auskunft über alle lokal angemeldeten Benutzer an diesem System. Das betrifft übrigens nicht Telnet-Sitzungen. Als Administrator können Sie von hier aus über die Schaltflächen TRENNEN beziehungsweise ABMELDEN Benutzersitzungen beenden oder über die entsprechende Schaltfläche Nachrichten senden.

Parameter in der Registerkarte SYSTEMLEISTUNG

Die in der Standardansicht des Task-Managers angezeigten Parameter haben folgende Bedeutungen:

Auslastung der CPUs

- VERLAUF DER CPU-AUSLASTUNG

Sie sehen die momentane Belastung der CPU sowie eine Verlaufsgrafik der vergangenen Belastung. Diese Angabe in % gibt Auskunft darüber, wieviel sich die CPU pro Zeiteinheit nicht mit dem Leerlaufprozess beschäftigt, also etwas »Sinnvolles« tut. Bei Mehrprozessorsystemen werden standardmäßig separate Verlaufsgrafiken für jede einzelne CPU angezeigt (lässt sich über ANSICHT | CPU-VERLAUF anpassen).

- VERLAUF DER AUSLAGERUNGSDATEIAUSLASTUNG

  In dieser grafischen Darstellung bekommen Sie einen Überblick über den Stand der Nutzung des virtuellen Speichers, der sich aus dem über die Auslagerungsdatei zur Verfügung gestellten Anteil und dem RAM im System zusammensetzt.

- ZUGESICHERTER SPEICHER

  Hier sehen Sie, wie groß der virtuelle Speicher (RAM + Auslagerungsdatei) Ihres Systems ist und wie viel davon in Anspruch genommen wird.

INSGESAMT	Momentan belegter virtuelle Speicher in KByte
GRENZWERT	Haben Sie für die Einstellung der Auslagerungsdatei eine feste Größe eingegeben, ist das die Gesamtgröße des zur Verfügung stehenden virtuellen Speichers.
	Ist die Größe der Auslagerungsdatei hingegen mit Anfangs- und Endwert definiert (Standardeinstellung), so stellt dieser Wert die Größe des virtuellen Speichers dar, die erreicht werden kann, ohne die Auslagerungsdatei dynamisch zu vergrößern.
MAXIMALWERT	Dies ist der seit dem Systemstart maximal verwendete virtuelle Speicher. Ist eine dynamische Größe der Auslagerungsdatei eingestellt, so kann dieser Wert sogar höher sein als der GRENZWERT. Das deutet auf eine zwischenzeitliche Vergrößerung der Auslagerungsdatei hin.

- PHYSIKALISCHER SPEICHER

INSGESAMT	Installierter physischer RAM in KByte
VERFÜGBAR	Derzeit frei verfügbarer RAM
SYSTEMCACHE	Das ist der Anteil am RAM, der für den Systemcache vorgesehen ist und bei Bedarf durch diesen belegt wird. Diese Größe wird durch das Betriebssystem dynamisch angepasst.

- KERNEL-SPEICHER

INSGESAMT	Der durch das Betriebssystem belegte Speicher für den Kernel in KByte
AUSGELAGERT	Größe des ausgelagerten Kernel-Speichers.
NICHT AUSGELAGERT	Größe des nicht ausgelagerten Kernel-Speichers
	Die Summe beider Werte ergibt INSGESAMT.

Prozessparameter

- INSGESAMT

  HANDLES   Anzahl aller Objekthandles der Prozesse

  THREADS   Anzahl aller Threads. Das sind alle Threads der ausgeführten Prozesse sowie ein Leerlauf-Thread pro CPU.

  PROZESSE   Anzahl der laufenden Prozesse

Einstellungen des Task-Managers

Der Task-Manager kann über einige Einstellmöglichkeiten angepasst werden:

- AKTUALISIERUNGSGESCHWINDIGKEIT

Aktualisierungsgeschwindigkeit des Task-Managers einstellen

Die Zeitspanne, die zwischen zwei Messungen der Aktivitäten verstreicht, können Sie direkt beeinflussen. Gehen Sie dazu in das Menü ANSICHT und wählen Sie dort AKTUALISIERUNGSGESCHWINDIGKEIT. Sie können in dem dann folgenden Menü zwischen drei Stufen (HOCH, NORMAL, NIEDRIG) und der Einstellung ANGEHALTEN umschalten. Entscheiden Sie sich für die letzte Option, können Sie die Aktualisierung der Anzeige manuell über ANSICHT | AKTUALISIEREN oder mit Druck auf die Funktionstaste F5 erreichen.

- KERNEL-ZEITEN

Kernel-Zeiten einblenden

Zusätzlich können Sie sich anzeigen lassen, wieviele Ressourcen der CPU durch Kernel-Operationen des Betriebsystems belegt sind. Aktivieren Sie dazu über Ansicht den Menüpunkt KERNEL-ZEITEN ANZEIGEN. Die grafischen Anzeigen der CPU-NUTZUNG werden dann durch rote Linien ergänzt, welche die Belastung der CPU durch Kerneloperationen anzeigen.

Die Prozessliste im Detail

Standard-Spalten

Die Prozessliste zeigt alle laufenden Prozesse. Die folgenden Spalten finden Sie standardmäßig vor:

- NAME

  Das ist der Name des Prozesses beziehungsweise des Programms, auch wenn dieses innerhalb einer Benutzerumgebung gestartet worden ist.

- BENUTZERNAME

  Der Benutzername weist auf den Eigentümer bzw. Auslöser des Prozesses hin.

- CPU-AUSLASTUNG (%)

  Dies ist eine prozentuale durchschnittliche Angabe, die Auskunft darüber gibt, wie hoch der Anteil an der in Anspruch genommenen Gesamt-CPU-Leistung innerhalb einer Zeiteinheit ist.

- SPEICHERAUSLASTUNG

  Je Prozess wird sein aktuell benutzter Hauptspeicheranteil angezeigt. Das wird auch als *Workingset* des Prozesses bezeichnet.

- ÄNDERN DER SPEICHERAUSLASTUNG

  Hier sehen Sie, wie Programme ihren Speicherbedarf ändern. Diese Werte sollten immer nur kurzzeitig größer oder kleiner als Null sein. Sehen Sie für einen Prozess einen dauerhaft positiven Wert, der vielleicht noch weiter steigt, ist das ein Zeichen, dass diese Software zunehmend Speicher anfordert und nicht wieder freigibt, was auf einen Programmierfehler hindeuten kann.

Darüber hinaus können Sie alle Spalten selbst einrichten und zusätzliche Werte anzeigen lassen. Öffnen Sie dazu das entsprechende Auswahl-Dialogfenster über das Hauptmenü ANSICHT|SPALTEN AUSWÄHLEN.

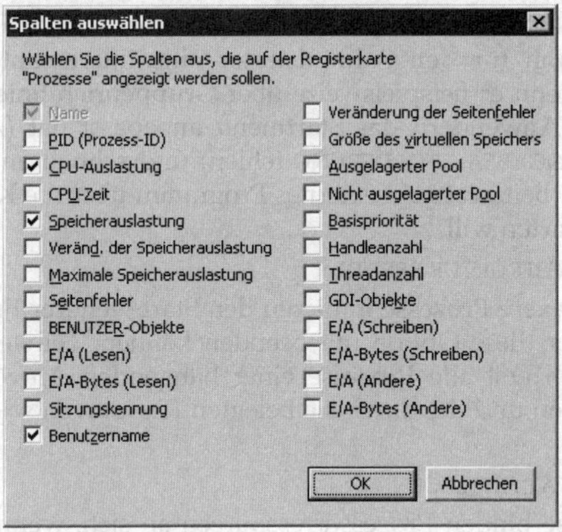

Anpassen der Spalten

Abbildung 10.72: Auswählen der Spalten, die in der Prozessliste erscheinen sollen

Einige interessante Parameter zur Speichernutzung, die Sie auch zur Fehlersuche einsetzen können, sind die folgenden:

- PID (PROZESS-ID)

  Die Prozess-ID wird für jeden Prozess einmalig vergeben. Diese ist allerdings nicht fest zugeordnet. Wird ein Prozess geschlossen und neu gestartet, wird eine neue ID vergeben, die zur vorhergehenden differieren kann.

- CPU-ZEIT

  Diese Angabe zeigt in »Stunden:Minuten:Sekunden« die seit dem Start des Prozesses effektiv verbrauchte CPU-Zeit an. Den höchsten Wert nimmt hier normalerweise der so genannte Leer-laufprozess als das Maß für die »Faulheit« der CPU ein.

- MAXIMALE SPEICHERAUSLASTUNG

Dieser Wert liefert Auskunft darüber, wie hoch der maximale Bedarf an physischem Speicher seit Start des Prozesses war.

Zu allen anderen Parameter finden Sie weitergehende Hinweise in der Online-Hilfe.

Laufende Prozesse beeinflussen:

Auf laufende Prozesse können Sie im Bedarfsfall direkten Einfluss nehmen. Klicken Sie dazu auf den betreffenden Prozess und öffnen Sie über die rechte Maustaste das Kontextmenü:

- PROZESS BEENDEN

Prozesse manuell beenden

Damit beenden Sie einen laufenden Prozess »gewaltsam«. So können Sie aber beispielsweise eine hängende Anwendung, die als Dienst gestartet worden ist, schließen und im Bedarfsfall neu ausführen.

Sie können neue Tasks beziehungsweise Anwendungen direkt aus dem Task-Manager heraus starten. Im Hauptmenü DATEI finden Sie dazu die Option NEUER TASK (AUSFÜHREN...).

Das kann für den Administrator eine interessante Funktion sein, wenn er beispielsweise über Gruppenrichtlinien den nor-malen Anwendern das Startmenü angepasst hat (AUSFÜHREN und EINGABEAUFFORDERUNG fehlen) und schnell an einem sol-chen Arbeitsplatz ein externes Programm über die Kommando-zeile starten will.

- PROZESSSTRUKTUR BEENDEN

Prozesse mit allen Töchter-Prozessen beenden

Komplexere Prozesse initiieren den Start weiterer Prozesse, die Sie über diese Option mit beenden können. Teilweise werden dadurch erst alle Prozesse einer hängenden Anwendung ge-schlossen und die durch sie belegten Ressourcen wieder freige-geben.

- PRIORITÄT FESTLEGEN

Prozess-Prioritäten beeinflussen

Prozesse binden Prozessorressourcen an sich, wenn sie ausge-führt werden. Dabei können den Prozessen verschiedene Priori-tätsstufen zugewiesen werden. Die meisten Prozesse arbeiten mit der Einstellung NORMAL. Es gibt aber auch Prozesse, die in ECHTZEIT ausgeführt werden müssen.

Über diese Option lässt sich die Priorität eines Prozesses und damit seine Abarbeitungsgeschwindigkeit in gewissen Grenzen beeinflussen. Beachten Sie, dass Sie damit auch Einfluss auf die Abarbeitung der verbleibenden Prozesse nehmen.

- ZUGEHÖRIGKEIT FESTLEGEN

Verteilung von Pro-zessen auf CPUs

Bei Mehrprozessorsystemen kann hier die Zuteilung von Pro-zessen zu den verfügbaren CPUs beeinflusst werden. So können Sie verschiedene Prozesse oder Dienste gezielt auf verschiedene CPUs verteilen.

Beachten Sie generell, dass manuelle Eingriffe in die Prozesse die Stabilität des Systems beeinträchtigen beziehungsweise zu Datenverlusten führen können. Besondere Sorgfalt ist beim Beeinflussen von Systemdiensten geboten.

Gerade für die beiden letzten Optionen gilt: Normalerweise nimmt das Betriebssystem selbst die Verteilung der Ressourcen vor. Eine manuelle Einflussnahme ist nur selten wirklich notwendig.

11

Administration der Massenspeicher

In diesem Kapitel werden detailliert die Einrichtung und Verwaltung von Massenspeichersystemen für Windows Server 2003 behandelt. Dabei werden die Administrationswerkzeuge vorgestellt und die einzelnen Schritte bei der Einrichtung praxisnah erläutert.

Inhaltsübersicht Kapitel 11

11.1 Die Verwaltungswerkzeuge im Überblick

Für die Verwaltung der Massenspeichersysteme wie Festplatten oder Wechseldatenträger sowie für Einrichtung und Wartung der logischen Datenträger bringt Windows Server 2003 eine Reihe von Systemwerkzeugen mit. Dabei können Sie alle Aufgaben mit komfortablen grafischen Werkzeugen erledigen.

Hinzu kommt eine Reihe leistungsfähiger Tools für die Kommandozeile, die sich insbesondere für den Einsatz in Stapelverarbeitungsdateien oder remote über *Telnet* (siehe auch Abschnitt 10.6 *Telnet-Server* ab Seite 664) eignen. Mittlerweile können Sie fast alle Administrationsaufgaben auch unter Umgehung der grafischen Oberfläche ausführen.

11.1.1 Grafische Verwaltungswerkzeuge

Die grafischen Verwaltungswerkzeuge für die Speichersysteme wie Festplatten und Wechseldatenträger sind in die vorgefertigte Managementkonsole *Computerverwaltung* integriert. Am einfachsten erreichen Sie diese, indem Sie im Kontextmenü von ARBEITSPLATZ den Punkt VERWALTEN wählen.

Managementkonsole Computerverwaltung

In der Managementkonsole *Computerverwaltung* finden Sie in der Strukturansicht unter DATENSPEICHER eine Reihe wichtiger Snap-Ins, die Sie für die Administration der Speichermedien nutzen können:

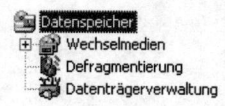

- WECHSELMEDIEN

  Unter Wechselmedien ist eine Reihe von Werkzeugen für die Verwaltung aller Arten von Wechselspeichermedien (wie Magnetbänder und optische Speichermedien) und der dazugehörigen Hardwarekomponenten vereinigt (siehe dazu auch Abschnitt 3.5 *Der Wechselmediendienst* ab Seite 113).

- DEFRAGMENTIERUNG

  Mit Hilfe dieses integrierten Programms des Herstellers *Executive Software International Inc.* können Sie Volumes defragmentieren. Dieses Thema wird in Abschnitt 4.5.3 *Defragmentierungsverfahren und -strategien* ab Seite 179 behandelt.

- DATENTRÄGERVERWALTUNG

  Die Datenträgerverwaltung ist das zentrale Werkzeug für die Einrichtung und Wartung der Datenträger und Volumes.

Managementkonsole Dateiserververwaltung

Diese Managementkonsole können Sie über das Fenster *Serververwaltung* starten, indem Sie unter DATEISERVER auf den Link DIESEN DATEISERVER VERWALTEN klicken.

Abbildung 11.1:
Managementkonsole
Dateiserver-
verwaltung mit
wichtigen Snap-Ins

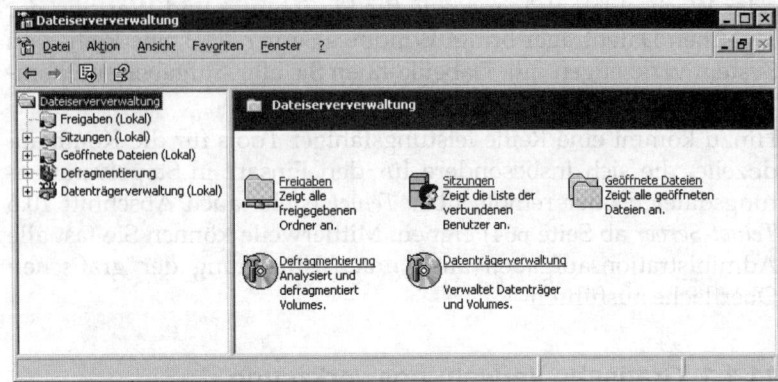

Neben den bereits in der Managementkonsole *Computerverwaltung* integrierten Snap-Ins finden Sie hier weitere, die Sie zur Verwaltung auf dem Server sicherlich häufiger benötigen:

- Snap-In *Freigaben*

Freigaben einrichten
ab Seite 775

  Hier verwalten Sie die Ordner-Freigaben auf dem Server. Weitere Informationen finden Sie dazu in Abschnitt 11.14 *Freigaben für Ordner einrichten* ab Seite 775.

- Snap-In *Sitzungen*

  In einer Liste werden die aktiven Sitzungen zum betreffenden Server angezeigt. Sie können genau erkennen, wie lange eine Sitzung bereits besteht und wieviel Zeit davon im »Leerlauf« verbraucht worden ist. Bei Bedarf können Sie Sitzungen trennen.

- Snap-In *Geöffnete Dateien*

  Sie sehen hier die Liste der auf dem Server geöffneten Objekte. Das können Ordner und Dateien sein, auf die Benutzer in diesem Moment zugreifen. Für Dateien können Anwendungsprogramme *Sperren* einrichten, damit ein exklusiver Zugriff gewährleistet wird. Bei Bedarf können Sie geöffnete Dateien, ebenso wie offene Sitzungen, »gewaltsam« schließen.

11.1.2 Kommandozeilen-Tools

Die folgende Tabelle enthält einen Überblick zu Kommandozeilen-Tools für die Verwaltung und Einrichtung von Datenträgern und Volumes beziehungsweise für die Nutzung spezieller Funktionen des NTFS-Dateisystems. Nicht alle Tools sind nur für die Nutzung durch Administratoren bestimmt. Allerdings werden sich die wenigsten normalen Benutzer mit Kommandozeilenoptionen herumschlagen wollen. Deshalb sind hier die wichtigsten Tools aufgeführt, die Sie unter Windows Server 2003 für Administrationsarbeiten nutzen können. Dazu gibt es für jedes Tool den Verweis auf die Seite, auf der dieses näher erläutert wird.

Name	Funktion	Seite
CACLS.EXE	Ändert Zugriffsberechtigungen von Dateien und Ordnern (NTFS).	773
CHKDSK.EXE	Dient der Fehlersuche und –behebung auf Datenträgern.	789
CIPHER.EXE	Ermöglicht die Ver- und Entschlüsselung von Dateien und Ordnern (NTFS).	760
COMPACT.EXE	Ermöglicht die Komprimierung und Dekomprimierung von Dateien und Ordnern (NTFS).	757
CONVERT.EXE	Konvertiert einen FAT-Datenträger zu NTFS.	726
DISKPART.EXE	Dient der Einrichtung und Verwaltung von physischen Datenträgern und logischen Volumes.	729
FSUTIL.EXE	Bietet umfassende Verwaltungsaufgaben auf Dateisystem-Ebene. Es werden alle wichtigen Funktionen von FAT/FAT32- und NTFS-Datenträgern unterstützt.	740
MOUNTVOL.EXE	Ermöglicht die Erstellung und Löschung von Bereitstellungspunkten.	748
FTONLINE	Erlaubt den lesenden Zugriff auf Datenträgersätze, die mit Windows NT 4 erstellt worden sind (Stripe Sets, Mirror Sets etc.). Weitere Informationen finden Sie in der Online-Hilfe.	---

Tabelle 11.1: Kommandozeilen-Tools im Überblick und wo sie im Buch beschrieben werden

11.2 Die Datenträgerverwaltung im Detail

Das grafische Dienstprogramm DATENTRÄGERVERWALTUNG erlaubt Ihnen die Administration der Datenträger und Volumes Ihres Servers oder eines Fremdsystems, welches über eine Netzwerk- oder DFÜ-Verbindung erreichbar ist. Die Anwendung ist als Managementkonsolen-Snap-In aufgebaut.

11.2.1 Funktionsumfang der Datenträgerverwaltung

Die folgenden Administrationsaufgaben können Sie mit Hilfe der Datenträgerverwaltung durchführen:

- Abruf von Informationen über alle physischen Datenträger und logischen Volumes
- Neues Einlesen der Datenträgerkonfiguration nach Entfernen oder Hinzunahme externer Geräte ohne Neustart
- Überprüfung und Reparatur von Datenträgern und Volumes
- Einrichtung und Änderung von Sicherheitseinstellungen für den Zugriff auf Volumes
- Einrichtung und Löschung von Partitionen und logischen Laufwerken auf *Basisdatenträgern*
- Umwandlung von *Basisdatenträgern* in *Dynamische Datenträger* und umgekehrt
- Erstellung, Erweiterung und Löschung von *Einfachen Volumes*
- Erstellung, Erweiterung und Löschung von *Übergreifenden Volumes*
- Erstellung und Löschung von *Stripesetvolumes*
- Erstellung und Löschung von *Gespiegelten Volumes*
- Erstellung und Löschung von *RAID 5-Volumes*
- Löschung von unter Windows NT erstellten Datenträgersätzen, Stripe Sets und Mirror Sets

11.2.2 Aufbau der Benutzeroberfläche

Die grafische Oberfläche der Datenträgerverwaltung erlaubt Ihnen eine sehr einfache Anwendung der vielfältigen Funktionen dieses Programms.

Ansichten einstellen   Im oberen Fensterteil werden standardmäßig die logischen Datenträger dargestellt, im unteren erscheint die grafische Ansicht der physischen Datenträger. Diese Anordnung können Sie aber frei nach Ihren Bedürfnissen verändern. Über ANSICHT | ANZEIGE OBEN und ANZEIGE UNTEN lassen sich die Fensterbereiche einrichten als:

- Datenträgerliste
- Volumeliste
- Grafische Ansicht

Die Größe der Anzeigenbereiche lässt sich einfach mit Hilfe der Maus einstellen. Der untere Bereich kann auch ganz ausgeblendet werden.

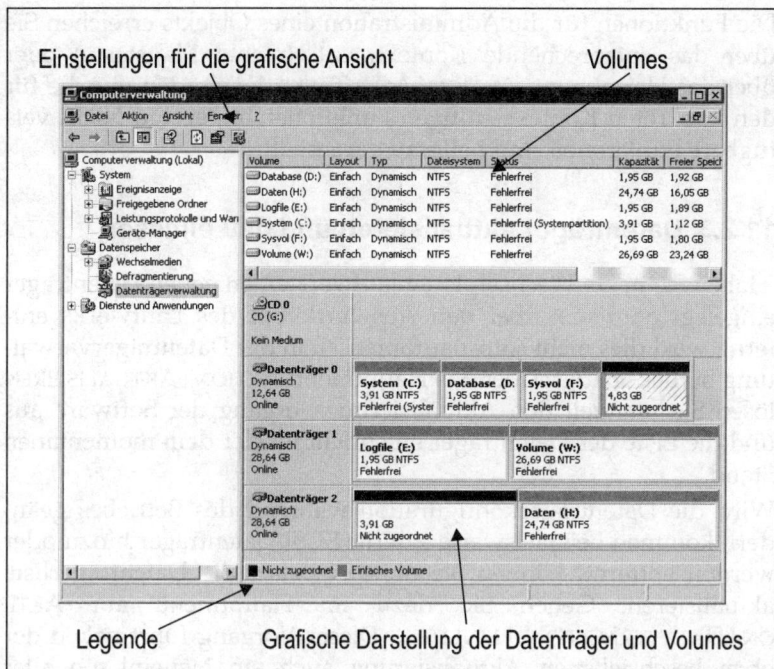

Über ANSICHT | LAUFWERKPFADE sehen Sie die eingerichteten Be- **Laufwerkpfade**
reitstellungspunkte, auch *Laufwerkpfade* genannt, über die Volumes **anzeigen**
in einem anderen NTFS-formatierten Volume eingebunden sind
(siehe auch Abschnitt 11.9 *Volumezugriff ändern* ab Seite 745).

Abbildung 11.3:
Anzeige der
Laufwerkpfade

Die grafische Ansicht eignet sich hervorragend zur Einrichtung **Grafische Ansicht**
und Verwaltung der Datenträger und der Volumes auf ihnen. Sie **anpassen**
sehen hier auf einem Blick, welchen Typ der Datenträger hat und
welche Arten von Volumes eingerichtet oder wo freie Bereiche
verfügbar sind. Die grafische Ansicht können Sie über das Haupt-
menü ANSICHT | EINSTELLUNGEN hinsichtlich der verwendeten
Farben und grafischen Skalierung frei anpassen.

Objektfunktionen

Die Funktionen für die Administration eines Objekts erreichen Sie über das entsprechende Kontextmenü (rechte Maustaste) oder über das Hauptmenü AKTION | ALLE TASKS. Es werden nur die für den konkreten Kontext gültigen Funktionen angezeigt. Nicht verfügbare Funktionen sind hellgrau dargestellt.

11.2.3 Datenträger aktualisieren und neu einlesen

Aktualisieren

Haben Sie in ein Wechselplattenlaufwerk einen neuen Datenträger eingelegt oder nur über den Auswurfknopf des Laufwerks entfernt, wird dies nicht sofort automatisch in der Datenträgerverwaltung berücksichtigt. Über das Hauptmenü AKTION | AKTUALISIEREN lösen Sie manuell den Aktualisierungsvorgang der Software aus und die Liste der Datenträger entspricht wieder dem momentanen Stand.

Festplatten neu einlesen

Wird die Datenträgerkonfiguration während des Betriebes geändert, kommen beispielsweise externe SCSI-Datenträger hinzu oder werden entfernt, können Sie ohne Neustart die Datenträgerliste aktualisieren. Gehen Sie dazu im Hauptmenü auf AKTION | DATENTRÄGER NEU EINLESEN. Dieser Vorgang führt neben der oben beschriebenen Aktualisierung auch ein Neueinlesen aller verfügbaren Bussysteme (SCSI, IDE etc.) durch und dauert dadurch etwas länger.

11.3 Basisdatenträger einrichten

Basisdatenträger entsprechen in Ihrem Aufbau den Festplatten in anderen Betriebssystemen. Sie können diese Festplatten in Partitionen und logische Laufwerke einteilen. Ausführlich werden der grundlegende Aufbau von Basisdatenträgern und ihre Unterschiede zu den dynamischen Datenträgern in Abschnitt 3.1 *Das Volume Management* auf Seite 75 behandelt.

11.3.1 Partitionierungswerkzeuge

Mit der *Datenträgerverwaltung* können Sie primäre oder erweiterte Partitionen sowie logische Laufwerke auf Basisdatenträgern einrichten, ohne dass dazu ein Neustart notwendig wäre.

Auf einem Basisdatenträger lassen sich maximal 4 primäre Partitionen anlegen. Wenn Sie noch mehr Teilbereiche benötigen, müssen Sie statt einer primären eine erweiterte Partition (statt 4 primärer dann 3 primäre und eine erweiterte) anlegen, in der Sie logische Laufwerke definieren können.

Für eine maximale Ausnutzung der Möglichkeiten von Windows Server 2003 empfiehlt sich die konsequente Nutzung von dynamischen Datenträgern (siehe auch Abschnitt 11.4 *Dynamische Datenträger einrichten* ab Seite 710).

11.3.2 Anlegen von primären und erweiterten Partitionen

Zum Anlegen einer Partition auf einem leeren Datenträger oder in einem freien Bereich wählen Sie im Kontextmenü dieses Datenträgers PARTITION ERSTELLEN. Es wird der *Assistent zum Erstellen von Partitionen* gestartet, der Sie durch die Einrichtung führt.

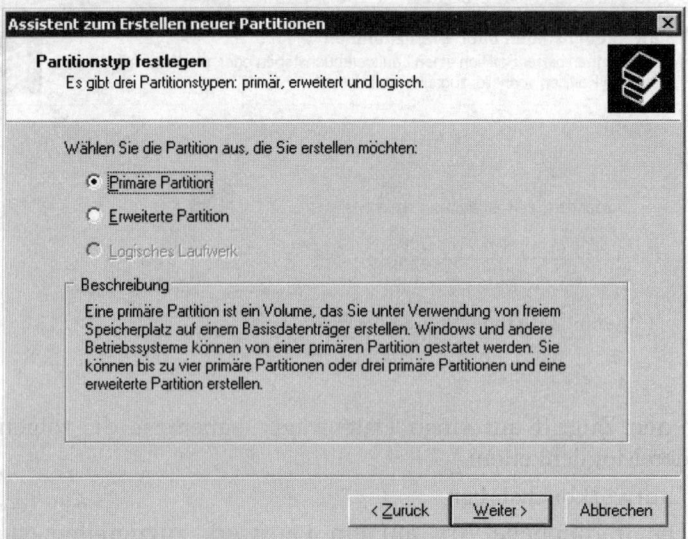

Abbildung 11.4: Assistent zum Erstellen von Partitionen mit der Auswahl des Partitionstyps

Wählen Sie hier aus, ob Sie eine primäre oder eine erweiterte Partition erstellen wollen.

Partitionstyp

Partitionstyp	Beschreibung / Einsatzzweck
Primäre Partition	Nicht weiter teilbare Einheit, in die Sie eine Festplatte gliedern können. Wollen Sie den gesamten Speicherplatz einer Festplatte am Stück nutzen, richten Sie eine primäre Partition ein.
	Nur eine primäre Partition kann im Übrigen als Systempartition eingerichtet werden, von der ein Betriebssystem starten kann (siehe auch Seite 81).

Tabelle 11.2: Partitionstypen

Partitionstyp	Beschreibung / Einsatzzweck
Erweiterte Partition	In weitere logische Laufwerke teilbare Einheit auf einer Festplatte. Sie können theoretisch beliebig viele logische Laufwerke einrichten.

Nach Auswahl des Partitionstyps können Sie im nächsten Fenster bestimmen, wie viel Speicherplatz der Partition oder dem logischen Laufwerk zugeordnet werden soll. Danach können Sie den Zugriff auf das neue Volume festlegen.

Abbildung 11.5:
Laufwerkszugriff
einstellen

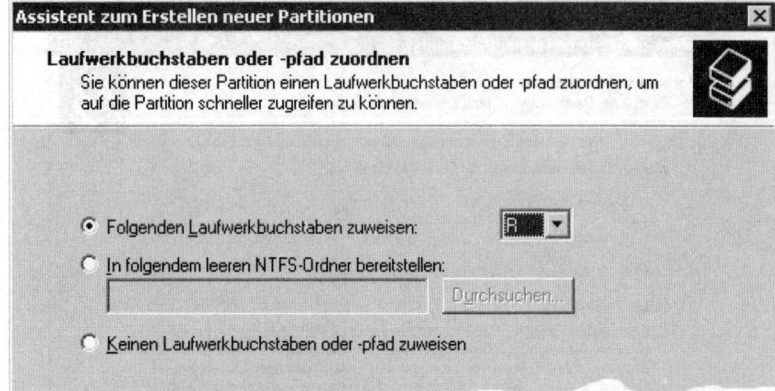

Für den Zugriff auf einen Datenträger haben Sie die folgenden beiden Möglichkeiten:

- Laufwerkbuchstaben

Zugriff über Laufwerkbuchstaben

Die traditionelle Art, auf ein Laufwerk zuzugreifen, stellen Laufwerkbuchstaben dar. Es sind alle 26 Buchstaben des englischen Alphabets erlaubt. Zwischen Groß- und Kleinschreibung wird nicht unterschieden.

- Laufwerkpfade

Zugriff über Laufwerkpfade

In anderen Betriebssystemen wie beispielsweise UNIX sind so genannte Verzeichnis-Links schon lange verbreitet. In Windows Server 2003 werden sie *Laufwerkpfade* genannt. Mit einem Laufwerkpfad können Sie ein Volume innerhalb einer Ordnerstruktur eines anderen Volumes einbinden. Voraussetzung ist, dass das andere Volume mit dem Dateisystem NTFS formatiert ist. Das Dateisystem des so eingebundenen Volumes kann allerdings auch FAT oder FAT32 sein.

 Beachten Sie, dass bei Einbindung eines FAT- oder FAT32-formatierten Volumes in ein NTFS-Volume die erweiterten Benutzerrechte und Eigenschaften wie Verschlüsselung oder Komprimierung für dieses nicht gelten.

Die Einstellung der Zugriffsmöglichkeiten auf das Laufwerk kön- **Nachträgliches Än-**
nen Sie über die Datenträgerverwaltung nachträglich wieder än- **dern der Zugriffs-**
dern. Außer für das Start- und das Systemvolume, wo ein **möglichkeiten**
unveränderbarer Laufwerkbuchstabe erforderlich ist, können Sie
für jedes andere Volume die Buchstaben jederzeit ändern, ganz
entfernen und beliebig viele Laufwerkpfade einrichten.

Nach Festlegung der Zugriffsart führt Sie der Assistent zum Formatieren des neuen Laufwerks.

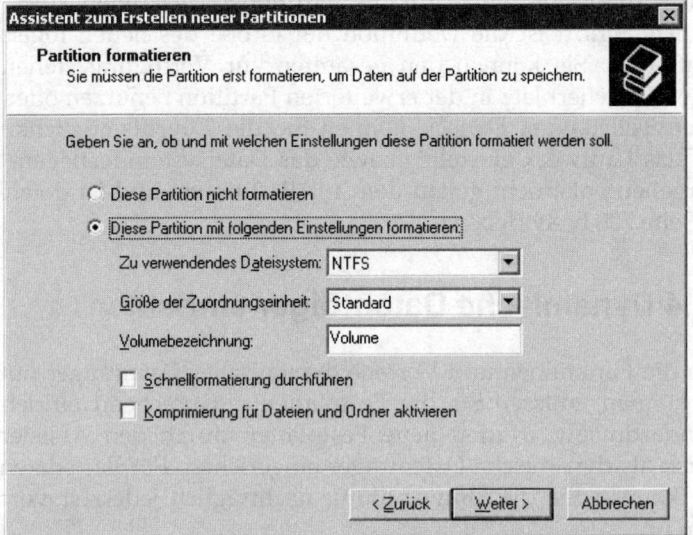

Abbildung 11.6:
Partition formatieren

Möchten Sie die Formatierung zu einem späteren Zeitpunkt durchführen, wählen Sie im Dialogfenster DIESE PARTITION NICHT FOR-
MATIEREN.

Das genaue Vorgehen beim Formatierprozess mit der Auswahl des
richtigen Dateisystems und den weiteren Format-Einstellungen ist
Inhalt des Abschnitts 11.6 *Volumes formatieren* ab Seite 721.

Abschließend fasst der Assistent alle eingestellten Werte für das **Letzte Kontroll-**
Erstellen der Partition noch einmal zusammen, bevor irgendeine **möglichkeit!**
Änderung an der Festplatte vorgenommen wird. Hier können Sie
die getroffenen Einstellungen überprüfen. Haben Sie einen Fehler
festgestellt, lässt sich der Prozess noch stoppen und die Festplatte
bleibt unverändert.

11.3.3 Logische Laufwerke erstellen

Für die weitere Unterteilung können Sie auf einem Basisdatenträger eine erweiterte Partition erstellen und in dieser logische Laufwerke definieren. Über das Kontextmenü zu einer erweiterten
Partition oder das Hauptmenü AKTION | ALLE TASKS | NEUES LOGI-

SCHES LAUFWERK starten Sie den entsprechenden Assistenten. Solange noch freier Platz in der erweiterten Partition existiert, können Sie logische Laufwerke definieren. Theoretisch ist die Zahl der logischen Laufwerke unbegrenzt (siehe dazu auch Abschnitt 3.2.1 *Partitionen und Partitionstypen* auf Seite 81).

Der Assistent ist derselbe, den Sie auch für das Erstellen von primären und erweiterten Partitionen benutzen. Innerhalb einer erweiterten Partition sind nur logische Laufwerke definierbar, sodass die Menüpunkte für die Partitionen deaktiviert sind. Der nächste Schritt ist die Definition der Größe des neuen logischen Laufwerks. Sie können den gesamten zur Verfügung stehenden freien Speicherplatz in der erweiterten Partition benutzen oder nur einen Teil davon. Danach können Sie die Zugriffsmöglichkeiten auf das Laufwerk einstellen sowie das Dateisystem festlegen. Das Vorgehen entspricht genau dem für Partitionen und ist detailliert ab Seite 708 beschrieben.

11.4 Dynamische Datenträger einrichten

Um die Funktionen und Vorteile dynamischer Datenträger nutzen zu können, müssen Sie die Festplatten entsprechend einrichten. Standardmäßig werden neue Festplatten durch den Assistenten gleich als dynamische Datenträger eingerichtet. Für Basisdatenträger können Sie die Umwandlung nachträglich jederzeit vornehmen.

Vor der Umwandlung sollten Sie Folgendes berücksichtigen:

Dynamische Datenträger können von anderen Betriebssystemen wie beispielsweise MS-DOS, Windows 9x und Windows NT nicht erkannt und genutzt werden.

Das Umwandeln eines Basisdatenträgers in einen dynamischen Datenträger lässt sich praktisch nicht mehr rückgängig machen. Während sich eine Basisdatenträger mit vorhandenen Daten in einen dynamischen umwandeln lässt, ist die Rückumwandlung in einen Basisdatenträger nur für einen *leeren* dynamischen Datenträger möglich.

Mehr zu den Grundlagen zu Basisdatenträgern und dynamischen Festplatten finden Sie in Kapitel 3 ab Seite 73.

Die Umwandlung starten Sie in der Datenträgerverwaltung über das Kontextmenü zur Festplatte oder über das Hauptmenü AKTION | ALLE TASKS | IN DYNAMISCHEN DATENTRÄGER UMWANDELN.

Umwandlung bei vorhandenen Daten

Befinden sich Daten auf dem Basisdatenträger wie Partitionen und logische Laufwerke, werden diese bei der Umwandlung in Datenträger auf der dynamischen Festplatte konvertiert.

11.4.1 Einfache Volumes und ihre Erweiterung

Ein einfaches Volume auf einem dynamischen Datenträger ist zunächst mit einer primären Partition oder einem logischen Laufwerk auf einem Basisdatenträger vergleichbar. Gegenüber diesen kann es allerdings während des laufenden Betriebs erweitert werden, ohne dass die bestehenden Daten verloren gehen oder ein Neustart notwendig wird. Lesen Sie zu den Grundlagen auch den Abschnitt 3.3.3 *Einfache Volumes und ihre Erweiterung* ab Seite 100.

Erstellen eines einfachen Volumes

Ein einfaches Volume auf einem dynamischen Datenträger erstellen Sie mit Hilfe eines Assistenten. Diesen starten Sie über das Kontextmenü des Datenträgers oder über das Hauptmenü AKTION | ALLE TASKS | NEUES VOLUME.

Nach dem Begrüßungsfenster des Assistenten gelangen Sie in die Auswahl des Volumetyps. Wählen Sie hier EINFACH aus.

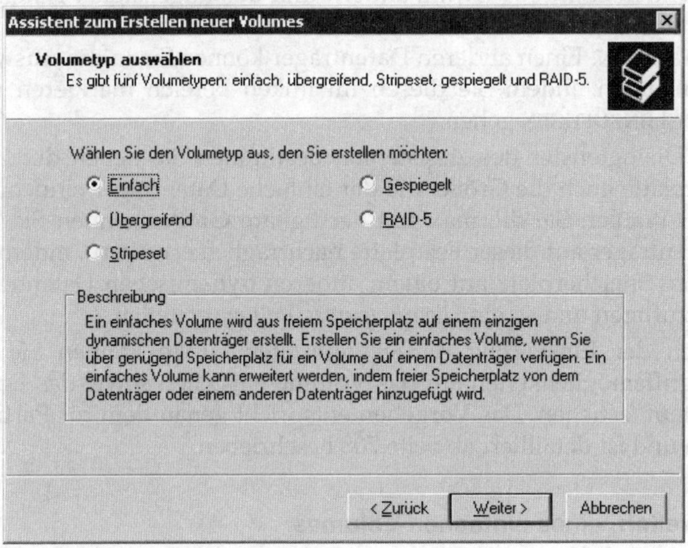

Volumetyp

*Abbildung 11.7:
Assistent mit Auswahl des Volumetyps*

Im nächsten Dialogfenster des Assistenten bestimmen Sie den dynamischen Datenträger, auf welchem das einfache Volume erstellt werden soll. Im linken Fensterbereich werden nur Datenträger angezeigt, die freien Speicherplatz zur Verfügung haben. Basisdatenträger erscheinen in der Auswahlliste nicht. Im rechten Fensterbereich sehen Sie den Datenträger, der ausgewählt worden ist. Es kann hier nur genau eine Festplatte erscheinen.

Auswahl des Datenträgers

Abbildung 11.8:
Datenträger für das
einfache Volume aus-
wählen

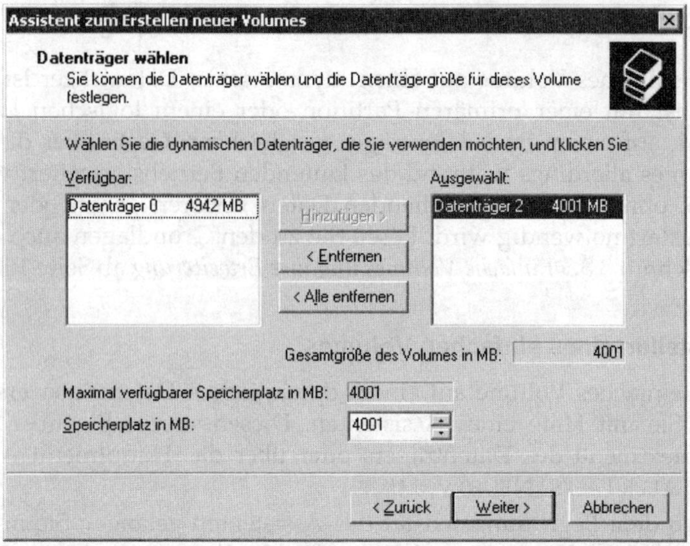

Möchten Sie Ihre Auswahl ändern und den angezeigten Datenträger aus der Liste löschen, markieren Sie diesen und klicken auf
ENTFERNEN. Einen anderen Datenträger können Sie in die Auswahl
aufnehmen, indem Sie diesen im linken Bereich markieren und
über HINZUFÜGEN gehen.

Größe bestimmen

Im Dialogfenster des Assistenten bestimmen Sie neben der Ziel-
festplatte auch die Größe, die der einfache Datenträger einnehmen
soll. Wählen Sie die maximal verfügbare Größe, können Sie den
Datenträger auf dieser Festplatte nachträglich erweitern, indem Sie
freien Speicherplatz auf einem anderen dynamischen Datenträger
hinzufügen und so ein *Übergreifendes Volume* erstellen.

Zugriffsmöglich-
keiten und Datei-
system

Nach der Einstellung der gewünschten Größe können Sie die
Zugriffsmöglichkeiten auf das Volume einstellen sowie das Dateisystem festlegen. Das Vorgehen entspricht genau dem für Partitionen und ist detailliert ab Seite 708 beschrieben.

Erweitern eines einfachen Volumes

Ein einfaches dynamisches Volume können Sie jederzeit mit freiem
Speicherplatz auf demselben oder einem anderen dynamischen
Datenträger erweitern. Dieser Vorgang erfordert keinen Neustart
des Computers. Die folgenden Voraussetzungen müssen dazu
gegeben sein:

Keine System- oder
Startvolumes

• System- oder Startvolumes können grundsätzlich nicht mit
  Bordmitteln von Windows Server 2003 erweitert werden.

Dateisystem NTFS

• Das Dateisystem des Volumes ist NTFS.

• Es steht freier Speicherplatz auf dem gleichen oder einem anderen dynamischen Datenträger zur Verfügung. Dynamische Vo-

lumes können nicht mit freiem Speicherplatz auf Basisdatenträgern erweitert werden.

Den Assistenten für die Erweiterung eines einfachen Volumes starten Sie über das entsprechende Kontextmenü des Volumes oder das Hauptmenü AKTION | ALLE TASKS | VOLUME ERWEITERN. Nach dem Einführungsfenster des Assistenten gelangen Sie in das Dialogfenster zur Auswahl des Datenträgers, durch die das Volume erweitert werden soll.

Im linken Fensterbereich werden nur die dynamischen Festplatten angezeigt, die freien Speicherplatz zur Verfügung haben. Basisdatenträger erscheinen in der Auswahlliste nicht. Im rechten Fensterbereich sehen Sie die Datenträger, die ausgewählt worden sind. Einen *Übergreifenden Datenträger* erzeugen Sie, wenn Sie Speicherplatz von einem anderen Datenträger hinzufügen.

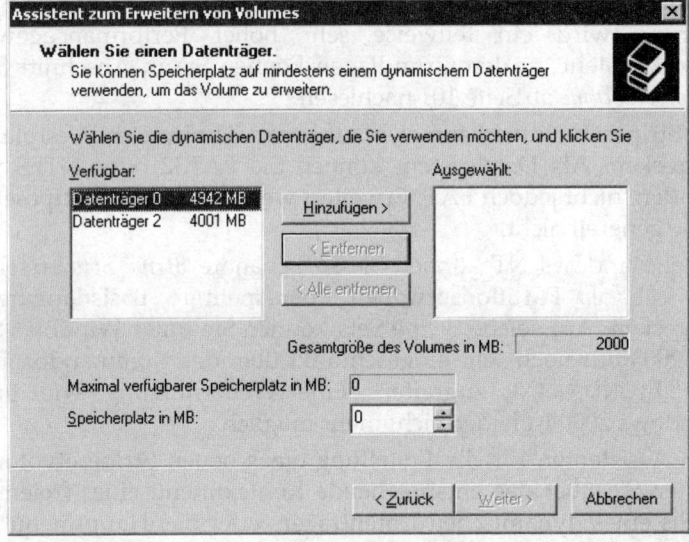

Abbildung 11.9: Datenträger für die Erweiterung auswählen

Im Feld SPEICHERPLATZ IN MB des Assistenten-Dialogfensters können Sie für jeden ausgewählten Datenträger in der rechten Liste die Größe angeben, die vom jeweils verfügbaren Speicherplatz für die Erweiterung genommen werden soll. Unter GESAMTGRÖSSE DES VOLUMES können Sie die endgültige Größe nach der Erweiterung ablesen.

Größe der Erweiterung

Um ein Volume zu erweitern, können Sie beliebig viele freie Bereiche auf der gleichen oder auf bis zu 31 anderen Datenträgern zusammenfassen. Alle diese Erweiterungsvorgänge erfordern keinen Neustart des Computers.

Erweiterbarkeit mit Teilen auf bis zu 31 weiteren Festplatten

Ein erweitertes Volume können Sie mit dem geschilderten Verfahren immer weiter vergrößern. In der Datenträgerverwaltung wird die Erweiterung in der grafischen Anzeige durch die Unterteilung in die einzelnen physischen Teile deutlich.

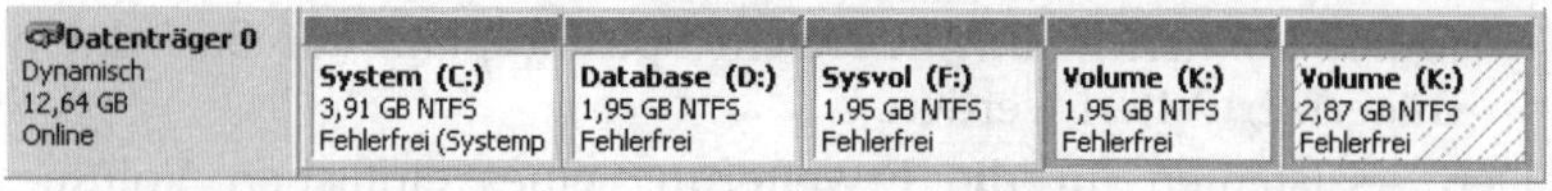

Abbildung 11.10:
Erweitertes Volume

Datenträger 0 Dynamisch 12,64 GB Online	System (C:) 3,91 GB NTFS Fehlerfrei (Systemp	Database (D:) 1,95 GB NTFS Fehlerfrei	Sysvol (F:) 1,95 GB NTFS Fehlerfrei	Volume (K:) 1,95 GB NTFS Fehlerfrei	Volume (K:) 2,87 GB NTFS Fehlerfrei

Unmöglich: Erweiterungen entfernen

So einfach und flexibel Sie ein Volume auch erweitern können, so unmöglich ist es leider, Erweiterungen wieder zu entfernen. Wenn Sie die physische Struktur eines dynamischen Datenträgers nachträglich ändern wollen, bleiben Ihnen nur die Sicherung aller Daten sowie die Löschung und Neuanlage der Volumes.

11.4.2 Stripesetvolume einrichten

Ein Stripesetvolume kennzeichnet die Zusammenfassung von gleich großen Speicherbereichen auf mindestens zwei physischen dynamischen Datenträgern. Durch die Aufteilung des Datenstroms in kleine Einheiten gleicher Größe und die parallele Speicherung wird ein teilweise sehr hoher Performancegewinn bewirkt. Mehr zu den Grundlagen können Sie in Abschnitt 3.3.4 *Stripesetvolume* ab Seite 101 nachlesen.

Ein Stripesetvolume kann sich auf bis zu 32 physische Festplatten erstrecken. Als Dateisystem können Sie FAT32 oder NTFS verwenden, nicht jedoch FAT. Erweitert werden kann ein Stripesetvolume generell nicht.

Unter Windows NT können Sie so genannte *Stripe Sets* erstellen, die sich als Partitionsgruppen über mehrere Basisdatenträger erstrecken. Auf solche Stripe Sets können Sie unter Windows Server 2003 nur noch sehr eingeschränkt über das Kommandozeilentool FTONLINE.EXE zugreifen. Eine Weiternutzung wie unter Windows 2000 ist leider nicht mehr möglich.

Stripesetvolume erstellen

Den Assistenten für die Erstellung eines neuen Stripesetvolumes starten Sie über das entsprechende Kontextmenü eines freien Bereichs eines dynamischen Datenträgers oder das Hauptmenü AKTION | ALLE TASKS | NEUES VOLUME.

Volumetyp

Nach dem Begrüßungsfenster des Assistenten gelangen Sie in die Auswahl des Volumetyps. Wählen Sie hier STRIPESET. Im nächsten Dialogfenster des Assistenten bestimmen Sie die physischen dynamischen Festplatten, über die sich dieser Datenträger erstrecken soll.

Datenträger auswählen

Im linken Fensterbereich (siehe Abbildung 11.11) werden nur die dynamischen Datenträger angezeigt, die freien Speicherplatz zur Verfügung haben. Im rechten Fensterbereich sehen Sie die Datenträger, die ausgewählt worden sind. Für ein Stripesetvolume müssen Sie mindestens zwei Datenträger bestimmen.

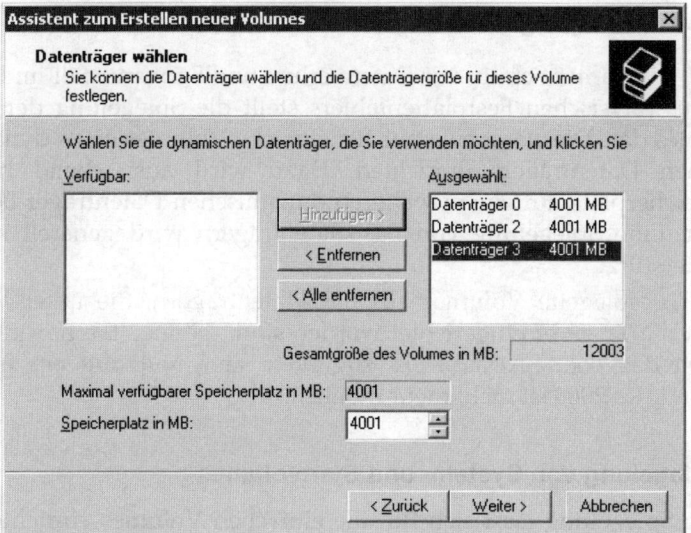

Abbildung 11.11:
Datenträger für das
Stripesetvolume aus-
wählen

Ein Stripesetvolume besteht aus exakt gleich großen physischen **Größe bestimmen**
Teilen auf verschiedenen Festplatten. Im Feld SPEICHERPLATZ IN
MB des Assistenten-Dialogfensters wird die kleinste gemeinsame
Größe der freien Speicherbereiche angezeigt. Sie können diese
Größe der Anteile auf einen gewünschten Wert reduzieren. Auf
einzelnen Datenträgern des Stripesetvolumes, die mehr freien
Speicherplatz zur Verfügung haben, verbleibt jeweils ein Rest.
Diese Reste können Sie jedoch nutzen, indem Sie diese beispiels-
weise zu einem übergreifenden Volume zusammenfassen.

Nach der Auswahl der Festplatten und der Einstellung der ge- **Zugriffsmöglich-**
wünschten Größe des Volumes können Sie die Zugriffsmöglichkei- **keiten und Datei-**
ten bestimmen sowie das Dateisystem festlegen. Das Vorgehen **system**
entspricht genau dem für Partitionen und ist detailliert ab Seite 708
beschrieben.

Stripesetvolumes können nicht erweitert werden. Wenn Sie die **Keine Erweiterungs-**
physische Struktur eines Stripesetvolumes nachträglich ändern **möglichkeiten**
wollen, bleibt Ihnen nur die Sicherung aller Daten sowie die Löschung und Neuanlage des Volumes.

11.5 Fehlertolerante Datenspeicher einrichten

Serversysteme unter Windows Server 2003 unterstützen die Ein- **Grundlagen ab**
richtung von fehlertoleranten Speichersystemen. Die Grundlagen **Seite 106**
dazu finden Sie in Abschnitt 3.4 *Fehlertolerante Datenspeicherung* ab
Seite 106.

11.5.1 Gespiegeltes Volume einrichten

Ein wirksamer Schutz vor Datenverlust und Serverausfall im Falle eines physischen Festplattenfehlers stellt die Spiegelung der Volumes dar. Dies lässt sich nur für einfache Volumes eines dynamischen Datenträgers einrichten. Dazu wird ausreichend freier Speicherplatz auf einem weiteren dynamischen Datenträger benötigt. Eine Spiegelung von Basisdatenträgern wird generell nicht unterstützt.

 Auf gespiegelte Volumes auf Basisdatenträgern, die unter Windows NT Server eingerichtet worden sind, können Sie nur lesend über das Tool FTONLINE.EXE zugreifen. Eine Nutzung wie unter Windows 2000 ist nicht mehr möglich.

Spiegelung von System- und Startvolumes

Die Spiegelung lässt sich für alle einfachen Volumes einrichten – einschließlich von System- und Startvolumes. Nach der Einrichtung eines gespiegelten Systemvolumes (enthält den Urlader und die BOOT.INI) müssen Sie nur sicherstellen, dass im Notfall der Start des Betriebssystems von der zweiten Festplatte gelingt. Der Assistent richtet dazu automatisch einen zusätzlichen Eintrag in der BOOT.INI ein.

Listing 11.1:
Automatisch ange-
passte Boot.ini nach
der Einrichtung der
Spiegelung für das
Systemvolume

```
[boot loader]
timeout=30
default=multi(0)disk(0)rdisk(0)partition(1)\WINDOWS
[operating systems]
multi(0)disk(0)rdisk(0)partition(1)\WINDOWS="Windows Server 2003, ↵
Enterprise" /fastdetect
multi(0)disk(0)rdisk(2)partition(1)\WINDOWS="Boot Mirror C: - ↵
secondary plex"
```

Weitere Hinweise zur BOOT.INI und zu den darin benutzten Einträgen finden Sie in Abschnitt 3.2.5 *Die Datei BOOT.INI* ab Seite 88.

Spiegelung einrichten

Die Spiegelung lässt sich über das Snap-In *Datenträgerverwaltung* sehr einfach einrichten, indem Sie im Kontextmenü des betreffenden Datenträgers SPIEGELUNG HINZUFÜGEN auswählen. Es erscheint ein Dialogfenster, in welchem die dynamischen Datenträger zur Auswahl angeboten werden, die ausreichend freien Platz für die Einrichtung der Spiegelung bieten.

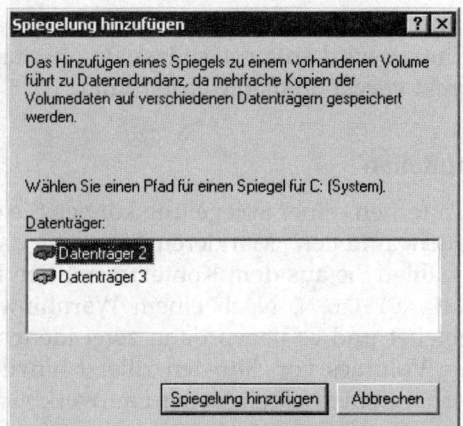

Abbildung 11.12:
Festplatte für Spiege-
lung auswählen

Wählen Sie die entsprechende Festplatte aus. Mit der Bestätigung **Kein Neustart**
der Einstellungen des Assistenten wird die Spiegelung eingerichtet. Dabei ist kein Neustart erforderlich. Sie sollten nur bedenken,
dass für die Dauer dieser Einrichtung die Performance des Serversystems deutlich verringert sein kann.

Spiegelung entfernen

Das Entfernen einer Spiegelung gestaltet sich genauso einfach wie
das Hinzufügen. Ein Neustart ist dabei ebenfalls nicht erforderlich.
Gehen Sie über das Kontextmenü des gespiegelten Volumes im
Snap-In *Datenträgerverwaltung* und wählen Sie hier den Punkt
SPIEGELUNG ENTFERNEN. Geben Sie im dann folgenden Dialogfenster den Datenträger an, von welchem die gespiegelten Daten entfernt werden sollen.

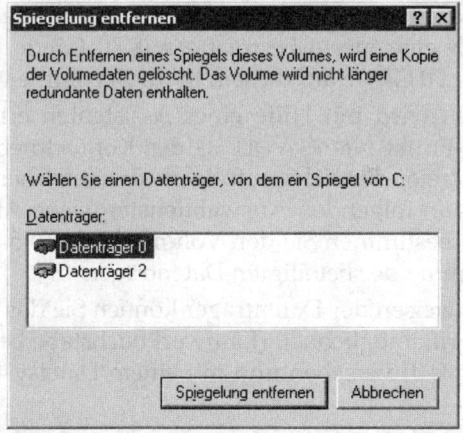

Abbildung 11.13:
Angabe des zu entfer-
nenden Datenträgers

Nach der Bestätigung der Sicherheitsrückfrage wird der gespiegelte Teil des Volumes gelöscht und steht wieder als freier Speicherplatz zur Verfügung.

Die BOOT.INI wird damit automatisch wieder angepasst. Der jetzt überflüssige Eintrag wird entfernt, sodass ein Neustart des Servers garantiert korrekt vorgenommen werden kann.

Spiegelung aufteilen

Anstelle des Entfernens einer Spiegelung können Sie ein gespiegeltes Volume auch aufteilen. Markieren Sie dazu das gespiegelte Volume und wählen Sie aus dem Kontextmenü den Punkt GESPIEGELTES VOLUME AUFTEILEN. Nach einem Warnhinweis wird der Vorgang eingeleitet und es liegen dann zwei identische alleinstehende einfache Volumes vor. Für den zuletzt hinzugekommenen Volumeteil wird automatisch ein neuer Laufwerkbuchstabe vergeben.

11.5.2 RAID 5-Volume einrichten

Die zweite standardmäßig mit Windows Server 2003 gebotene Möglichkeit, ein fehlertolerantes Speichersystem aufzubauen, stellt ein RAID 5-Volume dar. Weitere Informationen zu den Grundlagen zu diesem Thema sowie zu den Einwänden, die es gegen diese reine Softwarelösung gibt, können Sie in Abschnitt 3.4.3 *RAID 5-Volume* ab Seite 111 nachlesen.

Einrichten

Zum Einrichten eines RAID 5-Volumes benötigen Sie freien Speicherplatz auf mindestens drei dynamischen Datenträgern. Die Gesamtkapazität berechnet sich dann, indem die Kapazität des kleinsten beteiligten Speicherbereichs mit Anzahl-1 der beteiligten Festplatten multipliziert wird. Sind beispielsweise drei Festplatten mit freien Bereichen von 100, 120 und 80 GByte beteiligt, ergibt sich eine Gesamtkapazität von 160 GByte. Käme hier bei der Einrichtung noch eine vierte Festplatte mit 30 GByte hinzu, wären insgesamt nur 90 GByte auf diesem RAID 5-Volume verfügbar.

Das Einrichten wird mit Hilfe eines Assistenten ermöglicht, den Sie über den Punkt NEUES VOLUME des Kontextmenüs eines entsprechenden freien Bereichs auf einem dynamischen Datenträger starten. Im dann folgenden Auswahlfenster (siehe Abbildung 11.7 auf Seite 711) bestimmen Sie den Volumetyp RAID-5 und kommen so zur Zuordnung der beteiligten Datenträger.

Nach dem Zuweisen der Datenträger können Sie das neue Volume mit einer Zugriffsmöglichkeit (Laufwerkbuchstabe beziehungsweise Laufwerkpfad) versehen und mit einem Dateisystem formatieren.

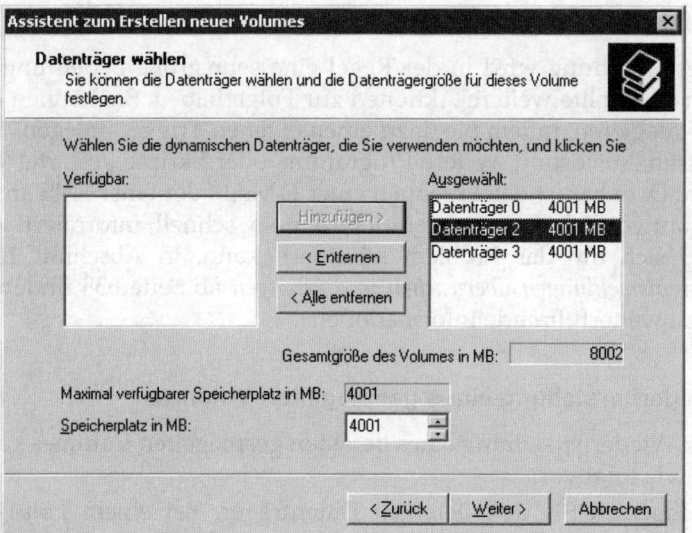

Abbildung 11.14:
Einrichten eines
RAID 5-Volumes

Es besteht leider keine Möglichkeit, ein einmal eingerichtetes **Keine Änderungs-**
RAID 5-Volume nachträglich zu verändern. So können Sie nicht **möglichkeit!**
eine weitere Festplatte hinzunehmen oder wieder eine entfernen.
Wollen Sie eine andere Konfiguration erreichen, können Sie nur
alle Daten sichern und nach dem Entfernen des Volumes dieses
entsprechend neu einrichten.

11.5.3 Reparieren von fehlertoleranten Volumes

Im Fall des Ausfalls einer Festplatte eines fehlertoleranten Volumes wird eine Meldung auf den Bildschirm ausgegeben beziehungsweise, da bei einem Serversystem der Administrator selten
davor sitzt, eine Meldung im Ereignisprotokoll generiert.

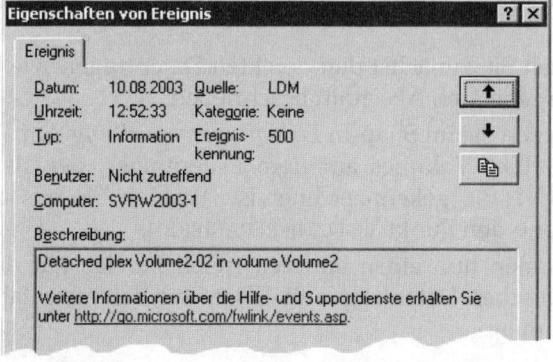

Abbildung 11.15:
Fehlermeldung im
System-Ereignis-
protokoll

Auf die Meldung reagieren

Diese Meldung wird in der Regel eine sehr große Bedeutung haben und sollte weitere Aktionen zur Folge haben. Sie können darauf reagieren, indem Sie dazu einen eigenen Trigger anlegen, über dessen Auslösung weitere Programme oder Skripte gestartet werden. Denkbar ist das Erzeugen einer E-Mail oder einer SMS an den verantwortlichen Administrator, der so schnell informiert wird und sich um das Problem kümmern kann. In Abschnitt 10.3.8 *Ereignismeldungen überwachen und erzeugen* ab Seite 638 finden Sie dazu weiterführende Informationen.

Wiederherstellung eines gespiegelten Volumes

Zur Wiederherstellung eines defekten gespiegelten Volumes gehen Sie wie folgt vor:

1. Ersetzen Sie den defekten Datenträger. Bei einem Hot-Plug-System brauchen Sie dazu nicht einmal den Server herunterzufahren. Dies können Sie sich nicht ersparen, wenn Sie im Server konventionell eingebundene Festplatten verwenden.

2. Markieren Sie im Snap-In *Datenträgerverwaltung* den Volumeteil des gespiegelten Volumes auf dem Datenträger, der als FEHLEND oder OFFLINE gekennzeichnet ist. Wählen Sie aus dem Kontextmenü den Punkt SPIEGELUNG ENTFERNEN.

3. Richten Sie nun die Spiegelung unter Verwendung des freien Speicherplatzes auf dem neuen Datenträger wieder ein, wie in Abschnitt 11.5.1 *Gespiegeltes Volume einrichten* ab Seite 716 beschrieben.

Wiederherstellung eines RAID-5-Volumes

Gehen Sie so vor, um ein beschädigtes RAID-5-Volume zu reparieren:

1. Ersetzen Sie zunächst den defekten Datenträger, wie bereits im vorhergehenden Abschnitt beschrieben.

2. Markieren Sie im Snap-In *Datenträgerverwaltung* den Volumeteil des RAID-5-Volumes auf dem Datenträger, der als FEHLEND oder OFFLINE gekennzeichnet ist. Wählen Sie aus dem Kontextmenü den Punkt VOLUME REPARIEREN.

3. Sie können nun einen anderen freien Bereich auf dem neuen dynamischen Datenträger als Ersatz für den ausgefallenen Teil bestimmen.

11.6 Volumes formatieren

Um Volumes nutzen zu können, müssen diese zuerst mit einem Dateisystem formatiert werden. In diesem Abschnitt geht es darum, die konkreten Administrationsschritte dazu zu zeigen.

Volumes können Sie mit einem Dateisystem formatieren, wenn Sie als Administrator angemeldet sind beziehungsweise die erforderlichen Rechte besitzen. Eine Ausnahme bildet das Formatieren von Disketten, wofür keine gesonderten Rechte benötigt werden.

Administrator-Rechte

Generell ist es nicht möglich, System- oder Startvolumes zu formatieren. Wollen Sie das Dateisystem von FAT oder FAT32 auf NTFS ändern, ohne das Betriebssystem neu zu installieren, gibt es den Weg über das Dienstprogramm CONVERT.EXE (siehe Seite 726).

11.6.1 Wahl des Format-Werkzeuges

Unter Windows Server 2003 können Sie Volumes auf drei verschiedene Arten formatieren:

- im Windows-Explorer
- in der Datenträgerverwaltung
- mit dem Kommandozeilen-Programm FORMAT.COM

Bei den beiden ersten Varianten wird jeweils ein grafisches Format-Dienstprogramm gestartet. Diese erlauben durch ihre einfache Bedienoberfläche eine problemlose Einstellung aller notwendigen Parameter.

Die Datenträgerverwaltung unterstützt *nicht* das Formatieren von Disketten. Das können Sie nur im Windows-Explorer oder mit dem Kommandozeilen-Programm FORMAT.COM erledigen. Andere Wechseldatenträger werden allerdings in der Datenträgerverwaltung direkt unterstützt.

Disketten nicht in der Datenträgerverwaltung

Das Kommandozeilen-Programm FORMAT.COM ist ohne grafische Oberfläche zur Bedienung ausgestattet und eignet sich auch für die Einbindung in Stapelverarbeitungsdateien. Die Bedienung dieses Programms und die Parameter dazu werden auf Seite 724 ausführlich erklärt.

FORMAT.COM

11.6.2 Formatieren mit grafischem Dienstprogramm

Ein grafisches Dienstprogramm zum Formatieren starten Sie über das Kontextmenü eines Volumes unter ARBEITSPLATZ oder in der Datenträgerverwaltung.

Abbildung 11.16:
Formatsoftware im
Windows-Explorer

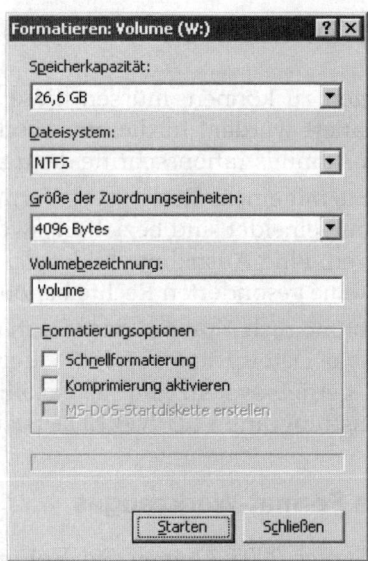

Das Formatprogramm aus der Datenträgerverwaltung unterscheidet sich ein wenig von jenem des Windows Explorers.

Abbildung 11.17:
Formatsoftware in
der Datenträger-
verwaltung

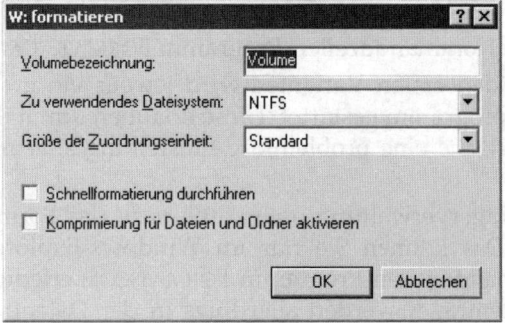

Option SPEICHER-
KAPAZITÄT nur für
Disketten

Nur über den Windows Explorer verfügen Sie über die Option SPEICHERKAPAZITÄT. Diese dient ausschließlich dem Formatieren von Disketten, um beispielsweise neben den normalen 1.44 MB Disketten auch 2.88 MB oder 720 KB-Datenträger erstellen zu können. Für Volumes auf anderen Datenträgern hat diese Option keine Bedeutung. Teilweise können Sie hier die Kapazität des Volumes sehen. Manchmal wird auch nur *Unbekannte Kapazität* angezeigt.

Dateisystem
auswählen

Für die Formatierung wählen Sie dann das gewünschte Dateisystem aus. Windows Server 2003 unterstützt die drei Dateisysteme FAT, FAT32 und NTFS. Weitere Informationen zu den entsprechenden Grundlagen finden Sie in Kapitel 4 ab Seite 127.

Für das Formatieren können Sie neben der Auswahl des Dateisystems eine Reihe von weiteren Optionen festlegen:

- Größe der Zuordnungseinheit

  Die Verwendung des Standardwertes wird empfohlen. Sie **Zuordnungseinheit**
  können bei Bedarf aber den Wert selbst festlegen. Die Zuordnungseinheit, auch Cluster genannt, ist die kleinste Einheit, die
  für die Speicherung von Daten verwendet wird. Je kleiner der
  Wert ist, desto effizienter kann der Speicherplatz für eine Datei
  ausgenutzt werden, es sinkt aber auch die Performance und die
  Fragmentierung des Speicherplatzes wird gefördert. Große
  Cluster erlauben eine hohe Performance, da die Daten in großen Blöcken gelesen und geschrieben werden können. In
  Tabelle 4.2 auf Seite 131 sind die Standard-Clustergrößen für
  die Dateisysteme FAT32 und NTFS zusammengefasst.

  Die Komprimierungsfunktionalität von NTFS wird nur für
  Clustergrößen bis 4 KB unterstützt. Für NTFS-Volumes mit
  größeren Clustern steht die Komprimierung nicht zur Verfügung.

- Schnellformatierung

  Die Schnellformatierung war schon unter MS-DOS ab Version 6 **Quickformat**
  eingeführt worden und beschleunigte den Formatiervorgang
  deutlich. Voraussetzung war hier jedoch, dass das Volume bereits mit dem gleichen Dateisystem einmal formatiert worden
  war. Unter Windows Server 2003 ist das anders. Egal ob das
  Volume nagelneu oder bereits mit irgendeinem anderen Dateisystem formatiert ist, können Sie die Schnellformatierung einsetzen.

  Bei der Schnellformatierung wird auf eine Überprüfung der
  Sektoren auf physische Fehler verzichtet. Das bedeutet aber
  auch ein erhöhtes Risiko, da eventuelle Defekte nicht erkannt
  werden und später zur Beeinträchtigung oder zum Verlust von
  Daten führen können. Volumes auf Serverfestplatten sollten Sie
  generell bei der ersten Formatierung nicht über die Schnellformatierung formatieren.

- Volumebezeichnung festlegen

  Die Volumebezeichnung dient der übersichtlicheren Darstel- **Bezeichnung**
  lung. Für den Zugriff auf ein Volume werden nur die vergebenen Laufwerkbuchstaben oder Laufwerkpfade genutzt (siehe
  Abschnitt 11.9 *Volumezugriff ändern* ab Seite 745). Die Bezeichnung kann für NTFS-Volumes 32 Zeichen lang sein. Erlaubt
  sind alle Buchstaben des Alphabets einschließlich Sonderzeichen.

- Komprimierung für Dateien und Ordner

  Nur dem Dateisystem NTFS vorbehalten ist eine integrierte **Komprimierung**
  Komprimierungsfunktion für die gespeicherten Daten. Aktivieren Sie diese schon beim Formatieren für ein Volume, werden

standardmäßig alle Dateien und Ordner, die Sie auf diesem anlegen oder kopieren, komprimiert.

Komprimierte Dateien können nicht für einen abgesicherten Zugriff verschlüsselt werden. Ebenso lassen sich verschlüsselte Daten nicht nachträglich komprimieren.

Die Komprimierung auf Ebene des Dateisystems macht nur für Dateien Sinn, die eine hohe Kompressionsrate erlauben. Weitergehende Hinweise finden Sie dazu auch in Abschnitt 4.2.5 *Komprimierung* ab Seite 146.

Da die Komprimierung neben der Nichtverschlüsselbarkeit auch einen kleinen Performanceverlust bedeutet, empfiehlt sich die Einstellung nur auf Ordnerebene oder für ausgewählte einzelne Dateien und nicht für ganze Volumes.

Zurücksetzen der Bereitstellungen

Durch das Formatieren werden alle gesetzten Bereitstellungen für das Volume über Laufwerkpfade zurückgesetzt. Nach Ende des Formatvorgangs werden die Bereitstellungen automatisch wiederhergestellt.

11.6.3 Das Kommandozeilen-Programm FORMAT.COM

Das Kommandozeilen-Programm FORMAT.COM starten Sie über die Eingabeaufforderung, erreichbar über START | PROGRAMME | ZUBEHÖR. Die Syntax für den Aufruf des Programms lautet:

```
format <dt> /FS:<sys> [/V:<bez>] [/Q] [/A:Größe] [/C] [/X]
```

Für das Formatieren von Disketten gibt es spezielle Optionen, die Sie in diesen Zusammenstellungen benutzen können:

Formatieren von Disketten

```
format <dt> [/V: <bez>] [/Q] [/F:<größe>]
format <dt> [/V: <bez>] [/Q] [/T:<spuren> /N:<sektoren>]
format <dt> [/V: <bez>] [/Q] [/1] [/4]
format <dt> [/Q] [/1] [/4] [/8]
```

Unter <dt> geben Sie den Laufwerkbuchstaben, den Laufwerkpfad oder die Datenträgerbezeichnung an. Sie müssen, außer beim Formatieren von Disketten, immer die /FS-Option mit dem gewünschten Dateisystem angeben.

Alle Optionen für FORMAT.COM sind in der folgenden Tabelle aufgeführt:

Tabelle 11.3: Optionen von FORMAT.COM

Option	Bedeutung
/FS:<sys>	Für <sys> geben Sie das Dateisystem an: FAT, FAT32 oder NTFS.
/V:<bez>	Volumebezeichnung, die zugewiesen werden soll. Für einen FAT-Datenträger kann diese 11 Zeichen, bei NTFS 32 Zeichen lang sein.

Option	Bedeutung
/Q	Führt die Formatierung mit der Schnellformatierung durch. Dies geschieht viel schneller als die Standardformatierung, da auf eine sektorweise Überprüfung verzichtet wird.
/C	Schaltet die standardmäßige Komprimierung für das Volume ein.
/X	Führt die zeitweise Aufhebung der Laufwerkpfade ohne Rückfrage für das zu formatierende Volume durch.
/A:<größe>	Ändert die Standardgröße für die Zuordnungseinheiten (siehe auch Tabelle 4.2 auf Seite 131).
/F:	Diskettenkapazität: 160, 180, 320, 360, 640, 720, 1.2, 1.23, 1.44, 2.88 oder 20.8.
/T:<spuren>	Anzahl der Spuren (Tracks) je Seite der Diskette
/N:Sektoren	Anzahl der Sektoren pro Spur
/1	Nur die erste Seite der Diskette wird formatiert.
/4	Dient der Formatierung von 360 KB-Disketten in einem 1.2 MB-Laufwerk.
/8	Jede Spur wird mit 8 Sektoren formatiert.

Eine genauere Beschreibung der einzelnen Formatoptionen wie Dateisystem, Schnellformatierung oder Komprimierung finden Sie in Abschnitt *Formatieren mit grafischem Dienstprogramm* ab Seite 721.

11.7 Umwandeln von FAT/FAT32 in NTFS

FAT- und FAT32-Volumes können Sie in das NTFS-Dateisystem überführen. Dabei bleiben alle bisher gespeicherten Dateien und Ordner erhalten. Die dazu notwendigen Schritte sowie wichtige Hinweise, die Sie vor der Konvertierung beachten sollten, sind Inhalt dieses Abschnitts.

Komfortabler Übergang möglich

Die Konvertierung eines bestehenden FAT- oder FAT32-Volumes können Sie mittels des Kommandozeilen-Tools CONVERT.EXE durchführen. Die bisher auf dem Volume gespeicherten Daten bleiben dabei zwar unberührt, allerdings sollten Sie beachten, dass eine Rückumwandlung ohne Neuformatierung und damit Datenverlust nicht möglich ist.

Kein Weg zurück

Das Tool CONVERT.EXE

Exklusiver Zugriff erforderlich

Die Konvertierung in das NTFS-Dateisystem ist mittels des Kommandozeilen-Tools CONVERT.EXE möglich. Das Programm benötigt für die Konvertierung exklusiven Zugriff auf das Volume. Das bedeutet, dass während der Konvertierung keine weiteren Programme oder Betriebssystembestandteile auf das Volume zugreifen können. Beachten sollten Sie das insbesondere bei Volumes, auf denen im Netzwerk freigegebene Verzeichnisse eingerichtet sind.

Besonderheit: System- bzw. Startvolume

Volumes, auf die durch CONVERT nicht exklusiv zugegriffen werden kann, werden nicht sofort konvertiert. Stattdessen wird ein Vermerk gesetzt, der CONVERT automatisch beim nächsten Systemstart ausführt. Insbesondere System- beziehungsweise Startvolumes, auf die das Betriebssystem den ständigen Zugriff braucht, können nur auf diese Weise konvertiert werden.

Freier Speicherplatz

CONVERT benötigt für die Konvertierung ausreichend freien Speicherplatz auf dem Volume. Sie sollten sicherheitshalber noch ca. 20-25 % der Kapazität zur Verfügung haben.

Microsoft gibt an, dass konvertierte NTFS-Volumes über eine geringere Leistungsfähigkeit als direkt mit NTFS erstellte Volumes verfügen. Somit empfiehlt es sich, gleich bei der Installation des Serversystems das System- beziehungsweise Startvolume mit NTFS formatieren zu lassen.

Aufruf von CONVERT.EXE

Das Tool CONVERT starten Sie direkt von der Kommandozeile. Dabei ist die folgende Aufrufsyntax zu beachten:

```
convert <volume> /FS:NTFS [/V] [/nametable] [/cvtarea:<name>] ⏎
        [/nosecurity] [/X]
```

Die Optionen für CONVERT finden Sie in dieser Tabelle:

Tabelle 11.4:
Optionen von
CONVERT.EXE

Option	Bedeutung
`<volume>`	Das zu konvertierende FAT- oder FAT32-Volume; gültig sind die Angabe von: • Laufwerkbuchstaben (mit Doppelpunkt) • Bereitstellungspunkt • Volumebezeichnung
`/FS:NTFS`	Gibt lediglich nochmals zusätzlich an, dass das Volume auf NTFS konvertiert werden soll.
`/V`	Es werden ausführliche Meldungen während der Konvertierung angezeigt.
`/NAMETABLE`	Wichtige Option für eine Umwandlung, falls diese zuvor wegen unzulässiger Dateinamen fehlgeschlagen ist (siehe weiter unten im Text)

Option	Bedeutung
/cvtarea:	Mit \<name\> können Sie eine Platzhalter-Datei angeben, die nicht fragmentiert vorliegt und für die Speicherung der MFT verwendet werden soll (siehe weiter unten im Text).
[/nosecurity]	Ist diese Option gesetzt, haben nach der Umwandlung alle Benutzer vollen Zugriff auf die Dateien und Ordner des Volumes. Anderenfalls ist der Zugriff beschränkt – nur Administratoren haben dann Vollzugriff.
/X	Kann die Konvertierung beschleunigen, indem auf jeden Fall versucht wird, auf das betreffende Volume exklusiven Zugriff zu bekommen. Damit wird ein Neustart für die meisten Fälle verhindert. Ausnahme bleibt in jedem Fall aber das Systemvolume.

Fehlschlag der Konvertierung

Schlägt die Konvertierung beim Systemstart durch CONVERT.EXE fehl, wird dies mit einem Eintrag im Anwendungs-Ereignisprotokoll unter WINLOGON festgehalten. Falls die Ursache des Abbruchs auf unzulässige Dateinamen zurückzuführen ist, kann ein Neustart von CONVERT.EXE mit der Option /NAMETABLE veranlasst werden. Das Programm baut dann eine spezielle Namentabelle auf und kann damit die Konvertierung von FAT/FAT32 nach NTFS erfolgreich durchführen.

/nametable bei unzulässigen Dateinamen

Die Konvertierung kann auch scheitern, wenn nicht genügend freier Speicherplatz auf dem Volume vorhanden ist. Dies wird im nachfolgenden Abschnitt erörtert.

Zuwenig freier Speicher

Fragmentierung der MFT vermeiden

Die MFT stellt die zentrale Verwaltungseinheit eines NTFS-Volumes dar (siehe auch Abschnitt *Die Master File Table (MFT)* ab Seite 136). Umso wichtiger ist es, dass diese Datenbank nicht fragmentiert vorliegt. Das Betriebssystem kann sogar in Schwierigkeiten kommen, falls dies in starkem Maße der Fall sein sollte. Bei einer Fragmentierung der MFT sind zumindest Performanceeinbußen hinzunehmen.

Die MFT selbst ist zunächst eine normale Datei im NTFS, wenn auch vor dem direkten Zugriff durch Benutzer oder Anwendungsprogramme geschützt. Die MFT gibt es auf einem FAT- oder FAT32-Volume naturgemäß nicht und muss deshalb bei der Kon-

Bei der Konvertierung wird die MFT neu angelegt

vertierung neu angelegt werden. Auf einem fast vollen Volume kann deshalb die Konvertierung unter Umständen nicht durchgeführt werden, weil schlicht und einfach der Platz für die MFT fehlt.

Je Datei und Ordner 1 KB oder 1/8 der Datenträgergröße

Als Richtwert für die minimal notwendige Größe der MFT können Sie die Anzahl aller Dateien und Ordner in KiloByte nehmen (je Eintrag wird 1 KB benötigt). Als durchschnittliche Größe für die MFT können Sie aber auch von der automatisch vom Betriebssystem reservierten Größe von einem Achtel des Volumes ausgehen.

2 Schritte bei der Konvertierung

Zur Vermeidung einer Fragmentierung der MFT bei einer Umwandlung eines FAT/FAT32-Volumes in das NTFS-Dateisystem ist seit Windows XP Professional eine technische Möglichkeit implementiert worden, die unter Windows Server 2003 ebenfalls wiederzufinden ist. Dazu gehen Sie in zwei Schritten vor:

1. Legen Sie eine möglichst unfragmentierte Platzhalterdatei an. Defragmentieren Sie dazu zunächst das FAT/FAT32-Volume so, dass ausreichend freier, zusammenhängender Speicherplatz entsteht. Legen Sie dann die Platzhalterdatei mit dem folgenden Kommando an:

   Fsutil `file createnew mftdatei.dat 13421772800`

   In diesem Beispiel wird die Platzhalterdatei *mftdatei.dat* mit dem Kommandozeilenwerkzeug FSUTIL.EXE für ein Volume mit 100 GB formatierter Gesamtkapazität erzeugt. Die reservierte Größe wird dabei mit 13 421 772 800 Bytes festgelegt. Dies entspricht einem Achtel von 10 GB.

2. Binden Sie dann beim Aufruf von CONVERT.EXE diese Platzhalterdatei mit in die Konvertierung ein:

   Convert `e: /FS:NTFS /cvtarea:mftdatei.dat`

   Bei der Konvertierung wird diese Platzhalterdatei mit den Daten der MFT überschrieben. Verbleibender ungenutzter Speicherplatz wird freigegeben.

Um auch zukünftig eine Fragmentierung der MFT auszuschließen, können Sie nach der Konvertierung Speicherplatz für die MFT über das Kommando Fsutil `behavior set mftzone` reservieren. Weitere Informationen finden Sie dazu in Abschnitt 11.8.2 *Das Kommandozeilen-Tool FSUTIL.EXE* ab Seite 740.

Optimale Performance erst nach Nachbearbeitung

Um eine optimale Performance eines konvertierten Volumes sicherzustellen, sollten Sie dieses nach der Konvertierung nochmals defragmentieren. Die integrierte Lösung kann dies leisten. Zusätzlich gibt es auf dem Markt aber noch weitere Programme.

11.8 Wichtige Kommandozeilen-Tools

In den folgenden Abschnitten werden zwei wichtige Kommandozeilen-Tools für die Verwaltung von Datenträgern und Volumes vorgestellt. Mit den gebotenenen Funktionen dieser beiden Programme können Sie praktisch alle wesentlichen Administrationsaufgaben in diesem Bereich ohne die Hilfe der grafischen Werkzeuge erledigen.

11.8.1 DISKPART.EXE

Allein dieses Kommandozeilen-Tool bietet einen umfassenden Funktionsumfang für viele wichtige Verwaltungsarbeiten an Datenträgern und Volumes. Sie können damit beispielsweise Basis- in dynamische Datenträger konvertieren oder Volumes und Partitionen anlegen und löschen. Rufen Sie das Programm einfach an der Eingabeaufforderung ohne weitere Parameter auf.

`Diskpart`	Syntax

Sie können es ebenfalls in Skripten zum Einsatz bringen und damit vollautomatisch komplexe Einrichtungsschritte an Festplatten durchführen (siehe Seite 732).

Die DISKPART-Befehle im Überblick

Das Programm verfügt über einen eigenen Eingabeprompt, über den Sie weitere Befehle eingeben. Die folgende Tabelle zeigt Ihnen alle DISKPART-Befehle in einer Übersicht. Dabei sind bei vielen Befehlen die Seiten angegeben, auf denen Sie weitergehende Informationen finden.

DISKPART-Befehl	Beschreibung	Seite
`add disk`	Fügt eine Spiegelung zu einem Volume hinzu.	733
`active`	Markiert die aktuell ausgewählte Basispartition als aktiv.	734
`assign`	Weist dem selektierten Datenträger einen Laufwerkbuchstaben oder –pfad zu.	734
`break disk`	Entfernt die Spiegelung von einem gespiegelten Volume.	734
`clean`	Löscht einen Datenträger komplett und unwiderruflich.	734
`convert`	Erlaubt die Konvertierung von Basis- in dynamische Datenträger und umgekehrt sowie die Konvertierung von GPT- in MBR-Partitionen und umgekehrt.	726

Tabelle 11.5: Diskpart-Befehle

DISKPART-Befehl	Beschreibung	Seite
Create	Erstellt Partitionen und Volumes auf Datenträgern.	736
Delete	Löscht Datenträger, Partitionen oder Volumes.	737
Detail	Liefert detaillierte Informationen zu Datenträgern und Volumes.	738
Exit	Beendet DISKPART und kehrt zur Eingabeaufforderung zurück.	---
Extend	Erweitert Partitionen auf Basisdatenträgern und Volumes auf dynamischen Datenträgern.	738
help oder ?	Listet DISKPART-Kommandos auf.	---
Import	Importiert Datenträger aus fremden Windows 2000-/XP-/Server 2003-Konfigurationen.	738
list	Liefert Informationen zu Datenträgern und Volumes.	738
online	Schaltet Offline-Festplatten in den Online-Zustand.	738
rem	Kommentarzeichen, nutzbar in Skripten	---
remove	Löscht einen Laufwerkbuchstaben oder einen Laufwerkpfad zu einem Volume.	739
repair disk	Repariert ein beschädigtes RAID-5-Volume.	739
rescan	Liest alle angeschlossenen Datenträger neu ein (keine weiteren Optionen).	---
retain	Erzeugt für ein einfaches dynamisches Volume einen Eintrag in der Partitionstabelle, sodass von diesem gestartet werden bzw. Windows Server 2003 auf diesem installiert werden kann.	739
select	Setzt den Fokus auf einen Datenträger oder ein Volume.	739

Reihenfolge beim Vorgehen

Zum interaktiven Vorgehen mit DISKPART an der Eingabeaufforderung empfiehlt sich diese Reihenfolge beim Vorgehen:

1. Lassen Sie sich alle angeschlossenen Datenträger, Partitionen und Volumes mit dem list-Kommando anzeigen.
2. Setzen Sie mit dem select-Befehl den Fokus auf das Objekt, welches Sie bearbeiten wollen. Sie erkennen den Datenträger, auf der der aktuelle Fokus liegt, daran, dass beim list disk-Kommando vor dem Eintrag ein Sternchen * gesetzt ist.
3. Führen Sie dann für das selektierte Objekt alle notwendigen weiteren DISKPART-Befehle aus.

Eine neue Festplatte mit DISKPART einbinden

Eine fabrikneue Festplatte oder eine, die Sie über den Befehl clean in diesen Zustand zurückversetzt haben, können Sie neben der Zuhilfenahme des Assistenten oder direkt über die DATENTRÄGER-VERWALTUNG mit DISKPART.EXE einrichten. Wichtig ist zu wissen, dass das Betriebssystem ohne eine eindeutige Datenträgerkennung (auch als *Signatur* bezeichnet) nicht auf eine Festplatte zugreifen kann. Diese Kennung wird durch den grafischen Assistenten automatisch gesetzt.

DISKPART setzt die Kennung ebenfalls, und zwar bei den folgenden Befehlen: **Erzeugen der Datenträgerkennung**

- Sie erzeugen mit create partition eine Partition. Damit wird die betreffende Festplatte zugleich als *Basisdatenträger* eingerichtet.
- Sie wandeln mit Hilfe des Befehls convert dynamic die Festplatte gleich in einen *dynamischen Datenträger* um. Übrigens schlägt der Befehl convert basic fehl. Hier erkennt DISKPART eigentlich richtig, dass die betreffende Festplatte kein dynamischer Datenträger ist. Das lässt einmal mehr die Priorität erkennen, die Microsoft der dynamischen Datenträgerverwaltung einräumt.

Erweitern von Partitionen und Volumes mit DISKPART

Eine der bemerkenswertesten Funktionen von DISKPART ist die Erweiterung bestehender Partitionen oder Volumes. Diese Funktionalität ist bei dynamischen Datenträgern seit Windows 2000 nichts Ungewöhnliches mehr. **Erweitern dynamischer Datenträger**

DISKPART kann aber darüber hinaus Partitionen auf Basisdatenträgern erweitern. Bedingung dafür ist allerdings, dass direkt im Anschluss an eine Partition noch freier, unpartitionierter Speicherplatz zur Verfügung steht. Dazu muss der Datenträger mit dem Dateisystem NTFS formatiert sein. Die Erweiterung der Partition erfolgt dann unter Beibehaltung aller Daten. **Erweitern von Partitionen**

Beachten Sie, dass System- und Startvolumes grundsätzlich nicht nachträglich mit Bordmitteln erweiterbar sind. Sie sollten dann auf Tools von Drittherstellern wie beispielsweise *Partition Magic* (*www.powerquest.de*) zurückgreifen.

Ausführlich wird der DISKPART-Befehl extend ab Seite 738 beschrieben.

Verwendung von DISKPART in Skripten

DISKPART lässt sich in Skripten einsetzen. So können Sie beispielsweise Festplatten, die für eine unbeaufsichtigte Installation von Arbeitsplatzcomputern vorgesehen sind, automatisiert einrichten. Da das Programm nicht unter MS-DOS ausgeführt werden kann, müsste die Partitionierung der betreffenden Festplatten über das Tool DISKPART vor der eigentlichen Installation über den Anschluss an ein laufendes System erfolgen. Als Betriebssystem muss hier Windows Server 2003 oder Windows XP Professional laufen.

Skriptdatei mit Befehlen einbinden
Um die Befehle von DISKPART im Skript einsetzen zu können, gibt es den Schalter /s.

Diskpart /s <skriptdatei>

Geben Sie nach /s den Namen der Textdatei an, in welcher die erforderlichen DISKPART-Befehle aufgeführt sind. Verwenden Sie in dieser Datei für jeden Befehl eine separate Zeile.

Meldungen in Logdatei
Um die Ausgaben von DISKPART im Nachhinein auswerten zu können, leiten Sie diese mit dem Umleitungszeichen > oder >> in eine entsprechende Logdatei um. Mit > erzeugen Sie dabei eine neue Logdatei; eine bereits vorhandene mit demselben Namen wird dabei überschrieben. Mit >> wird die Ausgabe an eine vorhandene Logdatei angehangen.

Diskpart /S HDDNEU.TXT >HDDNEU.LOG

Stopp bei Fehler
DISKPART stoppt die Verarbeitung, wenn ein Befehl einen Fehler auslöst (beispielsweise, wenn Sie versuchen, eine Festplatte zu selektieren, die im System nicht vorhanden ist) oder wenn ein Syntaxfehler auftritt. Sie können den Stopp der weiteren Verarbeitung für semantische Fehler verhindern, wenn Sie bei den Befehlen, wo verfügbar, die noerr-Option setzen.

Wenn Sie DISKPART selbst innerhalb eines Skripts aufrufen, können Sie über die Fehlercodes, die das Programm beim Beenden zurückliefert, entsprechende Reaktionen vornehmen. Die nachfolgende Tabelle enthält diese Codes.

Tabelle 11.6:
Diskpart-Rückgabecodes

Code	Beschreibung
0	Keine Fehler, ordnungsgemäße Abarbeitung
1	Fataler Fehler, schwerwiegendes Problem

Code	Beschreibung
2	Übergebene Parameter an einen DISKPART-Befehl sind fehlerhaft.
3	Skriptdatei oder Logdatei können nicht geöffnet werden.
4	Ein DISKPART-Dienst wurde fehlerhaft beendet.
5	Syntax-Fehler oder Ausführungsfehler

Ein kleines Beispiel einer Skriptdatei für DISKPART finden Sie im folgenden Listing. Hier wird eine Festplatte für die Installation einer Arbeitsstation partitioniert, die über eine Festplatte verfügt.

```
REM Neueinrichten einer Festplatte für die Installation

REM Neueinlesen der angeschlossenen Festplatten, wenn die
REM einzurichtenden während des Betriebs gewechselt werden
rescan

REM Auswahl der Festplatte 1 (hier 2. Festplatte im System)
select disk=1

REM Festplatte löschen (Auslieferungszustand herstellen)
clean

REM Primäre Partition für Swap erstellen (=Systempartition)
create partition primary size=1000
assign letter=C
REM Setzen der Partition als AKTIV (für Startfähigkeit)
active

REM Primäre Partition für das Betriebssystem (=Startpartition)
create partition primary size=6000
assign letter=D

REM Rest als primäre Partition für Daten (soll K sein)
create partition primary
assign letter=K
```

Listing 11.2: Beispiel-Skriptdatei HDDNEU.TXT für Diskpart

DISKPART-Befehle im Detail

Im folgenden Text werden einige der wichtigsten DISKPART-Befehle im Detail erläutert.

add disk=<nr> [noerr]

add disk

Mit diesem Befehl erzeugen Sie ein gespiegeltes Volume. Setzen Sie zuerst den Fokus mit select disk und select volume (siehe Seite 739) auf den Datenträger und dann auf das zu spiegelnde Volume.

Mit <nr> geben Sie dann die logische Nummer des Datenträgers an, der ausreichend freien Speicherplatz enthalten muss.

active

`active`

Aktiviert die Partition, auf der momentan der Fokus liegt (siehe Befehl `select` auf Seite 739). Dieser Befehl kennt keine weiteren Optionen.

Beachten Sie, dass dieser Befehl ohne eine inhaltliche Prüfung ausgeführt wird. Wenn Sie eine Partition als aktiv markieren, die keine Systempartition ist (siehe auch Abschnitt 3.2.1 *Partitionen und Partitionstypen* ab Seite 81), kann der Computer nicht mehr von dem betreffenden Basisdatenträger starten.

assign

`assign` [`letter=<buchstabe>`|`mount=<pfad>`] [`noerr`]

Mit diesem Befehl können Sie dem selektierten Volume einen Laufwerkbuchstaben oder Laufwerkpfad zuweisen (siehe auch Abschnitt 11.9 *Volumezugriff ändern* ab Seite 745). Diese dürfen aber noch nicht in Verwendung sein. Wenn Sie `assign` ohne weitere Parameter aufrufen, wird nur der nächste freie Laufwerkbuchstabe dem Volume zugewiesen. Der bisher verwendete Laufwerkbuchstabe wird dann freigegeben. Wieder entfernen können Sie Laufwerkbuchstaben oder –pfade mit `remove`.

Mit der Option `noerr` erreichen Sie, dass DISKPART in Skripten im Fehlerfall nicht mit einem Fehlercode abbricht, sondern seine Verarbeitung fortsetzt.

break disk

`break disk=<nr>` [`nokeep`] [`noerr`]

Sie können damit ein gespiegeltes Volume wieder zurück in ein oder zwei einfache Volumes aufteilen. Setzen Sie zuerst den Fokus mit `select volume` auf das Volume, von welchem die Spiegelung entfernt werden soll. Geben Sie dann mit <nr> die logische Nummer des Datenträgers an, der den zu entfernenden Volumeteil enthält. Fügen Sie `nokeep` hinzu, wird dieser Volumeteil entfernt. Anderenfalls bleiben zwei einfache Volumes zurück.

clean

`clean` [`all`]

Mit diesem mächtigen Befehl können Sie die selektierte Festplatte komplett und unwiderruflich löschen. Es werden bei Basisdatenträgern die Partitonstabelle und bei dynamischen Datenträgern die Datenträgerverwaltungsdatenbank und, falls dort aus einer Konvertierung aus einem Basisdatenträger vorhanden, die Partitionstabelle überschrieben. Die Festplatte befindet sich danach im »Auslieferungszustand«. Es ist noch keinerlei Initialisierung vorgenommen. Starten Sie dann die DATENTRÄGERVERWALTUNG neu, erkennt der Assistent zum Einbinden neuer Festplatten die veränderte Konfiguration.

Der Befehl `clean` wird ohne vorherige Sicherheitsrückfrage durchgeführt. Überprüfen Sie zuvor unbedingt (mit `list disk`), ob Sie auch die richtige Festplatte mit `select disk` ausgwählt haben, um Datenverluste zu vermeiden.

Verwenden Sie die Option `all`, wird zusätzlich zum Löschen der Partitionstabelle jeder Sektor des Datenträgers mit Nulldaten überschrieben. Damit können Sie sicherstellen, dass auch Profis mit aufwändigen Restaurierungsarbeiten Daten nicht wiederherstellen können.

Löschung aller Datenspuren

Für das sichere Löschen einzelner Dateien können Sie den Kommandozeilenbefehl FSUTIL FILE SETZERODATA verwenden. Dieser wird auf Seite 742 näher erläutert.

Führen Sie nach dem Löschen einer Festplatte mit `clean` ein Neueinlesen der Datenträger mit `rescan` durch. Überprüfen Sie dann mit `list disk`, ob die Einträge in der Liste der Festplatten korrekt sind. Es kann vorkommen, dass Ihre soeben gelöschte Festplatte zweimal in dieser Liste auftaucht: Einmal als »normale«, nun leere Festplatte mit einer Datenträgerkennung, die nur aus Nullen besteht, und einmal als nicht aktive, fehlerhafte Festplatte. Sie können mit dem Befehl `detail disk` ermitteln, ob es sich um dieselbe physische Festplatte handelt. Löschen Sie dann mit `delete disk` die als fehlerhaft angezeigte Festplatte aus der Liste. Schlägt das fehl, prüfen Sie, ob dieser Festplatteneintrag vielleicht mit einem Volumeeintrag verbunden ist (auch über `detail disk` erkennbar). Diesen können Sie dann zuerst mit `delete volume` löschen, um danach mit `delete disk` die Festplattenliste zu bereinigen.

Festplattenliste auf Fehler prüfen

`convert` <typ> [noerr]

convert

Dieser Befehl erlaubt die Umwandlung eines Festplattentyps in einen anderen. Für <typ> können Sie die folgenden Optionen setzen:

Option	Erklärung
basic	Wandelt einen dynamischen Datenträger in einen Basisdatenträger um. Voraussetzung ist allerdings, dass dieser leer ist, d.h. keine Volumes mehr enthält. Diese müssen ggf. mit dem Befehl `delete volume` vorher gelöscht werden.
dynamic	Wandelt einen Basisdatenträger in einen dynamischen Datenträger um. Dabei werden alle enthaltenen Partitionen mit konvertiert. Ein Datenverlust tritt nicht auf.
gpt	Für die 64 Bit-Version von Windows Server 2003: Wandelt eine leere MBR-Basisfestplatte in eine GPT-Basisfestplatte um.

Tabelle 11.7:
Optionen für den Befehl convert

Option	Erklärung
mbr	Für die 64 Bit-Version von Windows Server 2003: Wandelt einen leeren GPT-Basisdatenträger in einen MBR-Basisdatenträger um.
noerr	Verhindert einen Abbruch mit einem Fehlercode, falls bei der Aktion ein Fehler auftritt (kann bei einer Anwendung in Skripten wichtig sein).

create

Mit Hilfe des Befehls create können Sie Partitionen auf Basisdatenträgern sowie Volumes auf dynamischen Datenträgern einrichten. Zunächst finden Sie hier die Beschreibung zum Erstellen von Partitionen. Dies geschieht mit create partition. Die nachfolgend aufgeführten Optionen betreffen die Anlage von primären und erweiterten Partitionen sowie in letzteren die Erzeugung von logischen Laufwerken. noerr dient auch hier der Verhinderung eines Abbruchs, falls ein Fehler auftreten sollte (in Skripten wichtig).

create partition

```
create partition primary  [size=<wert>] [offset=<wert>]
                          [id=<wert>] [noerr]
create partition extended [size=<wert>] [offset=<wert>] [noerr]
create partition logical  [size=<wert>] [offset=<wert>] [noerr]
```

Der Parameter size gibt die Größe in MByte an. Legen Sie keinen Wert fest, wird der gesamte zusammenhängend verfügbare Platz eingenommen.

Mit offset können Sie den Beginn der Partition auf dem Datenträger bestimmen. Standardmäßig beginnt die Partition sonst an der nächsten verfügbaren Stelle (am Anfang der Festplatte oder direkt hinter der letzten Partition, wenn dort noch Platz ist). Den Wert für offset geben Sie auch in MB an. Allerdings wird er automatisch durch DISKPART auf ein ganzzahliges Vielfaches der Zylindergröße angepasst. Generell kann gesagt werden, dass Sie den Parameter offset nur dann anwenden sollten, wenn ein zwingender Grund dafür vorliegt. Für die normale Einrichtung eines Basisdatenträgers wird dies sicherlich nicht notwendig sein.

Über den Parameter id können Sie eine eigene GUID oder eine abweichende Partitionskennung eintragen. Dies ist aber nicht zu empfehlen und vor allem für OEMs oder ganz spezielle Einsatzfälle gedacht.

Beachten Sie, dass mit dem Befehl create partition die betreffenden Partitonen noch keinen Laufwerkbuchstaben zugewiesen bekommen. Dies müssen Sie, wenn das erforderlich ist, mit assign nachträglich durchführen.

Für den Einsatz der 64 Bit-Version von Windows Server 2003 gibt es spezielle Optionen:

```
create partition efi [size=<wert>] [offset=<wert>] [noerr]
create partition msr [size=<wert>] [offset=<wert>] [noerr]
```

Mit der Option `efi` erstellen Sie eine EFI-Systempartition (*Extensible Firmware Interface*) auf einer GPT-Festplatte. Mit `msr` können Sie entsprechend eine MSR-Partition (*Microsoft Reserved*) erstellen.

Mit Hilfe des `create volume`-Befehls erzeugen Sie Volumes auf dynamischen Datenträgern.

create volume

```
create volume simple [size=<wert>] [disk=<nr>] [noerr]
create volume stripe [size=<wert>] [disk=<nr>,[<nr>,…]] [noerr]
create volume raid   [size=<wert>] [disk=<nr>,[<nr>,…]] [noerr]
```

Mit `create volume simple` erzeugen Sie ein einfaches dynamisches Volume. Mit `size` geben Sie die Größe in MB an. Über `disk` bestimmen Sie den betreffenden dynamischen Datenträger, auf der dieses Volume angelegt werden soll.

Über `create volume stripe` lässt sich ein Stripesetvolume anlegen. Geben Sie bei `disk` die Liste der Datenträger an, über die sich dieses Volumes erstrecken soll. `create volume raid` dient der Erstellung eines fehlertoleranten RAID5-Datenträgers.

Der Befehl `delete` dient zum Löschen von Partitionen und Volumes sowie ungültigen Einträgen aus der Liste der Datenträger. Nicht gelöscht werden können alle Volumes, die sich direkt im Zugriff des Betriebssystems befinden. Das sind insbesondere System- und Startvolumes oder das Volume, welches eine aktive Auslagerungsdatei enthält.

delete

`delete partition [noerr] [override]`

delete partition

Damit können Sie die Partition löschen, auf der momentan der Fokus steht (gewählt mit `select partition`). Mit der Option `override` veranlassen Sie DISKPART, eine Partition unabhängig vom Partitionstyp zu löschen. Standardmäßig werden sonst nur die direkt vom Betriebssystem unterstützten Partitionstypen erkannt und gelöscht.

`delete volume [noerr]`

delete volume

Mit diesem Befehl löschen Sie das Volume, das Sie zuvor mit `select volume` ausgewählt haben.

`delete disk [noerr] [override]`

delete disk

Nach dem Entfernen einer Festplatte kann es vorkommen, dass die Festplattenliste diese noch mit einem, allerdings ungültigen, Eintrag führt. Sie können dann mit diesem Befehl den betreffenden Eintrag löschen. Setzen Sie zuvor aber den Fokus mit `select disk` auf den richtigen Datenträger.

Mit der Option `override` können Sie das Löschen eines Datenträgers erzwingen und damit auch solche Festplatten entfernen, die Teil eines gespiegelten Volumes, aber nicht aktiv sind. Eine aktive Festplatte eines gespiegelten Volumes entfernen Sie mit dem Befehl `break disk`.

detail

```
detail disk
detail partition
detail volume
```

Neben dem Befehl list, der Ihnen wichtige Informationen überblicksartig geben kann, liefert Ihnen der Befehl detail ausführliche Informationen zum ausgewählten Datenträger oder Volume.

extend

```
extend [size=<wert>] [disk=<nr>] [noerr]
```

Dieser Befehl dient zum Erweitern von Partitionen auf Basisdatenträgern und Volumes auf dynamischen Datenträgern. Ausgenommen sind davon jegliche System- und Startvolumes sowie dynamische Volumes, die auch noch über einen Eintrag in der Partitionstabelle geführt werden.

Eine Partition lässt sich darüber hinaus nur dann erweitern, wenn auf derselben physischen Festplatte direkt im Anschluss an diese freier, unpartitionierter Speicherplatz zur Verfügung steht (Option disk hat hier keine Bedeutung). Ist diese Partition formatiert, wird das Erweitern nur für das NTFS-Dateisystem unterstützt. Dann allerdings können Sie eine dynamische Vergrößerung des Volumes ohne Datenverlust erreichen.

Mit Hilfe des Parameters size geben Sie die Größe in MB an, um die das Volume erweitert werden soll. Lassen Sie size aus, wird der maximal verfügbare Platz eingenommen.

Für Volumes auf dynamischen Datenträgern können Sie den Befehl extend deutlich flexibler einsetzen. Geben Sie mit disk die Nummer des Datenträgers an, auf der freier Speicherplatz für die Erweiterung hinzugezogen werden soll. Ohne diesen Parameter versucht DISKPART, auf dem aktuell ausgewählten Datenträger Speicherplatz zum Erweitern zu nutzen.

import

```
import [noerr]
```

Mit import können Sie Festplatten in Ihre Datenträgerliste importieren, die als »fremd« gekennzeichnet sind und aus anderen Windows-Installationen stammen. import wird ohne weitere Parameter aufgerufen und es unterstützt einzig die Option noerr.

list

```
list disk
list partition
list volume
```

Mit Hilfe von list können Sie sich alle physischen und logischen Datenträger in einer Übersicht anzeigen lassen. Datenträger mit einem Fokus (ausgewählt mit select) erkennen Sie an einem Sternchen * vor der entsprechenden Zeile.

online

```
online [noerr]
```

Mit diesem Befehl können Sie eine Offline-geschaltete Festplatte wieder reaktivieren. Den Status eines Datenträgers erkennen Sie mit Hilfe der Befehle list disk (siehe Abbildung 11.18) beziehungsweise detail disk. Wenden Sie den Befehl in einem Skript an, können Sie bei Angabe von `noerr` verhindern, dass DISKPART im Fehlerfall (Festplatte lässt sich nicht reaktivieren) abbricht.

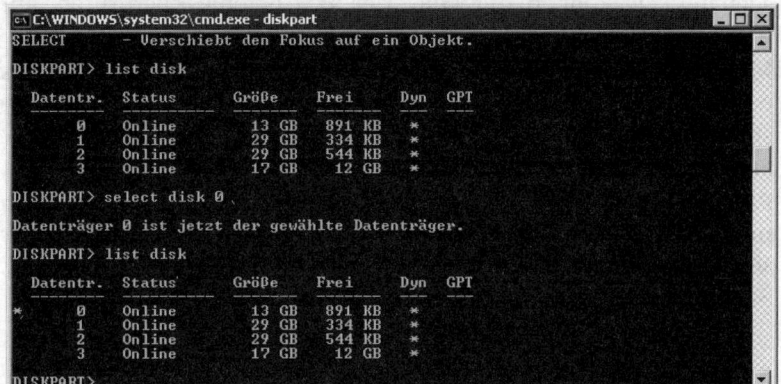

Abbildung 11.18: Anwendung des list-Befehls (∗ vor dem selektierten Datenträger)

remove [letter=<buchstabe>|mount=<pfad>] [all] [noerr] **remove**

Sie können mit `remove` den Laufwerkbuchstaben (`letter=...`) oder eingerichtete Laufwerkpfade (`mount=...`) auf einem Volume entfernen (siehe auch Anlage derselben mit `assign`). Geben Sie keine weiteren Optionen an, wird nur der Laufwerkbuchstabe entfernt, wenn einer zugewiesen war. Mit `all` werden alle Zugriffsmöglichkeiten auf das Volume entfernt.

repair disk=<nr> [noerr] **repair disk**

Repariert ein beschädigtes RAID 5-Volume, indem ein neuer Datenträger in das RAID anstelle eines ausgefallenen Datenträgers gesetzt wird. Geben Sie dazu mit <nr> die logische Nummer des Datenträgers an, der hinzugefügt werden soll. Beachten Sie, dass dieser über ausreichend freien Speicherplatz verfügt.

retain **retain**

Mit Hilfe dieses Befehls können Sie für ein einfaches Volume, den Sie zuvor mit `select volume` ausgewählt haben, einen Eintrag in der Partitionstabelle erzeugen. Damit lässt sich für den Start beziehungsweise die Installation des Betriebssystems ein »rein« dynamisches Volume entsprechend umkonfigurieren.

Wählen Sie vor der Anwendung von `retain` das betreffende Volume mit `select volume` aus.

Beachten Sie, dass ein mit `retain` umkonfiguriertes Volume – das damit über einen Eintrag in der Partitionstabelle verfügt – nachträglich nicht mehr erweitert werden kann. Der Vorgang kann nicht rückgängig gemacht werden.

select disk=<nr> **select**
select partition=<nr>|<zugriff>
select volume=<nr>|<zugriff>

Mit select wählen Sie den Datenträger oder das Volume aus, für die Sie weitere Befehle zur Anwendung bringen wollen (»Fokus setzen«). Sie können mit Hilfe der list-Befehle überprüfen, auf welchem Datenträger oder Volume aktuell der Fokus sitzt.

Mit <nr> geben Sie die entsprechende Nummer des Datenträgers oder Volumes an (lässt sich auch mit list ermitteln). <zugriff> steht für den Laufwerkbuchstaben oder –pfad, den Sie alternativ zur Nummer bei Volumes angeben können.

Für select wird keine noerr-Option unterstützt. Dies ist insofern unkritisch, da die Angabe eines nicht existenten Datenträgers oder Volumes keinen fehlerhaften Abbruch von DISKPART verursacht. Sie müssen allerdings beachten, dass dann nichts selektiert wird.

11.8.2 Das Kommandozeilen-Tool FSUTIL.EXE

Mit diesem Kommandozeilentool können Sie alle wichtigen Datei-system-spezifischen Einstellungen an Volumes vornehmen. Aufge-rufen wird das Programm gemeinsam mit einem Befehl.

Syntax

`Fsutil <befehl> <optionen>`

Eine Übersicht über die einzelnen Befehle sowie jeweils die Seite, wo der Befehl näher erläutert wird, finden Sie in der folgenden Tabelle:

Tabelle 11.8:
Übersicht über die
Fsutil-Befehle

FSUTIL-Befehl	Beschreibung	Seite
behavior	Ermöglicht die Modifikation erweiterter Einstellungen des NTFS-Dateisystems.	741
dirty	Lässt die Überprüfung und das Setzen des Dirty-Bits für einzelne Volumes zu.	742
file	Ermöglicht verschiedenste systemnahe Operationen auf Dateiebene.	742
fsinfo	Gibt umfassende Informationen zu den Volumes und den Dateisystemen zurück.	743
hardlink	Dient der Erstellung von Hardlinks auf NTFS-Volumes.	743
objectid	Ermöglicht die Verwaltung von Objekt-IDs	743
quota	Dient der Verwaltung von Datenträger-kontingenten.	744
reparsepoint	Ermöglicht das Abfragen und Löschen von NTFS-Analysepunkten.	744

FSUTIL-Befehl	Beschreibung	Seite
sparse	Dient der Erstellung und Verwaltung von Dateien mit geringer Dichte.	745
usn	Ermöglicht Änderungen am NTFS-Änderungsjournal.	745
volume	Ermöglicht das Überprüfen von freiem Speicherplatz auf Volumes sowie das Deaktivieren derselben.	745

Fsutil behavior query
Fsutil behavior set <parameter> {1|0|<wert>}

Fsutil behavior

Die nachfolgende Tabelle enthält die Parameter für Fsutil behavior. Deren derzeitige Werte können Sie mittels query abfragen und mit set neu setzen.

Parameter	Bedeutung
disable8dot3 allowextchar	Diese beiden Parameter beeinflussen die Erzeugung von MS-DOS-kompatiblen Dateinamen im 8.3-Format. Werden keine 8.3-Dateinamen mehr benötigt, kann disable8dot3 auf 1 gesetzt werden.
disablelastaccess	Dieser Parameter steuert den Zeitstempel des letzten Zugriffs für NTFS-Volumes. Um den Zeitstempel zu deaktivieren, muss der Parameter auf 1 gesetzt werden.
quotanotify	Der Parameter steuert, wie oft Überschreitungen von Datenträgerkontingenten im System-Ereignisprotokoll eingetragen werden (<wert> in Sekunden). Der Standardwert beträgt 3 600 Sekunden (1 Stunde). Die Protokollierung kann abgeschaltet werden, indem der Parameter auf 0 gesetzt wird.
mftzone	Für die Sicherstellung einer hohen Performance eines NTFS-Volumes ist für eine ausreichend dimensionierte und unfragmentierte MFT zu sorgen. Dieser Parameter bestimmt die Größe des reservierten Platzes für die MFT in Achteln der Gesamt-Volumegröße (Standard ist 1; maximal kann die Reservierung 4 Achtel betragen).

Tabelle 11.9:
Parameter für
Fsutil behavior

Fsutil dirty	**Fsutil dirty** {query|set} <volume>
Mit diesem Kommando können Sie das Dirty-Bit für ein Volume abfragen beziehungsweise neu setzen. Ist dieses gesetzt, wird beim nächsten Neustart eine automatische Überprüfung des Datenträgers durchgeführt. Für <volume> geben Sie das Volume über seinen Laufwerkbuchstaben, einen Laufwerkpfad oder mit seiner Bezeichnung an.
Fsutil file	Operationen auf Dateiebene ermöglicht dieses Kommando. Dazu gibt es weitere Optionen, die nachfolgend aufgeführt sind:
- createnew	**Fsutil file createnew** <dateiname> <länge>
Damit können Sie eine neue Datei erzeugen. Geben Sie für <dateiname> den Namen der Datei an, der auch mit einer genauen Laufwerks- und Pfadangabe verbunden sein kann. <länge> steht für die Längenangabe in Bytes.
- findbysid	**Fsutil file findbysid** <benutzer> <pfad>
Benutzen Sie dieses Kommando, um Dateien in einem Pfad zu suchen, die zu einem bestimmten Benutzer gehören. Für <benutzer> geben Sie den Benutzer- oder Login-Namen an.
- queryallocranges	**Fsutil file queryallocranges** offset=<wert> legth=<wert> <datname>
Dieses Kommando gibt Ihnen die Informationen zu den Bereichen aus, die eine Datei auf einem NTFS-Volume belegt. Geben Sie mit offset und length den Bereich der Datei an, zu dem Sie Informationen erhalten wollen. Für <datname> geben Sie den Dateinamen an, der auch mit einer Laufwerks- und Pfadangabe verbunden sein kann.
- setshortname	**Fsutil file setshortname** <dateiname> <8.3Name>
Erzeugen Sie damit einen 8.3-Dateinamen auf einem NTFS-Volume für eine bestimmte Datei <dateiname>.
- setvaliddata	**Fsutil file setvaliddata** <dateiname> <länge>
Eine NTFS-Datei wird in ihrer Größe durch zwei Parameter begrenzt: Die EOF (*End of File*)-Kennung und das Feld VDL (*Valid Data Length*) in der MFT. Für den praktischen Einsatz ist es sicherlich kaum erforderlich, hier einzugreifen. Sie könnten aber das Feld VDL mit einem neuen Wert belegen. Beachten Sie aber, dass dann der Lesezugriff auf den Dateiinhalt zwischen dem VDL-Wert (wenn dieser kleiner als die tatsächliche Dateigröße ist) und dem EOF-Zeichen nur Leerdaten zurückliefert.
- setzerodata	**Fsutil file setzerodata** offset=<wert> length=<wert> <dateiname>
Dies ist ein wirkungsvoller Befehl, um den Inhalt einer Datei »richtig« zu löschen. Dabei wird ab dem Offset-Wert der Inhalt mit der angegebenen Menge (Parameter length; alle Angaben in Bytes) mit Leerdaten überschrieben.

Für das sichere Löschen eines ganzen Datenträgers können Sie das Programm DISKPART mit dem Befehl CLEAN verwenden. Weitere Informationen finden Sie dazu auf Seite 734.

Fsutil fsinfo `<option> [<volume>]`

Fsutil fsinfo

Mit diesem Befehl können Sie Informationen über Ihre Volumes ermitteln. Details zu den physischen Datenträgern sehen Sie hier allerdings nicht. Diese erhalten Sie mit Hilfe des Befehls DISKPART (siehe Abschnitt 11.8.1 *Diskpart.exe* ab Seite 729).

Die gültigen Optionen und ihre Parameter entnehmen Sie der folgenden Tabelle.

Option	Erklärung
`Drives`	Listet alle verfügbaren Volumes auf.
`drivetype <volume>`	Gibt den Typ des mit `<volume>` angegebenen Laufwerks an, allerdings nur in den Kategorien »Eingebaut« und »Austauschbar«.
`ntfsinfo <volume>`	Liefert Informationen zum mit `<volume>` angegebenen NTFS-Volume. Hier sind Informationen zur MFT zu erhalten.
`statistics <volume>`	Gibt statistische Daten zum mit `<volume>` angegebenen Volume aus, sofern verfügbar.
`volumeinfo <volume>`	Liefert Informationen zum mit `<volume>` angegebenen Volume.

Tabelle 11.10: Optionen von Fsutil fsinfo

Fsutil hardlink `create <neuer-name> <dateiname>`

Fsutil hardlink

Mit diesem Kommando erzeugen Sie einen Hardlink auf eine existierende Datei. Genau genommen wird ein weiterer Verzeichniseintrag in der MFT erzeugt. Eine Unterscheidung zwischen Hardlink und ursprünglicher Datei kann im Nachhinein nicht mehr vorgenommen werden. Deshalb gibt es auch keinen expliziten Befehl zum Löschen eines Hardlinks. Weitere Informationen finden Sie in Abschnitt *Verknüpfungen und Hardlinks* ab Seite 153.

Geben Sie mit `<neuer-name>` den neuen Dateinamen an, unter dem die Datei `<dateiname>` geführt werden soll. Sie können den Hardlink in einem beliebigen Unterverzeichnis des NTFS-Volumes anlegen. Bedingung ist nur, dass er sich auf demselben Volume befindet.

Fsutil objectid `create|delete|query|set [<optionen>] <dateiname>`

Fsutil objectid

Dieser Befehl greift tief in die systeminterne Speicherung von Objekten im NTFS-Dateisystem ein. Normalerweise – auch nicht im Fall von logischen Datenbeschädigungen – sollten Sie diesen Befehl nicht anwenden. Sie können damit die internen Objekt-Identifikatoren (OIDs) manipulieren.

Fsutil quota	Für die Einrichtung und Anpassung von Datenträgerkontingenten können Sie die Option quota benutzen. Dateien, die sich vor einer Kontingentzuweisung auf einem Volume befinden, werden, anders als bei Windows 2000, bei der Kontingentüberwachung mit berücksichtigt. Bei der ersten Einrichtung läuft für den Administrator unsichtbar eine spezielle Routine für deren Erfassung ab.

Zu fsutil quota gibt es weitere Optionen, die nachfolgend beschrieben werden:

- track

Fsutil quota track <volume>

Standardmäßig ist die Überwachung von Kontingenten auf einem Volume deaktiviert. Mit diesem Kommando schalten Sie diese für das über <volume> angegebene Volume ein. Damit sind allerdings noch keine Kontingenteinträge selbst eingerichtet worden. Diese können Sie über die Option modify einrichten.

- disable

Fsutil quota disable <volume>

Mit der Option disable deaktivieren Sie die Kontingentüberwachung für das mit <volume> angegebene Volume komplett.

- enforce

Fsutil quota enforce <volume>

Mit enforce aktivieren Sie die restriktive Verweigerung weiteren Speicherplatzes bei Erreichen der Kontingentgrenze auf dem Volume.

- modify

Fsutil quota modify <volume> <warnschwelle> <limit> <benutzer>

Wenden Sie diese Option an, um einen Kontingenteintrag für das mit <volume> spezifizierten Volume neu zu erstellen oder zu verändern. Mit <warnschwelle> geben Sie die Größe in Bytes an, ab der eine Warnung ins Ereignisprotokoll geschrieben werden soll. <limit> steht für die Kontingentgrenze, ab der weiterer Speicherplatz nicht mehr zur Verfügung gestellt wird. Geben Sie über den Parameter <benutzer> einen gültigen Benutzernamen an. Dies kann der Login-Name oder des FQDN des Benutzers oder der Gruppe sein.

- query

Fsutil quota query <volume>

Mit dieser Kommandosequenz erhalten Sie eine Liste der aktuell eingerichteten Kontingenteinträge für das mit <volume> spezifizierte Volume.

- violations

Fsutil quota violations

Mit dieser Option durchsucht Fsutil das System- und Anwendungs-Ereignisprotokoll nach Einträgen, die auf ein Erreichen der Warnschwelle oder der Kontingentgrenze für Benutzer hindeuten. Damit können Sie automatisiert regelmäßig Abfragen zur Kontingentauslastung von Volumes durchführen.

Fsutil reparsepoint

Fsutil reparsepoint query|delete <verzname>

Dieses Kommando dient der Kontrolle und dem Löschen von NTFS-Analysepunkten, die beispielsweise für Volume-Bereitstellungen innerhalb einer NTFS-Verzeichnisstruktur genutzt werden. Sie können über den Parameter query abfragen, ob der mit <verzname> angegebene Eintrag ein Analysepunkt ist und welche internen Daten im NTFS-Dateisystem dazu gespeichert sind. Mit delete können Sie einen Analysepunkt entfernen. Zurück bleibt dann im Falle eines Breitstellungspunktes ein leeres Verzeichnis.

Fsutil sparse <option> <dateiname> [<parameter>]   Fsutil sparse

Über dieses Kommando können Sie Dateien mit geringer Dichte erzeugen und verwalten (siehe auch Abschnitt *Unterstützung für Dateien mit geringer Datendichte* ab Seite 155). Für den normalen Administrationsalltag benötigen Sie allerdings diese nicht. Solche Dateien werden in erster Linie für interne Zwecke im NTFS-Dateisystem genutzt.

Fsutil usn <option> <parameter>   Fsutil usn

Dieses Kommando ist ebenso wie das vorhergehende nicht für den »normalen« Gebrauch durch den Administrator gedacht. Sie können damit NTFS-Änderungsjournale anlegen, modifizieren und löschen.

Fsutil volume diskfree <volume>   Fsutil volume
Fsutil volume dismount <volume>

Mit Hilfe der Option diskfree wird der freie Speicherplatz auf dem mit <volume> spezifizierten Volume in Bytes angegeben. Mit dem Parameter dismount können Sie ein Volume deaktivieren. Ausnahme bilden aber System- und Startvolumes.

11.9 Volumezugriff ändern

Für den Zugriff auf Volumes haben Sie diese Möglichkeiten:

- Laufwerkbuchstaben   Laufwerkbuch-
                                    staben

  Die traditionelle Art, auf einen Datenträger zuzugreifen, stellen Laufwerkbuchstaben dar. Dies war schon seit den ersten Versionen von MS-DOS möglich und wurde bis in die heutigen Windows-Versionen hinübergerettet.

  Es sind alle 26 Buchstaben des englischen Alphabets erlaubt, wobei A und B für Diskettenlaufwerke vorgesehen sind. Zwischen Groß- und Kleinschreibung wird nicht unterschieden. Für ein Volume kann jeweils nur ein Laufwerkbuchstabe definiert werden.

- Laufwerkpfade   Laufwerkpfade

  Mit einem Laufwerkpfad können Sie ein Volume innerhalb einer Ordnerstruktur eines anderen Volumes einbinden. Voraussetzung dazu ist, dass der andere Datenträger mit dem Dateisystem NTFS formatiert ist. Das Dateisystem des so eingebundenen Datenträgers kann allerdings auch FAT oder FAT32 sein.

11.9.1 Vorgehen in der Datenträgerverwaltung

Den Zugriff auf ein Volume können Sie über dessen Kontextmenü im Snap-In DATENTRÄGERVERWALTUNG ändern.

Abbildung 11.19:
Zugriffsmöglich-
keiten zu einem
Datenträger

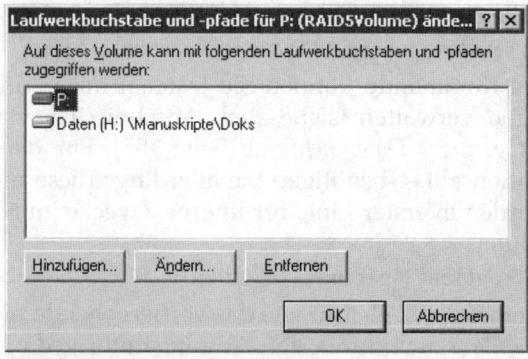

Das Ändern von Laufwerkbuchstaben kann einen weitreichenden Einfluss auf installierte Anwendungen haben. Führen Sie Änderungen an Volumes, die installierte Programme enthalten, deshalb nur mit Bedacht durch. Anderenfalls kann es zu Störungen in Programmfunktionen von Anwendersoftware oder zur generellen Nichtausführbarkeit von Programmen kommen.

Das Betriebssystem selbst schützt sich übrigens wirkungsvoll gegen ungewollte Eingriffe. Für System- und Startvolumes lassen sich Laufwerkbuchstaben nachträglich nicht mehr ändern.

Kein Neustart

Wird der Laufwerkbuchstabe des Volumes geändert, wird dies gleich durch die Datenträgerverwaltung aktiviert. Ein Neustart des Betriebssystems ist nicht erforderlich. Das betrifft ebenso das Anlegen und Ändern von Laufwerkpfaden.

Laufwerkpfad anlegen und ändern

Einen Laufwerkpfad können Sie für beliebige FAT-, FAT32- oder NTFS-formatierte Datenträger einrichten. Nur der Bereitstellungsordner muss sich auf einem NTFS-Volume befinden. Ein Laufwerkpfad kann also nur in eine NTFS-Struktur eingebunden werden.

Neuen Laufwerkpfad einrichten

Einen neuen Laufwerkpfad erzeugen Sie über die Schaltfläche HINZUFÜGEN (siehe Abbildung 11.19). Im folgenden Dialogfenster können Sie den Laufwerkpfad zu einem NTFS-Datenträger eingeben.

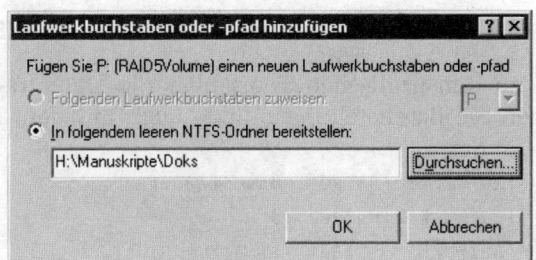

Zu beachten ist, dass Sie hier einen *leeren* Ordner innerhalb eines anderen, NTFS-formatierten Volumes angeben müssen.

Eine kleine Falle hat Microsoft bei den Laufwerkpfaden gelegt. Sie können einen Laufwerkpfad für einen NTFS-Datenträger innerhalb desselben physischen Datenträgers erstellen. Verzweigen Sie dann rekursiv innerhalb der (sinnlos) verknüpften Datenstrukturen und ändern Dateien, so kann es zu unerwünschten Effekten kommen. Eben geänderte Dateien werden beispielsweise plötzlich nicht mehr wiedergefunden.

Im Dateisystem NTFS-formatierter Wechseldatenträger können keine Laufwerkpfade anderer Volumes eingebunden werden. Allerdings können Sie für Wechseldatenträger Laufwerkpfade innerhalb anderer NTFS-Volumes definieren.

Wechseldatenträger

Nach Abschluss der Definition steht der Laufwerkpfad sofort zur Verfügung. Für den Benutzer oder die Applikationen geschieht dies völlig transparent. Es ist praktisch nur ein Ordner hinzugekommen, hinter dem sich real ein weiteres Volume mit seiner gesamten Dateistruktur verbirgt.

Beachten Sie, dass die Sicherheitseinstellungen, die Sie für NTFS-Volumes definieren können, sich nicht auf durch Laufwerkpfade eingebundene Volumes ausdehnen, die mit dem FAT- oder FAT32-Dateisystem formatiert sind.

Laufwerkpfad löschen

Einen gesetzten Laufwerkpfad löschen Sie über ENTFERNEN im Dialogfenster für die Änderung der Zugriffsmöglichkeiten. Die Löschung des Laufwerkpfades wird sofort – ohne einen Neustart zu benötigen – wirksam. Dabei wird der Bereitstellungsordner nicht physisch gelöscht, sondern steht weiterhin als jetzt normaler leerer Ordner zur Verfügung.

Laufwerkpfad ändern

Einmal gesetzte Laufwerkpfade können nachträglich leider *nicht* geändert werden. Es bleibt Ihnen nur der Weg, den Laufwerkpfad zu löschen und einen neuen zu definieren.

11.9.2 Das Kommandozeilen-Tool MOUNTVOL.EXE

Alternativ zu den grafischen Tools über die Datenträgerverwaltung können Sie Bereitstellungspunkte auch mit dem Programm MOUNTVOL ändern.

```
mountvol [<laufwerk:>]<pfad> <datenträger>
mountvol [<laufwerk:>]<pfad> /D
mountvol [<laufwerk:>]<pfad> /L
```

Der Aufruf von MOUNTVOL ohne weitere Angaben bringt eine kurze Erklärung der Syntax sowie eine Liste aller eingerichteten Bereitstellungspunkte auf den Bildschirm.

Die folgende Tabelle enthält die Erklärung aller Optionen:

Tabelle 11.11:
Optionen von
Mountvol.exe

Option	Erklärung
`<laufwerk:>`	Gibt den Laufwerkbuchstaben an, unter dem das Volume verfügbar sein soll (siehe Hinweis unten), *oder* gibt den Laufwerkbuchstaben des Volumes an, auf dem die Bereitstellung in dem unter `<pfad>` angegebenen Ordner eingerichtet werden soll.
`<pfad>`	Angabe des Laufwerkspfades, der als Bereitstellungsort eingerichtet werden soll. Dieser muss bereits als leerer Ordner auf dem NTFS-Volume bereitstehen.
`<datenträger>`	Ist die eindeutige Bezeichnung des Volumes, für das die Bereitstellung erzeugt werden soll.
`/D`	Löscht den angegebenen Bereitstellungspunkt. Zurück bleibt ein normaler leerer Ordner.
`/L`	Zeigt den Namen des bereitgestellten Volumes an.

Beispiele

Die folgenden Beispiele zeigen die praktische Nutzung des Programms MOUNTVOL:

```
mountvol d:\laufwerkc\ \\?\Volume{0e856d12-bd ... 07-2696f}\
```

Hier wird auf dem NTFS-Volume *D:* im Verzeichnis *\laufwerkc* das Volume *C:* eingebunden. Die genaue Volumebezeichnung entnehmen Sie einfach der Ausgabe, die Sie mit dem Aufruf von MOUNTVOL ohne Optionen erhalten.

Der folgende Aufruf löscht den eingerichteten Bereitstellungspunkt wieder:

```
mountvol d:\laufwerkc /D
```

Das nächste Beispiel richtet für das angegebene Volume den Laufwerkbuchstaben H: ein:

```
mountvol h: \\?\Volume{70b58f1b- … -404e57434431}\
```

Für jedes Volume lässt sich nur genau ein Laufwerkbuchstabe einrichten. Wollen Sie den Zugriff für ein Volume über einen anderen Laufwerkbuchstaben ermöglichen, müssen Sie zuvor den vorhandenen Laufwerkbuchstaben entfernen.

```
mountvol H: /D
```

Dieser Aufruf entfernt den Zugriff über den Laufwerkbuchstaben für das entsprechende Volume.

11.10 Die BOOT.INI bearbeiten

Die Datei BOOT.INI liegt im Wurzelverzeichnis der Systempartition und ist eine normale Textdatei. In Abschnitt 3.2.5 *Die Datei BOOT.INI* ab Seite 88 erfahren Sie mehr zum Aufbau dieser Datei.

Es gibt die folgenden Möglichkeiten, diese Datei zu bearbeiten:

- Texteditor

  Nutzen Sie den Texteditor NOTEPAD.EXE oder EDIT.COM, um die Datei manuell zu bearbeiten (siehe nächster Abschnitt).

- MSCONFIG.EXE

  Wesentlich komfortabler und sicherer lassen sich einzelne Einträge in der BOOT.INI mit diesem grafischen Tool bearbeiten. Weitere Hinweise finden Sie dazu ab Seite 750.

- BOOTCFG.EXE

  Dieses Kommandozeilentool kann sowohl direkt an der Eingabeaufforderung als auch in der Wiederherstellungskonsole zum Einsatz kommen (siehe auch Seite 751).

Beachten Sie, dass Sie über Administratorrechte verfügen müssen, wenn Sie diese Datei modifizieren wollen und diese auf einem Systemvolume liegt, das mit dem Dateisystem NTFS formatiert ist.

11.10.1 BOOT.INI mit dem Texteditor bearbeiten

Für die Bearbeitung der BOOT.INI mit dem Windows-eigenen Texteditor NOTEPAD.EXE gibt es einen komfortablen Weg:

1. Öffnen Sie das Startmenü und wählen Sie aus dem Kontextmenü des Arbeitsplatzsymbols den Punkt EIGENSCHAFTEN.

2. Wählen Sie im dann erscheinenden Dialogfenster SYSTEMEIGENSCHAFTEN die Registerkarte ERWEITERT.

3. Klicken Sie in der Rubrik STARTEN UND WIEDERHERSTELLEN auf die Schaltfläche EINSTELLUNGEN. Über die Schaltfläche BEARBEITEN des nächsten Dialogfensters STARTEN UND WIEDERHERSTELLEN wird automatisch der Texteditor NOTEPAD.EXE mit der BOOT.INI gestartet.

Abbildung 11.21:
Über BEARBEITEN in
diesem Dialogfenster
öffnet sich der Editor
NOTEPAD.EXE mit
der BOOT.INI

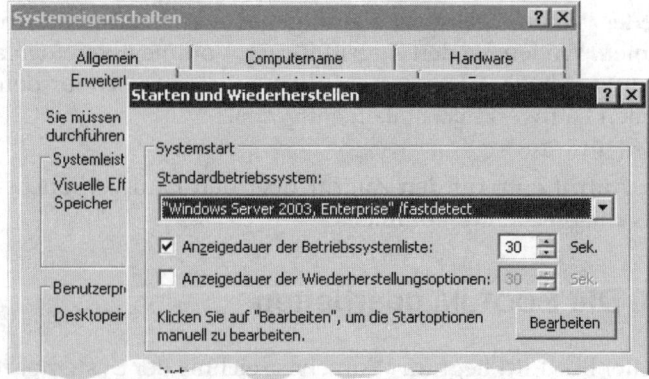

Ein gesetztes Schreibschutz-Attribut auf die BOOT.INI wird dabei übrigens automatisch zurückgesetzt und nach dem Editieren auch nicht wiederhergestellt.

11.10.2 BOOT.INI mit MSCONFIG.EXE anpassen

Dieses grafische Dienstprogramm können Sie direkt über START | AUSFÜHREN starten. Öffnen Sie hier die Registerkarte BOOT.INI.

Abbildung 11.22:
MSCONFIG.EXE zum
Setzen von Parame-
tern in der BOOT.INI

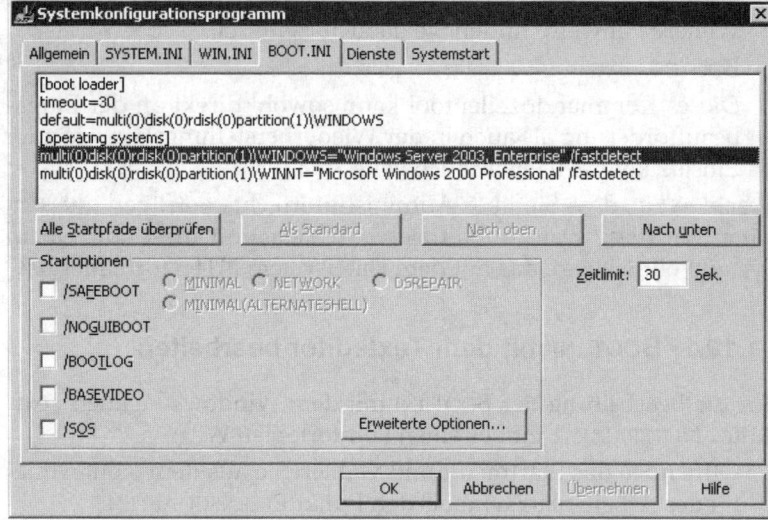

Markieren Sie zunächst den Eintrag, für den Sie Parameter anpassen oder hinzufügen wollen. Klicken Sie dann auf den entsprechenden Parameter. Über ERWEITERTE OPTIONEN können Sie auf noch weitere Parameter zugreifen. Eine Übersicht über die einzelnen Auswirkungen dieser Parameter finden Sie in Abschnitt 3.2.5 *Die Datei BOOT.INI* ab Seite 88.

Einschränkungen
mit MSCONFIG

Beachten Sie bei der Bearbeitung der BOOT.INI mit diesem Tool die folgenden Einschränkungen:

- Sie können nur bestehende Starteinträge bearbeiten, keine lö-schen oder neue hinzufügen. Das können Sie über die Bearbei-tung der Datei mit einem Texteditor (siehe Abschnitt BOOT.INI *mit dem Texteditor bearbeiten* ab Seite 749).

- Es lassen sich nur die Parameter hinzufügen, löschen oder ver-ändern, die durch MSCONFIG selbst unterstützt werden. Manu-ell hinzugefügte Parameter (wie beispielsweise /burnmemory) lassen sich nicht ändern oder entfernen.

11.10.3 BOOT.INI mit BOOTCFG.EXE anpassen

Das Programm BOOTCFG.EXE ist ein rein kommandozeilenortien-tiertes Dienstprogramm, welches sowohl auf der Kommandozeile als auch unter der Wiederherstellungskonsole zur Verfügung steht. Sie können damit grundsätzlich die folgenden Funktionen ausführen:

- BOOT.INI automatisch erstellen

  BOOTCFG durchsucht dabei alle angeschlossenen Festplatten nach Installationen von Windows NT, 2000/XP und Server 2003 und trägt diese als Starteinträge in die BOOT.INI ein.

- BOOT.INI überprüfen

  Sie können die bestehenden Einträge in der BOOT.INI anzeigen sowie überprüfen lassen. Eine erfolgreiche Überprüfung kann allerdings noch nicht garantieren, dass sich das betreffende Be-triebssystem auch wirklich starten lässt.

- Einträge manipulieren

  Sie können Einträge in der BOOT.INI hinzufügen oder löschen. Darüber hinaus können Sie den Standard-Betriebssystemein-trag festlegen (DEFAULT-Eintrag) sowie die Timer-Einstellungen ändern.

Das Tool BOOTCFG.EXE verfügt über verschiedene Befehle, abhän-gig davon, ob Sie es über die Eingabeaufforderung oder die Wie-derherstellungskonsole (siehe auch Abschnitt 17.7.4 *Wiederherstel-lungskonsole* ab Seite 1321) aufrufen.

Die nachfolgenden BOOTCFG-Befehle stehen an der Windows-Eingabeaufforderung zur Verfügung. Die Befehle, die innerhalb der Wiederherstellungskonsole einsetzbar sind, finden Sie ab Sei-te 1324.

Befehle an der Ein-gabeaufforderung

```
Bootcfg /Addsw <parameter>
Bootcfg /Copy <parameter>
Bootcfg /Dbg1394 <parameter>
Bootcfg /Debug <parameter>
Bootcfg /Default <parameter>
Bootcfg /Delete <parameter>
Bootcfg /EMS <parameter>
```

```
Bootcfg /Query <parameter>
Bootcfg /Raw <parameter>
Bootcfg /Rmsw <parameter>
Bootcfg /Timeout <parameter>
```

Diese Befehle werden nachfolgend näher erläutert, dazu jeweils passende Beispiele zur besseren Veranschaulichung:

Bootcfg /Addsw
Bootcfg /Rmsw

```
Bootcfg /Addsw [/s <computer> [/u <domain>\<user> /p <passw>]]
               [/mm <wert>] [/bv] [/so] [/ng] [/?]
               /id <os-nummer>

Bootcfg /Rmsw  [/s <computer> [/u <domain>\<user> /p <passw>]]
               [/mm <wert>] [/bv] [/so] [/ng] [/?]
               /id <os-nummer>
```

Beispiele:
```
Bootcfg /Addsw /s wxpws07.comzept-gmbh.de /bv /id 2
Bootcfg /Addsw /s wx2ws9 /u comzept.de\Adm /p df3s# /so /id 1
Bootcfg /Addsw /mm 128 /ng /id 1

Bootcfg /Rmsw /s wxpws07.comzept-gmbh.de /bv /id 2
Bootcfg /Rmsw /s wx2ws9 /u comzept-gmbh.de\Adm /p df3s# /so /id 1
Bootcfg /Rmsw /mm 128 /ng /id 1
```

Mit /Addsw (engl. *Add Switch*) können Sie für einen über /id spezifizierten Eintrag einen oder mehrere Schalter setzen. Mit /Rmsw können Sie umgekehrt Schalter wieder löschen.

Tabelle 11.12:
Optionen von
Bootcfg /Addsw

Option	Bedeutung
/s <computer>	Geben Sie den Namen des Computers (FQDN) oder dessen IP-Adresse ein, wenn Sie die BOOT.INI auf einem entfernten System ändern wollen.
/u <domain>\<user>	Sie können das Tool auch in einem anderen Benutzerkontext laufen lassen. Geben Sie die Domäne und den Benutzer an.
/p <passw>	Verwenden Sie /u, können Sie mit dieser Option das entsprechende Kennwort mit übergeben.
/mm <wert>	/MAXMEM
/bv	/BASEVIDEO
/so	/SOS
/ng	/NOGUIBOOT
/?	Gibt einen Hilfetext zu dem betreffenden Kommando aus.

Option	Bedeutung
/id <os-nummer>	Geben Sie die Nummer des Eintrags in der Sektion [Operating Systems] in der BOOT.INI an, der verändert werden soll. Der erste Eintrag hat die Nummer 1.

Die Erläuterungen zu den Schaltern /MAXMEM, /BASEVIDEO, /SOS und /NOGUIBOOT finden Sie in Tabelle 3.10 ab Seite 92.

Bootcfg /Copy `[/s <computer> [/u <domain>\<user> /p <passw>]]`   **Bootcfg /Copy**
       `[/d <beschreibung>] /id <os-nummer>`

Beispiele:
Bootcfg /Copy `/d "Windows 2000" /id 2`
Bootcfg /Copy `/s wx2ws9 /u comzept-gmbh.de\Adm /id 1`

Mit /Copy können Sie einen über /id spezifizierten Eintrag in der Sektion [Operating Systems] an das Ende der Liste kopieren. So lässt sich beispielsweise ein bestehender Eintrag vor einer Manipulation über /Addsw sichern oder einfach ein neuer Eintrag erzeugen.

Die Beschreibungen zu den Optionen /s, /u, und /p finden Sie in Tabelle 11.12 auf Seite 752.

Option	Bedeutung
/d <beschreibung>	Beim Kopieren eines bestehenden Eintrags wird die Beschreibung nicht übernommen. Über diesen Schalter können Sie dem neuen Eintrag eine Beschreibung geben.
/id <os-nummer>	Geben Sie die Nummer des Eintrags in der Sektion [Operating Systems] in der BOOT.INI an, der kopiert werden soll. Der erste Eintrag hat die Nummer 1.

Tabelle 11.13:
Weitere Optionen
von Bootcfg /Copy

Bootcfg /Dbg1394 `{ON|OFF|EDIT} [/s <computer> [/u <domain>\<user>` **Bootcfg /Dbg1394**
       `/p <passw>]] [/ch <kanal>] /id <os-nummer>`

Beispiele:
Bootcfg /**Dbg1394** ON /id 1
Bootcfg /**Dbg1394** OFF /id 1
Bootcfg /**Dbg1394** EDIT /ch 2 /id 2

Diese Option schaltet das Debugging für den über /id spezifizierten Betriebssystemeintrag ein, wobei der Firewire-Port (IEEE1394) benutzt wird.

Die Beschreibungen zu den Optionen /s, /u, und /p finden Sie in Tabelle 11.12 auf Seite 752.

Option	Bedeutung
ON	Aktiviert das Debugging und fügt den Schalter /Dbg1394 hinzu.

Tabelle 11.14:
Weitere Optionen von
Bootcfg /Dbg1394

Option	Bedeutung
OFF	Entfernt den Schalter /Dbg1394 vom angegebenen Eintrag.
EDIT	Damit können Sie zusammen mit dem /ch-Schalter die Kanalnummer für einen bestehenden /Dbg1394-Schalter ändern.
/ch <kanal>	Geben Sie die 1394-Kanalnummer an.
/id <os-nummer>	Geben Sie die Nummer des Eintrags in der Sektion [Operating Systems] in der BOOT.INI an, der verändert werden soll. Der erste Eintrag hat die Nummer 1.

Bootcfg /Debug

```
Bootcfg /Debug {ON|OFF|EDIT} [/s <computer> [/u <domain>\<user>
              /p <passw>]] [/port <serport>] [/baud <rate>]
              /id <os-nummer>
Beispiele:
Bootcfg /Debug ON /id 1
Bootcfg /Debug OFF /id 1
Bootcfg /Debug EDIT /port COM2 /baud 19200 /id 2
```

Diese Option schaltet das Debugging für den über /id spezifizierten Betriebssystemeintrag ein, wobei ein serieller Port (Standard: COM1 mit 9600 Baud) verwendet wird.

Die Beschreibungen zu den Optionen /s, /u, und /p finden Sie in Tabelle 11.12 auf Seite 752.

Tabelle 11.15:
Weitere Optionen
von Bootcfg /Debug

Option	Bedeutung
ON	Aktiviert die EMS-Umleitung und fügt den Schalter /EMS hinzu.
OFF	Entfernt den Schalter /EMS vom angegebenen Eintrag.
EDIT	Damit können Sie zusammen mit den /port- und /baud-Schaltern die Einstellungen für einen bestehenden /Debug-Schalter ändern.
/port <serport>	Geben Sie den seriellen Port an: COM1, COM2, COM3 oder COM4. Sie können auch BIOSSET verwenden. Dann werden die Einstellungen im BIOS des Computers verwendet.
/baud <rate>	Geben Sie die Baudrate für den seriellen Port an. Möglich sind folgende Werte: 9600, 19200, 38400, 57600, 115200.

Option	Bedeutung
/id <os-nummer>	Geben Sie die Nummer des Eintrags in der Sektion [Operating Systems] in der BOOT.INI an, der verändert werden soll. Der erste Eintrag hat die Nummer 1.

```
Bootcfg /Default [/s <computer> [/u <domain>\<user> /p <passw>]]
                 /id <os-nummer>
```
Bootcfg /Default

Beispiele:
```
Bootcfg /Default /s wxpws07.comzept-gmbh.de /id 3
Bootcfg /Default /s wx2ws9 /u comzept-gmbh.de\Adm /p df3s# /id 2
```

Mit dieser Option legen Sie den über /id spezifizierten Betriebssystemeintrag als Standard-Starteintrag fest. Die Beschreibungen zu den Optionen /s, /u, /p und /id finden Sie in Tabelle 11.12 auf Seite 752.

```
Bootcfg /Delete [/s <computer> [/u <domain>\<user> /p <passw>]]
                /id <os-nummer>
```
Bootcfg /Delete

Beispiele:
```
Bootcfg /Delete /s wxpws07.comzept-gmbh.de /id 3
Bootcfg /Delete /s wx2ws9 /u comzept-gmbh.de\Adm /p df3s# /id 2
```

Mit dieser Option löschen Sie den über /id spezifizierten Betriebssystemeintrag aus der BOOT.INI. Die Beschreibungen zu den Optionen /s, /u, /p und /id finden Sie in Tabelle 11.12 auf Seite 752.

```
Bootcfg /EMS {ON|OFF|EDIT} [/s <computer> [/u <domain>\<user>
              /p <passw>]] [/port <serport>] [/baud <rate>]
              /id <os-nummer>
```
Bootcfg /EMS

Beispiele:
```
Bootcfg /EMS ON /id 1
Bootcfg /EMS ON /port COM2 /baud 115200 /id 2
Bootcfg /EMS OFF /id 1
```

Diese Option aktiviert die EMS-Umleitung für den über /id spezifizierten Betriebssystemeintrag, wobei ein serieller Port (Standard: COM1 mit 9600 Baud) verwendet wird.

Die Beschreibungen zu den Optionen /s, /u, und /p finden Sie in Tabelle 11.12 auf Seite 752.

```
Bootcfg /Query [/s <computer> [/u <domain>\<user> /p <passw>]]
```
Bootcfg /Query

Beispiele:
```
Bootcfg /Query /s wxpws07.comzept-gmbh.de
Bootcfg /Query /s wx2ws9 /u comzept-gmbh.de\Adm /p df3s#
```

Mit /Query können Sie sich die Einträge in der BOOT.INI anzeigen lassen. Die Beschreibungen zu den Optionen /s, /u und /p finden Sie in Tabelle 11.12 auf Seite 752.

Bootcfg /Raw

```
Bootcfg /Raw <einträge> [/s <computer> [/u <domain>\<user>
                        /p <passw>]] /id <os-nummer>
```
Beispiele:
```
Bootcfg /Raw "/NUMPROC=1 /MAXMEM=128" /s wxpws07 /id 2
Bootcfg /Raw "/SOS" /s wxpws07.comzept-gmbh.de /id 1
```

Sie können mit /Raw für den mit /id spezifizierten Eintrag die Schalter über eine direkt übergebene Zeichenkette setzen. Eventuell schon gesetzte Schalter werden dabei überschrieben. Die Beschreibungen zu den Optionen /s, /u, /p und /id finden Sie in Tabelle 11.12 auf Seite 752.

Bootcfg /Timeout

```
Bootcfg /Timeout <sek> [/s <computer> [/u <domain>\<user>
                        /p <passw>]]
```
Beispiele:
```
Bootcfg /Timeout 15 /s wxpws07
Bootcfg /Timeout 45 /s wx2ws9 /u comzept-gmbh.de\Adm /p df3s#
```

Über diese Option können Sie den Timeout-Wert in der BOOT.INI in der Sektion [boot loader] setzen. Die Beschreibungen zu den Optionen /s, /u und /p finden Sie in Tabelle 11.12 auf Seite 752.

11.11 Erweiterte NTFS-Attribute

Die folgenden erweiterten NTFS-Attribute können Sie für Dateien und Ordner und teilweise auch für ganze Volumes setzen:

Tabelle 11.16:
Erweiterte NTFS-
Attribute

Attribut	Beschreibung	zu setzen für
Komprimierung	Komprimiert Dateien mit dem NTFS-Kompressionsalgorithmus (siehe auch Abschnitt 4.2.5 *Komprimierung* ab Seite 146).	Volumes, Dateien und Ordner
Indizierung	Bezieht gekennzeichnete Dateien und Ordner mit in den Indexdienst ein (siehe auch Abschnitt 3.6 *Der Indexdienst* ab Seite 119).	Volumes, Dateien und Ordner
Verschlüsselung	Verschlüsselt gekennzeichnete Dateien über das verschlüsselnde Dateisystem (siehe auch Abschnitt 4.3 *Das verschlüsselnde Dateisystem (EFS)* ab Seite 159).	Dateien und Ordner

In den folgenden Abschnitten wird erläutert, wie Sie diese Attribute setzen und entfernen können und was es dabei zu beachten gilt.

11.11.1 Aktivieren der Komprimierung

Für Volumes, die mit dem Dateisystem NTFS formatiert sind, können Sie eine integrierte Komprimierungsfunktion für Dateien nutzen. Diese Komprimierung ist als Dateiattribut transparent für Anwendungen implementiert. Dabei können Sie entscheiden, ob nur für bestimmte Dateien beziehungsweise Ordner oder das gesamte Volume die Komprimierungsfunktion des Dateisystems eingesetzt werden soll. Die Komprimierung können Sie, immer ausreichend Speicherplatz vorausgesetzt, auch jederzeit teilweise oder ganz rückgängig machen.

Die Komprimierung von Dateien beziehungsweise das Setzen des Attributs für ganze Ordner wird über die entsprechenden Eigenschaften-Fenster der Volumes, Dateien und Ordner oder mit dem Kommandozeilen-Tool COMPACT.EXE ermöglicht. Ausführlich werden die Einstellungen über die grafischen Werkzeuge in unseren Büchern *Windows 2000 im professionellen Einsatz* und *Windows XP Professional* behandelt.

Grafisch oder mit COMPACT.EXE

Der Aufruf von COMPACT ohne weitere Angaben listet den Status der Komprimierung der Dateien und Ordner im aktuellen Verzeichnis auf. Weitere mögliche Varianten des Aufrufs sind die folgenden:

Optionen von COMPACT.EXE

```
compact [/C|/U] <optionen> <datei>
compact [/C|/U] <optionen> <verzeichnis>
compact [/C|/U] [/S[:<verzeichnis>]] <optionen>
```

Die erste Variante des Aufrufs setzt das Komprimierungsattribut für die spezifizierten Dateien. Dabei werden diese entsprechend komprimiert beziehungsweise dekomprimiert.

Die zweite Variante setzt oder löscht das Komprimierungsattribut für ein Verzeichnis. Eventuell in diesem Verzeichnis enthaltene Dateien werden so aber nicht berührt. Wird das Komprimierungsattribut aktiviert, werden alle Dateien, die in das Verzeichnis neu aufgenommen werden, automatisch komprimiert.

Die dritte Variante setzt das Komprimierungsattribut für das spezifizierte Verzeichnis und bearbeitet dabei alle darin enthaltenen Dateien mit.

Dateien, bei denen die Attribute *Versteckt*, *System* oder *Schreibgeschützt* gesetzt sind, werden beim Abarbeiten von COMPACT trotzdem mit einbezogen. Sollen versteckte Dateien dabei angezeigt werden, können Sie dies mit Angabe der Option /A erreichen.

In der folgenden Tabelle finden Sie alle Optionen des Programms COMPACT in einer Übersicht:

Tabelle 11.17: *Optionen von* COMPACT.EXE	**Option**	**Erklärung**
	/C	Setzt das Komprimierungsattribut für die angegebenen Dateien oder Verzeichnisse.
	/U	Löscht das Komprimierungsattribut für die angegebenen Dateien oder Verzeichnisse.
	/S	Führt die Komprimierungs- beziehungsweise Dekomprimierungsvorgänge für alle Dateien des aktuellen Verzeichnisses (ohne Angabe) oder des spezifizierten Verzeichnisses (bei Angabe hinter /S) durch.
	<datei>	Name der Datei oder Dateien (mit * oder ?), für die Aktionen durchgeführt werden sollen
	<verzeichnis>	Name des entsprechenden Verzeichnisses oder Pfades
	<optionen>	
	/A	Anzeige auch der Dateien, die über die Attribute *Versteckt* oder *System* verfügen
	/I	Ignoriert auftretende Fehler und setzt Komprimierungen oder Dekomprimierungen trotzdem fort. Das kann bei der Verwendung in Stapelverarbeitungsdateien wichtig sein.
	/F	Es werden bei einem Komprimierungsvorgang auch jene Dateien neu komprimiert, die schon komprimiert vorliegen. Standardmäßig würden diese übersprungen.
	/Q	Die Anzeige des Programms *Compact.exe* wird auf wenige Details beschränkt.

Rechte beachten Das Komprimierungsattribut lässt sich mit COMPACT nur für die Volumes, Dateien und Ordner setzen, für die Sie oder der entsprechende Benutzer die entsprechenden Zugriffsrechte besitzen.

11.11.2 Setzen des Index-Attributs

Im NTFS-Dateisystem haben Sie die Möglichkeit, mit einem speziellen Attribut eine Datei, ein Verzeichnis oder ein ganzes Volume als *indizierbar* oder *nicht indizierbar* zu markieren. Dieses NTFS-Attribut bestimmt allerdings lediglich, dass die betreffenden Dateien und Verzeichnisse explizit durch den Indexdienst erfasst werden dürfen oder nicht. Um diese Dateien in den Index aufnehmen zu können, müssen Sie zuerst natürlich die entsprechenden Kataloge mit dem Indexdienst einrichten. Die Konfiguration des Indexdienstes ist Inhalt des Abschnitts 11.16 *Indexdienst einrichten* ab Seite 799.

Dateien und Ordner auf anderen Volumes, die nicht mit NTFS formatiert sind, können natürlich trotzdem durch den Indexdienst bearbeitet werden. Es steht dort allerdings kein derartiges Index-Attribut zur Verfügung, mit dem Sie den Indexdienst gezielt steuern können.

Index-Attribut nur bei NTFS

Die Einbeziehung eines Volumes, eines Verzeichnisses oder einer Datei durch den Indexdienst können Sie über das entsprechende Eigenschaften-Fenster aktivieren.

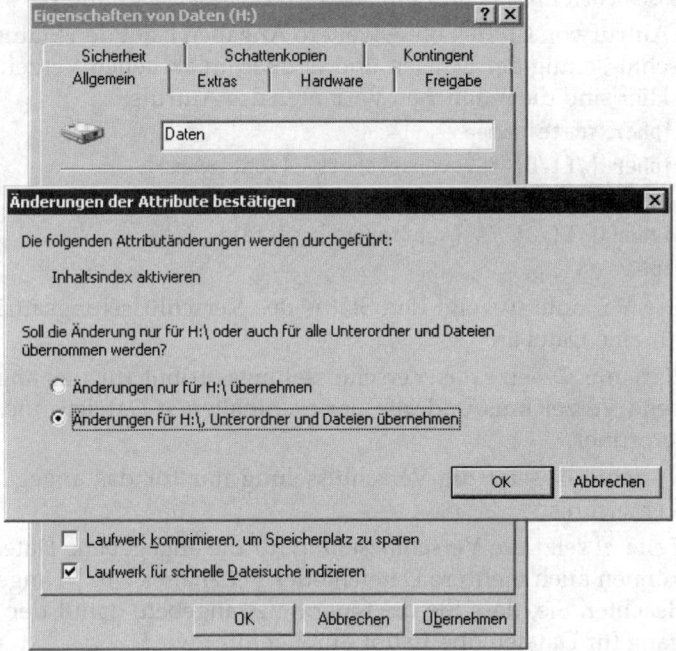

Abbildung 11.23: Indizierung aktivieren

Setzen Sie das Attribut für ein Volume oder ein Verzeichnis, können Sie bestimmen, ob bisher darin untergeordnet gespeicherte Daten mit einbezogen werden sollen.

11.11.3 Aktivieren der Verschlüsselung

Jeder Benutzer kann seine Dateien und Ordner auf einem NTFS-Volume über das verschlüsselnde Dateisystem (EFS) vor unerlaubtem Einblick durch Verschlüsselung schützen. Diese Funktion ist als Dateiattribut transparent für Anwendungen implementiert und kann nicht zusammen mit der Komprimierung eingesetzt werden (siehe vorhergehender Abschnitt). Sie können entscheiden, ob das

Attribut nur für bestimmte Dateien oder ganze Ordner beziehungsweise Volumes gesetzt werden soll. Bedenken Sie, dass die Verschlüsselung letztendlich auch Performance kostet und nur für Dokumente Sinn macht, die auch wirklich geschützt werden müssen. Mehr zu den Grundlagen erfahren Sie in Abschnitt 4.3 *Das verschlüsselnde Dateisystem (EFS)* ab Seite 159.

Grafisch oder mit CIPHER.EXE

Die Verschlüsselung von Dateien beziehungsweise das Setzen des Attributs für ganze Ordner wird über die entsprechenden Eigenschaften-Fenster oder über das Kommandozeilen-Tool CIPHER.EXE ermöglicht. Im vorliegenden Band werden nur die Optionen von CIPHER näher betrachtet. Das Vorgehen über das Eigenschaften-Fenster wird ausführlich in unseren Büchern *Windows 2000 im professionellen Einsatz* und *Windows XP Professional* erläutert.

Optionen von CIPHER.EXE

Der Aufruf von CIPHER ohne weitere Angaben listet den Status der Verschlüsselung der Dateien und Ordner im aktuellen Verzeichnis auf. Hier sind die möglichen Varianten des Aufrufs:

```
① cipher <dateiname>
② cipher [/E|/D] /S:<verzeichnis> [<optionen>]
③ cipher [/E|/D] [<optionen>] <verzeichnis>
④ cipher [/E|/D] /A [<optionen>] <datei>
⑤ cipher /K
```

- Die Variante ① zeigt den Status des Verschlüsselungsattributs für eine Datei an.

- Variante ② setzt das Verschlüsselungsattribut für das angegebene Verzeichnis und alle darin enthaltenen Dateien und Unterordner.

- Variante ③ setzt die Verschlüsselung nur für das angegebene Verzeichnis.

- Zeile ④ setzt die Verschlüsselung für die angegebene Datei. Sie können auch mehrere Dateien oder Platzhalter wie *.* angeben. Beachten Sie, dass Sie die Option /A angeben, damit der Vorgang für Dateien überhaupt durchgeführt wird.

Neuen Schlüssel erzeugen

- Die Option /K in der Variante ⑤ erzeugt einen neuen Schlüssel für den Benutzer, der aktuell angemeldet ist und CIPHER aufruft. Dies macht eigentlich nur dann Sinn, wenn Sie den alten Schlüssel mit dem bisherigen Zertifikat aus Sicherheitsgründen entfernen möchten. Beachten Sie, dass Sie zuvor alle mit dem alten Schlüssel verschlüsselten Dateien entschlüsseln, da Sie sonst nicht mehr in der Lage sein werden, diese Dateien zu dechiffrieren.

Dateien, bei denen die Attribute VERSTECKT, SYSTEM oder SCHREIB-GESCHÜTZT gesetzt sind, werden beim Abarbeiten von CIPHER trotzdem mit einbezogen. Sollen versteckte Dateien dabei angezeigt werden, können Sie dies mit Angabe der Option /H erreichen.

In der folgenden Tabelle finden Sie alle Optionen des Programms CIPHER in einer Übersicht:

Option	Erklärung
/E	Setzt das Verschlüsselungsattribut für die angegebenen Dateien oder Verzeichnisse.
/D	Löscht das Verschlüsselungsattribut für die angegebenen Dateien oder Verzeichnisse.
/S:\<verzeichnis>	Setzt oder entfernt das Verschlüsselungsattribut für das angegebene Verzeichnis und alle darin enthaltenen Objekte.
\<datei>	Name der Datei oder Dateien (mit * oder ?), für die Aktionen durchgeführt werden sollen
\<verzeichnis>	Name des entsprechenden Verzeichnisses oder Pfades
\<optionen>: /A	Setzt oder entfernt das Verschlüsselungsattribut sowohl bei Verzeichnissen als auch bei Dateien.
/I	Ignoriert auftretende Fehler und setzt den Vorgang trotzdem fort. Das kann bei der Verwendung in Stapelverarbeitungsdateien wichtig sein.
/F	Es werden bei einem Verschlüsselungsvorgang auch die Dateien neu verschlüsselt, die schon verschlüsselt vorliegen. Standardmäßig würden diese übersprungen.
/Q	Die Anzeige des Programms *cipher* wird auf wenige Details beschränkt.
/H	Zeigt während der Abarbeitung auch versteckte oder Dateien an, für die das Systemattribut gesetzt ist.
/K	Es wird ein neuer EFS-Schlüssel für den aktuellen Benutzer erstellt.

*Tabelle 11.18:
Optionen von
CIPHER.EXE*

Das Verschlüsselungsattribut lässt sich mit CIPHER nur für die Datenträger, Dateien und Ordner setzen, für die Sie oder der entsprechende Benutzer über die Besitzrechte verfügen.

Rechte beachten

11.12 EFS im Netzwerk administrieren

Die EFS-Verschlüsselung kann auch sehr wirksam für den Schutz besonders wichtiger Dateien eingesetzt werden, die auf freigegebenen Servervolumes abgelegt sind. Informationen zu den Grundlagen finden Sie dazu in Abschnitt 4.3.5 *EFS-Verschlüsselung im Netzwerk* ab Seite 165.

11.12.1 EFS-Zertifikate im Verzeichnis veröffentlichen

Manueller Aufwand nur bei Betrieb ohne PKI

Damit Benutzer anderen Benutzern ebenfalls den Zugriff auf Remote-verschlüsselte Dateien erlauben können, müssen Sie an deren EFS-Zertifikate mit den zugehörigen Schlüsseln herankommen. Nur dann, wenn Sie eine eigene PKI betreiben, geschieht die dazu notwendige Veröffentlichung im Active Directory automatisch. Beim Betreiben der EFS-Remoteverschlüsselung ohne PKI bleibt Ihnen nur die Möglichkeit, diese Zertifikate manuell nachträglich im Active Directory zu veröffentlichen.

Gehen Sie dazu wie folgt vor:

1. Öffnen Sie die Managementkonsole *Active Directory-Benutzer- und -Computer*.

2. Schalten Sie die erweiterte Ansicht für das Snap-In ein, indem Sie unter ANSICHT den Punkt ERWEITERTE FUNKTIONEN aktivieren.

3. Öffnen Sie das Eigenschaften-Dialogfenster zum betreffenden Benutzerobjekt und dort die Registerkarte VERÖFFENTLICHTE ZERTIFIKATE.

4. Sind Sie an einer Konsole eines Domänencontroller angemeldet, der selbst als Server für die Remoteverschlüsselung fungiert, dann können Sie über die Schaltfläche AUS SPEICHER HINZUFÜGEN das EFS-Zertifikat des Benutzers heraussuchen. Voraussetzung ist allerdings, dass der Benutzer bereits eine Datei auf diesem Server verschlüsselt hat. Erst dann wird das Zertifikat erstmalig angelegt.

Nach der Veröffentlichung können andere Benutzer das Zertifikat im Active Directory suchen und in die Benutzerliste des EFS-Detailfensters hinzufügen.

In der nachfolgenden Abbildung sehen Sie das manuell veröffentlichte Zertifikat für den Benutzer *Joerg*. Zu erkennen ist seine Entstehung ohne Wirkung einer eigenen PKI daran, dass als Aussteller der Benutzer *Joerg* selbst ausgewiesen wird.

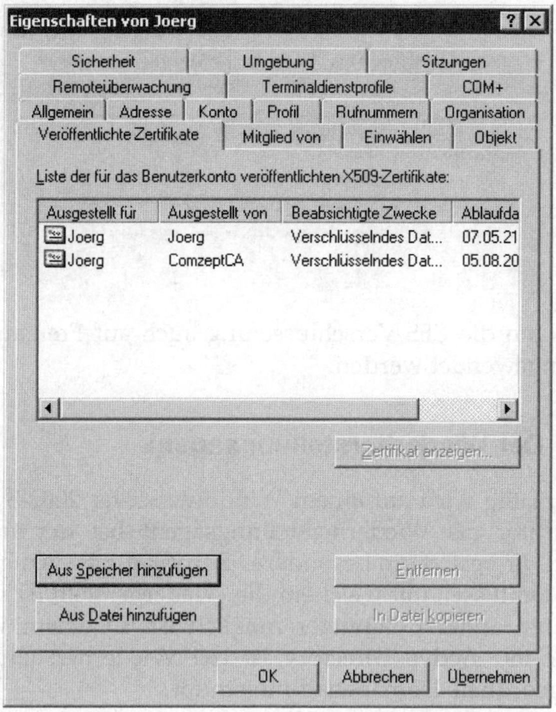

Eigenschaften von Joerg

Sicherheit	Umgebung	Sitzungen
Remoteüberwachung	Terminaldienstprofile	COM+
Allgemein	Adresse	Konto	Profil	Rufnummern	Organisation
Veröffentlichte Zertifikate	Mitglied von	Einwählen	Objekt

Liste der für das Benutzerkonto veröffentlichten X509-Zertifikate:

Ausgestellt für	Ausgestellt von	Beabsichtigte Zwecke	Ablaufda
Joerg	Joerg	Verschlüsselndes Dat...	07.05.21
Joerg	ComzeptCA	Verschlüsselndes Dat...	05.08.20

Zertifikat anzeigen...

Aus Speicher hinzufügen   Entfernen

Aus Datei hinzufügen   In Datei kopieren

OK   Abbrechen   Übernehmen

Abbildung 11.24:
Veröffentlichte EFS-
Zertifikate für einen
Benutzer

Danach wurde eine PKI aufgesetzt. Das zweite veröffentlichte Zertifikat hat nun die Stammzertifizierungsstelle *ComzeptCA* automatisch veröffentlicht.

11.12.2 Vertrauensstellung einrichten

Damit die EFS-Verschlüsselung auf Serverfreigaben im Active Directory überhaupt funktionieren kann, muss dem betreffenden Server »vertraut« werden können. Alle Domänencontroller werden standardmäßig als vertrauenswürdig eingestuft. Für Mitgliedsserver können Sie dies nachträglich einrichten. Gehen Sie dazu folgendermaßen vor:

1. Öffnen Sie die Managementkonsole *Active Directory-Benutzer-und -Computer*.
2. Öffnen Sie das Eigenschaften-Dialogfenster zu dem betreffenden Server über das Kontextmenü zu dessen Computerobjekt.
3. In der Registerkarte Delegierung markieren Sie die mittlere Option COMPUTER BEI DER DELEGIERUNG ALLER DIENSTE VERTRAUEN (NUR KERBEROS).

Abbildung 11.25:
Einrichten der Ver-
trauensstellung

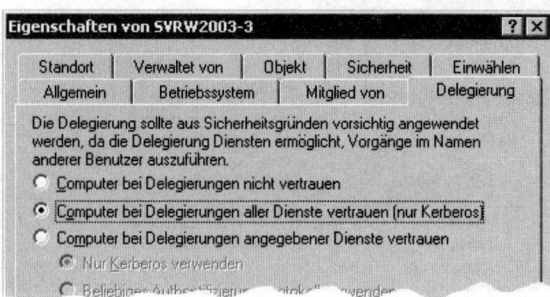

Danach kann die EFS-Verschlüsselung auch auf Freigaben dieses Servers angewendet werden.

11.12.3 Der Wiederherstellungsagent

Standardmäßig wird auf einem Windows Server 2003-System der Administrator als Wiederherstellungsagent bei der Installation eingesetzt. Er besitzt ein besonderes Zertifikat mit dazugehörigem privatem Schlüssel, mit welchem die Wiederherstellung verschlüsselter Daten anderer Benutzer möglich ist. In einem Windows-Netzwerk mit Active Directory ist der Wiederherstellungsagent der übergeordnete Domänenadministrator.

Um mit dem Zertifikat eines Anwenders verschlüsselte Dateien wiederherstellen zu können, greifen Sie auf diese als Wiederherstellungsagent zu und deaktivieren das Verschlüsselungsattribut.

11.12.4 Die EFS-Wiederherstellungsrichtlinie

Der Gültigkeitsbereich der Dateiwiederherstellung wird durch die Wiederherstellungsrichtlinie festgelegt. Diese Richtlinie finden Sie auf Domänenebene im Active Directory beispielsweise in der Managementkonsole *Sicherheitsrichtlinie für Domänen*, aufrufbar über START | VERWALTUNG direkt am Server oder remote von einer Windows-Arbeitsstation (ab Version 2000).

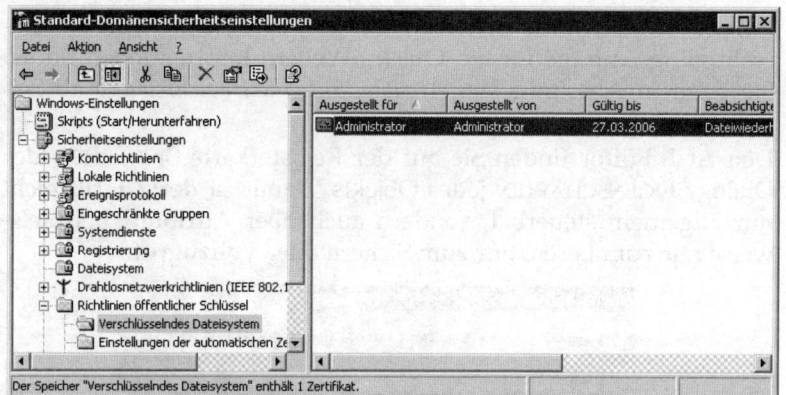

Abbildung 11.26:
Wiederherstellungs-
richtlinie für das EFS

Das zuständige Zertifikat zum Wiederherstellen von verschlüsselten Dateien finden Sie über das Snap-In ZERTIFIKATE. Wollen Sie
ein lokales System wirksam absichern, ist es empfehlenswert, das
entsprechende Zertifikat des Wiederherstellungsagenten zu exportieren und auf einem Datenträger an einem sicheren Ort aufzubewahren. Danach sollten Sie es auf dem Computer löschen. Die
Richtlinie selbst sollten Sie allerdings nicht löschen.

**Wirksame Absiche-
rung verschlüsselter
Daten**

Entscheidend für die Möglichkeit der Wiederherstellung ist das
Zertifikat im persönlichen Verzeichnis des Wiederherstellungsagenten. Im Falle der Notwendigkeit der Wiederherstellung verschlüsselter Dateien reicht es aus, das Zertifikat über das Kontextmenü im Snap-In ZERTIFIKATE wieder zu importieren. Danach
können Sie direkt auf die betreffenden Dateien zugreifen und die
Verschlüsselung aufheben. Nach dem Wiederherstellen kann das
Zertifikat wieder gelöscht werden.

11.13 NTFS-Zugriffsrechte einstellen

Das Dateisystem NTFS verfügt im Gegensatz zu FAT/FAT32 über
ein ausgefeiltes Zugriffsrechtesystem. In den nachfolgenden Abschnitten erhalten Sie einen Überblick über die grundlegenden
Verwaltungsinstrumente, die Ihnen serverseitig zur Verfügung
stehen. Die Grundlagen werden dazu in Abschnitt 4.2.4 *NTFS-
Zugriffsrechte für Dateien und Ordner* ab Seite 144 vermittelt.

11.13.1 Der ACL-Editor

Berechtigungen auf Objekte werden Benutzern oder Gruppen erteilt. Dies hat nichts mit der Zuweisung von bestimmten Privilegien mit Gruppenrichtlinien (siehe Abschnitt 6.7 *Gruppenrichtlinien*
ab Seite 395) zu tun. Ebenso, wie es einen Richtlinieneditor gibt,
existiert auch für die Berechtigungen ein solcher Editor, der ACL-

Editor. ACL steht für *Access Control List*, dies ist die Liste der Berechtigungseinträge für ein Objekt. Weitere Informationen finden
Sie dazu in Abschnitt *Das Attribut Sicherheitsbeschreibung* ab Seite 144).

ACL-Editor

Den ACL-Editor finden Sie auf der Registerkarte SICHERHEIT des
Dialogs EIGENSCHAFTEN jedes Objekts. Damit ist der Zugriff nicht
nur allgemein steuerbar, sondern auch über Attribute, beispielsweise nur zum Lesen, nur zum Sichern oder Vollzugriff.

Abbildung 11.27:
ACL-Editor für einen
Ordner

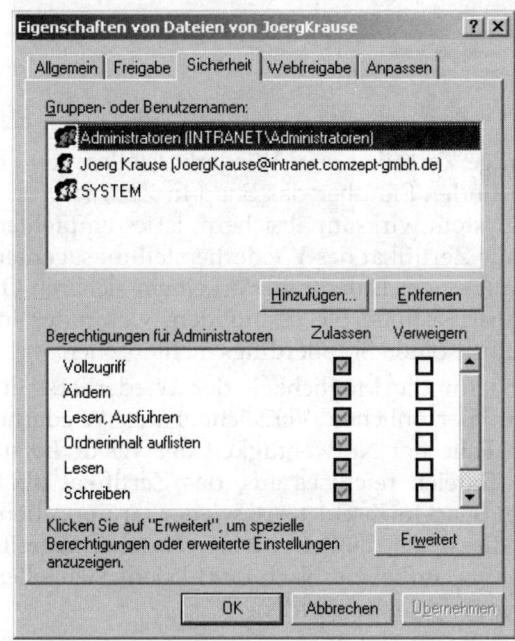

Sicherheits-
einstellungen

Auf der Registerkarte SICHERHEIT können Sie folgende Einstellungen vornehmen:

- Hinzufügen und Entfernen von Benutzern oder Gruppen

  Mit der Schaltfläche HINZUFÜGEN nehmen Sie neue Benutzer
  oder Gruppen in die Liste auf. Verschiedene Benutzer können
  verschiedene Berechtigungen haben, da der ACE-Editor pro
  Objekt und nicht pro Benutzer abbildet.

- Zulassen oder Verweigern von Berechtigungen

  Für jedes Attribut eines Objekts kann die Berechtigung explizit
  zugelassen oder verweigert werden. Bei aktiver Vererbung
  führt das zwangsläufig zu Konflikten. In diesem Fall »gewinnt«
  die restriktivere Einstellung, die Verweigerung des Rechts also.

Verweigerungen haben immer Vorrang vor der Zulassung eines Rechts. Entziehen Sie beispielsweise der Gruppe *Jeder* alle Zugriffsrechte, kann niemand mehr, auch nicht der Administrator, auf die betreffende Datei zugreifen. Lediglich der *Besitzer* kann dann die Zugriffsrechte wieder ändern.

Ist keine Option ausgewählt, wird das Recht implizit verweigert. Ist ein Kontrollkästchen dieser Liste grau hinterlegt, so wurde das angezeigte Recht geerbt.

Implizite Verweige-
rung und Vererbung

Die Vererbungssteuerung ist über die Schaltfläche ERWEITERT zu erreichen. Normalerweise werden die Berechtigungen, die ein Benutzer auf ein Objekt hat, vererbt. So erben alle Dateien eines Ordners die Rechte, die der Benutzer für den Ordner hat. Wenn Sie im Dialog ERWEITERTE SICHERHEITSEINSTELLUNGEN das Kontrollkästchen BERECHTIGUNGEN ÜBERGEORDNETER OBJEKTE, SOWEIT VERERBBAR, ÜBER ALLE UNTERGEORDNETEN OBJEKTE VERBREITEN deaktivieren, gilt dies nicht mehr. Weiter unten mehr dazu.

Vererbung

Über die Schaltfläche ERWEITERT erreichen Sie noch weitere Einstellungsmöglichkeiten.

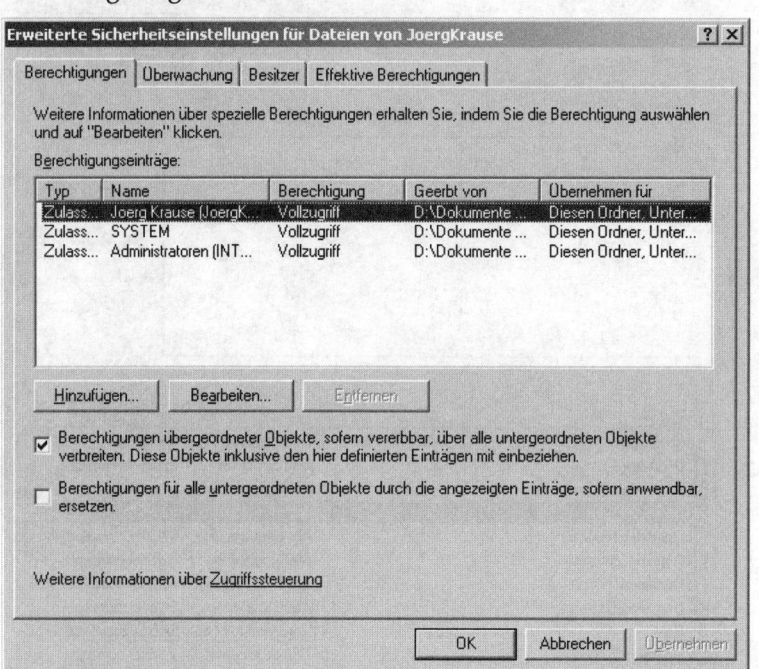

Abbildung 11.28:
Erweiterter ACL-
Editor

Der erweiterte ACL-Editor kann recht komplexe Angaben enthalten. Die Spalten haben folgende Bedeutung:

- TYP

  Hier stehen einzeln die Einträge mit verweigerten und zugelassenen Berechtigungen. Wenn ein Benutzer sowohl explizit zugelassene als auch explizit verweigerte Berechtigungen hat, erscheint er doppelt in der Liste.

- NAME

  Hier steht der Namen des Benutzers oder der Gruppe.

- BERECHTIGUNG

  Handelt es sich um ein eindeutiges Attribut, erscheint es in dieser Spalte. Alternativ steht dort auch VOLLZUGRIFF (alle Attribute) oder SPEZIELL (jede andere Kombination von Attributen).

- ÜBERNEHMEN FÜR

  Hier steht, welche Option für die Berechtigungsübernahme gewählt wurde. Diese Liste steht nur für Ordner zur Verfügung. Hier kann beispielsweise entschieden werden, ob die Einstellungen auch für untergeordnete Ordner oder Dateien übernommen werden sollen.

Abbildung 11.29:
Auswahl Benutzer
oder Gruppe

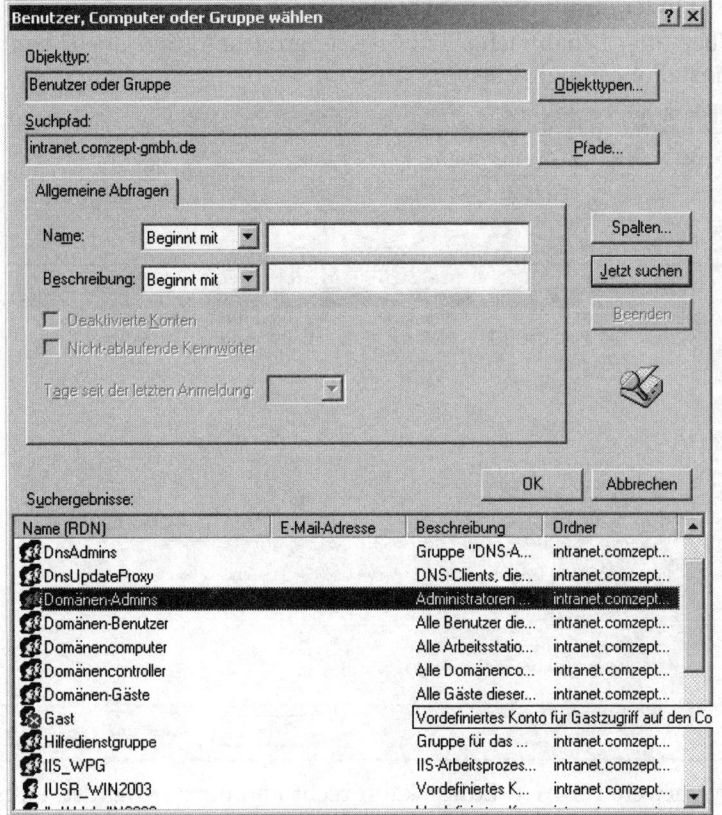

Mit der Schaltfläche HINZUFÜGEN können Sie nun einzelne Berechtigungseinträge hinzufügen. Im ersten Schritt wählen Sie einen Benutzer oder eine Gruppe aus.

Um die Suche zu vereinfachen, klicken Sie auf die Schaltfläche OBJEKTTYPEN und deaktivieren danach das Kontrollkästchen INTEGRIERTE SICHERHEITSPRINZIPALE

Danach aktivieren Sie die einzelnen Berechtigungen für den oder die ausgewählten Objekte.

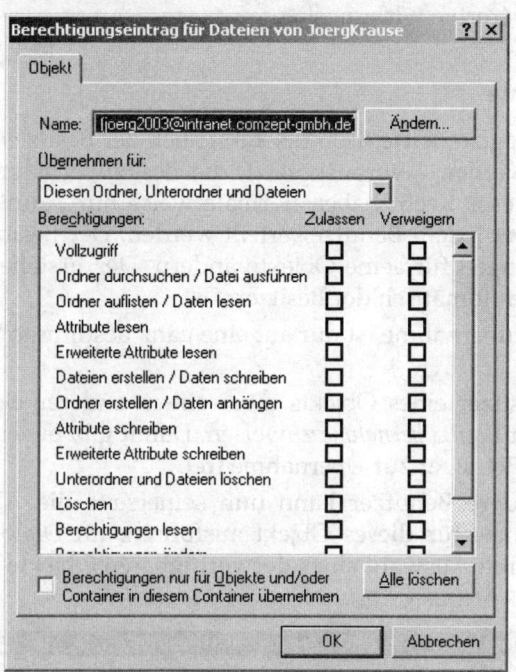

Abbildung 11.30:
Eintrag mit Berechtigungen erstellen

Hinweise zur Vererbung

Im erweiterten ACL-Editor (siehe Abbildung 11.28 auf Seite 767) können Sie die Vererbung in beiden Richtungen beeinflussen. **Vererbung**

- BERECHTIGUNGEN ÜBERGEORDNETER OBJEKTE, SOWEIT VERERBBAR, ÜBER ALLE UNTERGEORDNETEN OBJEKTE VERBREITEN

  Wenn diese Option aktiviert ist, werden Berechtigungen übergeordneter Objekte übernommen, wobei auch hier wieder Verweigerungen vor Zulassungen stehen. Standardmäßig ist diese Option aktiv.

- BERECHTIGUNGEN FÜR ALLE UNTERGEORDNETEN OBJEKTE DURCH DIE ANGEZEIGTEN EINTRÄGE, SOFERN ANWENDBAR, ERSETZEN.

  Wenn dieses Kontrollkästchen aktiviert ist, werden die Berechtigungen zwangsweise vererbt.

Auf der Registerkarte BERECHTIGUNGEN können Sie die Übernahme auch genauer steuern – abhängig vom Typ des Objekts.

Wenn Sie ein Attribut direkt zulassen oder verweigern, ist dies ein expliziter Vorgang. Andere Einstellungen können dies nicht über- **Explizite Berechtigung** schreiben. Dies geschieht aber auf Attributebene. Sie können die Vererbung und die Vergabe von expliziten Berechtigungen also gut kombinieren.

Implizite Berechtigung

Wenn Berechtigungen vererbt werden, spricht man von einer impliziten Berechtigung. Wenn eine explizite Berechtigung existiert, bleibt die vererbte wirkungslos.

Besitzrechte

Besitz von Objekten

Über die Registerkarte BESITZER kann auch der Besitz eines Objekts geändert werden – vorausgesetzt, die Besitzübernahme selbst ist erlaubt. Dieses Recht haben normalerweise nur Administratoren, es kann aber jedem Benutzer erteilt werden. Der Besitzer darf die Berechtigungen für seine Objekte ändern. Der Ersteller eines Objekts wird automatisch der Besitzer.

Besitzübernahme

Eine Besitzübernahme ist nur auf eine ganz bestimmte Weise möglich:

1. Der Besitzer eines Objekts muss einem anderen Benutzer das Attribut *Besitzübernahme* zuweisen. Damit gibt er sein Objekt an diesen Benutzer zur Übernahme frei.

2. Der andere Benutzer kann nun seinerseits die Aktion *Besitz übernehmen* für dieses Objekt ausführen. Im Dialog geschieht dies durch Auswahl eines der verfügbaren Objekte in der Liste BESITZER ÄNDERN AUF.

Abbildung 11.31:
Ändern des Besitzers
für eine Datei

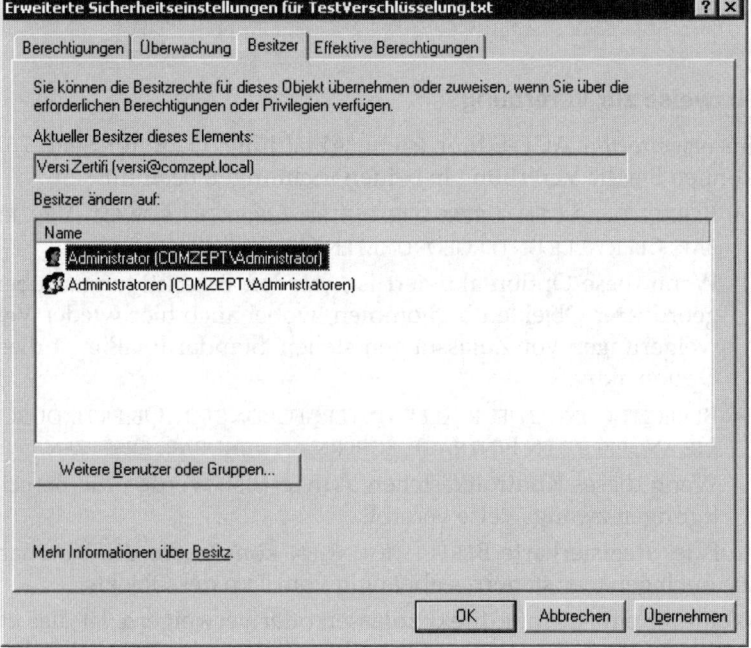

Anders als noch unter Windows 2000 können Sie nun mit dem ACL-Editor den Besitz eines Objektes auf beliebige Benutzer oder Gruppen übertragen. Dazu dient die Schaltfläche WEITERE BENUTZER UND GRUPPEN.

Der Kommandozeilenbefehl CACLS zeigt die Zugriffskontrolllisten für Dateien an und erlaubt die Änderung. Ausführlich wird die Syntax des Befehls in Abschnitt 11.13.3 *Das Kommandozeilen-Tool Cacls.exe* ab Seite 773 behandelt.

Kommandozeilen-befehl CACLS.EXE

11.13.2 Überwachung von Dateien und Ordnern

Über den erweiterten ACL-Editor können Sie *Überwachungen* für NTFS-Dateien und -Ordner festlegen. Damit erreichen Sie, dass der Zugriff auf die spezifizierten Objekte im EREIGNISPROTOKOLL unter SICHERHEIT protokolliert wird. Da dies auch Performance kostet, sollten Sie gut überlegen, welche Dateien und Ordner wirklich überwacht werden müssen.

Überwachungs-einträge im Ereignisprotokoll

Überwachungsrichtlinie definieren

Damit die Überwachung überhaupt stattfinden kann, muss die Überwachungsrichtlinie OBJEKTZUGRIFFSVERSUCHE ÜBERWACHEN entsprechend definiert werden. Dies können Sie lokal für einen bestimmten Computer oder im Active Directory auf OU- oder Domänenebene einrichten. Sie finden die Richtlinie in folgendem Zweig:

```
\Computerkonfiguration
  \Windows-Einstellungen
   \Sicherheitseinstellungen
    \Lokale Richtlinien
     \Überwachungsrichtlinie
      \Objektzugriffsversuche überwachen
```

Zweig im AD-Gruppenrichtlinienobjekt

Lokal finden Sie diese Richtlinie für einen bestimmten Computer, indem Sie die Managementkonsole *Lokale Sicherheitsrichtlinie* starten.

Lokaler Zweig

```
\Sicherheitseinstellungen
 \Lokale Richtlinien
  \Überwachungsrichtlinie
   \Objektzugriffsversuche überwachen
```

Standardmäßig ist diese Richtlinie deaktiviert. Beachten Sie, dass die Richtlinie auf Domänenebene eventuell gesetzte lokale Richtlinien überschreibt.

Für die Einstellung der Sicherheitsrichtlinien im Active Directory gibt es zwei spezielle Managementkonsolen:

Spezielle Management-konsolen

- *Sicherheitsrichtlinie für Domänen*
- *Sicherheitsrichtlinie für Domänencontroller*

Damit wird die Einstellung erleichtert. Wollen Sie dies nur für eine bestimmte Organisationseinheit vornehmen, dann nehmen Sie dies im Gruppenrichtlinienobjekt zu dieser separat vor.

Abbildung 11.32:
Überwachungsricht-
linie definieren

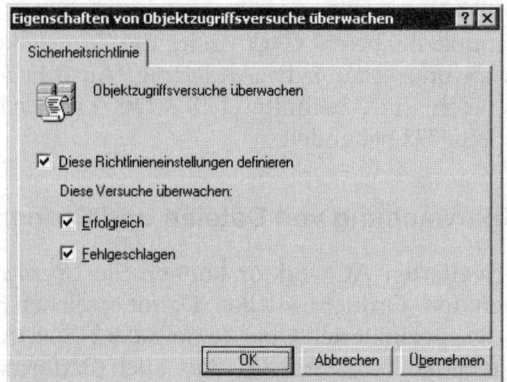

Beim Definieren der Richtlinieneinstellung haben Sie die Auswahl, wie Zugriffsversuche überwacht werden sollen:

- ERFOLGREICH

  Es werden die Zugriffsversuche protokolliert, die erfolgreich abgeschlossen werden konnten.

- FEHLGESCHLAGEN

  Ist diese Option aktiv, werden Zugriffsversuche protokolliert, die fehlgeschlagen sind. So lassen sich beispielsweise illegale Versuche des Zugriffs auf bestimmte Daten nachverfolgen.

Überwachung einrichten

Für die Einrichtung einer Überwachung fügen Sie einfach einen neuen Eintrag zu der Liste der Überwachungen im erweiterten ACL-Editor hinzu.

Abbildung 11.33:
Überwachung ein-
richten

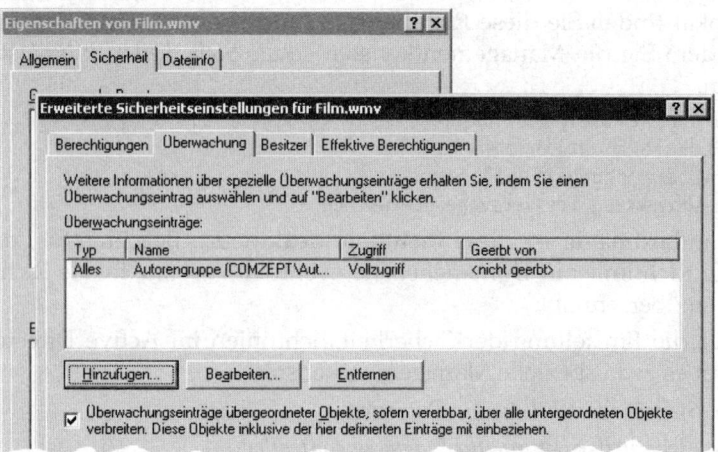

Geben Sie zunächst das Konto des Benutzers, der Gruppe oder ein Systemkonto an, für welches die Überwachung gelten soll. Danach spezifizieren Sie die zu überwachenden Aktionen. Legen Sie bei der Aktion fest, ob eine erfolgreiche Durchführung oder ein fehlgeschlagener Versuch (oder beides) protokolliert werden sollen.

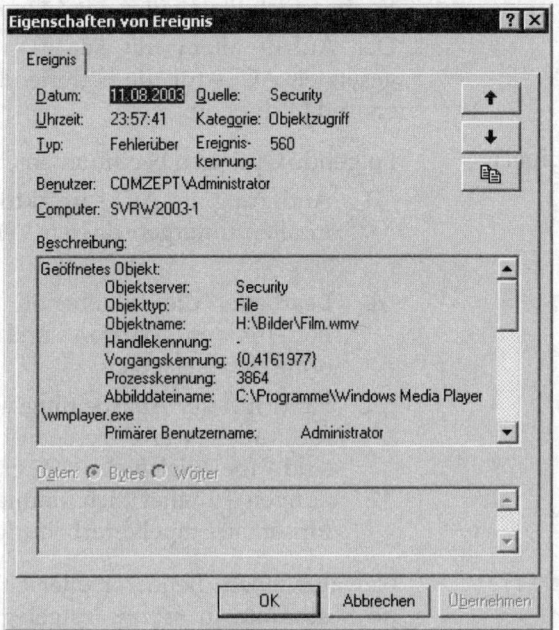

Abbildung 11.34:
Protokollierung eines
fehlgeschlagenen Zu-
griffsversuchs

Die Auswertung eines Ereigniseintrags können Sie wiederum automatisieren und so auf illegale Bemühungen von Benutzern oder Programmen adäquat reagieren. Weitere Informationen finden Sie dazu in Abschnitt 10.3.8 *Ereignismeldungen überwachen und erzeugen* ab Seite 638.

11.13.3 Das Kommandozeilen-Tool CACLS.EXE

Mit dem Kommandozeilen-Tool CACLS.EXE können Sie die Zugriffsberechtigungen *(Access Control List – ACL)* von Dateien und Ordnern setzen oder ändern. Nicht beeinflussen können Sie damit allerdings Überwachungen oder Besitzverhältnisse.

Die Syntax für den Aufruf von CACLS.EXE lautet:

```
cacls <datei>
cacls <datei> [<optionen>] /G <user>:<attr>
cacls <datei> [<optionen>] /P <user>:<attr>
cacls <datei> /E [<optionen>] /R <user>
cacls <datei> [<optionen>] /D <user>
```

Syntax

In der folgenden Tabelle finden Sie die Erläuterungen zu den Bestandteilen der Syntax:

Option	Bedeutung
`<datei>`	Die zu bearbeitenden Dateien oder Ordner. Es sind auch Platzhalter wie *.* zulässig. Der Aufruf allein mit `<datei>` zeigt die gesetzten ACLs für die betreffenden Dateien und Ordner an.
`<optionen>`	Folgende Optionen beeinflussen CACLS: `/T` Änderung der ACLs im aktuellen und in allen untergeordneten Verzeichnissen `/E` Bearbeitet die bestehende ACL der betreffenden Dateien und Ordner, ohne sie zu ersetzen. `/C` Fährt mit der Abarbeitung von CACLS fort, auch wenn Fehler aufgetreten sind (beispielsweise Zugriffsverletzungen). Eignet sich damit für den Einsatz in Stapelverarbeitungsdateien.

`/G <user>:<attr>`	Gewährt einem Benutzer oder einer Gruppe bestimmte in `<attr>` festgelegte Benutzerrechte.
	 `<attr>` kann die folgenden Werte annehmen:
	 `R` Read-Only (Lesezugriff)
	 `C` Change (Ändern; Schreiben); beinhaltet `R`
	 `F` Full (Vollzugriff); beinhaltet `R` und `C`

`/P <user>:<attr>`	Ersetzt die Zugriffsrechte eines Benutzers oder einer Gruppe; die folgenden Rechte können bei `<attr>` angegeben werden:
	 `N` None (keine Rechte)
	 `R` Read-Only (Lesezugriff)
	 `C` Change (Ändern; Schreiben); beinhaltet `R`
	 `F` Full (Vollzugriff); beinhaltet `R` und `C`

Option	Bedeutung
/R <user>	Entfernt (Remove) komplett eine Zugriffs-berechtigung für einen Benutzer oder eine Gruppe; muss immer zusammen mit /E angegeben werden.
/D <user>	Verweigert explizit den Zugriff für einen bestimmten Benutzer oder eine Gruppe.

Um CACLS in Stapelverarbeitungsdateien zum automatisierten Abarbeiten von Aufgaben einsetzen zu können, benötigen Sie eine Möglichkeit, auftretende Bestätigungsfragen mit J (Ja) beantworten zu können. CACLS bietet dazu leider keine entsprechende Option. **Einsatz in Stapel-dateien**

Das Problem der automatisierten Ja-Sagerei lässt sich mit Hilfe des Echo-Befehls oder einer *ja-Textdatei* lösen:

```
echo j|cacls <datei> …
type ja.txt|cacls <datei> …
```

Die Datei *ja.txt* hat nur einen einzigen Buchstaben J als Inhalt so-wie einen Zeilenvorschub. Beachten Sie, dass sich vor und nach dem Pipe-Symbol (|) keine Leerzeichen befinden.

11.14 Freigaben für Ordner einrichten

Damit Benutzer auf Dateien und Ordner zugreifen können, die auf einem Server abgelegt sind, können Sie Ordnerfreigaben einrich-ten. Diese Funktion gibt es bereits seit den ersten Windows-Ver-sionen und soll nachfolgend mit den besonderen Merkmalen vorgestellt werden, die im Betrieb unter Windows Server 2003 zu beachten sind.

11.14.1 Verwaltungswerkzeuge

Für die Verwaltung von Freigaben auf dem Server gibt es das Snap-In *Freigaben*. Dieses ist unter FREIGEGEBENE ORDNER in der Managementkonsole *Computerverwaltung* ebenso zu finden wie in der Managementkonsole *Dateiserververwaltung* (siehe auch Sei-te 702).

Auf der Kommandozeile-Ebene steht das universelle Dienstpro-gramm NET.EXE mit einer Reihe von Optionen speziell für die Frei-gabenverwaltung zur Verfügung. Darauf wird in Abschnitt *Freigaben mit NET.EXE einrichten* ab Seite 783 näher eingegangen. **NET.EXE**

Abbildung 11.35:
Freigaben verwalten
über das gleichnami-
ge Snap-In

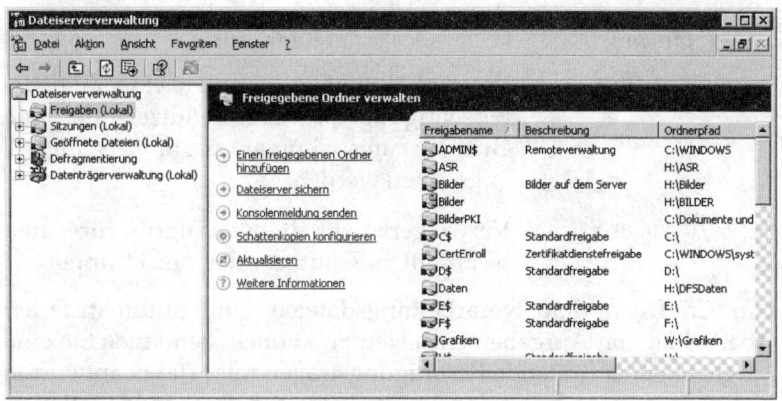

11.14.2 Administrative Freigaben

Es gibt eine Reihe von so genannten *administrativen Freigaben*, die
bereits standardmäßig vom Betriebssystem eingerichtet worden
sind. Sie erkennen diese im Snap-In *Freigaben* daran, dass sie mit
einem Dollarzeichen ($) versehen sind.

Einführung

Zugriff beschränkt   Auf diese Freigaben haben generell nur Mitglieder der lokalen
Administratorengruppe Zugriff. Das können Sie ebenso wenig
ändern wie die konkret eingestellten Zugriffsrechte.

Unsichtbar in
Netzwerk-Browsern   Mit dem angehängten Dollarzeichen wird erreicht, dass die Freigabenamen vor den Netzwerk-Suchdiensten verborgen bleiben.
Damit erscheinen sie in der Netzwerkumgebung von Clientsystemen nicht. Dieses »Verstecken« von Freigabenamen hat allerdings
nichts mit deren Zugriffsrechten zu tun. Wenn Sie im Windows-
Explorer \\Servername\C$ eingeben, dann erhalten Sie, Administra-
torrechte auf dem Server vorausgesetzt, den Zugriff.

Administrative Freigaben gibt es in dieser Form auf jedem Win-
dows-Betriebssystem ab Windows 2000. Damit eignen sich diese
ebenfalls für den direkten Zugriff auf das Dateisystem von Clientcomputern (siehe auch Abschnitt 11.14.5 *Clientseitiger Zugriff auf*
Freigaben ab Seite 784).

Überblick über typische administrative Freigaben

Die folgenden administrativen Freigaben finden Sie in der Regel
auf einem Server unter Windows Server 2003 vor. Einige werden
dabei nur auf Domänencontrollern verwendet.

- C$, D$, E$ etc.

  Dies sind die administrativen Freigaben für die einzelnen Volumes. Sie werden automatisch eingerichtet, wenn ein Volume über einen Laufwerkbuchstaben angesprochen werden kann.

- ADMIN$

  Dahinter verbirgt sich der %Systemroot%-Ordner des Computers.

- IPC$

  Über diese Freigabe (IPC steht für *Interprocess Connection*) werden verschiedene Kommunikationsprozesse zwischen Computern unter Windows Betriebssystemen bei RPC-Verbindungen (*Remote Procedure Call*) abgewickelt. Diese Freigabe ist nicht löschbar und wird unter anderem für die Terminaldienste benötigt.

- PRINT$

  Hier sind die Druckertreiber untergebracht, die für freigegebene Drucker auf dem Server an Windows-Clients verteilt werden können. In Abschnitt *Clientdruckertreiber bereitstellen* ab Seite 1124 finden Sie dazu weitere Informationen.

- FAX$

  Über diese Freigabe versenden bei installierten Faxdiensten die Clients ihre Faxe über den Server. Ebenso werden hier zentrale Dateien wie Fax-Deckblätter abgelegt.

- NETLOGON

  Diese Freigabe wird nicht versteckt und ist standardmäßig bei allen Domänencontrollern vorhanden. Sie wird für den Anmeldeprozess von Clientsystemen benötigt.

- SYSVOL

  Über diese ebenfalls offen sichtbare Freigabe tauschen Domänencontroller bei der Replikation bestimme Daten aus.

Es ist grundsätzlich nicht zu empfehlen, administrative Freigaben umzukonfigurieren oder gar zu löschen. Durch das Entfernen der Freigabe C$ stellen Sie beispielsweise keineswegs sicher, dass niemand mehr auf das Laufwerk C: zugreifen kann.

Der Zugriff auf die administrativen Freigaben ist ohnehin nur Administratoren gestattet. Kann sich ein Eindringling als Administrator authentifizieren, so ist er dann auch in der Lage, neue Freigaben auf beliebigen Volumes einzurichten. Eine eventuell gelöschte administrative Freigabe kann ihn dann davon nicht abhalten.

11.14.3 Freigaben einrichten

Für das Einrichten von Freigaben gibt es grafische und kommandozeilenorientierte Tools.

Freigaben über den Windows-Explorer einrichten

Der bekannteste Weg führt sicherlich über das Eigenschaften-Dialogfenster zu einem Ordner im Windows-Explorer. Allerdings sind hier unter Umständen nicht alle Funktionen verfügbar. Freigaben für Macintosh-Clients lassen sich so beispielsweise nicht einrichten.

Abbildung 11.36:
Eine Freigabe über
den Windows-
Explorer einrichten

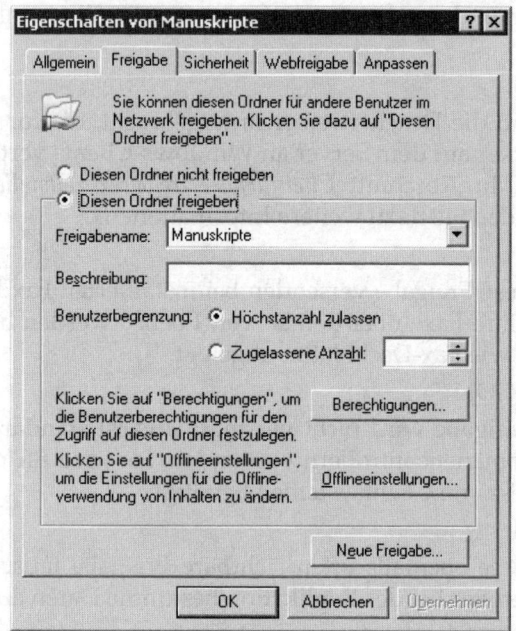

Um einen Ordner freizugeben, aktivieren Sie die entsprechende Option im oberen Bereich des Dialogfensters. Tragen Sie dann einen Freigabenamen ein. Unter BENUTZERBEGRENZUNG können Sie die Anzahl der Benutzer eintragen, die gleichzeitig auf die Freigabe zugreifen darf. Standardmäßig ist dies nicht begrenzt.

Zugriffsberechti-
gungen

Legen Sie danach die Zugriffsberechtigungen fest, die für diese Freigabe gelten sollen. Als Vorgabe hat die integrierte Sicherheitsgruppe *Jeder* nur lesenden Zugriff – unabhängig von den eventuell gesetzten NTFS-Zugriffsrechten im Dateisystem auf dem Server.

Verwechseln Sie die Zugriffsberechtigungen für Freigaben nicht mit den NTFS-Zugriffsrechten, die jeweils für freigegebene Ordner im Dateisystem gelten. Diese müssen Sie separat über die Registerkarte SICHERHEIT einstellen.

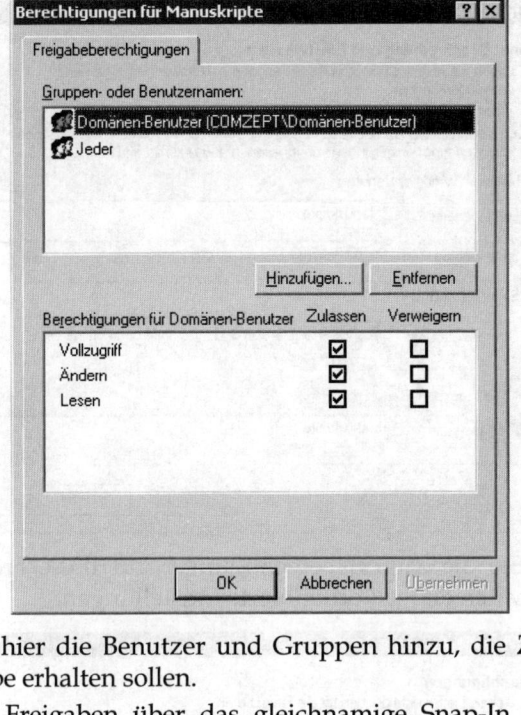

Abbildung 11.37:
Zugriffsberechti-
gungen für die
Freigabe einstellen

Fügen Sie hier die Benutzer und Gruppen hinzu, die Zugriff auf die Freigabe erhalten sollen.

Wenn Sie Freigaben über das gleichnamige Snap-In einrichten, steht dazu der Ordnerfreigabe-Assistent zur Verfügung. Dieser leitet Sie durch alle Schritte und erlaubt beispielsweise auch die Einrichtung von Freigaben für Macintosh-Clients.

Freigaben mit dem Ordnerfreigabe-Assistenten einrichten

Unter Windows Server 2003 leitet Sie der Ordnerfreigabe-Assistent durch alle notwendigen Einrichtungsschritte. Sie starten diesen, indem Sie in der Managementkonsole *Dateiserververwaltung* oder *Computerverwaltung* das Snap-In *Freigaben* markieren und aus dem Kontextmenü den Punkt NEUE FREIGABE wählen. Gehen Sie dann wie folgt vor:

1. Wählen Sie hier zuerst den Pfad zum freigebenden Ordner aus.

2. Geben Sie im danach folgenden Dialogfenster den Freigabenamen sowie optional die Beschreibung ein. Zusätzlich können Sie hier die Offlinedateien-Einstellungen vornehmen. Diese werden in Abschnitt 11.15.4 *Offlinedateien administrieren* ab Seite 797 näher erläutert.

Abbildung 11.38:
Assistent unter
Windows Server
2003

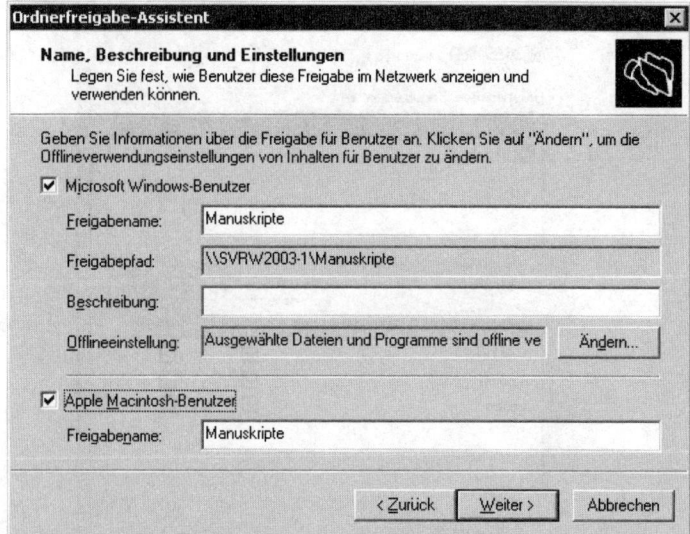

3. Legen Sie die Zugriffsberechtigungen für diese Freigabe fest. Dabei helfen einige vordefinierte Einstellungen.

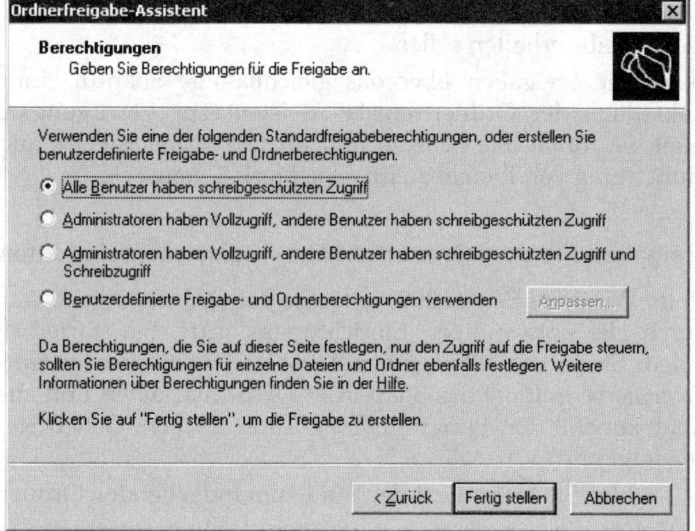

Wenn Sie die letzte Option BENUTZERDEFINIERTE FREIGABE- UND ORDNERBERECHTIGUNGEN VERWENDEN auswählen, können Sie in einem einzigen Dialogfenster die Berechtigungen sowohl für die Freigabe selbst als auch für die im NTFS-Dateisystem einstellen.

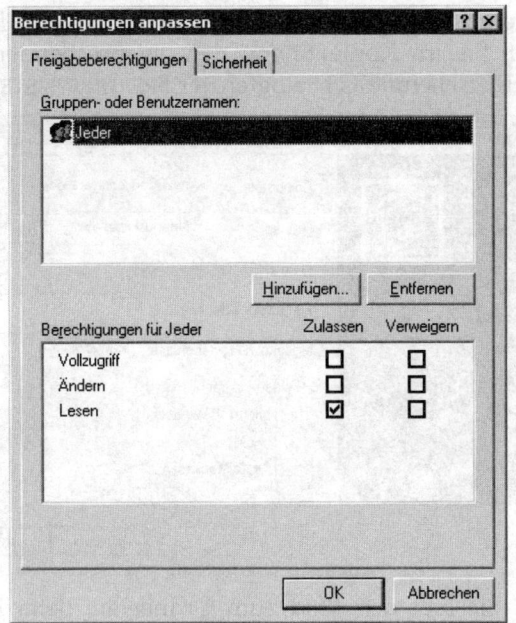

Abbildung 11.39:
Festlegen beider
Zugriffsrechte-
Ebenen über die
benutzerdefinierte
Einstellung

Diese Zugriffsrechtberechtigungen können Sie nachträglich jederzeit anpassen. Wählen Sie dazu aus dem Kontextmenü zur Freigabe den Punkt EIGENSCHAFTEN.

Zugriffsrechte nachträglich anpassen

Freigaben mit dem Snap-In am Clientcomputer einrichten

Ab Windows 2000 steht das Snap-In *Freigegebene Ordner* für eine eigene Managementkonsole zur Verfügung. So können Sie Freigaben auf Servern sowie gegebenenfalls anderen Clientcomputern remote verwalten.

Remote-Verwaltung möglich

Abbildung 11.40:
Freigaben auf dem
Server am Client
unter Windows XP
Professional verwalten

Gehen Sie so vor, um eine neue Ordner-Freigabe auf dem Server anzulegen:

1. Markieren Sie in der Strukturansicht das Snap-In *Freigaben* und wählen Sie im Kontextmenü den entsprechenden Punkt aus. Danach erscheint das Dialogfenster FREIGABE ERSTELLEN.

Abbildung 11.41:
Einrichtung einer
Freigabe über einen
XP-Clientcomputer

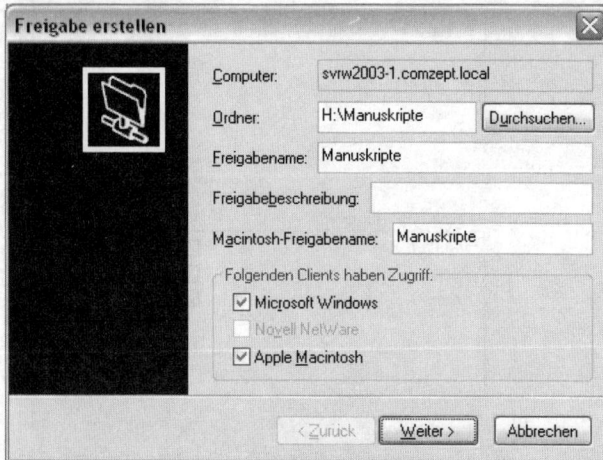

2. Geben Sie hier den Pfad zum Ordner an. Beim Durchsuchen des Servers helfen Ihnen die administrativen Freigaben (siehe Abschnitt 11.14.2 *Administrative Freigaben* ab Seite 776). Das gelingt allerdings nur dann, wenn Sie als Benutzer mit Administratorrechten für den betreffenden Server angemeldet sind.

3. Nach Eingabe des Freigabenamens und einem Klick auf WEITER können Sie die Zugriffsberechtigungen sowohl für die Freigabe als auch den Ordner im NTFS-Dateisystem einstellen.

Abbildung 11.42:
Zugriffsberechti-
gungen anpassen

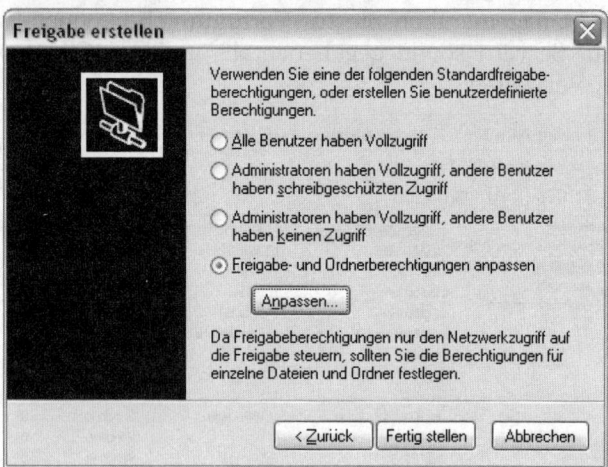

Hier ist wiederum, wie lokal bei der Einrichtung an der Serverkonsole, die letzte Option zu empfehlen. So können Sie beide Berechtigungs-Ebenen zugleich konfigurieren.

Freigaben mit NET.EXE einrichten

Mit dem Kommandozeilen-Tool NET.EXE können Sie ebenfalls Freigaben einrichten und verwalten. Die wichtigsten dazu einsetzbaren Optionen werden nachfolgend erläutert. Eine umfassende Dokumentation bietet die Online-Hilfe.

```
Net share <freigabename> [<optionen>]
Beispiele:
Net share Manuskripte
Net share Texte=W:\Dokumente\TXT /remark:"Archiv für Texte"
Net share Texte /delete
```
Net share

Damit lassen sich Informationen zu Freigaben anzeigen sowie neue Freigaben anlegen oder bestehende löschen.

Option	Erklärung
`/users:<anz>`	Anzahl der Benutzer, die gleichzeitig auf die Freigabe zugreifen dürfen
`/unlimited`	Keine Einschränkung der Benutzeranzahl; dies ist die Standardeinstellung
`/remark:<text>`	Beschreibungstext zur Freigabe
`/delete`	Löscht die angegebene Freigabe

Tabelle 11.20: Ausgewählte Optionen für Net share

```
Net file [[<id>] /close]]
Beispiele:
Net file
Net file 399 /close
```
Net file

Mit `Net file` ohne weitere Angaben erhalten Sie die Liste der derzeit offenen Dateien auf dem Server. Aus dieser lässt sich dann die Datei-ID entnehmen, die Sie für das Schließen via `/close` einsetzen können.

```
Net session [<host>] [/delete]
Beispiele:
Net session
Net session \\svrw2003-1
Net session \\192.168.100.2 /delete
```
Net session

Über `Net session` ohne weitere Optionen wird die Liste der derzeit aktiven Sitzungen angezeigt. Mit `/delete` können Sie alle Sitzungen schließen. Dabei werden alle offenen Dateien ebenfalls geschlossen.

11.14.4 Freigaben im Active Directory veröffentlichen

Freigaben können im Verzeichnis veröffentlicht werden. Damit kann ein komfortabler Zugriff für die Clients eingerichtet werden.

Dies schließt sogar die Möglichkeit ein, nach der Freigabe gezielt im Verzeichnis suchen zu können.

Abbildung 11.43: Freigabe im Verzeichnis veröffentlichen

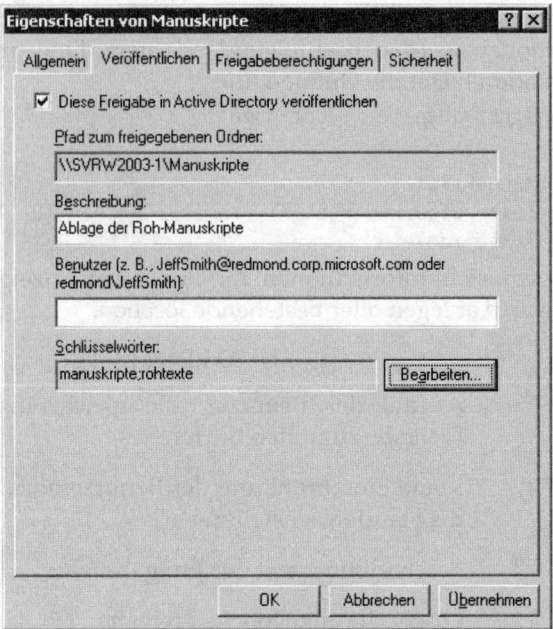

Öffnen Sie das Eigenschaften-Dialogfenster zur Freigabe im Snap-In *Freigaben* über dazu zugehörige Kontextmenü. In der Registerkarte VERÖFFENTLICHEN aktivieren Sie das Kontrollkästchen. Optional können Sie eine Beschreibung, Informationen zum »Besitzer« sowie über die Schaltfläche BEARBEITEN Schlüsselwörter für die Suche eingeben.

11.14.5 Clientseitiger Zugriff auf Freigaben

Der clientseitige Zugriff auf freigegebene Ressourcen kann auf verschiedene Weisen erfolgen. Nachfolgend finden Sie einige Informationen dazu, wie Sie auf Serverfreigaben von Clients unter Windows XP Professional aus zugreifen können. Umfassend wird dieses Thema in unseren Büchern *Windows 2000 Professional* und *Windows XP Professional* behandelt.

Zugriff über den Windows Explorer

Dialogfenster Netzwerkumgebung

Über das Dialogfenster *Netzwerkumgebung* können Sie nach Freigaben im Netzwerk komfortabel suchen. Hier werden allerdings nur die angezeigt, die der Netzwerk-Suchdienst finden kann. Administrative Freigaben (siehe Seite 776) werden damit nicht sichtbar.

Benötigen Sie einen festen Laufwerkbuchstaben für den Zugriff auf die Freigabe, so können Sie dies einstellen, indem Sie zur angezeigten Freigabe im Dialogfenster NETZWERKUMGEBUNG das Kontextmenü öffnen und den Punkt NETZLAUFWERK VERBINDEN wählen.

Laufwerkbuchstaben für Zugriff

Abbildung 11.44: Verbinden einer Freigabe mit einem Laufwerkbuchstaben

Direkter geht es, wenn Sie den kompletten UNC-Namen zur Freigabe in der Adressleiste eingeben. Damit können Sie auch auf administrative Freigaben zugreifen, die entsprechenden Zugriffsrechte vorausgesetzt.

UNC-Namen direkt eingeben

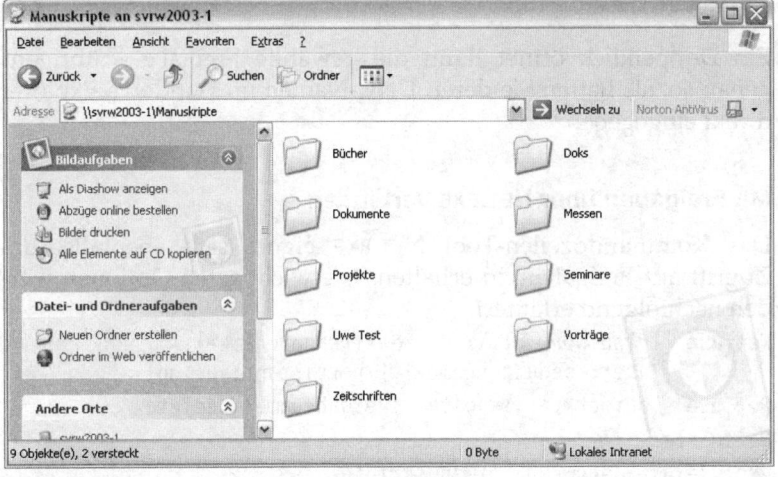

Abbildung 11.45: Auf Freigaben direkt im Windows Explorer zugreifen

Suche nach Freigaben im Verzeichnis

Sind Freigaben im Verzeichnis veröffentlicht worden, können Sie nach diesen gezielt suchen. Wählen Sie dazu im Suchfenster unter SUCHEN den Eintrag FREIGEGEBENE ORDNER. Im Feld STICHWÖRTER können Sie Begriffe eingeben, um Freigaben nach inhaltlichen

Schwerpunkten zu suchen. Voraussetzung ist allerdings, dass Sie Schlüsselwörter bei der Veröffentlichung eingetragen haben.

Abbildung 11.46:
Suche nach Freigaben

Ein Doppelklick öffnet dann die gewählte Freigabe – übrigens genau so, als hätten Sie deren UNC-Namen im Windows Explorer direkt eingegeben.

Mit Freigaben über NET.EXE verbinden

Das Kommandozeilen-Tool NET.EXE eignet sich ebenfalls, um Zugriff auf Freigaben zu erhalten. Die wichtigsten Optionen werden nachfolgend erläutert.

Net use

```
Net use [[<laufwerk:>] \\<host>\<freigabename>]
        [/user:<benutzername>] [/persistant:yes|no]
Net use <laufwerk:>|\\<host>\<freigabename> /delete
Beispiele:
Net use W: \\svrw2003-1\Manuskripte
Net use H: \\svrw2003-1\Texte /persistant:yes
Net use K: \\svrw2003-1\Bilder /user:comzept\uwe
Net use \\svrw2003-1\Manuskripte /delete
Net use W: /delete
```

Die Eingabe von Net use ohne weitere Parameter zeigt die Liste der derzeit mit dem Computer verbundenen Freigaben. Um eine Verbindung zu einer Freigabe herzustellen, geben Sie den UNC-

Namen der Freigabe an. Optional können ein Laufwerkbuchstabe oder ein Benutzerkonto eingegeben werden. Zum Löschen nutzen Sie die Option /delete.

11.15 Weitere Eigenschaften von Volumes

Eigenschaften eines Volumes definieren oder ändern Sie in der Datenträgerverwaltung über das entsprechende Kontextmenü oder das Hauptmenü AKTION | ALLE TASKS | EIGENSCHAFTEN. Sie können die Eigenschaften auch über das Kontextmenü im Windows Explorer aufrufen.

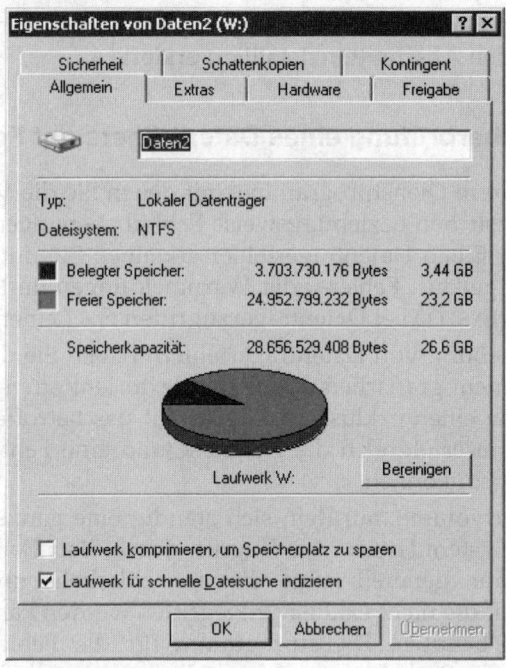

Abbildung 11.47: Eigenschaften-Dialogfenster zu einem Volume

Es sind neben allgemeinen Informationen zum Volume weitere Funktionen erreichbar:

- Umbenennen eines Volumes
- Bereinigen des Volumes von temporären Dateien und Deinstallation von Software
- Aktivieren der NTFS-Komprimierung für das Volume
- Aktivieren des Indexattributs
- Überprüfung des Volumes auf logische und physische Datenfehler
- Start des Datensicherungsprogramms NTBACKUP.EXE
- Start des Defragmentierungsprogramms

- Änderung von Hardwareeinstellungen zu Datenträgern und Hilfe für die Problembehandlung
- Einrichten der Netzwerkfreigaben und Offline-Verfügbarkeit von Daten
- Festlegen von Sicherheitseinstellungen für den Zugriff auf dieses Objekt – nicht zu verwechseln mit den NTFS-Zugriffsrechten für die hier gespeicherten Dateien und Ordner
- Aktivieren und Konfigurieren von Datenträgerkontingenten
- Einstellungen zur Volumenschattenkopie-Funktion

Alle diese Funktionen verbergen sich hinter den sieben Registerkarten des Eigenschaften-Fensters.

Die für den Serverbetrieb relevanten Funktionen werden in den nachfolgenden Abschnitten detailliert erklärt.

11.15.1 Überprüfung eines Datenträgers auf Fehler

Es gibt mehrere Dienstprogramme, mit denen Sie die Volumes auf Fehler untersuchen beziehungsweise Fehlerbehebungen durchführen können. Einen Datenträgerfehler erkennen Sie unter anderem daran, dass gehäuft Fehler- oder Warnmeldungen im Ereignisprotokoll unter SYSTEM bei Datenträgerzugriffen erscheinen.

Exklusiver Zugriff notwendig

Für die Behebung von Datenträgerfehlern haben Sie die Auswahl zwischen einem grafischen und einem textorientierten Programm, welche beide einen exklusiven Zugriff auf das betroffene Volume brauchen, um erfolgreich die Diagnose und eine Fehlerbehebung durchführen zu können.

Überprüfung mit CHKDSK.EXE beim Systemstart

Für das Startvolume, auf dem sich ständig eine ganze Reihe von wichtigen Systemdateien im Zugriff durch das Betriebssystem befindet, kann generell keine direkte Fehlerbehebung erfolgen. Volumes, auf die nicht exklusiv zugegriffen werden kann, markiert das jeweils benutzte Dienstprogramm für die Fehlerbehebung. Beim nächsten Systemstart erfolgen dann automatisch die Überprüfung und Fehlerkorrektur mittels des Kommandozeilen-Tools CHKDSK.EXE.

Fehlertolerante Speichersysteme und NTFS

Zur Vermeidung von Datenverlusten durch physische Festplattenfehler sollten Sie bei einem Serversystem immer fehlertolerante Speichersysteme einsetzen. Weitergehende Hinweise dazu finden Sie in Abschnitt 3.4 *Fehlertolerante Datenspeicherung* ab Seite 106. Logische Fehler im Dateisystem können allein durch das Dateisystem NTFS und dessen transaktionsorientierte Arbeitsweise weitgehend ausgeschlossen werden.

Grafisches Programm für die Fehlersuche und -behebung

Über den Punkt EXTRAS des Eigenschaften-Fensters eines Datenträgers können Sie das grafische Dienstprogramm für die Überprüfung auf Fehler starten.

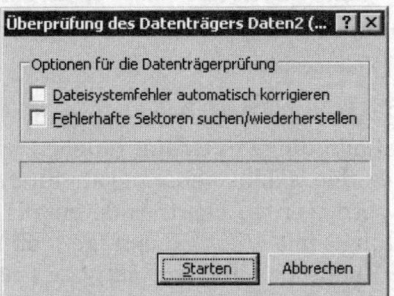

Abbildung 11.48:
Auswahl zur Art der
Überprüfung

Für den Umfang und die Art der Überprüfung können Sie dabei aus zwei Voreinstellungen auswählen:

- DATEISYSTEMFEHLER AUTOMATISCH KORRIGIEREN

  Es werden auftretende Fehler im Dateisystem automatisch korrigiert. Es erfolgt jedoch keine sektorenweise Überprüfung des Datenträgers. Diese Option spart Zeit und reicht für eine normale Prüfung aus, wenn Sie sicher sein können, dass das Speichermedium keine physischen Defekte aufweist.

- FEHLERHAFTE SEKTOREN SUCHEN/WIEDERHERSTELLEN

  Diese Option können Sie alternativ zur ersten benutzen. Sie enthält bereits die Überprüfung auf Dateisystemfehler. Zusätzlich erfolgt aber auch eine sektorweise Überprüfung des Speichermediums.

Das Auftreten von Sektorfehlern, die sich mit der Zeit eventuell häufen, deutet auf ein ernstes Problem mit dem Speichermedium hin. Es empfiehlt sich ein baldiger Austausch des Mediums.

Das Kommandozeilen-Programm CHKDSK.EXE

Mit Hilfe des Kommandozeilen-Programms CHKDSK.EXE können Sie mit Einstellung verschiedener Parameter die Überprüfung eines Volumes mehr beeinflussen als mit dem grafischen Tool.

Die Syntax für den Aufruf der Überprüfung eines NTFS-Volumes lautet: **NTFS-Datenträger**

`Chkdsk [<volume>] [/F] [/V] [/R] [/X] [/I] [/C] [/L:[<größe>]]`

In der nachfolgenden Tabelle finden Sie Erläuterungen zu den wichtigsten Optionen von CHKDSK.EXE.

Tabelle 11.21:
Optionen von
CHKDSK.EXE

Option	Erklärung
`<volume>`	Das zu überprüfende NTFS-Volume. Gültig sind die Angabe von: • Laufwerkbuchstaben (mit Doppelpunkt) • Bereitstellungspunkt • Volumename
`/F`	Es wird die Fehlerbehebung mit durchgeführt. Das ist allerdings nur dann möglich, wenn das Volume für den exklusiven Zugriff durch CHKDSK.EXE gesperrt werden kann. Anderenfalls erfolgt eine Meldung mit der Rückfrage, ob beim nächsten Systemstart eine automatische Prüfung mit Fehlerbehebung veranlasst werden soll. Ohne diese Option wird das Volume lediglich überprüft.
`/V`	Es werden ausführliche Meldungen während der Prüfung angezeigt.
`/R`	Es wird eine Überprüfung auf fehlerhafte Sektoren vorgenommen und versucht, Daten wiederherzustellen. Diese Option bedingt den Schalter `/F`.
`/L:<größe>`	Verändert die Größe der NTFS-Protokolldatei. Ohne Größenangabe wird die aktuelle Größe angezeigt.
`/X`	Beendet selbstständig vorübergehend die Bereitstellung des Volumes in einem NTFS-Ordner; damit zum vollautomatischen Ablauf in Stapelverarbeitungsdateien geeignet.
`/I`	Überprüfung ohne Berücksichtigung von NTFS-Indexeinträgen; damit schnellerer Durchlauf möglich
`/X`	Überprüfung ohne Berücksichtigung von Zyklen innerhalb der NTFS-Ordnerstruktur; damit wie bei `/I` ein schnellerer Durchlauf möglich

11.15.2 Datenträgerkontingente festlegen

Die Einrichtung von Datenträgerkontingenten ist eine wichtige Funktion, um die Nutzung des Speicherplatzes von NTFS-Volumes kontrollieren zu können. Mehr Informationen zu den Grundlagen finden Sie in Abschnitt 4.2.6 *Datenträgerkontingente ab Seite* 148.

Kontingentverwaltung für Volumes aktivieren

Die grundlegende Einrichtung von Datenträgerkontingenten nehmen Sie über die Registerkarte KONTINGENT vor.

Abbildung 11.49: Allgemeine Einstellungen zu Kontingenten

Die folgenden Optionen stehen hier zur Verfügung:

- KONTINGENTVERWALTUNG AKTIVIEREN

  Hier bestimmen Sie, ob die Datenträgerkontingente für dieses Volume überhaupt verwaltet werden sollen. Standardmäßig ist dies nicht der Fall.

- SPEICHERPLATZ BEI KONTINGENTÜBERSCHREITUNG VERWEIGERN

  Weiteren Speicher verweigern

  Legen Sie fest, was bei einer Kontingentüberschreitung durch einen Benutzer, für den ein Kontingent eingerichtet wurde, passieren soll. Lassen Sie diese Option deaktiviert, kann der Benutzer weitere Daten speichern. Sie können aber die Überschreitung im Ereignisprotokoll registrieren lassen (siehe weiter unten).

  Ist diese Option aktiv, kann bei Kontingentüberschreitung der betreffende Benutzer keine weiteren Daten mehr auf diesem Volume abspeichern.

- SPEICHERPLATZ BESCHRÄNKEN

  Standardbe-schränkung

  Geben Sie hier an, ob eine Standardbeschränkung für dieses Volume eingerichtet werden soll. Diese Standardbeschränkung gilt dann automatisch für alle Benutzer. Eine Standardbeschränkung muss nicht definiert werden, wenn Sie für jeden Benutzer individuell Kontingente einrichten.

Warnstufe

Zusätzlich zur Standardbeschränkung können Sie eine Warnstufe festlegen, bei der Sie eine Speichergröße angeben, mit deren Erreichen ein Eintrag im Ereignisprotokoll vorgenommen werden soll.

- EREIGNIS BEI KONTINGENTÜBERSCHREITUNG PROTOKOLLIEREN
  EREIGNIS BEI WARNSTUFENÜBERSCHREITUNG PROTOKOLLIEREN

Eintrag in das Ereignisprotokoll

Hier können Sie jeweils festlegen, dass ein Eintrag bei Überschreitung des Kontingents beziehungsweise der Warnstufe in das Ereignisprotokoll vorgenommen werden soll.

Individuelle Benutzer-Kontingenteinträge

Neben den allgemeinen Einstellungen können Sie Kontingente für Benutzer individuell einrichten. Öffnen Sie dazu die Kontingentverwaltung über die Schaltfläche KONTINGENTEINTRÄGE.

Abbildung 11.50:
Kontingenteinträge
verwalten

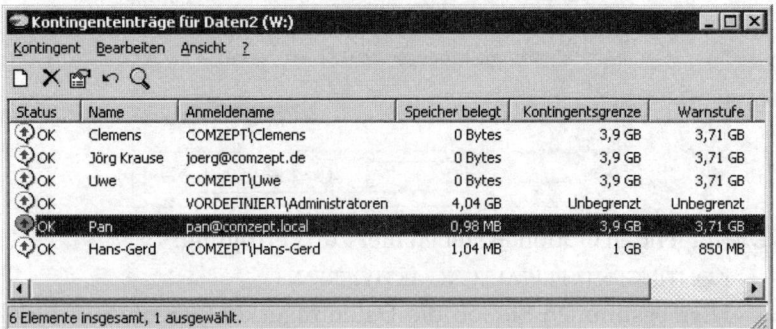

Neues Kontingent einrichten

Über das Hauptmenü oder einen Klick auf ⬜ in der Symbolleiste fügen Sie einen neuen Kontingenteintrag hinzu. Es öffnet sich das Dialogfenster für die Auswahl der Benutzer.

Abbildung 11.51:
Auswahl der Be-
nutzer, für die ein
neues Kontingent an-
gelegt werden soll

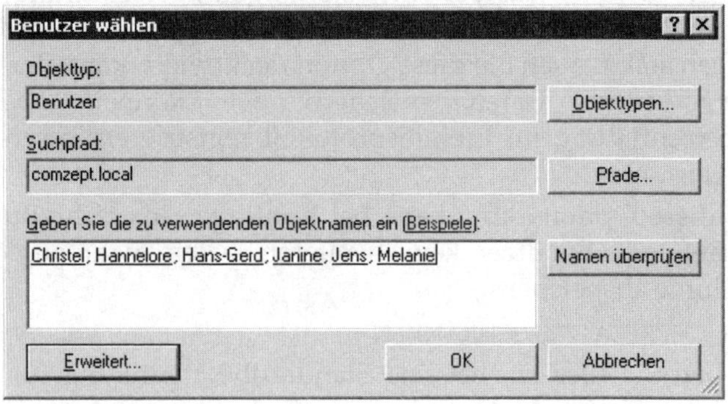

Unter SUCHEN IN können Sie den lokalen Computer oder ein anderes Netzwerk-Containerobjekt bestimmen, für welches Kontingente eingerichtet werden sollen.

Nach der Bestimmung der Benutzer können Sie die Größe des beschränkten Speicherplatzes festlegen. Haben Sie mehrere Benutzer bestimmt, erscheint unter BENUTZER nur der Eintrag MEHRERE. Unter SPEICHERPLATZ BESCHRÄNKEN AUF geben Sie die Limitierung für dieses Volume in der gewünschten Einheit an. Dazu können Sie eine Warnstufe festlegen, ab der das System einen Eintrag in das Ereignisprotokoll vornehmen soll. Entsprechende Einträge in das Ereignisprotokoll werden nur dann vorgenommen, wenn dies in den allgemeinen Einstellungen auch eingestellt ist (siehe vorhergehender Abschnitt).

Speicherplatz beschränken

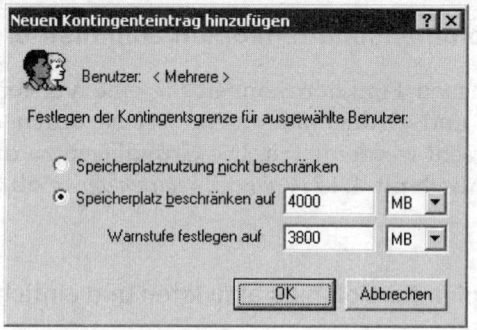

Abbildung 11.52: Festlegen der Speicherplatz-Beschränkungen

Geben Sie in diesem Dialogfenster keine Beschränkung an, indem Sie die Option SPEICHERPLATZNUTZUNG NICHT BESCHRÄNKEN aktivieren, bekommen die betreffenden Benutzer einen hinsichtlich des Speicherplatzes unbeschränkten Zugriff auf das Volume. Das ist dann sinnvoll, wenn Sie beispielsweise aus einer Anzahl normaler Benutzer einige auswählen wollen, die Sie explizit keinen Beschränkungen aussetzen wollen.

Benutzer mit unbeschränktem Zugriff

Haben Sie in der Liste der Benutzer eines neuen Kontingenteintrages Benutzer aufgenommen, für die bereits ein Kontingent auf diesem Volume besteht, wird dies durch eine entsprechende Fehlermeldung angezeigt.

Keine doppelte Kontingent-Vergabe!

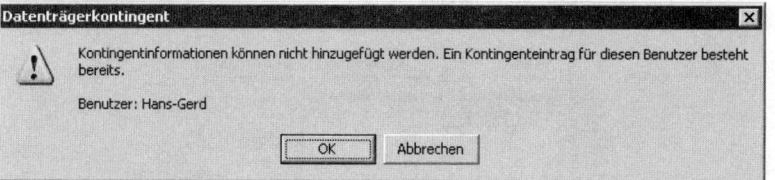

Abbildung 11.53: Fehlermeldung: Für den Benutzer gibt es bereits einen Kontingenteintrag

Diese Fehlermeldung ist nicht weiter tragisch. Es wird nur das Kontingent desjenigen Benutzers nicht neu eingetragen, für den bereits eines existiert. Alle anderen Kontingente werden installiert.

Kontingenteinträge ändern

Einen Kontingenteintrag ändern Sie durch Doppelklick der in der Symbolleiste. Sie können dann für den Eintrag die Speicherplatzbeschränkungen entsprechend modifizieren.

> Sie können die Kontingente gleichzeitig für mehrere Benutzer anpassen. Markieren Sie einfach die gewünschten Einträge (gedrückte Maustaste + SHIFT- beziehungsweise STRG-Taste) und klicken Sie dann auf das oben gezeigte Symbol.

Kontingenteinträge löschen

Wollen Sie einen Kontingenteintrag entfernen, markieren Sie dieses und drücken einfach die ENTF-Taste. Sie können auch gleichzeitig mehrere Einträge markieren. Für ein generelles Deaktivieren der Kontingente reicht die Abschaltung des entsprechenden Punktes in den allgemeinen Optionen der Eigenschaften eines Volumes.

11.15.3 Volumenschattenkopien administrieren

Grundlagen ab Seite 150

Mit dieser neuen Funktion können Sie eine Versionsverwaltung für Dateien und Ordner aufsetzen, welche durch die Benutzer selbst beherrscht werden kann. Die Grundlagen zu diesem Thema werden in Abschnitt 4.2.7 _Volumenschattenkopien_ ab Seite 150 behandelt.

Schattenkopien für Volumes aktivieren und einrichten

Die Funktion aktivieren Sie für jedes Volume separat. Das Verwaltungsprogramm finden Sie im Eigenschaften-Dialogfenster eines Volumes unter der Registerkarte SCHATTENKOPIEN.

Abbildung 11.54: Schattenkopien über das Eigenschaften-Dialogfenster eines Volumes konfigurieren

Alternativ können Sie es über die Managementkonsole *Dateiserver-verwaltung* starten, indem Sie unter Freigaben den Link SCHATTEN-KOPIEN KONFIGURIEREN wählen (siehe auch Abschnitt *Management-konsole Dateiserververwaltung* ab Seite 702).

Markieren Sie hier das Servervolume, für das Sie die Schattenko-pien-Funktion aktivieren wollen und klicken Sie dann auf die Schaltfläche AKTIVIEREN. Über die Schaltfläche EINSTELLUNGEN gelangen Sie in die Konfiguration der Parameter zu dieser Funkti-on.

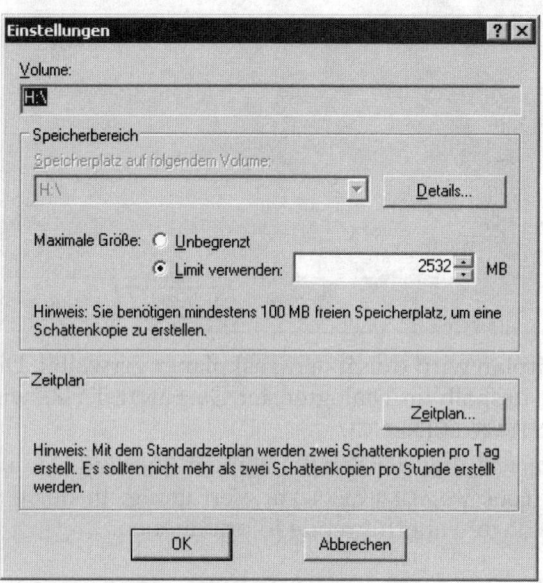

Abbildung 11.55:
Einstellungen zur
Schattenkopien-
Funktion für ein
Volume

Für eine optimale Performance empfiehlt es sich dringend, den Speicherort für die Schattenkopien auf ein Volume auf einem an-deren Datenträger auszulagern. Sie können dies allerdings erst dann ändern, wenn auf dem bestehenden Volume keine Schatten-kopien mehr gespeichert sind. Markieren Sie dazu alle bisher be-stehenden Schattenkopien und klicken Sie auf JETZT LÖSCHEN.

Speicherort ändern

Nehmen Sie das Löschen von Schattenkopien mit Bedacht vor. Unter Umständen benötigen Benutzer später ältere Versionen ihrer Dateien, die damit komplett verloren gehen.

Über MAXIMALE GRÖSSE können Sie mit Aktivierung der Option LIMIT VERWENDEN den Speicherplatz einschränken, der für Schat-tenkopien belegt werden darf.

Größe des Speicher-bereichs

Der Server kann so konfiguriert werden, dass er für das Volume in regelmäßigen Abständen selbstständig Schattenkopien anfertigt. Standardmäßig sieht der Zeitplan ein tägliches zweimaliges Neu-anfertigen von Schattenkopien vor, um 7:00 Uhr und um 12:00 Uhr, Montag bis Freitag.

Zeitplan

Abbildung 11.56:
Zeitplan für Schat-
tenkopien; hier die
Standardvorgabe

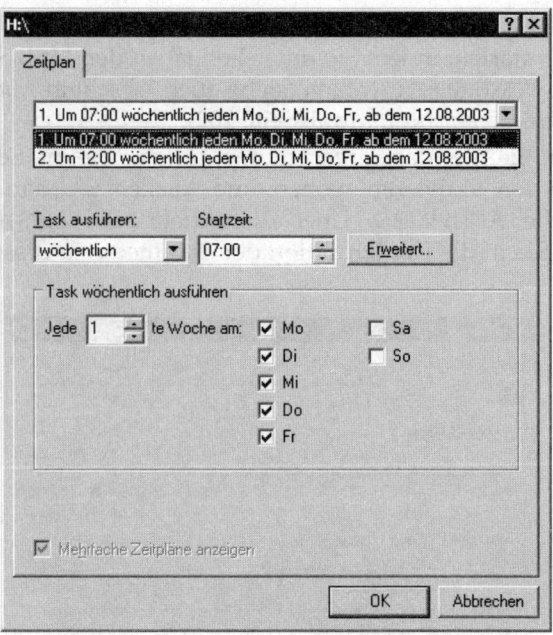

Dieser Zeitplan wird durch den Taskplaner verwaltet. Die Einträge finden Sie deshalb im Dialogfenster GEPLANTE TASKS wieder (über START | SYSTEMSTEUERUNG).

Für die Verwaltung der Schattenkopien über die Kommandozeile steht das Tool VSSADMIN.EXE zur Verfügung. In der Online-Hilfe finden Sie dazu weiterführende Informationen.

Clientsoftware installieren

Für den Zugriff auf vorhergehende Versionen von Dateien und Ordnern wird eine spezielle Clientsoftware benötigt. Diese befindet sich standardmäßig auf dem Server in diesem Ordner:

```
%Systemroot%\system32\clients\twclient\x86
```

Um diese Software auf den Windows-Clients zu installieren, haben Sie diese Möglichkeiten:

- Geben Sie den Ordner auf dem Server frei und installieren Sie die Software über das Netzwerk manuell.

- Richten Sie eine automatische Verteilung der Software über die Remoteinstallationsdienste ein. Weiterführende Informationen finden Sie dazu in Abschnitt 8.1.4 *Remoteinstallation* ab Seite 458.

Nach der Installation der Software finden Sie im Eigenschaften-Dialogfenster zu einer Datei, die auf dem betreffenden Servervolume abgelegt ist, die Registerkarte VORHERIGE VERSIONEN.

Abbildung 11.57:
Zugriff auf eine ältere
Version einer Datei
vom Client aus

Hier werden alle auf dem Server bislang in Schattenkopien vorge- **Anzeigen**
halten Versionen der Datei aufgelistet. Mit einem Klick auf die
Schaltfläche ANZEIGEN wird die Datei geöffnet – vorausgesetzt, ein
Programm ist dieser zugeordnet.

Über KOPIEREN hingegen können Sie die Datei vom Server holen **Kopieren**
und an einem beliebigen Speicherort ablegen. Das ist die zu emp-
fehlende Variante, wenn ein Benutzer eine ältere Version unbedingt benötigt, aber nicht sicher ist, welche die richtige ist.

Mit der Schaltfläche WIEDERHERSTELLEN kann die Datei automa- **Wiederherstellen**
tisch an ihrem ursprünglichen Speicherort in ihrer alten Fassung
wiederhergestellt werden. Zuvor erhält der Benutzer eine Warnung, um zu vermeiden, dass die bisherige Fassung versehentlich
überschrieben wird.

Sie können als Administrator Dateien auch über die Serverkonsole
wiederherstellen. Voraussetzung ist allerdings der Netzwerkzugriff auf das betreffende Volume. Über den Windows Explorer
direkt funktioniert dies nicht. Benutzen Sie in der Adressleiste
einfach die UNC-Notation \\<servername>\<freigabename>, um den
freigegebenen Ordner zu öffnen und auf das Eigenschaften-
Dialogfenster zur betreffenden Datei oder Ordner zuzugreifen.

11.15.4 Offlinedateien administrieren

Mit der Funktion *Offlinedateien* versehene moderne Windows- **Grundlagen ab**
Clientbetriebssysteme sind in der Lage, freigegebene Dateien und **Seite 468**
Ordner so lokal zwischenzuspeichern, dass der Zugriff auch ab-
seits des Netzwerks möglich ist. In Abschnitt 8.3 *Offlinedateien* ab
Seite 468 finden Sie zu diesem Thema grundlegende Informatio-

nen. Nachfolgend wird gezeigt, wie Sie diese Funktion am Server beeinflussen sowie an Clients nutzen können.

Offline-Verfügbarkeit aktivieren

Normalerweise ist dies eine Clientfunktion. Im Netzwerk unter Active Directory kann jedoch die Verwendung von Offlinedateien zentral über Gruppenrichtlinien geregelt werden. Weiterführende Hinweise finden Sie dazu im nachfolgenden Abschnitt.

Für eine Freigabe auf einem Server können Sie jedoch separat festlegen, ob und wie die hier angebotenen Dateien und Ordner offline am Client verfügbar gemacht werden können. Öffnen Sie dazu das Eigenschaften-Dialogfenster zu dieser Freigabe im Windows-Explorer oder in der Managementkonsole *Dateiserververwaltung*.

Abbildung 11.58:
Offlineeinstellungen
für die Freigabe auf
dem Server festlegen

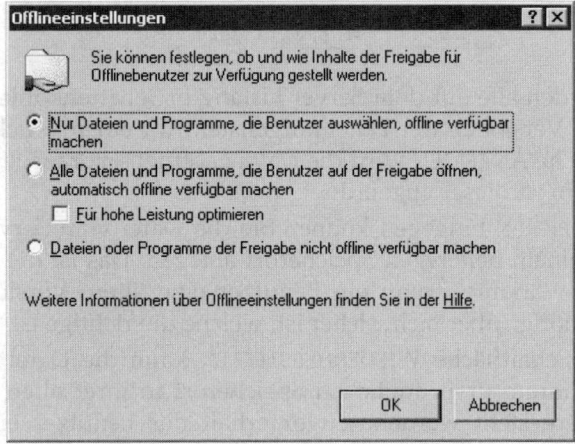

Mit den drei Optionen können Sie folgendes festlegen:

Benutzerwahlrecht
- Die erste Option ist standardmäßig aktiv und regelt, dass die Benutzer selbst festlegen können, welche Dateien[22] und Ordner offline am Clientsystem verfügbar gemacht werden können.

Generell alle Dateien offline
- Bei Aktivieren der zweiten Option sorgt der Server dafür, dass generell alle Dateien, die der Benutzer öffnet, automatisch auf dem Clientsystem für die Offlineverwendung zwischengespeichert werden. Mit der Kontrollkästchen FÜR HOHE LEISTUNG OPTIMIEREN sorgen Sie zusätzlich dafür, dass die Serverbelastung durch die Kopier- und Synchronisationsvorgänge möglichst gering ausfällt.

Die zweite Option wird in der Praxis sicherlich eher selten gewünscht sein.

---

[22] Zu *Dateien* zählen natürlich auch *Programmdateien*, die hier nicht explizit erwähnt werden.

- Die dritte Option schließlich unterbindet die Verwendung von Offlinedateien für diese Freigabe. Die entsprechende Option ist für alle Dateien und Ordner in dieser Freigabe am Clientsystem gar nicht vorhanden. **Verbot der Funktion**

Gruppenrichtlinien einsetzen

Mit den im vorhergehenden Abschnitt beschriebenen Einstellmöglichkeiten regeln Sie die Verwendung dieser Funktion ausschließlich für jede Freigabe separat. Wollen Sie für alle Clientsysteme allgemein verbindliche Regeln aufstellen, steht Ihnen eine Reihe von Gruppenrichtlinien im Active Directory zur Verfügung. In Abschnitt 8.3.3 *Gruppenrichtlinien für Offlinedateien* ab Seite 471 sind diese beschrieben.

11.16 Indexdienst einrichten

Der Indexdienst ermöglicht eine effiziente Suche nach Dateien über Angaben zu speziellen Eigenschaften und Inhalten. Insbesondere beim Einsatz des Dienstes auf einem Serversystem kann die richtige Einrichtung des Indexdienstes die Geschwindigkeit der Suche von Benutzern nach Dokumenten stark beschleunigen und die Netzwerk- und Serverlast drastisch senken.

Der vorliegende Abschnitt soll Ihnen helfen, den Indexdienst für eine effektive Nutzung einzurichten. Lesen Sie zum besseren Verständnis der Funktionen auch den Abschnitt 3.6 *Der Indexdienst* ab Seite 119.

11.16.1 Indexdienst aktivieren

Standardmäßig wird der Indexdienst mit installiert, ist jedoch nicht aktiv. Sie aktivieren den Indexdienst, indem Sie in der Managementkonsole *Computerverwaltung* unter DIENSTE UND ANWENDUNGEN für den INDEXDIENST das Kontextmenü aufrufen und den Befehl STARTEN auslösen.

Voreingestellt ist ein Katalog *System*, der eine Konfiguration für die Indizierung von Dateien der angeschlossenen Festplatten-Datenträger beinhaltet, welche bei der Installation bestanden haben. **Katalog *System***

Sind die *Internetinformationsdienste* (IIS) installiert, erstellt der Indexdienst zusätzlich automatisch einen Katalog *Web*, der die Indizierung für alle Dateien und Ordner des Webordners \INETPUB vorsieht. **Indexdienst und IIS**

Es empfiehlt sich, voreingestellte Katalog-Konfigurationen an die tatsächlichen Erfordernisse anzupassen. Unnötig große Indizes **Anpassung empfehlenswert** verbrauchen nur unnötig Speicherplatz und Prozessorleistung. Die Anpassung beziehungsweise Neuanlage von Katalogen sind Inhalt des Abschnittes 11.16.3 *Kataloge einrichten und konfigurieren* ab Seite 803.

11.16.2 Indexdienst anpassen

Für den Indexdienst selbst können Sie eine Reihe von Einstellungen festlegen, die sich stark auf die Performance und den Leistungsumfang auswirken.

Eigenschaften des Indexdienstes

Über das Kontextmenü zum Snap-In *Indexdienst* erhalten Sie über EIGENSCHAFTEN dieses Dialogfenster:

Abbildung 11.59: Eigenschaften-Fenster des Indexdienstes

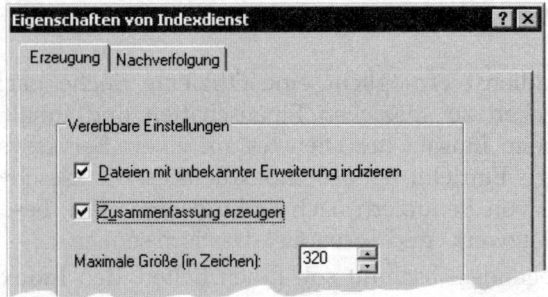

Vererbbare Einstellungen

Für alle durch den Indexdienst verwalteten Kataloge können Sie *vererbbare Einstellungen* definieren. Das erleichtert die Arbeit bei großen Organisationsstrukturen, die eine Vielzahl von Katalogen enthalten können, erheblich. Grundlegende Einstellungen brauchen Sie so nur einmal festzulegen. Alle weiteren Kataloge können dann darauf zugreifen.

Alle globalen Einstellungen zum Indexdienst sind als vererbbare Einstellungen ausgelegt. Die folgende Aufstellung gibt Ihnen einen Überblick über diese Einstellungen:

Indizierung ohne Dokumentfilter

• DATEIEN MIT UNBEKANNTER ERWEITERUNG INDIZIEREN

Bei der Indizierung von Dateien spielen Dokumentfilter eine wichtige Rolle (siehe auch Abschnitt 3.6.1 *Überblick zur Indizierung* ab Seite 119). Die Liste der verfügbaren Dokumentfilter ist nach wie vor sehr übersichtlich. Dateitypen, für die kein spezieller Dokumentfilter verfügbar ist, können nur mit einem allgemeinen Filter indiziert werden. Dabei werden nur bestimmte Standardeigenschaften und mit Einschränkungen Inhalte extrahiert. Wollen Sie verhindern, dass Dateien, für die keine Dokumentfilter installiert sind, indiziert werden, deaktivieren Sie diese Option.

- ZUSAMMENFASSUNG ERZEUGEN

  Für die Ausgabe des Suchergebnisses können Sie bestimmen, ob eine Textzusammenfassung mit generiert werden soll. Die Größe dieser Zusammenfassung können Sie dabei in Zeichen angeben. Standardmäßig wird eine Größe von 320 Zeichen angenommen (4 Zeilen á 80 Zeichen).

In der Registerkarte NACHVERFOLGUNG finden Sie diese Option:

- ALIAS FÜR NETZWERKFREIGABEN AUTOMATISCH HINZUFÜGEN

  Werden Verzeichnisse, die für den Zugriff über das Netzwerk freigegeben sind, für die Indizierung konfiguriert, wird bei Aktivierung dieser Option der Alias der Freigabe automatisch an den Benutzer mit zurückgegeben.

Diese Optionen können Sie für jeden Katalog individuell einstellen. Die Standardvorgabe für Kataloge ist die Übernahme der Eigenschaften (Vererbung), die Sie für den Indexdienst global festgelegt haben.

Leistung des Indexdienstes anpassen

Der Indexdienst läuft vorrangig im Hintergrund. Sie können aber bestimmen, wie stark dieser Dienst den Hauptprozessor in Anspruch nehmen darf. Möchten Sie eine hohe Leistungsfähigkeit des Indexdienstes, die sich darin ausdrückt, dass geänderte Dokumente schnellstmöglich aktualisiert im Index erscheinen und mehr Ressourcen für Abfragen vorgehalten werden, geben Sie dem Indexdienst mehr Priorität. Das geht aber zu Lasten der Performance anderer Applikationen.

Schnellere Aktualisierung

Geht es hingegen darum, anderen Anwendungsprogrammen maximale Rechenkapazität zur Verfügung zu stellen, geben Sie dem Indexdienst weniger Priorität. Änderungen an Dokumenten werden dann aber deutlich später im Index Berücksichtigung finden.

Mehr Power für Applikationen

Diese Einstellungen zur Leistung des Indexdienstes können Sie nur vornehmen, wenn dieser nicht aktiv ist. Beenden Sie über das entsprechende Kontextmenü in der Managementkonsole *Computerverwaltung* den Indexdienst. Über das Kontextmenü des Indexdienstes ALLE TASKS | LEISTUNG OPTIMIEREN oder über das Hauptmenü VORGANG | ALLE TASKS | LEISTUNG OPTIMIEREN öffnen Sie das Dialogfenster für die Leistungseinstellungen.

Das Dialogfenster für die Leistungseinstellung bietet Ihnen vier vorgefertigte Leistungsprofile sowie die Möglichkeit der benutzerdefinierten Einstellung.

Abbildung 11.60:
Benutzerdefinierte
Leistungseinstellung

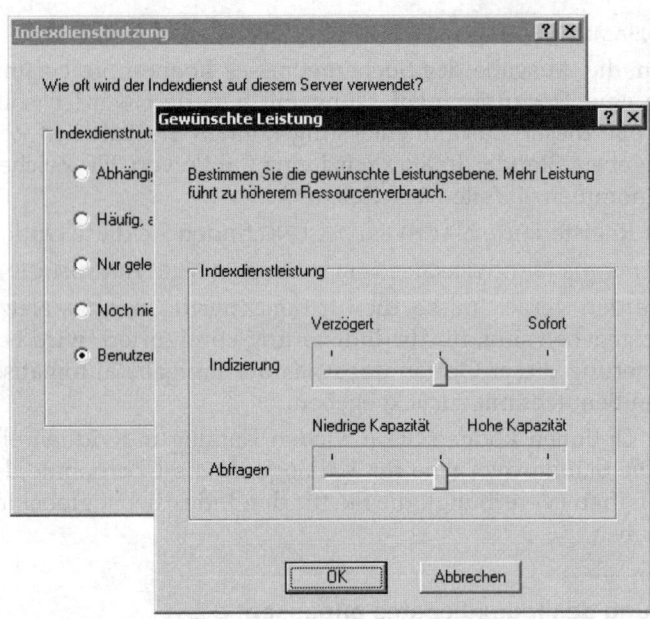

Die vorgefertigten Einstellungen haben die folgende Bedeutung:

- ABHÄNGIGER SERVER

  Der Indexdienst ist die Hauptanwendung auf diesem Server. Dementsprechend werden dem Indexdienst viel Rechenzeit eingeräumt sowie Ressourcen für häufige und parallele Abfragen vorgehalten.

- HÄUFIG, ABER NICHT VON DIESEM DIENST ABHÄNGIG

  Der Indexdienst wird sehr oft in Anspruch genommen und benötigt dementsprechend viele Ressourcen. Daneben laufenden anderen Prozessen werden aber noch ausreichend Kapazitäten zur Verfügung gestellt. Diese Option ist die Standardeinstellung für den Indexdienst.

- NUR GELEGENTLICH

  Der Indexdienst wird seltener in Anspruch genommen. Aktualisierungen des Index werden nur dann vorgenommen, wenn gerade viel freie Rechenkapazität zur Verfügung steht. Änderungen an Dokumenten sind so erst nach einer Verzögerung im Index erfasst.

**Noch nie =
Deaktivierung**

- NOCH NIE

  Diese Option kann ein wenig in die Irre führen. Eine bessere Übersetzung hätte heißen können: *Indexdienst deaktivieren*. Die einzige Auswirkung dieser Option auf den Indexdienst ist nämlich dessen Abschaltung.

- BENUTZERDEFINIERT

  Sie können die Leistungsoptionen INDIZIERUNG und ABFRAGEN nach eigenen Bedürfnissen einstellen.

Nach der Einstellung des Leistungsverhaltens muss der Indexdienst wieder neu gestartet werden (über den Punkt STARTEN des Kontextmenüs). **Indexdienst neu starten**

11.16.3 Kataloge einrichten und konfigurieren

Für die Nutzung des Indexdienstes können Sie so genannte *Kataloge* anlegen. Diese enthalten Einträge für die lokalen Verzeichnisse oder im Netzwerk freigegebenen Ordner, die in die Indizierung eingeschlossen oder explizit von dieser ausgeschlossen werden sollen. Dazu können Sie weitere Parameter zum Verhalten des Indexdienstes einstellen.

Die Festlegungen, welche Dateien und Ordner wie zu indizieren sind, können Sie folgendermaßen treffen: **Anpassung oder Neuanlage**

1. Sie passen den voreingestellten Katalog *System* Ihren Bedürfnissen an.
2. Sie erstellen alternativ zu *System* einen oder mehrere neue Kataloge. Den voreingestellten System-Katalog sollten Sie dann deaktivieren oder entfernen.

Einen neuen Katalog erstellen

Einen neuen Katalog erstellen Sie über das Kontextmenü des Snap-Ins INDEXDIENST über NEU | KATALOG oder über das Hauptmenü AKTION | NEU | KATALOG. Geben Sie im dann folgenden Dialogfenster einen Namen für den Katalog sowie seinen Speicherort an.

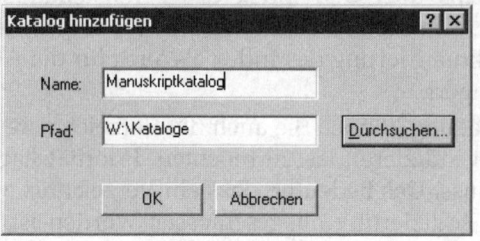

Abbildung 11.61: Neuen Katalog anlegen

Als Speicherort kann ein beliebiger Ort auf einem Volume dienen. Aus Gründen der Sicherheit und der Performance empfiehlt es sich, hier ausschließlich NTFS-Volumes zu benutzen. Der Katalog selbst kann allerdings auch Indizes für FAT-formatierte Volumes aufnehmen. **Speicherort**

Verzeichnisse für die Indizierung konfigurieren

Verzeichnisse anlegen

Der neue Katalog ist leer und enthält noch keine Konfigurationsinformationen über zu indizierende Verzeichnisse. Fügen Sie über das Kontextmenü und den Punkt NEU | VERZEICHNIS nun die Verzeichnisse hinzu, für die eine Indizierung erfolgen soll. Geben Sie dazu den Pfad zu dem zu indizierenden Verzeichnis an. Dabei sind Sie nicht auf lokale Verzeichnisse beschränkt. Sie können über Durchsuchen auch ein freigegebenes Verzeichnis auf einem im Netzwerk befindlichen PC oder Server mit in den Katalog aufnehmen.

Abbildung 11.62:
Verzeichnis in den
Katalog aufnehmen

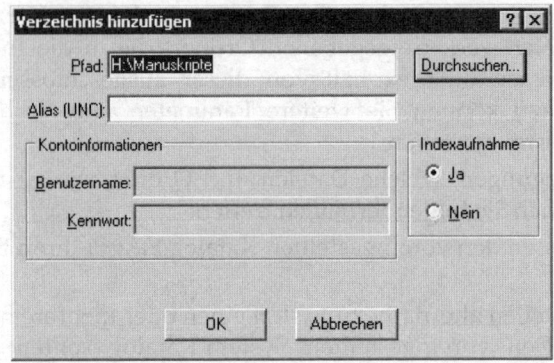

Netzwerkverzeichnisse indizieren

Für die Aufnahme eines Netzwerkverzeichnisses in den Index Ihres Kataloges können Sie ein spezielles Konto mit zugehörigem Kennwort angeben. Zu beachten ist allerdings, dass durch die Indizierung eines Netzwerkverzeichnisses Datenverkehr im Netz erzeugt wird.

Client-Server-Prinzip

Wesentlich besser ist eine Indizierung auf dem bereitstellenden Windows-Server. Die Abfragen werden dann mittels des Client-Server-Prinzips über den Index des bereitstellenden Computers beantwortet. Die Netzwerklast wird dabei sowohl für die Erstellung und Aktualisierung des Index als auch für die Abfragen signifikant verringert.

Ausschluss von Verzeichnissen

Für jeden Katalog können Sie auch die Verzeichnisse spezifizieren, die Sie nicht indizieren lassen möchten. Priorität hat dabei immer der Ausschluss. Das bedeutet, dass ein Verzeichnis, welches explizit von der Indizierung ausgeschlossen worden ist, keine Unterverzeichnisse enthalten kann, die Sie indizieren möchten.

Ein Beispiel

Haben Sie beispielsweise ein Verzeichnis D:\Daten\Texte zur Indizierung in Ihren Katalog aufgenommen, für D:\Daten allerdings einen Eintrag mit explizitem Ausschluss aus dem Indexdienst angelegt, wird auch D:\Daten\Texte nicht indiziert.

Mit dem expliziten Ausschluss von Verzeichnissen sollten Sie deshalb sorgsam umgehen. Besser ist eine gezielte Auswahl nur der Verzeichnisse, die indiziert werden sollen.

Verzeichnisse auf Änderungen überprüfen

Neben dem automatischen Prüfen des Indexdienstes können Sie auch manuell eine Überprüfung von Verzeichnissen auf Änderungen durchführen. Dies ist beispielsweise dann sinnvoll, wenn dem Indexdienst eine niedrige Priorität eingeräumt wurde und dieser deshalb regelmäßig bei Benutzeraktivitäten anhält (siehe auch Seite 801). Über das Kontextmenü zu einem Verzeichnis können Sie im Snap-In INDEXDIENST diese Überprüfung starten. Voraussetzung ist allerdings, dass der Indexdienst gestartet wurde und der Katalog ONLINE ist. **Manuell eine Prüfung starten**

Sie haben die Möglichkeit, die Überprüfung *inkrementell* oder *vollständig* durchführen zu lassen: **Art der Überprüfung**

- ERNEUT ÜBERPRÜFEN (INKREMENTELL) **Inkrementell**

  Bei der inkrementellen Überprüfung werden nur die Dokumente erneut indiziert, die noch nicht im Katalog verzeichnet oder als verändert erkannt worden sind. Dabei haben Sie bei der Verwendung eines NTFS-Volumes einen entscheidenden Vorteil: Hier wird zur Erkennung der geänderten Dateien das NTFS-Änderungsjournal genutzt. Insbesondere bei großen Datenbeständen wird insofern diese Funktion drastisch beschleunigt, da nur noch das Änderungsjournal durchsucht werden muss und nicht das gesamte Verzeichnis.

- ERNEUT ÜBERPRÜFEN (VOLLSTÄNDIG) **Vollständig**

  Bei der vollständigen Überprüfung werden alle im Verzeichnis befindlichen Dateien erneut indiziert. Dies kann je nach Datenmenge sehr viel Zeit in Anspruch nehmen und sollte nur unter bestimmten Voraussetzungen durchgeführt werden:

  - Sie haben einen neuen Dokumentfilter installiert oder einen bestehenden entfernt beziehungsweise ein Filter wurde geändert oder aktualisiert.
  - Sie haben Katalogeigenschaften geändert (siehe Seite 803).
  - Sie haben Einstellungen des Eigenschaften-Cache geändert.
  - Sie haben eine oder mehrere Ausnahmewortlisten geändert.
  - Sie haben eine oder mehrere weitere Sprachen installiert.

11.16.4 Dateien, die nicht indiziert werden

Die folgenden Dateien werden nicht indiziert, auch wenn Sie sich in einem zu indizierenden Verzeichnis befinden:

- Verschlüsselte Dateien

  Dateien, die durch das verschlüsselnde Dateisystem chiffriert worden sind, können *nicht* indiziert werden (siehe auch Abschnitt 4.3 *Das verschlüsselnde Dateisystem (EFS)* ab Seite 159). **Sicherheit geht vor!**

- Dateien ohne gesetztes Index-Attribut

NTFS-Attribut beachten

Benutzen Sie den Indexdienst für Dateien auf NTFS-Volumes, beachten Sie, dass hier ein Indizierungsattribut existiert. Ist dieses erweiterte NTFS-Attribut nicht gesetzt, wird diese Datei auch nicht indiziert. Für Dateien auf FAT-Volumes ist dieses Attribut nicht verfügbar. Hier werden stets alle Dateien eines in den Katalog aufgenommenen Verzeichnisses indiziert.

- Dateien, die sich momentan in Benutzung befinden

Dateien, die gerade bearbeitet werden und von Anwendungsprogrammen gesperrt sind, werden so lange nicht neu indiziert, wie diese Sperre besteht. Erst nach Beendigung der Bearbeitung erfolgt die Neuindizierung.

11.16.5 Meldungen des Indexdienstes

Das Steuerungsfenster des Indexdienstes erreichen Sie über die Managementkonsole *Computerverwaltung*.

Abbildung 11.63: Detailfenster des Indexdienstes

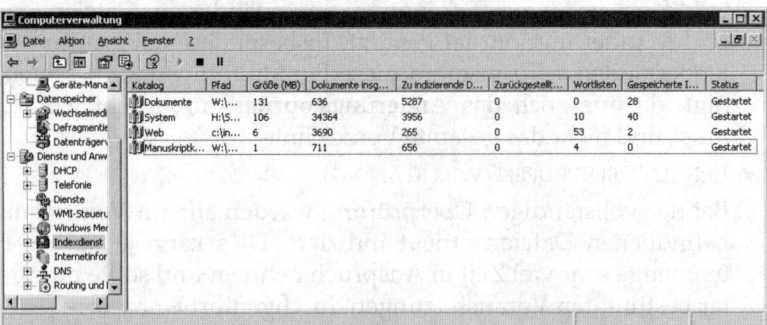

Die Bedeutung der einzelnen Spalten in der Detaildarstellung sind in der nachfolgenden Tabelle aufgeführt.

Tabelle 11.22: Spalten der Detaildarstellung

Spalte	Bedeutung
KATALOG	Name des Kataloges
PFAD	Speicherort des Kataloges auf einem Datenträger
GRÖSSE (MB)	Aktuelle Größe des Kataloges in MB
DOKUMENTE INSGESAMT	Aktuelle Anzahl der *indizierten* Dokumente im Katalog über alle enthaltenen Verzeichnisse
ZU INDIZIERENDE DOKUMENTE	Anzahl der Dokumente, die noch indiziert werden müssen

Spalte	Bedeutung
ZURÜCKGESTELLT ZWECKS INDEXER-STELLUNG	Anzahl der Dokumente, die noch indiziert werden müssen, aber wegen Benutzung gesperrt sind
WORTLISTEN	Anzahl der angelegten Wortlisten im Arbeitsspeicher
GESPEICHERTE INDIZES	Anzahl der gespeicherten Indizes (temporäre und Masterindex)
STATUS	Aktueller Status des Katalogs

Zu den Bedeutungen von WORTLISTEN und TEMPORÄREN beziehungsweise MASTERINDIZES erfahren Sie mehr im Abschnitt 3.6.1 *Überblick zur Indizierung* ab Seite 119.

Aus der Anzeige des *Status* erhalten Sie Informationen zum Verhalten des Indexdienstes. In dieser Tabelle sind die wichtigsten Statusmeldungen zusammengefasst:

Statusmeldung	Bedeutung
GESTARTET	Indexdienst ist aktiv und wurde gestartet.
NUR ABFRAGEN, GE-STARTET	Indexdienst ist manuell angehalten worden; eine Aktualisierung des Index findet nicht mehr statt. Es können aber Abfragen über den Index durchgeführt werden.
UNTERSUCHEN (NTFS), GESTARTET	Ein NTFS-Volume wird auf neue und geänderte Dateien untersucht; Indizierung wird durchgeführt.
UNTERSUCHEN, GE-STARTET	Ein FAT/FAT32-Volume wird auf neue und geänderte Dateien untersucht; Indizierung wird durchgeführt.
ZUSAMMENFÜHREN	Temporäre Indizes werden zu einem Masterindex zusammengefasst.
INDEXERSTELLUNG WURDE ANGEHALTEN (BENUTZER AKTIV)	Indexdienst wurde aufgrund von Benutzeraktivität angehalten. Eine niedrige Priorität des Indexdienstes veranlasst diesen zu stoppen, um dem Benutzer maximale Rechenkapazität zukommen zu lassen.

Tabelle 11.23: Statusmeldungen des Indexdienstes

Statusmeldung	Bedeutung
INDEXERSTELLUNG WURDE ANGEHALTEN	Das Anhalten des Indexdienstes kann neben Benutzeraktivität auch weitere Ursachen haben: - Hohe Nutzeraktivität - Unzureichender Arbeitsspeicher - Energieverwaltung Die ersten beiden Punkte deuten auf zu knappe Systemressourcen hin, letzterer wird vor allem auf Notebooks vorkommen können und ist damit bei einem Server eher selten.
WIEDERHERSTELLEN	Nach einem unvorhergesehenen Ende des Indexdienstes, beispielsweise durch einen Systemabsturz, stellt dieser automatisch seine Indizes wieder her.
ÜBERPRÜFUNG ERFORDERLICH	Inkonsistenz zwischen Index und den Dokumenten wurde erkannt. Bleibt diese Meldung längere Zeit stehen, können Datenträgerprobleme verantwortlich sein.

11.17 DFS einrichten und verwalten

Grundlagen ab Seite 169

In diesem Abschnitt geht es darum zu zeigen, wie Sie das *Verteilte Dateisystem* (Distributed File System – DFS) zum Einsatz bringen können. Mehr Informationen zum dabei erforderlichen Grundlagenwissen finden Sie in Abschnitt 4.4 *Verteiltes Dateisystem (DFS)* ab Seite 169.

11.17.1 Einen neuen DFS-Stamm erstellen

Öffnen Sie die Managementkonsole *Verteiltes Dateisystem (DFS)*. Über das Kontextmenü des obersten Struktureintrags starten Sie den Assistenten zum Einrichten eines neuen DFS-Stammes.

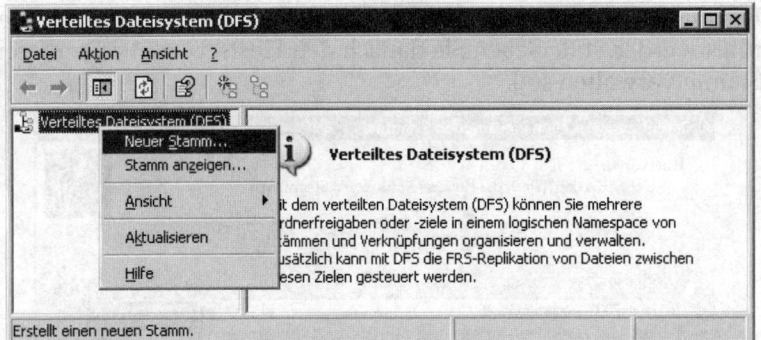

Abbildung 11.64:
Managementkonsole
Verteiltes Datei-
system

Geben Sie an, ob Sie einen Domänen- oder einen eigenständigen DFS-Stamm erstellen wollen. Beachten Sie dazu auch die Hinweise in Abschnitt 4.4.2 *Domänenbasiertes und eigenständiges DFS* ab Seite 171.

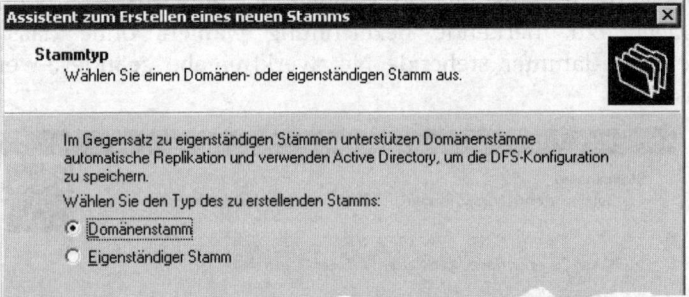

Abbildung 11.65:
DFS-Typ bestimmen

Im folgenden Text wird die Erstellung eines domänenbasierten DFS-Stammes gezeigt. Dies können Sie an einem beliebigen Domänencontroller vornehmen oder an einer Arbeitsstation, auf welcher die Managementkonsole *Verteiltes Dateisystem (DFS)* verfügbar ist (siehe auch Abschnitt 2.5 *Installation der Verwaltungsprogramme* ab Seite 64).

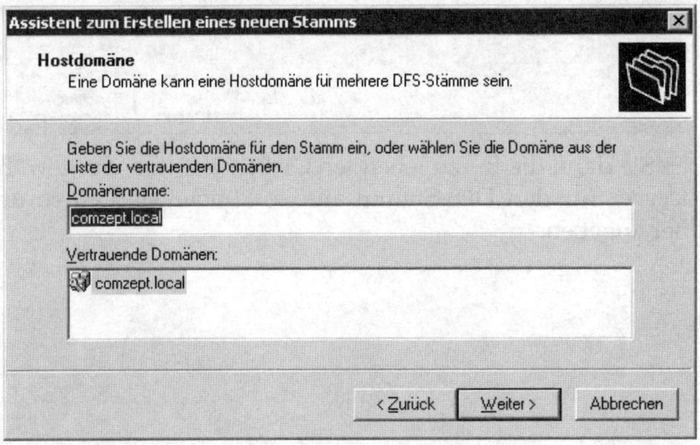

Abbildung 11.66:
Hostdomäne aus-
wählen

```
Assistent zum Erstellen eines neuen Stamms                           X

  Hostdomäne
  Eine Domäne kann eine Hostdomäne für mehrere DFS-Stämme sein.

      Geben Sie die Hostdomäne für den Stamm ein, oder wählen Sie die Domäne aus der
      Liste der vertrauenden Domänen.
      Domänenname:
      comzept.local

      Vertrauende Domänen:
      comzept.local


                          < Zurück     Weiter >     Abbrechen
```

Bestimmen Sie die Hostdomäne, in welcher der DFS-Stamm geführt werden soll. Geben Sie danach den Hostserver an, der diesen Stamm verwalten soll.

Abbildung 11.67:
Hostserver festlegen

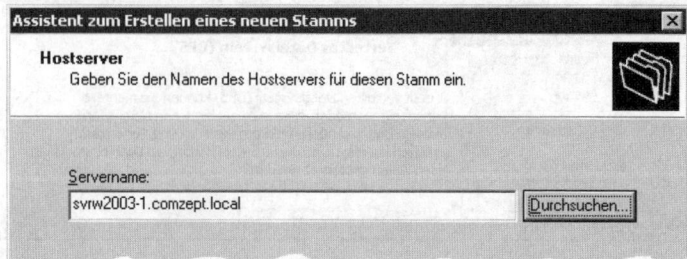

Danach können Sie noch einen separaten Namen sowie einen erklärenden Kommentar für den DFS-Stamm vergeben. Das empfiehlt sich insbesondere dann, wenn der Freigabename nicht sehr eindeutig ausfällt. So können Sie eine für die Benutzer einfacher zu merkende Bezeichnung wählen, ohne dass die eigentlich dahinter stehende Netzwerkfreigabe geändert werden müsste.

Abbildung 11.68:
Namen für den DFS-
Stamm festlegen

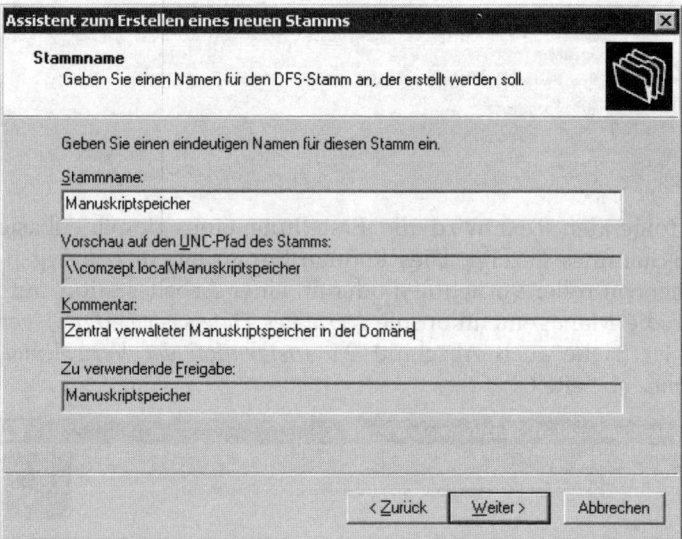

Geben Sie dann die freizugebenden Ordner auf dem ausgewählten Hostserver für den DFS-Stamm an. Sie können hier einen neuen Ordner angeben.

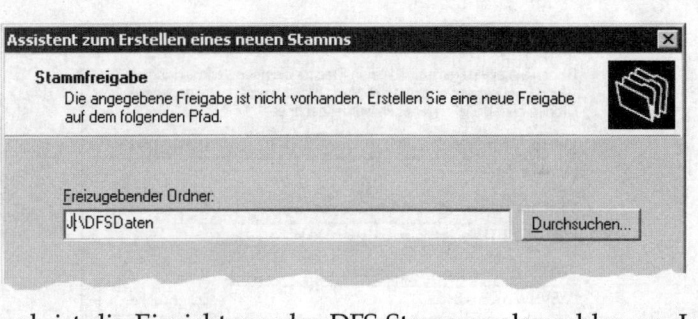

Abbildung 11.69:
Freigabe für den
DFS-Stamm anlegen

Danach ist die Einrichtung des DFS-Stammes abgeschlossen. Jetzt
können Sie diesem Stamm weitere Verknüpfungen hinzufügen
sowie beim domänenbasierten DFS die Replikationsrichtlinien
festlegen.

DFS-Stamm im Active Directory veröffentlichen

Ebenso wie normale Freigaben können Sie einen DFS-Stamm im
Active Directory veröffentlichen (siehe auch Abschnitt 11.14.4
Freigaben im Active Directory veröffentlichen ab Seite 783). Öffnen Sie
dazu das Eigenschaften-Dialogfenster zum DFS-Stamm über dessen Kontextmenü.

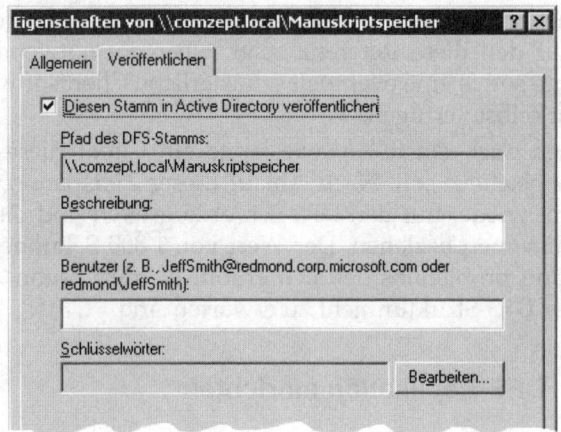

Abbildung 11.70:
DFS-Stamm im
Active Directory
veröffentlichen

Optional können Sie hier wiederum eine Beschreibung sowie
Schlüsselwörter angeben, nach denen gezielt im Verzeichnis gesucht werden kann.

11.17.2 DFS-Verknüpfungen einrichten

Einen bestehenden DFS-Stamm können Sie um weitere so genannte DFS-Verknüpfungen bereichern. Grundsätzlich lassen sich hier
alle Netzwerkverzeichnisse einbinden, auf die der betreffende
DFS-Hostserver zugreifen kann.

Abbildung 11.71:
Neue DFS-Verknüp-
fung einrichten

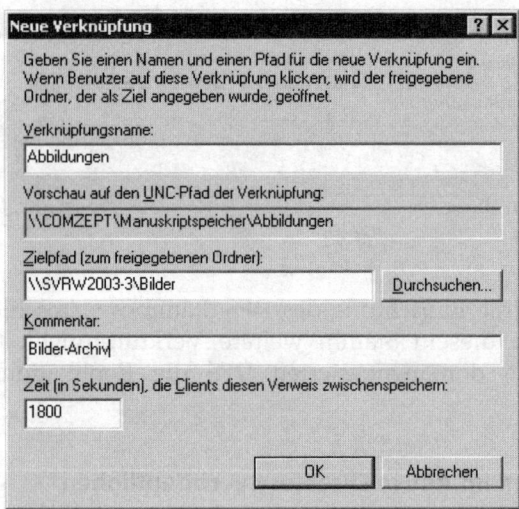

Eine neue DFS-Verknüpfung erstellen Sie über den Punkt NEUE
DFS-VERKNÜPFUNG des Kontextmenüs zum DFS-Stamm in der
Managementkonsole *Verteiltes Dateisystem (DFS)*. Geben Sie dann
einen Namen für die Verknüpfung sowie die Netzwerkfreigabe an.
Beachten Sie, dass im DFS nur mit Verknüpfungen (*Referenzen*)
gearbeitet wird. Der Server leitet den DFS-Client an den Server
weiter, auf den diese Referenz zeigt. Über die notwendigen Zugriffsrechte sowie eine eventuell erforderliche Clientsoftware muss
der Client selbst verfügen.

Zeitspanne für Zwi-
schenspeicherung
der Referenz
Sie können auch einstellen, wie lange ein Client diese Referenz
zwischenspeichern soll. Nach Ablauf dieser Zeitspanne muss der
DFS-Client wieder auf den DFS-Server zugreifen und die aktuelle
Referenzliste neu beziehen. Der Wert von 1 800 Sekunden (30 Minuten) kann problemlos deutlich erhöht werden, wenn Änderungen an der DFS-Struktur nicht zu erwarten sind.

11.17.3 DFS-Replikation einrichten

Für eine Erhöhung der Ausfallsicherheit sowie zur Lastverteilung
können Datenbestände im DFS repliziert und auf mehreren Servern bereitgestellt werden. Lesen Sie dazu auch den Abschnitt
Replikation im DFS ab Seite 173.

DFS-Stammreplikat einrichten

Das Einrichten eines DFS-Stammreplikats erfolgt ebenfalls über
das Kontextmenü zu einem DFS-Stamm in der Managementkonsole *Verteiltes Dateisystem (DFS)* über den Punkt NEUES ZIEL. Geben
Sie zuerst den Namen des Servers an, der das Stammreplikat aufnehmen soll. Beachten Sie, dass Sie auf einem Serversystem unter

Windows Server 2003, *Standard Editon*, nur einen einzigen DFS-Stamm führen können – ob dieser dabei ein »Original« oder ein »Replikat« ist, hat keine Bedeutung.

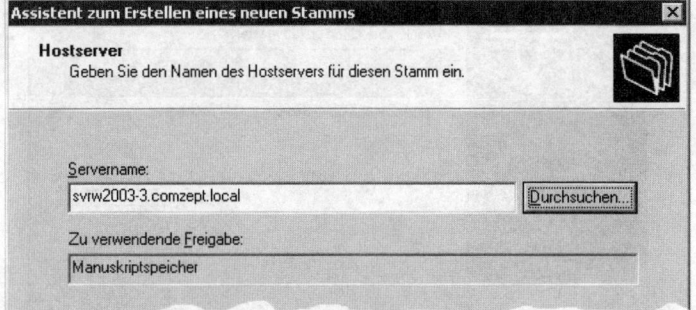

Abbildung 11.72:
Hostserver für DFS-Stammreplikat angeben

Wählen Sie dann auf diesem Server eine Netzwerkfreigabe aus, in der das Stammreplikat gespeichert werden soll. Sie können hierüber wiederum eine neue Freigabe erstellen.

Microsoft empfiehlt, die Replikation nicht auf Stamm-Ebene, sondern nur auf Ebene der DFS-Verknüpfungen einzurichten.

Replikat für eine DFS-Verknüpfung einrichten

Für eine DFS-Verknüpfung können Sie ebenfalls eine oder mehrere Replikationen einrichten. Gehen Sie dazu über das Kontextmenü der entsprechenden DFS-Verknüpfung und wählen Sie hier NEUES ZIEL. Geben Sie dann den Netzwerkordner an, der das Replikat beherbergen soll.

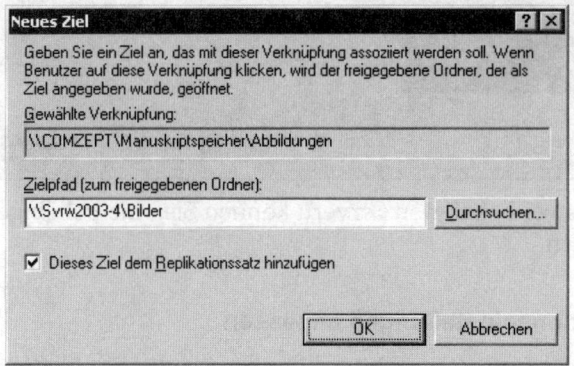

Abbildung 11.73:
Replikat für DFS-Verknüpfung erstellen

Danach startet der *Replikationskonfigurations-Assistent* für die weiteren Einrichtungsschritte. Geben Sie zunächst an, welches Ziel als Master eingestellt werden soll. Von diesem Master aus werden bei der erstmaligen Replikation die Daten auf die anderen Ziele verteilt.

Abbildung 11.74:
Master für die erst-
malige Replikation
angeben

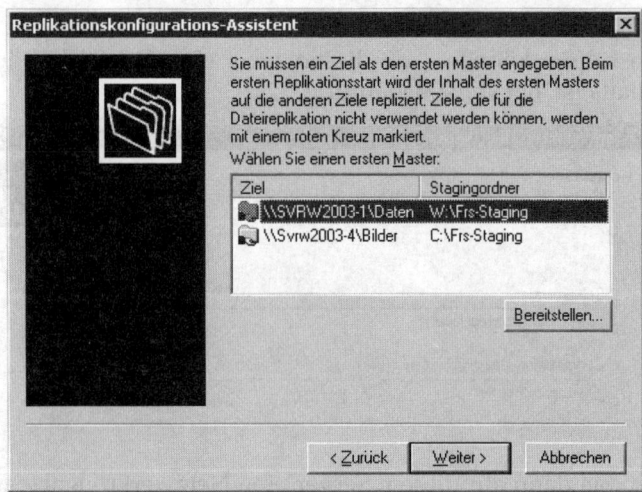

Legen Sie dann die Topologie für die Replikation fest. Weitere Hinweise finden Sie dazu auf Seite 174.

Abbildung 11.75:
Replikationstopologie
festlegen

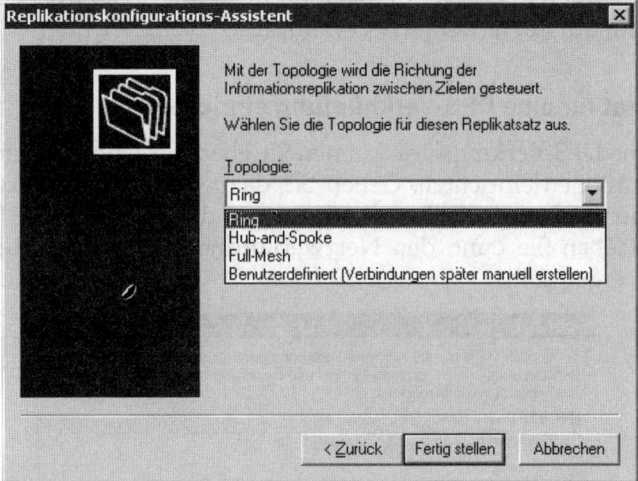

Bei nur zwei beteiligten Servern können Sie eine beliebige Topologie wählen.

Replikationseinstellungen anpassen

Die einmal festgelegten Einstellungen für die Replikation können Sie jederzeit anpassen. Öffnen Sie dazu das Eigenschaften-Dialogfenster zur betreffenden Verknüpfung über dessen Kontextmenü. In der Registerkarte REPLIKATION finden Sie verschiedene Optionen. So können Sie hier die Topologie beliebig anpassen.

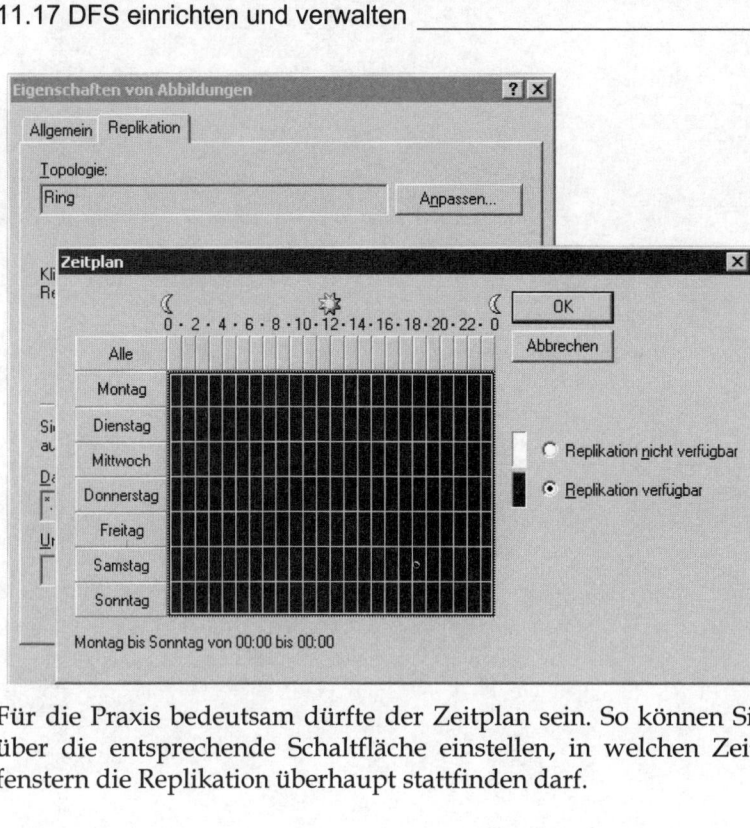

Abbildung 11.76:
Zeitplan für die
Replikation festlegen

Für die Praxis bedeutsam dürfte der Zeitplan sein. So können Sie über die entsprechende Schaltfläche einstellen, in welchen Zeitfenstern die Replikation überhaupt stattfinden darf.

12

Administration des Active Directory

Dieses Kapitel behandelt die Administration des Active Directory, seiner physischen und logischen Strukturen. Umfassend wird dabei das Thema Benutzer- und Gruppenmanagement erörtert. Weiterhin wird behandelt, wie Objekte im Active Directory verwaltet sowie Gruppenrichtlinien eingerichtet werden.

Inhaltsübersicht Kapitel 12

12.1 Installation und Erweiterung

In diesem Abschnitt werden die Installation, Konfiguration und Erweiterung von Active Directory behandelt. Die Nutzung von Active Directory ist Voraussetzung für viele andere Serverfunktionen.

12.1.1 Neuinstallation

Um ein Active Directory aufzusetzen, benötigen Sie einen Windows Server 2003 Standard, Enterprise oder Datacenter Edition, der zu einem Domänencontroller aufgerüstet wird. Haben Sie noch Windows NT 4 mit dessen Domänenmodell im Einsatz, finden Sie Informationen in Abschnitt 6.9 *Migration von Windows NT 4* ab Seite 422.

Die Planung der Einrichtung einer Domäne sollte gewissenhaft durchgeführt werden. Ein nachträgliches Ändern des Domänennamens ist ebenso unmöglich wie die nachträgliche Schaffung einer Domäne, die einer einmal eingerichteten (ersten) Stammdomäne übergeordnet werden soll.

Technische Randbedingungen

Bevor Sie sich an die Einrichtung des Servers zum Domänencontroller machen, sollten die folgenden technischen Randbedingungen überprüft werden:

- Statische IP-Adresse des Servers **Statische IP**

  In den meisten Fällen, insbesondere bei der Erstinstallation eines Domänencontrollers, sollte die IP-Adresse fest vergeben werden. Überprüfen Sie dazu die entsprechende Einstellung in der NETZWERKUMGEBUNG Ihres Systems.

- DNS-Konfiguration **DNS**

  Active Directory setzt auf den Internet-Namensdienst DNS auf und kann ohne diesen nicht funktionieren. Dies setzt voraus, dass Sie entweder alle relevanten Daten parat haben, um einen bestehenden DNS-Server mit einzubinden, oder einen neuen DNS-Server installieren (siehe auch Abschnitt 13.2 *DNS einrichten und verwalten* ab Seite 941). Die Installation auf dem Domänencontroller wird bei Bedarf vom Active Directory-Installationsassistenten automatisch durchgeführt.

- Festplattenkonfiguration **Richtige Festplatten-konfiguration**

  Für die Speicherung der Verzeichnisdatenbank und der Protokolldatei für das Active Directory wird ausreichend Speicherplatz benötigt. Dies sollte bereits bei der Installation berücksichtigt werden. Hinzu kommt, dass für eine optimale Performance zumindest die Protokolldatei auf einer separaten physischen Festplatte untergebracht werden sollte, welche nicht die Windows Server 2003-Bootpartition ist.

12.1.2 Einrichtung eines Domänencontrollers

Nach der Standardinstallation eines Windows Servers 2003 fungiert dieser im Netzwerk zunächst als normaler Server, das heißt als Client einer Windows-Arbeitsgruppe oder als Mitgliedsserver einer Domäne. Mit der Aufrüstung eines normalen Servers zum ersten Domänencontroller im Netzwerk wird die Verzeichnisdatenbank (auch DIT – *Directory Information Tree*) erstmalig auf dem Server eingerichtet und damit der Verzeichnisdienst Active Directory aktiviert.

Dcpromo Auf jedem Windows Server 2003 existiert vorher eine leere Verzeichnisdatenbank NTDS.DIT in folgendem Ordner:

`%Systemroot%\System32`

Diese wird durch den Installations- und Konfigurations-Assistenten für Active Directory, DCPROMO.EXE, in diesen Ordner kopiert:

`%Systemroot%\Ntds`

DCPROMO starten Sie über den *Serverkonfigurations-Assistenten*, den Sie über START | VERWALTUNG | SERVERKONFIGURATIONS-ASSISTENT erreichen können.

Abbildung 12.1:
Active Directory mit
dem Assistenten
installieren

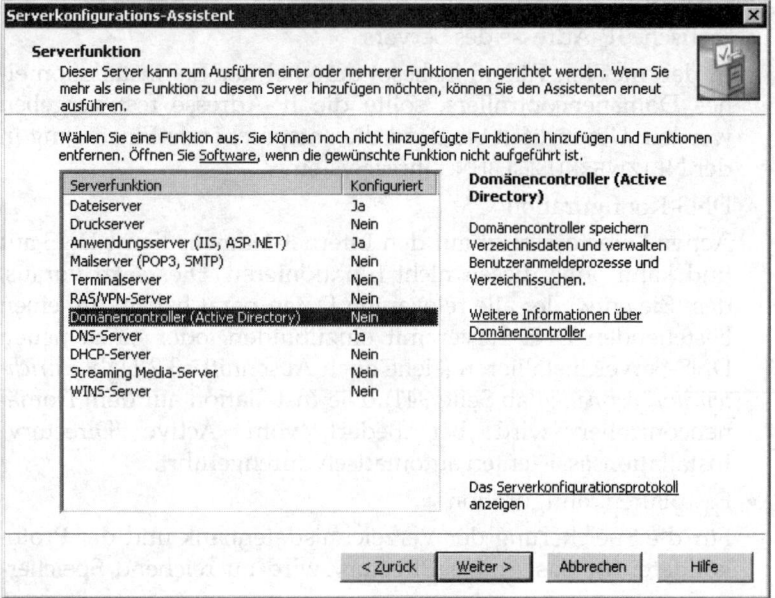

Im *Serverkonfigurations-Assistenten* wählen Sie DOMÄNENCONTROLLER (ACTIVE DIRECTORY), um den ASSISTENT ZUM INSTALLIEREN VON ACTIVE DIRECTORY zu starten – das Programm DCPROMO.EXE. Es folgt eine Zusammenfassung der Aufgaben, die der *Serverkonfigurations-Assistent* zu erledigen beabsichtigt.

Dann startet DCPROMO. Im zweiten Fenster geben Sie an, ob Sie einen ersten Domänencontroller für eine neu zu schaffende Domäne einrichten wollen oder ob Sie zu einer Domäne einen weiteren Domänencontroller hinzufügen möchten.

Schritt 1:
Typ des
Domänencontrollers

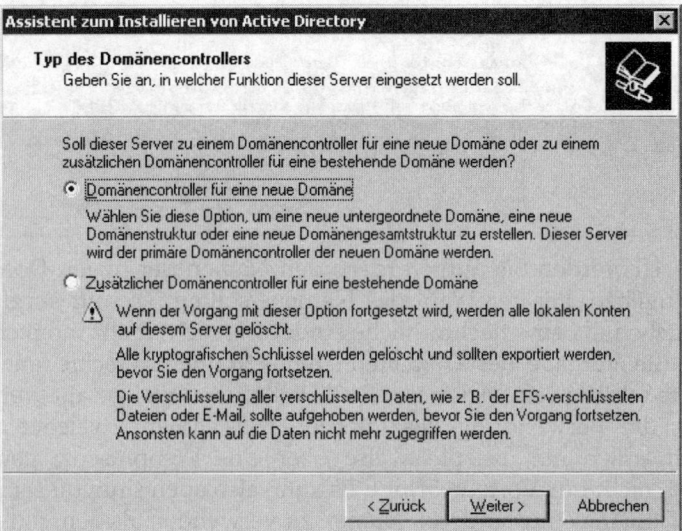

Abbildung 12.2:
Typ des Domänen-
controllers angeben

In diesem Abschnitt wird die Neueinrichtung einer Domäne behandelt, sodass mit der ersten Option fortgesetzt wird. Lesen Sie in Abschnitt *Hinzufügen weiterer Domänencontroller* ab Seite 827, wie Sie die technische Struktur Ihrer Domäne erweitern können.

Neuer Domänen-
controller

Im nächsten Dialogfenster des Assistenten können Sie entscheiden, ob Sie eine neue Domäne erstellen oder eine untergeordnete Domäne in einer bestehenden Domänenstruktur einbinden wollen. Des Weiteren ist die Einrichtung einer Domänenstruktur in einer Gesamtstruktur (engl. *forest*). Für eine neue, zunächst alleinstehende Domäne wählen Sie die erste Option DOMÄNE IN EINER NEUEN GESAMTSTRUKTUR. Die zweite Option würden Sie benötigen, wenn Sie eine Domänenstruktur (engl. *tree*) erstellen oder erweitern wollen (siehe dazu auch Abschnitt 12.2.3 *Schaffung einer Domänenstruktur* ab Seite 846). Die dritte Wahlmöglichkeit wird dann interessant, wenn Sie eine Gesamtstruktur erweitern wollen (siehe dazu auch Abschnitt 12.2.4 *Erstellung einer Gesamtstruktur* ab Seite 848).

Schritt 2:
Der Domänentyp

Abbildung 12.3:
Einrichtung des
Domänentyps

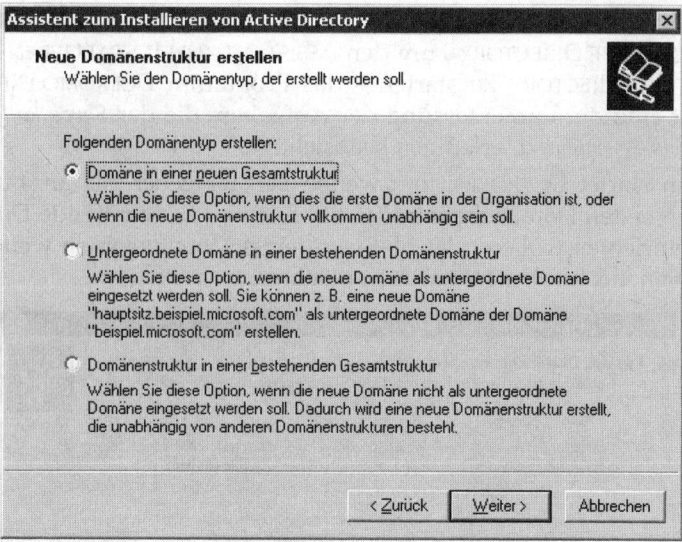

Schritt 3:
Name der Domäne

Danach werden Sie aufgefordert, den Namen der neuen Domäne einzugeben. Bei der Wahl des Namens sollten Sie sehr sorgfältig vorgehen, da eine nachträgliche Änderung nicht mehr möglich ist. Für die Vergabe des Domänennamens können verschiedene Aspekte wichtig sein. An dieser Stelle soll nur so viel gesagt werden, dass die Verwendung des Internet-DNS-Namens, welcher auch nach außen hin, beispielsweise über eine Webpräsenz, genutzt wird, nicht nur Vorteile bringt. Es kann also auch sinnvoll sein, für die Domäne einen anderen Namen zu verwenden als den, mit dem nach außen kommuniziert wird.

Abbildung 12.4:
Name der neuen
Domäne

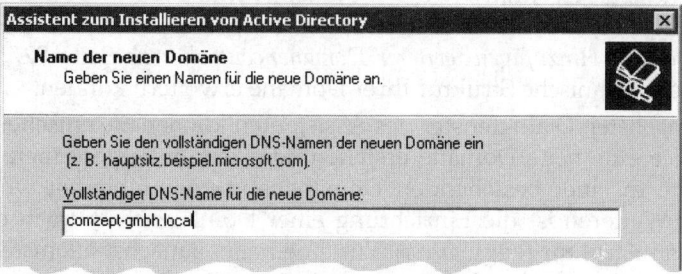

In diesem Beispiel wird ein typischer interner Name verwendet, der das Suffix »local« enthält: COMZEPT-GMBH.LOCAL. Der korrespondierende Name für das Internet wäre beispielsweise »comzept-gmbh.de«.

Schritt 4:
NetBIOS-Name

Für die Wahrung der Kompatibilität mit Clients, die Active Directory nicht direkt unterstützen, können Sie einen NetBIOS-Namen für den Server definieren. Dieser wird dann für die Abbildung eines ganz normalen Windows-Netzwerkes genutzt – vorausgesetzt, die Microsoft NetBIOS-Schnittstelle ist serverseitig verfügbar. Im Normalfall ist es empfehlenswert, das Domänen-Präfix als NetBIOS-Namen zu definieren, im Beispiel also COMZEPT, abgeleitet von COMZEPT.DE. Diesen NetBIOS-Namen können Sie im Übrigen, anders als den Domänennamen, jederzeit noch einmal ändern.

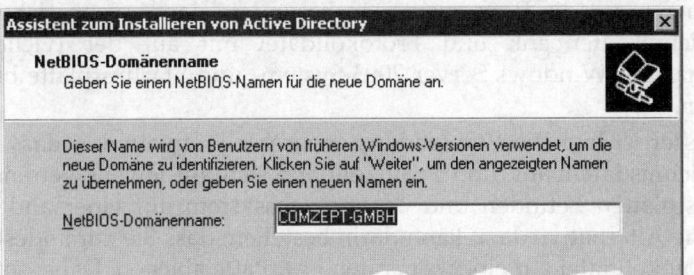

Abbildung 12.5:
Netbios-Namen
definieren

Bestimmen Sie im nächsten Dialogfenster die Speicherorte für die Verzeichnisdatenbank und die Protokolldatei.

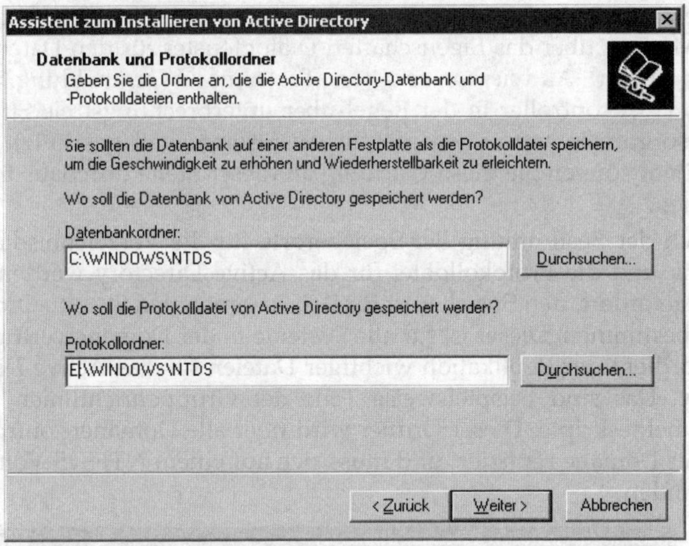

Schritt 5:
Speicherorte der
Datenbanken

Abbildung 12.6:
Speicherorte für
Verzeichnisdaten-
bank und Proto-
kolldatei

Bevor Windows Server 2003 Änderungen an der Verzeichnisdatenbank vornimmt, wird der Vorgang zunächst nur in der Protokolldatei festgehalten. Erst wenn diese temporäre Speicherung der Änderungen erfolgreich abgeschlossen ist, werden sie in die Verzeichnisdatenbank übernommen. Bei einem Systemausfall kann so zuverlässig erkannt werden, welche Änderungen schon in der Verzeichnisdatenbank erfolgt sind und welche bisher nur in der Protokolldatei verzeichnet sind. Dieses transaktionsorientierte Verhalten entspricht dem moderner Datenbanksysteme.

Performance und
Festplattencache

Äußerst wichtig ist damit die erfolgreiche Speicherung in der Protokolldatei. Damit bei einem eventuellen Totalausfall des Domänencontrollers das Risiko minimal bleibt, dass Schreibvorgänge am

Active Directory nicht vollständig abgeschlossen werden können, deaktiviert Windows Server 2003 standardmäßig den Festplattencache für die Datenträger, welche die Verzeichnisdatenbank und die Protokolldatei halten. Das hat natürlich auch negative Auswirkungen auf die Performance, insbesondere dann, wenn sich Verzeichnisdatenbank und Protokolldatei mit auf der (vielleicht einzigen) Windows Server 2003-System- und Startfestplatte befinden.

Besser: Mehrere Festplatten

Besser ist hier die Verwendung mehrerer Festplatten, sodass Verzeichnisdatenbank und Protokolldatei sich auf jeweils getrennten Festplatten befinden und das Betriebssystem auf einer anderen. Eine Alternative dazu kann darin bestehen, dass Sie zumindest die Protokolldatei auf einer separaten Festplatte ablegen. Dabei sollten Sie dann nachträglich für die Systemfestplatte, welche das Betriebssystem und die Verzeichnisdatenbank hält, den Festplattencache wieder aktivieren.

Die Aktivierung des Festplattencaches erreichen Sie über im *Geräte-Manager* über das Eigenschaften-Dialogfenster für den Datenträger. Beim Aktivieren erhalten Sie eine Warnmeldung. Da Domänencontroller in der Regel über unterbrechungsfreie Stromversorgungen vor einem plötzlichen Stromausfall geschützt sein sollten, können Sie diese Warnung an dieser Stelle durchaus übergehen.

Schritt 6: SYSVOL-Ordner festlegen

Nach der Bestimmung der Speicherorte für die Verzeichnisdatenbank und die Protokolldatei für das Active Directory werden Sie aufgefordert, den Speicherort für den so genannten SYSVOL-Ordner zu bestimmen. Dieser ist für alle Systeme in der Domäne verfügbar und dient der Replikation wichtiger Dateien für das Active Directory. Das sind beispielsweise Teile der Gruppenrichtlinien und Anmeldeskripte. Dieser Ordner wird über alle Domänencontroller einer Domäne repliziert und muss sich auf einem NTFSv5-Volume befinden.

Abbildung 12.7: Speicherort des Sysvol-Ordners festlegen

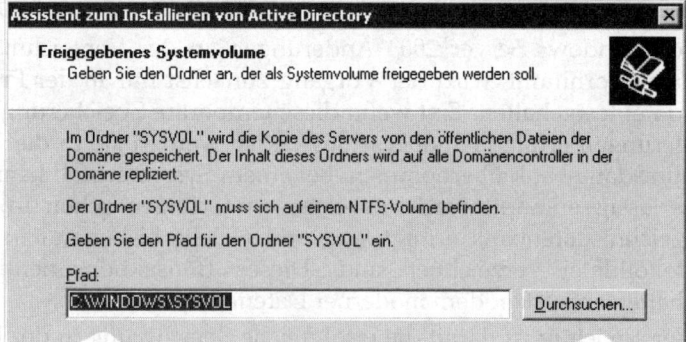

Der Einsatz von Active Directory setzt zwingend DNS voraus. Bei der ersten Installation eines Domänencontrollers für eine neu zu schaffende Domäne wird überprüft, ob ein DNS-Server im Netzwerk zur Verfügung steht, der die angegebene Domäne, hier im Beispiel COMZEPT-GMBH.LOCAL, auflösen kann. Wird kein DNS-Server gefunden, werden Sie mit der folgenden Fehlermeldung konfrontiert.

**Schritt 7:
DNS**

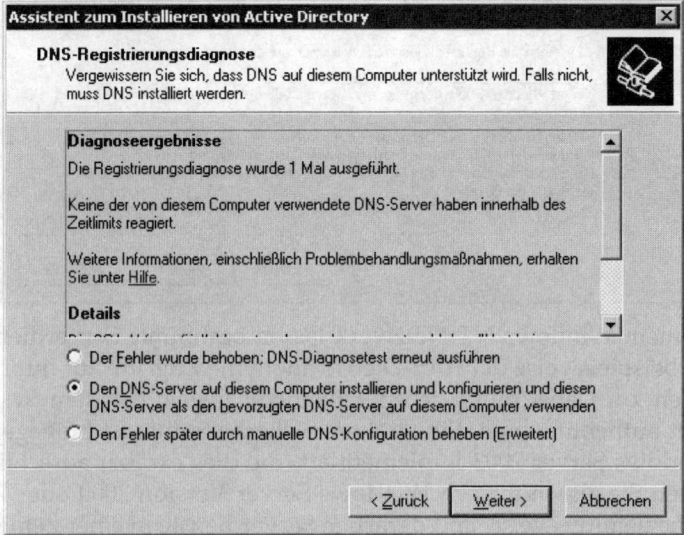

*Abbildung 12.8:
DNS-Server nicht
gefunden*

Der Installationsassistent bietet daraufhin folgerichtig an, den DNS-Server gleich mit zu installieren. Wählen Sie die entsprechende Option, um den Vorgang später automatisch ausführen zu lassen.

Bei einer Erstinstallation einer neuen Netzwerkstruktur ist dies empfehlenswert. Haben Sie bereits einen Windows-DNS-Server im Einsatz oder wünschen Sie eine nachträgliche manuelle Installation, beispielsweise auf einem anderen Server, können Sie die dritte Option wählen und die DNS-Installation wird übersprungen.

Im nächsten Dialogfenster legen Sie Einstellungen fest, die das Verhalten des Domänencontrollers in gemischten Umgebungen bestimmt. Dies betrifft Netzwerke mit Domänencontrollern, wobei hier zwischen Computern mit Systemen *vor* Windows 2000 und danach unterschieden wird.

**Schritt 8:
Berechtigungen**

Abbildung 12.9:
Kompatibilität der
Berechtigungen
festlegen

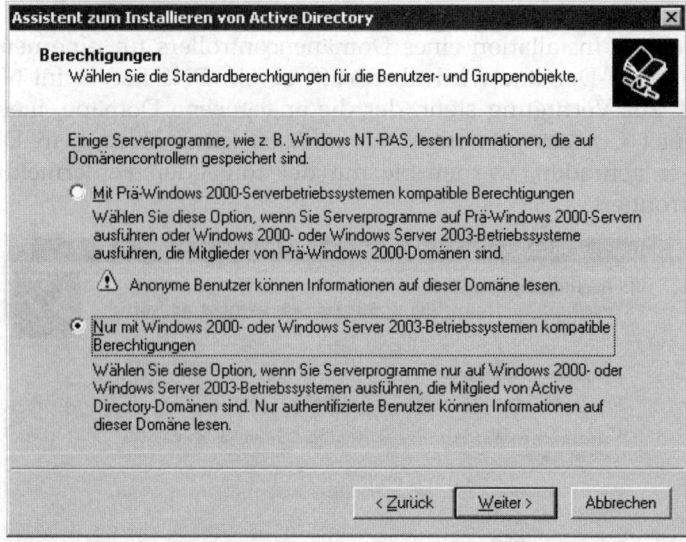

Höhere Sicherheit unter Windows 2000 und Windows Server 2003

In einem Windows NT Netzwerk lassen bestimmte Serverdienste, wie beispielsweise der RAS-Dienst, anonyme Zugriffe auf Informationen zu. Dabei muss sich der Benutzer gegenüber dem System nicht authentifizieren. Eine höhere Sicherheitsstufe ist hingegen in Windows Server 2003 implementiert, die dies explizit ausschließt. Setzen Sie also nur noch Windows Server Version 2000 oder 2003 ein beziehungsweise sind derartige Serverdienste in einer gemischten Umgebung nicht mehr auf Windows NT-Servern realisiert, sollten Sie die zweite Option wählen.

Abbildung 12.10:
Admin-Kennwort für
Verzeichniswieder-
herstellung festlegen

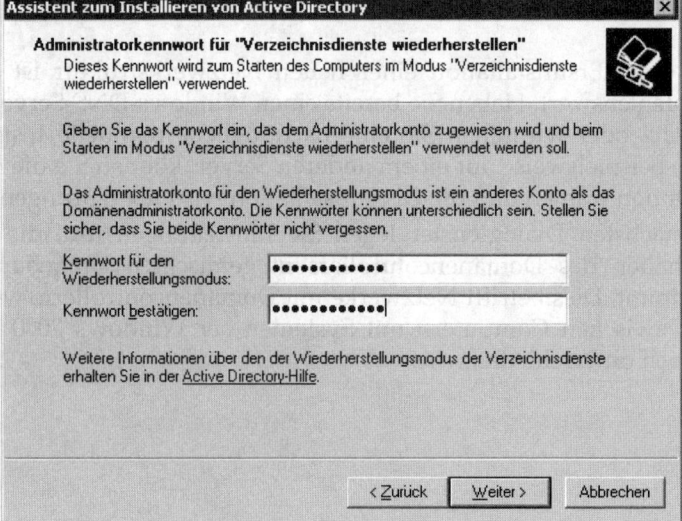

Die Verzeichnisdatenbank ist das Herzstück des Active Directory und demzufolge besonders sicherheitsrelevant. Im Falle einer Beschädigung der Datenbank können Sie den Server im Modus *Verzeichnisdienstwiederherstellung* starten. Für eine noch bessere Absicherung müssen Sie für die Wiederherstellung ein separates Kennwort festlegen, welches sich vom normalen Administratorkennwort unterscheidet.

Kennwort für Wiederherstellung

Abschließend wird eine Zusammenfassung des Assistenten für die Installation des Active Directory angezeigt. Wenn Sie diese bestätigen, werden alle notwendigen Dateien kopiert und die Dienste konfiguriert. Nach einem abschließenden Neustart steht der Server als Domänencontroller zur Verfügung, was durch ein weiteres zusammenfassendes Fenster des *Serverkonfigurations-Assistenten* angezeigt wird.

Zusammenfassung des Assistenten

Mit der Inbetriebnahme eines neuen Domänencontrollers beginnen die eigentlichen Aufgaben zur Schaffung einer richtigen Strukturierung der neuen Domäne. Lesen Sie dazu Abschnitt 12.3 *Die logische Struktur administrieren* ab Seite 850.

Hinzufügen weiterer Domänencontroller

In einer bestehenden Domäne können Sie jederzeit weitere Domänencontroller einrichten, wenn dies sinnvoll wird. Solange eine Windows Server 2003-Domäne im Modus *Windows 2000 gemischt* betrieben wird, lassen sich auch Windows NT Sicherungsdomänencontroller (*Backup Domain Controller* – BDC) integrieren.

Für das Hinzufügen eines weiteren Windows Server 2003-Domänencontrollers benötigen Sie einen Windows Server 2003, welcher wiederum über das Dienstprogramm DCPROMO vom einfachen Server zu einem Domänencontroller heraufgestuft wird. Bevor Sie dieses Dienstprogramm dazu bemühen, sollten die folgenden Punkte noch einmal überprüft werden:

Dcpromo

- Statische IP

  Im Normalfall ist es unbedingt empfehlenswert, für die Domänencontroller statische IP-Adressen zu verwenden, auch wenn sonst im Netzwerk DHCP zum Einsatz kommt. Lief der betreffende Windows 2000 Server bislang als Anwendungsserver und bezog seine IP-Adressen über DHCP, sollten Sie dies in der Netzwerkumgebung ändern.

Statische IP

- DNS-Konfiguration

  Mit der Änderung einer bislang dynamischen IP in eine statische sollten Sie auch noch einmal überprüfen, ob die DNS-Serveradresse richtig angegeben ist. Sollte der Assistent für die Einrichtung des Domänencontrollers später keinen DNS-Server finden, werden Sie dann aber nochmals darauf hingewiesen.

DNS

**Festplatten-
konfiguration**

- Festplattenkonfiguration

Besonders im Hinblick auf die Speicherorte für die Verzeichnisdatenbank und die Protokolldatei für das Active Directory ist die bestehende Festplattenkonfiguration zu überprüfen. Hier gelten gleichermaßen die Hinweise aus Abschnitt 12.1.2 *Einrichtung eines Domänencontrollers* ab Seite 820.

Berechtigung

- Berechtigung

Sie müssen bei der Stammdomäne über eine Berechtigung verfügen, einen weiteren Domänencontroller in dieser anlegen zu können. Dazu müssen Sie an gegebener Stelle einen entsprechenden Benutzernamen und ein Kennwort eingeben.

Start von Dcpromo

Den Assistenten DCPROMO starten Sie wieder wie auf Seite 820 beschrieben über START | AUSFÜHREN | DCPROMO oder über den *Serverkonfigurations-Assistenten*, direkt erreichbar über START | VERWALTUNG.

**Schritt 1:
Neuer
Domänencontroller**

Wählen Sie im folgenden Dialogfenster (siehe Abbildung 12.11) die zweite Option aus. Damit wird ein zusätzlicher Domänencontroller für die bestehende Domäne installiert. Diese Operation wird auf dem neuen Controller ausgeführt.

Beachten Sie auch die Hinweise in diesem Dialogfenster. Falls Sie auf dem (allein stehenden) Windows Server 2003 zuvor Benutzerkonten geführt haben, werden diese mit der Heraufstufung zum Domänencontroller gelöscht.

*Abbildung 12.11:
Weiteren Domänen-
controller hinzufügen*

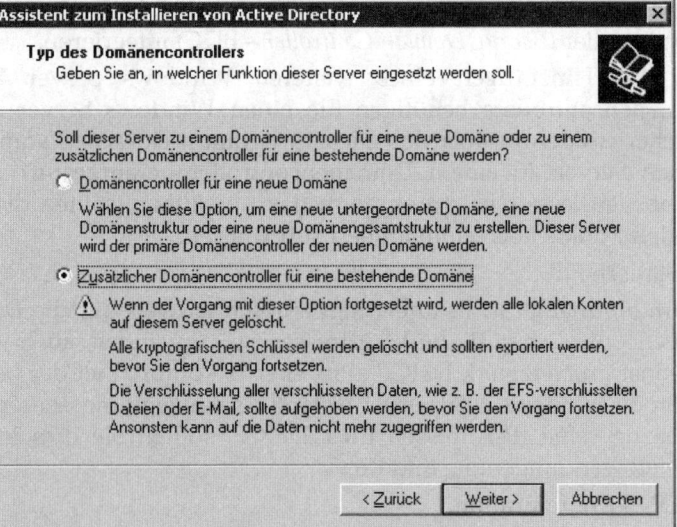

 Das betrifft auch alle bisher verwendeten kryptografischen Schlüssel. Insbesondere verschlüsselt abgelegte Dateien über das Encrypting File System (EFS) sind damit bedroht. Bedenken Sie, dass im Falle des Verlustes aller Schlüssel zum EFS die Daten unwiederbringlich verloren sind (siehe auch Abschnitt 4.3 *Das verschlüsseln-de Dateisystem (EFS)* ab Seite 159).

Geben Sie im danach folgenden Dialogfenster den Benutzer (meist ein Administrator) an, der in der betreffenden Domäne berechtigt ist, weitere Domänencontroller einzurichten.

Schritt 2:
Benutzer mit Bei-
trittsberechtigungen

Im nächsten Dialogfenster spezifizieren Sie die Domäne, für welche Sie den zusätzlichen Domänencontroller einrichten wollen. Bei einer größeren Anzahl von Domänen (in Domänen- oder Gesamtstrukturen) können Sie übrigens auch den Schaltknopf DURCHSU-CHEN bemühen und bekommen dann alle Domänen angezeigt, die im Netzwerk erreichbar sind.

Schritt 3:
Angabe der Domäne

Die nächsten Einrichtungsschritte gleichen wiederum denen bei der Erstellung eines ersten Domänencontrollers und sind ab Seite 823 beschrieben:

Weitere Schritte

* Festlegung des Speicherortes für Verzeichnisdatenbank und Protokolldatei des Active Directory
* Festlegung des Speicherortes des SYSVOL-Verzeichnisses
* Spezifizierung eines speziellen Administratorkennworts für die Verzeichniswiederherstellung

Nach Abschluss dieser Eingaben und der Bestätigung der Zusammenfassung des Assistenten startet der Windows Server 2003 neu und steht dann als zusätzlicher Domänencontroller im Netzwerk zur Verfügung.

Ist die betreffende Domäne bereits Teil einer Domänen- oder Gesamtstruktur und dieser neue Domänencontroller als zweiter Domänencontroller eingerichtet worden, kann es Sinn machen, ihm die Rolle des Infrastrukturmasters zuzuweisen (siehe nachfolgender Abschnitt).

Der Infrastrukturmaster verfolgt die Verschiebung von Objekten von einer Domäne in eine andere und sollte nicht auf einem Domänencontroller laufen, der bereits einen globalen Katalog führt. Das sollten Sie im Auge behalten, wenn Sie Domänen und weitergehende Strukturen schrittweise ausbauen. Weitere Hinweise dazu finden Sie in Abschnitt 6.4.2 *Domänencontroller* ab Seite 347.

12.1.3 Administration von Betriebsmastern

Wie in Abschnitt *Betriebsmaster* ab Seite 353 beschrieben, gibt es im Active Directory zwar nur noch gleichberechtigte Domänencontroller. Allerdings können sich diese trotzdem voneinander durch die Führung verschiedener spezieller Betriebsmasterfunktionen unterscheiden.

Online- und Offline-Übertragung von Betriebsmastern

Für den Fall der Übertragung einer speziellen Betriebsmasterfunktion auf einen anderen Domänencontroller können zwei verschiedene Szenarien betrachtet werden:

Online
- Betriebsmaster ist online

  Der Betriebsmaster läuft und die spezielle Betriebsmasterfunktion soll auf einen anderen Domänencontroller übertragen werden. Die Gründe dafür können verschieden sein und beispielsweise einen Ausbau der Domäne als Ursache haben. Für diese Übertragung der Masterrolle gibt es grafische Werkzeuge, die auf den nächsten Seiten eingehender behandelt werden.

Offline
- Betriebsmaster ist offline

  Im Falle eines Ausfalls eines Betriebsmasters können wichtige Funktionen des Active Directory nicht oder nur noch eingeschränkt zur Verfügung stehen. Die Übertragung einer ausgefallenen Masterfunktion auf einen anderen Domänencontroller kann dann der einzige Weg sein, die volle Funktionsfähigkeit der Windows Server 2003-Netzwerkfunktionen wiederherzustellen. Lesen Sie dazu auch die Hinweise im Abschnitt *Betriebsmaster* ab Seite 353. Die konkreten Administrationsschritte für die Übertragung der Masterfunktionen mit dem Kommandozeilen-Tool NTDSUTIL.EXE finden Sie ab Seite 832.

Online-Übertragung von Betriebsmasterfunktionen

RID-Master
PDC-Emulator
Infrastruktur-Master
Die Rolle des RID-Masters, des PDC-Emulators und des Infrastruktur-Masters können Sie über START | VERWALTUNG | ACTIVE DIRECTORY BENUTZER UND -COMPUTER ändern. Gehen Sie dabei über das Kontextmenü der Domäne und wählen Sie den Eintrag BETRIEBSMASTER. Im folgenden Dialogfenster lassen sich die Zuordnungen für diesen Betriebsmaster zu den entsprechenden Domänencontrollern erreichen.

Abbildung 12.12:
Betriebsmasterzu-
ordnung ändern

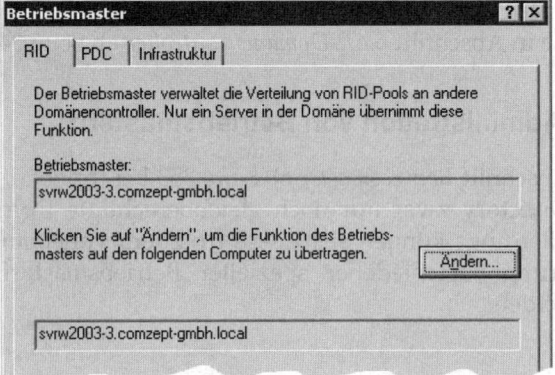

Über die Schaltfläche ÄNDERN können Sie die Zuweisung der Betriebsmasterfunktion vom derzeitigen auf einen anderen Domänencontroller übertragen (soweit vorhanden).

Die Zuordnung der Schema-Masterfunktion zu einem bestimmten **Schema-Master** Domänencontroller können Sie über das Snap-In ACTIVE DIRECTORY SCHEMA durchführen. Das Snap-In ACTIVE DIRECTORY SCHEMA ist standardmäßig nicht in einer der Standardkonsolen verfügbar, sondern muss nachträglich manuell installiert werden. Gehen Sie dazu folgendermaßen vor:

1. Öffnen Sie die Eingabeaufforderung.

2. Geben Sie folgende Befehlszeile ein:
   Regsvr32 schmmgmt.dll

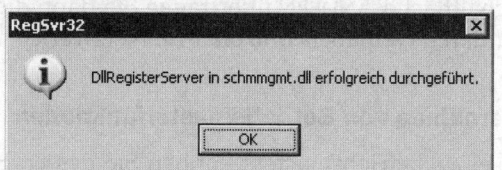

Abbildung 12.13: Erfolgreiche Installation des Snap-Ins

3. Öffnen Sie eine Managementkonsole im Autorenmodus.

4. Fügen Sie dort das Snap-In ACTIVE DIRECTORY SCHEMA hinzu.

Rufen Sie das Snap-In am Schema-Master Ihres Netzwerkes auf oder stellen Sie eine Verbindung zu diesem her. Gehen Sie dann über den Punkt BETRIEBSMASTER des Kontextmenüs von ACTIVE DIRECTORY SCHEMA oder des Hauptmenüpunktes AKTION. Im folgenden Dialogfenster können Sie die Schema-Betriebsmasterfunktion auf einen anderen Domänencontroller in Ihrem Netzwerk übertragen, indem Sie auf ÄNDERN klicken und dann den Namen des anderen Domänencontrollers eingeben.

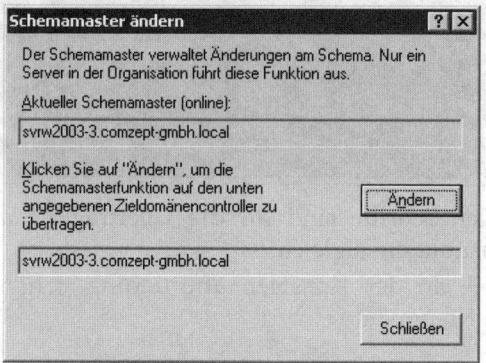

Abbildung 12.14: Übertragen der Schema-Masterfunktion

Die Übertragung der DNS-Masterfunktion können Sie über die **Domänennamen-** Managementkonsole *Active Directory-Domänen und -Vertrauensstel-* **master** *lungen* durchführen. Dazu wählen Sie im Kontextmenü des Snap-Ins (höchste Ebene in der Konsole!) die Funktion BETRIEBSMASTER.

Abbildung 12.15:
DNS-Betriebsmaster
übertragen

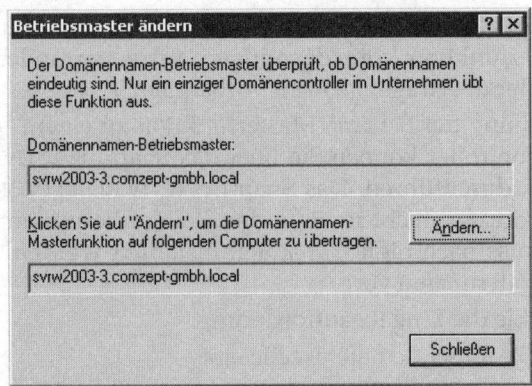

Über die Schaltfläche ÄNDERN übertragen Sie dann diese Funktion
auf einen anderen Domänencontroller im Netzwerk.

Offline-Übernahme von Betriebsmasterfunktionen

NTDSUTIL

Bei Ausfall eines Betriebsmasters können Sie dessen Funktion mit
Hilfe des Kommandozeilen-Tools NTDSUTIL auf einen anderen
Domänencontroller übertragen. Dieses Dienstprogramm können
Sie über START | AUSFÜHREN oder von einer EINGABEAUFFORDE-
RUNG aus aufrufen.

Abbildung 12.16:
Kommandozeilentool
Ntdsutil

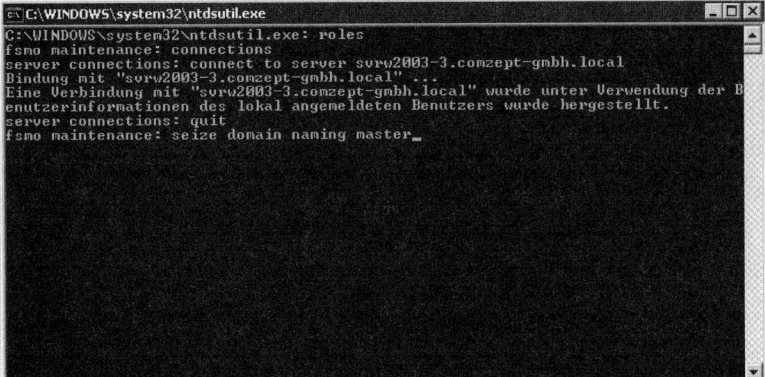

Die folgenden Schritte sind für die Übertragung aller fünf Betriebsmasterfunktionen gleich:

1. Geben Sie an der Konsolenaufforderung von NTDSUTIL das
   folgende Kommando ein:
   `roles`

2. Am nächsten Prompt »fsmo maintenance:« geben Sie ein:
   `connections`

3. Geben Sie dann hinter »server connections:« ein:
   `connect to server <FQDN des Servers>`

Sie stellen damit die Verbindung zum Domänencontroller her, der die Betriebsmasterfunktion übernehmen soll.

4. Beenden Sie dann die Rubrik Verbindungsaufnahme »server connections:«.

```
quit
```

Sie befinden sich nun wieder am Prompt »fsmo maintenance:«.

5. Mit dem nächsten Befehl seize übernehmen Sie für den verbundenen Domänencontroller die jeweilige Betriebsmasterfunktion:

```
seize RID master
seize PDC
seize infrastructure master
seize schema master
seize domain naming master
```

Nach einem entsprechenden Warnhinweis (als Pop-Up-Dialog) wird die Masterfunktion übernommen. Es erfolgt in der Regel noch eine Fehlermeldung von NTDSUTIL, wenn der ursprüngliche Betriebsmaster nicht gefunden wird, was bei einer Offline-Übertragung aber normal ist.

Nach dem Vorgang verlassen Sie NTDSUTIL wieder mit zweimaliger Eingabe von quit. Ein Neustart des betreffenden Domänencontrollers ist nicht notwendig.

12.1.4 Ändern der Domänenfunktionsebenen

Mit Windows Server 2003 wurden neue Domänenfunktionsebenen eingeführt. Eine Erläuterung der möglichen Optionen und Hintergründen finden Sie in Abschnitt 6.8.1 *Domänenfunktionsebenen* auf Seite 420.

Den Domänenfunktionsmodus heraufstufen

Die Umschaltung muss immer von Hand vorgenommen werden. Allerdings besteht der Vorgang nur aus sehr wenigen Mausklicks. Alle internen Prozesse laufen dann automatisch ab.

Gehen Sie zum Umschalten folgendermaßen vor:

1. Öffnen Sie die MMC *Active Directory-Benutzer und -Computer*.

2. Klicken Sie auf die Domäne, die umgeschaltet werden soll. Im Kontextmenü wählen Sie DOMÄNENFUNKTIONSEBENE HERAUFSTUFEN.

3. Es werden in einer Auswahlliste die noch verfügbaren Domänenfunktionsebenen angezeigt. Wählen Sie hier die für Ihre Domäne bestmögliche.

4. Klicken Sie dann auf HERAUFSTUFEN.

5. Bestätigen Sie die Warnhinweise.

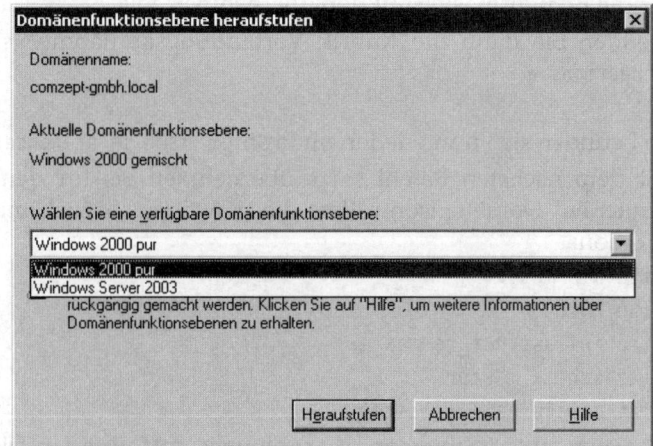

Nach Abschluss des Vorgangs können Sie den Erfolg der Umschaltung im Eigenschaften-Fenster der Domäne sehen.

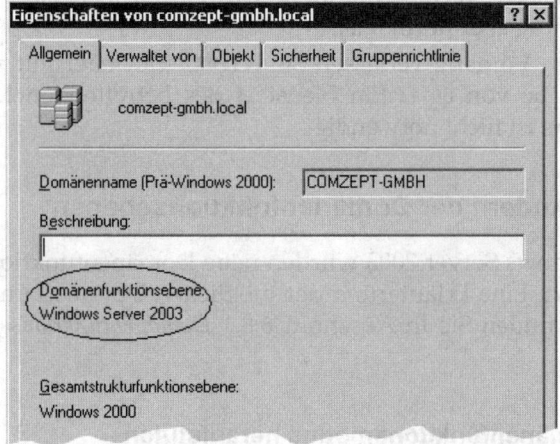

Die Umschaltung selbst nimmt nur wenige Sekunden in Anspruch. Bis zur Verfügbarkeit aller Funktionen können aber einige Minuten vergehen – je nach Komplexität der Domänendaten.

12.2 Die physische Struktur administrieren

Nach den ersten Schritten im Active Directory, der Aufsetzung der Domänencontroller und weiterer Server, kann die Arbeit im Netzwerk losgehen. Für größere Projekte stehen nun weitere Schritte an, deren Umfang von Ihren Plänen abhängt. Die physische Struktur umfasst vor allem die Optimierung der Replikation über Verbindungen geringer Bandbreite. In kleineren Netzwerken werden hier kaum administrative Schritte notwendig sein. Sie können dann mit der logischen Strukturierung in Abschnitt 12.3 *Die logische Struktur administrieren* ab Seite 850 fortsetzen.

12.2.1 Anpassung des globalen Katalogs

Wenn Sie nur einen Domänencontroller haben, ist eine Administration des globalen Katalogs nicht notwendig. Dann richtet Active Directory den Katalog auf diesem Server ein. Wenn Sie mehrere Domänencontroller haben, ein auf Standorte verteiltes Verzeichnis und eine respektable Anzahl Objekte, dann kann ein Eingriff in die automatische Zuweisung notwendig werden. Die folgenden Aufgaben kommen dann auf Sie zu:

- Zuweisen des Servers, der den globalen Katalog enthält
- Festlegen, ob dieser Server den Katalog exklusiv bedient
- Optimierung der Replikationsstrategien

Ob Manipulationen an den Einstellungen des globalen Katalogs notwendig sind, lässt sich auf die Arbeitsweise zurückführen. Zugriffe auf den globalen Katalog werden beim Anmeldeprozess notwendig, weil dort universelle Gruppen gespeichert sind. Notwendig ist ein globaler Katalog pro Gesamtstruktur. Aufgrund der verminderten Bandbreite zwischen Standorten sollte aber wenigstens ein globaler Katalog pro Standort verfügbar sein. Lesen Sie in Abschnitt 12.2.2 *Administration von Standorten und Replikation* ab Seite 836, wie Sie Standorte einrichten und verwalten können.

Bedarfsermittlung

Führung des globalen Katalogs festlegen

Haben Sie sich entschieden, in einem Standort einen globalen Katalog zu führen, können Sie dies über das Snap-In ACTIVE DIRECTORY-STANDORTE UND -DIENSTE einrichten.

Der Server für die Führung des globalen Katalogs sollte nicht mit dem Infrastrukturmaster identisch sein. Wenn Sie es dennoch versuchen, wird die Funktion des Infrastrukturmasters deaktiviert. Haben jedoch alle Domänencontroller Replikate des globalen Katalogs, wirkt sich dies nicht aus, da sie dann alle aktuell sind und der Infrastrukturmaster nicht benötigt wird. Informationen zu den Betriebsmastern finden Sie in Abschnitt 12.1.3 *Administration von Betriebsmastern* ab Seite 829.

Um den globalen Katalog zu aktivieren bzw. zu deaktivieren, suchen Sie den jeweiligen Server im Snap-In ACTIVE DIRECTORY-STANDORTE UND -DIENSTE:

1. Öffnen Sie den Zweig SITE | <NAME DES STAND-ORTS> | SERVER | <NAME DES SERVERS>. Ist der Name des Stand-

orts noch nicht konfiguriert, steht an dieser Stelle STANDARD-NAME-DES-ERSTEN-STANDORTS.

2. Bei einem korrekt verbundenen Domänencontroller finden Sie darunter einen Zweig NTDS-SETTINGS.

3. Im Eigenschaften-Dialogfenster dieses Zweigs können Sie die Führung des globalen Katalogs mit der entsprechenden Option aktivieren oder deaktivieren (siehe Abbildung 12.19).

4. Wiederholen Sie die Schritte 1 bis 3 für alle Domänencontroller.

Abbildung 12.19:
Deaktivieren des
globalen Katalogs

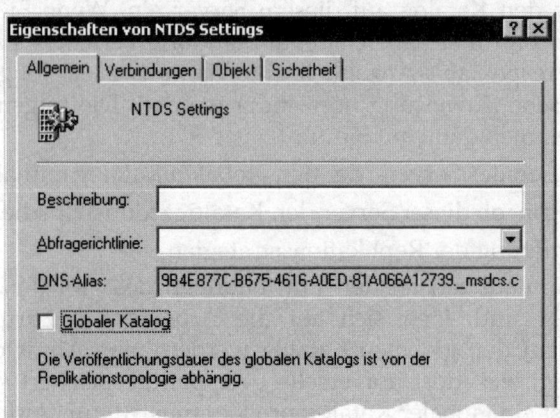

Exklusive Zuordnung des Katalogservers

Replikations-strategien für den globalen Katalog

Die im letzten Abschnitt beschriebene Vorgehensweise wird auch verwendet, um die Führung des globalen Katalogs nur auf einem Domänencontroller zu belassen.

Die Replikation für den globalen Katalog kann nicht unabhängig von den Domänencontrollern eingestellt werden. Im folgenden Abschnitt wird auf die Replikation detailliert eingegangen. Denken Sie hier auch daran, welcher Domänencontroller den globalen Katalog enthält. Gegebenenfalls ist das mit Windows Server 2003 neu eingeführte Zwischenspeichern von Informationen über universelle Gruppen hilfreich, um das Datenvolumen bei der Replikation zu verringern.

12.2.2 Administration von Standorten und Replikation

Standorte und Replikation sind zwei verschiedene Dinge. Zwischen beiden besteht jedoch ein enger Zusammenhang, weshalb diese Funktionen hier gemeinsam betrachtet werden. Die Definition der Standorte dient nicht nur, aber im Wesentlichen der Optimierung der Replikation. Ein anderer Einsatzfall ist die Unterstützung der Lokalisierung von Ressourcen im Netzwerk durch Benutzer auf der Grundlage der tatsächlichen Entfernung.

Standorte einrichten

Standorte sind nur dann notwendig, wenn zwischen Subnetzen ihres Active Directory relativ langsame Netzwerkverbindungen bestehen (WAN oder MAN). Standorte bilden die physische Struktur ab. Dies hat nicht zwingend etwas mit der logischen Struktur zu tun, die durch Domänen, Domänenstrukturen oder Gesamtstrukturen abgebildet wird.

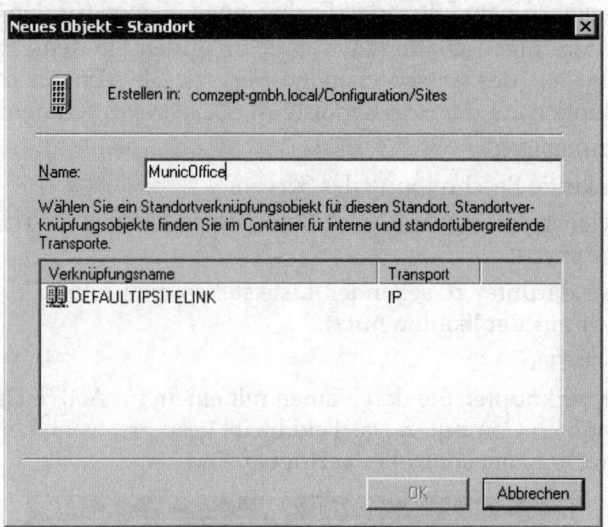

Abbildung 12.20:
Anlegen eines neuen
Standorts

Zum Einrichten von Standorten gibt es ein spezielles Verwaltungswerkzeug, das Snap-In ACTIVE DIRECTORY STANDORTE UND -DIENSTE. Die Standorte werden hier unter dem Zweig SITES aufgeführt. Nach der Installation steht dort nur der Eintrag STANDARD-NAME-DES-ERSTEN-STANDORTS. Um einen neuen Standort hinzuzufügen, gehen Sie folgendermaßen vor:

Neuen Standort einrichten

1. Wählen Sie im Kontextmenü des Zweigs SITE den Eintrag NEUER STANDORT.
2. Geben Sie dem Standort einen Namen.
3. Wählen Sie eine Verbindung. Beim ersten Aufruf werden Sie hier nur die Standardverbindung DEFAULTIPSITELINK sehen.
4. Legen Sie den Standort mit OK an. Bestätigen Sie ebenfalls die folgende Meldung.
5. Wiederholen Sie die Schritte 1 bis 4 für alle Standorte.

Wenn Sie nun über Standorte verfügen, ordnen Sie diesen Standorten Server zu. Damit sind die Domänencontroller gemeint, die zu einem Standort gehören. Es ist sinnvoll, die entsprechenden Computer bereits verfügbar zu haben. Sie können die Namen aber auch später zuordnen.

Neuer Server

Die Namen der Computer in der Standortverwaltung sind frei wählbar. Er sollte allerdings aus rein praktischen Erwägungen dem Namen des Computers entsprechen, der auch tatsächlich als Domänencontroller agiert. Um Computer hinzuzufügen, gehen Sie folgendermaßen vor:

1. Wählen Sie im Kontextmenü des Eintrags SERVER des Standorts den Eintrag NEU | SERVER.

2. Vergeben Sie im folgenden Dialog einen Namen für den Server.

Eigenschaften

Um weitere Eigenschaften zu vergeben, öffnen Sie den Dialog EIGENSCHAFTEN des entsprechenden Servers. Sie können folgende Einstellungen auf der Registerkarte ALLGEMEIN vornehmen:

- BESCHREIBUNG

  Eine kurze Beschreibung des Servers

- SERVER IST EIN BEVORZUGTER BRIDGEHEADSERVER FÜR FOLGENDE TRANSPORTE

  In der darunter zu sehenden Liste stehen die Protokolle, die der Server zur Replikation nutzt.

- COMPUTER

  Hier verknüpfen Sie den Namen mit einem im Active Directory bekannten Computer. Das Feld bleibt gesperrt, wenn keine weiteren Domänencontroller verfügbar sind.

Abbildung 12.21:
Eigenschaften eines
Servers im Standort

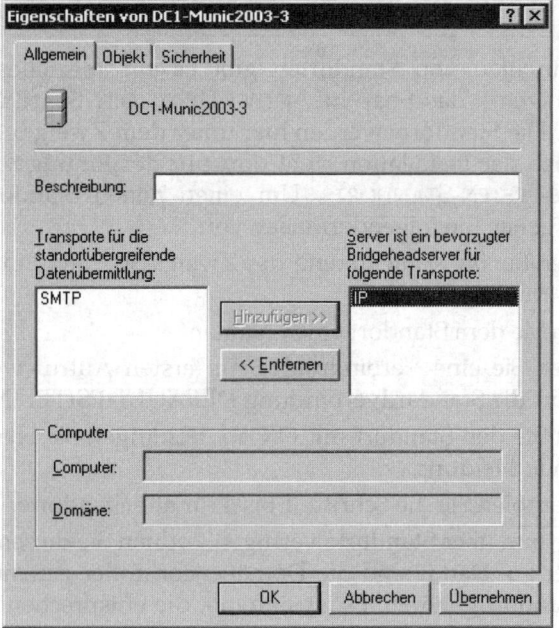

Sind alle Server eingetragen, ist die Konfiguration der Standorte fertig. Die folgenden Schritte richten nun die Replikationstopologie auf der Basis der Standorte ein. Diese Topologie bezieht sich auf die Verknüpfung von Standorten. Die Replikation innerhalb der Standorte ist erst einmal automatisch mit Hilfe des KCC (*Knowledge Consistency Checker*) konfiguriert.

Welche konkrete Topologie nun eingerichtet wird, hängt von den physischen Bedingungen der Netzwerkverbindung ab. Bewährt haben sich auch hier Ringe, die einen Ausfall einer Leitung verkraften. Jeder Standort hat dann zwei Replikationswege.

Bei der Wahl des Namens der Standortverknüpfung sind Sie relativ frei. Es ist sinnvoll, sich hier über die Ausgestaltung Gedanken zu machen und dann weiter nach einem einheitlichen Schema zu verfahren. Dies gestattet die Zusammenarbeit mehrerer Administratoren und spart Schreibarbeit bei der Dokumentation des Netzwerks. Typisch sind Konstruktionen wie: »Standort1_Standort2_Standort3« usw.

Bei der Definition der Standorte waren Sie gezwungen, die Standardverknüpfung zu wählen. Diese Vorgabe realisiert eine vollkommene Vermaschung. Jeder Standort ist mit jedem anderen direkt verknüpft. Die Definition eigener Verbindungen ist ausgesprochen einfach. Gehen Sie dazu folgendermaßen vor:

- Erzeugen einer Standortverknüpfung: **Erzeugen**
  1. Öffnen Sie den Zweig SITE | INTER-SITE TRANSPORTS | IP.
  2. Wählen Sie im Kontextmenü NEUE STANDORTVERKNÜPFUNG.
  3. Fügen Sie mindestens zwei Standorte entsprechend der gewählten Topologie hinzu.
  4. Vergeben Sie der Verknüpfung einen Namen. Beachten Sie dazu den Hinweis zu Namenskonventionen oben.

  Beachten Sie, dass Sie die Standardverknüpfung nicht leer lassen können. Entweder entfernen Sie diese später völlig oder Sie lassen eine der Verknüpfungen dafür übrig.

- Entfernen von Verbindungen mit der Standortverknüpfung **Entfernen**
  DEFAULTIPSITELINK:
  1. Öffnen Sie den Zweig SITE | INTER-SITE TRANSPORTS | IP.
  2. Doppelklicken Sie den Eintrag DEFAULTIPSITELINK.
  3. Markieren Sie alle nicht benötigten Einträge in der rechten Liste STANDORTE IN DIESER STANDORTVERKNÜPFUNG. Lassen Sie eine Verknüpfung Ihrer Topologie übrig.
  4. Klicken Sie auf ENTFERNEN.
  5. Schließen Sie den Dialog mit OK.

- Einrichten der Zeitpläne und Replikationsintervalle: **Einrichten**

  Diese Option ist beim Anlegen nicht verfügbar. Sie müssen die Eigenschaftsseiten der einzelnen Verknüpfungen erneut öffnen.
  1. Legen Sie ein Replikationsintervall fest. Stellen Sie dazu den Zeitwert REPLIZIEREN ALLE ... MINUTEN ein. Der Standard-

wert ist 180 Minuten. Bedenken Sie, dass sich die Zeiten im Ring addieren.

Abbildung 12.22:
Liste der Standort-
verknüpfungen und
Dialog zur Bearbei-
tung einer Standort-
verknüpfung

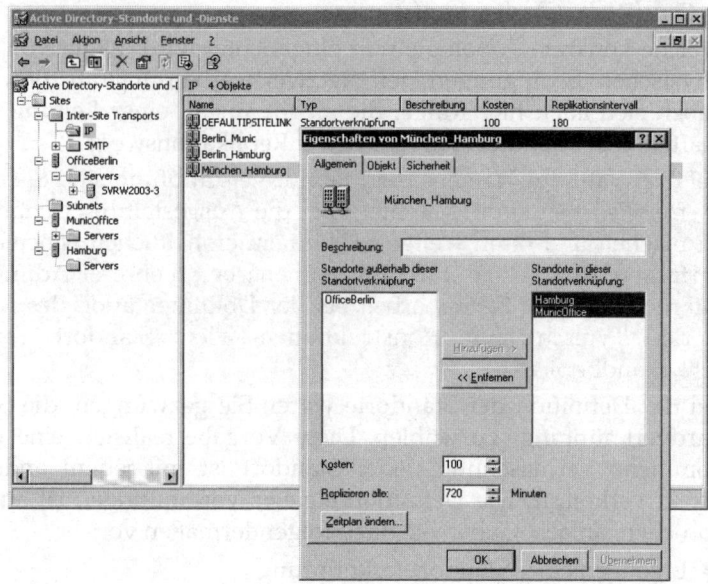

2. Legen Sie die Kosten fest. Dies ist ein abstrakter Wert, der dem Replikationsprozess die Auswahl der optimalen Verbindung erlaubt, wenn mehrere Verbindungen zu Auswahl stehen. Im Ring addieren sich die Kosten, wenn das Ziel über mehrere Hops führt.

3. Unterbinden Sie die Replikation zu bestimmten Zeiten. Klicken Sie dazu auf ZEITPLAN ÄNDERN.

4. Schließen Sie den Dialog und führen Sie die Schritte wie beschrieben für alle anderen Standortverknüpfungen erneut aus.

Abbildung 12.23:
Sparsamer Zeitplan

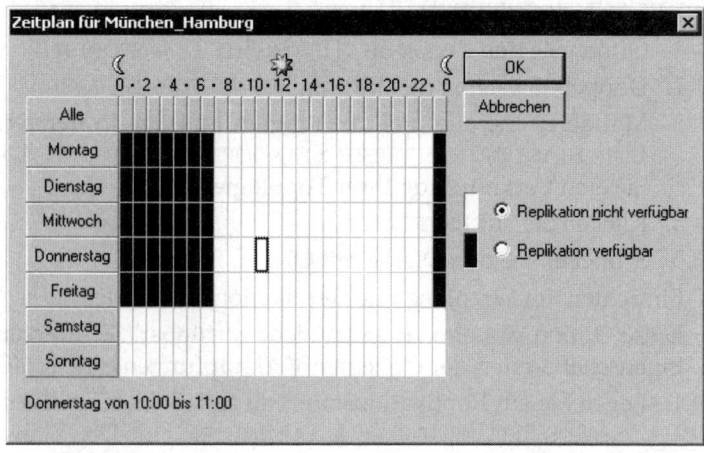

- Den Standorten Domänencontroller zuordnen

  Zuordnen

  Wenn Sie zuvor bereits die Server den Standorten zugewiesen haben, können Sie diesen Punkt überspringen. Andernfalls gehen Sie folgendermaßen vor:

  1. Suchen Sie den Server in der Managementkonsole *Active Directory-Standorte und –Dienste* und dort den betreffenden Server.
  2. Wählen Sie im Kontextmenü VERSCHIEBEN.
  3. Wählen Sie im folgenden Dialog den Standort aus, in dem Sie den Server platzieren möchten.

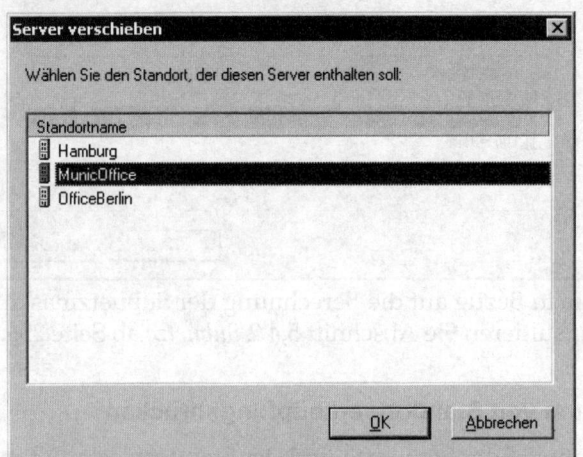

*Abbildung 12.24:
Verschieben von
Domänencontrollern*

Standorte in verschiedenen Subnetzen

Bislang wurde davon ausgegangen, dass die Verfügbarkeit schneller oder langsamer Netzwerkverbindungen die Standortfrage bestimmt. Windows Server 2003 geht aber stillschweigend davon aus, dass sich alle Standorte im selben Subnetz befinden. Haben Sie ein Class-C- oder sogar ein Class-B-Netz, gibt es damit auch keine Probleme. In der Praxis sieht es aber oft so aus, dass an unterschiedlichen Standorten verschiedene Class-C-Netze oder sogar nur Teile davon existieren. Kleine Niederlassungen verfügen vielleicht nur über wenige echte IP-Adressen. Es interessieren hier natürlich nur die von außen erreichbaren IP-Adressen, nicht die internen Subnetze.

Das Einrichten der Subnetze erfolgt über den SITES | SUBNETS. Gehen Sie zur Bekanntgabe von Subnetzen folgendermaßen vor:

Subnetze einrichten

1. Wählen Sie im Kontextmenü NEUES SUBNETZ.
2. Tragen Sie die Adresse und Subnetzmaske für ein Standortsubnetz ein.
3. Selektieren Sie den Standort in der Liste STANDORTOBJEKT.

Abbildung 12.25:
Subnetz für einen
Standort definieren

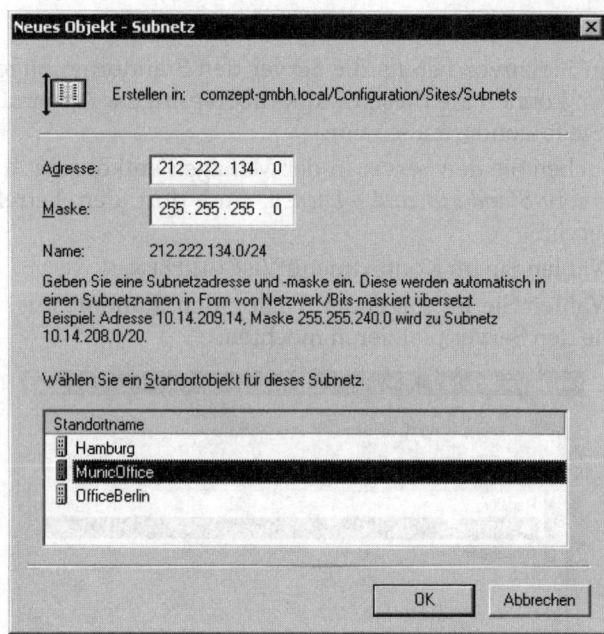

Wenn Sie in Bezug auf die Berechnung der Subnetzmaske unsicher sind, konsultieren Sie Abschnitt 5.4.2 *Subnetze* ab Seite 236.

Einrichten von Standortverknüpfungsbrücken

Beim Entwurf der Standorte und der Standortverknüpfungen sind Sie vielleicht auf das Problem gestoßen, dass sich nicht alle Verknüpfungen problemlos realisieren ließen. Die Ringtopologie wird kritisch, wenn mehr als drei Standorte überbrückt werden müssen. Die Vermaschung ist dagegen nicht praktikabel, wenn langsame Netzwerkverbindungen existieren. Um kein Chaos bei der Verwaltung Dutzender verschiedener Standortverknüpfungen entstehen zu lassen, eignen sich Standortverknüpfungsbrücken. Dies sind praktisch Aufsätze – zusätzliche Querverbindungen. Entsprechend werden Brücken auch nicht zwischen Standorten definiert, sondern zwischen Standortverknüpfungen.

Standardmäßig transitiv

Die Ringtopologie, wie sie oben beschrieben wurde, kann nur funktionieren, wenn sich die Standorte transitiv verhalten – eingehende Replikationsdaten also an den nächsten Standort weiterreichen. Damit besteht primär keine Notwendigkeit für Brücken. Wenn Sie Brücken gezielt zur Optimierung einsetzen, sollten Sie überlegen, ob Sie die Transitivität nicht abschalten. Die entsprechende Option erreichen Sie im Dialog EIGENSCHAFTEN des Zweiges SITES | INTRA-SITE TRANSPORT | IP. Deaktivieren Sie dort das Kontrollkästchen BRÜCKE ZWISCHEN ALLEN STANDORTEN HERSTELLEN.

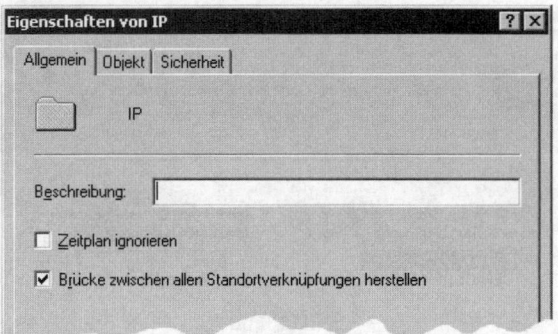

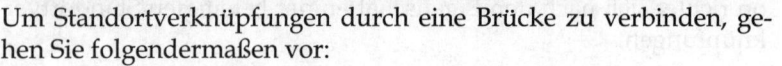

Abbildung 12.26:
Zum Unterdrücken
der Transitivität:
Deaktivieren der
Option BRÜCKE ...
HERSTELLEN

Bei der Wahl des Namens der Standortverknüpfungsbrücke sind Sie relativ frei. Es ist sinnvoll, sich hier über die Ausgestaltung Gedanken zu machen und dann weiter nach einem einheitlichen Schema zu verfahren. Dies gestattet die Zusammenarbeit mehrerer Administratoren und spart Schreibarbeit bei der Dokumentation des Netzwerks. Typisch sind Konstruktionen wie: »Verknüpfung1-Verknüpfung2« usw., was dann zusammen mit den Namenskonventionen der Standortverknüpfungen folgendermaßen aussieht: »Standort1_Standort2 – Standort 3_Standort4«.

Um Standortverknüpfungen durch eine Brücke zu verbinden, gehen Sie folgendermaßen vor:

1. Öffnen Sie den Zweig SITES | INTRA-SITE TRANSPORT | IP.
2. Wählen Sie im Kontextmenü des Zweigs die Option NEUE STANDORTVERKNÜPFUNGSBRÜCKE.
3. Geben Sie der Brücke einen eindeutigen Namen. Zur Namenswahl finden Sie Informationen im Kasten oben.
4. Fügen Sie der Liste die Verknüpfungen hinzu, die überbrückt werden sollen.

Abbildung 12.27:
Definition einer
Standortverknüp-
fungsbrücke

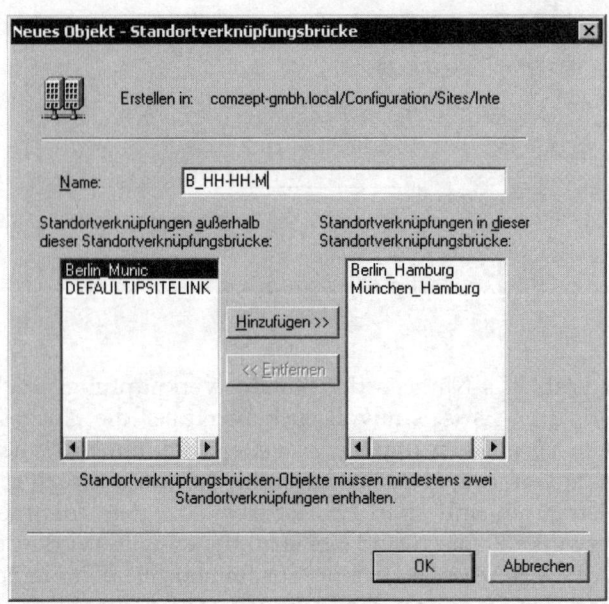

Brücken verlangen keine weiteren Angaben. Die Art der Replikation richtet sich nach den Eigenschaften der beteiligten Standortverknüpfungen.

Wahl der Brückenkopfserver (Bridgeheadserver)

Bislang wurde davon ausgegangen, dass die Domänencontroller des einen Standorts mit denen des anderen Standorts – mehr oder weniger komplex – ihre Datenbanken replizieren. Welcher Domänencontroller nun eine Replikationsanforderung entgegennimmt, können Sie damit nicht beeinflussen. Active Directory nimmt den Server, der am schnellsten auf die Anforderung des Replikationsprozesses reagiert. Das ist normalerweise nicht falsch. Es gibt aber Situationen, in denen Sie den Server selbst bestimmen sollten. Dazu gehören:

Den Server selbst bestimmen

- Übergehen einer Firewall. Aus Sicherheitsgründen sollte dies nicht für alle Domänencontroller gelten.

- Nutzung einer speziellen WAN-Verbindung, beispielsweise über ISDN. Nicht jeder Server hat die benötigte Hardware dazu.

- Steuerung der Belastung der Domänencontroller. Lassen Sie Server die Replikation erledigen, die sonst nichts zu tun haben.

Sie können zwei Brückenkopfserver einrichten, um eine gewisse Ausfallsicherheit zu erreichen. Mehr sind aber nicht sinnvoll, denn dies würde das Konzept der Brückenkopfserver wieder auf den Kopf stellen.

Die Auswahl des Brückenkopfservers erfolgt nicht über eine explizite Option, sondern durch Zuweisen eines Protokolls für die Replikation an den Server. Alle anderen Server des Standortes erhalten eine solche Zuweisung nicht. In dem Augenblick, wo ein Server die Zuweisung erhält, wird er zum Brückenkopfserver. Gehen Sie folgendermaßen vor:

1. Öffnen Sie einen Standort in der Managementkonsole *Active* **Zuweisen des** *Directory-Standorte und -Dienste*. **Protokolls**

2. Wählen Sie den betreffenden Server.

3. Öffnen Sie über das Kontextmenü den Dialog EIGENSCHAFTEN und dort die Registerkarte ALLGEMEIN.

4. Vergeben Sie einen eindeutigen, sprechenden Namen im Feld BESCHREIBUNG.

5. Fügen Sie der Liste der Protokolle das Protokoll IP oder SMTP hinzu.

6. Wiederholen Sie die Schritt 1 bis 5 für einen Server eines anderen Standorts, der der bevorzugte Kommunikationspartner sein soll.

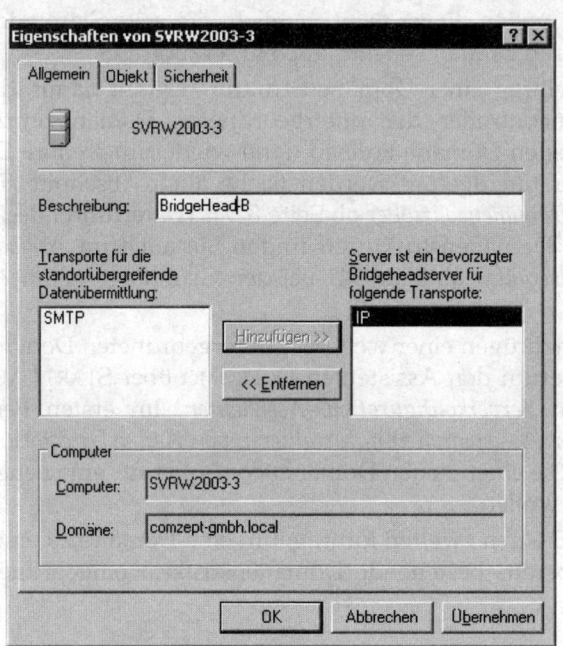

Abbildung 12.28:
Einrichtung eines
Brückenkopfservers

Die Nutzung von SMTP sollte nur in Ausnahmefällen genutzt **SMTP** werden, wenn direkte IP-Verbindungen aus technischen Gründen nicht möglich sind.

12.2.3 Schaffung einer Domänenstruktur

Eine Domänenstruktur besteht aus mehreren (mindestens zwei) hierarchisch verbundenen Domänen mit einem gemeinsamen Namensraum. Vor der Strukturierung eines Verzeichnisses mit zusätzlichen Domänen sollte beachtet werden, dass im Gegensatz zum Windows NT-Netzwerk im Active Directory wesentlich bessere logische Gliederungen auch innerhalb einer Domäne möglich sind. Zusätzliche Domänen bedeuten einen höheren Administrationsaufwand und sind nicht immer notwendig und sinnvoll.

Stammdomäne Grundlage jeder Domänenstruktur ist eine Stammdomäne. Jede erste Domäne in einem Active Directory ist dabei automatisch Stammdomäne einer neuen Domänenstruktur. Mit der Erstinstallation eines Active Directory wird also schon die wichtigste Voraussetzung geschaffen, um später weitere Domänen problemlos hinzufügen zu können (siehe dazu auch Abschnitt 12.1.2 *Einrichtung eines Domänencontrollers* ab Seite 820).

 Beachten Sie, dass Sie einer bestehenden Domäne nur *untergeordnete* Domänen hinzufügen können, wenn Sie eine Domänenstruktur schaffen wollen. Es ist nicht möglich, die erste Stammdomäne einer anderen Domäne nachträglich unterzuordnen.

Die Erstellung einer Domänenstruktur beginnt damit, den ersten Domänencontroller der untergeordneten Domäne einzurichten. Dieser neuen Domäne können dann wiederum weitere Domänencontroller hinzugefügt werden (siehe auch Abschnitt *Hinzufügen weiterer Domänencontroller* ab Seite 827). Weiterführende Informationen zu Domänenstrukturen finden Sie auch im Abschnitt 6.3.5 *Domänenstruktur* ab Seite 341 bei den Grundlagen zum Active Directory.

DCPROMO starten Zum Hinzufügen einer weiteren, untergeordneten Domäne starten Sie wiederum den Assistenten DCPROMO über START | AUSFÜHREN oder den *Serverkonfigurations-Assistenten*. Im ersten Fenster des folgenden *Assistenten zum Installieren von Active Directory* geben Sie an, dass Sie einen neuen Domänencontroller für eine neue Domäne erstellen wollen.

Schritt 1:
Typ wählen Wählen Sie den zweiten Eintrag, um eine Domäne zu erstellen, die in eine bereits bestehende Domänenstruktur eingeordnet werden soll.

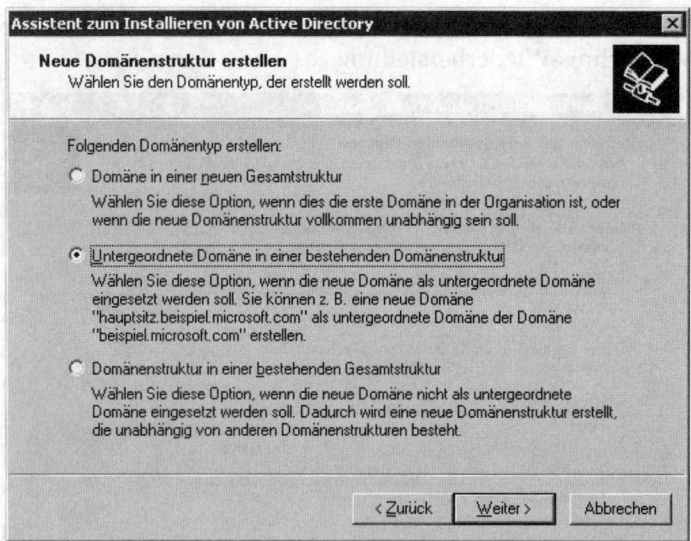

Abbildung 12.29:
Angabe des Typs des
Domänencontrollers

Geben Sie danach den Benutzer mit dem entsprechenden Kenn- **Schritt 2:**
wort an, der berechtigt ist, in der betreffenden Domäne eine weite- **Sicherheitsinfor-**
re Domäne anzulegen. **mationen**

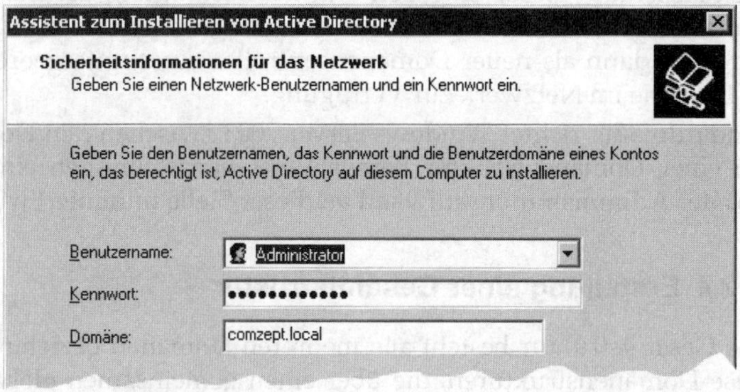

Abbildung 12.30:
Kennung des
berechtigten
Benutzers eingeben

Danach bestimmen Sie den Namen der neuen, untergeordneten **Schritt 3:**
Domäne. Falls schon mehrere Domänen in Ihrer Domänenstruktur **Name der neuen**
existieren, geben Sie die übergeordnete Domäne im ersten Einga- **Domäne**
befeld ein oder treffen Ihre Auswahl über DURCHSUCHEN.

Alle weiteren Einrichtungsschritte entsprechen genau denjenigen, **Weitere Schritte**
die Sie auch bei der ersten Einrichtung eines Domänencontrollers
durchführen und sind ab Seite 823 beschrieben:

• Angabe des NETBIOS-Domänennamens

• Festlegung des Speicherorts für Verzeichnisdatenbank und
  Protokolldatei des Active Directory

• Bestimmen des Speicherorts des SYSVOL-Verzeichnisses

- Spezifizierung eines speziellen Administratorkennworts für die Verzeichnis-Wiederherstellung

Abbildung 12.31:
Namen der neuen
Domäne festlegen

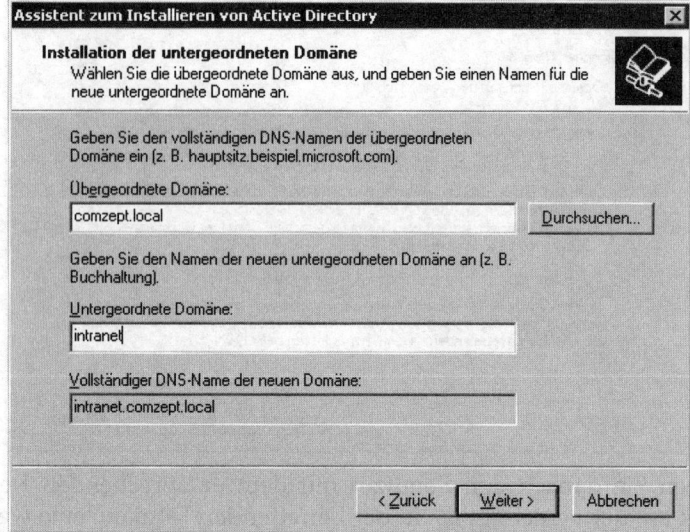

Nach Abschluss dieser Eingaben und der Bestätigung der Zusammenfassung des Assistenten startet der Windows Server 2003 neu und steht dann als neuer Domänencontroller einer untergeordneten Domäne im Netzwerk zur Verfügung.

Vertrauensstellungen

Standardmäßig richtet Windows Server 2003 zwischen den Domänen einer Domänenstruktur bereits Vertrauensstellungen ein, so dass der Administrationsaufwand an dieser Stelle minimiert wird.

12.2.4 Erstellung einer Gesamtstruktur

Eine Gesamtstruktur besteht aus mehreren Domänen beziehungsweise Domänenstrukturen, die über einen gemeinsamen globalen Katalog und ein gemeinsames Schema verfügen, deren Namensräume aber getrennt sind. In Abschnitt 6.3.6 *Gesamtstruktur* ab Seite 345 finden Sie dazu mehr grundlegende Informationen, die Sie in Ihre Planung mit einbeziehen können.

DCPROMO

Für die Erstellung einer Gesamtstruktur benötigen Sie wieder den Assistenten für Active Directory DCPROMO, den Sie über START | AUSFÜHREN oder das Tool KONFIGURATION DES SERVERS aufrufen können.

Schritt 1:
Funktion auswählen

Wählen Sie nach dem Start des Assistenen die dritte Option: DOMÄNENSTRUKTUR IN EINER BESTEHENDEN GESAMTSTRUKTUR. Ist lediglich eine Domäne vorhanden, so ist dies im rein logischen Sinne dennoch bereits eine Gesamtstruktur, quasi ein Wald mit einem Baum. Die Domänenstruktur ist für sich genommen nachher

eigenständig und kann aus theoretisch beliebig vielen weiteren
Domänen bestehen.

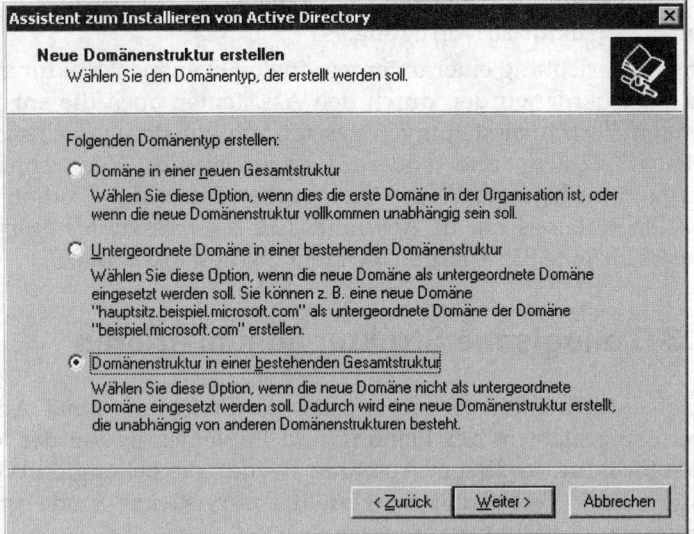

Abbildung 12.32:
Domänencontroller-
Typ festlegen

Danach geben Sie den Domänennamen an, der für die neue Domäne und damit für die Stammdomäne der neuen Domänenstruktur vorgesehen ist.

Schritt 2:
Neuer Domänen-
name

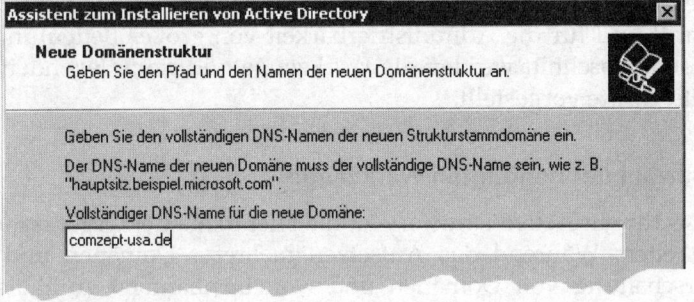

Abbildung 12.33:
Name der neuen
Domäne

Alle weiteren Einrichtungsschritte entsprechen denen, die Sie generell bei der ersten Einrichtung eines Domänencontrollers durchführen, und sind ab Seite 823 beschrieben:

Weitere Einrich-
tungsschritte

- Angabe des NETBIOS-Domänennamens
- Festlegung des Speicherorts für Verzeichnisdatenbank und
  Protokolldatei des Active Directory
- Angabe des Speicherorts des SYSVOL-Verzeichnisses
- Festlegung eines speziellen Administratorkennworts für die
  Verzeichnis-Wiederherstellung
- Abfrage des DNS-Dienstes und Prüfung der Verfügbarkeit der
  nötigen DNS-Funktionen

Nach Abschluss dieser Eingaben und der Bestätigung der Zusammenfassung des Assistenten startet der Windows Server 2003 neu und steht dann als neuer (erster) Domänencontroller einer neuen Domänenstruktur zu Verfügung.

Vertrauens-stellungen

Mit der Einrichtung einer untergeordneten Domänenstruktur einer Gesamtstruktur wurden durch den Assistenten auch die entsprechenden Vertrauensstellungen gesetzt, um auf den gemeinsamen globalen Katalog und andere Ressourcen des Verzeichnisses zugreifen zu können. Passen Sie gegebenenfalls die Position des globalen Katalogs an. In Abschnitt 12.2.1 *Anpassung des globalen Katalogs* ab Seite 835 erfahren Sie mehr zu diesem Thema.

12.3 Die logische Struktur administrieren

Die eigentliche Herausforderung bei der Errichtung eines Active Directory besteht in der Planung und Implementierung der logischen Struktur. In diesem Abschnitt werden die benötigten Werkzeuge und Techniken vorgestellt, um kleine und große Verzeichnisse effektiv zu errichten.

12.3.1 Administration der Organisationseinheiten

Die Einrichtung der Organisationseinheiten ist der umfangreichste Schritt und für die Administrierbarkeit von großer Bedeutung. In diesem Abschnitt werden die Werkzeuge und grundlegenden Arbeitsschritte vorgestellt.

Auswahl der benötigten Werkzeuge

Basis für ein Active Directory ist die Hierarchie der Organisationseinheiten. Während das Aufsetzen mehrerer Domänen und die Verschaltung von Domänen und Domänenbäumen zu Wäldern noch mit einem überschaubaren Arbeitsaufwand einhergeht, der zudem durch ausreichende Werkzeuge in Windows Server 2003 abgedeckt ist, kann das Anlegen von ein paar Hundert Organisationseinheiten zum »Mauskrampf« führen. In diesem Abschnitt werden deshalb zwei Varianten für die Ausführung der Organisationseinheiten gezeigt.

Praktische Anleitung

Die Administration der Organisationseinheiten erfolgt im Snap-In *Active Directory-Benutzer und -Computer*. Wählen Sie dort die Domäne und evtl. bereits vorhandene Organisationseinheiten der oberen Ebenen der Hierarchie aus. Für die entsprechenden Aktionen gibt es drei Wege:

- *Über die Kontextmenüs*

  Klicken Sie mit der rechten Maustaste auf ein Objekt und wählen Sie dann NEU. Im Untermenü stehen die zulässigen Befehle.

- *Über das Menü AKTION*

  Hier stehen dieselben Befehle wie im Kontextmenü, abhängig von der Position des Fokus in der Konsole.

- *Über die Toolbar der Managementkonsole*

  Sie finden in der folgenden Beschreibung die Symbole der Schaltflächen in der Marginalspalte.

Anlegen und Löschen einer Organisationseinheit

Über NEU | ORGANISATIONSEINHEIT können Sie eine neue Organisationseinheit anlegen. Der folgende Dialog lässt nur die Angabe des Namens zu. Wurde die Organisationseinheit angelegt, können Sie diese mit LÖSCHEN (im Kontextmenü) wieder entfernen. Ein Doppelklick auf die Organisationseinheit öffnet im rechten Teil der Managementkonsole den Inhalt.

Zuweisen der Objektverwaltung

Um die Verwaltung der Organisationseinheit einem Benutzer oder einer Gruppe zuzuweisen, wählen Sie im Kontextmenü der Organisationseinheit OBJEKTVERWALTUNG ZUWEISEN. Es startet der *Assistent zum Zuweisen der Objektverwaltung*, der folgende Schritte absolviert:

1. Die Auswahl von Benutzern oder Gruppen, denen eine Verwaltungsberechtigung erteilt werden soll.

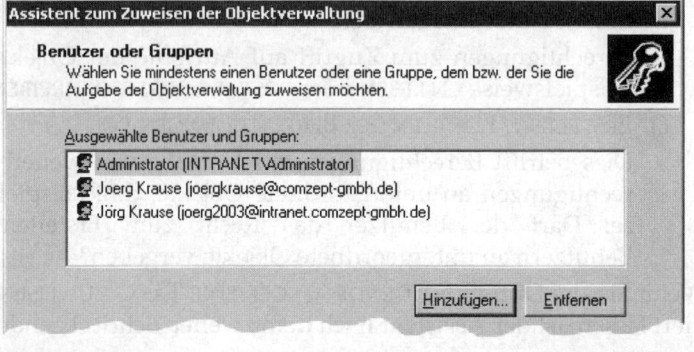

Abbildung 12.34: Auswahl von Benutzern und Gruppen, die das Objekt verwalten dürfen

2. Aufgaben, die die ausgewählte Benutzergruppe erledigen darf, beispielsweise »Benutzerkonten anlegen«. Wird hier die Option

BENUTZERDEFINIERTE TASKS ZUM ZUWEISEN ERSTELLEN gewählt, erscheint ein weiterer Schritt.

Abbildung 12.35:
Allgemeine Tasks
zuweisen

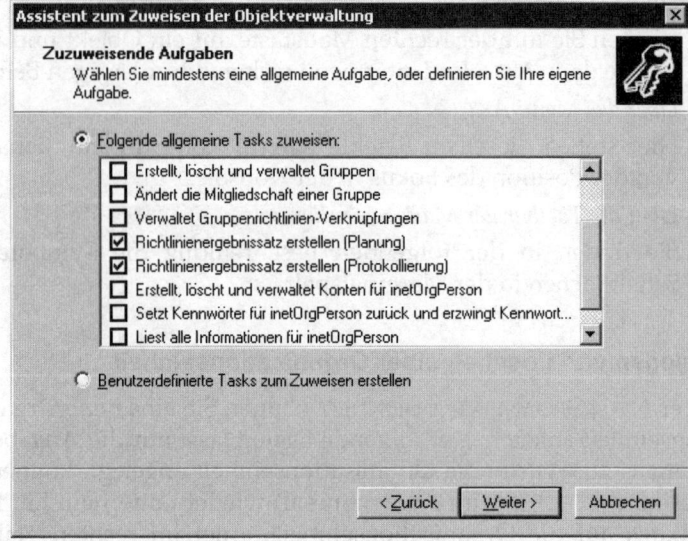

3. Nur für den Fall, dass benutzerdefinierte Tasks erstellt werden sollen, erscheint dieser Schritt. Sie können hier auswählen, welche Objekte (Alle, Ordner mit Allen, Spezifische) verwaltet und – explizit wählbar – erstellt bzw. gelöscht werden können.

4. Nur für den Fall, das benutzerdefinierte Tasks erstellt werden sollen, erscheint dieser Schritt. Für die in Schritt 3 ausgewählten Objekte werden nun detailliert Berechtigungen vergeben. Dies erfolgt durch Auswahl der Objektfunktionen in drei Ebenen:

   a) ALLGEMEIN

   Allgemeine Berechtigungen wie LESEN, SCHREIBEN, VOLLZUGRIFF usw.

   b) EIGENSCHAFTENSPEZIFISCH

   Berechtigungen zum Zugriff auf Attribute der Objekte wie beispielsweise CN LESEN oder POSTALADDRESS SCHREIBEN.

   c) ERSTELLEN/LÖSCHEN DER BERECHTIGUNGEN VON ...

   Dies betrifft Berechtigungen zur Vergabe von weiteren Berechtigungen an untergeordnete Objekte, d.h. beispielsweise: Darf der Benutzer das Recht zum Erstellen von Benutzern an untergeordnete Objekte vergeben?

Wenn Sie die Option FOLGENDE ALLGEMEINE TASKS ZUWEISEN aktiviert lassen, ist der Assistent nach dem zweiten Schritt beendet.

Umgang mit der Objektverwaltung

Sie können die vom Assistenten vorgenommenen Einträge ändern,
weiter verfeinern und detaillierter einstellen.

Sie erreichen diese Einstellungen über den Dialog EIGENSCHAFTEN,
Registerkarte SICHERHEIT. Diese Registerkarte steht nur zur Verfügung, wenn Sie zuvor im Menü Ansicht der Managementkonsole
die Option ERWEITERTE FUNKTIONEN aktiviert haben.

Erweiterte Funktionen

Suchen Sie aus der Liste der Benutzer und Gruppen mit Zugriffsrechten diejenigen aus, denen Sie solche Rechte zuvor mit dem
Assistenten zugewiesen haben. Klicken Sie dann auf ERWEITERT. Es
erscheint eine detaillierte Liste von Konten und Zuweisungen von
Objekt-Typen, die bearbeitet werden dürfen.

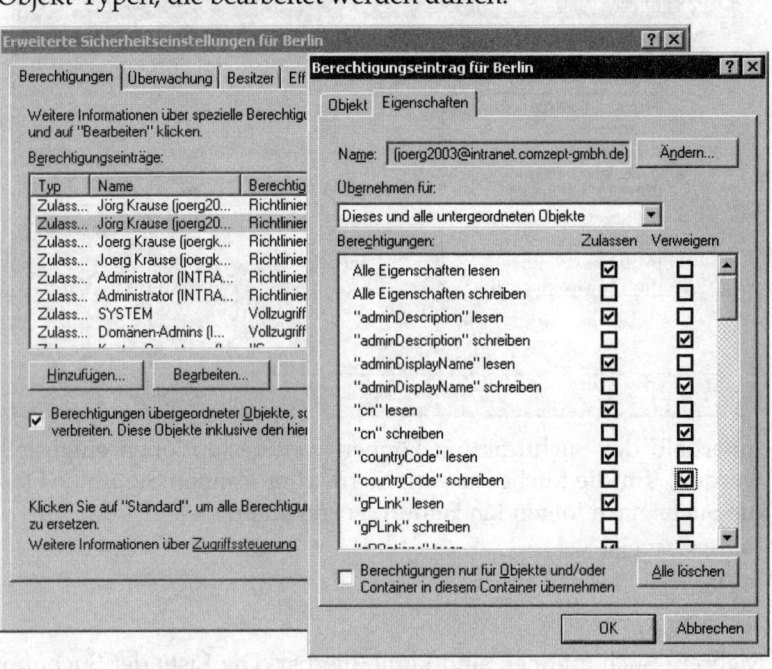

Abbildung 12.36:
Liste der
Berechtigungen

Klicken Sie auf den Eintrag, den Sie bearbeiten möchten, und dann
auf BEARBEITEN. Sie können im folgenden Editor mit dem Namen
BERECHTIGUNGSEINTRAG die Einstellungen detailliert vornehmen.

Diese Vorgehensweise setzt tiefgehendere Systemkenntnisse voraus. Für die ersten Schritte sollten Sie sich auf die vom Assistenten
angebotene Auswahl beschränken. Erst wenn es einen triftigen
Grund gibt, feinere Einstellungen vorzunehmen, lohnt ein Blick in
den ACL-Editor für Organisationseinheiten. Mehr Informationen
finden Sie auch in Abschnitt 11.13.1 *Der ACL-Editor* ab Seite 765.

Suchen nach Organisationseinheiten

Wenn Sie sehr viele Organisationseinheiten haben und eine davon bearbeiten müssen, ist das Suchen mit Hilfe der Suchfunktion anzuraten. Klicken Sie im Kontextmenü oder im Menü AKTION auf SUCHEN. Alternativ können Sie auch das Symbol aus der Symbolleiste wählen.

Im folgenden Dialog wählen Sie unter SUCHEN den Eintrag ORGA-NISATIONSEINHEITEN. Wählen Sie unter IN den Bereich, in dem gesucht werden soll. Standardmäßig wird nach dem Namen gesucht, wobei die Platzhalterzeichen * und ? erlaubt sind. Die Suche wird mit JETZT SUCHEN gestartet.

Abbildung 12.37:
Suchdialog für Active
Directory

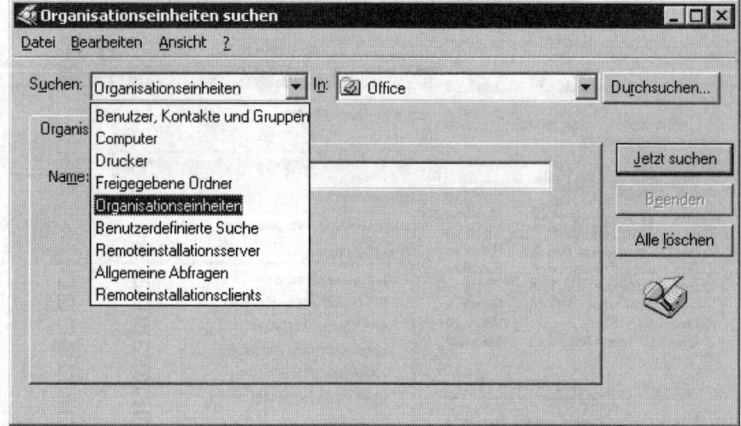

Suchoptionen

Innerhalb der Suchfunktion können weitere Optionen eingestellt werden, um die Suche zu verfeinern. Hier können Sie unter FELD die Suche nach folgenden Feldern vornehmen:

- BESCHREIBUNG
- NAME
- VERWALTET VON

Und-Verknüpfung

Mehrere Suchoptionen sind kombinierbar. Die Liste der Suchoptionen ist UND-verknüpft, das heißt, alle Angaben müssen zugleich erfüllt sein.

Suchergebnisse verwenden

Sie können die Einträge in der Liste der Suchoptionen auf zwei Wegen verwenden:

- Doppelklick auf den Eintrag

    Damit öffnen Sie ein Fenster mit der Liste aller Objekte in der Organisationseinheit. Änderungsmöglichkeiten bestehen dort nicht. Dies ist die »Benutzersicht«.

- Kontextmenü des Eintrags

    Hier finden Sie alle Optionen zum Bearbeiten, Umbenennen, Verschieben oder Löschen von Organisationseinheiten.

Leider besteht keine Möglichkeit, aus der Suchergebnisliste heraus in die Hierarchie zu springen. Die Option EXPLORER zeigt zwar die Baumstruktur, aber auch nur aus Benutzersicht.

Bearbeiten

Zum Bearbeiten der Eigenschaften wählen Sie die Option EIGEN- **Eigenschaften**
SCHAFTEN. Der folgende Dialog ist in drei Registerkarten aufgeteilt, wenn nur einfache Funktionen angezeigt werden. Wählen Sie im Menü ANSICHT der Managementkonsole ERWEITERTE FUNKTIONEN, werden alle fünf Registerkarten angezeigt.

Vier davon dienen der Bearbeitung der Organisationseinheit und ihrer Eigenschaften:

- ALLGEMEIN

  Hier stehen Angaben zum Suchen im globalen Katalog und für die lokale Suchfunktion.

- VERWALTET VON

  Hier finden Sie den Administrator für dieses Objekt, soweit sich dieser von dem des übergeordneten Objekts unterscheidet.

- OBJEKT

  Hier stehen die elementaren Daten zu dieser Organisationseinheit wie der kanonische Name und Update Sequence Nummern. Änderungen können hier nicht vorgenommen werden. Mit den Angaben lassen sich Replikationsprozesse prüfen.

- SICHERHEIT

  Dieser Dialog enthält alle Zugriffsberechtigungen für die Personen, an die die Verwaltung delegiert wurde.

- COM+

  Zeigt die zugeordnete COM+Partitionsgruppe an. COM+Partitionsgruppen sind Verwaltungseinheiten für Applikationen. Die Funktion ist neu in Windows Server 2003.

- GRUPPENRICHTLINIE

  Auf dieser Registerkarte sind alle Gruppenrichtlinien aufgelistet, die für die Objekte in dieser Organisationseinheit zutreffen.

Um eine Organisationseinheit umzubenennen, wählen Sie die Op- **Umbenennen**
tion UMBENENNEN oder wählen Sie in einer Listenansicht die Organisationseinheit aus (blauer Hintergrund) und drücken Sie dann die Funktionstaste F2.

Verändern der Struktur

Die einzige direkte Möglichkeit, die Struktur zu verändern, besteht **Verschieben**
im Verschieben von Organisationseinheiten. Wenn Sie die Option VERSCHIEBEN wählen, werden die Organisationseinheit und der

gesamte Inhalt sowie alle darunter liegenden Organisationseinheiten verschoben.

Drag&Drop

Sie können Organisationseinheiten auch mit der Maus per Drag&Drop verschieben, ebenso wie alle Objekte in ihnen.

Löschen

Löschen bezieht sich immer auf eine Organisationseinheit und die enthaltenen Objekte. Wenn dies weitere Organisationseinheiten sind, werden auch diese und alle darunter liegenden Objekte gelöscht. Sie können also keine Organisationseinheit mitten in der Hierarchie löschen. Falls eine Organisationseinheit noch Objekte oder Container enthält, werden zwei Sicherheitsabfragen generiert.

Abbildung 12.38: Zweite Sicherheitsabfrage beim Löschen von OUs mit Inhalt

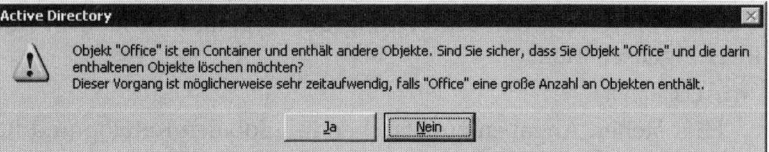

Wenn Sie eine Organisationseinheit in der Hierarchie löschen möchten, ohne die darunter liegenden Objekte zu verlieren, gehen Sie folgendermaßen vor:

1. Klicken Sie eine Organisationseinheit der nächsttieferen Ebene an.

2. Verschieben Sie diese parallel zu der zu löschenden Organisationseinheit.

3. Wiederholen Sie Schritt 1 und 2 für alle Organisationseinheiten.

4. Wenn keine untergeordneten Organisationseinheiten mehr existieren, verschieben Sie die Objekte der zu löschenden Organisationseinheit.

5. Löschen Sie nun die Organisationseinheit. Die in Abbildung 12.38 gezeigte zweite Sicherheitsabfrage darf nicht mehr erscheinen.

12.3.2 Organisationseinheiten per ADSI bearbeiten

Mit Hilfe von ADSI können Sie Organisationseinheiten auch per Skript erzeugen. Der Vorteil macht sich schon bei wenigen Dutzend Objekten bemerkbar. Sie können Ihre Organisationseinheiten mit allen Daten bequem in Excel oder einer Datenbank anlegen und dann in einem Zug installieren.

Grundlegende Informationen zu ADSI

Wenn Sie große Benutzermengen haben oder spezielle Aufgaben anfallen, sind die bereitgestellten Werkzeuge und Assistenten weniger gut geeignet. Mittels ADSI können Sie aber auch mit anderen Clients zugreifen. Eine Möglichkeit unter Windows ist Active Server Pages, wo der Zugriff mit dem Provider LDAP möglich ist. Eine andere Option ist ADSI (*Active Directory Services Interface*). ADSI ist umfangreicher und leistungsfähiger. Für die Skriptprogrammierung sollten Sie sich mit ADSI beschäftigen.

Wenn Sie nicht mit den Migrationswerkzeugen arbeiten und Tausende Konten anlegen und verwalten müssen, sind die in der Managementkonsole integrierten Werkzeuge und Assistenten nicht immer optimal. Auch bei einer hohen Fluktuation ist die Arbeit damit nicht besonders effizient. Der Zugriff auf Active Directory ist aber über andere Wege ebenso möglich – Kenntnisse in der Programmierung vorausgesetzt. Da neben den Schnittstellen für höhere Programmiersprachen auch Scripting unterstützt wird, lohnt ein kurzer Blick auf das *Active Directory Services Interface* (ADSI). Damit können Sie per Skript Objekte anlegen, verändern und löschen – Administratorenrechte auf Domänenebene vorausgesetzt.

Programmier-umgebung

Der Schlüssel ist das Protokoll LDAP. In diesem Buch würde die umfassende Darstellung der Möglichkeiten zu weit führen. Es soll lediglich angedeutet werden, wie Sie damit umgehen können. Hier erfahren Sie die Grundlagen, wie solche Server im Intranet verwaltet werden – per Browser und von jedem beliebigen anderen Betriebssystem aus mit Hilfe von Active Server Pages – oder über den *Windows Scripting Host* (WSH).

Scripting

Active Server Pages sind flexibler und universeller einsetzbar als der Windows Scripting Host. Trotzdem können alle Skripte auch mit wenigen Modifikationen (und der Bereinigung um die HTML-Darstellung) mit WSH ausgeführt werden. Die gute grafische Unterstützung und netzwerkweite Verwendbarkeit sind aber sehr starke Argumente für ASP und gegen WSH.

Warum ASP?

Um die hier gezeigten Skripte ablaufen lassen zu können, kopieren Sie die Dateien in ein Unterverzeichnis unterhalb des folgenden Pfades:

So rufen Sie ASP-Seiten auf

```
%systemroot%\inetpub\wwwroot
```

Sie können dann den Internet Explorer verwenden, um das Skript zu starten und die Ausgaben zu sehen. Nutzen Sie diese Adresse:

```
http://<server>/<pfad>/<scriptname>
```

Ersetzen Sie die Platzhalter entsprechend. Voraussetzung ist lediglich, dass der Internet Information Server (IIS) mit installiert worden ist. Damit ist ASP sofort verfügbar und es sind keine weiteren Einstellungen notwendig, zumindest solange nur lesend zugegriffen wird.

Grundsätzlich stehen zwei Programmierschnittstellen zur Verfügung, um per Skript mit Active Directory umzugehen:

Die Programmier-schnittstellen ADSI und LDAP

- ADSI
- LDAP-API

LDAP wurde um Komponenten erweitert, wodurch der Zugriff auf Active Directory möglich ist. ADSI ist dagegen nicht auf Active Directory beschränkt – mit dieser Schnittstelle kann auf alle Verzeichnisdienste zugegriffen werden. Dazu gehört übrigens auch die Verzeichnisdatenbank von Windows NT 4 und Windows 2000. Sie können damit also auch per Skript Benutzerkonten und Gruppen ohne Active Directory anlegen.

Angeben des Providers

Das verwendete Verzeichnis bestimmt, welchen Provider Sie verwenden. Den Provider kann man als eine Art intelligenten Treiber betrachten. Für Active Directory wird als Provider `LDAP://` verwendet, für die Windows Server 2003-Datenbank `WinNT://`.

Prinzipielle Vorgehensweise

Was auch immer Sie im Active Directory tun, Sie müssen von einem Objekt ausgehen. Also wird zuerst eine Instanz des Objektes angelegt, mit dem Sie arbeiten möchten. In VBScript wird dazu der Befehl Set und die Methode GetObject benutzt:

```
Set objObjektName = GetObject("Provider://Pfad")
```

Der Pfad wird so angegeben, wie es die entsprechende Schnittstelle verlangt. Für LDAP sieht das folgendermaßen aus:

```
DC=domäne, DC=toplevel
```

Objekt erzeugen

Wenn Ihre Domäne *comzept-gmbh.de* heißt, erzeugen Sie ein Objekt auf die Wurzel der Domäne folgendermaßen:

```
Set objDomain = GetObject("LDAP://DC=comzept-gmbh,DC=de")
```

Diese Zeile sollte fehlerfrei ablaufen. Ausgaben werden damit aber noch nicht erzeugt.

RootDSE

Wenn Sie das Stammobjekt eines Active Directory sehen möchten, nutzen Sie den speziellen Namen RootDSE:

```
Set objDomain = GetObject("LDAP://RootDSE")
```

Dieses Objekt stellt verschiedene Eigenschaften zur Verfügung, beispielsweise:

Listing 12.1: Ausgabe der AD-Root per HTML

```
Set objRoot = GetObject("LDAP://RootDSE")
MsgBox("Kontext: " & _
       objRoot.Get("DefaultNamingContext") & vbCrLf & _
       "Server: " & _
       objRoot.Get("ServerName"))
```

Speichern Sie das Skript als *rootdse.vbs* und starten es dann mit einem Doppelklick (aktivierbarer Windows Scripting Host erforderlich).

Abbildung 12.39: Ausgabe des Skripts

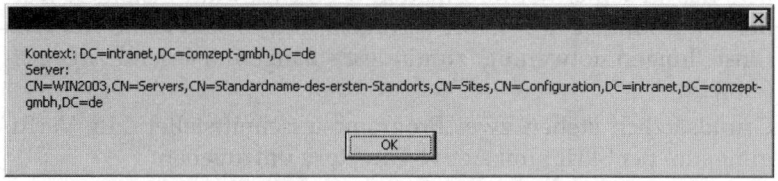

In dem gezeigten Beispiel war nur ein Domänencontroller verfügbar. Die Ausgabe unterscheidet sich deshalb nicht von dem bereits gezeigten Kontext. Wenn Sie über mehrere Domänencontroller verfügen, spricht RootDSE den mit der kürzesten Antwortzeit an. Damit wird das Netzwerk entlastet. Die verfügbaren Informationen sind durch die Replikation identisch.

Zugriff auf Attribute

Die Methode Get wurde bereits gezeigt. Damit wird auf Attribute zugegriffen. Es gibt noch eine Methode GetEx für Mehrfachattribute. Die Attribute sind in den Active Directory-Schemata definiert. Klassen bestimmen, welche Attribute zulässig sind. Prinzipiell ist Lesen mit Get oder Put bzw. PutEx für alle Attribute zulässig.

Für Get existiert eine Kurzschreibweise. Dabei werden die Attribute zu Eigenschaften der Objekte. Die beiden folgenden Zeilen sind vollkommen äquivalent:

Kurzschreibweise für Get

```
MsgBox(objUser.Get("mail"))
MsgBox(objUser.mail)
```

Auch Put kann in dieser Form verkürzt werden:

Kurzschreibweise für Put

```
objUser.Put "sn", "Maximilian"
objUser.sn = "Maximilian"
```

Wenn Sie noch unsicher in Bezug auf die Attribute sind, schauen Sie in die Konsole ACTIVE DIRECTORY-SCHEMA. Diese ist nicht standardmäßig installiert. Abschnitt *Online-Übertragung von Betriebsmasterfunktionen* auf Seite 830 zeigt, wie Sie diese Konsole unter Windows Server 2003 aktivieren können.

Dort finden Sie unter Klassen die Definitionen der zulässigen Attribute.

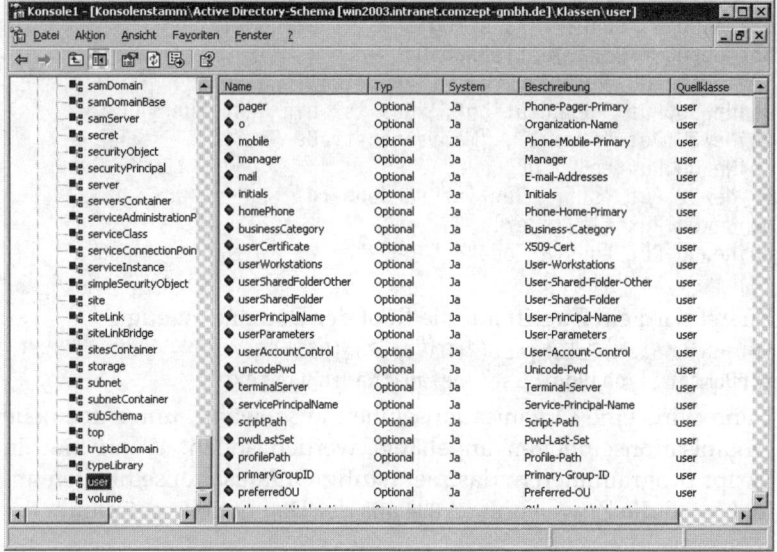

Abbildung 12.40:
Einige Attribute der
Klasse »user«

Die Anzahl der Attribute ist weitaus größer, als die Dialogfelder in
ACTIVE DIRECTORY-BENUTZER UND –COMPUTER anzeigen. Auf viele
Werte kann praktisch nur per Skript zugegriffen werden.

Zugriff auf Objekte

Das folgende Skript zeigt, wie die Objekte einer bestimmten Ebene
gezielt ausgegeben werden können:

Listing 12.2:
Ausgabe von AD-
Objekten per HTML
mit ASP-Skript

```
Set objRoot = GetObject("LDAP://DC=comzept-gmbh,DC=de")
Response.Write "<b>Pfad: </b>" & _
               objRoot.Active DirectorySPath & "<br>"
for each obj in objRoot
   Response.Write obj.Name & "<br>"
next
```

Die Angabe »LDAP://DC=comzept-gmbh,DC=de« richtet sich
freilich nach Ihrer konkreten Installation, insbesondere nach dem
LDAP-Namen des Active Directory-Stammobjekts.

Organisationseinheiten erzeugen

Das folgende Skript zeigt, wie eine Organisationseinheit mit dem
Namen *Munic* unterhalb einer bereits existierenden Organisationseinheit *Office* angelegt wird. Im Gegensatz zur direkten Angabe
des Stammobjekts wird es diesmal per Skript ermittelt. Das Skript
ist deshalb universell. Es läuft unverändert auf allen AD-
Installationen, die eine OU mit dem Namen *Office* haben.

Listing 12.3:
Anlegen einer Orga-
nisationseinheit mit
diversen Attributen

```
Set objRoot = GetObject("LDAP://RootDSE")
strDomain = objRoot.Get("DefaultNamingContext")
strOU = "OU=Office"
strObjOU = "LDAP://" & strOU & "," & strDomain
Set objOU = GetObject(strObjOU)
Set objNewOU = objOU.Create("organizationalUnit", "OU=Munic")
objNewOU.Put "description", "Das ist ein Test fuer ADSI"
objNewOU.Put "street", "Mariannenstraße 31-32"
objNewOU.Put "c", "DE"
objNewOU.Put "st", "Berlin/Brandenburg"
objNewOU.Put "l", "Berlin"
objNewOU.Put "postalCode", "10999"
objNewOU.SetInfo
```

Wie es funktioniert   Zuerst wird ein Zugriff auf die Root der Domäne erzeugt:

```
Set objRoot = GetObject("LDAP://RootDSE")
strDomain = objRoot.Get("DefaultNamingContext")
```

Dann wird eine Organisationseinheit ausgewählt, unter der neue
Organisationseinheiten angehängt werden sollen. Wenn Sie ein
Skript programmieren, das mehrstufig Organisationseinheiten an-
legt, wird die Zuweisung strOU= aus der Datenquelle entnommen.

```
strOU = "OU=Office"
strObjOU = "LDAP://" & strOU & "," & strDomain
Set objOU = GetObject(strObjOU)
```

`objOU` ist jetzt ein Objekt, das eine Organisationseinheit repräsentiert, die bereits existiert. Darunter wird nun mit `Create` eine neue Organisationseinheit erzeugt:

```
Set objNewOU = objOU.Create("organizationalUnit", "OU=Munic")
```

Die `Put`-Methoden füllen dann die Attribute. Mit `SetInfo` wird das neue Objekt in die Datenbank geschrieben und steht unmittelbar danach zur Verfügung.

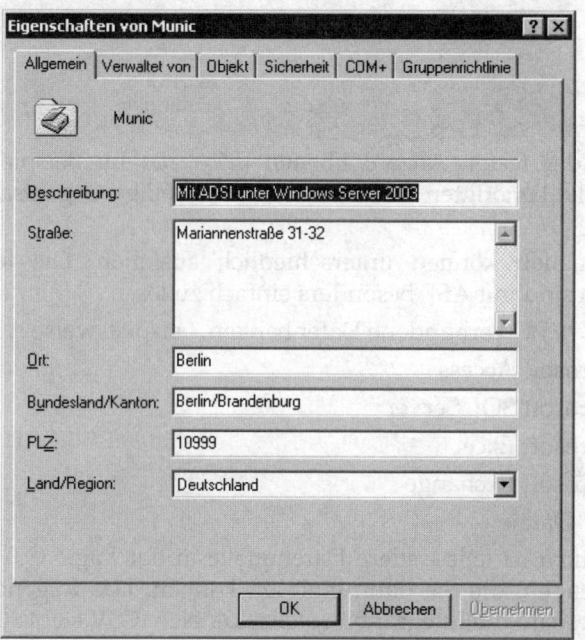

Abbildung 12.41:
Per Skript erzeugte
Organisationseinheit

Bei der Auswahl der Attribute müssen Sie den erwarteten Kontext **Attribute** beachten. Hier finden Sie in der Online-Hilfe zum Thema *Schema* mehr Informationen, ebenso wie zu ADSI in der SDK-Dokumentation. Es würde den Rahmen dieses Buches hoffnungslos sprengen, alle möglichen Varianten aufzuführen. Das gezeigte Skript soll lediglich als Anregung dienen, wie Sie lästige Aufgaben mit wenigen Zeilen Code automatisieren können.

Organisationseinheiten aus einer Datenquelle erzeugen

Hier wird nicht anders als im letzten Beispiel vorgegangen. VBScript stellt mehrere Funktionen für den Datenzugriff bereit. Interessanter ist die Darstellung einer Hierarchie in einer anderen Form. Hier müssen Sie einen sinnvollen Ansatz finden, damit der Import möglichst einfach vonstatten geht. Da Sie nur dann Organisationseinheiten tieferer Ebenen anlegen können, wenn die Container darüber bereits existieren, muss eine bestimmte Reihenfolge eingehalten werden. Am einfachsten wird dies erreicht, indem der gesamte Pfad in der Quelldatei zu jeder Organisationseinheit erscheint.

Eine solche Datei im ASCII-Format sieht beispielsweise folgendermaßen aus:

Listing 12.4: Beispiel für eine ASCII-Datei als Datenquelle

```
L1          L2          L3          L4          Description
Berlin                                          Stammebene
Berlin      Einkauf
Berlin      Management
Berlin      Technik
Berlin      Vertrieb
Berlin      Vertrieb    Computer
Berlin      Vertrieb    Computer    Berlin
Berlin      Vertrieb    Computer    Notebooks
Berlin      Vertrieb    Computer    Workstations
```

Neben der festen Anzahl Ebenen (L1 ... L4 im Beispiel) folgen rechts die benötigten Attribute für die jeweilige Organisationseinheit.

Datenquellen können unterschiedlich ausfallen. Die folgenden Quellen sind mit ASP besonders einfach zu lesen:

- Per ODBC verbundene Datenbanken, beispielsweise AS/400
- Microsoft Access
- Microsoft SQL Server
- Microsoft Excel
- Microsoft Exchange
- CSV-Dateien

Vermutlich ist jede andere Datenquelle in der Lage, CSV-Dateien zu erzeugen, die Sie dann einlesen können. Das folgende Skript zeigt deshalb die Integration solcher Dateien. CSV steht für *Comma Separated Value*. Das ist ein allgemeiner Oberbegriff für alle Arten von Datendateien, die mit Trennzeichen arbeiten. Das können, neben Kommata, auch Semikola oder Tabulatoren sein. Im folgenden Beispiel werden Tabulatoren verwendet.

Für den Zugriff auf CSV-Dateien gibt es zwei Ansätze: Das direkte Lesen mit den Dateizugriffsobjekten der Scripting-Bibliothek (`File-SystemObject`) oder die Nutzung einer ODBC-Quelle mit dem Texttreiber. Die ODBC-Version erlaubt die Nutzung von ADO-Objekten, die für den Datenzugriff prädestiniert sind. Eine solche Applikation ist leichter auf den direkten Zugriff auf Access oder SQL-Server umzustellen.

Voraussetzungen

Zuerst sollten Sie über eine CSV-Datei verfügen. Wenn Sie die Daten mit Excel erfassen, exportieren Sie CSV. Verwenden Sie als Trennzeichen das Semikolon und lassen Sie Felder mit alphanumerischen Werten mit Anführungszeichen umschließen.

Haben Sie die Daten erfasst, exportieren Sie die Tabelle im CSV-Format. Dann wird eine ODBC-Quelle mit dem Texttreiber angelegt. Gehen Sie dazu folgendermaßen vor:

1. Öffnen Sie den ODBC-Manager über START | VERWALTUNG | DATENQUELLEN (ODBC).

2. Wechseln Sie zur Registerkarte SYSTEM-DSN.

3. Klicken Sie auf HINZUFÜGEN. Wählen Sie aus der Liste den Treiber MICROSOFT TEXT-TREIBER (*.TXT).

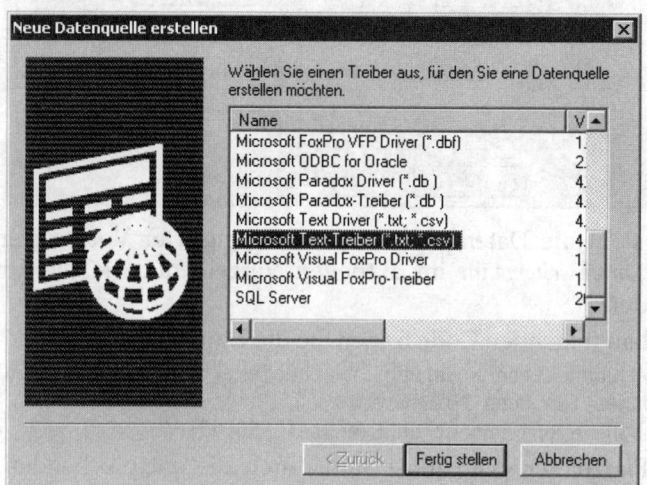

Abbildung 12.42:
Auswahl des
richtigen Treibers

4. Vergeben Sie einen DATENQUELLENAMEN und eine BESCHREIBUNG.

5. Klicken Sie auf OPTIONEN >>>.

6. Wählen Sie das Verzeichnis, in dem sich die Datei befindet, aus.

7. Klicken Sie auf FORMAT DEFINIEREN. Stellen Sie das Format folgendermaßen ein:

   a) Wählen Sie die Tabelle aus.

   b) Aktivieren Sie das Kontrollkästchen SPALTENNAMEN IN ERSTER ZEILE.

   c) Wählen Sie in der Liste FORMAT den Wert TAB.

   d) Klicken Sie auf VORSCHLAGEN. Jetzt sollten die Spalten in der Liste erscheinen.

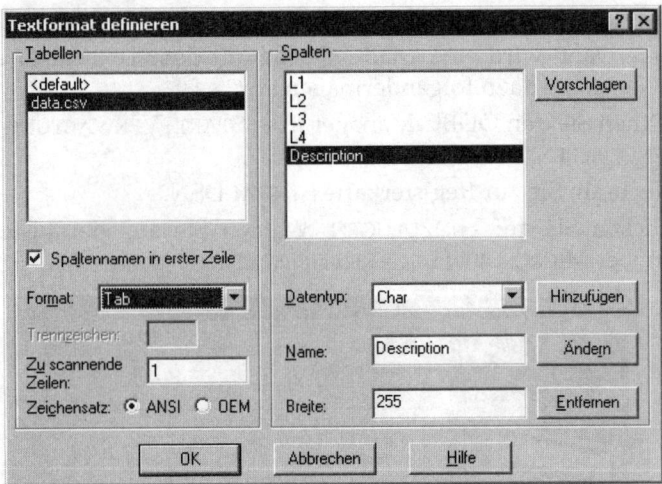

Jetzt steht die Datenquelle zur Verfügung. Der Vorgang erzeugt eine Datei *schema.ini* im aktuellen Verzeichnis, die die Struktur abbildet.

Zugriff

Mit dem folgenden Code fragen Sie die Daten ab:

```
Set objConnection = Server.CreateObject("ADODB.Connection")
objConnection.Open "DSN=Users"
Set objRS = objConnection.Execute("<SQL>")
```

Der Platzhalter <SQL> muss nun durch die entsprechenden SQL-Anweisungen ersetzt werden. Der oben gezeigte Aufbau der Datenquelle erleichtert die Entwicklung einfacher Anweisungen. Zuerst wird die oberste Ebene angelegt:

```
SELECT * FROM structure.csv WHERE ISNULL(L2)
```

Mit objRS("L1") können Sie nun innerhalb einer Schleife auf alle Organisationseinheiten der obersten Ebene und deren Attribute zugreifen. Nachdem diese angelegt sind, werden die Organisationseinheiten der zweiten Ebene erzeugt. Diese Objekte sind daran zu erkennen, dass die dritte Ebene nicht existiert. Weil das auch für die erste Ebene zutrifft, wird noch ausgewertet, ob eine Angabe in der zweiten Ebene steht:

```
SELECT  * FROM structure.csv ⏎
    WHERE ISNULL(L3) AND LEN(L2) > 0
```

Mit den weiteren Ebenen wird ebenso verfahren. Das Einlesen von Tausenden Organisationseinheiten dauert so nur wenige Sekunden. In Abschnitt 12.4.6 *Anlegen von Benutzern* ab Seite 880 finden Sie weitere Skripte, mit denen dann ebenso schnell Benutzer- oder Computerkonten hinzugefügt werden können.

Organisationseinheiten löschen

Selbstverständlich ist auch das Löschen möglich. Für die Objektvariable `objComputer` aus den letzten Beispielen steht dafür die Methode `Delete` zur Verfügung. Für Organisationseinheiten sieht der Aufruf folgendermaßen aus:

```
objOU.Delete "organizationalUnit", ⏎
     "Organisationseinheit=Name der Organisationseinheit"
```

Der Phantasie sind hier keine Grenzen gesetzt, Organisationseinheiten auszuwählen, Namen zu selektieren und so Löschvorgänge komfortabel zu gestalten.

Sie können mit dieser Methode keine Organisationseinheiten löschen, die noch Objekte oder Container enthalten. Sie müssen hier praktisch von der tiefsten Ebene an systematisch alle Objekte entfernen.

Wenn Sie per Skript löschen und anschließend in die Managementkonsole wechseln, wird die Anzeige nicht sofort synchronisiert. Möglicherweise erhalten Sie Organisationseinheiten, die ein gelbes Warndreieck und eine entsprechende Fehlermeldung haben. Klicken Sie mit der Maus auf den Domänennamen und drücken Sie dann F5, um die Anzeige komplett zu regenerieren.

Nach Organisationseinheiten suchen

Das folgende ASP-Skript erlaubt das Blättern durch die Struktur der Organisationseinheiten. Angezeigt werden auch die verfügbaren Attribute.

Das Skript setzt voraus, dass es unterhalb des Stammpfades des IIS-WWW-Dienstes abgelegt wurde. Außerdem muss der WWW-Dienst aktiv und ASP als Webdiensterweiterung freigeschaltet sein.

Voraussetzungen

Das nachfolgende Listing wird als Datei *adsi.asp* abgelegt:

```
<%
on error resume next
Set objRoot = GetObject("LDAP://RootDSE")
strDomain = objRoot.Get("DefaultNamingContext")
strCurrent = Request.QueryString("CurrentPath")
if len(Request.QueryString("NextPart")) > 0 then
   strNext = Request.QueryString("NextPart")
   strCurrent = strNext
end if
if len(strNext) > 0 then
   strComma = ","
end if
strBase = "LDAP://" & strNext & strComma & strDomain
Response.Write strBase & "<p>"
Set objComputer = GetObject(strBase)
Response.Write "<h3>Zeige alle Organisationseinheiten im " & _
```

Listing 12.5:
Blättern durch die
Organisationsein-
heiten mit Anzeige
einiger Attribute
(adsi.asp)

```
                    "Active Directory an</h3>"
Response.Write "<a href=""adsi.asp"">Nach oben</a><p>"
for each objMember in objComputer
   if (objMember.Class = "organizationalUnit") then
     Response.Write "<ul>"
     Response.Write "<a href=""show_ou.asp?NextPart=" & _
                    Server.URLEncode(objMember.Name) & _
                    strComma & strNext & """">"
     Response.Write objMember.Name & "</a>"
     Response.Write "<li><b>Beschreibung</b>: " & _
                    objMember.description
     Response.Write "<li><b>Straße</b>: " & objMember.street
     Response.Write "<li><b>Land</b>: " & objMember.c
     Response.Write "<li><b>Staat</b>: " & objMember.st
     Response.Write "<li><b>Ort</b>: " & objMember.l
     Response.Write "<li><b>PLZ</b>: " & objMember.postalCode
     Response.Write "</ul>"
   end if
next
%>
```

Dieses Skript liest alle Objekte, filtert aber mit einem einfachen if-Befehl die Organisationseinheiten heraus und zeigt außerdem die entsprechenden Attribute an. Dabei wird eine verkürzte Variante der Get-Methode verwendet, bei der der Attribut-Name gleich der Eigenschaft des Objekts gesetzt wird.

Wenn Sie auf den Namen einer Organisationseinheit klicken, wandern Sie in der Hierarchie weiter nach unten. Mit dem Link NACH OBEN können Sie wieder zum Anfang gelangen.

Abbildung 12.44:
Anzeige des Skripts
aus Listing 12.5

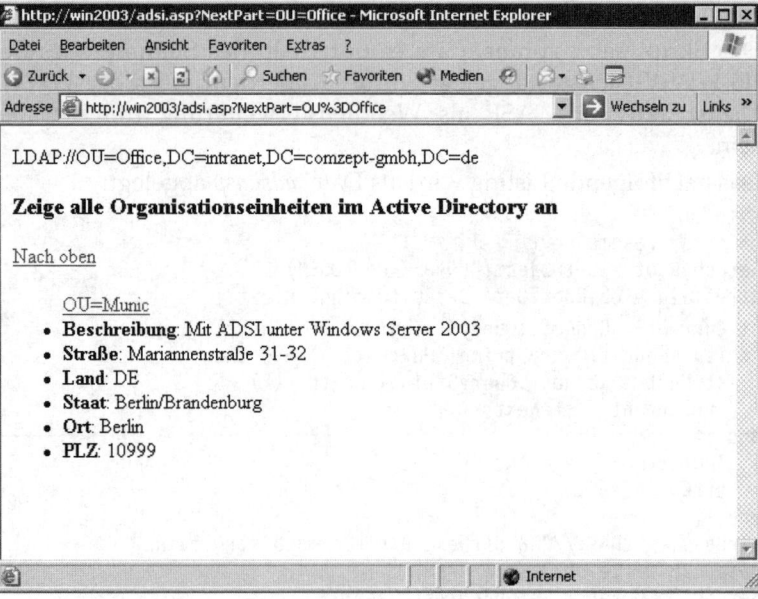

Diese Darstellung soll nur zur Demonstration des Prinzips dienen. Schlüsselfertige Lösungen verlangen etwas mehr Programmieraufwand. Allerdings ändert sich nichts an der Nutzung der ADSI-Objekte, weshalb auf umfangreiche Ausführungen zu VBScript und HTML verzichtet werden soll.

Andere Programmiersysteme

Neben der klassischen VBScript-Programmierung unter Benutzung des Scripting Host und der Sprache VBScript steht auch die Möglichkeit zur Verfügung, .NET einzusetzen. Dazu benötigen Sie jedoch eine richtige Entwicklungsumgebung, beispielsweise Visual Studio.NET und gediegene Programmierkenntnisse im Bereich der objektorientierten Programmierung. **.NET**

Neu ist mit Windows Server 2003 (als separates Kit) der Active Directory Application Mode (AD/AM), der Softwareentwicklern den programmtechnischen Zugriff auf Active Directory erleichtert. Eine Einführung finden Sie hier: **AD/AM**

`www.microsoft.com/windowsserver2003/techinfo/overview/adam.mspx`

12.4 Benutzer und Gruppen

Benutzer sind die wichtigsten Objekte im Active Directory. Die vielfältigen Attribute und fein einstellbaren Rechte sind nicht einfach zu verwalten. Sicherheitsgruppen helfen dabei, weshalb die Darstellung in einem Abschnitt verknüpft wurde.

12.4.1 Das Benutzerkonto

Jede Person, die am Netzwerk teilnehmen möchte, muss ein Benutzerkonto innerhalb einer Domäne oder auf einem alleinstehenden Server haben. Dieses Konto enthält immer Informationen wie Name und Kennwort über den Benutzer sowie viele optionale Felder, die unter anderem auch Telefonnummern und Adressen enthalten. Hier wird überwiegend davon ausgegangen, dass eine Active Directory-Domäne vorhanden ist.

12.4.2 Vor der Anmeldung

Vor der Anmeldung eines Benutzers muss auch der Computer im Active Directory bekannt sein. Dies geschieht automatisch oder kann durch den Administrator erfolgen. **Der Computer muss bekannt sein**

Vor dem Zugriff auf die Domäne erfolgt die Anmeldung der Computer. Diese erhalten dann eine SID. Wie dies konkret erfolgt, hängt von der Rolle des Computers in der Domäne ab:

- Domänencontroller

Domänencontroller übernehmen alle sicherheitsrelevanten Informationen der Domäne.

- Server und Computer mit Windows Server 2003, Windows 2000 oder Windows XP Professional

Jeder Server und jede Arbeitsstation hat eine eigene SAM-Datenbank, die für Zugriffe auf die Ressourcen des Computers selbst zuständig ist. Jeder Computer hat deshalb auch einen eigenen Satz von Administratoren, Benutzerkonten, Gruppen und eingebauten Operatorkonten usw. Dies sind immer lokale Instanzen. Auf diesen Computern können keine globalen Benutzerkonten und Gruppen angelegt werden. Die Mitgliedschaft in einer Domäne stellt umgekehrt nicht sicher, dass auch lokal ein passendes Konto verwendet wird.

Wenn der Computer bei der Domäne angemeldet wurde, kann der Administrator diesen Computer vom Domänencontroller aus administrieren. Umgekehrt können auch Benutzer den Computer lokal verwenden. Dies erfolgt durch zwei Zuweisungen zu lokalen Gruppen:

- Benutzer, die Mitglied der Administratorengruppe der Domäne sind, werden der lokalen Administratorgruppe zugewiesen.

- Benutzer, die normales Mitglied einer Domäne sind, werden der lokalen Benutzergruppe des Computers zugewiesen.

Damit unterliegen Computer, die sich am Netzwerk anmelden, indirekt den Sicherheitsinstruktionen der Domäne. Die Macht des Administrators der Domäne dehnt sich auf diese Computer aus. Das gilt aber nur, wenn auf den Computern wenigstens Windows 2000 läuft. Microsoft empfiehlt Windows XP Professional.

Die Betriebssysteme Windows 95, 98, Me und auch XP Home eignen sich *nicht* als professionelle Desktoplösung im Zusammenhang mit Active Directory.

12.4.3 Grundlagen zu Benutzerkonten

Das Benutzerkonto ist das zentrale Element der Systemsicherheit. Damit nach der Installation überhaupt gearbeitet werden kann, sind zwei Konten bereits eingerichtet:

- ADMINISTRATOR

Dieses Konto wird während der Installation angelegt und verfügt über alle Rechte zum Zugriff auf das System. Es übernimmt die Rechte aus der Gruppe ADMINISTRATOREN. Dieses Konto kann zwar umbenannt, aber nicht gelöscht werden.

- GAST

  Dieses Konto wird von allen Benutzern verwendet, die kein eigenes Benutzerkonto haben. Die Rechte sind extrem beschränkt. Aus Sicherheitsgründen ist dieses Konto nach der Installation gesperrt. Gelöscht werden kann dieses Konto nicht. Allerdings besteht auch hier die Möglichkeit der Umbenennung.

Diese Konten repräsentieren auch zugleich die beiden Extreme bei den Sicherheitsstufen: Voller Zugriff und extrem eingeschränkter Zugriff. Alle Benutzerkonten werden dazwischen angesiedelt. Unabhängig von ihren tatsächlichen Ansprüchen sind beide Konten auch nicht dazu gedacht, im täglichen Betrieb verwendet zu werden. Sie sollten sich dafür weitere Konten anlegen und diese verwenden.

In Bezug auf die Vergabe von Rechten sind allerdings Benutzerkonten nicht das geeignete Mittel. Gehen Sie davon aus, immer nur Gruppen sicherheitsrelevante Informationen zuzuordnen. Spätere Änderungen werden auf diese Weise stark erleichtert und nutzerspezifische Einstellungen entziehen sich mit zunehmender Komplexität des Netzwerks Ihrer Kontrolle.

Sicherheit des Administratorkontos

Die Verwendung spezieller Administratorenkonten ist auch eine Sicherheitsmaßnahme. Im Notfall sollte immer ein Konto mit absoluten Rechten zur Verfügung stehen – das bei der Installation angelegte Administratorkonto. Halten Sie das Kennwort geheim und benennen Sie das Konto um. So haben Sie immer Zugriff auf ein umfassendes Konto, falls andere, untergeordnete Administratoren ihre Konten versehentlich sperren oder das Kennwort vergessen. Es ist eine gute Idee, das Administratorkennwort und den Namen des Administrators im Safe des Unternehmens aufzubewahren, wozu nur eine genau definierte Anzahl Personen Zugriff hat.

Wenn Sie ein sicher funktionierendes Kennwort des Administratorkontos hinterlegen möchten, eignet sich folgender Weg:

Ändern Sie das Kennwort zusammen mit dem Administrator. Der Administrator gibt einen Teil ein, dann geben Sie einen weiteren Teil ein. Im Kontrollfeld wird die Prozedur wiederholt. Beide schreiben ihren Teil des Kennwortes auf und packen es in einen Umschlag. Geben Sie einer dritten Person den Umschlag des Administrators. Lassen Sie diese Person die Eingabe am Login-Prompt wiederholen. Schreiben Sie dann Ihren Teil dazu und notieren Sie dies auch in einem Umschlag. Hinterlegen Sie beide Umschläge im Safe. Nur dort liegt nun das gültige Kennwort in zwei Umschlägen.

Angriffe auf das Administratorkonto sind natürlich auch ein Hinweis auf mögliche Probleme. Wenn Sie das Administratorkonto umbenannt haben, können Sie ein weiteres Konto ohne Rechte mit dem Namen *Administrator* anlegen und die Zugriffsversuche auf dieses Konto überwachen.

Eigenschaften der Benutzernamen

In Verzeichnissystemen wird ein hierarchisches Modell verwendet. Es ist deshalb möglich, ein und denselben Namen in mehreren Organisationseinheiten zu verwenden. Wenn es sich dabei um Benutzerkonten handelt, gilt dies nicht. Wegen der Kompatibilität zu Windows NT 4 können Sie sich Benutzernamen als flachen Namensraum vorstellen – sie müssen im gesamten Domänenwald eindeutig sein. Es ist aber unabhängig davon eine gute Idee, eindeutige Namen zu verwenden, die bestimmten, klaren Konventionen unterliegen. Eindeutige Namen erlauben auch eine eindeutige Verwendung im Netzwerk. Gut eignen sich E-Mail-Adressen, die sich Benutzer ohnehin merken müssen. Für Active Directory ist dies ein durchaus gültiger Benutzername.

Typen von Benutzernamen

Es gibt drei Typen von Benutzernamen (*Namenstypen*):

* Voller Name

  Dieser Name ist der Anzeigename. Der Benutzer wird so in Listen geschrieben. Zusammengesetzt wird dieser Name im Active Directory aus dem Vor- und Zunamen, gespeichert in zwei separaten Feldern. Das ist ein einfacher Automatismus beim Eingeben. Sie können den vollen Namen aber unabhängig von den Namensfeldern benennen.

* User Principal Name (UPN)

  Dieser Name ist der interne Name im Active Directory, zusammengesetzt aus einer Kurzform des vollen Namens und dem UPN-Suffix. Das Suffix dürfte in der Regel der Domainname sein. Wenn der Name *Uwe Bünning* ist, wird daraus als UPN *ubuenning* extrahiert und als Domain *comzept-gmbh.de* angehängt. Der vollständige UPN lautet dann *ubuenning@comzept-gmbh.de*. Dies ist dann auch gleich die E-Mail-Adresse.

* Downlevel Name

  Dieser Name entspricht dem Namen eines Benutzerkontos in der SAM-Datenbank von NT4. Im Beispiel ist *ubuenning* ein gültiger Name. Auch dieser Name muss in der Domäne eindeutig sein.

Methoden zur Benennung von Benutzerkonten

Die Benennung von Konten ist nicht trivial, denn mit diesen Namen müssen Benutzer später täglich umgehen. Sie müssen sich nicht nur anmelden, sondern auch in Listen Kollegen finden oder im Active Directory danach suchen. Sie dienen der Identifizierung im Netzwerk. Der Administrator sollte diese Namen leicht zum Erkennen des zugehörigen Benutzers verwenden können. Die folgenden Aspekte helfen bei der Wahl des richtigen Namens:

- Leicht zu merken und verwandt mit dem bürgerlichen Namen
- Downlevel Namen müssen eindeutig in der gesamten Domäne sein, volle Namen innerhalb der Organisationseinheit und UPNs im Domänenwald.
- Das Suffix muss nicht dem Domänennamen entsprechen, aber Active Directory wird nur die vordefinierten Namen bestätigen.
- Der volle Name hat keine Längenbegrenzung, verwendet Groß- und Kleinschreibung und darf die folgenden Zeichen nicht enthalten:
  ` " / \ [ ] : ; | = , + * ? < > `
- UPN-Namen dürfen 64 Zeichen lang sein und folgende Zeichen nicht enthalten:
  ` " / \ [ ] : ; | = , + * ? < > `
- Downlevel-Namen dürfen 20 Zeichen lang sein und folgende Zeichen nicht enthalten:
  ` " / \ [ ] : ; | = , + * ? < > `

Strategien für die Namensvergabe

In großen Organisationen kommt es immer wieder vor, dass es zwei Mitarbeiter gleichen Namens gibt. Oder sie haben verschiedene Namen, wobei ihre Namenskonventionen aber zu gleichen Benutzernamen führen. Je nach Größe eines Unternehmens gibt es verschiedene Strategien für die Namensvergabe. Sie sollten aber, egal welche Version verwendet wird, dies einheitlich durchführen. Denken Sie daran, dass sich auch die im Umgang mit Computern ungeübten Mitarbeiter den Namen lange Zeit merken müssen.

Folgende Kombinationen sind üblich:

- VornameNachname

  Diese Version ist ziemlich resistent gegen Dopplungen. Falls es dennoch dazu kommt, hängen Sie eine Nummer oder ein Zeichen aus dem Nachnamen an:

  `JoergKrauseR, JoergKrause2, JoergKrauseE`
- VNachname

  Eher für kleinere und mittlere Organisationen eignet sich eine Kombination aus dem ersten Buchstaben des Vornamens und dem Nachnamen. Doppelnamen bleiben erhalten:

  `HFiebeler-Krause`
- VornameN

  Diese Version ist eher in internationalen Organisationen mit Schwerpunkt im englischsprachigen Raum beliebt, wo die Anrede mit dem Vornamen üblicher ist. Typisch ist es auch, bei gleichen Kombinationen Nummern anzuhängen. Im deutschsprachigen Raum eignet sich diese Version eher für kleine Firmen:

`UweB, ClemensK2`

Besondere Fälle   Viele Firmen beschäftigen Studenten, Zeitarbeiter oder Aushilfen. Auch für diese werden Benutzerkonten benötigt. Kennzeichnen Sie solche Namen, um Konflikten vorzubeugen:

- T-VornameN

Setzen Sie temporären Benutzerkonten ein »T-« voran.

Tipps für die Praxis   Es ist eine starke Vereinfachung, den Namensraum für UPN-Namen nicht auszunutzen und für Downlevel- und UPN-Namen dieselben Bezeichnungen zu wählen. Wenn Sie komplett zu Active Directory und Windows Server 2003 migrieren, also auch Clients auf XP Professional umstellen, oder ein neues Netzwerk aufbauen, dann müssen Sie die Downlevel-Namen nicht beachten. In diesem Fall füllen Sie sinnvolle UPN-Namen aus und lassen die Downlevel-Namen, die Windows Server 2003 automatisch generiert, unbeachtet.

Vergabe von Kennwörtern

Kennwörter richtig vergeben   Die Vergabe von Kennwörtern erfolgt auf mehreren möglichen Wegen. Die folgenden Hinweise helfen Ihnen, mit Kennwörtern sicherheitsbewusst umzugehen:

- Vergeben Sie für jedes neue Benutzerkonto ein Kennwort.
- Entscheiden Sie, wer das Kennwort kontrolliert:
  - *Administrator*

    Durch den Administrator wird das Kennwort bei der Einrichtung vergeben. Der Benutzer kann es nicht ändern.
  - *Benutzer*

    Durch den Benutzer wird bei der ersten Anmeldung ein eigenes Kennwort vergeben.
- Entscheiden Sie, ob extrem hohe Sicherheitsansprüche bestehen. In diesem Fall erzeugen Sie per Zufallsgenerator komplexe Kennwörter, die zwangsweise vergeben werden.
- Definieren Sie realistische Ablaufdaten für Kennwörter. Wenn Arbeitskräfte die Firma verlassen, sollten die Kennwörter spätestens am nächsten Tag unbrauchbar werden.
- Schulen Sie die Mitarbeiter im Umgang mit Kennwörtern. Dazu finden Sie weitere Informationen im Abschnitt *Tipps zur Kennwortvergabe* ab Seite 873.

Normalerweise vergeben Sie also ein sehr einfaches Kennwort und der Benutzer kann sich sein eigenes Kennwort wählen. In diesem

Fall sollten Sie eine Richtlinie definieren, die Kennwörter erzwingt, die den Komplexitätsanforderungen genügen. Auf die Vergabe von Richtlinien wird in Abschnitt 12.6 *Gruppenrichtlinien* ab Seite 899 eingegangen. Die Komplexitätsanforderungen umfassen auf einen Blick:

- Kennwörter müssen mindestens sechs Zeichen lang sein.

Komplexitäts-anforderungen

- Kennwörter müssen Zeichen aus mindestens drei der folgenden vier Zeichenklassen enthalten:
    - 26 Großbuchstaben des englischen Alphabets (A, B, C, ...)
    - 26 Kleinbuchstaben des englischen Alphabets (a, b, c, ...)
    - 10 Arabische Ziffern (1, 2, 3, ...)
    - 32 Interpunktionszeichen (», . _ -« usw.)
    - Das Kennwort darf nicht dem Nutzernamen entsprechen.

Aus den Informationen ergibt sich über das Permutationsgesetz, dass 586 236 072 240 mögliche Kennwörter bei einer Länge von sechs Zeichengebildet werden können. Die Berechnung zeigt die folgende Formel, in der $n = 94$ (Anzahl verschiedener Symbole[23]) und $k = 6$ (Anzahl der Zeichen des Kennworts):

$$\binom{n}{k} = \frac{n!}{(n-k)!}$$

Der wirksame Schutz vor der Erkennung durch Brute-Force-Attacken lässt sich nun leicht dadurch erkennen, dass man das Verfallsdatum des Kennwortes hinzuzieht. Normalerweise beträgt dies 60 Tage. Geht man davon aus, dass eine solche Attacke bei 50% der möglichen Kombinationen erfolgreich ist, muss ein Benutzer pro Sekunde ca. 56 542 Kennwörter ausprobieren.

Um zu erkennen, ob derartige Attacken erfolgen, sollten Anmeldeprotokolle erzeugt und ausgewertet werden.

Tipps zur Kennwortvergabe

Bei der Vergabe der Kontorichtlinien sollten Sie als Administrator nicht zu restriktiv vorgehen. Es gibt zwar gute Gründe, den Umgang mit der Systemsicherheit sehr ernst zu nehmen, allzu harte Vorgaben können aber zu unglücklichen Nutzerreaktionen führen. Wenn Sie beispielsweise eine hohe Komplexität erzwingen (lange Kennwörter mit Komplexitätsanforderungen), werden Nutzer nicht mehr in der Lage sein, sich diese zu merken. Üblicherweise kleben dann nach kurzer Zeit Post-It-Zettel unter Tastaturen oder sogar am Monitor. Die wenigsten Benutzer wissen, wie man sich ein komplexes Kennwort merkt.

---

[23] 26+26+32+10 = 94 Zeichen stehen zur Verfügung.

Ein einfaches Mittel ist die Bildung von Sätzen, die sich leicht merken lassen. Aus einem solchen Satz wird dann das Kennwort gebildet, beispielsweise durch jeden ersten oder letzten Buchstaben eines Wortes. Der folgende Satz zeigt das:

`Ich habe am 26. Mai Geburtstag`

Daraus könnte man leicht zwei Kennwörter extrahieren, die kaum zu knacken sind: `Iha2MG` und `hem6ig`. Beide erfüllen die erweiterten Komplexitätsanforderungen von Windows Server 2003.

Anlegen von Benutzerkonten

Eine ausführliche Darstellung der Erstellung und Pflege von Benutzerkonten finden Sie in Abschnitt *Administrieren von Benutzern* ab Seite 882.

12.4.4 Benutzerkonten Informationen zuweisen

Ausführliche Informationen für Benutzerkonten

Neben den bereits gezeigten Elementen von Benutzerkonten, die unbedingt erforderlich sind, können viele weitere Informationen im Active Directory gespeichert werden. Wenn Sie diese Informationen erfassen, sollten Sie dies für alle Benutzerkonten nach einem einheitlichen Schema durchführen. Der Einsatz ist vielfältig möglich:

- Durch Scripting kann eine Intranet-Site die Informationen anzeigen.
- Benutzer können nach den Informationen suchen.
- Neue Mitarbeiter erhalten aktuelle Firmeninformationen.

Das funktioniert natürlich nur, wenn einheitliche Erfassungsschemen verwendet werden.

Eine sinnvolle Auswahl treffen

Alle Möglichkeiten, die Active Directory zur Verwaltung bietet, sollen hier nicht dargestellt werden. Sie werden in der Praxis weder Zeit noch die nötigen Informationen haben, um alle Felder auszufüllen. Es ist also sinnvoll, eine Auswahl zu treffen. Hier ein paar Tipps:

Tipps für wichtige Informationen

- *Adresse*
  Geben Sie Informationen an, die für einen Serienbrief verwendet werden können: Straße, Postfach, Stadt, Postleitzahl, Bundesland, Staat usw.

- *Telefon*
  Sparen Sie die Pflege von Firmentelefonbüchern – dies kann Active Directory besser.

- *Organisation*
  Hier stehen Informationen über die Position des Mitarbeiters in der Firma: Titel, Abteilung, Filiale usw.
- *E-Mail*
- *Zugriffszeiten*
  Hier definieren Sie, zu welchen Zeiten der Mitarbeiter Zugang zum Netzwerk erhält. Gehen Sie nicht zu restriktiv vor. Es gibt immer wieder Workaholics.
- *Computer*
  Schränken Sie die Zugriffsmöglichkeiten hier realistisch ein. Wenn Sie sicher sind, dass ein Mitarbeiter in bestimmten Abteilungen nichts zu suchen hat, dann sollte er dort auch keine Chance haben, sich anzumelden.
- *Verfallsdatum*
  Dieses Feld füllen Sie aus, wenn Mitarbeiter Zeitverträge haben oder nur als Gast arbeiten. Dies spart Ihnen die Deaktivierung unmittelbar nach dem Ausscheiden.
- *Benutzerprofil*
  Hiermit definieren Sie die Profilverwaltung. Dazu gehören die Lage des Profils und eventuelle Skripte (siehe Abschnitt 8.2 *Benutzerprofile* ab Seite 459).
- *Stammverzeichnis*
  Hier definieren Sie die Lage des Stammverzeichnisses. Dieses wird durch das Symbol EIGENE DATEIEN angesprochen, was in jedem Dateidialog zu finden ist. Dies ist sehr sinnvoll, vor allem auch zum Sichern von Dateien von einem zentralen Punkt aus. Erlauben Sie Benutzern nicht, Dateien irgendwo auf der lokalen Festplatte abzulegen.

12.4.5 Clients anmelden

Wenn Benutzer eingerichtet wurden, können sie sich anmelden. Dies erfolgt je nach Betriebssystem unterschiedlich. Sie finden nachfolgend Informationen über die Anmeldung an Windows XP Professional. Windows 2000 Professional verhält sich hier sehr ähnlich. Andere Clients sind nicht optimal für die Integration in Active Directory geeignet.

Client-Anbindung mit Windows XP Professional

Wenn Sie Benutzern den Zugriff mit Windows XP[24] erlauben, müssen deren Stationen sich am Active Directory anmelden. Der Anschluss an das Active Directory setzt ansonsten nur ein bereits aktives Benutzerkonto voraus. Die Anmeldung des Computers kann, wenn Administratorrechte vorhanden sind, auch automatisch erfolgen. Letzteres ist notwendig, damit Benutzer sich nicht mit eigenen Computern am Netzwerk anmelden und sich so teilweise der Kontrolle entziehen.

System

Die Einrichtung des Client-Computers erfolgt unter Windows XP über das Applet *System* in der Systemsteuerung. Auf der Registerkarte COMPUTERNAME finden Sie die aktuellen Einstellungen und die Möglichkeit der Änderung. Am einfachsten geht es über den Assistenten NETZWERKERKENNUNG.

Schneller gelangen Sie zu dem Applet *System* über das Startmenü. Klicken Sie mit der rechten Maustaste im geöffneten Startmenü auf ARBEITSPLATZ und wählen Sie dort EIGENSCHAFTEN.

Im ersten Schritt wählen Sie DIESER COMPUTER GEHÖRT ZU EINEM FIRMENNETZWERK. Damit besteht die Möglichkeit, ein Serverkonto zu aktivieren.

Abbildung 12.45: Schritt 1 des Assistenten: Auswahl der Anbindung

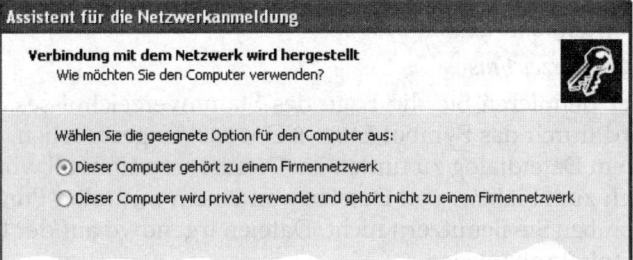

Im nächsten Schritt entscheiden Sie, ob Sie sich bei einem alleinstehenden Server oder am Active Directory anmelden möchten. Für Active Directory wählen Sie ES WIRD EIN NETZWERK MIT DOMÄNE VERWENDET.

Abbildung 12.46: Netzwerk mit Domäne auswählen

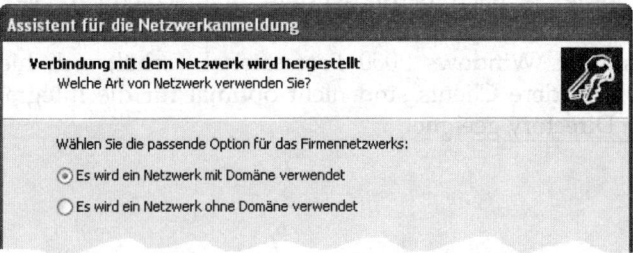

---

[24] Nachfolgend wird nur von Windows XP bzw. XP geschrieben, gemeint ist damit aber immer Windows XP Professional.

Der Assistent fasst die Einstellungen bis dahin zusammen. Mit
WEITER wird die Anmeldung nun initiiert. Das Konto muss zu
diesem Zeitpunkt bereits existieren.

Sie benötigen drei Angaben:

- BENUTZERKONTO, mit dem Sie sich anmelden möchten
- Ihr KENNWORT
- Name der DOMÄNE, der Sie beitreten möchten

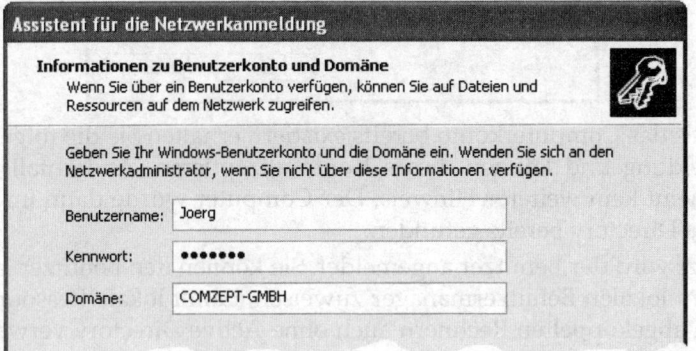

Abbildung 12.47:
Informationen zum
Benutzerkonto

Jetzt gibt es zwei Möglichkeiten, wie der Assistent reagiert. Der
Computer muss ebenso im Active Directory angemeldet werden.
Dies kann automatisch bei der ersten Verwendung eines Benutzerkontos erfolgen oder explizit durch Angabe des Computernamens
im Active Directory.

Falls kein Computerkonto existiert, müssen Sie einen Namen und
eine Domäne angeben, zu welcher der Computer hinzugefügt
werden kann. In kleineren Netzwerken wird dies derselbe Domänenname sein, wie er bereits für die Anmeldung des Benutzers
verwendet wurde.

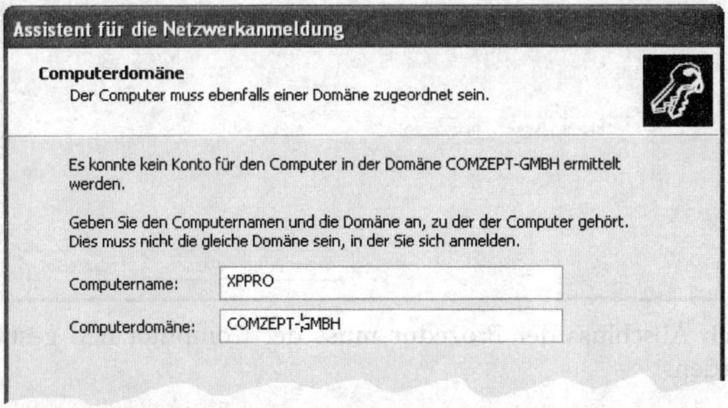

Abbildung 12.48:
Anmelden des
Computers am Active
Directory

Da der angemeldete Benutzer normalerweise nicht über die Rechte
eines Administrators verfügt, wird für die Registrierung des Computerkontos eine Autorisierung verlangt.

Geben Sie hier Name und Kennwort des zuständigen Domänen-Administrators an:

Abbildung 12.49:
Autorisierung der
Registrierung des
Computerkontos

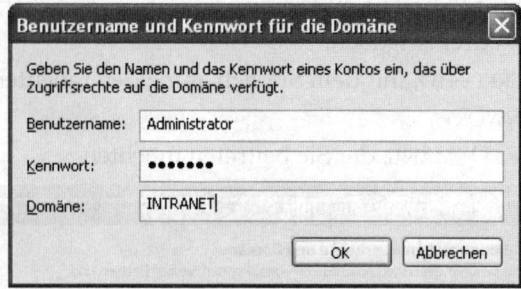

Falls das Computerkonto bereits existiert, erhalten Sie die folgende Meldung und können dieses Konto akzeptieren. Andernfalls erscheint kein weiterer Hinweis. Der Computer wurde dann im Active Directory bereits gefunden.

Jetzt wird der Benutzer angemeldet. Sie können den Benutzer auch dem lokalen Benutzermanager zuweisen, damit lokale Ressourcen bei abgekoppelten Rechnern auch ohne Active Directory verwaltet werden können. Dies ist sinnvoll, wenn Mitarbeiter mit Notebooks arbeiten und nicht immer auf den Domänencontroller Zugriff haben.

Abbildung 12.50:
Einrichten oder
Verweigern eines
lokalen Benutzer-
kontos

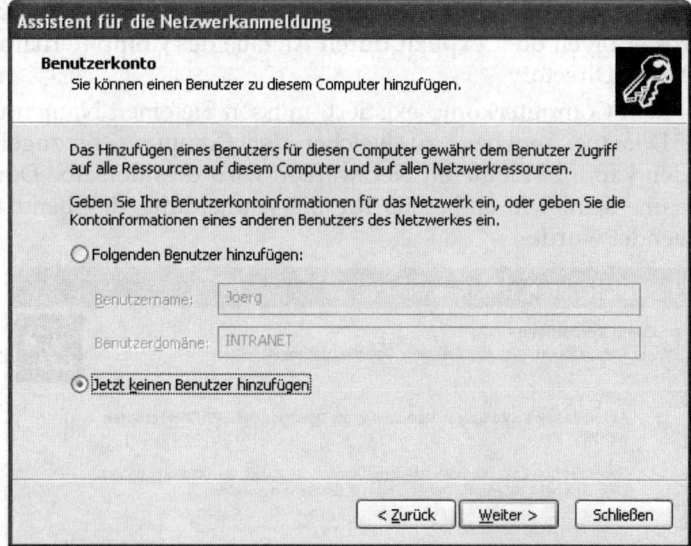

Neustart!   Nach Abschluss der Prozedur muss der Computer neu gestartet werden.

Nachträgliches Hinzufügen von lokalen Benutzern

Sie können Benutzerkonten aus der Domäne auch später noch dem **Tipps für Notebooks**
lokalen Benutzermanager hinzufügen. Das kann notwendig sein,
damit sich ein Benutzer lokal ohne Domäne anmelden kann (beispielsweise wenn an einem abgekoppelten Notebook gearbeitet
werden soll). Dazu gehen Sie folgendermaßen auf der jeweiligen
Arbeitsstation vor:

1. Öffnen Sie das Applet *Benutzerkonten* in der Systemsteuerung.
2. Klicken Sie auf HINZUFÜGEN und suchen Sie über einen Klick
   auf DURCHSUCHEN den Benutzer im Active Directory. Sie können das gesamte Verzeichnis oder eine bestimmte Domäne
   durchsuchen.
3. Ordnen Sie den Benutzer einer lokalen Gruppe zu und schließen Sie den Dialog wieder.

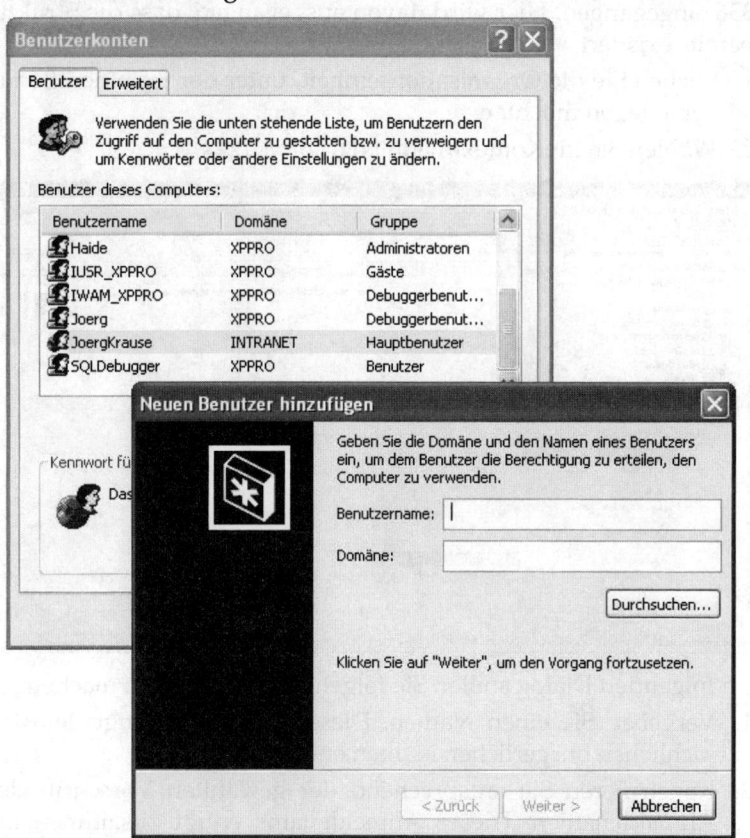

Abbildung 12.51:
Lokale Benutzer und
vom Active Directory
übernommene Kon-
ten

Der Vorgang ist nun abgeschlossen. Benutzer können sich ab sofort
mit der Benutzerkennung aus dem Active Directory am Netzwerk
anmelden.

12.4.6 Anlegen von Benutzern

Benutzer werden Sie nur selten im Zweig USERS anlegen. Das mag
zwar merkwürdig erscheinen, die Strukturierungsmöglichkeiten
unter Active Directory sind aber weitaus flexibler, als die einfache
Startstruktur suggeriert. Unter USERS stehen normalerweise nur
der Administrator und einige exklusive Benutzerkonten, die dedizierte Aufgaben außerhalb der täglichen Systembenutzung haben,
beispielsweise die Sicherungsoperatoren. Außerdem sind hier alle
Gruppen zu finden.

Festlegen der Struktur der Organisationseinheiten

Auf die prinzipielle Organisation eines Active Directory wurde
bereits in Kapitel 6.3 *Logische Struktur des Active Directory* ab Seite
336 eingegangen. Hier wird davon ausgegangen, dass die Struktur
bereits existiert.

1. Suchen Sie die Organisationseinheit, unter der Sie einen Benutzer anlegen möchten.
2. Wählen Sie im Kontextmenü NEU | BENUTZER.

Abbildung 12.52:
Anlegen eines neuen
Benutzers

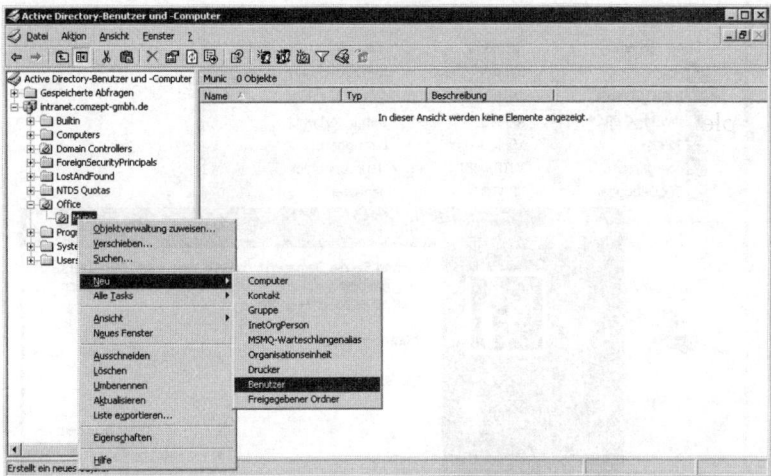

Im folgenden Dialog sollten Sie folgende Eintragungen machen:

1. Vergeben Sie einen Namen. Dieser sollte unbedingt dem tatsächlichen bürgerlichen Namen entsprechen.
2. Konstruieren Sie entsprechend der gewählten Vorschrift den
   Anmeldenamen. Dieser Anmeldename ergibt zusammen mit
   der Domäne gleichzeitig die E-Mail-Adresse.
3. Korrigieren Sie ggf. den vollständigen Namen.
4. Prüfen Sie den NT 4-kompatiblen Namen. Diese Namen werden seit Windows Server 2003 als »Prä-Windows-2000« bezeichnet und stellen im Wesentlichen NetBIOS-Namen dar.

5. Klicken Sie auf WEITER.

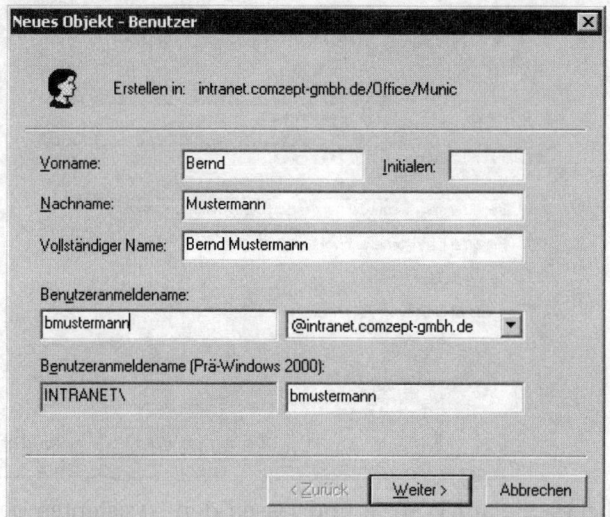

Abbildung 12.53:
Anlegen eines neuen
Benutzers: Name und
E-Mail

6. Legen Sie ein Kennwort für die erste Anmeldung fest.

7. Definieren Sie, wie das Kennwort behandelt wird.

Wenn Sie Kennwörter zwangsweise vergeben, deaktivieren Sie die erste Option. Empfehlenswerter ist es, dem Benutzer die Wahl des Kennwortes zu überlassen und dabei auf die Komplexitätsrichtlinien für Kennwörter zu bestehen. Windows Server 2003 sorgt dann dafür, dass keine trivialen Kennwörter verwendet werden.

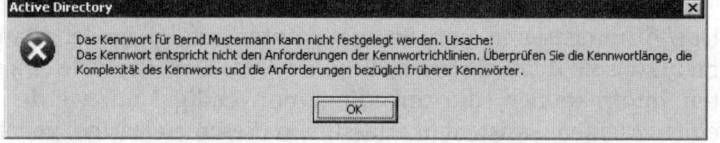

Abbildung 12.54:
Jedes Kennwort muss
den Anforderungen
entsprechen

Jedes Kennwort muss den Richtlinien der Domäne entsprechen, auch wenn es nur temporär vergeben wurde, um später vom Benutzer geändert zu werden. Falls Sie gegen die Regeln verstoßen haben, erscheint die gezeigte Fehlermeldung.

Es ist empfehlenswert, die Erstanmeldekennwörter nach einem bestimmten Schema zu vergeben, beispielsweise VName_Geburtsjahr. »Hans-Joachim Meyer, geboren am 13.4.1964« würde dann dass Kennwort »HJMeyer_64« erhalten, was den Anforderungen genügt. Wegen der Regelmäßigkeit ist es nicht sicher und muss vom Benutzer bei der ersten Anmeldung geändert werden. Erstanmelder können mit den Daten bei der Einstellung im Unternehmen dennoch versorgt werden, ohne dies zwingend schriftlich zu fixieren, was bei automatisch generierten Kennwörtern wie »qWxoP95gf0« nötig wäre.

Abbildung 12.55:
Anlegen eines neuen
Benutzers: Kennwort

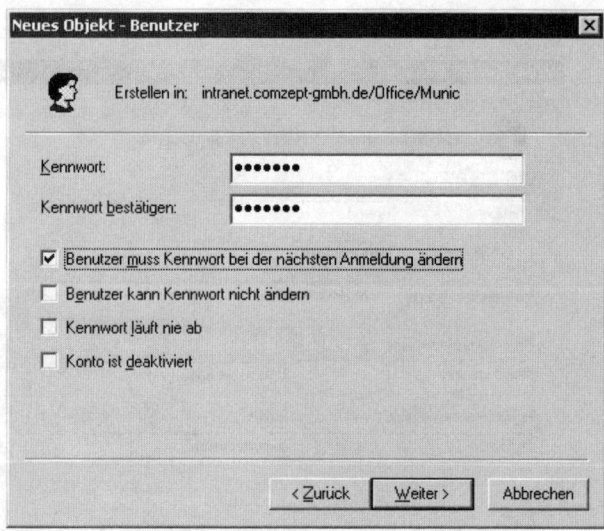

8. Klicken Sie auf WEITER und lassen den Assistenten den Benutzer mit FERTIGSTELLEN anlegen.

Fügen Sie weitere Benutzer in derselben Schrittfolge hinzu. Wenn Sie sehr viele Benutzer anlegen müssen, ist der Assistent nicht der ideale Weg. Existiert bereits eine Benutzerdatenbank in elektronischer Form, können Sie ADSI-Skripte verwenden, um die Daten einfach zu importieren (siehe auch Abschnitt 12.3.2 *Organisationseinheiten per ADSI bearbeiten* ab Seite 856).

Administrieren von Benutzern

Benutzer suchen

Das Administrieren von Benutzerkonten erfolgt in der Managementkonsole *Active Directory-Benutzer und -Computer*. Die einfachsten Informationen, die unbedingt notwendig sind, werden mit einem kleinen Assistenten erfasst. Um diesen zu starten, gehen Sie folgendermaßen vor:

1. Suchen Sie die Organisationseinheit, in der Sie Benutzer administrieren möchten.

2. Suchen Sie den Benutzer in der Liste.

Doppelklicken Sie auf den Benutzer, um alle relevanten Informationen im folgenden Dialog einzutragen. Der folgende Dialog enthält eine ganze Reihe von Registerkarten, wobei einige nur erscheinen, wenn die Option ERWEITERTE FUNKTION im Menü ANSICHT der Managementkonsole aktiviert wurde.

- ALLGEMEIN
  - Allgemeine Informationen wie bürgerlicher Name, Büro, Rufnummern und alternative E-Mail.
  - Website, wenn vorhanden

- Beschreibung
- ADRESSE

  Postalische Adresse
- KONTO
  - Anmeldename und NetBIOS-Name

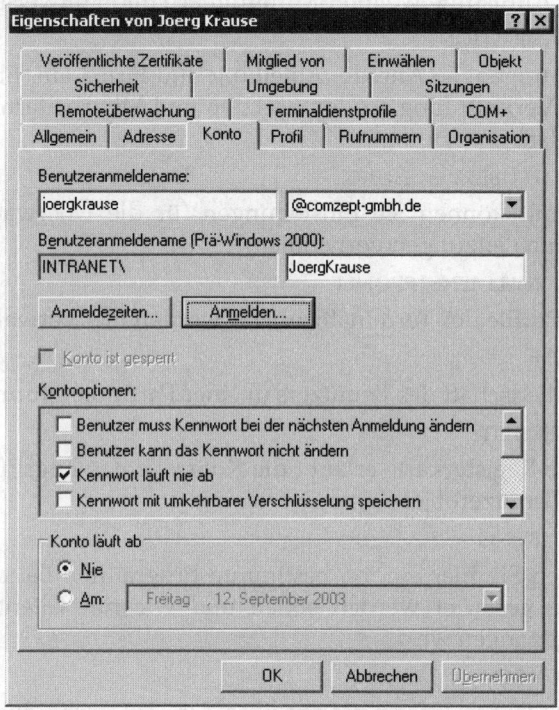

Abbildung 12.56:
Spezielle Konto-
Einstellungen

- KONTO-OPTIONEN, diese werden ab Seite 885 beschrieben.
- ABLAUFDATUM

  Dies ist für Konten interessant, deren Besitzer das Unternehmen zu einem bekannten Zeitpunkt wieder verlässt.
- ANMELDEZEITEN

  Hier definieren Sie, wann der Benutzer sich anmelden darf. Es ist sinnvoller, diese Einstellung für ganze Gruppen vorzunehmen.
- ANMELDEN

  Diese Option erlaubt die Angabe bestimmter Computernamen, unter denen der Benutzer sich anmelden darf. Dies gilt nur für NetBIOS-Zugriffe und ist als Sicherheitsfeature nicht besonders sinnvoll.

- PROFIL

  Tragen Sie hier spezielle Profilinformationen und Anmelde-skripte ein. Weitere Informationen finden Sie dazu in Abschnitt 8.2 _Benutzerprofile_ ab Seite 459.

- RUFNUMMERN

  Eine Auflistung weiterer Rufnummern und Hinweisen dazu

- ORGANISATION

  Hier tragen Sie Anrede, Abteilung und Firma ein. Ebenso kann eine Verknüpfung zu Vorgesetzten und Mitarbeitern hergestellt werden.

- REMOTEÜBERWACHUNG

  Hiermit können Sie Einstellungen für die Überwachung von Terminalsitzungen vornehmen.

- TERMINALDIENSTPROFILE

  Die Profile der Terminalbenutzer werden hier verwaltet.

- COM+

  Mitgliedschaft des Benutzers in einer Partitionsgruppe

- SICHERHEIT

  Diese Registerkarte erlaubt die Kontrolle der Zugriffsrechte auf das Benutzerobjekt.

- UMGEBUNG

  Stellen Sie hier ein, ob bestimmte Programme bei der Anmel-dung gestartet werden sollen und wie mit Clientressourcen umgegangen wird.

- SITZUNGEN

  Hier werden Informationen über Terminalverbindungen konfi-guriert.

- VERÖFFENTLICHTE ZERTIFIKATE

  Hier finden Sie alle Zertifikate, die der Benutzer besitzt, soweit diese im Active Directory verwaltet werden.

- MITGLIED VON

  Hier werden die Mitgliedschaften in Gruppen verwaltet.

- EINWÄHLEN

  Auf dieser Registerkarte wird das Einwählverhalten in den RAS-Server eingestellt.

- OBJEKT

  Informationen über das Objekt wie kanonischer Name und _Update Sequence Number_ (USN)

Konto-Optionen

Oberhalb der Liste der Konto-Optionen ist ein Kontrollkästchen KONTO IST GESPERRT. Dieses Kontrollkästchen ist aktiviert (und deaktivierbar), wenn das Konto aufgrund von Gruppenrichtlinien automatisch gesperrt wurde. Wenn Sie als Administrator ein Konto sperren möchten, aktivieren Sie dagegen das Kontrollkästchen KONTO IST DEAKTIVIERT in der Liste der Konto-Optionen.

Nachfolgend finden Sie alle Konto-Optionen, die vergeben werden können:

Liste der Konto-Optionen

- BENUTZER MUSS KENNWORT BEI NÄCHSTER ANMELDUNG ÄNDERN

  Der Benutzer muss nach einer erfolgreichen Anmeldung sein Kennwort ändern. Dies ist normalerweise die Startoption für neue Konten, bei denen der Administrator das erste Kennwort selbst vergibt und dem Benutzer die Wahl eines eigenen Kennwortes erlaubt.

- BENUTZER KANN DAS KENNWORT NICHT ÄNDERN

  Diese Option verhindert, dass der Benutzer das Kennwort ändern kann. Sinnvoll ist der Einsatz für Systemkonten und Benutzerkonten, die von mehreren Personen genutzt werden.

- KENNWORT LÄUFT NIE AB

  Diese Option verhindert, dass die eingestellte Laufzeit des Kennwortes zu einer Erneuerung führt. Normalerweise gilt das nur für Systemkonten.

- KENNWORT MIT UMKEHRBARER VERSCHLÜSSELUNG SPEICHERN

  Hiermit wird ein Verfahren verwendet, das aus dem verschlüsselten Zustand wieder das Kennwort ergibt, im Gegensatz zu Hashes, die eine Einwegkodierung darstellen.

- KONTO IST DEAKTIVIERT

  Damit sperren Sie ein Konto vorübergehend, ohne die Einstellungen zu verlieren.

- BENUTZER MUSS SICH MIT EINER SMARTCARD ANMELDEN

  Ist diese Option aktiv, ist das normale Anmeldefenster gesperrt und wird durch eine als SmartCard bezeichnete Hardware ersetzt. Das sind zum einen Kartenleser, zum anderen aber auch biometrische Erkennungssysteme, beispielsweise Fingerabdruck- oder Augenhintergrundscanner.

- KONTO WIRD FÜR DELEGIERUNGSZWECKE VERTRAUT

  KONTO IST VERTRAULICH UND KANN NICHT DELEGIERT WERDEN

  Diese beide komplementären Funktionen steuern, dass dem Konto vertraut wird. Damit kann sich ein Konto unter anderem Namen anmelden. Diese Form der Impersonifizierung ist eine Funktion des Kerberos-Protokolls.

- DES-VERSCHLÜSSELUNGSTYPEN FÜR DIESES KONTO VERWENDEN
  Legt die Verschlüsselungstypen für das Konto fest.
- KEINE KERBEROS-PRÄAUTHENTIFIZIERUNG ERFORDERLICH
  Bei der Präauthentifizierung handelt es sich um ein Verfahren, bei dem bereits die wenig sicherheitsrelevante TGT-Anforderung (*Ticket Granting Ticket*)

12.4.7 Einrichtung von Gruppen

Gruppen fassen Benutzer zusammen und vereinfachen die Administration, wenn gleiche Eigenschaften für mehrere Benutzer eingerichtet werden sollen. Vor der Einrichtung von neuen Gruppen sollten Sie sich über die bereits integrierten Gruppen informieren:

- NETZWERKADMINISTRATOREN
  Hierunter fallen Sie selbst als Administrator und gleichberechtigte Personen. Achten Sie auf die Austauschbarkeit im Urlaubs- und Krankheitsfall.
- ABTEILUNGSADMINISTRATOREN
  Hier sind Administratoren mit weiterreichenden Rechten zu finden, die für eine bestimmte Benutzergruppe zuständig sind. Gegenüber den Netzwerkadministratoren besteht kein Zugriff auf grundlegende Einstellungen.
- BENUTZER MIT ADMINISTRATIONSRECHTEN
  Dies sind qualifizierte Benutzer, die Kollegen »helfen« können und sollen. Dazu zählen Aufgaben wie Druckerkonfiguration, Herstellen von Pfaden im Netzwerk usw.
- STÄNDIGE BENUTZER
  Dies ist die Gruppe aller fest angestellten Mitarbeiter, die ständig mit dem Computer arbeiten und Standardprogramme wie Office verwenden.
- ZEITWEILIGE BENUTZER
  Hier fassen Sie alle Benutzer zusammen, die nur kurze Zeit in der Firma sind, beispielsweise Studenten oder Aushilfen.
- ANONYME BENUTZER
  Wenn Sie Dienste wie öffentliche Internet-Terminals betreiben, richten Sie Konten für Gäste unter dieser Gruppe ein.

Anlegen neuer Gruppen

Für einige Gruppen können und sollten Sie vordefinierte Konten verwenden:

- Netzwerkadministratoren → DOMÄNEN-ADMINS
- Ständige Benutzer → DOMÄNEN-BENUTZER

- Anonyme Benutzer → DOMÄNEN-GÄSTE

Die folgenden Gruppen legen Sie neu an:

- Benutzer mit Administrationsrechten
- Abteilungsadministratoren
- Zeitweilige Benutzer

Gruppen legen Sie, soweit Ihre Organisationsstruktur nicht schon komplexer ist, in der Organisationseinheit USERS an. Vordefinierte Gruppen sind dort ebenfalls zu finden.

So legen Sie Gruppen an

1. Öffnen Sie den Zweig USERS der Domäne.
2. Wählen Sie im Kontextmenü NEU | GRUPPE.
3. Geben Sie der Gruppe einen eindeutigen Namen.
4. Wählen Sie einen passenden Gruppenbereich und Gruppentyp, beispielsweise GLOBAL und SICHERHEIT.
5. Klicken Sie auf OK.

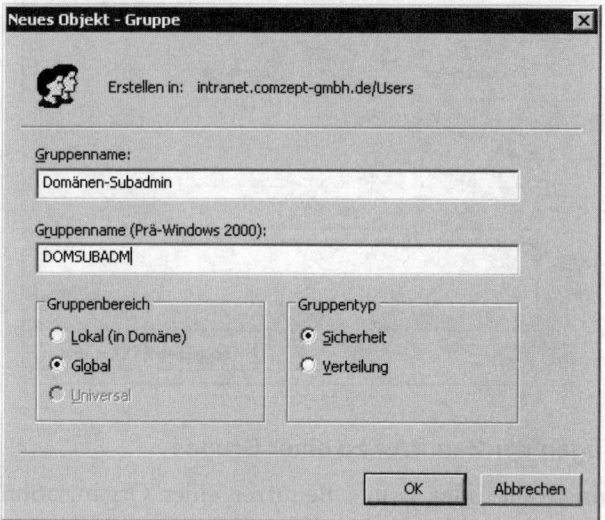

Abbildung 12.57:
Anlegen einer neuen
Gruppe

Die Gruppe wird jetzt angelegt. Sie können sie nun noch feiner konfigurieren.

Konfigurieren vorhandener Gruppen

Dazu wird die Gruppe in der Liste ausgewählt, entweder per Doppelklick oder über die Funktion EIGENSCHAFTEN im Kontextmenü. Folgende Einstellungen sind sinnvoll:

- Eine Beschreibung
- Eine ausführliche Darstellung
- Eine E-Mail-Adresse der Gruppe

Tragen Sie sich nun selbst als Verwalter der Gruppe ein. Dies erfolgt auf der Registerkarte VERWALTET VON. Gehen Sie so mit allen Gruppen vor. Tragen Sie zu diesem Zeitpunkt noch keine Mitglieder ein. Wenn Sie eine sehr große Organisation haben, bei denen mehrere Mitglieder verschiedene Rechte haben, erzeugen Sie für diese weitere Gruppen. Denken Sie daran, dass die Gruppen nur durch Zuordnung hierarchisch angeordnet werden. Die Darstellung in der Organisationseinheit USERS bleibt flach.

Abbildung 12.58:
Angaben für eine
verwaltungsfreund-
liche Darstellung

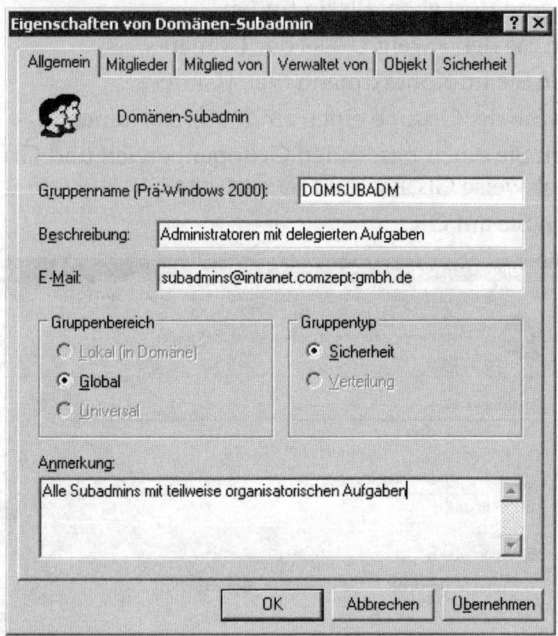

Hinzufügen der Benutzer zu einer Gruppe

Sie können alle oder einige Benutzer einer Organisationseinheit gemeinsam auswählen und im Kontextmenü mit MITGLIEDER EINER GRUPPE HINZUFÜGEN... zu einer oder mehreren Gruppen zuordnen. Alternativ können Sie im bereits gezeigten Dialog die Registerkarte MITGLIEDER und dort die Schaltfläche HINZUFÜGEN benutzen.

12.5 Anlegen weiterer Objekte

Das eigentliche Objekt der Begierde im Active Directory sind die Benutzer. Große Organisationen zeichnen sich vor allem durch viele Benutzer und deren Computer aus. Entsprechend komplex ist der Umgang bei der täglichen Arbeit. Dieser Abschnitt zeigt, wie Sie problemlos mit ein paar Tausend oder auch Zehntausend Benutzerkonten umgehen. Im Gegensatz zu NT 4 wird dies nicht nur durch die Datenbasis, sondern auch durch die Werkzeuge für den Administrator sehr gut unterstützt.

12.5.1 Übersicht über die Objekttypen

Bisher wurden die wichtigsten Objekte vorgestellt:

- Organisationseinheiten
- Benutzer
- Gruppen

Weitere mögliche Objekte sind:

- Computer
- Drucker
- Kontakte
- Freigegebene Verzeichnisse
- InetOrgPerson
- MSMQ-Warteschlangenalias

Computer werden in Abschnitt 12.5.3 *Anlegen von Computerobjekten* ab Seite 891 behandelt. Drucker verhalten sich ähnlich, sie sind vor allem wegen der Suchmöglichkeit nach Eigenschaften im Active Directory interessant. Kontakte sind quasi Benutzer, die nur eine E-Mail-Eigenschaft haben. Freigegebene Ordner sind eine Verwaltungseinheit für Freigaben.

12.5.2 InetOrgPerson-Objekte anlegen

Eine Besonderheit stellen Objekte vom Typ INETORGPERSON dar. Diese Objekte sichern die Kompatibilität zu LDAP- oder X.500-Verzeichnisdiensten, die auf RFC 2898 basieren. INETORGPERSON ist in standardgemäß aufgebauten Verzeichnisdiensten das Objekt, das Mitarbeiter aufnimmt. Es wird also als Ersatz zum Objekt Benutzer eingesetzt.

Wenn Sie gemischte Domänen betreiben, sollten Sie daran denken, dass der Objekttyp INETORGPERSON neu mit Windows Server 2003 eingeführt wurde. Für Windows 2000-basierte Domänen steht deshalb ein Zusatzprogramm zur Schemaerweiterung zur Verfügung, das »Microsoft Windows 2000 InetOrgPerson Kit«. Folgende Webadresse stellt es bereit:

msdn.microsoft.com/library/default.asp?url=/library/en-us/dnactdir/html/inetopkit.asp

Anlegen eines neuen Objekts

Gehen Sie folgendermaßen vor, um ein neues InetOrgPerson-Objekt zu erzeugen:

1. Suchen Sie die Organisationseinheit, unter der Sie einen Mitarbeiter anlegen möchten.

2. Wählen Sie im Kontextmenü NEU | INETORGPERSON.

Im folgenden Dialog sollten Sie folgende Eintragungen machen:

1. Vergeben Sie einen Namen – dieser sollte unbedingt dem tatsächlichen bürgerlichen Namen entsprechen.

2. Konstruieren Sie entsprechend der gewählten Vorschrift den Anmeldenamen. Dieser Anmeldename ergibt zusammen mit der Domäne gleichzeitig die E-Mail-Adresse.

3. Korrigieren Sie ggf. den vollständigen Namen.

4. Prüfen Sie den NT 4-kompatiblen Namen. Diese Namen werden seit Windows Server 2003 als »Prä-Windows-2000« bezeichnet und stellen im Wesentlichen NetBIOS-Namen dar.

5. Klicken Sie auf WEITER.

Abbildung 12.59:
Anlegen eines neuen
Benutzers: Name und
E-Mail

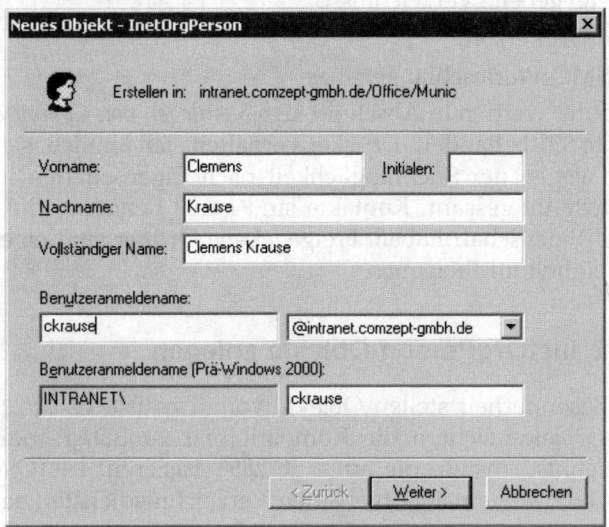

6. Legen Sie ein Kennwort für die erste Anmeldung fest.

7. Definieren Sie, wie das Kennwort behandelt wird.

Wenn Sie Kennwörter zwangsweise vergeben, deaktivieren Sie die erste Option. Empfehlenswerter ist es, dem Benutzer die Wahl des Kennwortes zu überlassen und dabei auf die Komplexitätsrichtlinien für Kennwörter zu bestehen. Windows Server 2003 sorgt dann dafür, dass keine trivialen Kennwörter verwendet werden.

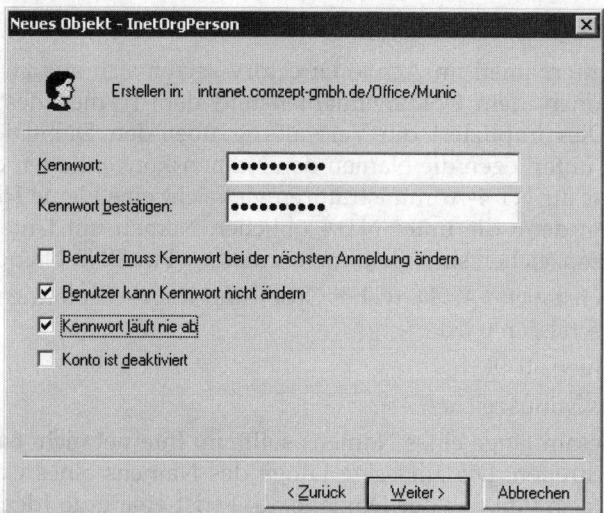

Abbildung 12.60:
Anlegen eines neuen
Benutzers: Kennwort

8. Klicken Sie auf WEITER und lassen Sie den Assistenten den Benutzer mit FERTIGSTELLEN anlegen.

Fügen Sie weitere Benutzer in derselben Schrittfolge hinzu. Wenn Sie sehr viele Benutzer anlegen müssen, ist der Assistent nicht der ideale Weg. Existiert bereits eine Benutzerdatenbank in elektronischer Form, können Sie ADSI-Skripte verwenden, um die Daten einfach zu importieren (siehe auch Abschnitt 12.3.2 *Organisationseinheiten per ADSI bearbeiten* ab Seite 856).

Administration von InetOrgPerson-Objekten

Die Administration unterscheidet sich nicht von der, die bereits im Zusammenhang mit regulären Benutzern beschrieben wurde (*Administrieren von Benutzern* ab Seite 882).

Die Unterschiede sind eher interner Natur. Das für INETORGPERSON-Objekte verwendete Schema ist etwas anders, um den Forderungen der Standards LDAP bzw. X.500 zu gehorchen.

12.5.3 Anlegen von Computerobjekten

Computerobjekte können Sie ebenso wie Benutzer anlegen. Es ist aber auch möglich, dies über die Anmeldung der Computer an der Domäne zu erledigen. Dazu müssen Sie beim Einrichten der Computer für Active Directory als Administrator zugreifen. Die Einrichtung der Clients wurde in Abschnitt 12.4.5 *Clients anmelden* ab Seite 875 beschrieben. Diese automatische Registrierung gilt nur für Clients mit Windows 2000 als Betriebssystem. Alle anderen Computer müssen selbst eingetragen werden.

Namenskonventionen

Computernamen im Active Directory setzen sich aus zwei Teilen zusammen: dem Domänennamen und dem Namen des Computers. Dies impliziert die Verwaltung über den DNS-Dienst und damit unterliegen die Namen den Namenskonventionen des DNS. Dies ist für NT 4-Administratoren vielleicht eine kleine Herausforderung, denn die unter NT 4 üblichen Namen mit Unterstrichen als Trennzeichen sind nicht mehr zulässig. Für DNS-Namen gilt:

- Buchstaben »A–Z«, wobei Groß- und Kleinschreibung nicht unterschieden wird
- Zahlen »0–9«
- Das Minuszeichen »-«.

Die Gesamtlänge eines Namens sollte im Internet nicht 64 Zeichen überschreiten. Die zulässige Länge des Namens eines Computers hängt also von der der Domäne ab. Es ist eine gute Idee, die Namen nicht länger als 15 Zeichen zu machen, weil damit keine Abweichung zu den NetBIOS-Namen auftritt.

Microsoft bietet eine proprietäre Erweiterung der Namensvergabe auf Unicode an. Auch gibt es im Internet Erweiterungen dieser Art, beispielsweise für die Darstellung von Domain-Namen mit chinesischen Schriftzeichen. Vermeiden Sie solche Zeichen, wenn nicht wirklich triftige Gründe dafür sprechen.

Regeln für Namen   Abgesehen von diesen allgemeinen Hinweisen sollten Sie sich eine Regel für die Bildung von Computernamen aufstellen. In großen Netzwerken ist ein Name sinnvoll, der auf den Standort schließen lässt. Microsoft empfiehlt folgende Struktur:

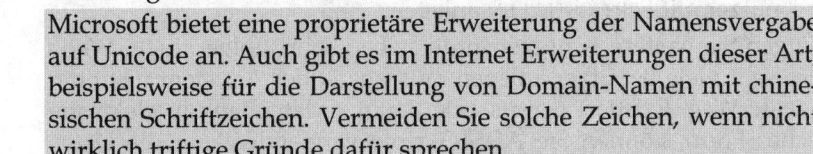

```
<Standort>-<Domäne>-<Funktion>-<Nummer>
```

Die Teile werden folgendermaßen definiert:

- `<standort>`

  Kürzel des Standortes mit maximal 3 Zeichen. Wenn Sie Ihre Standorte nach Städten benennen, bietet sich das Autokennzeichen an. Der Standort Hamburg hieße dann HH.

- `<domäne>`

  Hier steht eine zweistellige Abkürzung der Domäne. Stellen Sie bei mehreren Domänen eine Tabelle auf, die die Zuordnung zeigt. Für *comzept-gmbh.de* wäre CG eine passende Abkürzung.

- `<funktion>`

  Die Funktion des Computers. Typische Aufgaben entnehmen Sie der folgenden Tabelle. Andere können sich nach der Aufgabe des entsprechenden Mitarbeiters richten.

Kürzel (2-5 Zeichen)	Bedeutung
DHCP	DHCP-Server
DNS	DNS-Server
FS	Dateiserver
PS	Druckserver
FPS	Datei- und Druckserver
PXY	Proxy
SMS	Softwaremanagementserver
GC	Globaler Katalog
SUS	Software Update Server
DC	Domänencontroller
SQL	SQL Server
SMTP	SMTP-Server
FTP	FTP-Server
WWW	Web-Server
WSxxx	Workstation, wobei xxx Folgendes sein kann: • WXP – Windows XP Professional • WXH – Windows XP Home • W2P – Windows 2000 Professional • W2S – Windows 2000 Server • W2K3 – Windows Server 2003 • W95 – Windows 95 • W98 – Windows 98 • WME – Windows Me • ??? – jede andere Definition der Funktion

Tabelle 12.1:
Kürzel für typische
Aufgaben von Com-
putern im Netzwerk

• <nummer>

Eine fortlaufende Nummer, wenn es mehrere gleichartige Computer gibt; maximale Länge 3 Zeichen.

Mit 3 + 2 + 4 + 3 Zeichen und drei Trennzeichen werden die für NetBIOS-Kompatibilität zulässigen 15 Zeichen voll ausgenutzt.

Anlegen eines Computers

Zum Anlegen eines Computers gibt es einen einfachen Assistenten, den Sie über NEU | COMPUTER starten können.

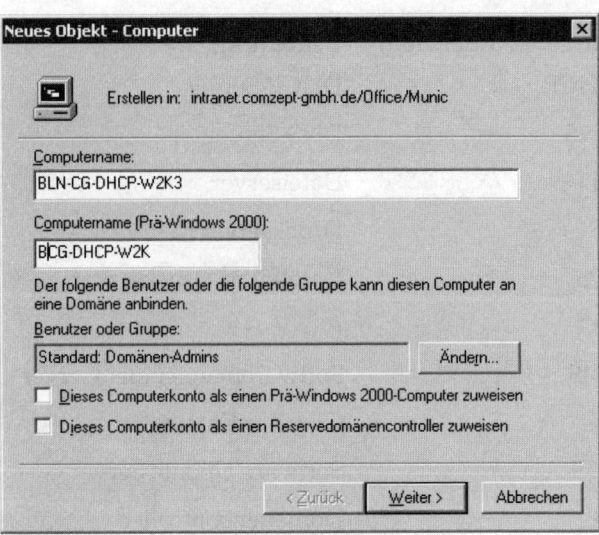

Abbildung 12.61:
Anlegen eines
Computerobjekts

Der Assistent umfasst folgende Schritte:

1. Vergeben Sie einen eindeutigen Namen. Beachten Sie den Net-BIOS-Namen.

2. Geben Sie die GUID des Computers ein, wenn es sich um verwaltbare Hardware handelt und Sie die Remoteinstallations-Dienste (RIS) einsetzen möchten .

3. Klicken Sie auf FERTIGSTELLEN, um das Objekt zu erzeugen.

Wenn ein Clientcomputer bereits über die Clientanmeldeprozedur erzeugt wurde, müssen (und sollten) Sie diesen Vorgang nicht wiederholen.

Weitere Eigenschaften administrieren

Sie können im Dialog EIGENSCHAFTEN des Computers weitere Einstellungen vornehmen:

- BETRIEBSSYSTEM

  Handelt es sich um Computer, die mit Windows 2000 oder einem neueren System ausgestattet sind, wird das erkannte Betriebssystem hier automatisch eingetragen.

- MITGLIED VON

  Hier können Sie den Computer einer Gruppe zuordnen.

- STANDORT

  Tragen Sie hier ein, zu welchem Standort der Computer gehört.

- OBJEKT

  Interne Informationen über das Objekt finden Sie hier.

- VERWALTET VON

  Wenn Sie die Verwaltung des Objekts an einen anderen Administrator delegieren, können Sie das hier eintragen.

- SICHERHEIT

  Kontrollieren Sie hier die Zugriffsrechte auf das Objekt.

- EINWÄHLEN

  Dieser Punkt steuert die Erlaubnis, dass sich der Computer über Fernverbindungen am RAS-Dienst anmelden kann.

Suchen nach Computern

Sie können mit Hilfe der Suchfunktion nach Computern suchen. Die Suchfunktion erreichen Sie in der Managementkonsole über das Symbol oder das Menü AKTION | SUCHEN.

12.5.4 Drucker im Active Directory bereitstellen

Drucker werden zwar vom Active Directory verwaltet, die eigentliche Aktivierung erfolgt jedoch in der Druckerkonfiguration. Weitere Informationen zur Einrichtung von Windows Server 2003 als Druckserver finden Sie in Kapitel 14 ab Seite 1117.

Ein neues Druckerobjekt wird wie üblich über das Kontextmenü der Organisationseinheit mit NEU | DRUCKER angelegt. Erforderlich ist die direkte Eingabe der Freigabe. Drucker auf Windows XP-, 2000- oder Server 2003-Geräten nutzen zur Freigabe von Druckern diese Option nicht, sondern die Veröffentlichungsoption des Druckers selbst.   **Neuer Drucker**

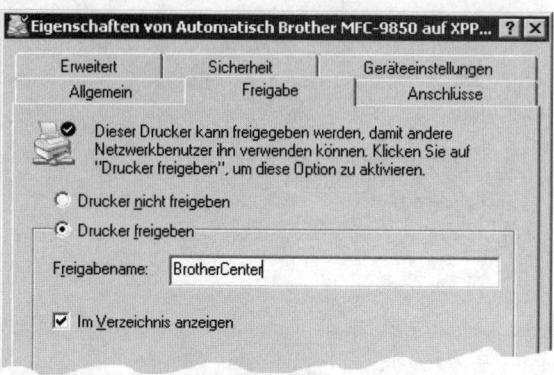

Abbildung 12.62:
Freigabe-Eigenschaften für Drucker

Zur Veröffentlichung eines Druckers im Active Directory öffnen Sie am Druckserver das Eigenschaften-Fenster über das Kontextmenü des Druckers in START | DRUCKER UND FAXGERÄTE. Erst wenn IM VERZEICHNIS ANZEIGEN aktiviert ist, wird dieser Drucker auch im Active Directory veröffentlicht.   **Standard**

Zugriffsrechte auf Drucker

Über SICHERHEIT können Sie die Zugriffsrechte von Benutzer und Gruppen im Detail festlegen. Es sind folgende Rechte einstellbar:

- DRUCKEN

  Der Benutzer darf Druckjobs in Auftrag geben.

- DRUCKER VERWALTEN

  Der Benutzer darf die Druckerkonfiguration öffnen. Damit kann er auch die Freigabe wieder deaktivieren.

- DOKUMENTE VERWALTEN

  Damit kann er Dokumenteinstellungen und die Druckerwarteschlange verwalten.

Drucker suchen und verschieben

Standardmäßig erscheinen neue Drucker in der Organisationseinheit PRINTERS. Sollten Sie diese OU nicht finden oder haben Sie bereits eine große Anzahl von Druckerobjekten, können Sie auch in der Managementkonsole *Active Directory-Benutzer und -Computer* nach dem Drucker suchen. Im Suchdialog steht eine Option VERSCHIEBEN zur Verfügung, die die ausgewählten Drucker dann an den gewünschten Platz verschiebt.

Attribute

In dieser Managementkonsole können Sie auch die Attribute des Druckers einsehen und gegebenenfalls anpassen.

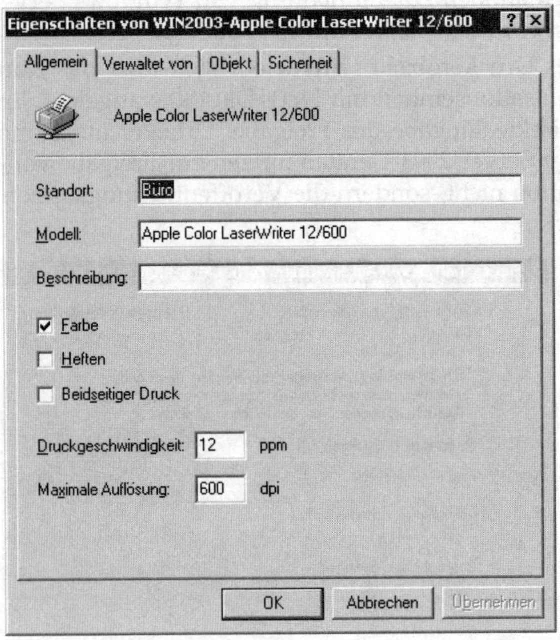

Abbildung 12.63:
Attribute eines
Druckers im AD

Insbesondere bei der Verwendung von Druckertreibern von Drittherstellern kann es durchaus passieren, dass die hier angezeigten Eigenschaften nicht exakt jene sind, über die der Drucker tatsächlich verfügt. Allerdings dienen diese Attribute vor allem der Suche im Verzeichnis nach grundlegenden Druckereigenschaften wie

Farbfähigkeit, Geschwindigkeit oder andere besondere Merkmale. Die Druckeransteuerung wird dann jeweils durch den Druckertreiber des Clients vorgenommen.

Lesen Sie dazu auch in Abschnitt 14.2.1 *Druckserver für Windows-Netzwerke einrichten* ab Seite 1124, wie Sie Druckertreiber für die automatische Client-Installation hinterlegen können.

Suchen nach Druckern

Sie können mit Hilfe der Suchfunktion auch im Active Directory nach Druckern suchen. Die Suchfenster öffnen Sie an einem Windows XP-Client über START | SUCHEN... (siehe Abbildung 12.64) den Suchdialog. Hier lassen sich in der Rubrik FUNKTIONEN die wichtigsten Hauptmerkmale eines Druckers eingeben, die Sie benötigen. Reichen diese nicht aus, können Sie unter WEITERE eine ganze Reihe weiterer Suchkriterien festlegen.

Die gefundenen Drucker werden dann im unteren Teil aufgelistet und können, die entsprechenden Benutzerrechte vorausgesetzt, vom Client direkt benutzt beziehungsweise mit Doppelklick installiert werden.

Die angezeigten Eigenschaften werden den Einstellungen im Druckertreiber am Druckserver entnommen. Haben Sie beispielsweise dort in den Geräteeinstellungen keinen Papierschacht eines A3-Druckers mit A3 definiert (Standardeinstellung ist meist A4 in allen Schächten), wird bei einer Suche nach A3-Druckern dieser nicht gefunden.

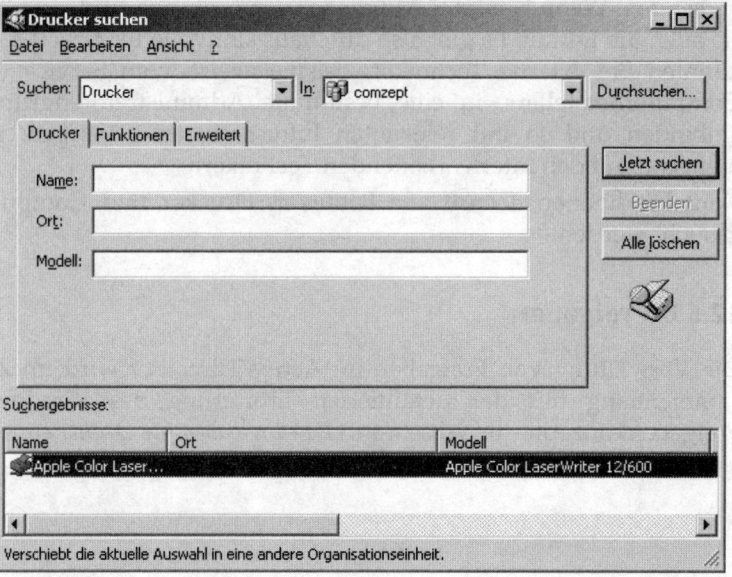

Abbildung 12.64:
Im Verzeichnis nach
Druckern suchen

12.5.5 Kontakte

Kontakte eignen sich hervorragend zum Aufbau von Adressverzeichnissen. Sie sind ähnlich den Benutzern aufgebaut – nur anmelden können sie sich nicht.

Um einen neuen Kontakt aufzunehmen, sollten Sie zuerst über eine passende Struktur der Organisationseinheiten verfügen. Durch die Trennung der Kontakte in verschiedene Organisationseinheiten können Sie diese nur bestimmten Benutzern zugänglich machen. Immerhin geht es Mitarbeiter nichts an, welche Adressen der Geschäftsführer in seinem Verzeichnis hat.

Um neue Kontakte anzulegen, gehen Sie folgendermaßen vor:

1. Suchen Sie die passende Organisationseinheit.
2. Wählen Sie im Kontextmenü NEU | KONTAKT.
3. Füllen Sie den Dialog aus und schließen ihn. Das Objekt wird erzeugt.
4. Öffnen Sie den Dialog EIGENSCHAFTEN und füllen die Felder nach Bedarf aus. Folgende Informationen können Sie eintragen:
   - Name, Beschreibung
   - Rufnummern, E-Mail
   - Adresse
   - Organisationsinformationen (Vorgesetzter, Abteilung etc.)

Kontakten Gruppen zuweisen   Es ist möglich, Kontakten Verteiler- oder Sicherheitsgruppen zuzuweisen. Da sich Kontakte nicht anmelden können, mag dies nicht sinnvoll erscheinen. Sie können aber an Gruppen E-Mails versenden. Wenn Kontakte Mitglieder von Gruppen sind, erhalten sie auch die E-Mail. Es gibt also durchaus sinnvolle Einsatzfälle. So könnten Sie externe Techniker, beispielsweise vom Service des Computerherstellers, in eine bestimmte Administratorengruppe einbinden und so mit relevanten Informationen versorgen, gemeinsam mit den intern arbeitenden Technikern.

Suchen   Kontakte können ebenso wie Benutzer, Drucker und Computer gesucht werden.

12.5.6 Freigaben

Am anderen Ort   Die Verwaltung von Freigaben im Active Directory wird im Zusammenhang mit der detaillierten Erörterung des Windows-Freigabenkonzeptes im Abschnitt 11.14 *Freigaben für Ordner einrichten* ab Seite 775 behandelt.

12.6 Gruppenrichtlinien administrieren

Active Directory verfügt über eine sehr feine und ausgereifte Steuerung der Rechte von Benutzern. Dazu gehören die Rechte zum Zugriff auf Ressourcen, die Richtlinien zur Steuerung der Benutzeroberfläche, Ausführungsvorschriften und die Softwareverteilung. Den Schwerpunkt in Active Directory bilden dabei die Gruppenrichtlinien.

12.6.1 Bearbeiten der Standardrichtlinie

Es gibt zwei Wege, wie Sie die Standardrichtlinie bearbeiten können. Zum einen führt der Weg über die Domänenverwaltung. Dies bietet sich an, wenn Sie nur einmalig oder selten mit der Richtlinie arbeiten.

Gehen Sie folgendermaßen vor:

1. Öffnen Sie die Managementkonsole *Active Directory-Benutzer und -Computer*.
2. Wählen Sie die Domäne und darin ein Objekt aus, für das Richtlinien bearbeitet werden sollen. Nutzen Sie die Domäne selbst (oberste Ebene), um globale Richtlinieneinstellungen vorzunehmen.

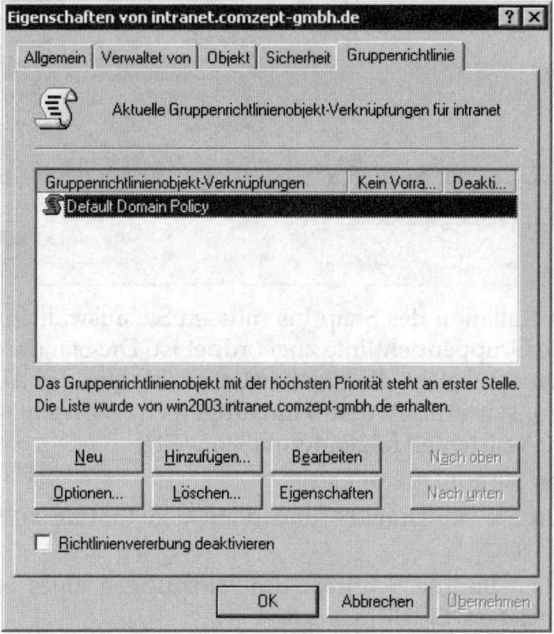

Abbildung 12.65: Auswahl der Standardrichtlinie

3. Öffnen Sie den Dialog EIGENSCHAFTEN aus dem Kontextmenü heraus.

4. Wechseln Sie zur Registerkarte GRUPPENRICHTLINIE.

5. Klicken Sie auf die Schaltfläche BEARBEITEN, wenn bereits ein Richtlinienobjekt vorhanden ist. Das Gruppenrichtlinienobjekt für die Domäne heißt DEFAULT DOMAIN POLICY. Wenn kein Richtlinienobjekt existiert, legen Sie eines mit NEU an.

Der Gruppenrichtlinien-Editor startet nun in einer eigenen Managementkonsole.

Installation eines eigenen Snap-Ins

Wenn Sie sehr viel mit der Standardrichtlinie arbeiten, bietet sich die Integration in die übrige Konsolenstruktur an. Leider sind die Konsolen zur Verwaltung von Active Directory fest verknüpft, sodass Ihnen nichts weiter übrig bleibt, als gleich eine neue Konsole zu erzeugen. Fügen Sie dazu das Snap-In GRUPPENRICHTLINIEN-EDITOR hinzu. Bei der Installation geben Sie das Objekt an, für das das Gruppenrichtlinieobjekt selbst zuständig ist.

Abbildung 12.66:
Hinzufügen des
Snap-Ins Gruppen-
richtlinien-Editor

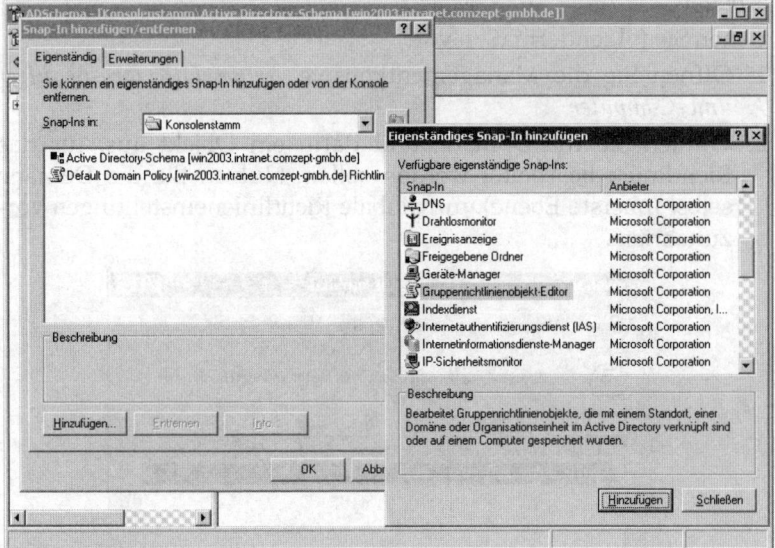

Bei der Installation des Snap-Ins müssen Sie auswählen, welchem Objekt die Gruppenrichtlinie zugeordnet ist. Die Standardrichtlinie der Domäne ist nicht die Standardauswahl. Um die Auswahl zu erleichtern, startet nach dem Hinzufügen ein Assistent. Gehen Sie in diesem Assistenten folgendermaßen weiter:

1. Klicken Sie auf DURCHSUCHEN.

2. Wählen Sie die Domäne und dann den Eintrag DEFAULT DOMAIN POLICY.

3. Schließen Sie die Schritte zum Hinzufügen eines Snap-In ab und speichern Sie die Konsole.

Jetzt haben Sie dieses Richtlinieobjekt immer direkt zur Verfügung. Sie können so bequem Einstellungen vornehmen. Gegenüber anderen Richtlinienobjekten hat die Standardrichtlinie einige

Besonderheiten. So vererben sich die hier vorgenommenen Einstellungen immer zwangsweise auf alle Objekte der Domäne, und zwar sowohl für Computer als auch für Benutzer. Sie können die Einstellungen später nicht blockieren. Außerdem sind einige Einstellungen möglich, die nur auf der Ebene Domäne zutreffend sind:

- Kontorichtlinien
  - Kennwortrichtlinien
  - Kontosperrungsrichtlinien
  - Kerberos-Richtlinien
- Lokale Richtlinien
  - Überwachungsrichtlinien
  - Zuweisen von Benutzerrechten
  - Sicherheitsoptionen
- Ereignisprotokoll
  - Einstellungen für Ereignisprotokolle

Das heißt nicht, dass diese Einstellungen nicht auch auf tieferer Ebene möglich sind. Die Vererbung der auf Domänenebene erfolgten Einstellungen ist jedoch zwangsweise. Im Gegensatz dazu »gewinnen« bei allen anderen Richtlinien die späteren Definitionen. Das wird auch durch die Symbole im Richlinien-Snap-In klar. Die wichtigsten werden in der folgenden Tabelle gezeigt:

Symbol	Bedeutung
⊞	Richtlinie auf Domänenebene mit erzwungener Vererbung
⊞	Richtlinie auf einer untergeordneten Ebene, die sich einer Domänenrichtlinie unterwirft
⊞	Skript
☐	Standardrichtlinie mit normaler Vererbung
⊞	Internet Explorer-Einstellungen

Tabelle 12.2: Symbole mit Bedeutung im Gruppenrichtlinienobjekt-Editor-Snap-In

12.6.2 Gruppenrichtlinien anwenden

Gruppenrichtlinien werden angewendet, indem zwischen dem Objekt im Active Directory und der Richtlinie eine Verknüpfung hergestellt wird. Solange ein Gruppenrichtlinien-Objekt nicht an eine Domäne, Site oder Organisationseinheit im Active Directory gebunden ist, bleibt sie wirkungslos.

Universeller Richtlinienspeicher

Wenn Sie schon wissen, welche Richtlinien Sie anwenden möchten, die entsprechenden Objekte aber noch nicht existieren, können Sie sich eine neutrale Organisationseinheit zum Speichern von Gruppenrichtlinien-Objekten schaffen.

Vererbungsprinzipien

Existieren innerhalb der Hierarchie mehrere Gruppenrichtlinien-Objekte, werden die Wirkungen vererbt. Die Vererbung kann gesteuert werden.

Domänen und Organisations-einheiten

Sie können einem GPO mitteilen, ob es seine Eigenschaften vererben soll oder nicht. Dazu gehen Sie folgendermaßen vor:

1. Öffnen Sie die Organisationseinheit oder Domäne, in der das Gruppenrichtlinien-Objekt verknüpft ist.
2. Gehen Sie auf EIGENSCHAFTEN | GRUPPENRICHTLINIEN.
3. Deaktivieren Sie das Kontrollkästchen RICHTLINIENVERERBUNG DEAKTIVIEREN.

Abbildung 12.67:
So deaktivieren Sie
die Vererbung

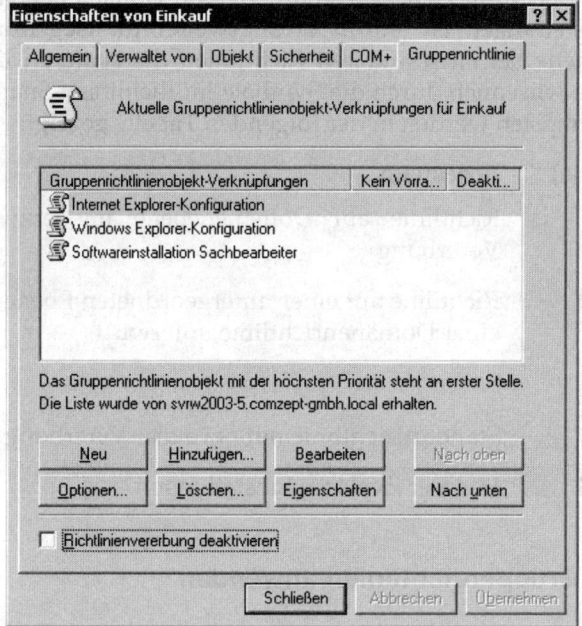

Die Position, wo die Gruppenrichtlinien-Objekte gespeichert sind, spielt keine Rolle. Entscheidend ist, wo sie verknüpft werden. Die Vererbung erfolgt entlang der Hierarchie der Organisationseinheiten. Bei der in Abbildung 12.67 gezeigten Variante mit drei Gruppenrichtlinien-Objekten können Sie die Vererbung nur für alle drei gleichzeitig unterdrücken oder zulassen. Solche Mehrfachverknüpfungen sind aber in der Praxis beliebt, um die Gruppenrichtlinien-Objekte selbst zu vereinfachen. Dies sollte beim Vererbungskonzept berücksichtigt werden.

Die Option RICHTLINIENVERERBUNG DEAKTIVIEREN wirkt übrigens nicht nur auf alle angezeigten Gruppenrichtlinien-Objekte, sondern auf die gesamte Vererbungslinie, also auch auf alle bereits durch Vererbung »von oben« empfangenen Einstellungen.

Die VERKNÜPFUNGSOPTIONEN wirken dagegen auf ein ausgewähltes Gruppenrichtlinien-Objekt. Sie erreichen diese über die Schaltfläche OPTIONEN:

Verknüpfungs-optionen

• KEIN VORRANG

Aktivieren Sie dieses Kontrollkästchen, können andere Gruppenrichtlinien die Einstellungen nicht überschreiben. Hiermit wird die Vererbung von einer übergeordneten Ebene außer Kraft gesetzt.

• DEAKTIVIERT

Hiermit deaktivieren Sie die Wirkung der Gruppenrichtlinien-Objekte in der ausgewählten Organisationseinheit, ohne es zu löschen.

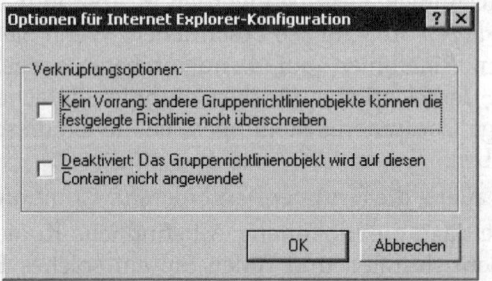

Abbildung 12.68:
Optionen der
Vererbung für ein
spezielles GPO

Sie können Gruppenrichtlinien-Objekte schneller deaktivieren, indem Sie mit der Maus auf die Spalte DEAKTIVIERT in der Übersicht doppelklicken. Wenn das Gruppenrichtlinien-Objekt deaktiviert ist, erscheint ein Häkchen in der Zeile. Umgekehrt kann das Gruppenrichtlinien-Objekt dort auch wieder aktiviert werden.

12.6.3 Auswahl des Richtlinientyps

Die vielfältigen Einstellmöglichkeiten sind auf den ersten Blick verwirrend. Sicher ist leicht zur Kenntnis zu nehmen, dass offensichtlich sehr feine Einstellungen möglich sind. Die systematische Auflistung der möglichen Richtlinien hilft hier kaum weiter – diese Liste sehen Sie auch bei der Betrachtung des entsprechenden Snap-Ins. Dieser Abschnitt soll deshalb eine praktische Strategie zur Definition der nötigen und möglichen Richtlinien aufzeigen. Anschließend können Sie sich auf die Suche nach der richtigen Richtlinie begeben.

Prinzipielle Vorgehensweise

Die Darstellung geht von der Definition konkreter Richtlinien aus. Die Standardrichtlinien für Domänen benötigen in der Regel weitaus weniger Rechte. Damit das nicht zu schwierig ist, finden Sie im Anhang eine Liste der Gruppenrichtlinien zum Kopieren. Tragen Sie dort die Werte ein, die Sie benötigen. Summieren Sie diese auf dem Übersichtsblatt und tragen Sie diese Summe dann als Standardrichtlinie der Domäne ein.

Richtlinientypen

Auf Richtlinientypen wurde bereits eingegangen. Es gibt Computer- und Benutzerrichtlinien. Die Einstellungen sind teilweise identisch. Konkurrierende Angaben werden, von wenigen Ausnahmen abgesehen, von den Benutzereinstellungen dominiert.

Um die Auswahl zu vereinfachen, fassen Sie zuerst Benutzer in Gruppen zusammen. Gruppen werden in Abschnitt 12.4.7 _Einrichtung von Gruppen_ ab Seite 886 beschrieben. Wenn Sie von der Dominanz der Richtlinien auf Benutzerebene ausgehen, ist die Einrichtung der Richtlinien für die Computer einfacher. Allerdings gibt es einige Computereinstellungen, bei denen diese eine höhere Priorität haben.

Richten Sie zuerst die Gruppenrichtlinien für Computer ein!

Nehmen Sie dazu die in Anhang A befindliche Kopiervorlage mit den Gruppenrichtlinien und füllen Sie ein solches Blatt für jede Gruppe identischer Computer aus. Dann übertragen Sie die Summe auf das Blatt für die Standardrichtlinie der Domäne (DEFAULT DOMAIN POLICY).

12.6.4 Filtern der Gruppenrichtlinien

Das Filtern von Gruppenrichtlinien an Gruppen ist mit der Vergabe der Verwaltungsrechte verknüpft. Der Vorgang wird insbesondere als »Filtern« bezeichnet, weil Gruppenrichtlinien nur Domänen, Sites und Organisationseinheiten zugeordnet werden können. Die Sicherheitsgruppen filtern die Wirkung der Zuordnung lediglich. Sie müssen also zuerst Gruppenrichtlinien so weit oben in der Hierarchie der Organisationseinheiten anlegen oder für die Site bzw. Domäne definieren, dass alle Benutzer bzw. Computer der Organisation erreicht werden können. Dann leiten Sie daraus andere Gruppenrichtlinien-Objekte mit stärkeren Einschränkungen ab. Diese Gruppenrichtlinien-Objekte verfügen dann über die Möglichkeit der Filterung nach Sicherheitsgruppen.

Gehen Sie dazu folgendermaßen vor:

1. Öffnen Sie das Gruppenrichtlinien-Objekt in der Richtlinien-konsole.
2. Wählen Sie mit der rechten Maustaste das Kontextmenü und dann EIGENSCHAFTEN.
3. Wechseln Sie zur Registerkarte SICHERHEITSEINSTELLUNGEN.

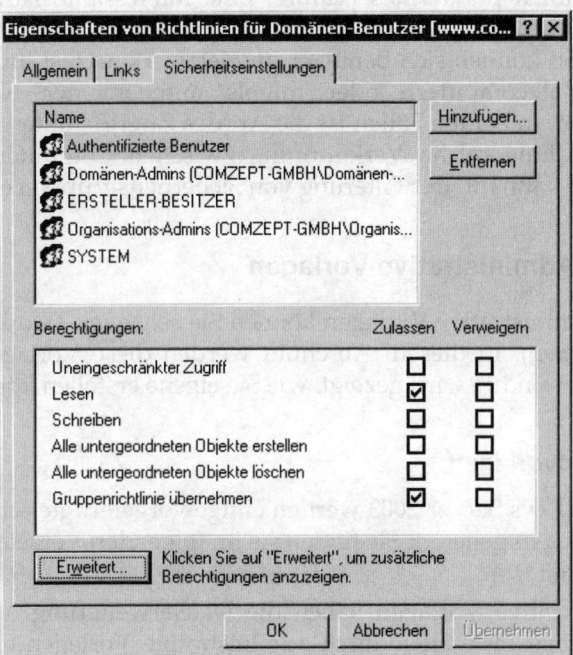

Abbildung 12.69:
Auswahl der Sicher-
heitsberechtigungen

4. Fügen Sie die Gruppen hinzu, für die das Gruppenrichtlinien-Objekt gelten soll, und entfernen Sie Gruppen, die ausgeschlossen werden sollen.
5. Aktivieren Sie für die Gruppen, auf die das Gruppenrichtlinien-Objekt angewendet werden soll, die folgenden Kontrollkästchen unter ZULASSEN:
   - GRUPPENRICHTLINIE ÜBERNEHMEN
   - LESEN
6. Wenn Sie explizit Gruppenmitglieder ausschließen möchten, aktivieren Sie die folgenden Kontrollkästchen unter VERWEIGERN:
   - GRUPPENRICHTLINIE ÜBERNEHMEN
   - LESEN
7. Wenn die Zuordnung neutral sein soll, also Vererbungen dominant sind, dann sollten Sie die Kontrollkästchen unter ZU-

LASSEN und VERWEIGERN für folgende Berechtigungen deaktivieren:

- GRUPPENRICHTLINIE ÜBERNEHMEN
- LESEN

Praktische Anwendung

Auf den ersten Blick ist das Filtern mit Sicherheitsgruppen kein offensichtlich praktisches Feature. Eine interessante Anwendung ist die Zuordnung von Benutzern zu bestimmten Arten von Computern. So können sich Benutzer im Netzwerk an fest installierten Arbeitsplatzcomputern oder mittels mitgebrachter Notebooks anmelden. In beiden Fällen ist die Art des Zugriffs unterschiedlich geregelt. Eine solche Verknüpfung zwischen Computertyp und Benutzer kann mit der Filterung von Sicherheitsgruppen erfolgen.

12.6.5 Administrative Vorlagen

Über administrative Vorlagen können Sie sehr viele Gruppenrichtlinien setzen. In diesem Abschnitt werden diese Vorlagen näher betrachtet und es wird gezeigt, wie Sie eigene erstellen können.

Standardvorlagen

Mit Windows Server 2003 werden einige vorgefertigte administrative Vorlagen geliefert. Sie finden sie im folgenden Verzeichnis:

```
%Systemroot%\inf
```

Administrative Vorlagen haben die Dateierweiterung ADM. Eine vollständige Liste aller durch administrative Vorlagen einstellbaren Gruppenrichtlinien erhalten Sie in Form eines Excel-Datenblattes unter folgendem URL (in einer Zeile zu lesen):

```
download.microsoft.com/download/a/a/3/aa32239c-3a23-46ef- ↵
ba8b-da786e167e5e/PolicySettings.xls
```

Dieses Datenblatt enthält auch Informationen über die Wirksamkeit auf bestimmten Betriebssystemen und erlaubt entsprechende Filterfunktionen.

Was sind Vorlagen?   Die Vorlagen sind editierbare Textdateien, in denen Kategorien und Unterkategorien stehen. Die Einträge bestimmen, was die Snap-Ins für Gruppenrichtlinien anzeigen. Festgelegt werden letztlich immer Schlüssel und Werte in der Windows-Registrierung des Computers, auf den die administrative Vorlage angewendet wird.

Einführung in eigene Vorlagen

Eigene Vorlagen sind immer dann sinnvoll, wenn Software über Gruppenrichtlinien im Active Directory konfiguriert werden soll, für die Windows Server 2003 keine Vorlagen mitbringt. Voraussetzung für eigene Vorlagen sind folgende Informationen:

- Welche Funktionen werden über Registrierungs-Einträge gesteuert?
- Wie lauten die Registrierungs-Schlüssel und die benötigten Werte?
- Wie sollen die Dialogfelder zur Abfrage der Einstellungen aussehen?

Administrative Vorlagen verwenden eine eigene »Beschreibungssprache«, die den Aufbau der Dialoge in Gruppenrichtlinienobjekt-Editor steuert und als Reaktion auf die Einstellungen die entsprechenden Registrierungsschlüssel erzeugt.

Administrative Vorlagen können für die Computer- oder Benutzerkonfiguration erstellt werden. Beim Einfügen muss dies nicht weiter beachtet werden, die Vorlagendatei selbst kodiert das Ziel (CLASS MACHINE versus CLASS USER).

Als Beispiel für den Aufbau soll hier die AutoRun-Funktion für CD-ROM-Laufwerke dienen. Das folgende Listing zeigt die Vorlage CD.ADM: **Beispiel**

```
CLASS MACHINE
  CATEGORY "Schnellkonfiguration"
    POLICY "Autorun"
      KEYNAME "Software\Microsoft\Windows\CurrentVersion ④
              \Policies\Explorer"
      EXPLAIN "Dieser Eintrag steuert das Verhalten des ④
              CD-Laufwerks bei Einlegen einer CD mit ④
              Autostart-Möglichkeit. "
      PART "Autorun_Box"
        DROPDOWNLIST REQUIRED
        VALUENAME NoDriveTypeAutoRun
          ITEMLIST
            NAME "Autorun_Ever"
        VALUE NUMERIC 181 DEFAULT
            NAME "Autorun_None"
        VALUE NUMERIC 255
          END ITEMLIST
      END PART
    END POLICY
  END CATEGORY    ; Schnellkonfiguration
```

Listing 12.6: Vorlage CD.ADM

Erstellen Sie diese Datei und starten Sie den Gruppenrichtlinien-Editor. Gehen Sie auf den Eintrag ADMINISTRATIVE VORLAGEN des

Zweigs COMPUTERKONFIGURATION. Im Menü AKTION der Managementkonsole wählen Sie VORLAGE HINZUFÜGEN/ENTFERNEN. Wählen Sie die Datei CD.ADM aus und klicken Sie dann auf SCHLIEßEN. Die Vorlage wird nun gelesen und kompiliert. Treten Fehler auf, wird ein Hinweis mit der jeweiligen Zeilennummer angezeigt. Ist alles fehlerfrei, erscheint die Vorlage im entsprechenden Zweig der Managementkonsole:

Abbildung 12.70:
Selbst erstellte Vorlage einbinden

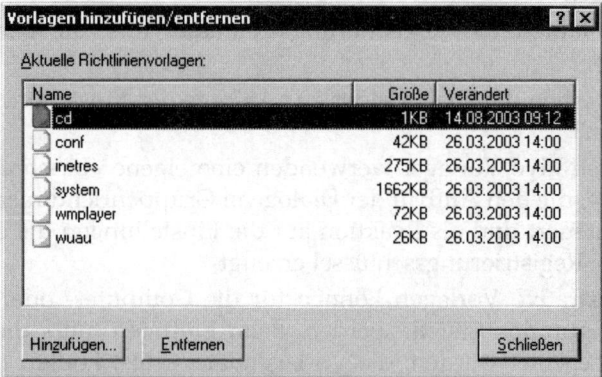

Nach dem Schließen des Dialogs erscheint die neue Vorlage in der Auswahl und im rechten Teil der Managementkonsole die konfigurierten Richtlinien.

Abbildung 12.71:
Die fertige Vorlage

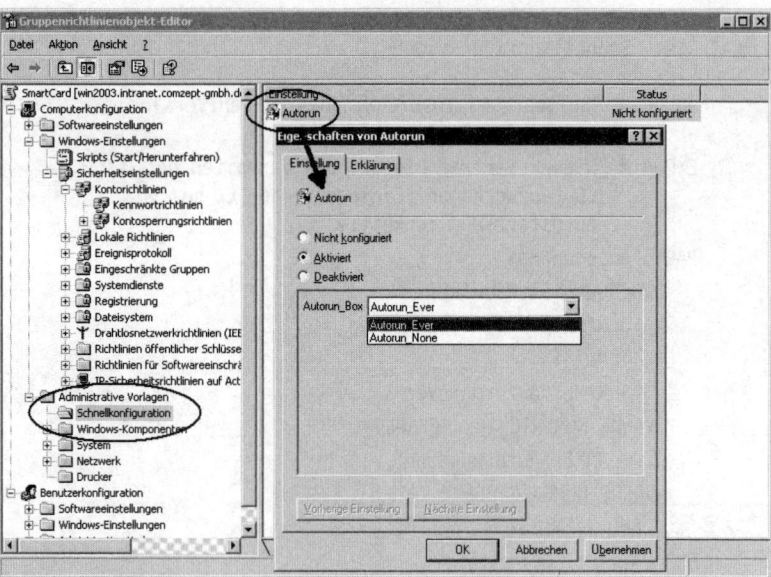

Erscheinen rechts keine Richtlinien, so sind Syntaxfehler in der Datei. Fehlermeldungen gibt es leider nicht, weshalb die Erstellung von Vorlagen nicht ganz einfach ist.

Da neue administrative Vorlagen, die sich auf typische Windows- **Fertige Vorlagen**
Programme beziehen, universell sind, ist ein Austausch leicht
möglich. Am Ende des Abschnitts finden Sie Informationen über
mögliche Quellen im Internet.

Unterscheiden muss man bei den Richtlinien, wie diese auf dem **Anzeige der**
jeweiligen Zielsystem wirksam werden. Dabei wird zwischen voll- **Verwaltbarkeit**
ständig verwaltbaren Richtlinien, wie sie mit Windows 2000 eingeführt wurden, und den alten NT 4-Richtlinien unterschieden. Um
nur die verwaltbaren Richtlinien anzuzeigen, aktivieren Sie unter
ANSICHT | FILTERUNG die Option NUR VOLLSTÄNDIG VERWALTBARE
RICHTLINIENEINSTELLUNGEN ANZEIGEN.

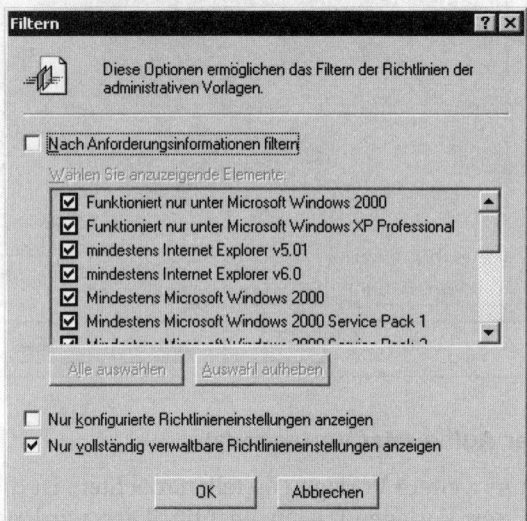

Abbildung 12.72:
Anzeige verwaltbarer
Richtlinien

Um die Wirksamkeit von Registrierungsrichtlinien zu steuern, wie **Wirksamkeit der**
sie von administrativen Vorlagen erzeugt werden, gibt es eine **Registrierung**
weitere Gruppenrichtlinie REGISTRIERUNGSRICHTLINIENVERARBEI-
TUNG. Diese finden Sie im Gruppenrichtlinienobjekt-Editor unter
ADMINISTRATIVE VORLAGEN SYSTEM | GRUPPENRICHTLINIEN (in bei-
den Stammzweigen). Die Richtlinie definiert zwei Optionen:

- WÄHREND REGELMÄSSIGER HINTERGRUNDVERARBEITUNG NICHT
  ÜBERNEHMEN

  Die Option verhindert, dass betroffene Richtlinien im Hintergrund aktualisiert werden, während der Benutzer am Computer arbeitet. Manche Programme reagieren undefiniert oder
  fehlerhaft, wenn zugrundeliegende Registrierungseinträge bei
  laufendem Betrieb verändert werden.

- GRUPPENRICHTLINIENOBJEKTE AUCH OHNE ÄNDERUNGEN BEAR-
  BEITEN

  Hiermit werden Richtlinien aktualisiert und neu angewendet,
  auch wenn sich die Richtlinien nicht verändert haben. Damit

ist ein sauberes Zurücksetzen bei der Deaktivierung möglich. Darüber hinaus werden Richtlinien immer wieder angewendet, falls Benutzer die Einträge in der Registrierung selbst ändern.

Abbildung 12.73:
Kontrolle der
Richtliniewirkung bei
administrativen
Vorlagen

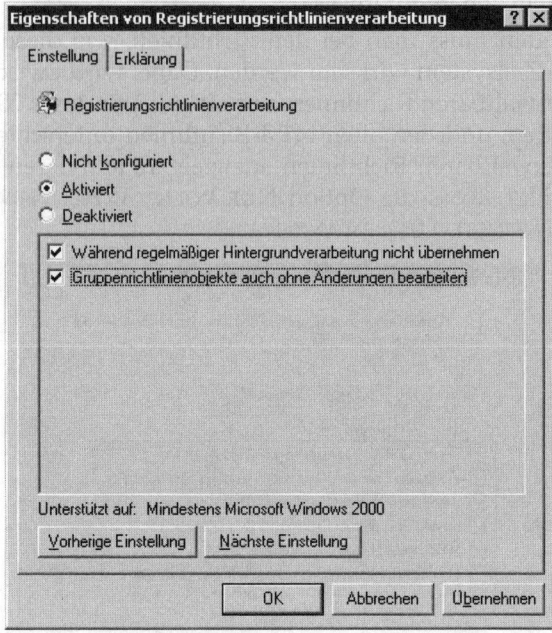

Prinzipieller Aufbau der Vorlagendatei

Wenn Sie nun weitere Vorlagen erstellen möchten, ist die Kenntnis der Syntax der Vorlagendateien wichtig. Dies wird nachfolgend detailliert behandelt.

Der prinzipielle Aufbau erfolgt immer nach folgendem Muster:

Listing 12.7:
Prinzipieller Aufbau
der Vorlagendatei

```
CLASS (USER|MACHINE)
  CATEGORY <zweig>
    [KEYNAME]
    POLICY
    [KEYNAME]
      EXPLAIN
      VALUENAME
      CLIENTEXT
    END POLICY
  END CATEGORY
```

CLASS

Der Parameter CLASS bestimmt, ob diese Richtlinie in der Kategorie Benutzer- oder Computerrichtlinie erscheint. Zulässig sind nur die Werte MACHINE oder USER. Dieser Zweig wird nicht geschlossen; wenn eine weitere Definition beginnt, endet die erste.

CATEGORY

CATEGORY steht für den Knoten unterhalb der Kategorie. Sie können diesen Eintrag verschachteln, um eine eigene Hierarchie aufzubauen. Der Name steht in Anführungszeichen. Jede Klasse kann mehrere Kategorien enthalten. Der Schlüssel ist optional und kann auch im Zweig POLICY definiert werden.

POLICY ist die Richtlinieneinstellung, im Beispiel AUTORUN. Auch **POLICY** dieser Name ist frei wählbar und muss in Anführungszeichen stehen.

Innerhalb von POLICY sind folgende Schlüsselwörter zulässig:

- KEYNAME **KEYNAME**

  Dies ist der Schlüssel mit komplettem Pfad, wie er in die Registrierung eingetragen wird. Der führende Name, HKEY_LOCAL_MACHINE bzw. HKEY_LOCAL_USER, muss entfallen, weil diese Angabe bereits durch die Wahl der Klasse erfolgt ist.

- EXPLAIN **EXPLAIN**

  Dieser Eintrag bestimmt den Hilfetext, der vom Snap-In angeboten wird, wenn der Benutzer auf die Registerkarte ERKLÄRUNG wechselt.

- PART **PART** **END PART**

  Der Abschnitt PART...END PART kann beliebig oft wiederholt werden. Die daraus resultierenden Formularfelder werden in einer rollbaren Liste angezeigt, wenn der Platz in der Maske nicht ausreicht. Innerhalb dieser Abschnitte werden jetzt Felder und deren Vorgabewerte definiert.

- VALUENAME

  Wert des Schlüssels aus der Registrierung, der geändert werden soll

- CLIENTEXT

  Dieser Eintrag bezeichnet ein ActiveX-Steuerelement oder eine DLL, beispielsweise in Form einer GUID, mit denen die Einträge vorge-nommen werden. Dies ist immer dann der Fall, wenn kein Standard-element zur Verfügung steht. Softwareentwickler können diese Elemente als Erweiterungen zu Snap-Ins erstellen. Beachten Sie, dass CLIENTEXT tatsächlich nur mit einem »T« geschrieben wird.

Aufbau von Formularen in administrativen Vorlagen

Innerhalb von PART können weitere Elemente stehen:

- DROPDOWNLIST

  Eine Dropdown-Liste, deren Definition anschließend folgt

- LISTBOX

  Eine Box mit frei wählbaren Werten. Editierfunktionen sind vorhanden. Angezeigt werden Schaltflächen zum Hinzufügen und Entfernen von Elementen. Damit lassen sich Einträge vom Typ REG_MULTISZ erzeugen.

- COMBOBOX

  Schlüssel vom Typ REG_SZ werden hiermit eingetragen. Die Auswahl der Werte kann jedoch aus einer Liste erfolgen.

- EDITTEXT

  Ein einfaches Texteingabefeld für Schlüssel vom Typ REG_SZ

- CHECKBOX

  Erzeugt ein Kontrollkästchen. Die Werte werden in der Registrierung als REG_DWORD erzeugt. Wenn das Kontrollkästchen deaktiviert wird, wird der Wert 0 eingetragen.

- TEXT

  Freier Text, beispielsweise für Erklärungen, der direkt neben den Elementen angezeigt wird

Einige der Elemente lassen sich mit verschiedenen Optionen modifizieren:

- VALUENAME

  Name der Option. Wenn dieser nicht innerhalb eines anderen Elements steht und nur einen Wert enthält, wird er nicht explizit angezeigt.

- VALUEON, VALUEOFF

  Bei binären Werten bezeichnen diese Elemente die beiden zulässigen Zustände. Wird vor allem mit CHECKBOX eingesetzt.

- ITEMLIST

  Ein Eintrag in einem der Listenelemente

- ADDITIVE

  Normalerweise überschreiben neue Werte einer LISTBOX die in der Registrierung vorhandenen. Mit diesem Parameter werden die Einträge jedoch angefügt.

- EXPLICITVALUE

  Gibt Wertepaare der LISTBOX vor.

- VALUEPREFIX

  Setzt für jeden Wert der LISTBOX ein Präfix.

- MIN, MAX

  Vorgabe für Drehfelder mit numerischen Werten. Es können der niedrigste und höchste Wert angegeben werden.

- MAXLEN

  Maximal zulässige Länge des Eintrags bei Elementen vom Typ TEXT

- DEFAULT

  Der Standardwert des Feldes

- SPIN

  Die Schrittweite bei Drehfeldern mit Mausbedienung

- NUMERIC

  Mit NUMERIC kann angegeben werden, dass es sich um numerische Werte handelt.

- OEMCONVERT

  Wandelt die Einträge vom Windows-ANSI-Zeichensatz in OEM und bei der Anzeige wieder zurück.

- SUGGESTIONS, END SUGGESTIONS

  Vorschlagwerte für COMBOBOX

- ACTIONLISTON, ACTIONLISTOFF

  Zusätzliche Informationen beim Aktivieren bzw. Deaktivieren von Kontrollkästchen

- REQUIRED

  Dieser Zusatz bezeichnet Elemente, die bei aktiver Gruppenrichtlinie angegeben werden müssen.

Als Parameter der Schlüsselwörter kann auch eine Variable dienen, **Variablen** die später in der Datei definiert wird. Verweise dieser Art beginnen mit zwei Ausrufezeichen »!!«. Zeilenumbrüche können mit \n eingefügt werden. Anführungszeichen müssen nicht gesondert markiert werden und werden auch nicht doppelt geschrieben. Sie können also entweder die Angabe von Werten direkt vornehmen:

```
CATEGORY "Meine Kategorie"
```

Oder Sie können dies mit Variablen erledigen:

```
MyCat = "Meine Kategorie"
CATEGORY !!MyCat
```

Abschließend sei noch darauf hingewiesen, dass Kommentare mit **Kommentare** einem Semikolon oder zwei Schrägstrichen am Anfang der Zeile beginnen:

```
// Hier folgen bestimmte Definitionen
```

Die Schreibweise !!Wert ist eine andere (zulässige) Syntax für Zei- **Schreibweisen** chenketten der Form "Wert".

Beschaffung fertiger Vorlagen

Die voranstehende Darstellung hat möglicherweise deutlich gemacht, dass die Erstellung eigener administrativer Vorlagen eine echte Herausforderung ist. Glücklicherweise finden sich immer wieder Anwender bereit, ihre Werke im Internet zu veröffentlichen, und so entstehen umfassende Sammlungen von administrativen Vorlagen.

Eine private deutsche Site, die ein umfassendes Archiv von Vorla- **Tipp!** gen für die verschiedensten Programme anbietet:

```
www.adm-files.de/
```

Microsoft selbst bietet einige Quellen für die Office-Produkte:

- Office XP:

  `www.microsoft.com/office/ork/xp/two/admb01.htm`

- Office 2000:

  `www.eu.microsoft.com/office/ork/2000/download/ORKTools.exe`

- Office 97:

  `www.microsoft.com/office/ork/download/SetupPol.exe`

- Microsoft Office 97 Resource Kit:

  `www.eu.microsoft.com/office/ork/appa/appa.htm`

- Weitere Informationen zu Office 97 und Outlook 98:

  `support.microsoft.com/support/kb/articles/Q10/1/27.asp`

  `www.microsoft.com/technet/office/TechNote/offsys.asp`

  `www.eu.microsoft.com/office/ork/007/007.htm`

  `www.slipstick.com/outlook/odk.htm`

12.6.6 Gruppenrichtlinien im Detail

Nachfolgend werden die einzelnen Gruppenrichtlinien etwas näher betrachtet. Administrative Vorlagen werden allerdings ausgeklammert. Diese wurden in Abschnitt 12.6.5 *Administrative Vorlagen* ab Seite 906 bereits betrachtet.

Richtlinien der COMPUTERKONFIGURATION

Dieser Abschnitt gibt einen Überblick über die Richtlinien der Computerkonfiguration.

- Softwareeinstellungen

  Unter diesem Zweig gibt es einen weiteren Zweig SOFTWAREIN-STALLATION, der Pakete enthält, die zwangsweise oder wahlweise zur Installation angeboten werden. Die Option ist jedoch in Gruppenrichtlinienobjekten verfügbar, die im Active Directory gespeichert sind. Lokale Gruppenrichtlinienobjekte verfügen über keine entsprechenden Richtlinien.

- Windows-Einstellungen

  Hier werden grundlegende Einstellungen für Windows vorgenommen, die eine programmübergreifende Bedeutung haben. Dazu gehören Skripte, die beim Starten und Ausschalten ausgeführt werden sollen, sowie alle Sicherheitseinstellungen.

Sicherheits-einstellungen   Die Sicherheitseinstellungen der lokalen Gruppenrichtlinie können Sie separat auch mit dem Snap-In SICHERHEITSRICHTLINIEN bearbeiten. Sie werden in Abschnitt *Sicherheitseinstellungen* ab Seite 915 vorgestellt.

Richtlinien der BENUTZERKONFIGURATION

Die folgenden Richtlinien betreffen nur Benutzer. Im Fall der lokalen Gruppenrichtlinie von Windows XP ist dies der jeweils am System angemeldete Benutzer (egal welcher). Wenn die selben Richtlinien im Active Directory eingerichtet werden, gelten sie für die Benutzer, die Mitglied der entsprechenden OU (Organizational Unit) sind, der ein Gruppenrichtlinienobjekt zugewiesen wurde.

- Softwareeinstellungen

  Hier finden Sie Softwareeinstellungen für alle Benutzer, unabhängig vom Computer. Diese Option ist in der lokalen Gruppenrichtlinie leer. Die Einstellung ist nur sinnvoll, wenn Active Directory verwendet wird, wo Software im Netzwerk verteilt werden kann.

- Windows-Einstellungen

  Lokal und im Active Directory können An- und Abmeldeskripte definiert werden. Des Weiteren sind Wartungs-Optionen für den Internet Explorer verfügbar. Unter den Sicherheitseinstellungen kann konfiguriert werden, ob Zertifikate automatisch registriert werden.

  Ausschließlich im Active Directory ist die Ordnerumleitung **Active Directory** verfügbar. Hier können Sie Ordner für bestimmte Benutzer oder Mitglieder von Sicherheitsgruppen umleiten. Die Umleitung sichert, dass die Benutzer immer dieselben Einstellungen vorfinden, egal an welchem Arbeitsplatz sie sich anmelden. Diese Einstellungen ersetzen oder ergänzen das Umleiten der Ordner mit Hilfe von Benutzerprofilen.

Remoteinstallationdienste

Unter Remoteinstallationdienste werden Standardeinstellungen für die Softwareverteilung vorgenommen. Weiterführende Informationen finden Sie zu diesem Thema in Abschnitt 8.1.4 *Remoteinstallation* ab Seite 458.

Sicherheitseinstellungen

Die Sicherheitseinstellungen des Computers sind über das Snap-In SICHERHEITSEINSTELLUNGEN direkt erreichbar. Außerdem finden Sie dieselben Richtlinien im lokalen Gruppenrichtlinienobjekt unter COMPUTERKONFIGURATION | WINDOWS-EINSTELLUNGEN | SICHERHEITSEINSTELLUNGEN. Sie finden dort mehrere Gruppen mit Richtlinien.

Werden die Sicherheitsrichtlinien über ein Gruppenrichtlinienob- **Active Directory** jekt im Active Directory konfiguriert, stehen dafür weitere Richtlinien zur Verfügung:

- EREIGNISPROTOKOLL

  Maximale Größe der Protokolle, Zugriffsrechte usw.

- EINGESCHRÄNKTE GRUPPEN

  Erzwingt oder verhindert Gruppenmitgliedschaften

- SYSTEMDIENSTE

  Steuert Startverhalten und Anmeldebedingungen für Dienste

- REGISTRIERUNG

  Definiert Schlüssel und Zugriffrechte in der Registrierung

- DATEISYSTEM

  Definiert Zugriffsberechtigungen auf Dateiobjekte

Diese Richtlinien können Sie nur verändern, wenn Sie Zugriff auf Active Directory haben. Sie werden allerdings auch im Richtlinienergebnissatz angezeigt, wenn Sie die Wirksamkeit von Gruppenrichtlinien überwachen. Mehr zu diesem Thema finden Sie in Abschnitt 12.6.7 *Wirksame Gruppenrichtlinien* ab Seite 917.

Alle anderen Richtlinien können sowohl im Active Directory als auch lokal konfiguriert werden. Dabei werden die lokalen Einstellungen mit der geringsten Priorität wirksam. Eine kurze Übersicht finden Sie nachfolgend.

- KONTORICHTLINIEN

  Diese Richtlinien umfassen die Behandlung von Kennwörtern, wie beispielsweise die Gültigkeitsdauer und Komplexitätsvoraussetzungen, die Kontosperrungsrichtlinien und die Konfiguration von Kerberos. Kennwörter werden über das Netzwerk verschlüsselt übertragen. Das Verschlüsselungsprotokoll ist Kerberos.

- LOKALE RICHTLINIEN

  Hier wird die Überwachung von Objektzugriffen und Systemereignissen konfiguriert. Außerdem lassen sich die globalen Rechte der Benutzer des Computers einstellen, beispielsweise für den Terminal- und Netzwerkzugriff oder Änderungen der Systemzeit. Des Weiteren werden Sicherheitsoptionen vorgegeben. Dazu gehören der Umgang mit Administratoren- und Gastkonten sowie das Verhalten bei der Anmeldung am System.

- RICHTLINIEN ÖFFENTLICHER SCHLÜSSEL

  Diese Richtlinien betreffen den Umgang mit öffentlichen Schlüsseln, die in Zertifikaten gespeichert werden. Hier werden beispielsweise die im Netzwerk gültigen Stammzertifikate bereitgestellt. Auch der Wiederherstellungsagent für das verschlüsselnde Dateisystem kann hier konfiguriert werden. Bei Bedarf können Zertifikate automatisch angefordert werden.

- RICHTLINIEN FÜR SOFTWAREEINSCHRÄNKUNG

  Sie können den Zugriff auf Software (Programme oder Dateien) generell erlauben (Standard) oder verbieten. Nach dem Verbot können einzelne Dateien oder Programme wiederum freigegeben werden. Dies erfolgt anhand bestimmter Erkennungsmerkmale (der Datei zugeordnetes Zertifikat, Pfad zur Datei oder Hashwert). Installer-Pakete können auch mit Hilfe von Internet-Zonenregeln konfiguriert werden.

  Richtlinien für die Softwareeinschränkung werden erst nach der erneuten Anmeldung wirksam.

- IP-SICHERHEITSRICHTLINIEN

  Hier wird IP-Sec konfiguriert, das heißt, unter welchen Bedingungen oder wie die verschlüsselte Kommunikation auf IP-Ebene abläuft.

12.6.7 Wirksame Gruppenrichtlinien

Um die Wirksamkeit von Gruppenrichtlinien festzustellen, sind in Windows Server 2003 neue Werkzeuge verfügbar, die nun in der Managementkonsole *Active Directory-Benutzer und -Computer* integriert sind. Dazu kann in jeder Organisationseinheit eines Active Directory ein so genannter Richtlinienergebnissatz erstellt werden. Dieser ermittelt die durch Vererbung und Überschreibung entstandenen wirksamen Richtlinien.

Der Richtlinienergebnissatz

Der Richtlinienergebnissatz bestimmt die wirksamen Richtlinien für einen bestimmten Benutzer. Dies ist eine Mischung aus den dominanten Richtlinien des Active Directory und den lokalen Sicherheitsrichtlinien.

Resultant Set of Policy

Voraussetzung für den sinnvollen Test des Richtlinienergebnissatzes ist das Vorhandensein sowohl einer lokalen als auch einer Gruppenrichtlinie im Active Directory. Wenn nur eine der beiden Richtlinien definiert wurde, entspricht der Richtlinienergebnissatz dieser.

Der Richtlinienergebnissatz-Assistent

Um den Assistenten zu starten, wählen Sie eine Organisationseinheit im Active Directory und im Kontextmenü die Option ALLE TASKS | RICHTLINIENERGEBNISSATZ (PLANUNG).

Im ersten Schritt können Sie das Objekt auswählen, für das der Richtlinienergebnissatz erstellt werden soll.

Schritt 1: Objektauswahl

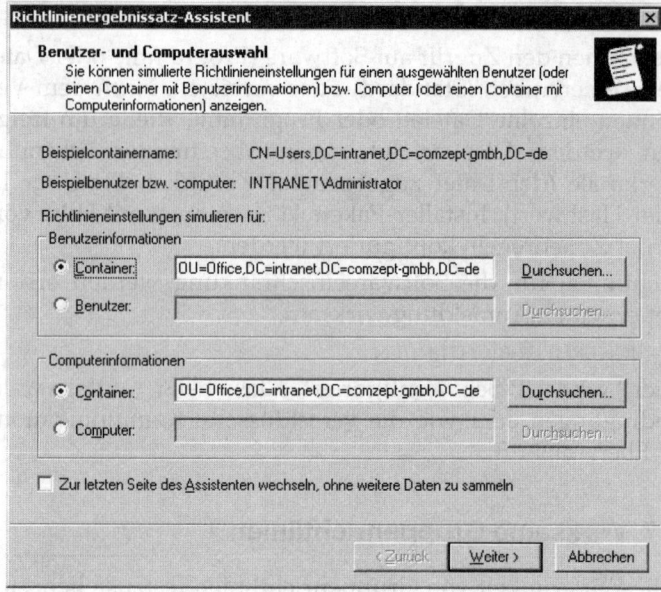

Wählen Sie hier den Computer und den Benutzer direkt aus, dessen Richtlinien sie prüfen möchten, wenn die Bedingungen nicht der gewählten OU entsprechen sollen.

Schritt 2:
Simulation

Im nächsten Schritt können Sie Bedingungen simulieren, unter den die Richtlinien zur Anwendung gelangen, beispielsweise langsamen Netzwerkverbindungen. Einige Richtlinien werden nicht angewendet, wenn der Zugriff über eine langsame Verbindung erfolgt.

Abbildung 12.75:
Simulationsoptionen

Richtlinienergebnissatz-Assistent

Erweiterte Simulationsoptionen
Sie können zusätzliche Optionen für die Simulation auswählen.

Richtlinienimplementierung für Folgendes simulieren:

☑ Langsame Netzwerkverbindung (z. B. DFÜ-Verbindung)

☐ Loopback-Verarbeitung

   ○ Ersetzen
   ○ Zusammenführen

Standort:

Standardname-des-ersten-Standorts ▼

☐ Zur letzten Seite des Assistenten wechseln, ohne weitere Daten zu sammeln

< Zurück   Weiter >   Abbrechen

Um die Simulation für ein fiktives System durchführen zu können, sind im nächsten entsprechende Pfadangaben möglich.

Schritt 3: Alternative Pfade

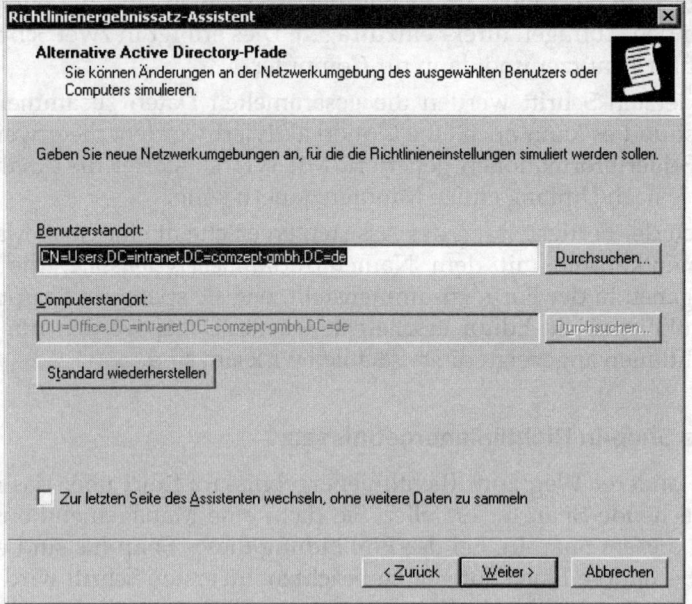

Abbildung 12.76: Alternative Pfade

Falls sich Einstellungen für die Sicherheitsgruppen ergeben, lassen sich die Wirkungen auf bestimmte Gruppen simulieren. Der nächste Schritt legt dies für Benutzersicherheitsgruppen fest. Danach folgen die Computersicherheitsgruppen (ohne Abbildung).

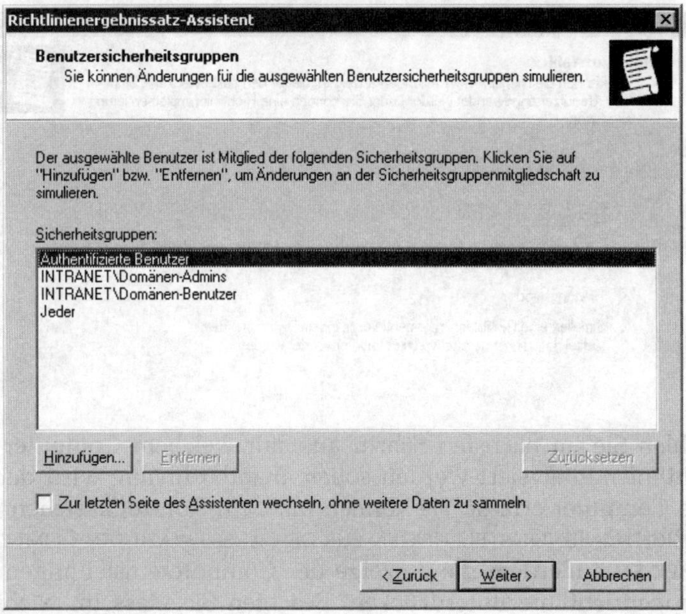

Schritte 4 und 5: Sicherheitsgruppen

Abbildung 12.77: Sicherheitsgruppen

Schritte 6 und 7:
WMI-Filter

Nun lassen sich noch WMI-Filter anwenden. WMI-Filter werden in Abschnitt 16.2.1 *WMI – Windows Management Instrumentation* ab Seite 1246 behandelt. Im Dialog des Assistenten sind die entsprechenden Abfragen direkt einzutragen. Dies erfolgt in zwei Schritte, erst für Benutzer und dann für Computer.

Schritt 8:
Zusammenfassung

Im letzten Schritt werden die gesammelten Daten zusammengefasst und es kann noch eine Option aktiviert werden, die erweiterte Fehlerinformationen generiert. Mit WEITER startet die Analyse, die je nach Umfang einige Minuten dauern kann.

Nach der Fertigstellung des Assistenten erscheint eine neue Managementkonsole mit dem Namen *Richtlinienergebnissatz*, die die Angaben in der Form zusammenstellt, wie sie später im Gruppenrichtlinienobjekt-Editor erscheinen würde. Dabei werden nur die Richtlinien angezeigt, die tatsächlich wirksam sind.

Das Snap-In Richtlinienergebnissatz

Ein anderer Weg zum Richtlinienergebnissatz führt über das entsprechende Snap-In. Erstellen Sie dazu eine Managementkonsole mit diesem Snap-In. Bei der Einbindung dieses Snap-Ins sind einige besondere Einstellungen zu beachten: Im ersten Schritt wird der Modus ausgewählt. In Windows Server 2003 steht ein PROTOKOL-LIERUNGSMODUS und ein PLANUNGSMODUS (Simulation) zur Verfügung. Der Planungsmodus entspricht dem bereits gezeigten Verfahren, das direkt aus der Managementkonsole *Active Directory-Benutzer und -Computer* heraus benutzt werden kann.

Abbildung 12.78:
Modus wählen

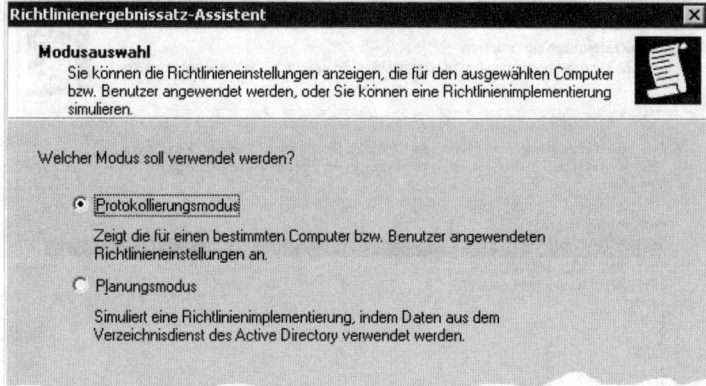

Auswahl des zu
analysierenden
Computers

Wählen Sie im nächsten Schritt aus, auf welchem Computer die Richtlinien analysiert werden sollen. Standardmäßig wird der lokale Computer erfasst. Sie können mit dem Kontrollkästchen KEINE RICHTLINIENEINSTELLUNGEN FÜR DEN AUSGEWÄHLTEN COMPUTER ANZEIGEN außerdem die Anzeige der Computereinstellungen der Gruppenrichtlinie unterdrücken. Beachten Sie, dass im nächsten

Schritt die Benutzerrichtlinien unterdrückt werden können. Wenn beide Optionen aktiviert werden, sind keine Richtlinien zum Vergleichen mehr vorhanden.

Der nächste Schritt wählt die Benutzerrichtlinien aus. Wählen Sie entweder den aktuellen oder einen anderen Benutzer – lokal oder im Active Directory. Allerdings können Sie Benutzer aus dem Active Directory nur dann analysieren, wenn diese sich bereits einmal lokal angemeldet haben und den Computer, der analysiert wird, auch benutzen.

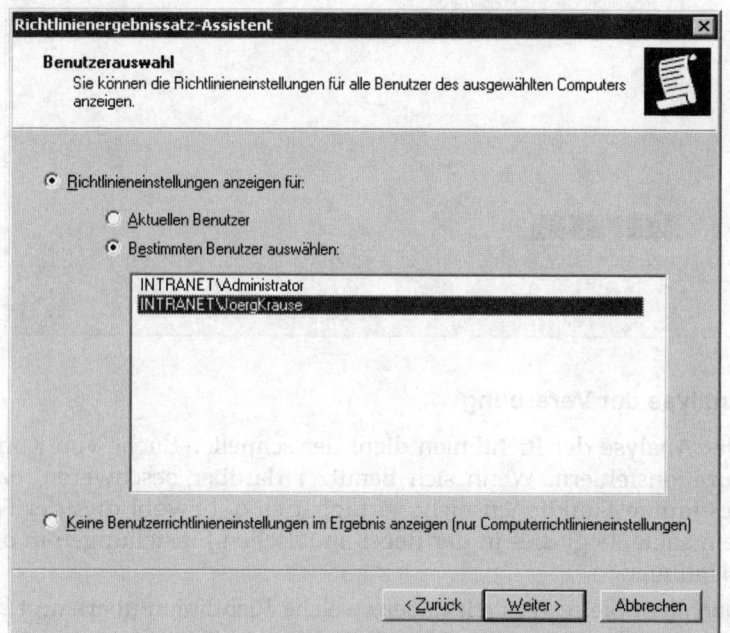

Abbildung 12.79: Auswahl des Benutzers, dessen Richtlinien analysiert werden sollen

Im letzten Schritt werden die gesammelten Daten zusammengefasst und es kann noch eine Option aktiviert werden, die erweiterte Fehlerinformationen generiert. Mit WEITER startet die Analyse, die je nach Umfang einige Minuten dauern kann. Damit sind die Einstellungen beendet.

Das eigentliche Analyseergebnis wird in Form eines Gruppenrichtlinien-Snap-Ins angezeigt. Dabei werden nur die Richtlinien aufgeführt, die auch aktiviert und wirksam sind. Dies vereinfacht erheblich die Übersicht, weil in der Regel die meisten Objekte nicht konfiguriert sind. Die Eigenschaftenfenster der Richtlinienobjekte sind ebenfalls mit denen des Gruppenrichtlinieneditors identisch. Die Werte können jedoch nicht direkt verändert werden.

Abbildung 12.80:
Ablauf der Analyse

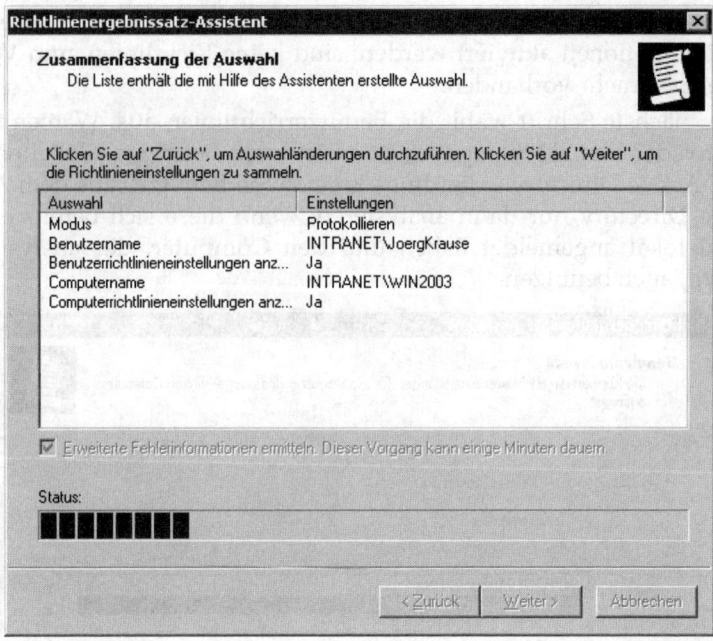

Analyse der Vererbung

Der Analyse der Richtlinien dient der schnellen Suche von Konfigurationsfehlern. Wenn sich Benutzer darüber beschweren, dass bestimmte Funktionen nicht verfügbar sind, obwohl dies der Fall sein sollte, liegt dies in der Regel an falschen Einstellungen in den Richtlinien.

Nachdem Sie festgestellt haben, welche Richtlinien überhaupt aktiv sind, gibt es zwei Gründe für die Fehlfunktion:

- Ein Gruppenrichtlinienobjekt wurde nicht oder in der falschen Hierarchie angewendet.
- Eine Gruppenrichtlinie ist falsch konfiguriert.

In beiden Fällen liefert das Snap-In RICHTLINIENERGEBNISSATZ die entsprechenden Aussagen.

Analyse der wirksamen Gruppenrichtlinienobjekte

Zuerst sollten Sie feststellen, welche Gruppenrichtlinienobjekte überhaupt zur Anwendung kamen. Klicken Sie dazu im Snap-In RICHTLINIENERGEBNISSATZ mit der rechten Maustaste entweder auf BENUTZERKONFIGURATION oder COMPUTERKONFIGURATION. Im Kontextmenü wählen Sie EIGENSCHAFTEN.

Priorität der Gruppenrichtlinienobjekte

Auf der Registerkarte ALLGEMEIN des folgenden Dialogs finden Sie eine Liste aller Gruppenrichtlinienobjekte. Das Objekt mit der höchsten Priorität steht an erster Stelle.

Fehler

Die Registerkarte FEHLERINFORMATIONEN zeigt möglicherweise aufgetretene Fehler an. Normalerweise sollte dort nur der Erfolg der Aktion zu finden sein. Sie können die Informationen in einer Textdatei speichern und der Domänendokumentation beifügen.

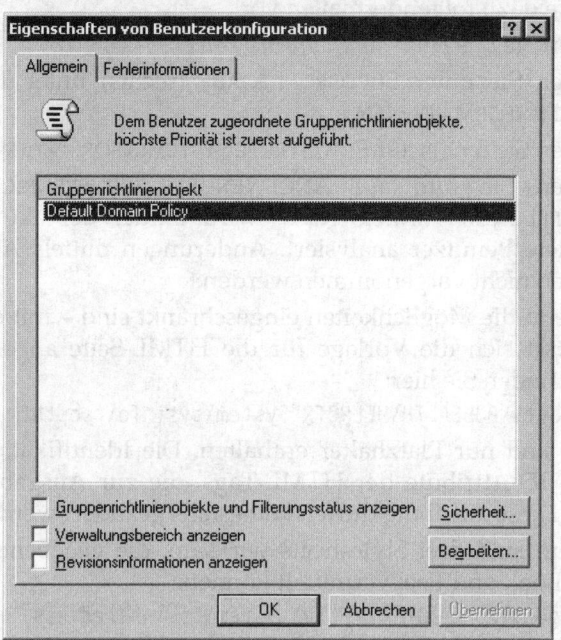

Klar ist, dass die lokale Richtlinie immer zuletzt angewendet wird und damit immer die geringste Priorität hat. Drei zusätzliche Optionen können in der Liste angezeigt werden. Dazu sind die entsprechenden Kontrollkästchen zu aktivieren:

- GRUPPENRICHTLINIENOBJEKTE UND FILTERSTATUS ANZEIGEN

  Hier wird angezeigt, ob das Objekt tatsächlich vererbt wurde und wirksam geworden ist.

- VERWALTUNGSBEREICH ANZEIGEN

  Diese Option zeigt an, in welcher OU das Objekt definiert wurde.

- REVISIONSINFORMATIONEN ANZEIGEN

  Hier finden Sie die Anzahl der Überarbeitungen.

Ausgabe der Analyse als HTML-Text

Die Ausgabe der Analyse kann auch als HTML-Text erfolgen. Dies ist jedoch nur über das Hilfe- und Supportcenter möglich. Durch die Möglichkeit, den erzeugten Text zu speichern und per E-Mail zu versenden, können Benutzer damit die aktuellen Einstellungen von einem Administrator überprüfen lassen. Der Zugriff über das Hilfe- und Supportcenter erlaubt nur die Analyse der Rechte des

Die Selbstanalyse

aktuellen Benutzers. Es ist also eher eine Funktion zur »Selbstanalyse«.

Gehen Sie dazu folgendermaßen vor:

1. Öffnen Sie das *Hilfe- und Supportcenter*.
2. Klicken Sie unter SUPPORTAUFGABE (rechts) unter TOOLS auf SYSTEMINFORMATIONEN.
3. Klicken Sie rechts auf ERWEITERTE SYSTEMINFORMATIONEN.
4. Klicken Sie nun auf ANGEWENDETE GRUPPENRICHTLINIEN-EINSTELLUNGEN ANZEIGEN. Es wird immer der aktuell angewendete Benutzer analysiert. Änderungen mittels Assistenten können nicht vorgenommen werden.

Vorlage anpassen   Auch wenn die Möglichkeiten eingeschränkt sind – mit etwas Geschick lässt sich die Vorlage für die HTML-Seite anpassen. Das Original finden Sie hier:

```
%Systemroot%\PCHEALTH\HELPCTR\System\sysinfo\rsop.htm
```

Im Text sind nur Platzhalter enthalten. Die Identifikation erfolgt über die ID-Attribute der HTML-Tags, die zur Ausgabe genutzt werden. Diese Attribute dürfen keinesfalls geändert werden.

Außerdem sind drei Stylesheets wirksam, die gegebenenfalls ein anderes Look-and-Feel vermitteln können:

```
%Systemroot%\PCHEALTH\HELPCTR\system\css\shared.css
%Systemroot%\PCHEALTH\HELPCTR\system\css\Behaviors.css
%Systemroot%\PCHEALTH\HELPCTR\msinfohss.css
```

Die folgende Abbildung zeigt das Standardlayout:

Abbildung 12.82:
Teil der HTML-Aus-
gabe der Richtlinien-
analyse

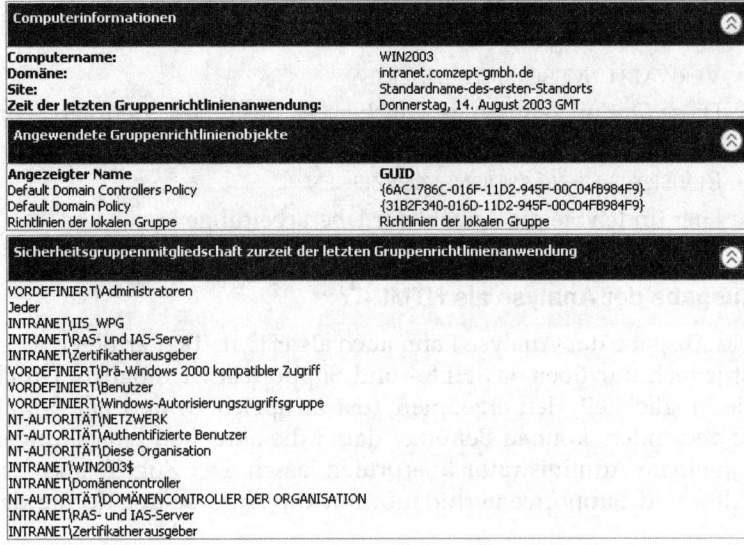

Erweiterte Systeminformationen - Richtlinie

Anzeige aktualisieren

Gruppenrichtlinienergebnisse für WIN2003

Computerinformationen

Computername:	WIN2003
Domäne:	intranet.comzept-gmbh.de
Site:	Standardname-des-ersten-Standorts
Zeit der letzten Gruppenrichtlinienanwendung:	Donnerstag, 14. August 2003 GMT

Angewendete Gruppenrichtlinienobjekte

Angezeigter Name	GUID
Default Domain Controllers Policy	{6AC1786C-016F-11D2-945F-00C04fB984F9}
Default Domain Policy	{31B2F340-016D-11D2-945F-00C04fB984F9}
Richtlinien der lokalen Gruppe	Richtlinien der lokalen Gruppe

Sicherheitsgruppenmitgliedschaft zurzeit der letzten Gruppenrichtlinienanwendung

VORDEFINIERT\Administratoren
Jeder
INTRANET\IIS_WPG
INTRANET\RAS- und IAS-Server
INTRANET\Zertifikatherausgeber
VORDEFINIERT\Prä-Windows 2000 kompatibler Zugriff
VORDEFINIERT\Benutzer
VORDEFINIERT\Windows-Autorisierungszugriffsgruppe
NT-AUTORITÄT\NETZWERK
NT-AUTORITÄT\Authentifizierte Benutzer
NT-AUTORITÄT\Diese Organisation
INTRANET\WIN2003$
INTRANET\Domänencontroller
NT-AUTORITÄT\DOMÄNENCONTROLLER DER ORGANISATION
INTRANET\RAS- und IAS-Server
INTRANET\Zertifikatherausgeber

Sie können den erzeugten Code auch als HTML-Datei speichern, beispielsweise um sie von einem Administrator prüfen zu lassen. Wenn Sie Administrator sind, kann die Richtlinienergebnissatz-Konsole von hier aus gestartet werden.

Analyse mit Kommandozeilen-Werkzeug GPRESULT

Neben dem Managementkonsolen-Snap-In und der HTML-Ausgabe des Hilfe- und Supportcenters besteht noch eine dritte Analyseoption – das Kommandozeilenwerkzeug GPRESULT. Die Ausgabe kann in eine Datei umgeleitet werden, was die spätere Auswertung oder den Versand per E-Mail erleichtert.

Das Werkzeug verwendet folgende Syntax:

GPRESULT anwenden

```
Gpresult [/s <computername>
         [/u <domäne>\<admin> /p <kennwort>]]
         [/user <benutzer>]
         [/scope {user|computer}] [/v] [/z]
```

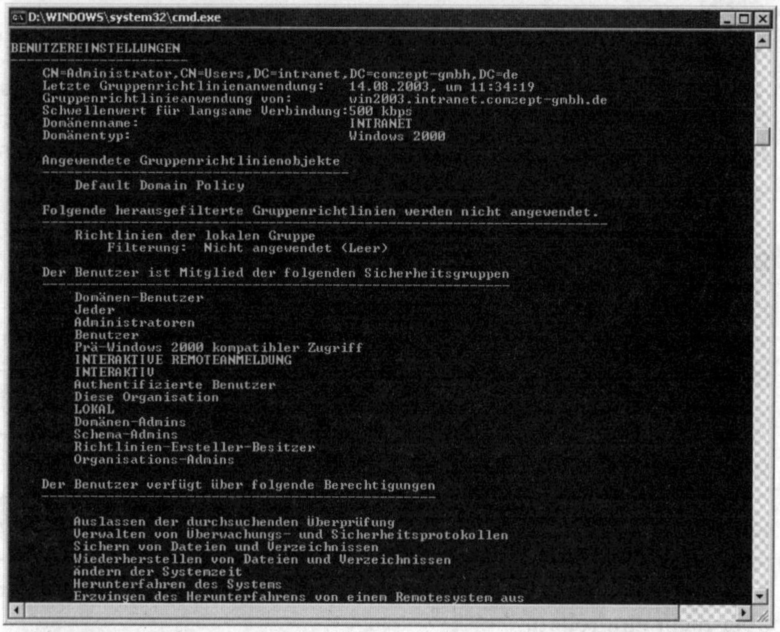

Abbildung 12.83:
Ausgabe der Analyse
mit gpresult

<computername> bezeichnet den Computer, auf dem die Analyse ausgeführt werden soll, ohne diese Angabe wird der lokale Computer analysiert. Falls zur Anmeldung an einem entfernten Computer erweiterte Rechte erforderlich sind, können Sie das benötigte Konto mit <domäne>/<benutzer> angeben. Der Benutzer, für den die Richtlinien analysiert werden sollen, wird mit <benutzer> angegeben. Auch diese Angabe ist optional – standardmäßig wird der aktuelle Benutzer verwendet. Mit der Option /scope schränken Sie

die Analyse auf den Teil Benutzerkonfiguration oder Computer-konfiguration ein. /v zeigt ausführliche Informationen an (v steht für engl. *verbose*). Mit /z werden alle verfügbaren Informationen angezeigt.

Beispiel

Den lokalen Computer und aktuellen Benutzer analysieren Sie folgendermaßen:

```
gpresult /z > analyse.txt
```

Zeigen Sie die Ergebnisdatei dann folgendermaßen an:

```
notepad analyse.txt
```

12.6.8 Delegierung der Administration

Übertragen der Administration auf andere Personen

Bei der Delegierung der Administration geht es um einen ganz praktischen Aspekt der täglichen Arbeit:

- Verteilung der Aufgaben auf mehrere Personen
- Ersetzbarkeit des Administrators im Krankheits- oder Urlaubs-fall
- Erhöhte Sicherheit für das Unternehmen

Auf der anderen Seite darf die Verteilung der Aufgaben nicht dazu führen, dass plötzlich viele Personen in den Besitz weitreichender Zugriffsrechte auf die empfindliche Infrastruktur des Netzwerks gelangen.

Strategische Aspekte

Es ist eine gute Idee, die Aufgabenverteilung dediziert zu be-schreiben und einem untergeordneten Administrator immer nur ganz bestimmte Rechte, die für die tägliche Arbeit benötigt wer-den, zu erteilen. Durch die Verteilung der Aufgaben bricht bei Ausfall einer Arbeitskraft nicht gleich der gesamte Netzwerkbe-trieb zusammen. So kann ein Mitarbeiter beispielsweise das Recht haben, Kennwörter von Benutzern zurückzusetzen und neu anzu-legen, nicht jedoch das Recht, Benutzerkonten zu löschen oder neu anzulegen. So kann er Benutzern, die ihr Kennwort vergessen ha-ben, schnell helfen. In das administrative System selbst kann er aber nicht eingreifen.

Praktische Vorgehensweise

Die Delegation von Zugriffsrechten erfolgt auf der Ebene der Gruppen. Dazu gibt es drei grundlegende Wege:

- Delegieren Sie spezifische Zugriffsrechte, wie beispielsweise Löschen oder Ändern, um Eigenschaften bestimmter Container zu kontrollieren.

- Delegieren Sie Zugriffe auf untergeordnete Objekte einer Organisationseinheit, beispielsweise auf die Objekte Users, Printers usw.

- Delegieren Sie Rechte zum Zugriff auf bestimmte Attribute auf Objekten bestimmter Organisationseinheiten, beispielsweise das Recht, Kennwörter von Objekten im Container *Users* zu ändern.

Sie können die Delegation so ändern, dass Gruppenadministratoren für eine Organisationseinheit nicht die Objekte anderer Organisationseinheiten administrieren können. Wenn aber Rechte auf höheren Ebenen der Hierarchie definiert werden, können diese für mehrere untergeordnete Administratoren gelten, denn standardmäßig werden Rechte vererbt.

Der Entwurf der Organisationseinheiten-Struktur sollte also auch die administrativen Abhängigkeiten beinhalten. Wurde die Struktur clever angelegt, kann die Verwaltung der Administratoren allein durch Hinzufügen oder Entfernen von Mitgliedern erfolgen. Das eigentliche Zuweisen der Rechte erfolgt natürlich durch Gruppen. Damit besteht die Notwendigkeit der Verwendung von Administrationsgruppen. Diese sind aber mit wenigen Handgriffen angelegt. Denken Sie daran, dass sich die Administratorstruktur sehr oft ändern kann – vor allem aus den anfangs genannten Gründen, wie Urlaub, Krankheit, Dienstreise usw. Einen Benutzer an eine Gruppe zu binden ist mit wenigen Mausklicks erledigt, inklusive der zeitlichen Steuerung der Mitgliedschaft.

Es lohnt sich auch nachzudenken, inwieweit die Verschachtelung von Gruppen genutzt werden kann. Dann können Sie leicht eine Administrations-Hierarchie einfügen. Änderungen sind dann oft nur an einer Gruppe und nicht mehr an mehreren notwendig. Es ist aber nicht sinnvoll, Verschachtelungen aus rein logischen Aspekten zu verwenden. Ohne die Nutzung der Vererbung von Rechten stellt die Verschachtelung nur eine sinnlose Komplizierung der Active Directory-Struktur dar. Gruppen sind und bleiben eine flache Struktur.

Wenn Ihre Organisationseinheiten-Struktur jedoch nicht der Sicherheitsstruktur entspricht, hilft die Zuordnung zu Gruppen nicht wirklich weiter. In diesem Fall dürfte der Fehler schon beim Entwurf der Struktur passiert sein. Sie müssen, wenn Sie dort nichts ändern können oder wollen, zwei Gruppenhierarchien aufbauen – eine für die Benutzer und eine für die Administratoren.

Gruppenrichtlinienobjekte können Sie nur Domänen, Sites und Organisationseinheiten zuweisen, nicht aber Benutzern oder Gruppen. Die primäre Organisationsstruktur sind die Objekte des Active Directory. Gruppen sind Organisationselemente für die Verwaltung. Deshalb werden diese Zuordnungen nur nach der vorherigen Zuweisung der Gruppenrichtlinien zu den Active Directory-Objekten durch Filtern verteilt.

So vergeben Sie die Verwaltungsrechte gezielt für Objekte im Active Directory:

1. Wählen Sie das betreffende Objekt aus.
2. Wählen Sie im Kontextmenü OBJEKTVERWALTUNG ZUWEISEN.
3. Es starten ein Assistent, der im ersten Schritt die Auswahl eines Benutzers oder einer Gruppe erlaubt, der Sie die Verwaltung erlauben möchten.

Abbildung 12.84: Zuweisen der Administrationsrechte

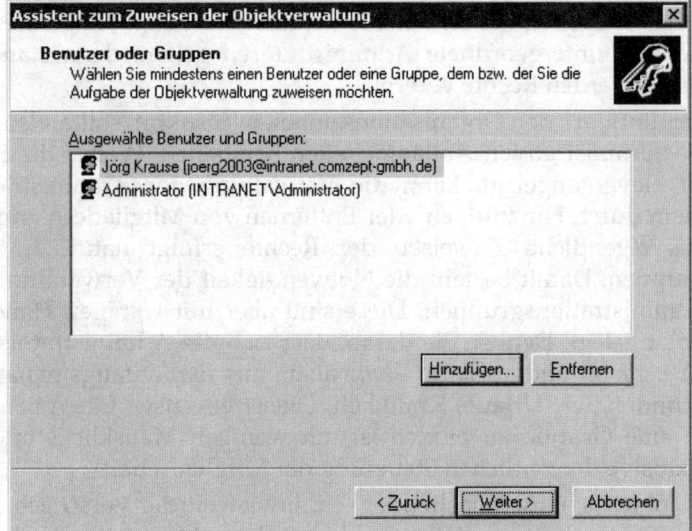

4. Im nächsten Schritt werden die dedizierten Rechte angegeben. Dazu gehören:
   - Erstellen, Entfernen und Verwalten von Benutzerkonten
   - Erneute Vergabe von Kennwörtern
   - Lesen aller Benutzerinformationen
   - Erstellen, Entfernen und Verwalten von Gruppen
   - Ändern der Mitgliedschaft in Gruppen
   - Verwalten von Verknüpfungen mit Gruppenrichtlinien-Objekten

Einstellungen ändern

Wollen Sie diese Einstellungen zu einem späteren Zeitpunkt ändern oder feinere Zuweisungen von Rechten vornehmen, gehen Sie folgendermaßen vor:

1. Wählen Sie im Kontextmenü des Objekts EIGENSCHAFTEN | SICHERHEIT.
2. Wählen Sie aus der Liste den betreffenden Benutzer oder die Sicherheitsgruppe aus.
3. Klicken Sie auf ERWEITERT.

4. In der folgenden Liste sehen Sie alle Objekte mit Zugriffsberechtigungen und deren Rechte. Wählen Sie den Benutzer mit dem zu ändernden Recht aus und klicken Sie dann auf ANZEIGEN/BEARBEITEN.

5. Fügen Sie neue Berechtigungsobjekte mit HINZUFÜGEN dazu und stellen Sie deren Rechte mit ANZEIGEN/BEARBEITEN ein.

Einige Einstellungen beeinflussen andere Optionen. Diese Abhängigkeiten werden sofort ausgeführt. Sie können die Vergabe der Verwaltungsrechte bis auf Attributebene ausführen.

Verwaltungsrechte direkt ändern

Das Vergeben von Verwaltungsrechten für Gruppenrichtlinien-Objekte an Benutzer ist nicht ganz einfach. Gehen Sie dazu folgendermaßen vor:

1. Wählen Sie das Gruppenrichtlinien-Objekt einzeln oder im Konsolenstamm aus.

2. Klicken Sie im Kontextmenü auf EIGENSCHAFTEN.

3. Gehen Sie zur Registerkarte SICHERHEIT.

4. Sie können jetzt die Berechtigungen folgendermaßen ändern:
   - Wählen Sie ein Benutzerkonto und dann die Berechtigungen dafür in der Liste BERECHTIGUNGEN.
   - Fügen Sie Gruppen oder Benutzer mit HINZUFÜGEN der Liste hinzu und vergeben Sie dafür Berechtigungen.
   - Entfernen Sie Benutzer mit der Schaltfläche ENTFERNEN.

5. Schließen Sie das Dialogfeld mit OK oder stellen Sie spezielle Berechtigungen mit der Schaltfläche ERWEITERT ein:
   - BERECHTIGUNGEN
     Hier können Sie einstellen, welche speziellen Teile der Gruppenrichtlinie der Benutzer administrieren darf.
   - ÜBERWACHUNG
     Hier wird definiert, welche Vorgänge überwacht werden sollen. Das betrifft vor allem Lese- und Schreibzugriffe des berechtigten Benutzers auf das Gruppenrichtlinienobjekt.
   - BESITZER
     Ändern Sie den Besitzer, um die Kontrolle abzugeben.

Bedeutung der Verwaltungsrechte

Die Darstellung kann vier Zustände annehmen, auch wenn die Kontrollkästchen nur zwei davon suggerieren:

- *Zulassen*
  Das Recht wurde explizit zugelassen.

- *Verweigert*

  Das Recht wurde explizit verweigert. Damit wird eine Verer-bung überschrieben.

- *Grau hinterlegt*

  Das Recht wurde vererbt. Der gültige Zustand wird angezeigt, indem das Kontrollkästchen aktiviert oder deaktiviert darge-stellt wird.

- *Keine Auswahl*

  Die Berechtigung wurde über die Mitgliedschaft in einer Grup-pe erhalten. Sie können diesen Wert durch die entsprechende Funktion festsetzen. Im Zweifelsfall wird Windows das Recht verweigern.

Standardverwal-tungsrechte

Die Standardverwaltungsrechte umfassen:

- UNEINGESCHRÄNKTER ZUGRIFF

  Ein globales Recht, das alle anderen umfasst

- LESEN

  Richtlinien können eingesehen werden.

- SCHREIBEN

  Richtlinien können geschrieben werden.

- ALLE UNTERGEORDNETEN OBJEKTE ERSTELLEN

- ALLE UNTERGEORDNETEN OBJEKTE LÖSCHEN

- RICHTLINIENERGEBNISSATZ ERSTELLEN (PLANUNG)

- RICHTLINIENERGEBNISSATZ ERSTELLEN (PROTOKOLLIERUNG)

Dies erlaubt die Nutzung der entsprechenden Optionen durch den Administrator dieses Objekts.

13

Weitere Netzwerkfunktionen

In diesem Kapitel werden andere wesentliche Netzwerkfunktionen behandelt. Diese benötigen nicht zwingend Active Directory, sind aber teilweise, wie beispielsweise DNS, für den Einsatz des Verzeichnisdienstes notwendig und können selbst ebenfalls auf einem Server bereitgestellt werden.

Vorgestellt werden alle Server für Internet-Dienste. Dies umfasst den WWW-Dienst, FTP, SMTP, NNTP, die in den Internetinformationsdiensten zusammengefasst sind. Ergänzt wird die Darstellung durch den neuen POP3-Dienst.

Darüber hinaus finden Sie hier die Einrichtung der RRAS-Funktionen und die Konfiguration der Serverfunktionen für Apple Macintosh-Clients.

Inhaltsübersicht Kapitel 13

13.1 DHCP einrichten und verwalten

DHCP dient zur starken Vereinfachung der Administration von Clients in einem TCP/IP-basierten Netzwerk. Active Directory setzt protokollseitig TCP/IP voraus, sodass sich eine Verwendung von DHCP geradezu anbietet. Fragen der Grundlagen zu DHCP werden in Abschnitt 5.5.2 *IP-Adressvergabe mit DHCP* ab Seite 245 behandelt.

Grundlagen DHCP ab Seite 245

13.1.1 Installation eines DHCP-Servers

Die DHCP-Serverfunktionen werden zunächst einmal unabhängig von Active Directory unterstützt. Sie können also einen DHCP-Server sowohl auf einem alleinstehenden Server als auch auf einem Domänencontroller installieren und betreiben. Allerdings wird im Active Directory der Einsatz von DHCP-Servern durch die notwendige Autorisierung besser kontrollierbar.

Installationsverfahren

Die Installation können Sie entweder manuell über die *Systemsteuerung* und das Applet *Software* oder mit Hilfe des *Serverkonfigurations-Assistenten* durchführen. Bei letztgenanntem Verfahren wird die Autorisierung im Active Directory, falls eingesetzt, vom Assistenten gleich mit erledigt. Zum grundsätzlichen Vorgehen finden Sie weitere Hinweise in Abschnitt *Serverkonfigurations-Assistent* ab Seite 600. Nachfolgend wird der erstgenannte Weg kurz vorgestellt.

Installation über die Systemsteuerung

Für die manuelle Installation der DHCP-Serverfunktionalität gehen Sie folgendermaßen vor:

Vorgehen bei der Installation

1. Starten Sie das Applet *Software* in der *Systemsteuerung*.
2. Klicken Sie auf die Schaltfläche WINDOWS KOMPONENTEN HINZUFÜGEN / ENTFERNEN.
3. Aktivieren Sie das Kontrollkästchen NETZWERKDIENSTE und klicken Sie auf die Schaltfläche DETAILS.
4. Aktivieren Sie im Dialogfenster NETZWERKDIENSTE das Kontrollkästchen bei DHCP-PROTOKOLL.

Abbildung 13.1:
DHCP installieren

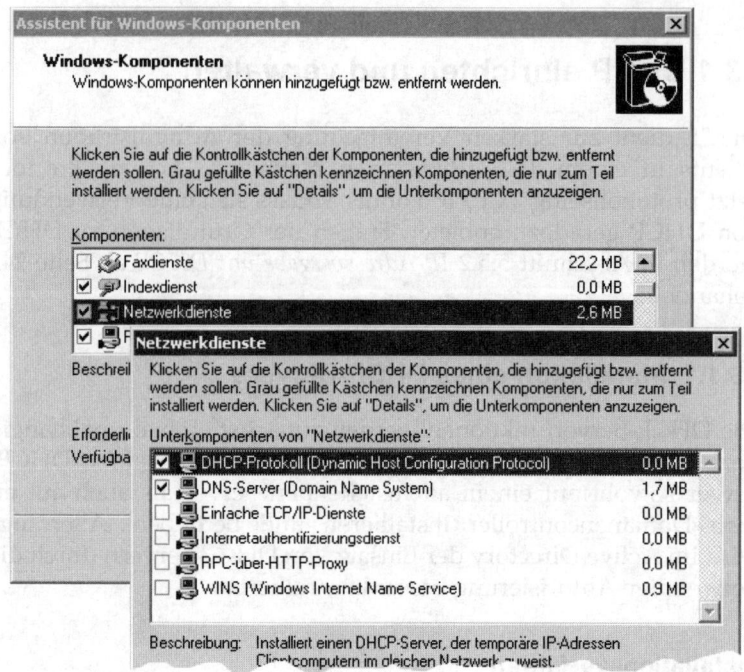

Nach der Installation steht der DHCP-Serverdienst direkt zur Verwendung bereit und muss weiter eingerichtet werden. Ein Neustart des Servers ist nicht notwendig.

13.1.2 DHCP-Server aktivieren

Den DHCP-Serverdienst können Sie über die Managementkonsole *DHCP* verwalten, zu finden über START | VERWALTUNG.

Das Snap-In *Dhcp* ist übrigens auch Bestandteil der Managementkonsole *Computerverwaltung*, welche Sie über das Kontextmenü vom ARBEITSPLATZ-Symbol im Startmenü aufrufen können.

DHCP mit Active Directory

Server autorisieren   Nach der manuellen Installation in einer Active Directory-Umgebung müssen Sie den DHCP-Server im Active Directory zunächst autorisieren, damit dieser im Verzeichnis seine Arbeit aufnehmen kann. Gehen Sie dazu über das Kontextmenü des DHCP-Serversymbols im Snap-In DHCP und wählen Sie dort AUTORISIEREN. Dieser Vorgang kann wenige Augenblicke bis einige Minuten dauern. Danach steht der DHCP-Server im Netzwerk zur Verfügung.

DHCP ohne Active Directory

Verwenden Sie den DHCP-Serversdienst in einem Netzwerkumfeld ohne Active Directory, steht der DHCP-Dienst sofort zur Verfügung. Sie müssen dann lediglich noch die relevanten IP-Bereiche definieren.

13.1.3 Definieren von IP-Bereichen

Über den Punkt NEUER BEREICH des Kontextmenüs für das DHCP-Serversymbol können Sie einen neuen IP-Bereich definieren. Es startet ein entsprechender Assistent und fragt als Erstes nach einem Namen für den neuen Bereich.

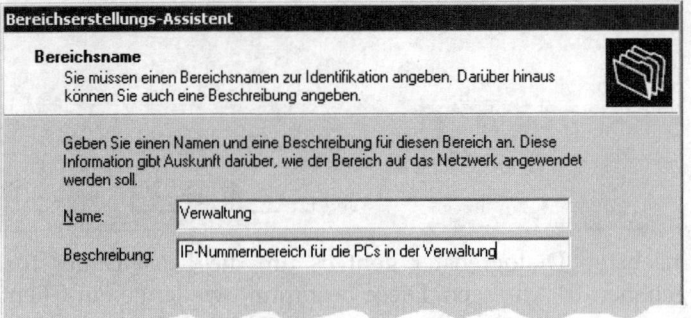

Abbildung 13.2:
Namen des neuen
Bereichs eingeben

Im nächsten Dialogfenster definieren Sie die IP-Nummern und die Subnetzmaske für das Netzwerk.

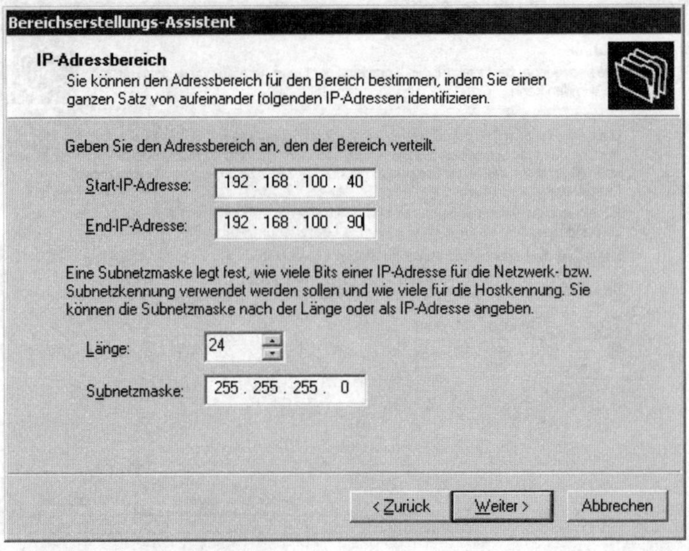

Abbildung 13.3:
IP-Nummern des
neuen Bereichs
definieren

Danach können Sie eventuell benötigte IP-Adressbereiche angeben, die von der automatischen Vergabe durch den DHCP-Server
ausgenommen werden sollen.

Abbildung 13.4:
Ausschluss von IP-
Adressbereichen
definieren

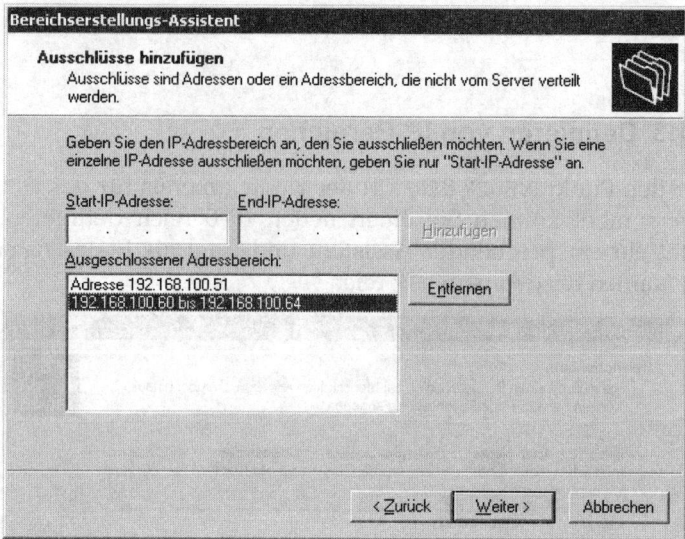

Im nächsten Dialogfenster geht es um die Lease-Dauer für die
vergebenen IP-Adressen. Diese bestimmt, wie lange ein Client die
ihm zugewiesene Adresse maximal behalten kann. Die
vorgegebenen Einstellungen für die Leasedauer (8 Tage) können
Sie für die meisten Standard-Netzwerkumgebungen übernehmen.

Abbildung 13.5:
Standard-Leasedauer
festlegen

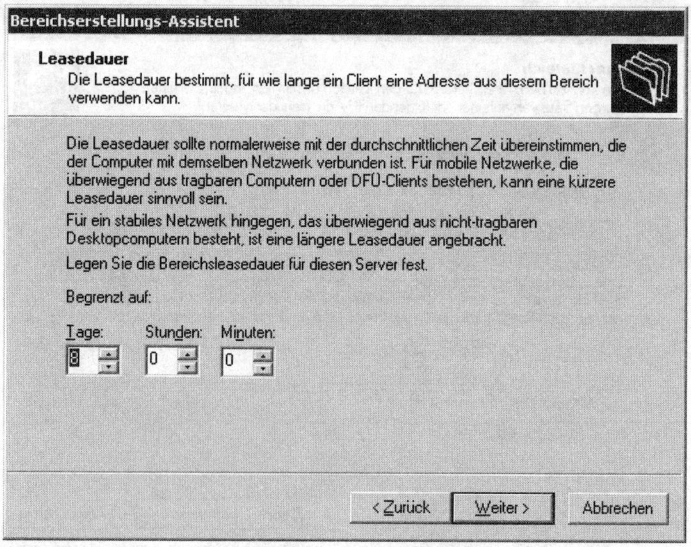

Danach lassen sich die weiteren DHCP-Optionen einrichten. Dies
können Sie gleich tun oder später erledigen. Die durch den Assis-

tenten hier einstellbaren Optionen betreffen nur diesen neuen Bereich. Die *Serveroptionen* stellen Sie an anderer Stelle ein (siehe auch nachfolgender Abschnitt).

Damit der DHCP-Server aktiv werden und an die Clients die Adressen verteilen kann, muss der Bereich noch aktiviert werden. Markieren Sie dazu den Bereich und wählen Sie aus dem Kontextmenü den entsprechenden Punkt.

Bereich aktivieren

13.1.4 DHCP-Optionen

Mit der IP-Adresse und der Subnetzmaske können auch weitere Optionen an den DHCP-Client übergeben werden. Die Grundlagen, die es dabei zu beachten gilt, werden in Abschnitt *DHCP-Optionen* ab Seite 248 erläutert.

Serveroptionen einstellen

Die Serveroptionen stellen Sie über den gleichnamigen Eintrag in der Managementkonsole für den betreffenden DHCP-Server ein.

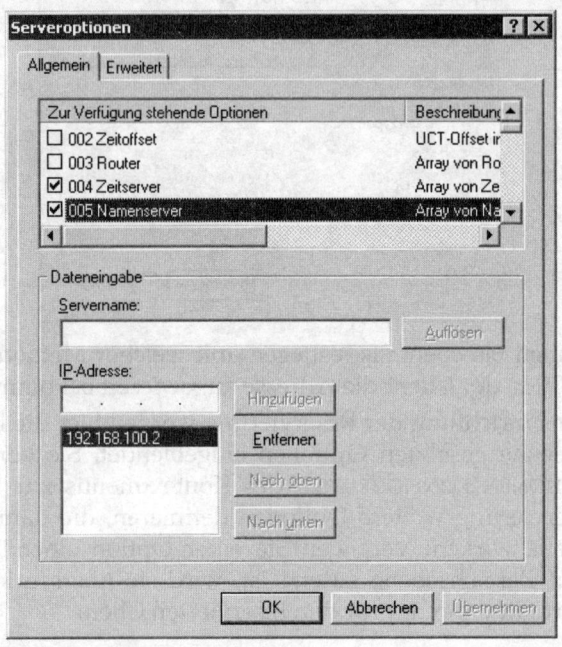

Abbildung 13.6: DHCP-Server-optionen

Richten Sie hier globale Optionen ein, die generell für alle DHCP-Clients des Netzwerks gelten sollen. Einzelne Optionen, die nur speziell für bestimmte Bereiche oder Clients gelten sollen, können Sie parallel bei den Bereichs- oder Clientoptionen definieren. Diese werden dann die hier festgelegten Parameter überschreiben.

Bereichsoptionen einstellen

Die Bereichsoptionen konfigurieren Sie in den jeweiligen Bereichen. Das Vorgehen dabei entspricht dem bei den Serveroptionen. Bereichsoptionen überschreiben eventuell gesetzte Serveroptionen.

Clientoptionen einstellen und Reservierungen

Sie können bei Bedarf spezielle Optionen für bestimmte Clients setzen. Dazu müssen Sie diese allerdings direkt adressieren. Dies wird über eine *Reservierung* ermöglicht, welche Sie zuerst für den betreffenden Client einrichten müssen.

Reservierung einrichten

Öffnen Sie den entsprechenden Bereich in der Managementkonsole und aktivieren Sie den Punkt RESERVIERUNGEN. Über das Kontextmenü und NEUE RESERVIERUNG fügen Sie einen Eintrag hinzu.

Abbildung 13.7:
Neue Reservierung

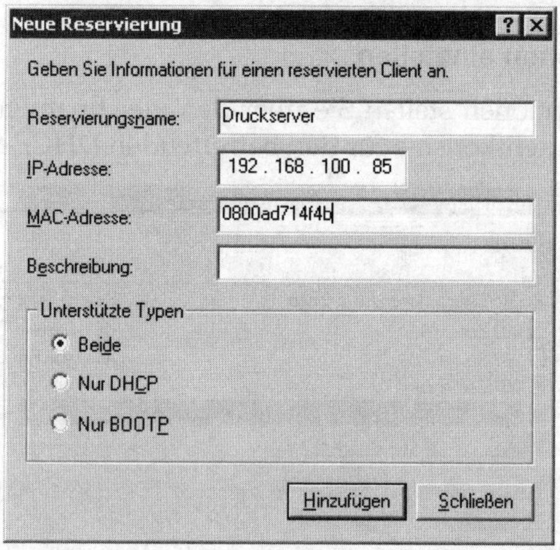

Hier können Sie ebenfalls festlegen, mit welcher Methode (DHCP oder BOOTP) der Client die Adresse zugewiesen bekommen soll.

Clientoptionen setzen

Nach der Einrichtung der Reservierung werden hier die bisher auf Bereichsebene gesetzten Optionen eingeblendet. Sie können nun über OPTIONEN KONFIGURIEREN des Kontextmenüs zur betreffenden Reservierung weitere Optionen definieren, die dann nur auf Clientebene wirken. Vergeben Sie einer Option einen Wert, die schon auf Bereichsebene gesetzt ist, wird sie überschrieben. Der neue Wert gilt dann nur für den reservierten Client.

13.1.5 Verwendung von Klassenoptionen

Die DHCP-Serverimplementation von Windows Server 2003 erlaubt die Verwendung von Benutzer- und Herstellerklassen, um Clients in bestimmte Klassen einteilen und bei diesen dementsprechend individuelle Konfigurationsinformationen anwenden zu können (siehe auch Abschnitt *DHCP-Benutzer- und Herstellerklassen* ab Seite 250).

In diesem Abschnitt wird ausschließlich der Umgang mit Benutzerklassen gezeigt. Weitergehende Informationen zu Hersteller-klassen finden Sie in der Online-Hilfe. **Beschränkung auf Benutzerklassen**

Definition von Benutzerklassen am DHCP-Server

Zur Einrichtung von DHCP-Benutzerklassen starten Sie die Managementkonsole *DHCP* und öffnen über den Eintrag BENUTZER-KLASSEN DEFINIEREN des Kontextmenüs zu Ihrem DHCP-Server das entsprechende Einrichtungsfenster. Im dann folgenden Fenster werden alle Klassen angezeigt. Bis auf die zwei Standardklassen, die von Microsoft festgelegt worden sind, können Sie Ihre selbst definierten Klassen jederzeit wieder ändern.

Zum Definieren einer neuen Klasse gehen Sie über HINZUFÜGEN. Vergeben Sie zunächst einen eindeutigen Namen sowie, optional, eine Beschreibung zur neuen Klasse. **Neue Klasse anlegen**

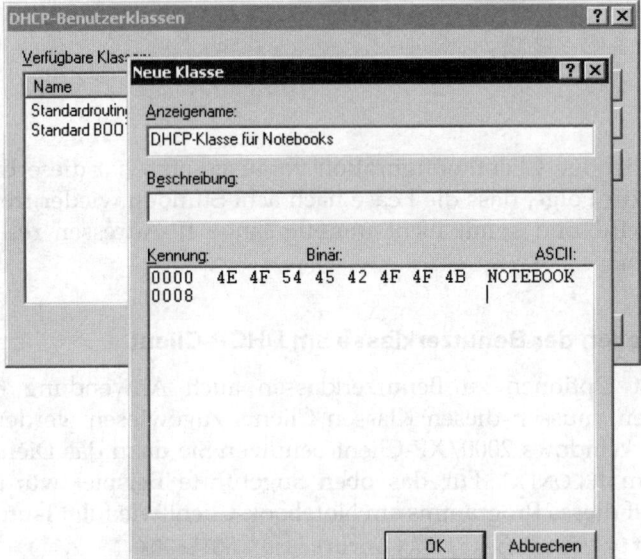

Abbildung 13.8: Neue Klasse definieren

Unter KENNUNG tragen Sie die gewünschten Werte ein. Sie können das in hexadezimaler Form (unter BINÄR) oder, was einfacher für die Definition einer sinnvollen Kennung ist, mit direkter Eingabe der ASCII-Zeichen durchführen. Im Beispiel in Abbildung 13.8 wurde eine solche Benutzerklasse mit der Kennung NOTEBOOK angelegt.

Haben Sie die Benutzerklasse eingerichtet, können Sie für diese spezielle DHCP-Optionen festlegen. Diese werden dann zusätzlich **DHCP-Optionen für Benutzerklassen** nach den gesetzten Standard- und Herstelleroptionen angewendet, wenn ein entsprechender Client erkannt worden ist. Öffnen Sie dazu die entsprechende Bereichs- oder Serveroption über OPTIONEN KONFIGURIEREN des dazugehörenden Kontextmenüs. Über ERWEITERT können Sie dann die Klassenoptionen setzen.

Wollen Sie beispielsweise die Leasedauer auf acht Stunden festlegen, da vielleicht Außendienstmitarbeiter nur ein- bis zweimal pro Woche für wenige Stunden Zugriff auf das Unternehmensnetz benötigen, belegen Sie die Option 051 LEASE mit dem Wert 28 800 (in Sekunden) bei der entsprechenden Benutzerklasse.

Abbildung 13.9:
Bereichsoptionen für
eine Benutzerklasse

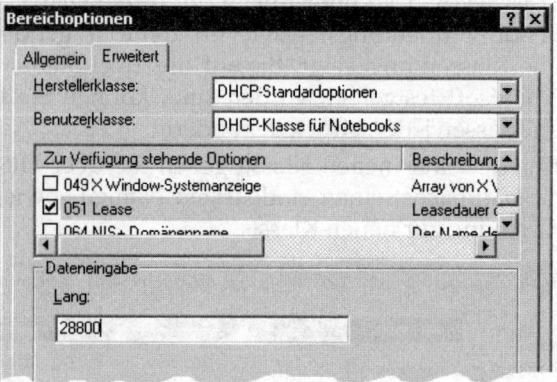

Eine richtige Clientkonfiguration vorausgesetzt, hat diese Einstellung zur Folge, dass die Lease nach acht Stunden wieder freigegeben wird und somit nicht unnötig lange IP-Adressen reserviert bleiben.

Einstellen der Benutzerklasse am DHCP-Client

Klasseninformation einstellen

Damit Optionen zu Benutzerklassen auch Anwendung finden können, müssen diesen Klassen Clients zugewiesen werden. Für einen Windows 2000/XP-Client benutzen Sie dazu das Dienstprogramm IPCONFIG. Für das oben angeführte Beispiel würde der Aufruf dieses Programms am Notebook-Client wie folgt lauten:

```
Ipconfig /setclassid "LAN-Verbindung" NOTEBOOK
```

Beachten Sie, dass die korrekte Schreibweise der Klassenkennung wichtig ist (unter Berücksichtigung der Groß- und Kleinschreibung).

Klasseninformation anzeigen

Mit dem folgenden Aufruf von IPCONFIG können Sie sich die aktuell definierte Klasse der Clients anzeigen lassen:

```
Ipconfig /showclassid "LAN-Verbindung"
```

Klassenkennung löschen

Mit diesem Aufruf von IPCONFIG wird die Klassenkennung wieder gelöscht:

```
Ipconfig /setclassid "LAN-Verbindung"
```

13.2 DNS einrichten und verwalten

Einen Server unter Windows Server 2003 können Sie als DNS-Server einsetzen. Spätestens beim Einsatz von Active Directory ist ein eigener DNS-Server Voraussetzung, damit das Netzwerk reibungslos funktionieren kann. Zu den DNS-Grundlagen finden Sie weitergehende Informationen in Abschnitt 5.6 *Domain Name System (DNS)* ab Seite 252. **Grundlagen DNS ab Seite 252**

Für die Installation dieses Serverdienstes haben Sie die gleichen beiden Wege, wie sie schon für den DHCP-Serverdienst ab Seite 933 beschrieben worden sind. **DNS-Server installieren**

13.2.1 Zonen einrichten

Die grundlegende Konfiguration des DNS-Servers mit der Einrichtung der ersten Zonen erlaubt recht komfortabel der *Assistent für die DNS-Serverkonfiguration*, den Sie starten, wenn Sie den Punkt DNS-SERVER KONFIGURIEREN aus dem Kontextmenü der Managementkonsole wählen.

Im ersten Dialogfenster legen Sie den Umfang der Einrichtung fest, die Sie mit Hilfe des Assistenten vornehmen wollen. Für einen vollwertigen DNS-Server in einem mittleren Unternehmensnetzwerk wird die mittlere Option in der Regel richtig sein.

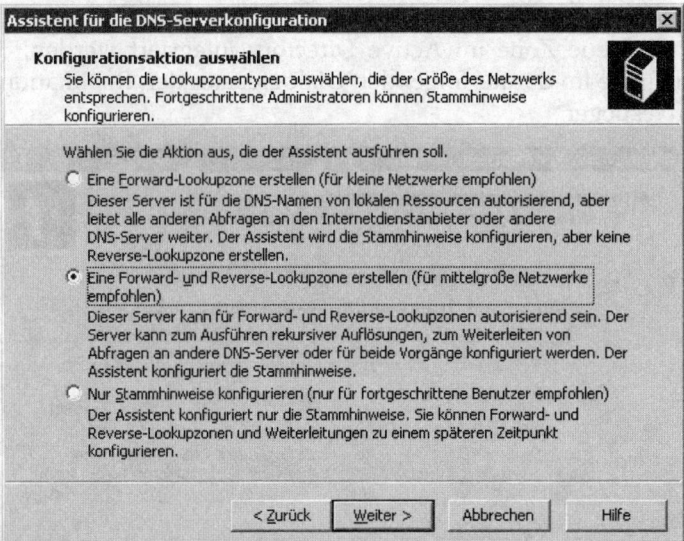

Abbildung 13.10: Erster Schritt: Umfang der Einrichtung festlegen

Sie werden im nächsten Schritt dann noch einmal mit der Rückfrage konfroniert, ob Sie jetzt eine Forward-Lookupzone erstellen wollen. Nach deren positiver Beantwortung legen Sie den *Zonentyp* fest. Wie in Abschnitt *Active-Directory-verwaltete Zonen* ab Seite 262 **Zonentyp** beschrieben, können Sie bei der Einrichtung eines DNS-Servers die direkte Integration in das Active Directory vornehmen. Dies funktioniert allerdings nur dann, wenn der DNS-Server gleichzeitig Domänencontroller ist.

Abbildung 13.11:
Auswahl des Zonen-
typs

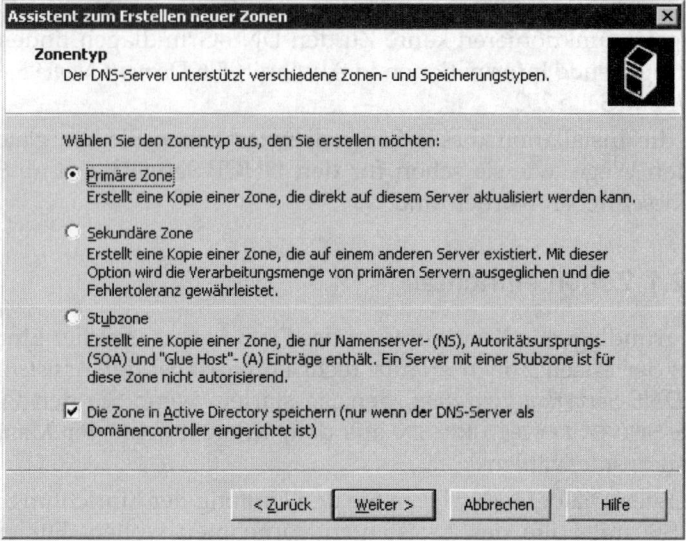

Zur Bedeutung der einzelnen Typen finden Sie weiterführende Informationen in Abschnitt 5.6.6 *Aufbau von DNS-Servern* ab Seite 261.

Replikationsbereich
bei AD-Zonen

Soll die neue Zone im Active Directory integriert werden, dann können Sie im darauf folgenden Dialogfenster den Replikationsbereich festlegen.

Abbildung 13.12:
Replikationsbereich
festlegen

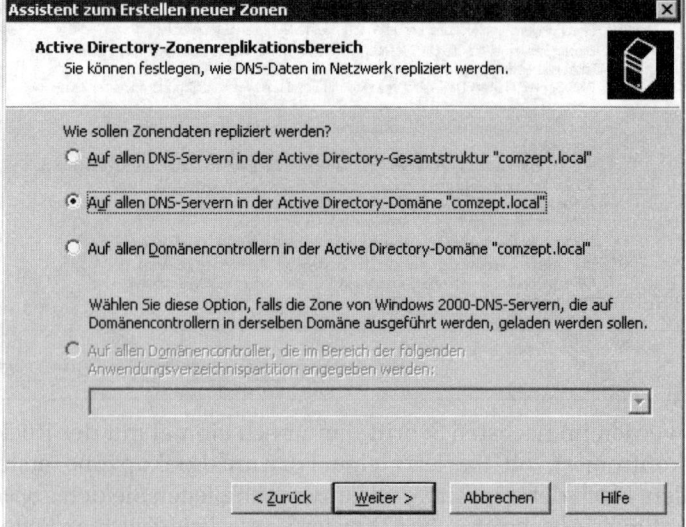

Legen Sie dann fest, ob Sie als Zonenart eine Forward- oder eine **Zonenart**
Reverse-Lookupzone einrichten wollen. Weitere Informationen
finden Sie dazu in Abschnitt *Forward- und Reverse-Lookupzonen* ab
Seite 262.

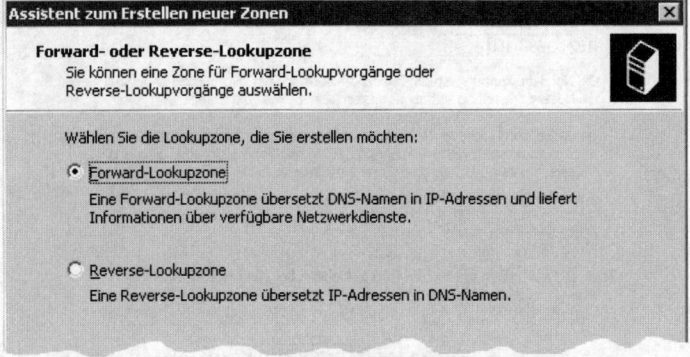

Abbildung 13.13:
Zonenart festlegen

Für eine Forward-Lookupzone legen Sie den Namen fest. Mit die- **Zonenname**
sem Namen bestimmen Sie gleichzeitig den DNS-Namensraum,
für den der Server autorisierend ist.

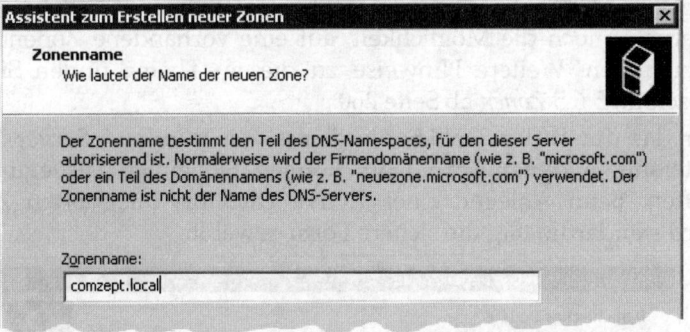

Abbildung 13.14:
Namen für eine For-
ward-Lookupzone
festlegen

Der Name für eine Reverse-Lookupzone wird durch die Netzwerkadresse festgelegt und entspricht einem festen Schema. Zur
Erleichterung der Namensbildung bietet der Assistent die Einga-
bemöglichkeit für die Netzwerkadresse in normaler Notation an
(siehe Abbildung 13.15). Daraus bildet er selbstständig den Namen
in der umgekehrten »in-addr.arpa«-Notation.

Abbildung 13.15:
Eingabe der Netz-
werkadresse für die
Namensbildung einer
Reverse-Lookupzone

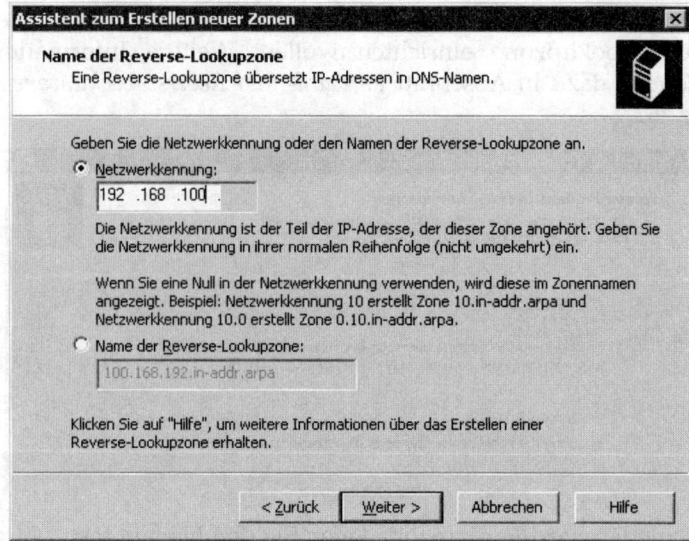

Zonendateien

Wird die Zone nicht im Active Directory gespeichert, müssen Sie nach der Eingabe des Zonennamens noch den Namen der Datei angeben, in der die Zonendaten abgelegt werden. Sie haben hier alternativ noch die Möglichkeit, auf eine vorhandene Zonendatei zuzugreifen. Weitere Hinweise zu diesem Thema finden Sie in Abschnitt 5.6.5 *Zonen* ab Seite 260.

Dynamisches DNS

Für das durch den DNS-Serverdienst von Windows Server 2003 unterstützte dynamische DNS können Sie einige Festlegungen treffen. Beim Anlegen einer Active Directory-integrierten Zone wird standardmäßig die sichere Form gewählt.

Abbildung 13.16:
Festlegungen zum
dynamischen DNS
treffen

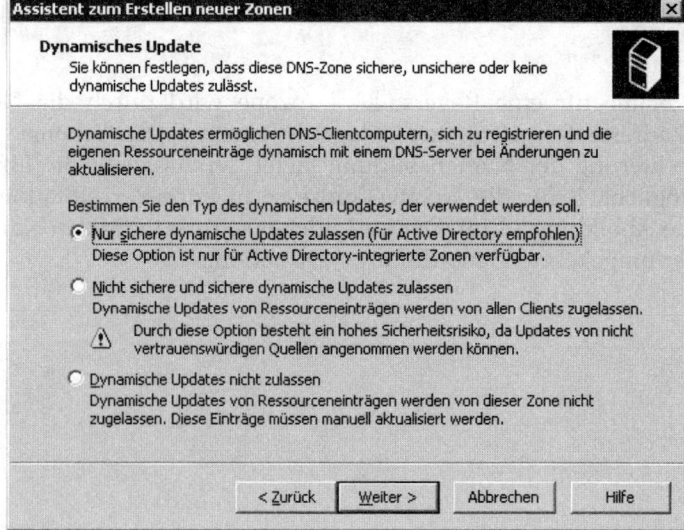

Sie können das dynamische Update auch deaktivieren. Das Zulassen nicht sicherer dynamischer Updates ist in Unternehmensnetzen eher nicht zu empfehlen und nur dann angebracht, wenn Sie unbedingt Nicht-Active Directory-Clients komfortabel in das DNS einbinden wollen. Weitere Informationen finden Sie dazu in Abschnitt 5.6.8 *Dynamisches DNS* ab Seite 270.

13.2.2 Zonenkonfiguration ändern

Die Konfigurationsdaten zu einer Zone können Sie nachträglich jederzeit ändern und an neue Anforderungen anpassen. Öffnen Sie dazu das Eigenschaften-Dialogfenster zur Zone, indem Sie den entsprechenden Punkt aus dem Kontextmenü zur betreffenden Zone in der Managementkonsole *Dns* wählen.

Zonentyp ändern

In der Registerkarte ALLGEMEIN finden Sie die Angabe des aktuellen Zonentyps. Über die Schaltfläche ÄNDERN können Sie diesen umstellen.

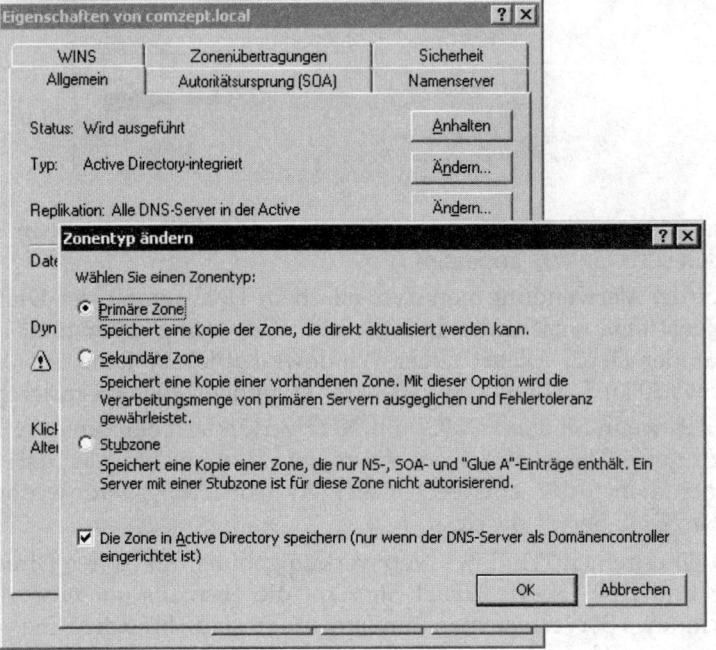

Abbildung 13.17:
Zonentyp ändern

Replikationsverfahren ändern

Für Active Directory-integrierte Zonen bietet sich in der gleichen Registerkarte die Möglichkeit, das Replikationsverfahren zu ändern. So können Sie auf veränderte Bedingungen, wie den starken Ausbau der Netzwerkstruktur, reagieren. Bislang nur auf Domänencontrollern einer Domäne gehaltene Zonen lassen sich damit beispielsweise auf alle Domänencontroller der Gesamtstruktur replizieren.

Einstellungen zum Dynamischen Update

Aktiviert bei AD-Zonen

Eine neu eingerichtete Zone, die über das Active Directory verwaltet wird, ist standardmäßig so konfiguriert, dass die sichere dynamische Aktualisierung zugelassen wird.

Abbildung 13.18:
Zoneneigenschaften
einer AD-integrierten Zone

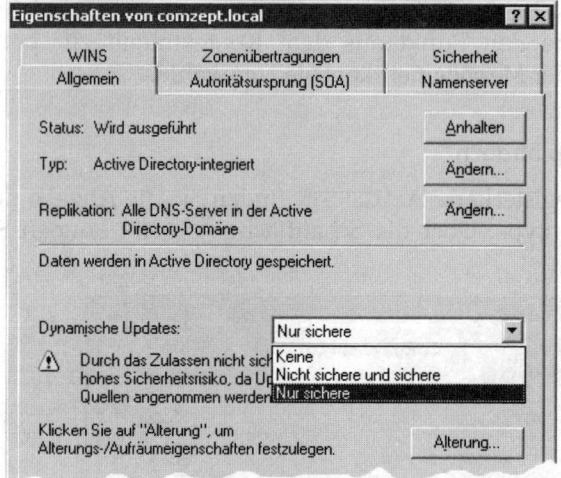

Sie können dieses Verhalten über das Auswahlmenü neben DYNAMISCHE UPATES anpassen.

DHCP-Clienteinstellungen

Bei der Verwendung von dynamischem DNS nimmt der DHCP-Dienst eine entscheidende Rolle ein. Clientseitig unterstützt dies nur der DHCP-Dienst neuer Windows-Betriebssysteme (ab Windows 2000). Sie brauchen dabei keine Optionen zu konfigurieren.

Auch wenn Sie kein DHCP im Netzwerk oder beim betreffenden Windows-Client einsetzen, führt im Hintergrund der DHCP-Clientdienst die entsprechenden Aktualisierungsanforderungen beim DNS-Server durch.

DHCP-Servereinstellungen

In einer reinen Windows-Netzwerkumgebung mit Active Directory und DNS- sowie DHCP-Servern, die ebenfalls auf modernen Windows-Serversystemen implementiert sind, brauchen Sie sich im Normalfall um dynamisches DNS nicht weiter zu kümmern. Voraussetzung ist lediglich, dass die eingerichteten Zonen auf dem DNS-Server als Active Directory-integrierte Zonen eingerichtet worden sind.

Sie können aber das Verhalten des DHCP-Servers hinsichtlich DDNS über das entsprechende Eigenschaften-Fenster konfigurieren. Öffnen Sie dieses über das Kontextmenü des DHCP-Servers in der gleichnamigen Managementkonsole.

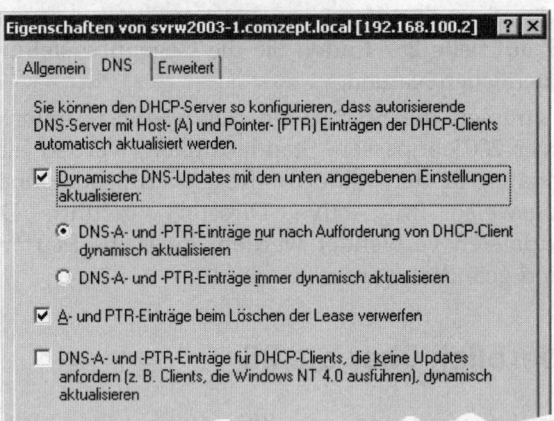

Abbildung 13.19: Eigenschaften des DHCP-Servers

Wie in Abschnitt *DDNS und Nicht-DDNS-fähige* Clients ab Seite 272 beschrieben, können Sie in den Eigenschaften zum DHCP-Server einstellen, dass die Aktualisierung auch für nicht DDNS-fähige Clients erfolgen soll. Aktivieren Sie dazu die entsprechende Option im Eigenschaften-Fenster ganz unten (siehe Abbildung 13.19).

13.2.3 Migration von Unix-Nameservern

Wenn Sie die Zonendaten eines bestehenden Unix-Nameservers in einen Nameserver mit Windows Server 2003 übernehmen wollen, dann müssen Sie diese natürlich nicht manuell eintippen. Es gibt diese Möglichkeiten:

- Zonentransfer

  Sie konfigurieren den DNS-Server unter Windows Server 2003 für die betreffende Zone als sekundären Nameserver und richten den bisher zuständigen Unix-Nameserver als Master-Nameserver ein. Führen Sie dann einen Zonentransfer durch. Passen Sie bei Bedarf den Unix-Server an, damit der neue sekundäre Nameserver eingesetzt werden kann.

  Ist der Zonentransfer vollzogen, können Sie das Unix-System für diese Zone als Nameserver außer Betrieb nehmen. Auf dem Windows Server 2003-Server stellen Sie den Zonentyp auf Primär oder Active Directory-integriert um.

- Einlesen der BIND-Dateien

  Die meisten Unix-DNS-Serverimplementierungen entsprechen dem BIND (*Berkeley Internet Name Domain*) genannten Standard.

Die Zonendaten werden dabei in Textdateien geführt, die Sie auf einen Windows Server 2003-Server kopieren und dort zur Migration nutzen können. Zu beachten ist dabei:

1. Diese Dateien sind meist anders bezeichnet und liegen bei beiden Systemwelten in anderen Verzeichnissen. In Tabelle 5.27 auf Seite 257 finden Sie die Gegenüberstellung der gebräuchlichen Namen.

2. Sie müssen die Startart des DNS-Servers unter Windows Server 2003 anpassen. Standardmäßig werden hier die Zonendaten in der Windows-Registrierungsdatenbank beziehungsweise im Active Directory geführt. Damit die Textdateien verwendet werden, muss die Startart entsprechend geändert werden.

13.3 Überblick über die IIS

Die Internetinformationsdienste (IIS – *Internet Information Services*) sind Teil der so genannten *Anwendungsserver*. Zu diesen gehören auch COM+-Dienste zur Verwaltung von Komponenten und damit verbundene Programme wie *ASP.NET* und *Message Queuing*. Möglicherweise werden diese Funktionen von Software angefordert, die Sie zusätzlich auf dem Server installieren.

13.3.1 Bestandteile der Internetinformationsdienste

Die Internetinformationsdienste umfassen weit mehr als nur einen Webserver. Da jeder Dienst ein potenzielles Sicherheitsrisiko darstellt, sollten Sie sich über die Bedeutung und den Einsatzzweck im Klaren sein. Deaktivieren Sie alle Funktionen, für die es keinen konkreten Einsatzfall gibt.

Installierbare Komponenten

Aus folgenden Bestandteilen setzen sich die Internetinformationsdienste zusammen:

- BITS

  BITS steht für *Background Intelligent Transfer Service*. Die Funktion stellt die serverseitige Unterstützung bereit, benötigt jedoch zum Betrieb auch Clients. Der Einsatz erlaubt die Übertragung großer Datenmengen im Hintergrund laufender Anwendungen ohne Beeinträchtigung der Netzwerkleistung. Dazu versucht der BITS-Server, Lücken im Datenstrom oder nicht verwendete Bandbreite zu finden und dort Teile großer Datenmengen zu transportieren. Da Dateien dabei in Fragmente zerlegt und gesendet werden, setzt sie der Server am Zielort wieder zusammen. Es erfolgt auch eine automatische Aufnahme der

Verbindung nach Netzwerkunterbrechungen oder anderen Störungen, die zum Abbruch führten.

- FrontPage 2002-Servererweiterungen

  Dies sind Erweiterungen des Webservers, die es Programmen erlauben, Dateien auf dem Server fernzuverwalten. Dadurch lassen sich Aktualisierungsvorgänge optimieren. Webentwickler nutzen solche Werkzeuge. Die FrontPage 2002-Servererweiterungen unterstützen auch FrontPage 2000, Visual InterDev und Visual Studio.

- FTP-Dienst

  FTP (*File Transfer Protocol*) dient der Übertragung von Dateien von und zum Server. Die Übertragung läuft offen ab, kann also nicht verschlüsselt oder anderweitig gesichert werden. FTP ist ein sehr weit verbreiteter Dienst, der den Austausch von Daten zwischen praktisch allen Betriebssystemen über das Internet erlaubt.

- NNTP-Dienst

  Der NNTP (*Network News Transport Protocol*)-Dienst realisiert einen so genannten News-Server. Alle News-Server bilden das Usenet, einen weiteren Standarddienst des Internet. Das Usenet bietet Nachrichtengruppen für den Austausch von Informationen, geordnet nach Themen, Sachgebieten und Sprachen. Als Clients bietet sich beispielsweise Outlook Express an.

- SMTP-Dienst

  Der SMTP-Dienst realisiert einen Mail-Server. Er erlaubt den Austausch von E-Mails zwischen Servern, sowohl beim Senden als auch beim Empfangen. Für die Weiterverteilung empfiehlt sich die Kombination mit dem POP3-Dienst, der jedoch nicht Teil der Internetinformationsdienste ist, sondern separat installiert werden muss.

- WWW-Dienst

  Dieser Dienst realisiert den eigentlichen Webserver und besteht selbst aus mehreren Komponenten, die im nächsten Abschnitt beschrieben werden.

- Internetinformationsdienste-Manager

  Der Internetinformationsdienste-Manager ist die Verwaltungskonsole für alle Dienste (WWW, FTP, SMTP, NNTP). Diese Komponente ist erforderlich.

13.3.2 Die Komponenten des WWW-Dienstes

Wenn Sie die Installation des Webservers über das Applet *Software* in der *Systemsteuerung* vornehmen, können Sie die Komponenten gezielt auswählen. Alternativ nimmt die Installation ebenfalls der

Serverkonfigurations-Assistent vor, dann allerdings mit weniger Auswahlmöglichkeiten.

Im nachfolgenden Text wird nur der Weg über die *Systemsteuerung* gezeigt. Wählen Sie im Applet *Software* die Schaltfläche WINDOWS-KOMPONENTEN HINZUFÜGEN/ENTFERNEN. Markieren Sie den Eintrag ANWENDUNGSSERVER und klicken Sie dann auf DETAILS. In der folgenden Liste suchen Sie den Eintrag WWW-DIENST. Die Komponenten erreichen Sie wiederum über DETAILS. Aktivieren Sie die benötigten Komponenten. Während der Installation ist der Zugriff auf die Installationsmedien erforderlich.

Abbildung 13.20:
Installationsoptionen

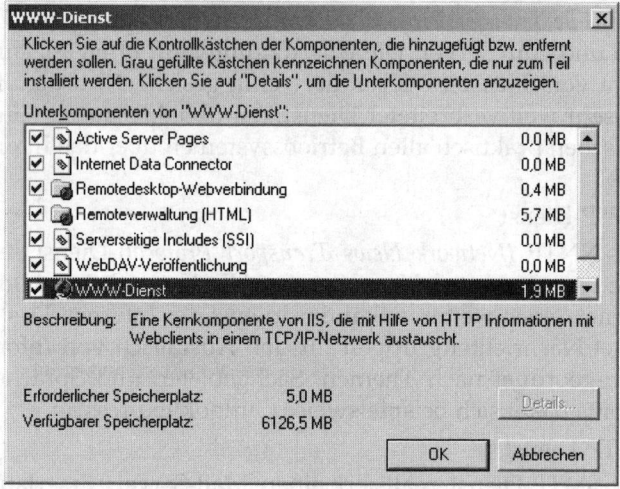

Wählbare Komponenten

Welche Optionen tatsächlich benötigt werden, hängt von der geplanten Anwendung ab. Zur Auswahl stehen:

- Active Server Pages

  Dies ist die »klassische« Programmierumgebung für dynamische Webseiten. Programmiert werden kann mit JScript und VBScript. Die Verbreitung ist sehr hoch

- Internet Data Connector

  Dies ist eine etwas antiquierte Technologie zum Zugriff auf Datenbanken. Wenn keine Anwendung den Einsatz explizit fordert, ist der Einsatz ein Sicherheitsrisiko, denn der Dienst ist mehrfach als Angriffsziel in Erscheinung getreten.

- Remotedesktop-Webverbindung

  Diese Funktion erlaubt es, einen Remotedesktop über einen Client auszuführen, auf dem lediglich ein Browser läuft. Dieser muss allerdings ActiveX beherrschen. Die Funktion ist nur erforderlich, wenn Administratoren die Fernverwaltung des Servers über andere Betriebssysteme als Windows XP oder 2000 vornehmen wollen.

- Remoteverwaltung (HTML)

  Dies ist das browsergestützte Verwaltungsprogramm für den gesamten Server. Es erlaubt die Administration aller wichtigen Serverfunktionen über Internet-Verbindungen. Ist eine solche Fernwartung nicht geplant, sollten Sie das Programm nicht installieren.

- Serverseitige Includes (SSI)

  Dies ist eine Erweiterung, die die dynamische Organisation von Webseiten erlaubt. In einigen Fällen kann man sich den Einsatz von Programmiertechniken sparen. SSI ergänzt jedoch Active Server Pages (ASP) sinnvoll, da ASP selbst keine Modularisierungstechniken kennt. Wenn ASP deaktiviert ist, ist vermutlich auch SSI nicht erforderlich.

- WebDAV-Veröffentlichung

  Diese Option erlaubt den Zugriff von Benutzern über das Internet auf bestimmte Ordner. Der Benutzer kann an seinem Desktop so arbeiten, als wäre der WebDAV-Ordner eine normale Netzwerkfreigabe. Der Einsatz ist sinnvoll und empfehlenswert, wenn dadurch FTP-Zugänge ersetzt werden. WebDAV kann Kennwörter und Übertragungswege verschlüsseln, was den Einsatz zum Hochladen von Dateien auf einen Webserver sicherer macht.

- WWW-Dienst

  Dies ist der eigentliche Web-Dienst, der HTML-Seiten und dynamische Inhalte für das Internet oder Intranet bereitstellt. Dieser Dienst ist unbedingt erforderlich.

Im Folgenden werden die wichtigsten Dienste genauer vorgestellt.

13.4 WWW-Server

Der hauptsächliche Einsatz der Internetinformationsdienste liegt in der Verwaltung und Ausgabe von Webseiten. Egal ob der Einsatzschwerpunkt im Internet oder im Intranet liegt, der Administrator wird umfangreiche Einstellungen vornehmen müssen, um die Websites optimal zu verwalten. Der Kontakt mit den Internetinformationsdiensten kann dabei durchaus früher erfolgen als gedacht. Windows Server 2003 nutzt für einige interne Vorgänge den Webserver, beispielsweise für die Remoteverwaltung.

Der Umgang mit einem Webserver mag auf den ersten Blick einfach aussehen. Der Webserver ist schnell installiert und die benötigten Dienste sind leicht freigegeben. Letzterer Schritt ist erforderlich, weil standardmäßig alle Dienste gesperrt sind und der Administrator diese explizit freigeben muss. Dadurch werden Sicherheitslücken vermieden, die entstehen, wenn Dienste auf

Umgang mit dem Webserver

einem System laufen, ohne dass der Administrator sich dessen bewusst ist.

13.4.1 Freigabe und Sperren von Diensten

Im Internetinformationsdienste-Manager gibt es ein neues Snap-In: *Webdiensterweiterungen*. Einer der Hauptkritikpunkte am alten IIS war die ständige Verfügbarkeit aller denkbaren Dienste – vor allem für Hacker.

In Windows Server 2003 sind nun alle Dienste standardmäßig gesperrt. Der Administrator muss diese explizit freigeben. So kann es nicht passieren, dass Dienste angegriffen werden, von deren Existenz niemand etwas wusste.

Die Bedienung ist sehr einfach. Im rechten Teil der Managementkonsole können die Dienste ausgewählt und mit den Schaltflächen ZULASSEN und VERWEIGERN (erweiterte Ansicht) oder das Kontextmenü konfiguriert werden.

Abbildung 13.21: Zulassen oder Verweigern von Diensten

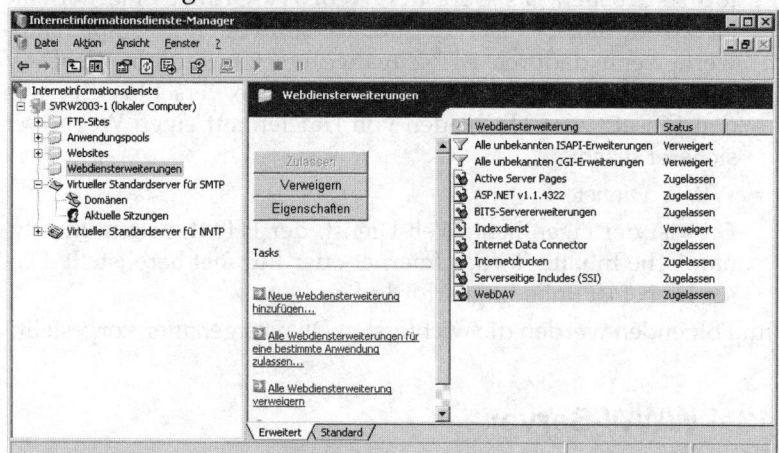

Wenn Sie planen, zusätzliche Programme im WWW-Dienst zu verwenden, beispielsweise Perl, PHP oder eine andere Skript-oder Programmiersprache, können Sie diese als zusätzlichen Webdienst aufnehmen. Dazu ist die zur Ausführung benötigte EXE-oder DLL-Datei anzugeben. So kann sichergestellt werden, das nur von Ihnen explizit freigegebene Programme auf dem Webserver aktiviert werden können.

13.4.2 Bildung von Anwendungspools

Durch die Bildung von Anwendungspools lassen sich Anwendung, die unter der Kontrolle des WWW-Dienstes ablaufen, zusammenfassen. Dies vereinfacht die Kontrolle und Wartung und dient der Verbesserung der Systemstabilität und -leistung.

Alle Anwendungen innerhalb eines Anwendungspools nutzen denselben Arbeitsprozess. Dieser Prozess, ausgeführt durch die Datei W3WP.EXE (wp = *worker process*), kann mehrfach starten und damit mehrere Anwendungspools erstellen. Stürzt ein Programm ab, leiden darunter nur die im selben Pool befindlichen Programme, nicht jedoch andere. Umgekehrt kann ein Arbeitsprozess unabhängig von den anderen neu starten und damit die Verfügbarkeit von Diensten sichern.

Ein Webgarten ist ein spezieller Anwendungspool, der mehrere Arbeitsprozesse konfiguriert. Dies erhöht die Leistung. Einhergehend mit dieser Funktion kann auch die Prozessoraffinität konfiguriert werden, um die Ausführung bestimmter Anforderungen auf einer bestimmten CPU eines Mehrprozessorsystems zu erzwingen. **Webgarten**

Anwendungspools können auch eine bestimmte Identität erhalten, um in einem definierten Sicherheitskontext zu operieren. **Identität**

Einrichtung eines Anwendungspools

Um einen Anwendungspools einzurichten, öffnen Sie das Kontextmenü des Zweigs ANWENDUNGSPOOLS im Internetinformationsdienste-Manager.

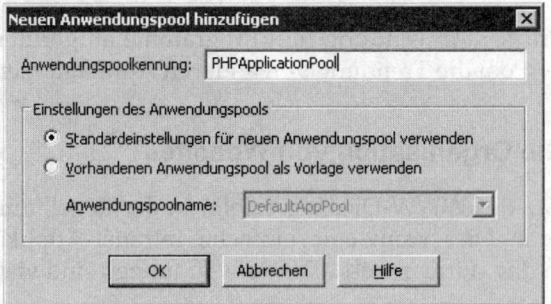

Abbildung 13.22:
Definition eines
Anwendungspools

Nun kann dieser Pool einer Anwendung zugeordnet werden. Dazu wird eine Website oder ein virtuelles Verzeichnis zur Anwendung erklärt.

Nutzung eines Anwendungspools

Dazu gehen Sie folgendermaßen vor:
1. Suchen Sie den Zweig, in dem die vom Pool verwalteten Anwendungen ablaufen.
2. Öffnen Sie den Dialog EIGENSCHAFTEN und dort die Registerkarte VERZEICHNIS.
3. Klicken Sie auf ERSTELLEN, um im Verzeichnis eine Anwendung zu erstellen.

4. Wählen Sie aus der Liste ANWENDUNGSPOOL den soeben neu erstellten Pool.

Abbildung 13.23:
Nutzung eines
Anwendungspools

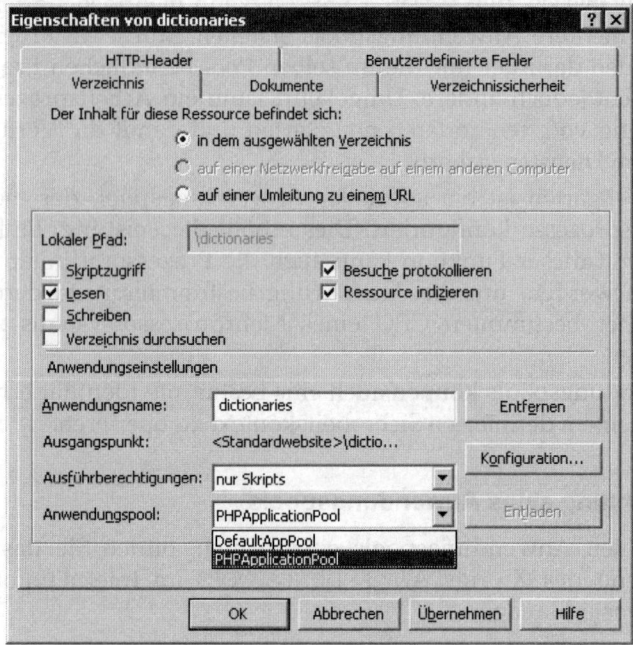

Wenn in dieser Anwendung nun Programme aufgerufen werden, sichert der Pool die Trennung von anderen Applikationen.

13.4.3 Die Organisation von Websites

Der Einsatz des WWW-Dienstes erfolgt in der Regel, um Websites auszuliefern. Dies kann eine einfache Intranet-Applikation sein oder auch das »Firmenweb«. Die Anwendungen sind vielfältig.

Anwendungen in der Praxis

Es ist eine scheinbar einfache Aufgaben, die zu einer Herausforderung werden können, wenn Sie den WWW-Dienst nicht vollkommen beherrschen. Einige mögliche Aspekte sind die folgenden:

• Darstellung des Firmen-Logos am Ende aller Webseiten

• Ausgabe kundenpezifischer Fehlermeldungen für nicht gefundene Seiten (der bekannte Fehler 404)

• Umschalten eines komplexen Servers auf eine anders konfigurierte Maschine wegen dringender Wartungsarbeiten

Die Lösungen für diese und andere Probleme sehen ganz unter- **Lösungen**
schiedlich aus. Als Basis dient aber in jedem Fall eine universelle
und clever organisierte Struktur der Websites.

Die Standardorganisation einer Website

Bevor Sie eine Website installieren, müssen Sie sich über die Organisation der Site im Klaren sein. Sie müssen wissen, welche Dokumente veröffentlicht werden sollen und wo diese liegen. Nicht
immer ist es möglich, alle offenen Verzeichnisse unter WWWROOT
abzulegen. Einige Verzeichnisse werden vielleicht nur einem kleinen Nutzerkreis zugänglich gemacht. Diese beziehen aber Daten
aus einem Bereich außerhalb des Stammverzeichnisses. Auch darauf können Sie den Zugriff erlauben, aber nicht ohne einige Konfigurationsschritte. Bevor Sie jedoch spezielle Strukturen entwerfen,
lohnt ein Blick auf die Standardstruktur, die ohne viele Einstellungen funktioniert.

Unterhalb des Stammverzeichnisses des WWW-Dienstes, INETPUB, **Aufbau des Stamm-**
finden Sie ein Verzeichnis WWWROOT. Wenn ein Nutzer im Brow- **verzeichnisses**
ser die Adresse des Servers eingibt und keinen Pfad oder Datei
angibt, greift der WWW-Dienst für diese Anforderungen auf das
Stammverzeichnis WWWROOT zu. Wenn keine Datei angegeben
wurde, nimmt der WWW-Dienst eine der definierten Standarddba-
teien. Voreingestellt sind für die Standardwebsite folgende Dateinamen:

- DEFAULT.ASP
- DEFAULT.HTM
- DEFAULT.ASP
- DEFAULT.ASPX
- INDEX.HTM

Alle folgenden Darstellungen beziehen sich auf die Auswahl von **Aufruf des Stamm-**
Dateien und Pfaden unterhalb des Stammverzeichnisses. Der prin- **verzeichnisses**
zipielle Zugriff auf den Webserver erfolgt immer durch den folgenden Aufruf:

```
http://<ServerName>/<Pfad>/<DateiName>
```

Dabei ersetzen Sie die drei Bestandteile durch den Namen Ihres
Servers, den Pfad zur Website (kann unter Umständen entfallen)
und den Dateinamen, soweit Sie nicht einen der Standardnamen
nutzen.

Im Intranet kann der Webserver mit der IP-Adresse oder dem **Im Intranet**
NetBIOS-Namen angesprochen werden. Ein DNS-Server ist nicht
unbedingt notwendig. Wird eine Namensauflösung mit DNS
durchgeführt, steht natürlich der dort verwaltete Name zur Auswahl.

Alternativ funktioniert der folgende Aufruf:

```
http://<IpAdresse>
```

Als IP-Adresse geben Sie die Adresse des Servers ein. Wenn Sie selbst an der Serverkonsole sitzen, können Sie auch den Namen »localhost« oder die IP-Nummer 127.0.0.1 verwenden.

Im Internet Für den Zugriff über das Internet muss der Server eindeutig adressiert werden. Dies ist im Allgemeinen über die IP-Adresse und den voll qualifizierten Domain-Namen möglich.

Verzeichnisse und Dateien

Grundsätzlich stehen die Unterverzeichnisse unterhalb WWWROOT auch über das Web zur Verfügung. Die gesamte Struktur wird direkt abgebildet. Das ist natürlich nicht besonders flexibel.

Mehrere Webs

Wenn mehrere Webs von einem Server verwaltet werden, können Sie jedem Web – das heißt jedem virtuellen Server – ein eigenes Stammverzeichnis geben. Wenn diese Adresse eingegeben wird, ist das ausgewählte Verzeichnis zugleich die oberste Ebene.

Was ein Web kennzeichnet Ein Web ist eine für den WWW-Dienst abgeschlossene Umgebung, in der getrennt Applikationen ablaufen können. Wenn ein Prozess in einer Site abstürzt, zieht er die in anderen Sites nicht im Mitleidenschaft.

Der WWW-Dienst verfügt über vielfältige Einstellmöglichkeiten zur Konfiguration der Anwendungstrennung bis hin zur Bildung von Anwendungspools.

Nach außen – aus Sicht des Nutzers – stellen sich Webs als virtuelle Server dar. Sie haben meist eine eigene IP-Adresse und einen Domainnamen, unter dem sie erreicht werden können.

Virtuelle Verzeichnisse

Bei einigen Anwendungen kann es ein Sicherheitsproblem darstellen, bei anderen einfach nur unelegant sein – der direkte Zugriff auf Verzeichnisse ist oft nicht erwünscht. Mit dem IIS können Sie virtuelle Verzeichnisse anlegen. Damit erhält der Nutzer im Internet einen bestimmten Verzeichnisnamen, den er wie üblich verwendet. Tatsächlich verweist dieser Name aber intern auf ein ganz anders benanntes Verzeichnis. Dieses physische Verzeichnis muss auch nicht unterhalb des Stammverzeichnisses liegen. Hier ist der Zugriff auf andere Server im lokalen Netzwerk über UNC-Namen oder Laufwerkzuweisungen möglich. Eingesetzt werden kann dies beispielsweise für CD-ROM-Server, die sich nach außen hin dann wie Pfade unterhalb des Stammverzeichnisses verhalten. Im IIS werden virtuelle Verzeichnisse durch ein Ordnersymbol mit einem Globus in der Ecke gekennzeichnet.

Anforderungen umleiten

Manchmal stehen größere Änderungen an einer Website an. Viele Nutzer haben aber die Adressen in ihren Favoritenlisten im Browser gespeichert und sind kaum zu erreichen, um die Änderungen bekannt zu geben. Dann können Sie die alten Anforderungen im WWW-Dienst abfangen und an die neue Position der Dateien weiterleiten. Davon bekommt der Anwender nichts mit.

Bearbeitung von Daten

Zur dynamischen Verwaltung stehen zwei Technologien zur Verfügung:

- Active Server Pages (ASP) im Verbund mit Server Side Includes (SSI)

- ASP.NET, basierend auf dem .NET-Framework (Windows Server 2003 liefert die Version 1.1 mit)

ASP erlaubt die Programmierung von Webseiten mit Hilfe von VBScript oder JScript. Außerdem können auf einfache Weise Datenbanken eingebunden werden. ASP ist im Lieferumfang von Windows Server 2003 enthalten. **ASP**

ASP.NET nutzt das .Net-Framework und kann unter anderem mit Visual Basic.NET und C# programmiert werden. ASP.NET selbst ist Bestandteil von Windows Server 2003. Es spielt in diesem Buch nur eine untergeordnete Rolle, da es sich hier um eine reine Programmiertechnologie handelt. Für den Administrator sind lediglich die Sicherheitseinstellungen von Belang, die jedoch nur im Zusammenhang mit der Installation von Anwendungsprogrammen relevant sind. **ASP.NET**

13.4.4 Einrichten eines virtuellen Servers

Einen virtuellen Server können Sie einrichten, wenn dieser direkt adressiert werden kann. Die Adressierung kann auf mehreren Wegen erfolgen:

- Anhängen einer eindeutigen Portnummer an die Adresse

- Nutzung mehrere Netzwerkkarten mit eigener IP-Adresse

- Nutzung von mehreren IP-Adressen mit einer Netzwerkkarte

- Verwendung von Host-Headern

Die Einrichtung wird nachfolgend beschrieben. Host-Header sind eine Technik zur Unterscheidung verschiedener virtueller Adressen, obwohl nur eine IP-Adresse zur Verfügung steht.

Einrichtung weiterer Portnummern für eine IP-Adresse

Die Vergabe von Portnummern findet im Internetinformationsdienste-Manager statt. Sie können prinzipiell mehrere virtuelle Webseiten mit derselben IP-Adresse anlegen. Allerdings wird der Zugriff misslingen, wenn die Zuordnung nicht eindeutig ist. Wenn jedoch jede IP-Adresse den WWW-Dienst auf einem anderen Port bereitstellt, gibt es keine Konflikte. Wenn Sie keine speziellen Dienste anbieten, sind die Ports 8080 oder 8081 empfehlenswert. Ports oberhalb 1024 sind frei für »private Zwecke« und werden nicht von Systemdiensten verwendet. Die konkrete Auswahl ist Ihnen freigestellt, solange kein Konflikt mit anderen Diensten auftritt. Sie sollten es unbedingt vermeiden, auf anderen Servern genutzte Ports mit einer bestimmten Bedeutung hier zu verwenden. Portscanner, die zur Vorbereitung von Systemangriffen eingesetzt werden, spüren solche Anschlüsse auf und finden damit Sicherheitslücken.

Sicherheit?
Generell ist die Vergabe von anderen Ports als 80 für den WWW-Dienst keine ausreichende Sicherheitsmaßnahme. Oft wird diese Technik genutzt, um ein weiteres Stammweb für die Entwicklung von Webseiten zur Verfügung zu haben, ohne eine IP-Adresse dafür zu verbrauchen. Eine solche Struktur lässt sich später problemlos auf einen anderen Server transportieren. Ebenso lassen sich so auf einer Maschine neue und fertige Skripte parallel installieren. Zugriffe auf Port 81 führen in die Entwicklungsumgebung. Fertig ausgetestete Skripte werden dann von einem Verzeichnis ins nächste kopiert und befinden sich auf Port 80 in der Produktionsumgebung.

Ports für SSL
Wenn Sie auf dem Webserver auch die Verschlüsselung mit SSL anbieten, ist dafür ein weiterer Port anzugeben. Der Standardport für SSL ist 443. Sie können jeden anderen Port verwenden. Der Benutzer muss dann die Angabe im Browser explizit ergänzen oder die auf dem Server laufenden Skripte müssen dies berücksichtigen. Standardmäßig wird 443 verwendet, wenn als Protokoll im Browser »https:« angegeben wird. Ebenso wie bei den Standardports können auch hier mehrere Identitäten für die Webseite vergeben werden.

Nutzung mehrerer Netzwerkkarten

Wenn Sie mehrere Netzwerkkarten haben, verfügen diese zwangsläufig über mehrere IP-Adressen. Sie können jede Website an jede

IP-Adresse binden. Haben Sie mehrere öffentliche IP-Adressen, können Sie diese auch an eine Netzwerkkarte binden.

Zuweisen mehrerer IP-Adressen an eine Netzwerkkarte

Solange Sie über einen ausreichenden Pool an IP-Adressen verfügen, können Sie diese auch an eine Netzwerkkarte binden. Dies wird unter anderem in Abschnitt 2.3.2 *Weitere IP-Adressen einrichten* ab Seite 63 gezeigt. Danach stehen die Adressen aller Netzwerkkarten im IIS-Snap-In zur Verfügung, um virtuellen Servern zugewiesen zu werden. Selbstverständlich können Sie jeder IP-Adresse wieder Ports zuordnen.

Beachten Sie, dass die virtuellen Server nur dann über Namen **DNS** angesprochen werden können, wenn die entsprechenden Zuordnungen auch im DNS-Server aktiviert werden. Insofern ist der Verwaltungsaufwand größer, wenn mit mehreren IP-Adressen gearbeitet wird. Im Allgemeinen lohnt der Aufwand nur, wenn externen Benutzern virtuelle Server mit eigener IP-Adresse zur Verfügung gestellt werden sollen, wie das beispielsweise bei einem Internet Provider der Fall ist. Zur Einrichtung des DNS-Servers finden Sie mehr Informationen in Abschnitt 13.2 *DNS einrichten und verwalten* ab Seite 941.

Verwendung von Host-Headern zur Unterscheidung

In den vorangegangenen Schritten wurde kolportiert, dass jede **Was sind Host-** Website eine eindeutige Kombination aus IP-Adresse und Port- **Header?** nummer besitzen muss. Nicht immer stehen dafür ausreichend IP-Adressen zur Verfügung und die Vergabe von Portnummern mag an den spezifischen Bedingungen beim Benutzer scheitern. In solchen Fällen kann die Technik der Host Header helfen. Dabei wird eine Funktion des Protokolls HTTP 1.1 ausgenützt. HTTP 1.0 unterstützt dies nicht.

Bevor die Details behandelt werden, sollten Sie sich mit dem Nach- **Nachteil** teil auseinandersetzen: Host Header verlangt einen Browser, der HTTP 1.1 vollständig unterstützt. Solange Clients aktuelle Browser wie Internet Explorer, Mozilla oder Netscape verwenden, gibt es damit keine Schwierigkeiten. Andere Browser, beispielsweise in Windows CE-Geräten, im Palm oder Set-Top-Boxen, können aber möglicherweise nicht mehr zugreifen.

Mit der Nutzung von HTTP 1.1 wird auch verständlich, dass diese **Nur für WWW** Technik für FTP- und SMTP-Dienste nicht eingesetzt werden kann. Wenn Sie zu jedem WWW-Dienst auch einen passenden FTP-Dienst anbieten möchten, können Sie Host Header nicht verwenden.

Funktionsweise

Bei Host Headern werden alle Anfragen an die virtuellen Hosts an ein und dieselbe IP-Adresse gleitet. Der Browser muss im Header der Anfrage die ursprünglich verlangte Adresse als FQDN (*Full Qualified Domain Name*) übertragen. Der IIS wertet dieses Feld aus und leitet dann in das korrekte Verzeichnis weiter.

Praktisch sieht eine solche Konfiguration folgendermaßen aus:

- Sie haben beispielsweise folgende Domainnamen auf dem Server (der Server hat den Namen »www«):

```
www.comzept.de
www.comzept-gmbh.de
www.comzept.com
```

- Im DNS haben Sie allen Domainnamen ein- und dieselbe IP-Adresse zugewiesen: 212.12.34.99

- Im Internetinformationsdienste-Manager des Servers »www« weisen Sie jetzt jedem virtuellen Server dieselbe IP-Adresse, denselben Port (80) und jeweils den passenden Host Header zu:

```
comzept.de
comzept-gmbh.de
comzept.com
```

Abbildung 13.24:
Host Header-Namen
zuweisen

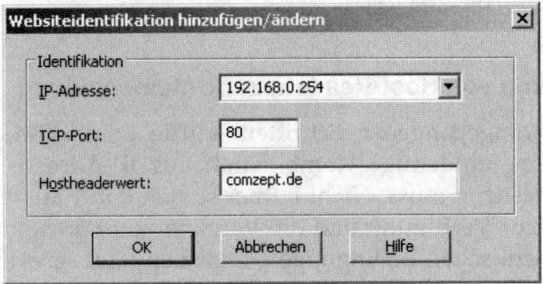

HTTP 1.0-Clients

Wenn der Client HTTP 1.1 nicht beherrscht, baut der Webserver eine HTTP 1.0-Verbindung auf. Normalerweise landet eine solche Anfrage dann im Stammverzeichnis bei DEFAULT.ASP oder DEFAULT.HTM. Es ist Ihnen überlassen, dort einen entsprechenden Hinweis anzubringen und auf die Benutzung der passenden Browser hinzuweisen oder alternative Auswahlmöglichkeiten anzubieten.

SSL

In Verbindung mit SSL werden Host Header nicht direkt unterstützt. Wenn Sie Verschlüsselung verwenden müssen, können Sie Host Header nicht problemlos verwenden. Das hat einen einfachen Hintergrund. Zertifikate, die die für die Verschlüsselung nötigen Schlüssel enthalten, werden pro Domain ausgegeben. Sie können also nicht einfach den Domainamen verändern und andererseits das an die IP-Adresse gebundene Zertifikat verwenden. Wenn Sie mehrere IP-Adressen verwenden, besteht diese Beschränkung nicht.

In der Praxis hat sich das Konzept der Host Header außerhalb von Intranets nicht durchgesetzt. Die Nachteile waren offensichtlich zu schwerwiegend, sodass Provider derzeit fast vollkommen darauf verzichten. Host Header wurden ursprünglich als Konzept zur Vermeidung der IP-Knappheit gefeiert. Auch ohne IPv6 und trotz anhaltend rasanten Wachstums stehen aber auch im Jahre 2003 noch genug IP-Adressen zur Verfügung. Im Vergleich sind die Vorteile deshalb nicht überzeugend genug.

13.4.5 Stammverzeichnis einrichten

Normalerweise haben Sie beim Einrichten eines virtuellen Servers dessen Stammverzeichnis bereits festgelegt. Sie können diese Einstellung aber auch später ändern. Wenn Sie nur mit der Standardwebsite arbeiten, ist das Stammverzeichnis WWWROOT. Auch dieser Wert kann geändert werden. Das ist sinnvoll, wenn Sie später weitere Sites hinzufügen und den Benutzern nicht den Zugriff auf das Stammweb erlauben möchten.

Einrichten eines anderen Stammverzeichnisses

Um ein anderes Stammverzeichnis einzurichten, öffnen Sie den Zweig der Website im Internetinformationsdienste-Manager.

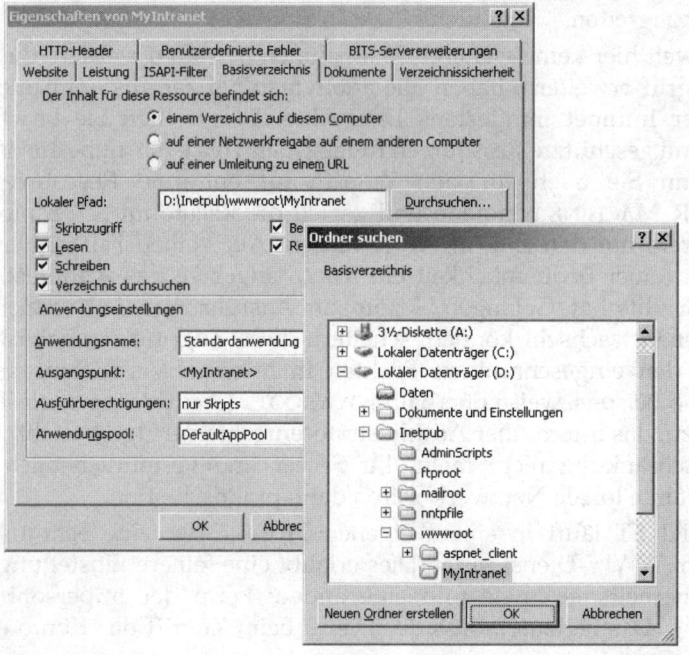

Abbildung 13.25: Ändern des Stammverzeichnisses

Gehen Sie folgendermaßen vor:

1. Wählen Sie im Kontextmenü EIGENSCHAFTEN.
2. Wechseln Sie zur Registerkarte BASISVERZEICHNIS.
3. Tragen Sie unter LOKALER PFAD den Pfad zum neuen Stammverzeichnis ein. Gegebenenfalls ist noch die Option EINEM VERZEICHNIS AUF DIESEM COMPUTER zu aktivieren. Nutzen Sie sicherheitshalber die Schaltfläche DURCHSUCHEN, um keinen ungültigen Pfad einzurichten.
4. Bestätigen Sie die Änderungen mit OK.

Die übrigen Einstellungen müssen Sie zu diesem Zeitpunkt nicht beachten. Darauf wird in Abschnitt 13.4.7 *Weiterleitungen* ab Seite 965 eingegangen.

Die Änderung steht unmittelbar danach zur Verfügung. Ein Neustart des Dienstes oder des Servers ist nicht erforderlich.

Sicherheitshinweise

Der WWW-Dienst greift normalerweise mit dem speziellen I-USR_MACHINE-Konto auf die Ressourcen zu. Das ist auch der Fall, wenn Sie das Stammverzeichnis ändern. Wenn das neue Stammverzeichnis nicht auf dem lokalen Server, sondern auf einer anderen Maschine im Netzwerk liegt, werden Sie möglicherweise zur Eingabe von Nutzername und Kennwort aufgefordert. Damit gewähren Sie dem WWW-Dienst den Zugriff auf diese Ressource. Dies gilt dann natürlich auch für alle Nutzer, die auf den Webserver zugreifen.

Soweit hier keine weiteren Maßnahmen getroffen werden, die den Zugriff erweitern, haben alle anonymen Nutzer aus dem Internet oder Intranet mindestens Leserechte. Dies sollten Sie beachten, wenn geschützte Ressourcen freigegeben werden. Am besten ist es, wenn Sie auch für den Zugriff auf entfernte Ressourcen I-USR_MACHINE benutzen und gezielt die Rechte im NTFS modifizieren, um den Zugriff zu gewähren. Auf keinen Fall sollten Sie aus reiner Bequemlichkeit ein Konto angeben, das Administratorenrechte hat. Gelangen Skripte zur Ausführung, die Verzeichnisebenen wechseln können, scheitern diese Zugriffe normalerweise an den eingeschränkten Rechten in höheren Verzeichnisebenen (also beispielsweise oberhalb WWWROOT). Greift dagegen ein Konto zu, das intern über Administratorenrechte verfügt, besteht diese Beschränkung nicht mehr. Ihr Server und vermutlich auch das gesamte lokale Netzwerk wären dann praktisch offen.

Besonderheiten unter ASP.NET

ASP.NET läuft in einem eigenen Prozess, der eine Schnittstelle zum WWW-Dienst nutzt. Dies erlaubt eine feinere Einstellung der Sicherheitsmerkmale und eine andere Form der Impersonifizierung. Das bedeutet, dass der Dienst beim Zugriff das Konto eines sich anmeldenden Benutzers übernehmen kann. Dieser Vorgang ist programmtechnisch steuerbar. Es hängt möglicherweise von der eingesetzten Applikation ab, wie die Rechte tatsächlich zu konfigurieren sind.

13.4.6 Virtuelle Verzeichnisse

Virtuelle Verzeichnisse sind Aliase auf physische Verzeichnisse. Sie können damit die innere Struktur des Servers vor den Nutzern verbergen und komfortable Namen für den Zugriff erlauben.

Anwendungsmöglichkeit

Häufig finden sich auf Webservern Verzeichnisse für private Nutzer. Diese werden oft über Namen wie der folgende angesprochen: **Private Nutzer**

```
http://www.domain.com/~nutzername
```

Nun führt die Benennung bei sehr vielen Nutzern zwangsläufig zu einem unüberschaubaren Stammverzeichnis. Üblich ist es, diese Nutzer in ein eigenes physisches Verzeichnis auszulagern, evtl. sogar auf einen anderen Server. Der Pfad wäre dann intern beispielsweise folgendermaßen:

```
d:\inetpub\wwwroot\users\nutzername
```

Eine andere Anwendung besteht in der Bereitstellung eines zentralen Verzeichnisses für mehrere virtuelle Server. Wenn Sie eine Applikation haben, mit der Sie Ihren Kundendienst steuern, diese aber für mehrere Domains zur Verfügung steht, bieten sich virtuelle Verzeichnisse an. Das physische Verzeichnis ist beispielsweise: **Mehrfache Verweise**

```
c:\applikation\customers\web
```

Nun legen Sie in jeder Site ein virtuelles Verzeichnis mit dem gleichen Namen an – die Namen müssen nur innerhalb der Site eindeutig sein. Nennen Sie das Verzeichnis SUPPORT. Dann können Nutzer dies jeweils unter ihrer Domain abrufen:

```
http://www.domain1.com/support
http://www.andere-domain.de/support
```

Wie Sie diese Zuweisungen vornehmen, wird nachfolgend beschrieben.

Einrichtung eines virtuellen Verzeichnisses

Um ein virtuelles Verzeichnis einzurichten, wählen Sie die betreffende Website aus und gehen dann folgendermaßen vor:

1. Wählen Sie NEU | VIRTUELLES VERZEICHNIS aus dem Kontextmenü. Es startet ein Assistent zum Anlegen eines virtuellen Verzeichnisses.

2. Vergeben Sie den ALIAS – das ist der Name, den die Nutzer im Browser angeben. Groß- und Kleinschreibung spielt keine Rolle.

3. Wählen Sie das Verzeichnis aus, auf das der Alias verweist.

 Wenn Sie den Server über das lokale Netz fernbedienen, das heißt, die Managementkonsole auf einer anderen Workstation laufen lassen, können Sie die Auswahlschaltflächen (DURCHSUCHEN) nicht verwenden.

Löschen eines virtuellen Verzeichnisses

Wenn Sie ein virtuelles Verzeichnis löschen, bleiben die originalen Dateien und Verzeichnisse davon unberührt. Wählen Sie das Verzeichnis in der Managementkonsole aus. Im Kontextmenü finden Sie den Eintrag LÖSCHEN.

Anlegen eines virtuellen Verzeichnisses mit dem Windows Explorer

Sie können auch den Windows Explorer verwenden, um virtuelle Verzeichnisse anzulegen. Dies funktioniert nur, wenn NTFS verwendet wird (was aber ohnehin die einzige sinnvolle Option für das Dateisystem ist).

Abbildung 13.26:
Anlegen eines virtuellen Verzeichnisses

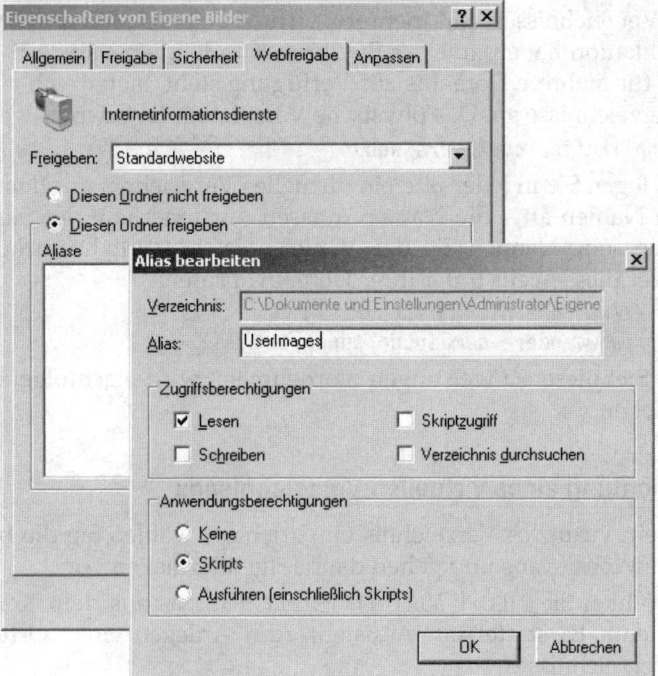

Gehen Sie folgendermaßen vor:

1. Wählen Sie das Verzeichnis im Windows Explorer aus.
2. Öffnen Sie den Dialog EIGENSCHAFTEN aus dem Kontextmenü und wechseln Sie nun zur Registerkarte WEBFREIGABE.
3. Wählen Sie aus der Liste FREIGEBEN die Site aus, der das virtuelle Verzeichnis zugeordnet werden soll.
4. Klicken Sie auf HINZUFÜGEN.
5. Vergeben Sie den Alias-Namen und stellen gegebenenfalls die Zugriffsberechtigungen ein.

Sie können mit dem gezeigten Dialog das virtuelle Verzeichnis bequem für mehrere Sites einrichten. Dazu sind die Schritte 3 bis 5 immer wieder auszuführen. Wenn Sie Aliase löschen wollen, wählen Sie die Site, das virtuelle Verzeichnis und dann die Schaltfläche ENTFERNEN. Die Verwaltung der so eingerichteten virtuellen Verzeichnisse kann auch über den *Internetinformationsdienste-Manager* erfolgen.

13.4.7 Weiterleitungen

Wenn sich die Position oder Adresse von Webinhalten ändern, beispielsweise aufgrund einer Störung oder wegen Reorganisation, können Sie kaum alle Nutzer darüber in Kenntnis setzen. Viele werden nur registrieren, dass die Seite nicht mehr erreichbar ist und Ihnen künftig keine Besuche mehr abstatten. Eine bessere Lösung sind Weiterleitungen. Der Nutzer kann die ihm bekannte Adresse weiter verwenden und Sie können den Server neu strukturieren.

Weiterleitungen für Verzeichnisse einrichten

Um eine Anforderung an ein bestimmtes Verzeichnis weiterzuleiten, gehen Sie folgendermaßen vor:

1. Wählen Sie das physische oder virtuelle Verzeichnis aus und öffnen Sie für dieses den Dialog EIGENSCHAFTEN.
2. Wählen Sie die Registerkarte VERZEICHNIS oder VIRTUELLES VERZEICHNIS.
3. Wählen Sie die Option EINE UMLEITUNG ZU EINEM URL.
4. Geben Sie das Ziel an und stellen Sie die Optionen entsprechend ein. Dieser Vorgang wird im folgenden Text ausführlicher beschrieben.

Verzeichnisse und virtuelle Verzeichnisse

Weiterleitungen für Programme und Skripte

Umleitungen können auch vereinbart werden, wenn gezielt ein bestimmtes Programm oder Skript angesprochen werden soll. Die GET-Parameter, die eventuell angefordert wurden, können dann übertragen werden. Hier sind zwar einige Einstellungen möglich, eine völlige Modifikation allerdings nicht. Suchmuster (so genannten reguläre Ausdrücke) stehen beispielsweise nicht zur Verfügung. Trotzdem sind die Möglichkeiten schon recht vielfältig.

Optionen und Ziele für Umleitungen

Umleitungsoptionen Es gibt drei verschiedene Umleitungsoptionen. Um diese unterscheiden zu können, ist ein Blick auf HTTP notwendig. Tatsächlich führt der Server Umleitungen nicht einfach aus, sondern weist den Server an, die Umleitung zu initiieren. Alle Umleitungen sind also auf Unterstützung durch den Browser angewiesen. Der Vorgang wird in der Literatur manchmal mit der Weiterleitung von Post verglichen. Das ist nicht grundsätzlich so. Tatsächlich können Sie das Verhalten steuern. Entweder ist es vergleichbar mit dem Zurücksenden der Post an den Absender, verbunden mit einer Angabe der neuen Adresse, oder dem direkten Weitersenden.

Keine Aktion ohne Browser In jedem Fall aber ist der Browser an der Aktion aktiv beteiligt. Sie können dies überwachen, indem Sie eine Adresse eingeben und die Weiterleitung ausführen lassen. Die Adresszeile im Browser ändert sich dann auf das neue Ziel – der Browser hat die neue Adresse also selbst abgerufen. Wenn bei einer Site im Internet dies nicht so aussieht, liegt es an Frames, mit denen die Darstellung der Adresse verdeckt werden kann. Das ist ein reiner clientseitiger Designtrick und hat nichts mit Umleitungen zu tun.

Abbildung 13.27: Umleitungsoptionen

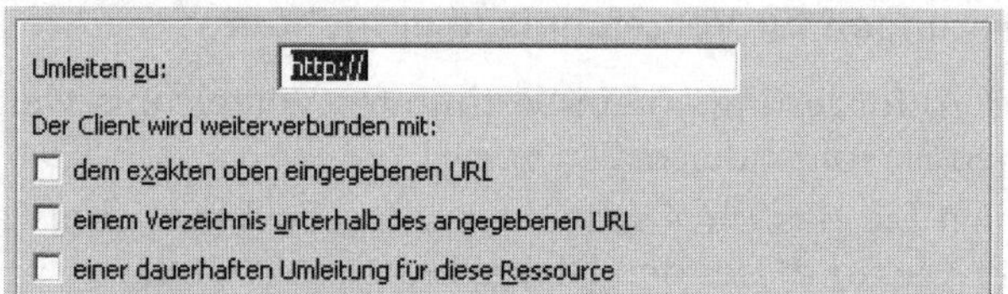

Drei Optionen stehen zur Verfügung:

* DEM EXAKTEN OBEN ANGEGEBENEN URL

  Hier werden die Daten von dem angegebenen URL oder dem aus Variablen neu gebildeten URL abgerufen. Der Browser bekommt die HTTP-Meldung *302 Tempory Redirect*, verbunden mit der neuen Adresse. Er fordert dann die Daten von dieser neuen Adresse an.

- EINEM VERZEICHNIS UNTERHALB DES ANGEGEBENEN URL

  Hier wird die Anfrage komplett an ein Unterverzeichnis unterhalb der gewählten Domain weitergeleitet. Als Ziel wird ein Verzeichnisname erwartet. Auch hier wird die Meldung *302* verwendet.

- EINER DAUERHAFTEN UMLEITUNG FÜR DIESE RESSOURCE

  Für den Fall, dass die Umleitung dauerhafter Natur ist, kann diese Option aktiviert werden. Die HTTP-Meldung ändert sich dann in *301 Permanent Redirect*. Das übrige Verhalten ist davon nicht berührt. Browser könnten künftig in der Lage sein, mit Hilfe dieser Information die Lesezeichen auf die alte Adresse automatisch zu ändern.

Für die Weiterleitung können Variablen eingesetzt werden. Die folgende Tabelle zeigt eine Übersicht:

Umleitungsziele

Variable	Funktion	Beispiel
$S	Suffix des URL	Für die Adresse *http://www.domain.com/pfad/text.html* wird $S *text.html* enthalten. Existiert kein Suffix, bleibt $S leer.
$P	Parameter des URL	Hier wird der Teil hinter dem ?-Zeichen übergeben. Gibt es keine Daten, bleibt $P leer.
$Q	Parameter des URL	Diese Variable enthält dasselbe wie $P, aber einschließlich des Fragezeichens.
$V	Pfad und Datei	Diese Variable enthält den URL ohne den Servernamen. Aus *http://www.domain.com/pfad/text.html* wird $V *pfad/text.html* enthalten. Existiert nur ein Servername, bleibt $V leer.
$0 bis $9	Platzhalter	Steht als Platzhalterzeichen für einen Teil des URL
!	Keine Umleitung	Unterdrückt die Umleitung zu einem Verzeichnis oder eine Datei, für die ein anderer Teil des Musters bereits eine gültige Umleitung definiert

Tabelle 13.1:
Variablen für
Umleitungen

So einfach, wie diese Darstellung dies suggeriert, ist der Umgang mit den Variablen leider nicht. Sie können Platzhalter verwenden, um ganze Gruppen von Dateien umzuleiten. Das Platzhalterzeichen ist das *.

Um Platzhalter verwenden zu können, muss die Option DEM EXAKTEN OBEN ANGEGEBENEN URL aktiviert sein. Das Ziel muss mit einem einzelnen *; beginnen, gefolgt von einer Folge von Paaren aus Mustern und Zielen, jeweils mit Semikola getrennt.

Als Sonderzeichen für eine Umleitung dient das !-Zeichen, mit dem die Umleitung unterdrückt wird. Dies ist notwendig, um Endlosschleifen zu vermeiden. Angenommen, Sie leiten alle Anforderungen an Skripte auf eine zentrale Seite weiter. Dazu könnte folgende Anforderung dienen (am Beispiel ASP):

```
*; *.asp; transform.asp?$V&$P
```

Wenn nun ein Nutzer das Ziel *transform.asp* direkt eingibt, würde dieses auf sich selbst umleiten – eine Endlosschleife entsteht. Sie können dies ausschließen, indem die folgende Umleitung so ergänzt wird:

```
*; *.asp; transform.asp?$V&$P ; transform.asp ; !
```

Die Platzhalter repräsentieren beim Abruf einer URL einen bestimmten Teil derselben. Diese werden in internen Variablen mit den Namen $0 bis $9 gespeichert. Damit lassen sich Teile der URL erkennen – vorausgesetzt, diese Teile sind durch gültige Trennzeichen getrennt.

```
;.*.h*;support/check2.asp?$0-$1-$2-$Q
```

Die von *check2.asp* empfangene GET-Parameter können leicht ausgewertet werden. Einige Beispiele zeigen, wie das funktioniert:

- `test.mid.htx`:
  - `$0 = test`
  - `$1 = mid`
  - `$2 = tx` (Beachten Sie, dass »h« nicht Teil des Platzhalters ist.)

- `question.html`:
  Keine Übereinstimmung; wenn die Datei nicht vorhanden ist, wird der Fehler *404 – Ressource nicht gefunden* zurückgegeben.

- `question.support.mysupport.html`:
  - `$0 = question`
  - `$1 = support.mysupport`
  - `$2 = tml`

13.4.8 Die Eigenschaften einer Website einstellen

Jede Website kann weitere Eigenschaften tragen, die nicht in jedem Fall konfiguriert werden müssen. Dieser Abschnitt behandelt

Funktionen, die standardmäßig bereits aktiviert sind und nur in Ausnahmefällen verändert werden sollten.

Fehlermeldungen

Wenn der Webserver eine Seite nicht findet, ein Skript nicht ausführen kann oder andere Fehler auftreten, reagiert er normalerweise mit einer speziellen Fehlermeldung. Am bekanntesten ist sicher der HTTP-Fehler *404 – Ressource nicht gefunden*. Benutzer sind von solchen Meldungen eventuell irritiert. Sie können deshalb die einfachen Standardmeldungen durch eigene Kreationen austauschen. Manche Provider nutzen diese Seiten auch zur Einblendung von Werbung, Eigenwerbung oder zur Umleitung auf ihre Homepage. Zumindest für die häufigsten Fehler lohnt sich der Aufwand.

Austauschen der Meldungsseiten

Fehlermeldungen können auf der Ebene des virtuellen Servers oder für einzelne virtuelle Verzeichnisse zugeordnet werden. Die Zuordnungen werden auf untergeordnete Ebenen vererbt, können dort jedoch explizit wieder aufgehoben werden.

Zuordnung der Fehlermeldungen

Die Liste einstellbarer Fehlermeldungen

Die folgende Liste zeigt alle Fehlercodes und deren Bedeutung, für die Sie eigene Webseiten konfigurieren können:

Code	Name	Beschreibung
400	Bad Request	Fehlerhafte Anforderung
401.1	Logon failed	Anmeldeversuch fehlgeschlagen
401.2	Logon failed due to server	Anmeldeversuch aufgrund der Serverkonfiguration fehlgeschlagen
401.3	Unauthorized due to ACL on resource	Anmeldung nicht möglich wegen Einstellungen der ACL (*access control list*)
401.4	Authorization failed by filter	Autorisierung wurde von einem Filter verhindert.
401.5	Authorization failed by ISAPI	Autorisierung wurde von einem ISAPI-Programm oder CGI-Skript verhindert.
403.1	Execute access forbidden	Das Recht zur Ausführung ist nicht gesetzt.
403.2	Read access forbidden	Das Recht zum Lesen ist nicht gesetzt.

Tabelle 13.2: Fehlercodes für kundenspezifische Meldungen

Code	Name	Beschreibung
403.3	Write access forbidden	Das Recht zum Schreiben ist nicht gesetzt.
403.4	SSL required	Für diese Verbindung ist SSL zwingend erforderlich.
403.5	SSL 128 required	Für diese Verbindung ist SSL mit einer Verschlüsselung von 128 Bit zwingend erforderlich.
403.6	IP address rejected	Die verwendete IP-Adresse des Clients ist nicht erlaubt.
403.7	Client certificate required	Der Client muss sich durch ein Zertifikat authentifizieren und hat dies nicht getan.
403.8	Site access denied	Der Zugriff ist verboten.
403.9	Too many users	Die eingestellte Anzahl gleichzeitiger Verbindungen wurde überschritten.
403.10	Invalid configuration	Der Server wurde falsch konfiguriert.
403.11	Password change	Der Benutzer muss sein Kennwort ändern.
403.12	Mapper denied acccess	Der Mapper verweigert den Zugriff.
403.13	Client certificate revoked	Das Zertifikat des Clients wurde widerrufen.
403.14	Directory listing denied	Das Durchsuchen des Verzeichnisses ist nicht gestattet.
403.15	Client Access licenses exceeded	Es sind keine Zugriffslizenzen für weitere Clients mehr frei.
403.16	Client certificate untrusted or invalid	Das Zertifikat des Clients wurde nicht anerkannt oder ist defekt.
403.17	Client certificate has expired or is not yet valid	Das Zertifikat des Client ist bereits abgelaufen oder noch nicht gültig.
404	Not found	Die Ressource wurde nicht gefunden.

Code	Name	Beschreibung
404.1	Site not found	Die Site (virtueller Server) existiert nicht. Das kann nur auftreten, wenn mehr als eine IP-Adresse eingerichtet wurde.
405	Method not allowed	HTTP-Methode ist nicht erlaubt.
406	Not acceptable	Zugriff wurde nicht akzeptiert.
407	Proxy authentication required	Der Proxy muss sich authentifizieren.
412	Precondition failed	Bedingung falsch
414	URI too long	URI zu lang (meist mehr als 2 000 Zeichen)
500	Internal server error	Interner Serverfehler (meist Skriptfehler)
500.12	Application restarting	Die Applikation startet neu.
500.13	Server too busy	Der Server kann nicht reagieren.
501	Not implemented	Nicht implementiert
502	Bad gateway	Falsches Gateway verwendet
503.1	Limit exceeded	Das zur Verfügung stehende Limit für die Nutzung von Prozessorzeit wurde erreicht.

Wenn im Netzwerk andere Server, wie beispielsweise der ISA-Server (*Internet Security and Authentication Server*) installiert sind, reagieren diese möglicherweise mit eigenen Fehlermeldungen. So produziert der ISA-Server Fehler innerhalb der Gruppe 407. Diese Meldungen können Sie im IIS nicht modifizieren.

Um eigene Fehlermeldungen oder Reaktionen auf Fehler zu definieren, gehen Sie folgendermaßen vor:

1. Öffnen Sie im Internetinformationsdienste-Manager die Website oder den virtuellen Server, für die Fehlermeldungen geändert werden sollen.

   Zuordnung eigener Fehlermeldungen

2. Im Kontextmenü wählen Sie EIGENSCHAFTEN.

3. Öffnen Sie die Registerkarte BENUTZERDEFINIERTE FEHLER.

4. Suchen Sie die zu bearbeitende Fehlermeldung in der Liste und ordnen Sie dieser über die Schaltfläche BEARBEITEN eine eigene Meldung zu.

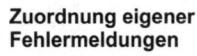

Statische HTML-Seiten

Das Zuordnen eigener Meldungen kann auf zwei Wegen erfolgen. Zum einen können Sie statische HTML-Seiten entwerfen und damit den Benutzer optisch ansprechender informieren. Sie müssen dann natürlich pro eigene Fehlermeldung eine Seite haben.

Dynamische Seiten

Bei dynamischen Seiten verwenden Sie eine Skriptsprache wie ASP, Perl oder PHP, um die Fehlermeldung zu generieren. Bei der Bearbeitung der Meldung wählen Sie als MELDUNGSTYP URL aus. Der Eintrag im Feld URL sieht etwa so aus, wie in Abbildung 13.28 gezeigt.

Abbildung 13.28: Eigene Fehlermeldung mit ASP-Skript erzeugen

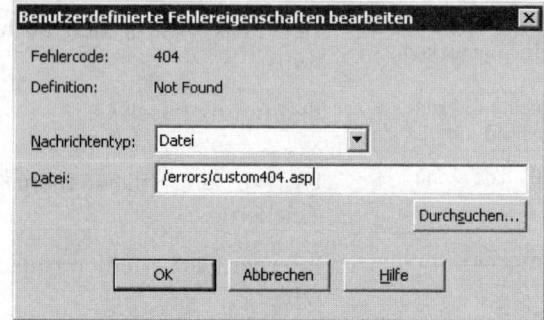

Der Pfad setzt immer auf der virtuellen Site auf, für welche die Fehlermeldungen verändert wurden. Im Beispiel ist */errors* ein virtuelles Verzeichnis dieses Webservers. Wo es physisch liegt, spielt hier keine Rolle. Das Skript *custom404.asp* muss die GET-Parameter auswerten.

Fehlermeldungen mit ASP-Skripten verarbeiten

Der Fehlercode, der aufgetreten ist, wird an die aufgerufene Datei übergeben. Davon können Sie nur Gebrauch machen, wenn Sie Skripte nutzen. HTML-Dateien können damit natürlich nichts anfangen. Möglicherweise ist es einfacher, ein ASP-Skript für alle Fehlermeldungen zu erstellen, das auf die verschiedenen Codes unterschiedlich reagiert. Denken Sie daran, dass der Browser bei kundenspezifischen Fehlermeldungen auch im Fehlerfall den Status 200 erhält:

```
HTTP 1.1 200 OK
```

Die Fehlermeldung muss also durch Ihr Skript selbst hinreichend genau beschrieben werden. Unabhängig davon kann das Skript aber auch einen eigenen HTTP-Header mit einer anderen Fehlermeldung generieren. Das gilt überdies nur, wenn als Nachrichtentyp URL verwendet wurde. Dies wurde im vorhergehenden Abschnitt *Zuordnung eigener Fehlermeldungen* beschrieben. Andernfalls versucht der Internet Explorer dennoch eigene Reaktionen auf Fehlercodes zu erzeugen.

Ein eigenes Fehlerskript

Die ursprüngliche Fehlermeldung wird dem Skript im URL als GET-Parameter übergeben. Damit kann jede Skriptsprache problemlos umgehen. Wenn Sie den Fehler 404 behandeln und sich nur diesen Teil des URL ausgeben lassen, erhalten Sie folgenden Text:

```
404;http://www.comzept-gmbh.de/x.htm
```

Dabei ist 404 der Meldungscode, »//www« der Name des Web-servers oder der Domäne und »x.htm« die (in diesem Fall) nicht gefundene Datei.

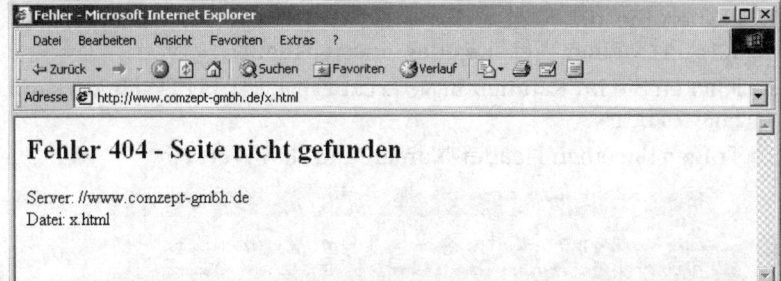

Abbildung 13.29:
Ausgabe einer
eigenen Fehlerseite

Die Auswertung der übergebenen Zeichen kann je nach verwende-ter Skriptsprache ganz unterschiedlich ausfallen. Achten Sie auf das Semikolon, das als Trennzeichen dient. Alle Sprachen bieten Möglichkeiten, Zeichenketten nach solchen Zeichen zu durchsu-chen und Teile herauszulösen.

Eigene Fehlermeldungen des Internet Explorers verhindern

In einigen Fällen funktioniert die Übergabe einer eigenen Fehler-seite nicht, weil der Internet Explorer dies nicht erkennt. Dies trifft nur zu, wenn der ursprüngliche Fehler im Header der HTTP-Antwort nicht verändert wurde. Wenn Sie mit ASP-Skripten arbei-ten, wird ASP immer ein »200 OK« voranstellen. Falls dies jedoch nicht erfolgt, wie bei statischen HTML-Seiten, muss der Internet Explorer erkennen können, ob seine internen Seiten oder die mit-gelieferten angezeigt werden können. Die Unterscheidung erfolgt anhand der Dateigröße, wie die folgende Aufzählung zeigt:

- 403, 405, 410
  Die Fehlerseite muss größer als 256 Byte sein.
- 400, 404, 406, 408, 409, 500, 500.12, 500.13, 500.15, 501, 505
  Die Fehlerseite muss für diese Codes größer als 512 Byte sein.

Header und kundenspezifische Einstellungen

Eine HTTP-Verbindung besteht aus einem einfachen Anforde-rungs-/Antwortdialog zwischen Browser und Webserver. Am Beginn der übertragenen Daten stehen die HTTP-Header. Wenn Sie eine Anwendung haben, die bestimmte Header benötigt, der IIS diese aber nicht standardmäßig erzeugt, können Sie selbst wei-tere hinzufügen. Das ist nur dann interessant, wenn alle Seiten, die abgerufen werden, diese Header enthalten sollen. Benötigen Sie dies nur bei bestimmten Seiten, verwenden Sie ASP oder ASP.NET und die Methode Response.Header.

Eigene Header erzeugen

Zum Erzeugen eines eigenen Headers gehen Sie folgendermaßen vor:

1. Öffnen Sie die Registerkarte HTTP-HEADER im Dialog EIGEN-SCHAFTEN einer Website oder eines virtuellen Servers.

2. Klicken Sie im Rahmen BENUTZERDEFINIERTE HTTP-HEADER auf HINZUFÜGEN.

3. Tragen Sie einen Header-Namen und den Wert ein.

Abbildung 13.30:
Neue HTTP-Header
hinzufügen

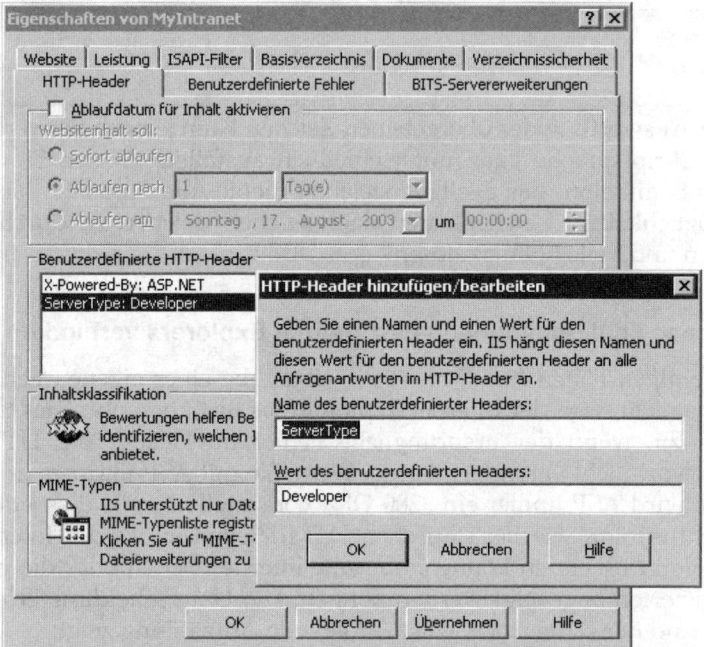

Die hier beschriebenen HTTP-Header haben nichts mit den bereits zuvor behandelten Host-Headern zu tun. HTTP-Header sind Bestandteil des Protokolls http und für Kommunikation zwingend erforderlich.

Individuelle MIME-Typen einrichten

MIME steht für *Multipurpose Internet Mail Extensions* und bezeichnet einen Standard, der Dokumenttypen für Daten festlegt, die aus mehreren Dokumentenarten bestehen. Üblicherweise gilt dies für E-Mails, die neben reinem Text auch Bilder und HTML enthalten können, und ebenso auch für HTML-Seiten selbst, die ebenfalls außer HTML Bilder, Java-Applets, Flash-Animationen und mehr enthalten können. Damit der Empfänger die zur Darstellung nötigen Applikationen starten kann, wird eine Information über den

Dateityp mitgegeben. Die offizielle Beschreibung des MIME-Standards finden Sie in der RFC 2045. Dies ist vor allem im Hinblick auf die Erweiterung der RFC 822 zu sehen, die den Mailstandard an sich beschreibt, jedoch grundsätzlich nur Textnachrichten vorsieht.

Beim Umgang mit MIME sollten Sie die Haupt- und Subtypen **MIME-Typen** kennen, die MIME definiert. Eine vollständige Liste ist in RFC 2046 **RFC 2046** zu finden. Tabelle 13.3 zeigt die gängigsten Typen.

Haupttyp	Subtyp	Beschreibung
`application`	`octet-stream`	Binäre Daten ohne Verwendungsangabe
	`postscript`	Postscript-Datei
	`pdf`	PDF-Datei (Adobe)
	`word`	Microsoft Word-Datei
	`vnd.wap.wmlc`	wmlc, Compiled WML
	`vnd.wap.wmlscriptc`	wmlsc, Compiled WMLScript
`audio`	`basic`	Audiodaten
`image`	`jpeg`	JEPG-Bild
	`gif`	GIF-Bild
	`vnd.wap.wbmp`	wbmp, Wireless bitmap
`message`	`rfc822`	E-Mail nach RFC 822 mit Header
`model`	`vrml`	VRML-3D-Objekt
`multipart`	`mixed`	Mehrteilige Nachricht
`text`	`plain`	ASCII-Text
	`html`	HTML-Seite
	`vnd.wap.wml`	wml, WML source
	`vnd.wap.wmlscript`	wmls, WMLScript source
`video`	`mpeg`	MPEG-Video

Tabelle 13.3:
MIME-Media-Typen
(Auswahl)

Die Media-Typen sollen dafür sorgen, dass der Empfänger der Nachricht die passende Applikation zur Anzeige oder Ausführung der Dateien bereitstellt. Entsprechend umfangreich ist die Zahl der verfügbaren Subtypen. Auf die tatsächliche Ausführung können Sie sich übrigens nicht verlassen. Vor allem neuere Erweiterungen aus der PC-Welt, wie *word* oder *rtf*, finden auf Unix-Systemen keine Entsprechung.

text/*

Der häufigste Grundtyp ist *text*. Normalerweise folgt als Subtyp */plain*:

```
Content-type: text/plain; charset=us-ascii
```

Alternativ werden auch HTML-Dateien mit dem Text-Typ verschickt:

```
Content-type: text/html
```

Der Zeichensatz kann optional mit angegeben werden. Dazu wird die Zeile um den Parameter *charset* erweitert.

application/*

Alles, was nicht Text ist und nicht sonstigen Typen zugeordnet werden kann, wird als *application* gekennzeichnet. Dahinter sollte sich ein Programm verbergen, das die übertragene Datei anzeigt oder auf andere geeignete Weise verarbeitet. Auch Verschlüsselungsprogramme werden über diesen Typ angesprochen. Ohne weitere Angabe wird der Subtyp *octet-stream* verwendet. Das Clientprogramm wird dann die Datei zum Speichern anbieten und keiner Applikation direkt zuordnen. In der Windows-Welt sind die Subtypen *rtf* und *word* verbreitet, in der Unix-Welt eher *postscript*.

Benutzerdefinierte Subtypen sind möglich. Diese sollten mit dem Präfix »x-« gekennzeichnet werden. So wird eine Excel-Datei mit folgendem MIME-Typ übertragen:

```
Content-type: application/x-excel; name=charts.xls
```

Ob der Empfänger damit etwas anfangen kann oder will, spielt für die Angabe keine Rolle.

image/*

Bilder, die direkt in der Nachricht eingebettet sind, werden mit dem Haupttyp *image* gekennzeichnet. Dabei wird davon ausgegangen, dass das Clientprogramm in der Lage ist, Bilddaten zu erkennen und darzustellen. Als Subtypen kommen *jpeg*, *gif* und *png* in Frage. Seltener treffen Sie auch auf *g3fax* (Gruppe 3-Faxe).

model/*

RFC 2077

Außerhalb des MIME-Standards wurde in der RFC 2077 der Haupttyp *model* definiert. Hintergrund war die Mitte der 90er Jahre aufkommende 3D-Welle im Internet. So werden als Subtyp *vrml*, *iges* und *mesh* definiert. Einzig VRML (*Virtual Reality Model Language*) konnte sich etwas verbreiten. Inzwischen gibt es kaum noch ernsthafte Anwendungen. VRML kann problemlos durch Java oder SVG (*Scalable Vector Graphics*) ersetzt werden.

Praxis: Einrichten weiterer MIME-Typen

Vor allem die WML-Typen sind normalerweise keine in Windows bekannten MIME-Typen. Wenn Sie die Header selbst mit einem Skript erzeugen, müssen Sie auch nichts an den Grundeinstellungen ändern. Eleganter ist es natürlich, dies dem IIS zu überlassen. Gehen Sie dazu folgendermaßen vor:

1. Öffnen Sie das Snap-In *Internetinformationsdienste-Manager* und im Dialog EIGENSCHAFTEN die Registerkarte HTTP-HEADER.

2. Klicken Sie im Rahmen MIME-ZUORDNUNGEN auf DATEITYPEN.

3. Im folgenden Dialog wählen Sie NEUER TYP bzw. ENTFERNEN, um die Liste zu bearbeiten.

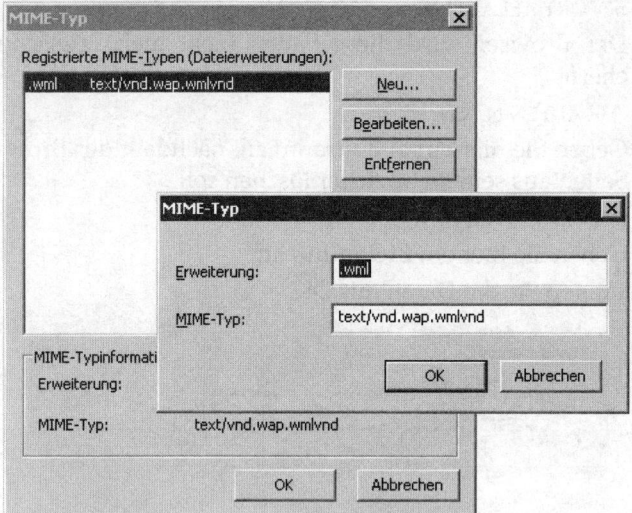

Achten Sie auf die korrekte Schreibweise des Inhaltstyps: *Haupttyp/Subtyp* entsprechend der Darstellung in Tabelle 13.3.

Wenn Sie später mit einem Browser eine Datei mit der entsprechenden Erweiterung abrufen, beispielsweise WML von einem WAP-Handy, fügt der IIS den passenden Header ein. **Funktionsweise**

Konfiguration des Inhaltsablaufs

Ein per HTTP ausgeliefertes Dokument kann mit einem Header versehen werden, der die Gültigkeit zeitlich befristet. Wenn der Browser den Inhalt in einem internen Cache zwischenspeichert, kann mit solchen Angaben die Nutzung des Speichers optimiert werden. So ist es beispielsweise nicht sinnvoll, Seiten zu speichern, wenn bei jedem Abruf durch den Benutzer Änderungen erfolgen. Das ist oft der Fall, wenn Seiten aus Vorlagen und Datenbankinhalten zusammengesetzt werden. Verzichtet der Browser auf das Speichern, spielen die Angaben keine Rolle. Sie können den Cache nicht ein- oder ausschalten, sondern nur das Verhalten eines aktiven Caches steuern.

Um den Ablauf von Seiten festzulegen, gehen Sie folgendermaßen vor:

1. Öffnen Sie die Registerkarte HTTP-HEADER im Dialog EIGEN-SCHAFTEN einer Website oder eines virtuellen Servers. **Praxis: Ablauf einrichten**

2. Aktivieren Sie das Kontrollkästchen INHALT LÄUFT AB UND WIRD UNGÜLTIG.

3. Es stehen drei Optionen zur Verfügung, die Sie per Options-schalter aktivieren können:

- SOFORT ABLAUFEN

  Der Browser wird diese Seiten nicht mehr zwischenspei-chern.

- ABLAUFEN NACH

  Geben Sie hier einen Zeitraum an, nachdem der Browser die Seiten aus seinem Speicher löschen soll.

- ABLAUFEN AM

  Geben Sie hier ein Zieldatum an.

4. Bestätigen Sie die Daten mit OK.

Abbildung 13.32:
Festlegen eines
Ablaufdatums

13.4.9 Sichere Websites per SSL

SSL erlaubt die Verschlüsselung der beim Abruf einer Website übertragenen Daten. Benutzern kann damit versichert werden, dass die möglicherweise sicherheitsrelevanten Daten, die sie in Formularen eingeben, nicht von Dritten gelesen werden können. Zugleich erlauben die dabei benutzten Zertifikate eine eindeutige und zuverlässige Identifikation des Anbieters.

Öffentliche Zertifizierungsstellen

Es gibt viele öffentliche Herausgeber von Zertifikaten. Wem Sie und Ihre Kunden letztlich das Vertrauen schenken, kann nicht global beantwortet werden. An dieser Stelle soll Ihnen eine Zu-sammenstellung aktueller Adressen den Start für eigene Erkun-dungen erleichtern. Besuchen Sie die Webseiten der Anbieter, bevor Sie die praktische Installation einer Windows Server 2003-PKI starten.

Die meisten amerikanischen Anbieter haben Partner in Deutsch-land oder bedienen ausländische Kunden gleichermaßen. Diese Herausgeber sind interessant, wenn Sie mit Geschäftspartnern außerhalb Deutschlands sicher kommunizieren möchten.

Wer vertraut den CAs? Bevor Sie anfangen, bedenken Sie die Bedeutung der Herausgeber. Wer vertraut den Herausgebern? Wer kontrolliert diese und wie sicher sind die Garantien, die private Unternehmen geben? Kon-sultieren Sie Ihren Rechtsanwalt, um die rechtliche Bedeutung von Verträgen zu erkennen, die digital signiert wurden.

Liste einiger öffentlicher Zertifizierungsstellen (DE)

Auch Zertifizierungsstellen müssen zertifiziert werden. In Deutschland ist dafür die »Regulierungsbehörde für Telekommunikation und Post« (*RegTP*) zuständig. Sie ist in der Techniksprache die »Root CA«. Sie finden diese Behörde im Internet unter:

Zertifizierung durch RegTP

`www.regtp.de`

Die Zertifizierungsstelle und den Verzeichnisdienst können Sie unter folgender Adresse erreichen:

`www.nrca-ds.de`

Nachfolgend eine kleine Auswahl von der RegTP bereits zertifizierter Herausgeber öffentlicher Zertifikate in Deutschland:

Auswahl einiger Herausgeber

- Deutsche Telekom; Bonn
  - Serverzertifikate und Signaturen
  - Telefon: (0800) 835 3732
  - Adresse:
    `www.telesec.de`

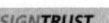

- Deutsche Post eBusiness SIGNTRUST
  - Serverzertifikate und Signaturen
  - Telefon: (0800) 744 68 78 78
  - Adresse:

    Deutsche Post AG
    Signtrust Zentrale
    Tulpenfeld 9
    53113 Bonn

    `www.signtrust.de`

- Bundesnotarkammer
  - Serverzertifikate und Signaturen
  - Telefon: (01805) 66 06 60
  - Adresse:

    Zertifizierungsstelle der BNotK
    c/o Signtrust
    Postfach 10 01 14
    64201 Darmstadt

    `dir.bnotk.de`

- DATEV eG
  - Nur Signaturen
  - Telefon: (0911) 2 76-0
  - Adresse:

    DATEV eG
    Paumgartnerstraße 6 – 14
    90329 Nürnberg

`www.zs.datev.de`

Informieren Sie sich auf den Seiten der RegTP über weitere Herausgeber. Die Zertifizierung stellt sicher, dass die beteiligten Firmen bestimmten Mindestanforderungen hinsichtlich der Verarbeitung sensibler Daten genügen.

Internationale Zertifizierungsstellen

In den USA liegt die Verantwortung zur Zertifizierung der Herausgeber bei den einzelnen Bundesstaaten. Einige Firmen haben sich in sehr vielen Staaten zertifizieren lassen. Eine Auswahl daraus finden Sie nachfolgend:

- Verisign, Inc.

  `www.verisign.com`

  - Ansprechpartner in Deutschland:

    D-TRUST
    Kommandantenstrasse 15
    10969 Berlin

    `www.d-trust.de`

- ID Certify

  `www.datakey.com/partners/Partner_pages/IDCertify.shtml`

  - Adresse:

    ID Certify, Inc.
    209 Sixth Avenue North
    Seattle, WA 98109

- Digitale Signature Trust

  `www.digsigtrust.com`

  - Adresse:

    Digital Signature Trust Co. Help Desk
    1095 East 2100 South, Suite #201
    Salt Lake City, Utah 84106

Liste anderer Zertifizierungsstellen

Die nachfolgende Tabelle enthält einige weitere öffentliche Herausgeber verschiedener Arten von Zertifikaten.

Tabelle 13.4:
Weitere Zertifikat-
Herausgeber

Firma	Adresse im Internet
PCA (The PCA for the German Research Network)	`www.pca.dfn.de/certification/`
Sun Certificate Authorities	`www.sun.com/security/product/ca.html`

Firma	Adresse im Internet
Thawte Certification Division	`www.thawte.com`
Free certificates by Entrust Technologies	`www.entrust.com/freecerts/`
EuroTrust: EU Research contract for TTP/CA infrastructure	`www.baltimore.com ↵` `/securityapplications/index.asp`
IKS Zertifizierungsinstanz	`www.iks-jena.de/produkte/ca/`
World Wide Wedlin CA	`www.wedlin.pp.se/ca/index.html`
The USERTRUST Network	`www.usertrust.com`
GlobalSign	`www.globalsign.net`
Certplus (Französisch)	`www.certplus.com`
a-sign (Deutsch)	`www.a-sign.at`
ACES - Access Certificates for Electronic Services (US General Services Administration)	`www.gsa.gov/aces`
WildID LLC	`www.wildid.com`
EuroPKI	`www.europki.org`
E-certify Corporation	`www.e-certify.com`
TC TrustCenter (Deutsch)	`www.trustcenter.de`

Informieren Sie sich auf den verschiedenen Anbieterseiten über Preise und die besonderen Leistungen, bevor Sie sich für einen entscheiden. Die Adressen wurden im August 2003 verifiziert. Jedoch unterliegt auch der Markt der Zertifizierungsstellen einer gewissen Volatilität, sodass der eine oder andere zur Drucklegung nicht mehr verfügbar sein kann. Nutzen Sie Suchmaschinen, um weitere Anbieter zu finden.

SSL praktisch einrichten

Die praktische Einrichtung von SSL umfasst mehrere Schritte: **Ablauf**

- Erstellen einer Zertifikatanforderung
- Verarbeiten der Anforderung entweder über eine eigene PKI oder durch eine öffentliche Zertifizierungsstelle
- Installation des so gewonnenen Zertifikats

- Aktivierung der SSL-Funktionalität im WWW-Dienst.

Die folgenden Abschnitte beschreiben diese Schritte detailliert.

Erzeugen einer Zertifikatsanforderung mit dem IIS

Eine Zertifikatsanforderung enthält Informationen über die spätere Nutzung des Zertifikats. Sie wird für die Übertragung mit einem einfachen Verfahren codiert. Dies dient nicht dem Schutz vor Änderungen – dafür werden Hash-Algorithmen eingesetzt – sondern der Wahl beliebiger Übertragungswege. Sonderzeichen werden auf ASCII umgesetzt. Ein häufiges Verfahren ist die Base64-Kodierung, die auch für E-Mail-Anhänge eingesetzt wird. Manche Herausgeber erwarten die Anforderung per E-Mail oder über eine Webseite, wofür dieses Verfahren prädestiniert ist.

Die Anforderung erstellen

Die Anforderung selbst erzeugen Sie »pro Site« für den Server, der später das Zertifikat installieren soll. Gehen Sie dazu folgendermaßen vor:

1. Starten Sie den Internetinformationsdienste-Manager.
2. Navigieren Sie zu der zu schützenden Site. Wenn der gesamte Server gesichert werden soll, wählen Sie STANDARDWEBSITE.
3. Öffnen Sie das Dialogfenster EIGENSCHAFTEN.
4. Wechseln Sie zur Registerkarte VERZEICHNISSICHERHEIT.
5. Klicken Sie auf SERVERZERTIFIKAT. Es startet ein Assistent, der alle nötigen Daten abfragt.

Ablauf des Assistenten

Im ersten Schritt wählen Sie die Methode aus, mit welcher der Website ein Zertifikat hinzugefügt werden soll. Da Sie nun über eine eigene Zertifizierungsinstanz verfügen, wählen Sie die Option NEUES ZERTIFIKAT ERSTELLEN. Dies wird im Anschluss an diese Prozedur erstellt.

Abbildung 13.33:
Auswahl der Quelle
für das Zertifikat

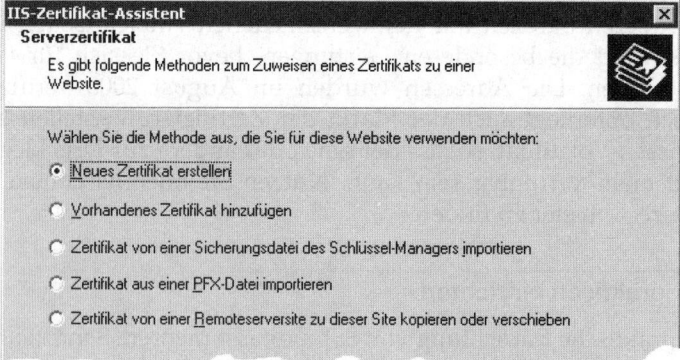

 Falls bereits ein Zertifikat installiert war, haben Sie die Option, dies zu entfernen. Sie müssen ein altes Zertifikat erst entfernen, um ein anderes anfordern und installieren zu können.

Im nächsten Schritt wird entschieden, ob die Anforderung sofort **Zertifizierungsstelle** gesendet oder gespeichert werden soll. Wählen Sie die Option **oder PKI?** ANFORDERUNG JETZT VORBEREITEN, ABER SPÄTER SENDEN, wenn Sie das Zertifikat von einer öffentlichen Zertifizierungsstelle anfordern möchten. Wählen Sie dagegen die Option ANFORDERUNG SOFORT AN EINE ONLINEZERTIFIZIERUNGSSTELLE SENDEN, wenn Sie mit einer eigenen PKI arbeiten und der Zertifikatserver erreichbar ist.

Wenn kein Zertifizierungsserver verfügbar ist, steht nur die erste Option zur Verfügung. Die Zertifizierungsdienste erwarten Anforderungen als Datei, was ein direktes Senden verhindert.

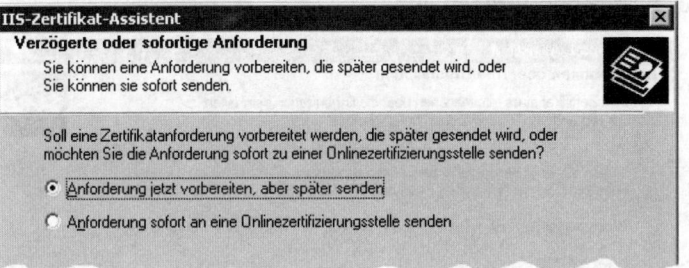

Abbildung 13.34: Verzögerte Anforderung bedeutet Erzeugen einer Anforderungsdatei

Nun wird dem Zertifikat ein Name vergeben. Standardmäßig ist **Name und Bitlänge** dies der Name der Website, die gesichert werden soll. Außerdem ist die Auswahl der Schlüssellänge zu empfehlen. 1 024 Bit ist eine gute Wahl. Längere Schlüssel sind zwar sicherer, erfordern aber erheblich mehr Rechenleistung vom Prozessor, kürzere gelten inzwischen als zu unsicher. Der Kryptografiedienstanbieter sollte nur aktiviert werden, wenn Sie mit SSL-Hardware arbeiten und diese einen bestimmten Verschlüsselungsstandard verlangt.

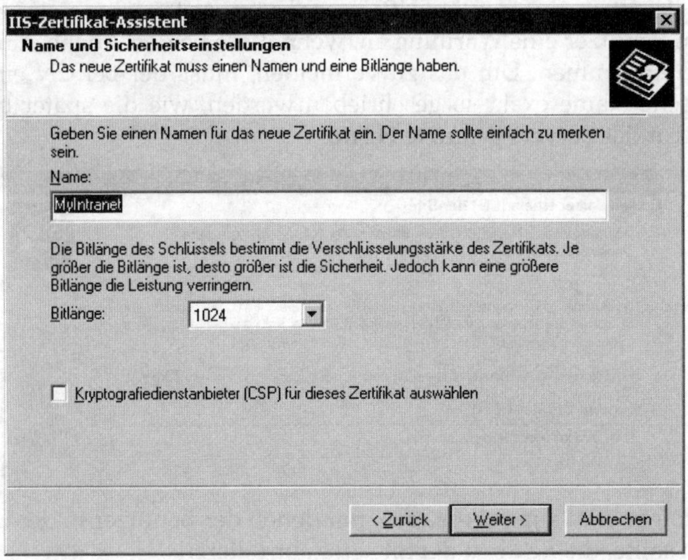

Abbildung 13.35: Name des Zertifikats und Schlüssellänge

Präsentationsdaten Nun werden Informationen erfasst, die im Zertifikat den späteren Benutzern präsentiert werden. Es handelt sich hier quasi um vertrauensbildende Maßnahmen. Tragen Sie zuerst Name und Abteilung der Organisation ein, die den Webserver betreibt und dafür verantwortlich ist.

Wenn Sie Webserver als Provider betreiben, sollten Sie hier Daten des Kunden eintragen, der für die Site verantwortlich ist. Als Provider besitzen Sie praktisch das Stammzertifikat und zeichnen für die Echtheit ihrer Kunden verantwortlich. Diese tragen jedoch die Verantwortung für ihre eigenen Seiten, was dem Kunden gegenüber hinreichend transparent ist.

Abbildung 13.36:
Name und Orga-
nisationseinheit

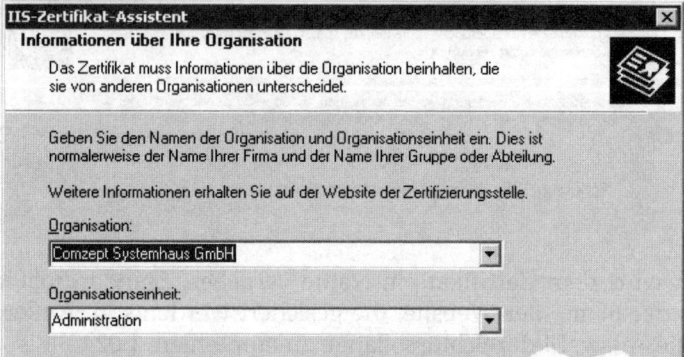

Der folgende Schritt vergibt dem Zertifikat das Feld CN (*Common Name*). Es handelt sich in der Regel um den Namen des virtuellen Servers, unter dem die Site erreichbar ist. Der Browser prüft bei der Anforderung diesen im Zertifikat verschlüsselten Namen und vergleicht in mit der im URL genannten Anforderung. Er zeigt dem Benutzer eine Warnung an, wenn diese beiden Angaben nicht übereinstimmen. Um das zu vermeiden, muss der bei CN eingetragene Name exakt so geschrieben werden, wie die später beim Aufruf des Servers genutzte Form.

Abbildung 13.37:
Vergabe des Site-
Namens

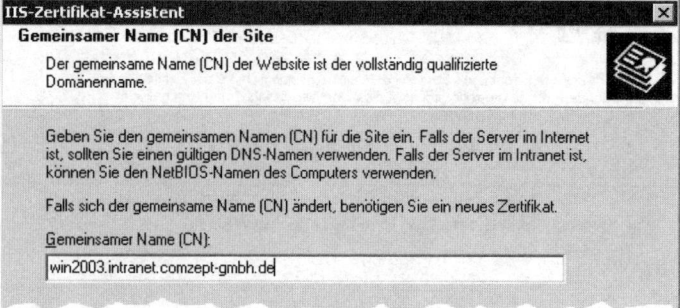

Es folgen nun einige Angaben, mit denen der Benutzer in der Lage sein sollte, die Echtheit der Site zu kontrollieren.

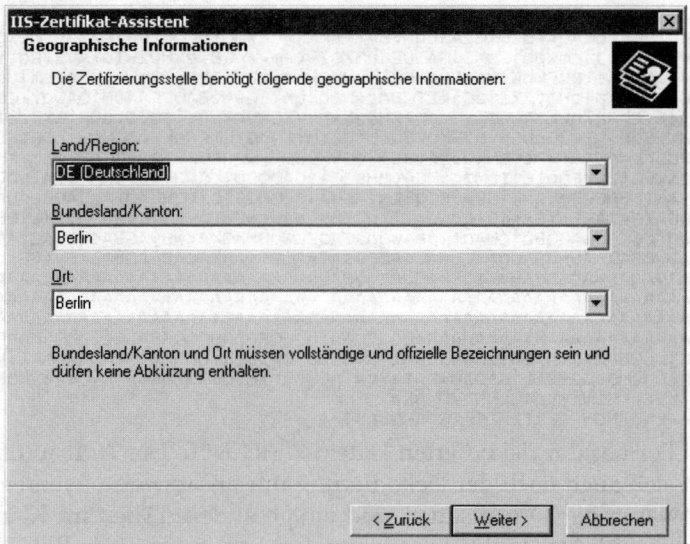

Da am Anfang das spätere Senden der Anforderung ausgewählt wurde, muss nun der Speicherort angegeben werden, unter dem die Daten aufbewahrt werden. Sie können den bereits bei der Installation erzeugten Konfigurationsordner der Zertifikatdienste dazu verwenden oder jeden anderen Speicherort angeben.

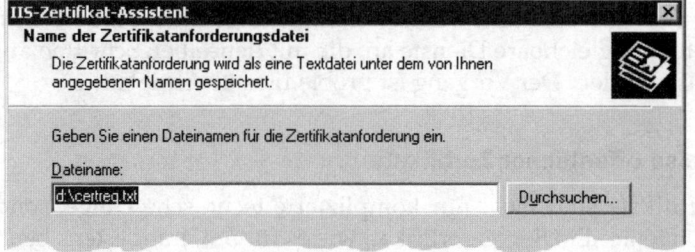

Eine Zusammenfassung zeigt, welche Einstellungen vorgenommen wurden. Mit Klick auf WEITER wird die Anforderungsdatei erzeugt. Dieser Vorgang nimmt keine spürbare Zeit in Anspruch.

Zur Kontrolle können Sie sich die Datei ansehen. Das ist sicher wenig spektakulär, weil die Base64- oder DER-Kodierung keinen lesbaren Text hinterlässt. Die Datei hat etwa folgendes Aussehen:

```
-----BEGIN NEW CERTIFICATE REQUEST-----
MIIDcTCCAtoCAQAwgZUxCZAJBgNVBAYTAkRFMQ8wDQYDVQQIEwZCZXJsaW4xDZAN
BgNVBAcTBkJlcmxpbjEgMB4GA1UEChMQ29temVwdCBTeXN0ZW1loYXVzZIEdtYkgx
FZAVBgNVBASTDkFkbWluaXN0cmF0aW9uMSkwJwYDVQQDEyB3aW44yMDAzLmluZHJh
bmVtLmVubGVxpcHQtZZ11aC5kzTCBnzANBgkqhkiG9w0BAQEFAAOBjQAwgYkCgYEA
s9q36E+cbPr7gwkZRoGm1YZcepRxH3vKxfkvZCWpcXv0SisqOGtpOPj1Xk/0zqQd
tQOMXFSdnvy1+3QoUG9vB5ukox806bfN2chYf9rGIU1FHskphPCMpwiLOPTEsIXP
bOtfd1fk/nSoaTWPcFqHkg5jPy8aA3bG97980/vwQqsCAwEAAaCCAZkwGgYKKKwYB
BAGCNwOCAZEMFgo1LjIUMZc5MC4yMHsGCisGAQQBgjCCAQ4xbTBrMA4GA1UdDwEB
/wQEAwIE8DBEBgkqhkiG9w0BCQ8ENZA1MA4GCCqGSIb3DQMCAgIAgDAOBggqhkiG
9w0DBAICAIAwBwYFKw4DAgcwCgYIKoZIhvcNAwcwEwYDVR0lBAwwCgYIKwYBBQUH
AwEwgf0GCisGAQQBgjCNAgIxge4wgesCAQEeWgBNAGkAYwByAG8AcWBvAGYAdAAg
AFIAUwBBACAAUWBDAGgAYQBuAG4AZQBsACAAAQwByAHkACABOAG8AZWByAGEACABO
AGkAYWAgAFAACgBVAHYAaQBkAGUAcgOBjQAAAAAAAAAAAAAAAAAAAAAAAAAAAAAAAAA
AAAAAAAAAAAAAAAAAAAAAAAAAAAAAAAAAAAAAAAAAAAAAAAAAAAAAAAAAAAAAAAAAA
AAAAAAAAAAAAAAAAAAAAAAAAAAAAAAAAAAAAAAAAAAAAAAAAAAAAAAAAAAAAAAAAAA
AAAAAAAAAAAAAAAAAAAAAAAAMA0GCSqGSIb3DQEBBQUAA4GBALCz2ehC6KWhDOuE
byOujopUHFzasTpfE69zhwn3c9n1juwDL2G9Rw5DcRYoOgKfiHTXgwWrmRI+kvTL
RLjF8Ou2mO+GG991tjGiOJbWPUTaYtxTp6un3f1HQDWM6/De6RMLVOva6yHoKp27
dMHlkJ++kSGmLyKn4CohNUZbYgFd
-----END NEW CERTIFICATE REQUEST-----
```

RFC 2314

Das Format der dekodierten Datei ist PKCS 10. Der Aufbau offenbart sich auch nach der Dekodierung nur ansatzweise (wenn auch der Name der Organisation und einige andere Daten im Klartext erscheinen). Nähere Informationen darüber finden Sie in RFC 2314.

Das Zertifikat von einer öffentlichen Stelle anfordern

Um ein Zertifikat von einer öffentlichen Zertifizierungsstelle anzufordern, benötigen Sie die im letzten Abschnitt erzeugte Anforderung. Mit diesen Daten bekommen Sie das Zertifikat. Als Beispiel sei hier die bekannte Firma Verisign angeführt. Andere Firmen bieten vergleichbare Dienste an, die mit denselben Schritten ausgeführt werden. Der Vorgang ist problemlos übertragbar.

Preise öffentlicher Zertifikate

Beispiel Verisign

Zertifikate sind nicht nur komplizierte technische Dinge, sondern auch teuer. Ein Serverzertifikat, wie es für SSL mindestens benötigt wird, kostet in der einfachsten Ausführung $ 349 (40-Bit-Verschlüsselung), für die bessere 128-Bit-Verschlüsselung sind es bereits $ 895[25]. Glücklicherweise können Sie es zuvor kostenlos testen. Gehen Sie dazu auf folgende Seite:

`http://www.verisign.com/products/site/index.html`

Eine PKI kann Kosten sparen

Wenn Sie eine vollständige PKI aufbauen, sind andere Zertifikate notwendig. Hier bieten alle Anbieter eine reiche Auswahl. Die Preise können dann für große Unternehmen einige 10 000 Euro erreichen. Dies sollten Sie bei der Budgetplanung für eine PKI rechtzeitig recherchieren. Andererseits kann die Absicherung Dut-

---

[25] Hier sind weitere Leistungen enthalten. Besuchen Sie die Website *http://www.verisign.com/products/site/secure/index.html* für mehr Informationen. Die Preisangaben stammen vom August 2003 (ohne Gewähr).

zender Webserver mit eigenen Zertifikaten erheblich billiger werden, weshalb eine eigene PKI auch Geld sparen kann.

Nicht zu vernachlässigen ist ferner die Zeitdauer, die von der Beantragung bis zur Ausstellung vergeht. Diese kann durchaus einige Wochen betragen, weil je nach Anspruch mehrere Prüfungen vorgenommen werden. In den folgenden Beispielen wird das Testzertifikat von Verisign verwendet, das nach wenigen Minuten vorliegt und 14 Tage lang gültig ist – in jedem Fall ein guter Start in die PKI-Welt.

Anfordern des Zertifikats

Wählen Sie die Option TRY für das Produkt SECURE YOUR WEB SITE WITH SECURE SITE SERVICES. Füllen Sie das folgende Formular wahrheitsgemäß aus. Sie gelangen dann in den Bereich ENROLL-MENT, wo die eigentlichen Zertifikatsdaten erfasst werden.

Vor dem Start werden Sie auf verschiedene Probleme hingewiesen. Der WWW-Dienst von Windows Server 2003 ist unproblematisch und Sie können diesen Schritt übergehen.

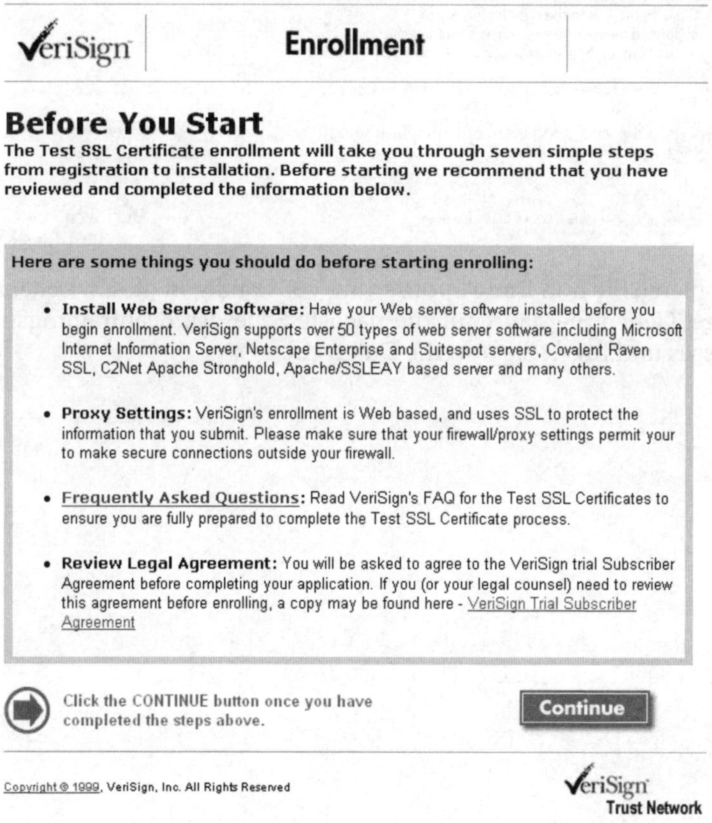

Enrollment

Abbildung 13.40: Schritt 1 der Beantragung bei Verisign

VeriSign | **Enrollment**

Before You Start
The Test SSL Certificate enrollment will take you through seven simple steps from registration to installation. Before starting we recommend that you have reviewed and completed the information below.

Here are some things you should do before starting enrolling:

- **Install Web Server Software:** Have your Web server software installed before you begin enrollment. VeriSign supports over 50 types of web server software including Microsoft Internet Information Server, Netscape Enterprise and Suitespot servers, Covalent Raven SSL, C2Net Apache Stronghold, Apache/SSLEAY based server and many others.

- **Proxy Settings:** VeriSign's enrollment is Web based, and uses SSL to protect the information that you submit. Please make sure that your firewall/proxy settings permit your to make secure connections outside your firewall.

- **Frequently Asked Questions:** Read VeriSign's FAQ for the Test SSL Certificates to ensure you are fully prepared to complete the Test SSL Certificate process.

- **Review Legal Agreement:** You will be asked to agree to the VeriSign trial Subscriber Agreement before completing your application. If you (or your legal counsel) need to review this agreement before enrolling, a copy may be found here - VeriSign Trial Subscriber Agreement

Click the CONTINUE button once you have completed the steps above.

VeriSign Trust Network

Der zweite Schritt leitet die Erzeugung des CSR (*Certificate Signing Request*) an. Diesen Schritt haben Sie bereits vollzogen, indem Sie die Anforderung mit dem Internetinformationsdienste-Manager erzeugt haben. Was hier als CSR bezeichnet wird, liegt bereits in Form der Textdatei auf Ihrer Festplatte.

Abbildung 13.41:
CSR erzeugen

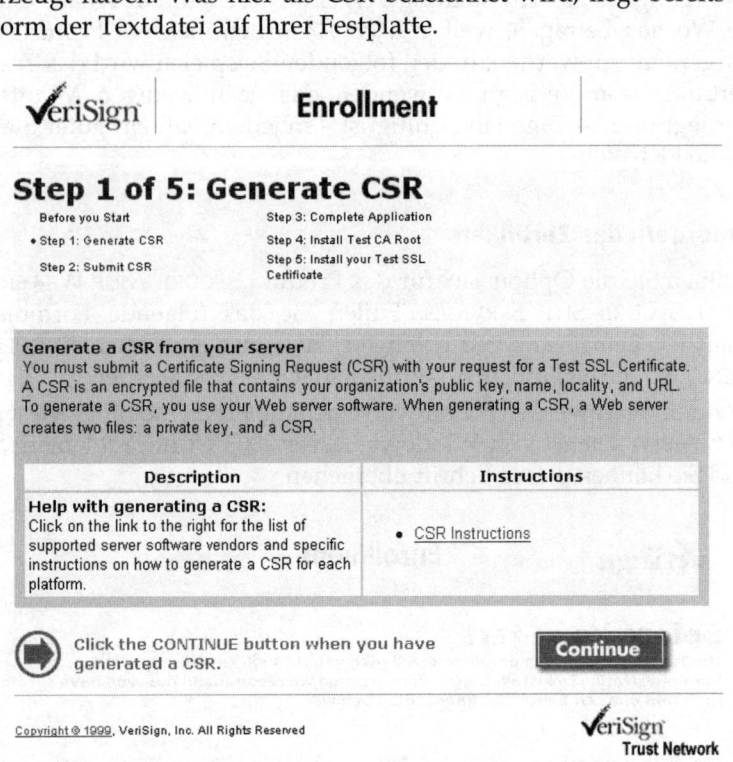

Kopieren Sie nun Ihre Anforderung vollständig in die Zwischenablage. Gehen Sie dann auf die nächste Seite des Beantragungsprozesses und fügen Sie dort die Daten ein.

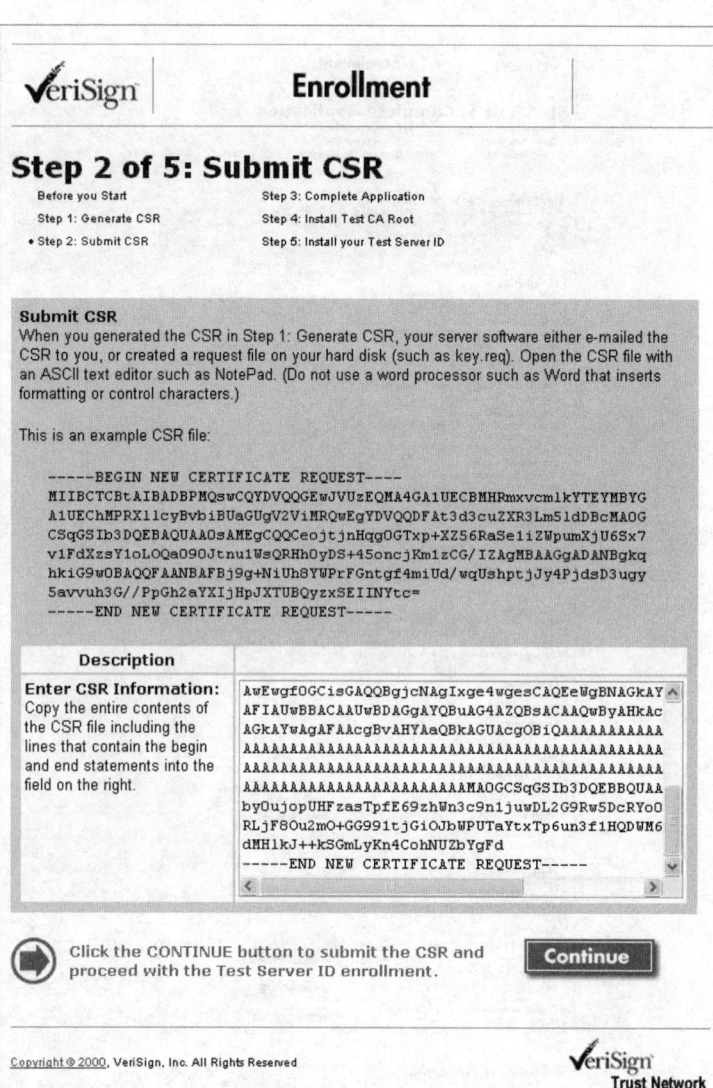

Verisign liest die Anforderung, extrahiert die Daten und zeigt diese zur Kontrolle an. Prüfen Sie alle Felder, bevor Sie fortsetzen und füllen Sie die leeren Felder für den technischen Ansprechpartner aus.

Klicken Sie nun auf ACCEPT, um das Zertifikat zu erhalten. Eventuell werden Sie auf Fehler beim Ausfüllen hingewiesen. Das fertige Zertifikat erhalten Sie per E-Mail an die angegebene Adresse.

Es folgt noch eine Bestätigung, dass die Anforderung in Arbeit ist.

Abbildung 13.43:
Absenden der
Anforderung

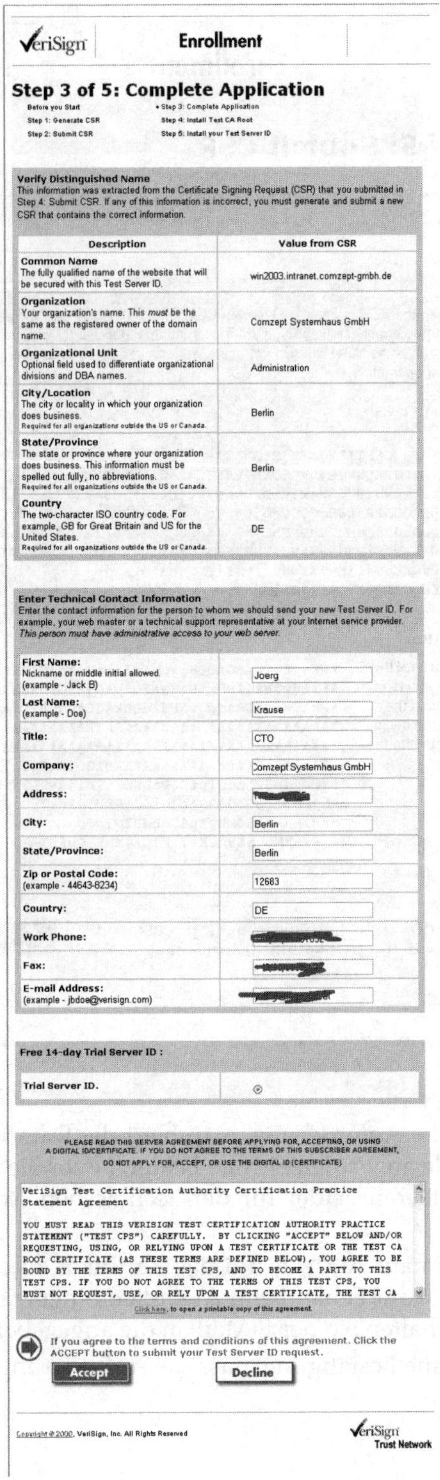

Der Vorgang kann einige Minuten dauern. Die empfangene E-Mail enthält das Zertifikat. Suchen Sie am Ende der E-Mail nach einer Zeile mit -----BEGIN CERTIFICATE-----. Der vollständige Block sieht etwa folgendermaßen aus:

```
-----BEGIN CERTIFICATE-----
MIIDVjCCAwCgAwIBAgIQPzX4ggXYmJdsMB1okRqgFTANBgkqhkiG9w0BAQUFADCB
qTEWMBQGA1UEChMNVmVyaVNpZ24sIEluYzFHMEUGA1UECxM+d3d3LnZlcmlzaWdu
LmNvbS9yZXBvc210b3J5L1Rlc3RDRUFFMgSW5jb3JwLiBCeSBSZWYuIExpYWIuIExU
RC4xRjBEBgNVBAsTPUZvciBWZXJpU2lnbiBhdXRob3JpemVkIHRlc3Rpbmcgb25s
eS4gTm8gYXNzdXJhbmNlcyAoQylVUzE5OTcwHhcNMDMwODA3MDAwMDAwWhcNMDMw
ODIxMjM1OTU5WjCB1TELMAkGA1UEBhMCREUxDzANBgNVBAgTBkJlcmxpbjEPMA0G
A1UEBxQGQmVybGluMSAwHgYDVQQKFBdDb216ZXB0IFN5c3RlbWhhdXMgR21iSDEX
MBUGA1UECxQOQQWRtaW5pc3RyYXRpb24xKTAnBgNVBAMUIHdpbjIwMDMuaW5OcmFu
ZXQuУ29temVwdC1nbWJoLmRlMIGfMA0GCSqGSIb3DQEBAQUAA4GNADCBiQKBgQCz
2rfoT5xs+vuDCRlGgabVhlx6lHEfe8rF+S9kJalxe/RKKyrQa2nQ+PVeT/TOpB21
DQxcVJ2e/LX7dChQb28Hm6SjHzTpt83ZyFh/2sYhTUUeySmE8IylaIs49MSwhc9v
S193V+T+dKhpNY9wWoeSDmM/LxoDdsb3v3w7+/BCqwIDAQABo4HRMIHOMAkGA1Ud
EwQCMAAwCwYDVROPBAQDAgWgMEIGA1UdHwQ7MDkwN6A1oDOGMWh0dHA6Ly9jcmwu
dmVyaXNpZ24uY29tL1N1Y3VyZVNlcnZlclRlc3RpbmdDQS5jcmwwUQYDVROgBEow
SDBGBgpghkgBhvhFAQcVMDgwNgYIKwYBBQUHAgEWKmh0dHA6Ly9jd3d3dmVyaXNpZNp
Z24uY29tL3JlcG9zaXRvcnkvVGVzdENQUzAdBgNVHSUEFjAUBggrBgEFBQcDAQYI
KwYBBQUHAwIwDQYJKoZIhvcNAQEFBQADQQAK7nhiB/9dO9rWNTH8v0Yc2HexIOV
g4tOE2fWJXxO6NM7zaP90+V1BaHzIjswSRwyEzIpf8gkIgVHGerWXrlv
-----END CERTIFICATE-----
```

Kopieren Sie diesen Text vollständig und ausschließlich in eine Datei mit dem Namen VERICERT.CER. Der Name ist beliebig, es kommt hier nur darauf an, dass Sie ihn fünf Minuten später noch kennen.

Das Zertifikat in den Zertifikatspeicher aufnehmen

Sie sollten das Zertifikat nun in den Zertifikatspeicher aufnehmen. Dieser Schritt ist optional. Der Assistent im Internetinformationsdienste-Manager kann die CER-Datei auch direkt verarbeiten. Das Aufnehmen in den Zertifikatspeicher erleichtert unter Umständen die spätere Verwaltung, was sich jedoch nur bemerkbar macht, wenn Sie viele Zertifikate verwalten.

Das Zertifikat ist unabhängig von der vorherigen Anforderung des IIS zu verwenden und kann vor allem im Experimentalstadium leicht gewechselt werden.

Gehen Sie zum Import des Zertifikats folgendermaßen vor:

Zertifikat in den
Zertifikatspeicher
aufnehmen

1. Öffnen Sie die Managementkonsole *Zertifikatdienste* und dort das Snap-In ZERTIFIKATE.
2. Gehen Sie zum Zweig ZERTIFIKATE | EIGENE ZERTIFIKATE | ZERTIFIKATE.
3. Wählen Sie im Kontextmenü ALLE TASKS | IMPORTIEREN.
4. Importieren Sie die Datei VERICERT.CER.
5. Das Zertifikat erscheint in der Liste.

Das Zertifikat importieren

Jetzt können Sie das Zertifikat importieren. Im Internetinformationsdienste-Manager verwenden Sie denselben Assistenten, mit dem Sie bereits die Anforderung erzeugt haben. Der Startbildschirm zeigt bereits, dass der Assistent die ausstehenden Zertifikate erkannt hat.

Sie können sich zuvor auf der Festplatte von der Existenz des Zertifikats überzeugen. Ein Doppelklick auf das Symbol zeigt das Zertifikat an.

Setzen Sie den Assistenten mit der Option AUSSTEHENDE ANFORDERUNG VERARBEITEN UND ZERTIFIKAT INSTALLIEREN fort. Falls Sie zuvor bereits fehlerhafte Versuche unternommen haben oder ein Zertifikat generell wieder löschen möchten, können Sie dies mit der zweiten Option anfordern.

Abbildung 13.44:
Anforderung
verarbeiten

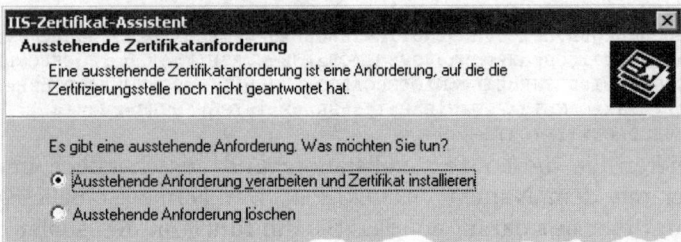

Sie werden dann zur Angabe des Speicherorts des Zertifikats aufgefordert. Zertifikate enden mit der Dateierweiterung .CER. Denken Sie daran, dass das Zertifikat zu der vorher abgesendeten Anforderung passen muss – der Internetinformationsdienste-Manager speichert diese so lange, bis ein gültiges Zertifikat installiert wird.

Abbildung 13.45:
Auswahl des
Zertifikats

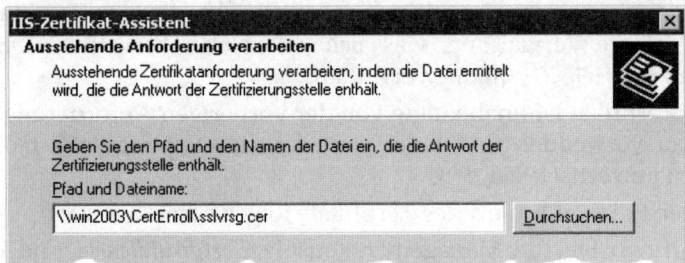

Portnummer Es folgt noch die Abfrage der Portnummer für SSL-Verbindungen. Lassen Sie hier den Standardport 443 stehen.

Zusammenfassung Die Zusammenfassung zeigt die aus der Zertifikatsdatei extrahierten Informationen zur Kontrolle an. Der folgende Schritt führt die Installation dann aus.

Das Zertifikat ist nun installiert und Sie können SSL aktivieren, um verschlüsselte Verbindungen zu der Site aufzubauen. Wie dies erfolgt, beschreibt der nächste Abschnitt. **Nächste Schritte**

WWW-Dienstes für verschlüsselte Verbindungen einrichten

Wenn die Installation des Zertifikats korrekt abgeschlossen wurde, ist die Schaltfläche BEARBEITEN auf der Registerkarte VERZEICHNIS-SICHERHEIT aktiv. Klicken Sie darauf, um SSL weiter einzurichten. Sie gelangen zum Dialog SICHERE KOMMUNIKATION.

Um SSL zu aktivieren, müssen Sie nichts weiter einstellen. Der Benutzer hat nach der Installation des Zertifikats die Wahl, verschlüsselt oder unverschlüsselt zu kommunizieren. Sie können ihm die Wahl abnehmen, indem in der Anwendung generell ein voller Pfad mit dem Protokoll HTTPS: angegeben wird. Allerdings ist es oft sinnvoller, dies zu erzwingen und eine unverschlüsselte Kommunikation nicht mehr zuzulassen. Dazu aktivieren Sie das Kontrollkästchen SICHEREN KANAL VORAUSSETZEN (SSL). **SSL aktivieren**

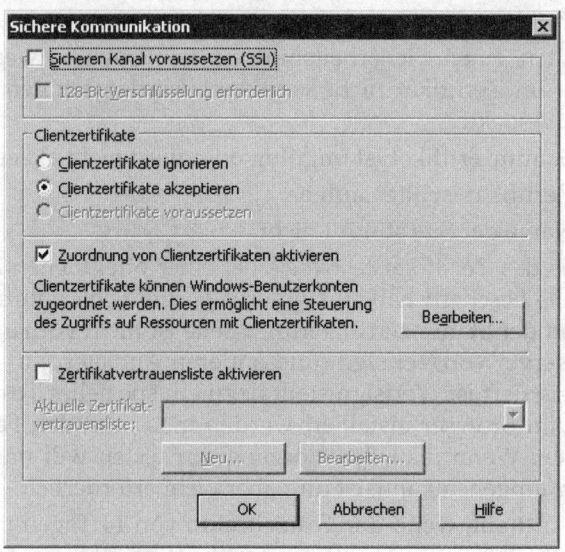

Abbildung 13.46: Sichere Kommunikation einstellen

Die Option 128-BIT-VERSCHLÜSSELUNG ERFORDERLICH geht auf die restriktiven Exportbeschränkungen der amerikanischen Regierung zurück, die starke Kryptografie lange Zeit für eine Bedrohung hielt. Browser wurden deshalb mit der vergleichsweise schwachen 56 Bit-Verschlüsselung ausgestattet. Wenn Sie 128 Bit einstellen, können solche Browser SSL nicht verwenden. Heute sollten Sie die Option aktivieren. Benutzer sollten Sie aber auf einer gesonderten, unverschlüsselten Seite darauf hinweisen, dass sie gegebenenfalls ein Upgrade für ihren Browser beschaffen müssen. Browser, die **128 Bit-Verschlüsselung** mit zu schwacher Verschlüsselung zugreifen, werden mit folgendem HTTP-Fehler konfrontiert:

```
HTTP 403.5 - Verboten: SSL 128 erforderlich
```

Fertig!

Die Vorbereitungen für SSL sind nun abgeschlossen. Sie können den ersten Test einer verschlüsselten Verbindung vornehmen, wie es nachfolgend beschrieben wird.

Aufbau einer verschlüsselten Verbindung

Wenn Sie testweise die gesamte Standardwebsite mit einem Zertifikat belegt haben, können Sie zum Test irgendeine Datei aufrufen. Andernfalls verwenden Sie jetzt die Site, wo Sie das Zertifikat installiert haben. Versuchen Sie zuerst eine normale Verbindung. Sie erhalten eine Fehlermeldung, die auf die fehlende SSL-Verbindung hinweist (siehe Abbildung 13.47).

Ersetzen Sie in Ihrer Testadresse das HTTP: durch HTTPS:. Die Seite wird jetzt angezeigt. Der Inhalt mag hier nicht interessieren. Spannender ist die Reaktion des Browsers, denn er arbeitet nun mit einer verschlüsselten Verbindung.

Sicherheitshinweis

Sie erhalten einen Sicherheitshinweis im Browser, wenn einige Angaben im Zertifikat nicht verifiziert werden können. Dies betrifft drei Aspekte:

1. Das Stammzertifikat ist ungültig oder wird nicht akzeptiert.
2. Das Zertifikat ist abgelaufen.
3. Der Name der Site stimmt nicht.

Wenn Sie das Zertifikat testweise bei einer öffentlichen Zertifizierungsstelle beschafft haben, können alle drei Fehler auftreten. Die Gültigkeit der Stammzertifizierungsstelle ist nicht vorhanden, weil der Testserver von Verisign (und anderen Anbietern) in Windows nicht registriert ist. Verisign stellt dazu ein spezielles Testzertifikat aus, das im Browser installiert werden muss, um den Fehler 1 zu vermeiden. Wenn man den Vorgang nur testen will und mit der Meldung umgehen kann, ist dies aber nicht erforderlich.

Fehler 2 tritt auf, wenn der Testzeitraum von 14 Tagen überschritten wurde. Bei einem regulären Zertifikat beträgt der Zeitraum je nach Vertrag ein oder zwei Jahre.

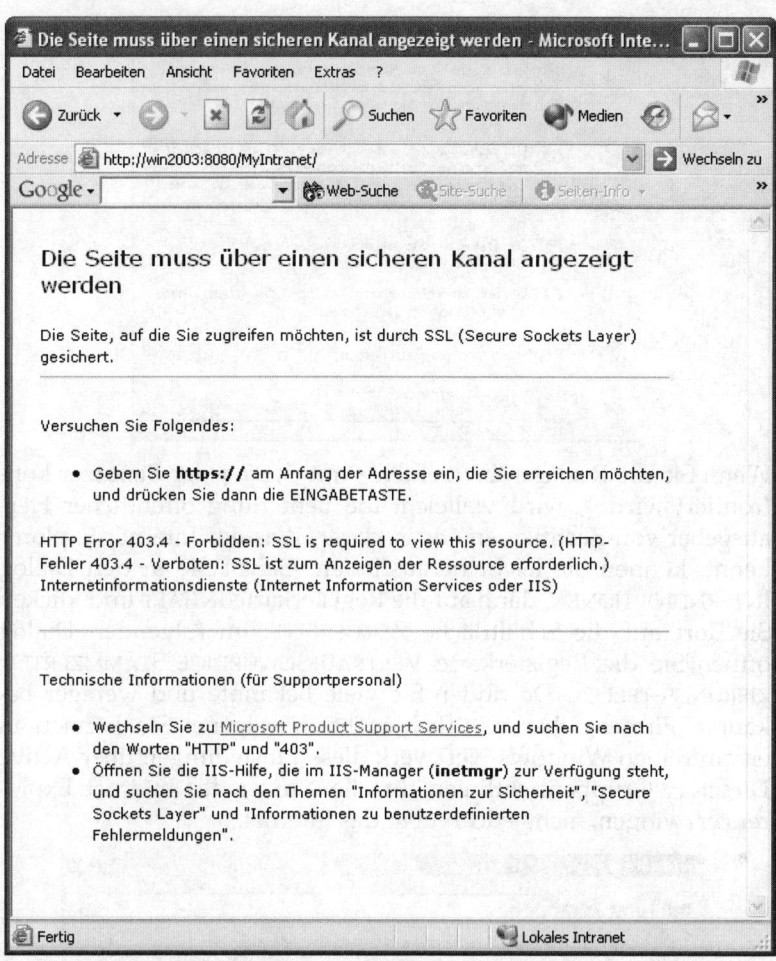

Abbildung 13.47:
SSL wird verlangt

Fehler 3 zeigt an, dass beim Aufruf der Name des Webservers nicht exakt dem entspricht, den Sie bei der Anforderung benannt haben. Eventuell haben Sie im Intranet nur den Netbios-Namen oder gar eine IP-Adresse verwendet. Passen Sie den Namen beim Abruf an oder fordern Sie ein neues Zertifikat mit dem korrekten Namen an.

Verwendung von Zertifikaten der eigenen Zertifizierungsstelle

Die letzten beiden Fragen dürften beim Zertifikat von der eigenen PKI immer zu einer positiven Antwort führen. Die erste Frage natürlich nicht – woher soll der Internet Explorer auch ihre frisch kreierte Zertifizierungsstelle kennen? Falls Sie gleich ein Zertifikat eines bekannten Herausgebers verwendet haben, wird dieser Dialog möglicherweise nicht angezeigt.

Abbildung 13.48:
Warnung zum er-
kannten Zertifikat

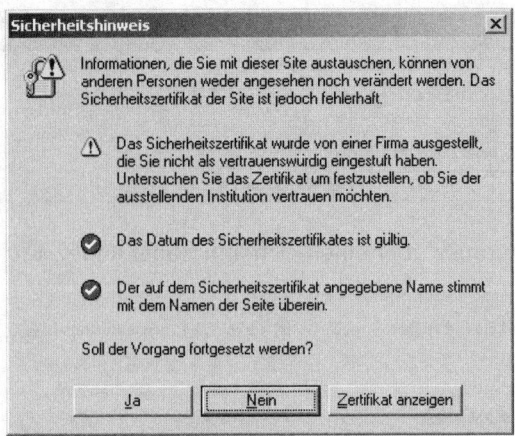

Bekannte ver-
trauenswürdige
Herausgeber im
Internet Explorer

Wenn Sie die Reaktion betrachten – mit der ja jeder Benutzer konfrontiert wird –, wird vielleicht die Bedeutung öffentlicher Herausgeber von Zertifikaten etwas klarer. Was der Internet Explorer kennt, können Sie leicht herausfinden. Gehen Sie in den Dialog INTERNETOPTIONEN, dann auf die Registerkarte INHALT und klicken Sie dort auf die Schaltfläche ZERTIFIKATE. Im folgenden Dialog öffnen Sie die Registerkarte VERTRAUENSWÜRDIGE STAMMZERTIFIZIERUNGSSTELLEN. Da finden Sie viele bekannte und weniger bekannte Firmen, aber natürlich nicht die eigene. Sie können in einem reinen Windows-Netzwerk diese Einstellungen über Active Directory-Gruppenrichtlinien für alle Nutzer des Internet Explorers erzwingen, nicht jedoch über das Internet.

Abbildung 13.49:
Liste der vertrauens-
würdigen Stamm-
zertifizierungsstellen

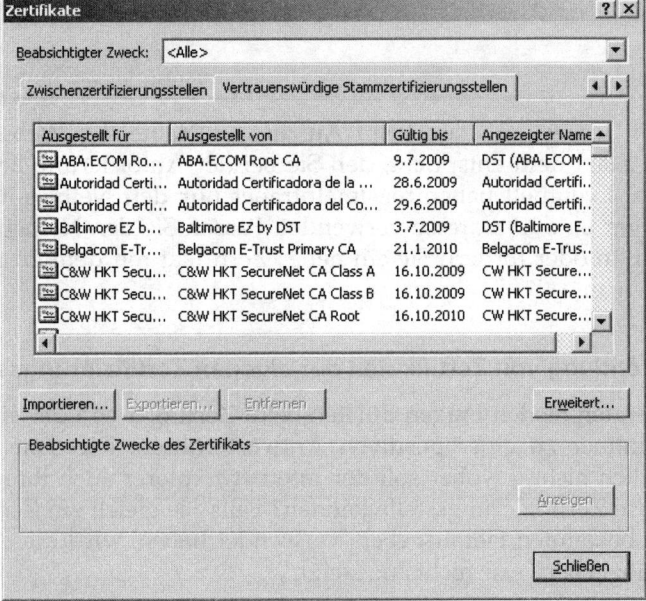

Sie können das Stammzertifikat, das am Anfang der Installation der Zertifikatdienste erzeugt wurde, im Internet Explorer importieren, um sich selbst in die Liste aufzunehmen (tatsächlich tun Sie das natürlich für Ihre Benutzer im Intranet, um denen die irritierende Meldung aus Abbildung 13.48 zu ersparen).

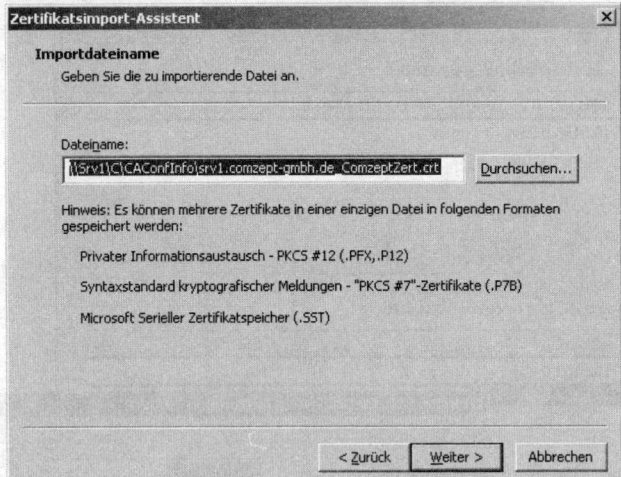

Abbildung 13.50: Import des Stammzertifikats

Das Zertifikat wird zur Kontrolle nochmals angezeigt und dann in die Liste aufgenommen. Die Liste ist alphabetisch sortiert, Sie können es so schnell finden.

Es lohnt nun ein zweiter Versuch, eine verschlüsselte Verbindung aufzubauen. Der Browser sollte im Normalfall keine Probleme anzeigen und die verschlüsselte Verbindung sofort aufbauen. In der Statusleiste erscheint dann das Schlosssymbol 🔒. Ein Doppelklick darauf zeigt das Zertifikat an.

Verschlüsselte Verbindung mit vertrautem Herausgeber

SSL und Firewalls

Oft klagen Benutzer über Zugriffsprobleme auf Server, die Verschlüsselung anbieten. Manche Administratoren erlauben bei der Einrichtung einer Firewall zwar den Zugriff auf das Internet über Port 80, vergessen aber den SSL-Port 443. Gelegentlich steht alternativ der Port 81 zur Verfügung, der ebenso wie 8080 häufiger verwendet wird. Vielleicht können Sie ein paar Benutzer hinter einer so restriktiven Firewall glücklich machen, wenn Sie 81 und 8080 als zusätzliche Ports für SSL einrichten. Diese Einrichtung nehmen Sie folgendermaßen vor.

1. Öffnen Sie den Internetinformationsdienste-Manager und den EIGENSCHAFTEN-Dialog der zu bearbeitenden Website.
2. Auf der Registerkarte WEBSITE klicken Sie auf ERWEITERT.

Anpassen der Portnummern

3. Klicken Sie im Feld MEHRERE SSL-IDENTITÄTEN DIESER WEBSITE auf HINZUFÜGEN.

4. Tragen Sie die IP-Adresse und den SSL-Port ein.

5. Wiederholen Sie die Schritte 3 und 4 für alle benötigten Ports und IP-Adressen.

Abbildung 13.51:
Weitere SSL-Ports
einrichten

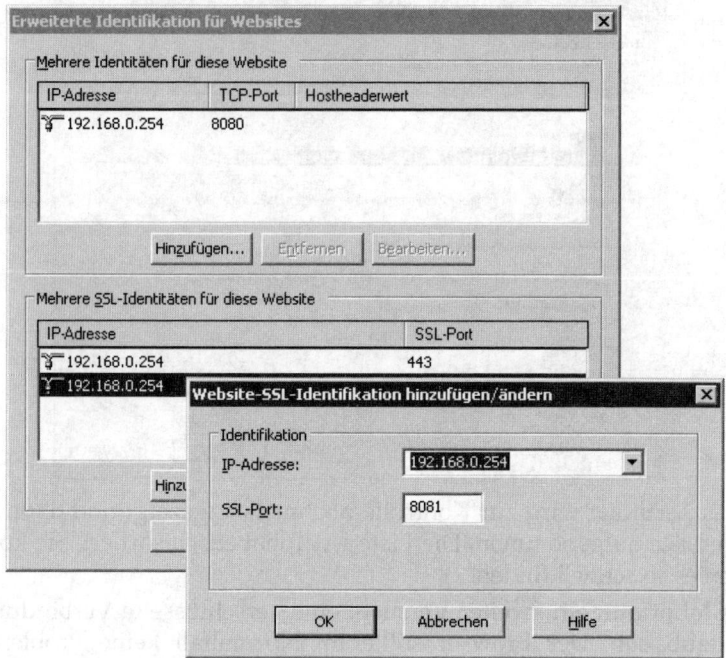

13.4.10 WebDAV

WebDAV ist eine Spezifikation, die das Übertragen von Inhalten zum Webserver regelt. Sie ist keine Erfindung von Microsoft. Die Internetinformationsdienste unter Windows waren jedoch eine der ersten erfolgreichen Implementierungen überhaupt.

Einführung

WebDAV steht für *Web Distributed Authoring and Versioning*. Das Protokoll ist keine eigenständige Entwicklung, sondern eine Erweiterung des Protokolls HTTP 1.1.

Konkret geht es um Methoden, per HTTP Dateien auf dem Server abzulegen und dort zu verwalten, also auch zu löschen und umzubenennen. Außerdem sollen Versionen erkannt und verwaltet werden können.

Allgemeine Darstellung

Allgemeiner gesprochen ist WebDAV eine Erweiterung von HTTP **Erweiterung zu** 1.1 zum Management von Ressourcen über das Web. Clients kön- **HTTP 1.1** nen folgende Aktionen ausführen:

- *Manipulation von Ressourcen*

  Dabei geht es um die Übertragung von Dateien in ein spezielles Publishing-Verzeichnis auf dem Server. Nutzer mit den entsprechenden Rechten können Dateien kopieren oder verschieben.

- *Eigenschaften bearbeiten*

  Nutzer können die Eigenschaften von Dateien verändern, diese Eigenschaften lesen und beeinflussen.

- *Ressourcen verriegeln und freigeben*

  Wenn mehrere Autoren auf Dateien zugreifen, müssen diese während der Bearbeitung durch eine Person für den Zugriff durch andere gesperrt werden. So sorgt WebDAV dafür, dass nur ein Autor zu einer Zeit die Datei bearbeiten kann.

- *Suchen*

  Die in einem WebDAV-Verzeichnis befindlichen Dateien können durchsucht werden. Außerdem kann nach den registrierten Eigenschaften gesucht werden.

Der Weg zum WebDAV-Verzeichnis

Die Einrichtung eines WebDAV-Verzeichnisses ist ähnlich der Anlage eines virtuellen Verzeichnisses im IIS 5. Mit dem IIS 5 stehen alle nötigen Bestandteile auf der Serverseite zur Verfügung.

Als Client kommen natürlich auch nur die Programme in Frage, die die entsprechende Erweiterung zu HTTP beherrschen. Das sind selbstverständlich derzeit nur Produkte von Microsoft:

- *Windows 2000/XP*

  Sie können aus der Netzwerkumgebung heraus eine neue Netzwerkverbindung zu dem Webserver herstellen. Das Web-DAV-Verzeichnis wird dann Bestandteil des Dateisystems und Sie können Dateien per Drag&Drop dorthin kopieren oder verschieben.

- *Internet Explorer ab Version 5*

  Wenn Sie sich mit dem Internet Explorer zu einem WebDAV-Verzeichnis verbinden, stehen dieselben Möglichkeiten zur Verfügung wie bei der Anbindung als Netzwerkverbindung.

- *Office 2000/XP/2003*

  Wenn Sie eine der Office-Programme verwenden, können Sie Dateien direkt in ein WebDAV-Verzeichnis ablegen. Dabei muss es sich keinesfalls um HTML-Dateien handeln. WebDAV eignet sich für alle Arten von Dateien, also auch für ein Archiv von Word- oder Excel-Dateien.

Suche

Die Suche erfolgt nicht nur nach den Dateinamen, sondern auch nach den Inhalten der Dateien. Das gilt natürlich nur für die Dateiformate, die der Index-Server auch verarbeiten kann. WebDAV greift für die Suchfunktion auf den Index-Server zurück. Sie müssen möglicherweise den Index-Server zuvor starten. Entsprechend sind die Suchabfragen so zu gestalten wie für jede andere Anfrage an den Index-Server auch.

Sicherheit

Anforderungen an die Sicherheit

Die Anforderungen an die Sicherheit sind beim Veröffentlichen von Dokumenten noch höher als beim normalen Zugriff über das Web. Manipulationen an Dateien durch nicht autorisierte Personen könnten schwerwiegende Schädigungen nach sich ziehen, vor allem, wenn sie nicht sofort bemerkt werden. Entsprechend ausgefeilt sind die Sicherheitsfunktionen für WebDAV.

Konzept

Die Sicherheitsmaßnahmen von WebDAV sind fest in das Sicherheitskonzept von Windows Server 2003 und den Internetinformationsdiensten integriert. Die Möglichkeiten sind also genauso streng und umfangreich, wie es NTFS ermöglicht.

Sie müssen deshalb den vorzugsweise schreibenden Zugriff der Autoren streng kontrollieren. Dazu werden entsprechend berechtigte Namen im Benutzermanager oder Active Directory angelegt. Die folgenden Darstellungen beziehen sich auf die Nutzung des Active Directory.

Für die Anmeldeprozedur wird Kerberos eingesetzt. Deshalb ist auch der Übertragungsweg zum Zeitpunkt der Übertragung von Nutzername und Kennwort gesichert. Dazu wird die so genannte integrierte Authentifizierung verwendet. Die Basis-Authentifizierung, die auch andere Clients als der Internet Explorer beherrschen, überträgt Kennwörter im Klartext. Besonders sicher eine dritte Form der Authentifizierung: *Digest Authentification*. Diese Form wurde mit Windows 2000 eingeführt und erfordert zwingend den Internet Explorer als Client.

Ein WebDAV-Verzeichnis erzeugen

Der Weg zum ersten Verzeichnis für Autoren führt nur über wenige Schritte:

- Erzeugen Sie unter dem Stammverzeichnis des Webserver \INETPUB ein physikalisches Verzeichnis, wo Dateien abgelegt werden dürfen. Normalerweise sollte diese oberste Ebene dann \INETPUB\WEBDAV heißen.
- Erzeugen Sie ein virtuelles Verzeichnis im Internetinformationsdienste-Manager, das auf das physikalische Verzeichnis zeigt. Nennen Sie auch dieses virtuelle Verzeichnis WEBDAV.
- Geben Sie dem Verzeichnis Lese- und Schreibrechte und erlauben Sie das Durchsuchen.

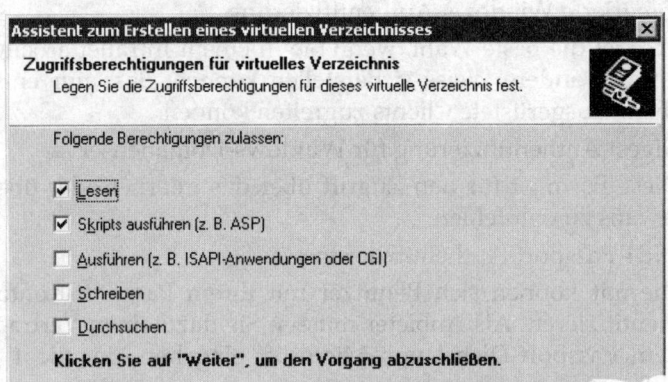

Abbildung 13.52:
Vergabe der Rechte
im Assistenten

Schreibrechte sind notwendig, wenn Dateien auf dem Server ablegt werden sollen. Das Recht DURCHSUCHEN erlaubt die Anzeige des Verzeichnisinhalts, wenn keine Datei angegeben wurde. Dies ist für WebDAV zu empfehlen, sonst jedoch nicht.

Sicherheitseinstellungen von WebDAV-Verzeichnissen

Der Zugriff via WebDAV sollte nur autorisierten Personen geöffnet werden. Durch das integrierte Sicherheitskonzept von Windows Server 2003 ist eine solche Einstellung problemlos möglich. Der Administrator muss die entsprechenden Maßnahmen aber selbst in Angriff nehmen – ein frisch installiertes System ist nicht völlig sicher.

Clients authentifizieren

Der WWW-Dienst bietet folgende Stufen der Authentifizierung:

Authentifizierungsstufen

- Anonymer Zugriff
  Jeder Nutzer hat Zugriff auf das Verzeichnis und kann Dateien lesen. Dieser Zugriff sollte für das WebDAV-Verzeichnis gesperrt werden.

- Standardauthentifizierung

  Diese Form verwendet eine mit allen Clients kompatible Prüfung von Nutzername und Kennwort. Kennwörter werden im Klartext versendet. Solche Verbindungen können relativ einfach überwacht und ausspioniert werden. Gezielte Angriffe mit der nötigen kriminellen Energie sind möglich. Allerdings besteht die Möglichkeit, zusätzlich SSL zu verwenden. Damit wird der gesamte Übertragungsweg verschlüsselt. Möglicherweise ist dieser Weg für WebDAV zu aufwändig.

- Integrierte Windows-Authentifizierung

  Dies ist die beste Wahl, wenn Sie in einem Intranet arbeiten oder auf andere Weise sicherstellen können, dass nur entsprechend ausgerüstete Clients zugreifen können.

- Digest Authentifizierung für Windows-Domänenserver

  Diese Form ist für den Zugriff über das Internet oder über Firewalls zu empfehlen.

- .NET Passport-Authentifizierung

  Hiermit können sich Benutzer mit ihrem Passport-Konto authentifizieren. Als Anbieter müssen Sie dazu einen Vertrag mit dem Passport-Dienst von Microsoft eingehen, der nicht ganz billig ist.

Zugriffskontrolle

Bei der Zugriffskontrolle geht es um die globale Einstellung der Zugriffssicherheit, unabhängig von einem konkreten Nutzer. Dabei greifen die Einstellungen des WWW-Dienstes und von NTFS ineinander. Praktisch siegt bei widersprüchlich eingestellten Rechten das restriktivere Recht. Wenn Sie im WWW-Dienst Schreiben erlauben, im Dateisystem aber nicht, kann niemand schreiben.

Die Standardeinstellung für Autoren beinhaltet die Rechte LESEN, SCHREIBEN und DURCHSUCHEN. Dies gilt natürlich, wie weiter unten noch gezeigt wird, nur für die eigenen Dateien.

Wenn Sie erreichen möchten, dass Autoren Dateien ablegen, aber den Inhalt des Verzeichnisses nicht wieder lesen sollen, vergeben Sie nur das Recht SCHREIBEN. In einfachen Konfigurationen werden Sie oft mehreren Autoren den Zugriff auf ein und dasselbe Verzeichnis erlauben, beispielsweise als zentrale Ablagestelle für Dateien. Diese Autoren sollen natürlich nicht die Werke der anderen sehen können. Eine Anwendung wäre auch eine öffentliche Site, wo jeder Nutzer anonym Daten ablegt.

LESEN und SCHREIBEN erlaubt, DURCHSUCHEN nicht erlaubt. Diese Methode verhindert, dass Autoren sich eine Liste der Dateien anzeigen lassen können. Wenn Sie Autoren anweisen, Dateien mit speziellen kryptischen Namen zu versehen, erreichen Sie so einen primitiven Schutz des Zugriffs innerhalb eines Verzeichnisses.

Weitere Einstellungen

Bei den Rechten des WebDAV-Verzeichnisses sind noch zwei Elemente zu nennen: RESSOURCE INDIZIEREN sollte aktiviert werden, damit die Suchfunktionen arbeiten können. Die Option BESUCHE PROTOKOLLIEREN verschafft ein einfaches Überwachungsinstrument. Wenn Sie das nicht benötigen, sollten Sie es deaktivieren – die Überwachung benötigt Systemleistung.

Vorsicht mit Standardeinstellungen!

Wenn Sie ein neues Verzeichnis unter Windows Server 2003 anlegen, werden die Rechte des übergeordneten Verzeichnisses geerbt. Verwenden Sie folgende Strategie, um die Struktur Ihrer WebDAV-Verzeichnisse mit den richtigen Rechten zu belegen:

1. Entfernen Sie den eventuell vorhandenen Nutzer JEDER.
2. Vergeben Sie dann ausgewählten Nutzern die Rechte ÄNDERN, LESEN, AUSFÜHREN, ORDNERINHALT AUFLISTEN und optional SCHREIBEN.

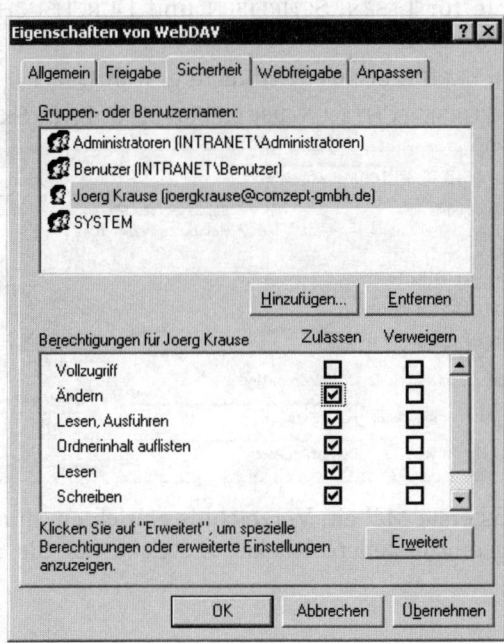

Abbildung 13.53:
Einstellungen der
Zugriffsrechte unter
NTFS

Umgang mit Skriptdateien

Manchmal ist es notwendig, Skriptdateien im Veröffentlichungs-
verzeichnis abzulegen, beispielsweise um Autoren komfortable
Recherchewerkzeuge zur Verfügung zu stellen. Es ist unbedingt
notwendig, den Zugriff auf Skripte durch die Autoren auf das
reine Ausführen zu beschränken. Gehen Sie dazu folgendermaßen
vor:

Deaktivieren Sie das Kontrollkästchen SKRIPTZUGRIFF. Damit können normale Benutzer Skripte nicht ansehen oder überschreiben.
Diese Option hat nichts mit den Regelungen über die Ausführung
zu tun. Diese müssen unabhängig davon konfiguriert werden.
Hier sind einige Überlegungen notwendig. Ausführbare Dateien
werden normalerweise, da der Webserver mit der Erweiterung
.EXE nichts anfangen kann, wie HTML-Dateien behandelt. Nur
wenn als Ausführberechtigung neben Skript auch ausführbare
Dateien zugelassen sind, werden Exe-Dateien ausgeführt. Dies
sollten Sie Autoren nicht erlauben. Wenn jemand eine solche Datei
hochlädt und ausführt, könnte er Zugriff auf gesperrte Systembe-
reiche erlangen.

Um das Ausführen von Skripten zu erlauben, aber damit kein Sicherheitsloch zuzulassen, stellen Sie nun folgendes ein:

• Die Rechte für LESEN, SCHREIBEN und DURCHSUCHEN wie bereits beschrieben

• Das Recht SKRIPTZUGRIFF wird nicht gewährt.

• Die AUSFÜHRBERECHTIGUNGEN stellen Sie auf NUR SKRIPTS.

Abbildung 13.54:
Einstellungen für die
Ausführung von
Skripten

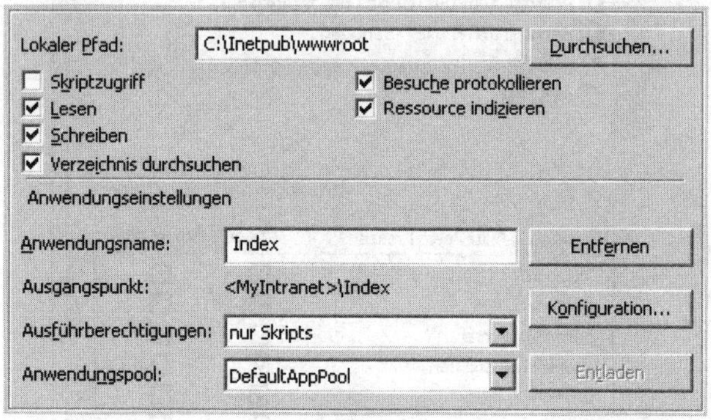

Wenn Sie das erste Mal ein Verzeichnis einrichten, müssen Sie die
Anwendung erst erstellen. Klicken Sie dazu auf die Schaltfläche
ENTFERNEN.

Dateigröße begrenzen

Wenn Sie mit WebDAV arbeiten, werden Autoren möglicherweise
sehr viele Dateien hochladen. Mit den Windows Server 2003-

Datenträgerkontingenten können Sie den Platzverbrauch beschränken. Dazu aktivieren Sie die Kontingentverwaltung für das Laufwerk, auf dem sich der Ordner WebDAV befindet. Weitere Informationen finden Sie dazu in Abschnitt 11.15.2 *Datenträgerkontingente festlegen* ab Seite 790.

Veröffentlichen von Daten per WebDAV

Das Veröffentlichen von Daten kann auf drei Wegen erfolgen, je nach vorhandener Clientsoftware:

- Mit Windows 2000- und XP-Clients (Home und Professional)
- Mit dem Internet Explorer ab Version 5 (5, 5.5, 6 und neuer)
- Mit Office ab Version 2000 (2000, XP, 2003)
- Mit Windows Server 2003

Unter Windows XP legen Sie eine Netzwerkressource auf das WebDAV-Verzeichnis. Dazu öffnen Sie die Netzwerkumgebung auf Ihrem lokalen Computer und starten den Assistenten NETZWERKRESSOURCE HINZUFÜGEN. Wählen Sie das Verzeichnis aus dem Zweig der Netzwerkverbindungen aus und vergeben Sie einen aussagekräftigen Namen. In diesem Verzeichnis wird der Katalog abgelegt.

Veröffentlichen mit Windows XP

Wenn Sie auf das WebDAV-Verzeichnis über das Internet zugreifen, wird meist der Internet Explorer zum Einsatz kommen. Ab Version 5 wird WebDAV unterstützt. Andere Browser können Sie nicht verwenden. Wählen Sie im Menü DATEI den Eintrag ÖFFNEN. Im folgenden Dialog geben Sie die Adresse des WebDAV-Verzeichnisses an. Aktivieren Sie das Kontrollkästchen ALS WEBORDNER ÖFFNEN. Sie sehen eine Ordneransicht ähnlich dem Arbeitsplatz. Auch hier können Sie nun per Drag&Drop Dateien ablegen.

Veröffentlichen mit dem Internet Explorer

13.5 FTP-Server

Windows Server 2003 können Sie auch als FTP-Server einrichten. Damit wird der Datenaustausch über das *File Transfer Protocol* von allen Clients aus ermöglicht, die dieses Protokoll unterstützen. Solche Clients bieten in der Regel alle Unix-Systeme. Unter Windows Server 2003 steht neben dem grafischen FTP-Client des Internet-Explorers auch ein einfacher kommandozeilenorienterter FTP-Client zur Verfügung, welcher auf Seite 1054 erklärt wird.

Verbindungen über FTP können durchaus auch ein Sicherheitsrisiko darstellen, da hier standardmäßig Kennwörter unverschlüsselt übertragen werden. Deshalb sollte die Übertragung im Netzwerk abgesichert werden, wenn maximale Sicherheit gefordert ist.

13.5.1 FTP-Server installieren

Der FTP-Serverdienst ist Teil der Internet-Informationsdienste und standardmäßig zunächst nicht installiert. Öffnen Sie das Applet *Software* in der Systemsteuerung und aktivieren Sie WINDOWS-KOMPONENTEN HINZUFÜGEN/ENTFERNEN. Gehen Sie auf den Eintrag ANWENDUNGSSERVER und klicken Sie auf DETAILS. Wählen Sie nun INTERNETINFORMATIONSDIENSTE (IIS) und unter DETAILS auf FTP-SERVER (FILE TRANSFER PROTOCOL).

Abbildung 13.55: Installation des FTP-Servers als Teil der IIS-Dienste

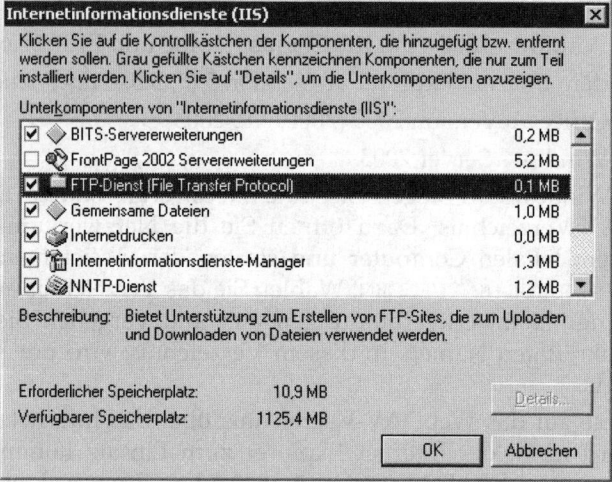

Kein Neustart   Mit Bestätigung der Auswahl beginnen die Konfiguration der Dienste sowie gegebenenfalls die Anforderung einiger Windows Server 2003-Installationsdateien. Danach steht der FTP-Server sofort zur Verfügung. Ein Neustart ist nicht erforderlich.

Test der Einrichtung   Nach der Einrichtung können Sie testen, ob der FTP-Server läuft, indem Sie lokal am Server oder auf einem anderen Client den FTP-Server mit einem geeigneten Client aufrufen. Im Internet-Explorer rufen Sie dazu einfach die Adresse des Servers auf, hier im Beispiel lokal am System:

`ftp://localhost/`

Erscheint keine weitere Fehlermeldung, ist dies ein Zeichen, dass der FTP-Serverdienst grundsätzlich läuft. Die weitere Einrichtung des FTP-Servers ist Inhalt des nächsten Abschnitts.

13.5.2 Die Standardsite des FTP-Servers einrichten

Die Einrichtung des FTP-Servers können Sie über die Managementkonsole *Internetinformationsdienste-Manager* vornehmen. Diese bietet auch eine Fülle weiterer Einstellmöglichkeiten für die IIS.

Die grundlegenden Einstellungen nehmen Sie über Eigenschaften im Kontextmenü der STANDARD-FTP-SITE vor. Auf der Registerkarte FTP-SITE (siehe Abbildung 13.56) finden Sie grundlegende Optionen für den Zugriff auf den Server.

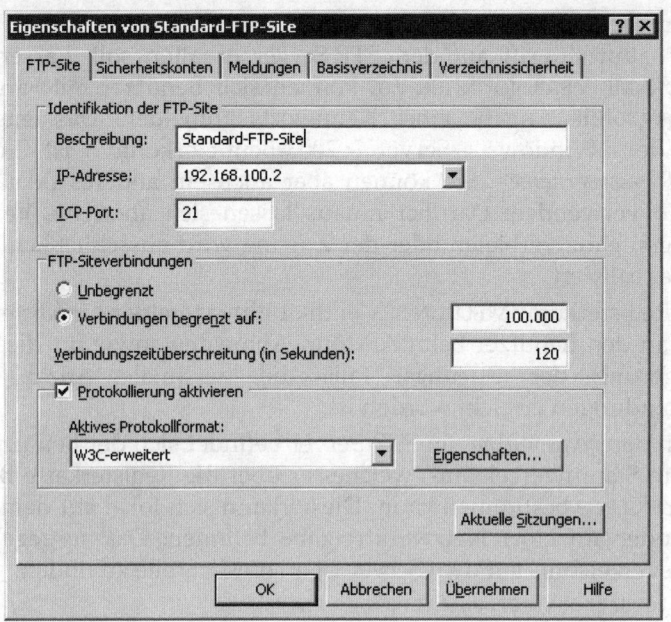

Abbildung 13.56:
Eigenschaften des
FTP-Servers fest-
legen

- IP-ADRESSE **FTP-SITE**

    Besitzt Ihr Server mehrere IP-Adressen, können Sie eine zuordnen, über die dieser ausschließlich erreichbar sein soll. Standardmäßig kann der FTP-Server anderenfalls über alle seine Adressen beziehungsweise aus allen Subnetzen heraus angesprochen werden, sofern er auch als IP-Router konfiguriert ist.

- TCP-ANSCHLUSS

    Möchten Sie einen anderen als den standardmäßig für FTP vorgesehenen Port 21 verwenden, können Sie hier eine andere Portnummer eintragen (siehe auch Abschnitt 5.3 *Ports und Protokollnummern* ab Seite 231).

- FTP-SITEVERBINDUNGEN

    Mit diesen Optionen können Sie den Zugriff auf den Server limitieren. Die standardmäßige Begrenzung auf 100 000 gleichzeitige Verbindungen stellt dabei für einen FTP-Server, der vielleicht nur im Intranet eingesetzt werden soll, eine eher theoretische Obergrenze dar. Neben der Anzahl der Verbindungen können Sie auch ein Verbindungs-Timeout definieren (Vorgabe: 120 Sekunden = 2 Minuten), nach welchem die Verbindung zu einem inaktiven Benutzer beendet wird. Für öffentliche Server sind eher Werte um fünf Minuten zu empfehlen.

- PROTOKOLLIERUNG AKTIVIEREN

  Hier können Sie weitere Einstellungen (auch über die Schaltfläche ERWEITERT) zur Protokollierung und zum Protokolldateiformat vornehmen.

SICHERHEITSKONTEN Über die Registerkarte SICHERHEITSKONTEN definieren Sie, wer überhaupt Zugriff auf den FTP-Server erhalten soll. Lassen Sie ANONYME VERBINDUNGEN zu, können sich Benutzer mit »anonymous« ohne Angabe eines Kennworts anmelden. Das entsprechende Windows Server 2003-Benutzerkonto ist dann *IUSR_<servername>*. Sie können aber auch ein anderes Benutzerkonto verwenden. Darüber hinaus lassen sich anonyme Verbindungen ganz verbieten oder der Zugang wird ausschließlich über diese realisiert.

MELDUNGEN Die Registerkarte MELDUNGEN enthält Eingabefelder für Mitteilungen an den Benutzer beim An- und Abmelden sowie für die Verweigerung des Zugangs, falls die maximale Anzahl der Verbindungen erreicht worden ist.

BASISVERZEICHNIS Nach dem Anmelden am FTP-Server befindet sich der Benutzer in einem Stammverzeichnis, welches er über die Registerkarte BASISVERZEICHNIS bestimmen kann. Dieses kann sich lokal auf dem Server oder auf einer Netzwerkfreigabe befinden. Das vorgegebene Basisverzeichnis auf dem Server ist an dieser Stelle zu finden:

`%Systemdrive%\Inetpub\Ftproot`

Dazu können Sie einstellen, ob der Zugriff nur lesend (Vorgabe) oder auch schreibend erfolgen darf.

VERZEICHNIS-SICHERHEIT In der letzten Registerkarte VERZEICHNISSICHERHEIT können Sie TCP/IP-Zugriffsbeschränkungen einrichten. Hier können Sie einzelne Hosts oder ganze Subnetze in eine Liste eintragen, die keinen Zugriff auf den FTP-Server erhalten sollen.

13.5.3 Anlegen und Einrichten einer FTP-Site

Die Einrichtung des FTP-Servers erfolgt über den Internetinformationsdienste-Manager. Standardmäßig ist die bereits beschriebene Standard-FTP-Site eingerichtet, die den anonymen Zugriff auf das Stammverzeichnis erlaubt. Sie müssen in der Praxis meist weitere virtuelle FTP-Server einrichten, mit eigenen IP-Nummern verbinden und vielfältig konfigurieren. Dieser Abschnitt zeigt die grundlegenden Schritte.

Stammverzeichnis

Das Stammverzeichnis, auf den der FTP-Server nach der Installation zugreift, finden Sie unter folgendem Pfad:

`%Systemroot%\inetpub\ftproot`

Einrichtung einer FTP-Site

Die Einrichtung einer neuen FTP-Site verlangt mindestens folgende Angaben:

- NAME DER SITE

  Der Name der Site dient nur der Anzeige im IIS-Snap-In und ist frei wählbar.

- IP-ADRESSE

  Adresse, unter der die Site erreichbar ist. Wenn Sie keine IP-Nummern vergeben möchten, können virtuelle Verzeichnisse eingerichtet werden.

- PORTNUMMER

  Standardmäßig ist FTP unter Port 21 erreichbar. Tragen Sie hier einen anderen Port ein, wenn Sie mit bestimmten Clients zusammenarbeiten.

Die Nutzung eines anderen Ports als 21 ist keine Sicherheitsmaßnahme. Im Netz frei verfügbare Portscanner können FTP auch dann auf Ihrem Server finden, wenn nicht 21 verwendet wird. Mehrere Ports lohnen sich nur, wenn Sie damit bestimmte Funktionen mit nur einer IP-Adresse implementieren möchten, nicht jedoch als Ersatz für eine Authentifizierung der Benutzer.

Mehr zum Thema Sicherheit finden Sie in Abschnitt 13.5.5 *Sicherheit für FTP-Dienste* ab Seite 1011.

Einen virtuellen FTP-Server anlegen

Das Anlegen eines virtuellen FTP-Servers ist mit Hilfe des eingebauten Assistenten relativ einfach. Allerdings müssen nach dieser Basisinstallation weitere Einstellungen vorgenommen werden.

Um einen neuen virtuellen FTP-Server anzulegen, müssen Sie über die IP-Adresse verfügen, unter der der Dienst erreichbar sein soll. Gehen Sie nun folgendermaßen vor:

Anlegen mit dem Assistenten

1. Im Internetinformationsdienste-Manager klicken Sie mit der rechten Maustaste auf FTP-SITES und im Kontextmenü auf NEU | FTP-SITE.

2. Es startet ein Assistent, der folgende Angaben verlangt:

   a) BESCHREIBUNG der FTP-Site. Dies dient nur der Anzeige im Internetinformationsdienste-Manager.

   b) Es folgt die Angabe von IP-Adresse und Port, unter denen der Dienst erreichbar ist. Ändern Sie den Port nur, wenn Sie diese Änderung allen Clients problemlos mitteilen können und es einen triftigen Grund dafür gibt.

Abbildung 13.57:
IP-Adresse und Port
(Schritt 2 des
Assistenten)

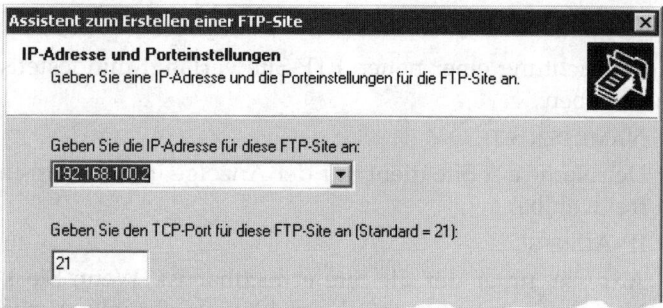

c) BENUTZERISOLATION

Hiermit schränken Sie die Zugriffsrechte anderer Benutzer gegenüber dem Basisverzeichnis ein. Mehr Informationen dazu finden Sie in Abschnitt *Benutzerisolation* ab Seite 1013.

d) PFAD ZUM VERZEICHNIS

Diese Option verknüpft die Site mit einem Verzeichnis. Wenn Sie die Managementkonsole von einem anderen Computer aus aufrufen, ist die Schaltfläche DURCHSUCHEN deaktiviert. Geben Sie den Pfad sorgfältig ein. Eine Prüfung erfolgt nicht. Arbeiten Sie am Server, nutzen Sie besser die Option DURCHSUCHEN.

e) BERECHTIGUNGEN für LESEN und SCHREIBEN

Diese Einstellungen ergänzen die Angaben für Sicherheitskonten, wobei die restriktivste Einstellung gewinnt. Sie müssen deshalb parallel dazu die entsprechenden Freigabeschritte im NTFS vornehmen.

3. Die neue Site erscheint in der Baumansicht des Internetinformationsdienste-Managers. War die Einrichtung erfolgreich, startet der Dienst sofort. Bevor Sie den Server freigeben, sollten Sie sich über die gesamten Einstellungen informieren. Standardmäßig herrschen folgende Bedingungen:

- Anonymer Zugriff ist lesend erlaubt.

  Lesen Sie mehr zur Einrichtung des anonymen und nicht-anonymen Zugriffs in Abschnitt 13.5.4 *Der anonyme FTP-Server* ab Seite 1011.

- Einziger Sicherheitsoperator ist der Administrator.

- Allen IP-Adressen wird der Zugriff gewährt.

  Mehr dazu finden Sie in Abschnitt 13.5.5 *Sicherheit für FTP-Dienste* ab Seite 1011.

- Es sind keine Meldungen eingerichtet.

  Lesen Sie mehr dazu im Abschnitt 13.5.6 *Meldungen* ab Seite 1014.

- Besuche werden im Format »W3C Erweitert« protokolliert.

- Das Anzeigeformat für Verzeichnislisten ist MS-DOS.
- Es sind maximal 100 000 Verbindungen zulässig.
- Die Zeitbegrenzung für eine Verbindung beträgt 120 Sekunden (2 Minuten).

13.5.4 Der anonyme FTP-Server

Normalerweise werden Zugriffe auf FTP-Server durch Benutzername und Kennwort beschränkt. Wenn Sie Dateien zum Herunterladen anbieten, ist eine vorherige Anmeldung der zahlreichen Benutzer nicht sinnvoll. FTP kennt deshalb ebenso wie HTTP einen anonymen Zugriff.

Einrichtung des anonymen Zugriffs

Um den anonymen Zugriff einzurichten, gehen Sie folgendermaßen vor:

1. Im Dialog EIGENSCHAFTEN der Site oder des virtuellen Verzeichnisses gehen Sie zur Registerkarte SICHERHEITSKONTEN.
2. Aktivieren Sie das Kontrollkästchen ANONYME VERBINDUNGEN ZULASSEN.
3. Aktivieren Sie das Kontrollkästchen NUR ANONYME VERBINDUNGEN ZULASSEN.

   Wenn diese Option aktiv ist, können sich Clients, die eine Anmeldeprozedur erwarten, nicht mehr anmelden.
4. Wechseln Sie nun zur Registerkarte BASISVERZEICHNIS.
5. Deaktivieren Sie die Kontrollkästchen SCHREIBEN und BESUCHE PROTOKOLLIEREN.

   Sie sollten anonymen Benutzern niemals Schreibrechte erteilen, weil sich dadurch eine erhebliche Sicherheitslücke ergibt. Benutzer könnten die Festplatte mutwillig füllen und damit Störungen im System verursachen. Wenn sich auf einem anderen Weg eine Ausführungsmöglichkeit ergibt, können so auch schädliche Dateien übertragen werden.

Das Protokollieren ist bei anonymen Benutzern nicht sinnvoll. Die erheblichen Zugriffszahlen würden zu einem schnellen Anwachsen der Protokolldateien führen und kaum relevante Informationen enthalten.

13.5.5 Sicherheit für FTP-Dienste

Im vorhergehenden Abschnitt wurde dargelegt, wie anonymen Benutzern der Zugriff auf FTP-Dienste erlaubt werden kann. Anonyme FTP-Server sind ein im Internet häufig verfügbarer Dienst.

Wenn Sie Dateien jedoch nur wenigen Benutzern zur Verfügung stellen möchten, müssen Sie den Zugriff gezielt einschränken.

Nichtanonymer FTP-Zugriff

Windows Server 2003 Sicherheit

Der naive Ansatz beim Einrichten eines FTP-Kontos sind die Verwendung von NTFS zur Sicherung eines Verzeichnisses und die Nutzung von registrierten Windows- oder Active Directory-Benutzerkonten. Allerdings sind hier einige Besonderheiten des FTP-Protokolls zu beachten. FTP überträgt alle Informationen, auch die Kennwörter, im Klartext. Da der Datenstrom zwischen einem Browser und dem FTP-Server über viele öffentliche Leitungen führt, ergibt sich damit ein sehr großes Sicherheitsloch.

Der Vorgang der Anmeldung entspricht der lokalen Anmeldung an Windows Server 2003. Der FTP-Dienst, der eine nichtanonyme Anmeldung entgegennimmt, überträgt diese Information an das Windows Server 2003-Sicherheitssystem. Die Richtlinie dazu heißt »Lokale Anmeldung erlauben«. Genau hier liegt der Kritikpunkt. Denn wenn der Server einem entfernten FTP-Benutzer zugänglich gemacht wird, kann dieser sich mit seinem FTP-Konto auch lokal anmelden. Wenn Sie ein Rechenzentrum betreiben, sollte diese Form des Zugriffs nicht gegeben sein. Vergeben Sie deshalb Benutzern gesonderte Konten für den FTP-Zugriff über öffentliche Netze, auch wenn diese über Benutzerkonten im Active Directory verfügen.

Spezielle Konten

Eine einfache Lösung ist also die generelle Verwendung spezieller Konten für den FTP-Zugriff. Diese Benutzerkonten haben sonst innerhalb von Windows Server 2003 keinerlei Rechte und können, wenn der Verdacht eines Angriffs besteht, leicht geändert werden. Zwar haben auch diese Benutzer lokale Zugriffsrechte, möglicherweise aber mit einfachen – das heißt über Gruppen –, einstellbaren Restriktionen.

Koexistenz anonymer und nichtanonymer Konten

Ein typischer Einsatzfall eines FTP-Dienstes ist die Pflege der Dateien des Webservers. Wenn Dateien zum Download angeboten werden, erfolgt dies in der Regel anonym. Das Hochladen derselben Dateien wird dagegen nur dem Webmaster erlaubt sein. Hier sind zwei Konten auf dasselbe Verzeichnis mit unterschiedlichen Rechten notwendig. Sie können den anonymen Zugriff deshalb optional erlauben. Zugleich werden im NTFS die Zugriffsrechte dediziert gesetzt.

Um gleichzeitig anonyme und nichtanonyme Konten zuzulassen, deaktivieren Sie die Option NUR ANONYME VERBINDUNGEN ZULAS-

SEN auf der Registerkarte SICHERHEITSKONTEN. Sie erhalten dann
den folgenden Sicherheitshinweis.

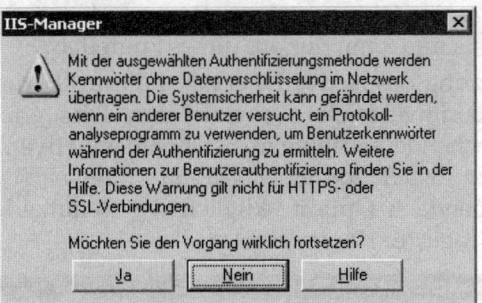

Erst nach Bestätigung der Meldung mit Klick auf JA wird die Einrichtung vorgenommen.

Benutzerisolation

Die Benutzerisolation ist eine Funktion, die für Internet Service
Provider (ISP) geeignet ist, bei denen es viele FTP-Benutzer gibt,
die Inhalte auf Ihre virtuellen Webserver hochladen möchten. Mit
der Steuerung der Benutzerisolation können die Zugriffsmethoden
feiner geregelt werden. Die Einstellung ist pro Site möglich.

Es werden insgesamt drei Isolationsmodi unterstützt. Die Einstel- **Isolationsmodi**
lung ist nur mit Hilfe des Assistenten bei Anlegen einer neuen Site
möglich. Eine nachträgliche Änderung ist nicht vorgesehen.

- BENUTZER NICHT ISOLIEREN

  Dieser Modus entspricht dem im alten IIS 5.0 bzw. IIS 5.1 vorgesehenen Verfahren. Er sollte weiterhin angewendet werden,
  wenn Benutzer sich üblicherweise nicht anmelden und gemeinsam auf öffentliche Download-Verzeichnisse zugreifen.

- BENUTZER ISOLIEREN

  Damit Benutzer isoliert werden können, müssen Sie zuerst gegen lokale Benutzerkonten authentifiziert werden. Jeder Benutzer hat ein eigenes Basisverzeichnis und kann nur auf dieses
  zugreifen.

  Um den entsprechenden Benutzern Zugriffsrechte zu gewähren, müssen nur noch die entsprechenden Verzeichnisse angelegt werden. Diese müssen sich unterhalb des Stammverzeichnisses des Servers befinden, also hier:

  `%Systemroot%\Inetpub\ftproot`

  Legen Sie dort ein Verzeichnis *LocalUser* und darunter *Local-*
  User\<Benutzername> an, wenn lokale Benutzerkonten verwendet werden oder *<DomainName>\<BenutzerName>*, wenn sich
  die Benutzer an der Domäne authentifizieren.

- BENUTZER MIT ACTIVE DIRECTORY ISOLIEREN

  Auch diese Option isoliert Benutzer. Die Authentifizierung erfolgt im Active Directory. Jeder Benutzer hat ein eigenes Basisverzeichnis und kann nur auf dieses zugreifen.

Bei der Nutzung des Active Directory fällt im IIS die Möglichkeit weg, das Stammverzeichnis einzurichten. Dies erfolgt nunmehr über entsprechende Attribute im Schema des Active Directory. Der Assistent zur Installation einer FTP-Site fragt nach der Auswahl der entsprechenden Option lediglich das Benutzerkonto ab, mit dem die Abfrage der Konten erfolgt.

Abbildung 13.59:
Zugriffs auf Active
Directory regeln

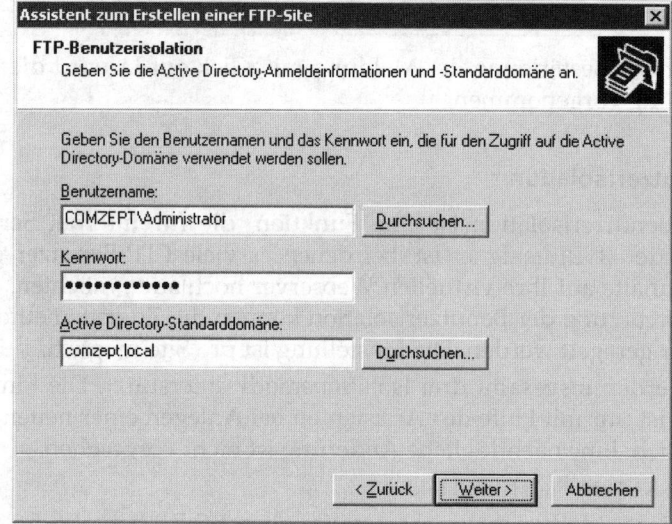

Pfade bei
Benutzerisolation

Nun müssen noch die Verzeichnisse angelegt werden, die dem jeweiligen FTP-Benutzer zugeordnet sind. Im Fall der einfachen Benutzerisolation erfolgt dies in folgendem Pfad:

`%Systemroot%\inetpub\ftproot\LocalUser\<UserName>`

Falls sich die Benutzer an einer Domäne anmelden, der FTP-Dienst Active Directory jedoch nicht nutzt, lautet der Pfad folgendermaßen:

`%Systemroot%\inetpub\ftproot\LocalUser\<Domäne>\<UserName>`

Pfade bei Active
Directory-Isolation

Werden die Pfade im Active Directory verwaltet, erweitert der FTP-Dienst das Schema um zwei Attribute: FTPDIR und FTPROOT. Um diese Werte zu beschreiben, muss ein spezielles Skript genutzt werden.

13.5.6 Meldungen

Der FTP-Server kann einige Meldungen ausgeben, wenn sich Benutzer mit dem System verbinden oder es wieder verlassen. Diese

Meldungen stellen Sie auf der Registerkarte MELDUNGEN ein. Darüber hinaus besteht die Möglichkeit, Benutzer darüber zu informieren, dass die maximale Anzahl von Verbindungen erreicht wurde.

Wie diese Meldungen angezeigt werden, hängt vom FTP-Client ab. Einige Clients können dies auch nicht anzeigen. Wenn Sie einen universellen Zugriff gestatten, sollten Sie keine wesentlichen Informationen an dieser Stelle ausgeben. Die Texte sind in jedem Fall statisch und sollten nur ASCII-Zeichen enthalten. Umlaute werden von einigen Clients nicht korrekt verarbeitet.

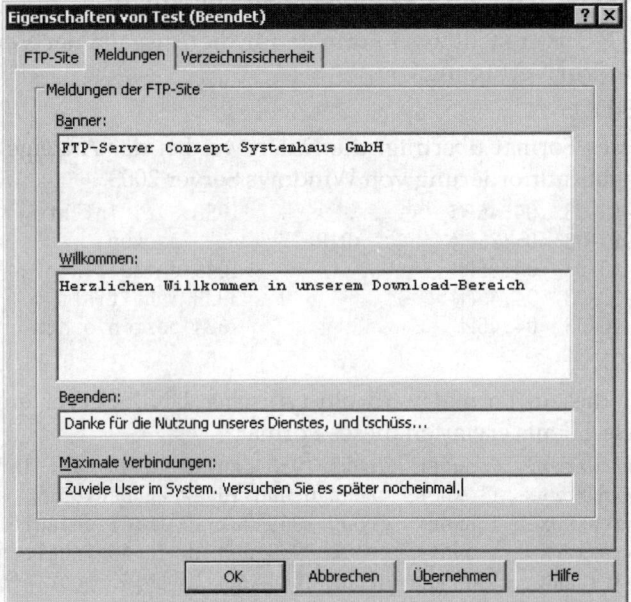

Abbildung 13.60:
FTP-Meldungen

Achten Sie auch darauf, keine zwingend erforderlichen Informationen über diesen Weg zu verteilen, weil viele FTP-Clients die Anzeige der Banner unterdrücken können. Es ist außerdem *kein* Medium für Werbung irgendwelcher Art.

13.5.7 Virtuelle Verzeichnisse

Ebenso wie der Webserver kann auch der FTP-Server mit virtuellen Verzeichnissen umgehen. Dabei wird unterhalb der Domain, unter welcher der FTP-Server erreichbar ist, eine virtuelle Verzeichnisstruktur aufgebaut. Dies kann – muss aber nicht – auf das Stammverzeichnis *ftproot* oder seine Unterverzeichnisse verweisen. Das Ziel kann auch irgendwo im Windows-Dateisystem oder auf anderen Servern im Netzwerk liegen, die freigegebene Laufwerke haben.

Zugriffsrechte

Hier ist zusätzlich zu beachten, dass die Zugriffsrechte im FTP-Server die des NTFS-Dateisystems überlagern und praktisch additiv wirken. Das restriktivste Recht gewinnt bei diesem Verfahren. Wenn Sie anonymen Benutzern, die sich mit dem Standardkonto IUSR_<Machine> anmelden, den Zugriff erlauben möchten, muss im NTFS entweder dieser Benutzer oder die Gruppe JEDER freigegeben werden.

Ausgabeformat für Verzeichnislisten einrichten

Der FTP-Server stellt zwei Formate für die Ausgabe der Verzeichnislisten zur Verfügung:

- MS-DOS

  Dieses Format überträgt die Daten wie bei der Anzeige in der Eingabeaufforderung von Windows Server 2003.

Dateiliste im MS-DOS-Format

```
01-10-03   04:45PM                    1958 _vti_inf.htm
01-10-03   05:25PM      <DIR>              backup
01-10-03   04:45PM                    1049 default.htm
01-10-03   04:45PM                    3938 inhalt.htm
01-10-03   04:45PM                    2684 postinfo.htm
```

- UNIX

  Mit diesem Format wird ein typischer UNIX-Server emuliert. Viele Clients erwarten dieses Format.

Dateiliste im UNIX-Format

```
-rwxrwxrwx   1 owner   group 1958 Jan 10 16:45 _vti_inf.htm
drwxrwxrwx   1 owner   group 0 Jan 10 17:25 backup
-rwxrwxrwx   1 owner   group 1049 Jan 10 16:45 default.htm
-rwxrwxrwx   1 owner   group 3938 Jan 10 16:45 inhalt.htm
-rwxrwxrwx   1 owner   group 2684 Jan 10 16:45 postinfo.htm
```

Stellen Sie im Zweifelsfall immer das Ausgabeformat UNIX ein.

13.5.8 Leistungsoptimierung

Zur Optimierung der Leistung können Sie die Anzahl der gleichzeitigen Verbindungen begrenzen. Außerdem ist die Verbindungszeit begrenzbar. Da der FTP-Server den Steuerport offen lässt, nachdem sich ein Benutzer angemeldet hat, ist dieser Wert kritisch. Nur selten sind Clients so eingerichtet, dass eine Abmeldung erfolgt. Häufiger schließt der Benutzer einfach das Programm oder schaltet sein Modem ab. Der Server würde die Verbindung dann endlos offen lassen.

Zeitbegrenzung

Der Standardwert für diese globale Zeitbegrenzung beträgt 120 Sekunden (2 Minuten). Im Protokoll finden Sie den Hinweis »closed«, wenn eine Verbindung wegen Zeitüberschreitung beendet wurde. Beachten Sie im folgenden Ausschnitt die Zeitdifferenz zwischen den beiden Einträgen:

```
192.168.100.25, Administrator, 20.06.2003, 19:58:21, MSFTPSVC1, WWW,
192.168.100.10, 0, 0, 0, 230, 0, [3]PASS, -, -
192.168.100.25, Administrator, 20.06.2003, 20:13:35, MSFTPSVC1, WWW,
192.168.100.10, 912281, 0, 0, 421, 121, [3]closed, -, -
```

Hinweis »closed« im FTP-Protokoll

Zugriffstests auf den FTP-Server ausführen

Um den Zugriff zu testen, können Sie den Internet Explorer oder den mit allen Windows-Versionen gelieferten kommandozeilen-orientierten FTP-Client einsetzen. Sie sparen sich gegebenenfalls die Installation eines grafischen Werkzeugs, das zwar mehr Leistungen bietet, einen einfachen Test aber unnötig in die Länge zieht. Abbildung 13.61 zeigt den Ablauf eines Tests. Starten Sie den FTP-Client mit START | AUSFÜHREN | FTP.

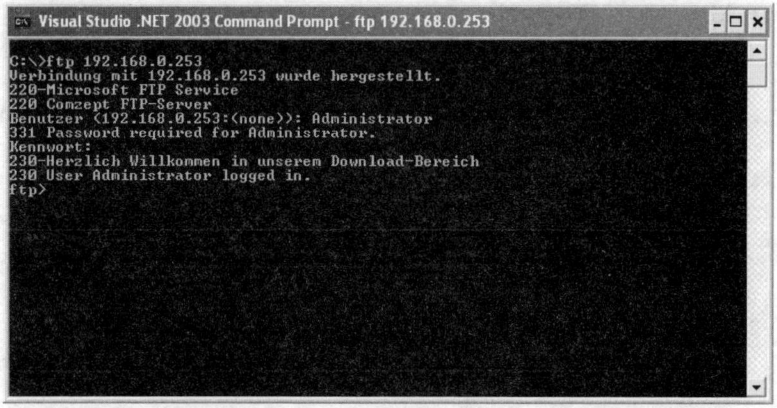

Abbildung 13.61:
Test des FTP-Servers

In der Abbildung ist auch zu sehen, wie die Meldungen angezeigt werden.

13.6 SMTP-Server

Im Lieferumfang von Windows Server 2003 ist standardmäßig eine SMTP-Serverlösung enthalten. Dieser Abschnitt umfasst Informationen zur Administration. Das zugrunde liegende Protokoll wird in Abschnitt 5.2.6 *Simple Mail Transfer Protocol (SMTP)* ab Seite 208 behandelt.

13.6.1 Überblick

Der SMTP-Server dient dem Austausch von E-Mails zwischen Mailservern. Er ist in der vorgestellten Version recht primitiv. Sie

Der SMTP-Dienst

können zwar mehrere Domains, nicht aber einzelne Nutzer verwalten. Der SMTP-Server benutzt zur Steuerung diese Verzeichnisse:

- MAILROOT/PICKUP

  Wenn in dieses Verzeichnis Textdateien platziert werden, die ein korrektes Format haben, werden diese sofort als E-Mail versendet.

- MAILROOT/QUEUE

  Wenn das Versenden einer E-Mail nicht sofort funktioniert hat, kopiert der SMTP-Server die Datei hierher und erzeugt jedes Mal eine Datei, die das Problem erklärt.

- MAILROOT/BADMAIL

  Konnte die Nachricht endgültig nicht gesendet werden (die Anzahl an Wiederholungen, die angegeben waren, wurde erreicht), wird die Nachricht in diesem Verzeichnis abgelegt.

- MAILROOT/DROP

  Alle eingehenden Nachrichten werden hier abgelegt. Um die Auflösung der Empfängernamen müssen Sie sich selbst kümmern. Der Server nimmt erst einmal alle Mails an die Domain an.

- MAILROOT/MAILBOX

  Wurden Mailboxen eingerichtet, werden diese hier als Unterverzeichnisse abgelegt. Dies ist nur für den Mailempfang interessant.

- MAILROOT/ROUTE

  In diesem Verzeichnis liegen Informationen über die Weiterleitung von E-Mail.

- MAILROOT/SORTTEMP

  Ein temporäres Verzeichnis, dass der SMTP-Server intern verwendet, um Einträge zu sortieren.

Kein Ersatz für Exchange? Praktisch eignet sich der SMTP-Server nur für einfache Aufgaben. Mit dem Exchange Server 2003 steht ein Produkt von Microsoft bereit, mit dem komfortable Mailfunktionen realisiert werden können. Wenn es jedoch nur um reinen firmeninternen E-Mail-Verkehr oder eine einfache SMTP-Anbindung geht und Groupware-Funktionen keine Rolle spielen, ist die Kombination des SMTP-Dienstes mit dem POP3-Dienst oft ausreichend.

Praktische Administration über die Managementkonsole

Die Administration des STMP-Servers erfolgt über den Internetinformationsdienste-Manager. Suchen Sie in der Konsole den Eintrag VIRTUELLER STANDARDSERVER FÜR SMTP. Wenn dieser nicht vorhanden ist oder Sie einen weiteren hinzufügen möchten, klicken

Sie mit der rechten Maustaste auf den Servernamen. Im Kontext-
menü wählen Sie dann NEU | VIRTUELLER SMTP-SERVER.

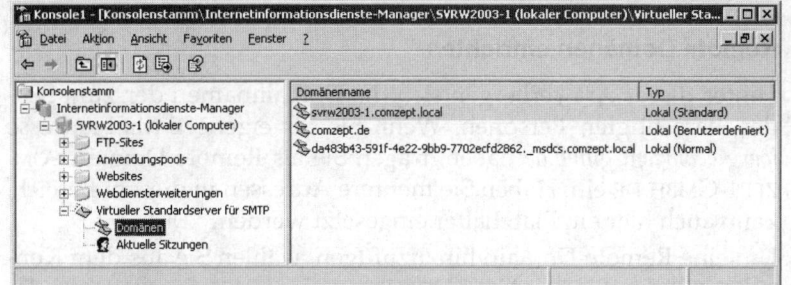

*Abbildung 13.62:
Managementkonsole
für den SMTP-
Server*

Wenn das Symbol ein kleines rotes Kreuz trägt, ist der Dienst nicht **Dienst starten**
gestartet. Sie können dies gleich im Kontextmenü über die Option
START erledigen. Ebenda lässt sich der Dienst auch beenden oder
anhalten.

13.6.2 Den STMP-Server konfigurieren

Bevor E-Mails versendet werden können, muss der STMP-Server
konfiguriert werden. Dies wird nachfolgend beschrieben.

Vorbereitungen

Wenn Sie einen SMTP-Server öffentlich betreiben, muss dieser **DNS einrichten**
permanent erreichbar sein. Seine IP-Adresse muss im für die Domain zuständigen Nameserver als MX-Eintrag eingetragen werden. Wenn ein anderer SMTP-Server E-Mails empfängt und
weiterleiten will, fragt er den zur Domain gehörenden DNS nach
diesem Eintrag ab. Der DNS liefert dann die IP-Adresse des Mailservers. Zwischen diesen beiden wird dann die SMTP-Verbindung
aufgebaut. Es ist nicht vorgesehen, dass dies nur zu bestimmten
Zeiten möglich ist. Nach einigen Fehlversuchen bricht ein SMTP-
Server ab und gibt die E-Mail als unzustellbar zurück.

Eingehende Mails weiterleiten

Unterhalb von VIRTUELLER STANDARDSERVER FÜR SMTP finden Sie
einen Eintrag DOMÄNEN. Dort ist schon eine Standarddomäne
eingetragen, nämlich der Name des Servers, angezeigt als voll
qualifizierter Name. Der SMTP-Dienst »horcht« am SMTP-Port 25
und nimmt E-Mails für die betreffende Domäne entgegen.

In den Eigenschaften können Sie das Zielverzeichnis auswählen. **E-Mail-Empfang**
Wenn Sie einen Domainnamen angeben, der von einem Platzhalter
angeführt wird, nimmt der Server alle E-Mails für diese Domain
an. Ohne weitere Einrichtung oder Programmierung werden die E-

Mails nicht getrennt. Dies kann entweder von einem anderen Programm oder per Skript erfolgen.

Remote Domänen einrichten

Hinter dieser Art verbergen sich die Domainnamen der zum Senden berechtigten Personen. Wenn Sie als eigene E-Mail-Adresse *joerg@comzept-gmbh.de* haben, tragen Sie als Remote Domain COM-ZEPT-GMBH.DE ein. Haben Sie mehrere Adressen in diesem Bereich, kann auch hier ein Platzhalter eingesetzt werden: *.DE.

Hinzufügen einer Remote Domain

Um eine Remote Domain hinzuzufügen, wählen Sie aus dem Kontextmenü den Eintrag NEU | DOMÄNE.... Es startet ein Assistent, der zuerst die Art der Domäne abfragt. Belassen Sie hier den Standardwert REMOTEDOMÄNE bei.

Abbildung 13.63: Neuer Eintrag einer Remotedomäne

Vergeben Sie nun die Platzhalter für den Domain-Namen oder den vollständigen Namen, wenn nur eine bestimmte Domain akzeptiert werden soll.

Abbildung 13.64: Namensraum der Absender

Mit einem Doppelklick auf die neu eingerichtete Remotedomäne lassen sich weitere Einstellungen vornehmen:

- EINGEHENDE NACHRICHTEN KÖNNEN AN DIESE DOMÄNE WEITER-GEGEBEN WERDEN

  Um zu verhindern, dass der SMTP-Server missbraucht wird, verhindert der SMTP-Dienst standardmäßig die Weitergabe. Diese Option muss aktiviert werden, damit es möglich ist, E-Mails weiterzuleiten.

- HELO STATT EHLO VERWENDEN

  Der SMTP-Dienst verwendet standardmäßig das Protokoll ESMTP (*Enhanced SMTP*). Nicht jeder Mailserver akzeptiert dies. Falls Sie Probleme beim Nachrichtenaustausch haben, aktivieren Sie diese Option. Die Eröffnungsbefehle HELO bzw. EHLO identifzieren den Protokolltyp.

- AUSGEHENDE SICHERHEIT

  Überschreiben Sie hier die standardmäßigen Sicherheitseinstellungen. Die integrierte Windows-Authentifizierung kann nur eingesetzt werden, wenn auch der andere SMTP-Server auf Windows aufsetzt. Die meisten Mailserver im Internet laufen unter Unix.

  Optional kann TLS (*Transport Layer Security*) eingesetzt werden, um den Übertragungsweg abzusichern.

- ROUTINGDOMÄNE

  Hier können Sie entweder die Auflösung der Adressen über den DNS vornehmen lassen oder die E-Mails generell an einen so genannten Smarthost weiterleiten. Wenn als Name des Smarthosts eine IP-Adresse angegeben wird, stellen Sie diese hier in eckige Klammern, um unnütze Suchvorgänge im DNS zu vermeiden. Smarthosts bieten sich an, wenn Ihr Provider Ihnen einen SMTP-Server zur Weiterleitung anbietet. Dessen Name wird dann hier eingetragen.

Das Weiterleitungsverhalten einstellen

Im nächsten Schritt ist es notwendig, sich über die Sicherheit Gedanken zu machen. SMTP selbst bietet kaum Sicherheitsvorkehrungen. So wird immer wieder die Existenz eines freien SMTP-Servers durch Spammer dazu missbraucht, E-Mails an Tausende Nutzer zu versenden. Das ist nicht nur ärgerlich, sondern kann bei einer Abrechnung auf Traffic-Basis auch richtig teuer werden. Wenn Sie E-Mail an alle Domänen weiterleiten, ist der ausgehende Weg offen. Sie müssen nun also den eingehenden Weg versperren.

Spammer aussperren!

Die entsprechende Option finden Sie im EIGENSCHAFTEN-Dialog des SMTP-Servers (über das Kontextmenü zu finden). Auf der Registerkarte ZUGRIFF wählen Sie die Option WEITERGABE. Im fol-

Weiterleitungs-adressen

genden Dialog geben Sie nur Ihrem lokalen Computer Zugriffs-rechte. Falls Sie den SMTP-Dienst auch anderen Computern im lokalen Netz anbieten, können Sie einen Nummernkreis mit einer Subnetzmaske definieren oder mehrere IP-Adressen in die Liste eintragen.

Abbildung 13.65:
Keine Weitergabe,
außer für den lokalen
Computer

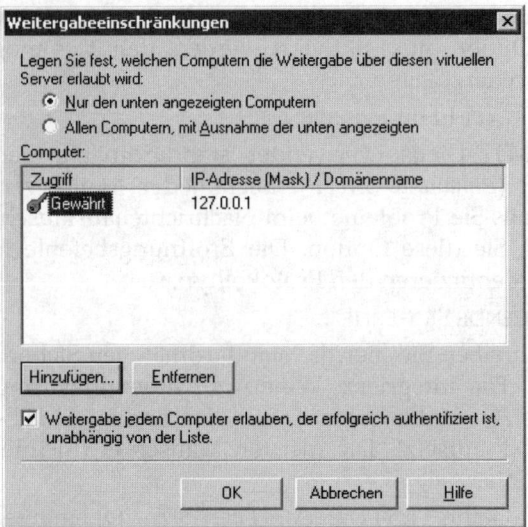

Lieferbedingungen einstellen

Das Ausliefern von E-Mail ist im Internet kein einfaches Unterfan-gen. Zum einen soll die E-Mail schnellstmöglich und sicher den Empfänger erreichen, zum anderen sind die Server nicht immer verfügbar. Trotzdem erwartet SMTP eine ständige Verbindung. Nach der Ablage einer E-Mail beginnt der Dienst sofort mit der Übertragung. Funktioniert der Versand nicht, beispielsweise weil der andere Server nicht geantwortet hat, muss die weitere Verfah-rensweise klar geregelt sein. Dies können Sie auf der Registerkarte ÜBERMITTLUNG einstellen.

Zuerst werden die Wiederholungsintervalle angezeigt. Der Server wird den Versand nach der eingestellten Zeit erneut versuchen. Oft sind Verbindungen nur temporär unterbrochen. Ein späterer Versuch lohnt also auf jeden Fall.

Möglicherweise ist eine versendete E-Mail aber auch sehr wichtig. Ein Ausfall des Servers sollte dann trotz laufender Versuche regist-riert werden. Dazu stellen Sie die Option BENACHRICHTIGUNG BEI VERZÖGERUNG entsprechend ein. Außerdem kann mit Zeitlimit für den Ablauf die maximale Dauer fortlaufender Versuche eingestellt werden. Nach Ablauf des Zeitlimits wird die E-Mail im Verzeich-nis BADMAIL abgelegt und kein neuer Versuch gestartet.

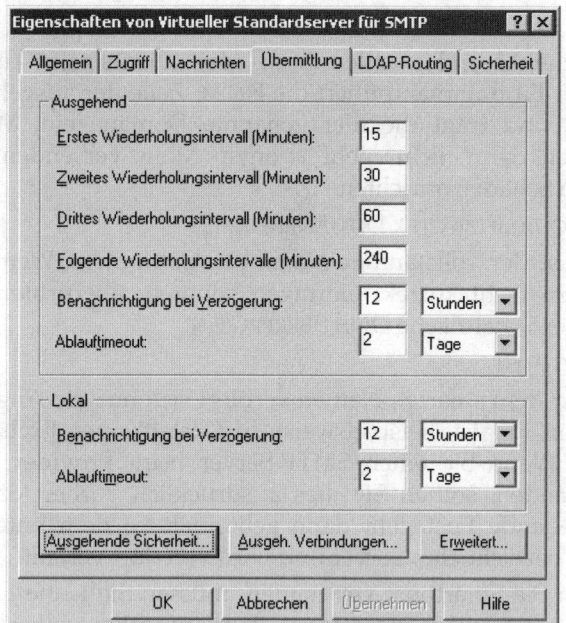

Abbildung 13.66:
Optionen für den
Versand von E-Mail

Im Rahmen LOKAL im Dialog in Abbildung 13.66 stellen Sie das
Abbruch- und Fehlerverhalten für lokal übertragene Daten ein. Mit
ERWEITERT gelangen Sie in einen weiteren Dialog, der detaillierte
Versandoptionen einstellt.

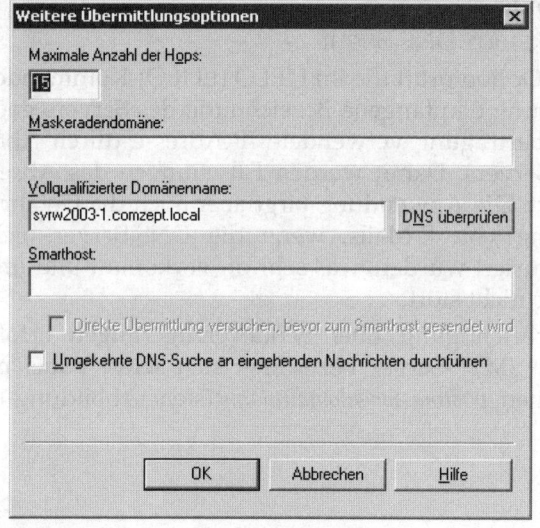

Abbildung 13.67:
Detaillierte
Versandoptionen

Die Optionen haben folgende Bedeutung:

- MAXIMALER ANZAHL DER HOPS

  Hier wird bestimmt, über wie viele SMTP-Server die E-Mail
  maximal weitergeleitet werden soll.

- MASKERADENDOMÄNE

  Manche Absender stellen ihre E-Mail-Clients nicht korrekt ein.
  Dieser Eintrag manipuliert die FROM:-Zeile der ausgehenden E-
  Mails und trägt die hier genannte Domäne ein. Mitarbeiter
  können dann nicht mehr anonym Mails versenden und dadurch Schaden anrichten.

- VOLLQUALIFIZIERTER DOMÄNENNAME

  Dies ist der vollständige Name des Computers. Wenn Sie den
  Namen nicht korrekt eintragen konnten, überprüfen Sie dies
  mit der Schaltfläche DNS ÜBERPRÜFEN.

- SMARTHOST

  Hinter dem smarten Namen verbirgt sich nur die Angabe eines
  legalen Relays, beispielsweise in Gestalt eines Exchange Servers. Wenn Sie einen SMTP-Server beim Provider als Relay
  verwenden, sollten Sie dies ausdrücklich vorher klären. Alle
  ausgehende Post geht dann gebündelt zu dem unter SMART-
  HOST bezeichneten Server und wird von dort verteilt.

  Wenn Sie Smarthost verwenden, müssen Sie keine Remotedo-
  mänen einrichten, da diese Weiterleitungskontrolle vom Relay
  erbracht wird.

- DIREKTE ÜBERMITTLUNG VERSUCHEN...

  Diese Option bewirkt, dass zuerst direkt gesendet wird. Erst
  wenn dies im ersten Versuch misslingt, wird der Smarthost
  verwendet.

- UMGEKEHRTE DNS-SUCHE...

  Diese Option prüft die im HELO (EHLO)-Kommando zur Identifizierung empfangene Bezeichnung des Servers gegen die bei
  der Übertragung verwendete IP-Adresse durch Abfrage eines
  DNS-Servers. Damit werden Fälschungen des Absenders verhindert. Die Anwendung birgt aber auch die Gefahr der Rück-
  weisung von E-Mails, wenn die DNS-Server nicht korrekt
  konfiguriert wurden, was sehr oft vorkommt und im normalen
  Betrieb nicht stört.

Sendeverzöge-
rungen
Die Benachrichtigung über Sendeverzögerungen erfolgt per E-
Mail. Der SMTP-Server bezeichnet sich selbst dabei mit diesem
Kontonamen: *postmaster@domainname* (siehe Abbildung 13.68)

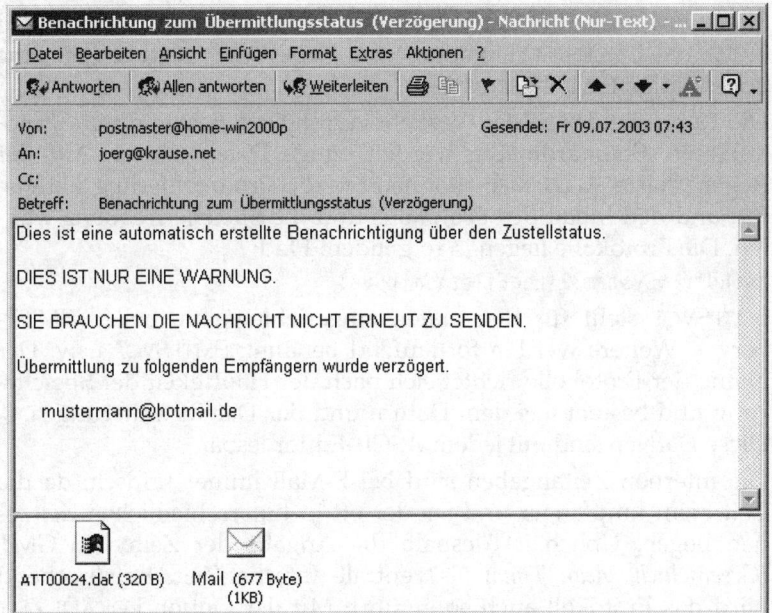

Abbildung 13.68:
Benachrichtigung
über eine Sendeverzö-
gerung

Nachrichtenbeschränkungen und Kontrolle

Um den Nachrichtenverkehr zu kontrollieren, sind auf der Registerkarte NACHRICHTEN weitere Beschränkungen einstellbar.

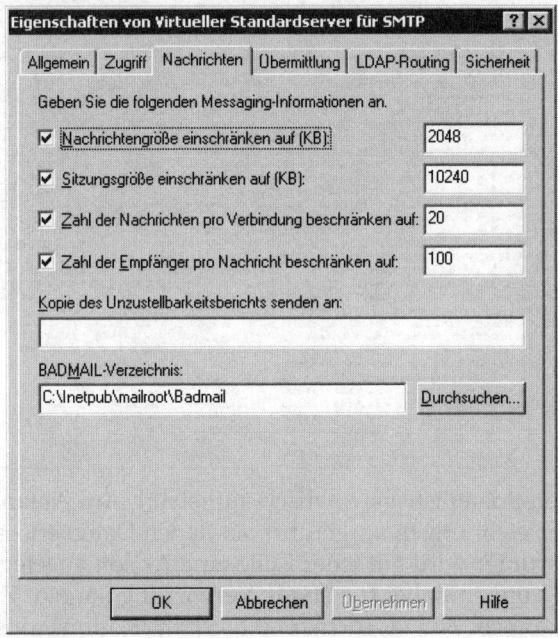

Abbildung 13.69:
Beschränkungen für
Nachrichten

Hier wird auch das BADMAIL-Verzeichnis eingestellt. In das Feld KOPIE DES UNZUSTELLBARKEITSBERICHTS SENDEN AN tragen Sie eine vollständige E-Mail-Adresse ein.

Protokolle

Die Kontrolle des E-Mail-Verkehrs erfolgt am Besten durch Protokollieren. Standardmäßig werden einige Daten erfasst. Auf der Registerkarte ALLGEMEIN können Sie die Protokollierung aktivieren und den Inhalt des Protokolls und die Speicherfrequenz wählen. Die Protokolle liegen in folgendem Pfad:

```
%windir%\System32\LogFiles\SmtpSvc1
```

SMTPSVC1 steht für den ersten eingerichteten virtuellen SMTP-Server. Weitere werden fortlaufend benannt: SMTPSVC2 usw. Der Name der Protokolle richtet sich nach der Häufigkeit der Speicherung und besteht aus dem Datum und der Dateierweiterung LOG. Diese Dateien sind mit jedem ASCII-Editor lesbar.

Die internen Zeitangaben sind bei E-Mail immer kritisch, da die Zeit beim Empfänger und Sender oft in unterschiedlichen Zeitzonen liegen. Üblich ist deshalb die Angabe der Zeiten in GMT (*Greenwich Mean Time*) als zentrale Internet-Zeit. Entsprechend wird das Protokoll auch so geführt. Mit der Option LOKALE ZEIT FÜR DATEIBENENNUNG UND ROLLOVER VERWENDEN wird dies unterdrückt und die Serverzeit genutzt. Aktivieren Sie die Option, wenn Sie nur innerhalb einer Zeitzone E-Mail versenden oder empfangen – beispielsweise im Intranet.

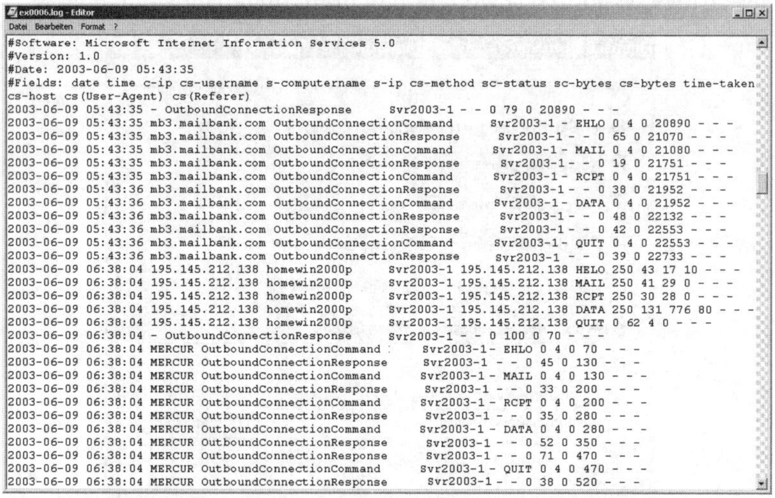

Abbildung 13.70:
Typische SMTP-
Protokolldatei

Die Protokolldatei ist systematisch aufgebaut. Am Anfang werden die Feldbezeichnungen aufgeführt, zu denen Daten erfasst werden sollen. Darunter wird auf jeder Zeile eine Aktion abgelegt. Fehlende Daten können dabei für etwas Verwirrung sorgen. Zur Orientierung können Sie versuchen, die STMP-Kommandos (HELO,

EHLO, MAIL usw.) zu erkennen – diese stehen in der Spalte CS-METHOD.

Protokolldateien können in der Praxis sehr groß werden. Jede **Protokollgröße**
komplette Aktion verbraucht ungefähr 1 KByte. Bei 1 000 E-Mails
am Tag, die in einem Unternehmen schnell produziert werden
können, ergeben sich ungefähr 30 MByte pro Monat. Wird auch
der Empfang genutzt und sind beispielsweise aktive Mailinglisten
dabei, werden es schnell 1 000 E-Mails. Löschen Sie alte Protokolle
regelmäßig und lassen Sie Protokolldateien durch Verkürzen der
Intervalle nicht größer als 1 MByte werden. Der ständige Zugriff
geht sonst zu Lasten der Systemleistung.

13.6.3 Den SMTP-Server mit Outlook verwenden

Wenn Sie nun mit Outlook E-Mail versenden, geben Sie die IP-Adresse oder den Namen des SMTP-Servers an. Die Adresse des
POP3-Servers zum Abholen ankommender E-Mail wird dabei
nicht verändert. Wenn Sie auch ankommende E-Mail verarbeiten
müssen, ist eine Änderung im DNS-Server notwendig. Außerdem
müssen Sie dann sicherstellen, dass der Server ständig erreichbar
ist, denn andere SMTP-Server rechnen nicht damit, dass eine Verbindung
nur zeitweilig besteht. Beim Versenden muss zwar auch
eine Verbindung bestehen, den Sendezeitpunkt können Sie aber
kontrollieren.

Outlook einrichten

In Abbildung 13.71 erkennen Sie eine lokale LAN-Adresse für den
SMTP-Server in der Konteneinstellung von Outlook.

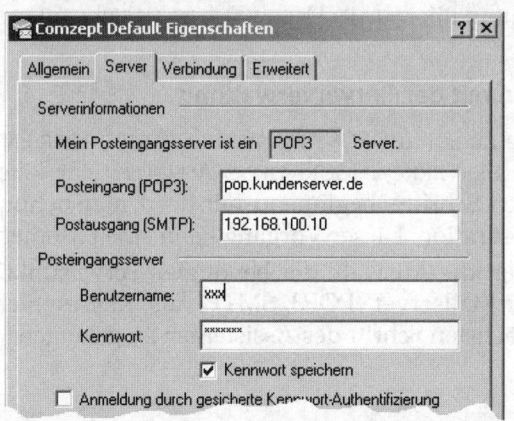

*Abbildung 13.71:
Einstellung des
lokalen SMTP-
Servers in Outlook*

Alternativ können Sie Exchange 2003 einsetzen, mit dem sich ein
vollständiger Mailserver nachbilden lässt. Allerdings ist dies in
größeren Netzwerken eine doch recht kostspielige und administra-

tiv aufwändige Installation. Der hier vorgestellte SMTP-Server ist als »Bordwerkzeug« von Windows Server 2003 aber durchaus brauchbar, um im Einsatz in einem kleineren Netzwerk zusammen mit Outlook zu bestehen.

POP3 wird weiterhin direkt abgerufen, falls Sie nicht zusätzlich den neuen POP3-Dienst installiert haben.

13.7 POP3-Dienst administrieren

Grundlagen ab Seite 212

Der Windows Server 2003 verfügt über eine neue Serverfunktion, die der POP3-Dienst bereitstellt. Damit ist es möglich, per SMTP eintreffende E-Mail so zu speichern, dass diese von POP3-Clients direkt abgerufen werden können. Weiterführende Informationen zu den Grundlagen finden Sie in Abschnitt 5.2.7 *Post Office Protocol Version 3 (POP3)* ab Seite 212.

Auch wenn einige Dialoge Hinweise auf den SMTP-Server enthalten, beziehen sich die Darstellungen in diesem Abschnitt ausschließlich auf den POP3-Dienst.

13.7.1 POP3-Serverdienst installieren

Die Installation kann am einfachsten über die *Serververwaltung* vorgenommen werden. Alternativ gelangen Sie über das Programm SOFTWARE aus der Systemsteuerung zum Ziel.

Serververwaltung

Die *Serververwaltung* ist eher zu empfehlen, weil der Installationsassistent einige Einrichtungsschritte im Dialog erledigt, die andernfalls nachträglich von Hand ausgeführt werden müssten. Wenn Sie die Serververwaltung deaktiviert haben, erreichen Sie das Programm über START | VERWALTUNG | SERVERVERWALTUNG.

Installation mit der Serververwaltung

Schritt 1

Klicken Sie zuerst auf FUNKTION HINZUFÜGEN ODER ENTFERNEN. Es startet der SERVERKONFIGURATIONS-ASSISTENT. Er leitet Sie durch die weiteren Schritte, beginnend mit der Untersuchung der Netzwerkkonfiguration. Dieser Vorgang kann einen Moment dauern.

Schritt 2

Danach folgt die Auswahl der benötigten Serverfunktionen. Wählen Sie hier Mailserver (POP3, SMTP) aus. Klicken Sie auf WEITER, um zum nächsten Schritt des Assistenten zu gelangen.

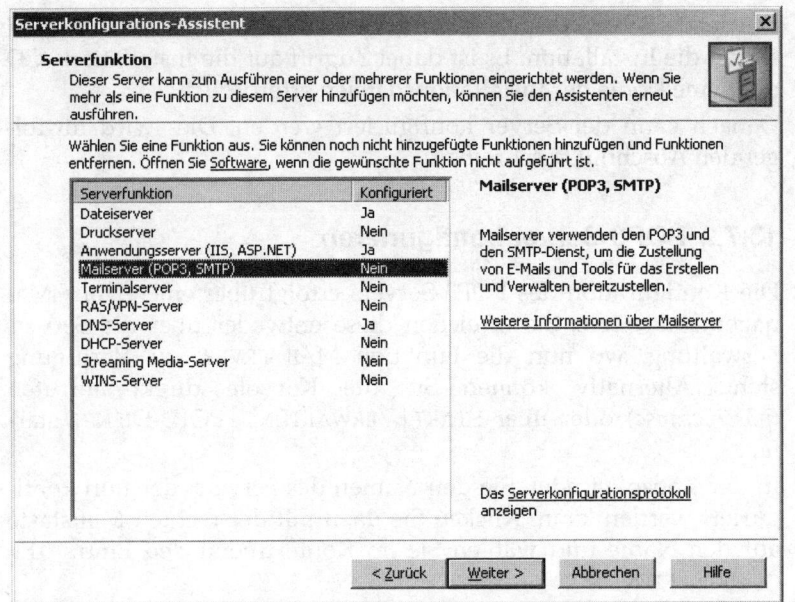

Abbildung 13.72:
Auswahl der Mail-
server-Funktion

Im nächsten Schritt sind die Art der Authentifizierung und der **Schritt 3**
Name der Domain anzugeben, für die E-Mails empfangen werden
sollen. Geben Sie die Domain so an, wie sie im Internet benutzt
wird – freilich unter Fortlassung aller serverspezifischen Namens-
teile. Wenn Ihr Server also *pop3.comzept-gmbh.de* heißt, lautet der
Domainname *comzept-gmbh.de*.

Die Authentifizierung bezieht sich auf die Clients, die sich zum
Abrufen von E-Mails über POP3 entsprechend anmelden müssen.
Dazu können lokale Windows-Konten, eine Kennwortdatei oder
Active Directory benutzt werden. Ist der Server Teil einer Domäne,
können nur Active Directory oder die Kennwortdatei genutzt
werden.

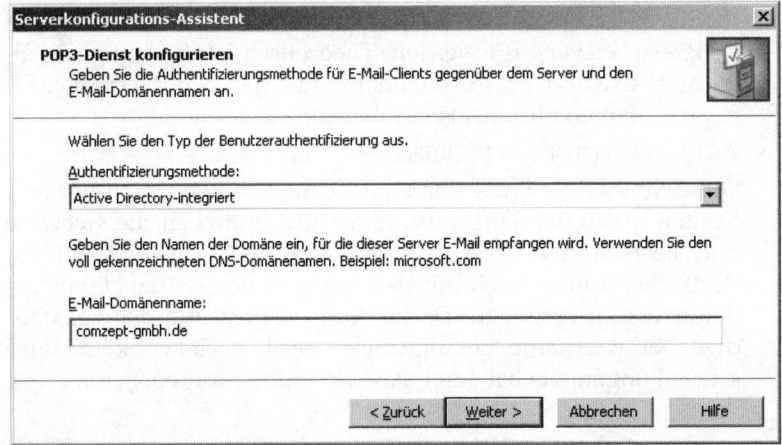

Abbildung 13.73:
Authentifizierung
und Domain-Name

Schritt 4

Der letzte Schritt des Assistenten fasst die Daten zusammen und startet die Installation. Es ist dabei Zugriff auf die Installations-CD oder eine Kopie der Installationsdateien erforderlich.

Danach kann der Server konfiguriert werden. Dies wird im folgenden Abschnitt beschrieben.

13.7.2 POP3-Server konfigurieren

Aufruf der Konsole

Die Konfiguration des POP3-Servers erfolgt über eine eigene Managementkonsole. Sie erreichen diese entweder über die Serververwaltung, wo nun die Funktion MAILSERVER zur Verfügung steht. Alternativ können Sie die Konsole direkt aufrufen (*p3server.msc*) oder über START | VERWALTUNG | POP3-DIENST starten.

In der Konsole finden Sie den Namen des Servers, der nun konfiguriert werden kann. Klicken Sie dazu mit der rechten Maustaste auf den Name und wählen Sie im Kontextmenü den Eintrag EIGENSCHAFTEN.

Authentifizierungsmethoden

Die Authentifizierungsmethode bezieht sich auf die Art und Weise, wie sich POP3-Clients am Server authentifizieren. Der entsprechende Eintrag ist voreingestellt, da dieser Schritt vom Assistenten ausgeführt wurde.

Authentifizierungs-methoden

Falls Sie die Installation über die Systemsteuerung vorgenommen haben, wählen Sie hier den entsprechenden Wert aus:

- LOKALE WINDOWSKONTEN

  Dieser Eintrag steht nur bei Servern zur Verfügung, die nicht Teil einer Domäne sind. Zur Authentifizierung wird die lokale Benutzerverwaltung herangezogen. Problematisch ist diese Methode, wenn Benutzer aus mehreren Domänen von einem POP3-Server versorgt werden. Theoretisch ist dies möglich, allerdings existiert als Postfachname nur der Benutzername. Einer der Namen müsste also umbenannt werden.

- ACTIVE DIRECTORY-INTEGRIERT

  Diese Methode erlaubt den Zugriff für alle Benutzer über ihre Konten im Active Directory. Es ist grundsätzlich die sicherste und beste Methode. Allerdings ist es nicht möglich, POP3-Postfächer automatisch mit der Anlage eines Active Directory-Benutzers zu erzeugen. Da zu Authentifizierung der vollständige Benutzername herangezogen wird, bestehen keine Einschränkungen wie bei den lokalen Windowskonten.

- KENNWORTDATEI

  Diese Methode erlaubt die Anlage von Kennwortdaten in einer Datei. Dies ist sinnvoll, wenn Sie in heterogenen Umgebungen, beispielsweise im Verbund mit Unix-Server, arbeiten und die Kennwortdaten austauschen müssen. Kennwortdateien lassen sich mit Hilfe von Skripten oder Programmen leicht erzeugen und verwalten. Praktisch wird in jedem Postfach eine Datei mit dem verschlüsselten Kennwort abgelegt.

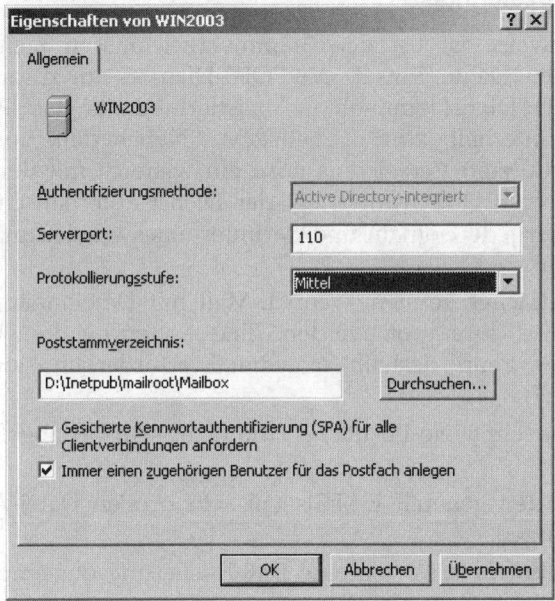

Abbildung 13.74: POP3-Serverkonfiguration

Port

Als nächstes ist der Server-Port festzulegen. Der Standardwert für den POP3-Dienst ist 110. Wenn es nicht sehr triftige Gründe für eine Änderung gibt, lassen Sie diesen Wert unverändert. Sie müssten sonst alle Clients entsprechend konfigurieren.

Protokollierung

Die Protokollierung erlaubt die Überwachung des Mail-Verkehrs. Es gibt vier Stufen[26]:

- KEINE

  Es werden keine Protokolle geschrieben.

- MINIMAL

  Es werden nur kritische Fehler protokolliert.

---

[26] Die Benennung in der Online-Hilfe entspricht nicht dem Dialogfenster

- MITTEL

  Neben kritischen Fehlern werden auch Warnungen aufgezeichnet.

- MAXIMAL

  Außer kritischen Fehlern und Warnungen werden auch informationelle Vorgänge registriert.

Stammverzeichnisse

Normalerweise ist bei den Stammverzeichnissen nichts weiter einzustellen. Da der Einsatz des POP3-Dienstes nur zusammen mit dem SMTP-Dienst sinnvoll ist, existiert bereits das Stammverzeichnis unterhalb INETPUB\MAILROOT. Neben dem vom SMTP-Server genutzten Verzeichnis wird ein weiteres mit dem Namen Mailbox benötigt. Darunter legt der Dienst automatisch ein Verzeichnis für jede Domain und darunter eines wiederum für jeden Benutzer an.

POP3-Postfächer können, wenn E-Mail mit Dateianhängen empfangen wird, sehr groß werden. Eine Änderung des Stammverzeichnisses kann deshalb manchmal erforderlich sein. Einige Beispiele:

- Es gibt sehr viele Postfächer, die nicht sehr oft abgefragt werden.
- Es werden generell E-Mails mit sehr großen Datei-Anhängen empfangen.
- Die Benutzer erwarten eine Datensicherung der empfangenen Post.
- Die Benutzer rufen E-Mail zwar ab, belassen aber eine Kopie auf dem Server.

Als Speicherziel werden nur lokale Festplatte oder Freigaben über UNC-Namen akzeptiert. Netzwerklaufwerke sind dagegen nicht zulässig. Wenn Sie einen universellen Server einsetzen, der sehr viele Serveraufgaben parallel erledigt, wäre eine eigene Festplatte für die POP3- und SMTP-Verwaltung eine Überlegung wert.

Wenn Sie Änderungen am Stammverzeichnis bei laufendem Betrieb vornehmen, sollten Sie beachten, dass existierende Postfächer von Hand verschoben werden müssen.

Der Pfad darf nicht länger als 260 Zeichen sein und nicht auf das Wurzelverzeichnis eines Laufwerks (beispielsweise c:\) zeigen.

Gesicherte Kennwortauthentifizierung: SPA

Die Option GESICHERTE KENNWORTAUTHENTIFIZIERUNG (SPA) ermöglicht die Übertragung von verschlüsselten Kennwörter vom

Client zum POP3-Dienst. Standardmäßig verwendet das POP3-Protokoll eine unverschlüsselte Datenübertragungsmethode. Das ist unter normalen Umständen nicht schön, aber auch nicht wirklich kritisch, weil die POP3-Zugänge meist vom übrigen System isoliert sind. Wenn Sie nun aber als Authentifizierungsmethode ACTIVE DIRECTORY-INTEGRIERT einsetzen, wäre eine unverschlüsselte Übertragung der Kennwörter ein massives Sicherheitsloch, denn sie unterläuft sämtliche anderen Techniken wie Kerberos.

Deshalb müssen Sie bei der Active Directory-integrierten Authentifizierung zwingend SPA aktivieren. Dies erfordert natürlich Clients, die dies auch beherrschen. Da POP3 – als Protokoll – dies nicht vorschreibt, sind damit möglicherweise einige Clients ausgeschlossen. Outlook und Outlook Express beherrschen diese Form der Authentifizierung selbstverständlich in allen Versionen.

SPA ist auch zu empfehlen, wenn mit lokalen Windows-Konten gearbeitet wird.

Eine Mailbox erzeugen

Die letzte Option IMMER EINEN ZUGEHÖRIGEN BENUTZER FÜR DAS POSTFACH ANLEGEN ist lediglich eine Vorauswahl für den Dialog zum Erzeugen eines Postfaches.

Das Erzeugen eines neuen Postfaches erfolgt über das Kontextmenü des Zweigs, der den Domainnamen anzeigt. Wählen Sie dort die Option NEU | POSTFACH.

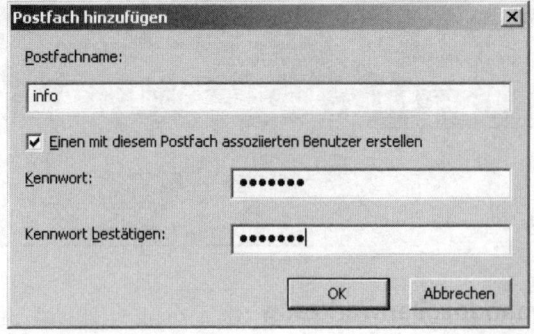

Abbildung 13.75:
Anlegen eines
Postfaches

Nun sind der Postfachname und das Kennwort zu vergeben. Falls Sie entsprechende Option aktiviert bleibt, wird gleichzeitig ein entsprechendes Benutzerkonto angelegt. Sie sollten hierbei beachten, dass die Kennwörter denen im Active Directory entsprechen und damit den Kennwortrichtlinien unterworfen sind. **Benutzer erstellen**

Ist die Option EINEN MIT DIESEM POSTFACH ASSOZIIERTEN BENUTZER ERSTELLEN nicht aktiviert, sind die Kennwortfelder ausgeblendet und das vom Benutzerkonto im Active Directory festgelegte Kennwort muss verwendet werden. Das setzt voraus, dass das **Benutzer nicht erstellen** entsprechende Konto bereits existiert. Andernfalls erhalten Sie eine Fehlermeldung.

Abbildung 13.76:
Fehler, wenn noch
kein Konto existierte

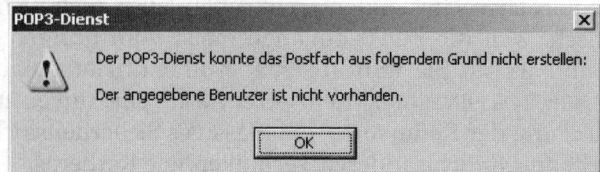

Nach dieser Prozedur ist das Konto eingerichtet und kann verwendet werden. Im nächsten Schritt sind die Clients an der Reihe. Eine zusammenfassende Meldung informiert über den Erfolg.

In der folgenden Abbildung zeigt das linke Fenster die Reaktion bei der Nutzung des POP3-Dienstes mit gesicherter Kennwortübertragung. Wird ohne dies gearbeitet, erscheinen einige zusätzliche Informationen, wie im rechten Fenster zu sehen ist.

Abbildung 13.77:
Erfolgreiche Defi-
nition von Mail-
Konten

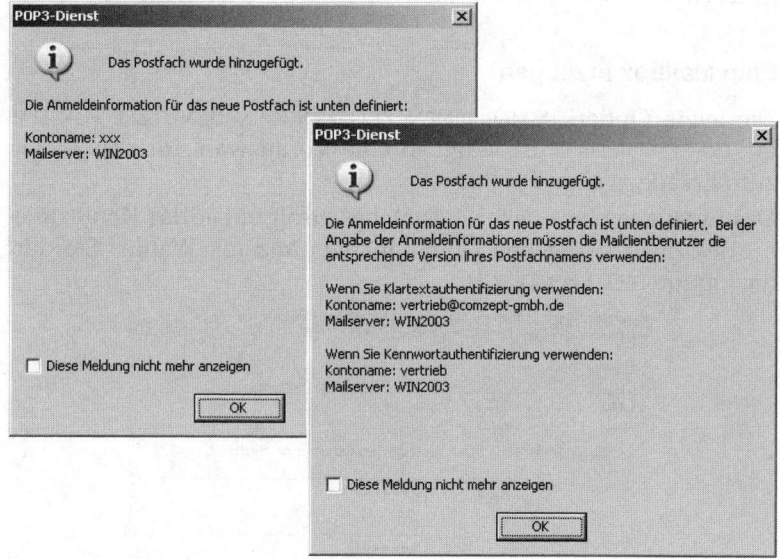

Das Kommandozeilenwerkzeug

WINPOP.EXE

Die bisherige Beschreibung bezog sich auf die Managementkonsole. Für die Stapelverarbeitungsprogrammierung und die Fernwartung via Telnet steht auch ein Kommandozeilenwerkzeug zur Verfügung: WINPOP.EXE

Für weitere Informationen zu diesem Werkzeug geben Sie ein:

```
Winpop help
```

Hilfe zu jedem einzelnen Befehl erhalten Sie ebenso, beispielsweise für den set-Befehl folgendermaßen:

```
Winpop set help
```

13.7.3 Den SMTP-Server für POP3 konfigurieren

Im nächsten Schritt müssen die empfangenen E-Mails nun noch so verteilt werden, dass sie der POP3-Server bereitstellen kann. Dazu ist der SMTP-Dienst zuständig. Tatsächlich ist der POP3-Dienst nicht nur zwingend auf den SMTP-Dienst angewiesen, er muss auch zusammen mit diesem konfiguriert werden.

Unglücklicherweise spielt sich dies in einer anderen Management-konsole ab, denn der SMTP-Dienst ist bereits lange Bestandteil der Windows-Server, während der POP3-Dienst erst mit Windows Server 2003 eingeführt wurde. Von einer integrierten Lösung kann aus verwaltungstechnischer Sicht keine Rede sein.

Sicherheitsaspekte

Die Einrichtung des SMTP-Servers umfasst zwei Aspekte:

1. Erlaubnis des anonymen Zugriffs durch andere SMTP-Server
2. Einschränkung der Relay-Beschränkungen zum Schutz des Servers vor Missbrauch durch Spammer

Zugriff Der erste Aspekt ist kein Sicherheitsproblem, denn um mit fremden SMTP-Servern zu kommunizieren, muss ein anonymer Zugriff erlaubt sein. Normalerweise versuchen SMTP-Server über die MX-Einträge im Nameserver der »angerufenen« Domain den zuständigen Empfänger-Server zu ermitteln und direkt zu kommunizieren. Deshalb ist diesen Servern der Zugriff zu erlauben. Da Sie nicht alle Server kennen können, ist der Zugriff anonym gestattet. Nur wenn Sie einen gesonderten Vertrag mit Ihrem Service-Provider haben, der es Ihnen gestattet, dessen Mail-Server als Relay[27] zu benutzen, und der die Post für Sie annimmt, käme eine Beschränkung in Frage. Allerdings muss dieser Server Ihre Post weiterleiten (das ist die Relay- oder Weitergabe-Funktion), was Provider gern vermeiden, weil dies missbraucht werden kann.

Relay Damit ausgehende Post jedoch ihr Ziel erreicht, muss der SMTP-Server SMTP-Verbindungen akzeptieren, die Ihre Mail-Clients aufbauen. Er muss also genau die Aufgabe eines Relay übernehmen. Freilich ist der Schutz vor Missbrauch extrem wichtig. Spammer versuchen immer wieder, SMTP-Server zur Weiterleitung von E-Mails zu missbrauchen. Dazu wird der Relay-Dienst so eingestellt, dass generell keine anonymen Serververbindungen akzeptiert werden. Clients müssen sich immer mit Benutzername und Kennwort authentifizieren. Hierzu müssen diese über ein

---

[27] Microsoft bezeichnet dies als »Weitergabe«-Funktion. Wir halten jedoch den üblichen Begriff »Relay« für eindeutiger und verständlicher.

Konto im Active Directory verfügen. Spammer sind also mit Sicherheit außen vor.

Die Schrittfolge der Einrichtung

Das Management des SMTP-Servers erfolgt über den Internetinformationsdienste-Manager. Gehen Sie folgendermaßen vor, um die Einrichtung vorzunehmen:

1. Öffnen Sie den Zweig SMTP-SERVER und darunter den konkreten Server-Namen.
2. Öffnen Sie über das Kontextmenü den Dialog EIGENSCHAFTEN.
3. Wählen Sie die Registerkarte ZUGRIFF.

Abbildung 13.78:
Einstellung der
Authentifizierung

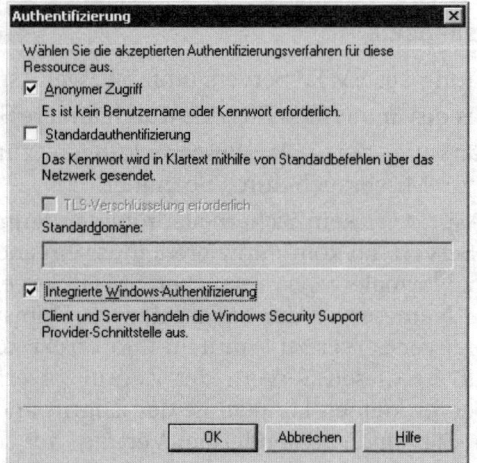

4. Klicken Sie die Schaltfläche AUTHENTIFIZIERUNG und aktivieren Sie dort die Kontrollkästchen ANONYMER ZUGRIFF und INTEGRIERTE WINDOWS-AUTHENTIFIZIERUNG.

Abbildung 13.79:
Relay-Bedingungen
einrichten

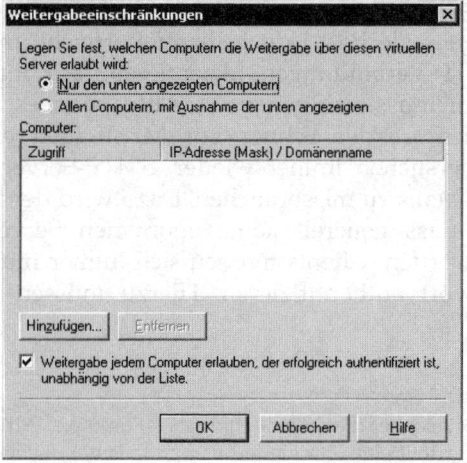

5. Klicken Sie auf die Schaltfläche WEITERGABE und aktivieren Sie
    dann die Kontrollkästchen NUR DEN UNTEN ANGEZEIGTEN COM-
    PUTERN. Lassen Sie diese Liste leer!

13.7.4 Zugriff über die Remoteverwaltung

Der Zugriff über die Remoteverwaltung von Windows Server 2003
erlaubt eine weitere Form der Fernadministration.

Installation

Die Installation erfolgt über das Applet *Software* in der *Systemsteuerung*. Wählen Sie dort WINDOWS-KOMPONENTEN HINZUFÜGEN/ENT-
FERNEN, in der folgenden Liste E-MAIL-DIENSTE und über DETAILS
die Option WEBVERWALTUNG FÜR POP3-DIENST.

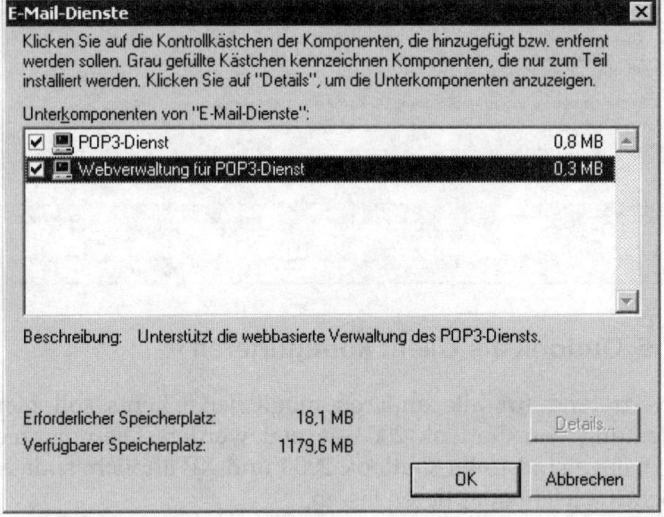

*Abbildung 13.80:
Installation der Web-
Schnittstelle*

Der Aufruf der Remoteverwaltung erfolgt über eine verschlüsselte
Verbindung:

`https://<servername>:8098`

Die Portnummer 8098 entspricht dem standardmäßig verwendeten
Port für SSL-Verbindungen zur Administrationsoberfläche. Passen
Sie den Wert an, wenn die Konfiguration geändert wurde.

Bedienung

In der Remoteverwaltung finden Sie eine Menüpunkt E-MAIL, der
den Zugriff auf die POP3-Einstellungen erlaubt. Zwei Unterpunkte
stehen zur Verfügung:

*   SERVEREIGENSCHAFTEN

- DOMÄNEN UND POSTFÄCHER

Die Einstellmöglichkeiten entsprechen exakt denjenigen in der Managementkonsole und sollen deshalb an dieser Stelle nicht wiederholt werden.

Abbildung 13.81:
POP3-Verwaltung
über Browser

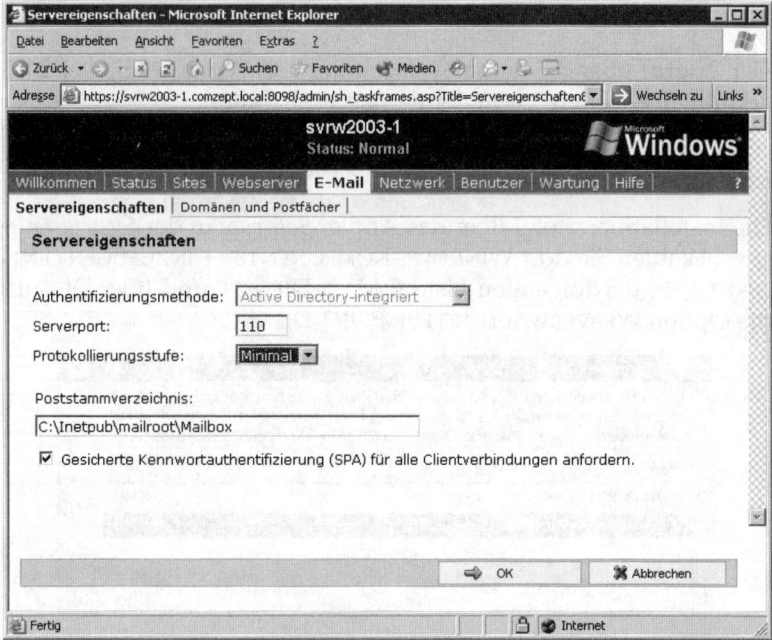

13.7.5 Outlook als Client konfigurieren

Stellvertretend für alle anderen möglichen Clients soll hier die Einrichtung von Outlook 2003 gezeigt werden. Die entsprechenden Dialoge sind unter Outlook 2000 und XP ähnlich, sodass sich die Schritte leicht adaptieren lassen.

Daten für die Clients

E-Mail-Clients benötigen folgende Daten:
- Name des Servers, der POP3 anbietet (zum Empfangen)
- Name des Servers, der SMTP anbietet (zum Senden)
- E-Mail-Konto
- Anmeldename und Kennwort
- Status der verschlüsselten Kennwortübertragung

In Outlook 2003 gehen Sie nun folgendermaßen vor:
1. Starten Sie den Assistenten für ein neues E-Mail-Konto über EXTRAS | E-MAIL-KONTEN.
2. Wählen Sie EIN NEUES E-MAIL-KONTO HINZUFÜGEN.

3. Wählen Sie im folgenden Schritt als Servertyp POP3 aus.

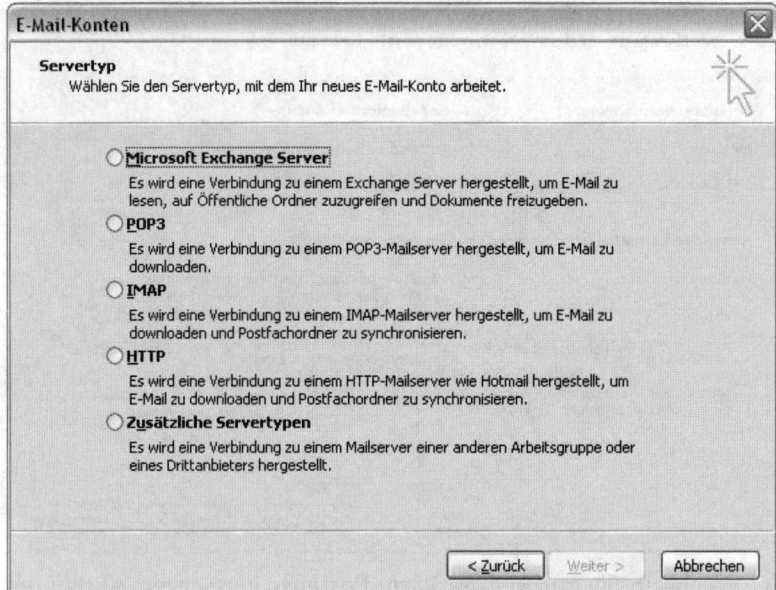

Abbildung 13.82:
Auswahl des
Servertyps

4. Tragen Sie im nächsten Schritt die folgenden Daten ein:
   a) Ihr Name, wie er in der E-Mail angezeigt werden soll
   b) Ihre vollständige E-Mail-Adresse
   c) Die Namen der Server, jeweils einer für POP3 und einer für SMTP. Dies kann derselbe Server sein. Es ist empfehlenswert, hier im DNS zwei Namen zu vergeben, damit bei einer späteren Trennung der Server keine Änderungen an den Clients vorgenommen werden müssen. Auf keinen Fall sollten Sie – von Testumgebungen abgesehen – IP-Adressen verwenden.
   d) Tragen Sie unter Anmeldeinformationen den mit dem Postfach verbundenen Benutzernamen und das Kennwort ein. Wenn Sie mit der Authentifizierungsmethode Active Directory-integriert arbeiten, müssen Sie die Option ANMELDUNG DURCH GESICHERTE KENNWORTAUTHENTIFZIERUNG (SPA) aktivieren.
   e) Testen Sie nun die Kontoeinstellungen.
5. Vergeben Sie über WEITERE EINSTELLUNGEN noch einen treffenden Namen für das Konto. Lassen Sie den Dialog offen.

Abbildung 13.83:
Einrichten eines E-
Mail-Clients

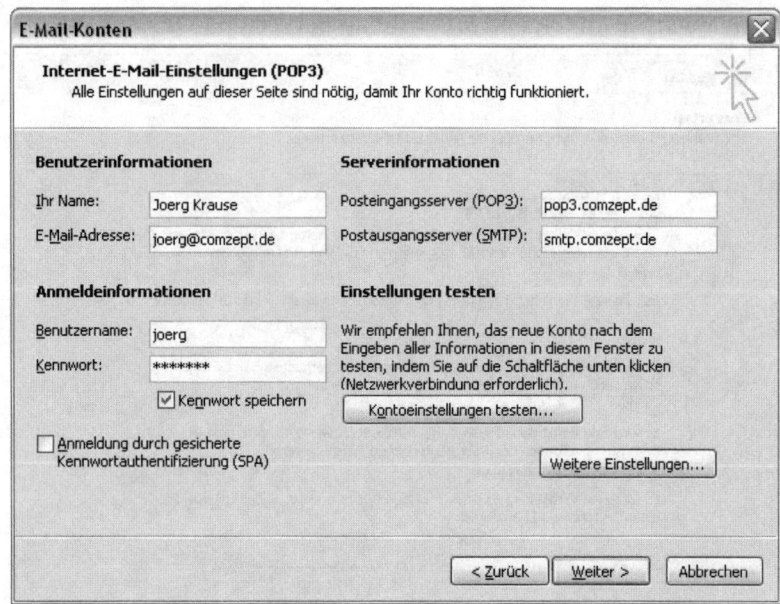

6. Wechseln Sie zur Registerkarte Postausgangsserver. Aktivieren Sie dort die Optionen DER POSTAUSGANGSSERVER (SMTP) ER-FORDERT AUTHENTIFIZIERUNG und GLEICHE EINSTELLUNGEN WIE DER POSTEINGANGSSERVER VERWENDEN.

Damit ist die Einrichtung abgeschlossen. Der Client versendet jetzt E-Mail über den SMTP-Server, der zugleich den Empfang erledigt. Das Bereitstellen der E-Mail-Postfächer für die Clients erledigt dagegen der POP3-Server, der die Daten vom SMTP-Dienst geliefert bekommt.

Probleme mit der Authentifizierung (SPA)

Wenn Sie mit der Authentifizierungsmethode Active Directory-integriert oder mit Windows-Konten arbeiten, müssen Sie SPA aktivieren. Andernfalls lehnt der POP3-Server das Kennwort ab. Mangels anderer Fehlermeldungen im POP3-Protokoll erscheint dies, als wäre das Kennwort falsch und der Benutzer wird immer wieder zur Eingabe aufgefordert.

13.8 NNTP-Server

Der NNTP-Dienst dient der Einrichtung eigener Nachrichtengruppen (engl. *newsgroups*). Öffentliche Nachrichtengruppen bilden ein weltweites Netzwerk – das Usenet. Dies ist ein weiterer wichtiger Dienst des Internet. Der Sinn ist der Betrieb »schwarzer Bretter«. Nutzer können dort Nachrichten öffentlich sichtbar ablegen. Im

Gegensatz zu E-Mail erfolgt die Speicherung auf zentralen Servern, sodass der Abruf der Informationen jederzeit und von jedem Ort aus möglich ist. Auch im Intranet kann der Einsatz sinnvoll sein, wenn die Benutzer eine lockere elektronische Kommunikation suchen, die im Gegensatz zu E-Mail abruforientiert arbeitet, den Arbeitsfluss also nicht unterbricht, sondern auf die Initiative des Abrufenden wartet. Nachrichtengruppen können das E-Mail-Aufkommen senken, wenn Mitteilungen der Firmenleitung, der Gewerkschaft oder Informationen von allgemeinen Interesse über NNTP verteilt werden. Zugleich haben die Gruppen ein »Gedächtnis«, sind also auch nach langer Zeit noch abrufbar und können damit Diskussionsstränge über viele Mitarbeiter verwalten.

Der NNTP-Dienst als Teil der Internetinformationsdienste ist nicht für den Betrieb öffentlicher Server ausgelegt. Sie können damit zwar eigene Nachrichtengruppen erzeugen und öffentlich bereitstellen, die im Usenet üblichen Replikationsmechanismen zur Veröffentlichung auf allgemeinen Servern werden jedoch nicht unterstützt.

NNTP als Teil der Internetinformationsdienste

13.8.1 Installation

Die Installation des NNTP-Dienstes ist relativ einfach. Im Gegensatz dazu müssen zur Einrichtung und Konfiguration mehrere Schritte vollzogen werden. Die gesamte Installation besteht aus folgenden Schritten:

1. Installation der Software (wenn erforderlich)
2. Konfiguration des Namensdienstes (optional)
3. Aktivierung des NNTP-Dienstes (automatisch)
4. Konfiguration der Nachrichtengruppen (zwingend)

Installationsschritte

NNTP-Software installieren

Die Installation der NNTP-Software erfolgt über das Applet SOFTWARE in der Systemsteuerung. Klicken Sie auf WINDOWS-KOMPONENTEN HINZUFÜGEN/ENTFERNEN. In der danach folgenden Liste aktivieren Sie den Eintrag ANWENDUNGSSERVER und klicken dann auf Details. In der nächsten Liste suchen Sie INTERNETINFORMATIONSDIENSTE (IIS). Über DETAILS gelangen Sie zu einer weiteren Liste mit den Optionen des IIS. Dort finden Sie einen Eintrag NNTP-DIENST. Aktivieren Sie diesen Eintrag und starten Sie die Installation mit OK.

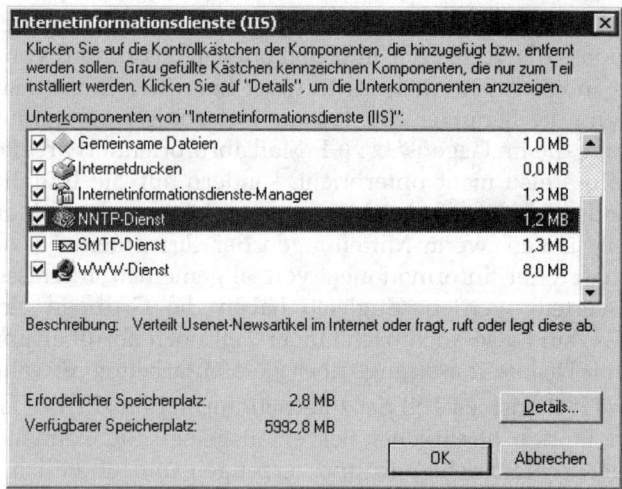

DNS einrichten

Als Nächstes sollten Sie sich überlegen, wie Benutzer den Dienst erreichen können. NNTP steht auf einem eigenen Port zur Verfügung. Standardmäßig ist dies Port 119. Damit besteht nicht gezwungenermaßen die Notwendigkeit, eine eigene IP-Adresse für den Newsserver zu vergeben. Es ist sinnvoll, wenn der Dienst unter einem klar erkennbaren Namen aufgerufen werden kann, wobei in der Regel als Servername »news« verwendet wird (im Gegensatz zu »www« bei einem Webserver).

Den NNTP-Dienst einrichten

Wenn der NNTP-Dienst verfügbar ist, erzeugen Sie zuerst einen entsprechenden Server. Standardmäßig wird ein VIRTUELLER STANDARDSERVER FÜR NNTP installiert. Öffnen Sie die Managementkonsole *Internetinformationsdienste-Manager* und wählen Sie dort im Kontextmenü des Servers die Option NEU | VIRTUELLEN NNTP-SERVER EINRICHTEN. Es startet ein Assistent, der die wichtigsten Einstellungen vornimmt. Die Schritte werden nachfolgend beschrieben.

Schritt 1:
Namen vergeben

Zuerst wird dem NNTP-Server ein Name vergeben. Dies ist nur ein Verwaltungsname für die Managementkonsole, ein Zusammenhang mit dem DNS-Namen, unter dem der Server erreichbar ist, besteht nicht.

Schritt 2:
IP-Adresse und Port

Im nächsten Schritt sind die IP-Adresse und der Port anzugeben. Standardmäßig verwenden News-Clients den Port 119. Sie sollten nur dann davon abweichen, wenn Sie die Clients selbst einrichten oder parallel auf einer IP-Adresse mehrere virtuelle Server betreiben müssen.

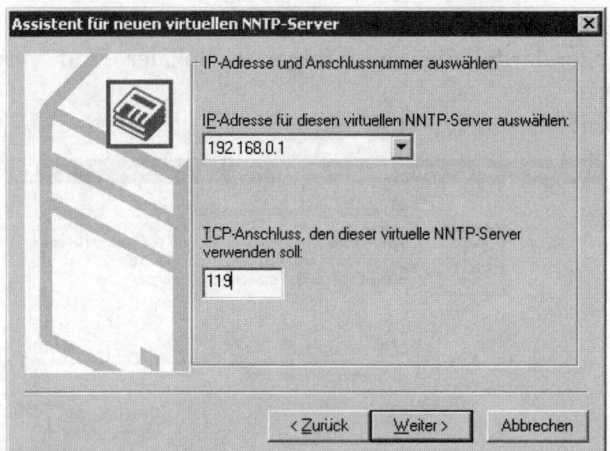

Abbildung 13.85:
IP-Adresse und Port
vergeben

Der folgende Schritt erlaubt die Eingabe eines Pfades für die inter- **Schritt 3:**
nen Kontrolldateien. Das sind nicht die Daten der Nachrichten- **Arbeitsverzeichnis**
gruppen. Sie können dafür einen lokalen Pfad wählen.

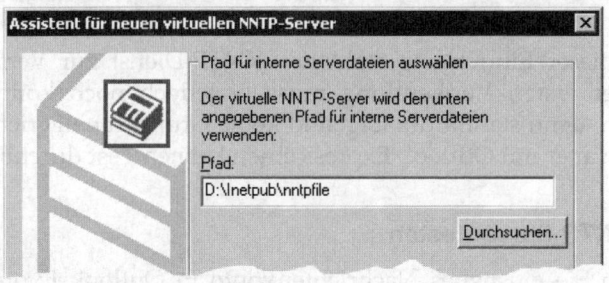

Abbildung 13.86:
Pfad zu den
Kontrolldaten

Die eigentlichen Nachrichtendaten können einen erheblichen Spei- **Schritt 4:**
cherplatzbedarf haben. Es ist deshalb möglich, statt lokaler Fest- **Dateisystem**
platten auch Freigaben im Netzwerk zu verwenden.

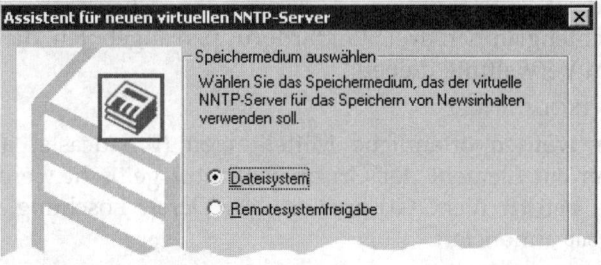

Abbildung 13.87:
Auswahl des
Dateisystems

Die Speicherung der Daten auf anderen Computern im Netzwerk
entlastet den Server und erlaubt den flexiblen Aufbau von Fest-
plattensubsystemen für große Nachrichtengruppen.

Wenn Sie nur wenige lokale Gruppen betreiben und die Ablage
binärer Daten oder Bilder nicht zulassen, kann bedenkenlos ein
lokaler Pfad verwendet werden.

Schritt 5:
Speicherplatz der
Nachrichten

Der letzte Schritt erlaubt die Angabe des Speicherplatzes für die Daten. Standardmäßig kann folgender lokaler Pfad verwendet werden:

```
%systemroot%\inetpub\nntpfile\root
```

Abbildung 13.88:
Pfadangabe zu den
Daten

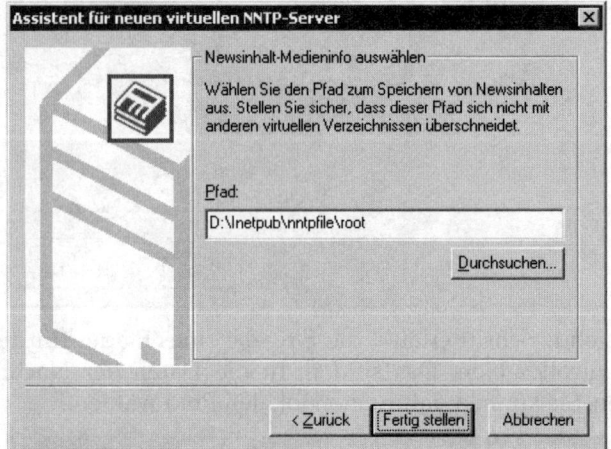

Nach dieser Einrichtung steht der NNTP-Dienst zur Verfügung. Vor der ersten Verwendung muss er jedoch noch konfiguriert werden, denn standardmäßig sind keine Gruppen eingerichtet. Sie können aber mit Outlook Express einen kleinen Test durchführen.

Den NNTP-Server testen

Richten Sie ein neues Nachrichtenkonto in Outlook Express ein. Erforderlich ist nur die Angabe des Servernamens oder der IP-Adresse. Standardmäßig erlaubt der NNTP-Server den anonymen Zugriff.

Standardgruppen

Wenn der Server funktioniert, werden Ihnen bei der Suche nach Nachrichtengruppen drei Standardgruppen angeboten, die nur der internen Verwaltung dienen:

- CONTROL.CANCEL

  Hier werden öffentliche Mitteilungen (Broadcasts) abgelegt, wenn ein Element der Gruppenstruktur gelöscht werden soll. Dies betrifft nicht Gruppen selbst. Deren Löschung wird in rmgroup annonciert.

- CONTROL.NEWGROUP

  Wenn eine neue Gruppe erzeugt wurde, wird hier die öffentliche Mitteilung darüber abgelegt. Andere Newsserver, die am Newsfeed beteiligt sind, können diese Gruppe dann in ihre Struktur übernehmen.

- CONTROL.RMGROUP

  In dieser Gruppe werden Gruppen angezeigt, die aus der Gesamtstruktur gelöscht werden sollen.

In diesen Gruppen werden Systemnachrichten des NNTP-Servers
abgelegt, die bei der Verarbeitung von Gruppen erzeugt werden.
Sie sollten die Gruppen unter keinen Umständen löschen. Es ist
aber empfehlenswert, den Zugang auf öffentlichen Servern auf den
Administrator zu beschränken.

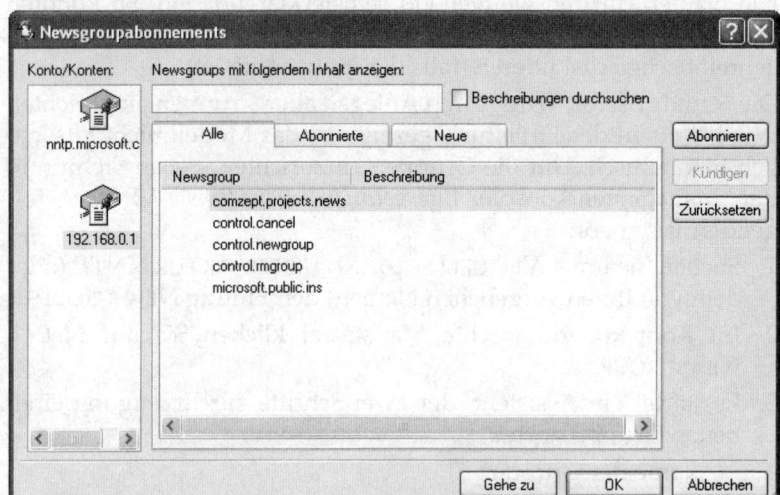

*Abbildung 13.89:
Standardgruppen
nach der Installation*

Sie sollten diese nicht abonnieren, sondern mit der Einrichtung
sinnvoller Gruppen fortfahren. Dies wird im folgenden Abschnitt
behandelt.

13.8.2 Konfiguration von Nachrichtengruppen

Die Konfiguration von Nachrichtengruppen ist nicht besonders
komplex – die meisten Optionen sind selbsterklärend. Dieser Abschnitt erklärt das Prinzip anhand eines Beispiels.

Einrichten einer Nachrichtengruppe

In der Musterdomain *comzept-gmbh.de* soll eine Struktur von Nachrichtengruppen aufgebaut werden, mit der Mitarbeiter über typische Büroprobleme diskutieren können. Die Einrichtung soll den
firmeninternen E-Mail-Verkehr entlasten.

Aufgabenstellung

Zuerst sollte eine Struktur festgelegt werden. Falls Benutzer auch
öffentliche Gruppen abonnieren, ist eine Anlehnung daran empfehlenswert. Mangels Einordnung in die Gesamtstruktur wird die
eigene Site auf der obersten Ebene platziert. Darunter stehen das

**Festlegen einer
Nachrichten-
gruppenstruktur**

Hauptthema und einige Unterthemen. Daraus ergibt sich folgende Struktur:

- `comzept-gmbh.buero.kueche`
- `comzept-gmbh.buero.raucherecke`
- `comzept-gmbh.buero.allgemeines`
- `comzept-gmbh.buero.konferenzraum`
- `comzept-gmbh.buero.schreibtische`

Die Namen dürften weitgehend selbsterklärend sein. So könnten Sie in `comzept-gmbh.buero.schreibtische` über die Ordnung auf den Schreibtischen diskutieren (falls dies notwendig ist).

Einrichten der Struktur

Die Struktur selbst wird durch Anlegen aller Gruppen eingerichtet. Wie bereits in der Einleitung gezeigt, ist das Modell nicht tatsächlich hierarchisch. Um die Gruppen einzurichten, gehen Sie nun in der Managementkonsole *Internetinformationsdienste-Manager* folgendermaßen vor:

1. Suchen Sie unter VIRTUELLER STANDARDSERVER FÜR NNTP (oder dem von Ihnen vergebenen Namen) den Eintrag NEWSGROUPS.

2. Im Kontextmenü (rechte Maustaste) klicken Sie auf NEU | NEWSGROUP.

3. Es startet ein Assistent, der zwei Schritte zur Erzeugung einer neuen Gruppe startet:
   - Name der Gruppe
   - Anzeigename (Prettyname genannt) und Beschreibung

4. Wiederholen Sie die Schritte 2 und 3 für jede weitere Nachrichtengruppe.

Weitere Einstellungen sind danach im Dialog EIGENSCHAFTEN der Nachrichtengruppe möglich.

Abbildung 13.90: Anlegen einer neuen Nachrichtengruppe

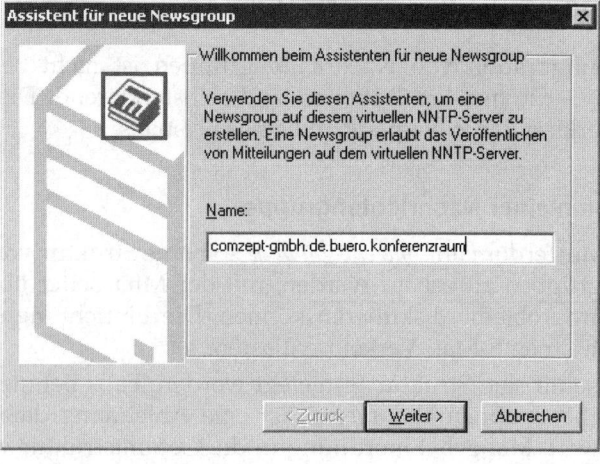

Verfügbarkeit der neuen Gruppen in Outlook Express

Unmittelbar nach dem Anlegen der Gruppen können Sie diese in Outlook Express sehen. Wenn Sie sich bereits probehalber mit dem NNTP-Server verbunden hatten, erscheint ein Fenster, um über die Existenz neuer Nachrichtengruppen zu informieren.

Es ist Aufgabe des Benutzers, die Gruppen nun zu abonnieren. An unmoderierte Gruppen – dies ist die der Standardzustand einer Gruppe – können sofort Nachrichten gesendet werden.

Konfiguration einer Nachrichtengruppe

Für Nachrichtengruppen stehen weitere Konfigurationsmöglichkeiten zur Verfügung:

- Schreibschutz
- Moderation

Jede Nachrichtengruppe kann mit einem Schreibschutz versehen werden. Dieser gilt für alle Abonnenten, außer den Moderator. Solche Gruppen dienen der Informationsverteilung und sind eine gute Alternative zu Mailinglisten.   *Schreibschutz einrichten*

Zum Einrichten gehen Sie folgendermaßen vor:

1. Öffnen Sie den Dialog EIGENSCHAFTEN der Nachrichtengruppe über das Kontextmenü.
2. Aktivieren Sie das Kontrollkästchen SCHREIBGESCHÜTZT.
3. Schließen Sie den Dialog.

Nachrichten an diese Gruppe werden nun zurückgewiesen. Nur der Administrator, der den NNTP-Dienst betreut, kann Nachrichten in solche Gruppen platzieren.

Wenn Nachrichten an Gruppen zwar erlaubt sind, von einem Moderator aber vor der Veröffentlichung freigegeben werden müssen, stellen Sie die Moderation ein.   *Moderation einrichten*

Zum Einrichten gehen Sie folgendermaßen vor:

1. Öffnen Sie den Dialog EIGENSCHAFTEN der Nachrichtengruppe über das Kontextmenü.
2. Aktivieren Sie das Kontrollkästchen MODERIERT.
3. Tragen Sie eine E-Mail-Adresse des Moderators ein.
4. Schließen Sie den Dialog.

Nachrichten an diese Gruppe werden an den Moderator gesendet. Als Standardadresse des Moderators wird folgende E-Mail verwendet:

```
<name-der-gruppe>@<standard-domäne>
```

Wenn der interne STMP-Server entsprechend konfiguriert ist, sollte dies ohne Probleme funktionieren. Der Gruppenname wird allerdings leicht verändert: Statt der trennenden Punkte werden Bindestriche eingesetzt.

13.8.3 Konfiguration des NNTP-Dienstes

Die allgemeine Konfiguration des NNTP-Dienstes umfasst globale Einstellungen. Die bisherigen Schritte ließen sich mit den Standardeinstellungen vornehmen. Wenn der Dienst läuft, können Sie nun weitere Konfigurationsschritte vornehmen.

Allgemeine Eigenschaften

Über den Dialog EIGENSCHAFTEN des NNTP-Dienstes können Sie mehrere globale Einstellungen vornehmen, die auf folgenden Registerkarten zur Verfügung stehen:

- ALLGEMEIN
  - Name des Servers
  - IP-Adresse und (über ERWEITERT) Port
  - Verbindungsbeschränkungen

    Mit dieser Option stellen Sie die Anzahl maximaler Verbindungen und die Verbindungszeit pro Client ein:

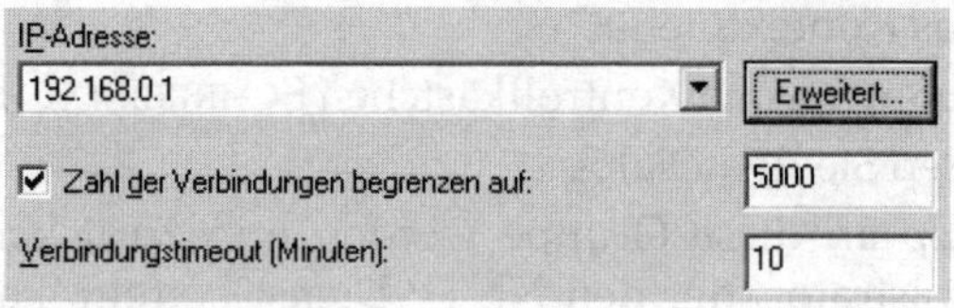

Abbildung 13.91: Adresse und Verbindungsbeschränkungen

- ZUGRIFF

  Diese Seite erlaubt die Beschränkung und Sicherung des Zugriffs auf folgenden Wegen:
  - AUTHENTIFIZIERUNG

    Diese Option erlaubt die Beschränkung des Zugriffs auf Basis der Authentifizierung von Benutzern.
  - ZERTIFIKAT

    Hiermit geben Sie ein Zertifikat an, das für die Initiierung verschlüsselter Übertragungen verwendet wird.
  - VERBINDUNGEN

    Hiermit beschränken Sie die Verwendung auf Clients mit bestimmten IP-Adressen.

- EINSTELLUNGEN

  Hier werden die Basiseinstellungen des Dienstes vorgenommen. Die Erläuterung finden Sie im folgenden Abschnitt.

- SICHERHEIT

  Wenn Sie die Administration verteilen, können Sie hier die berechtigten Personen eintragen, die mit Hilfe des IIS-Snap-In den
  NNTP-Server administrieren dürfen.

Einstellungen des NNTP-Dienstes

Für alle Nachrichtengruppen und Benutzer gelten die folgenden
Einstellungen des NNTP-Dienstes:

- BEITRÄGE VON CLIENTS VERÖFFENTLICHEN

  Aktivieren Sie diese Option, damit überhaupt Beiträge eingestellt werden können.

  - MAX. GRÖßE EINES BEITRAGS (KB)

    Die Beschränkung ist sinnvoll, wenn Sie die Ablage von An-
    hängen nicht gestatten möchten.

  - MAX. GRÖßE ALLER BEITRÄGE (MB)

    Eine Beschränkung verhindert die übermäßige Nutzung der
    Festplatte.

- BEITRÄGE VON NEWSFEEDS VERÖFFENTLICHEN

  Aktivieren Sie diese Option, damit überhaupt Beiträge über den
  Newsfeed anderer NNTP-Server sichtbar werden.

  - MAX. GRÖßE EINES BEITRAGS (KB)

    Die Beschränkung ist sinnvoll, wenn Sie die Ablage von An-
    hängen nicht gestatten möchten.

  - MAX. GRÖßE ALLER BEITRÄGE (MB)

    Eine Beschränkung verhindert die übermäßige Nutzung der
    Festplatte.

- ANDEREN SERVERN DAS ANFORDERN (PULL) VON BEITRÄGEN ER-
  MÖGLICHEN

  Diese Option aktiviert den Dienst so, dass Anfragen von News-
  servern, die als Hub agieren, auf dem NNTP-Port auch die Anforderung von Beiträgen erlaubt. Wenn Sie NNTP im Intranet
  einsetzen, sollten Sie die Option deaktivieren.

- STEUERUNGSMELDUNGEN ERMÖGLICHEN

  Diese Option wird aktiviert, damit Nachrichten für andere
  Newsserver in den `config`-Gruppen abgelegt werden.

- STANDARDMODERATORDOMÄNE

  Geben Sie die Domäne an, in der der Administrator ist.

- ADMINISTRATOR-E-MAIL-KONTO

  Die Moderation erfolgt über E-Mail. Geben Sie die E-Mail-
  Adresse des Administrators an.

Margin notes:

**Beitragsbe-
schränkungen
lokaler Clients**

**Beitragsbe-
schränkungen
öffentlichen
Newsfeeds**

Abbildung 13.92 zeigt einige typische Einstellungen, wie Sie bei einem NNTP-Server in einem Intranet meist sinnvoll sind.

Abbildung 13.92:
Typische Standard-
einstellungen in
einem Intranet

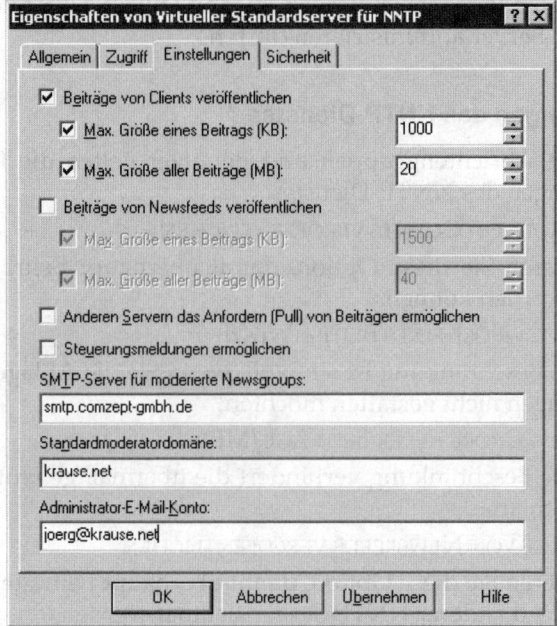

Standardverzeichnisse für Nachrichtengruppenspeicher

Intensiv verwendete Nachrichtenserver können einen erheblichen Bedarf an Festplattenspeicher haben. Die Einrichtung anderer Speicherplätze kann deshalb sinnvoll sein.

Anderes Standard-
verzeichnis

Im Knoten des NNTP-Servers öffnen Sie den Eintrag VIRTUELLE VERZEICHNISSE. Dort können Sie mit der Option Neu im Kontextmenü weitere virtuelle Verzeichnisse erzeugen. Über einen Assistenten werden folgende Schritte ausgeführt:

1. Festlegen der Gruppenstruktur, die das Verzeichnis aufnehmen soll.

2. Festlegen des Speicherorts, lokal oder entfernt, der verwendet werden soll. Bei entfernten Speicherorten wird der Name einer Freigabe erwartet.

Für den Zugriff auf entfernte Speicher können ein sicherer Kanal eingerichtet und eine Authentifizierung aktiviert werden.

Eigenschaften

Nach der Einrichtung sind weitere Einstellungen virtueller Verzeichnisse möglich.

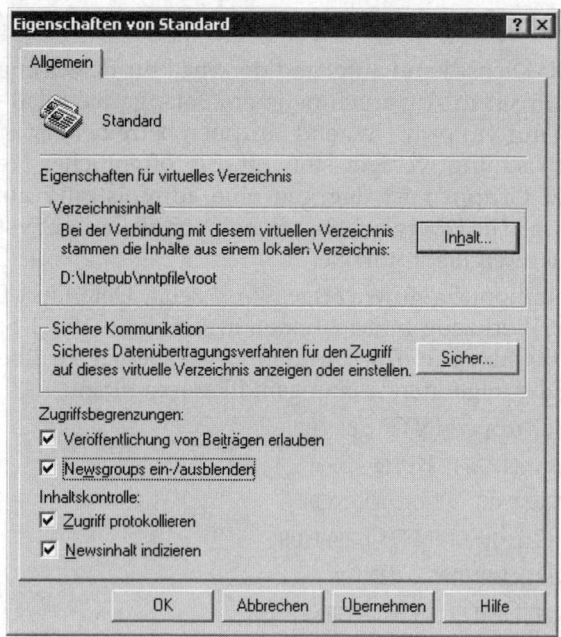

Über die Schaltfläche INHALT können Sie den Pfad zum Speicherort modifizieren. Über SICHER erreichen Sie den Dialog zum Einstellen einer sicheren Verbindung.

Auch auf Verzeichnisebene sind Zugriffsbeschränkungen möglich. Da Verzeichnisse immer eine ganze Struktur von Gruppen speichern, ist damit die globale Vergabe von Beschränkungen möglich – im Gegensatz zu der Einrichtung pro Gruppe, wie in Abschnitt *Einrichten der Struktur* ab Seite 1046 beschrieben. **Zugriffsbeschränkungen**

Damit Benutzer nicht öffentliche Gruppen dieses Bereiches nicht sehen können, aktivieren Sie das Kontrollkästchen NEWSGROUPS EIN-/AUSBLENDEN. **Sichtbarkeit**

Im Abschnitt INHALTSKONTROLLE gibt es zwei weitere Optionen: **Inhaltskontrolle**

- ZUGRIFF PROTOKOLLIEREN

  Aktivieren Sie diese Option, um Zugriffe zu protokollieren. Bei Nachrichtengruppen, die anonymen Zugriff erlauben, ist das nicht ratsam, weil nur sinnlose Daten produziert werden. Um den Zugriff protokollieren zu können, muss die entsprechende Option PROTOKOLLIERUNG AKTIVIEREN in den globalen Einstellungen des NNTP-Servers aktiviert sein.

- NEWSINHALT INDIZIEREN

  Wenn diese Option aktiviert ist, wird das Verzeichnis mit den Daten der Nachrichtengruppen in den Indexserverdienst mit einbezogen. Weitere Informationen finden Sie dazu in Abschnitt 11.16 *Indexdienst einrichten* ab Seite 799.

Wartung und Überwachung des NNTP-Dienstes

Der NNTP-Dienst kann aufgrund der Struktur des Usenet erhebliche Ressourcen in Anspruch nehmen. Solange Sie lokal – also im Intranet – nur ein paar Dutzend Gruppen betreiben, ist eine derartige Überwachung weniger sinnvoll. Ein öffentlicher Newsserver mit 30 000 Gruppen ist dagegen eine administrativ aufwändige Einrichtung. Zur Überwachung dienen vor allem der Systemmonitor und die Ereignisprotokolle.

Leistungsüber-
wachung

Der Systemmonitor ein wichtiges Werkzeug. Detailliert finden Sie zu diesem Werkzeug Informationen in Abschnitt 10.7.1 *System Monitor Control* ab Seite 673. Um den NNTP-Server zu überwachen, fügen Sie die folgenden Leistungsindikatoren hinzu:

- In der Gruppe NNTP-SERVER:
  - GESAMTZAHL BYTES/SEK
  - MAXIMALE VERBINDUNGEN
- In der Gruppe NNTP-BEFEHLE:
  - ANMELDEVERSUCHE
  - ANMELDEFEHLSCHLÄGE

Beachten Sie, dass die Überwachung auch Systemleistung benötigt. Sie sollten diese also nur aktivieren, wenn der NNTP-Server im Aufbau ist und das Nutzungsverhalten sich noch nicht stabilisiert hat, oder es Störungen im Betrieb gibt, die es zu eliminieren gilt.

Ereignisanzeige

Probleme mit dem NNTP-Dienst können auch in der Ereignisanzeige vermerkt werden. Da die Anzahl derartiger Ereignisse sehr groß sein kann, bietet sich zur Kontrolle der Einsatz eines Filters an. Wählen Sie dazu im Dialog EIGENSCHAFTEN DES SYSTEMPROTOKOLLS die Registerkarte FILTER und als Ereignisquelle des Dienst NNTPSVC.

13.9 Kommandozeilen-Tools für TCP/IP

Unter Windows Server 2003 steht eine ganze Reihe von TCP/IP-Befehlen auf Kommandozeilen-Ebene zur Verfügung. Damit werden verschiedene Diagnoseverfahren ermöglicht. Sie können diese Befehle ebenfalls dazu benutzen, um mit anderen TCP/IP-Hosts (wie Unix-Systemen) zu kommunizieren oder Daten auszutauschen. In den folgenden Abschnitten finden Sie eine Auswahl der wichtigsten TCP/IP-Kommandozeilenbefehle.

13.9.1 Übersicht über die erläuterten Befehle

Eingabeaufforderung

In der nachfolgenden Tabelle sehen Sie zum schnelleren Auffinden alle in den folgenden Abschnitten erläuterten Befehle:

Befehl	Kurzbeschreibung	Seite
arp	Anzeige/Änderung der Tabellen mit den physischen MAC- und den dazugehörigen IP-Adressen	1053
finger	Gibt Informationen zu den Nutzern eines Systems zurück.	1054
ftp	Einfacher, nichtgrafischer FTP-Client für den Datenaustausch über das *File Transfer Protocol*	1054
hostname	Dient der Anzeige des Hostnamens des Computers.	1057
ipconfig	Anzeige und Änderung der IP-Konfiguration	1057
lpq	Liefert Informationen zum Status eines LPD-Servers.	1057
lpr	Sendet eine Datei zum Druck an einen LPD-Server.	1058
netstat	Gibt Statusinformationen zur IP-Konfiguration aus.	1058
nslookup	Dient dem Abruf von DNS-Informationen.	1059
ping	Einfaches Programm zur generellen Verbindungskontrolle zwischen Hosts	1060
route	Dient der Manipulierung der IP-Routingtabelle.	1061
tracert	Diagnosewerkzeug für das Routing über das Protokoll ICMP	1062

Tabelle 13.5:
Übersicht über die erläuterten TCP/IP-Befehle

13.9.2 Die Netzwerkbefehle im Detail

In den folgenden Abschnitten finden Sie wichtige TCP/IP-Befehle mit den Erklärungen zu den verwendbaren Parametern.

```
arp -a [<IP_Adr>] [-N [<Schnittstelle>]]
arp -d <IP_Adr> [<Schnittstelle>]
arp -s <IP_Adr> <Eth_Adr> [<Schnittstelle>]
```

arp

ARP dient zur Anzeige oder Änderung der Übersetzungstabellen, die vom *Address Resolution Protocol* für die Umsetzung von IP-Adressen in physikalische Ethernet- oder Tokenringadressen verwendet werden.

Parameter	Erklärung
-a	Zeigt anhand einer TCP/IP-Abfrage alle aktuellen ARP-Einträge an. Bei Angabe von IP_Adr werden nur die IP-Adresse und die physische Adresse des betreffenden Computers angezeigt.
<IP_Adr>	Gibt eine IP-Adresse an.
-N	Zeigt die ARP-Einträge für die mit Schnittstelle angegebene Netzwerkschnittstelle an.
<Schnittstelle>	Gibt die IP-Adresse der Schnittstelle an, deren Adressübersetzungstabelle geändert werden muss. Falls nicht angegeben, wird die erste verfügbare Schnittstelle verwendet.
-d	Löscht den mit <IP_Adr> angegebenen Eintrag.
-s	Fügt einen Eintrag zum ARP-Cache hinzu, der die IP-Adresse <IP_Adr> der physischen Adresse <Eth_Adr> zuordnet. Die physische Adresse wird als 6 hexadezimale Byte angegeben, getrennt durch Bindestriche. Die IP-Adresse wird in punktierter Dezimalschreibweise angegeben. Der Eintrag ist permanent, d.h. er wird nach einer Zeitüberschreitung im Cache nicht automatisch gelöscht.
<Eth_Adr>	Gibt eine physikalische Adresse an.

finger

```
finger [-1] [<Benutzer>]@<Computer> [...]
```

FINGER ist ein unter UNIX verbreiteter Dienst, der den Nutzern eines Systems Informationen zurückgibt. Sie können mit diesem Kommando Computer abfragen, auf denen der FINGER-Dienst läuft und über entsprechende Daten verfügt.

Parameter	Erklärung
-1	Zeigt Informationen im langen Listenformat an.
<Benutzer>	Bezeichnet den Benutzer, über den Sie Informationen anzeigen möchten. Ohne Angabe des Parameters Benutzer werden Informationen über alle Benutzer auf dem angegebenen Computer angezeigt.
<Computer>	Name des Computers, auf dem der FINGER-Dienst läuft

ftp

```
ftp [-v] [-n] [-i] [-d] [-g] [-s:<Dateiname>] [-a]
    [-w:<Fenstergröße>] [<Computer>]
```

Dieses Programm ist ein einfacher, kommandozeilenbasierter Client für die Datenübertragung mit dem *File Transfer Protocol*. Es steht unter Windows Server 2003 mit dem Internet Explorer auch ein grafischer FTP-Client zur Verfügung. Darüber hinaus gibt es im Internet viele Entwickler, die eigene grafische FTP-Programme entwickelt haben und zum Teil als Shareware oder kostenlos als Freeware vertreiben.

In Abschnitt 13.5 *FTP-Server* ab Seite 1005 werden die Installation und die Einrichtung eines FTP-Servers erläutert.

Parameter	Erklärung
-v	Unterdrückt die Anzeige der Rückmeldungen des Remoteservers.
-n	Unterdrückt die automatische Anmeldung beim Verbindungsaufbau.
-i	Schaltet bei der Übertragung mehrerer Dateien die interaktiven Eingabeaufforderungen ab.
-d	Aktiviert die Fehlersuche. Es werden alle FTP-Befehle angezeigt, die zwischen Client und Server ausgetauscht werden.
-g	Deaktiviert den Globbingmodus, der die Verwendung von Platzhalterzeichen (* und ?) in lokalen Datei- und Pfadnamen ermöglicht.
-s:<Dateiname>	Gibt eine Textdatei an, die FTP-Befehle enthält. Die Befehle werden beim Start von ftp automatisch ausgeführt. Dieser Parameter darf keine Leerzeichen enthalten. Verwenden Sie diesen Schalter anstelle der Umleitung (>).
-a	Verwendet eine beliebige lokale Schnittstelle für die Herstellung einer Datenverbindung.
-w:<Fenstergröße>	Überschreibt die Standardgröße (4096 Byte) des Übertragungspuffers.
<Computer>	Gibt den Computernamen oder die IP-Adresse des Remotecomputers an, zu dem eine Verbindung hergestellt werden soll (muss als letzter Parameter angegeben werden).

Tabelle 13.8: ftp-Parameter

Nach dem Start können Sie sich mit einem FTP-Server verbinden und Dateien von und zum Server übertragen.

Tabelle 13.9:
ftp-Befehle

Befehl	Erklärung
ascii	Stellt den Übertragungsmodus auf ASCII ein. Diese Einstellung sollte nur für reine 7-Bit-ASCII-Dateien verwendet werden.
binary	Stellt den Dateiübertragungsmodus auf binär ein. Diese Eintellung sollte standardmäßig verwendet werden.
bye	Beendet die FTP-Sitzung.
cd	Wechselt das aktuelle Verzeichnis auf dem entfernten Computer.
close	Schließt die Verbindung.
delete	Löscht Dateien auf dem entfernten Computer.
dir	Zeigt eine Liste von Dateien im aktuellen Verzeichnis des entfernten Computers an. Das Verzeichnis kann auch angegeben werden.
get	Kopiert eine Datei vom entfernten Computer in das aktuelle Verzeichnis des lokalen Computers.
lcd	Wechselt das aktuelle Verzeichnis auf dem lokalen Computer. Datenübertragungen finden immer zwischen den mit cd und lcd eingestellten Verzeichnissen statt.
mkdir, rmdir, rename	Erzeugt, löscht oder benennt ein Verzeichnis auf dem entfernten Computer um.
open	Öffnet eine Verbindung zu einem entfernten Computer. Ist der FTP-Server geschützt, werden Name und Kennwort abgefragt.
put	Kopiert eine Datei vom lokalen Computer zum entfernten Computer.
pwd	Zeigt an, welches das aktuelle Verzeichnis ist.
mget	Kopiert mehrere Dateien (Angabe von Platzhaltern möglich) vom entfernten Computer in das aktuelle Verzeichnis des lokalen Computers.
mput	Kopiert mehrere Dateien (Angabe von Platzhaltern möglich) zum entfernten Computer.

Eine vollständige Liste der Befehle erhalten Sie, wenn am Prompt das Fragezeichen eingegeben wird:

`ftp>?`

Eine kurze Beschreibung eines Befehls erhalten Sie, wenn Sie Folgendes eingeben:

`ftp>? <befehl>`

hostname   hostname

Dieser Befehl zeigt den Namen des Computers an. Es gibt keine Parameter. Der Einsatz dürfte in Stapeldateien zu finden sein.

ipconfig [/all|/renew [<Adapter>]|/release [<Adapter>]]   ipconfig

Dieser Befehl zeigt die aktuelle IP-Adresskonfiguration des Computers an. Sie können so auch herausbekommen, welche Adresse ein DHCP-Server aus dem Adresspool zugewiesen hat.

Parameter	Erklärung
/all	Erstellt eine vollständige Anzeige. Ohne diesen Schalter zeigt IPCONFIG nur die IP-Adresse, die Subnetzmaske und den Standardgateway für jeden Netzwerkadapter an.
/renew [<Adapter>]	Aktualisiert die DHCP-Konfigurations-Parameter. Dieser Parameter ist nur auf Systemen verfügbar, auf denen der DHCP-Clientdienst ausgeführt wird. Geben Sie als Netzwerkadapternamen den Namen ein, der angezeigt wird, wenn Sie IPCONFIG ohne Parameter verwenden.
/release [<Adapter>]	Gibt die aktuelle DHCP-Konfiguration frei. Dieser Parameter deaktiviert TCP/IP auf dem lokalen System und ist nur auf DHCP-Clients verfügbar. Geben Sie als Netzwerkadapternamen den Namen ein, der angezeigt wird, wenn Sie IPCONFIG ohne Parameter verwenden.

Tabelle 13.10: ipconfig-Parameter

lpq -S<Server> -P<Drucker> [-1]   lpq

Dieser Befehl zeigt den Status von Druckwarteschlangen auf Servern an, auf denen ein LPD-Server ausgeführt wird. Für die Einrichtung eines LPD-Servers finden Sie weitergehende Informationen in Abschnitt 14.2.2 *LPD-Druckserverfunktion* ab Seite 1126.

Parameter	Erklärung
-S<Server>	Angabe des Namens oder der IP-Nummer des Servers

Tabelle 13.11: lpq-Parameter

Parameter	Erklärung
-P	Name der Druckwarteschlange auf dem Server
-l	Ausgabe eines ausführlichen Statusberichts

lpr

```
lpr -S<Server> -P<Drucker> [-0l] <Datei>
```

Dieser Befehl sendet eine Datei an eine Druckwarteschlange auf einem LPD-Server.

Tabelle 13.12: Wichtige lpr-Parameter

Parameter	Erklärung
-S<Server>	Angabe des Namens oder der IP-Nummer des Servers
-P	Name der Druckwarteschlange auf dem Server
-0l	Aktiviert die binäre Übertragung einer Druckdatei (Standard: Text).

netstat

```
netstat [-a] [-e] [-n] [-s] [-p<Protokoll>] [-r] [<Intervall>]
```

Dieses Werkzeug zeigt Protokolldaten an, die zur Fehlersuche verwendet werden können.

Tabelle 13.13: netstat-Parameter

Parameter	Erklärung
-a	Zeigt alle Verbindungen und abhörenden Anschlüsse an. Serververbindungen werden normalerweise nicht angezeigt.
-e	Zeigt die Ethernet-Statistik an. Kann mit der Option -s kombiniert werden.
-n	Zeigt Adressen und Anschlussnummern in numerischer Form an (es wird nicht versucht, die entsprechenden Namen abzufragen).
-s	Zeigt die Statistik protokollweise an. Standardmäßig wird die Statistik für TCP, UDP, ICMP und IP angezeigt. Mit der Option -p können Sie eine Teilmenge der Standardanzeige angeben.
-p <Protokoll>	Zeigt die Verbindungen für das mit Protokoll angegebene Protokoll an. Mögliche Werte für Protokoll sind TCP oder UDP. Wird diese Option zusammen mit der Option -s zur protokollweisen Statistikanzeige verwendet, kann für Protokoll tcp, udp, icmp oder ip angegeben werden.
-r	Zeigt den Inhalt der Routingtabelle an.

Parameter	Erklärung
`<Intervall>`	Zeigt die gewählte Statistik nach der mit Intervall angegebenen Anzahl der Sekunden erneut an. Drücken Sie STRG+C zum Beenden der Intervall-anzeige. Ohne Angabe dieser Option gibt NETSTAT die aktuellen Konfigurationsinformationen nur einmal aus.

`nslookup [-Option ...] [<Host>|- [<Server>]]`   **nslookup**

Dieses Diagnosehilfsprogramm zeigt Informationen von DNS-Namensservern an und verfügt über zwei Modi:

- Nicht interaktiver Modus

  Wenn Sie nur ein einzelnes Datenelement suchen, verwenden Sie den nicht interaktiven Modus. Geben Sie als erstes Argument den Namen oder die IP-Adresse des Computers ein, der gesucht werden soll. Geben Sie als zweites Argument Namen oder IP-Adresse eines DNS-Servers ein.

- Interaktiver Modus

  Wenn Sie mehrere Datenelemente suchen, verwenden Sie den interaktiven Modus. Geben Sie einen Bindestrich (–) als erstes Argument und den Namen (IP-Adresse) eines DNS-Servers als zweites Argument ein. Wenn Sie beide Argumente weglassen, wird der Standardserver verwendet.

Parameter	Erklärung
`-Option…`	Gibt einen oder mehrere NSLOOKUP-Befehle als eine Befehlszeilenoption (max. 255 Zeichen) an. Jede Option besteht aus einem Bindestrich (-), unmittelbar gefolgt von dem Befehlsnamen. In einigen Fällen folgen noch ein Gleichheitszeichen und ein Wert. Um beispielsweise den Standardabfragetyp auf Hostinformation und den anfänglichen Wert für die Zeitüberschreitung auf 10 Sekunden zu setzen, geben Sie Folgendes ein: `nslookup -querytype=hinfo -timeout=10`
`<Host>`	Sucht nach Informationen über den Computer `<Host>`, wobei der aktuelle Standardserver oder der Server `<Server>` verwendet wird. Ist `<Host>` eine IP-Adresse und der Abfragetyp A oder PTR, wird der Name des Computers zurückgegeben. Ist der zu suchende Host ein Name ohne nachfolgenden Punkt, wird der Standard-DNS-Domänenname an den Namen angefügt.

Tabelle 13.14:
nslookup-Parameter

Parameter	Erklärung
	Dieses Verhalten hängt vom Zustand der set-Optionen ab: `domains`, `srchlist`, `defname` bzw. `search`. Um nach einem Computer zu suchen, der sich nicht in der aktuellen Domäne befindet, fügen Sie an den Namen einen Punkt an. Wenn Sie an Stelle von Computer einen Bindestrich (-) eingeben, wechselt die Befehlseingabe in den interaktiven Modus.
`<Server>`	Legt diesen Server als zu verwendenden DNS-Namensserver fest. Wenn Sie Server nicht angeben, wird der Standard-DNS-Namensserver verwendet.

ping

```
ping [-t] [-a] [-n <Anzahl>] [-l <Länge>] [-f]
     [-i <TTL>] [-v <TOS>]
     [-r <Anzahl>] [-s <Anzahl>]
     [[-j <Computerliste>]|[-k <Computerliste>]]
     [-w <Zeitüberschreitung>] <Zielliste>
```

Der Befehl PING überprüft die Netzwerkverbindung zu einem oder mehreren entfernten Computern. Wenn Sie TCP/IP installiert haben, können Sie die Verbindung am schnellsten mit PING prüfen. Jeder Computer im Netzwerk muss jeden anderen »anpingen« können.

Tabelle 13.15:
ping-Parameter

Parameter	Erklärung
`-t`	Sendet fortlaufend Ping-Signale an den angegebenen Computer.
`-a`	Wertet Adressen zu Computernamen aus.
`-n <Anzahl>`	Sendet die mit Anzahl angegebene Anzahl an ECHO-Paketen. Der Standardwert ist 4.
`-l <Länge>`	Sendet ECHO-Pakete mit der durch Länge festgelegten Datenmenge. Der Standardwert beträgt 32 Byte, der Maximalwert 65.527 Byte.
`-f`	Sendet die Pakete mit einem NICHT FRAGMENTIEREN-Flag. Das Paket wird dadurch beim Weiterleiten von keinem Gateway fragmentiert.
`-i <TTL>`	Legt für das Feld `Gültigkeitsdauer` den mit TTL angegebenen Wert fest.
`-v <TOS>`	Legt für das Feld `Servicetyp` den mit TOS angegebenen Wert fest.

Parameter	Erklärung
-r <Anzahl>	Zeichnet die Route des gesendeten Pakets und des zurückkehrenden Pakets im Feld Route aufzeichnen auf. Über Anzahl wird die Anzahl der aufzuzeichnenden Hosts angegeben. Es muss mindestens ein Host und es können höchstens neun Hosts aufgezeichnet werden.
-s <Anzahl>	Gibt den Zeiteintrag für die durch Anzahl angegebene Anzahl der Abschnitte an.
-j <Computerliste>	Leitet Pakete entsprechend der durch <Computerliste> angegebenen Hostliste weiter. Aufeinander folgende Hosts können durch dazwischenliegende Gateways getrennt sein (Loose Source Routed). Die von IP maximal erlaubte Anzahl ist 9.
-k <Computerliste>	Leitet Pakete entsprechend der durch <Computerliste> angegebenen Hostliste weiter. Aufeinander folgende Hosts dürfen nicht durch dazwischen liegende Gateways getrennt sein (Strict Source Routed). Die von IP maximal erlaubte Anzahl ist 9.
-w <Puffergröße>	Gibt für die Zeitüberschreitung ein Intervall in Millisekunden an.
<Zielliste>	Gibt die Remotehosts an, für die Ping ausgeführt werden soll.

route [-f] [-p] [<Befehl>] [<Ziel>] [**mask** <maske>]
                     [<Gateway>]
                     [**metric** <Kosten>]]

route

Der Befehl ROUTE dient der Konfiguration lokaler Routen für den IP-Verkehr. Eine Route legt fest, über welchen Weg im lokalen Netz der IP-Verkehr läuft.

Parameter	Erklärung
-f	Löscht alle Gatewayeinträge in den Routingtabellen. Wird dieser Parameter mit einem Befehl verwendet, werden die Tabellen vor der Befehlsausführung gelöscht.

Tabelle 13.16:
route-Parameter

Parameter	Erklärung
-p	Wird dieser Parameter mit dem Befehl add verwendet, bleibt die Route nach dem Neustart des Systems erhalten. Standardmäßig werden zuvor existierende Routen beim Neustart des Systems entfernt. Wird dieser Parameter mit dem Befehl print verwendet, wird eine Liste aller registrierten gespeicherten Routen angezeigt. Dieser Parameter wird überlesen, wenn er mit anderen Befehlen verwendet wird, die sich immer auf die entsprechenden beständigen Routen auswirken.
\<Befehl>	Gibt einen der folgenden Befehle an: print - Zeigt eine Route an. add - Fügt eine Route hinzu. delete - Löscht eine Route. change - Ändert eine bestehende Route.
\<Ziel>	Gibt den Computer an, an den ein Befehl gesendet werden soll.
mask \<maske>	Gibt eine Subnetzmaske an, die mit diesem Routeeintrag verbunden wird. Sollte hier nichts eingetragen sein, wird 255.255.255.255 verwendet.
\<Gateway>	Gibt den Gateway an. Alle symbolischen Namen in Ziel bzw. Gateway werden sowohl in der Netzwerkdatenbankdatei NETWORKS als auch in der Computernamendatenbankdatei HOSTS verwendet. Bei den Befehlen print bzw. delete können Stellvertreterzeichen für Ziel und Gateway verwendet werden und es kann auf die Angabe von Gateway verzichtet werden.
metric \<Kosten>	Ordnet eine ganzzahlige Kostenanzahl (zwischen 1 und 9999) zu, die zur Berechnung der schnellsten, zuverlässigsten und/oder kostengünstigsten Routen verwendet wird.

tracert

```
tracert [-d] [-h <Abschnitte>] [-j <Hostliste>]
        [-w <Zeitüberschreitung>] <Zielname>
```

Das Programm TRACERT ist ein Diagnosewerkzeug. Es ermittelt die Route zu einem Ziel, indem es ICMP-Echopakete (*Internet Control Message Protocol*) mit unterschiedlichen TTL-Werten (*Time-To-Live*) sendet. Dabei wird von jedem Router auf dem Pfad erwartet, dass er den TTL-Wert für ein Paket vor dem Weiterleiten um mindestens 1 verkleinert, sodass der TTL-Wert die Anzahl der Abschnitte angibt. Wenn der TTL-Zähler für ein Paket den Wert null erreicht, sendet der Router eine »ICMP-Zeitüberschreitung«-Nachricht zur Quelle zurück. TRACERT ermittelt die Route, indem es das erste Echopaket mit dem TTL-Wert 1 sendet und den TTL-Wert bei jeder folgenden Übertragung um eins erhöht, bis das Ziel antwortet oder der TTL-Höchstwert erreicht ist. Die Route wird durch Prüfen der »ICMP-Zeitüberschreitung«-Nachrichten ermittelt, die von den dazwischen liegenden Routern zurückgesendet werden. Einige Router verwerfen jedoch Pakete mit abgelaufenen TTL-Werten ohne Warnung und sind für TRACERT nicht sichtbar.

Parameter	Erklärung
-d	Gibt an, dass Adressen nicht zu Hostnamen ausgewertet werden sollen. Da bei jedem Knoten eine Nameserverabfrage entfällt, ist diese Variante deutlich schneller.
-h <Abschnitte>	Gibt an, wie viele Abschnitte bei der Zielsuche höchstens durchlaufen werden sollen. Der Standardwert beträgt 30.
-j <Hostliste>	Gibt an, dass die Hostliste im »Loose Source Routing« abgearbeitet wird.
-w <Zeitlimit>	Die durch <Zeitlimit> angegebene Anzahl von Millisekunden wartet auf eine Antwort. Der Standardwert beträgt 1000 ms.
<Zielname>	Name des Zielhosts

Tabelle 13.17:
tracert-Parameter

13.10 Administration von Routing und RAS

In den folgenden Abschnitten geht es um die konkreten Administrationsschritte, die notwendig sind, um die Remote Access Services (RRAS) optimal einsetzen zu können. In Abschnitt 5.8 *Routing und RAS* ab Seite 278 finden Sie zu diesem Thema grundlegende Informationen.

Grundlagen ab Seite 278

13.10.1 Allgemeine Einrichtung und Verwaltung

Die grundlegenden Funktionen für Routing und RAS brauchen bei einem Windows Server 2003 nicht explizit installiert zu werden. Sie sind Teil des Systems und müssen für den konkreten Einsatzfall nur noch aktiviert und eingerichtet werden.

Managementkonsole Routing und RAS Öffnen Sie die Managementkonsole *Routing und RAS*, zu finden unter START | VERWALTUNG. Standardmäßig wird hier zunächst nur der lokale Server zum Konfigurieren angeboten.

Abbildung 13.94: Managementkonsole Routing und RAS

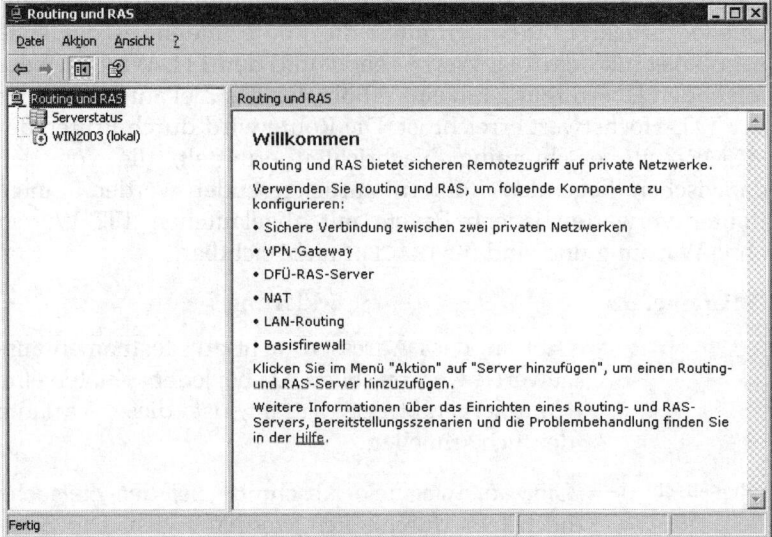

Server für die Verwaltung hinzufügen

Möchten Sie einen anderen RRAS-Server konfigurieren, können Sie diesen über das Kontextmenü von SERVERSTATUS in der Managementkonsole eintragen.

Bei der Auswahl eines Servers stehen Ihnen folgende Optionen zur Verfügung:

- DIESEN COMPUTER

  Fügt den Server zur Verwaltung hinzu, an dem Sie aktuell angemeldet sind beziehungsweise an dem lokal die Managementkonsole *Routing und RAS* aufgerufen wurde.

- FOLGENDEN COMPUTER

  Geben Sie den Namen (NetBIOS-Netzwerknamen oder DNS-Namen) des Servers an, den Sie in die RRAS-Verwaltung aufnehmen möchten.

- ALLE ROUTING- UND RAS-COMPUTER

  Mit dieser komfortablen Möglichkeit können Sie in einem Zug alle in der Domäne vorhandenen RRAS-Server in die Konsole aufnehmen.

- ACTIVE DIRECTORY DURCHSUCHEN

  In größeren Netzwerken kann diese Option nützlich sein, bei der Sie das gesamte Verzeichnis spezifisch nach bestimmten RRAS-Servern und deren Eigenschaften durchsuchen können.

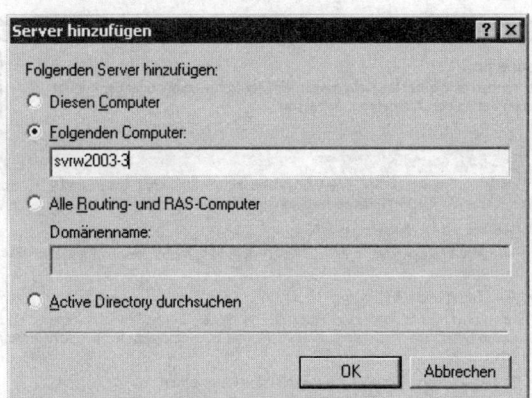

Nach dem Start der Konsole werden alle verbundenen Server mit **Status**
Symbolen angezeigt, die den Status repräsentieren:

Aktive RRAS-Server erkennen Sie daran, dass am Serversymbol **Aktiv**
ein kleiner grüner, nach oben gerichteter Pfeil vorhanden ist. Wenn
Sie diesen Server anklicken, sehen Sie im Detailfenster der Managementkonsole die Eigenschaften und konfigurierbaren Optionen.

Inaktive oder noch nicht konfigurierte RRAS-Server sind durch **Inaktiv**
einen kleinen roten, nach unten gerichteten Pfeil am Serversymbol
in der Managemenetkonsole gekennzeichnet.

Nicht verfügbare Server sind durch ein kleines rotes Kreuz ge- **Nicht verfügbar**
kennzeichnet. Als Ursachen für die Nichtverfügbarkeit können
beispielsweise ein Ausfall des Servers oder allein der RRAS-
Funktionen des betreffenden Computers sein. Sie bekommen dieses Symbol übrigens auch dann angezeigt, wenn Sie versuchen,
einen Computer mit Windows 2000 Professional oder Windows XP
als RRAS-Server einzubinden.

Haben Sie nicht die erforderlichen Rechte für die Konfiguration **Kein Zugriff**
eines RRAS-Servers, wird ein Stop-Zeichen angezeigt.

Neukonfiguration eines RRAS-Servers

Einen neuen RRAS-Server oder einen RRAS-Server, dessen Konfi- **RRAS Konfigura-**
guration Sie zurückgesetzt haben (siehe auch Seite 1067), **tionsassistent**
konfigurieren Sie, indem Sie diesen mit der Maus markieren und
über das entsprechende Kontextmenü den Punkt ROUTING UND
RAS KONFIGURIEREN UND AKTIVIEREN wählen. Dabei wird ein
Assistent gestartet, der Sie durch die weiteren Schritte leitet.

Der Assistent bietet Ihnen die Auswahl aus einer Reihe von vorge- **Standard-Konfi-**
fertigten Standardkonfigurationen an: **gurationen**

Abbildung 13.96:
Assistent für
Routing und RAS

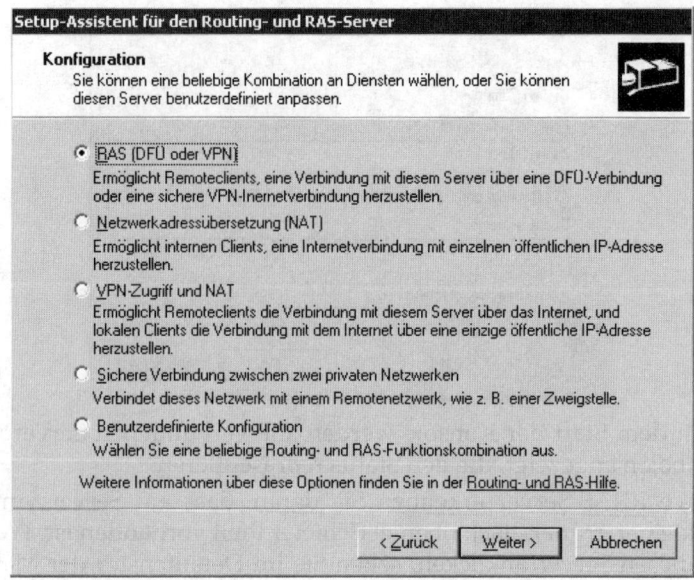

RAS (DFÜ oder VPN)

- RAS (DFÜ oder VPN)

  Diese Option erlaubt die Einrichtung eines virtuellen privaten Netzwerks (VPN) oder die Konfiguration des Servers als RAS-Einwahlserver, sodass Clients die Verbindung mit Hilfe der klassischen DFÜ-Funktionen herstellen können.

  Die Einrichtung eines RAS-Servers wird in Abschnitt 13.10.3 *RAS-Server einrichten* ab Seite 1078 behandelt.

  Lesen Sie zur Einrichtung eines VPN-Servers den Abschnitt 13.10.4 *VPN-Serverfunktionen installieren* ab Seite 1087.

**Netzwerkadress-
übersetzung (NAT)**

- NETZWERKADRESSÜBERSETZUNG (NAT)

  Dies ist der Ersatz der alten Funktion *Internetverbindungsserver* von Windows 2000 Server. Hiermit wird Clients die Verbindung zum Internet ermöglicht. Dies wird im Abschnitt 13.10.2 *Internetrouter einrichten* ab Seite 1068 erläutert.

**VPN-Zugriff und
NAT**

- VPN-ZUGRIFF UND NAT

  Dies ist eine Kombination aus den ersten beiden Punkten. Sie können hiermit sowohl den Aufbau eines VPN realisieren und damit die Einwahlfunktionen nutzen als auch Clients die Verbindung zum Internet ermöglichen.

**Sichere Verbindung
zwischen zwei
privaten Netzwerken**

- SICHERE VERBINDUNG ZWISCHEN ZWEI PRIVATEN NETZWERKEN

  Diese Option erlaubt die Verbindung von zwei privaten Netzwerken über öffentliche Leitungen.

**Benutzerdefinierte
Konfiguration**

- BENUTZERDEFINIERTE KONFIGURATION

  Neben den vorgefertigten Standardkonfigurationen können Sie einen RRAS-Server auch komplett manuell einrichten. Über diese Option wird die RRAS-Serverfunktionalität lediglich aktiviert.

RRAS-Server im Active Directory

Setzen Sie einen RRAS-Server in einem Netzwerk mit Active Directory ein, empfiehlt es sich, diesen in die entsprechende Sicherheitsgruppe aufzunehmen. Öffnen Sie dazu die MMC *Active Directory-Benutzer und -Computer* und dort über das Kontextmenü das EIGENSCHAFTEN-Fenster des entsprechenden Servers. Unter MITGLIED VON fügen Sie den Eintrag RAS- UND IAS-SERVER hinzu.

Sicherheits-konfiguration

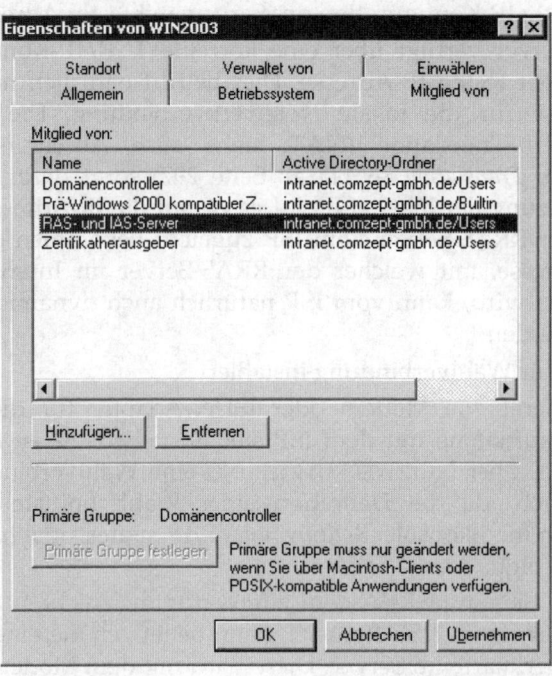

Abbildung 13.97:
Mitgliedschaft zur
Sicherheitsgruppe
RAS- und IAS-
Server hinzufügen

Auf diese Weise können Sie sicherheitsrelevante Einstellungen an die entsprechende Gruppe binden, was dann sinnvoll ist, wenn mehr als ein RRAS-Server im Netzwerk existiert.

Zurücksetzen der Konfiguration eines RRAS-Servers

Über den Punkt ROUTING UND RAS DEAKTIVIEREN des Kontextmenüs zu einem RRAS-Server in der Managementkonsole *Routing und RAS* können Sie die RRAS-Konfiguration zurücksetzen.

Routing und RAS deaktivieren

Beim Zurücksetzen der RRAS-Konfiguration gehen alle Einstellungen verloren. Sie müssen, wenn Sie RRAS wieder in Betrieb nehmen wollen, alle Konfigurationseinstellungen neu festlegen.

13.10.2 Internetrouter einrichten

Grundlagen ab Seite 295

In den nachfolgenden Abschnitten wird gezeigt, wie Sie die Internetrouter-Funktion unter Windows Server 2003 einrichten können. Die Grundlagen zu diesem Themenkomplex werden in Abschnitt 5.8.4 *Windows Server 2003 als Internetrouter* ab Seite 295 dargestellt.

Voraussetzungen prüfen

Bevor Sie einen RRAS-Server als Internetrouter einrichten, sollten Sie die folgenden Voraussetzungen prüfen:

Feste private IP-Adresse des RRAS-Servers

- Korrekte IP-Konfiguration des Servers mit fester Adresse

  Der Server verfügt über eine korrekte TCP/IP-Konfiguration mit einer festen IP-Adresse. Dies betrifft natürlich nur die IP-Adresse für die lokale Netzwerkverbindung. Die Network Address Translation (NAT; siehe auch Abschnitt *Network Address Translation (NAT)* ab Seite 297) sorgt dafür, dass die Umsetzung der lokalen IP-Adressen auf die IP-Adresse erfolgt, die der RRAS-Server vom ISP zugeteilt bekommen hat. Diese IP-Adresse, mit welcher der RRAS-Server im Internet eingebunden wird, kann vom ISP natürlich auch dynamisch vergeben werden.

Gerät

- Gerät für Wählverbindung installiert

  Das Gerät wie Modem oder ISDN-Adapter für die Verbindungsaufnahme mit dem ISP sind installiert. Es ist nicht notwendig, über NETZWERKUMGEBUNG eine Wählverbindung einzurichten, da die Definition einer Wählschnittstelle in der Managementkonsole *Routing und RAS* später unabhängig davon erfolgt.

Haben Sie ein DSL-Modem zur Verfügung (nicht zu verwechseln mit einem DSL-Router!), dann benötigen Sie eine separate Netzwerkkarte im Server. Diese wird mit dem Modem verbunden. In den Einstellungen zu der LAN-Verbindung (über das Fenster NETZWERKVERBINDUNGEN) deaktivieren Sie alle Clients und Protokolle. Die Kommunikation zwischen Server und DSL-Modem erfolgt ausschließlich über das PPPoE-Protokoll (*Point-to-Point-Protocol-over-Ethernet*).

Das PPPoE-Protokoll unterstützt Windows Server 2003 standardmäßig.

Verbindungsdaten

- Verbindungsdaten vom ISP

  Sie benötigen die Verbindungsangaben Ihres ISP mit dem korrekten Benutzernamen und dem Kennwort. Darüber hinaus kann es für die Optimierung der Verbindungsaufnahme nützlich sein, wenn Sie die Protokolle zur Authentifizierung und zur Verbindung kennen, die Ihr ISP unterstützt.

Installation eines DSL-Zugangs für das Netzwerk

Als Beispiel soll nachfolgend die Einrichtung über einen DSL-Zugang gezeigt werden. Starten Sie den Assistenten für die RRAS-Konfiguration, wie im Abschnitt *Neukonfiguration eines RRAS-Servers* ab Seite 1065 beschrieben wird. Wählen Sie bei den vorgefertigten Standardkonfigurationen NETZWERKADRESSÜBERSETZUNG (NAT) aus.

Beispiel: DSL-Zugang

Im ersten Dialogfenster des Assistenten geben Sie an, dass Sie eine neue Wählschnittstelle anlegen wollen. Wählen Sie daher die zweite Option NEUE SCHNITTSTELLE FÜR DAS INTERNET FÜR WÄHLEN BEI BEDARF ERSTELLEN.

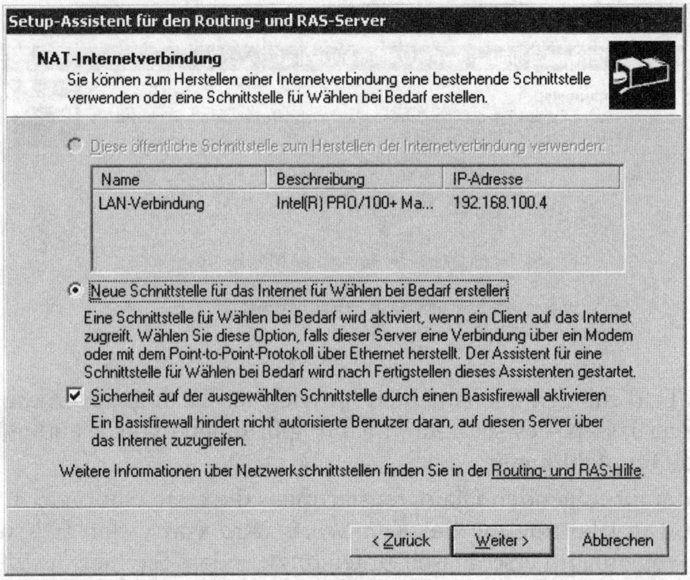

Abbildung 13.98: Auswahl der Schnittstelle, über welche die Verbindung mit dem DSL-Modem läuft

Die Option SICHERHEIT AUF DER AUSGEWÄHLTEN SCHNITTSTELLE DURCH EINEN BASISFIREWALL AKTIVIEREN sollte ausgewählt sein. Dies verhindert Zugriffe aus dem Internet auf den Server. Auch wenn Sie Webdienste anbieten, sollte die Option aktiviert werden. Die Firewall wird dann später so konfiguriert, dass nur ausgewählte Dienste passieren können.

Firewall

Nach dem Klick auf WEITER wird der Dienst *Routing und RAS* auf dem Server gestartet. Nun fehlt noch eine logische *Wählschnittstelle*, über welche die Verbindung hergestellt wird. Daher startet danach der entsprechende Assistent.

Wählschnittstelle einrichten

Abbildung 13.99:
Name für die Wähl-
schnittstelle angeben

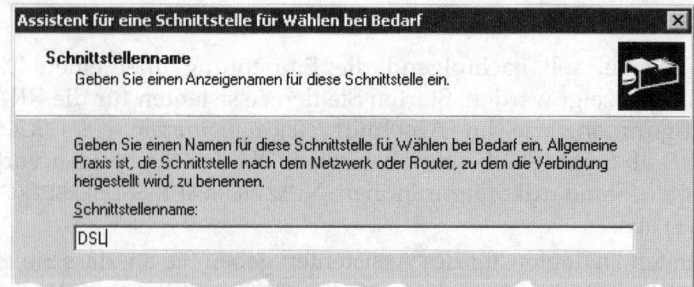

Geben Sie dann als Verbindungstyp die Option für PPPoE an.
Wenn Sie ein analoges Modem oder einen ISDN-Adapter einsetzen
würden, müssten Sie hier die erste Option wählen.

Abbildung 13.100:
PPPOE-Verbin-
dungstyp für DSL
auswählen

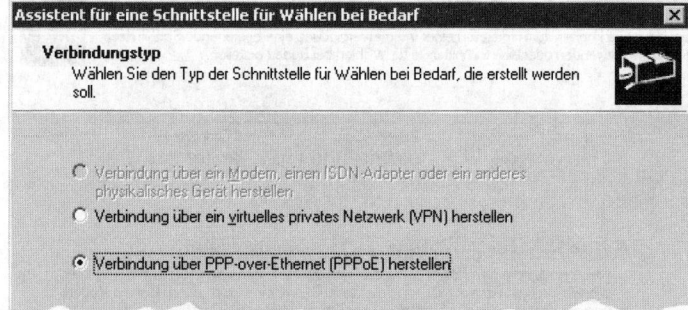

Optional: Dienst-
name

Das Feld für den Dienstnamen im nächsten Dialogfenster können
Sie leer lassen – es sei denn, Ihr ISP gibt Ihnen explizit anderslau-
tende Empfehlungen.

Im darauf folgenden Dialogfenster muss die erste Option aktiviert
sein. Die Übertragung des Kennworts wird von vielen ISPs nach
wie vor nur unverschlüsselt unterstützt, sodass Sie hier das dritte
Kontrollkästchen ebenfalls aktiveren sollten.

Abbildung 13.101:
Angaben zum
Routing und zum
Kennwort-Transport

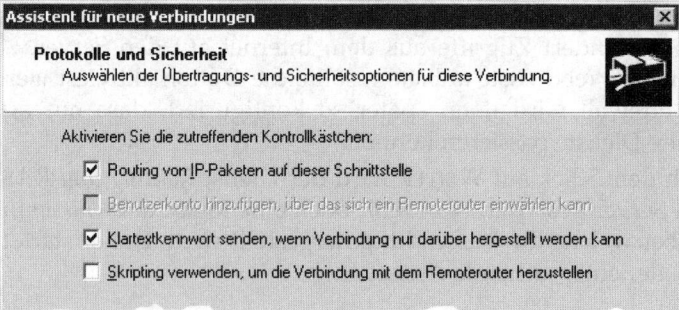

Geben Sie abschließend den Benutzernamen und das Kennwort
ein. Beide Angaben erhalten Sie von Ihrem ISP. Das Feld DOMÄNE
bleibt in der Regel leer.

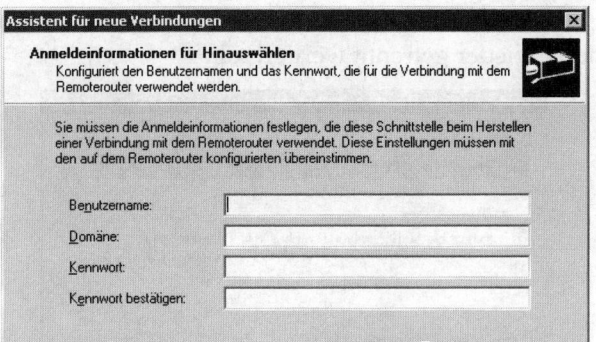

Haben Sie einen DSL-Zugang über T-Online, dann geben Sie als Benutzername die Zugangsdaten in der folgenden Form an:

<anschlusskennung><t-online-nr>#<nutzerkennung>@t-online.de

Als Kennwort tragen Sie das *persönliche Kennwort* ein, welches Sie mit den T-Online-Unterlagen erhalten haben.

Ein erster Test

Nach der Einrichtung können Sie einen ersten Test an einem Clientcomputer starten. Passen Sie dessen IP-Konfiguration zuvor für diese beiden Parameter an:

- Standardgateway
- DNS-Server

Tragen Sie in beide Felder jeweils die IP-Adresse des Servers ein, der nun als Internetrouter fungieren soll. Wenn Sie danach am Client auf das Internet zugreifen, über einen Browser oder ein E-Mail-Programm, dann sollte der Server über die Wählschnittstelle die Einwahl beim ISP vornehmen.

Optionen zur Wählschnittstelle

Über das Eigenschaften-Dialogfenster zur Wählschnittstelle können Sie noch einige Optionen festlegen.

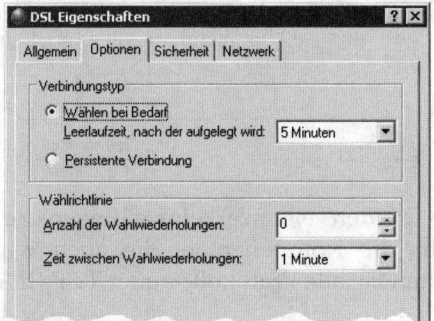

Stellen Sie hier beispielsweise ein, nach welcher Leerlaufzeit die Verbindung wieder getrennt werden soll.

Abbildung 13.104:
Erweiterte Sicher-
heitseinstellungen

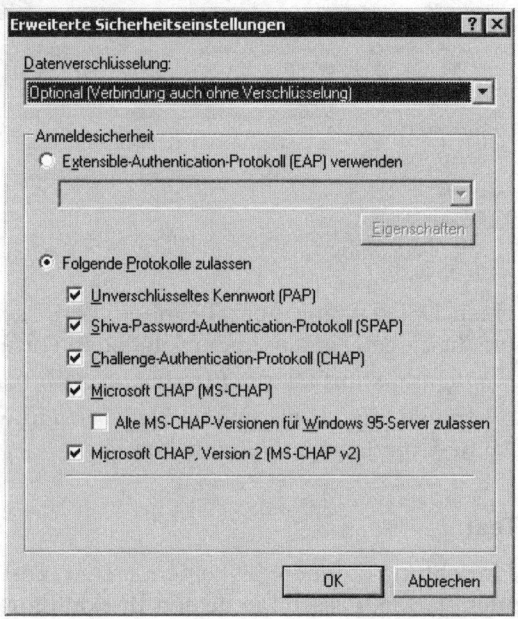

Erweiterte Sicher-
heitseinstellungen

Für eine Beschleunigung des Verbindungsaufbaus lohnt sich die richtige Einstellung der Sicherheitsparameter. Öffnen Sie dazu die erweiterten Sicherheitseinstellungen und aktivieren Sie nur die Protokolle wie beispielsweise CHAP, die auch Ihr ISP unterstützt. Damit lässt sich die Einwahlzeit teilweise deutlich reduzieren.

Abbildung 13.105:
Netzwerk-Ein-
stellungen

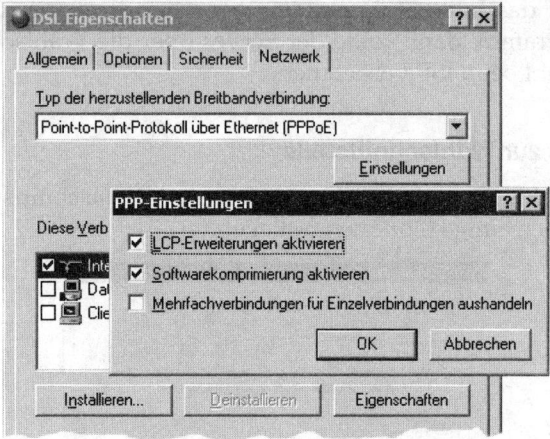

Netzwerk

Aktivieren Sie in den Netzwerkeinstellungen zu dieser Wählverbindung nur die Komponenten, die auch wirklich benötigt werden. So sollten Sie alle Protokolle außer TCP/IP deaktivieren.

Über die PPP-Einstellungen sollten Sie auch die Option MEHR-FACHVERBINDUNGEN... deaktivieren, wenn Sie die Einwahl über ISDN vornehmen und nur einen einzigen Kanal benutzen. Das führt zu einem deutlich schnelleren Einwählen, da die Aushandlung der Verbindungsart abgekürzt wird.

PPP-Einstellungen

Konfiguration bestehender DNS- und DHCP-Server

Bei einer typischen Netzwerkkonfiguration mit Active Directory kann von folgendem Szenario ausgegangen werden:

DNS & DHCP bereits vorhanden

- DNS-Server

  Es gibt mindestens einen DNS-Server im Netzwerk, da Active Directory zwingend den Einsatz von DNS voraussetzt.

- DHCP-Server

  Da TCP/IP als Protokoll sowieso benötigt wird, werden die meisten Umgebungen auf das bequeme und einfach zu administrierende DHCP für die IP-Adressvergabe zurückgreifen.

DNS- und DHCP-Server sind also verfügbar und müssen noch angepasst werden, damit die Internetverbindung netzwerkweit von jedem Client genutzt werden kann. Dabei wird im Folgenden davon ausgegangen, dass sowohl der DNS- als auch der DHCP-Server auf einem Serversystem unter Windows Server 2003 laufen. Dies muss allerdings nicht das System sein, auf dem auch die RRAS-Dienste für die Internetverbindung eingerichtet sind. In kleineren Netzwerkumgebungen kann das aber durchaus auch ein einziger Server sein, der hier alle Funktionen in sich vereinigt.

Das Standard-Gateway, welches in die IP-Konfiguration jedes Clients eingetragen werden muss, ist in unserem Fall die IP-Adresse des RRAS-Servers. Bei einer manuellen Vergabe der IP-Adresse, beispielsweise bei anderen Domänencontrollern, die ja nicht über DHCP versorgt werden sollten, tragen Sie diese Adresse fest ein.

Standard-Gateway

Auch mit der Schaffung eines Internetzuganges über einen RRAS-Server ändert sich die DNS-Adresse für die Clients im Active Directory nicht, da sonst die Namensauflösung im Intranet nicht mehr funktionieren würde. Vielmehr werden der oder die bestehenden DNS-Server in die Lage versetzt, Adressanfragen, die sie nicht selbst beantworten können, an den entsprechenden primären DNS-Server des ISP weiterzuleiten (siehe weiter unten im Text).

DNS-Servereintrag

Clients, die ihre IP-Adresse via DHCP beziehen, müssen ebenfalls die richtige Gatewayadresse übermittelt bekommen. Öffnen Sie die Managementkonsole *DHCP* und gehen Sie im entsprechenden BEREICH auf die BEREICHSOPTIONEN. Über den Eintrag OPTIONEN KONFIGURIEREN können Sie dann die Einstellung der Gatewayadresse (hier Option 3 ROUTER) vornehmen.

DHCP-Server

Abbildung 13.106:
DHCP-Bereichs-
optionen

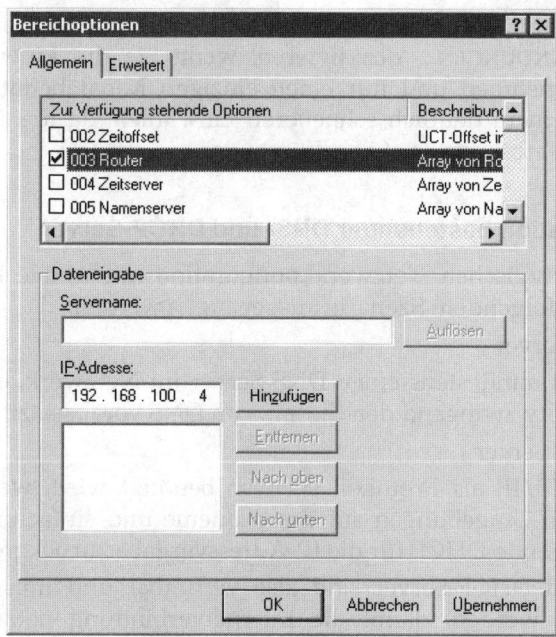

Fordert nun ein Client eine neue DHCP-Lease an beziehungsweise erneuert er seine, wird ihm auch die Adresse des Routers (oder »Standard-Gateway« genannt) übermittelt.

Das Erneuern der Lease können Sie am Windows 2000/XP-Client folgendermaßen erreichen, ohne einen Neustart durchzuführen:

Lease erneuern

`Ipconfig /renew`

Über den Aufruf von IPCONFIG ohne weitere Optionen können Sie dann auch überprüfen, ob der Standard-Gateway-Eintrag korrekt beim Client angekommen ist.

DNS-Server konfigurieren

Neben der richtigen Angabe der Gatewayadresse bedarf es der Integration der DNS-Dienste Ihres ISPs in Ihr Intranet. Anderenfalls können die Clients keine Hosts außerhalb des Intranets sehen. Es muss sichergestellt sein, dass Anfragen, die der eigene DNS-Server nicht beantworten kann, automatisch an den DNS-Server des ISPs weitergeleitet werden.

Windows 2000 Server: DNS-Root entfernen

Ein standardmäßig konfigurierter Windows 2000 DNS-Server fühlt sich zunächst immer als Root-DNS-Server. Das bedeutet, dass er die oberste Instanz für die Namensauflösung darstellt und Anfragen, die er nicht beantworten kann, als »nicht zu beantworten« zurückgibt. Damit er die Anfragen weiterleitet, müssen Sie ihm den Root-Eintrag entziehen. Öffnen Sie dazu die Managementkonsole *DNS* und aktivieren Sie den Eintrag FORWARD-LOOKUPZONEN für den entsprechenden DNS-Server. Löschen Sie hier den Zoneneintrag ».« (Punkt). Danach leitet der DNS-Server alle

Anfragen, die er nicht selbst beantworten kann, weiter und es wird automatisch die Wählverbindung zum ISP aufgebaut.

Anders sieht dies bei einem DNS-Server aus, der standardmäßig unter Windows Server 2003 installiert und eingerichtet worden ist. Dieser ist kein Root-DNS-Server und braucht in dieser Hinsicht nicht umkonfiguriert zu werden. **Windows Server 2003: Kein DNS-Root**

Protokollierung der Verbindungen

Eine ordnungsgemäße Protokollierung aller Verbindungen kann insbesondere dann wichtig sein, wenn eine zeit- oder volumenabhängige kostenpflichtige Wählverbindung zu einem ISP genutzt wird. Die Protokollierung können Sie über die Managementkonsole *Routing und RAS* über das Eigenschaften-Dialogfenster zum Servereintrag festlegen.

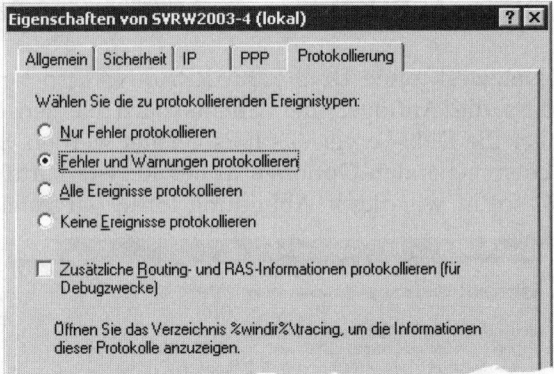

Abbildung 13.107: Protokolloptionen für RRAS

Mit der Standardvorgabe werden übrigens neben Warnungen und Fehlermeldungen ebenfalls die Ein- und Auswahlvorgänge im Systemprotokoll erfasst.

Einsatz ohne separaten DHCP- und DNS-Server

Sie können einen RRAS-Internetverbindungsserver auch alleinstehend in einem Netzwerk ohne separaten DHCP- und DNS-Server einsetzen. Vorstellbar ist ein Szenario für ein kleines Windows-Netz, bei dem bisher kein DHCP und DNS konfiguriert sind. **Kleines Windows-Netzwerk**

Diese DHCP- und DNS-Funktionen werden dann über den als Internetrouter fungierenden Server bereitgestellt. **RRAS-NAT**

Verwenden Sie auf keinen Fall die DHCP-Funktion von RRAS-NAT zusammen mit einem DHCP-Server. Dies kann zu unvorhersehbaren Störungen des Netzwerkbetriebes führen.

Sie aktivieren DHCP über RRAS-NAT, indem Sie das Eigenschaften-Dialogfenster zu NETZWERKADRESSÜBERSETZUNG (NAT) öffnen.

Dieses finden Sie unterhalb des Eintrages IP-ROUTING zum entsprechenden RRAS-Server in der MMC *Routing und RAS*.

Abbildung 13.108:
Einstellen der
DHCP-Funktion von
RRAS-NAT

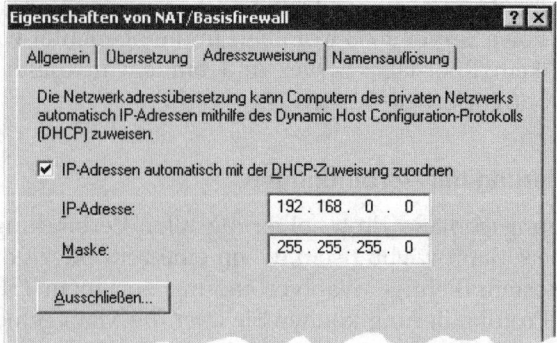

Geben Sie hier den gewünschten Adressbereich und die Netzwerkmaske an, die für die DHCP-Anfragen der Clients genutzt werden sollen.

DNS-Proxy

In einem Netzwerk ohne DNS kann RRAS-NAT so konfiguriert werden, dass die Anfragen der Clients nach Namensauflösung generell über die DNS-Server des ISPs geleitet werden. Stellen Sie dazu die entsprechenden Optionen in der Registerkarte NAMENSAUFLÖSUNG so ein, wie dies in Abbildung 13.109 dargestellt ist.

Abbildung 13.109:
Aktivieren des DNS-
Proxy für RRAS-
NAT

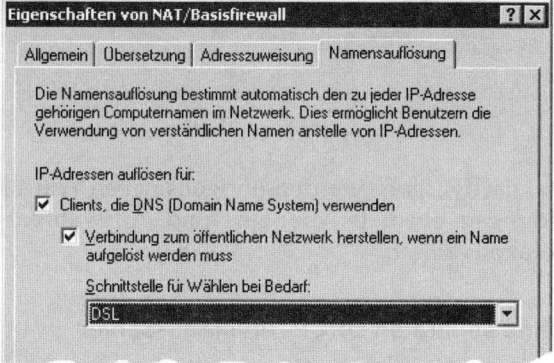

Als Wählverbindung unter SCHNITTSTELLE FÜR WÄHLEN BEI BEDARF geben Sie natürlich die an, die Sie mit dem entsprechenden Assistenten oder manuell eingerichtet haben. Danach wird jede Adressanfrage direkt an den primären DNS-Server des ISPs weitergeleitet. NAT sorgt dabei dafür, dass die lokalen IP-Adressen der Clients automatisch auf die öffentliche IP-Adresse Ihres RRAS-Servers übersetzt werden, welche in der Regel dynamisch durch den ISP für die aktuelle Sitzung zugeteilt worden ist.

Mit einer derartigen Einrichtung, die wohlgemerkt nicht für ein Netzwerk mit Active Directory zu verwenden ist, muss bei den Client-Computern nur das Protokoll TCP/IP mit automatischer IP-Adressvergabe (DHCP-Client) installiert werden. RRAS-NAT sorgt dann dafür, dass die Clients die folgenden Angaben übermittelt bekommen:

Übergabe an DHCP-Clients

- Eine gültige IP-Adresse aus dem festgelegten Adresspool
- Als IP-Adresse des Standard-Gateways die Adresse des RRAS-Servers
- Als IP-Adresse des DNS-Servers die des RRAS-Servers, der dann die Anfragen auf Namensauflösung weiterleitet (siehe oben)

Fehlersuche

Können Sie nach Abarbeitung aller dieser Schritte trotzdem keine Internet-Verbindung über das Netzwerk aufbauen, prüfen Sie nochmals die folgenden Punkte:

- Zeitdauer für Verbindungsaufbau

  Verbindungsaufbau dauert zu lange

  Die Zeitspanne vom Starten eines Browsers oder E-Mail-Programms bis zum Verbindungsaufbau durch den RRAS-Server kann zu lange dauern, sodass zuvor der Client eine Meldung wie »Seite oder Server nicht verfügbar« ausgibt. Ein nachträgliches, erfolgreiches Aktualisieren, beispielsweise im Browser, kann dann anzeigen, dass die Verbindung doch steht. Durch eine gezielte Einstellung der PPP-Wählparameter auf die konkreten Anforderungen des ISPs kann hier eine Optimierung erzielt werden.

- Kein Verbindungsaufbau zum ISP

  Verbindung zum ISP prüfen

  Funktioniert die Einwahl beim ISP auch wirklich? Nicht selten kommt es, gerade in Spitzenbelastungszeiten, zu Einwahl-Fehlschlägen beim Provider. Probieren Sie einen anderen Provider, beispielsweise einen mit Call-by-Call-Zugang, um sicher zu gehen, dass es nicht nur am ISP-Zugang liegt.

- IP-Clientkonfiguration

  IP-Client

  Prüfen Sie insbesondere bei DHCP-Clients, ob der Eintrag für das Standard-Gateway richtig übermittelt worden ist.

- DNS-Serverkonfiguration

  DNS-Server

  Ein Stolperstein kann die richtige Konfiguration des DNS-Servers darstellen. Kontrollieren Sie beispielsweise an einem Windows 2000/XP-Client mit dem Dienstprogramm NSLOOKUP (siehe Seite 1059), ob Anfragen nach Hosts außerhalb des Intranets richtig beantwortet werden.

DHCP-Server

- DHCP-Serverkonfiguration

  Überprüfen Sie, ob Sie bei der DHCP-Serverkonfiguration die korrekten IP-Adressen für Router (Standard-Gateway) und Nameserver eingetragen haben. Bei einer Standardkonfiguration mit Active Directory sind dies die Adressen des RRAS-Servers und des DNS-Servers (falls nicht auch auf dem RRAS-Server installiert).

Internet-Client

- Internet-Client-Konfiguration

  Überprüfen Sie auch die Einrichtung der Verbindung zum Internet am Client-Computer. Insbesondere kann eine falsche Proxy-Konfigurationseinstellung im Browser das Surfen verhindern.

13.10.3 RAS-Server einrichten

Grundlagen ab Seite 300

Windows Server 2003 bietet die Möglichkeit, als RAS-Einwahl-server zu fungieren. Die Grundlagen zu diesem Thema finden Sie in Abschnitt 5.8.5 *Windows Server 2003 als RAS-Server* ab Seite 300. In den nachfolgenden Abschnitten soll betrachtet werden, wie Sie RAS-Richtlinien an einem RAS-Server anlegen und über diese den Zugriff gezielt steuern können.

Grundlegende Einrichtung

Zunächst wird beschrieben, wie Sie eine grundlegende Einrichtung vornehmen, wenn die Routing- und RAS-Dienste noch nicht eingerichtet worden sind. Wählen Sie zuerst im Dialogfenster des Assistenten die erste Option (siehe Abbildung 13.96 auf Seite 1066). Im dann folgenden Dialogfenster setzen Sie das Häckchen beim Kontrollkästchen DFÜ.

Abbildung 13.110: Auswahl der Option für die Einrichtung des RAS-Servers

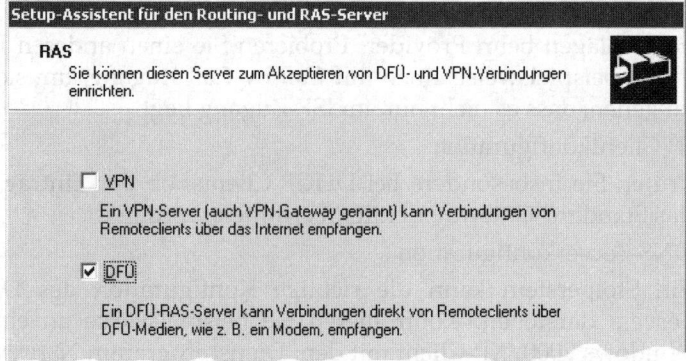

Legen Sie danach fest, wie die IP-Adressvergabe an die Clients vorgenommen werden soll. Setzen Sie in Ihrem Netzwerk DHCP ein, so sollten Sie die Adressvergabe der RAS-Clients ebenfalls automatisieren. Sie können an dieser Stelle aber über die zweite Option einen dedizierten Adressbereich festlegen, der nur durch den RAS-Server verwaltet werden soll.

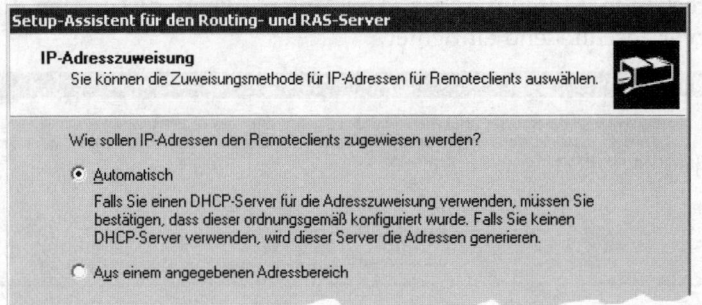

Abbildung 13.111:
IP-Adressvergabe an
die Clients regeln

Hier folgt noch einmal eine genauere Beschreibung dieser beiden Möglichkeiten:

- AUTOMATISCH

  Diese Option sollten Sie dann verwenden, wenn Sie einen DHCP-Server im Netzwerk einsetzen, der auch für die Adressvergabe an die RAS-Clients zuständig sein soll. Die DHCP-Anforderungen der Clients werden dann jedoch nicht an diesen weitergeleitet, sondern der RAS-Server verwaltet einen festen Block an Leases für die Clients. **Automatische IP-Adressvergabe**

  Haben Sie keinen DHCP-Server im Einsatz und aktivieren Sie trotzdem diese Option, so erfolgt die Adressvergabe via APIPA (*Automatic Private IP Addressing*) an die Clients. Für professionelle Umgebungen ist dies aber eher ungeeignet.

- AUS EINEM ANGEGEBENEN BEREICH

  Steht kein DHCP-Server zur Verfügung oder soll dieser explizit nicht für die Adressvergabe an die RAS-Clients zuständig sein, können Sie auch einen oder mehrere feste IP-Bereiche anlegen. Diese werden dann durch den RAS-Server in »Eigenregie« an die Clients vergeben. Beachten Sie, dass so ein Adressbereich nicht mit dem eines DHCP-Servers kollidiert. **Statischer Adresspool**

Weitergehende Informationen zu den Grundlagen der IP-Adressvergabe bei RAS finden Sie ab Seite 302 sowie in Abschnitt 5.5 *Automatische IP-Adressvergabe* ab Seite 239.

Im nächsten Dialogfenster können Sie die Verwendung des RAS-Servers als RADIUS-Client konfigurieren. Dieses Thema wird im vorliegenden Buch nicht behandelt. **RADIUS**

DHCP-Relay-Agent konfigurieren

Haben Sie sich für eine automatische IP-Adressvergabe an die RAS-Clients entschieden und setzen Sie einen DHCP-Server ein, muss der DHCP-Relay-Agent entsprechend konfiguriert werden, damit die DHCP-Meldungen von und zu den RAS-Clients ordnungsgemäß weitergeleitet werden können. Sie erhalten eine entsprechende Mitteilung des Assistenten, wenn dieser den RAS-Server abschließend einrichtet.

Abbildung 13.112:
Hinweis auf die
Notwendigkeit zur
Konfiguration des
DHCP-Relay-Agen-
ten

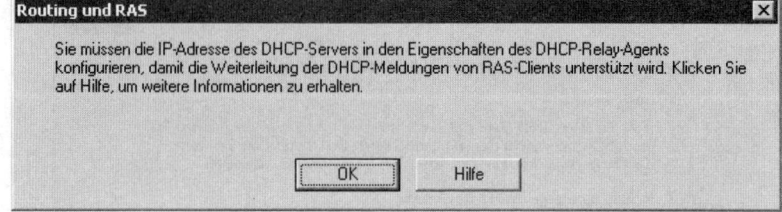

IP-Routing
Allgemein
Statische Routen
DHCP-Relay-Agent
IGMP

Tragen Sie im DHCP-Relay-Agenten die IP-Adresse des DHCP-Servers ein. Den DHCP-Relay-Agenten finden Sie in der Managementkonsole *Routing und RAS* für den betreffenden RAS-Server unter dem Eintrag IP-ROUTING. Ist der Agent hier nicht vorhanden, fügen Sie ihn einfach hinzu. Dies können Sie über das Kontextmenü zu ALLGEMEIN über NEUES ROUTINGPROTOKOLL durchführen.

Abbildung 13.113:
IP-Adresse des
DHCP-Servers
bekanntgeben

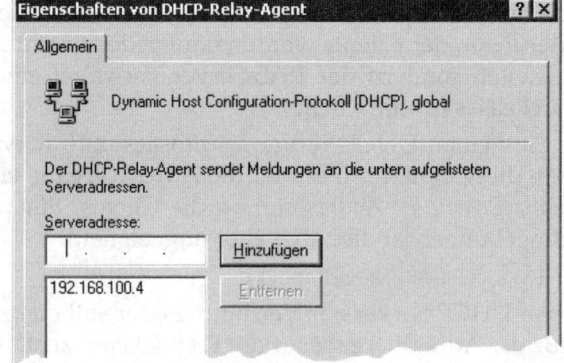

Weitere Einrichtungsschritte müssen Sie am Relay-Agenten in der Regel nicht durchführen.

Gerät für die Einwahl konfigurieren

Ports für die
Einwahl

Für die direkte Einwahl in den Server wird ein entsprechendes Gerät, wie ein Modem oder ein ISDN-Adapter, benötigt. Wenn Sie dieses installiert haben, finden Sie dessen Schnittstellen in der Managementkonsole *Routing und RAS* im Zweig PORTS. Für einen Standard-ISDN-Adapter sollten hier genau zwei Ports angezeigt werden.

Geräteeinstellungen

Zur Einrichtung der Geräteeinstellungen wählen Sie das Kontextmenü zum Eintrag PORTS in der Strukturansicht. Markieren Sie das Gerät und klicken Sie dann auf die Schaltfläche KONFIGURIEREN.

Sie können nun im Detailfenster einstellen, ob ausschließlich die Einwahl in den Server unterstützt wird oder ob dieser auch ausgehende Verbindungen über dieses Gerät initiieren kann. Bei einem reinen RAS-Server sollte nur die erste Option aktiviert sein. Zusätzlich können Sie die Rufnummer für das Gerät spezifizieren. Damit stellen Sie sicher, dass nur Anrufe auf genau dieser Nummer angenommen werden.

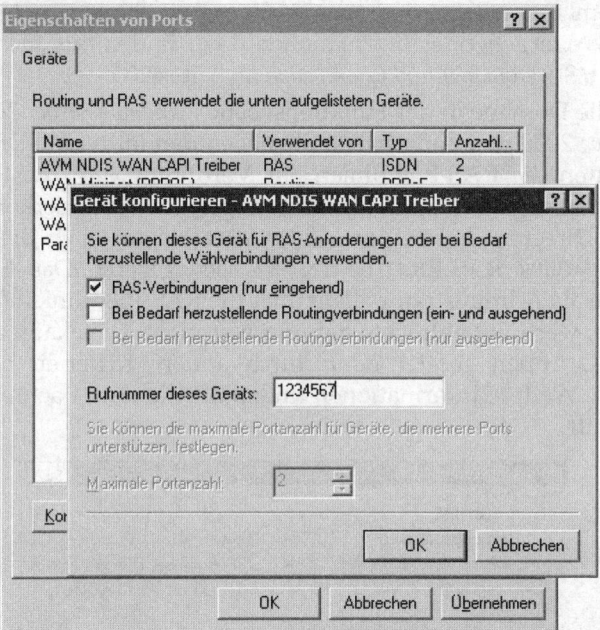

Abbildung 13.114:
Einstellungen für
einen ISDN-Adapter

Haben Sie den Server bereits als Internetrouter eingerichtet, können Sie ihn leicht zu einem RAS-Server ausbauen. Nehmen Sie dazu die Konfiguration des Gerätes über das Eigenschaften-Dialogfenster zu Ports so vor wie soeben beschrieben.

13

Benutzerrechte für den RAS-Zugriff einrichten

Nach diesen Einrichtungsschritten steht der RAS-Server für die Einwahl bereit. Nun müssen Sie noch die entsprechenden Einwählrechte für die Benutzer konfigurieren. Art und Umfang der Rechtevergabe für die Einwahl in einen RAS-Server werden in erheblichem Umfang durch den Betriebsmodus der Domäne bestimmt.

In den niedrigeren Funktionsebenen *Windows 2000 gemischt* und *Windows Server 2003-interim* können Sie die RAS-Einwählrechte nur auf Benutzerebene festlegen. Öffnen Sie in der Managementkonsole *Active Directory-Benutzer und –Computer* das Eigenschaften-Fenster des betreffenden Benutzers. Unter EINWÄHLEN finden Sie

Gemischter Modus: nur RAS-Benutzer-rechte verfügbar

die konfigurierbaren RAS-Einwählrechte. Standardmäßig ist ZUGRIFF VERWEIGERN aktiviert, was aus Sicht einer maximalen Sicherheit auch seine Berechtigung hat. Sie müssen als Administrator jedem Benutzer separat das Recht zur Einwahl an diesem RAS-Server zuweisen.

Das kann bei einer hohen Anzahl von RAS-Benutzern sehr schnell aufwändig werden, weswegen spätestens dann die Umstellung der Domäne auf eine der höheren Funktionsebenen zu überlegen wäre. Weitergehende Informationen dazu finden Sie auch in Abschnitt 6.8.1 *Domänenfunktionsebenen* ab Seite 420.

Höhere Funktions-ebenen: RAS-Richt-linien

Läuft die Domäne in der Funktionsebene *Windows Server 2003* oder *Windows 2000 pur*, dann haben Sie neben den individuellen Benutzerrechten die RAS-Richtlinien zur Verfügung, um die Einwählrechte zu regeln. Standardmäßig angelegte Benutzerkonten im Active Directory haben unter EINWÄHLEN dann auch die Option ZUGRIFF ÜBER RAS-RICHTLINIEN STEUERN gesetzt. Das bedeutet, dass Sie als Administrator allein über die RAS-Richtlinien festlegen können, wer Einwählrechte hat und wer nicht. Dies kann auch für ganze Gruppen gesetzt oder durch andere Kriterien bestimmt werden. Weitere Informationen finden Sie dazu im nachfolgenden Abschnitt.

Abbildung 13.115: RAS-Einwählrechte; hier mit allen Optionen (Domäne läuft in einer hohen Funktionsebene)

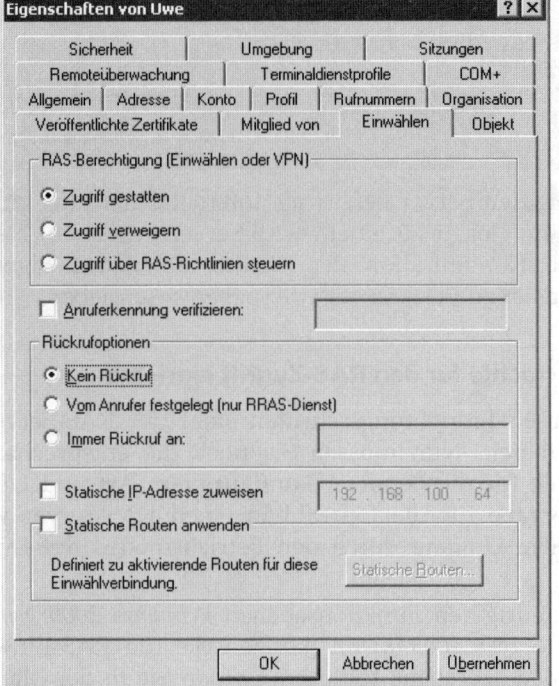

Rückruf

Sie können für die Verbindung zum RAS-Server einen Rückruf einrichten. Es stehen drei Optionen zur Verfügung:

- KEIN RÜCKRUF

  Für den RAS-Client steht die Rückruf-Möglichkeit generell nicht zur Verfügung. Für eine genaue Kostenkontrolle der DFÜ-Verbindung kann diese Option wichtig sein. So ist nur Einwählmöglichkeit gegeben, wobei die Kosten der Client zu tragen hat.

- VOM ANRUFER FESTGELEGT

  Entsprechende RRAS-Clients wie der von Windows 9x/ME oder 2000/XP können bei der Anmeldung am RAS-Server eine Rückruf-»Wunschnummer« übermitteln. Ist diese Option gesetzt, wird der RAS-Server nach der ersten Verbindungsaufnahme und einer erfolgreichen Authentifizierung des Clients auflegen und seinerseits diesen unter der angegebenen Nummer zurückrufen. Aus Kostensicht kann das interessant sein, wenn der RAS-Client nicht belastet werden soll.

- IMMER RÜCKRUF AN

  Ist diese Option gesetzt, kann eine Verbindung nur über den Rückruf des RAS-Servers an die hier definierte feste Rückrufnummer hergestellt werden. Zuvor muss sich der Client natürlich erfolgreich authentifizieren. Über diese Option lässt sich eine höhere Sicherheit erreichen. Neben der korrekten Authentifizierung des Clients kann die Verbindung nur über eine bestimmte Leitung hergestellt werden.

RAS-Richtlinien anlegen

RAS-Richtlinien legen Sie über die Managementkonsole *Routing und RAS* fest.

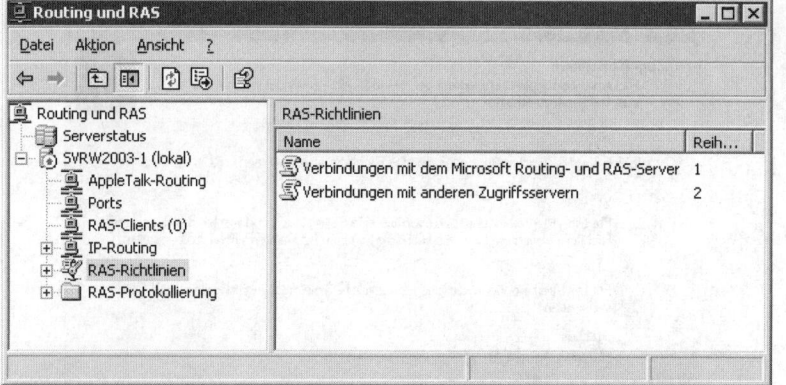

Abbildung 13.116: RAS-Richtlinien festlegen

Die standardmäßig angelegten beiden RAS-Richtlinie enthalten Standardregeln, die zunächst auf den RAS-Server sowie alle Clients pauschal zutreffen. Allerdings sind die Richtlinien auf RAS-BERECHTIGUNG VERWEIGERN eingestellt, sodass zunächst nie-

Standardmäßig angelegte RAS-Richtlinien

mand Zugriff erhält. Die einzige Ausnahme bilden die Benutzer,
bei denen im Benutzerkonto die Option ZUGRIFF GESTATTEN explizit aktiviert ist.

Neue RAS-Richtlinie Eine neue Richtlinie legen Sie an, indem Sie im Kontextmenü zu
RAS-Richtlinien die entsprechende Option auswählen. Sie haben
dann die Möglichkeit zu entscheiden, ob Sie sich bei der Anlage
von einem Assistenten helfen lassen oder die Richtlinie benutzerdefiniert anlegen wollen. Vergeben Sie dabei der Richtlinie gleich
eine passende Bezeichnung.

Abbildung 13.117:
Ausgangspunkt für
die Einrichtung einer
neuen RAS-Richt-
linie

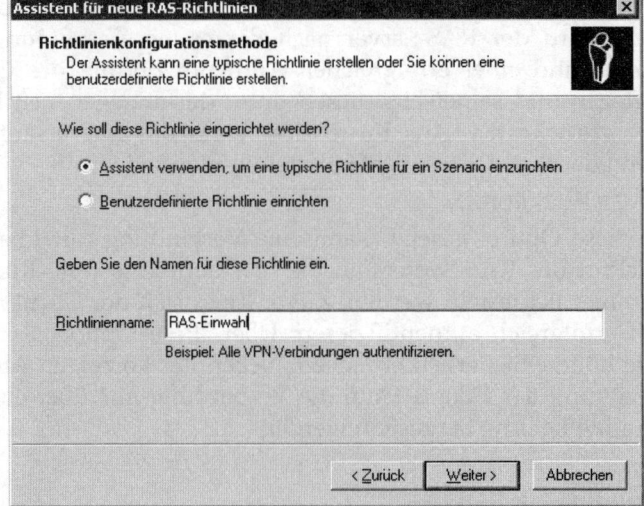

Zugriffsmethode Nachfolgend wird das Vorgehen mit dem Assistenten beschrieben.
Aktivieren Sie im ersten Auswahlfenster unter ZUGRIFFSMETHODE
die Option DFÜ.

Abbildung 13.118:
Zugriffsmethode
festlegen

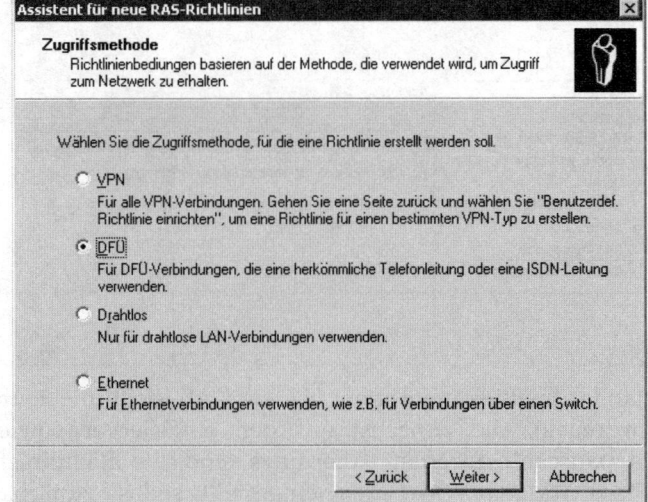

Danach können Sie die Benutzer oder Gruppen bestimmen, die **Gruppen** Einwählrechte erteilt bekommen sollen.

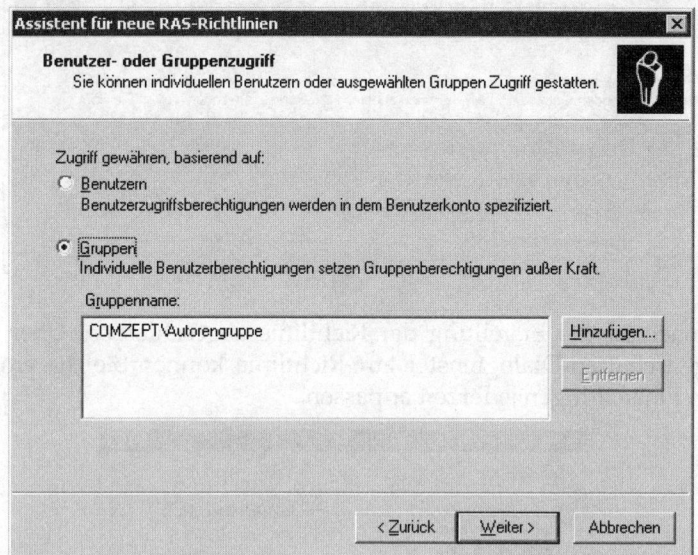

Abbildung 13.119: Benutzer oder Gruppen bestimmen

Im nächsten Dialogfenster wählen Sie die Authentifizierungs-methoden aus, die mit diesem RAS-Server unterstützt werden sollen. Hier sollte zumindest MS-CHAPv2 zum Einsatz kommen.

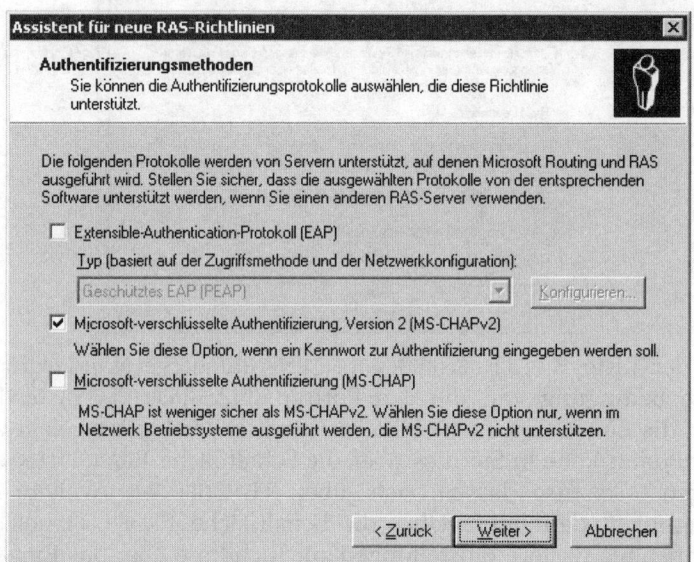

Abbildung 13.120: Authentifizierungs-methoden wählen

Geben Sie danach noch die Verschlüsselungsstufen an, die für die Verbindung gelten sollen. Verwenden Sie ausschließlich moderne RRAS-Clients, dann sollten Sie sicherheitshalber nur die höchste Stufe aktivieren.

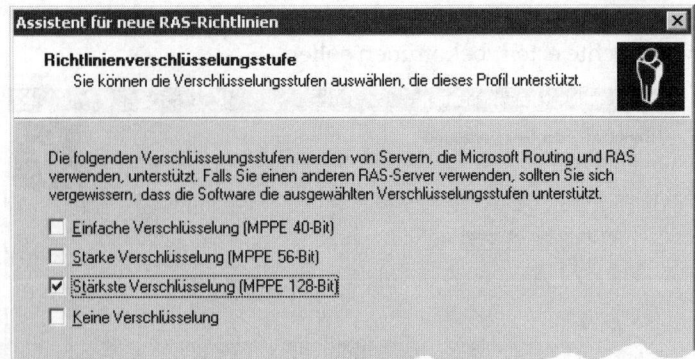

**Einstellungen
anpassen**

Danach ist die Erstellung der Richtlinie abgeschlossen. Über das Eigenschaften-Dialogfenster zur Richtlinie können Sie die einzelnen Einstellungen jederzeit anpassen.

Abbildung 13.122:
Eigenschaften-
Dialogfenster zur
Richtlinie

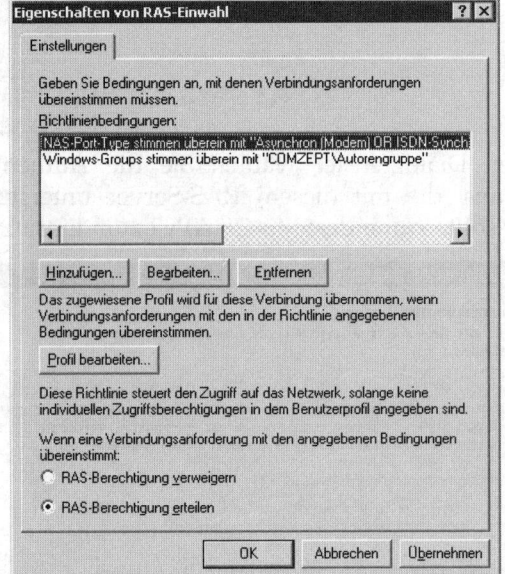

In der Liste RICHLINIENBEDINGUNGEN finden Sie standardmäßig eine Bedingung vor, die den Porttyp (NAS-PORT-TYPE) festlegt. Soll die Einwahl nur auf einen bestimmten Porttyp festgelegt werden, dann können Sie dies über die Schaltfläche BEARBEITEN erledigen. Genauso lassen sich über HINZUFÜGEN weitere Bedingungen definieren. Über die Schaltfläche PROFIL BEARBEITEN können Sie weitere Einstellungen zur Richtlinie über das Einwählprofil ändern.

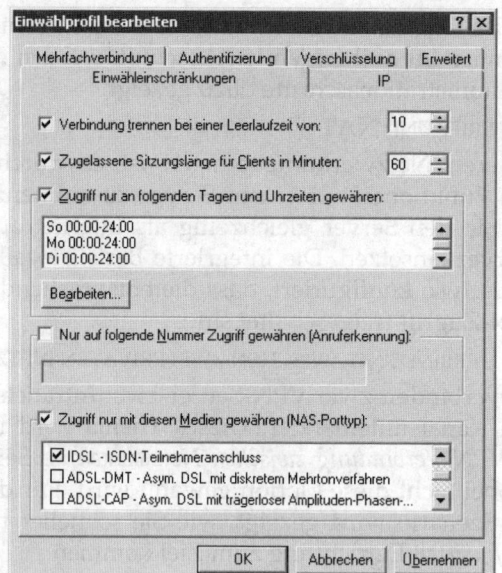

Abbildung 13.123:
Einwählprofil an-
passen

Ein Blick in dieses Dialogfenster lohnt auf jeden Fall, da eine Viel-zahl von Optionen durch den Assistenten nicht abgefragt wird.

RAS-Client

Informationen zur Einwahl in einen RAS-Server von einem Client-system aus, welches unter Windows 2000 oder Windows XP läuft, finden Sie in unseren Büchern *Windows 2000 im professionellen Ein-satz* und *Windows XP Professional*.

13.10.4 VPN-Serverfunktionen installieren

Neben der klassischen Direkteinwahlmöglichkeit über einen RAS-Server können Sie unter Windows Server 2003 auch einen VPN-Server konfigurieren. In Abschnitt 5.8.6 *Windows Server 2003 als VPN-Server* ab Seite 306 erfahren Sie mehr über die Grundlagen zu diesem Thema.

Grundlagen ab Seite 306

Voraussetzungen

Der Assistent bietet Ihnen für die Installation von VPN-Server-funktionen drei Möglichkeiten an (siehe Abbildung 13.96 und wei-terführende Erläuterungen ab Seite 1066):

- RAS (DFÜ ODER VPN)

  Nutzen Sie diese Option, wenn Sie einen VPN-Server installie-ren wollen. Sie benötigen hierbei zwei Netzwerkschnittstellen im Server, wobei eine an das Intranet und die zweite typi-

VPN-Server

scherweise an das Internet über eine Festverbindung angeschlossen ist. Im nachfolgenden Abschnitt werden die wesentlichen Administrationsschritte dazu gezeigt.

**Internetrouter &
VPN-Server**

- VPN-ZUGRIFF UND NAT

  In kleineren Netzwerkumgebungen ist es durchaus üblich,
  mehrere Funktionen auf einem Server zusammenzufassen. So
  können Sie den Server gleichzeitig als Internetrouter und als
  VPN-Server einsetzen. Die integrierte Basisfirewall wird dabei
  automatisch so konfiguriert, dass die entsprechenden Ports für
  den VPN-Zugriff freigeschaltet sind.

**Netzwerke ver-
binden**

- SICHERE VERBINDUNG ZWISCHEN ZWEI PRIVATEN NETZWERKEN

  Hierbei verbinden zwei VPN-Server zwei Intranets über einen
  sicheren Kanal miteinander. Dieses Thema wird in Abschnitt
  13.10.5 *VPN-Verbindung zwischen Netzwerken* ab Seite 1090 vertieft, wobei nicht diese Option gewählt wird. Für das gewählte
  Beispiel-Szenario wird gezeigt, wie Sie schneller mit einer *benutzerdefinierten* Einrichtung zum Ziel kommen.

VPN-Server einrichten

Wurde RRAS auf dem Server bisher noch nicht konfiguriert, dann
können Sie die entsprechenden Funktionen für VPN mit Hilfe eines Assistenten vornehmen. Gehen Sie wie folgt vor:

1. Starten Sie den Assistenten, indem Sie in der Managementkonsole *Routing und RAS* aus dem Kontextmenü für den Server den
   Punkt ROUTING UND RAS KONFIGURIEREN UND AKTIVIEREN wählen.

2. Wählen Sie im ersten Dialogfenster die Option RAS (DFÜ ODER
   VPN), im darauf folgenden setzen Sie das Kontrollkästchen bei
   VPN.

Schnittstelle

3. Im nächsten Dialogfenster (siehe Abbildung 13.124 auf Seite
   1089) legen Sie die Netzwerkschnittstelle fest, über die eine
   Verbindung mit dem VPN-Server von »außen« erfolgen soll.
   Meist ist dies eine direkte Verbindung zum Internet – es kann
   aber auch genauso gut eine besonders abzusichernde lokale
   Verbindung sein.

IP-Adressvergabe

4. Bestimmen Sie danach die Methode, nach der die Clients mit
   IP-Adressen versorgt werden sollen. Wie bei der Einrichtung
   des RAS-Servers (siehe Abbildung 13.111 auf Seite 1079) haben
   Sie auch hier die Wahl zwischen einer automatisch Vergabe via
   DHCP-Server oder einem speziellen, eigenen Adresspool, der
   durch den VPN-Server selbst verwaltet wird.

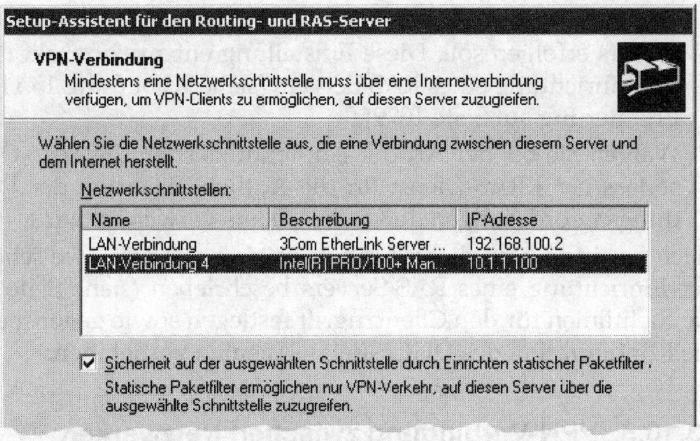

Setup-Assistent für den Routing- und RAS-Server

VPN-Verbindung
Mindestens eine Netzwerkschnittstelle muss über eine Internetverbindung
verfügen, um VPN-Clients zu ermöglichen, auf diesen Server zuzugreifen.

Wählen Sie die Netzwerkschnittstelle aus, die eine Verbindung zwischen diesem Server und
dem Internet herstellt.

Netzwerkschnittstellen:

Name	Beschreibung	IP-Adresse
LAN-Verbindung	3Com EtherLink Server ...	192.168.100.2
LAN-Verbindung 4	Intel(R) PRO/100+ Man...	10.1.1.100

☑ Sicherheit auf der ausgewählten Schnittstelle durch Einrichten statischer Paketfilter .
Statische Paketfilter ermöglichen nur VPN-Verkehr, auf diesen Server über die
ausgewählte Schnittstelle zuzugreifen.

Abbildung 13.124:
Angabe der Schnitt-
stelle für das VPN

5. Abschließend können Sie festlegen, wie die Authentifizierung der Clients erfolgen soll (RADIUS-Server oder RRAS-Dienste). Im vorliegenden Buch wird RADIUS nicht behandelt. — **Authentifizierung**

Die Konfiguration der Client-Zugriffsrechte sowie der RAS-Richtlinien entsprechen im Vorgehen exakt dem für RAS-Server und werden ab Seite 1081 eingehend beschrieben. Weiterführende Hinweise zur Absicherung der Netzwerkverbindung mit IPSec finden Sie in Abschnitt 9.3.3 *Einrichtung und Administration von IPSec* ab Seite 505. — **Client-Zugriffsrechte und Sicherheit für VPN-Server**

VPN-Server und Internetrouter mit einem Server realisieren

In diesem Abschnitt wird beschrieben, wie Sie einen Server so einrichten, dass er gleichzeitig als Internetrouter und als VPN-Server genutzt werden kann. Dabei wird von von der Voraussetzung ausgegangen, dass der Server über zwei Netzwerkschnittstellen verfügt, wobei eine mit dem Intranet und die andere mit dem Internet verbunden ist.

Gehen Sie zur Einrichtung wie folgt vor, wenn Sie die RRAS-Dienste noch nicht konfiguriert haben: — **Neueinrichtung mit dem Assistenten**

1. Wählen Sie in der Managementkonsole *Routing und RAS* im Kontextmenü zum Servereintrag den Punkt ROUTING UND RAS KONFIGURIEREN UND AKTIVIEREN.

2. Aktivieren Sie im ersten Dialogfenster des Assistenten (siehe Abbildung 13.96 und weiterführende Erläuterungen ab Seite 1066) den Punkt VPN-ZUGRIFF UND NAT.

3. Bestimmen Sie die Schnittstelle, über die die Verbindung mit dem Internet besteht. Setzen Sie dabei die Option für die Sicherung der Verbindung über die integrierte Basisfirewall, wenn die Internetverbindung nicht anderweitig abgesichert ist.

4. Geben Sie danach an, wie die IP-Adressvergabe an die VPN-Clients erfolgen soll. Diese Einstellung entspricht exakt der bei der Einrichtung eines RAS-Servers (siehe Abbildung 13.111 und Erläuterung auf Seite 1079).

5. Wählen Sie bei der Art der Authentifizierung die erste Option, sodass der RRAS-Dienst für die Authentifizierung der Verbindungsanforderungen durch die Clients verwendet wird.

Nach Fertigstellung dieser Schritte müssen Sie nun, wie schon bei der Einrichtung eines RAS-Servers beschrieben (siehe Seite 1081), die Richtlinien für den Clientzugriff festlegen sowie gegebenenfalls die Konfiguration des DHCP-Relay-Agenten vornehmen.

13.10.5 VPN-Verbindung zwischen Netzwerken

In diesem Abschnitt wird anhand eines Beispiels gezeigt, wie Sie zwei Netzwerke über eine VPN-Routerverbindung transparent miteinander verbinden können. Als Verbindungsprotokoll kommt dabei PPTP zum Einsatz. Alternativ können Sie auch IPSec einsetzen. Weiterführende Informationen finden Sie dazu in Abschnitt 9.3.3 *Einrichtung und Administration von IPSec* ab Seite 505.

Das Szenario

Unidirektional initiierte Verbindung

Dieses Szenario beschreibt ein zentrales Firmennetzwerk mit einer Außenstelle. Bei Bedarf wählt sich der VPN-Router der Außenstelle beim VPN-Router der Zentrale ein. Letzterer ist permanent mit dem Internet verbunden (siehe auch im Grundlagenteil Abbildung 5.25 auf Seite 310), während der VPN-Router der Außenstelle nur dann eine Verbindung aufbaut, wenn diese benötigt wird. Beide Netzwerke verfügen über voneinander unabhängige IP-Nummernbereiche. Insofern müssen die entsprechenden IP-Routingfunktionen ebenfalls implementiert werden.

Schrittweise Einrichtung

Bei der Einrichtung dieser Beispielkonfiguration wird im folgenden Text in diesen Schritten vorgegangen:

1. Konfiguration des VPN-Routers in der Zentrale
   a) Einrichten des Servers als VPN-Router
   b) Anlegen eines Benutzerkontos mit VPN-Einwählrechten, über das sich der Router der Außenstelle einwählen kann

2. Konfiguration des VPN-Routers der Außenstelle
   a) Einwahlschnittstelle in das Internet einrichten einschließlich einer statischen Route für den Internet-Zugang
   b) VPN-Einwahlschnittstelle zum VPN-Server der Zentrale schaffen mit einer statischen Route für den Zugriff auf das Netzwerk der Zentrale

Der Router in der Zentrale benötigt hierbei eine ständige Verbindung zum Internet mit einer festen IP-Adresse.

Konfiguration des VPN-Routers in der Zentrale

Ist die VPN-Serverfunktionalität grundlegend eingerichtet (siehe Abschnitt *VPN-Server einrichten* ab Seite 1088), dann legen Sie ein Benutzerkonto speziell für die Anmeldung des VPN-Routers der Zentrale an. Die Anmeldedaten werden bei der Einrichtung am Server der Außenstelle benötigt.

Konfiguration des VPN-Routers der Außenstelle

Für den VPN-Router der Außenstelle werden zwei Schnittstellen für das Wählen bei Bedarf benötigt:

- Einwahlschnittstelle für die Verbindung ins Internet
- VPN-Schnittstelle für die Einwahl beim VPN-Router der Zentrale

Der schnellste Weg führt über die benutzerdefinierte Konfiguration. Wählen Sie dazu im Startfenster des Assistenten (siehe Abbildung 13.96) die letzte Option. Gehen Sie dann weiter wie folgt vor:

1. Wählen Sie als einzige Option BEI BEDARF HERZUSTELLENDE VERBINDUNGEN.

Einwahlschnittstelle ins Internet

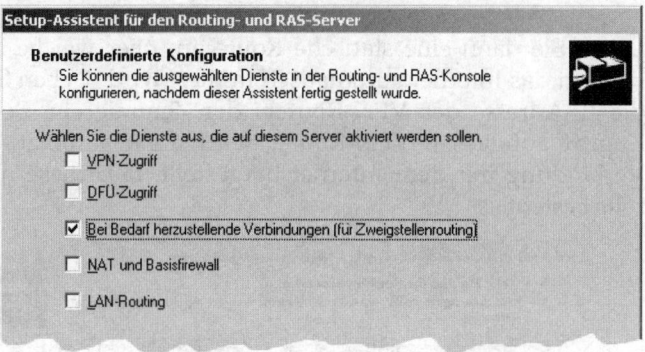

Abbildung 13.125: Auswahl des zu installierenden Dienstes

2. Vergeben Sie dann der neu zu erstellenden Schnittstelle einen Namen, beispielsweise *Zentrale*.
3. Legen Sie dann fest, welchen Verbindungstyp diese neue Wählschnittstelle aufweist. Bei einer DSL-Wählverbindung wählen Sie hier die dritte Option.

Abbildung 13.126:
Verbindungstyp fest-
legen; hier für eine
DSL-Einwahl

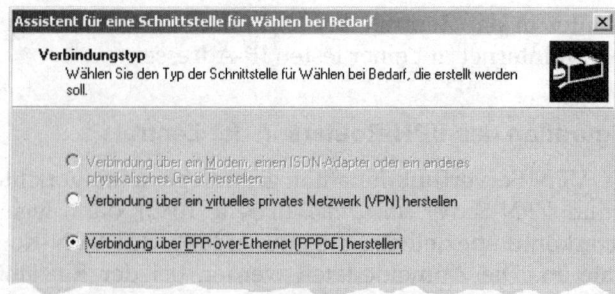

4. Nehmen Sie im danach folgenden Dialogfenster die Einstellungen zum Routing und zur Kennwortübertragung vor. Wenn der Provider nur unverschlüsselt übertragene Kennwörter unterstützt, dann aktivieren Sie hier die entsprechende Option. Die Option ROUTING VON IP-PAKETEN AUF DIESER SCHNITTSTELLE muss unbedingt eingeschaltet sein.

Abbildung 13.127:
Einstellungen zum
Routing und Kenn-
wort-Transfer

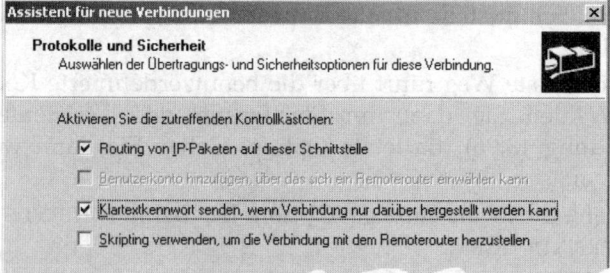

Statische Route
Interneteinwahl

5. Legen Sie dann eine statische Route an, über welche die Einwahl in das Internet automatisch initiiert wird. Geben Sie dazu die IP-Adresse des VPN-Routers der Zentrale ein. Bei einem Zugriff auf diesen VPN-Router wird dann automatisch eine Verbindung mit dem Internet hergestellt, falls diese nicht bereits besteht.

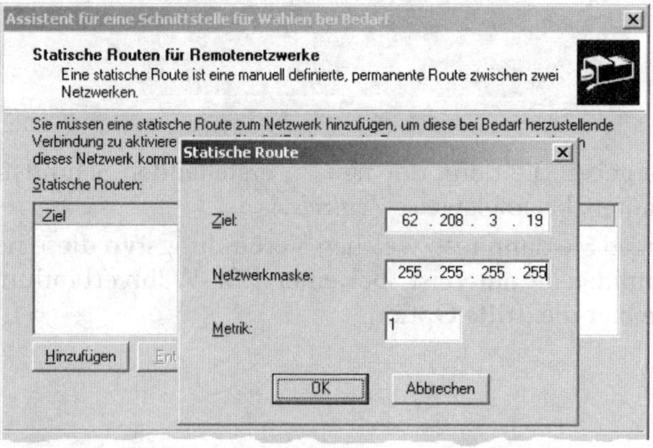

Abbildung 13.128:
Statische Route ein-
richten

6. Anschließend geben Sie die Zugangsdaten zur Einwahl beim
   ISP ein.

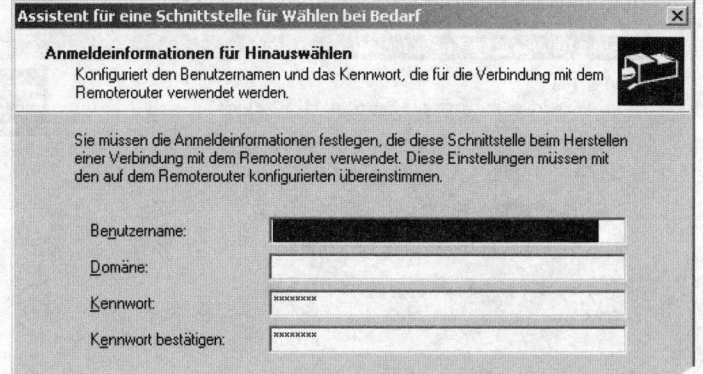

*Abbildung 13.129:
Zugangsdaten für die
Interneteinwahl*

7. Jetzt benötigen Sie noch eine Wählschnittstelle für die Verbin-
   dungsaufnahme mit dem VPN. Wählen Sie im Kontextmenü zu
   Netzwerkschnittstellen den Punkt NEUE SCHNITTSTELLE FÜR
   WÄHLEN BEI BEDARF und vergeben Sie einen Namen.

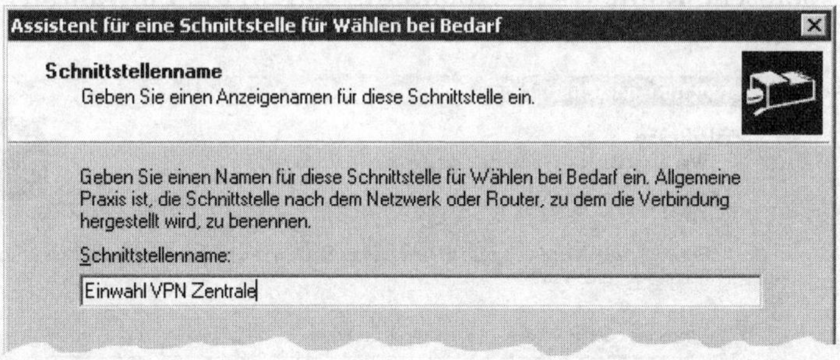

**Einwählschnittstelle
ins VPN**

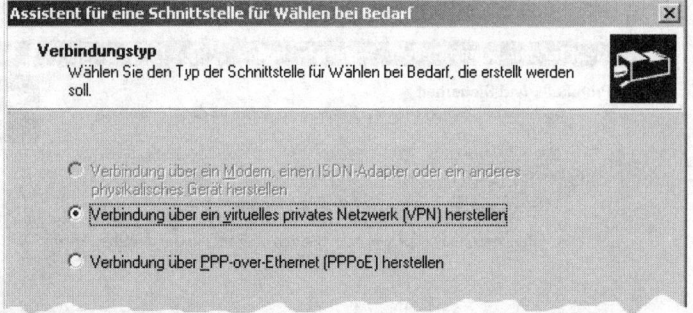

*Abbildung 13.130:
Name für die VPN-
Schnittstelle*

8. Aktivieren Sie danach bei der Auswahl des Verbindungstyps
   die Option VERBINDUNG ÜBER EIN VIRTUELLES PRIVATES NETZ-
   WERK (VPN) HERSTELLEN.

*Abbildung 13.131:
Verbindungstyp
festlegen*

Assistent für eine Schnittstelle für Wählen bei Bedarf

Verbindungstyp
Wählen Sie den Typ der Schnittstelle für Wählen bei Bedarf, die erstellt werden
soll.

○ Verbindung über ein Modem, einen ISDN-Adapter oder ein anderes
   physikalisches Gerät herstellen

● Verbindung über ein virtuelles privates Netzwerk (VPN) herstellen

○ Verbindung über PPP-over-Ethernet (PPPoE) herstellen

9. Danach können Sie einstellen, über welches Tunnelprotokoll die Verbindung hergestellt werden soll. Sie können schon hier festlegen, dass beispielsweise ausschließlich L2TP zulässig ist.

Abbildung 13.132:
Tunnelprotokoll
festlegen

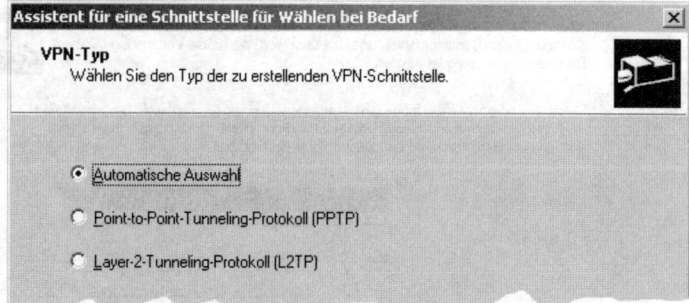

Sie können die Einstellung aber auch auf AUTOMATISCHE AUS-WAHL belassen und das tatsächlich zu verwendende Protokoll am Server oder über RAS-Richtlinien festlegen.

10. Geben Sie dann die IP-Adresse des VPN-Routers der Zentrale ein. Wird dieser Router kontaktiert, erfolgt über die hergestellte statische Route (siehe Abbildung 13.128) die Einwahl ins Internet.

Abbildung 13.133:
Zieladresse eingeben

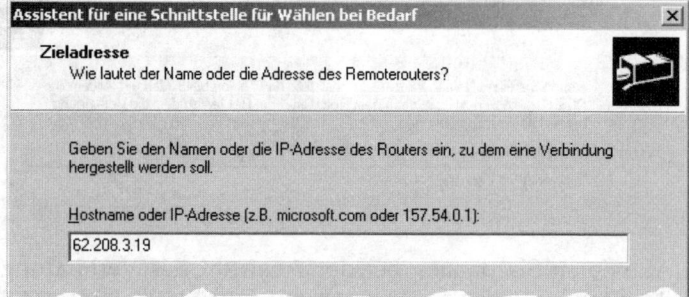

11. Das nächste Dialogfenster erlaubt die Festlegung für das Routing für diese Schnittstelle. Aktivieren Sie hier die erste Option.

Abbildung 13.134:
Festlegen des IP-
Routings

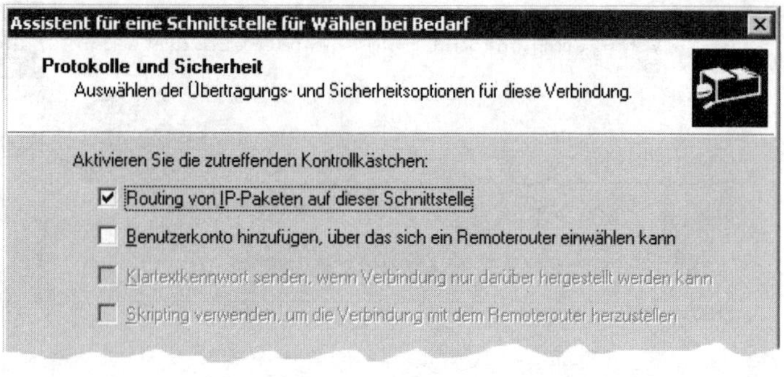

Assistent für eine Schnittstelle für Wählen bei Bedarf [X]

Protokolle und Sicherheit
Auswählen der Übertragungs- und Sicherheitsoptionen für diese Verbindung.

Aktivieren Sie die zutreffenden Kontrollkästchen:

☑ Routing von IP-Paketen auf dieser Schnittstelle

☐ Benutzerkonto hinzufügen, über das sich ein Remoterouter einwählen kann

☐ Klartextkennwort senden, wenn Verbindung nur darüber hergestellt werden kann

☐ Skripting verwenden, um die Verbindung mit dem Remoterouter herzustellen

12. Nun benötigen Sie noch eine oder mehrere statische Routen für das anzuwählende Netzwerk der Zentrale. Für das Beispiel wird ein Subnetz in der Zentrale von 192.168.100.0 angenommen.

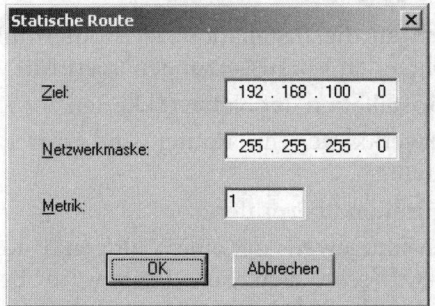

Abbildung 13.135:
Statische Route zur
VPN-Netzwerkver-
bindung

13. Geben Sie abschließend die Zugangsdaten für die Einwahl am VPN-Server in der Zentrale ein. Beachten Sie, dass Sie die Anmeldedaten zu dem Konto eingeben, welches Sie zuvor am Server der Zentrale eingerichtet haben.

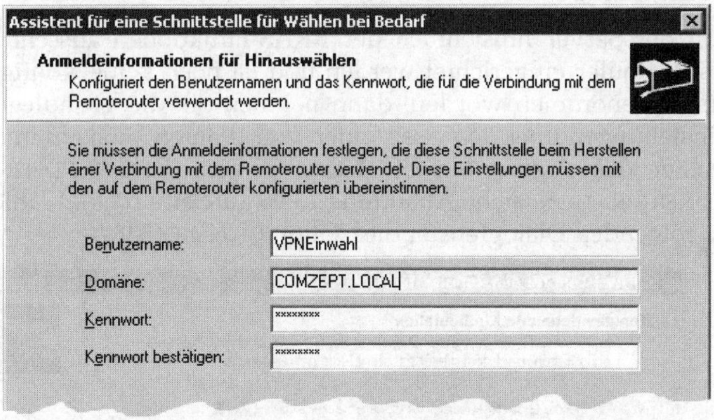

Abbildung 13.136:
Benutzerkennung für
die Einwahl beim
VPN-Router der
Zentrale

Die grundlegende Einrichtung am VPN-Server der Außenstelle ist damit abgeschlossen. Für einen ersten Test können Sie hier versuchen, auf einen Host im Netzwerk der Zentrale zuzugreifen (ein einfaches Ping genügt). Dann muss der VPN-Server eine Verbindung ins Internet aufbauen und die Einwahl am Server der Zentrale vornehmen.

Erster Test

13.10.6 IP-Netzwerkrouter einrichten

Die Einrichtung des Servers als IP-Netzwerkrouter gestaltet sich, auch dank hilfreicher Unterstützung durch Assistenten, in der Regel unproblematisch. Für die korrekte Einrichtung eines IP-Routers sollten Sie allerdings mit diesem Thema vertraut sein.

Mehr Informationen zu den entsprechenden Grundlagen finden Sie in Abschnitt 5.8.2 *Einige Grundlagen zum Routing* ab Seite 285.

Voraussetzungen

Bevor Sie sich an die Installation der Routerfunktionen machen, sollten die folgenden Voraussetzungen überprüft werden:

Hardwareinstallation
- Korrekte Installation der Netzwerkkarten

  Alle Netzwerkkarten im Router sind korrekt installiert und funktionsfähig.

IP-Konfiguration
- IP-Konfiguration überprüfen

  Die Karten sind jeweils mit einer gültigen IP-Konfiguration (mit festen IP-Adressen) versehen. Prüfen Sie, beispielsweise mit dem Kommando PING, ob die Hosts in den Subnetzwerken erreichbar sind und ob diese ihrerseits auch den künftigen Router erreichen.

Neuinstallation über den Assistenten

Soll der Server hinsichtlich der RRAS-Funktionen ausschließlich als IP-Router eingerichtet werden und ist noch keine Konfiguration vorgenommen worden, dann nehmen Sie die grundlegenden Einstellungen über den Assistenten vor. Wählen Sie dazu im Startfenster des Assistenten die letzte Option BENUTZERDEFINIERTE KONFIGURATION (siehe Abbildung 13.96 auf Seite 1066). Wählen Sie im folgenden Dialogfenster die Option LAN-ROUTING.

Abbildung 13.137: Auswahl der Funktion für das Routing

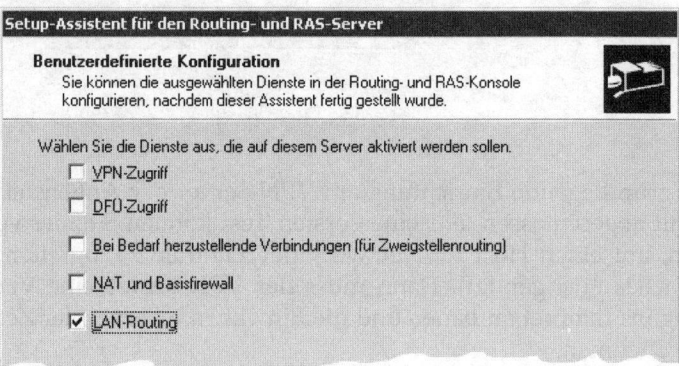

Danach ist die grundlegende Einrichtung bereits abgeschlossen. Alle weiteren Konfigurationsschritte müssen Sie jetzt manuell durchführen.

Statische Routen einrichten

In einer kleineren Netzwerkumgebung mit vielleicht nur ein bis zwei Routern ist die Verwendung statischer Routen sicher sinnvoll. Über die Managementkonsole *Routing und RAS* können Sie diese einfach und schnell einrichten. Für das Beispiel-Szenario soll angenommen werden, dass der Router die zwei Netzwerke 192.168.100/24 und 192.168.102/24 miteinander verbinden soll.

Wählen Sie dazu in der Strukturansicht aus dem Kontextmenü zu STATISCHE ROUTEN den Punkt NEUE STATISCHE ROUTE. Im dann folgenden Dialogfenster geben Sie die entsprechenden Routingangaben für die betreffende Netzwerkschnittstelle ein.

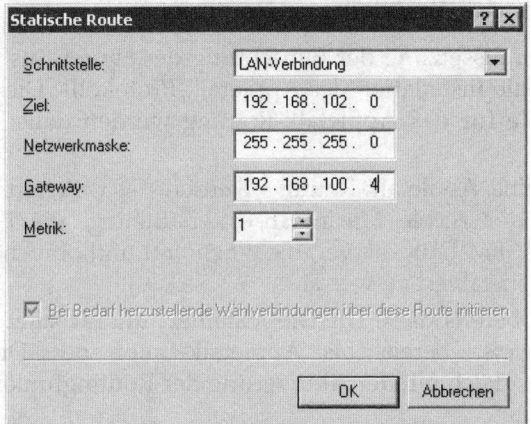

Abbildung 13.138:
Angaben für die
statische Route

Definieren Sie so die benötigten statischen Routen für jede Schnittstelle und an jedem Router im Netzwerk.

IP-Routingprotokolle hinzufügen

In komplexeren Netzwerkstrukturen bietet sich die Verwendung von Routingprotokollen an. Im Kontextmenü zu ALLGEMEIN des Zweiges IP-ROUTING können Sie über den Punkt NEUES ROUTINGPROTOKOLL ein solches hinzufügen.

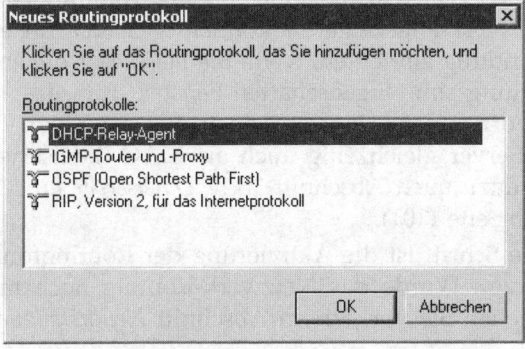

Abbildung 13.139:
Routingprotokolle

Für eine »normale« IP-Routingfunktionalität werden häufig die Protokolle RIP und OSPF eingesetzt (siehe auch Abschnitt *Dynamisches Routing* ab Seite 290).

13.10.7 Einrichten eines Appletalk-Routers

Grundlagen ab Seite 312

In diesem Abschnitt geht es um die konkreten Administrationsschritte zur Einrichtung und Verwaltung des Serversystems als Appletalk-Router. In Abschnitt 5.8.7 *Appletalk-Netzwerkrouter* ab Seite 312 erfahren Sie mehr zu wichtigen Grundlagen.

Installation von Appletalk und Routing

Einzige Voraussetzung der Einrichtung des Servers als Appletalk-Router ist die Installation des Appletalk-Protokolls. Die notwendigen Module für das Appletalk-Routing werden dabei gleich mit installiert.

Für das reine Appletalk-Routing werden die weiteren Systembestandteile der Apple Macintosh-Unterstützung, die Dienste für Datei- und SFM-Druckserver, nicht benötigt und brauchen deshalb auch nicht installiert zu werden.

Haben Sie bereits diese Dienste installiert und arbeitet Ihr Server möglicherweise bereits als Appletalk-Datei- oder-Druckserver, können Sie gleich mit der Aktivierung der Routingfunktionen fortfahren.

Installation Appletalk-Protokoll

Das Appletalk-Protokoll installieren Sie über die NETZWERK- UND DFÜ-VERBINDUNGEN. Klicken Sie mit der rechten Maustaste auf LAN-VERBINDUNG und öffnen Sie das Eigenschaften-Fenster. Klicken Sie dann auf INSTALLIEREN und in der folgenden Auswahl auf PROTOKOLL. Wählen Sie hier das APPLETALK-PROTOKOLL aus. SCHLIESSEN Sie danach das Eigenschaften-Fenster für die LAN-VERBINDUNG.

Achten Sie darauf, dass das Appletalk-Protokoll bei allen LAN-Verbindungen aktiviert ist, für die dieser Server als Router auftreten soll. Der Server wird bei einer LAN-Verbindung standardmäßig im Netzwerk angezeigt. Sie können dies auch für eine andere LAN-Verbindung einrichten, wenn Sie bei dieser die entsprechende Einstellung im Eigenschaften-Fenster für das Appletalk-Protokoll vornehmen. Dies ist jedoch nur dann von Bedeutung, wenn der Server gleichzeitig auch als MAC-Dateiserver arbeiten soll (siehe dazu auch Abschnitt 13.12 *Dateiserver für MAC-Clients einrichten* ab Seite 1101).

Installation als RRAS-Server

Der nächste Schritt ist die Aktivierung der Routingfunktionen an diesem Server. Wurde das Netzwerk-Routing noch nicht implementiert, gehen Sie vor, wie in Abschnitt *Neuinstallation über den*

Assistenten ab Seite 1096 beschrieben wird. Wählen Sie über den Assistenten für Routing und RAS die Grundkonfiguration LAN-ROUTING.

Ist der betreffende Server als Routing und RAS-Server (RRAS-Server) installiert und funktionsfähig, muss das Appletalk-Routing aktiviert werden. Gehen Sie dazu über das Kontextmenü zum Eintrag APPLETALK ROUTING und wählen Sie dort den entsprechenden Punkt.

Appletalk-Routing aktivieren

Appletalk-Seedrouter einrichten

Für das Routing in einem Appletalk-Netzwerk wird ein Seedrouter für jedes physikalische Netzwerk benötigt. Soll dieser Server als Seedrouter für alle angeschlossenen Netzwerke (LAN-Verbindungen) dienen, müssen Sie dies entsprechend konfigurieren. Doppelklicken Sie dazu auf jede betreffende LAN-Verbindung, um das Eigenschaften-Fenster zu öffnen.

Aktivieren Sie SEEDROUTING... und fügen Sie mindestens eine ZONE mit der Angabe des korrekten NETZWERKBEREICHS hinzu. Eine Zone muss als STANDARDZONE definiert werden. Nach Bestätigung der Angaben wird der Server sofort als Router für dieses Netzwerk aktiv.

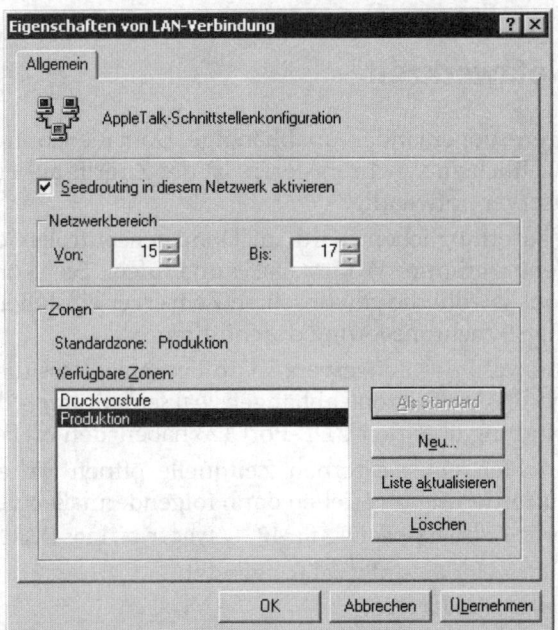

*Abbildung 13.140:
Seedrouting einrichten*

Jede Einrichtung und Aktivierung eines Seedrouters sowie Änderungen an dessen Konfiguration hat ein Reset der Netzwerkverbindungen aller angeschlossenen Apple Macintosh-Clients zur

Folge. Falls offene Netzwerkverbindungen zu einem Appletalk-Dateiserver bestanden haben, werden diese sofort beendet, was zu Datenverlusten führen kann.

Richten Sie auf die gleiche Art und Weise das Seedrouting für jede weitere LAN-Verbindung ein. Nach Abschluss dieser Einrichtung arbeitet der Server als Seedrouter für die betreffenden Netzwerke.

Nach der Neukonfiguration eines Appletalk-Routers müssen die Netzwerkverbindungen an den MAC-Clients über das Kontrollfeld Appletalk wiederhergestellt werden.

Abbildung 13.141:
Kontrollfeld Apple-
talk am Macintosh
unter MAC OS 9

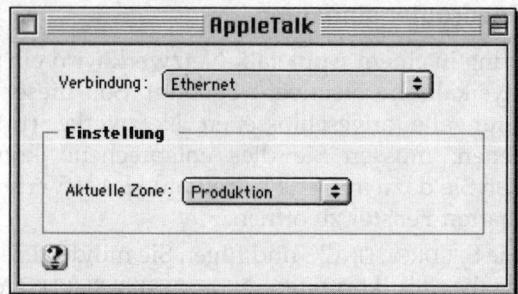

Haben Sie mehrere Zonen eingerichtet, können Sie hier die aktuelle Zone auswählen. Eingeblendet wird immer zuerst die Standardzone für dieses Netzwerk.

13.11 Netzwerkzeit

Um mehrere voneinander unabhängige Domänencontroller miteinander zeitlich zu synchronisieren, ist der Zugriff auf einen zentralen Zeitserver notwendig.

W32tm
Um dies zu ermöglichen, wird im Domänencontroller das Kommandzeilenprogramm W32TM.EXE aufgerufen. Sie können mit diesem Tool sowohl die gewünschten Zeitserver einstellen als auch die sofortige Synchronisierung durchführen.

Ports beachten
Bei der Auswahl des Zeitservers ist zu beachten, dass die gelieferten Daten von der Zeitzone abhängen. Außerdem muss der Server eine Verbindung über den UDP-Port 123 haben, den NTP benötigt.

Schrittfolge
Zum Einrichten einer externen Zeitquelle öffnen Sie eine neue Eingabeaufforderung und gehen dann folgendermaßen vor.

```
W32tm /config /manualpeerlist:<IP> /syncfromflags:MANUAL
```

Nun wird das Update-Interval festgesetzt:

```
W32tm /config /update
```

Falls die Synchronisierung sofort erfolgen soll, können Sie optional noch folgendes eingeben:

```
W32tm /resync
```

Jeder Schritt wird mit einer entsprechenden Erfolgsmeldung quittiert.

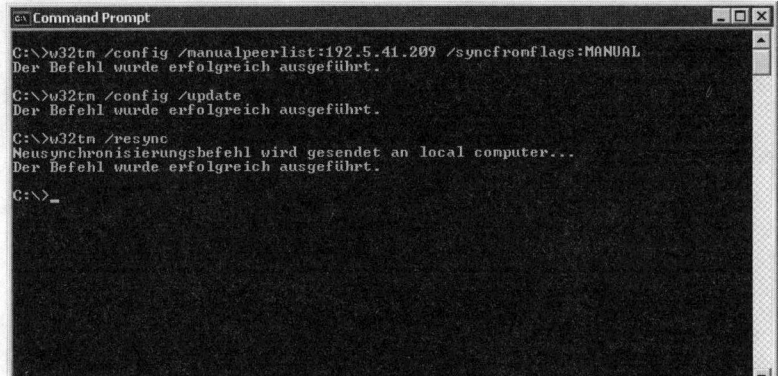

Abbildung 13.142:
Arbeitsweise der
Zeitsynchronisierung

Weitere Funktionen des Tools können Sie der Online-Hilfe entnehmen.

13.12 Dateiserver für MAC-Clients einrichten

Ein Serversystem unter Windows Server 2003 kann auch als Datei- **Grundlagen ab**
und Druckserver für Macintosh-Clients eingesetzt werden. In die- **Seite 276**
sem Abschnitt werden die Einrichtungsschritte behandelt, die zum
Einrichten des AFP-Dateiservers notwendig sind. Lesen Sie dazu
auch die weiterführenden Hinweise in Abschnitt *AFP-Dateiserver*
unter Windows Server 2003 ab Seite 276.

Für die Einrichtung von freigegebenen Verzeichnissen für Macintosh-Clients benötigen Sie NTFS-formatierte Volumes auf dem
Server.

Darüber hinaus lassen sich auch CD-Laufwerke (CDFS-Datei-
system) für den Zugriff durch Macintosh-Clients konfigurieren.

Weitere Informationen zur Einrichtung des Servers als Appletalk-
Druckserver finden Sie in Abschnitt 14.2.4 *Druckserver für Apple*
Macintosh-Clients ab Seite 1128.

13.12.1 Installation des AFP-Dateiservers

Die Installation der Dateiserverdienste für Macintosh-Clients, auch
AFP-Dateiserver genannt (von *Apple Filing Protocol*), nehmen Sie
über das Applet SOFTWARE in der *Systemsteuerung* vor. Gehen Sie
hier über die Option WINDOWS KOMPONENTEN HINZUFÜGEN/ENT-
FERNEN. In der Komponentenliste aktivieren Sie den Eintrag WEI-
TERE DATEI- UND DRUCKDIENSTE FÜR DAS NETZWERK und klicken
auf WEITER. Wählen Sie im nächsten Dialogfenster DATEIDIENSTE

FÜR MACINTOSH aus und bestätigen Sie mit Klick auf die Schaltfläche OK.

Abbildung 13.143:
Auswahl der DATEI-
DIENSTE FÜR MACIN-
TOSH

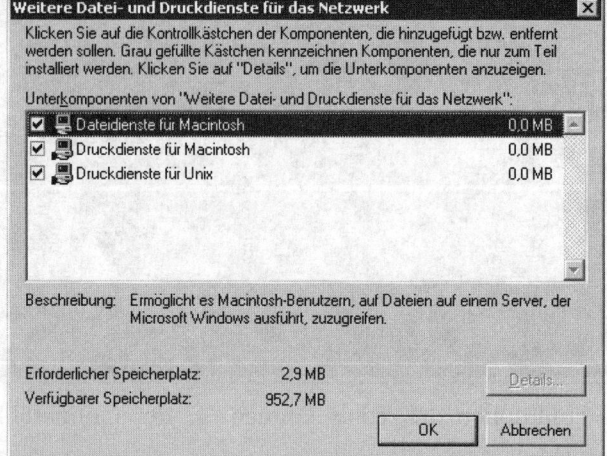

Nach dem Kopieren der erforderlichen Dateien stehen die Macintosh-Dateidienste sofort zur Verfügung. Ein Neustart ist nicht erforderlich. Das Appletalk-Protokoll wird dabei, wenn es noch nicht verfügbar sein sollte, installiert und auf allen Netzwerkadaptern bereitgestellt.

Mehrere Subnetze Sind in Ihrem Netzwerk mehrere Subnetze eingerichtet, sollten Sie die weiterführenden Hinweise in Abschnitt 13.10.7 *Einrichten eines Appletalk-Routers* ab Seite 1098 beachten.

13.12.2 Netzwerkfreigaben einrichten

Die Dateiserverfunktionen für Macintosh-Clients sind unter Windows Server 2003 leider nicht vollständig in die normalen Verwaltungsinstrumente integriert. So finden Sie im Eigenschaften-Fenster eines Verzeichnisses keine Möglichkeit, eine Freigabe für Macintosh-Clients einzurichten.

Abbildung 13.144:
Eine Freigabe für
Windows- und
MAC-Clients für
denselben Ordner

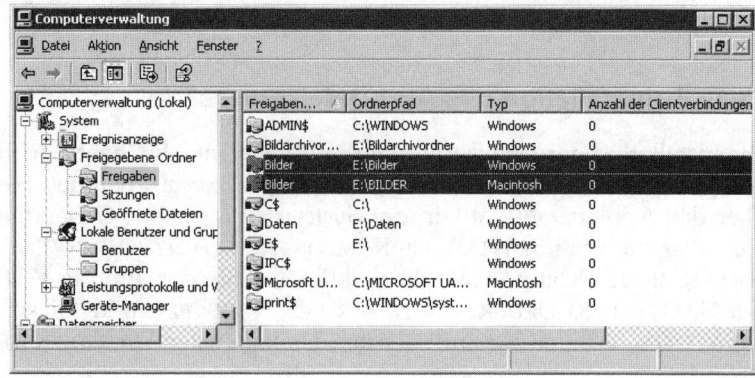

Sie können dies aber über den Ordnerfreigabe-Assistenten einrichten. Das Vorgehen dazu wird in Abschnitt 11.14 *Freigaben für Ordner einrichten* ab Seite 775 beschrieben.

Ordnerfreigabe-Assistent

Nach der Einrichtung einer neuen Freigabe existieren die für die MAC-Clients parallel zu denen für die Windows-Clients. Wollen Sie eine Freigabe eines Ordners zurücknehmen, denken Sie daran, die MAC-Freigabe gegebenenfalls manuell zu löschen.

Vordefinierte Freigabe MICROSOFT UAM-DATENTRÄGER

Eine Freigabe wird mit der Installation der Macintosh-Dateidienste bereits eingerichtet: MICROSOFT UAM-DATENTRÄGER. Hier finden Sie ein Installationsprogramm für das Microsoft *User Authentication Module* (UAM) vor, mit dem sich der Zugang im Netzwerk über verschlüsselte Kennwörter realisieren lässt. Führen Sie dieses Installationsprogramm nach dem Herstellen der Verbindung zu diesem Datenträger auf den Macintosh-Clients aus. Die weiteren Einrichtungsschritte werden im Abschnitt *Installation der Microsoft-UAM* ab Seite 1110 behandelt.

User Authentication Module

Eigenschaften von Freigaben ändern

Das Eigenschaften-Fenster öffnen Sie über das Kontextmenü der betreffenden Freigabe im Snap-In *Freigaben*.

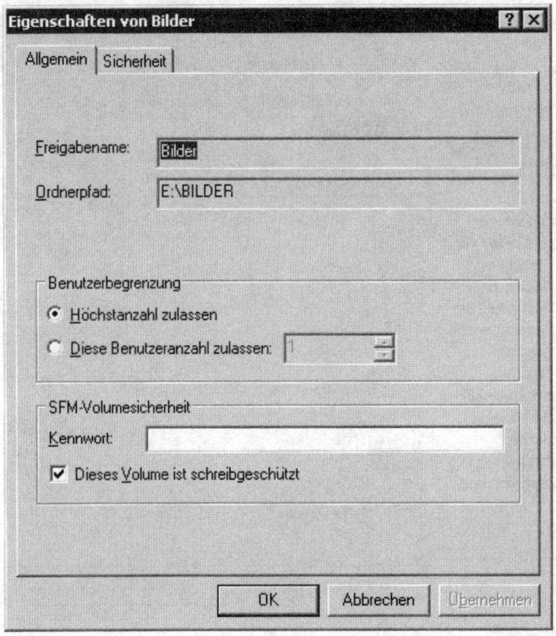

Abbildung 13.145: Eigenschaften-Fenster einer Freigabe für Macintosh-Clients

Hier lassen sich die folgenden zusätzlichen Optionen einrichten:

Maximale Benut-
zeranzahl
- BENUTZERANZAHL

  Sie können die maximale Anzahl von Benutzern, die auf diese Netzwerkfreigabe gleichzeitig zugreifen können, beschränken. Vorgabe ist die gemäß Ihrem Lizenzvertrag mit Microsoft abgeschlossene maximale Benutzerzahl.

Sicherheit
- SFM-VOLUMESICHERHEIT

  Sie können ein zusätzliches Kennwort für den Zugriff auf das Verzeichnis einrichten. Dieses ist auch unter MAC OS möglich und wird gern genutzt, sodass für den Zugriff durch Macintosh-Benutzer, die vielleicht sonst nur über einen Gastzugang auf den Server zugreifen, eine minimale Sicherheit eingerichtet ist.

Schreibschutz
Aus Sicherheitsgründen ist übrigens standardmäßig der Schreibschutz für MAC-Freigaben aktiviert.

13.12.3 Konfiguration des AFP-Dateiservers

Die Macintosh-Dateiservices können Sie weiter an Ihre Bedürfnisse anpassen. Öffnen Sie dazu die Managementkonsole *Computerverwaltung* und öffnen Sie das entsprechende Eigenschaften-Fenster über den Punkt DATEISERVER FÜR MACINTOSH KONFIGURIEREN des Kontextmenüs zu SYSTEM | FREIGEGEBENE ORDNER.

Abbildung 13.146:
Eigenschaften des
AFP-Dateiservers
ändern

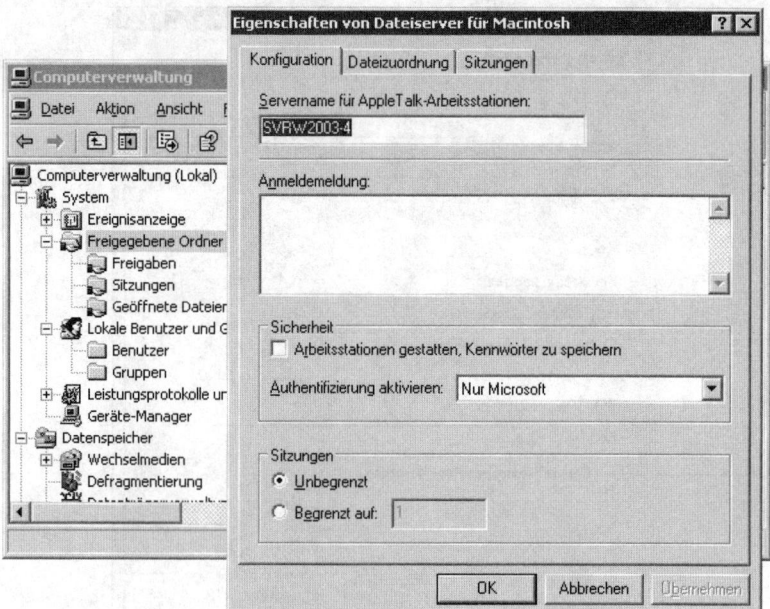

Diese Optionen stehen für die Einstellung des Verhaltens des AFP-Dateiservers im Netzwerk zur Verfügung:

- Registerkarte KONFIGURATION:
  - SERVERNAME

    Sie können für die Anzeige im Appletalk-Netzwerk einen anderen, vielleicht eindeutigeren Servernamen vergeben.

    Beachten Sie allerdings, dass dieser Name keine Gültigkeit in einer reinen TCP/IP-Umgebung hat und auch nicht durch den DNS-Server aufgelöst werden kann.
  - ANMELDEMELDUNG

    Sie können einen kurzen Begrüßungstext eintragen, den jeder Macintosh-Client nach erfolgreicher Anmeldung erhält.
  - SICHERHEIT

    Hier können Sie über AUTHENTIFIZIERUNG AKTIVIEREN auswählen, welche UAMs dieser Server unterstützen soll.

    Legen Sie immer nur eine UAM fest. Damit werden die Anwender nicht durch die Rückfrage belästigt, welche UAM sie gern einsetzen würden (siehe Abbildung 13.148 auf Seite 1106).

    Die Speicherung der Kennwörter auf den Macintosh-Clients ist aus Sicherheitsgründen generell nicht zu empfehlen.
  - SITZUNGEN

    Sie können die maximale Anzahl gleichzeitiger Sitzungen auf dem Server einschränken.
- Dateizuordnung

  Sie können in dieser Registerkarte die Zuordnungen von Dateitypen zu den Ressourceneinträgen des MAC OS beeinflussen.
- Sitzungen

  Sie sehen, wie viele Sitzungen offen und welche Dateien derzeit in Benutzung sind. Sie können in dieser Registerkarte auch eine Meldung an alle angemeldeten Macintosh-Clients versenden.

13.12.4 Konfiguration der Mac-Clients unter MAC OS 9

Dieser Abschnitt widmet sich den wichtigsten Einstellungen, die Sie am Macintosh-Client unter MAC OS 9 vornehmen können, um die Kommunikation mit einem Server unter Windows Server 2003 möglichst optimal zu gestalten. Arbeiten Sie mit MAC OS X, finden Sie weiterführende Informationen in Abschnitt 13.12.5 *Konfiguration der Mac-Clients unter MAC OS X* ab Seite 1110.

Appletalk-Protokolleinstellungen und Zonen am Macintosh

Standardmäßig wird unter MAC OS 9 das Appletalk-Protokoll verwendet. Über das APFELMENÜ|KONTROLLFELDER können Sie das APPLETALK-KONTROLLFELD öffnen, um die Zuordnung des Appletalk-Protokolls zur Ethernet-Schnittstelle festzulegen.

Abbildung 13.147:
Kontrollfeld Apple-
talk

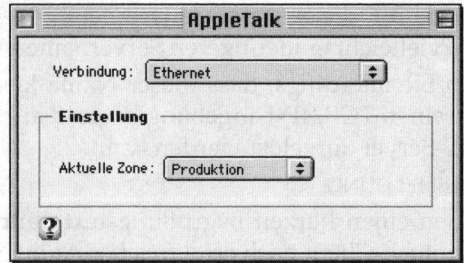

Auswahl der
Standard-Zone

Verfügt Ihr Netzwerk über mehrere Appletalk-Zonen, können Sie hier die Standardzone festlegen, unter der sich der betreffende Macintosh »melden« soll. Dabei stehen nur jene Zonen zur Auswahl, die für das gleiche Subnetz definiert worden sind.

Zugriff auf einen
AFP-Server

Für den Zugriff auf einen AFP-Server benutzen Sie wie am Macintosh gewohnt das Programm *Auswahl*. Dabei werden über Klick auf APPLESHARE alle AFP-Server angezeigt, die sich im selben Netzwerk oder, falls Zonen eingerichtet sind, in derselben Zone wie der Macintosh-Client befinden.

Im linken unteren Abschnitt in der Auswahl werden alle verfügbaren Zonen aufgelistet. Klicken Sie die Zone an, in der sich der Netzwerkserver befindet, zu dem Sie eine Verbindung herstellen wollen. Mit Doppelklick auf den Server werden nach der ersten Verbindungsaufnahme die verfügbaren UAMs zur Auswahl angeboten.

Abbildung 13.148:
Auswahl der ver-
fügbaren UAMs

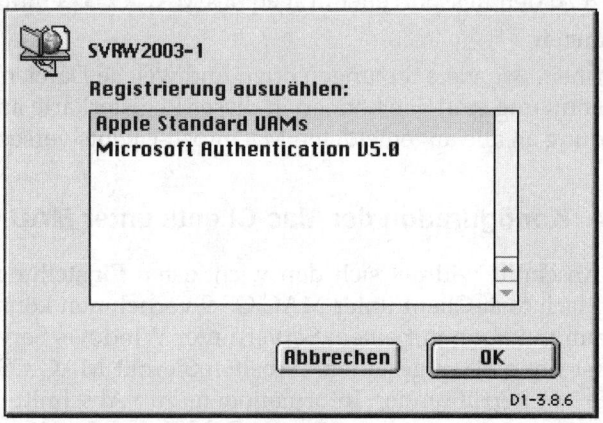

Wenn Sie für eine sichere Authentifizierung mit einem verschlüsselten Kennwort die Microsoft-UAM wählen, bekommen Sie ein entsprechendes Windows-Anmelde-Dialogfenster. Anderenfalls wird nur das unter MAC OS bekannte Standard-Anmeldefenster angezeigt. Lesen Sie auf Seite 1105, wie Sie die Beschränkung auf eine einzige UAM einrichten können.

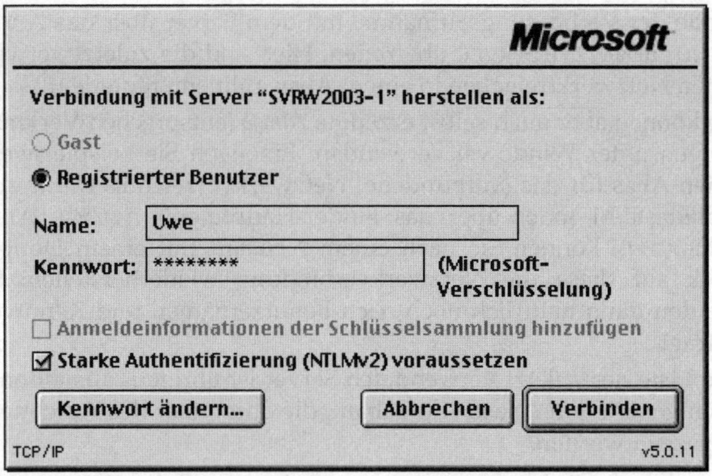

Abbildung 13.149:
Anmeldedialog mit
der Microsoft-UAM

Microsoft

Verbindung mit Server "SVRW2003-1" herstellen als:

○ Gast
● **Registrierter Benutzer**

Name: `Uwe`

Kennwort: `********` **(Microsoft-Verschlüsselung)**

☐ Anmeldeinformationen der Schlüsselsammlung hinzufügen
☑ **Starke Authentifizierung (NTLMv2) voraussetzen**

[Kennwort ändern...]   [Abbrechen]   [**Verbinden**]

TCP/IP   v5.0.11

Geben Sie hier Ihren Anmeldenamen und das Kennwort ein. Für die Anmeldung an einer bestimmten Domäne geben Sie den Benutzernamen in der Form <benutzername>@<domänenname> ein:

`joergk@comzept-gmbh.de`   **Beispiel**

Nach erfolgreicher Authentifizierung am Server werden die Netzwerk-Freigaben (»Server Volumes«) angezeigt. Hier können Sie jene auswählen, zu denen noch keine Verbindung besteht. Beachten Sie allerdings, dass ein automatisches Wiederherstellen der Verbindung nach dem Neustart des MACs (aktiviertes Kästchen hinter dem Freigabenamen) mit Verwendung der Microsoft-UAM nicht möglich ist.

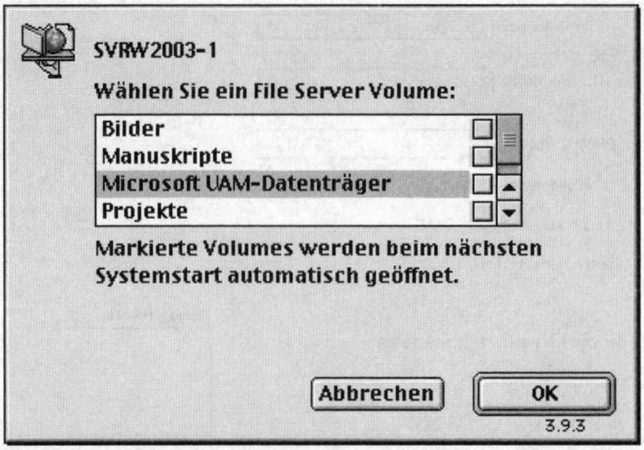

Abbildung 13.150:
Auswahl der Netz-
werkfreigaben des
Servers

SVRW2003-1

Wählen Sie ein File Server Volume:

Bilder	☐
Manuskripte	☐
Microsoft UAM-Datenträger	☐
Projekte	☐

Markierte Volumes werden beim nächsten Systemstart automatisch geöffnet.

[Abbrechen]   [OK]

3.9.3

Wird die automatische Verbindungswiederherstellung mit Serverfreigaben gewünscht und spielt die Verwendung verschlüsselt übertragener Kennwörter im Netzwerk keine Rolle, sollten Sie die Apple Standard-UAM zum Anmelden verwenden.

Benötigen Sie allerdings die Verschlüsselung der Kennwörter, können Sie den MAC-Benutzer vielleicht auch zur bequemen Me-   **Liste der zuletzt verwendeten Server**

thode der Verbindungsaufnahme mit dem Server über das APFEL-MENÜ | BENUTZTE SERVER überreden. Hier sind die zuletzt verwendeten Netzwerkfreigaben in einem Auswahlmenü hinterlegt.

Alias

Sie können aber auch selbst erzeugte *Aliase* (entsprechen Verknüpfungen unter Windows) verwenden. Erzeugen Sie beispielsweise einen Alias für das (verbundene) Netzwerkverzeichnis *Daten* über Apfeltaste-M (oder über das Finder-Hauptmenü ABLAGE | ALIAS ERZEUGEN), können Sie nach einem Neustart mit einem Doppelklick auf diese die Netzwerkverbindung wiederherstellen. Sie werden dann natürlich noch nach Benutzernamen und Kennwort gefragt.

Die Liste der zuletzt verwendeten Server ist übrigens aus automatisch generierten Aliasen aufgebaut, die dann über das Apfelmenü angezeigt werden.

TCP/IP-Einstellungen

Die Einstellungen für das Protokoll TCP/IP treffen Sie am Macintosh-Client im gleichnamigen Kontrollfeld, welches Sie über das APFELMENÜ | KONTROLLFELDER öffnen können.

DHCP

Sie können am Macintosh-Client auch DHCP verwenden, um die IP-Adressvergabe stark zu vereinfachen. Lesen Sie dazu auch die Hinweise in Abschnitt 13.1 *DHCP einrichten und verwalten* ab Seite 933, wenn Sie einen Server unter Windows Server 2003 mit dieser Aufgabe betrauen wollen.

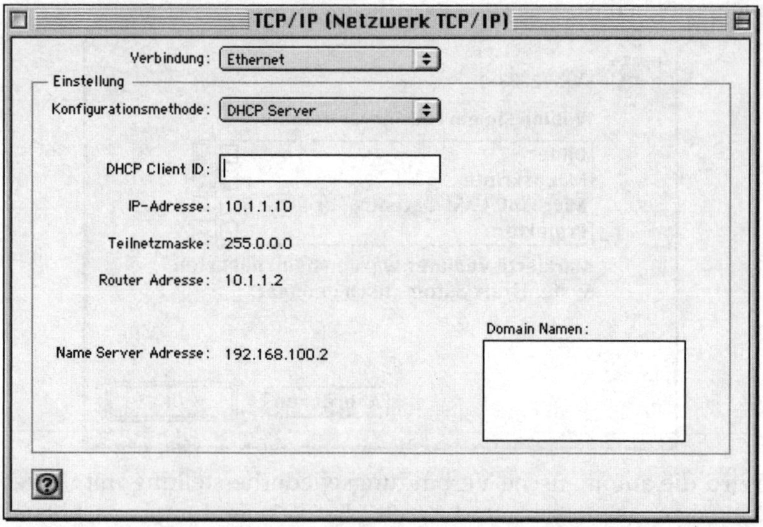

Abbildung 13.151:
Kontrollfeld TCP/IP

Appletalk und TCP/IP verwenden oder...

Die richtige Konfiguration und Verwendung von TCP/IP auf den Macintosh-Clients lohnt sich, da über dieses Protokoll im Gegensatz zu Appletalk erst hohe Datenübertragungsraten realisierbar sind. Es macht auch die gemeinsame Verwendung mit Appletalk Sinn. Dieses Protokoll wird dann nur für die Anzeige des Servers im Programm *Auswahl* verwendet. Bei der Verbindungsaufnahme mit dem betreffenden Server erfolgt automatisch die Umschaltung auf das schnellere TCP/IP-Protokoll.

Aber auch die alleinige Verwendung von TCP/IP kann zusammen mit Macintosh–Clients realisiert werden. Das kann durchaus in Bereichen notwendig sein, wo keine anderen Protokolle erwünscht beziehungsweise zugelassen sind. Deinstallieren Sie dazu das Appletalk-Protokoll am Server über die NETZWERKUMGEBUNG.

...nur TCP/IP

Beachten Sie, dass trotzdem die Macintosh-Dateiservices installiert sein müssen. Nur mit diesen kann die AFP-Dateiserverfunktionalität unter Windows Server 2003 bereitgestellt werden.

Die Appletalk-Routingfunktionen werden allerdings dann nicht benötigt, um Subnetze miteinander zu verbinden. Der Macintosh-Client greift auf die Subnetze wie jeder andere dann über die IP-Routingtabellen zu.

Routing nur noch über TCP/IP

Die Verbindungsaufnahme mit einem Server gestaltet sich etwas umständlicher, da im Programm *Auswahl* die Server nicht mehr angezeigt werden, sondern der Hostname oder die IP-Adresse des gewünschten Servers manuell eingetragen werden müssen.

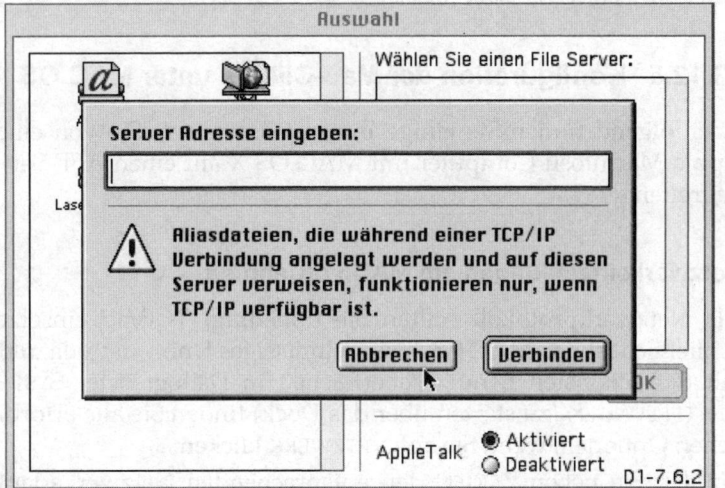

Abbildung 13.152: Eingabe des Hostnamens oder der IP-Adresse im Programm AUSWAHL

Nach einer einmal geglückten Verbindungsaufnahme mit einem Server können Sie aber für eine bequeme Wiederherstellung der Netzwerklaufwerke wieder Aliase anlegen oder greifen auf das Menü der zuletzt benutzten Server zurück (siehe vorhergehender Abschnitt).

Installation der Microsoft-UAM

Die mit Windows Server 2003 gelieferte Microsoft-UAM können Sie auf einem Apple Macintosh Client installieren, indem Sie sich von diesem am Server zunächst mit der Apple Standard UAM anmelden und das Server Volume MICROSOFT UAM-DATENTRÄGER (siehe auch Seite 1103) auswählen. Hier ist das UAM-Installationsprogramm zu finden, welches Sie mit Doppelklick starten.

Abbildung 13.153:
Der MICROSOFT
UAM-DATENTRÄGER

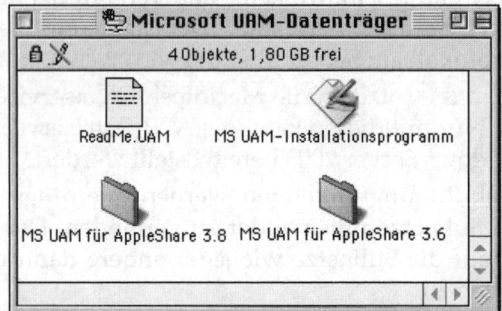

Abhängig von Ihrer auf dem MAC installierten Betriebssystemversion installiert das Programm automatisch die richtige UAM-Appleshare-Erweiterung. Diese wird am MAC hier abgelegt:

`Systemordner/AppleShare Ordner`

13.12.5 Konfiguration der Mac-Clients unter MAC OS X

Nachfolgend finden Sie einige Informationen, wie Sie von einem Apple Macintosh Computer mit MAC OS X auf einen AFP-Server zugreifen.

Netzwerkeinstellungen am MAC vornehmen

Als Netzwerkprotokoll sollten Sie unbedingt TCP/IP einsetzen. Schließlich ist das MAC OS X ein reinrassiges Unix – und dazu das mit der schönsten Benutzeroberfläche. Im Dialogfenster SYSTEM-EINSTELLUNGEN (zu starten über das Dock) finden Sie alle erforderlichen Optionen, wenn Sie auf NETZWERK klicken.

TCP/IP

Wählen Sie neben ZEIGEN den entsprechenden Netzwerkadapter aus. In der Registerkarte TCP/IP können Sie dann die Konfiguration auf DHCP oder MANUELL umstellen und die Optionen wie IP-Adresse etc. eintragen. Abschließend klicken Sie auf JETZT AKTIVIEREN. Vorgenommene Änderungen werden dann sofort wirksam. Ein Neustart ist nicht erforderlich.

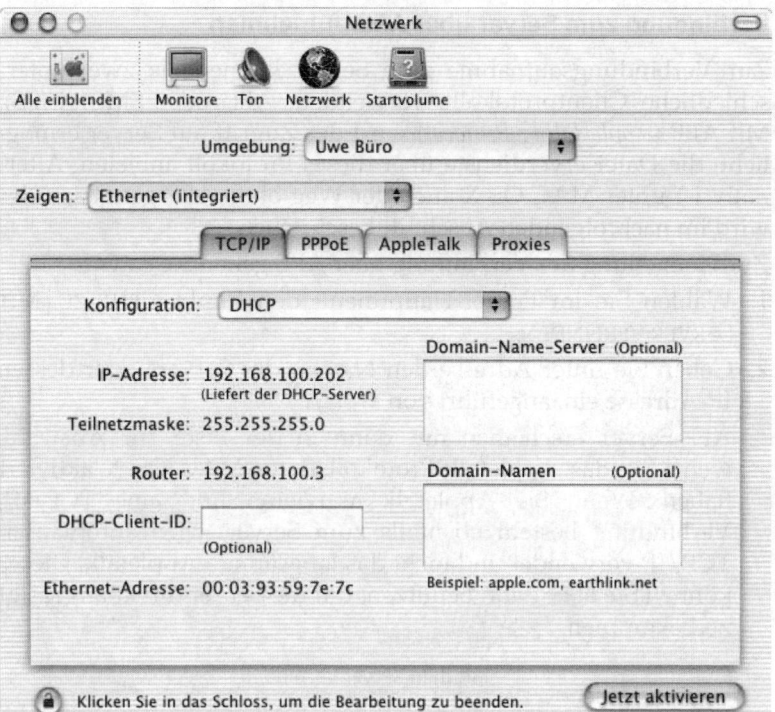

Zusätzlich können Sie das Appletalk-Protokoll verwenden. Dieses **Appletalk** finden Sie ebenfalls hier unter einer eigenen Registerkarte. Das Protokoll ist standardmäßig deaktiviert. Ähnlich wie unter MAC OS 9 können Sie nach Aktivierung eine Standardzone auswählen (siehe Abschnitt *Appletalk-Protokolleinstellungen und Zonen am Macintosh* ab Seite 1105).

Sie sollten das Appletalk-Protokoll nur dann einsetzen, wenn die Verwendung von TCP/IP nicht möglich ist. Gegenüber TCP/IP ist das Protokoll deutlich langsamer. Allerdings können Sie zusätzlich Appletalk aktivieren, um komfortabler nach AFP-Servern browsen zu können (siehe Abschnitt *Verbindung zum Server über AFP aufnehmen* weiter unten).

Installation des Microsoft-UAM für MAC OS X

Für MAC OS X stellt Microsoft ebenfalls eine UAM bereit (siehe auch Abschnitt 5.7.2 *AppleTalk und die Macintosh-Services* ab Seite 275). Diese erhalten Sie über die folgende Website:

`http://www.microsoft.com/mac/downloads.aspx`

Nach der Installation der UAM können Sie über MAC OS X die NTLMv2-Verschlüsselung bei der Übertragung der Anmeldedaten einsetzen.

Verbindung zum Server über AFP aufnehmen

Zur Verbindungsaufnahme zum Server können Sie zwei unterschiedliche Clientprotokolle verwenden: AFP oder SMB (CIFS). Mit AFP (*Apple Filing Protocol*) wird der Zugriff auf Server ermöglicht, die Dateiserverdienste über dieses Protokoll anbieten. Alternativ ist unter MAC OS X auch der Weg ohne AFP gangbar. Dies wird im nachfolgenden Abschnitt beschrieben.

Zur Herstellung der Verbindung über AFP gehen Sie so vor:

1. Wählen Sie im Finder-Hauptmenü den Punkt GEHE ZU | MIT SERVER VERBINDEN.

2. Geben Sie unter Adresse den Namen des Servers oder dessen IP-Adresse ein, angeführt von `afp://`.

AFP-Server erscheinen nur dann in der Liste zur Auswahl, wenn Sie das Appletalk-Protokoll unter MAC OS X aktiviert haben. Wenn Sie Appletalk aktivieren und eine TCP/IP-Verbindung besteht ebenfalls zum Server, wird automatisch TCP/IP verwendet und nicht das langsamere Appletalk. Dieses können Sie aber dann benutzen, um die Server direkt angezeigt zu bekommen.

Abbildung 13.155:
Verbindung zum
Server über AFP
aufnehmen

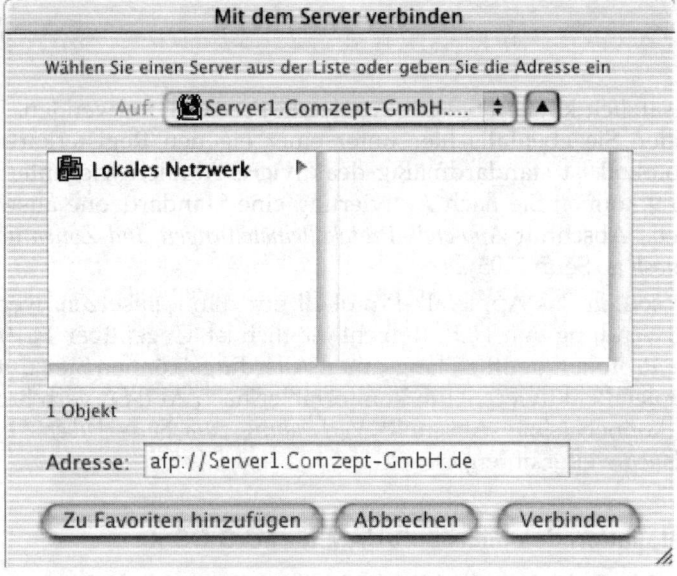

Favoriten

Wenn Sie auf die Schaltfläche ZU FAVORITEN HINZUFÜGEN klicken, wird die Adresszeile als neuer Eintrag in die Liste der Favoriten übernommen und steht dann dort zur Auswahl.

3. Geben Sie danach Ihren Anmeldenamen und das Kennwort ein. Bei Verwendung der Microsoft-UAM können Sie den Netzwerktransport durch NTLMv2-Verschlüsselung schützen.

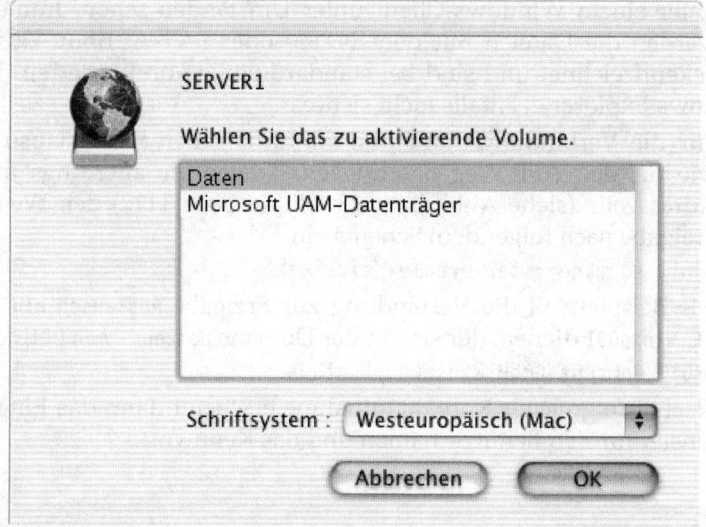

*Abbildung 13.156:
Eingabe von Benut-
zernamen und Kenn-
wort bei Nutzung der
Microsoft-UAM*

Für die Anmeldung an einer bestimmten Domäne geben Sie den Benutzernamen in der folgenden Form ein:

`<benutzername>@<domänenname>`

4. Nach erfolgreicher Authentifizierung am Server werden die Netzwerk-Freigaben angezeigt. Hier können Sie jene auswählen, zu denen noch keine Verbindung besteht. Standardmäßig finden Sie hier auch den MICROSOFT UAM-DATENTRÄGER vor. Dieser enthält allerdings nur die mit Windows Server 2003 mitgelieferten UAMs für MAC OS 8/9 und ist damit für den Einsatz von MAC OS X als Client ohne Bedeutung.

*Abbildung 13.157:
Auswahl der Freiga-
ben auf dem Server*

Nach der erfolgreichen Verbindungsaufnahme steht der freigegebene Netzwerkordner als Symbol auf dem Schreibtisch (Desktop) zur Verfügung. Um die Verbindung zu beenden, wählen Sie aus dem Kontextmenü (Ctrl+Maustaste oder rechte Maustaste) den Punkt AUSWERFEN oder ziehen das Symbol auf den Papierkorb.

Verbindung zum Server über SMB aufnehmen

Mit MAC OS X können Sie über das SMB-Protokoll (*Server Message Block*) ebenfalls auf Windows-Computer zugreifen. Dazu wird nicht einmal AFP benötigt, da schließlich das Microsoft-eigene Protokoll verwendet wird. Genaugenommen handelt es sich dabei um den Nachfolger CIFS (*Common Internet File System*), der sich von SMB im Grunde aber nur im Namen unterscheidet.

Vorteil: Beliebige Windows-PCs

Der Hauptvorteil bei der Nutzung dieses Protokolls besteht darin, dass Sie Verbindung zu beliebigen Windows-PCs aufnehmen können. Voraussetzung ist lediglich, dass eine entsprechende Freigabe existiert.

Nachteil: Ressourcenzweige

Nachteilig ist allerdings, dass MAC OS X für jede Datei zwei Dateien im Dateisystem anlegt: eine mit den Daten, die andere mit dem Ressourceteil. Dieser ist bei Nutzung von AFP auf dem Server nicht sichtbar, da hier serverseitig eine spezielle Funktion des Dateisystems NTFS benutzt wird (siehe Abschnitt *Mehrere Datenströme pro Datei* ab Seite 156). MAC OS X verwaltet auf SMB-Freigaben diese Ressourcen selbst und legt dazu zu jeder Datei eine zweite an, die 1 KByte groß ist und mit dem gleichen Namen und zusätzlich einem führenden Punkt gekennzeichnet ist. Zu einer Datei BEISPIEL.TXT findet sich so immer auch eine Datei .BEISPIEL.TXT. Unter MAC OS X ist dies nicht sichtbar – allerdings unter einem Windows-Client unter Umständen schon. Immerhin werden die Dateien mit dem NTFS- oder FAT-Attribut *Versteckt* gekennzeichnet und sind bei standardmäßig konfiguriertem Windows Explorer ebenfalls nicht sichtbar.

Verbindungsaufnahme

Für die Verbindungsaufnahme via SMB gehen Sie genauso vor, wie für den AFP-Weg beschrieben. Tragen Sie allerdings in die Adresszeile (siehe Abbildung 13.155 auf Seite 1112) den Weg zur Freigabe nach folgendem Schema ein:

```
smb://<domäne>;<servername>/<freigabe>
```

Als Beispiel soll die Verbindung zur Freigabe Austausch auf dem PC Winxp001 dienen, der sich in der Domäne Comzept-gmbh befindet:

```
smb://Comzept-GmbH;Winxp001/Austausch
```

Nach erfolgreicher Kontaktaufnahme erscheint dann das Eingabefenster für den Benutzernamen und das Kennwort.

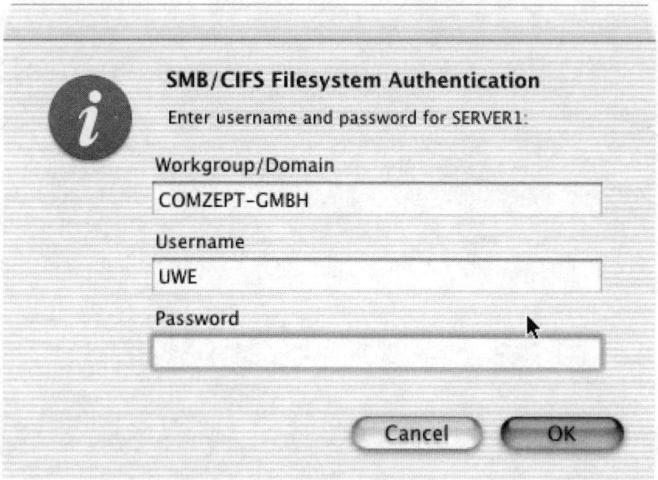

SMB/CIFS Filesystem Authentication

Enter username and password for SERVER1:

Workgroup/Domain

COMZEPT-GMBH

Username

UWE

Password

Cancel   OK

Abbildung 13.158: Eingabe von Benutzernamen und Kennwort für den Zugriff auf eine Freigabe auf einem Windows-PC

Sie können dabei zwischen der Anmeldung an einem Domänen-Konto oder einem lokalen Konto wählen. Wollen Sie sich nur mit dem lokalen Benutzerkonto an einem PC anmelden, tragen Sie unter WORKGROUP/DOMAIN den entsprechenden Computernamen ein.

14

Drucker einrichten und verwalten

Dieses Kapitel beschäftigt sich mit dem Einrichten und Verwalten der Druckserverfunktionen von Windows Server 2003. Zuvor finden Sie Informationen, wie Sie Netzwerkdrucker vom Server aus ansteuern.

Inhaltsübersicht Kapitel 14

14.1 Netzwerk-Drucksysteme installieren

In diesem Abschnitt wird die Anbindung von Drucksystemen an einen Server behandelt, welche über eine Netzwerkschnittstelle verfügen. Über lokale Schnittstellen angesprochene Drucker werden nicht weiter betrachtet. Die Installation solcher Systeme ist vergleichsweise trivial und wird in unseren Bücher *Windows 2000 im professionellen Einsatz* und *Windows XP Professional* näher betrachtet.

14.1.1 TCP/IP-Druckansteuerung

Für die Ansteuerung von Netzwerkdrucksystemen über das Protokoll TCP/IP stehen hauptsächlich die im Folgenden beschriebenen zwei Verfahren zur Verfügung.

Standard-TCP/IP-Drucksysteme einbinden

Der *Standard-TCP/IP-Port Monitor* (SPM) wird gemeinsam mit dem Netzwerkprotokoll TCP/IP installiert und steht damit direkt zur Verfügung. Gehen Sie folgendermaßen vor, um einen Drucker über diesen Port anzubinden:

1. Öffnen Sie das Fenster DRUCKER UND FAXGERÄTE und klicken Sie auf DRUCKER HINZUFÜGEN.

2. Wählen Sie im dann folgenden Dialogfenster LOKALER DRUCKER aus (obwohl Sie eigentlich einen Netzwerkdrucker installieren wollen).

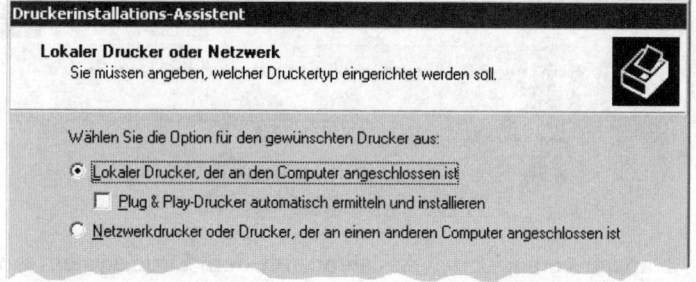

Abbildung 14.1:
Lokaler Drucker
auswählen

Achten Sie darauf, dass das Kontrollkästchen PLUG&PLAY-DRUCKER AUTOMATISCH ERMITTELN UND INSTALLIEREN deaktiviert ist. Anderenfalls wird über die Plug&Play-Mechanismen nach neuen Druckern gesucht und die Dauer des Vorgangs unnötig verlängert.

3. Im dann folgenden Dialogfenster für die Anschlussauswahl aktivieren Sie die Option EINEN NEUEN ANSCHLUSS ERSTELLEN und wählen dort den STANDARD TCP/IP-PORT aus.

Abbildung 14.2:
Auswahl des Stan-
dard-TCP/IP-Ports

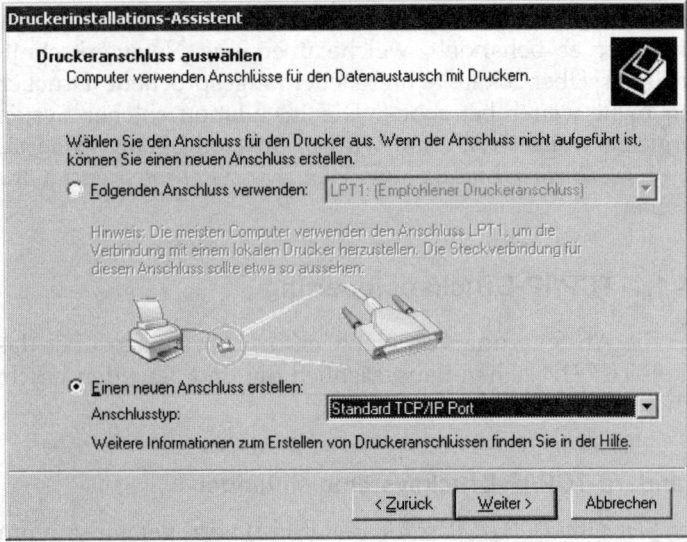

4. Geben Sie im ersten Eingabefeld den Hostnamen oder die IP-Adresse des Drucksystems an. Wird vom Hersteller des Systems nicht explizit ein PORTNAME angegeben, lassen Sie das zweite Eingabefeld unberührt. Hier trägt der Assistent einen Standardnamen ein, der in der Regel auch für den Drucker gültig ist.

Abbildung 14.3:
Angabe von Drucker
und Portname

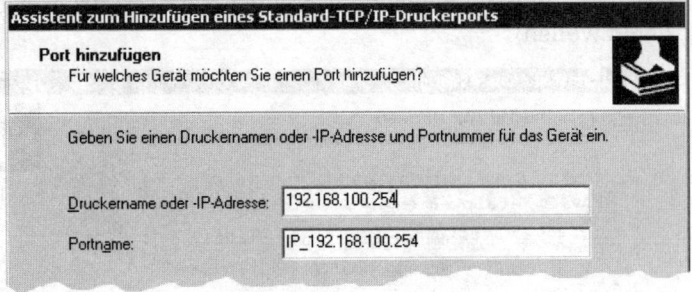

Danach versucht der Assistent, mit dem Drucksystem Kontakt aufzunehmen. Gelingt dies, ist damit die Einbindung meist schon fertig.

Verbindung
misslungen

Wird kein entsprechender Netzwerkdrucker gefunden, erfolgen eine Fehlermeldung und die Möglichkeit, eine entsprechende Drucker-Netzwerkkarte manuell aus der Liste der mitgelieferten Treiber auszuwählen oder per Hand in die Konfiguration einzugreifen.

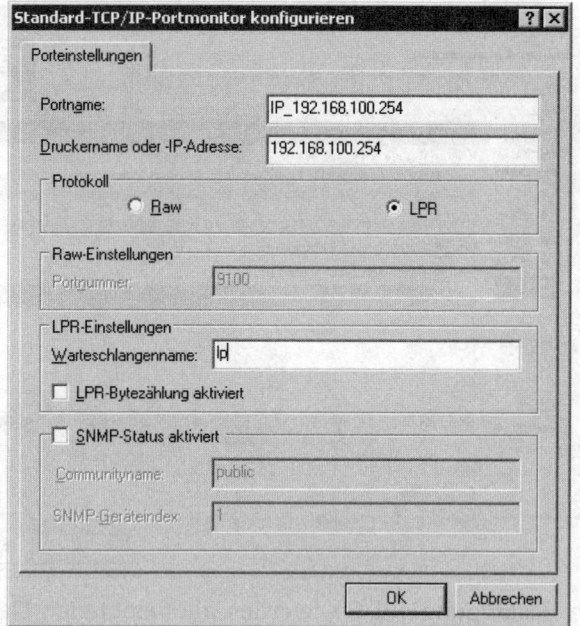

Abbildung 14.4:
Manuelle Konfigu-
ration des SPM; hier
mit Einrichtung
eines Druckers über
LPR

Über dieses Dialogfenster können Sie auch einen ganz normalen LPD-Druckserver ansteuern. Aktivieren Sie dazu das Kontrollkästchen LPR und tragen Sie den Warteschlangennamen im gleichnamigen Feld ein.

LPR-Drucker einbinden

Neben dem moderneren und flexibleren SPM unterstützt Windows Server 2003 einen einfachen LPR-Anschlussport. Dieser muss nachträglich installiert werden. Er ist zentraler Bestandteil der Unix-Druckdienste für Windows Server 2003. Gehen Sie zu deren Installation wie folgt vor:

Unix-Druckdienste installieren

1. Öffnen Sie das Fenster NETZWERKVERBINDUNGEN. Über das Hauptmenü ERWEITERT | OPTIONALE NETZWERKKOMPONENTEN können Sie dann weitere Dienste für den Netzwerkbetrieb installieren.

2. Im folgenden Auswahlfenster WINDOWS-KOMPONENTEN aktivieren Sie WEITERE DATEI- UND DRUCKDIENSTE FÜR DAS NETZWERK und klicken auf DETAILS.

Abbildung 14.5:
Aktivieren der
Druckdienste für
Unix

Nach Bestätigung auf OK werden alle benötigten Dateien kopiert. Danach steht der LPR-Port direkt ohne Neustart zur Verfügung.

LPR-Drucker
installieren

Bei einem über den LPR-Port angebundenen Drucker eines fremden Hosts wird der Druckjob direkt an dessen Spooler übergeben. Danach erfolgt die Verwaltung des Jobs dort. Der Windows Spooler hat keine Kontrolle mehr darüber.

Zum Installieren eines solchen Druckers gehen Sie so vor:

1. Klicken sie auf NEUER DRUCKER im Fenster DRUCKER UND FAXGERÄTE.

2. Wichtig ist, dass Sie im nächsten Dialogfenster LOKALER DRUCKER angeben und das Kontrollkästchen für die automatische Druckererkennung deaktivieren.

3. Wählen Sie dann im Dialogfenster DRUCKERANSCHLUSS AUSWÄHLEN den LPR-Port aus.

4. Geben Sie danach die IP-Adresse oder den Namen des Hosts ein, der den Port bereitstellt. Darunter tragen Sie den Namen der Druckwarteschlange auf diesem Server ein.

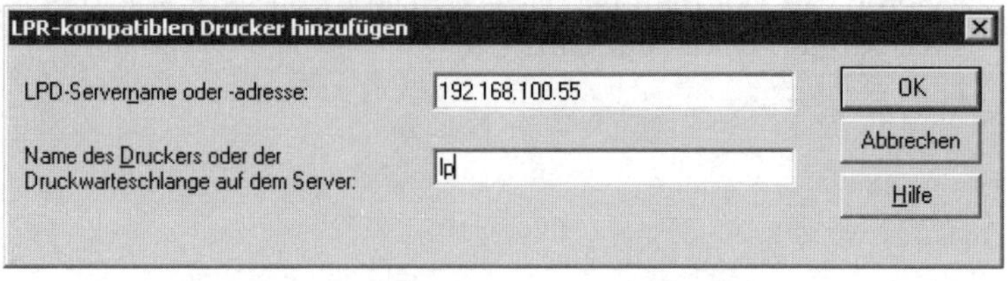

Abbildung 14.6:
Host- und Drucker-
name eingeben

In der Regel wird der Standard-Druckerport auf einem Unix-Host mit »lp« bezeichnet. Es können aber auch andere Bezeichnungen Verwendung finden. Wichtig ist hier auf jeden Fall die Unterscheidung zwischen Groß- und Kleinschreibung.

14.1.2 Appletalk-Drucker einbinden

Ein Server unter Windows Server 2003 kann direkt ein Appletalk-Drucksystem ansteuern. Dazu ist lediglich die Installation des Appletalk-Protokolls notwendig.

**Installation
Appletalk-Protokoll**

Gehen Sie zur Einbindung eines Appletalk-Drucksystems genauso vor wie bei der Einrichtung eines LPR- oder Standard-TCP/IP-Druckers. Bei Anschlussport wählen Sie dann nur entsprechend die Option APPLETALK-DRUCKER. Danach wird das Netzwerk durchsucht und alle gefundenen Zonen und Drucker werden angezeigt.

*Abbildung 14.7:
Gefundene Appletalk-Drucker*

Wählen Sie den gewünschten Drucker aus. Im Anschluss können Sie bestimmen, ob Sie den Appletalk-Drucker *übernehmen* wollen. Das bedeutet, dass andere Computer, wie beispielsweise auch Macintosh-Clients, den Drucker dann über das Appletalk-Protokoll nicht mehr finden. Die Kontrolle hat einzig und allein der Server.

**AppleTalk-Drucker
übernehmen**

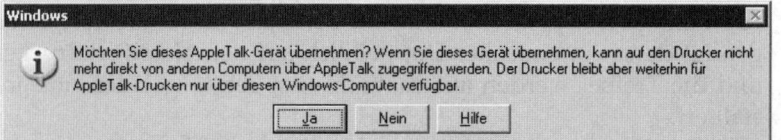

*Abbildung 14.8:
Frage nach Übernahme des Appletalk-Geräts*

Die Übernahme eines Appletalk-Druckers macht nur Sinn, wenn ausschließlich über den Druckerspooler des Druckservers gedruckt werden soll. Da die Übernahme auch noch mit einer zusätzlichen

Netzwerkbelastung verbunden ist (es werden in kurzen Abständen kleine Datenpakete an den Drucker gesandt), kann man von der Nutzung dieser Funktion abraten.

Die Übernahme eines Appletalk-Druckers können Sie jederzeit über die Konfiguration des Appletalk-Anschlussports wieder ändern. Der Rest der Installation entspricht dann wieder mit der weiteren Auswahl des Druckertreibers dem normalen Vorgehen bei lokalen Druckern.

14.2 Einrichten der Druckserverfunktionen

Windows Server 2003 kann als leistungsfähiger Druckserver im Netzwerk eingesetzt werden. Eine Limitierung gleichzeitiger Verbindungen, wie bei den Clientsystemen Windows 2000/XP Professional, besteht nicht. Durch die Integration in das Active Directory lässt sich selbst eine größere Anzahl Drucker komfortabel verwalten und den Benutzern zur Verfügung stellen.

14.2.1 Druckserver für Windows-Netzwerke einrichten

In diesem Abschnitt finden Sie Informationen zur Einrichtung eines Druckservers in Windows-Netzwerken.

Einrichten von Freigaben

Ausgangspunkt für die Druckserverfunktion ist die Einrichtung von Freigaben für angebundene Drucksysteme. Druckerfreigaben richten Sie über das Kontextmenü eines Druckers im Fenster DRUCKER UND FAXGERÄTE ein. Ist Active Directory im Einsatz und soll der Drucker im Verzeichnis erscheinen, aktivieren Sie hier das entsprechende Kontrollkästchen.

Clientdruckertreiber bereitstellen

Um die Installation eines freigegebenen Netzwerkdruckers auf einem anderen Windows-Client zu vereinfachen und zu beschleunigen, können Sie für den Drucker entsprechende Client-Treiber auf dem Druckserver hinterlegen. Seitens des Windows-Clients genügt dann ein einfacher Doppelklick auf den Netzwerkdrucker und die Treiber werden automatisch vom Server geladen und installiert.

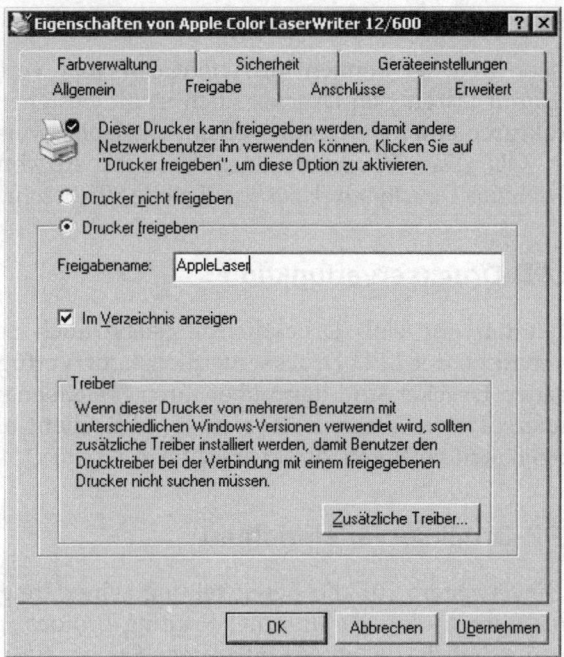

Abbildung 14.9:
Eigenschaftenfenster
eines freigegebenen
Druckers

Klicken Sie zur Installation zusätzlicher Client-Treiber auf die
Schaltfläche ZUSÄTZLICHE TREIBER in der Registerkarte FREIGABE
(siehe Abbildung 14.9).

Abbildung 14.10:
Zusätzliche Client-
Treiber installieren

Für die Installation des Treibers aktivieren Sie das gewünschte
Client-Betriebssystem aus der angezeigten Liste. Mit Druck auf OK
werden dann die Treiberdateien installiert.

Veröffentlichung im Active Directory

Freigegebene Drucker können im Active Directory veröffentlicht werden. Damit lassen sich Drucker auch in die bestehenden logischen Strukturen einbinden und erscheinen beispielsweise in einer konkreten OU. Das Vorgehen dazu wird in Abschnitt 12.5.4 *Drucker im Active Directory bereitstellen* ab Seite 895 beschrieben.

14.2.2 LPD-Druckserverfunktion

Mit Installation der Unix-Druckdienste (siehe auch Seite 1121) steht automatisch der LPD-Druckserverdienst zur Verfügung. Alle freigegebenen Drucker sind dann über ihren Freigabenamen auch durch andere Hosts, die nur über einen LPR-Client als Anbindungsmöglichkeit verfügen, direkt erreichbar.

14.2.3 IPP-Druckserver einrichten

Um ein Serversystem für die Bereitstellung seiner freigegebenen Druckerressourcen über das Internet Printing Protocol einzurichten, müssen lediglich die *Internet Information Services* (IIS) installiert sein. Weitere Hinweise finden Sie dazu in Abschnitt 13.3 *Überblick über die IIS* ab Seite 948.

So können Sie testen, ob auf Ihrem System IPP funktioniert. Geben Sie im Explorer die folgende URL ein:

```
http://<serveradresse>/printers
```

Ist alles ordnungsgemäß eingerichtet, erhalten Sie die Website ihres Servers mit der Anzeige aller Drucker.

Abbildung 14.11:
Freigegebene Drucker
auf einem IPP-
Druckserver

Druckerfreigaben   Anders als die Website zunächst impliziert, sehen Sie natürlich nicht alle, sondern nur die *freigegebenen* Drucker. Wollen Sie einen bestimmten Drucker aus dieser Liste entfernen, reicht es, die Freigabe in den Druckereinstellungen am Server zu entfernen.

Abbildung 14.12:
Eigenschaften zu
einem Drucker
anzeigen

Andere Benutzer im Netzwerk können nun die Druckwarteschlangen einsehen und gegebenenfalls auf Druckjobs Einfluss nehmen. Darüber hinaus können Sie auch direkt mit Mausklick den Druckertreiber installieren – vorausgesetzt, Sie verfügen über einen Windows-IPP-Client.

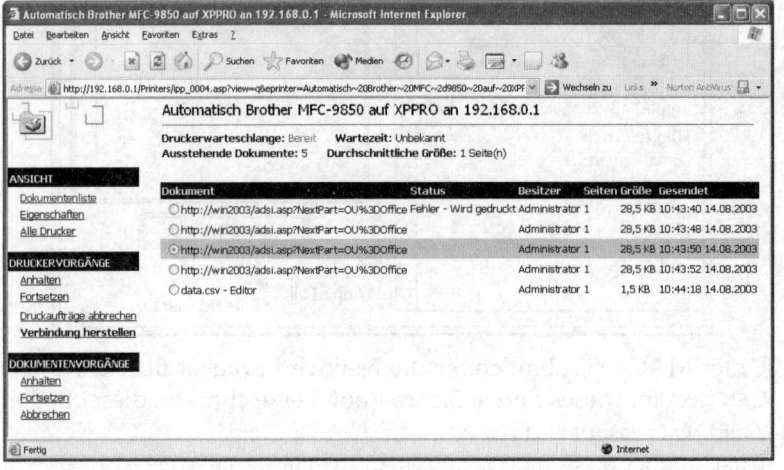

Abbildung 14.13:
Anzeige der Liste der
Druckjobs zu einem
Drucker

Weitere Hinweise zur Client-seitigen Einrichtung erfahren Sie in unseren Büchern *Windows 2000 im professionellen Einsatz* und *Windows XP Professional*.

14.2.4 Druckserver für Apple Macintosh-Clients

Von Apple Macintosh-Computern unter MAC OS 9 oder X können Sie sowohl Appletalk-Drucker ansteuern als auch solche, die über TCP/IP und den LPR-Mechanismus erreichbar sind.

Appletalk-Drucker ansteuern

Druckdienste für Macintosh installieren

Um Appletalk-Drucker für Macintosh-Clients zur Verfügung stellen zu können, müssen auf dem Server die *Druckdienste für Macintosh* installiert sein. Die Installationsschritte entsprechen denen für die Macintosh-Dateidienste und sind in Abschnitt 13.12.1 *Installation des AFP-Dateiservers* ab Seite 1101 beschrieben. Nach Installation dieser Dienste erscheinen automatisch alle Druckerfreigaben auch bei den Macintosh-Clients im Programm *Auswahl* mit den gleichen Freigabennamen, mit denen sie bei den Windows-Clients sichtbar sind.

MAC OS 9: AUSWAHL

Unter MAC OS 9 verbinden Sie sich mit einem solchen Drucker über die *Auswahl* (zu starten über das Apfelmenü im Finder).

Abbildung 14.14:
Freigegebene Drucker in der Auswahl unter MAC OS 9

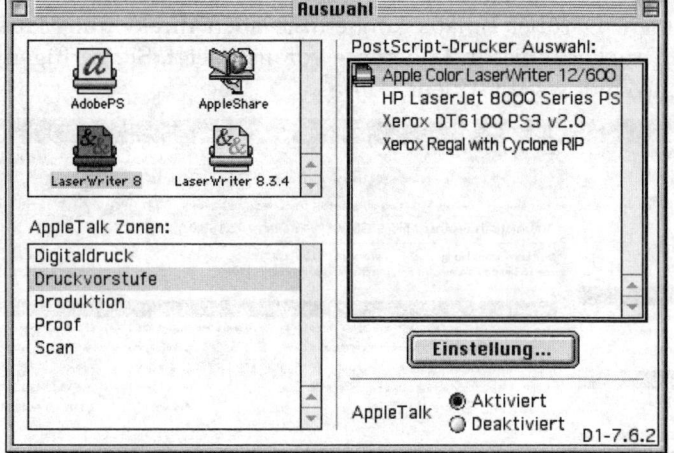

MAC OS X: PRINT CENTER

Unter MAC OS X binden Sie die Netzwerkdrucker über das PRINT CENTER ein. Dieses finden Sie im Root-Verzeichnis an dieser Stelle:

`/Applikations/Utilities`

Klicken Sie hier in der Druckerliste auf DRUCKER HINZUFÜGEN.

Abbildung 14.15: Appletalk-Drucker unter MAC OS X hinzufügen

Wählen Sie APPLETALK aus. Die Appletalk-Drucker werden dann in der Liste angezeigt und zur Auswahl angeboten.

Damit der Druck später auch reibungslos funktionieren kann, muss dem Netzwerkdrucker das richtige Druckermodell zugewiesen werden. Die automatische Auswahl funktioniert nur bei ausgewählten Postscript-Druckern.

Weitere Hintergründe zum Drucken unter MAC OS X finden Sie in der Online-Hilfe des Apple-Betriebssystems oder im Supportbereich der Apple-Website.

TCP/IP-Drucker ansteuern

Obwohl unter MAC OS 9 die Benutzer traditionell in 99,9% aller Fälle den Netzwerkdruck über Appletalk abwickeln, soll an dieser Stelle trotzdem kurz auf die TCP/IP-Druckeranbindung eingegangen werden. Eingerichtet werden über LPR angesteuerte TCP/IP-Drucker mit dem DRUCKERSYMBOLE DIENSTPROGRAMM. Damit können Sie allerdings nur Postscript-Drucker einrichten. Das Dienstprogramm finden Sie an folgendem Speicherort auf der Systemfestplatte des MAC:

MAC OS 9: DRUCKERSYMBOLE DIENSTPROGRAMM

```
Applications (Mac OS 9)/Dienstprogramme
```

Starten Sie das Programm und gehen Sie dann wie folgt vor:

1. Wählen Sie in diesem Programm unter ABLAGE den Punkt NEU. Markieren Sie in der dann erscheinenden Liste TCP/IP-DRUCKER.

Abbildung 14.16:
Verbindungstyp für
den neuen Drucker
auswählen

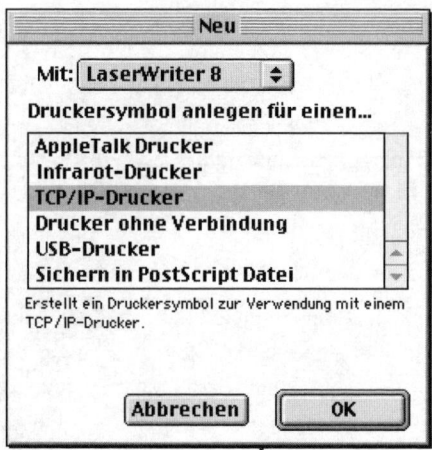

2. Klicken Sie in der Rubrik TCP/IP-DRUCKER auf ÄNDERN, um
   die Netzwerkverbindung zu konfigurieren. Geben Sie dann unter DRUCKERADRESSE den Servernamen oder die IP-Adresse an.
   Im Feld WARTELISTE tragen Sie den LPR-Druckernamen ein.
   Achten Sie hier auf die korrekte Groß- und Kleinschreibung.

Abbildung 14.17:
Angabe der
Verbindungsdaten
zum TCP/IP-
Drucker

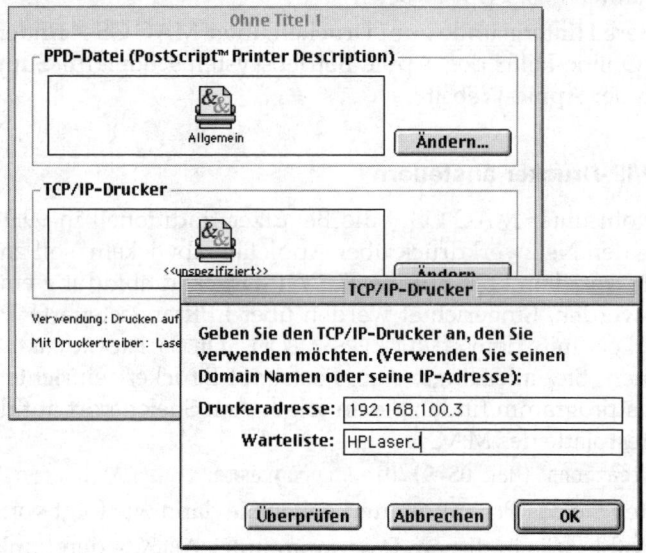

Achten Sie darauf, nach der Netzwerkeinrichtung auch die korrekte PPD für den Drucker zu spezifizieren.

MAC OS X: PRINT
CENTER

Unter MAC OS X binden Sie einen TCP/IP-Drucker wiederum
über das PRINT CENTER (siehe vorhergehender Abschnitt) ein.

Im Unterschied zu Appletalk-Druckern müssen Sie hier den Namen oder die IP-Adresse des betreffenden Servers per Hand eingeben. Bei dem Serversystem unter Windows Server 2003 müssen die *Druckdienste für UNIX* installiert sein (siehe Abschnitt 14.2.2 *LPD-Druckserverfunktion* ab Seite 1126). Danach stehen alle freigegebenen Drucker auch über LPR zur Verfügung. Tragen Sie deshalb im PRINT CENTER-Einrichtungsdialog den Freigabenamen als NAME DER WARTELISTE ein. Achten Sie darauf, die Groß- und Kleinschreibung exakt einzuhalten.

14.3 Weitere Druckserverfunktionen

Windows Server 2003 verfügt über weitere Funktionen und Konfigurationsmöglichkeiten, von denen die wichtigsten in diesem Abschnitt vorgestellt werden.

14.3.1 Einrichten eines Druckerpools

Einen Druckerpool können Sie einrichten, indem Sie identische beziehungsweise binärkompatible Drucker, die an Ihrem Druckserver angeschlossen sind, zu einem logischen Drucker zusammenschließen. Lesen Sie dazu auch die Hinweise in Abschnitt 7.4 *Druckerpools* ab Seite 448.

Gehen Sie bei der Einrichtung folgendermaßen vor:

1. Installieren Sie zunächst physisch die Drucker an Ihrem Server. Installieren Sie nur einen einzigen Druckertreiber für alle Geräte und verbinden Sie ihn mit einem der Drucksysteme.

   Haben Sie bereits ein Drucksystem im Einsatz und wollen eine Entlastung mit einem zusätzlichen System schaffen, so installieren Sie den neuen Drucker nur physisch im Netzwerk. Richten Sie *keinen* neuen Druckertreiber ein.

2. Öffnen Sie die Anschluss-Registerkarte im Eigenschaften-Fenster des Druckers.

Abbildung 14.19:
Aktivieren des
Druckerpools

Aktivieren Sie hier das Kontrollkästchen DRUCKERPOOL AKTI-VIEREN. Sie können dann zu dem bisher eingestellten Anschluss einen oder mehrere weitere Anschlüsse über HINZUFÜGEN einrichten, die alle auf die (identischen) physischen Drucker zeigen.

14.3.2 Druckserver anpassen

Die Einstellungen zum Druckserver finden Sie im Fenster DRUCKER UND FAXGERÄTE unter DATEI | SERVEREIGENSCHAFTEN. In dem dann erscheinenden Konfigurationsfenster können Sie alle Einstellungen für das Serversystem festlegen, die sein Verhalten als Druckserver im Netzwerk beeinflussen. Nachfolgend werden die wichtigsten Optionen in den einzelnen Registerkarten erläutert.

Formulare

Hier sind die Bogenformate eingerichtet, die der Druckserver generell über seine freigegebenen Drucker anbieten kann. Von Formularen ist deshalb die Rede, weil neben der eigentlichen Bogengröße auch ein nicht bedruckbarer Rand definiert werden kann.

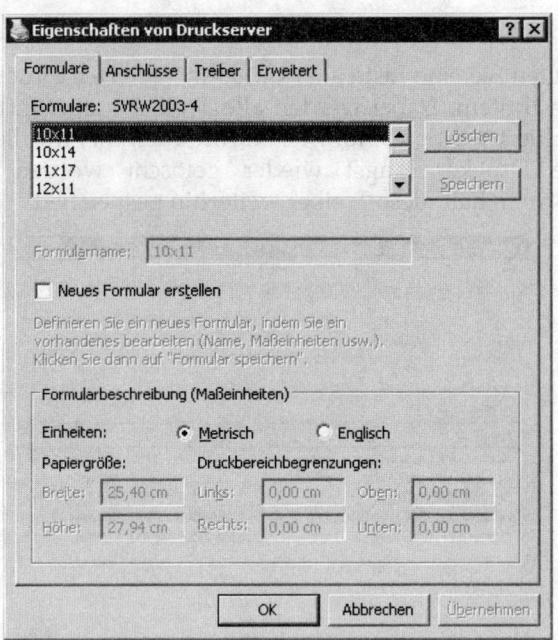

Zu den standardmäßig vorhandenen Formularen können Sie eige- **Eigene Formulare**
ne definieren, die dann jeder Benutzer des freigegebenen Druckers **erstellen**
im Netzwerk verwenden kann. Zum Erstellen eines Formulars
gehen Sie folgendermaßen vor:

1. Aktivieren Sie das Kontrollkästchen NEUES FORMULAR ERSTEL-
   LEN.
2. Geben Sie dem neuen Formular einen eindeutigen Namen.
3. Tragen Sie die Maße für die Bogengröße und die Druckbe-
   reichsbegrenzungen ein.
4. Sichern Sie das neue Formular über Druck auf FORMULAR SPEI-
   CHERN.

Das Formular können Sie nun auch über die Einstellungen zu den
Druckern bestimmten Papierschächten zuordnen, beispielsweise
ein Formular *Briefbogen* in *Schacht 2*. Wählt ein Benutzer diesen
Drucker aus, braucht er nur noch in seiner Anwendung als Papier-
format *Briefbogen* wählen. Der Druckserver weist dann automatisch
diesen Druckjob dem Schacht 2 zu.

Anschlüsse

Über das zweite Register zu den Druckservereigenschaften können
Sie zentral alle verfügbaren Anschlüsse einrichten.

Treiber

Hier erhalten Sie eine Liste aller direkt installierten Druckertreiber
auf Ihrem System. Dabei werden alle Treiber aufgeführt, die bislang installiert worden sind. Das betrifft auch die, für die der eingerichtete Drucker längst wieder gelöscht worden ist. Das
Betriebssystem hält diese Treiber weiterhin gespeichert.

Abbildung 14.21:
Liste installierter
Druckertreiber

Im Feld VERSION erkennen Sie auch, für welche Betriebssystemversionen Treiber verfügbar sind. In Abschnitt *Clientdruckertreiber*
bereitstellen ab Seite 1124 wird beschrieben, wie Sie weitere Druckertreiber, beispielsweise für Windows 95 oder 98, für einen freigegebenen Drucker installieren können.

Erweiterte Optionen

Das letzte Register im Dialogfenster zu den Druckservereinstel-
lungen enthält weitergehende Optionen, mit denen Sie festlegen,
wie sich der Druckserver bei der Abarbeitung von Aufträgen verhält.

Folgende Einstellungen sind möglich:

- SPOOLORDNER

  Hier bestimmen Sie den Ort, an dem die zu spoolenden Daten
  gespeichert werden. Für umfangreiche Druckjobs empfiehlt
  sich die Angabe eines anderen Laufwerks als das des Systemdatenträgers.

- SPOOLERFEHLER PROTOKOLLIEREN

  Im Ereignisprotokoll werden Fehler des Spoolers aufgezeichnet.

- SPOOLERWARNUNGEN PROTOKOLLIEREN

  Warnungen des Spoolers (beispielsweise Papiermangel) werden im Ereignisprotokoll aufgezeichnet.

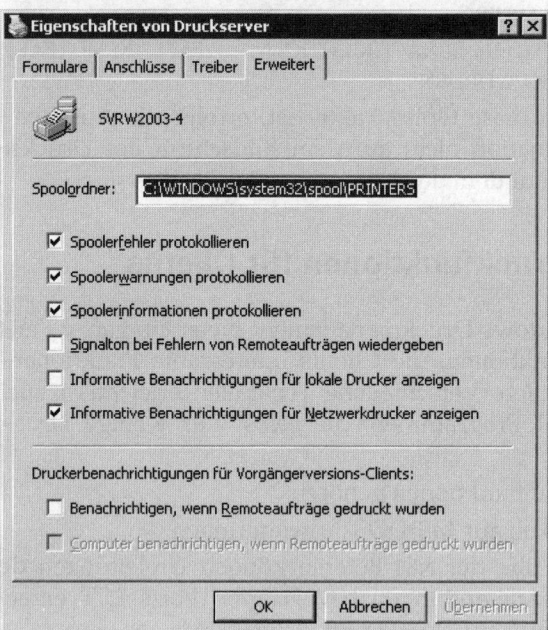

Abbildung 14.22: Erweiterte Druckserver-Optionen

- SPOOLERINFORMATIONEN PROTOKOLLIEREN

  Hiermit werden alle Meldungen des Spoolers im Ereignisprotokoll unter SYSTEM aufgezeichnet. Diese Option müssen Sie aktivieren, wenn Sie Druckleistungen über das Ereignisprotokoll überwachen wollen.

- SIGNALTON BEI FEHLERN VON REMOTEAUFTRÄGEN WIEDERGEBEN

  Ein Signalton wird ausgegeben, wenn Druckerfehler auftreten.

- INFORMATIVE BENACHRICHTIGUNGEN FÜR LOKALE DRUCKER ANZEIGEN

  Damit wird eine Information auf dem Bildschirm in einer Popup-Box angezeigt, wenn Sie einen Druckauftrag an einen direkt vom Server verwalteten Drucker abgesendet haben.

- INFORMATIVE BENACHRICHTIGUNGEN FÜR NETZWERKDRUCKER ANZEIGEN

  Es wird eine Information in einer Popup-Box angezeigt, wenn Sie einen Druckauftrag an einen Drucker abgesendet haben, der an einem anderen Computer angeschlossen ist.

- BENACHRICHTIGEN, WENN REMOTEAUFTRÄGE GEDRUCKT WURDEN

  Ist diese Option aktiv, wird der Besitzer des Dokuments benachrichtigt. Dies erfolgt durch eine Popup-Box auf dem Druckserver.

- COMPUTER BENACHRICHTIGEN, WENN REMOTEAUFTRÄGE GEDRUCKT WURDEN

  Wenn diese Option aktiv ist, erfolgt die Ausgabe der Druckinformation nicht auf dem Bildschirm des Druckservers, sondern auf dem des Computers des Besitzers.

14.4 Druckfunktionen für Clients

Das Windows-Druckmanagement bietet ein ganze Palette weiterer Druckfunktionen, die Clients interessante Funktionen zur Verfügung stellen. Verschiedene Techniken erleichtern auch den Umgang mit Programmen, die selbst nur wenige Druckfunktionen bieten.

Zu diesen Funktionen gehören:

- Drucken aus MS-DOS-Anwendungen

  Mit Hilfe der NET-Befehle können Umleitungen des von MS-DOS-Anwendungen bevorzugten Ports LPT erzeugt werden, die dann auf Drucker im Netzwerk zeigen.

- Drucken per Drag&Drop

  Dies ist - entgegen der üblichen Benutzerführung - nur mit Hilfsmitteln möglich. Eingesetzt werden Dateiverknüpfungen und Stapelverarbeitungsdateien.

- Trennseiten

  Trennseiten erlauben in großen Netzwerken mit hohem Druckvolumen die Ausgabe von Informationsblättern zwischen Druckjobs. Damit können Anwender ihre Drucke leichter identifizieren.

- Farbmanagement

  Um möglichst farbverbindlich drucken zu können, verfügt Windows ab der Version Windows 2000 über eine Unterstützung von Farbmanagement-Standards. Durch Farbprofile werden technisch bedingte Ausgabecharakteristika der Anzeige- und Druckgeräte aufeinander abgestimmt.

Diese Funktionen werden ausführlich in unseren Büchern *Windows 2000 im professionellen Einsatz* sowie *Windows XP Professional* besprochen. Wenn Sie neben Druckservern auch Arbeitsstationen einrichten müssen, erfahren Sie dort alles Notwendige aus der Sicht des Administrators.

15

Remoteinstallation und Softwareverteilung

In diesem Kapitel geht es darum, praktisch zu zeigen, wie die integrierten Funktionen von Windows Server 2003 eingesetzt werden können, um automatisiert Software auf Clientsystemen zu installieren. Das Spektrum reicht dabei von der Betriebssystem-Installation über das Verteilen von Updates, Patches und Service Packs bis hin zur Ferninstallation von Anwendungen.

Inhaltsübersicht Kapitel 15

15.1 Clientinstallationen mit RIS

Mit Hilfe der Remoteinstallationsdienste können Sie auf Clientsystemen Betriebssysteme, bei Bedarf mit allen Voreinstellungen und Anwendungsprogrammen, vollautomatisch installieren lassen. Nachfolgend wird die Einrichtung eines RIS-Servers sowie die Durchführung von Clientinstallationen praktisch gezeigt.

In Abschnitt 8.4 *Remoteinstallationsdienste* ab Seite 472 finden Sie Informationen zu technischen und organisatorischen Grundlagen. **Grundlagen ab Seite 472**

15.1.1 Einrichtung des RIS-Servers

In diesem Abschnitt werden die Installation und die erste Einrichtung der Remoteinstallationsdienste gezeigt.

Installation der Remoteinstallationsdienste

Standardmäßig sind die Remoteinstallationsdienste auf dem Server nicht installiert. Zur Installation gehen Sie wie folgt vor:

1. Öffnen Sie das Applet SOFTWARE in der SYSTEMSTEUERUNG.
2. Klicken Sie auf die Schaltfläche WINDOWS-KOMPONENTEN HINZUFÜHGEN/ENTFERNEN.
3. Aktivieren Sie das Kontrollkästchen für die Komponente REMOTEINSTALLATIONSDIENSTE.

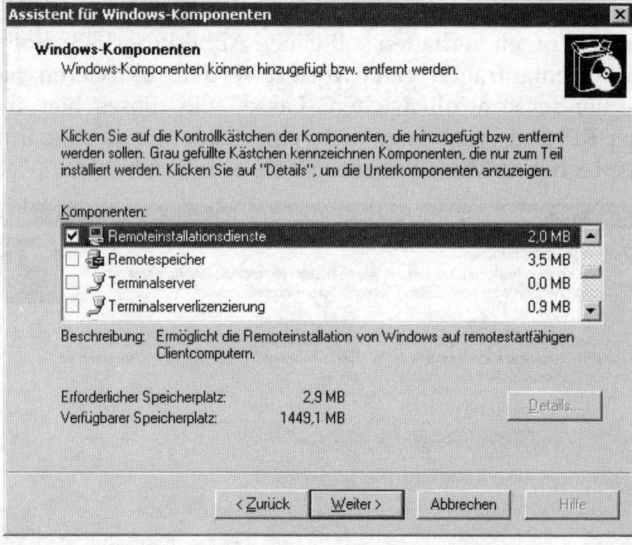

Abbildung 15.1: Remoteinstallationsdienste hinzufügen

Nach dem Installieren des Dienstes ist ein Neustart des Servers erforderlich. **Neustart erforderlich**

Erste Einrichtung mit dem Assistenten

Nach dem Neustart führt Sie ein Assistent duch die ersten Einrichtungsschritte. Wählen Sie dazu aus dem Menü START | VERWALTUNG den Punkt REMOTEINSTALLATIONSDIENSTE-SETUP.

RISETUP.EXE

Alternativ können Sie den Assistenten auch über die Eingabeaufforderung oder START | AUSFÜHREN starten, indem Sie das Programm RISETUP.EXE aufrufen.

Speicherort

Zuerst fragt der Assistent nach dem Speicherort für die Remoteinstallationsdateien.

Abbildung 15.2:
Remoteinstallations-
ordner angeben

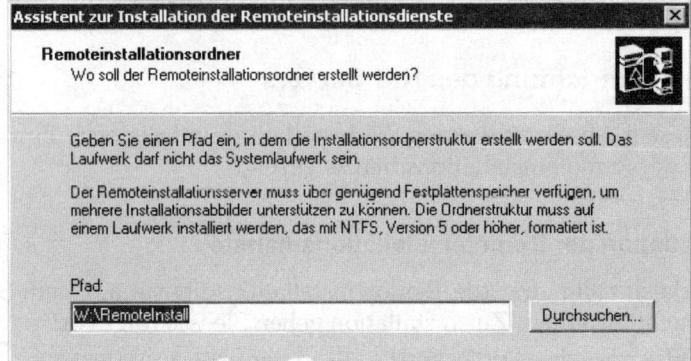

Da die Remoteinstallationsdateien gewöhnlich viel Speicherplatz einnehmen, wird aus Sicherheitsgründen zwingend verlangt, dass diese auf einem anderen Volume als dem System- und Startvolume installiert werden. Nach der Angabe des Speicherortes können Sie schon über den Assistenten definieren, wie sich der RIS-Server bei Clientanfragen verhalten soll (siehe Abbildung 15.3). Soll generell auf Clientanfragen geantwortet werden, aktivieren Sie das entsprechende Kontrollkästchen. Lassen Sie dieses hier inaktiv, wird der RIS-Server so lange nicht einsetzbar sein, bis Sie ihn über die entsprechende Managementkonsole aktiviert haben.

Abbildung 15.3:
Clientunterstützung
festlegen

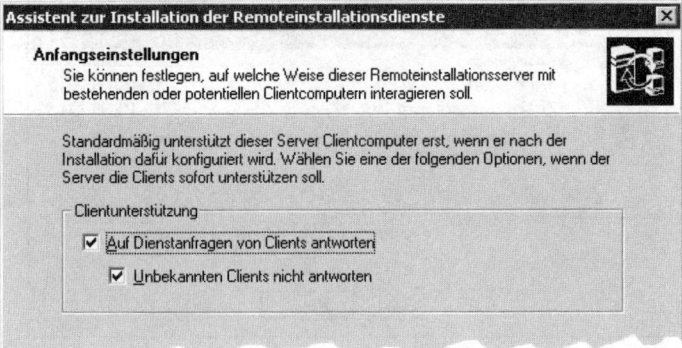

Für eine erhöhte Sicherheit sollten Sie nur im Active Directory registrierte Clientcomputer für eine Remoteinstallation zulassen. Vor der Installation müssen Sie nur dann dafür sorgen, die neuen Clientcomputer mit ihrer Hardware-ID, der Netzwerk-MAC-Adresse, im Active Directory einzutragen.

Nach diesen ersten, grundlegenen Einstellungen, fährt der Assistent fort und erlaubt nun in den nächsten Schritten die Erstellung eines ersten (flachen) Installationsabbildes. Das genaue Vorgehen dazu wird in Abschnitt 15.1.2 *Erzeugen eines flachen Installationsabbildes* ab Seite 1142 erläutert.

Neues Abbild erstellen

Erste Optimierungsschritte

Nach der ersten Einrichtung und dem Erstellen des ersten Installationsabbildes sollten Sie einige Grundeinstellungen des RIS-Servers überprüfen und gegebenenfalls modifizieren. Dies nehmen Sie nicht mehr über das Menü VERWALTEN vor, sondern über die Managementkonsole *Active Directory-Benutzer und -Computer*. Markieren Sie den Server in der Strukturansicht im entsprechenden Container und wählen Sie aus dem Kontextmenü den Punkt EIGENSCHAFTEN. In der Registerkarte REMOTEINSTALLATION finden Sie dann die Schaltfläche ERWEITERTE EINSTELLUNGEN.

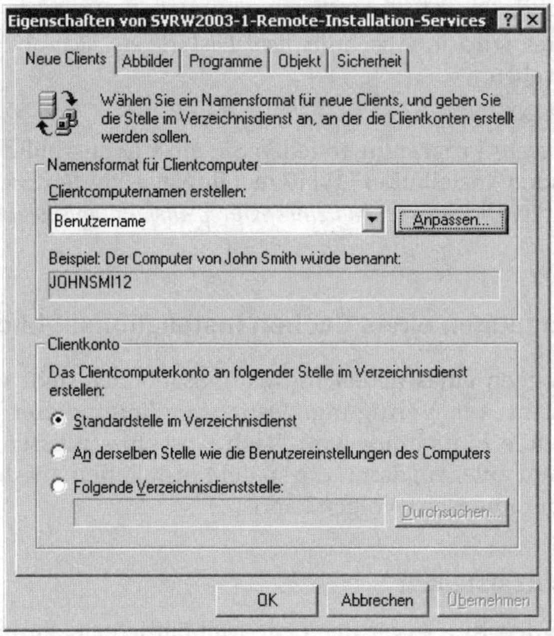

Managementkonsole Active Directory-Benutzer und -Computer

![Dialogfeld Eigenschaften von SVRW2003-1-Remote-Installation-Services mit der Registerkarte Neue Clients. Namensformat für Clientcomputer: Benutzername, Beispiel JOHNSMI12. Clientkonto: Standardstelle im Verzeichnisdienst ausgewählt.](eigenschaften-dialog)

Abbildung 15.4: RIS-Server anpassen

Sie sollten in der Registerkarte NEUE CLIENTS die folgenden Optionen anpassen:

Computername und AD-Speicherort

- CLIENTCOMPUTERNAME

  Gehen Sie über die Schaltfläche ANPASSEN in das zugehörige Dialogfenster und richten Sie die Namensvergabe so ein, wie es den Konventionen in Ihrem Netzwerk entspricht.

- CLIENTKONTO

  Standardmäßig werden neue Clientcomputerkonten im Container COMPUTERS angelegt. Hier können Sie mit der dritten Option gezielt eine Organisationseinheit in Ihrer Domäne angeben.

REMINST-Freigabe auf dem RIS-Server

Mit der ersten Einrichtung wird auf dem RIS-Server diese Freigabe eingerichtet:

```
\\<servername>\Reminst
```

Sie zeigt auf den Ordner, den Sie während der Erstinstallation für die Ablage der Remoteinstallationsdateien angegeben haben (siehe Abbildung 15.2 auf Seite 1140).

ADMIN-Ordner
Besonders nützlich ist hier der Ordner ADMIN. In diesem Ordner finden Sie unterhalb des Verzeichnisses I386 nützliche Administrationswerkzeuge:

- RBFG.EXE

  Mit diesem Tool können Sie eine bootfähige RIS-Diskette erstellen. Dies wird in Abschnitt *Boot-Diskette erstellen* ab Seite 1155 beschrieben.

- RIPREP.EXE

  Mit diesem Programm erstellen Sie ein Client-Abbild einer bestehenden Installation. Weitere Hinweise finden Sie dazu in Abschnitt 15.1.3 *Erzeugen eines Riprep-Installationsabbildes* ab Seite 1146.

15.1.2 Erzeugen eines flachen Installationsabbildes

Zum Erzeugen eines neuen Installationsabbildes steht wiederum ein Assistent zur Verfügung. Dennoch nimmt dieser nur eine grundlegende Einrichtung vor. Nach Abschluss müssen Sie noch weiter Hand anlegen, damit die spätere Installation auf dem Client wirklich automatisch erfolgen kann.

Start des Assistenten

Wenn Sie den RIS-Server das erste Mal einrichten, startet der Assistent nach der grundlegenden Einrichtung selbstständig.

Beachten Sie, dass Sie über den RIS-Server nur Abbilder von Betriebssystem-Vollversionen (auch entsprechende OEM-Versionen sind zulässig) automatisch auf Clients verteilen können. Updates sind dazu nicht geeignet, da sie ein Vorhandensein einer Vorgängerversion voraussetzen.

Für einen ersten Test eignet sich die Erzeugung eines Abbildes für die Installation weiterer Serversysteme mit Windows Server 2003. Es ist ohnehin anzuraten, mehr als einen Domänencontroller im Netzwerk einzusetzen.

Um einem bestehenden RIS-Server ein weiters Abbild zu übergeben, gehen Sie wie folgt vor:

1. Öffnen Sie zum betreffenden RIS-Server in der Managementkonsole *Active Directory-Benutzer und -Computer* das Eigenschaften-Dialogfenster.

Weiteres Abbild hinzufügen

2. Wählen Sie die Registerkarte REMOTEINSTALLATION und klicken Sie hier auf die Schaltfläche ERWEITERTE EINSTELLUNGEN.

3. Klicken Sie in der Registerkarte ABBILDER auf die Schaltfläche HINZUFÜGEN.

4. Wählen Sie im dann erscheinenden Dialogfenster die Option EIN NEUES INSTALLATIONSABBILD HINZUFÜGEN.

Sie können den Assistenten alternativ über die Eingabeaufforderung starten. Geben Sie dazu ein:

Aufruf über Eingabeaufforderung

```
Risetup -add
```

Geben Sie nach dem Start des Assistenten zuerst den Pfad zu den Installationsquelldateien an. Im Normalfall werden Sie die Installations-CD am RIS-Server einlegen und den Pfad dazu eingeben (beispielsweise E:\). Von dieser Quelle werden dann die Installationsdateien in den entsprechenden Installationsabbildordner auf dem RIS-Server kopiert.

Installationsquelldateien

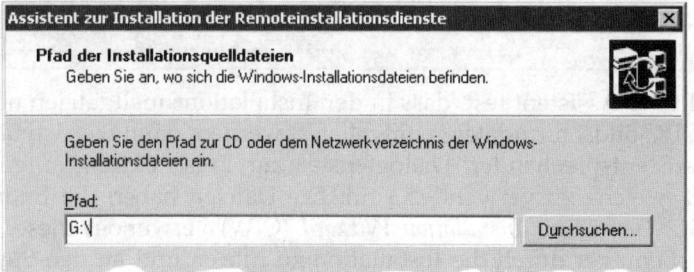

Abbildung 15.5: Pfad zu den Quelldateien angeben

Den Namen für den Installationsabbildordner geben Sie im nächsten Eingabefenster des Assistenten an. Der Ordner wird durch den Assistenten dann automatisch in der Verzeichnisstruktur des RIS-Servers angelegt.

Installationsabbildordner

Abbildung 15.6:
Namen des Ordners
für das Installations-
abbild

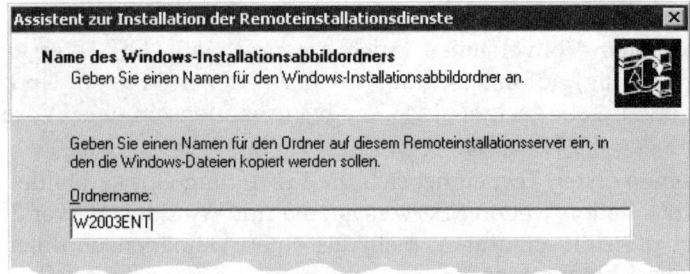

Beschreibung und
Hilfetext

Für das Installationsabbild auf dem RIS-Server können Sie eine erklärende Beschreibung und einen Hilfetext angeben. Haben Sie mehrere Installationen auf dem RIS-Server abgelegt, kann der betreffende Nutzer, der die Remoteinstallation über das Netzwerk auswählt, so eine Hilfestellung zur Unterscheidung der betreffenden Installationen erhalten.

Abbildung 15.7:
Eingabe einer
Beschreibung und
eines Hilfetextes

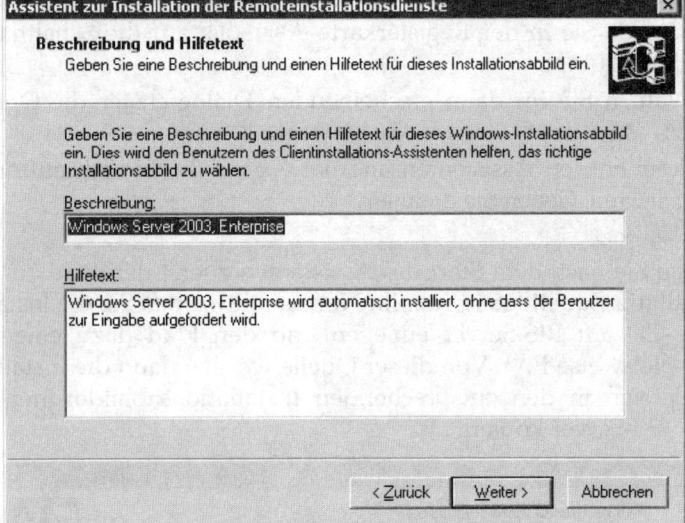

Neuere CIW-Bild-
schirmdateien

Stellt der Assistent fest, dass in den Installationsquelldateien neuere CIW-Bildschirmdateien mitgeliefert werden, dann werden Sie in einem entsprechenden Dialogfenster zur Entscheidung aufgefordert, welche zu verwenden sind. Die Dateien haben die Endung .OSC. Der *Client Installation Wizzard* (CIW) verwendet diese, um den Benutzer durch die Installation zu führen und an den Stellen zu helfen, bei denen eine Interaktion notwendig ist.

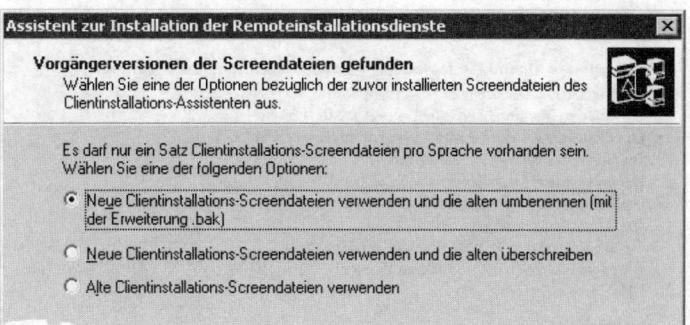

Abbildung 15.8:
Auswahl der Bild-
schirmdateien

Nach Abschluss der Einstellungen erhalten Sie eine Übersicht über die Konfiguration für den RIS-Server. Brechen Sie hier ab, wird der Assistent keinerlei Änderungen am System vornehmen.

Letzter Check

Abbildung 15.9:
Überprüfen der
Einstellungen

Nach Bestätigung der Einstellungen werden die Konfigurationsänderungen vorgenommen und alle Installationsdateien auf den RIS-Server kopiert. Das kann je nach verfügbarer Hardware und der Geschwindigkeit des CD-ROM-Laufwerks einige Zeit in Anspruch nehmen.

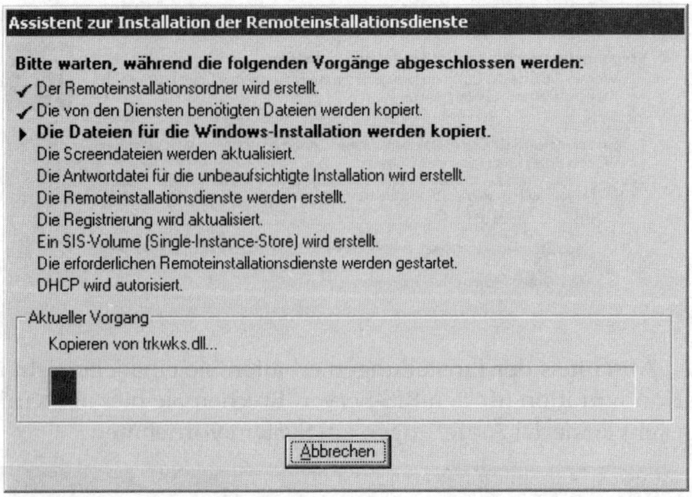

Abbildung 15.10:
Erstellen des Abbil-
des, wobei hier die
erste Einrichtung des
RIS-Servers mit
durchgeführt wird

Assistent zur Installation der Remoteinstallationsdienste

Bitte warten, während die folgenden Vorgänge abgeschlossen werden:

✓ Der Remoteinstallationsordner wird erstellt.
✓ Die von den Diensten benötigten Dateien werden kopiert.
▶ **Die Dateien für die Windows-Installation werden kopiert.**
   Die Screendateien werden aktualisiert.
   Die Antwortdatei für die unbeaufsichtigte Installation wird erstellt.
   Die Remoteinstallationsdienste werden erstellt.
   Die Registrierung wird aktualisiert.
   Ein SIS-Volume (Single-Instance-Store) wird erstellt.
   Die erforderlichen Remoteinstallationsdienste werden gestartet.
   DHCP wird autorisiert.

┌─ Aktueller Vorgang ──┐
│   Kopieren von trkwks.dll...   │
│   │
│   ▮   │
└───┘

[Abbrechen]

15.1.3 Erzeugen eines Riprep-Installationsabbildes

Während das flache Installationsabbild lediglich eine einfache, wenn auch automatisierte Grundinstallation des Betriebssystems zulässt, können Sie mit diesem Abbildtyp ein komplett voreingerichtetes System einschließlich Anwendungsprogramme verteilen.

Grundlagen ab Seite 472

Grundlegende Informationen zum Ablauf und zur Gestaltung des Master-Clientcomputers finden Sie in Abschnitt 8.4.1 *Grundlegendes Verfahren* ab Seite 472.

Starten des Programms RIPREP.EXE

Das Programm finden Sie über die Freigabe REMINST, die der RIS-Server bereitstellt. Öffnen Sie diese Freigabe am Master-Clientcomputer und gehen Sie in den Ordner ADMIN\I386. Es startet dann der *Assistent zur Vorbereitung der Remoteinstallation*.

RIS-Servername

Geben Sie im ersten Dialogfenster den Namen des RIS-Servers an, der das zu erzeugende Installationsabbild speichern soll.

Abbildung 15.11:
Angabe des RIS-
Servers für das
Abbild

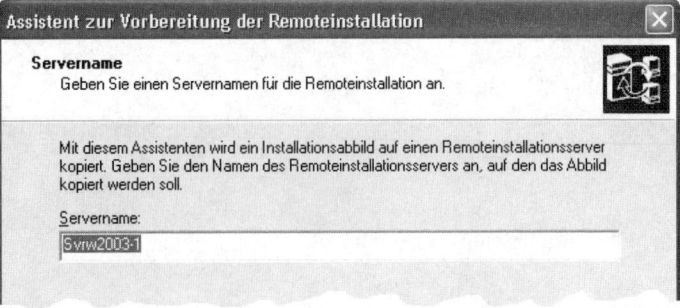

Assistent zur Vorbereitung der Remoteinstallation

Servername
Geben Sie einen Servernamen für die Remoteinstallation an.

Mit diesem Assistenten wird ein Installationsabbild auf einen Remoteinstallationsserver kopiert. Geben Sie den Namen des Remoteinstallationsservers an, auf den das Abbild kopiert werden soll.

Servername:
Svrw2003-1

Legen Sie danach den Namen des neuen Image-Ordners auf dem RIS-Servers fest. Zu empfehlen ist ein möglichst eindeutiger Name, damit Sie später bei eventuell notwendigen manuellen Anpassungen an den Installationsdateien nicht lange suchen müssen.

Ordner für Image

> **Assistent zur Vorbereitung der Remoteinstallation** [×]
>
> **Ordnername**
> Geben Sie einen Ordner für die Remoteinstallation an.
>
> Mit diesem Assistenten wird das Installationsabbild in einen Ordner auf dem Remoteinstallationsserver kopiert. Geben Sie den Namen des zu verwendenden Ordners ein. Wenn der Ordner noch nicht besteht, wird er erstellt.
>
> Ordnername:
> Winxpws

Abbildung 15.12: Festlegen des Ordnernamens für das Image auf dem RIS-Server

Im nächsten Dialogfenster können Sie eine Beschreibung und einen Hilfetext für das Image eingeben.

Beschreibung und Hilfetext

Danach erfolgen Überprüfungen des Master-Clientsystems. Werden beispielsweise Benutzerprofile auf dem PC entdeckt, erscheint ein entsprechender Hinweis.

Überprüfungen des Master-Systems

Beachten Sie insbesondere, dass keine sensiblen Daten auf dem Master-PC zurückbleiben, die durch eine automatisierte Installation auf einen anderen Computer und damit möglicherweise an Unbefugte gelangen können. Nur auf Datenbestände, die EFS-verschlüsselt auf dem Master-PC vorliegen, kann nach der Installation des Images auf ein anderes System nicht mehr zugegriffen werden, wenn das entsprechende Zertifikat mit dem EFS-Schlüssel nicht zuvor gesichert worden ist.

Insofern sollten Sie generell darauf achten, dass das Master-Clientsystem von allen individuellen Benutzerdaten gesäubert ist. EFS-verschlüsselte Dateien sollten ebenfalls grundsätzlich nicht auf dem Master vorliegen.

Im nächsten Schritt wird eine Reihe von Diensten angehalten, damit die Erstellung des Images reibungslos funktionieren kann. Ebenso wird überprüft, ob noch Anwendungen laufen. Sie erhalten gegebenenfalls eine entsprechende Mitteilung.

Dienste anhalten

Nach Abschluss aller Vorbereitungen haben Sie noch einmal die Möglichkeit, die Einstellungen zu überprüfen. An dieser Stelle können Sie den Vorgang noch abbrechen, ohne dass Veränderungen am Master-Clientsystem erfolgt sind.

Letzter Check

Nach Bestätigung des Assistenten erfolgt das Zusammenstellen und Kopieren aller Dateien für das Image auf den Server. Der Master-Clientcomputer bleibt dabei aber nicht unberührt. Wie beim Vorbereiten einer Vervielfältigung einer fertigen Installation mit Hilfe des Dienstprogramms SYSPREP, um mit einem Tool eines

Kopieren der Dateien auf den Server

Drittherstellers ein Image zu erstellen, wird die SID des Computersystems »zurückgesetzt«. Nach dem Neustart des Master-Clientcomputers müssen Sie deshalb in einem *Mini-Setup* genannten Verfahren noch einmal einige Einstellungen bestätigen, bevor der Computer wieder genutzt werden kann.

Automatisierung am Client

Dieses Mini-Setup läuft dann auch an jedem Clientcomputer ab, der mit diesem Image automatisiert über den RIS-Server installiert werden soll. Damit dieses ohne manuelle Eingaben auskommt, muss auch hier die Antwortdatei angepasst werden. Weitere Informationen finden Sie dazu in Abschnitt *Manuelle Anpassungen an der Antwortdatei* ab Seite 1152.

15.1.4 Modifizieren der Antwortdatei

Antwortdatei

Für die unbeaufsichtigte Installation wird jetzt noch eine Antwortdatei benötigt. Der Assistent hat bereits eine Musterdatei an diesem Speicherort erzeugt:

Speicherort der Antwortdatei

`X:\RemoteInstall\Setup\<sprache>\Images\<name>\i386\templates`

X steht hier für den konkreten Laufwerkbuchstaben. In Abhängigkeit vom Typ des Installationsabbildes finden Sie jeweils eine der folgenden Antwortdateien vor:

- RISTNDRD.SIF

  Dies ist die Antwortdatei für das flache Installationsabbild.

- RIPREP.SIF

  Diese Antwortdatei wird für das Riprep-Installationsabbild benötigt.

Die Musterdatei entspricht aber mit hoher Sicherheit noch nicht Ihren konkreten Anforderungen. Sie können diese Datei weiter anpassen. Dazu lässt sich ein Texteditor wie NOTEPAD verwenden. Auf ausgewählte Parameter wird in Abschnitt *Manuelle Anpassungen an der Antwortdatei* ab Seite 1152 eingegangen.

Antwortdatei RISTNDRD.SIF mit SETUPMGR.EXE anpassen

Für die Anpassung der Antwortdatei für ein flaches Installationsabbild RISTNDRD.SIF steht neben dem manuellen Editieren auch das Dienstprogramm SETUPMGR.EXE zur Verfügung.

Mit der Musterdatei für ein Riprep-Installationsabbild können Sie dieses Programm nicht verwenden. Sie würden eine fehlerhafte Datei erhalten, mit der in der Regel keine Installation möglich ist. Hier bleibt nur die manuelle Anpassung über einen Texteditor, wie dies im nachfolgenden Abschnitt beschrieben wird.

Das Programm SETUPMGR.EXE ist standardmäßig nicht installiert. Sie finden es auf der Installations-CD von Windows Server 2003 in diesem Archiv:

`\Support\Tools\Deploy.cab`

SETUPMGR.EXE auf der Installations-CD

Öffnen Sie dieses Archiv mit einem Doppelklick im Windows Explorer und ziehen Sie das Programm an den gewünschten Speicherort. Nach dem Start geben Sie im ersten Dialogfenster an, ob Sie eine neue Antwortdatei erstellen oder eine vorhandene modifizieren wollen. Wählen Sie hier die durch den Assistenten bereits erstellte Antwortdatei RISTNDRD.SIF aus. Lassen Sie sich dabei nicht von einer eventuell erscheinenden Fehlermeldung irritieren, dass diese Datei nicht durch den Installationsmanager selbst erstellt worden ist und damit möglicherweise fehlerhaft sei.

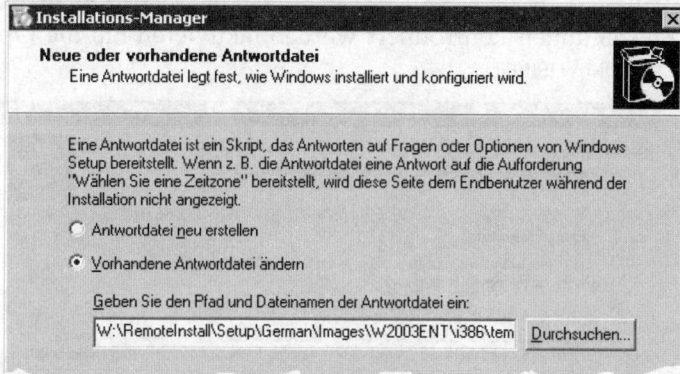

Abbildung 15.13: Auswahl der Antwortdatei zum Modifizieren

Geben Sie danach den Installationstyp an. Für die Erstellung der Antwortdatei für die Remoteinstallationsdienste wählen Sie die dritte Option.

Installationstyp

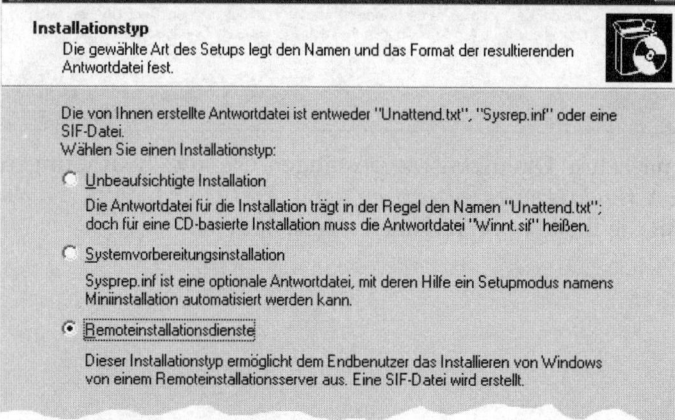

Abbildung 15.14: Auswahl des Installationstyps

Wählen Sie danach das zu installierende Ziel-Betriebssystem aus.

Abbildung 15.15:
Auswahl des zu
installierenden
Betriebssystems

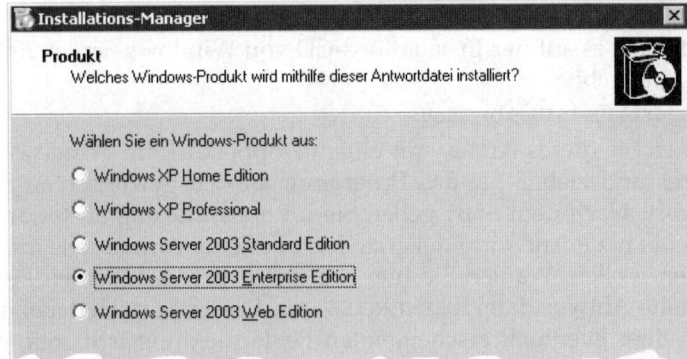

Grad der Automati-
sierung festlegen

Geben Sie dann an, welchen Grad von Automatisierung Sie für die Installation wünschen. Soll der Benutzer überhaupt nicht weiter mit Einstellungen konfrontiert werden, aktivieren Sie die Option VOLLAUTOMATISIERT.

Abbildung 15.16:
Bestimmen des Gra-
des der Automatisie-
rung

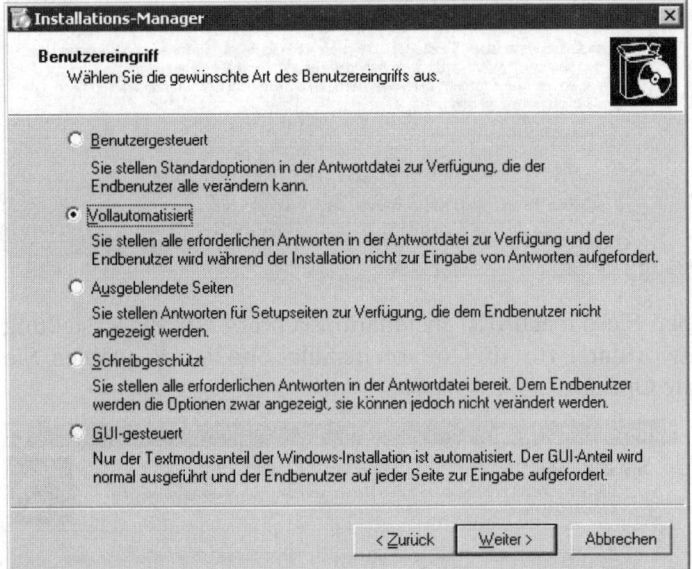

Lizenzvertrag

Im nächsten Dialogfenster bestätigen Sie die Bedingungen des EULA (*Endnutzer-Lizenzvertrag*; engl. *End User License Agreement*), damit die Installation rechtlich abgesichert ist.

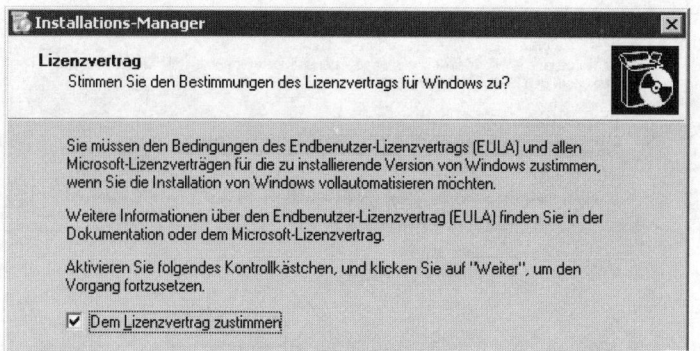

Abbildung 15.17:
Zustimmung zum
EULA

Nun gelangen Sie zu dem Dialogfenster des Installations-Managers, in welchem Sie alle relevanten Einstellungen für die Remoteinstallation vornehmen können. Sie können hier über die Schaltfläche WEITER schrittweise durch alle Optionen gehen oder diese einzeln anwählen. Die einzustellenden Werte erklären sich weit gehend von selbst und müssen daher an dieser Stelle nicht ausführlich besprochen werden.

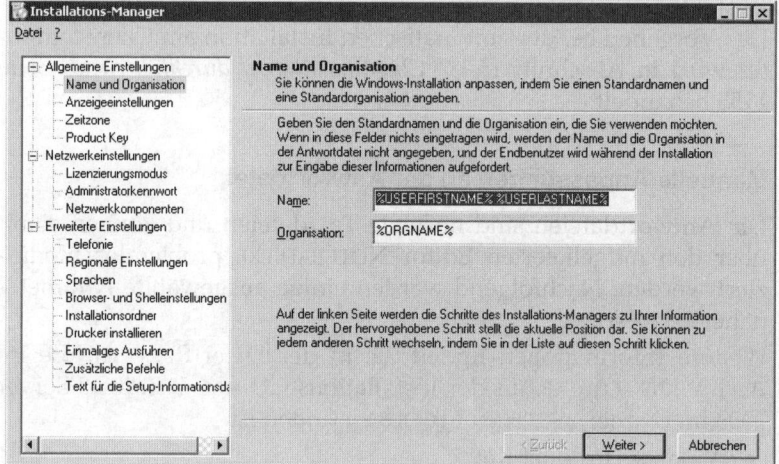

Abbildung 15.18:
Einstellungen für die
Remoteinstallation
vornehmen

Nach Abschluss der Einsellungen können Sie die aus den Angaben zu erzeugende Antwortdatei am alten oder an einem neuen Speicherplatz ablegen.

Abbildung 15.19:
Speichern der
Antwortdatei

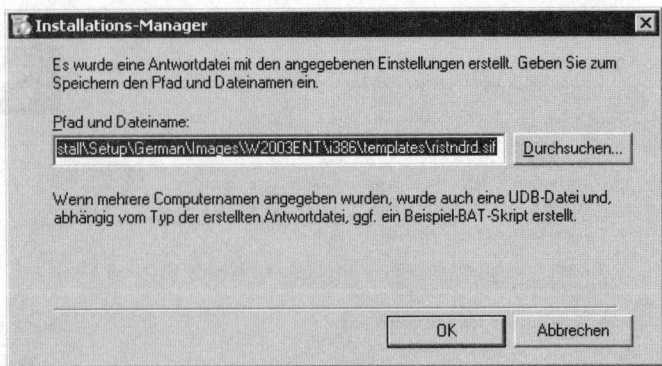

Nachdem die Antwortdatei erstellt worden ist, können Sie die Clientinstallation auf einem neuen System vornehmen.

Leider enthält die mit SETUPMGR.EXE erzeugte Antwortdatei einen Fehler, den Sie manuell über einen Texteditor korrigieren müssen, wenn Sie eine reibungslose automatische Installation wünschen. Der Windows-Product Key ist mit einer falschen Syntax in der Datei hinterlegt. Weitere Hinweise finden Sie im nachfolgenden Abschnitt.

Das Vorgehen bei der automatischen Installation am Clientcomputer wird in Abschnitt 15.1.7 *Clientinstallation durchführen* ab Seite 1155 behandelt.

Manuelle Anpassungen an der Antwortdatei

Die Antwortdateien sind normale Textdateien und können somit über den mitgelieferten Editor NOTEPAD.EXE problemlos modifiziert werden. Nachfolgend werden einige ausgewählte Parameter näher erläutert.

Weitere Informationen finden Sie in der Datei REF.CHM, die im Archiv DEPLOY.CAB auf der Installations-CD von Windows Server 2003 im Ordner \SUPPORT\TOOLS zu finden ist.

- Windows Product Key

  Der Eintrag für den Product Key befindet sich in der Sektion [UserData] und muss die folgende Syntax aufweisen:

Windows Product Key

```
[UserData]
…
ProductID="XXXXX-XXXXX-XXXXX-XXXXX-XXXXX"
```

  Durch das Dienstprogramm SETUPMGR.EXE wird dies übrigens falsch angelegt, wodurch der Benutzer dann doch mit der Eingabe konfrontiert wird.

- Computername

Computername

  Ebenfalls in der Sektion [UserData] befindet sich der Eintrag für den Namen des neu einzurichtenden Computers.

```
[UserData]
...
ComputerName =%MACHINENAME%
```

Computername

Wird die standardmäßig vorgeschlagene Variable %MACHINENAME% verwendet, dann ergibt sich der Computername aus der Voreinstellung für den RIS-Server (siehe Abbildung 15.4 auf Seite 1141 und zugehörige Erklärung). Sie können hier natürlich auch einen anderen Namen vorgeben. Beachten Sie jedoch, dass Sie nicht mehrere Computer mit identischem Namen erzeugen können.

Existiert im Active Directory bereits ein Computerkonto für den neu zu installierenden Rechner, so wird dieser Name für das neue Clientsystem verwendet. Soll dies vermieden werden, müssen Sie das Computerkonto vor der RIS-Clientinstallation löschen.

Haben Sie die erweiterte Sicherheit für den RIS-Server aktiviert und die Option UNBEKANNTEN CLIENTS NICHT ANTWORTEN gesetzt, muss für die RIS-Clientinstallation jeweils ein Computerkonto im Active Directory angelegt sein. Der neu installierte Clientcomputer erhält stets den Namen, der seinem Computerkonto entspricht.

- Festplatteneinrichtung

  In der Sektion [RemoteInstall] können Sie zwei Parameter einsetzen, um die Neupartitionierung der ersten Festplatte auf dem Clientcomputer zu beeinflussen.

Festplatten-einrichtung

```
[RemoteInstall]
Repartition = Yes|No
UseWholeDisk = Yes|No
```

Neupartitionierung

Mit Repartition legen Sie fest, ob eine Neupartitionierung durchgeführt werden soll.

Mit UseWholeDisk lässt sich die Neupartitionierung einschränken. Ist der Parameter auf Yes gesetzt, dann wird die gesamte Festplatte mit einer einzigen Partition voreingerichtet. Bei No wird nur soviel Platz für die erste Partition verwendet, wie der Muster-PC für das Riprep-Installationsabbild aufwies.

- Bildschirmauflösung und Farbtiefe

  Die Anpassung der Bildschirmeinstellungen erfolgt über entsprechende Parameter in der Sektion [Display]. Eine sinnvolle Voreinstellung empfiehlt sich vor allem dann, wenn LCD-Bildschirme verwendet werden, die stets nur in ihrer physischen Standardauflösung ein optimales Bild liefern. Da diese, falls analog betrieben, mit 60 Hz laufen, ist auch nicht zu befürchten, dass das Bild auf einem anderen Monitor aufgrund technischer Beschränkungen nicht angezeigt werden kann. Dies könnte al-

Bildschirmauf-lösung und Farbtiefe

lerdings dann passieren, wenn die Auflösung zu hoch eingestellt worden ist.

**Bildschirm-
einstellungen**

```
[Display]
ConfigureAtLogon = 0
BitsPerPel = 16
XResolution = 1024
YResolution = 768
VRefresh = 60
```

15.1.5 Wiederherstellungskonsole einbinden

Den Aufruf der Wiederherstellungskonsole können Sie ebenfalls
über den RIS-Server abwickeln. In Abschnitt *Wiederherstellungskonsole über RIS-Server starten* ab Seite 475 finden Sie dazu grundlegende Informationen.

SIF-Datei

Sie benötigen eine angepasste SIF-Datei, die Sie in den TEMPLATES-
Ordner eines flachen Abbildes ablegen. Meist ist dieser Ordner an
folgendem Ort zu finden:

```
<lw>:\RemoteInstall\Setup\German\Images\<imagename>\i386\templates
```

Die benötigte SIF-Datei kann wie folgt aussehen:

*Listing 15.1:
Beispiel für eine SIF-
Datei für den Aufruf
der Wiederherstel-
lungskonsole
(Repconsole.sif)*

```
[data]
floppyless = "1"
msdosinitiated = "1"
OriSrc = \\%SERVERNAME%\RemInst\%INSTALLPATH%
OriTyp = "4"
LocalSourceOnCD = 1


[SetupData]
OsLoadOptions = "/noguiboot /fastdetect"
SetupSourceDevice = "\Device\LanmanRedirector\%SERVERNAME% ④
\RemInst\%INSTALLPATH%"


[UserData]
FullName = "%USERFULLNAME%"
OrgName = "%ORGNAME%"
ComputerName = %MACHINENAME%


[RemoteInstall]
Repartition = no


[OSChooser]
Description ="Windows 2000 Professional - Recovery Console"
Help ="Start der Wiederherstellungskonsole vom RIS-Server"
LaunchFile = "%INSTALLPATH%\%MACHINETYPE%\templates\startrom.com"
ImageType =FLAT
Version="5.1 (0)"
```

15.1.6 OEM-Hardware-Treiber einbinden

Werden an den Clientsystemen besondere Hardware-Treiber benötigt, die nicht im Lieferumfang des Betriebssystems enthalten sind, so können Sie diese manuell am RIS-Server in das entsprechende Verzeichnis kopieren. Während des automatisch ablaufenden Installationsprozesses werden diese durch das Setup-Programm dann eingebunden.

Kopieren Sie die OEM-Treiber in den folgenden Ordner auf dem RIS-Server:

`X:\RemoteInstall\Setup\<sprache>\Images\<imagename>\$OEM$\$1\Drivers`

Beachten Sie dabei, dass der Ordner OEM auf der gleichen Ebene wie der Ordner I386 angelegt sein muss.

15.1.7 Clientinstallation durchführen

Die RIS-Clientinstallation können Sie über eine Bootdiskette oder eine PXE-fähige Netzwerkkarte durchführen. Beide Verfahren werden nachfolgend beschrieben.

Boot-Diskette erstellen

Verfügen die Clientcomputer nicht über PXE-fähige Netzwerkkarten oder ist der Start auf diese Weise nicht erwünscht, so lässt sich eine spezielle Bootdiskette einsetzen. Diese können Sie mit Hilfe des Tools RBFG.EXE erzeugen, welches sich über das Netzwerk direkt an einem Clientsystem starten lässt. Sie finden es in der REMINST-Freigabe des RIS-Servers:

`\\<RIS-servername>\REMINST\Admin\i386`   RBFG.EXE

Legen Sie eine leere, bereits formatierte Diskette ein und starten Sie dann das Programm. Auf die Diskette wird ein neuer Bootsektor geschrieben sowie die Startdatei RISDISK kopiert, wenn Sie auf die Schaltfläche DISKETTE ERSTELLEN klicken.

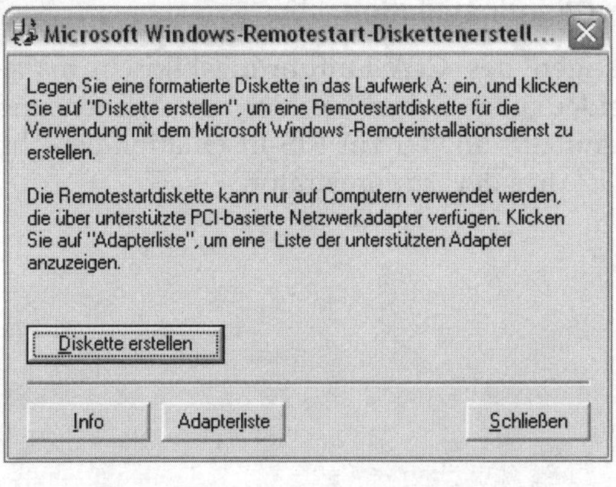

Abbildung 15.20:
Programm zum
Erstellen der RIS-
Bootdiskette

Über die Schaltfläche ADAPTERLISTE erhalten Sie Informationen, welche Netzwerkadapter derzeit für eine RIS-Installation geeignet sind. Insbesondere spezielle oder ältere Netzwerkadapter, vor allem PCMCIA- oder Cardbus-Adapter für den Notebook-Einsatz, fehlen hier allerdings.

Start mit einer PXE-fähigen Netzwerkkarte

Einfacher und bequemer als über eine Bootdiskette ist das Starten über den PXE-Boot-ROM der Netzwerkkarte. Stellen Sie dazu im BIOS-Setup des Clientcomputers die Bootsequenz auf die Netzwerkkarte an erster Stelle ein. Hinzu kommen eventuell noch weitere Einstellungen auf der Netzwerkkarte. Je nach Modell und Hersteller unterschiedlich implementiert sind die Zugriffsmöglichkeiten auf das eigene Setup der Karten. Hier sollten Sie, falls einstellbar, das PXE-Protokoll installieren sowie den Netzwerkbootprozess aktivieren.

Nach Start: F12   Nach dem Starten des Computers sendet die Netzwerkkarte zunächst unter anderem ihre eigene eindeutige Identifikationsnummer (die MAC-Adresse) aus. Über den RIS-Server bekommt der Client dann eine eigene IP-Adresse vom DHCP-Server zugewiesen. Danach beginnt die Kommunikation mit dem RIS-Server mit Übertragen der Bezeichnungen der verfügbaren Installationsabbilder. Vor dem Start des Installationsassistenten wird vom Benutzer ein Druck auf die Funktionstaste F12 verlangt.

Wenn Sie verhindern wollen, dass erst der Druck auf die Taste F12 den RIS-Installationsassistenten (CIW – *Client Installation Wizard*) startet, dann müssen Sie die Datei Startrom.com im Ordner Templates des Installationsabbildes austauschen. Kopieren Sie dazu die Datei X:\RemoteInstall\OSChooser\i386\startrom.n12 in den Templates-Ordner und bennenen Sie diese anschließend in Startrom.com um.

Beginn der Clientinstallation

Nach Bestätigen des CIW-Einführungsbildschirms gelangen Sie zum Anmeldedialog. Geben Sie hier den Namen und das Kennwort des Benutzers an, der zur RIS-Installation berechtigt ist. Standardmäßig ist dies der Administrator.

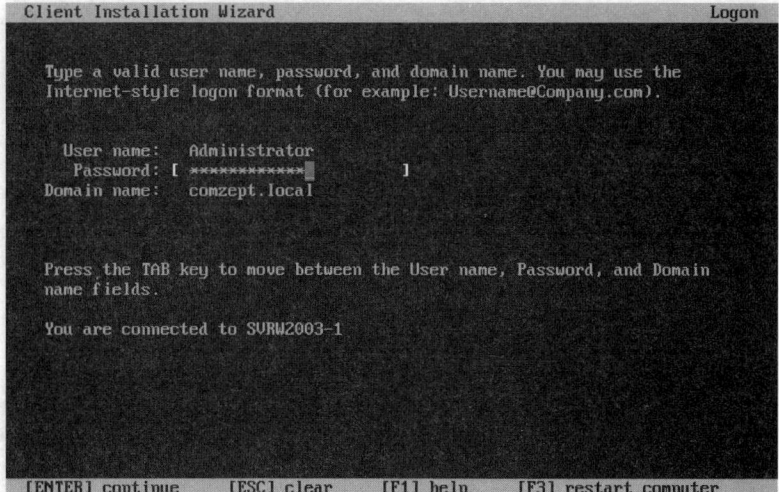

Abbildung 15.21:
CIW-Anmeldefenster

Danach werden die verfügbaren Installationsabbilder zur Auswahl
angeboten.

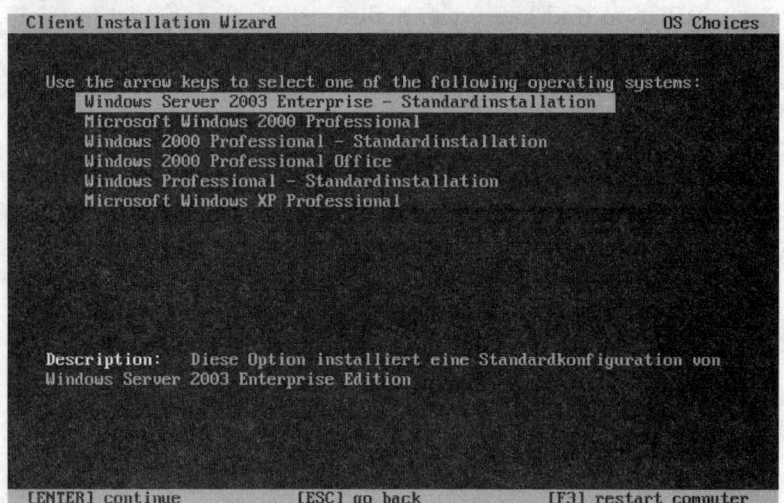

Abbildung 15.22:
Liste der verfügbaren
Installationsabbilder

Nach Bestätigen des Hinweises, dass nun alle bestehenden Daten
auf der Festplatte gelöscht werden, erscheint ein abschließender
Übersichtsbildschirm. Hier können Sie den zukünftigen Namen
des Computers ebenso kontrollieren wie seine ID oder den RIS-
Server.

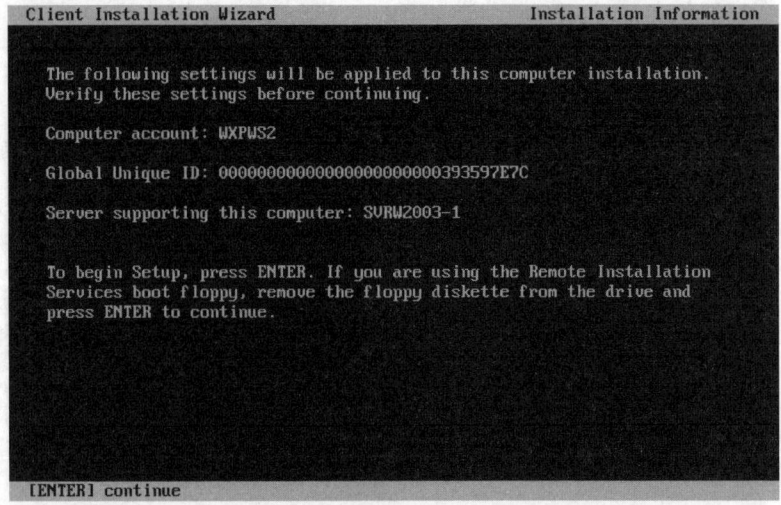

An dieser Stelle können Sie notfalls über ein Abschalten des Computers die Installation noch abbrechen. Anderenfalls beginnt nun die Installation und kann, wenn alles richtig eingerichtet ist, vollautomatisch ablaufen. Ist alles gut gegangen, erscheint danach der Anmeldebildschirm des Betriebssystems.

15.1.8 Delegieren der Installationsberechtigung

Standardmäßig dürfen nur Administratoren die Installation eines Clientcomputers via RIS vornehmen. Immerhin wird bei der RIS-Clientinstallation in einer Active Directory-Domäne ein Computerkonto angelegt beziehungsweise modifiziert.

Rechte zur RIS-
Clientinstallation

Wollen Sie allerdings ganz gezielt einzelnen Benutzern oder Gruppen das Recht zugestehen, eine RIS-Installation vorzunehmen, brauchen Sie lediglich die folgenden Anpassungen vorzunehmen:

- Setzen Sie die Zugriffsrechte auf den RIS-Installationsordner auf dem Server zumindest auf *Lesen* für die gewünschten Benutzer oder Gruppen.

- Delegieren Sie für die betreffende Organisationseinheit das Recht an diese Benutzer oder Gruppen, Computerkonten anlegen und löschen zu können. Dies wird nachfolgend gezeigt.

Wenn Sie bestimmte Abbilder nicht für jeden RIS-autorisierten Benutzer bereitstellen wollen, passen Sie einfach die Zugriffsrechte auf die SIF-Antwortdateien entsprechend an. Soll beispielsweise die Wiederherstellungskonsole (siehe Seite 1154) nur Administratoren zur Verfügung stehen, so entfernen Sie alle Berechtigungseinträge bis auf die für SYSTEM und ADMINISTRATOREN. Setzen Sie zuvor die standardmäßig aktivierte Rechtevererbung außer Kraft und kopieren Sie die bisher ererbten Rechte in die ACL.

Erstellen und Löschen von Computerkonten erlauben

Hierbei handelt es sich um eine Delegierung einer Verwaltungsberechtigung. Diese kann konkret für eine bestimmte Organisationseinheit vorgenommen werden.

Die Delegierung nehmen Sie aber am besten ohne den Assistenten vor. Der direkte Weg ist einfach deutlich schneller. Der Ablauf sieht dann folgendermaßen aus:

Berechtigungen direkt ohne Assistenten einstellen

1. Öffnen Sie die Managementkonsole *Active Directory-Benutzer und -Computer*.
2. Markieren Sie die betreffende Organisationseinheit und öffnen Sie über das Kontextmenü das Eigenschaften-Dialogfenster.
3. Öffnen Sie hier die Registerkarte SICHERHEIT und klicken Sie auf die Schaltfläche ERWEITERT.

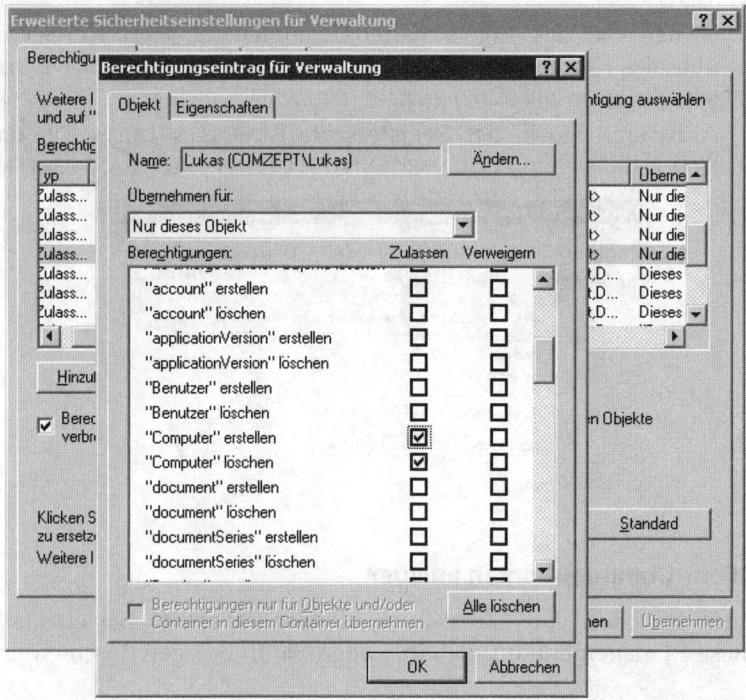

Abbildung 15.24: Berechtigung zum Anlegen und Löschen von Computerkonten zuweisen

4. Über HINZUFÜGEN wählen Sie zunächst den betreffenden Benutzer beziehungsweise die Gruppe aus. Stellen Sie dann unter ÜBERNEHMEN FÜR die Einstellung NUR DIESES OBJEKT ein. Damit ist sichergestellt, dass diese Berechtigungen nur in dieser Organisationseinheit wirksam ist. In der Liste der Berechtigungen aktivieren Sie schließlich die beiden in Abbildung 15.24 gezeigten Einträge.

15.1.9 Clientcomputer explizit für RIS zulassen

Aus Sicherheitsgründen kann es ratsam sein, nur bestimmte Clientsysteme für die RIS-Installation zuzulassen. Damit vermeiden Sie, dass ein für die RIS-Installation berechtigter Benutzer einen beliebigen PC über RIS einrichten kann. Es können dann nur noch PCs verwendet werden, die bereits im Active Directory mit ihrer eindeutigen Computerkennung (dem GUID – *Globally Unique Identifier*) vom Domänenadministrator angelegt worden sind.

Pre-Staging   In den Microsoft-Dokumentationen wird dies mit *Pre-Staging von RIS-Clientsystemen* bezeichnet.

Einstellung am RIS-Server

Zunächst muss am RIS-Server die entsprechende Option gesetzt werden:

1. Öffnen Sie das Eigenschaften-Dialogfenster zum RIS-Server über das Kontextmenü in der Managementkonsole *Active Directory-Benutzer und -Computer*.

2. Aktivieren Sie in der Registerkarte REMOTEINSTALLATION das Kontrollkästchen vor UNBEKANNTEN CLIENTS NICHT ANWORTEN.

Abbildung 15.25:
Nur noch bereits
eingerichtete Clients
zur RIS-Installation
zulassen

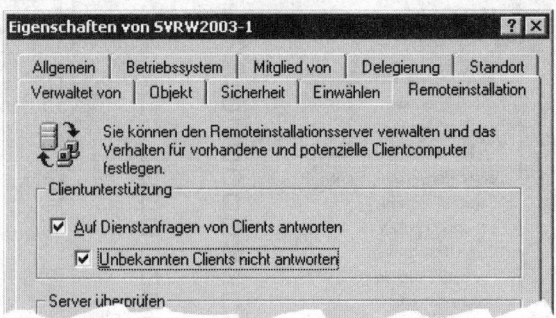

Client-Computerkonten anlegen

Zum Erstellen von Client-Computerkonten setzen Sie ebenfalls diese Managementkonsole ein. Legen Sie in der gewünschten Organisationseinheit Computerkonten an, wie in Abschnitt 12.5.3 *Anlegen von Computerobjekten* ab Seite 891 beschrieben.

Bereits während der Eingabe oder auch nachträglich können Sie dann den GUID und den zuständigen RIS-Server (falls mehrere existieren) zuweisen. Sie finden diese Optionen im Eigenschaften-Dialogfenster des Computerkontos unter der Registerkarte REMO-TEINSTALLATION.

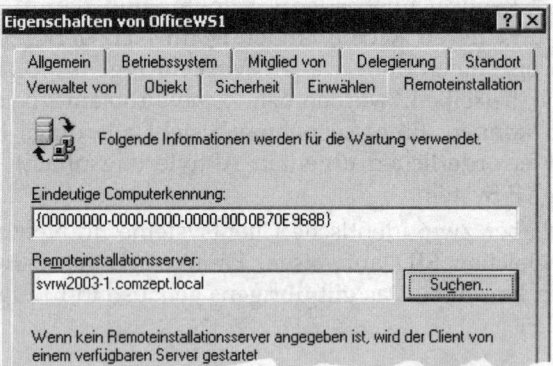

Abbildung 15.26:
GUID und (optional)
zuständigen RIS-Ser-
ver zuordnen

Der GUID des Clientcomputers setzt sich aus der MAC-Adresse seines Netzwerkadapters (in hexadezimaler Schreibweise) und einer definierten Anzahl führender Nullen zusammen. Diese beiden Formate sind zulässig:

```
00000000-0000-0000-0000-<mac-adresse>
00000000000000000000<mac-adresse>
```

Verfügt der Clientcomputer über mehrere Netzwerkadapter, dann geben Sie die MAC-Adresse des Adapters an, der am gleichen Netzwerk wie der betreffende RIS-Server angeschlossen ist.

15.1.10 Automatisierte Installation mit Disc Images

Eine bequeme Möglichkeit, zu einem voll installierten Windows-Clientsystem inklusive aller notwendigen Anwendungsprogramme zu gelangen, besteht im Duplizieren einer fertigen Installation auf andere Computer. Dafür gibt es spezielle Programme von Herstellern wie Symantec oder Powerquest. Diese erzeugen ein bitweises Abbild (Image) der spezifizierten Partition und können es auf einem anderen Computersystem wieder auf der Festplatte implementieren. Das Ergebnis ist ein vollkommen identisches System mit allen Programmen, Dateien und Einstellungen des Ursprungscomputers.

Disc Images

Wichtige Voraussetzung ist bei diesem Vorgehen zunächst eine Übereinstimmung der verwendeten Hardwarekomponenten bei Ursprungs- und Zielcomputern. Zwar verfügen sowohl Windows

Übereinstimmung bei der Hardware

2000 als auch Windows XP über ausgefeilte Plug&Play-Funktionen, um neue oder geänderte Komponenten zuverlässig zu erkennen, aber es gibt auch hier Grenzen.

Security Identifier

Dies ist die wichtigste Einschränkung, die Sie im Umgang mit Festplattenduplizierern und Windows 2000/XP kennen sollten: Das Betriebssystem benutzt zur Identifikation eines Computersystems eine eindeutige Identifikation, den *Security Identifier* (SID). Dieser SID kennzeichnet jeden Computer und damit auch seine Benutzer und deren Rechte eindeutig im Netzwerk. Solange Sie beispielsweise einen ohne weitere Vorkehrungen duplizierten PC standalone betreiben, werden Sie keine Probleme beim Betrieb feststellen können. Eine Ausnahme besteht allerdings in der mit Sicherheit erforderlichen erneuten Aktivierungspflicht bei einem Windows XP-System.

Existieren aber zwei identische Clientsysteme im Netzwerk, welche den gleichen SID aufweisen, kann es zu schwerwiegenden Problemen kommen. Das gilt übrigens genauso in Bezug auf Windows NT.

Das Tool Sysprep

Um dieses Problem zu adressieren, haben Hersteller von Software für das Duplizieren von Festplatten mittlerweile zusätzliche Tools im Programm, die für eine korrekte neue Vergabe einer SID nach Neustart eines durch Duplizieren entstandenen Systems sorgen. Mit Windows 2000/XP wird ebenfalls ein entsprechendes Dienstprogramm von Microsoft mitgeliefert, das Programm SYSPREP.EXE.

Funktionen:

Sysprep kann die folgenden Aufgaben für die Installation erfüllen:

- Festplattenduplizierung

Festplattenduplizierung

Sie können zuverlässig die Festplattenduplizierung, natürlich unter Beachtung der Microsoft-Lizenzbestimmungen, zum Vervielfältigen einer vollständig vorinstallierten Windows-Installation benutzen. Dazu generiert Sysprep eine eindeutige SID für den neuen Computer, sodass dieser problemlos ins Netzwerk eingebunden werden kann.

- Mini-Setup

Mini-Setup

SYSPREP erlaubt die Generierung eines Mini-Setups, welche einen von einem neuen Benutzer – der beispielsweise einen vorinstallierten Windows-Arbeitsplatzcomputer inklusive einer Reihe von Anwendungsprogrammen nach dem Einschalten vorfindet – nur noch ergänzende Angaben wie die Eingabe der Seriennummer oder seines Namens verlangt.

- Auslieferungszustand herstellen

Auslieferungszu-stand herstellen

Eine dritte Funktion von Sysprep besteht darin, dass es sich auch eignet, eine fertige Windows-Installation zu überprüfen und zurück in den Auslieferungszustand zu versetzen. Dabei kommt es nicht auf das Generieren einer neuen SID an, was in einem solchen Fall unterdrückt wird, sondern darauf, dass der Benutzer beim Inbetriebnehmen des Computers über das Mini-Setup (siehe oben) nur noch vervollständigende Angaben zur Installation vornimmt.

Bei den folgenden Ausführungen geht es hier um die Betrachtung von SYSPREP im Zusammenhang mit dem Duplizieren von Festplatten.

Sie finden weitere Hinweise zu Sysprep in der Datei UNATTEND.DOC, die sich zusammen mit dem Programm in der Kabinettdatei \SUPPORT\TOOLS\DEPLOY.CAB befindet.

UNATTEND.DOC

Wo liegt Sysprep auf der Installations-CD?

Das Programm finden Sie auf der Installations-CD von Windows 2000/XP Professional in der Datei DEPLOY.CAB im Verzeichnis \SUPPORT\TOOLS. In der nachfolgenden Tabelle finden Sie alle zum Programm SYSPREP gehörenden Komponenten.

DEPLOY.CAB

Komponente	Funktion
SYSPREP.EXE	Das eigentliche Tool, welches Sie für den Aufruf verwenden. Für die Beeinflussung der Abarbeitung sollten Sie die Kommandozeilenoptionen beachten, welche weiter unten in diesem Abschnitt aufgeführt sind.
SETUPCL.EXE	Ein fester Bestandteil des Tools, der nicht selbstständig funktioniert. Sysprep benötigt dieses Programm zwingend im selben Verzeichnis, um korrekt arbeiten zu können.
SYSPREP.INF	Eine Konfigurationsdatei, mit der Sie das Verhalten von Sysprep für die automatische Ausführung beeinflussen können

Tabelle 15.1: Komponenten von SYSPREP

Allgemeine Voraussetzungen für das Festplattenduplizieren

Bevor Sie an das Duplizieren einer Windows-Installation gehen, sollten Sie prüfen, ob die folgenden Voraussetzungen gegeben sind:

- Keine Unterstützung für Domänen

  Sysprep kann nicht auf einem Windows Clientcomputer ausgeführt werden, der Mitglied einer Domäne oder selbst Domänencontroller ist. Falls nicht gegeben, sollten Sie das Clientsystem aus der Domäne entfernen und zeitweise einer be-

Keine Domäne!

liebigen Arbeitsgruppe zuordnen. Öffnen Sie dazu das Kontextmenü des Arbeitsplatz-Symbols und ändern Sie die entsprechenden Einstellungen im Bereich NETZWERKIDENTIFIKATION (unter XP Professional über die Registerkarte COMPUTERNAME). Nach Inbetriebnahme des neuen PCs können Sie dann auf die gleiche Art und Weise die Verbindung zur Domäne wieder aufnehmen.

Hardware

- Identische Hardware

  Das Duplizieren von Festplattenpartitionen funktioniert nur bei weitgehend identischer Hardware zwischen Ursprungs- und Zielcomputersystem. Hier die wichtigsten Punkte dazu:

  - Die zu verwendende HAL (*Hardware Abstraction Layer*) der Computersysteme muss übereinstimmen beziehungsweise kompatibel zueinander sein. So sind die HAL APIC und HAL MP (Multiprozessorsysteme) zueinander kompatibel, wohingegen eine verwendete HAL PIC (*Programmierbarer Interruptcontroller*) auch eine HAL PIC auf dem Zielsystem erfordert.

  - Der Typ des verwendeten Festplattencontrollers, IDE oder SCSI, muss auf beiden Computersystemen übereinstimmen.

  - Die Partition beziehungsweise die Festplatte des Zielcomputersystems müssen mindestens genau so groß sein wie die auf dem Ursprungscomputer. Zum Umdefinieren der Größe können heute in der Regel die Duplizierprogramme selbst helfen. Es lässt sich aber auch der Parameter *ExtendOemPartition* in der Datei SYSPREP.INF setzen.

Aufruf von SYSPREP

Festplatte aufräumen

Der Aufruf des Programms SYSPREP gestaltet sich unspektakulär. Bereiten Sie zuerst Ihre Windows-Installation entsprechend vor. Löschen Sie dabei alle unbenötigten Dateien, insbesondere die folgenden:

- HIBERFIL.SYS

Datei für Ruhezustand

Diese Datei wird für den Ruhezustand benötigt und belegt genauso viel Platz auf dem Systemlaufwerk wie Hauptspeicher im Computer installiert ist. Ist der Ruhezustand auf Ihrem System eingestellt, deaktivieren Sie ihn über START | SYSTEMSTEUERUNG | ENERGIEOPTIONEN. Damit wird auch die Datei HIBERFIL.SYS gelöscht.

- PAGEFILE.SYS

Auslagerungsdatei

Entfernen Sie die Auslagerungsdatei vom zu duplizierenden Systemlaufwerk (über START | SYSTEMSTEUERUNG | SYSTEM). Da Windows 2000 wie auch XP insbesondere bei relativ wenig Hauptspeicher ohne Auslagerungsdatei nicht richtig arbeiten

können, ist es möglich, diese einfach auf einen anderen Datenträger zu verlagern. Eine nicht durch das Betriebssystem selbst
gelöschte Auslagerungsdatei wird übrigens beim nächsten Systemstart selbstständig wiederhergestellt.

Nachdem die Festplatte für das Duplizieren vorbereitet ist, brauchen Sie nur noch SYSPREP.EXE aufzurufen. Danach können Sie das
Disk Image herstellen und auf dem Zielcomputer wieder implementieren. Sysprep sorgt dann dafür, dass das System eine neue,
eindeutige SID zugewiesen bekommt.

15.2 Software Update Services einrichten

Die Einrichtung der SUS (*Software Update Services*) besteht im Wesentlichen aus drei Schritten:

1. Download und Installation der SUS-Serverkomponente
2. Konfiguration des SUS-Servers
3. Konfiguration der SUS-Gruppenrichtlinien für die Verteilung
   der Updates auf die Clients

Diese Schritte werden nachfolgend erläutert. Einige Informationen **Grundlagen ab**
zu den Grundlagen finden Sie in Abschnitt 8.5 *Update-Verteilung* **Seite 478**
auf Windows-Clients ab Seite 478.

15.2.1 SUS-Server installieren

Haben Sie von der Microsoft-SUS-Website die Komponente geladen (siehe Seite 478), starten Sie die Installation mit einem Doppelklick auf die ausführbare Datei.

*Abbildung 15.27:
Angabe des Speicher-
orts für die Updates*

Ablageort für Updates

Im ersten Dialogfenster des Assistenten legen Sie den Ablageort für geladene Updates fest. Beachten Sie dabei, dass mit der Zeit durchaus einige hundert MByte zusammenkommen können. Wählen Sie die zweite Option, dann werden auf den SUS-Server generell keine Updates für die Clients zwischengespeichert. Stattdessen leitet der Server diese an die Update-Server weiter. Im Normalfall sollten Sie also die erste Option aktivieren und hier einen Speicherort für die Updates auf dem Server angeben.

Sprachen festlegen

Die Einstellungen im nächsten Dialogfenster sind sehr bedeutsam. Hier legen Sie fest, für welche Sprachen die Updates von Microsoft bezogen werden sollen. Im Interesse eines zügigen Herunterladens und einer Schonung von Bandbreite sollten Sie unbedingt nur die wirklich benötigten Sprachen auswählen. Normalerweise können Sie dies auf Deutsch und Englisch beschränken.

Abbildung 15.28:
Auswahl der
Sprachen festlegen

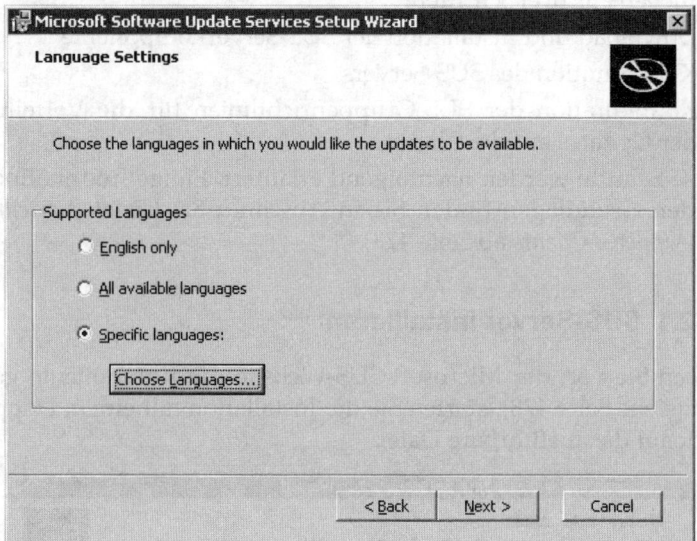

Wie werden Updates auf Clients verteilt?

Danach legen Sie fest, wie mit heruntergeladenen Updates verfahren werden soll. Es ist durchaus empfehlenswert, wenn Sie alle Updates und Patches zunächst selbst überprüfen, bevor diese installiert werden. Dies wird über die zweite Option festgelegt. Bevor etwas auf den Clients installiert wird, haben Sie so die Chance zum Eingriff.

Abschließend erhalten Sie die Mitteilung, dass die Clients auf den URL des SUS-Servers konfiguriert werden sollen. Dieser lautet standardmäßig: **URL des SUS-Servers**

```
http://<sus-servername>
```

15.2.2 SUS-Server einrichten

Nach Abschluss der Installation können Sie den SUS-Server über diese Administrations-Website verwalten:

```
http://<sus-servername>/SUSAdmin
```

Nachfolgend werden die wichtigsten Optionen vorgestellt.

Synchronisierung

Über den Link SYNCHRONIZE SERVER legen Sie fest, wann der SUS-Server von den Microsoft Update Servern Updates und Patches beziehen soll. Für das erstmalige Ausführen eignet sich hier die Schaltfläche SYNCHRONIZE NOW. Damit startet die Synchronisierung sofort. Sie müssen dabei, auch bei einer schnellen Anbindung ans Internet, mit einiger Wartezeit rechnen. Der Gesamtumfang der Updates liegt momentan bei deutlich mehr als 100 MB pro Sprache.

Abbildung 15.30:
SUS-Server bei der
Synchronisierung

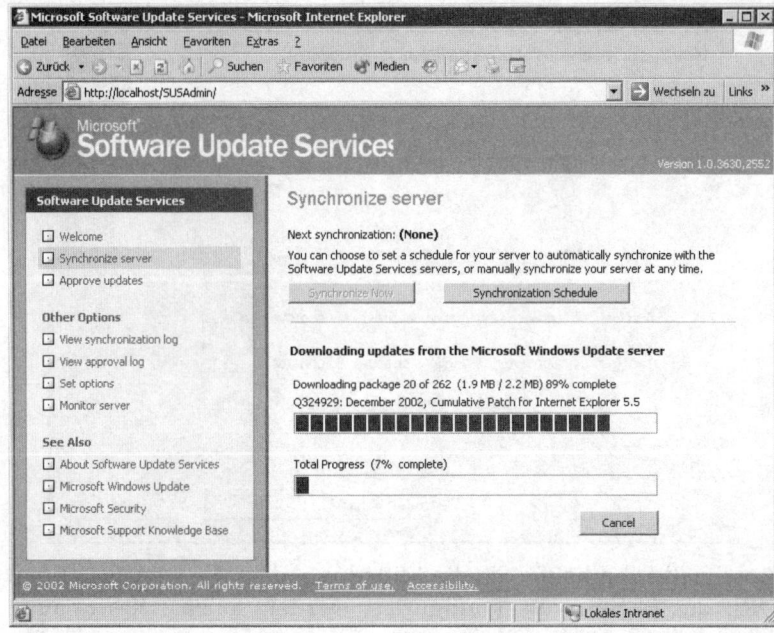

Zeitgesteuert synchronisieren

Für ein regelmäßiges Beziehen der neuesten Updates sollten Sie die zeitgesteuerte Synchronisierung über die Schaltfläche SYN-CHRONIZE SCHEDULE einrichten. Geben Sie hier das Intervall ein, mit welchem der SUS-Server neue Updates suchen und herunterladen soll. Zusätzlich können Sie hier die Anzahl von Wiederholungen einstellen, die der Server im Falle eines Fehlschlags (Update-Server von Microsoft kann beispielsweise nicht erreicht werden) einen Versuch starten soll.

Abbildung 15.31:
Synchronisierungs-
Zeitplan festlegen

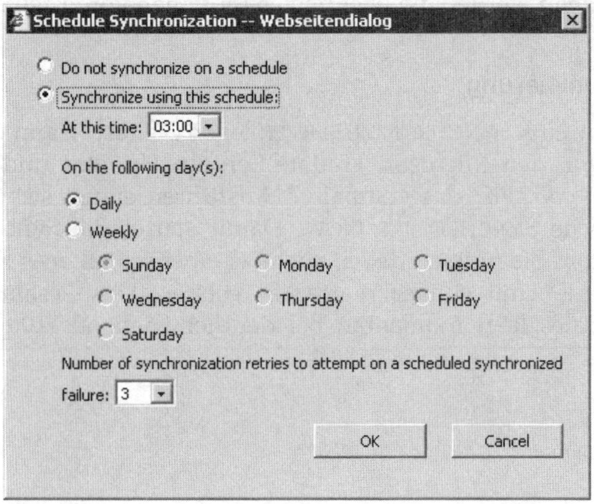

Updates zum Verteilen freigeben

Haben Sie die Verteilung der Updates an die Clients bei der Ersteinrichtung auf manuell eingestellt (siehe Abbildung 15.29 auf Seite 1167), dann müssen Sie jedes geladene Update beziehungsweise jeden geladenen Patch explizit zur Verteilung freigeben.

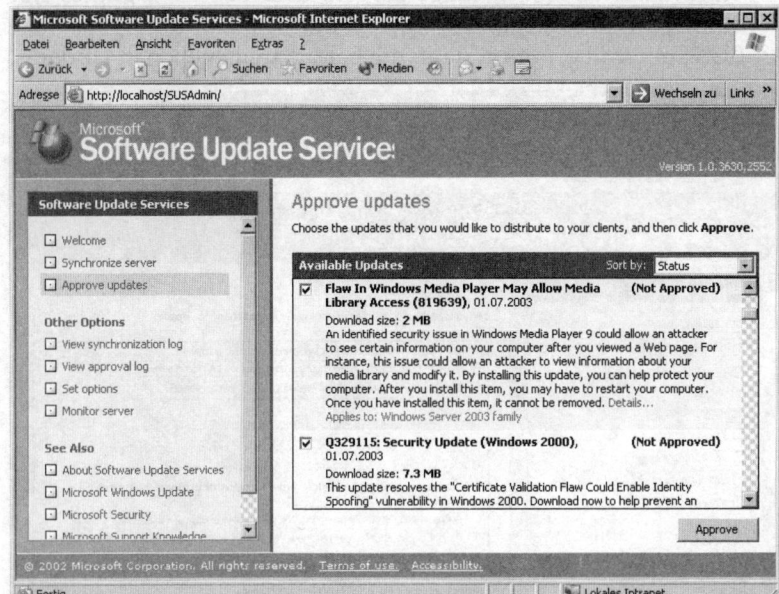

Abbildung 15.32: Manuelle Auswahl der Updates zur Verteilung

Klicken Sie dazu auf den Link APPROVE UPDATES und markieren Sie die gewünschten Updates. Über die Schaltfläche APPROVE geben Sie diese dann frei.

SUS-Serveroptionen konfigurieren

Über den Link SET OPTIONS lässt sich eine Reihe von Grundeinstellungen für den SUS-Server festlegen.

Hervorzuheben sind hier insbesondere diese Optionen:

- SELECT A PROXY SERVER CONFIGURATION

  Konfigurieren Sie hier die Internetverbindung für den SUS-Server. Wenn Sie einen Proxy-Server wie den ISAS (*Internet Security & Acceleration Server*) einsetzen, dann verlangt eine übliche Konfiguration beispielsweise die Angabe eines Benutzerkontos und eines Kennworts sowie das Setzen des Ports auf den Wert 8080. Die meisten dedizierten Internetrouter hingegen verlangen keine expliziten Anpassungen. **Internetverbindung**

- SELECT WHICH SERVER TO SYNCHRONIZE CONTENT FROM

  Wählen Sie hier die erste Option SYNCHRONIZE DIRECTLY FROM THE MICROSOFT WINDOWS UPDATE SERVERS, wenn Sie den SUS- **Update-Quelle**

Server als Primärserver einsetzen wollen. Sollen allerdings die Updates von einem anderen SUS-Server bezogen werden, dann geben Sie hier über die zweite Option den URL dieses Servers ein. Sie können dann über das Setzen des Kontrollkästchens bei SYNCHRONIZE LIST OF APPROVED ITEMS UPDATED FROM THIS LOCATION (REPLACE MODE) dafür sorgen, dass Sie die Updates nur einmal am Primärserver freigeben müssen. Der untergeordnete SUS-Server übernimmt dann die bereits freigegebenen Updates.

Abbildung 15.33:
Optionen für den
SUS-Server festlegen

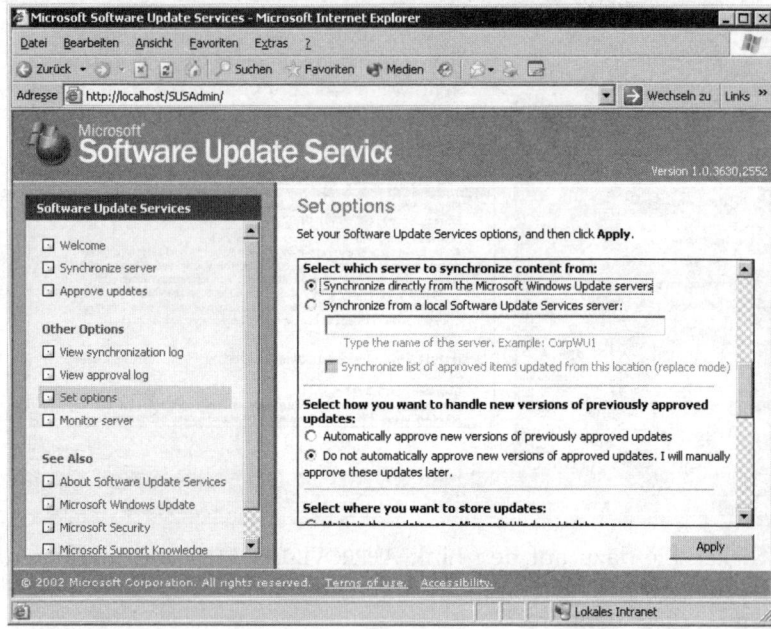

- SELECT HOW YOU WANT TO HANDLE NEW VERSIONS OF PREVIOUSLY APPROVED UPDATES

Automatisch oder
manuell freigeben

Mit dieser Option bestimmen Sie, ob neue Updates automatisch freigegeben werden sollen oder ob Sie die Kontrolle darüber behalten wollen. Wenn Sie volles Vertrauen zu Microsoft haben, können Sie natürlich die Automatik einschalten.

- SELECT WHERE YOU WANT TO STORE UPDATES

Updates zwischen-
speichern?

Normalerweise wird ein SUS-Server so betrieben, dass er die Updates vom übergeordneten Server (entweder bei Microsoft oder ein anderer SUS-Server) in den gewünschten Sprachversionen abholt und dann an die Clients verteilt. Mit der Option MAINTAIN THE UPDATES ON A MICROSOFT WINDOWS UPDATE SERVER werden die Updates nicht zwischengespeichert. Es erfolgt dann lediglich ein Weiterleiten der Clients zu den Microsoft Servern.

15.2.3 Update-Verteilung für SUS-Clients einrichten

Die Update-Verteilung für die SUS-Clients konfigurieren Sie über Gruppenrichtlinien. Diese finden Sie im Gruppenrichtlinien-Editor an dieser Stelle:

```
<Gruppenrichtlinienobjekt>
 \Computerkonfiguration
  \Administrative Vorlagen
   \Windows-Komponenten
    \Windows Update
```

Doppelklicken Sie im Detailfenster auf die entsprechende Richtlinie. Nachfolgend werden diese besprochen.

Richtlinie: Automatische Updates konfigurieren

Über diese Richtlinie legen Sie fest, wie und wann Updates auf den Clients installiert werden sollen. Für normale Arbeitsplatz-PCs empfiehlt sich die Einstellung 4 – AUTOM. DOWNLOADEN UND LAUT ZEITPLAN INSTALLIEREN. Damit werden die Updates vollautomatisch während des Betriebes verteilt und im Hintergrund installiert. Der normale Benutzer wird davon nichts direkt bemerken. Nur ein lokal angemeldeter Administrator erhält einen entsprechenden Hinweis.

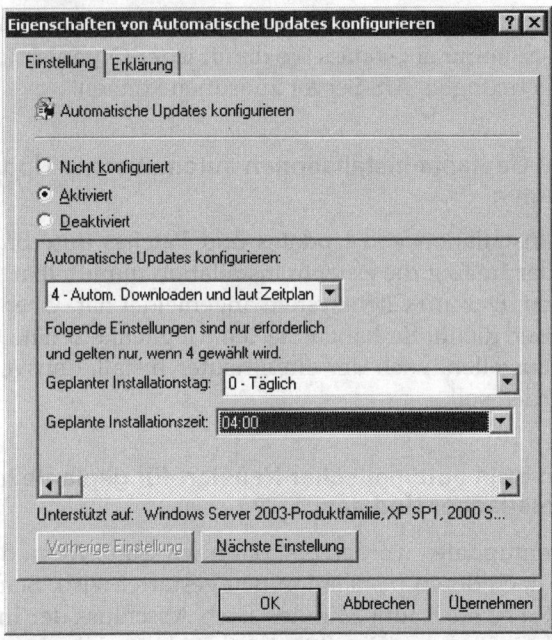

Abbildung 15.34:
Art und Zeitplan für
Update-Installation
festlegen

Für das Aktualisieren von Serversystemen empfiehlt sich eher die Einstellung 2 oder 3. Damit haben Sie mehr Kontrolle über den Prozess und können gegebenenfalls das Update aufschieben, falls der Server zu diesem Zeitpunkt nicht zusätzlich belastet oder gar heruntergefahren werden darf.

Richtlinie: Internen Pfad für den Microsoft Updatedienst angeben

Hier geben Sie den URL für den SUS-Server an, über den die Clients die Updates beziehen sollen.

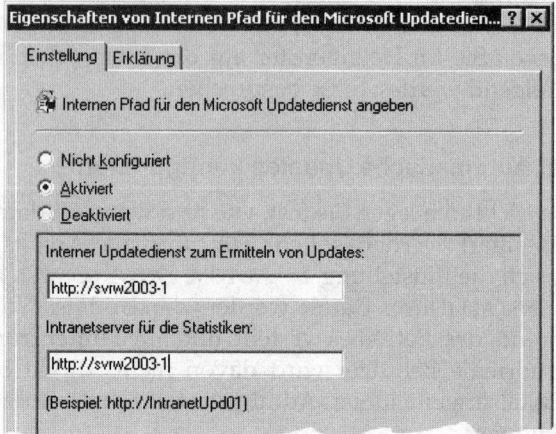

Abbildung 15.35:
URL des SUS-
Servers angeben

In größeren Netzwerken können durchaus mehrere SUS-Server zum Einsatz kommen, sodass Sie damit jeder Organisationseinheit den jeweils richtigen SUS-Server zuordnen können.

Richtlinie: Geplante Installationen automatischer Updates erneut planen

Wird die Installation von Updates und Patches unterbrochen, erfolgt standardmäßig die erneute Installation unmittelbar, nachdem sich ein Benutzer am Clientsystem angemeldet hat. Über das Aktivieren dieser Richtlinie haben Sie die Möglichkeit, eine definierte Pause einzustellen, nach der ein erneuter Installationsversuch gestartet werden soll.

Richtlinie: Kein automatischer Neustart für geplante Installation automatischer Updates

Standardmäßig
automatischer
Neustart!

Viele Systemupdates werden erst dann wirksam, wenn der Clientcomputer nach deren Installation neu gestartet wird. Standardmäßig erfolgt dies auch fünf Minuten nach Abschluss der Installation eines solchen Updates. Der Benutzer wird zwar darauf hingewiesen, seine Arbeit zu beenden und seine Dateien zu speichern, wenn er jedoch gerade zu diesem Zeitpunkt nicht an seinem Arbeitsplatz ist, kann Datenverlust die Folge sein.

Diese Richtlinie sollten Sie aktivieren, wenn Sie einen automatischen Neustart generell verhindern wollen. Anders sieht die Sache aus, wenn Clientupdates automatisch und nur nachts, etwa um 2:00 Uhr, installiert werden. Dann sollten allerdings die Computer laufen und dürfen von den Benutzern am Abend nicht heruntergefahren werden.

15.3 Softwareverteilung

In den nachfolgenden Abschnitten wird gezeigt, wie Sie Softwarepakete im Active Directory auf Clientcomputer automatisiert verteilen. Grundlegende Informationen finden Sie dazu in Abschnitt 8.6 *Softwareverteilung auf Clientsystemen* ab Seite 481.

Grundlagen ab Seite 481

15.3.1 Einrichten der Gruppenrichtlinien

Die für die Installation vorgesehenen MSI-Pakete werden zur Verteilung im Active Directory über die Gruppenrichtlinien bereitgestellt. Die Richtlinie SOFTWAREINSTALLATION steht Ihnen für Computer und Benutzer zur Verfügung. Sie finden diese in folgendem Zweig:

```
<Gruppenrichtlinienobjekt>
 \Computerkonfiguration oder Benutzerkonfiguration
  \Softwareeinstellungen
   \Softwareinstallation
```

Gruppenrichtlinien-zweig

Es bietet sich an, mehrere Richtlinien-Objekte zu erzeugen und sie dann den Organisationseinheiten zuzuordnen, in denen sich die entsprechenden Computer oder Benutzer befinden. Dazu können Sie eine separate Organisationseinheit in der Verzeichniswurzel erzeugen, die Sie beispielsweise *Softwarerichtlinien* nennen.

Grundeinstellungen vornehmen

Wenn Sie das erste Mal mit einem Paket arbeiten, sollten die Richtlinien grundlegend konfiguriert werden. Diese Standardeinstellungen gelten dann für alle folgenden Pakete, können aber im Detail geändert werden.

Die folgenden Optionen sollten Sie hier einstellen:

Allgemeine Optionen

- STANDARDPFAD FÜR PAKETE:

  Geben Sie den Pfad zu dem freigegebenen Ordner im Netzwerk an, auf dem die MSI-Pakete standardmäßig abgelegt sind.

- NEUE PAKETE

  Hier wird eingestellt, nach welcher Methode neue Pakete installiert werden sollen. Wenn Sie die Option DIALOGFELD "SOFT-

WARE BEREITSTELLEN" ANZEIGEN aktivieren, können Sie bei jedem neuen hinzuzufügenden Paket die Wahl über ein entsprechendes Dialogfenster treffen. Allerdings lässt sich die
getroffene Auswahl jederzeit für ein Paket wieder ändern.

Abbildung 15.36:
Grundeinstellungen
für die Richtlinie
vornehmen

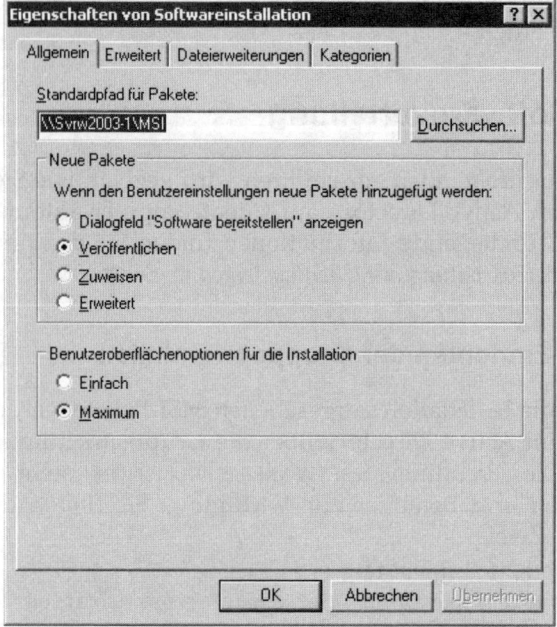

- BENUTZEROBERFLÄCHENOPTIONEN FÜR DIE INSTALLATION

  Dies ist die Standardauswahl für die Eingriffsmöglichkeiten des
  Benutzers, der die Software später installiert.

Abbildung 15.37:
Erweiterte Grund-
einstellungen

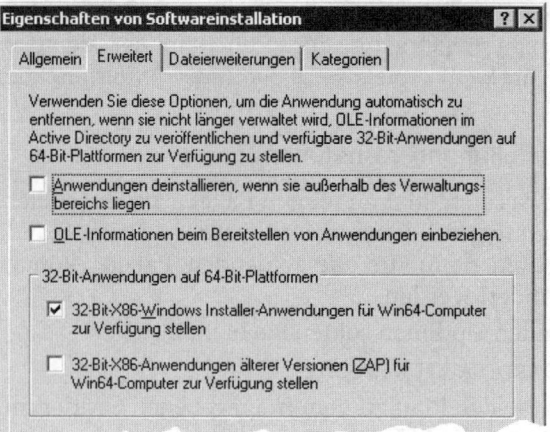

In der Registerkarte ERWEITERT finden Sie die folgenden Optionen: **Erweiterte Optionen**

- ANWENDUNGEN DEINSTALLIEREN, WENN SIE AUSSERHALB DES VERWALTUNGSBEREICHES LIEGEN

  Wenn diese Option aktiv ist, wird das Veröffentlichungsangebot beziehungsweise die installierte Software selbst entfernt, wenn die Gruppenrichtlinie für den Benutzer oder Computer nicht mehr zuständig ist. Mehr Informationen finden Sie dazu in Abschnitt 15.3.3 *Software wieder von Clients entfernen* ab Seite 1179.

- OLE-INFORMATIONEN BEIM BEREITSTELLEN VON ANWENDUNGEN EINBEZIEHEN

  Wenn diese Option aktiviert ist, werden zusätzliche Einstellungen bei Programmen auf dem Clientsystem vorgenommen, die OLE (*Object Linking and Embedding*) unterstützen. Das trifft beispielsweise auf Microsoft Office-Anwendungen zu.

- 32-BIT-ANWENDUNGEN AUF 64-BIT-PLATTFORMEN

  Diese Optionen betreffen das Verhalten des Windows Installers auf Windows-Betriebssystemen mit 64 Bit-Verarbeitungsbreite. Das sind beispielsweise Windows XP Professional 64 Bit oder die 64 Bit-Variante von Windows Server 2003.

Über die Registerkarte DATEIERWEITERUNGEN können Sie steuern,   **Dateierweiterungen** auf welche Dateitypen die Installation einer Anwendung ausgelöst werden soll. Sind mehrere Anwendungen verfügbar, können Sie die Reihenfolge beeinflussen, mit welcher die Programme auf dem Client gestartet beziehungsweise installiert werden sollen.

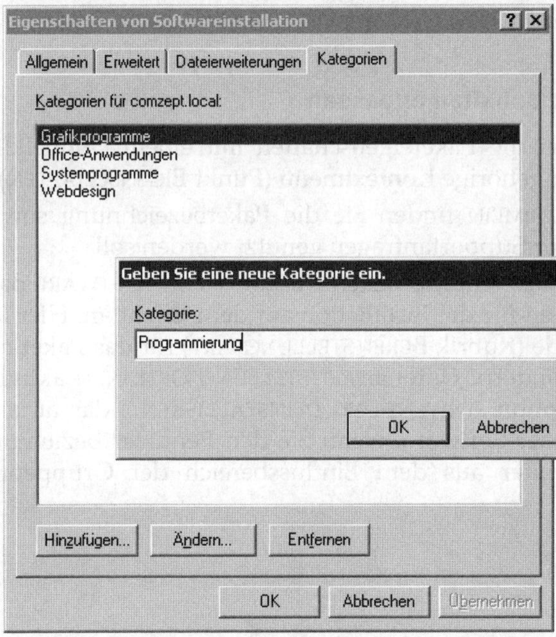

Abbildung 15.38:
Kategorien definieren

Kategorien

Sie können die Softwarepakete in Kategorien einordnen. Dazu lassen sich über diese Registerkarte diese Kategorien definieren. Über die Schaltfläche HINZUFÜGEN können Sie einfach neue Kategorien anlegen, über ÄNDERN umbenennen und über ENTFERNEN wieder löschen. Alle hier angelegten Kategorien gelten für alle Gruppenrichtlinien _Softwareinstallation_ in der Domäne.

Die einzelnen Pakete lassen sich einer oder mehreren Kategorien zuordnen. Veröffentlichte und im Applet _Software_ angebotene Anwendungen kann der Benutzer gezielt nach diesen Kategorien auswählen.

Ein neues Paket hinzufügen

Wollen Sie ein neues Softwarepaket in eine der Gruppenrichtlinien einbinden, gehen Sie wie folgt vor:

1. Kopieren Sie das MSI-Paket der betreffenden Anwendung in den Ordner, den Sie in den Grundeinstellungen angegeben haben (siehe Abbildung 15.36 auf Seite 1174).
2. Wählen Sie im Gruppenrichtlinien-Editor (je nachdem im Zweig BENUTZER- oder COMPUTERKONFIGURATION) im Kontextmenü zu SOFTWAREINSTALLATION den Eintrag NEU | PAKET…
3. Suchen Sie das zugehörige MSI-Paket aus.
4. Abhängig davon, welche Grundeinstellung Sie für die Verteilungsmethode eingestellt haben (siehe ebenfalls Abbildung 15.36), können Sie diese nun noch einmal für das Paket explizit festlegen oder es wird die Voreinstellung verwendet.

Paketeigenschaften anpassen

Sie erhalten die Paketeigenschaften mit einem Doppelklick oder über das zugehörige Kontextmenü (Punkt EIGENSCHAFTEN).

Allgemein

Unter ALLGEMEIN finden Sie die Paketbezeichnung sowie einen URL, der für Supportanfragen genutzt werden soll.

Bereitstellung

Über die Registerkarte BEREITSTELLUNG VON SOFTWARE passen Sie die Optionen für die Installation auf dem Client an. Hier lässt sich die Methode (Rubrik BEREITSTELLUNGSART) für das Paket nachträglich noch ändern. Unter BEREITSTELLUNGSOPTIONEN aktivieren Sie mit der Option ANWENDUNG DEINSTALLIEREN… das automatische Entfernen der Software, wenn Sie den Benutzer beziehungsweise den Computer aus dem Einflussbereich der Gruppenrichtlinie entfernen.

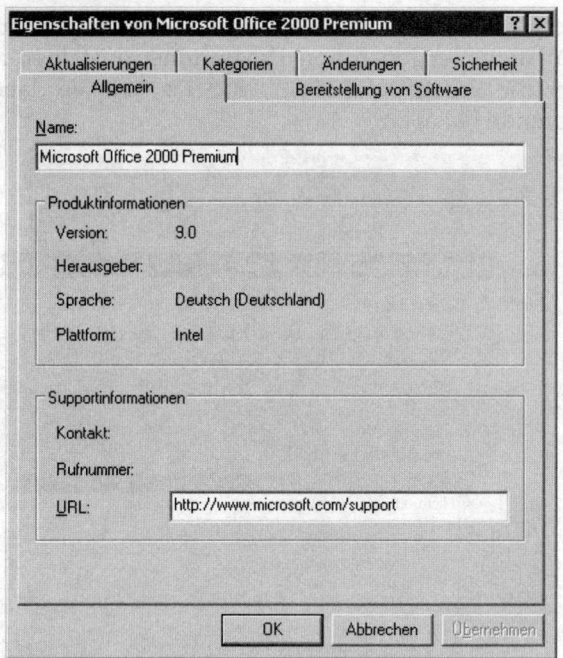

Abbildung 15.39:
Namen und Stamm-
informationen des
gewählten Pakets

Über die Schaltfläche ERWEITERT finden Sie die Einstellmöglichkeit
für das Verteilen von 32 Bit-Paketen auf 64 Bit-Systemen sowie
zum Umgang bei Konflikten mit der Sprachversion.

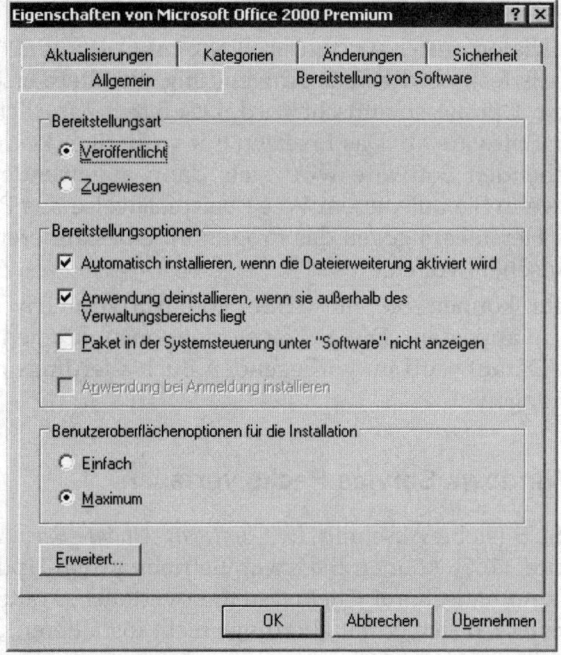

Abbildung 15.40:
Bereitstellungsoptio-
nen für das Paket
ändern

Aktualisierung

Hinter der Registerkarte AKTUALISIERUNGEN verbirgt sich die Möglichkeit, neuere Versionen von Programmen installieren zu können. Über die Schaltfläche HINZUFÜGEN geben Sie dabei das zu aktualisierende Paket an.

Abbildung 15.41:
Aktualisierung von
Paketen konfigurie-
ren

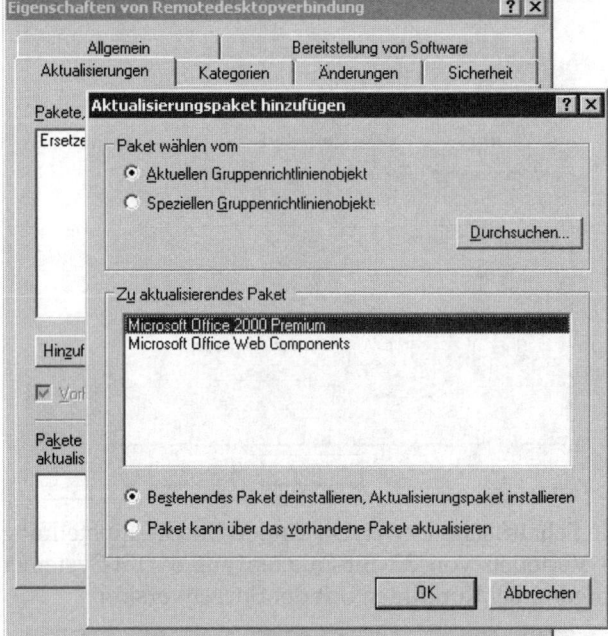

Über das Dialogfenster AKTUALISIERUNGSPAKET HINZUFÜGEN legen Sie ebenfalls fest, ob die neue Anwendung die ältere ersetzen soll oder ob ein Update gewünscht wird. Das hängt natürlich von der jeweiligen Software ab. Das Ersetzen mit vorheriger Deinstallation der bestehenden Software wird stets dann angewendet werden müssen, wenn Sie auf diesem Wege beispielsweise das Programm des einen Herstellers gegen das Programm eines anderen Herstellers austauschen wollen.

Änderungen

MSI-Pakete können Sie mit Hilfe von MST-Dateien (*Microsoft Transforms*) anpassen. Diese Transformationen können Sie hier einfügen. Darauf wird im vorliegenden Buch allerdings nicht weiter eingegangen.

15.3.2 Windows Service Packs verteilen

Mit den SUS (siehe Abschnitt 15.2 *Software Update Services einrichten* ab Seite 1165) können Sie zwar Betriebssystem-Updates und -Patches automatisch auf Clientsystemen verteilen, komplette Service Packs lassen sich damit allerdings nicht installieren. Dies können Sie aber mit der Softwareverteilung bewerkstelligen. Gehen Sie dazu wie folgt vor:

1. Sie benötigen die Service Pack-Version für die Netzwerkinstallation. Diese ist je nach Windows-Version deutlich über 100 MB groß und kann über die Microsoft Website heruntergeladen werden.

Service Pack-Datei für Netzwerkinstallation

2. Dekomprimieren Sie diese große, ausführbare Service Pack-Datei. Rufen Sie diese dazu mit dem Parameter /x auf, wie nachfolgend für das Windows 2000 SP3 gezeigt:

```
W2ksp3 /x
```

Sie werden dabei zur Eingabe eines Zielordners aufgefordert. Es empfiehlt sich, hier den Standard-Freigabeordner für die MSI-Pakete zu nutzen. Richten Sie hier aber am besten noch ein Unterverzeichnis ein, aus dessen Namen die konkrete Service Pack-Version hervorgeht.

3. Erstellen Sie ein neues Paket in der Computer-Gruppenrichtlinie für die Softwareinstallation. Binden Sie dazu die MSI-Datei UPDATE.MSI ein, welches Sie in diesem Ordner finden:

```
\i386\Update
```

Beim nächsten Start des Windows-Clientcomputers wird das Service Pack dann installiert.

15.3.3 Software wieder von Clients entfernen

Um ein automatisch installiertes Paket von den Clientsystemen wieder loszuwerden, gibt es mehrere Möglichkeiten:

- Sind nur einige Clients betroffen, so reicht es aus, diese aus dem Wirkungsbereich der Richtlinie zu entfernen. Dazu muss aber in den Paketeigenschaften das Kontrollkästchen ANWENDUNG DEINSTALLIEREN, WENN SIE AUSSERHALB DES VERWALTUNGSBEREICHS LIEGT aktiviert sein (siehe Abbildung 15.40 auf Seite 1177). Um das zu erreichen, genügt es, den Clientcomputer beziehungsweise das Benutzerkonto in eine andere Organisationseinheit zu verschieben. Beachten Sie jedoch, dass damit vielleicht auch ungewollt andere Richtlinien nicht mehr wirken.

Computer oder Benutzerkonto in andere OU verschieben

- Soll die Software von allen Clientsystemen entfernt werden, können Sie auch das Paket aus der Richtlinie ganz entfernen. Sie finden die entsprechende Funktion über das Kontextmenü zum Paket unter ALLE TASKS. Sie werden dann mit der Rückfrage konfrontiert, ob Sie die Software sofort deinstallieren lassen wollen oder ob die Software weiter verwendet werden darf. Mit der ersten Option erreichen Sie das gewünschte Entfernen von den Clientsystemen.

Paket aus Richtlinie entfernen

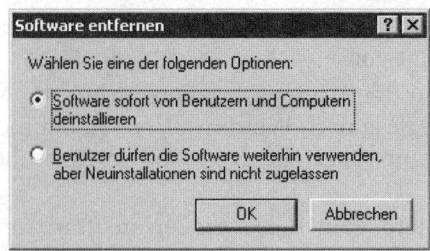

Beim nächsten Anmelden eines Benutzers (Benutzer-Richtlinie) beziehungsweise beim Hochfahren des Clientsystems (Computer-Richtlinie) wird dann die Software automatisch deinstalliert.

15.3.4 MSI-Pakete mit WinINSTALL LE 2003 erstellen

Viele ältere Programme oder Software von Drittherstellern werden nicht über MSI-Pakete installiert. Damit diese dennoch über die in Windows Server 2003 integrierten Funktionen zur Softwareverteilung installiert werden können, bieten verschiedene Tool-Hersteller entsprechende Hilfsprogramme an. Mit denen können Sie dann MSI-Pakete erzeugen, die sich zur automatischen Installation eignen.

OnDemand Software Von *OnDemand Software* (vorher von VERITAS) wird die kostenlose Software WinINSTALL LE 2003 über die folgende Website angeboten:

www.ondemandsoftware.com/FREELE2003/

Vollversion mit mehr Funktionen Zu WinINSTALL gibt es eine Vollversion, die erweiterte Systemmanagementaufgaben bietet. Weiterführende Informationen finden Sie auf dieser Website:

www.ondemandsoftware.com/products.asp

Grundsätzliches Vorgehen

Mit dieser Software können Sie auf einfache Art und Weise für eine Software ein passendes MSI-Paket erzeugen. Das grundlegende Vorgehen lautet wie folgt:

DISCOVER.EXE
1. Durch das Programm DISCOVER.EXE wird ein »Schnappschuss« des Zustands von Volume(s) und Betriebssystem *vor* der Installation der Software aufgezeichnet.
2. Die Software wird mit allen benötigten Modulen installiert.
3. Durch DISCOVER wird ein weiterer »Schnappschuss« aufgenommen, mit dem alle nun installierten Dateien und die Änderungen am Betriebssystem (Registrierungsdatenbank, INI-Dateien etc.) erfasst werden.
4. Aus der Differenz beider Zustände erstellt WinINSTALL eine MSI-Datei, mit welcher Sie ein neues Installationspaket anlegen

können. Hinzu kommen weitere Dateien, die in verschiedenen Unterordnern abgelegt sind und für die spätere Installation zusätzlich benötigt werden.

Installation von WinINSTALL

WinINSTALL bietet ein komfortables Installationsprogramm, welches weit gehend selbsterklärend ist. Wichtiger ist die Frage, auf welchem Computer Sie das Programm installieren. Für die Aufnahme der Schnappschüsse über DISCOVER brauchen Sie die Software nicht auf dem betreffenden Muster-PC selbst zu installieren. Vielmehr erstellt das Programm selbstständig eine Freigabe, über welche Sie über das Netzwerk DISCOVER auf jedem beliebigen Clientcomputer starten können. Den Freigabenamen können Sie während der Installation festlegen.

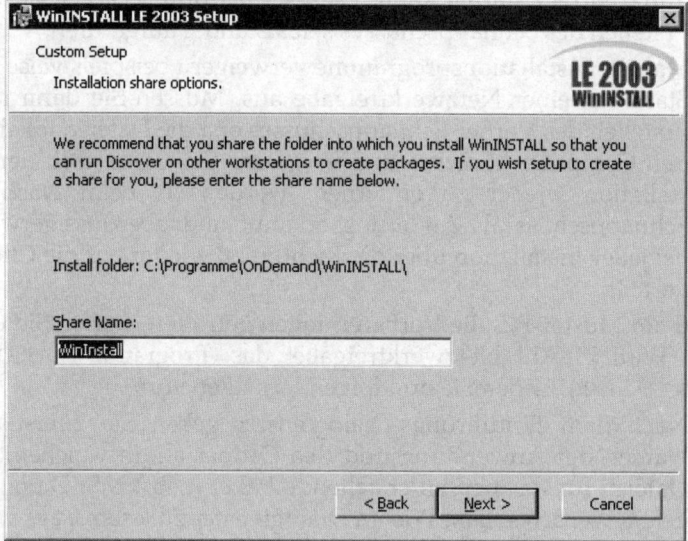

Abbildung 15.43: Festlegen des Freigabenamens

Diese Freigabe zeigt auf den WinINSTALL-Ordner, der durch das Installationsprogramm standardmäßig an folgendem Speicherort angelegt wird:

`%Systemdrive%\Programme\OnDemand\WinINSTALL`

Nach dem Erzeugen der Vorher- und der Nachher-Schnappschüsse werden im Unterordner PACKAGES die MSI-Datei und die weiteren Installationsdateien für ein Paket abgelegt.

Überprüfen Sie nach der Installation von WinINSTALL die Freigabe- und Ordnerberechtigungen. Der Benutzer, der die Schnappschüsse ausführt (meist der Administrator), benötigt Vollzugriff sowohl auf die Freigabe als auch auf den Ordner WinINSTALL und den Unterordner PACKAGES.

Vorher-Schnappschuss anfertigen

Hinweise zur Vorbereitung

Bevor Sie den Vorher-Schnappschuss anfertigen, indem Sie über das Netzwerk DISCOVER auf dem Muster-PC starten, sollten Sie einige Hinweise zur Vorbereitung beachten:

- Ideal ist ein Clientcomputer, der außer dem Betriebssystem (inklusive aller Service-Packs) keine weiteren Anwendungen enthält. Zwar erstellt WinINSTALL aus beiden Schnappschüssen recht zuverlässig die Differenz aus den beiden Zuständen vor und nach der Installation, aber sicher ist sicher. Unter Umständen kann weitere installierte Software das Installationsprogramm der eigentlichen Anwendung beeinflussen – sodass es später zu Problemen auf anders konfigurierten Clientcomputern kommen kann.

- Kontrollieren Sie, ob das Installationsprogramm der Anwendung korrekt starten kann. Dieses wird durch DISCOVER nach Erstellen des Schnappschusses selbstständig aufgerufen.

  Manche Installationsprogramme verweigern beispielsweise den Start von einer Netzwerkfreigabe aus. Müssen Sie dann nach Erstellen des Vorher-Schnappschusses erst die Dateien lokal auf den Computer kopieren und vergessen Sie, diese nach der Installation wieder zu entfernen, werden sie beim Nachher-Schnappschuss als Änderung erkannt und überflüssigerweise bei jeder Installation über die Richtlinien wieder auf die Clients verteilt.

Disco32.exe

Sind am Muster-PC alle Vorbereitungen getroffen, starten Sie über die WinINSTALL-Netzwerkfreigabe das Programm DISCOVER (DISCO32.EXE). Gehen Sie nun folgendermaßen vor:

1. Nach dem Einführungs-Dialogfenster geben Sie zuerst den Namen der Anwendung und den Ordner an, in welchem alle Dateien für das neu zu erstellende Paket (nebst MSI-Datei) abgelegt werden sollen. Wie im Dialogfenster zu lesen, ist es wirklich unbedingt empfehlenswert, für jedes Paket einen separaten Ordner anzulegen.

Abbildung 15.44:
Angabe von
Paketname und
Speicherort für das
zu erzeugende Paket

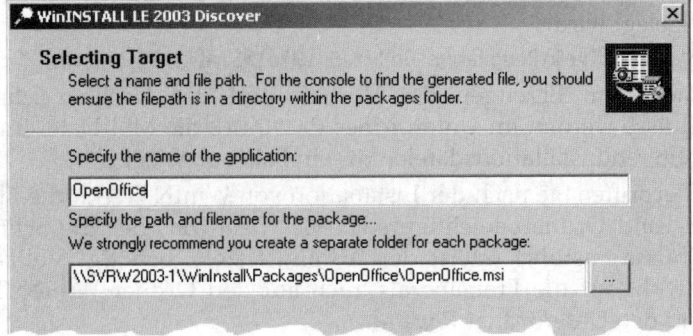

2. Geben Sie danach das Laufwerk an, auf welchem DISCOVER temporäre Arbeitsdateien zwischenspeichern kann. Hier werden einige MB zusammenkommen – immerhin sind dies die Informationen, die bei den Schnappschüssen zusammengetragen werden.

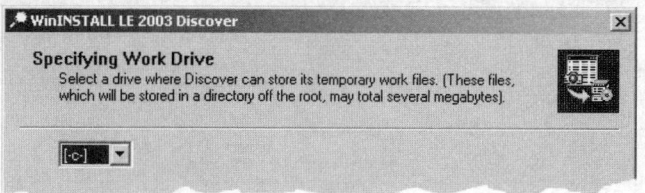

Abbildung 15.45:
Temp-Laufwerk
angeben

3. Wählen Sie die Laufwerke aus, die auf Veränderungen gescannt werden sollen. Im Normalfall werden Programme standardmäßig auf dem Systemlaufwerk installiert, welches Sie damit an dieser Stelle in den rechten Bereich bringen sollten.

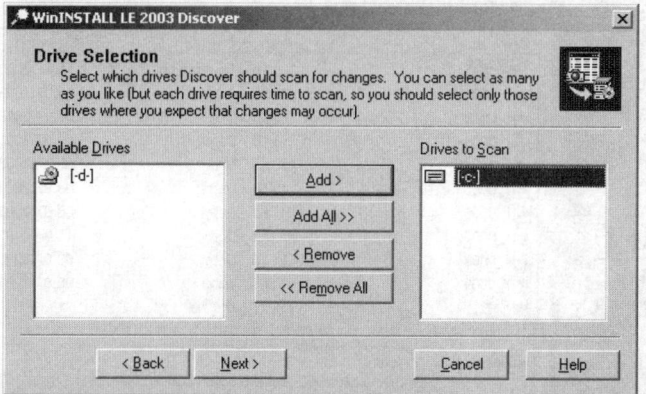

Um spätere Benennungskonflikte zu vermeiden, sollten Sie die Anwendung nur auf Clients-PCs installieren, die über identische Laufwerkbuchstaben für das Installations- beziehungsweise Systemlaufwerk verfügen. Leider arbeiten proprietäre Installationsprogramme nicht selten mit absoluten Angaben zu Pfaden und Laufwerkbuchstaben, sodass hier Abweichungen zwischen Clients fast zwangsläufig zu Problemen führen.

4. Im den dann folgenden beiden Dialogfenstern werden Dateien beziehungsweise Registrierungseinträge aufgelistet, die vom Scan ausgeschlossen werden sollen. Sie können diese Listen beeinflussen. Normalerweise brauchen Sie hier aber nicht einzugreifen.

Nach Bestätigung dieser Dialogfenster beginnt der Scan-Prozess. Abhängig von der Geschwindigkeit des PCs und der Menge an zu analysierenden Daten kann dieser Prozess wenige Sekunden bis zu einigen Minuten in Anspruch nehmen.

Schnappschuss beginnt

Installationsprogramm starten

Nach dem Erstellen des Vorher-Schnappschusses erscheint eine entsprechende Meldung, welche den Start des eigentlichen Installationsprogramms für die Anwendung ankündigt.

Abbildung 15.46:
Ankündigung des
Starts des Installationsprogramms

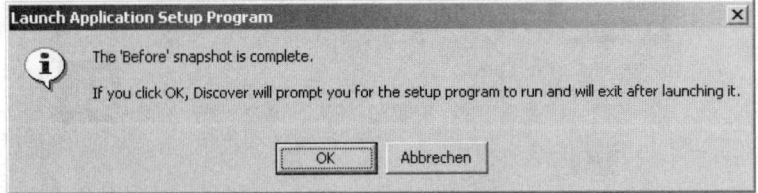

Geben Sie nun über das Auswahlfenster die zu startende Anwendung an. Meist wird dies ein Programm sein, welches SETUP.EXE oder INSTALL.EXE heisst.

Abbildung 15.47:
Auswahl des Installationsprogramms

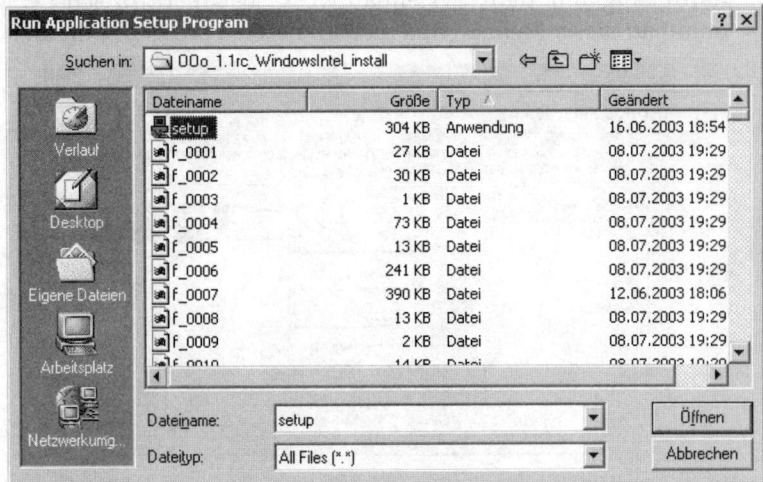

Installation normal ausführen

Führen Sie dann die Installation aus. Zu empfehlen ist, dass Sie die Anwendung mit allen Modulen installieren, um später Aufforderungen an den Benutzer, das Installationsmedium einzulegen, zu vermeiden. Ist ein Neustart des Computers nach der Installation erforderlich, dann führen Sie diesen unbedingt aus. Prüfen Sie abschließend, ob die Anwendung mit allen benötigten Modulen und Funktionen ordnungsgemäß läuft.

Nachher-Schnappschuss anfertigen

Unmittelbar den zweiten Schnappschuss starten

Funktioniert die Anwendung ordnungsgemäß, sollten Sie nun sofort mit dem Erstellen des Nachher-Schnappschusses beginnen. Vermeiden Sie vor allem, vor dem zweiten Schnappschuss weitere Anwendungen, Tools oder Treiber zu installieren, die mit dem eigentlichen Programm nichts zu tun haben.

Starten Sie DISCOVER, wird erkannt, dass bereits ein Vorher-Schnappschuss existiert. Sie können nun entscheiden, ob der passende Nachher-Schnappschuss angefertigt oder ob der erste Schnappschuss verworfen werden soll.

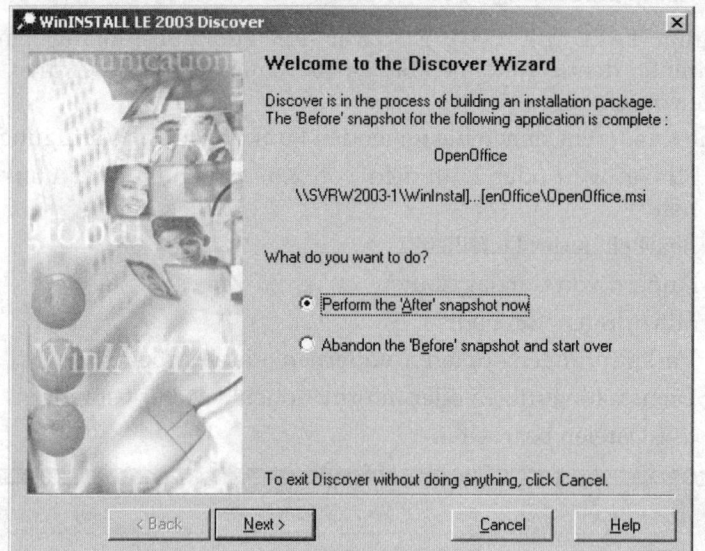

*Abbildung 15.48:
Erkennung des Vorher-Schnappschusses und Angebot, den Nachher-Schnappschuss zu starten*

Wird der Nachher-Schnappschuss gestartet, erfolgen unter Umständen noch Hinweise auf Besonderheiten der konkreten Installation. Das betrifft beispielsweise absolute Pfadangaben oder feste Zuordnungen von Laufwerkbuchstaben. Sie sollten diese Hinweise ernst nehmen, um Fehlfunktionen auf Clientsystemen vorbeugen zu können.

Hinweise beachten!

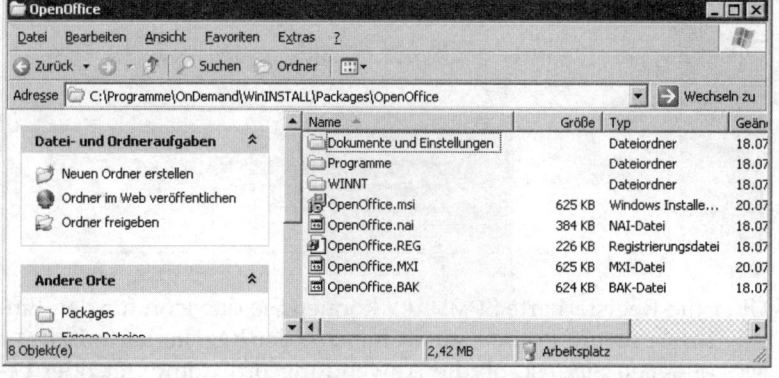

*Abbildung 15.49:
Aufbau eines typischen Paketordners*

Im Paketordner, der von DISCOVER angelegt wird, befinden sich nach erfolgreicher Beendigung des zweiten Schnappschusses die MSI-Datei sowie weitere Ordner und Dateien, die ebenfalls für die Installation über die Softwareverteilung benötigt werden. Kopieren Sie den kompletten Paketordner abschließend in ihren MSI-

Paketordner in MSI-Verteilungsordner kopieren

Verteilungsordner und erstellen Sie ein neues Verteilungspaket in der entsprechenden Richtlinie.

Weitere Anpassungen vornehmen

WinINSTALL-Console

WinINSTALL LE 2003 ist zwar im Funktionsumfang eingeschränkt, dennoch können Sie einige Anpassungen über die Console vornehmen.

Funktionen

Unter anderem stehen die folgenden Funktionen zur Verfügung:

- Hinzufügen oder Entfernen von Komponenten oder Funktionen
- Bearbeiten der Dateiliste
- Ändern von Dateiattributen
- Hinzufügen von Fonts
- Verknüpfungen kopieren, entfernen oder bearbeiten
- Dienste hinzufügen oder Informationen darüber verändern
- INI-Dateien bearbeiten

Abbildung 15.50: WinINSTALL-Console

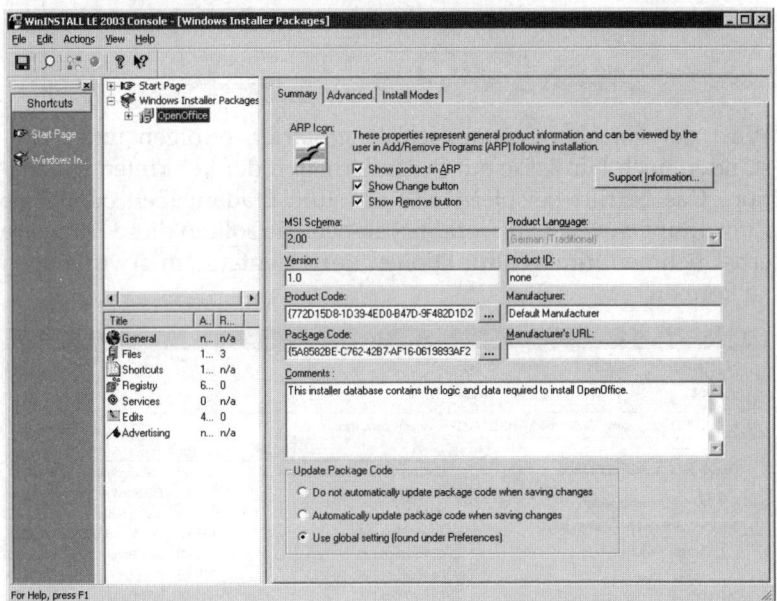

Über die Registerkarte SUMMARY können Sie das Icon für den Eintrag im Applet SOFTWARE auswählen. In der Registerkarte INSTALL MODES legen Sie fest, ob die Anwendung pro Computer oder benutzerbasiert installiert werden soll. Die Einstellung hier sollten Sie in Abhängigkeit von der zu verwendenden Richtlinie (per Computer oder per Benutzer) vornehmen. Weitere Informationen finden Sie in der Online-Hilfe von WinINSTALL LE 2003.

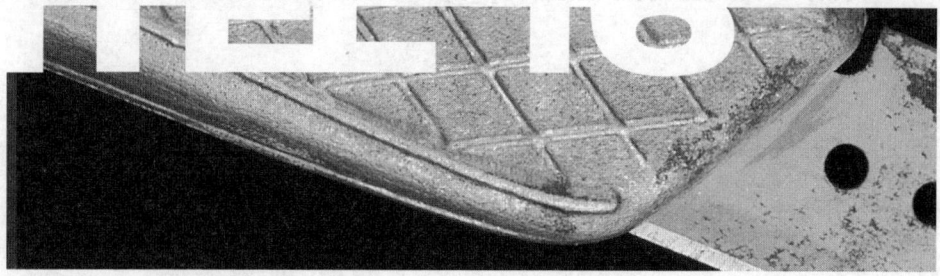

16

Administrationshilfe Scripting

Windows Server 2003 bietet für die Automation von Administrationsaufgaben verschiedene Tools und Funktionen. Neben dem etablierten Windows Scripting Host (WSH) kommt nun standardmäßig auch das .NET-Framework hinzu. Dieses Kapitel bietet einen schnellen Einstieg in alle verfügbaren Möglichkeiten.

Inhaltsübersicht Kapitel 16

16.1 Einführung

Für den Administrator ist die Automation von öfter anfallenden Aufgaben von großer Bedeutung, denn neben der offensichtlichen Zeitersparnis sinkt auch die Fehlerquote.

16.1.1 Einsatzmöglichkeiten

Die Möglichkeiten der Skriptprogrammierung sind – vorsichtig ausgedrückt – grenzenlos. Bei der Administration von Serversystemen kann Scripting wertvolle Hilfe leisten, denn aufwändige Aufgaben lassen sich mit wenigen Handgriffen automatisieren. Im Prinzip kann alles, was Windows Server 2003 an Funktionen bietet, per Programm gesteuert, abgefragt oder konfiguriert werden – auch im Active Directory. Entsprechend umfangreich sind die bereitstehenden Hilfsmittel und damit verbunden auch der Lernaufwand.

Scripting erlaubt den Zugriff auf alle Systemfunktionen von einem Programm aus. Einige Beispiele sollen die Einsatzvielfalt erläutern:

Wozu Sie Scripting einsetzen können

- Gleichzeitiges Umbenennen mehrerer Dateien
- Löschen von Dateien nach bestimmten Kriterien in verschiedenen Ordnern, beispielsweise temporärer Dateien
- Anlegen von Sicherheitskopien nach bestimmten Dateieigenschaften
- Suchen nach Dateien oder Ordnern nach eigenen Optionen
- Anlegen, Ändern und Entfernen von Registrierungsschlüsseln
- Anlegen, Ändern und Entfernen von Verknüpfungen mit Netzwerkpfaden
- Auslesen der Umgebungsvariablen
- Starten von Programmen
- »Fernbedienen« von Programmen durch Senden von Tastaturanschlägen oder – im Falle von COM-basierten Applikationen – direkte Kontrolle
- Ausgabe von Reports über den Systemzustand, Hardwarekonfigurationen und Treiberversionen
- Anlegen von Benutzern – lokal und im Active Directory – sowie deren Modifikation und die Entfernung

Dies ist nur eine kleine Auswahl dessen, was programmiert werden kann. Natürlich ist es möglich, die Schnittstelle zum Benutzer des Programms festzulegen. Hier kann zwischen verschiedenen Wegen gewählt werden:

Ausgabe der
Ergebnisse

- Skripte laufen als Kommandozeilenprogramm. Die Ausgaben erscheinen an der Konsole.

- Skripte erzeugen ein einfaches Dialogfenster mit den Ausgaben.

- Skripte können HTML-Seiten erzeugen und diese werden im Internet Explorer angezeigt.

- Skripte können XML-Seiten erzeugen und diese werden im Internet Explorer angezeigt. Als Erweiterung der Möglichkeiten der Ausgabesteuerung können XML-Daten mit XSLT in HTML transformiert und mit CSS formatiert werden.

Scripting ist
Programmieren

Scripting unterscheidet sich vom Programmieren nur wenig. Wesentliches Merkmal sind die Verwendung eines kleinen Sprachkerns ohne komplizierte Befehle und die Ergänzung der Sprache durch Objekte, die hochspezialisierte Aufgaben erfüllen. Die Skriptsprache kann aus einem ganzen Spektrum von Möglichkeiten gewählt werden, wobei für viele Administratoren VBScript (*Visual Basic Script*) die erste Wahl ist. Alternativ kann der WSH auch mit JScript programmiert werden. In diesem Buch steht VBScript im Mittelpunkt.

Das Verfahren kennen Sie vielleicht schon aus der Makroprogrammierung von Word oder Excel. Hier steht ein kleiner Sprachkern auf der einen Seite – VBA (*Visual Basic for Applications*) und das »Word«- oder »Excel«-Objekt mit Hunderten von speziellen Funktionen auf der anderen Seite. Der Sprachkern ist leicht zu erlernen und zeichnet sich im Fall von VBScript durch enorme Wiederverwendbarkeit aus. In VBScript können Sie Makros schreiben, Active Server Pages (ASP, die Programmierung von Webservern) programmieren und nicht zuletzt auch mit dem Windows Scripting Host umgehen.

16.1.2 Der Windows Scripting Host

WSH Version 5.6

Der Windows Scripting Host (WSH) ist eine Anwendung, die Scripting unter Windows zur Verfügung stellt. Dies ist keine auf Windows Server 2003 zugeschnittene Version, sondern ist in allen Windows-Versionen verfügbar.

Unter den auf der Buch-CD mitgelieferten Skripten finden Sie eines mit dem Namen VERSION.VBS. Wenn Sie es ausführen, wird die Skriptversion angezeigt.

VBScript und
JScript

Die Skriptumgebungen von Microsoft unterstützen neben der Sprache VBScript auch JScript – ein Pendant zu Netscapes JavaScript. Wenn Sie bereits mit JavaScript gearbeitet haben, werden Sie vielleicht JScript den Vorzug geben. Beide Versionen sind praktisch identisch. Sie folgen derselben Norm ECMAScript (Standard ECMA-262).

Unter Windows stehen zwei Versionen des Scripting Hosts zur Verfügung. Eine arbeitet in einem Fenstermodus – Dialogfenster erscheinen also als Windows-Fenster. Die andere wird nur auf Kommandozeilenebene ausgeführt. Kommandozeilenskripte lassen sich einsetzen, um Aufgaben im Hintergrund – unsichtbar für den Benutzer – ausführen zu lassen.

Voraussetzungen

Technische Voraussetzungen für die Nutzung des WSH sind nicht weiter zu beachten. Die Standardinstallation von Windows Server 2003 enthält bereits den neuesten WSH. Damit die Skripte ausgeführt werden können, sind einige Verknüpfungen mit Dateierweiterungen aufgebaut. Wenn Sie Skripte mit der richtigen versehen, startet der passende Teil des Scripting Hosts automatisch.

Folgende Erweiterungen können eingesetzt werden:

- VBS

  Dies ist die Standarderweiterung für den Scripting Host und VBScript.

- VBE

  Dies ist die Erweiterung für den Scripting Host und VBScript, wobei jedoch eine codierte Datei erwartet wird.

- JS

  Dies ist die Standarderweiterung für den Scripting Host und die Sprache JScript.

- JSE

  Dies ist die Erweiterung für den Scripting Host und JScript, wobei jedoch eine codierte Datei erwartet wird.

- WSF

  Ein universelle Windows-Scripting-Datei. Die Sprache wird im Code festgelegt. Statt normaler Skriptdateien bestehen hier mehr Möglichkeiten für die strukturierte Programmierung.

- WSC

  Eine Windows Script Component-Datei. Dieser Code definiert eine Komponente, die anderen Skripten so eingesetzt werden kann, als wäre es eine kompilierte Bibliothek.

- WSH

  Windows Script Host Setting-Datei, die der Steuerung von Informationen über die Arbeitsweise des WSH dient. Diese Datei enthält nur Steuerinformationen, jedoch keinen Skriptcode.

Wie ein Skript entsteht

Wenn Sie Skripte erstellen, geschieht dies auf erstaunlich einfache
Weise. Mit Hilfe eines Texteditors, wie beispielsweise dem Win-
dows-Editor (Notepad), wird der Programmcode eingetippt. Dann
kann die Datei mit einer der vorstehend gezeigten Dateierweiterungen gespeichert werden. Ein Doppelklick auf das entstandene
Symbol führt das Skript dann aus.

Viel zu lernen!   Bis zu dem ersten sinnvollen Skript und dem Einsatz zur Automatisierung vergeht dennoch ein langer Weg. Sie müssen zum einen
die Skriptsprache beherrschen, zum anderen den Dschungel von
Objekten und Spracherweiterungen durchschauen, der im Laufe
der Zeit entstanden ist und erst mit der Ablösung durch das .NET-
Framework teilweise in geordnete Bahnen gebracht wurde.

16.1.3 Alternative Plattform .NET

.NET ist in Form des Frameworks Bestandteil des Betriebssystems.
Zwar ist der Windows Server 2003 selbst nicht mit .NET-Klassen
geschrieben, einige Bestandteile nutzen es jedoch, beispielsweise
die Webserverprogrammierumgebung ASP.NET.

.NET verfügt über eine sehr ausgereifte Schnittstelle zu COM
(*Component Object Model*) – dem bestimmenden Programmier-
modell unter Windows. Allerdings bedarf die Nutzung gediegener
Programmierkenntnisse – weit mehr, als es ein Administrator
normalerweise benötigt.

Es gibt deshalb konkrete Gründe, den Schwerpunkt der Automation auch im neuen Server nicht auf .NET zu legen:

- .NET verlangt den Einsatz einer Programmiersprache wie
  VB.NET oder C#. Damit ist der Lernaufwand deutlich höher.
- .NET-Programme müssen kompiliert werden. Effektives Programmieren setzt ein passendes Werkzeug voraus, was derzeit
  nicht kostenfrei verfügbar ist und überdies einigen zusätzlichen
  Lernaufwand bedingt. Die reine Programmierung kann zwar
  auch mit dem kostenlosen SDK erledigt werden, die Anwendung setzt jedoch umfassende Systemkenntnisse schon am Anfang voraus – nichts für Programmieranfänger oder
  Gelegenheitsprogrammierer, wie es Adminstratoren oft sind.
- Viele Bibliotheken der Windows-Automation sind noch nicht
  nach .NET konvertiert. Es gibt lediglich Wrapper-Klassen, damit man die Funktionen von .NET aus nutzen kann. Aus der
  Verwendung von .NET ergeben sich nur dann Vorteile, wenn
  man auch andere Applikation in dieser Welt entwickelt. Genau
  das trifft aber für kleine Hilfsprogramme zur Automation nicht
  zu.

Sie müssen ferner außerordentlich fit im Umgang mit objektorientierter Programmierung sein. Die folgende Einführung – auf das Niveau von VBScript und WSH zugeschnitten – reicht für .NET nicht aus. Wenn Sie damit gut zurechtkommen und sich von der Darstellung eher unterfordert fühlen, sollten Sie sich .NET aktiv anschauen. Ansonsten sei versichert, dass Sie alle programmtechnischen Zugriffe auf Windows auch mit den herkömmlichen und standardmäßig installierten Mitteln ausführen können. Sie finden am Ende dieses Kapitels einige exemplarische Beispiele, wie mit .NET ansprechende Lösungen programmiert werden können.

Objektorientierte Programmierung

Ein Beispiel für eine .NET-Anwendung finden Sie im Abschnitt 16.3 *Administrative Programmierung mit .NET* ab Seite 1260.

16.1.4 Objektorientierte Programmierung

Wenn Sie sich im Internet oder bei MSDN Skripte anschauen, fällt immer wieder Code auf, der etwa folgendermaßen aussieht:

```
Set oFile = CreateObject("Scripting.FileSystemObject")
```

Dabei ist der fett hervorgehobene Teil weitgehend variabel. Diese Zeile ist in VBScript geschrieben. Die eine Anweisung, die verwendet wird, ist Set. Damit wird ein Objekt einer Variablen zugewiesen, hier mit dem Namen *oFile*. Außerdem muss das Objekt erzeugt werden. Dies passiert als Instanz einer Klasse. Derartige Klassen werden in C++, C# oder Visual Basic programmiert und liegen als DLL vor. Sind sie in der Registrierung vermerkt, findet das Scripting-Modul diese Klassen, leitet daraus ein Objekt ab und übergibt es zur Verwendung an die Skriptverarbeitung.

Das klingt am Anfang sicher kompliziert. Windows ist aber ein vollständig objektorientiert aufgebautes System. Wer programmtechnisch damit umgehen will, muss die Grundzüge der Objektorientierung von Programmiersprachen verstehen. Oft ist bei den Beschreibungen und Handbüchern der Bibliotheken, die im Prinzip gut dokumentiert sind, von Begriffen aus der Objektwelt die Rede. Die folgende Einführung hilft dabei, mit diesen Dokumentationen umzugehen.

Überall Objekte

Ein Blick in die reale Welt hilft vielleicht, das Konzept besser aufzunehmen. In der realen Welt ist alles ein Objekt. Jedes Ding besteht aus einem Zustand, beschrieben durch Eigenschaften und zulässigen Verhaltensregeln. Dabei können Gegenstände sehr simpel sein; komplexere Objekte wie Tiere oder Menschen dagegen kaum noch erfassbar.

Eine kompakte Einführung in die Welt der Objekte

In der Programmierung werden solche zusammen aufgeschriebenen Gebilde aus Eigenschaften und Ablaufregeln als Objekte bezeichnet. In klassischen Programmen speichern Sie Daten in Variablen und geben dann durch Programmanweisungen und

Funktionen Regeln vor, nach denen das Programm abläuft. Interaktion mit Schnittstellen schafft dann die Vielfalt der Abläufe. Objektorientierte Programme bestehen aus Sammlungen von Objekten.

Was sind Klassen? Die Idee dahinter ist die Zusammenfassung gleichartiger oder ähnlicher Strukturen und zusammengehörender Elemente. Solche Gebilde werden als Klassen bezeichnet. In VBScript werden sie mit dem Schlüsselwort CLASS definiert. Sie können aber auch als Bibliothek (DLL) zur Verfügung stehen. Dann hat jemand anderes die Klasse geschrieben und Sie nutzen sie nur. Es werden also nicht immer wieder Objekte definiert, wenn man sie benötigt, sondern nur einmal – als Klasse. Wenn der Programmierer dann ein Objekt benötigt, beispielsweise um eine Programmfunktion auszulösen, leitet er aus der Klasse ein Objekt ab und verwendet dies. Dieser Vorgang wird als »instanziieren« bezeichnet. Das Objekt ist eine »Instanz« der Klasse. Aus einer Klasse kann man beliebig viele Objekte ableiten. Diese sind voneinander völlig getrennt und werden für sich wiederum in Variablen gespeichert. Objekte werden von den Klassen mit CreateObject abgeleitet und mit Set an eine Variable gebunden.

Methoden und Eigenschaften Falls Sie schon einmal programmiert haben, kennen Sie die Begriffe Variable und Funktion. Variable speichern Daten während der Laufzeit eines Programms. Funktionen sind kleine Unterprogramme, die Aktionen ausführen. Man kann ihnen Parameter übergeben, die die Ausführung beeinflussen. Beides gibt es in der objektorientierten Programmierung auch, es heißt nur anders. Die Funktionen, die ein Objekt beherrscht, werden Methoden genannt. Variablen, die Zustände des Objekts oder andere Daten speichern, werden Eigenschaften genannt. Die Unterscheidung ist deshalb sinnvoll, weil Sie aus einer Klasse beliebig viele Objekte ableiten können, die jeweils über dieselben, aber voneinander unabhängige Methoden und Eigenschaften verfügen. Änderungen an einem Objekt wirken sich in einem anderen nicht aus.

Vererbung Wenn Sie über objektorientierte Programmierung lesen, werden Sie sehr bald auf das Wort Vererbung stoßen. Bislang spielte es hier keine Rolle. Sie müssen Vererbung nicht verwenden. Erst bei größeren Projekten wird es sinnvoll sein. Vererbung wird aber von VBScript nicht unterstützt und soll hier nicht weiter betrachtet werden.

Schreibweisen Am Anfang wurde bereits gezeigt, wie ein Objekt aus einer Klasse abgeleitet wird:

```
Set oFile = CreateObject("Scripting.FileSystemObject")
```

Wenn Sie nun auf dieses Objekt zugreifen möchten, geschieht dies entweder durch den Aufruf einer Methode oder einer Eigenschaft. Mit der gezeigten Codezeile wird auf eine Laufbibliothek zugegriffen, die den programmtechnischen Zugriff auf Laufwerke, Ordner und Dateien erlaubt. *oFile* ist das Objekt. Es hat Eigenschaften und Funktionen, die es von `Scripting.FileSystemObject` geerbt hat. Beim Aufruf werden diese mit einem Punkt vom Namen getrennt:

```
Set oText = oFile.CreateTextFile("Name.txt")
```

Diese Zeile erzeugt ein weiteres Objekt *oText*. Dies erledigt die Methode `CreateTextFile`, die einen Parameter erwartet: Der Name einer Datei, die angelegt wird. *oText* ist ein Objekt, das den Zugriff auf die Datei ermöglicht. Auch dieses Objekt enthält weitere Eigenschaften und Methoden, mit denen man mit der Textdatei umgehen kann. Die Schreibweise mit dem Punkt setzt sich in abgeleiteten Objekten fort. Es ist also durchaus möglich, dass in einer Zeile mehrfach auf Objekte, Eigenschaften und Methoden zugegriffen wird.

Was auf den ersten Blick verwirrend aussieht, bietet gewisse Vorteile. So sind die Bibliotheken weitgehend unabhängig von der Sprache, mit der sie verwendet werden. Es spielt also keine Rolle, ob Sie mit VBScript oder JScript oder sogar Perl programmieren, solange die Sprache über die Möglichkeit verfügt, auf COM-Klassen zuzugreifen. COM (*Component Object Model*) ist dann auch der Standard, der den hier gezeigten Objekten zugrunde liegt. Das muss Sie, solange Sie nicht selbst derartige Klassen programmieren, aber nicht interessieren. Es wird aber praktisch nutzbar, wenn Sie irgendwo im Web auf eine interessante Erweiterung stoßen, diese installieren und sofort aus VBScript heraus verwenden können – dank COM.

Vorteile

16.1.5 Systematik der Bibliotheken

Nach dieser kurzen Einführung sollten Sie die ersten Schritte mit VBScript unternehmen. Mit dieser Basis lernen Sie danach die Laufzeitbibliotheken und die WSH-Bibliothek kennen. Alles weitere soll hier nicht ausgeführt werden, weil es den Rahmen des Buches hoffnungslos sprengen würde.

Wenn Sie praktisch mit der WSH-Programmierung arbeiten, benötigen Sie meist folgende Bibliotheken, die allesamt bereits installiert und damit »einfach da« sind:

Die wichtigsten Bibliotheken

* Laufzeitbibliotheken

   Immer verfügbar sind zwei so genannte Laufzeitbibliotheken:

   `Scripting.FileSystemObject`

   Ermöglicht den Zugriff auf Dateien, Ordner und Laufwerke sowie das Anlegen und Manipulieren von Dateien und Ordnern.

   `Scripting.Dictionary`

Hiermit steht eine einfache Datenverwaltung in Form von Schlüssel-/Wertepaaren zur Verfügung.

- Windows Shell

Für den Zugriff auf typische Windows-Eigenschaften steht die WSH-Bibliothek bereit. Damit sind alle Verwaltungsfunktionen ausführbar, beispielsweise das Senden von Tastenanschlägen an Programme, das Starten und Beenden von Programmen, Eingriffe in die Registrierung usw.

Administrative Aufgaben im Netzwerk automatisieren

Für die Server-Administration sollen noch weitere Bibliotheken angeführt werden, die bei vielen Projekten eine Rolle spielen:

- ADO (*Active Data Objects*)

Diese Bibliothek erlaubt den Zugriff auf Datenbanken. Dies ist nicht auf bestimmte Datenbanken beschränkt. ADO ist standardmäßig installiert und kann in neuesten Versionen kostenfrei bei Microsoft heruntergeladen werden. Als Datenbank eignet sich beispielsweise MS Access. ADO ist ein ActiveX-Objekt.

- MSXML 4.0 (*Microsoft XML*)

Diese Bibliothek erlaubt den Zugriff auf XML-Dateien – lesend und schreibend. Außerdem können Daten mit XSLT transformiert werden. Damit eignet sich XML auch als universeller Datenspeicher für hierarchische Daten, bei denen eine relationale Datenbank unterfordert wäre, sowie zum Datenaustausch. MSXML wird mit dem Internet Explorer 6.0 installiert, steht also normalerweise auf allen Systemen zur Verfügung. MSXML ist ein ActiveX-Objekt.

MSXML 4.0 stellt neben dem Zugriff auf XML-Dateien auch die Transformation mit XSLT (*Extensible Stylesheet Language for Transformation*), die Datenselektion in XML-Dokumenten mit XPath und die Definition von XML-Datenstrukturen mit XSD (*XML Schema Definition Language*) und XDR (*XML Data Reduced*) bereit.

- ADSI (*Active Directory Service Interface*)

Eine komplexe Bibliothek zum Zugriff auf die Benutzerverwaltung von Windows Server 2003. Drei so genannte Provider sind Bestandteil von ADSI, das trotz der Namensgleichheit nicht nur dem Zugriff auf Active Directory dient:

- WinNT

  Erlaubt den programmtechnischen Zugriff auf Benutzerkonten, Gruppen und Dienste. Der Name des Providers lautet: »WinNT_://«.

- IIS

  Dient zur Programmierung der Eigenschaften des Webservers. Der Name ist: »IIS://«.

- LDAP

  Erlaubt den Zugriff auf das Active Directory. Der Name des Providers lautet: »LDAP://«.

- WMI (*Windows Management Instrumentation*)

  Der Provider »winmgmts://« erlaubt den Zugriff auf WMI. Damit stehen umfassende Eingriffsmöglichkeiten in das gesamte System- und Gerätemanagement zur Verfügung. Dies gilt auch für Programme, die WMI-konform installiert wurden.

- IIS (*Internet Information Services*) und Metabasis

  Diese Bibliothek dient dem Zugriff auf den Webserver der Windows-Server-Familien. Skripte können damit Ein- und Ausgaben des Webservers steuern, was hauptsächlich bei der Programmierung mit Active Server Pages (ASP) verwendet wird. Informationen zur Nutzung finden Sie in unserem Buch *Internet Information Server 5*.

Sie finden am Ende des Kapitels Hinweise zur Nutzung dieser Bibliotheken. Eine Warnung vorab: Der Umfang jeder einzelnen genügt für ein ganzes Buch und die von Microsoft bereitgestellte Dokumentation ist eher dürftig, natürlich nur Englisch und nicht immer aktuell. Es ist also einiger Aufwand nötig, vernünftige Ergebnisse zu erhalten. Allerdings sind die Möglichkeiten nahezu unbegrenzt.

16.1.6 Einführung in die Programmierung

Dieser Abschnitt führt in die praktische Programmierung ein. Alle Beispiele sind so gehalten, dass Sie diese einfach abtippen und ausführen können. Selbstverständlich finden Sie alle Skripte auch auf der CD im Buch und in der aktuellsten Version auf der Website zum Buch.

Wie ist ein Skript nun aufgebaut? Für Einsteiger ist sicher der erste Schritt der schwerste – von der abstrakten Befehlsbeschreibung zum laufenden Skript. Es gibt einen einfachen Einstieg in die Materie und interessante Perspektiven für künftige Profis.

Aufbau und Konfiguration der Skripte

Am Anfang wurden die möglichen Dateierweiterungen diskutiert. Der einfachste Fall ergibt sich mit Skripten, die einfach im Editor eingetippt werden und mit der Erweiterung VBS oder JS versehen werden. Die Möglichkeiten beschränken sich auf einfache Operationen zur Automatisierung. Modularisierung ist nur möglich, indem eigene Funktionen oder Prozeduren programmiert werden.

Standardskripte

Die Dateierweiterung WSF wurde bereits erwähnt. Dahinter verbergen sich Dateien, die in Form von XML-Tags stark strukturierte Daten enthalten. Der systematische Aufbau hat Vorteile. WSF erlaubt mehr als einfache Skripte:

Struktur der Scripting-Dateien und die Windows Scripting Files (WSF)

- Unterstützung von Includes

  Includes sind Dateien, die zur Laufzeit eingeschlossen und ausgeführt werden. Damit lassen sich größere Programme auf Dateiebene zerlegen und sind besser beherrschbar. Außerdem
  können universelle Module geschrieben werden, die von mehreren Skripten eingebunden und genutzt werden.

- Zugriff auf mehrere Sprachen

  Die Wahl der Skriptsprache wird nicht durch die Dateierweiterung festgelegt. Sie kann stattdessen im Skript gewählt werden. Damit ist es auch möglich, mit VBScript und JScript im
  selben Skript zu arbeiten.

- Zugriff auf Typ-Bibliotheken

  Windows kennt Typ-Bibliotheken, die Konstanten für bestimmte Zwecke enthalten. Standardskripte können diese nicht direkt
  verwenden.

- Einfache Bearbeitung in speziellen Editoren

  Der Aufbau der WSF-Datei orientiert sich an XML. Dafür gibt
  es viele Editoren, die mit den Tags gut umgehen können.

- Neuartiges Job-Konzept

  In einer Datei lassen sich mehrere so genannte Jobs definieren,
  die beim Aufruf des Skripts selektiert werden können. Dadurch
  kann der gesamte Code einer Applikation an einer Stelle konzentriert werden. Im Bedarfsfall wird dann nur der Teil ausgeführt, der im Augenblick benötigt wird.

Konfiguration von Skriptdateien

Gleich ob WSF-, VBS- oder JS-Datei – einige Parameter lassen sich für
die bevorstehende Ausführung konfigurieren. Dabei haben Sie
wieder zwei Optionen:

- Konfiguration über Dialogfenster
- Konfiguration über Konfigurationsdatei (WSH)

Abbildung 16.1:
Eigenschaften eines
Skripts

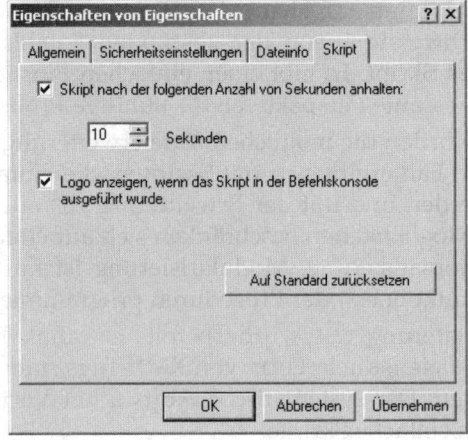

Beides läuft letztlich auf dasselbe hinaus. Wenn Sie die Optionen im Dialog einstellen, wird eine WSH-Datei erzeugt. Den Dialog erreichen Sie, indem auf das Skriptsymbol mit der rechten Maustaste geklickt wird. Im Kontextmenü wählen Sie EIGENSCHAFTEN.

Die daraus entstandene Konfigurationsdatei trägt denselben Namen wie das Skript und die Dateierweiterung WSH. Der Inhalt sieht etwa folgendermaßen aus:

```
[ScriptFile]
Path=C:\Dokumente und Einstellungen\Besitzer\Skripte\MsgBox.vbs
[Options]
Timeout=10
DisplayLogo=1
```

Wenn Sie Skripte haben, die aufgrund eines mutmaßlichen Programmfehlers unendlich laufen, sollten Sie die Abbruchfunktion (Parameter Timeout) auf wenige Sekunden setzen.

Praktische Skriptprogrammierung

Praktisch funktioniert die Skriptprogrammierung ganz einfach. Dieser Abschnitt zeigt dies zuerst für Standardskripte und dann für WSF-Dateien.

Wann immer Sie ein neues Skript erstellen, gehen Sie folgendermaßen vor:

Standardskripte erzeugen und verwenden

1. Geben Sie das Skript im Editor ein.
2. Speichern Sie es mit der Dateierweiterung VBS (Wenn Sie mit VBScript arbeiten). Dabei ist ein Trick zu beachten. Der Editor speichert standardmäßig mit der Dateierweiterung TXT. Wenn Sie also TEST.VBS schreiben, wird daraus TEST.VBS.TXT, was der WSH nicht akzeptiert. Setzen Sie die Angabe dagegen in Anführungszeichen, klappt es auch mit dem Editor:

Dateiname:	"MsgBox.vbs"	⌄	Speichern

Nachdem die Datei gespeichert wurde, führen Sie diese mit einem Doppelklick aus.

Wenn Sie Änderungen an einem Skript vornehmen und es erneut testen möchten, folgen Sie diesen Schritten:

Ändern, Testen, neue Skripte erzeugen und alte Skripte bearbeiten

1. Wenn Sie den Editor minimiert haben, holen Sie ihn wieder hervor und geben Sie die Änderungen ein.
2. Vergessen Sie nicht, die Datei zu speichern.
3. Minimieren Sie den Editor und suchen Sie den Ordner, wo Sie die Skripte abgelegt haben.
4. Starten Sie das Skript erneut.

Der WSH wird die neu gespeicherte Seite jetzt erneut laden, abarbeiten und dann die Ausgaben oder Fehlermeldungen anzeigen.

Umgang mit WSF-Dateien

Wie eine WSF-Datei aufgebaut ist

Eine WSF-Datei entsteht durch zwei Maßnahmen: Die Dateierweiterung wird mit WSF festgelegt und der Skriptcode wird in folgenden Tags angeordnet:

Listing 16.1:
Ein WSF-Skript
(HalloWsf.wsf)

```
<Job id="Muster">
<script language="VBScript">
    heute = NOW
    WScript.Echo "Heute ist " & heute
</script>
</Job>
```

Die Ausgabe ist wenig überraschend:

Abbildung 16.2:
Ausgabe des WSF-
Skripts
(HalloWsf.wsf)

Datei-Einschluss

Sie können den Skriptcode aber auch in eine gesonderte Datei auslagern – ohne die umschließenden XML-Tags. Wenn diese Datei *now.inc.vbi* heißt, wird sie von folgendem WSF-Skript geladen und ausgeführt:

```
<Job id="Muster">
<Script language="VBScript" src="now.inc.vbi">
</Script>
</Job>
```

Die Dateierweiterung der eingeschlossenen Datei spielt keine Rolle. Es ist natürlich sinnvoll, keine anderweitig verwendete Erweiterung zu benutzen und den tatsächlichen Zweck erkennen zu lassen.

Typ-Bibliotheken

Manche Anwendung bringt so genannte Typ-Bibliotheken mit. Dies sind DLLs, in denen neben dem Programmcode auch Konstanten definiert sind, die in der Skriptumgebung fertig definiert zur Verfügung stehen. Das Tag <Reference> lädt diese Konstanten:

```
<Job id="Muster">
<Reference progid="Library.Component"/>
<Script language="VBScript">
    heute = NOW
    WScript.Echo "Heute ist " & heute
</Script>
</Job>
```

Mehrere Jobs

In einer Datei können mehrere Jobs definiert werden, indem die Tags <Job></Job> mehrfach nacheinander aufgeführt werden. Wenn Sie ein solches Skript starten, kann ein Kommandozeilenparameter übergeben werden, der den entsprechenden Bereich aufführt:

```
C:\>CScript //Job:Muster MusterSkript.wsf
```

MusterSkript.wsf kann in diesem Beispiel mehrere Jobs enthalten, wobei nur einer mit dem der ID »Muster« ausgeführt wird.

Wie auch immer Sie vorgehen, der erste Schritt zum eigenen Skript besteht im Erzeugen von Ausgaben, damit Sie sehen, was passiert. Dies wird im nächsten Abschnitt behandelt.

Kommandozeilenskripte ausführen

Wenn Sie Skripte – gleich welcher Art – auf Kommandozeilenebene ausführen möchten, wird das Programm CSRIPT.EXE verwendet. Standardmäßig sind alle Skript-Erweiterungen mit WSCRIPT.EXE verknüpft – dem Windows-Pendant. CSCRIPT verfügt aber über eine Option, diese Verknüpfung dauerhaft zu verändern. Vor allem bei der Serverautomation ist die dialogorientierte Programierung weniger hilfreich. Kommandozeilenskripte können Sie auch über Telnet ausführen.

Das Programm besitzt folgende Syntax (die eckigen Klammern zeigen an, dass die Angabe optional ist):

Das Programm cscript im Detail

```
cscript <skriptname> [<Optionen>] [<Kommandozeilenargumente>]
```

Die <Kommandozeilenargumente> sind optional und werden nur vom Skript ausgewertet. Optional sind auch die <Optionen>, die Sie der nachfolgenden Tabelle entnehmen können. Ohne Angaben wird das Skript ausgeführt und die Standardeinstellungen werden verwendet.

Optionen	Bedeutung	Standard
//I	Interaktiver Modus. Ausgaben und Eingabeaufforderungen werden angezeigt.	✓
//B	Batch-Modus. Skripte werden ohne Ausgabe ausgeführt.	
//T:nn	Timeout-Wert in Sekunden. Beendet das Skript nach Ablauf der Zeit nicht von selbst, wird es abgebrochen.	Unbegrenzt
//Job:<Name>	Führt innerhalb einer WSF-Datei den Job <Name> aus.	
//E:VBScript	Legt VBScript als Standardsprache fest.	✓
//E:Jcript	Legt JScript als Standardsprache fest.	
//Logo	Anzeige der Überschrift »Scripting Host...«	✓
//NoLogo	Keine Anzeige der Überschrift	
//H:Cscript	Setzt Cscript als Ziel der Skriptverknüpfungen.	

Tabelle 16.1: Optionen von cscript.exe

Optionen	Bedeutung	Standard
`//H:Wscript`	Setzt Wscript als Ziel der Skriptver-knüpfungen.	✓
`//S`	Speichert die vorher gewählten Optionen als neue Standardwerte.	
`//?`	Zeigt eine Hilfeinformation an.	
`//D`	Aktiviert den Script Debugger.	
`//X`	Führt ein Script gleich im Debugger aus.	

Damit sind Sie gerüstet, Skripte in jeder erdenklichen Form ablaufen zu lassen.

Wenn Sie Dateinamen angeben, die Leerstellen enthalten, müssen Sie diese auf Kommandozeilenebene in Anführungszeichen setzen, beispielsweise folgendermaßen:
```
cscript "C:\Dokumente und Einstellungen\Skript\Das Skript.vbs"
```

Ausgaben erzeugen

Falls Sie gerade erst anfangen, sollten Sie immer mit einer Ausgabe arbeiten und sich nicht blind auf Ihr Skript verlassen. Läuft alles, stellen Sie die Programme auf die bereits gezeigte Kommandozeilenversion um, sodass sie auf Ihrem Server automatisch ablaufen können.

In VBScript gibt es drei Möglichkeiten, Ausgaben zu erzeugen:

- Die Funktionen `MsgBox` und `InputBox`

  Diese Funktion `MsgBox` erzeugt ein Fenster, das eine Ausgabe enthalten kann und nach dem Klick auf OK die Ausführung des Skripts fortsetzt. Mehr Komfort bietet VBScript leider nicht. `InputBox` fragt eine Eingabe ab und übergibt Werte als Zeichenkette an das Skript.

- HTML

  Eigentlich für Webserver gedacht, können Sie HTML auch mit einem Skript erzeugen und – dank Internet Explorer – lokal ausführen.

- XML und XSLT

  Wenn Sie ganz weit gehen möchten, können Sie auch XML erzeugen und mit XSLT transformieren und formatieren. Der Internet Explorer kann dies problemlos verarbeiten. Am Ende des Kapitels wird ein entsprechendes Beispiel gezeigt (siehe Abschnitt *MSXML – XML praktisch einsetzen* auf Seite 1255).

In den folgenden Beispielen werden die ersten beiden Varianten gezeigt. Zuerst aber ein Eindruck, wie die Ausgabe aussehen kann. Folgendes Skript ist schon ein ganzes Programm (wenn auch völlig sinnlos):

```
REM Ein simples Beispiel-Skript
MsgBox "Test der Box"
REM Schon zu Ende!
```

Listing 16.2:
Eine Box (first.vbs)

Die Ausgabe ist zwar wenig beeindruckend, aber es funktioniert:

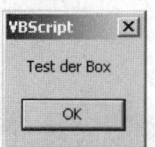

Abbildung 16.3:
Einfache Ausgabe

Mit HTML können Sie etwas mehr anfangen. Zwei Varianten sind möglich: Entweder nutzen Sie den WSH und schreiben eine HTML-Datei auf die Festplatte und zeigen diese dann an. Dies ist zugegeben weder trivial noch besonders praktikabel. Andererseits ist auch der Internet Explorer ein Scripting Host und versteht VBScript. Man muss ihm dies nur entsprechend mitteilen:

```
<html>
<body>
<h1>Wir wollen jetzt was sehen</h1>
<script language="VBScript">
document.write "Heute ist " & Now
</script>
</body>
</html>
```

Listing 16.3:
HTML erzeugen
(htmlmsg.html)

Speichern Sie die Datei mit der Erweiterung HTML und starten Sie diese mit einem Doppelklick. Der Internet Explorer zeigt diese dann an. Der Teil, der in VBScript verfasst wurde, ist fett hervorgehoben. Die Ausgabe von Text verwendet ein Objekt des Internet Explorers:

```
document.write
```

Denken Sie dabei an die Objektschreibweise. `document` ist eine Instanz der aktuell angezeigten Seite. Ein solches Dokument hat viele Eigenschaften und Methoden, unter anderem `write` zur Ausgabe von Text. Auch hier soll nicht weiter darauf eingegangen werden. Die Zahl der Möglichkeiten tendiert gegen unendlich.

HTML verfügt über eine ganze Vielfalt an Gestaltungsmöglichkeiten, Formularen für die Eingaben von Daten durch den Benutzer und vieles mehr. Mit VBScript funktioniert dies – das sei an dieser Stelle noch einmal deutlich gesagt – auch ohne Webserver.

Abbildung 16.4:
Skript mit HTML-
Ausgabe im Internet
Explorer
(htmlmsg.html; aus-
geführt unter
Windows XP Prof.)

Umgang mit Fehlern

Der WSH reagiert mit einem Dialogfenster, das genau über Fund-
ort und Art des Fehlers Auskunft gibt. Syntaxfehler sind oft Tipp-
fehler. Prüfen Sie das Skript auch auf den Zeilen vor dem Fehler –
manchmal irrt der WSH bei der Prüfung.

Abbildung 16.5:
Fehlermeldung im
WSH (hier: unter
Windows XP)

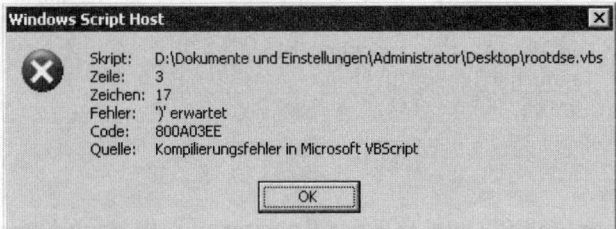

16.1.7 Eine Einführung in VBScript

Die folgende Einführung gibt einen kompakten und schnellen
Überblick über das gesamte Spektrum der VBScript-Befehle. Ohne
Grundkenntnisse sollten Sie sich außerdem mit einem VBScript-
Buch auseinandersetzen.

Kommentare

Kommentare sind Texte, die vom WSH nicht verarbeitet werden
und dem Programmierer zur Erinnerung dienen.

VBScript kennt zwei Kommentararten. Das altbekannte REM
stammt aus der ursprünglichen BASIC-Syntax. Es steht für »Re-
mark«. Damit wurde sichergestellt, dass jede Zeile mit einem
Schlüsselwort beginnt. Später wurde es den Programmierern
langweilig, Zeile für Zeile immer wieder REM zu schreiben. Damit

entstand das auch aus anderen Sprachen bekannte Kommentarzeichen »'« – der Apostroph.

```
REM Hier beginnt eine neue Funktion
Diese Funktion ist noch im Testbetrieb
'Nicht mehr als 4-mal aufrufen
call printfunction()
```

Kommentare dürfen auch mitten in der Zeile stehen, allerdings nicht bei Ausdrücken, die Ausgaben erzeugen. So wird der folgende Ausdruck sicher funktionieren:

```
i = i + 1 ' dieser Ausdruck erhöht i um eins.
```

Variablen

Variablen speichern Daten während der Laufzeit des Skriptes. Sie können Text, Zahlen, Felder oder Objekte enthalten. Sie können Variablen so in Ausdrücken einsetzen wie jeden konstanten Wert.

Variablen können aus Buchstaben und Zahlen bestehen und müssen mit einem Buchstaben beginnen. Das einzige zulässige Sonderzeichen ist der Unterstrich. Die maximale Länge beträgt 255 Zeichen. Variablen entstehen, wenn der Name einer Variablen erstmals benutzt wird. Um die Nutzung und Prüfung nicht dem Zufall zu überlassen, können Variablen auch mit dem Schlüsselwort DIM explizit erzeugt werden. Variablennamen müssen in ihrem Geltungsbereich eindeutig sein:

DIM
OPTION EXPLICIT

```
DIM name
DIM A, B, Counter
```

Hinter DIM können mehrere Namen, die durch Kommata getrennt sind, angeordnet werden. Diese optisch auffällige Deklaration erleichtert die Lesbarkeit des Programms.

Es besteht keine Notwendigkeit, Variablen vor der ersten Verwendung zu deklarieren. Sie können für sich selbst die Anwendung des Schlüsselwortes DIM erzwingen, indem Sie am Anfang des Skripts den Befehl OPTION EXPLICIT stellen (ohne Parameter).

Der Geltungsbereich einer Variablen ist in die zwei Stufen Private und Public einstellbar. Die beiden Schlüsselwörter ergänzen den DIM-Befehl und ermöglichen es, den Geltungsbereich einzuschränken. Variablen sind lokal, wenn sie nur innerhalb einer Prozedur gelten und nach dem Verlassen der Prozedur verschwinden. Rufen Sie dieselbe Prozedur erneut auf, wird die Variable neu initialisiert und steht lokal wieder zur Verfügung. Das Schlüsselwort für diese Verhaltensweise ist Private. Ohne Angabe eines Schlüsselwortes sind alle Variablen im Skript global, also in allen Prozeduren gleichermaßen sichtbar und veränderbar. Um das Skript gut lesbar zu gestalten, kann man explizit das Schlüsselwort Public angeben.

Den Variablen werden Werte sehr einfach durch ein Gleichheitszeichen zugewiesen:

```
B = 500
Counter = 1
name = "Schumacher"
```

Variablen werden bei Ausgaben auf dem Bildschirm und auf der rechten Seite eines Ausdrucks durch ihren Inhalt ersetzt.

Bei der Übernahme von Datenbankinhalten können sehr große Datenmengen anfallen. Einzelne Variablen sind dann ungeeignet, wenn die Weiterverarbeitung in VBScript erfolgen soll. Oft sind dann Arrays eine gute Lösung.

Arrays

Arrays sind Datenfelder – die Zusammenfassung gleichartiger Daten unter einem gemeinsamen Namen. Jedes Element eines Arrays bekommt einen Index, damit man es wie eine Variable verwenden kann.

DIM array()
REDIM

Arrays werden sehr einfach mit DIM definiert:

```
DIM name(199)
```

Wie zu sehen ist, gibt es nur einen Namen und eine Zahl, welche die Anzahl der Indizes angibt. Arrays beginnen mit 0 zu zählen, sodass 199 genau 200 Speicherstellen für Namen ergibt. Arrays sind immer variant. Die Elemente müssen also nicht vom selben Datentyp sein:

```
name(0) = "Mueller, Helga"
name(1) = "Schultze, Olaf"
name(2) = "Marquardt, Bernd"
```

Das ist schon sehr viel bequemer, zumal VBScript viele Funktionen zur Abfrage solcher Arrays beinhaltet. Natürlich können Sie Arrays wie Variablen ausgeben. Es muss lediglich der Index angegeben werden, um einen bestimmten Wert im Array auswählen zu können. Ergänzen wir die Namensdefinition einfach auf zwei Dimensionen:

```
DIM name(199,2)
```

Für jeden der 200 Namen stehen nun insgesamt drei Speicherstellen zur Verfügung. Man kann diese folgendermaßen nutzen:

```
name(0,0)="Mueller": name(0,1)="Helga": name(0,2)="Frau"
name(1,0)="Schultze": name(1,1)="Olga": name(1,2)="Herr"
name(2,0)="Marquardt": name(2,1)="Bernd": name(2,2)="Herr"
```

Für jeden Namen kann somit auch noch eine Anrede verwaltet werden. Vor- und Zuname sind getrennt. Wie Sie sehen, hat jeder Wert seinen eigenen Index.

Die Anzahl der Datensätze in einer Datenbank wird sicher nicht konstant sein. Arrays sind hier recht flexibel. So besteht die Möglichkeit, Arrays dynamisch zu deklarieren. Sie müssen sich also gar nicht auf die Dimension des Arrays festlegen. Die Deklaration sieht dann folgendermaßen aus:

```
DIM name()
```

Konstanten

Konstanten speichern wie Variablen Zahlen oder Text, können aber nach der Zuweisung des Wertes während der Laufzeit des Skripts nicht mehr verändert werden.

Konstanten werden ähnlich wie Variablen deklariert und sofort mit einem Wert belegt:

Konstanten mit CONST deklarieren

```
CONST conXRes = 800
```

Sie können denselben Namen innerhalb eines Skripts mit einem Wert belegen. Wenn Sie nun an 100 Stellen die Konstante *conXRes* wie eine Zahl benutzt haben, brauchen Sie nur die Zeile mit der Deklaration zu ändern. An allen Stellen wird dann mit dem neuen Wert gerechnet. Um bequem viele Konstanten erzeugen zu können, ist es möglich, mehrere Werte nach dem Schlüsselwort durch Kommata getrennt aufzulisten.

Funktionen

Funktionen führen bestimmte spezialisierte Aufgaben aus. Dies kann von Parametern abhängen, die der Funktion übergeben werden. Funktionen zeichnen sich dadurch aus, dass Sie immer einen Wert zurückgeben, also ein Ergebnis haben.

VBScript enthält viele Funktionen zur Abfrage der aktuellen Zeit und des aktuellen Datums. Mit den Datums- und Zeitfunktionen kann auch datumsorientiert gerechnet werden. Die aktuelle Zeit bezieht sich auf den Server. Es ist also wenig sinnvoll, diese Angabe zur Begrüßung zu benutzen, denn Sie wissen nicht, wie spät es beim Nutzer gerade ist.

Datumsabfragen mit NOW, DATE, TIME

Die einfachste Funktion ist die Ausgabe der aktuellen Zeit und des aktuellen Datums in der vordefinierten Form:

```
MsgBox("Es ist jetzt genau: " & NOW)
```

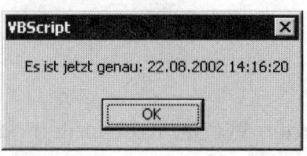

Listing 16.4:
Einfache Datums-
ausgabe
(nowsimple.vbs)

Wenn Sie Datum und Zeit trennen möchten, verwenden Sie entsprechende Funktionen:

```
MsgBox("Heute ist der " & DATE & vbCrLf & "Und es ist: " ↵
        & TIME)
```

Listing 16.5:
Zeit und Datum
(now.vbs)

I
1
2
3
4
5
6
7
8
9
10
11
12
13
14
15
16
17
A
B
C
D

Die Ausgabe verwendet noch einen Trick: Mit `vbCrLf` wird ein Zeilenumbruch in der Dialogbox erzeugt. Dies ist eine vordefinierte Konstante mit dem ASCII-Code 13 (Zeilenvorschub).

Sie können zur Gestaltung der primitiven Dialogbox `MsgBox` nur wenig tun. Neben `vbCrLf` zum Start einer neuen Zeile kann auch der Tabulator `vbTab` verwendet werden. Damit wird Text eine Anzahl Zeichen bis zum nächsten erreichbaren Vielfachen von 8 eingerückt.

Abbildung 16.6:
Ausgabe mit
Zeilenumbruch
(now.vbs)

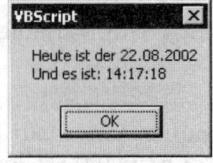

MONTH()
DAY()
WEEKDAY()
YEAR()

Mit verschiedenen Funktionen können Sie die Datums- und Zeitwerte in ihre Bestandteile zerlegen. Als Argumente können natürlich nicht nur die aktuelle Zeit oder das aktuelle Datum, sondern auch eine Variable mit einem entsprechenden Wert herangezogen werden. Das Beispiel zeigt die Zerlegung des Datums in seine Bestandteile:

Listing 16.6:
Datumsfunktionen
(multidate.vbs)

```
t = "Der aktuelle Monat ist " & MONTH(DATE) & vbCrLf
t = t & "Der Tag ist " & DAY(DATE)  & vbCrLf
t = t & "Der Wochentag ist " & WEEKDAY(DATE)  & vbCrLf
t = t & "Das Jahr ist " & YEAR(DATE)
MsgBox(t)
```

Wieder ein kleiner Trick: Längere Texte baut man besser in einer Variablen zusammen und übergibt sie dann an `MsgBox`.

Abbildung 16.7:
Umfassende Ausgabe
(multidate.vbs)

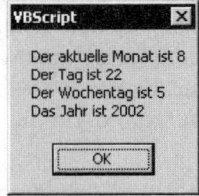

Einfache Funktionen sind zwar leicht zu schreiben, aber richtig Programmieren verlangt etwas mehr. Der nächste Abschnitt zeigt Operatoren.

Operatoren

Mit Operatoren werden Werte, Konstanten oder Variablen miteinander verknüpft.

Mathematische
Operatoren

Die mathematischen Operatoren repräsentieren die Grundrechenarten und zwei erweiterte Operatoren für Modulus und Potenz. Die Operatoren können folgendermaßen eingesetzt werden:

```
t = "Addition: " & 5+5 & vbCrLf
t = t & "Subtraktion:  " & 43-13  & vbCrLf
t = t & "Multiplikation:  " & 3*4  & vbCrLf
t = t & "Division:  " & 60/12  & vbCrLf
t = t & "Ganzzahldivision:  " & 5\3  & vbCrLf
t = t & "Modulus (Rest):  " & 5 Mod 3  & vbCrLf
t = t & "Potenz:  " & 256^3
MsgBox(t)
```

Listing 16.7:
Mathematische
Operatoren
(mathops.vbs)

Die Ganzzahldivision gibt nur einen ganzzahligen Wert zurück – hier also 1. Der Modulus gibt den Rest einer ganzzahligen Division zurück – hier also 2. Die anderen Operatoren dürften selbsterklärend sein.

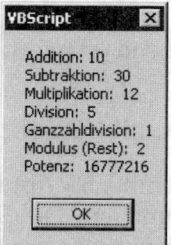

Abbildung 16.8:
Mathematische
Operatoren in Aktion

Neben den mathematischen Operationen lassen sich auch Zeichenketten mit entsprechenden Funktionen und Operatoren verändern. Naturgemäß arbeiten die Funktionen anders als die mathematischen Funktionen. Zeichenkettenoperationen kommen sehr häufig vor.

Zeichenketten-operatoren und -funktionen

Zeichenketten können durch einen Operator miteinander verbunden werden. VBScript kennt dazu den Operator &. Alternativ kann auch das Pluszeichen + verwendet werden. Beachten Sie aber bei der Verwendung von Variablen, dass VBScript zuerst die Zeichenkette auswertet und versucht, eine mathematische Operation auszuführen. Enthält die Zeichenkette nur Zahlen, wird eine Addition ausgeführt:

Zeichenketten-operatoren '&' und '+'

```
MsgBox(17 & 3)
MsgBox(17 + 3)
```

Listing 16.8:
Operatoren (ops.vbs)

Die beiden Ausgaben zeigen, wie der Operator + reagiert, wenn er Zahlen erkennt.

Abbildung 16.9:
Verhalten der
Operatoren bei
Zahlen

Das folgende Beispiel zeigt die Wirkungsweise weiterer Zeichenkettenfunktionen in Abhängigkeit von den übergebenen Parametern:

Listing 16.9:
Zeichenketten-
funktionen
(zeichenketten.vbs)

```
Satz = "Windows Server 2003 ist ein hervorragendes Betriebssystem"
t1 = LEFT(Satz, 19)
t2 = RIGHT(Satz, 14)
MsgBox(t1 & " macht Spaß als " & t2)
```

Der zweite Parameter gibt jeweils die Zahl der Zeichen an, die der Zeichenkette entnommen werden sollen.

Abbildung 16.10:
Ergebnis der
Zeichenketten-
funktionen

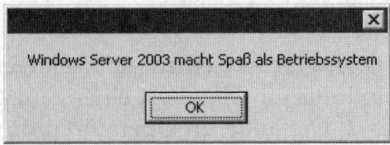

Es gibt noch einige weitere Zeichenkettenfunktionen, die hier nicht alle gezeigt werden sollen. In der VBScript-Dokumentation sind die Möglichkeiten hinreichend erläutert.

16.1.8 Programmieren mit VBScript

Nach den ersten Schritten mit VBScript ist es nun an der Zeit, richtige Abläufe zu programmieren. Die Schlüsselwörter werden in Funktion und Syntax erläutert. Anhand kleiner Beispielprogramme werden viele Befehle in Aktion gezeigt. Alle Beispiele lassen sich zur Funktion bringen und sollen zum Experimentieren anregen.

Befehle zur Abfrage von Bedingungen – Vergleichsoperatoren

Die Vergleichsoperatoren werden verwendet, um Ausdrücke auf Gleichheit oder Ungleichheit zu testen. Auch Objekte können verglichen werden. Das Ergebnis kann in einer Booleschen oder numerischen Variablen gespeichert werden. Boolesche Werte sind in VBScript nur Zahlenwerte mit einer bestimmten Bedeutung. Der Aufbau eines solchen Vergleiches sieht folgendermaßen aus:

```
ergebnis = ausdruck1 vergleichsoperator ausdruck2
```

IF ... THEN ... ELSE

Die folgende Prozedur zeigt die Funktion der Befehlsfolge IF...THEN. Wenn Sie das Beispielskript ausführen, ändern Sie die Variablenzuweisung, um die Wirkung der Abfrage zu testen:

Listing 16.10:
Bedingungen mit IF
auswerten (ifelse.vbs)

```
' Einfacher Test der Wirkungsweise des IF-Befehls
DIM einkommen
einkommen = 30000
IF einkommen >= 25000 THEN
    MsgBox("Hohes Einkommen")
ELSE
    MsgBox("Geringes Einkommen")
END IF
```

Die IF...THEN-Befehlsfolge prüft hier die Variable »*einkommen*« und einen konstanten Wert gegeneinander. Ändern Sie in der folgenden Zeile die Zahl, um die Ausgabe zu beeinflussen:

```
einkommen = 30000
```

Wenn sich der aufgrund der Bedingung auszuführende Code über mehrere Zeilen erstreckt, muss der Befehl mit END IF abgeschlossen werden. Sie können auch das ELSE-Schlüsselwort nutzen.

IF ... END IF

ELSEIF kann für viele aufeinander folgende Alternativen eingesetzt werden. Die Struktur wird dann aber sehr unübersichtlich und fehleranfällig. Mit SELECT...CASE steht eine Befehlsstruktur zur Verfügung, die auch umfangreiche Abfragen dieser Art erlaubt:

SELECT ... CASE

```
' Test der Wirkungsweise des SELECT...CASE-Befehls
DIM translator
translator = "Monday"
SELECT CASE translator
CASE "Monday"
   MsgBox("Montag")
CASE "Thuesday"
   MsgBox ("Dienstag")
CASE "Wednesday"
   MsgBox ("Mittwoch")
CASE "Thursday"
   MsgBox ("Donnerstag")
CASE "Friday"
   MsgBox ("Freitag")
CASE ELSE
   MsgBox ("Wochenende!")
END SELECT
```

Listing 16.11:
SELECT CASE
verwenden (case.vbs)

Der Code ist einfacher, weil auf die umständlichen Operatoren verzichtet werden kann. SELECT...CASE testet immer auf Gleichheit. Sie können außerdem für mehrfache Anfragen Wertelisten angeben, deren Elemente durch Kommata getrennt werden.

Die SELECT...CASE-Struktur kann verschachtelt werden. Beachten Sie bei der Programmierung auch, dass die Struktur von oben nach unten abgearbeitet und nach Erfüllung einer Bedingung am Ende fortgesetzt wird.

Der Einsatz von Schleifen

Es gibt zwei Arten von Schleifen. FOR...NEXT-Schleifen haben immer einen Zähler und durchlaufen den eingeschlossenen Code entsprechend oft. FOR...EACH-Schleifen nutzen als Basis des Zählers die Elemente eines Arrays. Sie werden so oft durchlaufen, wie es Elemente gibt. Hier ist die Zahl ebenfalls vorhersagbar. Arrays werden von vielen Funktionen auch implizit erzeugt, was elegante Konstrukte ermöglicht.

Der andere Schleifentyp kann nur über Bedingungen am Eintrittspunkt oder am Austrittspunkt der Schleife gesteuert werden. Die einfachste Version ist WHILE...WEND. Komplexere Abfragen der steuernden Bedingung sind mit DO...LOOP möglich. In jedem Fall muss die Bedingung einen Booleschen Wert zurückgeben. Ein häufiger Einsatz im Zusammenhang mit Datenbanken ist das Abarbeiten von Datensätzen bis zum letzten Datensatz. Die steuernde Bedingung ist dann das Dateiende EOF (End of File).

FOR ... TO ... STEP und NEXT

Die einfachste Schleifenkonstruktion ist die Zählschleife FOR...NEXT. Gezählt wird mit einem numerischen Wert. Als Zählvariable setzen Sie temporäre Variablen ein, die üblicherweise mit *i*, *j*, *k* usw. bezeichnet werden. FOR...NEXT-Schleifen können ineinander verschachtelt werden. Beachten Sie, dass für jede weiter innen liegende Schleife eine neue Zählvariable benutzt werden muss. Das folgende Beispiel schreibt einen Text zehnmal untereinander und in jede Zeile den Wert der Schleifenvariablen:

Listing 16.12: Eine FOR-Schleife

```
' Test einer einfachen FOR...NEXT-Schleife
DIM i, t
FOR i = 1 TO 10
    t = t & "Aufruf " & i & vbCrLf
NEXT
MsgBox(t)
```

Abbildung 16.11: Effekt der For-Schleife

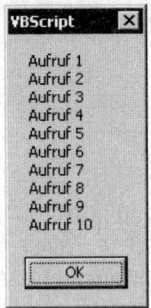

Die Schleife kann in der Schrittweite gesteuert werden, was vor allem bei mathematischen Operationen sinnvoll ist. Dazu ergänzen Sie den Befehl mit dem Schlüsselwort STEP. FOR...NEXT-Schleifen werden immer vom Startwert (vor dem TO-Schlüsselwort) bis zum Erreichen des Endwertes (nach dem TO-Schlüsselwort) durchlaufen. Wird innerhalb der Schleife der Zählwert auf einen Wert größer als der Endwert manipuliert (was wirklich nur in Ausnahmesituationen gemacht werden sollte, denn das ist schlechter Code), wird die Schleife bei der nächsten Runde sofort verlassen. Das gilt auch beim Überschreiten der Grenze mit STEP. STEP muss also keine ganzzahlig teilbare Schrittfolge ermöglichen.

EXIT FOR

Sie können Zählschleifen mit dem Befehl EXIT FOR jederzeit verlassen.

FOR EACH ... NEXT

Werden mit WSH-Skripten Datenbanken bedient oder variable Datenmengen gesteuert, ist es prinzipiell möglich, die Anzahl der Datensätze zu bestimmen, dann mit einer FOR...NEXT-Schleife die gesamte Datenbank zu durchlaufen und entsprechende Operationen vorzunehmen. Da der Fall häufig auftritt, gibt es in VBScript einen spezialisierten Befehl, der die Abfrage der Satzanzahl intern ausführt und keine numerische Schleifenvariable mehr benötigt. In dem folgenden Beispiel wird ein Objekt verwendet, das Sie später noch kennen lernen. Wenn Sie das Skript ausprobieren und Änderungen vornehmen, lassen Sie die Zeile mit der Objektdeklaration bitte unverändert:

```
' Demo der FOR EACH-Schleife
Dim d, i
Set d = CreateObject("Scripting.Dictionary")
' Hier können Sie beliebig viele Werte eingeben
d.Add "0", "Dark Side of the Moon"
d.Add "1", "The Division Bell"
d.Add "2", "The Wall"
FOR EACH i IN d
    MsgBox("Wert: " & d.Item(I))
NEXT
```

Listing 16.13:
FOR...EACH
verwenden
(foreach.vbs)

Da MsgBox in der Schleife steht, erscheint die Ausgabe mehrfach; hier die erste Box:

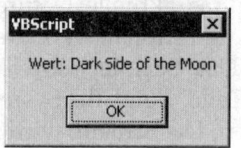

Abbildung 16.12:
Datenspeicher
ausgeben

Das Codebeispiel zeigt die Eingabe von Werten in ein Dictionary-Objekt und die Ausgabe aller Werte innerhalb einer FOR EACH-Schleife. Das Objekt wird später noch ausführlich beschrieben.

WHILE ...WEND

Diese Schleife ist eine sehr einfache Konstruktion, die selten benutzt wird. Die gleiche Wirkungsweise lässt sich auch mit DO...LOOP erreichen. In kleinen Programmen oder bei bewusst einfacher Programmierung bietet sich WHILE...WEND an. Die Schleife wird ausgeführt, solange die Bedingung TRUE ist. Das Schlüsselwort WEND beendet die Schleife und setzt mit dem nächsten Bedingungstest fort.

DO ... LOOP

Im Gegensatz zur relativ simplen WHILE...WEND-Schleife können Sie mit DO...LOOP komplexere Bedingungen abfragen und den Programmablauf flexibel steuern. Das Ergebnis der Bedingung muss ein Boolescher Wert sein. Es gibt verschiedene Schlüsselwörter, die auf TRUE oder FALSE testen können. Bei DO...LOOP können Sie die Abfrage sowohl beim Schleifeneintritt als auch beim Schleifenaustritt ausführen. Die Position der Abfrage bestimmt, ob die Schleife im Extremfall überhaupt nicht oder wenigstens einmal durchlaufen wird.

Zur Abwechslung läuft dieses Skript im Internet Explorer. Speichern Sie es dazu mit der Endung HTML:

```
<HTML>
<BODY>
<P>DO LOOP Beispiel<BR>
<P>Dieses Formular k&ouml;nnen Sie ausdrucken
   und zur&uuml;ckfaxen
<P>
<script language="VBScript">
' DO LOOP Test: Schreibt abhängig vom aktuellen Datum eine
' Zeile für jeden Monat
counter = 1
thismonth = MONTH(NOW)
DO WHILE counter < thismonth + 1
   document.write "Monat " & MONTHNAME(counter) & " "
   document.write "_____ " & "<BR><BR>"
   counter = counter+1
LOOP
</script>
</BODY>
</HTML>
```

Die Funktion NOW gibt das aktuelle Datum zurück. Die Funktion
MONTH ermittelt daraus den Monatswert. Der Monatsname wird in
Klartext ausgegeben. Das Beispiel schreibt für jeden Monat des
aktuellen Jahres eine Zeile. Zeigt Ihr Systemdatum auf Mai, ergeben sich also fünf Zeilen. Die Schleife wird mit der Zählervariablen
»*counter*« gesteuert.

Neben dem Test am Anfang der Schleife können DO...LOOP-
Schleifen auch am Ende getestet werden. Auf diese Weise stellen
Sie sicher, dass die Schleife und damit die innen liegenden Befehle
mindestens einmal durchlaufen werden. Statt des Schlüsselwortes
WHILE kann auch das Schlüsselwort UNTIL eingesetzt werden. Im
ersten Fall wird die Schleife solange durchlaufen, wie die Textbe-
dingung TRUE ergibt. Wird die Bedingung FALSE, bricht die Schleife
nach dem nächsten Test ab. Das Skript setzt die Ausführung nach
dem Schlüsselwort LOOP fort. Bei UNTIL wird die Schleife so lange
durchlaufen, wie die Bedingung nicht erfüllt ist (FALSE). Mit dem
ersten TRUE wird die Schleife beendet. Der konsequente Einsatz von
WHILE und UNTIL sorgt für gut lesbare Programme. Negieren Sie nie
die Bedingungen durch Umdrehen der Operatoren oder Vorzei-
chen, sondern nutzen Sie immer die richtigen Schlüsselwörter in
den Schleifenkonstrukten.

16.1.9 Die Scripting-Bibliotheken

Der Sprachumfang von VBScript ist schnell erlernt. Da Sie damit aber nicht viel anfangen können, sind im Laufe der Zeit die Laufzeitbibliotheken hinzugefügt worden. Sie gehören zum Lieferumfang von Windows Server 2003 und können sofort verwendet werden.

Kollektionen mit Scripting.Dictionary

Ein Objekt vom Typ `Dictionary` dient dem Speichern von Wertepaaren in einer Kollektion. Im Gegensatz zum zweidimensionalen Array ist es einfacher zu benutzen und durch die schon vorhandenen Methoden sehr komfortabel. Das folgende Beispiel speichert ein paar bekannte Computerdaten und gibt sie wieder aus:

Das Dictionary-Objekt aus Scripting.Dictionary

```
<HTML>
<BODY>
<script language="VBScript">
Dim computer
Set computer = CreateObject("Scripting.Dictionary")
' Hier können Sie beliebig viele Werte eingeben
computer.Add "0", "CPU Pentium IV"
```

Listing 16.15:
Wertepaare speichern
(dictionary.html)

```
computer.Add "1", "Mainboard Asus"
computer.Add "2", "Memory 256 MB"
computer.Add "3", "Video Card Nvidia 4"
computer.Add "4", "Port: USB"
computer.Add "5", "Port: IEEE1394"
computer.Add "6", "Port: Serial"
computer.Add "7", "Port: Parallel"
computer.Add "8", "Harddisk: 30 GB, IDE"
FOR EACH i IN computer
  document.write("PC: " & computer.Item(i) & "<BR>")
NEXT
</script>
</BODY>
</HTML>
```

Dieses Skript gibt HTML-Code aus und sollte im Internet Explorer ausgeführt werden.

Mit Hilfe des Server-Objekts wird eine neue Instanz des Objekts `Dictionary` erzeugt, hier mit dem Namen *album*. Zwei Methoden werden zur Bedienung eingesetzt. Mit `Add` fügen Sie weitere Datensätze hinzu, mit `Item` wird ein Wert zurückgeholt. Generell besteht ein `Dictionary` immer aus dem Schlüssel und dem eigentlichen Inhalt. Auf diese beiden Werte können Sie die nachfolgend beschriebenen Methoden anwenden.

Die folgenden Methoden können Sie mit diesem Objekt einsetzen:

- `Add` *Schlüssel, Inhalt*
  Fügt ein Wertepaar hinzu. Der erste Parameter wird automatisch zum Schlüssel.

- `Exists` *Schlüssel*
  Prüft, ob ein bestimmter Schlüssel vorhanden ist, und gibt einen Booleschen Wert zurück (`TRUE` oder `FALSE`).

- `Items`
  Gibt alle Inhalte (nicht die Schlüssel!) als Array zurück.

- `Remove(Schlüssel)`
  Entfernt das durch Schlüssel spezifizierte Wertepaar.

- `Keys`
  Gibt alle Schlüssel als Array zurück.

- `RemoveAll`
  Entfernt alle Wertepaare, entspricht dem Löschen des Objektes.

Einige Eigenschaften ergänzen dieses einfache Objekt:

- `CompareMode`
  Bestimmt, wie die Filterung nach Schlüsseln stattfindet. Details finden Sie in der Referenz. Für normale Skripte sollte der Standardwert ideal sein.

- Count

  Gibt die Anzahl der Wertepaare als numerischen Wert aus.

- Item(*Schlüssel*)

  Gibt den durch Schlüssel spezifizierten Inhalt zurück. Wird auf der Zuweisungsseite einer Gleichung benutzt, um einen neuen Wert an einem schon vorhandenen Schlüssel zu binden.

- Key(*Schlüssel*)

  Setzt einen Schlüsselwert neu. Der zugeordnete Inhalt bleibt unverändert.

Dateizugriff mit FileSystemObject

Die Dateizugriffskomponente besteht aus vier Basisobjekten, aus denen weitere Objekte abgeleitet werden, und einer ganzen Palette zugehöriger Methoden:

- Das Objekt FileSystemObject enthält die grundlegenden Methoden zum Zugriff auf Dateien und Ordner. Sie können Dateien und Ordner löschen, umbenennen, kopieren und auf Laufwerke zugreifen.

Die folgenden drei Objekte werden aus FileSystemObject abgeleitet:

- Das Objekt TextStream dient dem Erzeugen, Schreiben und Lesen von Textdateien.

- Das Objekt File organisiert den unmittelbaren Dateizugriff.

- Das Objekt Folder ist das korrespondierende Objekt für den Zugriff auf Ordner.

Folder-Objekte (Ordner) und File-Objekte (Dateien) können Kollektionen enthalten.

Es gibt viele sinnvolle Anwendungen für den Zugriff auf Dateien. Aus Sicherheitsgründen sollten jedoch nur Dateien, die Sie in Ihren Skripten festlegen, geschrieben werden können. Da Nutzer keinen Zugriff auf die Skripte selbst haben, sondern diese nur ausführen können, sind auch Manipulationen nicht möglich. Achten Sie aber darauf, dass keine Dateinamen frei angegeben werden können, beispielsweise in Formularfeldern. Möglicherweise könnten sich dann Sicherheitslücken ergeben.

Dateien lesen und schreiben

Zum erstmaligen Erzeugen und Beschreiben einer Textdatei werden zwei Objekte verwendet – FileSystemObject und TextStream. Da es sich um reguläre Objekte handelt, muss zuerst eine Instanz des Objekts erzeugt werden. Mit dieser Instanz können Sie dann arbeiten. Zwei Methoden werden dazu verwendet – CreateTextFile zum Erzeugen eines TextStream-Objekts und CreateObject zum Erzeugen eines FileSystemObject. WriteLine wird zum Schreiben einer Textzeile in ein TextStream-Objekt benutzt. Das folgende Beispiel erzeugt eine neue Protokolldatei und schreibt Datum und Uhrzeit hinein:

Das Textstream-Objekt
CreateTextFile
WriteLine

Listing 16.16:
Erzeugen einer Datei
(createfile.vbs)

```
SET oFSO = CreateObject("Scripting.FileSystemObject")
SET oTXT = oFSO.CreateTextFile("protokoll.txt")
oTXT.WriteLine( Date & " " & Time)
oTXT.Close
MsgBox("Fertig")
```

Das Ergebnis können Sie sich sofort nach der Ausführung ansehen.

Abbildung 16.14:
Die erzeugte Datei
im Editor

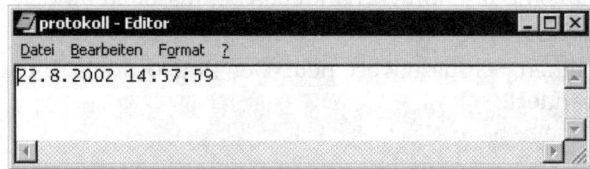

Beachten Sie beim Testen, dass das Beispiel für sich allein funktioniert. Die Ausgabe am Ende dient nur der Kontrolle und ist zum Schreiben der Datei nicht notwendig. Die vollständige Pfadangabe ist nicht notwendig. Die Angabe des Dateinamens allein erzeugt die Datei in dem Ordner, in dem das Skript gestartet wurde. Es gibt verschiedene Funktionen, spezielle Ordner des Computers zu ermitteln – dazu später mehr. Wichtig ist aber, dass der Pfad existiert. Die Methode legt zwar eine neue Datei an, kann aber keine Pfade erzeugen. Ist der Pfad fehlerhaft, kommt es zu einem Laufzeitfehler.

Vergessen Sie bei solchen Applikationen nicht die `Close`-Methode, sonst wird die Datei bis zum nächsten Neustart des Systems offen gehalten. Damit werden Systemressourcen verschwendet. Zum Verständnis des Beispiels ist es wichtig zu wissen, wie die Objekte intern verknüpft sind. Auf den ersten Blick ist `TextStream` nicht beteiligt. Intern wird aber von der Methode `CreateTextObject` ein Objekt vom Typ `TextStream` zurückgegeben, von dem mit dem Schlüsselwort `SET` eine neue Instanz erzeugt wird, die über alle Methoden und Eigenschaften eines `TextStream`-Objekts verfügt.

Beachten Sie, dass die Methode `CreateTextFile` nur Dateien, nicht aber fehlende Ordner erzeugt. Wenn Sie eine Fehlermeldung erhalten, ist möglicherweise der Ordner falsch benannt. Die Methode hat noch zwei weitere Parameter, die optional angegeben werden können und die hier nicht verwendet wurden. Die drei insgesamt möglichen Parameter sind:

• `CreateTextFile(`*Dateiname, Überschreiben* `[,` *Unicode*`])`

Dateiname gibt den Dateinamen mit einem vollständigen Pfad an. Verzeichnisse im Pfad müssen bereits existieren, die Datei selbst nicht. *Überschreiben* ist ein Boolescher Wert, der normalerweise auf `TRUE` steht und das Überschreiben einer bereits existierenden Datei erlaubt. Nur wenn Sie nicht überschreiben wollen, tragen Sie hier `FALSE` ein. *Unicode* ist wahlweise anwendbar und steht ohne Angabe auf `FALSE`. Wenn Sie `TRUE` eintragen, schreibt ASP statt einer Textdatei (ASCII) eine Datei im 16-Bit-

Unicode-Format. Das ist sinnvoll für andere Alphabete oder fremdsprachliche Anwendungen.

Das erzeugte `TextStream`-Objekt repräsentiert die Textdatei. Um damit umgehen zu können, sind einige Methoden notwendig:

Write
WriteLine
WriteBlankLines
Close

- `Write(Zeichenkette)`

  Schreibt die übergebene Zeichenkette ab der aktuellen Position in die Datei.

- `WriteLine(Zeichenkette)`

  Wie `Write`, aber mit einem abschließenden Zeilenumbruch

- `WriteBlankLines(Anzahl)`

  Schreibt die angegebene Menge leerer Zeilen durch Einfügen von Zeilenumbrüchen.

- `Close`

  Schließt die Datei. Das Schließen ist immer notwendig, damit andere Prozesse darauf zugreifen können.

Weitere Eigenschaften, die beim Lesen von Dateien benutzt werden können, sind:

- `AtEndOfLine`

  Wenn das Ende einer Zeile erreicht wurde, ist diese Eigenschaft `TRUE`.

- `AtEndOfStream`

  Das Ende der Datei wurde erreicht, wenn diese Eigenschaft `TRUE` wird.

- `Column`

  Die Position des nächsten zu lesenden Zeichens in einer Zeile

- `Line`

  Die Zeile, vom Dateianfang gezählt, innerhalb der Datei. Zeilen enden immer mit einem Zeilenumbruch und Wagenrücklauf (CRLF). Beim Schreiben von Texten erzeugt man diesen Code mit der `Enter`-Taste.

Um sich Zeichen für Zeichen durch eine Datei zu bewegen, kann man die Methode `ReadLine` nicht verwenden. Dafür gibt es `Read`. Als Parameter übergeben Sie `Read` einen Zahlenwert, der die Anzahl der zu lesenden Zeichen nennt. Um aus einem Textobjekt gezielt lesen zu können, führt das Objekt einen Zeiger mit, der auf eine bestimmte Position zeigt. `Line` und `Column` enthalten die Position des Zeigers, `Read`, `ReadLine` und `Skip` setzen den Zeiger weiter. Nach dem Erzeugen des Objekts steht der Zeiger am Anfang.

Für den Umgang mit Dateien gibt es zwei Wege. Der einfachste ist die Nutzung des Objekts `FileSystemObject`. Außerdem kann auf einzelne Dateien mit der Methode `File` und auf Ordner mit der Methode `Folder` zugegriffen werden. `FileSystemObject` ist praktisch ein übergeordnetes Objekt, das mehrere Eigenschaften vereint.

Dateien kopieren, verschieben und löschen

File und Folder sollten Sie nur verwenden, wenn die Funktion explizit auf Dateien oder Ordner zugeschnitten ist. Damit wird die Lesbarkeit des Quelltextes verbessert.

Copy
Move
Delete

Drei Methoden des Objekts FileSystemObject stehen zur Verfügung, um die Manipulation der Dateien direkt ausführen zu können:

- CopyFile _Quelle_, _Ziel_ [, _überschreiben_]

  Diese Funktion kopiert eine oder mehrere Dateien von der Quelle zum Ziel. Sie können Platzhalter verwenden, um mehrere Dateien zu kopieren. Der Parameter _überschreiben_ ist ein Boolescher Wert, der festlegt, ob das Überschreiben von Dateien erlaubt ist. Geben Sie TRUE oder FALSE an.

- MoveFile _Quelle_, _Ziel_

  Diese Funktion kopiert eine oder mehrere Dateien von der Quelle zum Ziel. Sie können Platzhalter verwenden, um mehrere Dateien zu kopieren. Existiert die Datei im Ziel bereits, wird ein Laufzeitfehler erzeugt.

- DeleteFile _Dateiname_

  Löscht eine Datei oder, bei der Verwendung von Platzhalterzeichen, mehrere Dateien. Wenn Sie Platzhalter angeben und trotzdem keine Datei gefunden wurde, wird ein Laufzeitfehler erzeugt.

Vor der Nutzung der Funktionen muss eine Instanz des Objekts erzeugt werden.

Sie können statt FileSystemObject auch das abgeleitete Objekt File verwenden. Es funktioniert ähnlich wie das Objekt FileSystemObject, lediglich die Methoden haben andere Namen und verlangen andere Parameter:

- Copy _Ziel_ [, _überschreiben_]

  Diese Funktion kopiert eine Datei zum Ziel. Sie können Platzhalter verwenden, um mehrere Dateien zu kopieren. Der Parameter _überschreiben_ ist ein Boolescher Wert, der festlegt, ob das Überschreiben von Dateien erlaubt ist. Geben Sie hier TRUE oder FALSE an.

- Move(_Ziel_)

  Diese Funktion kopiert eine Datei zum Ziel. Sie müssen der Zieldatei einen Namen geben. Platzhalter sind nicht erlaubt. Existiert die Datei im Ziel bereits, wird ein Laufzeitfehler erzeugt.

- Delete _schreibschutz_

  Löscht die Datei. Ist der Parameter _schreibschutz_ auf TRUE gesetzt, wird auch eine Datei mit dem Attribut »Schreibschutz« gelöscht. Der Parameter ist optional, der Standardwert ist FALSE.

Die Instanz eines `File`-Objekts ist einfach mit der Methode `GetFile` aus dem `FileSystemObject` zu erzeugen:

GetFile

```
delete = InputBox("Löschen (L) oder Umbenennen (U) ? ")
CONST conSourcePath = "protokoll.txt"
CONST conTargetPath = "copy_of_protokoll.txt"
SET oFSO = CreateObject("Scripting.FileSystemObject")
SET oFile = oFSO.GetFile(conSourcePath)
IF LCASE(delete) = "u" THEN
   oFile.Move(conTargetPath)
ELSE
   oFile.Delete(FALSE)
END IF
MsgBox("Fertig")
```

Listing 16.17:
Dateizugriff:
Interaktiv
Umbenennen oder
Löschen
(filedelete.vbs)

Beachten Sie, dass `GetFile` nicht nur einen Pfad, sondern eine eindeutige Dateibezeichnung benötigt. Platzhalter sind nicht erlaubt. Bei den Methoden fehlen die Quellenangaben, denn das Objekt ist schon eindeutig an eine Quelle gebunden. Wenn Sie das Beispiel mehrfach ausführen, werden verschiedene Laufzeitfehler auftreten, die auf nicht vorhandene oder bereits vorhandene Dateien hinweisen.

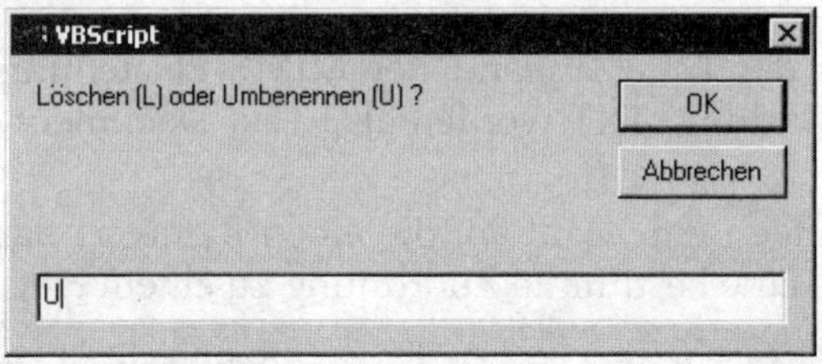

Abbildung 16.15:
Abfrage der Aktion

Die eigentliche Aktion ist wieder nur daran erkennbar, dass sich der Name der Datei geändert hat oder die Datei verschwindet. Die Ausgabe am Ende dient nur der Kontrolle, dass das Skript wirklich bis zum Schluss ausgeführt wurde.

Die meisten Funktionen reagieren mit einem Laufzeitfehler, wenn die Datei nicht existiert, auf die sich die Aktion bezieht. Mit `ON ERROR RESUME NEXT` könnte der Laufzeitfehler abgefangen werden. Besser ist es jedoch, vor der Dateioperation die Existenz der Datei zu prüfen. Mit der Methode `FileExist` kann ein Boolescher Wert ermittelt werden, der `TRUE` wird, wenn die spezifizierte Datei existiert.

FileExists

Oft kann es sinnvoll sein, sich genauer über die Parameter einer Datei zu informieren. Dazu bietet das `File`-Objekt einige Eigenschaften, die angefragt werden können. Die Eigenschaft `Attributes` kann auch gesetzt werden. Folgende Eigenschaften stehen zur Verfügung:

Dateiattribute ermitteln

• `Attributes`

Gibt die Dateiattribute der Datei an. Benutzt wird ein Bytewert.

- `DateCreated`

  Gibt Datum und Uhrzeit an, wann die Datei erzeugt wurde.

- `DateLastAccess`

  Gibt Datum und Uhrzeit an, wann zuletzt auf die Datei zuge-griffen wurde.

- `DateLastModified`

  Gibt Datum und Uhrzeit an, wann die Datei zuletzt verändert wurde.

- `Name`

  Diese Eigenschaft gibt den Namen der Datei zurück.

- `ParentFolder`

  Der Name des übergeordneten Ordners (der Ordner, in dem die Datei sich selbst gerade befindet)

- `Path`

  Der komplette Pfad der Datei

- `Size`

  Die Größe der Datei in Byte

- `Type`

  Der Typ der Datei anhand der MIME-Einstellungen. Dateien mit der Endung .TXT werden als »Text Document« bezeichnet usw.

Die Flags zeigen eine Zahl an, die einen Bytewert darstellt. Jedes Bit hat darin eine bestimmte Zuordnung zu einem Flag.

Tabelle 16.2:
Bitwerte der Datei-
attribute, welche die
Attributes-Eigen-
schaft zurückgibt

Flag	Dezimaler Wert	Bitwert = 1
Normal	0	Alle 0
Read-Only (Schreibgeschützt)	1	1
Hidden (Versteckt)	2	2
System (Systemdatei)	4	3
Volume (ist ein Laufwerk)	8	4
Directory (ist ein Verzeichnis/Ordner)	16	5
Archive (Archivbit ist gesetzt)	32	6
Alias (Verknüpfung)	64	7
Compressed (Datei ist komprimiert)	128	8

Das folgende Skript zeigt die Eigenschaften einer Datei an:

```
strPhysExistFile = "c:\autoexec.bat"
SET oFSO = CreateObject("Scripting.FileSystemObject")
SET oFile = oFSO.GetFile(strPhysExistFile)
t = ""
t = t & "Name: " & oFile.Name  & vbCrLf
t = t & "Pfad: " & oFile.Path  & vbCrLf
t = t & "Laufwerk: " & oFile.Drive  & vbCrLf
t = t & "Größe: " & oFile.Size  & vbCrLf
t = t & "Typ: " & oFile.Type  & vbCrLf
t = t & "Flags: " & oFile.Attributes  & vbCrLf
t = t & "Erzeugt: " & oFile.DateCreated  & vbCrLf
t = t & "Letzter Zugriff: " & oFile.DateLastAccessed & vbCrLf
t = t & "Letzte Änderung: " & oFile.DateLastModified
MsgBox(t)
```

Listing 16.18:
Dateieigenschaften
anzeigen (fileattr.vbs)

Die Ausgabe erfolgt in einer weiter verfeinerten Form. Aus Platzgründen nicht mit abgedruckt, aber durchaus sinnvoll, wurden für die folgende Abbildung noch Tabulatoren mit vbTab eingefügt:

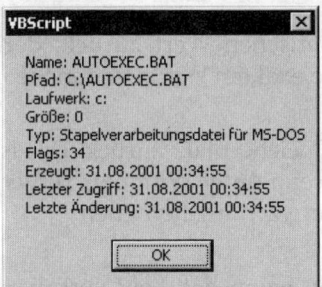

Abbildung 16.16:
Ausgabe von Datei-
informationen

Auch die Laufwerke des Servers können direkt angesprochen werden. Die Kollektion besteht aus jeweils einem Drive-Objekt, eines für jedes Laufwerk mit einem Buchstaben. Das ist eine wichtige Einschränkung, denn Netzwerklaufwerke anderer Maschinen im Netzwerk, denen auf diesem Server kein Laufwerkbuchstabe zugeordnet wurde, erscheinen nicht in der Kollektion. Für Laufwerke sind folgende Methoden des Objekts FileSystemObject verfügbar:

Laufwerk-Methode

- DriveExists(*DriveName*)

  Wenn das angegebene Laufwerk existiert, wird TRUE zurückgegeben.

- Drives

  Gibt die Drives-Kollektion zurück. Die einzelnen Objekte der Kollektion haben wieder eigene Methoden und Eigenschaften.

- GetDrive(*DriveName*)

  Gibt ein einzelnes Drive-Objekt zurück.

- GetDriveName(*Pfad*)

  Gibt einen String zurück, der die Laufwerksbezeichnung für den angegebenen Pfad enthält.

Aus der Kollektion oder direkt aus dem Objekt `FileSystemObject` kann das Objekt `Drive` abgeleitet werden. Durch Bildung einer Instanz dieses Objekts erhalten Sie Zugriff auf diese Eigenschaften. Der einfachste Weg zu einem Laufwerksobjekt ist die Methode `GetDrive` des Objekts `FileSystemObject`. Die folgende Übersicht bietet eine Liste der verfügbaren Eigenschaften:

- `AvailableSpace`

  Gibt den frei verfügbaren Speicherplatz auf dem Laufwerk zurück.

- `DriveLetter`

  Gibt den vom Betriebssystem zugeordneten Laufwerkbuchstaben zurück. Netzwerklaufwerke werden nur erkannt, wenn ein virtueller Laufwerkbuchstabe zugeordnet wurde. Die zurückgegebene Zeichenkette besteht aus dem Buchstaben und einem Doppelpunkt (C:, F: usw.).

- `DriveType`

  Gibt einen numerischen Wert zurück, der den Laufwerkstyp repräsentiert. Die exakten Werte finden Sie in der Referenz.

- `FreeSpace`

  Gibt den freien Speicherplatz zurück. Das ist derselbe Wert wie `AvailableSpace`, wenn unter Windows Server 2003 ohne aktivierte Kontingentüberwachung betrieben.

- `IsReady`

  Gibt `TRUE` zurück, wenn das Laufwerk bereit ist. Diese Eigenschaft ist interessant für Laufwerke mit Wechselmedien, in denen sich möglicherweise kein Medium befindet.

- `Path`

  Pfad des Laufwerks bei Netzwerklaufwerken

- `SerialNumber`

  Gibt die bei der Formatierung vergebene Seriennummer des Laufwerks zurück.

- `ShareName`

  Gibt den Namen zurück, unter dem das Laufwerk im Windows-Netzwerk freigegeben wurde.

- `TotalSize`

  Gibt den gesamten Speicherplatz des Laufwerks in Byte zurück. Achten Sie bei der Umrechnung in KB oder MB darauf, mit den 2er-Potenzen zu rechnen (1 KB = 2^{10} = 1 024 Byte, 1 MB = 2^{20} = 1 048 576 Byte). Die Angaben werden sonst verfälscht.

- `VolumeName`

  Ergibt den Namen des Laufwerks oder des eingelegten Mediums.

Oft werden nicht nur Dateien, sondern ganze Ordner bewegt oder **Mit Ordnern arbeiten**
verändert. Um nicht jede Datei anfassen zu müssen, die in einem
Ordner liegt, besteht die Möglichkeit, Dateioperationen auch auf
Ordner anzuwenden. Es gibt wie bei den Laufwerken und Dateien
eine Kollektion (`Folder`-Kollektion) und ein Objekt (`Folder`-Objekt).
Bestimmte Operationen lassen sich nur auf dieses Objekt anwenden. Sie erzeugen dieses Objekt mit einer speziellen Methode aus
der Kollektion. Kollektionen sind in diesem Kontext zusammenhängende Ordner. Das Objekt `FileSystemObject` selbst bietet bereits
einige Methoden, mit denen Verzeichnisoperationen durchgeführt
werden können:

- `CopyFolder Quelle, Ziel [, überschreiben]`

  Kopiert Ordner komplett an einen anderen Ort. Platzhalter sind
  zulässig. Normalerweise werden am Ziel vorhandene gleichnamige Dateien überschrieben. Wenn Sie das nicht wünschen,
  tragen Sie für *überschreiben* den Wert `FALSE` ein.

- `CreateFolder OrdnerName`

  Erzeugt einen neuen Ordner mit dem angegebenen Namen.

- `DeleteFolder OrdnerName`

  Löscht den benannten Ordner. Sie können Platzhalter einsetzen.
  Der Inhalt des Ordners (Dateien) wird mit gelöscht.

- `FolderExists(OrdnerName)`

  Gibt `TRUE` zurück, wenn der Ordner existiert, sonst `FALSE`.

- `GetFolder(OrdnerName)`

  Gibt ein `Folder`-Objekt zurück, das den benannten Ordner enthält.

- `GetParentFolderName(Pfad)`

  Gibt einen String zurück, der den übergeordneten Ordner zu
  dem angegebenen Pfad bezeichnet.

- `MoveFolder Quelle, Ziel`

  Verschiebt einen Ordner. Platzhalter können verwendet werden.

Aus den folgenden Methoden, die sich auf eine `Folder`-Kollektion
beziehen, die direkt aus dem Objekt `FileSystemObject` entsteht,
können Sie leicht auf die korrespondierenden Methoden für das
`Folder`-Objekt schließen.

- `Copy Ziel [, überschreiben]`

  Kopiert den Ordner komplett an einen anderen Ort. Normalerweise werden am Ziel vorhandene gleichnamige Dateien überschrieben. Wenn Sie das nicht wünschen, tragen Sie für
  Überschreiben den Wert `FALSE` ein.

- `DeleteFolder`

  Löscht den Ordner. Der Inhalt des Ordners (Dateien) wird
  auch gelöscht.

- MoveFolder *Quelle, Ziel*

  Verschiebt einen Ordner. Platzhalter können verwendet werden.

- IsRootFolder

  Gibt TRUE zurück, wenn der Ordner das Stammverzeichnis des Laufwerks repräsentiert (beispielsweise »C:\«), sonst FALSE.

- Files

  Gibt eine File-Kollektion, die die im Ordner liegenden Dateinamen enthält, zurück.

- ParentFolder

  Gibt eine Zeichenkette zurück, der den übergeordneten Ordner bezeichnet.

- Name

  Dies ist der Name des Ordners.

- Size

  Gibt den von einem Ordner belegten Speicherplatz, inklusive aller darin enthaltenen Dateien und Unterordner, zurück.

- SubFolders

  Gibt eine weitere Folder-Kollektion zurück, welche die untergeordneten Ordner enthält.

Um eine Instanz des Folder-Objekts zu erzeugen, wird die Methode GetFolder verwendet.

Prozeduren und Funktionen

Bisher haben Sie bereits Funktionen kennen gelernt, die in VBScript fest definiert sind. Bei größeren Skripten ist es oft sinnvoll, eigene Funktionen zu definieren und dann mehrfach zu verwenden. Funktionen zeichnen sich dadurch aus, dass ein Wert zurückgegeben wird – das Ergebnis der Funktion. Im Gegensatz dazu können auch Prozeduren definiert werden. Dies sind kleine Programmabschnitte, die wiederverwendbaren Code enthalten. Sie geben keinen Wert zurück, führen aber Aktionen aus. Beide Elemente helfen, Code zu strukturieren und übersichtlicher zu gestalten.

Funktionen definieren

Funktionen werden mit dem Schlüsselwort FUNCTION definiert. Sie können mit Argumenten gesteuert werden, die bei der Definition angegeben werden. Der Rückgabewert wird übertragen, indem dem Namen der Funktion ein Wert zugewiesen wird:

Listing 16.19:
Definition einer
Funktion mit zwei
Argumenten
(functions.vbs)

```
FUNCTION multi(zahl, faktor)
    multi = zahl * faktor
END FUNCTION
t = "Einige Berechnungen:" & vbCrLf
t = t & multi(2, 7) & vbCrLf
t = t & multi(4, 6) & vbCrLf
MsgBox(t)
```

Die Ausgabe zeigt, dass die Funktion zwei Mal aufgerufen wurde:

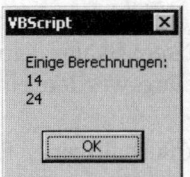

Die Argumente einer Funktion werden einfach durch Eintragen **Umgang mit** von Variablennamen definiert. Wenn der Funktion dann beim **Argumenten** Aufruf Werte übergeben werden, werden diese in den Variablen abgelegt. Variablen innerhalb einer Funktion sind dort automatisch lokal. Sie können externe Variablen nicht überschreiben. Die Wahl der Namen für die Argumente im Funktionskopf ist deshalb unkritisch.

Intern werden die Werte, die einer Funktion übergeben werden, **ByVal** immer durch Kopieren der entsprechenden Speicherstellen über- **ByRef** tragen. Man nennt diesen Vorgang auch ByVal – durch Wert. Ein Schlüsselwort mit eben diesem Namen kann explizit darauf hinweisen. Alternativ kann mit ByRef die Übertragung durch einen Verweis (Referenz) erzwungen werden. In diesem Fall bleibt die ursprüngliche Speicherstelle alleiniger Inhaber des Wertes. Der Funktion wird lediglich die Position mitgeteilt. Das hat zwei Effekte: Zum einen ist der Zugriff schneller, wenn es sich um große Datenmengen handelt – statt alle Speicherstellen zu kopieren, wird nur die Adresse übertragen. Zum anderen kann die Funktion die ursprüngliche Speicherstelle ändern.

Der zuletzt beschriebene Effekt ist auch eine Methode, mehrere Werte zurückzugeben. Normalerweise kann eine Funktion dies nur für einen. Das folgende Beispiel zeigt dies. Hierbei werden die Inhalte zweier Variablen vertauscht:

```
FUNCTION swapvars(ByRef string1, ByRef string2)
    temp = string1
    string1 = string2
    string2 = temp
    swapvars = TRUE
END FUNCTION
str1 = InputBox("Geben Sie einen Wert ein", ⤷
            "Funktionstest", "Wert1")
str2 = InputBox("Geben Sie noch einen Wert ein", ⤷
            "Funktionstest", "Wert2")
result = swapvars(str1, str2)
MsgBox("Ihre Werte: 1=" & str1 & " 2=" & str2)
```

Listing 16.20:
Funktionsaufruf mit
Verweisen auf Argu-
mente
(functions2.vbs)

Der Rückgabewert wird immer auf TRUE gesetzt. Dies geschieht nur, um der Syntax beim Aufruf zu genügen. Funktionen sollten immer einen definierten Wert zurückgeben. Besser wäre hier sicher der Einsatz einer Prozedur, was weiter unten beschrieben wird.

Arrays und Objekte zurückgeben

Eine andere Methode, mehrere Werte zurückzugeben, sind Arrays. Der Rückgabewert muss kein Skalar sein. Objekte und Arrays sind ebenso zulässig. Als Skalare werden einfache Variablentypen mit einem Wert bezeichnet.

Globale und lokale Variablen

Globale Variablen, die außerhalb einer Funktion definiert wurden, sind innerhalb dieser ohne weiteres sichtbar. Sie werden jedoch im Namensraum der Funktion außer Kraft gesetzt, wenn derselbe Name als Argument verwendet wird. Dies überschreibt auch die globale Variablen selbst. Den einzigen Ausweg aus diesem Verhalten bieten Klassen. Innerhalb der Funktion definierte Variablen sind dagegen immer nur lokal sichtbar.

Verlassen einer Funktion

Die Zuweisung des Rückgabewertes muss nicht am Ende der Funktion erfolgen. Diese Operation führt nicht zum Verlassen der Funktion. Soll außer beim Erreichen des regulären Endes die Verarbeitung abgebrochen werden, setzen Sie das Schlüsselwort EXIT FUNCTION ein. Logischerweise kann dies nur im Zweig einer Bedingung sinnvoll verwendet werden.

Prozeduren

Prozeduren verhalten sich fast genauso wie Funktionen, geben aber generell keinen Wert zurück. Die anderen im letzten Abschnitt gemachten Aussagen gelten aber unverändert. Als Schlüsselwörter kommen SUB und END SUB zum Einsatz. Sie können eine Prozedur jederzeit mit EXIT SUB verlassen. Sie finden in den folgenden Kapiteln viele Beispiele für den Einsatz von Prozeduren.

Zusammenfassung

Mit den gezeigten Möglichkeiten von VBScript und den Laufzeitbibliotheken sind Sie gut gerüstet für den nächsten Abschnitt. Der Zugriff auf Dateien, Daten und Objekte in Windows ist oft situationsabhängig. Die WSH-Bibliotheken bieten hier alles Erdenkliche, um damit fertig zu werden.

Die WSH-Bibliothek

Der Windows Scripting Host steuert lediglich die Ausführung von Skriptdateien. Er greift dazu auf VBScript oder JScript als Programmiersprache zurück. Alles andere – und für die Programmierung immens Wichtige – stammt aus Bibliotheken, die zur Laufzeit aufgerufen werden. Am Anfang des Kapitels wurde dazu bereits eine Übersicht gegeben. Im letzten Abschnitt wurden zwei Standardbibliotheken vorgestellt. Richtig spannend wird es aber erst mit der WSH-Bibliothek.

Übersicht der Objekte

Wie bei jeder Bibliothek erleichtert es das Verständnis, wenn man sich zuerst einen Überblick über die verfügbaren Objekte holt. Alle Objekte – mit einer Ausnahme – stehen wie üblich nicht direkt zur Verfügung, sondern liegen als Klassen vor. Sie müssen also mit

CreateObject oder einer speziellen Methode des Objekts WScript instanziiert werden. WScript steht auch direkt zur Verfügung[28].

WScript erlaubt den direkten Zugriff und bietet folgende Methoden:

Zugriff auf die Objekte

* CreateObject

  Hiermit erzeugen Sie eines der von WScript abgeleiteten WSH-Objekte.

* ConnectObject, DisconnectObject

  Diese Methoden verbinden eigene Prozeduren mit Ereignissen bzw. heben diese Verbindung wieder auf.

* Echo

  Mit dieser Methode wird Text im aktuellen Kontext ausgegeben.

* GetObject

  Erzeugt ein Objekt aus seiner serialisierten Form oder aus einer Programm-ID.

* Quit

  Beendet das Skript.

* Sleep

  Unterbricht die Ausführung für die gegebene Anzahl Millisekunden.

Eine Ausgabe in einem Skript kann also statt mit MsgBox auch folgendermaßen erfolgen:

Beispiele

```
WScript.Echo "Dies ist eine Ausgabe"
```

Erfolgt die Ausführung des Skripts mit CSCRIPT.EXE, werden die Ausgaben auf der Konsole erscheinen. Insofern unterscheidet sich die Methode Echo von der VBScript-Prozedur MsgBox, denn letztere erzeugt immer ein Fenster. Dies ist vor allem beim Abarbeiten von Batchprogrammen über den Telnet-Client interessant.

Die folgende Tabelle zeigt die wichtigsten Objekte, die nachfolgend anhand einfacher Beispiel gezeigt werden.

WScript-Objekte auf einen Blick

Objektname	Funktion
WScript	Das »Root«-Objekt, von dem alle anderen abgeleitet werden
WshArguments	Dieses Objekt verarbeitet Kommandozeilenargumente.
WshEnvironment	Ermöglicht Zugriff auf Umgebungsvariablen.

Tabelle 16.3: Wichtige WSH-Objekte

---

[28] Für Insider: dies ist ein statische Klasse.

Objektname	Funktion
WshNetwork	Dient zum Verarbeiten von Netzwerkverbindungen.
WshShell	Start von Programmen und Zugriff auf die Registrierung
WshShortcut	Anlegen von Verknüpfungen
WshSpecialFolders	Zugriff auf Ordner mit speziellen Aufgaben
WshUrlShortcut	Zugriff auf Verknüpfungen mit URL

Es gibt noch eine Reihe weiterer Objekte, die Sie der Online-Dokumentation entnehmen können und die fortgeschritteneren Projekten vorbehalten sind.

Tabelle 16.4: Weitere WSH-Objekte

Objektname	Funktion
Scripting.Signer	Dieses Objekt erlaubt es einem Programmierer, seine Skripte mit einem Zertifikat zu signieren. Der Anwender kann dann die Echtheit und Herkunft feststellen. Sicherheitseinschränkungen können auf einem Computer die Ausführung unsignierter Skripte verhindern.
WshController	Startet die Ausführung eines Skripts auf einem anderen Server (so genanntes Remote Skripting).
WshRemote	Steuerung von entfernten Skripten
WshRemoteError	Fehlerverwaltung bei entfernten Skripten
WshScriptExec	Ausführen anderer Skripte aus einem Skript heraus
WshShortCut	Zugriff auf Verknüpfungen
WshUnnamed	Zugriff auf unbenannte Argumente. Dies entspricht ansonsten dem Objekt WshArguments.
WshUrlShortCut	Zugriff auf URL-Verknüpfungen, wie sie beispielsweise der Favoritenordner enthält

Die Objekte im Detail

Dieser Abschnitt zeigt die wichtigsten Objekte und einige praktische Anwendungen. Dabei wird auch von den anderen Bibliotheken Gebrauch gemacht.

Verarbeiten von Argumenten

Argumente können beim Aufruf von Kommandozeilenbefehlen genutzt werden. Bei der Windows-Version, wo Sie ein Symbol mit einem Doppelklick starten, erscheint dieses Objekt nicht sinnvoll. Das ist falsch, denn es gibt eine sehr interessante praktische Anwendung: die Drag&Drop-Funktion. Auch Skripte können Ziel einer Drag&Drop-Operation sein. Ziehen Sie eine andere Datei auf das Symbol, wird das Skript gestartet und der Name der Datei als Argument übergeben. Das folgende Skript zeigt, wie WshArguments verwendet wird:

```
Set oArguments = WScript.Arguments
If (oArguments.Count <> 0) Then
    t = oArguments.Count & " Dateien übergeben:" & Chr(13)
Else
    t = "Keine Dateien übergeben"
End If
Set oFSO = CreateObject("Scripting.FileSystemObject")
For Each oArgument In oArguments
    t = t & oArgument & " ("
    t = t & oFSO.GetFile(oArgument).Size & " Bytes)"
    t = t & Chr(13)
Next
WScript.Echo t
```

*Listing 16.21:
Erkennen von
Dateien per
Drag&Drop
(dragdrop.vbs)*

Wenn Sie einige Dateien markieren und mit der Maus auf das Skriptsymbol ziehen, wird etwa folgende Ausgabe entstehen:

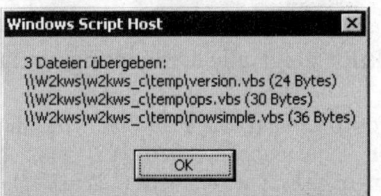

*Abbildung 16.18:
Ergebnis des Skripts
aus Listing 16.21*

Das Skript gründet sich auf das WshArguments-Objekt, das in der ersten Zeile erzeugt wird:

Wie es funktioniert

```
Set oArguments = WScript.Arguments
```

Das Objekt ist nun in der Variablen *oArguments* verfügbar und kann verwendet werden, indem seine Eigenschaften verwendet werden. Dies erfolgt bereits in der zweiten und dritten Zeile, wo die Anzahl der übergebenen Argumente mit Count ermittelt wird:

```
If (oArguments.Count <> 0) Then
    t = oArguments.Count & " Dateien übergeben:" & Chr(13)
Else
```

Zum Ermitteln der Dateigröße wird das FileSystemObject aus der gleichnamigen Laufzeitbibliothek benötigt. Zuerst wird wieder ein Objekt erzeugt:

```
Set oFSO = CreateObject("Scripting.FileSystemObject")
```

Dann werden alle Argument mit dem VBScript-Befehl For Each durchlaufen:

```
For Each sArgument In oArguments
```

Jede Datei wird einzeln und nacheinander in *sArgument* abgelegt:

```
t = t & sArgument & " ("
```

Das `FileSystemObject`-Objekt ermittelt aus einem Pfad die ausge-
wiesene Datei mit `GetFile` und erzeugt daraus wieder ein Objekt.
Dieses Objekt kennt wiederum die Eigenschaft `Size`, die die Dateigröße enthält. Beide Objekte werden nicht weiter benötigt. Deshalb
erfolgt keine Ablage in einer Variablen, sondern nur die direkt
Nutzung der Ergebnisse:

```
t = t & oFSO.GetFile(sArgument).Size & " Bytes)"
```

Der Rest des Skripts kümmert sich um die Gestaltung und Ausgabe.

WshEnvironment:
Zugriff auf
Umgebungs-
variablen

`WshEnvironment` ist Bestandteil der Objekthierarchie `WshShell`. Die
Eigenschaft `Environment` gibt ein Objekt vom Typ `WshEnvironment`.
Der direkte Weg zum entsprechenden Objekt sieht folgenderma-
ßen aus:

```
Set oShell = WScript.CreateObject("WScript.Shell")
Set oEnvSystem = oShell.Environment("SYSTEM")
```

Es gibt verschiedene Umgebungen unter Windows, die Variablen
enthalten, beispielsweise SYSTEM für das gesamte System oder
USER für den aktuellen Benutzer. Weitere sind VOLATILE und
PROCESS.

Das folgende Skript zeigt alle Umgebungsvariablen für SYSTEM
an:

Listing 16.22:
Ausgabe aller
Systemvariablen

```
Set oShell = WScript.CreateObject("WScript.Shell")
t = "Ausgabe der Umgebungsvariable SYSTEM: " & vbCrLf
For Each sEnv In oShell.Environment("SYSTEM")
    a = split(sEnv, "=")
    t = t & a(0) & Chr(9) & a(1) & vbCrLf
Next
WScript.Echo t
```

Die Ausgabe zeigt, was sonst nur mit einigem Aufwand zu ermitteln wäre:

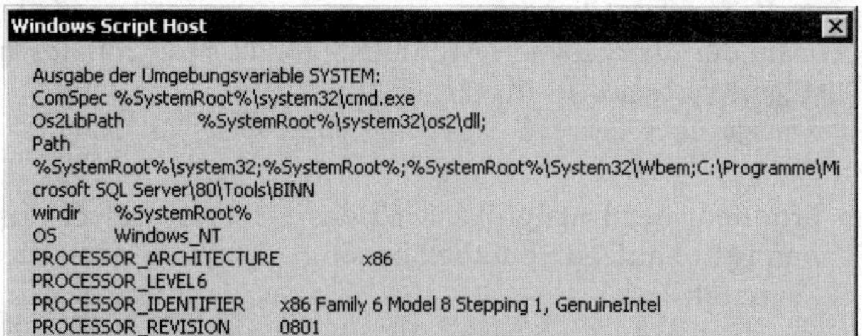

Abbildung 16.19:
Ausgabe des Skripts
aus Listing 16.22

```
Windows Script Host                                              [X]

Ausgabe der Umgebungsvariable SYSTEM:
ComSpec %SystemRoot%\system32\cmd.exe
Os2LibPath          %SystemRoot%\system32\os2\dll;
Path
%SystemRoot%\system32;%SystemRoot%;%SystemRoot%\System32\Wbem;C:\Programme\Mi
crosoft SQL Server\80\Tools\BINN
windir     %SystemRoot%
OS         Windows_NT
PROCESSOR_ARCHITECTURE          x86
PROCESSOR_LEVEL 6
PROCESSOR_IDENTIFIER       x86 Family 6 Model 8 Stepping 1, GenuineIntel
PROCESSOR_REVISION        0801
NUMBER_OF_PROCESSORS  1
PATHEXT .COM;.EXE;.BAT;.CMD;.VBS;.VBE;.JS;.JSE;.WSF;.WSH
TEMP       %SystemRoot%\TEMP
TMP        %SystemRoot%\TEMP

                          [  OK  ]
```

Dieses Skript zeigt einen recht globalen Zugriff auf alle Werte. **Wie es funktioniert** Häufiger wird sicher ein spezieller Wert benötigt. Dafür stehen aber in VBScript hinreichende Möglichkeiten bereit. Das Skript selbst enthält keine Besonderheiten. Zuerst wird ein `WshShell`-Objekt erzeugt:

```
Set oShell = WScript.CreateObject("WScript.Shell")
```

In der Schleife wird dann das `WshEnvironment`-Objekt direkt verwendet, um auf die Elemente zuzugreifen:

```
For Each sEnv In oShell.Environment("SYSTEM")
```

Die Einträge der Umgebungsvariablen bestehen immer aus einem Namen, einem Gleichheitszeichen und dem Wert. Die VBScript-Funktion `SPLIT` trennt dies in ein Array:

```
    a = SPLIT(sEnv, "=")
```

Die einzelnen Bestandteile werden dann zur Bildung der Ausgabe verwendet:

```
    t = t & a(0) & Chr(9) & a(1) & vbCrLf
```

Auch das Netzwerk ist vor Skripten nicht sicher. Das Objekt kann **WshNetwork: Zugriff** direkt erstellt werden: **auf ein Netzwerk**

```
Set oNet = CreateObject("Wscript.Network")
```

Die Variable *oNet* enthält nun das Objekt.

Drei Eigenschaften stehen zur Verfügung: **Eigenschaften**

- `ComputerName`

  Gibt den Namen des Computers aus, wie er sich selbst im Netzwerk identifiziert.

- `UserName`

  Diese Eigenschaft enthält den Namen des aktuellen Benutzers.

- `UserDomain`

  Dies ist die Domäne, in die der Computer integriert ist. Im lokalen Netz ohne Domäne entspricht dies dem Computernamen.

Umfassender sind die verfügbaren Methoden: **Methoden**

- `AddPrinterConnection`

  Stellt einen Netzwerkdrucker von einem anderen Server als lokale Ressource zur Verfügung. Die Anwendung sieht wie folgt aus:

```
Set oNet = WScript.CreateObject( "WScript.Network" )
oNet.AddPrinterConnection "LPT1", "\\Server\Printer"
```

  Das erste Argument ist die lokale Schnittstelle, das zweite der Pfad zum Drucker im Netzwerk. Drei optionale Parameter schließen sich an: ein Boolesches Argument, das `TRUE` ist, wenn die Verbindung dauerhaft gespeichert werden soll, sowie ein Benutzernamen und ein Kennwort, falls die Verbindung geschützt ist.

- `AddWindowsPrinterConnection`

  Fügt einen Drucker aus dem Netzwerk der Liste der Drucker hinzu. Als Parameter werden der Pfad zum Drucker und der Name des benötigten Treibers erwartet.

- `RemovePrinterConnection`

  Entfernt eine bestehende Verbindung zu einem Netzwerkdrucker.

- `SetDefaultPrinter`

  Setzt den Standarddrucker, der im Druckdialog vorausgewählt ist.

- `EnumPrinterConnection`

  Diese Methode ermittelt die Anzahl (Eigenschaft `Count`) und Namen (Eigenschaft `Item`) der Druckerverbindungen.

- `EnumNetworkDrives`

  Diese Methode erlaubt den Zugriff auf Anzahl (Eigenschaft `Count`) und Namen (Eigenschaft `Item`) der Netzwerkpfade.

- `MapNetworkDrive`

  Mit Hilfe dieser Methode wird ein Laufwerkbuchstabe an einen Netzwerkpfad gebunden.

- `RemoveNetworkDrive`

  Auch das Entfernen bestehender Netzwerkverbindungen ist möglich – unabhängig davon, ob diese per Skript oder von Hand angelegt wurden.

Das folgende Beispiel zeigt, wie das Objekt verwendet wird:

Listing 16.23: Ausgabe der Netzwerklaufwerke (wshnetwork.vbs)

```
Set oNet = WScript.CreateObject( "WScript.Network" )
t = oNet.UserName & " arbeitet auf " & oNet.ComputerName
t = t & vbCrLf
Set oDrives = oNet.EnumNetworkDrives
j = 0
For i = 0 to oDrives.Count -1
   If j Mod 2 = 0 Then
      t = t & oDrives.Item(i)
   Else
      t = t & " = " & oDrives.Item(i) & vbCrLf
   End If
j = j + 1
Next
WScript.Echo t
```

Wie es funktioniert   Die Ableitung des Objekts `WshNetwork` und die Ablage in einer Variable erfolgen in der ersten Zeile:

```
Set oNet = WScript.CreateObject( "WScript.Network" )
```

Dort stehen schon die Eigenschaften zur Verfügung, die sofort verwendet werden:

```
t = oNet.UserName & " arbeitet auf " & oNet.ComputerName
```

Dann wird ein weiteres Objekt abgeleitet, das den Zugriff auf Netzwerkverbindungen erlaubt:

```
Set oDrives = oNet.EnumNetworkDrives
```

Dieses Objekt wird nun mit einer For-Schleife durchlaufen:

```
For i = 0 to oDrives.Count -1
```

Damit bei jedem Durchlauf der erste Wert (Laufwerkbuchstabe) und der zweite (Pfad zum Server) getrennt werden können, wird ein einfacher Programmiertrick verwendet. Eine Hilfsvariable erhöht sich bei jedem Aufruf um Eins. Der Modulus von 2 (Rest einer Division mit ganzen Zahlen) ist dann entweder 1 (ungerade Zahl) oder 0 (gerade Zahl), wechselt also mit jeden Umlauf. Dies wird ausgenutzt, um Laufwerkbuchstabe von Pfadangabe zu trennen:

```
If j Mod 2 = 0 Then
    t = t & oDrives.Item(i)
Else
    t = t & " = " & oDrives.Item(i) & vbCrLf
End If
```

Der Rest des Skripts dient wieder der Ausgabe.

Abbildung 16.20:
Ausgabe des Skripts
mit Netzwerkinfor-
mationen

Die Trennung der Angaben ist auch deshalb sinnvoll, weil diese Informationen von den entsprechenden Methoden zum Trennen und Verbinden als Parameter genutzt werden.

Wenn Sie die Anzahl der Laufwerksverbindungen mit der Eigenschaft Count ermitteln, müssen Sie beachten, dass jeweils der Laufwerkbuchstabe, der lokal verwendet wird, und der Pfad ausgegeben werden. Die Anzahl ist also immer doppelt so groß wie die tatsächliche Menge an Laufwerkzuordnungen.

WshShell: Das Kernobjekt der Bibliothek

Das Objekt WshShell ist der Kern der WSH-Bibliothek. Zum einen werden mehrere andere Objekte daraus abgeleitet, zum anderen sind einige der wichtigsten Funktionen hier vereint.

Das Fernsteuern einer laufenden oder vom Skript gestarteten Applikation geschieht durch das Senden von Tastaturanschlägen. Alles, was Sie per Tastatur erledigen können, ist damit auch automatisierbar. Das Starten einer Applikation sieht folgendermaßen aus:

Start und Fernsteuern von Applikationen

```
oShell.Run "ping.exe", 1
```

Senden von Tasten   Tastendrücke können auch an diese oder andere Applikationen gesendet werden, wenn keine native Automationsschnittstelle zur Verfügung steht. Tastendrücke werden immer an das aktuelle Fenster unter Windows gesendet. Dies führt am Anfang oft zu Fehlern, weil das aktive Fenster nach dem Starten eines Skripts der Ordner mit den Skripten oder das Skript selbst ist.

Einfache Tasten, wie Buchstaben oder Zahlen, werden so gesendet, wie sie auf der Tastatur stehen. Folgende Zeile sendet den Großbuchstaben »A«:

```
oShell.SendKeys "A"
```

Es ist möglich, mehrere Zeichen in einer Zeichenkette zu kombinieren. Unter Windows gibt es eine Reihe von Sonderzeichen und Tastenkombinationen. Einige Zeichen haben deshalb eine besondere Bedeutung, um spezielle Tasten zu erreichen:

- +, ^, %, ~, (,), {, } sind Sonderzeichen. Damit Sie diese senden können, schließen Sie sie in geschweifte Klammern ein. Folgender Code sendet ein Plus-Zeichen:

  ```
  oShell.SendKeys "{+}"
  ```

In geschweiften Klammern stehen auch Sondertasten, die in der nachfolgenden Tabelle aufgeführt sind:

Tabelle 16.5:
So werden Sonder-
tasten gesendet

Taste	Code
Backspace	{BACKSPACE}, {BKSP} oder {BS}
Break	{BREAK}
Caps Lock	{CAPSLOCK}
Delete	{DELETE} or {DEL}
Cursor runter	{DOWN}
Ende	{END}
Enter	{ENTER} or ~
Esc, Escape	{ESC}
Help, F1	{HELP}
Home	{HOME}
Einfügen, Einfg	{INSERT} or {INS}
Cursor Links	{LEFT}
Num Lock	{NUMLOCK}
Bild runter	{PGDN}
Bild hoch	{PGUP}

Taste	Code
Druck	{PRTSC}
Cursor rechts	{RIGHT}
Rollen	{SCROLLLOCK}
Tab	{TAB}
Cursor hoch	{UP}
F1-F12	{F1} bis {F12}

Um Kombinationen mit Umschalttasten zu erreichen, werden folgende Sonderzeichen verwendet:

Taste	Code
Alt	%
Strg	^
Umschalt	+

Tabelle 16.6: So werden Sondertasten gesendet

Wollen Sie also Text mit STRG+C kopieren, verwenden Sie folgenden Code:

```
oShell.SendKeys "^C"
```

Mehrfachkombinationen wie die Folge ALT-M mit nachfolgendem B sehen dann so aus:

```
oShell.SendKeys "%(MB)"
```

Der Zugriff auf spezielle Ordner wird mit dem Objekt WshSpecial-Folders erleichtert. Durch die Methode SpecialFolders des Objekts WshShell wird eine Kollektion von Ordnernamen zurückgegeben.

WshSpecialFolders: Zugriff auf Systemverzeichnisse

```
Set oShell = CreateObject("WScript.Shell")
Set oFolders = oShell.SpecialFolders
aFolders = array("AllUsersDesktop", "AllUsersStartMenu", ⤸
                 "AllUsersPrograms", "AllUsersStartup", ⤸
                 "Desktop", "Favorites", "Fonts", ⤸
                 "MyDocuments", "NetHood", "PrintHood", ⤸
                 "Programs", "Recent", "SendTo", "StartMenu", ⤸
                 "Startup", "Templates")
t = "Folgende Ordner wurden gefunden: " & vbCrLf
For Each sFolder In aFolders
   t = t & sFolder & " = " & oFolders(sFolder) & vbCrLf
Next
MsgBox(t)
```

Listing 16.24: Ermitteln der Pfade der Spezialordner (wshsfolder.vbs)

Die Namen der Ordner stehen als Konstante fest. Beachten Sie die Zeichenketten, die zur Definition des Arrays *aFolders* verwendet werden. Die Ausgabe des Skripts zeigt, welche physischen Pfade die Ordner haben.

Abbildung 16.21:
Ausgabe der Spezial-
ordner

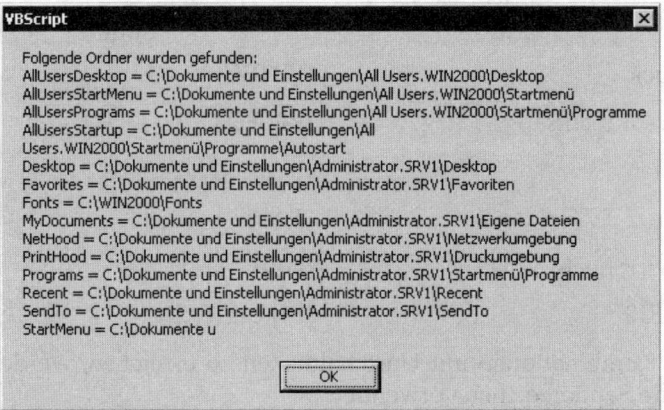

```
VBScript                                                              [x]
Folgende Ordner wurden gefunden:
AllUsersDesktop = C:\Dokumente und Einstellungen\All Users.WIN2000\Desktop
AllUsersStartMenu = C:\Dokumente und Einstellungen\All Users.WIN2000\Startmenü
AllUsersPrograms = C:\Dokumente und Einstellungen\All Users.WIN2000\Startmenü\Programme
AllUsersStartup = C:\Dokumente und Einstellungen\All
Users.WIN2000\Startmenü\Programme\Autostart
Desktop = C:\Dokumente und Einstellungen\Administrator.SRV1\Desktop
Favorites = C:\Dokumente und Einstellungen\Administrator.SRV1\Favoriten
Fonts = C:\WIN2000\Fonts
MyDocuments = C:\Dokumente und Einstellungen\Administrator.SRV1\Eigene Dateien
NetHood = C:\Dokumente und Einstellungen\Administrator.SRV1\Netzwerkumgebung
PrintHood = C:\Dokumente und Einstellungen\Administrator.SRV1\Druckumgebung
Programs = C:\Dokumente und Einstellungen\Administrator.SRV1\Startmenü\Programme
Recent = C:\Dokumente und Einstellungen\Administrator.SRV1\Recent
SendTo = C:\Dokumente und Einstellungen\Administrator.SRV1\SendTo
StartMenu = C:\Dokumente u

                          [    OK    ]
```

16.1.10 Kleine Praxisprojekte mit WSH

Als Anwendungsbeispiele sollen drei kleine Praxisprojekte vorgestellt werden. Vorab ein allgemeiner Hinweis: Bei umfangreichen
Skripten wird oft die im Buch verfügbare Zeilenlänge überschritten. Solche Zeilen sind – in Analogie zu der mehrzeiligen Schreibweise in VBScript – mit einem Unterstrich »_« beendet. Entweder
lassen Sie dieses Zeichen so stehen wie es ist oder schreiben die
verketteten Codes in eine Zeile. Noch besser ist es, wenn Sie die
garantiert lauffähigen Skripte von der CD oder Website nehmen
und anpassen.

Temporäre Dateien entfernen

Ärgern Sie sich über die vielen ~*.TMP-Dateien, die Word und andere Programme hinterlassen? Dieses Skript zeigt, wie Sie diese in
einem Aufruf entfernen – egal wo sie liegen.

Besonderheit   Dieses Skript arbeitet als Kommandozeilenwerkzeug, damit eine
fortlaufende Fortschrittsanzeige einfach erzeugt werden kann.

Das Skript im Detail   Zuerst das Skript in der Übersicht. Es besteht aus dem Hauptteil,
wo die Kommandozeilenargumente ermittelt werden. Dann wird,
falls alles stimmt, eine Prozedur aufgerufen, die die Arbeit erledigt. Anschließend finden Sie eine detaillierte Erläuterung der
Funktionsweise.

Listing 16.25:
Skript zum Löschen
aller temporären
Dateien
(deltemp.vbs)

```
Sub FileFinder(ByVal sFolder, ByRef nFiles)
    If oFSO.FolderExists(sFolder) Then
        For Each sTmpFile In oFSO.GetFolder(sFolder).Files
            If oFSO.GetExtensionName(sTmpFile) = "tmp" Then
                oFSO.DeleteFile(sTmpFile)
                nFiles = nFiles + 1
            End If
            Wscript.StdOut.Write "."
```

```
        Next
        If oFSO.GetFolder(sFolder).SubFolders.Count > 0 and
            nDepth < nMaxDepth Then
            For Each oSubFolder In oFSO.GetFolder(sFolder).SubFolders
                nDepth = nDepth + 1
                Wscript.Echo vbCrLf & oSubFolder.Name
                Call FileFinder(oFSO.BuildPath(sFolder,
                                oSubFolder.Name), nFiles)
            Next
        End If
    Else
        WScript.Echo "Der Pfad """ & sFolder & """ wurde nicht ⤶
                    gefunden." & vbCrLf
    End If
End Sub


nFiles = 0
Set oArgs = WScript.Arguments
if oArgs.Count <> 2 Then
    WScript.Echo "Falsche Argumente. Bitte rufen Sie das ⤶
                Skript folgendermaßen auf:" & vbCrLf
    WScript.Echo "cscript project2.vbs <Tiefe> <Start>" &
vbCrLf
    WScript.Echo "<Tiefe> gibt die Anzahl der Ordner an, die ⤶
                rekursiv durchsucht werden." & vbCrLf
    WScript.Echo "<Start> gibt den Ordner an, mit dem begonnen ⤶
                wird." & vbCrLf
Else
    Set oFSO = CreateObject("Scripting.FileSystemObject")
    nMaxDepth = oArgs(1)
    nDepth = 0
    FileFinder oArgs(0), nFiles
    WScript.Echo "Es wurden " & nFiles & " Dateien gefunden und
gelöscht."
End If
```

Das Skript startet mit der Festlegung einer Variablen, die die Anzahl der gelöschten Dateien enthält:

Wie es funktioniert

```
nFiles = 0
```

Dann wird ein Objekt erzeugt, das die Kommandozeilenargumente enthält:

```
Set oArgs = WScript.Arguments
```

Nun wird ein Fehler erzeugt, wenn nicht genau zwei Argumente angeben wurden. Das Skript erwartet einen Pfad und eine Zahl, die die Anzahl der rekursiv zu durchlaufenden Pfade angibt:

```
if oArgs.Count <> 2 Then
    WScript.Echo "Falsche Argumente. Bitte rufen Sie das Skript ⤶
                folgendermaßen auf:" & vbCrLf
    WScript.Echo "cscript project2.vbs <Tiefe> <Start>" & vbCrLf
    WScript.Echo "<Tiefe> gibt die Anzahl der Ordner an, die ⤶
```

```
                    rekursiv durchsucht werden." & vbCrLf
    WScript.Echo "<Start> gibt den Ordner an, mit dem begonnen ⤶
                    wird." & vbCrLf
```

Bei der Ausführung sieht es folgendermaßen aus:

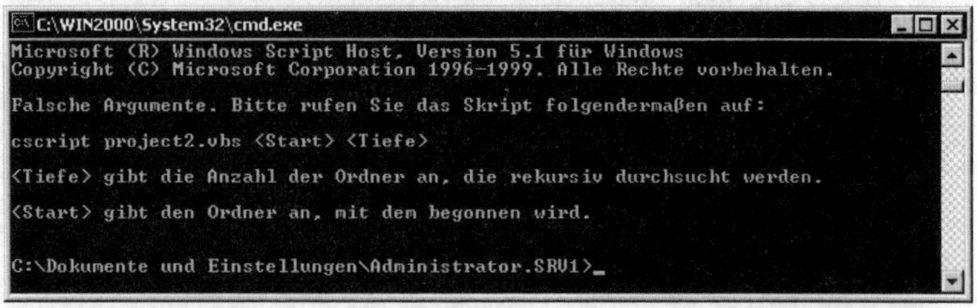

Abbildung 16.22:
Das Skript zeigt die
korrekte Form der
Parameter an, wenn
keine korrekte
Angabe erfolgte

Entsprechen die Argumente den Erwartungen, wird der alternative Zweig ausgeführt:

```
Else
```

Dann wird noch ein `FileSystemObject` erzeugt, das den Zugriff auf Ordner und Dateien erlaubt:

```
    Set oFSO = CreateObject("Scripting.FileSystemObject")
```

Die maximale Tiefe der zu durchsuchenden Verzeichnisse wird dem zweiten Argument entnommen. Die Angabe ist nullbasiert. Das erste Argument hat also den Index 0:

```
    nMaxDepth = oArgs(1)
    nDepth = 0
```

Dann wird die Prozedur aufgerufen und anschließend das Ergebnis gemeldet:

```
    FileFinder oArgs(0), nFiles
    WScript.Echo "Es wurden " & nFiles & " Dateien gefunden und ⤶
                    gelöscht."
End cscript If
```

Wie *nFiles* geändert wird, mag ungewöhnlich erscheinen, wird aber klar, wenn Sie sich die Definition der Prozedur anschauen. Das erste Argument wird wie üblich als Wert (`ByVal`) übergeben. Das zweite dagegen als Referenz (`ByRef`). Damit wirken sich Änderungen auf das Original aus:

```
Sub FileFinder(ByVal sFolder, ByRef nFiles)
```

Zuerst wird geprüft, ob der adressierte Pfad auch existiert:

```
    If oFSO.FolderExists(sFolder) Then
```

Ist das der Fall, werden alle Dateien in diesem Ordner nach der Dateierweiterung TMP durchsucht. Wird das Skript fündig, wird die Datei mit `DeleteFile` gelöscht und der Dateizähler erhöht:

```
        For Each sTmpFile In oFSO.GetFolder(sFolder).Files
            If oFSO.GetExtensionName(sTmpFile) = "tmp" Then
                oFSO.DeleteFile(sTmpFile)
                nFiles = nFiles + 1
            End If
```

Unabhängig vom Erfolg wird für jede gefundene Datei ein Punkt erzeugt. Statt Echo, was auf der Konsole einen Zeilenumbruch erzeugt, wird hier direkt auf die Standardausgabe geschrieben. So erscheinen die Punkte nebeneinander. Der Benutzer hat gleichzeitig eine Fortschrittsanzeige, da bei größeren Datenbeständen die Ausführung einige Zeit in Anspruch nehmen kann:

```
      WScript.StdOut.Write "."
   Next
```

Falls im Ordner weitere Ordner sind, werden diese anschließend bearbeitet. Voraussetzung ist, dass die Angabe der Tiefe größer als 0 ist:

```
If oFSO.GetFolder(sFolder).SubFolders.Count > 0 ⏎
      and nDepth < nMaxDepth Then
```

Dann wird jeder Ordner auf der aktuellen Ebene durchlaufen:

```
   For Each oSubFolder In oFSO.GetFolder(sFolder).SubFolders
```

Jeder Ordner wird außerdem gezählt, bevor eine Ebene tiefer gewechselt wird:

```
      nDepth = nDepth + 1
```

Zur Kontrolle wird auch der Name ausgegeben:

```
      Wscript.Echo vbCrLf & oSubFolder.Name
```

Dann ruft sich die Prozedur selbst auf – das nennt man rekursive Programmierung. Solange dieser Prozess abläuft, hangelt sich das Skript jetzt quasi den Verzeichnisbaum hinab, wobei der Zähler in *nDepth* erhöht wird. So wird die Tiefe des Baumes gezählt und nicht die Anzahl der Verzeichnisse.

```
      FileFinder oFSO.BuildPath(sFolder, oSubFolder.Name), ⏎
nFiles
```

Nach der Rückkehr aus einem Unterordner wird der Tiefenzähler wieder erhöht. Am Ende wird zwar die Bedingung `nDepth < nMax-Depth` wieder wahr, dafür sollten dann aber alle Verzeichnisse durchlaufen sein und `oFSO.GetFolder(sFolder).SubFolders.Count > 0` ist nicht mehr wahr:

```
      nDepth = nDepth - 1
   Next
End If
```

Alternativ wird eine Meldung ausgegeben, wenn ein Pfad nicht existiert:

```
Else
   WScript.Echo "Der Pfad """ & sFolder & """ wurde nicht ⏎
               gefunden." & vbCrLf
   End If
End Sub
```

Damit ist die Prozedur beendet. Sind keine Ordner und Dateien mehr übrig, endet das Programm im bereits beschriebenen Hauptteil mit der Anzeige des Gesamtergebnisses.

```
C:\WIN2000\System32\cmd.exe                                    _ □ ✕
Microsoft (R) Windows Script Host, Version 5.1 für Windows
Copyright (C) Microsoft Corporation 1996-1999. Alle Rechte vorbehalten.
......................Es wurden 23 Dateien gefunden und gelöscht.

C:\Dokumente und Einstellungen\Administrator.SRV1>_
```

Diskussion

Skripte, die Dateien löschen, sind mit Vorsicht zu behandeln. Es ist durchaus sinnvoll, die Prüfung der Datei noch genauer zu wählen. Temporäre Dateien von Word beispielsweise haben außer der Erweiterung TMP noch ein ~-Zeichen am Anfang des Namens. Außerdem könnte man noch eine Sicherheitsabfrage einbauen oder die zu löschenden Dateien erst sammeln, anzeigen und dann löschen.

Vorschläge für eigene Übungen

Generell hat das Skript auch Probleme, wenn eine Datei nicht gelöscht werden kann, weil sie geöffnet ist. Das ist ein Fall, der sich vermeiden lässt. Temporäre Dateien löschen, während ein Programm läuft, ist keine gute Idee. Hier können Sie Ihr frisch erworbenes Wissen über VBScript testen, indem Sie Sicherheitsabfragen und Fehlerbehandlungsfunktionen hinzufügen.

Favoriten auslesen

Dieses Skript liest den Favoritenordner aus, analysiert die URL-Verknüpfungen und erzeugt eine HTML-Datei, die diese Links als reguläre Hyperlinks enthält. Die Datei wird auf der Festplatte abgelegt.

Besonderheit

Hier wird der HTML-Code nicht an den Browser gesendet, sondern eine HTML-Seite auf die Festplatte geschrieben. Diese können Sie anschließend im Internet Explorer betrachten oder in Ihrer Website verwenden.

Zuerst finden Sie das komplette Skript. Anschließend wird es detailliert vorgestellt.

```
Function WriteHTML(sText, sOTag, sCTag)
   WriteHTML = "<" & sOTag & ">" & sText & "</" & sCTag & ">"
End Function

Sub FileFinder(ByVal sFolder, ByRef nFiles, ByRef list)
   If oFSO.FolderExists(sFolder) Then
      For Each sTmpFile In oFSO.GetFolder(sFolder).Files
         If oFSO.GetExtensionName(sTmpFile) = "url" Then
            set oUrlLink = oShell.CreateShortcut(sTmpFile)
            sURL = oUrlLink.TargetPath
            list = list & WriteHTML(oFSO.GetBaseName(sTmpFile), ⏎
               "a href=""" & sURL & """ target=""_blank""", "a")
            list = list & "<br/>"
            nFiles = nFiles + 1
         End If
      Next
```

```
        If oFSO.GetFolder(sFolder).SubFolders.Count > 0 Then
            For Each oSubFolder In
                oFSO.GetFolder(sFolder).SubFolders
                list = list & ↵
                 WriteHTML(oFSO.GetBaseName(oSubFolder), "h4", "h4")
                Call FileFinder(oFSO.BuildPath(sFolder, ↵
                                oSubFolder.Name), nFiles, list)
            Next
        End If
    End If
End Sub

nFiles = 0
html = ""
Set oShell = CreateObject("WScript.Shell")
sFavorites = oShell.SpecialFolders("Favorites")
t = "Folgender Ordner wird gelesen und der Inhalt als ↵
    HTML geschrieben: " & vbCrLf
t = t & sFavorites
MsgBox(t)
Set oFSO = CreateObject("Scripting.FileSystemObject")
Set oTXT = oFSO.CreateTextFile("Favorites.html")
list = ""
FileFinder sFavorites, nFiles, list
oTXT.Write("<html><head><title>Favoriten</title></head></body>")
oTXT.Write(WriteHTML("Meine Favoriten", "h2", "h2"))
oTXT.Write(WriteHTML("Diese Liste umfasst " & nFiles & " Links",
"h3", "h3"))
oTXT.Write(list)
oTXT.Write("</body></html>")
oTXT.Close
```

Das Skript besteht wieder aus einem Hauptteil und einer Funktion **Wie es funktioniert** sowie einer Prozedur. Der Hauptteil ist zugleich der Startpunkt.

Zuerst wird wieder ein Zähler festgelegt, der die Anzahl der Links zählen soll. Außerdem werden die HTML-Ausgaben gesammelt. Dazu wird die Variable *list* verwendet:

```
nFiles = 0
list = ""
```

Für den Zugriff auf den Favoriten-Ordner wird ein `WshShell`-Objekt benötigt, von dem ein `SpecialFolders`-Objekt abgeleitet wird:

```
Set oShell = CreateObject("WScript.Shell")
sFavorites = oShell.SpecialFolders("Favorites")
```

Zwischendurch noch eine Information für den Benutzer (sonst würde das Skript überhaupt keine Ausgabe erzeugen):

```
t = "Folgender Ordner wird gelesen und der Inhalt als ↵
    HTML geschrieben: " & vbCrLf
t = t & sFavorites
MsgBox(t)
```

Abbildung 16.24:
Information über den
Favoriten-Ordner

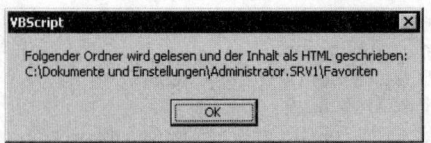

Dann wird eine HTML-Datei mit dem Namen *Favorites.html* erzeugt:

```
Set oFSO = CreateObject("Scripting.FileSystemObject")
Set oTXT = oFSO.CreateTextFile("Favorites.html")
```

Die eigentliche Arbeit erledigt die Prozedur *FileFinder*:

```
list = ""
FileFinder sFavorites, nFiles, list
```

Eine Funktion mit dem Namen *WriteHTML* hilft beim Einbau der Tags. Alle Ausgaben werden gleich mit Write in die HTML-Datei geschrieben:

```
oTXT.Write("<html><head><title>Favoriten</title></head></body>")
oTXT.Write(WriteHTML("Meine Favoriten", "h2", "h2"))
oTXT.Write(WriteHTML("Diese Liste umfasst " & nFiles & " Links",↵
                     "h3", "h3"))
oTXT.Write(list)
oTXT.Write("</body></html>")
```

Am Ende wird die Datei geschlossen und kann im Internet Explorer betrachtet werden:

```
oTXT.Close
```

Eine nähere Betrachtung ist die Funktion *FileFind* wert. Sie unterscheidet sich zwar nur geringfügig von der gleichnamigen Funktion im vorherigen Abschnitt, ist aber um Objekte erweitert worden, die mit den URL-Verknüpfungen umgehen können.

Die Parameterübergabe zeigt, dass die letzten beiden Argumente per Referenz übergeben werden. Dadurch kann der Wert aus der Prozedur heraus im Hauptprogramm geändert werden. Die Ergebnisse der Suche werden in *list* abgelegt, die Anzahl in *nFiles*:

```
Sub FileFinder(ByVal sFolder, ByRef nFiles, ByRef list)
```

Dann wird geprüft, ob der Ordnername korrekt ist und anschließend jede Datei in dem Ordner gelesen:

```
If oFSO.FolderExists(sFolder) Then
    For Each sTmpFile In oFSO.GetFolder(sFolder).Files
```

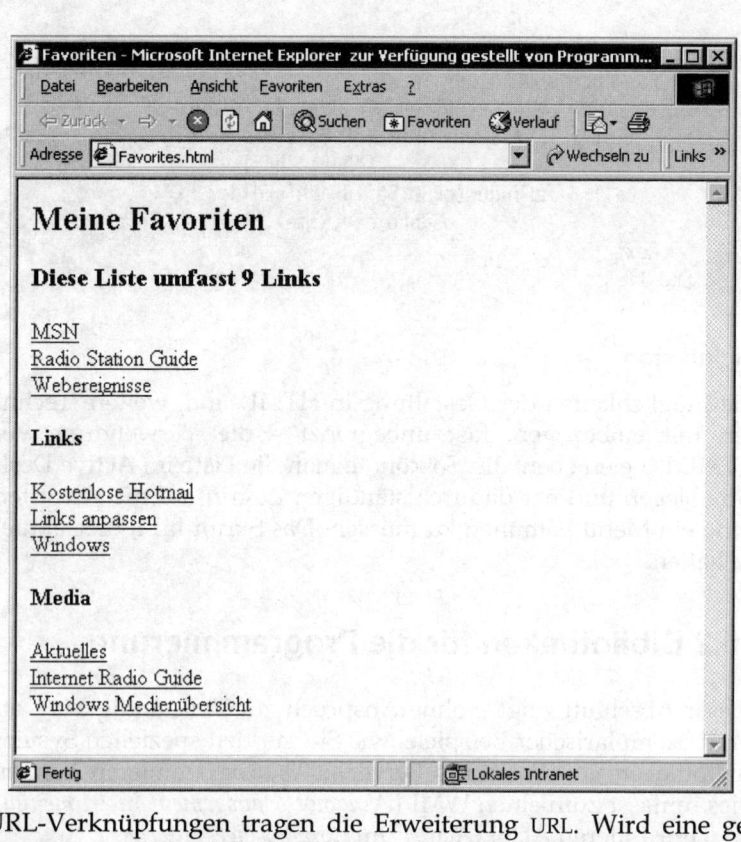

Abbildung 16.25:
Die fertige Linkliste
im Internet Explorer

URL-Verknüpfungen tragen die Erweiterung URL. Wird eine gefunden, wird ein Objekt vom Typ WshUrlShortCut erzeugt. Die Eigenschaft TargetPath dieses Objekts ist die URL, die den Link erzeugt:

```
If oFSO.GetExtensionName(sTmpFile) = "url" Then
    Set oUrlLink = oShell.CreateShortcut(sTmpFile)
    sURL = oUrlLink.TargetPath
```

Aus diesen Informationen wird dann das <a>-Tag zusammengebaut. Der Aufruf oFSO.GetBaseName(sTmpFile) ermittelt den Namen, *sURL* enthält die URL. In HTML entsteht daraus beispielsweise:

```
<a href="http://www.microsoft.com">Microsoft</a>
```

Im Skript werden diese Daten an *list* angehängt und der Dateizähler wird erhöht:

```
        list = list & WriteHTML(oFSO.GetBaseName(sTmpFile), ⏎
            "a href=""" & sURL & """ target=""_blank""", "a")
        list = list & "<br/>"
        nFiles = nFiles + 1
    End If
Next
```

Der zweite Block liest Ordner und ruft die Prozedur rekursiv auf, damit beliebig tief geschachtelte Strukturen übernommen werden.

```
    If oFSO.GetFolder(sFolder).SubFolders.Count > 0 Then
        For Each oSubFolder In ↵
                 oFSO.GetFolder(sFolder).SubFolders
            list = list & WriteHTML(oFSO.GetBaseName(oSubFolder), ↵
                                    "h4", "h4")
            Call FileFinder(oFSO.BuildPath(sFolder, ↵
                            oSubFolder.Name), nFiles, list)
        Next
    End If
```

Diskussion

Die Möglichkeiten der Gestaltung in HTML sind, weitere Techniken mit einbezogen, fast unbegrenzt – die Verwendung von HTML-Dateien ebenfalls. So könnte man die Liste im Active Desktop ablegen und hat dadurch ständigen Zugriff auf die Favoriten, ohne ein Menü bemühen zu müssen. Das Skript hilft, dies aktuell zu halten.

16.2 Bibliotheken für die Programmierung

Dieser Abschnitt zeigt – ohne Anspruch auf Vollständigkeit – anhand exemplarischer Beispiele, wie Sie mit den speziellen Systembibliotheken von Windows Server 2003 programmieren können. Dies umfasst zum einen WMI (*Windows Management Instrumentation*), zum anderen ADSI (*Active Directory Services Interface*).

16.2.1 WMI – Windows Management Instrumentation

Mit WMI kann – neben vielen anderen Aufgaben – auf Hardwareinformationen zugegriffen werden. Dies ist eine der Leistungen, die gegenüber ADSI und WSH umfassender unterstützt werden.

Neben anderen sind vor allem die nativen Win32-Zugriffe interessant, die durch entsprechende Klassen repräsentiert werden und als COM-Objekte auch von der Scripting-Umgebung WSH aus erreichbar sind.

Die Win32-Klassen der WMI-Bibliothek Innerhalb der MSDN-Bibliothek gehen Sie folgenden Pfad, um auf die WMI-Referenz zuzugreifen:

```
MSDN Home
 \MSDN Library
  \SDK Documentation
   \WMI Reference
    \WMI Classes
     \Win32 Classes
```

Hier finden Sie fünf Gruppen, in die die Klassen eingeteilt sind:

- COMPUTER SYSTEM HARDWARE

  Fragen Sie mit den hier enthaltenen Klassen die Hardware des Systems ab, beispielsweise ob ein FireWire-Controller installiert ist oder welche CPU im Rechner steckt.

- OPERATING SYSTEM

  Daten über das Betriebssystem finden Sie in dieser Gruppe. Dazu gehören Daten über bekannte Benutzer und Gruppen, die Partitionierung der Festplatten oder IP-Routing-Tabellen. So bietet der Windows 2003 Server beispielsweise einige Klassen mit dem Präfix »Win32_Shadow«, die der Kontrolle von Volumen-Schatten-Kopien dienen.

- INSTALLED APPLICATIONS

  Diese Gruppe erlaubt die Kontrolle der installierten Programme und deren Komponenten.

- WMI SERVICE MANAGEMENT

  Hier wird das WMI-System selbst kontrolliert.

- PERFORMANCE COUNTER

  Diese Klassen bieten Zugriff auf Leistungskontrollinstanzen zur Sicherung der Systemverfügbarkeit. Auf der Benutzeroberfläche dient der System Monitor zur Anzeige von Leistungswerten. Programmtechnisch dienen Performance Counter-Klassen in Verbindung mit WQL dem Zugriff. Die Klasse `Win32_PerfFormattedData_ContentFilter_IndexingServiceFilter` (kein Scherz!) ermittelt beispielsweise die Zugriffsbelastung eines speziellen Filters des Index Server Dienstes.

Dies ist freilich nur ein kleiner Teil der gesamten WMI-Welt. Informationen speziell zu WQL finden Sie über diesen Pfad:

```
MSDN Home
 \MSDN Library
  \SDK Documentation
   \Using WMI
    \Supporting Tasks for WMI
     \Querying with WQL
```

Sie werden nachfolgend genauer vorgestellt. Vollständigere Informationen finden Sie in der MSDN-Bibliothek.

Im Bereich Hardware sind folgende Klassen zu finden:

Hardware

Klasse	Nutzen
Überwachung der Temperatur- und Kühlungssysteme	
`Win32_Fan`	Eigenschaften des Prozessorkühlers
`Win32_TemperatureProbe`	Überwachung der Systemtemperatur

Tabelle 16.7: Wichtige WMI-Klassen zur Kontrolle der Hardware (Auswahl)

Klasse	Nutzen
Win32_Refrigeration	Eigenschaften eines aktiven Kühlers
Win32_HeatPipe	Eigenschaften einer Hitzeableitung
Eingabegeräte	
Win32_Keyboard	Tastatur
Win32_PointingDevice	Maus oder alternatives Zeigegerät
Massenspeicher	
Win32_CDROMDrive	CD- oder DVD-Laufwerk
Win32_DiskDrive	Festplattenlaufwerk
Win32_FloppyDrive	Floppylaufwerk
Win32_PhysicalMedia	Beliebiges Medium
Win32_TapeDrive	Bandlaufwerk
Win32_AutochkSetting	Einstellungen der Laufwerkprüfung
Hauptplatine, Erweiterungskarten und Schnittstellen	
Win32_BIOS	Attribute des BIOS
Win32_IDEController	Zugriff auf die IDE-Schnittstelle
Win32_InfraredDevice	IrDA-Schnittstelle u.a.
Win32_ParallelPort	Parallele Schnittstelle
Win32_Processor	Prozessor
Win32_1394Controller	FireWire-Controller
Win32_1394ControllerDevice	FireWire-Gerät
Win32_Baseboard	Mainboard (Hauptplatine)
Win32_DMAChannel	DMA-Kanäle
Win32_DeviceBus	Gerätebus
Win32_FloppyController	Floppy-Controller
Win32_MemoryDevice	Speichergerät

Klasse	Nutzen
Win32_MotherboardDevice	Zentrale Komponenten des Mainboards
Win32_PCMCIAController	PCMCIA-Erweiterungs-Controller
Win32_SCSIController	SCSI-Controller
Netzwerkgeräte	
Win32_NetworkAdapter	Netzwerkadapter
Win32_NetworkAdapter Configuration	Konfiguration des Netzwerkadapters
Energiesteuerung	
Win32_Battery	Batteriezustand
Win32_VoltageProbe	Spannung der Batterie
Win32_UninterruptablePowerSupply	Unterbrechungsfreie Stromversorgung
Drucker	
Win32_Printer	Allgemeine Druckerinformationen
Win32_PrinterDriver	Informationen des Treibers
Win32_PrintJob	Steuerung eines Druckjobs
Telefonie	
Win32_POTSModem	Standardmodem
Win32_POTSModemToSerialPort	Verknüpfung zwischen Modem und seriellem Port
Video und Monitor	
Win32_VideoController	Grafikkarte
Win32_VideoConfiguration	Konfiguration der Grafikkarte
Win32_DesktopMonitor	Monitor
Win32_VideoSettings	Videoeinstellungen

Eine weitere wichtige Gruppe von Klassen dient der direkten Kontrolle des Betriebssystems und seiner Bestandteile:

	Gruppe	Nutzen
Tabelle 16.8: *Wichtige WMI-* *Gruppen zur Kon-* *trolle des Betriebs-* *systems (Auswahl)*	COM	COM-Programmierobjekte
	Desktop	Konfiguration des Desktops
	Drivers	Treiber
	File system	Dateisystem
	Job objects	SID und Attributverwaltung
	Memory and page files	Speicher und Auslagerungsdatei
	Multimedia audio/visual	Multimediageräte
	Networking	Netzwerk
	Operating system events	Systemweite Ereignisse
	Operating system settings	Systemweite Einstellungen
	Processes	Prozesse
	Registry	Registrierung
	Scheduler jobs	Zeitplaneraufträge
	Security	Sicherheitseinstellungen
	Services	Dienste
	Shares	DFS, Freigaben, Sitzungen
	Start menu	Startmenü
	Storage	Massenspeicher
	Users	Benutzerverwaltung
	Windows NT event log	Ereignisprotokoll
	Windows Product Activation	Status der Produktaktivierung

VBScript-Beispiel

Als Beispiel sollen die Daten des CD-Laufwerks ausgelesen werden. Dazu wird die Klasse Win32_CDROMDrive verwendet. Sie bietet vor allem eine Reihe von Eigenschaften, die das CD-ROM-Laufwerk betreffen. Das folgende Listing ermittelt den Namen und den Laufwerkbuchstaben:

Listing 16.27: *Daten der Hardware* *abfragen* *(wimcdrom.vbs)*

```
On Error Resume Next
s = ""
Set oWIM = GetObject("winmgmts://")
for each Disk in oWIM.InstancesOf("Win32_CDROMDrive")
    s = s & "Das CD-Laufwerk: " & Disk.Name & vbCrLf
    s = s & "Als Laufwerk: " & Disk.Drive & vbCrLf
next
Wscript.echo s
```

Die Ausführung kann ein paar Sekunden in Anspruch nehmen, da die Daten erst im Augenblick des Aufrufes gesammelt werden.

Verwenden Sie folgende Zeile, um die Information von einem anderen Server zu ermitteln:

```
Set oWIM = GetObject("winmgmts://ServerName")
```

Das zweite Beispiel zeigt eine Überwachung des Kühlgerätes, was bei einem eng gestellten Server-Rack durchaus sinnvoll sein kann:

```
On Error Resume Next
s = ""
Set oWIM = GetObject("winmgmts://").InstancesOf("Win32_Fan")
for each Fan in oWIM
    s = s & "Name Lüfter: " & Fan.Name & vbCrLf
    s = s & "Verfügbarkeit Lüfter: "
    select case Fan.Availability
        case 2
            s = s & "Unbekannt"
        case 3
            s = s & "Betriebszustand"
        case 4
            s = s & "Warnung"
        case 7
            s = s & "Ausgeschaltet"
    end select
next
Wscript.echo s
```

Listing 16.28:
Kühlgeräte prüfen
(wmi_cooler.vbs)

Die Ausgabe zeigt die Reaktion bei einem Standardsystem mit ungeregeltem Lüfter:

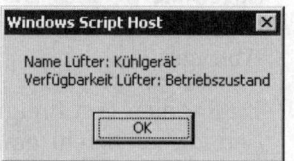

Abbildung 16.27:
Informationen über
den Prozessorlüfter

Ohne Zweifel lassen sich vielfältige Einsatzmöglichkeiten für WMI auch im Scripting-Bereich finden. So könnten Logon-Skripte Daten der aktuellen Konfiguration an den Server melden und dort beispielsweise zum Aufbau von Hardwaredatenbanken verwendet werden.

WMI und WQL

Die Abfragesprache WQL (*Windows Management Instrumentation Query Language*) ist eine Untermenge von SQL (*Structured Query Language*), einer Sprache zur Abfrage von Datenbanken. Gegenüber SQL wird nur ein Teil der Befehle unterstützt und zugleich gibt es einige Erweiterungen, um den Erfordernissen von WMI zu genügen. Um praktisch mit WQL arbeiten zu können benötigen Sie zwei Informationen: Zum einen die Syntax der Abfragesprache, also das modifizierte SQL, zum anderen eine Referenz der Klassen und deren Methoden, die WMI liefert. Beides zusammen ergibt eine leistungsfähige Methode zur Abfrage sämtlicher Systemparameter und Zustände, von Microsoft selbst als »Extrem-Management« bezeichnet. Tatsächlich ist Windows mit WMI – verfügbar ab Windows 95 OSR2 – ein vollständig programmtechnisch kontrollierbares System. WQL ist der Schlüssel, dies einfach und ohne tiefgehende Programmierkenntnisse zu verwenden.

SQL für WMI

Die folgende Tabelle gibt einen Überblick über die SQL-Schlüsselwörter, die in WQL zur Verfügung stehen:

Tabelle 16.9:
SQL-Erweiterungen
des WQL-Dialekts

WQL-Schlüsselwort	Bedeutung
AND	Kombiniert zwei Boolesche Ausdrücke und gibt TRUE zurück, wenn beide Ausdrücke TRUE sind.
ASSOCIATORS OF	Ermittelt alle Instanzen, die mit der Quelle verbunden sind.
__CLASS	Ergibt eine Referenz zu einer Klasse eines gegebenen Objekts. Beachten Sie die zwei (2) Unterstriche vor dem Namen.
FROM	Spezifiziert eine Klasse aus der WMI-Bibliothek im Rahmen einer SELECT-Abfrage.
GROUP Clause	Im Rahmen von Ereignisabfragen repräsentiert dieser Befehl eine Gruppe von Ereignissen.
HAVING	Ein Filter für Ereignisabfragen nach einer Gruppierung mit WITHIN.
IS	Vergleichsoperator, der zusammen mit NOT (nicht) und NULL verwendet wird. Fehlende Geräte geben oft NULL zurück. Mit Hilfe von IS kann man derartige Abfragen erstellen: IS NOT NULL (wobei NOT optional ist).
ISA	Operator zur Abfrage einer Subklasse

WQL-Schlüsselwort	Bedeutung
KEYSONLY	Nur für Windows Server 2003 und Windows XP einsetzbar: Verwendet mit REFERENCES OF und ASSOCIATORS OF Abfragen, um nur die Schlüssel der Resultate zurückzugeben, was oft ausreichend ist, um weitere Verarbeitungsschritte zu gehen, und die übertragene Datenmenge reduziert.
LIKE	Sucht nach einer Zeichenkette mittels Platzhalterzeichen.
NOT	Ein Vergleichsoperator, der einen Abfragewert negiert.
NULL	Vergleichswert, der NULL (nichts) repräsentiert. NULL ist verschieden von einer leeren Zeichenkette und der Zahl Null (0), die jeweils ein Objekt repräsentieren.
OR	Verknüpft zwei Boolesche Ausdrücke so, dass das Resultat TRUE ist, wenn mindestens einer der beiden TRUE ist.
REFERENCES OF	Ermittelt alle verknüpften Instanzen zu einer Quelle.
SELECT	Ermittelt die Eigenschaften eines Objekts durch eine Abfrage. Dieser Befehl leitet jede WQL-Abfrage ein.
TRUE	Boolescher Operator für »Wahr«, intern als -1 dargestellt.
WHERE	Schränkt den Abfragebereich einer Abfrage ein.
WITHIN	Spezifiziert eine Gruppierung einer Abfrage bei Ereignisabfragen.
FALSE	Boolescher Operator für »Falsch«, intern als 0 dargestellt.

WQL-Abfragetechniken

Um WQL zu nutzen, müssen Sie sich ein wenig mit den syntaktischen Besonderheiten auseinandersetzen. Danach genügt ein Blick

in die WMI-Referenz in der MSDN-Bibliothek, um Steuerungs-
und Kontrollaufgaben unter Windows effizient zu lösen. Die
grundsätzliche Struktur einer Abfrage sieht folgendermaßen aus:

```
SELECT * FROM Klasse
```

Für Klasse wird eine der WMI-Klassen eingesetzt, beispielsweise
Win32_Processor, um Daten über die CPU abzufragen.

Jede der WMI-Klassen enthält viele Eigenschaften. Das *-Zeichen
steht für die Abfrage aller Eigenschaften. Die übertragenen Datenmengen können erheblich sein. Es ist also sinnvoll, die Abfragen auf die tatsächlich benötigten Daten zu beschränken. So
könnte die Abfrage des Prozessors folgendermaßen aussehen:

```
SELECT Family, L2CacheSize, Manufacturer ⤸
    FROM Win32_Processor
```

Die Eigenschaften geben oft keine Zeichenketten zurück, sondern
Zahlen, die jeweils eine besondere Bedeutung haben. Nummer 28
steht beispielsweise für AMD Athlon™-Prozessoren.

Eine andere Technik besteht in der Nutzung des Schlüsselwortes
`_CLASS`. Manche Klassen enthalten Eigenschaften, die wiederum
Klassen darstellen. Die Abfrage einer solchen Struktur kann erheblich Zeit in Anspruch nehmen. Durch die folgende Abfrage wird
die Ermittlung der Unterklassen unterdrückt:

```
SELECT * FROM Device WHERE __CLASS="Modem"
```

Hinter `WHERE` können mehrere Abfragebestandteile mit den Booleschen Operatoren verknüpft werden.

Allgemeiner Umgang mit WMI

WMI dient nicht allein der Abfrage von Systemdaten, sondern
auch der Steuerung von Komponenten. Die Klassen liefern deshalb
nicht nur Eigenschaften. Mit einer `SELECT`-Abfragen können jedoch
nur Eigenschaften abgefragt werden. In einigen Fällen liefern Eigenschaften wiederum Klassen, die selbst Eigenschaften haben.
Derartige Konstruktionen werden als Assoziationen bezeichnet.
Assoziationen entstehen, wenn zwei Klassen miteinander in Beziehung stehen. So enthält die Klasse `Win32_POTSModemToSerialPort`
sowohl Daten über die seriellen Ports als auch solche über installierte Modems.

Neben Eigenschaften, die hier und vor allem im Rahmen der WMI-
Filter eine Rolle spielen, gibt es auch Methoden, die der Steuerung
von Komponenten dienen, sowie Ereignisse, die ausgelöst werden,
wenn bestimmte Zustände eintreten. Die Nutzung erfordert eine
Skript- oder Programmiersprache, beispielsweise VBScript oder
.NET.

16.2.2 MSXML – XML praktisch einsetzen

Ebenso wie in den vorangegangenen Abschnitten kann hier nur
eine kleine Anregung gegeben werden, wie XML eingesetzt werden kann. Die umfassende Darstellung erfordert eine intensive
Beschäftigung mit dem Thema. Ein Beispiel soll zeigen, dass der
Aufwand in der Praxis nicht sehr hoch ist – wenn man weiß, was
man tut.

Für die Übertragung von Daten ist XML ein universelles und vielfältig wandelbares Format. Die Ermittlung der Daten des Video-
adapters soll nun nicht als Dialogfenster ausgegeben, sondern in
XML gespeichert werden. Zuerst ein Blick auf das Skript:

```
On Error Resume Next
s = ""
Set oWIM = GetOb-
ject("winmgmts://").InstancesOf("Win32_VideoController")
Set xmlDoc = CreateObject("MSXML2.DOMDocument.4.0")
Set pi1 = xmlDoc.createProcessingInstruction("xml", ↩
          "version=""1.0""")
Set pi2 = xmlDoc.createProcessingInstruction("xml-stylesheet",
"type=""text/xsl"" href=""hardware.xsl""")
xmlDoc.insertBefore pi2, xmlDoc.childNodes.Item(0)
xmlDoc.insertBefore pi1, xmlDoc.childNodes.Item(0)
xmlDoc.async = FALSE
Set xHW = xmlDoc.createElement("hardware")
xHW.setAttribute "title", "Grafik"
for each VC in oWIM
    Set xDevice = xmlDoc.createElement("device")
    xDevice.setAttribute "name", VC.Name
    xDevice.setAttribute "ram", VC.AdapterRAM
    xDevice.setAttribute "resolution", VC.VideoModeDescription
    xHW.appendChild(xDevice)
    xmlDoc.appendChild(xHW)
next
xmldoc.save("hardware.xml")
s = xmldoc.xml
Wscript.echo s
```

*Listing 16.29:
Scripting mit XML
und XSLT
(xmlvideo.vbs)*

Nach dem Ablauf wird folgende XML-Datei erzeugt, wobei die
Daten den aktuell vorhanden Videoadaptern entnommen sind:

```
<hardware>
    <device name="Matrox Millennium G450 DualHead - Deutsch"
            ram="33554432"
            resolution="2560 x 1024 x 4294967296 Farben"/>
    <device name="Matrox G400/G450 DualHead"/>
</hardware>
```

Die verwendete Matrox-Karte kann zwei Bildschirme bedienen.
Deshalb werden hier zwei Geräte erzeugt, von denen nur eines
Daten liefert. Der Aufbau der Datei ist sehr einfach. Das Tag <hard-
ware> umschließt das gesamte Dokument. Für jedes Gerät wird ein

Tag `<device/>` erzeugt. Die Attribute bestimmen dann das Gerät näher. Jedes XML-taugliche Werkzeug kann diese Daten nun lesen. Die Datei ist ebenso leicht im Netzwerk, per FTP, HTTP oder SMTP übertragbar.

Wenn Sie sich die Datei nach der Ausführung anschauen, werden Sie bemerken, dass noch zwei Prozessanweisungen am Anfang stehen, die in der Darstellung oben fehlten. Die erste ist die typische Einleitung einer XML-Datei, die für die automatische Weiterverarbeitung notwendig ist. Die zweite ist eine Transformationsanweisung:

```
<?xml-stylesheet type="text/xsl" href="hardware.xsl"?>
```

Die Anweisung verlangt, dass ein diese Datei verarbeitendes Programm eine Transformation damit ausführt, wenn es dazu in der Lage ist. Die Transformationsdatei heißt *hardware.xslt*.

16.2.3 Transformationen mit XSLT

Das Programm kennen Sie schon: MSXML 4.0. Der Zugriff kann – neben WSH und ASP – auch direkt über den Internet Explorer erfolgen. Sie müssen dazu die XML einfach im Internet Explorer öffnen. Bleibt also nur noch die XSLT-Datei zu schreiben:

Listing 16.30:
XML nach HTML
transformieren
(transform.xslt)

```
<?xml version="1.0"?>
<xsl:stylesheet
    xmlns:xsl="http://www.w3.org/1999/XSL/Transform"
    version="1.0">
  <xsl:template match="hardware">
    <HTML>
      <HEAD>
        <TITLE></TITLE>
      </HEAD>
      <BODY>
        <H1><xsl:value-of select="@title"/></H1>
        <ul>
        <xsl:apply-templates select="device"/>
        </ul>
      </BODY>
    </HTML>
  </xsl:template>
  <xsl:template match="device">
    <li style="background-color:#eeeeee">
        Gerät: <xsl:value-of select="@name"/>
    </li>
    <li style="background-color:#eeeeee">
    <xsl:choose>
      <xsl:when test="@ram != ''">
        RAM: <xsl:value-of select="@ram div 1048576"/> MB
      </xsl:when>
    </xsl:choose>
```

```
      </li>
      <li style="background-color:#eeeeee">
        Auflösung: <xsl:value-of select="@resolution"/>
      </li>
      <hr/>
    </xsl:template>
</xsl:stylesheet>
```

Bevor Sie sich auf die Analyse des Codes stürzen, hier das Ergebnis im Internet Explorer 6:

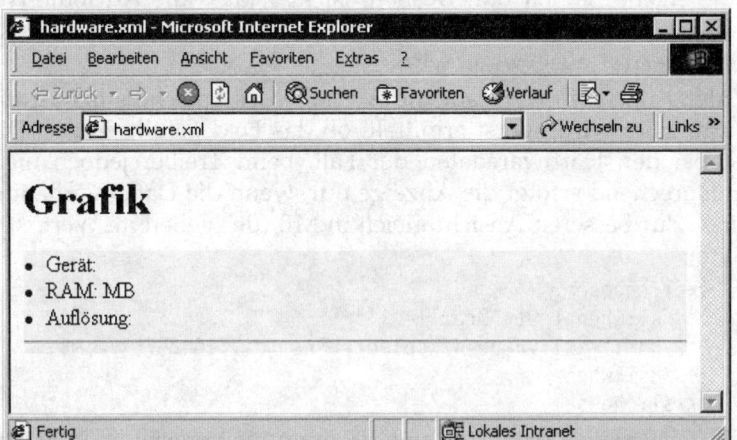

Abbildung 16.28: Ausgabe von Hardwareinformationen im Browser

Auf die Feinheiten von XSLT kann hier nicht eingegangen werden. Zum Verständnis ein Blick auf die wichtigsten Tags: XSLT »denkt« in Templates (Vorlagen), die sich um die Darstellung bestimmter Zweige der XML-Datei kümmern. Im Beispiel ist das Tag der obersten Ebene <hardware>:

Wie es funktioniert

```
<xsl:template match="hardware">
```

In diesem beginnt der Zusammenbau der HTML-Datei. Der Titel kann dem Attribut title entnommen werden:

```
<H1><xsl:value-of select="@title"/></H1>
```

Für die Elemente wird nun eine Aufzählung erzeugt, deren Inhalt eine weitere Vorlage bestimmt:

```
<ul>
    <xsl:apply-templates select="device"/>
</ul>
```

Die Aufruf bezieht sich auf die Tags mit dem Namen <device>. Die Vorlage erzeugt dann die <li>-Tags:

```
    <xsl:template match="device">
        <li style="background-color:#eeeeee">
            Gerät: <xsl:value-of select="@name"/>
        </li>
```

Mit `<xsl:value-of>` wird danach auf das passende Attribut des Tags `<device>` zugegriffen. Die Färbung des Hintergrunds erfolgt übrigens mit CSS (Cascading Style Sheets):

```
style="background-color:#eeeeee"
```

Zum Verständnis der Arbeitsweise: Der Parser arbeitet die Datei in der Reihenfolge der Templates ab und liest gleichzeitig die XML-Datei von außen nach innen, also in der Hierarchie der Tags. Jedes Element wird als Knoten betrachtet und stellt im aktuellen Kontext eine eigene Einheit dar. Deshalb ist klar, dass die Attribute (wie `@name`), sich auf `<device>` beziehen, wenn das Template über `select="device"` ausgewählt wird.

Zuletzt noch ein Blick auf die Ausgabe des Speichers der Grafikkarte. Hier wird zuerst ermittelt, ob das Feld gefüllt wurde. Dies ist bei den Hardwaredaten der Fall, beim Treiber jedoch nicht. Entsprechend erfolgt die Anzeige nur, wenn die Daten vorhanden sind. Zur besseren Ansicht gleich in MB (der gelieferte Wert ist in Byte):

```
<xsl:choose>
  <xsl:when test="@ram != ''">
    RAM: <xsl:value-of select="@ram div 1048576"/> MB
  </xsl:when>
</xsl:choose>
```

XSLT ist freilich nicht nur eine Programmiersprache im XML-Stil, sondern auch noch eine aus der Klasse der funktionalen Sprachen. Derartige Sprachen unterscheiden sich konzeptionell fundamental von prozedural-imperativen (VBScript) oder objektorientierten (C++, Java oder C#; siehe zu letzterem Abschnitt 16.3 *Administrative Programmierung mit .NET* ab Seite 1260). Es ist sehr viel Erfahrung und Wissen der Informationstechnologie nötig, um effektiv damit arbeiten zu können.

Zusammenfassung

Das vorangegangene Beispiel sollte vor allem zeigen, was mit den zusammenwirkenden Technologien möglich ist. Konkret verwendet wurden:

- WSH
  Der Windows Scripting Host als ausführende Plattform und zur Bereitstellung der Skriptsprache.
- VBScript
  Die Skriptsprache zur Aufstellung des Programmcodes.
- WMI
  Windows Management Instrumentation zum Zugriff auf die Hardwareinformationen.

- XML

  Extensible Markup Language, in der ein eigener Dialekt zur Darstellung der Daten erzeugt wurde.

- XSLT

  Eine Transformationssprache zur Umwandlung der Informationen in HTML.

- HTML

  Damit die Ausgabe im Browser dargestellt werden kann.

- CSS

  Umfassende Formatierungen erlauben Cascading Style Sheets.

Das ist sicher sehr anspruchsvoll und umfangreich, erlaubt aber komplexe Lösungen.

16.2.4 ADSI – Automation der Verwaltungsschnittstelle

Als letzter Teil soll ADSI kurz vorgestellt werden. Auch hier gibt es sehr viele Klassen mit Methoden und Eigenschaften. Der Schwerpunkt liegt in der Verwaltung eines lokalen Systems (Provider »WinNT://«) oder von Objekten im Active Directory (Provider »LDAP://«). Haupteinsatzgebiet ist die Verwaltung von Benutzerkonten, Gruppen und verwandten Informationen.

Das folgende Beispiel zeigt, wie Sie im Active Directory einen Benutzer mit einem WSH-Skript erzeugen. Die Daten werden über Eingabemasken einzeln abgefragt, sodass eine Art Assistent entsteht.

```
s = ""
sName = InputBox("Benutzername ?")
sFull = InputBox("Vollständiger Name ?")
sDesc = InputBox("Beschreibung ?")
sPass = InputBox("Kennwort ?")

Set myPC = GetObject("LDAP://CN=Krause\,Joerg, ⤸
                      OU=Berlin,DC=AreaCode")
Set User = myPC.Create("user", sName)
User.SetPassword sPass
User.FullName sFull
User.Description sDesc
User.SetInfo

s = "User '" & sName & "' wurde erzeugt:" & vbCrLf
s = s & "Voller Name: " & sFull & vbCrLf
s = s & "Beschreibung: " & sDesc & vbCrLf
s = s & "Kennwort: " & sPass & vbCrLf
WScript.echo s
```

Listing 16.31:
Benutzer im Active
Directory anlegen
(adsiuser.vbs)

Wie es funktioniert Die wichtigsten Funktionen umfassen die Instanziierung des Objekts, mit dem auf eine Benutzerkonto im Active Directory zugegriffen werden kann:

```
Set myPC = GetObject("LDAP://CN=Krause\,Joerg ")
```

Nun wird ein neues Benutzerkonto erzeugt:

```
Set User = myPC.Create("user", sName)
```

Diesem werden dann verschiedene Eigenschaften zugewiesen, beispielsweise der vollständigen Name:

```
User.FullName sFull
```

Anschließend werden die Informationen in der Benutzerdatenbank aktualisiert:

```
User.SetInfo
```

Zur Kontrolle werden die Daten nochmals angezeigt.

Anwendung Es ist leicht, daraus Skripte zu entwickeln, die viele Benutzer mit einem Mal anlegen. So können Sie die bisher gezeigten Techniken gut kombinieren, um beispielsweise Daten aus einem XML-Dokument auszulesen, Benutzerdaten zusammenzustellen und dann automatisiert Benutzer zu erzeugen. Das ganze Verfahren basiert auf folgender Anweisung:

```
Set myPC = GetObject("LDAP://CN=Krause\,Joerg ")
```

Damit erhalten Sie den Benutzer als Objekt. Der konkret verwendete Pfad hängt von der Struktur der Organisational Units im Active Directory ab. Danach repräsentiert myPC eine Instanz des Benutzers. Sie können darauf mit entsprechenden Methoden und Eigenschaften zugreifen.

16.3 Administrative Programmierung mit .NET

Dieser Abschnitt zeigt die prinzipielle Eignung des .NET-Frameworks für einfache administrative Aufgaben. Dazu bietet sich das Visual Studio.NET an. Sie können aber auch mit dem kostenlosen SDK und einem freien Editor arbeiten. Dies erfordert jedoch unter Umständen den Verzicht auf einige Hilfsmittel.

16.3.1 Sprachen und Begriffe

.NET stellt mit dem Framework eine stabile und ausgesprochen entwicklerfreundliche Bibliothek zur Verfügung. Als Programmiersprachen stehen von Microsoft, also im Lieferumfang der im Windows Server 2003 installierten Version 1.1, folgende Sprachen bereit:

- C#

  Eine neu entworfene Sprache, die – standardmäßig – zwar auf der Syntax von C aufbaut, aber vollständig objektorientiert wie C++ arbeitet. Viele Syntaxelemente sind mit Java identisch. Auf Zeiger und ähnliche riskante und anspruchsvolle C++-Techniken kann verzichtet werden.

- VB.NET

  Die neue Version des bekannten Visual Basic. Diese Sprache hat nur eine sehr oberflächliche Ähnlichkeit mit VBScript und wurde um viele objektorientierte Ansätze erweitert.

- C++.NET

  Das klassische VC++ im neuen Gewandt und in neuer Version unterstützt nun auch die verwalteten Erweiterungen des Frameworks.

- JScript.NET

  Das bekannte JavaScript, etwas erweitert und als Compiler verfügbar.

- J#

  Ein Java-Derivat, mit dem sich Java-Codes übersetzen lassen. Im Gegensatz zu Java wird jedoch kein Java-Bytecode erzeugt, sondern – wie bei allen anderen Sprachen auch – CLR-Code.

Die Auswahl ist also groß und in allen Fällen wird derselbe Code erzeugt – unabhängig von der verwendeten Sprache – so genannter CLR-Code.

CLR steht für *Common Language Runtime* und stellt die Laufzeitumgebung des Frameworks dar. Mit .NET erzeugter Code wird also nicht direkt vom Betriebssystem ausgeführt, sondern quasi von einer Zwischenschicht. Vieles führt dieser Programmteil direkt aus, einiges wird auch über Funktionsaufrufe (API-Calls) an's Betriebssystem weitergegeben. Die CLR verwaltet den Code also – deshalb spricht man in .NET von »verwaltetem« Code. Aus Sicht des Entwicklers macht es einen Unterschied, klassischen »unverwalteten« Code zu schreiben oder verwalteten. Denn die CLR sorgt für bessere Stabilität, verhindert Pufferüberläufe und stellt vielfältige Sicherheitstechniken zur Verfügung. Dies wiederum ist für den Administrator interessant, denn er kann Code, der mit .NET geschrieben wurde, feiner und sicherer administrieren und ihm damit auch eher vertrauen. Entwickler haben ein Werkzeug in der Hand, Code zu schreiben und über unsichere Wege zu verteilen (also das Internet) und dennoch dem Nutzenden eine hinreichende Sicherheit zu geben.

Es spricht also einiges dafür, .NET in Zukunft den Vorzug zu geben, wenn es um die Programmierung von administrativen Aufgaben geht. Freilich ist dies kein .NET-Programmierbuch. Deshalb wäre eine umfassende Abhandlung nicht angebracht. Einige Beispiele sollen aber zeigen, was mit .NET geht und wie man es macht. Als Sprache soll C# zum Einsatz kommen, auch deshalb, um VBScript-verwöhnten Administratoren dieses Sprachkonzept etwas näherzubringen. C# wurde direkt für die .NET-Programmierung entworfen und hat im Detail leichte Vorteile gegenüber den anderen Sprachen, die Anfänger nicht bemerken werden. Eine frühzeitige Entscheidung dafür kann sich jedoch später positiv auswirken.

16.3.2 Grundlagen

Wenn Sie gerade erst anfangen, ist ein »Hello World«-Beispiel hilfreich. Die Vorgehensweise wird hier anhand von Visual Studio.NET gezeigt, lässt sich jedoch auf andere Tools und den preiswerten (ca. 119 €) C#-Compiler übertragen.

Eine Konsolenanwendung

Eine einfache Konsolenanwendung soll zeigen, wie Sie ein ausführbares Konsolenprogramm schreiben. Das Beispielprogramm nimmt bis zu drei Kommandozeilen-Parameter an und gibt diese zeilenweise wieder aus:

Listing 16.32:
Eine einfache Konsolenanwendung

```
using System;

namespace HelloConsole
{
    class ClassMain
    {
        [STAThread]
        static void Main(string[] args)
        {
            if (args.Length > 3 || args.Length == 0)
            {
                Console.WriteLine("Es sind nur 1, 2, oder 3 ⤸
                                  Argumente erlaubt.");
            }
            else
            {
                foreach (string arg in args)
                {
                    Console.WriteLine(String.Concat("Parameter: " ⤸
                                      , arg));
                }
            }
        }
    }
}
```

Wird das Programm übersetzt, entsteht eine ausführbare Datei (.exe), die von der Konsole aus gestartet werden kann:

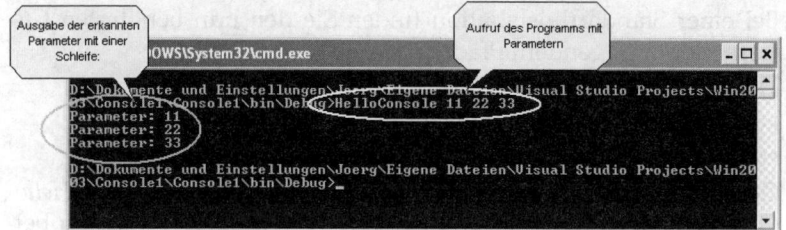

Abbildung 16.29:
Aufruf und Ausfüh-
rung des Konsolen-
programms

So gehen Sie mit Visual Studio.NET vor

Wenn Sie Visual Studio.NET einsetzen, gehen Sie folgendermaßen vor, um das Programm zu erzeugen:

1. Erstellen Sie ein neues Projekt mit dem Namen *HelloConsole*. Es sollte als Programmiersprache C# und als Projekttyp »Konsolenanwendung« verwenden.

2. Öffnen Sie zum Projekt die Projekteigenschaften (klicken Sie mit der rechten Maustaste auf den Projektnamen im Projektmanager).

3. Tragen Sie als Name der Applikation *HelloConsole* ein.

4. Ändern Sie den fertig erzeugten Code im Editor wie in Listing 16.32 gezeigt.

5. Übersetzen Sie das Programm mit ERSTELLEN | HELLOCONSOLE NEU ERSTELLEN.

6. Öffnen Sie eine Konsole.

7. Wechseln Sie in den Ordner, in dem das Projekt liegt (meist unter *Eigene Dateien \ Visual Studio Projekte*), und dort nach *\ bin \ debug*. Hier sollten Sie *HelloConsole.exe* vorfinden.

Geht Ihnen dieser Ablauf leicht von der Hand, ist ein kleines Programmierprojekt angebracht. Fahren Sie in Abschnitt 16.3.3 *Eine Konsolenapplikation* fort.

Eine Konsolenanwendung mit dem SDK erstellen

Haben Sie kein Visual Studio.NET[29], können Sie das kostenlose SDK nutzen. Eine Download-Möglichkeit bietet Microsoft unter folgender Adresse an (in einer Zeile):

```
http://www.microsoft.com/downloads/details.aspx?display⤸
lang=de&FamilyID=9B3A2CA6-3647-4070-9F41-A333C6B9181D
```

Alternativ suchen Sie im Download-Center nach der deutschen Version von ».NET-Framework 1.1 SDK«.

---

[29] Das SDK ist im Visual Studio.NET vollständig enthalten.

Als nächstes erfassen Sie den Quelltext aus Listing 16.32 in Ihrem Lieblingseditor, beispielsweise Notepad.

Bei einer Standardinstallation finden Sie den nun benötigten C#-Compiler in folgendem Pfad:

```
c:\Programme\Microsoft.NET\FrameworkSDK\Bin
```

Folgender Aufruf erzeugt das Programm:

```
csc /out:HelloConsole.exe /target:exe HelloConsole.cs
```

Gegebenenfalls müssen Sie für dem Namen der Quelldatei (*Hello-Console.cs*) noch den vollständigen Pfad angeben. Die anderen beiden Paremeter bestimmen das Ziel (`/out` legt den Dateinamen fest; auch hier kann das Ziel mit einem Pfad genauer bestimmt werden) und die Art des Ziels (`/target:exe` sorgt für die Erstellung einer ausführbaren Datei).

Nun kann das Programm gestartet werden.

16.3.3 Eine Konsolenapplikation

Nach einem einführenden Versuch ist ein etwas sinnvolleres Beispiel angebracht. Das folgende Programm fragt den Status aller Dienste auf einem System im Netzwerk ab.

Voraussetzungen

Der Code benutzt den Namensraum `System.Management`, der die Wrapper auf die WMI-Klassen enthält. Dieser muss gesondert eingebunden werden. Dazu ist ein Verweis auf *System.Management.Dll* herzustellen; entweder über den Verweis-Zweig im Visual Studio.NET oder über die entsprechende Kommandozeilenoption des Kommandozeilencompilers CSC.EXE.

Das Beispielprogramm

Das folgende Listing zeigt das vollständige Programm. Ein Teil des Codes wird in Visual Studio.NET automatisch erzeugt. Die ebenso selbstständig erzeugten Kommentarzeilen wurden hier wegen des beschränkten Platzes (und des geringen Informationsgehalts) entfernt:

Listing 16.33:
Abfrage von System-
diensten

```
using System;
using System.Management;

namespace GetServices
{
    class Services
    {
        static System.Management.ManagementObjectSearcher query;
        static System.Management.ManagementObjectCollection queryColl;
```

```
   static System.Management.ConnectionOptions connOption;
   static System.Management.ObjectQuery mQuery;
   static System.Management.ManagementScope mScope;
   static string sName = String.Empty, sQuery = String.Empty;

   [STAThread]
   static void Main(string[] args)
   {
      sQuery = "SELECT * FROM Win32_Service";
      connOption = new ConnectionOptions();
      while (!(sName = Console.ReadLine()).Equals(String.Empty))
      {
         mScope = new ManagementScope(String.Concat(@"\\",↵
                                     sName));
         mQuery = new ObjectQuery(sQuery);
         query = new ManagementObjectSearcher(mScope, mQuery);
         try
         {
            queryColl = query.Get();
         }
         catch (Exception e)
         {
            Console.WriteLine(e.Message);
         }
         foreach(System.Management.ManagementObject mObject in ↵
                 queryColl)
         {
            Console.Write(mObject["Name"].ToString().↵
                          PadRight(30, ' '));
            Console.Write(" => ");
            Console.WriteLine(mObject["State"].ToString());
         }
      }
   }
}
```

Die Ausgabe erfolgt auch hier wieder an der Console (siehe Abbildung 16.30 auf Seite 1266). Das Programm mag auf den ersten Blick nicht besonders einfach erscheinen – gemessen an der eher trivialen Aufgabenstellung. Dennoch sind nur wenige Zeilen funktionsentscheidend.

Die Abfrage des Computernamens erfolgt hier über die Konsole im Kopf der while-Schleife:

```
while (!(sName = Console.ReadLine()).Equals(String.Empty))
```

Diese Schleife läuft so lange, bis einfach Enter gedrückt wurde – womit die Eingabezeichenfolge leer bleibt.

Abbildung 16.30:
Anzeige der Stati von
Systemdiensten

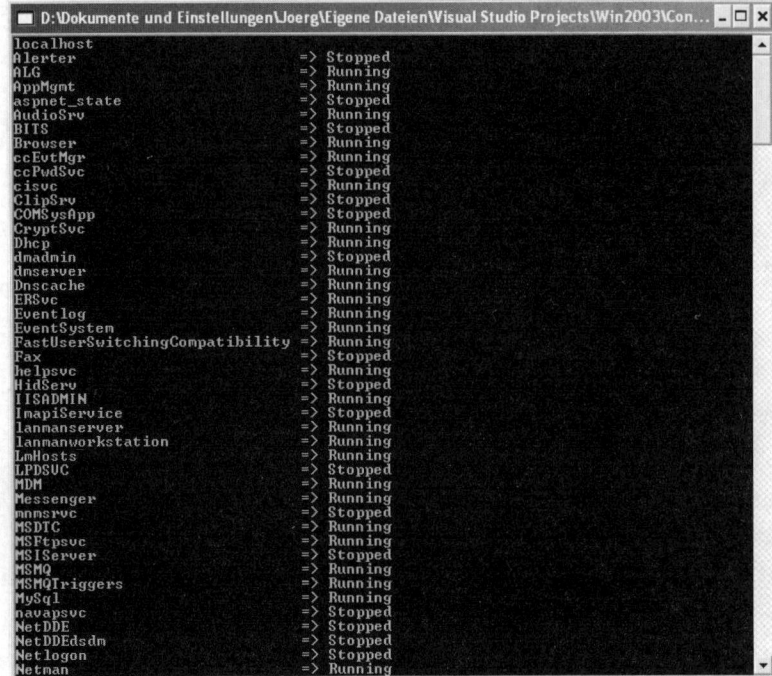

Jetzt wird ein Managementobjekt für einen bestimmten Server im Netzwerk erstellt, basierend auf der Eingabe, die entweder den Servernamen oder eine IP-Adresse enthalten muss:

```
mScope = new ManagementScope(String.Concat(@"\\", sName));
```

Ebenso wird ein Objekt für die WQL-Abfrage benötigt:

```
mQuery = new ObjectQuery(sQuery);
```

Aus diesem entsteht dann die Abfrage:

```
query = new ManagementObjectSearcher(mScope, mQuery);
```

Zuletzt wird die Abfrage selbst ausgeführt, diesmal in einem try-Zweig, weil hier naturgemäß einiges schief gehen kann:

```
queryColl = query.Get();
```

Der Rest des Programms kümmert sich lediglich um die Ausgabe.

Das Geheimnis liegt weniger im C#-Code oder darin, Konsolenapplikationen zu schreiben, sondern in der Kenntnis der WMI-Abfragen.

16.3.4 Andere Programmformen

Konsolenprogramme konnten Sie mit VBScript und dem WSH bereits schreiben. .NET kann freilich viel mehr und ist deshalb für einige Projekte die bessere Wahl.

Anstatt simple Kommandozeilentools zu entwickeln, bietet sich unter Umständen gleich ein richtiges Windows-Programm an, im

Microsoft-Jargon »WinForms« genannt. Mit Hilfe eines Designers wie Visual Studio.NET wird die Oberfläche entworfen und dann mit den benötigten Funktionen hinterlegt. Spätestens hier wird es doch etwas komplexer, denn Sie müssen sich mit objekt- und ereignisorientierter Programmierung auseinandersetzen. Manchmal lohnt es sich, wenn größere Projekte geplant sind oder sich andere Abnehmer für die Software finden lassen.

Ein anderer Aspekt sind Dienste. Diese lassen sich mit .NET leicht erstellen, um beispielsweise permanent Überwachungsaufgaben zu erfüllen. Auch hier gilt, dass reichlich Fachwissen und Erfahrung notwendig ist, der Einsatz jedoch zu ansprechenden Ergebnissen führen kann.

.NET besitzt darüber hinaus im Rahmen der Bibliotheken interessante Funktionen, beispielsweise zur Fernsteuerung oder zur Ausführung verteilter Programme, sodass netzwerkweite Lösungen leichter realisierbar sind als mit anderen Programmierumgebungen.

17

Reparatur und Wiederherstellung

Der Ausfall eines Servers kann in einem kleineren Netzwerk den gesamten Betrieb lahmlegen und in einer größeren Umgebung immerhin für ernste Störungen sorgen. In diesem Kapitel stehen die Maßnahmen im Vordergrund, die ein Administrator sowohl zur Vorbeugung als auch zur Behebung von Störungen anwenden kann.

Inhaltsübersicht Kapitel 17

17.1 Datensicherung

Die regelmäßige Datensicherung gehört beim Serverbetrieb zur täglichen Routine. Demzufolge gibt es eine Reihe von Herstellern, die seit Jahren leistungsfähige Sicherungslösungen speziell für die Windows-Serverbetriebssysteme anbieten. Windows Server 2003 verfügt allerdings über eine ernst zu nehmende Alternative n Form einer integrierten Lösung, die für viele Einsatzbereiche durchaus ausreichen kann. Neben einigen grundsätzlichen Überlegungen wird dieses Programm in den nachfolgenden Abschnitten näher vorgestellt.

17.1.1 Einführung

Das Durchführen der Datensicherung ist für eine Administrator sicherlich eine der am wenigsten spannenden Aufgaben. Umso wichtiger ist hier eine Automatisierung der wesentlichen Abläufe sowie die Vorsorge für den eventuellen Notfall.

Überblick über die Funktionen von NTBACKUP.EXE

Das integrierte Datensicherungsprogramm NTBACKUP.EXE wurde gegenüber seinem Vorgänger in Windows 2000 Server stark überarbeitet und bietet jetzt unter anderem die folgenden Funktionen: **Stark überarbeitet zum Vorgänger**

- Assistenten für die einfache Einrichtung von Sicherungs- und Wiederherstellungsaufgaben
- Sicherung aller Daten des Servers, einschließlich geöffneter Dateien. Dies funktioniert dank der neuen Funktion Volumenschattenkopien (siehe auch Abschnitt 4.2.7 *Volumenschattenkopien* ab Seite 150).
- Komplette Sicherung aller Betriebssystem-Dateien, sodass eine Wiederherstellung des Betriebssystems durchgeführt werden kann
- Integrierte komfortable Zeitplanungsfunktion
- Sicherung auf Bänder sowie lokale und Netzwerk-Laufwerke
- Einfache Verwaltungsfunktionen für Wechselmedien. Zum Betrieb eines Bandlaufwerks brauchen Sie damit nicht mehr das Snap-In *Wechselmedien* zu bemühen.

Für die Datensicherung am Server sind spezielle Zugriffsrechte erforderlich. Mitglieder der Gruppen *Administratoren* und *Sicherungs-Operatoren* haben diese Rechte standardmäßig. Die erforderlichen Rechte können aber auch delegiert werden. **Rechte beachten**

Auswahl des Sicherungsgeräts

An Servern werden für die Datensicherung nach wie vor vorrangig Bandlaufwerke eingesetzt. Hier gibt es mittlerweile eine große Auswahl in allen Preisklassen. Entscheidend für den Einsatz unter Windows Server 2003 ist nur die Kompatibilität, welche durch den jeweiligen Hersteller ausdrücklich bestätigt werden sollte. Meist funktionieren aber auch Geräte, die als kompatibel mit Windows 2000 ausgewiesen sind.

Bandlaufwerke   Ob ein Bandlaufwerk als Sicherungsgerät ordnungsgemäß erkannt worden ist, können Sie im Geräte-Manager erkennen. Unter Bandlaufwerke muss hier das Gerät erscheinen.

Abbildung 17.1:
Anzeige des Band-
laufwerks im Geräte-
Manager

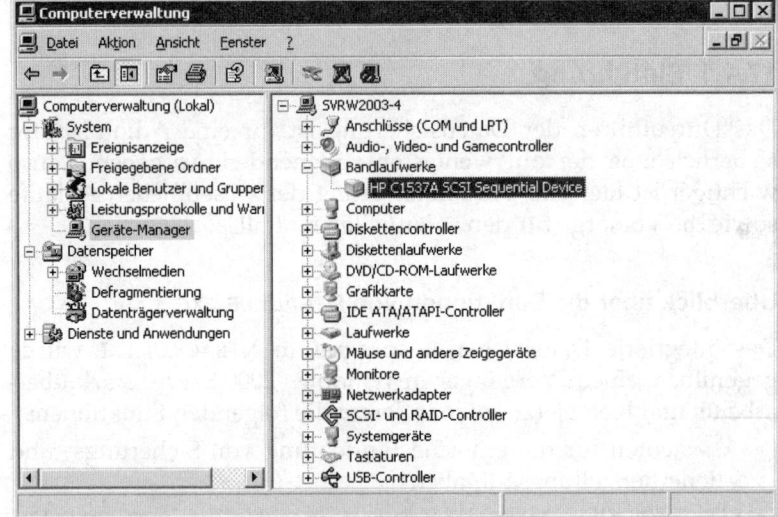

In allen folgenden Ausführungen wird davon ausgegangen, dass Sie ein Bandlaufwerk mit einem Schacht einsetzen. Bandwechsler oder Robotersysteme werden in diesem Buch nicht weiter berücksichtigt. Ziehen Sie dazu die Dokumentation des jeweiligen Herstellers zu Rate.

Alternative Siche-   Neben Bandlaufwerken können als Sicherungsziele andere Geräte
rungsziele: beziehungsweise Speicherorte fungieren:

- Sicherungsdateien auf (externe) Festplatten

- Festplatte   Durch die immer weiter voranschreitende Erhöhung der Festplattenkapazitäten bei gleichzeitigem Preisverfall sind Festplatten als Sicherungsmedien durchaus eine Überlegung wert. In externen Gehäusen untergebracht kann das Wechseln des »Mediums« am Server fast genauso einfach erfolgen wie das eines Bandes. Die dazu erforderlichen Schnittstellen wie Firewire (IEEE 1394) oder USB ab Version 2 werden von Windows Server 2003 voll unterstützt.

Die Nachteile sollten allerdings ebenfalls beachtet werden: Festplatten sind mechanisch bei weitem nicht so belastbar wie Magnetbänder. Hinzu kommt der größere Platzbedarf sowie die nicht unerheblichen Kosten, die entstehen können, wenn Sie eine höhere Anzahl von externen Festplatten einschließlich der Gehäuse benötigen.

- Sicherungsdateien auf Netzwerklaufwerke

Eine andere Möglichkeit besteht in der Wahl eines Netzwerk- **- Netzwerk** laufwerks als Sicherungsmedium. Dies kann eine verhältnismäßig preiswerte Alternative sein, wenn Sie eine Handvoll Server regelmäßig sichern und nicht jeden Computer mit einem eigenen Sicherungsgerät bestücken wollen. Richten Sie dann einen zentralen Sicherungsserver ein, der lediglich über ausreichend Speicherplatz verfügen muss. Führen Sie die Sicherungen dann aber außerhalb der Geschäftszeiten durch, da durch die normalerweise großen Datenmengen eine erhebliche Netzwerklast verursacht wird.

- CD-/DVD-Medien

Solche Medien eignen sich nur dann, wenn sie über geeignete **- CD/DVD** Verfahren (wie *Packet Write*) durch einen Brenner direkt beschrieben werden können. CD-Rs/RWs sind als Sicherungsmedien sicherlich eher uninteressant – die maximal 800 MB pro Scheibe dürften für ernsthafte Anwendungen kaum ausreichen.

Deutlich interessanter sind DVD-Medien, wobei auch für diese Windows Server 2003 noch keinerlei integrierte Unterstützung mitbringt. Zum direkten Beschreiben der Medien über das Betriebssystem werden Treiber und Tools von Drittherstellern benötigt.

Sicherungsstrategien

Bei den heute üblichen großen zu sichernden Datenmengen kommt der richtigen Sicherungsstrategie eine große Bedeutung zu. Es macht kaum Sinn, jeden Tag alle Servervolumes auf ein einziges Medium zu sichern.

Mit der Einstellung der *Sicherungsart* können Sie hier im Siche- **Sicherungsart** rungsprogramm die Dateien gezielt nach bestimmten Kriterien auf das Medium bannen:

- *Normal*

Es werden grundsätzlich alle Dateien gesichert. Das Archivbit wird dabei zurückgesetzt (»gelöscht«). Danach sind die Dateien als »gesichert« markiert.

- *Kopieren*

  es werden ebenfalls alle Dateien gesichert. Das Archivbit wird jedoch nicht zurückgesetzt, wodurch der »Sicherungsstatus« der Dateien unverändert bleibt.

- *Differenz*

  Hierbei werden die Dateien gesichert, deren Archiv-Bit auf »1« gesetzt ist. Das können somit die Dateien sein, die seit der letzten *normalen* Sicherung verändert worden sind. Das Archiv-Bit wird bei der Differenz-Sicherung nicht zurückgesetzt. Damit werden generell alle seit der letzten Sicherung veränderten Dateien immer wieder gesichert. Diese Sicherungsart eignet sich besonders, im Rahmen der Sicherung nach dem Generationenprinzip (siehe weiter unten) eingesetzt zu werden.

- *Inkrementell*

  Dabei werden wiederum die Dateien gesichert, deren Archiv-Bit auf »1« gesetzt ist. Allerdings erfolgt danach das Zurücksetzen des Archiv-Bits. Eine inkrementelle Sicherung kann sehr klein ausfallen, da jeweils nur die seit der letzten *normalen* oder *inkrementellen* Sicherung geänderten Dateien gesichert werden müssen.

- *Täglich*

  Bei dieser Sicherungsart wird das Archiv-Bit ignoriert. Unter Auswertung des Änderungs-Zeitstempels der Dateien und Ordner werden nur die gesichert, die an diesem Tag verändert worden sind.

Generationenprinzip Aus Gründen der Fehlertoleranz sollten Sie stets mehr als ein Sicherungsmedium einsetzen. Wird ein Medium beschädigt, können somit die Daten von den anderen Medien wiederhergestellt werden. Es ist üblich, eine Sicherungsstrategie nach dem Generationenprinzip zu verfolgen. Eine einfache Generationensicherung kann dabei wie folgt aussehen:

Tabelle 17.1:
Einfache Sicherung
nach dem Genera-
tionenprinzip

Wochentage	Mo	Di	Mi	Do	Fr
Sicherungsart	Diff	Diff	Diff	Diff	Norm
Medium-Nr.	1	2	3	4	5

Mit dieser Strategie werden fünf Medien beschrieben, wobei jede Woche die Sicherung wieder mit dem Einlegen von Medium 1 beginnt. Der Beginn der Sicherungs sollte dabei nach der normalen Geschäftszeit liegen, beispielsweise 22:00 Uhr. So ist sichergestellt dass die meisten Benutzerdateien geschlossen sind. Wenn eine Datei durch eine Anwendung geöffnet ist, wird übrigens dank der Volumenschattenkopie-Funktion die Fassung gesichert, welche als »letzter Stand« auf dem Servervolume liegt.

Setzen Sie auch bei einfachen Sicherungsstrategien anstelle der inkrementellen die differenzielle Sicherungsart ein. So müssen Sie zur eventuellen Wiederherstellung nur die letzte normale und die letzte differenzielle Sicherung heranziehen.

Beachten Sie darüber hinaus, die Medien regelmäßig zu prüfen und auszutauschen. Insbesondere bei einfachen Strategien wie der oben beschriebenen kommt es vor, dass nur jeweils ein Medium mit der kompletten Sicherung beschrieben wird. Fällt ausgerechnet dieses aus, wird eine vollständige Wiederherstellung unmöglich.

Medien regelmäßig prüfen und austauschen!

Es macht also durchaus Sinn, komplexere Sicherungsstrategien zu entwerfen. Dabei sollten Sie die besonderen Merkmale berücksichtigen, die Windows Server 2003 Ihnen bietet. Über die neue Funktion *Automatische Systemwiederherstellung* (ASR; siehe auch Abschnitt 17.1.6 *ASR-Sicherung und -Wiederherstellung* ab Seite 1288) können Sie das gesamte Servernbetriebssystem im Notfall in kürzester Zeit wieder komplett wiederherstellen. Darüber hinaus sollten Sie regelmäßig ausgewählte Medien, die natürlich eine Komplettsicherung enthalten sollten, archivieren. Das kann monatlich oder quartalsweise erfolgen, sodass eine Restaurierung weit zurückliegender Daten bei Bedarf erfolgen kann.

Komplexere Sicherungsstrategien

Woche	Mo	Di	Mi	Do	Fr
1	1/Diff	2/Diff	3/Diff	4/Norm	5/Diff
2	6/Diff	7/Diff	8/Norm	9/Diff	10/Diff
3	1/Diff	2/Norm	3/Diff	4/Diff	5/Diff
4	6/Norm	7/Diff	8/Diff	9/Diff	Manuell: 10/Norm +ASR → Archiv

Tabelle 17.2: Beispiel für ein komplexeres Sicherungsschema mit zehn Medien über vier Wochen

Sie können selbstverständlich auch jeden Tag eine normale Sicherung durchführen. Beachten Sie dann jedoch, dass bei einer hohen Datenmenge das Sicherungsgerät und die Medien stark beansprucht werden und damit erhöhtem Verschleiß unterliegen.

Aufbewahrungsort für Medien

Eine Sicherung nützt nur dann etwas, wenn im Notfall die Sicherungsmedien auch zur Verfügung stehen. Beachten Sie, dass Sie als Aufbewahrungsort für die Medien nicht unbedingt den gleichen Raum wählen, in welchem der Server untergebracht ist. Nebem einem Brand, der Server und Medien vernichten kann, sollten Sie an andere Möglichkeiten wie Diebstahl oder illoyale Mitarbeiter denken.

17.1.2 Umfang der zu sichernden Daten bestimmen

Wenn Sie die Sicherung planen, sollten Sie sich darüber im Klaren sein, welche Daten gesichert werden sollten und welchen Umfang diese haben.

Sicherung für die automatische Systemwiederherstellung

Voraussetzungen für die Sicherung Die Sicherung der Daten für die automatische Systemwiederherstellung (*Automated System Recovery* – ASR) muss manuell vom Administrator direkt am Server durchgeführt werden. Sie benötigen dazu ein geeignetes Sicherungsgerät sowie ein Diskettenlaufwerk, da bestimmte Dateien für die Wiederherstellung auf einer Diskette gespeichert werden.

Die folgenden Daten sind im Sicherungsumfang enthalten:

- Betriebssystemdateien

  Dies sind alle Dateien auf dem Start- und Systemvolume einschließlich des Ordners %Systemroot%. Hinzu kommen alle Volumes, welche Betriebssystemdateien enthalten. Bei einem Domänencontroller können dies beispielsweise die Volumes sein, welche die Protokolldatei oder den Ordner SYSVOL enthalten.

- Ordner mit Benutzerprofilen

  Es wird der Ordner %Systemdrive%\Dokumente und Einstellungen mit allen Unterordnern gesichert. Dieser kann auf einem Domänencontroller ebenfalls wichtige Daten enthalten, wie beispielsweise die EFS-Zertifikate für die Remoteverschlüsselung.

- Systemkonfigurationsdaten

  Eine Reihe von Daten wird für die Wiederherstellung benötigt und auf eine Diskette kopiert.

 Bei der ASR-Sicherung werden keine Datenbestände gesichert, die auf Volumes liegen, die keine Betriebssystemdateien enthalten. Dies müssen Sie unbedingt separat vornehmen.

Die Sicherung aller dieser Daten erfolgt mit Hilfe eines Assistenten und wird in Abschnitt 17.1.6 *ASR-Sicherung und -Wiederherstellung* ab Seite 1288 gezeigt.

Systemstatusdateien

Die Systemstatusdateien können Sie automatisch im Rahmen der normalen Sicherung mit NTBACKUP.EXE sichern lassen. Es werden Dateien gesichert, die für das Funktionieren des Betriebssystems eine besondere Rolle spielen:

Inhalt Systemstatus • Dateien der Registrierungsdatenbank (siehe Abschnitt 17.6 *Die Systemregistrierung* ab Seite 1310)

- COM+-Klassenregistrierungsdatenbank
- Dateien für den Systemstart
- Dateien, die unter der Windows-Dateischutz-Funktion stehen (siehe Abschnitt *Windows-Dateischutz* ab Seite 1299)
- Active Directory-Datenbank und das Verzeichnis SYSVOL bei Domänencontrollern
- Datenbank für die Zertifikatsdienste bei Zertifikatsservern
- IIS-Metabasis bei installierten Internetinformationsdiensten

Der Umfang dieser Dateien liegt in der Regel unterhalb eines GB. In größeren Netzstrukturen können aber auch deutlich mehr Daten enthalten sein, insbesondere dann, wenn Anwendungen (wie Exchange) Daten im Verzeichnis ablegen.

Weitere Datenbestände

Den Sicherungsumfang für alle anderen Datenbestände bestimmen Sie vor allem durch die Sicherungsart. Während Sie Betriebssystemdateien immer mit der Sicherungsart *Normal* sichern sollten, können Sie dies bei den Anwendungsdaten jeweils separat spezifizieren (siehe Abschnitt *Sicherungsstrategien* ab Seite 1273).

17.1.3 Sicherung von Daten

Das Sicherungsprogramm von Windows Server 2003 finden Sie im Startmenü unter ALLE PROGRAMME | ZUBEHÖR | SYSTEMPROGRAMME | SICHERUNG. Sie können es aber auch über START | AUSFÜHREN starten, indem Sie hier NTBACKUP eingeben. **NTBACKUP.EXE**

Zwei Arbeitsmodi des Sicherungsprogramms

Im ersten Dialogfenster des Assistenten haben Sie die Wahlmöglichkeit zwischen zwei grundlegenden Verfahren.

- Klicken Sie auf Weiter, um im *Assistentenmodus* zu einfachen Sicherungs- und Wiederherstellungsaufgaben geführt zu werden. Das weitere Vorgehen wird wird im vorliegenden Buch nicht beschrieben. Informationen zum Umgang mit dem Assistenten zum Sichern von lokalen Benutzerdaten finden Sie in unserem Buch *Windows XP Professional*. **Assistentenmodus**
- Klicken Sie auf den Link ERWEITERTEN MODUS, wenn Sie bestimmte Dateien auf Volumes auswählen und sichern wollen. Darüber hinaus finden Sie hier die Option, das gesamte Betriebssystem im Rahmen der automatischen Systemwiederherstellung (ASR) zu sichern (siehe Abschnitt 17.1.6 *ASR-Sicherung und -Wiederherstellung* ab Seite 1288). **Erweiterter Modus**

Abbildung 17.2:
Willkommen-Bild-
schirm im erweiter-
ten Modus

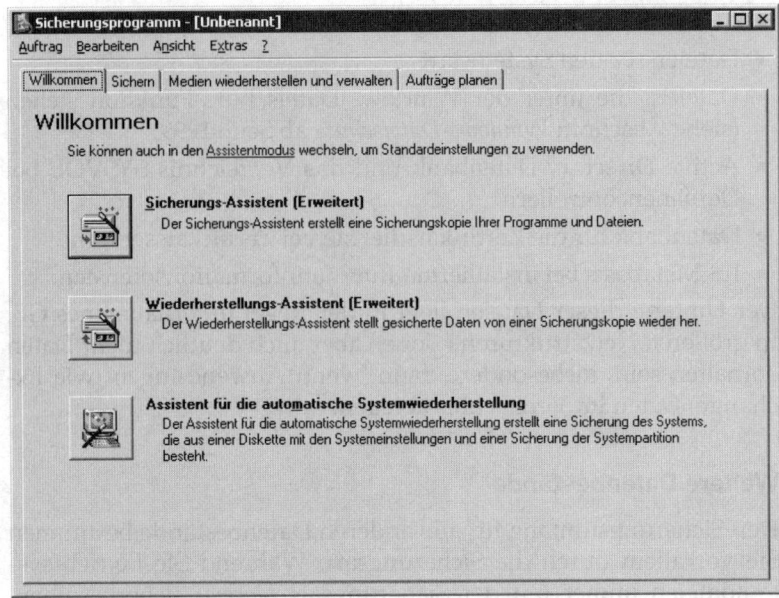

Sicherung von Datenbeständen durchführen

Zum manuellen Sichern von Datenbeständen klicken Sie auf die Registerkarte SICHERN. Markieren Sie dann die Ordner beziehungsweise Dateien, die Sie sichern wollen.

Über das Hauptmenü AUFTRAG | AUSWAHL SPEICHERN können Sie die Auswahlinformationen sichern und später über AUSWAHL LADEN wieder aktivieren. Damit lassen sich ebenso Auswahlinformationen anlegen, auf die Sie über die Kommandozeilenoptionen von NTBACKUP.EXE zugreifen können, wenn Sie das Programm in eigenen Stapelverarbeitungsdateien aufrufen wollen (siehe Abschnitt *NTBACKUP auf der Kommandozeile einsetzen* ab Seite 1283).

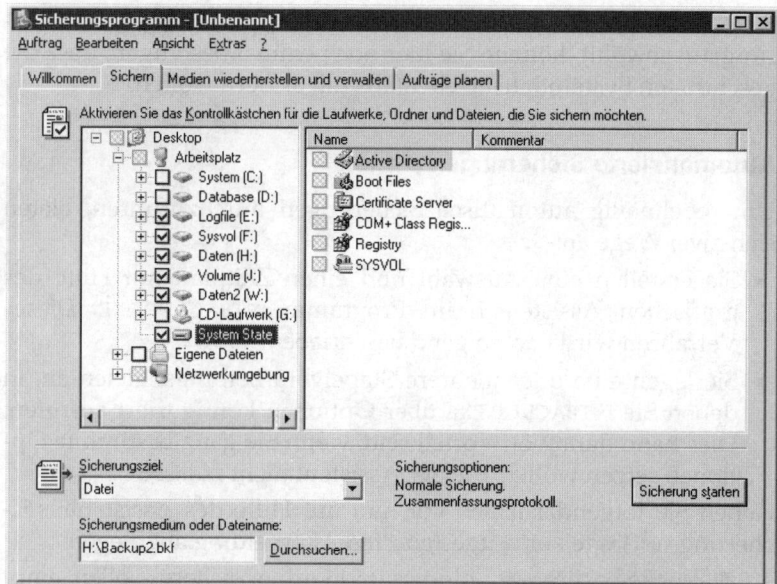

Abbildung 17.3:
Auswahl von zu
sichernden Ordner

Bei Domänencontrollern sollten Sie die Systemstatusdateien so oft wie möglich sichern. Aktivieren Sie dazu das Kontrollkästchen bei SYSTEM STATE. In Abschnitt *Wiederherstellen der Systemstatusdateien bei DCs* ab Seite 1288 wird beschrieben, wie Sie damit bei Bedarf einen Domänencontroller wiederherstellen können.

Unter SICHERUNGSZIEL können Sie wählen, ob die Daten auf einem Bandlaufwerk oder in eine Datei geschrieben werden sollen. Über SICHERUNG STARTEN gelangen Sie in ein nächstes Dialogfenster, über das Sie weitere Einstellungen zu dieser Sicherung vornehmen können.

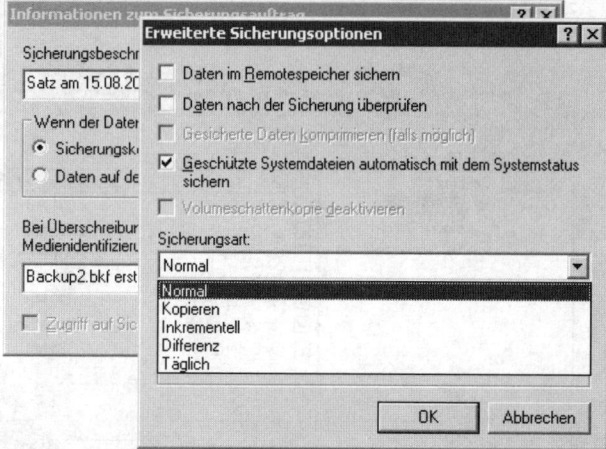

Abbildung 17.4:
Weitere Einstellun-
gen zur Sicherung

Über die Schaltfläche ERWEITERT gelangen Sie in die Auswahlmöglichkeit zur SICHERUNGSART (siehe Abschnitt *Sicherungsstrategien* ab

Seite 1273). Haben Sie die Systemstatusdateien ebenfalls zur Sicherung ausgewählt, können Sie hier noch einmal bestätigen, dass die geschützten Systemdateien ebenfalls mit sichern wollen.

Automatisierte Sicherungen planen

Um regelmäßig automatisch Sicherungen durchzuführen, bieten sich zwei Wege an:

- Sie erstellen eine Auswahl und einen Zeitplan mit Hilfe des grafischen Assistenten im Programm NTBACKUP.EXE. Dieses Verfahren wird nachfolgend beschrieben.

- Sie legen eine oder mehrere Stapelverarbeitungsdateien an, in denen Sie NTBACKUP.EXE über Optionen konfiguriert aufrufen. Dies kann dann von Vorteil sein, wenn Sie ganz bestimmte Optionen setzen wollen, die der Assistent nicht zulässt.

Vorgehen mit dem Assistenten

Gehen Sie folgendermaßen vor, um mit Hilfe des Assistenten Sicherungsaufträge zur zeitgesteuerten Abarbeitung anzulegen:

1. Wenn Sie bestimmte Volumes und Ordner sichern wollen, empfiehlt es sich, dieser zuerst über die Registerkarte SICHERN zu markieren.

2. Aktivieren Sie dann die Registerkarte AUFTRÄGE PLANEN und klicken Sie hier auf die Schaltfläche AUFTRAG HINZUFÜGEN. Sind bereits Dateien ausgewählt, erscheint eine Rückfrage, ob diese Auswahl zu verwenden sei. Bestätigen Sie dies mit JA.

3. Im danach folgenden Auswahlfenster haben Sie noch einmal die Möglichkeit, die Markierungen der zu sichernden Dateien und Ordner zu überprüfen.

Abbildung 17.5:
Bestätigung oder
Korrektur der Auswahl

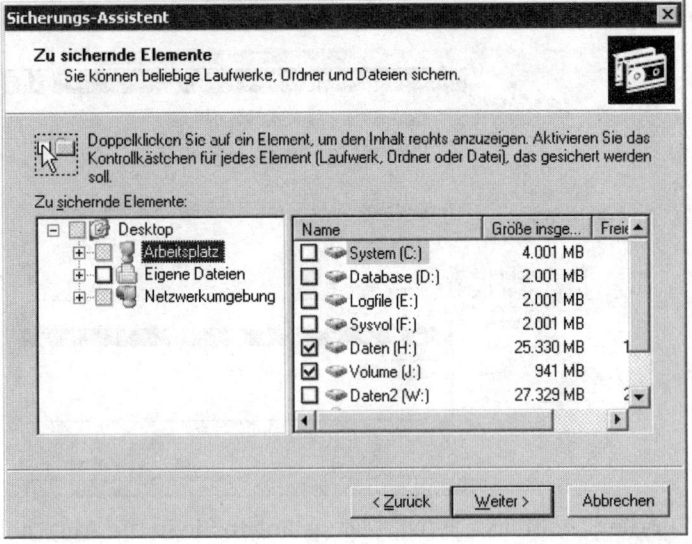

4. Legen Sie dann das Sicherungsziel fest.

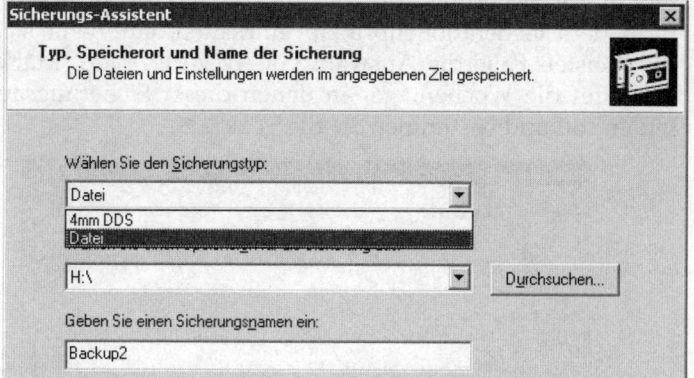

Abbildung 17.6:
Sicherungsziel
festlegen

5. Bestimmen Sie danach den SICHERUNGSTYP (siehe Abschnitt *Sicherungsstrategien* ab Seite 1273).

6. Im danach folgenden Dialogfenster können Sie weitere Optionen festlegen. Die Option VOLUMENSCHATTENKOPIE DEAKTIVIEREN sollten Sie normalerweise nicht setzen, da nur so alle Dateien gesichert werden können.

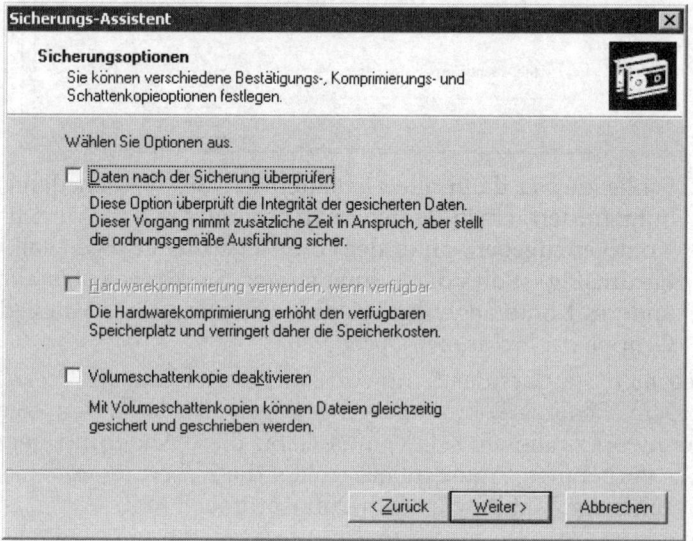

Abbildung 17.7:
Weitere Sicherungs-
optionen

7. Im nächsten Fenster des Assistenten können Sie auswählen, ob die Sicherung an eine bereits vorhandene Sicherungskopie angehängt werden soll oder nicht. Die hängt letztlich davon ab, ob das Medium ausreichend Speicherplatz aufweist.

8. Danach können Sie den Zeitplan für die automatisierte Sicherung erstellen. Geben Sie zunächst unter AUFTRAGSNAME eine passende Bezeichnung ein und klicken Sie dann auf ZEITPLAN

FESTLEGEN. Wählen Sie unter TASK AUSFÜHREN, in welchem Intervall die Sicherung erfolgen soll. Wollen Sie eine Sicherung nach dem Generationenprinzip einrichten, empfiehlt sich für die meisten Fälle die Auswahl von WÖCHENTLICH. Markieren Sie dann die Wochentage, an denen dieser Sicherungsauftrag laufen soll und bestimmen Sie die STARTZEIT.

Abbildung 17.8:
Einrichten einer
wöchentlichen Siche-
rung

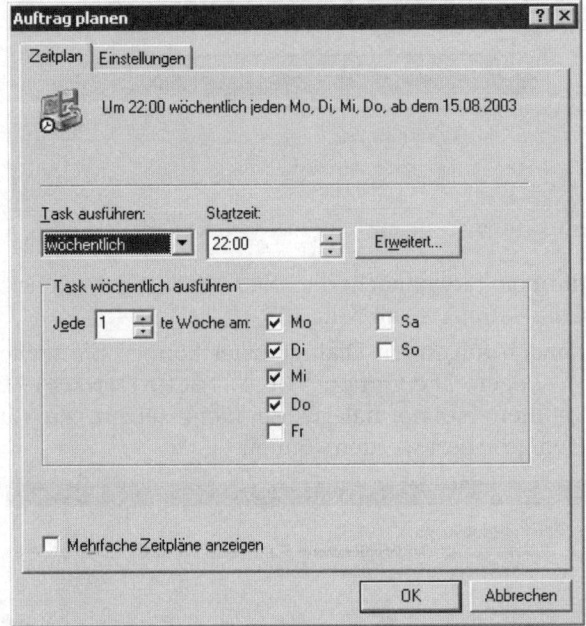

9. Schließen Sie dann alle Dialogfenster. Sie werden dann noch aufgefordert, einen Benutzernamen und das Kennwort für das Konto anzugeben, unter dem die Sicherung erfolgen soll. Standardmäßig ist dies der Administrator. Sie können aber auch ein anderes Konto angeben, beispielsweise das eines Mitglieds der Gruppe der *Sicherungs-Operatoren.*

Beachten Sie, dass das Kennwort zur Ausführung des Tasks unter diesem Benutzerkonto fest eingetragen wird. Ändern Sie das Kennwort zu diesem Konto, müssen Sie diese Änderung hier ebenfalls vornehmen. Anderenfalls schlägt die Sicherung mit einer entsprechenden Meldung im Sicherungsprotokoll fehl.

Geplante Tasks

Die eingerichteten Tasks für die Sicherung erscheinen übrigens ganz normal im Fenster GEPLANTE TASKS und können hier ebenfalls umkonfiguriert werden. Weitere Hinweise finden Sie dazu in Abschnitt 10.4.2 *Taskplaner im Detail* ab Seite 641.

Protokollierung der Sicherungen

Jeder Sicherungsvorgang wird protokolliert. Dabei können Sie **Einstellen des Pro-**
unter NTBACKUP über das Hauptmenü EXTRAS | OPTIONEN | SICHE- **tokollumfangs**
RUNGSPROTOKOLL einstellen, wie detailliert diese Protokollierung
sein soll oder ob sie ganz deaktiviert wird. Eine Deaktivierung ist
allerdings nicht zu empfehlen. Über den Menüpunkt EX-
TRAS | BERICHT können Sie die einzelnen Protokolle einsehen.

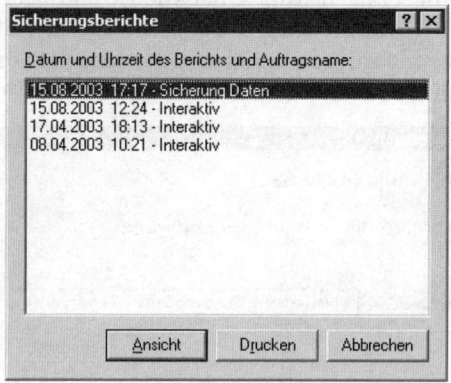

Abbildung 17.9:
Sicherungsberichte
einsehen

Die Sicherungsprotokolle werden als einfache Textdateien in **Ort der Protokolle**
folgendem Verzeichnis abgelegt:

```
%SystemDrive%
 \Dokumente und Einstellungen
  \<kontoname>
   \Lokale Einstellungen
    \Anwendungsdaten
     \Microsoft
      \Windows NT
       \NTBackup
        \Data
```

Für jede Sicherung wird eine neue Protokolldatei angelegt. Der
Name der Datei ist dabei BACKUPXX, wobei XX für eine fortlaufende Zählung steht.

NTBACKUP auf der Kommandozeile einsetzen

Das Sicherungsprogramm NTBACKUP können Sie in eigenen Stapelverarbeitungsdateien einsetzen. Dazu verfügt das Programm
über eine Vielzahl von Kommandozeilenoptionen, die in der Online-Hilfe von Windows Server 2003 ausführlich erläutert werden.
Sie können sich die Arbeit jedoch vereinfachen, wenn Sie folgendermaßen vorgehen:

1. Erstellen Sie grafischen Sicherungsprogramm zunächst die
   Auswahl der zu sichernden Dateien und speichern Sie diese
   Auswahl ab.

2. Erstellen Sie mit Hilfe der Auftrags-Planungsfunktion (siehe Abschnitt *Automatisierte Sicherungen planen* ab Seite 1280) einen Auftrag und konfigurieren Sie dabei die Optionen mit Hilfe des Assistenten genau so, wie sie benötigt werden. Bei der Bestimmung des Zeitplans können Sie einen beliebiges, einmaliges Datum wählen.

3. Öffnen Sie über die Registerkarte AUFTRÄGE PLANEN das Detailfenster zu diesem Auftrag. Über die Schaltfläche EIGENSCHAFTEN erhalten Sie dann unter TASK die komplette Eingabe für die Kommandozeile mit allen bisher gesetzten Optionen. Kopieren Sie diese Zeile über die Zwischenablage in eine Textdatei.

Abbildung 17.10:
Hier ist die komplette
Eingabezeile mit
allen Optionen zu
finden

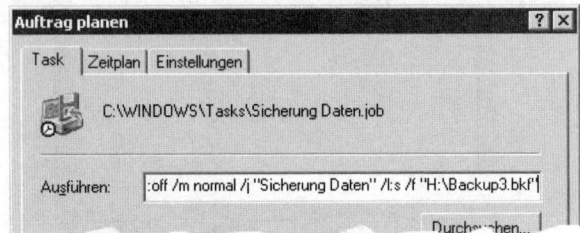

4. Passen Sie die Optionen jetzt noch unter Nutzung der Online-Hilfe weiter an Ihre Bedürfnisse an.

5. Binden Sie die fertige Stapelverarbeitungsdatei in einen zeitgesteuerten Task über das Fenster GEPLANTE TASKS beziehungsweise die Kommandos SCHTASKS.EXE oder AT.EXE ein. Weitere Informationen finden Sie dazu in Abschnitt 10.4.3 *Die Kommandozeilenwerkzeuge* ab Seite 644.

17.1.4 Medien mit NTBACKUP.EXE verwalten

Wie bereits erwähnt, wurde die Verwaltung von einfachen Bandlaufwerken und den zugehörigen Medien in Windows Server 2003 stark vereinfacht. Sie brauchen sich dazu nicht mehr mit dem Snap-In *Wechselmedien* auseinanderzusetzen. Über die Registerkarte MEDIEN WIEDERHERSTELLEN UND VERWALTEN können Sie dies direkt im Sicherungsprogramm erledigen.

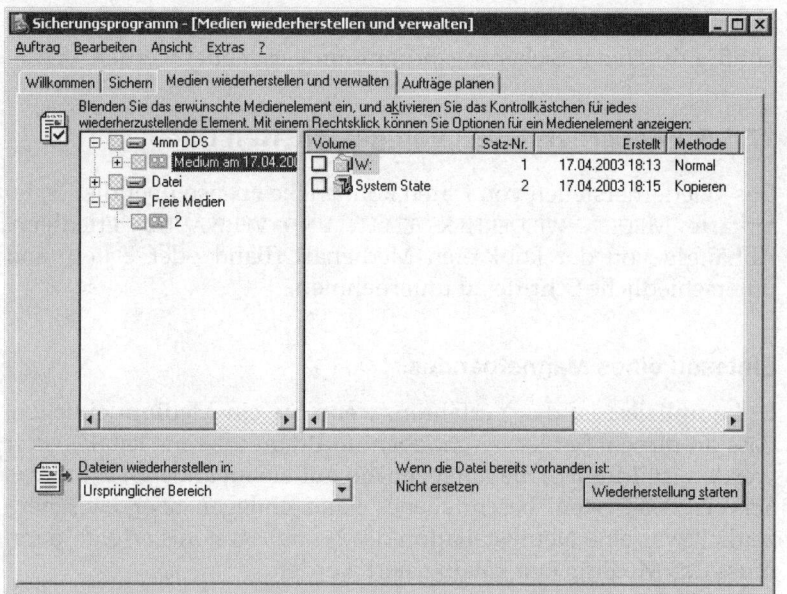

Abbildung 17.11:
Medien direkt im
Sicherungsprogramm
verwalten

Hier finden Sie neben dem standardmäßig verfügbaren Zweig DATEI verschiedene Zweige für die Verwaltung von Magnetbändern. Wie diese konkret heißen, hängt vom verwendeten Sicherungsgerät und dem dabei unterstützten Standard ab. Die Zweige entsprechen übrigens den Medienpools in der Wechselmedienverwaltung (siehe Abschnitt 3.5 *Der Wechselmediendienst* ab Seite 113). Die Medien zu typischen DAT-Laufwerken finden Sie beispielsweise im Zweig 4MM DDS. Alle notwendigen Operationen für die Medien wie *Auswerfen* oder *Katalogisieren* erreichen Sie über das jeweils zugehörige Kontextmenü.

Neu eingelegte Medien werden automatisch erkannt. Befinden sich darauf Daten, die nicht durch NTBACKUP erzeugt worden sind, werden sie als »unbekannt« erkannt. Es erscheint dann eine Rückfrage, ob Sie dieses Medium für die Nutzung vorbereiten wollen. Die bisher darauf gespeicherten Daten werden damit allerdings gelöscht. Wenn Sie diese Rückfrage an dieser Stelle verneinen, dann können Sie dies später nachholen. Wählen Sie dann im Kontextmenü zum entsprechenden Medium im Zweig UNBEKANNT den Punkt ALS »VERFÜGBAR« MARKIEREN.

Neue Medien

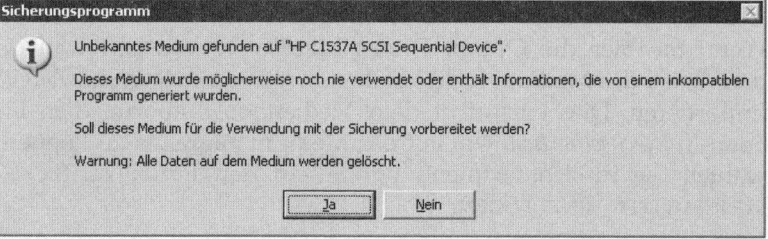

Abbildung 17.12:
Meldung beim Erkennen eines unbekannten Mediums

Das Medium erscheint danach unter FREIE MEDIEN und kann zukünftig durch das Sicherungsprogramm verwendet werden.

17.1.5 Wiederherstellen von gesicherten Daten

Das Wiederherstellen von Daten können Sie ebenso über die Registerkarte MEDIEN WIEDERHERSTELLEN UND VERWALTEN erledigen.
Abhängig von der konkreten Medienart (Band oder Datei) sind
unterschiedliche Schritte zu unternehmen.

Einlesen eines Magnetbandes

Unkompliziert ist das Verfahren, wenn Sie ein Medium einlegen,
dass an diesem Server beschrieben und damit bereits katalogisiert
worden ist. Mussten Sie hingegen ein auf einem anderen Windows
Server 2003-System beschriebenes Band einlegen oder zwischenzeitlich war eine Neuinstallation des Betriebssystems erfolgt, dann
muss das Medium erst katalogisiert werden.

Fremdes Band katalogisieren
Es erscheint ein Hinweisfenster mit der Rückfrage, wie mit dem
Band verfahren werden soll. Sollen die Daten von diesem Band
wiederhergestellt werden, dann markieren Sie die Option SICHE-
RUNGSPROGRAMM DARF DIESES MEDIUM VERWENDEN.

Wollen Sie erreichen, dass solche erkannten, aber fremden Medien
generell ohne weitere Rückfrage katalogisiert werden sollen, dann
aktivieren Sie das Kontrollkästchen VERWENDUNG VON ERKANNTEN
MEDIEN IMMER OHNE AUFFORDERUNG ZULASSEN.

Abbildung 17.13:
Rückfrage beim Er-
kennen eines fremden
Bandes

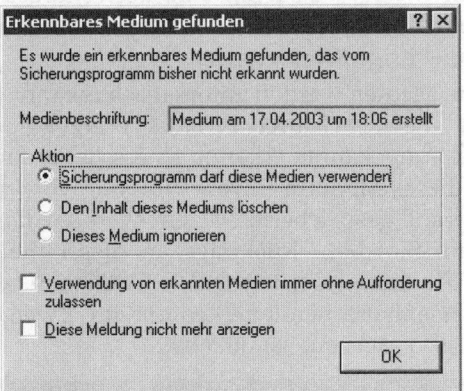

Importmedien
Wenn Sie hier die Option DIESES MEDIUM IGNORIEREN wählen,
dann wird das Medium nicht katalogisiert und erscheint im Zweig
Importieren. Dies entspricht dem Medienpool Importmedien im
Snap-In *Wechselmedien.* Um auf das Medium zugreifen zu können,
wählen Sie im Kontextmenü zu diesem den Punkt ZU SICHE-
RUNGSMEDIEN HINZUFÜGEN.

Das Medium erscheint schließlich in dem Zweig, der das an diesem Server verwendete Sicherungsgerät repräsentiert (beispielsweise 4MM DDS). Um auf die gespeicherten Daten des importierten
Bandes zugreifen zu können, wählen Sie in dessen Kontextmenü
den Punkt KATALOG. Damit wird die Satzliste vom Medium geladen.

Zugriff auf eine Sicherungsdatei

Ist die Sicherung in eine Sicherungsdatei erfolgt, dann können Sie
eine hier bisher nicht katalogisierte Datei laden, indem Sie im Kontextmenü zum Zweig DATEI den Punkt DATEI KATALOGISIEREN
wählen. Es erscheint dann ein Eingabefenster, in welchem Sie den
Pfad zur Sicherungsdatei angeben.

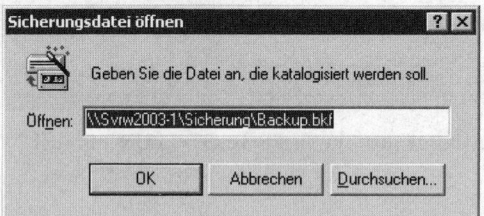

Abbildung 17.14:
Angabe der zu
katalogisierenden
Sicherungsdatei

Über die Schaltfläche DURCHSUCHEN können Sie komfortabel auf
lokale oder Netzlaufwerke zugreifen.

Wiederherstellung durchführen

Gehen Sie zum Starten der Wiederherstellung wie folgt vor, wenn
alle Medien in katalogisiertem Zustand vorliegen:

1. Markieren Sie das Medium. In der Detailansicht rechts werden
   dann die bisher gesicherten Dateien angezeigt. Aktivieren Sie
   die Kontrollkästchen bei den Dateien oder Ordnern, die wiederhergestellt werden sollen.

2. Wählen Sie unter DATEIEN WIEDERHERSTELLEN IN den Speicherort aus, an dem die wiederhergestellten Daten abgelegt werden sollen. Sie haben die Auswahl zwischen dem
   ursprünglichen Ort, einem alternativem Bereich auf einem anderen Volume oder einem Ordner, den Sie speziell zur Aufnahme der wiederhergestellten Dateien angeben.

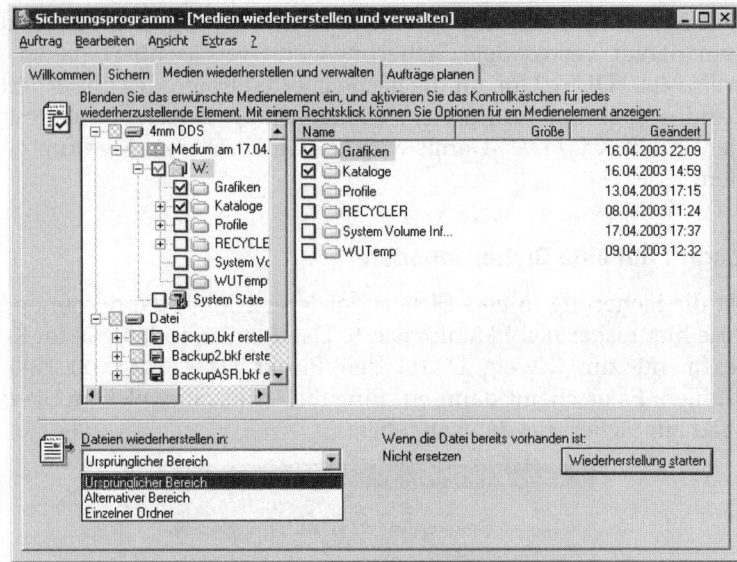

3. Mit einem Klick auf WIEDERHERSTELLUNG STARTEN beginnt der Vorgang.

Wiederherstellen der Systemstatusdateien bei DCs

Neustart leider unvermeidlich

Wollen Sie die Systemstatusdateien eines Domänencontrollers wiederherstellen, lässt sich ein Neustart des Servers leider nicht vermeiden. Sie können die Systemstatusdateien nämlich nur zurückspielen, wenn der Active Directory-Dienst nicht ausgeführt wird. Gehen Sie deshalb folgendermaßen vor:

1. Starten Sie den Server im Modus VERZEICHNISDIENSTWIEDER-HERSTELLUNG neu. Das lässt sich über Druck auf die Funktionstaste F8 im Startmenü erreichen.

2. Wählen Sie in NTBACKUP über den Wiederherstellungsassistenten im entsprechenden Sicherungssatz SYSTEM STATE aus.

Weitere Infos ab Seite 1293

Beachten Sie unbedingt auch die weiterführenden Informationen in Abschnitt 17.2.4 *Wiederherstellung der Verzeichnisdatenbank* ab Seite 1293.

17.1.6 ASR-Sicherung und -Wiederherstellung

Diese neue Funktion kann Ihnen helfen, im äußersten Notfall in kurzer Zeit wieder zu einem lauffähigen Server zu kommen.

Microsoft empfiehlt ausdrücklich, die Wiederherstellung eines Server mit ASR nur dann vorzunehmen, wenn alle anderen Reparaturversuche versagt haben.

Weitere Hinweise zur Reparatur finden Sie in Abschnitt 17.7
Systemwiederherstellung nach Totalausfall ab Seite 1315.

ASR-Sicherung durchführen

Um das gesamte System über ASR zu sichern, wählen Sie unter
der Willkommen-Registerkarte im erweiterten Modus des Sicherungsprogramms die Schaltfläche ASSISTENT FÜR DIE AUTOMATI-
SCHE SYSTEMWIEDERHERSTELLUNG. Halten Sie eine leere, formatierte
Diskette bereit. Diese wird nach Abschluss der Sicherung benötigt.

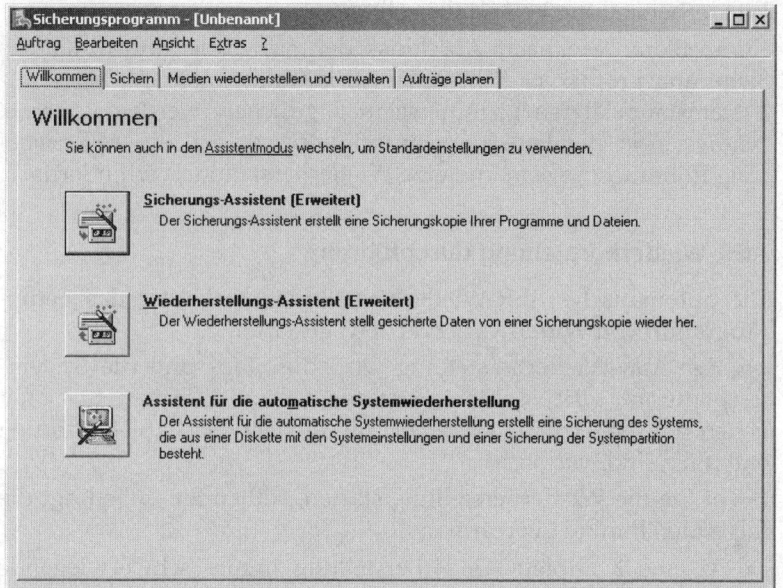

Abbildung 17.16:
Ausgangspunkt für
den Start des ASR-
Assistenten

Damit starten Sie den Assistenten, der Sie durch alle weiteren
Schritte führt:

1. Bestimmen Sie zuerst das Sicherungsziel. Beachten Sie dabei,
   ein Gerät beziehungsweise Medium zu wählen, auf welches im
   Notfall bei der ASR-Wiederherstellung zugegriffen werden
   kann. Meist ungeeignet sind Netzwerklaufwerke sowie Geräte,
   die erst über Treiber von Drittherstellern eingebunden werden
   müssen. Zu empfehlen ist die Verwendung eines von Windows
   Server 2003 direkt unterstützten Bandlaufwerks oder einer externen Festplatten.

   Der Zugriff auf externe Festplatten via Firewire oder USB wird
   während einer ASR-Wiederherstellung ebenfalls nicht unterstützt. Besser geeignet sind daher externe SCSI-Laufwerke. Alternativ können Sie eine externe Firewire- oder USB-Festplatte
   aber für die Wiederherstellung aus ihrem Gehäuse nehmen und
   temporär an einen ATA-Port im Server anschließen.

2. Die Sicherung wird dann durchgeführt. Nach dem Abschluss der Haupt-Sicherung verlangt der Assistent nach dem Einlegen der Diskette.

Nach dem Beschreiben der Diskette ist die Sicherung abgeschlossen. Verwahren Sie die Diskette, gegebenenfalls zusammen mit dem Sicherungsmedium, an einem sicheren Ort. Disketten zeichnen sich nicht eben durch eine hohe Haltbarkeit aus. Erstellen Sie daher sofort eine Sicherungskopie. Zu empfehlen ist auch die Erstellung eines Disketten-Images über ein entsprechendes Tool eines Drittherstellers. Ohne die Diskette kann die ASR-Wiederherstellung keinesfalls gelingen.

Kontrollieren Sie nach Abschluss der Sicherung unbedingt das Sicherungsprotokoll. Achten Sie insbesondere darauf, dass alle Systemstatusdateien ordnungsgemäß gesichert werden konnten. Ist dies nicht der Fall, kann im schlimmsten Fall die ASR-Sicherung unbrauchbar sein und eine Wiederherstellung verhindern.

ASR-Wiederherstellung durchführen

Die automatische ASR-Wiederherstellung wird über das Setup-Programm von Windows Server 2003 gestartet.

Bei der ASR-Wiederherstellung wird die Start- und die Systemfestplatte mit allen Volumes neu angelegt und formatiert. Damit gehen alle Dateien und Ordner, die nicht in der ASR-Sicherung enthalten sind, verloren.

Bevor Sie die Wiederherstellung starten, sollten Sie unbedingt die folgenden Punkte überprüfen:

Check vor Wiederherstellung

- Da eine Komplett-Wiederherstellung immer schwerwiegende Ursachen hat, beispielsweise ein Festplatten-Crash, beheben Sie diese zunächst.

- Lässt sich das Betriebssystem wirklich nicht mehr starten, auch nicht im abgesicherten Modus?

Falls wichtige Systemdateien beschädigt sind (oder zu sein scheinen), lohnt sich ein Reparaturversuch über die Wiederherstellungskonsole. Starten Sie diese und führen Sie das Kommando CHKDSK aus. Oft können logische Datenfehler im Dateisystem damit zuverlässig behoben werden – und das System kann wieder starten.

Weiterführende Informationen finden Sie in Abschnitt 17.7.4 *Wiederherstellungskonsole* ab Seite 1321.

- Bei der automatischen Systemwiederherstellung wird das Systemvolume formatiert. Prüfen Sie deshalb zunächst, ob Sie hier seit dem Zeitpunkt der letzten Datensicherung eventuell Daten abgelegt haben, die dadurch sonst verloren gehen könnten.

Gehen Sie wie folgt vor, wenn Sie eine ASR-Wiederherstellung durchführen müssen:

1. Starten Sie den Server von der Installations-CD zu Windows Server 2003 neu.

2. Werden für den Zugriff auf die Festplatten Treiber von Drittherstellern benötigt, dann drücken Sie bei Erscheinen der entsprechenden Aufforderung die Funktionstaste F6 und legen Sie die Treiberdiskette ein.

3. Drücken Sie die Funktionstaste F2, wenn die Meldung hierzu erscheint. Damit starten Sie die ASR-Wiederherstellung.

4. Wenn die Aufforderung zum Einlegen der ASR-Diskette erscheint, dann kommen Sie dieser nach. Beachten Sie, dass nach dem Einlegen und Drücken einer beliebigen Taste der ASR-Wiederherstellungsprozess sofort startet.

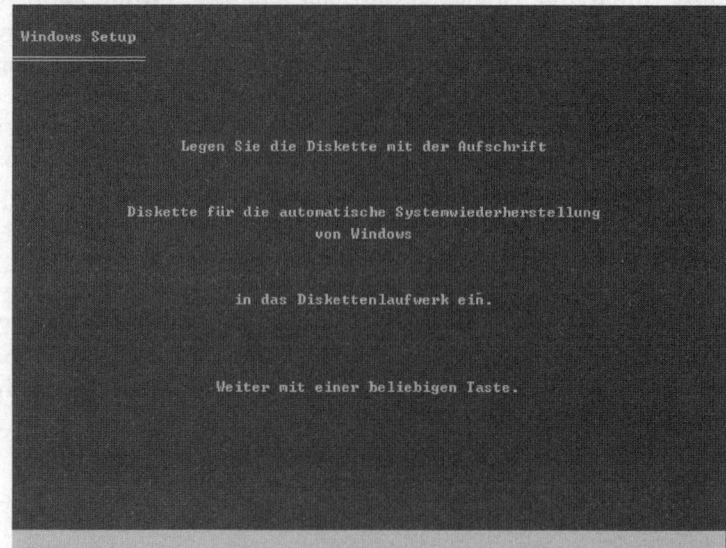

Abbildung 17.17:
Aufforderung zum
Einlegen der ASR-
Diskette

5. Die Wiederherstellung wird dann selbstständig, einschließlich der Formatierung der betroffenen Festplatten, durchgeführt. Es wird eine Basisinstallation von Windows Server 2003 vorgenommen, aus der dann automatisch NTBACKUP.EXE startet und alle Daten aus der Hauptsicherung wiederherstellt.

Nach einem abschließenden Neustart befindet sich, wenn alles gut gegangen ist, der Server wieder in dem Zustand, in welchem er sich vor der ASR-Sicherung befunden hatte. Ist dies ein Domänencontroller, wird er über die Replikation von einem eventuell vorhandenen anderen Domänencontroller wieder auf den neuesten Stand gebracht.

17.2 Active Directory-Verzeichnisdatenbank

Der Ausfall oder die Beschädigung der Verzeichnisdatenbank zählen für den Administrator sicherlich zu den schlimmsten Albträumen – wenn er darauf nicht richtig vorbereitet ist. In den nachfolgenden Abschnitten finden Sie Informationen, wie Sie diesem Active Directory-GAU vorbeugen können und was es für Möglichkeiten gibt, das Verzeichnis zu reparieren beziehungsweise ganz oder teilweise zu restaurieren.

17.2.1 Schutz der Verzeichnisdatenbank

Setzen Sie mehr als einen DC ein!

Die Verzeichnisdatenbank stellt sozusagen das »Herz« des Active Directory dar und ist demzufolge besonders schutzbedürftig. Sie wird durch die Domänencontroller geführt. Damit ergibt sich schon die sicherste und effektivste Schutzmöglichkeit: Verteilen Sie die Last der Verantwortung auf mehr als einen Domänencontroller. Die Verzeichnisdatenbank wird zwischen diesen über den Dateireplikationsdienst in regelmäßigen Abständen repliziert. Damit ist sie optimal geschützt, da auch der Ausfall eines Domänencontrollers ihr nichts mehr anhaben kann.

Das Installieren weiterer Domänencontroller ist Inhalt des Abschnitts *Hinzufügen weiterer Domänencontroller* ab Seite 827.

Fällt ein Domänencontroller aus, sind für dessen Ersatz einige Besonderheiten zu beachten. Lesen Sie dazu Abschnitt 12.1.3 *Administration von Betriebsmastern* ab Seite 829. Weitere Reparatur- und Wiederherstellungsmaßnahmen werden in den nachfolgenden Abschnitten beschrieben.

17.2.2 Pflege der Verzeichnisdatenbank

Insbesondere größere Datenbanken benötigen ab und an eine Pflege – ähnlich wie ein Dateisystem durch Defragmentierung. Sie können dies über das Dienstprogramm NTDSUTIL durchführen. Dabei wird eine Komprimierung und Neuindizierung der Datenbank auf dem Domänencontroller vorgenommen.

Setzen Sie mehrere Domänencontroller ein, müssen Sie diesen Vorgang auf jedem Domänencontroller separat durchführen. Über die automatische Replikation wird dies nicht erreicht.

Gehen Sie dann wie folgt vor:

1. Sichern Sie den derzeitigen Stand der Verzeichnisdatenbank, also den *Systemstatus*, über das Datensicherungsprogramm (siehe Abschnitt *Sicherung von Datenbeständen durchführen* ab Seite 1278).

2. Fahren Sie den Domänencontroller herunter und starten Sie ihn über das F8-Menü im Modus *Verzeichnisdienstwiederherstellung* (siehe Abschnitt 17.7.3 *Startmenü und abgesicherte Modi* ab Seite 1319). Sie benötigen dann das Kennwort des Administrators für die Verzeichnisdienstwiederherstellung. Dieses wird eingerichtet, wenn Sie einen normalen Server zum Domänencontroller heraufstufen, und unterscheidet sich im Normalfall vom Kennwort des »normalen« Administrator-Kontos in der Domäne. Genau genommen ist dies das Kennwort des lokalen Administrators auf diesem Server.

3. Öffnen Sie eine Eingabeaufforderung und starten Sie das Programm NTDSUTIL. Geben Sie an dessen Prompt ein:

```
Files ↵
```

4. Geben Sie dann das Kommando zum Komprimieren mit der Angabe eines temporären Verzeichnisses ein, in das die komprimierte Datenbank geschrieben werden soll:

```
Compact to g:\temp ↵
```

5. Kopieren Sie dann die neue, komprimierte Datenbank an ihren alten Speicherort zurück, beispielsweise so:

```
copy g:\temp\NTDS.DIT H:\WINNT\NTDS\NTDS.DIT ↵
```

6. Löschen Sie die alten Protokolldateien:

```
del L:\WINNT\NTDS\*.log ↵
```

7. Starten Sie den Domänencontroller neu.

Die genauen Speicherorte von Datenbank und Protkolldateien (diese müssen nicht im gleichen Verzeichnis liegen) erfahren Sie über die Ausgabe des Programms NTDSUTIL nach der Komprimierung. Diese Pfade legen Sie fest, wenn Sie einen Server zum Domänencontroller heraufstufen (siehe Abbildung 12.6 auf Seite 823). **Speicherorte von Datenbank und Protkolldateien**

17.2.3 Sicherung der Verzeichnisdatenbank

Die Verzeichnisdatenbank sollte natürlich regelmäßig gesichert werden. Dies erreichen Sie, indem Sie über das Datensicherungsprogramm den *Systemstatus* mit sichern. Beachten Sie dabei, dass das Sicherungsprogramm dies unterstützen und anbieten muss. **Systemstatus sichern**

Mit der integrierten Sicherungslösung NTBACKUP können Sie dies problemlos durchführen. In Abschnitt *Sicherung von Datenbeständen durchführen* ab Seite 1278 finden Sie dazu weiterführende Informationen. **NTBACKUP**

17.2.4 Wiederherstellung der Verzeichnisdatenbank

Die Wiederherstellung der Verzeichnisdatenbank ist dank leistungsfähiger Werkzeuge kein besonders aufwändiger Prozess. Sie haben dazu im Grunde drei Möglichkeiten, die nachfolgend erläutert werden.

Wiederherstellung über Replikation

Die einfachste Variante ergibt sich, wenn Sie mehrere Domänencontroller einsetzen. Damit sollten Sie immer über eine lauffähige Verzeichnisdatenbank verfügen. Der Ausfall eines Domänencontrollers kann somit keinen Schaden an dieser wichtigen Datenbank anrichten.

Neuinstallation und DCPROMO

Für die Wiederherstellung der Datenbank auf dem ausgefallenen Server können Sie so vorgehen:

1. Installieren Sie den Server komplett neu.
2. Stufen Sie den Server dann zum Domänencontroller herauf. Die Datenbank wird daraufhin von den anderen Domänencontrollern auf das neue System repliziert.

Weitere Hinweise

Beachten Sie dabei noch diese Hinweise:

- Stellen Sie sicher, dass auf dem neu installierten Server der gleiche Betriebssystem-Releasestand vorhanden ist. Installieren Sie gegebenenfalls das Servicepack, welches auch auf den anderen Domänencontrollern eingerichtet worden ist.
- Überprüfen Sie, ob wichtige Betriebsmasterfunktionen von dem ausgefallenen Domänencontroller ausgeübt worden sind, und verteilen Sie diese Rollen gegebenenfalls neu. Informationen zu den Grundlagen finden Sie dazu in Abschnitt 6.4.2 *Domänencontroller* ab Seite 347.

Nicht maßgebende Wiederherstellung

Haben Sie nur einen einzigen Domänencontroller im Einsatz, können Sie die Verzeichnisdatenbank über die Datensicherung wiederherstellen. Voraussetzung ist allerdings, dass Sie in dieser über eine aktuelle Sicherung der Systemstatusdateien verfügen (siehe Abschnitt *Sicherung von Datenbeständen durchführen* ab Seite 1278).

Diese Art der Wiederherstellung wird auch *Nicht maßgebende Wiederherstellung* genannt:

Ein DC

- Die Verzeichnisdatenbank ist genaugenommen nicht aktuell. Wenn Sie nur einen Domänencontroller einsetzen, spielt das keine Rolle.

Mehrere DCs

- Haben Sie mehrere Domänencontroller im Einsatz, können Sie einen ausgefallenen Server ebenfalls über diese Art der Wiederherstellung (anstelle einer Neuinstallation und anschließender Heraufstufung) mit einer funktionierenden Fassung der Verzeichnisdatenbank versehen. Allerdings wird über die Replikation nach Durchführung der Rücksicherung der Datenbank auf diesem Server sichergestellt, dass diese wieder auf den gleichen Stand gebracht wird wie auf allen anderen Domänencontrollern.

Damit ist klar: Die rückgesicherte Fassung der Verzeichnisdatenbank ist *nicht maßgebend*. Sie wird über die Replikation mit der aktuellen Datenbank im Verzeichnis überschrieben. Befinden sich in der Sicherung allerdings Objekte, die Sie beispielsweise fälschlicherweise gelöscht hatten und nun wiederherstellen wollen, werden diese über die Replikation nach der Rücksicherung wieder gelöscht. Wollen Sie dies vermeiden, müssen Sie eine *maßgebende Wiederherstellung* durchführen. Dies wird im nachfolgenden Abschnitt behandelt.

Gehen Sie zum Rücksichern der Datenbank wie folgt vor:

Nicht maßgebende Wiederherstellung durchführen

1. Sichern Sie noch einmal den derzeitigen Stand der Verzeichnisdatenbank, also den *Systemstatus*, auf ein separates Band oder in eine Sicherungsdatei.

2. Fahren Sie den Domänencontroller herunter und starten Sie ihn über das F8-Menü im Modus *Verzeichnisdienstwiederherstellung* (siehe Abschnitt 17.7.3 *Startmenü und abgesicherte Modi* ab Seite 1319).

3. Starten Sie das Datensicherungsprogramm NTBACKUP. Wählen Sie eine aktuelle Sicherung und markieren Sie in dieser nur den Eintrag SYSTEM STATE.

4. Starten Sie die Rücksicherung.

5. Fahren Sie danach den Server wieder herunter und im normalen Modus als Domänencontroller wieder hoch.

Danach sollte das Verzeichnis wieder wie gewohnt funktionieren. Seit der letzten Sicherung vorgenommene Änderungen sind dann natürlich nicht mehr enthalten.

Maßgebende Wiederherstellung

Die maßgebende Wiederherstellung brauchen Sie nur dann durchzuführen, wenn Sie mehrere Domänencontroller im Verzeichnis einsetzen und sicherstellen wollen, dass eine gesicherte Fassung der Verzeichnisdatenbank wieder voll implementiert wird (siehe auch vorhergehender Abschnitt).

Zusätzlich zu den Arbeitsschritten, die für eine nicht maßgebende Wiederherstellung durchzuführen sind, müssen Sie über das Dienstprogramm NTDSUTIL dafür sorgen, dass die USN (*Update Sequence Number*) aller oder ausgewählter Objekte erhöht wird, die aus der gesicherten Datenbank garantiert wiederhergestellt werden sollen. Sind diese USNs höher als auf den übrigen Domänencontrollern, wird über die Replikation sichergestellt, dass diese

USNs über NTDSUTIL erhöhen

Objekte vom wiederhergestellten Domänencontroller auf die anderen Domänencontroller kopiert werden.

Die USNs brauchen Sie dabei nicht von Hand zu erhöhen. Das Dienstprogramm NTDSUTIL sorgt eigenständig für eine Erhöhung um 100 000. Diese radikale Erhöhung sorgt dafür, dass garantiert die betroffenen Objekte eine höhere USN erhalten als die in der bisher Verzeichnisdatenbank.

Wiederherstellung durchführen

Gehen Sie so vor, um die Verzeichnisdatenbank maßgebend wiederherzustellen:

1. Führen Sie die Schritte 1 bis 4 wie bei der nicht maßgebenden Wiederherstellung durch (siehe vorhergehender Abschnitt).

2. Fahren Sie danach den Server *nicht herunter*, sondern öffnen Sie eine Eingabeaufforderung.

3. Starten Sie hier das Programm NTDSUTIL und geben Sie an dessen Prompt ein:

```
Authoritative Restore ↵
```

4. Geben Sie dann an, ob Sie die gesamte Datenbank oder nur ein bestimmtes Objekt maßgebend wiederherstellen wollen. Für die gesamte Datenbank geben Sie ein:

```
Restore Database ↵
```

Um nur ein bestimmtes Objekt mit höheren USNs zu versehen, geben Sie das Objekt in der folgenden Form an:

```
Restore Subtree cn=<name>,dc=<name> ↵
```

Um beispielsweise die OU *Autoren* der Domäne *Comzept.de* maßgebend wiederherzustellen, geben Sie folgendes ein:

```
Restore Subtree ou=Autoren,dc=Comzept,dc=de ↵
```

Abbildung 17.18:
Rückfrage vor Start
des Vorgangs

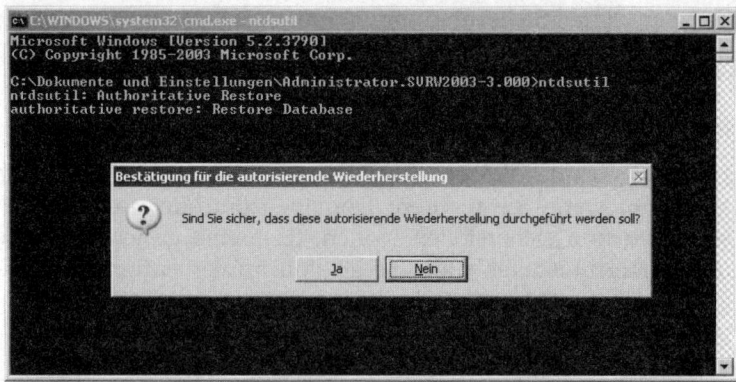

Vor der Erhöhung der USNs müssen Sie dann noch eine Sicherheitsrückfrage des Systems beantworten. Danach wird der Vorgang sofort an der Datenbank durchgeführt.

Nach Abschluss der Änderungen an der Datenbank verlassen Sie das Programm NTDSUTIL durch zweimalige Eingabe von Quit und starten den Server neu. Über die Replikation wird dann die derart wiederhergestellte Datenbank auf alle anderen Domänencontroller verteilt.

17.2.5 Reparatur der Verzeichnisdatenbank

Neben den beschriebenen Wiederherstellungsverfahren können Sie eine Verzeichnisdatenbank über das Dienstprogramm NTDSU-TIL auch reparieren. Dabei wird zwischen *Recover* und *Repair* unterschieden.

Über *Recover* wird ein »softes« Reparaturverfahren angewendet, bei dem die Datenbank über die Protokolldateien wiederhergestellt und anschließend neu indiziert wird.

Soft...

Mit *Repair* wird eine drastischere Reparaturmethode eingesetzt. Hier werden alle beschädigten Objekte (Datenbankseiten) radikal gelöscht. Sie sollten dieses Verfahren wirklich nur dann anwenden, wenn kein anderer Weg, einschließlich einer Wiederherstellung, gangbar ist.

...oder Hard

Reparatur mit RECOVER

Gehen Sie so vor, um die Reparatur mit *Recover* durchzuführen:

1. Sichern Sie zunächst den aktuellen Stand der Verzeichnisdatenbank über das Sichern des *Systemstatus*.
2. Fahren Sie den Domänencontroller herunter und starten Sie ihn über das F8-Menü im Modus *Verzeichnisdienstwiederherstellung*.
3. Öffnen Sie eine Eingabeaufforderung und starten Sie das Programm NTDSUTIL. Geben Sie am Prompt dann ein:

```
Files ↵
Recover ↵
```

4. Um semantische Fehler zu finden, beispielsweise Fehler in den logischen Verknüpfungen wie einen Benutzereintrag, der noch einen Verweis auf eine OU hat, die nicht mehr existiert, sollten Sie das Kommando Semantic database analysis verwenden. Geben Sie zuvor Quit ein, um wieder an den Ausgangsprompt von NTDSUTIL zu gelangen:

```
Quit ↵
Semantic database analysis ↵
```

Starten Sie dann die Überprüfung mit Go oder Go Fixup. Mit Go wird nur eine Prüfung vorgenommen. Änderungen werden noch nicht durchgeführt.

```
Go ↵
```

Mit Go Fixup werden gefundene Inkonsistenzen sematischer Art repariert.

```
Go Fixup ┘
```

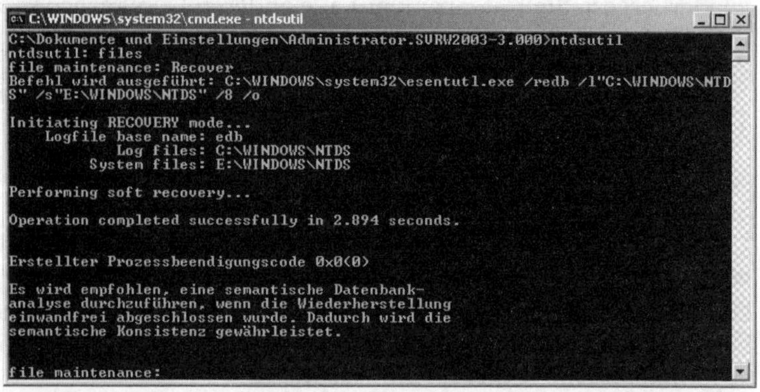

Abbildung 17.19:
Reparatur der Daten-
bank mit Recover
durchführen

5. Verlassen Sie nach der Durchführung der Reparaturen das Programm NTDSUTIL und starten Sie danach den Domänencontroller wieder neu.

Reparatur mit REPAIR

Wenn es keine andere Reparaturmöglichkeit gibt, gehen Sie so vor:

1. Führen Sie die ersten beiden Schritte aus, wie bei der Reparatur mit *Recover* beschrieben (siehe vorhergehender Abschnitt).

2. Geben Sie am Prompt FILE MAINTENANCE von NTDSUTIL den Befehl Repair ein:

```
Repair ┘
```

Verlassen Sie dann NTDSUTIL. Meldungen über Fehler werden während der Reparatur in die Datei REPAIR.TXT geschrieben, die Sie im Verzeichnis der Datenbank NTDS.DIT finden. Diese ist standardmäßig hier abgelegt:

```
\WINNT\NTDS
```

Den genauen Ort legen Sie fest, wenn Sie einen Server zu einem Domänencontroller heraufstufen (siehe Abbildung 12.6 auf Seite 823).

3. Löschen Sie die Protokolldateien der Datenbank. Den Speicherort haben Sie ebenfalls bei der Heraufstufung angegeben.

```
del L:\WINNT\NTDS\*.log ┘
```

Starten Sie nach Abschluss der Reparaturarbeiten den Server neu.

17.3 Schutz wichtiger Systemkomponenten

Vorbeugen ist
besser als heilen!

In diesem Abschnitt geht es darum, wie Sie wichtige Systembestandteile sichern können, damit Wiederherstellungsroutinen möglichst effektiv und schnell anwendbar sind. Windows Server 2003 verfügt über eigene Mechanismen, die beispielsweise wirksam verhindern, dass Installationsprogramme von Softwarepaketen ungefragt wichtige Systemdateien überschreiben und ein Serversystem instabil werden lassen.

17.3.1 Schutz und Überprüfung von Systemdateien

Eine Hauptursache für ein instabiles Verhalten eines Windows-Betriebssystems sind fehlerhafte oder nicht aktuelle Treiber- oder andere Systemdateien. Insbesondere für ein Serverbetriebssystem ist Stabilität jedoch eine der wichtigsten Anforderungen. In Windows Server 2003 sind aus diesem Grund mehrere Mechanismen implementiert worden, die potenziell gefährdete Systemdateien wirksam schützen und darüber hinaus dem Administrator die Möglichkeit geben, den Systemstatus zu überprüfen und bei Bedarf wiederherzustellen.

Windows-Dateischutz

Über den auch *Windows File Protection* (WFP) genannten Mechanismus, der permanent im Hintergrund läuft, wird überprüft, ob eine als geschützt vermerkte Systemdatei durch ein anderes Anwendungsprogramm ausgetauscht oder entfernt worden ist. Für die automatische Wiederherstellung der originalen beziehungsweise ordnungsgemäß zertifizierten Systemdateien werden Duplikate im Verzeichnis DLLCACHE vorgehalten:

Windows File Protection

```
%Systemroot%\system32\dllcache
```

Dauerhaft überschrieben werden geschützte Systemdateien nur durch die folgenden Vorgänge:

Ausnahmen

- Aktualisierungen oder ein Update über das Setup-Programm von Windows Server 2003 (auch WINNT32.EXE)
- Installationen von Service Packs und Hotfixes für Windows Server 2003

Über die folgenden Richtlinien können Sie Einstellungen zum Windows-Dateischutz beeinflusse:

Gruppenrichtlinien

```
<Gruppenrichtlinienobjekt>
 \Computerkonfiguration
  \Administrative Vorlagen
   \System
    \Windows-Dateischutz
```

Ausführlich wird auf den Windows-Dateischutz in unseren Büchern *Windows 2000 im professionellen Einsatz* und *Windows XP Professional* eingegangen.

Überprüfung von Kernelmodus-Treibern

Wichtig für ein stabiles Laufzeitverhalten von Windows Server 2003 sind insbesondere sauber funktionierende Kernelmodus-Treiber. Bei einem fehlerhaften Treiber kann es hier sonst schnell zum gefürchteten *Blue Screen* (auch mit *STOP-Meldung* bezeichnet) kommen.

Für die Überprüfung von Kernelmodus-Treibern steht das Tool VERIFIER.EXE zur Verfügung. Haben Sie Probleme mit der Stabilität des Systems und kommt es des öfteren zu kompletten Abstürzen mit einem *Blue Screen*, können Sie damit zielgerichtet einzelne Treiber testen und so die Fehlerquelle eingrenzen. VERIFIER wird ausführlich in unseren Büchern *Windows 2000 im professionellen Einsatz* und *Windows XP Professional* besprochen.

17.4 Hilfe bei Treiberproblemen

Viele Probleme, die Sie mit einem Betriebssystem bekommen, haben meist mit nicht richtig funktionierenden Gerätetreibern zu tun. In den folgenden Abschnitten werden die Möglichkeiten von Windows Server 2003 vorgestellt, diese Probleme zu meistern.

17.4.1 Funktionsfähige Treiber reaktivieren

Treiber-Rollback

Windows Server 2003 verfügt wie Windows XP über eine Funktion, mit deren Hilfe Sie eventuelle Probleme mit Gerätetreibern schnell in den Griff bekommen können. Bei der Installation eines neuen Treibers werden die bisher verwendeten Treiberdateien vom Betriebssystem gesichert. Stellen Sie fest, dass ein neu installierter Treiber, beispielsweise für eine Netzwerkkarte, ein instabiles System zur Folge hat, können Sie mit einem einfachen und schnellen Verfahren den alten Treiber wieder reaktivieren. Dieses Verfahren funktioniert übrigens nicht bei Druckertreibern.

Gehen Sie wie folgt vor, wenn Sie einen vormals funktionierenden Treiber reaktivieren wollen:

1. Öffnen Sie den *Gerätemanager*, beispielsweise über die Managementkonsole *Computerverwaltung*.

   Über ANSICHT | AUSGEBLENDETE GERÄTE ANZEIGEN erhalten Sie momentan nicht aktive Geräte angezeigt, für die aber Treiber installiert worden sind.

2. Markieren Sie das betreffende Gerät und öffnen Sie dessen EIGENSCHAFTEN-Dialogfenster über das Kontextmenü.

3. In der Registerkarte TREIBER finden Sie die Schaltfläche VORHERIGER TREIBER. Wenn Sie diesen betätigen, wird versucht, den zuvor installierten Treiber wieder zu reaktivieren.

Sind keine gesicherten Treiber vorhanden, erhalten Sie eine entsprechende Fehlermeldung, anderenfalls werden die Treiber nach einer vorherigen Rückfrage zurückgespielt. Abhängig vom konkreten Gerätetyp ist eventuell ein Neustart erforderlich, damit der alte Treiber vollständig wieder eingesetzt werden kann.

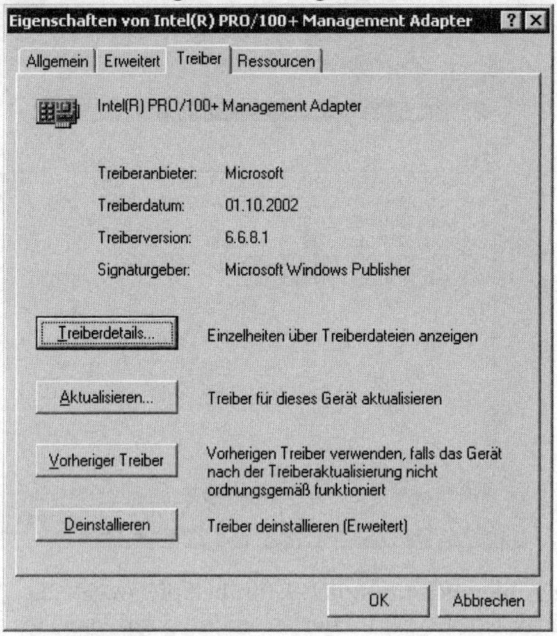

Eventuell Neustart erforderlich

Abbildung 17.20: Registerkarte Treiber im Eigenschaften-Dialogfenster eines Gerätes

Erweiterte Treibereigenschaften anzeigen

In Windows Server 2003 gibt es eine Funktion, mit der Sie verschiedene erweiterte Treibereigenschaften einsehen können. Dazu muss die folgende Systemvariable gesetzt sein, bevor Sie den Gerätemanager aufrufen:

Umgebungsvariable setzen

```
devmgr_show_details=1
```

Sie können diese Variable über das Eigenschaften-Fenster des Arbeitsplatz-Symbols einstellen. In der Registerkarte ERWEITERT finden Sie dazu die Schaltfläche UMGEBUNGSVARIABLEN.

Wollen Sie diese Variable nicht fest in den Systemeinstellungen verankern, empfiehlt sich das temporäre Setzen innerhalb einer Eingabeaufforderung. Wenn Sie dann über diese den Gerätemanager starten, liest er die Variable aus und zeigt die erweiterten Eigenschaften für die Treiber an. Geben Sie dazu an der Eingabeaufforderung die beiden folgenden Befehlszeilen ein:

```
set devmgr_show_details=1
devmgmt.msc
```

Aufruf über Eingabeaufforderung

Im Gerätemanager finden Sie dann im Eigenschaften-Dialogfenster eine weitere Registerkarte DETAILS.

Abbildung 17.21:
Erweiterte Detailan-
zeige für ein Gerät

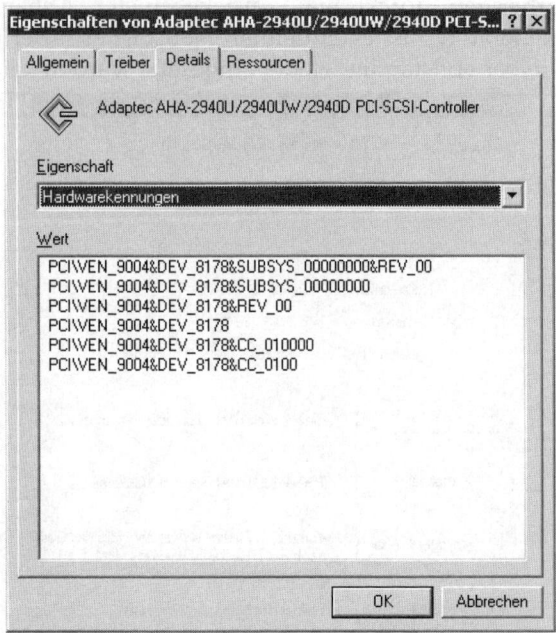

Für die Fehlersuche nützlich kann beispielsweise die Auswertung der Rubrik DIENST sein. Hier sehen Sie dann Dienste, die mit dem Gerät zusammenhängen. Fehlermeldungen im Ereignisprotokoll können so unter Umständen besser auf die eigentlichen Ursachen gedeutet werden.

17.4.2 Digitale Signaturen bei Treibern prüfen

Windows Hardware
Quality Lab

Für die Sicherstellung einer einheitlich hohen Qualität von Gerätetreibern hat Microsoft bereits mit Windows 2000 die Treibersignaturen eingeführt. Signaturen erhalten die Treiber, die umfangreiche Tests im von Microsoft geleiteten *Windows Hardware Quality Lab* (WHQL) bestanden haben. Die in den letzten beiden Jahren mit Windows 2000 gemachten Erfahrungen belegen tatsächlich, dass für ein instabiles System meist unsignierte Treiber verantwortlich waren. Das soll nicht alle Hersteller verunglimpfen, die noch keine Signatur aufweisen können, kann aber als nützlicher Hinweis dienen, bei Störungen zunächst nach unsignierten Treibern zu fahnden.

Signaturen und die Sicherheitskataloge

Digitale Signaturen zu einzelnen Systemdateien sind in speziellen Katalogen verzeichnet, die vor dem direkten Benutzerzugriff geschützt abgelegt sind. Sie befinden sich unterhalb des folgenden Verzeichnisses:

```
%Systemroot%\system32\CatRoot
```

Diese so genannten Sicherheitskataloge sind selbst durch ein digitales Zertifikat gekennzeichnet, sodass sichergestellt werden kann, dass gefälschte Signaturen nicht ohne Weiteres zum Einsatz kommen können. Diese Kataloge werden durch den Windows-Dateischutz gesichert. Kopien davon werden im DLLCACHE abgelegt (siehe auch Abschnitt *Windows-Dateischutz* ab Seite 1299).

Möchten Sie einen Treiber installieren, der keine gültige digitale Signatur aufweist, wird standardmäßig eine entsprechende Warnung ausgegeben. Diese können Sie natürlich übergehen, tun dies dann aber mit dem Risiko eines eventuell instabilen Systems. Es kann sicher als Idealzustand angesehen werden, ausschließlich signierte Treiber zu benutzen. Dies wird dann aber die Palette nutzbarer Hardware-Ressourcen unter Umständen einschränken.

Warnung bei Installation unsignierter Treiber

Unter Windows Server 2003 gibt es eine spezielle Gruppenrichtlinie, über die Sie das Systemverhalten in Bezug auf die Treiberinstallation beeinflussen können:

Gruppenrichtlinie

```
<Gruppenrichtlinienobjekt>
 \Benutzerkonfiguration
  \Administrative Vorlagen
   \System
    \Codesignatur für Gerätetreiber
```

Prüfung von Treibersignaturen mit SIGVERIF.EXE

Für die Überprüfung von Signaturen gibt es unter das Tool SIGVERIF.EXE. Das Programm verfügt über eine grafische Bedienoberfläche.

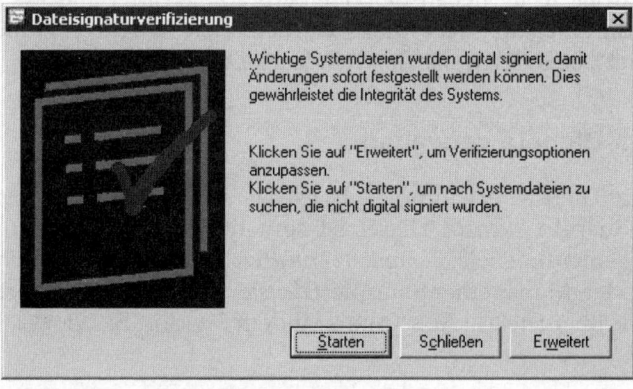

Abbildung 17.22: Dienstprogramm SIGVERIF

Standardmäßig werden alle Dateien im Systemverzeichnis %System-root% und in allen Unterverzeichnissen überprüft. Nach Beendigung des Prüfvorganges erhalten Sie eine Übersicht mit der Angabe der nicht signierten Systemdateien.

Abbildung 17.23:
Liste der nicht sig-
nierten Dateien

Eine Protokolldatei mit dem Namen SIGVERIF.TXT *wird ebenfalls*

Protokolldatei
SIGVERIF.TXT

Eine Protokolldatei mit dem Namen SIGVERIF.TXT wird ebenfalls standardmäßig im Verzeichnis %Systemroot% angelegt, in der alle Systemdateien mit ihrem Signaturstatus aufgeführt werden.

Erweiterte Einstel-
lungen

Über die Schaltfläche ERWEITERT des Startfensters von SIGVERIF lassen sich die Programmfunktionen anpassen. Über die erweiterten Suchen-Einstellungen können Sie festlegen, dass nur bestimmte Dateien in speziellen Ordnern untersucht werden sollen.

Unter PROTOKOLLIEREN können Sie bestimmen, ob ein Protokoll aufgezeichnet und wo dieses gespeichert werden soll.

17.5 Umgang mit Systemdiensten

Eine große Rolle neben den Treibern spielen in Windows Server 2003 die Dienste. Über diese werden viele wichtige Funktionen realisiert, beispielsweise der Windows-Druckerspooler.

17.5.1 Dienste verwalten

SERVICES.MSC

Für die Diensteverwaltung gibt es das separate Managementkonsolen-Snap-In *Dienste*. Dieses ist sowohl in der vorkonfigurierten Managementkonsole *Computerverwaltung* zu finden als auch separat in der Managementkonsole *Dienste*. Letztgenannte starten Sie einfach über START | AUSFÜHREN, indem Sie dort SERVICES.MSC eingeben.

Wenn Sie auf einen Dienst klicken, erhalten Sie in der Manage- **Informationen**
mentkonsole eine kurze Erklärung zu seiner Funktion. Vorausset- **erhalten**
zung ist allerdings, dass zu diesem Dienst diese Information
angelegt worden ist. Dienste, die über Softwarepakete von Drittherstellern installiert werden, haben diese unter Umständen nicht.

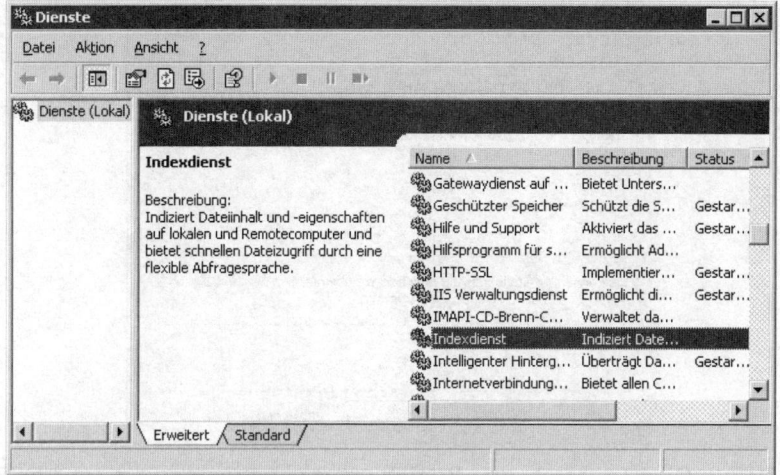

Abbildung 17.24:
Managementkonsole
Dienste

Über die Symbolleiste können Sie einen Dienst steuern: **Starten und**
                                                                        beenden

▶   Startet einen beendeten oder angehaltenen Dienst..

■   Beendet den betreffenden Dienst.

‖   Hält einen Dienst an; der Dienst muss das zulassen.

■▶ Beendet den Dienst und startet ihn sofort neu.

Diensteverwaltung im Detail

Doppelklicken Sie auf einen Dienst, öffnet sich ein entsprechendes
Detailfenster zu diesem.

In der Registerkarte ALLGEMEIN finden Sie neben den Schaltflächen **Startart festlegen**
zum STARTEN und BEENDEN auch das Auswahlfeld STARTTYP.

- AUTOMATISCH: Der Dienst wird beim Systemstart automatisch
  gestartet.

- MANUELL: Der Dienst wird manuell von einem Benutzer oder
  einem anderen Dienst gestartet.

- DEAKTIVIERT: Der Dienst wird nicht gestartet, bis die Startart
  auf eine der anderen beiden Optionen umgestellt wird.

Zum Start mancher Dienste können auch weitere Startparameter **Startparameter**
übergeben werden. Diese werden dann wie bei einem normalen
Programm die Kommandozeilenoptionen durch den Dienst ausgewertet.

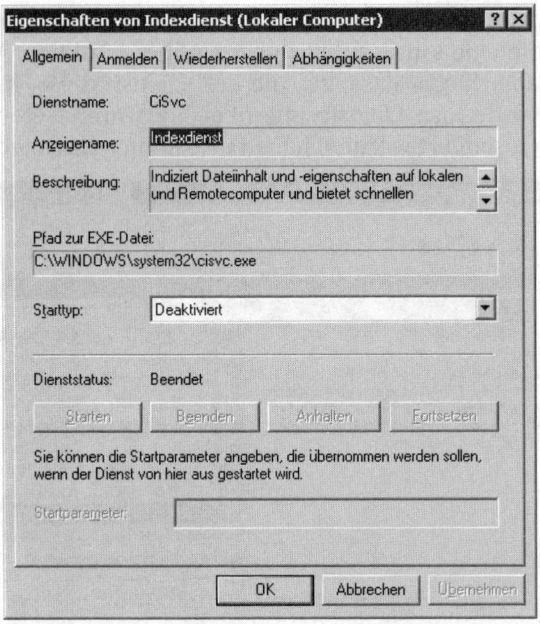

Abbildung 17.25:
Detailfenster zu
einem Dienst

Anmeldekonto

Damit Dienste durch das Betriebssystem verwaltet werden können, werden sie einem bestimmten Konto zugeordnet. Für viele Systemdienste ist das das lokale Systemkonto. Bestimmte Dienste können aber auch unter speziellen Sicherheitskonten oder Benutzerkonten ausgeführt werden. Diese Einstellungen legen Sie unter der Registerkarte ANMELDEN fest.

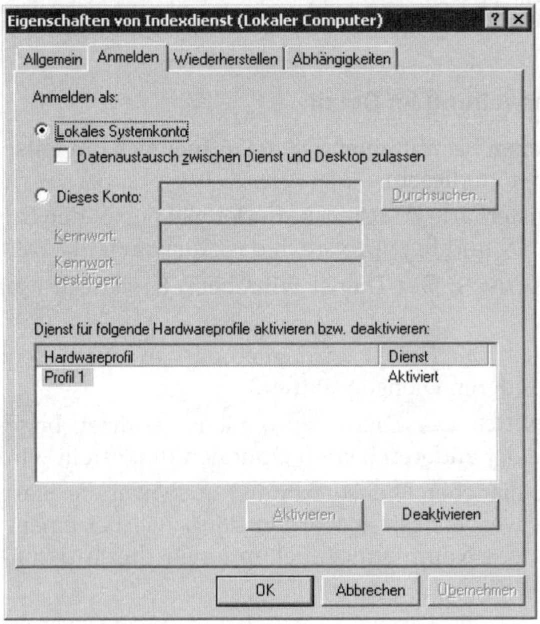

Abbildung 17.26:
Diensteanmeldung
festlegen

Läuft der Dienst unter dem lokalen Systemkonto, können Sie zusätzlich festlegen, ob mit einem eventuell angemeldeten Benutzer ein Datenaustausch stattfinden darf.

Über die Registerkarte WIEDERHERSTELLEN können Sie festlegen, was geschieht, wenn ein Dienst unerwartet beendet werden sollte. Ein Dienstausfall wird übrigens auch in den Ereignisprotokollen erfasst, sodass ein Ausfall und automatischer Neustart nicht verborgen bleiben können.

Verhalten bei Dienstausfall

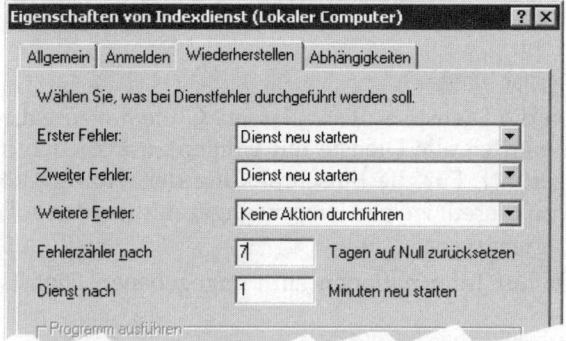

Abbildung 17.27: Verhalten bei Dienstausfall festlegen

Viele Dienste hängen eng miteinander zusammen. Startet ein Dienst nicht, kann dafür eventuell das Nichtfunktionieren eines anderen Dienstes verantwortlich sein. Mit diesen Informationen können Sie unter Umständen den Verursacher von Problemen ausmachen.

Abhängigkeiten prüfen

17.5.2 Dienste über die Kommandozeile steuern

Für spezielle Administrationsaufgaben kann es sinnvoll sein, Dienste über die Eingabeaufforderung zu steuern. Windows Server 2003 bietet dazu standardmäßig zwei Kommandozeilentools, SC.EXE und NET.EXE, die nachfolgend vorgestellt werden.

Dienste mit SC.EXE steuern

Dieses Tool stellt im Prinzip das nichtgrafische Pendant zum Managementkonsolen-Snap-In *Dienste* dar (siehe vorhergehender Abschnitt). Die Bedienung ist allerdings aufgrund der Mächtigkeit dieses Werkzeugs recht komplex. An dieser Stelle werden einige ausgewählte Optionen von SC.EXE vorgestellt. Informationen zu allen Optionen finden Sie in der Online-Hilfe.

Wollen Sie nur einen Dienst einfach über die Eingabeaufforderung lokal am Server starten oder stoppen, empfiehlt sich die Nutzung des Programms NET.EXE, welches im nachfolgenden Abschnitt ab Seite 1309 beschrieben wird.

Remotezugriff möglich

Das Programm kann im Unterschied zu NET.EXE auch für entfernte Systeme eingesetzt werden. Dazu lässt sich als erste Option der Name des Zielcomputers einsetzen.

Dieser Computer-Name muss nach im UNC-Format angegeben werden, beispielsweise:

`Sc \\SERVER <optionen>`

Wollen Sie SC.EXE nur für den lokalen Computer ausführen, kann die Angabe eines Zielsystems entfallen.

Die weiteren vorgestellten Optionen zu SC.EXE sind nach Funktionen geordnet:

Dienste auflisten

`Sc query [<optionen>]`

Sie können die Dienste auflisten lassen. Ohne die Angabe weiterer Optionen werden alle Dienste mit einigen zusätzlichen Informationen aufgeführt. Für die Einschränkung der Anzeige können Sie genau spezifizieren, welche Dienste angezeigt werden sollen:

`Sc query <dienstname>`

Es werden nur Informationen zum angegebenen Dienst ausgegeben.

`Sc query type= <art>`

Sie können die Anzeige auf bestimmte Dienst-Arten beschränken. Beachten Sie, dass das Leerzeichen zwischen dem Gleichheitszeichen und <art> gesetzt sein muss. Das gilt auch für alle anderen entsprechenden Optionen. Folgende Werte sind für <art> zulässig:

`all`	Listet alle Treiber und Dienste auf.
`driver`	Listet nur die Treiber auf.
`service`	Listet nur die Dienste auf. Das ist die Standardeinstellung, wenn Sie keinen Wert setzen.

`Sc query type= <typ>`

Zusätzlich zur Dienst-Art oder alleinstehend können Sie diese Option einsetzen. Damit lassen sich Dienste nach ihrem Typ auswählen:

`own`	Listet Treiber und Dienste auf, die als eigenständige Prozesse ausgeführt werden. Das ist die Standardeinstellung.
`share`	Listet Dienste auf, die eine ausführbare Datei mit anderen Diensten gemeinsam nutzen.
`interact`	Listet Dienste auf, die mit dem Desktop interagieren können. Diese Dienste laufen stets unter dem Konto *LocalSystem*.
`kernel`	Listet Kerneltreiber auf.
`filesys`	Listet Dateisystem-Treiber und –Dienste auf.

Sc query state= <status>

Dienste und Treiber können Sie auch nach ihrem Status auflisten lassen. Dabei sind folgende Werte für <status> möglich:

all　　　　Listet alle Dienste auf, ob inaktiv oder aktiv.

inactive　　Listet nur inaktive Dienste auf.

Sc pause <dienstname>

Mit dieser Option können Sie einen Dienst anhalten, sofern dieser das unterstützt.

Dienst anhalten

Sc stop <dienstname>
Sc start <dienstname> [<dienstargumente>]

Mit diesen beiden Optionen können Sie einen Dienst beenden beziehungsweise starten.

Dienst starten und beenden

Dienste mit NET.EXE steuern

Dienste lassen sich auch über das Kommandozeilen-Tool NET.EXE steuern. Der Aufruf von net start ohne weitere Optionen listet alle aktiven Dienste auf.

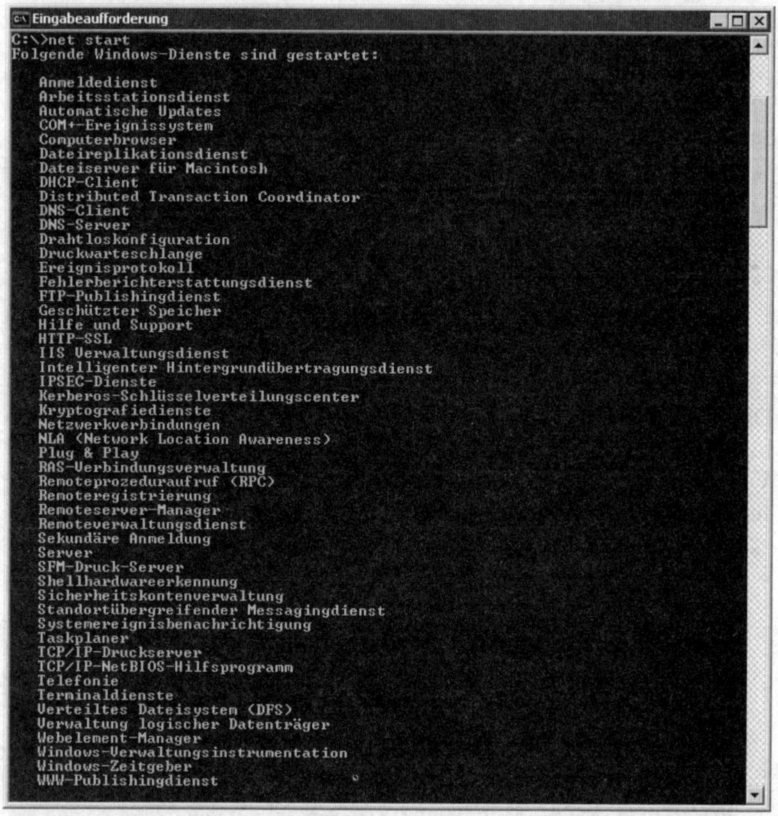

Abbildung 17.28: Liste aller aktiven Dienste

Enthält ein Dienstname Leerzeichen, fassen Sie ihn in zwei Anführungszeichen "" ein. Folgende Optionen können Sie außerdem verwenden:

Syntax

```
Net start <dienstname>
Net stop <dienstname>
Net pause <dienstname>
Net continue <dienstname>
```

17.6 Die Systemregistrierung

Die Systemregistrierung dient der Speicherung aller wesentlichen Konfigurationsinformationen. Sie besteht aus einer Reihe separater Datenbankdateien, die über Registrierungseditoren logisch dargestellt und bearbeitet werden können.

Nehmen Sie manuelle Änderungen an der Systemregistrierung grundsätzlich sehr sorgsam mit einer Sicherung des alten Standes vor. Eine Beschädigung der Systemregistrierung kann bis zur Unbrauchbarkeit des Serversystems führen.

17.6.1 Grundlegende Struktur

Physisch besteht die Registrierungsdatenbank aus nur zwei Schlüsseln:

Hardware und Software für alle

• HKEY_LOCAL_MACHINE

In diesem Schlüssel sind benutzerunabhängige Konfigurationsinformationen zur Hard- und Software des Systems abgelegt.

Benutzer

• HKEY_USERS

Dieser Schlüssel enthält das Stammverzeichnis aller im System registrierten lokalen Benutzer, einschließlich der Standardeinstellungen für alle neuen Benutzer.

Die logische Struktur der Registrierungsdatenbank besteht aus fünf Teilen. Diese Struktur entsteht, indem im Registrierungseditor Verweise auf Zweige der Hauptschlüssel als weitere Hauptschlüssel dargestellt werden.

• HKEY_CLASSES_ROOT

Dateinamen-Erweiterungen

Hier sind die Zuordnungen der Dateinamen-Erweiterungen zu den entsprechenden Anwendungsprogrammen zu finden. Auch COM-Komponenten und ActiveX-Steuerelemente tragen sich hier ein. Zur Bearbeitung derselben empfiehlt sich aber die Nutzung des Programms ORDNEROPTIONEN, welches Sie über das Menü EXTRAS eines Windows Explorer-Fensters erreichen.

Dieser Schlüssel ist ein Link auf:

```
HKEY_LOCAL_MACHINE\Software\Classes
```

- HKEY_CURRENT_USER

  Hier ist das Nutzerprofil des aktuell angemeldeten Benutzers **Nutzerprofil** abgelegt, wie beispielsweise die Einrichtung der Dateien und Anwendungen oder die Bildschirmfarben.

- HKEY_CURRENT_CONFIG

  Hier sind die Informationen zum Hardwareprofil hinterlegt, **Hardwareprofil** welches beim Start des Windows-Systems auf Ihrem Computer benutzt wird. Dieser Zweig ist ein Link auf folgenden Pfad der Registrierung:

```
HKEY_LOCAL_MACHINE
 \SYSTEM
  \CurrentControlSet
   \Hardware Profiles
    \Current
```

Die Dateien der Registrierungsdatenbank sind im folgenden Ver- **Speicherort** zeichnis abgelegt:

```
%Systemroot%\System32\Config
```

Sie besteht aus den folgenden Dateien:

- DEFAULT
- SOFTWARE
- SAM
- SYSTEM
- SECURITY

Dazu kommen noch diese benutzerspezifischen Dateien:

- NTUSER.DAT

  In dieser Datei befindet sich die Konfiguration des jeweiligen Benutzerprofils. Sie liegt in folgendem Verzeichnis:

```
%Systemdrive%
 \Dokumente und Einstellungen
  \<benutzername>
```

- USRCLASS.DAT

  Die benutzerspezifischen Teile des HKEY_CLASSES_ROOT-Zweiges sind in dieser Datei untergebracht. Sie liegt in folgendem Verzeichnis:

```
%Systemdrive%
 \Dokumente und Einstellungen
  \<benutzername>
   \Lokale Einstellungen
    \Anwendungsdaten
     \Microsoft
     \Windows
```

Aufbau der Registrierungseinträge

Die Daten der Registrierung – die Registrierungseinträge – sind hierarchisch angeordnet. Jeder Eintrag besitzt einen der folgenden Datentypen:

- REG_SZ

  In diesem Eintrag werden kurze Texte, so genannte Zeichenketten, gespeichert.

- REG_MULTISZ

  Wenn Listen gespeichert werden sollen, bietet sich dieser Typ an, der mehrere Zeichenketten aufnimmt.

- REG_EXPANDSZ

  Auch dieser Typ nimmt Zeichenketten auf, untersucht den Inhalt jedoch, um festzustellen, ob Variablennamen der Art %VARIABLE% enthalten sind. Ist das der Fall, wird die Variable durch ihren aktuellen Inhalt ersetzt, wenn Windows den Schlüssel verwendet.

- REG_BINARY

  Ein solcher Eintrag erfasst Binärdaten oder Informationen, die anderen Datentypen nicht zugeordnet werden können.

- REG_DWORD

  In einem solchen Eintrag wird ein 32-Bit-Wert gespeichert. Dies ist eine Zahl zwischen 0 und 4 294 967 295.

17.6.2 Bearbeiten der Registrierung

REGEDIT.EXE oder REGEDT32.EXE

Für die Bearbeitung der Registrierung steht ein Registrierungseditor zur Verfügung. Die noch unter Windows NT und Windows 2000 getrennt verfügbaren Werkzeuge REGEDIT.EXE und REGEDT32.EXE sind in ein Programm zusammengeführt worden. Jetzt führt ein Aufruf beider Varianten zum gleichen Programm.

Abbildung 17.29: Registrierungseditor REGEDIT.EXE

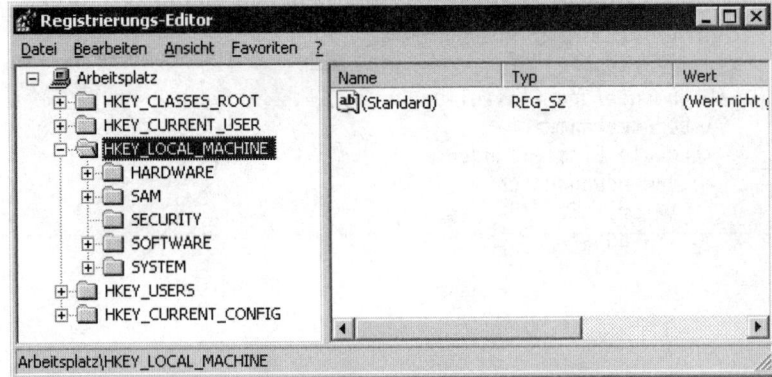

Der Registrierungseditor zeigt alle Unterschlüssel in einer kompletten Baumstruktur an, analog zur Darstellung der Verzeichnisse im Windows Explorer. Die Registrierungsdatenbank wird so als eine logische Einheit dargestellt.

Folgende Merkmale kennzeichnen das Programm:

- Suchfunktion

  Suchfunktion

  Über das Menü BEARBEITEN | SUCHEN oder die Tastenkombination STRG+F können Sie die Suchfunktion aktivieren. Die Suche beginnt bei dem aktuell geöffneten Unterschlüssel oder Wert. Dabei können Sie festlegen, ob Sie nach einem SCHLÜSSELNAMEN, bestimmten WERTEN oder inhaltlichen DATEN suchen wollen.

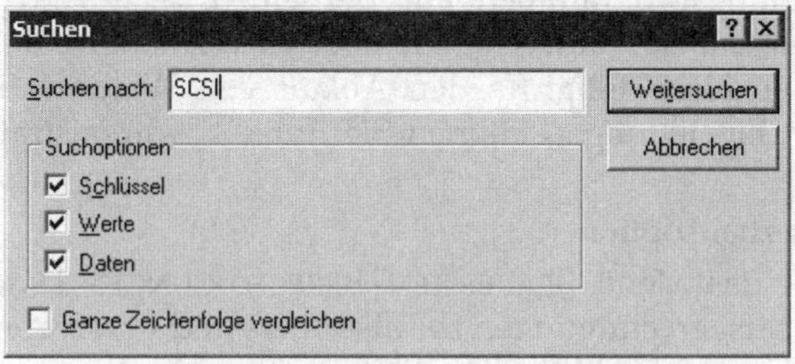

Abbildung 17.30:
Suchfunktion für die
Registrierung

Aktivieren Sie das Kontrollkästchen GANZE ZEICHENFOLGE VERGLEICHEN, muss der eingegebene Suchtext exakt mit den Werten beziehungsweise den Daten in der Registrierungsdatenbank übereinstimmen.

Über BEARBEITEN | WEITERSUCHEN oder die Funktionstaste F3 **Weitersuchen** können Sie nach einem einmal eingegebenen Suchbegriff weitersuchen lassen.

- Favoriten verwalten

  Für das Finden bestimmter Stellen in der Registrierungsdaten- **Favoriten** bank können Sie die FAVORITEN-Funktion benutzen. Über den gleichnamigen Menüpunkt fügen Sie einfach einen bestimmten Unterschlüssel als Favorit hinzu. Im Menü FAVORITEN erscheint dieser dann und steht für einen schnellen Zugriff bereit.

- Exportfunktion

  Die ganze Registrierungsdatenbank oder einzelne untergeord- **Export** nete Strukturen können Sie in eine Datei exportieren. Über das Hauptmenü DATEI | EXPORTIEREN erhalten Sie ein Eingabefenster, in welchem Sie den Namen der Datei angeben und darüber hinaus festlegen, ob die gesamte Datenbank oder nur eine Teilstruktur exportiert werden sollen.

Die exportierte Datei mit der Erweiterung .REG ist auch eine normale Textdatei, die mit jedem Editor bearbeitet werden kann. Allerdings wird sie durch eine spezielle Syntax zur Registrierungsdatei, die per Doppelklick wieder importiert werden kann.

- Importfunktion

Import

Neben dem Export können Sie Registrierungsdateien importieren. Gehen Sie dazu über DATEI | IMPORT.

Sicherheitsfunktionen

Die Registrierung verfügt über ein eigenes Sicherheitskonzept, um Anwendungsprogrammen auf der einen Seite Änderungen zu erlauben, auf der anderen Seite aber zu verhindern, dass wichtige Schlüssel durch Eingriffe den Ablauf von Windows stören. Die meisten Einstellungen können Sie nur als Administrator vornehmen.

- Sicherheitsoptionen

Sicherheit

Über das Menü BEARBEITEN | BERECHTIGUNGEN lassen sich die Zugriffsberechtigungen für alle über- und untergeordneten Kategorien und Schlüssel explizit setzen.

Abbildung 17.31: Festlegen von Berechtigungen

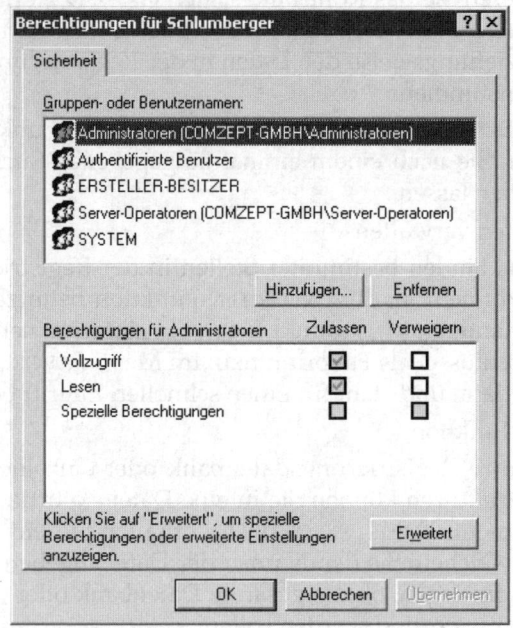

- Überwachung

Überwachung

Darüber hinaus können Sie auch Kategorien oder Schlüssel überwachen lassen. Eine Änderung, so sie zugelassen ist, wird dann im Ereignisprotokoll aufgezeichnet. Die Überwachung

können Sie über die Schaltfläche ERWEITERT beim Dialogfenster
für die BERECHTIGUNGEN definieren (siehe Abbildung 17.31).

Beachten Sie, dass zum Wirksamwerden der Überwachung die
entsprechende ÜBERWACHUNGSRICHTLINIE eingestellt sein muss.
Beachten Sie, dass in einer Domäne des Active Directory die Sicherheitsrichtlinien auf Domänenebene Vorrang vor den lokalen haben.

17.7 Systemwiederherstellung nach Totalausfall

Ein Totalausfall eines Serversystems ist wohl der Albtraum jedes
Netzwerkadministrators – wohl dem, der dann entsprechend redundante Systeme zur Verfügung hat beziehungsweise durch
regelmäßige Backups die Daten gesichert sind.

17.7.1 Übersicht der wichtigsten STOP-Meldungen

Da im Falle des Falles schnelle Hilfe nötig ist, finden Sie hier eine
Übersicht über die am häufigsten auftretenden STOP-Meldungen,
auch mit *Blue Screens* bezeichnet.

0x0000000A – IRQL_NOT_LESS_OR_EQUAL

Ursachen: Meist fehlerhafte Treiber; unter Umständen auch   0x0000000A
ein mangelhaftes Zusammenspiel zwischen Hard-
ware und Software durch defekte Komponenten.

Der Fehler wird durch den Versuch eines Treibers
verursacht, auf eine ungültige Speicheradresse zuzugreifen.

Strategien: Bei bestehender Installation:

- Evtl. zuletzt installierte Hardware entfernen
- F8-Menü – ABGESICHERTER MODUS
- Zuletzt installierte Treiber überprüfen bezie-
hungsweise deinstallieren (Rollback des Treibers
über Geräte-Managers versuchen)
- F8-Menü – LETZTE ALS FUNKTIONIEREND BE-
KANNTE KONFIGURATION

Bei Neuinstallation:

- BIOS-Caching im BIOS-Setup des Rechners deaktivieren
- Aktuelle Treiber besorgen
- Während Installation Computertyp manuell
auswählen (F5-Taste; siehe auch Seite 49)

0x000000D1 – DRIVER_IRQL_NOT_LESS_OR_EQUAL

0x000000D1

Ursachen: Meist ebenfalls fehlerhafte Treiber; wobei ein Treiber versucht hat, mit einem hohen IRQL (*Internal Request Level*) aus auslagerungsfähigen Arbeitsspeicher zuzugreifen.

Strategien: Bei bestehender Installation:

- Evtl. zuletzt installierte Hardware entfernen
- F8-Menü – ABGESICHERTER MODUS
- Zuletzt installierte Treiber überprüfen beziehungsweise deinstallieren (Rollback des Treibers über Geräte-Managers versuchen)
- F8-Menü – LETZTE ALS FUNKTIONIEREND BEKANNTE KONFIGURATION

0x0000001E – KMODE_EXCEPTION_NOT_HANDLED

0x0000001E

Ursachen: Verschiedene möglich. Achten Sie vor allem auf den Treibernamen, der in der Meldung genannt wird.

Strategien:
- Aktuelle Treiber (HCL beachten) besorgen bzw. Rollback des Treibers über Geräte-Managers versuchen
- Hardware überprüfen

0x000000EA – THREAD_STUCK_IN_DEVICE_DRIVER

0x000000EA

Ursachen: Fehlerhafte Funktion des Grafikkartentreiber; kann auch an einer defekten Grafikkarten-Hardware liegen

Strategien:
- F8-Menü – VGA-MODUS AKTIVIEREN
- Installieren eines Standard-Treibers, der mit Windows Server 2003 mitgeliefert wird
- Aktualisieren des Treibers des Grafikkarten-Herstellers
- Austausch der Grafikkarte

0x00000050 – PAGE_FAULT_IN_NONPAGED_AREA

0x00000050

Ursachen: Fehlerhafte Funktion eines Druckertreibers oder eines RAS-Treibers; angeforderte Daten konnten nicht im Arbeitsspeicher gefunden werden

Strategien:
- Installieren eines Standard-Treibers, der mit

Windows Server 2003 mitgeliefert wird

- Rollback des Treibers über Geräte-Managers versuchen
- Aktualisieren des Treibers über eine neue Version vom Hersteller

0x000000BE – ATTEMPTED_WRITE_TO_READONLY_MEMORY

Ursachen:	Fehlerhafte Funktion eines Gerätetreibers, der versucht hat, ein einen schreibgeschützten Teil des Arbeitsspeichers zu schreiben

0x000000BE

Strategien:
- F8-Menü – LETZTE ALS FUNKTIONIEREND BEKANNTE KONFIGURATION
- F8-Menü – ABGESICHERTER MODUS
- Rollback des Treibers über Geräte-Managers versuchen
- Installieren eines Standard-Treibers, der mit Windows Server 2003 mitgeliefert wird

0x00000024 – NTFS_FILE_SYSTEM

Ursachen:
- Starke Fragmentierung des NTFS-Volumes
- Evtl. Antivirensoftware oder andere Tools, die eine starke Belastung oder Überwachung des Volumes verursachen

0x00000024

Strategien:
- Deaktivierung von o.g. Software, falls installiert
- Schaffung genügend freien Speicherplatzes auf dem Volume
- Überprüfung auf logische Fehler (Programm CHKDSK) – auch mit der Wiederherstellungskonsole, falls nicht anders möglich
- Defragmentierung, insbesondere der MFT (siehe Seite 177)

0x0000002E – DATA_BUS_ERROR

Ursachen:	Häufig Fehler im physischen RAM des Servers
Strategien:	• Überprüfung und Austausch des RAMs

0x0000002E

0x0000007B – INACCESSIBLE_BOOT_DEVICE

Ursachen:	Während des Bootvorgangs konnte keine Verbin-

0x0000007B

dung des I/O-Systems zum Startvolume hergestellt werden.

Strategien:
- Virencheck des Master Boot Records
- Überprüfen der BOOT.INI, insbesondere nach Änderungen an der Festplattenkonfiguration (siehe auch Seite 88)

0x0000007F – UNEXPECTED_KERNEL_MODE_TRAP

0x0000007F

Ursachen: Oft liegt ein ernsthafter Hardwarefehler vor.

Strategien:
- F8-Menü – LETZTE ALS FUNKTIONIEREND BEKANNTE KONFIGURATION
- F8-Menü – ABGESICHERTER MODUS
- Hardware analysieren
- BIOS-Shadowing deaktivieren
- Chaches deaktivieren

0x0000021A – FATAL_SYSTEM_ERROR

0x0000021A

Ursachen: Es wurde der Systemprozess für die Windows-Anmeldung unerwartet beendet. Dies wird meist durch fehlerhafte Gerätetreiber verursacht (angezeigten Treibernamen beachten).

Strategien:
- F8-Menü – LETZTE ALS FUNKTIONIEREND BEKANNE KONFIGURATION
- F8-Menü – ABGESICHERTER MODUS
- Rollback des Treibers über Geräte-Managers versuchen
- Installieren eines neueren oder des Standard-Treibers, der mit Windows Server 2003 mitgeliefert wird

0x00000221 – BAD_IMAGE_CHECKSUM

0x00000221

Ursachen: Eine System- oder Treiberdatei ist beschädigt oder wurde manipuliert.

Strategien:
- F8-Menü – LETZTE ALS FUNKTIONIEREND BEKANNE KONFIGURATION
- F8-Menü – ABGESICHERTER MODUS
- Ersetzen der angegebenen Datei durch eine gültige Version

0x00000218 – UNKNOWN_HARD_ERROR

Ursachen: Eine Datei der Windows-Registrierungsdatenbank ist beschädigt. **0x00000218**

Strategien:
- F8-Menü – LETZTE ALS FUNKTIONIEREND BEKANNTE KONFIGURATION
- F8-Menü – ABGESICHERTER MODUS und Versuch, die Systemstatusdateien wiederherzustellen
- ASR-Systemwiederherstellung durchführen

Die meisten Fehler treten durch instabile Treiber auf, seltener durch Hardware-Defekte. Somit sollten Sie nach Möglichkeit sicherstellen, nur signierte Treiber einzusetzen. Beachten Sie auch die Supportquellen im Internet, die Sie in Anhang A finden können.

17.7.2 Überblick über Mittel und Wege zur Reparatur

Nach einem Totalausfall eines Windows Server 2003-Systems haben Sie mehrere Möglichkeiten, Ihr System wiederherzustellen:

Weg / Indikation	Seite
Abgesicherter Modus	1319
System startet noch, bleibt aber dabei hängen.	
System startet unmotiviert neu.	
Wiederherstellungskonsole	1321
System startet nicht mehr und manuelle Eingriffe sind notwendig.	

Tabelle 17.3: Überblick über die Möglichkeiten

17.7.3 Startmenü und abgesicherte Modi

Kann das System nicht mehr gestartet werden, können Sie zunächst versuchen, einen der abgesicherten Modi zu verwenden. Dabei werden nur die wichtigsten Treiber geladen, um das Betriebssystem in einer Art »Notfahrplan« zu starten.

Aufrufen des F8-Menüs

Um das Menü mit den erweiterten Startoptionen aufzurufen, drücken Sie die Funktionstaste F8 im Startmenü. Steht das Startmenü nicht zur Verfügung, betätigen Sie die Taste F8 direkt beim Beginn des Systemstarts.

Merkmale der abgesicherten Modi

Das Betriebssystem wird mit einer minimalen Anzahl von Treibern und Diensten gestartet. In jedem der abgesicherten Modi wird die folgende Protokolldatei erzeugt:

```
%Systemroot%\Ntbtlog.txt
```

Abbildung 17.32:
Erweiterte Start-
optionen

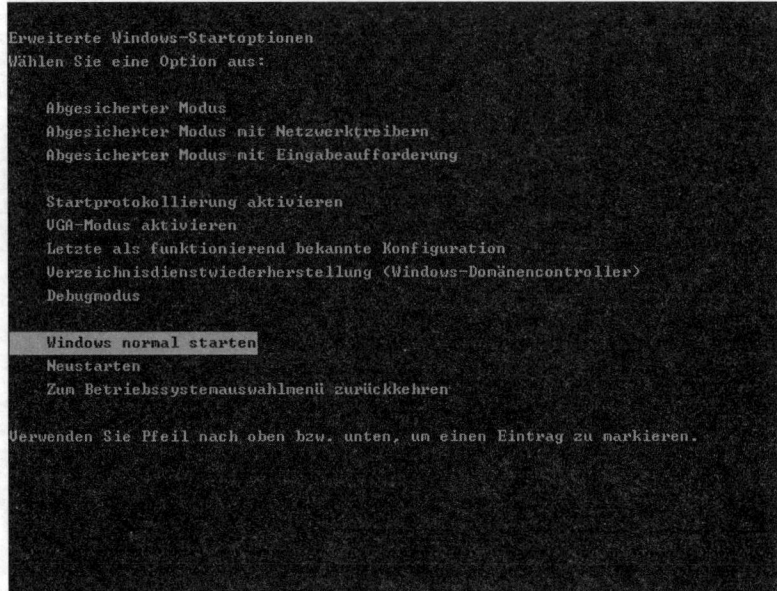

Funktionen des F8-Menüs

Die folgende Übersicht enthält die einzelnen Punkte des F8-Menüs:

- Abgesicherter Modus

  Es erfolgt keine Ausführung von Programmen, die in der AU-TOSTART-Gruppe eingebunden sind. Nicht ausgeführt werden auch Programme, die über die Registrierung oder die Dateien für das 16 Bit-Windowssubsystem WIN.INI und SYSTEM.INI für die automatische Ausführung beim Systemstart eingebunden sind. Das betrifft ebenso alle Programme, die eventuell über lokale Gruppenrichtlinien beim Start ausgeführt werden sollen.

- Abgesicherter Modus mit Netzwerktreibern

  Zusätzlich werden nur die notwendigen Netzwerktreiber und -dienste geladen, die einen Zugriff auf Netzwerkressourcen ermöglichen.

- Abgesicherter Modus mit Eingabeaufforderung

  Im Gegensatz zum normalen abgesicherten Modus wird nur die Eingabeaufforderung CMD.EXE geladen. Diese läuft in einem grafischen Fenster im 16 Farben Standard-VGA-Modus.

- Startprotokollierung aktivieren

  Erstellt auch beim normalen Startvorgang (Auswahl von NOR-
  MAL STARTEN) die Protokolldatei NTBTLOG.TXT im Verzeichnis
  %SYSTEMROOT% (siehe oben).

- VGA-Modus aktivieren

  Startet das Betriebssystem normal, bis auf die Ausnahme, dass
  für die Bildschirmausgabe ausschließlich der Standard VGA-
  Treiber benutzt wird. Damit können Sie beispielsweise bei einem Defekt des Grafiksystems Windows unter Umständen
  trotzdem noch starten.

- Verzeichnisdienstwiederherstellung

  Startet einen Domänencontroller im lokalen Modus, wobei versucht wird, die Verzeichnisdatenbank zu reparieren. Ist beispielsweise der Datenträger ausgefallen, auf dem die
  Protokolldatei für die Verzeichnisdatenbank geführt wird (siehe auch Abschnitt 12.1.2 *Einrichtung eines Domänencontrollers* ab
  Seite 820), können Sie den Datenträger ersetzen und mit dieser
  Option den Verzeichnisdienst wieder reparieren. Weitere Informationen finden Sie auch in Abschnitt 17.2.5 *Reparatur der
  Verzeichnisdatenbank* ab Seite 1297.

- Letzte als funktionierend bekannte Konfiguration

  Ersetzt den Zweig

  `HKEY_LOCAL_MACHINE\SYSTEM\CurrentControlSet`

  mit der gesicherten Einstellung der letzten funktionierenden
  Konfiguration. Damit können Sie eine startfähige Konfiguration
  wiederherstellen, wenn das System unmittelbar nach Installation einer neuen Hardwarekomponente beziehungsweise eines
  neuen Treibers nicht mehr starten will.

- Debugmodus

  Startet Windows Server 2003 im Debugmodus, der vor allem
  Entwicklern zum Testen neuer Software dienen kann.

Den Zusammenhang zwischen dem F8-Menü und den Einträgen
in der Datei BOOT.INI können Sie dem Abschnitt 3.2.5 *Die Datei
Boot.ini* ab Seite 88 entnehmen.

17.7.4 Wiederherstellungskonsole

Die Wiederherstellungskonsole stellt eine Art Eingabeaufforderung dar, bei der Sie über eine beschränkte Anzahl von Befehlen
bestimmte Reparaturmaßnahmen am installierten System durchführen können. Diese Befehle arbeiten ausschließlich im Textmo-
dus und sind im Vergleich zu ihren »normalen« Ausführungen im
Funktionsumfang teilweise eingeschränkt.

Starten der Wiederherstellungskonsole

Installations-CD

Die Wiederherstellungskonsole lässt sich über das Setup-Programm starten. Dazu benötigen Sie die Installations-CD von Windows Server 2003.

Abbildung 17.33:
Anzeige der gefun-
denen Installationen

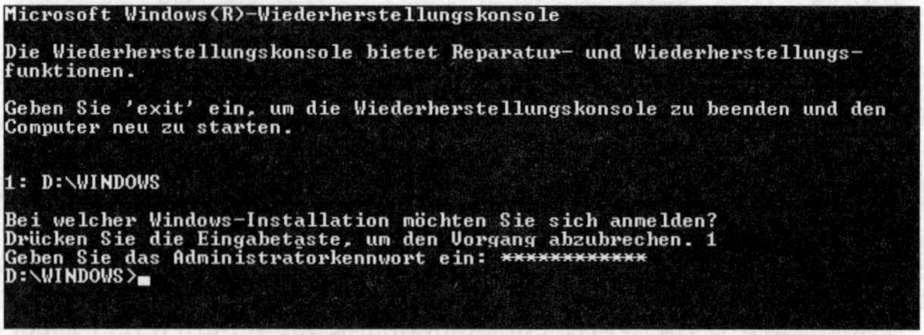

```
Microsoft Windows(R)-Wiederherstellungskonsole

Die Wiederherstellungskonsole bietet Reparatur- und Wiederherstellungs-
funktionen.

Geben Sie 'exit' ein, um die Wiederherstellungskonsole zu beenden und den
Computer neu zu starten.

1: D:\WINDOWS

Bei welcher Windows-Installation möchten Sie sich anmelden?
Drücken Sie die Eingabetaste, um den Vorgang abzubrechen. 1
Geben Sie das Administratorkennwort ein: ************
D:\WINDOWS>_
```

Nach dem Start von Setup

Nach dem Start des Setup-Programms gehen Sie wie folgt vor:

Drücken Sie die R-Taste, wenn Sie im Begrüßungsbildschirm des Setup-Programms angekommen sind. Danach werden die gefundenen Windows-Installationen aufgelistet (meist sicher nur eine) und zur Anmeldung angeboten. Wählen Sie die betreffende Installation aus und geben Sie die entsprechende Ziffer ein.

Nach der Eingabe des Administratorkennworts gelangen Sie in das %SYSTEMROOT%-Verzeichnis, im obigen Beispiel D:\WINDOWS. Jetzt stehen Ihnen die Befehle der Wiederherstellungskonsole zur Verfügung, die in Abschnitt *Befehle der Wiederherstellungskonsole im Überblick* ab Seite 1324 vorgestellt werden.

Wiederherstellungskonsole lokal installieren

Sie können die Wiederherstellungskonsole auch lokal auf Ihrem Server installieren und im Startmenü zur Auswahl anbieten. Durch die alleinige Zugriffsmöglichkeit über das Administratorkennwort bleibt dabei der Zugang auf befugte Personen beschränkt.

Aufruf von WINNT32.EXE

Für die lokale Installation benötigen Sie die Installations-CD oder den Zugriff auf das Verzeichnis mit den Installationsdateien I386. Geben Sie auf der Eingabeaufforderung oder über START | AUSFÜH-REN den folgenden Befehl ein:

`Winnt32.exe /cmdcons`

Nach dem Kopieren der erforderlichen Dateien befindet sich neben den normalen Einträgen im Startmenü einer für den Start der Wiederherstellungskonsole.

 Bei einem Fehler im Bootsektor oder im Master Boot Record (MBR) des Systemdatenträgers kann der Start der Wiederherstellungskonsole über das Startmenü verhindert sein.

Löschen der Wiederherstellungskonsole vom Server

Sie können die Wiederherstellungskonsole mit den folgenden Schritten von Ihrem Serversystem wieder entfernen:

1. Löschen Sie die geschützten Ordner \CMDCONS und \CMLDR aus dem Stammverzeichnis des Startvolumes. Um diese Ordner sehen zu können, müssen Sie im Windows Explorer über EXTRAS | ORDNEROPTIONEN | ANSICHT die Option ALLE DATEIEN UND ORDNER ANZEIGEN aktivieren. Deaktivieren Sie zusätzlich die Option GESCHÜTZTE SYSTEMDATEIEN AUSBLENDEN. **Löschen der Ordner \CMDCONS und \CMLDR**

2. Entfernen Sie den Eintrag aus der BOOT.INI, über welchen die Wiederherstellungskonsole aufgerufen wird (siehe auch Abschnitt 3.2.5 *Die Datei Boot.ini* ab Seite 88). **BOOT.INI anpassen**

Erweitern der Möglichkeiten der Befehle und Tools

Die Befehle und Tools, die Ihnen in der Wiederherstellungskonsole zur Verfügung stehen, sind in ihren Funktionen mitunter stark eingeschränkt. So können Sie beispielsweise keine Dateien auf externe Datenträger kopieren oder Platzhalter bei Befehlen benutzen.

Über den Befehl SET lassen sich entsprechende Umgebungsvariablen setzen, die diese Einschränkungen festlegen oder aufheben: **SET-Befehl**

- ALLOWWILDCARDS

  Steuert die Verwendung von Platzhaltern durch einige Befehle (beispielsweise bei DEL). Der Befehl COPY kann allerdings unabhängig von der Einstellung dieser Variablen nicht mit Platzhaltern umgehen.

- ALLOWALLPATHS

  Standardmäßig haben Sie zunächst nur Zugriff auf das %SYSTEMROOT%-Verzeichnis von Windows Server 2003. Über diese Variable können Sie einstellen, dass auf alle Verzeichnisse verzweigt und auf alle Dateien zugegriffen werden kann.

- ALLOWREMOVABLEMEDIA

  Der Zugriff auf Disketten oder andere Wechselmedien ist standardmäßig deaktiviert. Über diese Variable lässt sich diese Beschränkung aufheben. So können Sie beispielsweise Dateien von der Festplatte auf einen externen Datenträger kopieren.

- NOCOPYPROMPT

  Die FALSE-Einstellung dieser Variablen dient einer höheren Sicherheit bei Kopiervorgängen und sollte deshalb eher nicht umgestellt werden. Vor dem Überschreiben einer Datei erfolgt sonst keine warnende Rückfrage mehr.

SET ist standard-mäßig deaktiviert

Der Befehl SET und damit der Einfluss auf die Umgebungsvariablen ist standardmäßig aus Sicherheitsgründen deaktiviert. Die Aktivierung nehmen Sie über eine der Sicherheitsrichtlinien vor:

- Lokale Sicherheitsrichtlinie

  Gilt nur für das betreffende Windows Server 2003-System.

- Sicherheitsrichtlinie für Domänencontroller

  Gilt für alle Domänencontroller (siehe Abbildung 17.34).

- Sicherheitsrichtlinie für Domänen

  Gilt für alle Clientsysteme einer Domäne.

Abbildung 17.34:
Sicherheitsrichtlinie
auf Ebene der DC für
die Wiederherstel-
lungskonsole

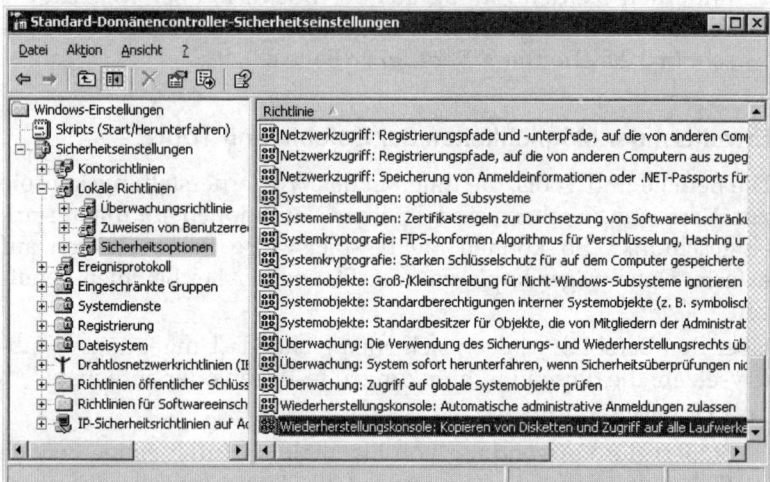

Aktivieren Sie in der entsprechenden Managementkonsole die Richtlinie WIEDERHERSTELLUNGSKONSOLE: KOPIEREN VON DISKETTEN UND ZUGRIFF AUF ALLE LAUFWERKE UND ALLE ORDNER ZULASSEN. Danach können Sie in der Wiederherstellungskonsole die Umgebungsvariablen neu setzen (siehe Seite 1323):

```
Set <variable> = True|False
```

Befehle der Wiederherstellungskonsole im Überblick

Hilfe zum Befehl mit <befehl> /?

Die folgende Übersicht enthält die wichtigsten Befehle der Wiederherstellungskonsole. Sie bekommen weitere Hilfe zu jedem Befehl, wenn Sie diesen mit dem Parameter /? aufrufen.

ATTRIB

ATTRIB ändert Attribute von Dateien oder Ordnern.

```
Attrib -|+ <attr> <datei>
```

<attr>:   c   Komprimiert

        h   Versteckt (Hidden)

        r   Schreibgeschützt (Read-Only)

        s   System

Es können auch mehrere Attribute hintereinander angegeben werden (beispielsweise +chr). Die Auswahl mehrerer Dateien über Platzhalter wie beispielsweise *.* wird nicht unterstützt.

Zur Auflistung von gesetzten Attributen können Sie den Befehl DIR benutzen.

Ber Befehl BATCH führt in einer Textdatei zusammengefasste Befehle aus. **BATCH**

`Batch <eingabedatei> [<ausgabedatei>]`

Die Bildschirmausgabe der Befehle können Sie in `<ausgabedatei>` umleiten lassen.

Für die Bearbeitung von Textdateien steht leider kein Editor zur Verfügung. Müssen Sie Einträge in der Datei BOOT.INI vornehmen oder ändern, können Sie den Befehl BOOTCFG benutzen. **BOOT.INI bearbeiten**

`Bootcfg <optionen>` **BOOTCFG**

Die einsetzbaren Optionen sind die folgenden:

/add   Nach Eingabe dieses Befehls sucht BOOTCFG nach vorhandenen Windows-Installationen auf allen angeschlossenen Festplatten. Es erkennt dabei die Betriebssystemversionen Windows NT, 2000/XP und Server 2003.

         Die gefundenen Windows-Installationen werden angezeigt. Sie können dann den gewünschten Eintrag auswählen. Geben Sie eine LADEKENNUNG für den Eintrag in der BOOT.INI an. Unter dieser wird der Eintrag auch im Bootmenü angezeigt. Danach können Sie noch ein oder mehrere Ladeoptionen angeben.

/default   Es werden Ihnen die gültigen Einträge der Sektion [operating systems] der BOOT.INI angezeigt. Sie können dann den Eintrag wählen, der als Standard-Starteintrag verwendet werden soll.

/list   • Es werden Ihnen alle gültigen Einträge der Sektion [operating systems] der BOOT.INI angezeigt.

/rebuild   Dieser Befehl arbeitet genauso wie /add, nur dass Sie alle gefundenen Windows-Installationen auf einmal in die BOOT.INI eintragen lassen können.

/scan   Es werden wie bei /Add alle Festplatten nach gültigen Windows-Installationen durchsucht und diese angezeigt. Änderungen an der BOOT.INI werden aber nicht vorgenommen.

Beide Befehle erlauben das Wechseln des aktuellen Verzeichnisses. **CD oder CHDIR**

`Cd [<Verzeichnis>]`

Bei Eingabe des Befehls ohne Parameter wird das aktuelle Verzeichnis angezeigt. Abhängig von der Umgebungsvariablen ALLOWALLPATHS, die Sie mit SET setzen können, ist der Zugriff nur auf %SYSTEMROOT% oder auch auf andere Laufwerke und Verzeichnisse möglich.

CHKDSK

CHKDSK prüft den Datenträger auf logische Fehler und repariert diese.

`ChkDsk <lw:> [<par>]`

Es wird kein weiterer Parameter benötigt (wie beispielsweise /F beim Aufruf des gleichnamigen Programms in MS-DOS).

<par>:   /p   Erzwingt die Überprüfung auch bei als fehlerfrei gekennzeichneten Datenträgern.

         /r   Sucht nach fehlerhaften Sektoren und versucht, Daten wiederherzustellen (nur zusammen mit /p verwendbar).

CLS

CLS löscht den Bildschirm.

`Cls`

Es gibt keine weiteren Parameter zu diesem Befehl.

COPY

Mit COPY wird eine einzelne Datei kopiert.

`Copy <quelle> <ziel>`

Die Verwendung von Platzhaltern wird nicht unterstützt. Je nach Einstellung der Umgebungsvariable NOCOPYPROMPT, die Sie mit SET setzen können, werden Sie vor dem Überschreiben bestehender Dateien rückgefragt oder nicht. Beim Kopieren komprimierter Dateien, beispielsweise von der Windows Server 2003 Installations-CD, werden diese automatisch dekomprimiert.

DEL oder DELETE

Die Befehle löschen eine oder mehrere Dateien.

`Del <dateiname>`

Die Verwendung von Platzhaltern wie * oder ? ist zulässig, wenn die Umgebungsvariable ALLOWWILDCARDS mit SET auf TRUE gesetzt worden ist.

DIR

DIR listet Dateien und Ordner auf.

`Dir <dateiname>`

Es werden dabei auch die gesetzten Dateiattribute angezeigt:

a	Archiv	h	Versteckt
c	Komprimiert	p	Analysepunkt
d	Verzeichnis	r	Schreibgeschützt
e	Verschlüsselt	s	System

Die Verwendung von Platzhaltern wie * oder ? ist zulässig.

DISABLE

Der Befehl DISABLE deaktiviert den angegebenen Dienst oder Treiber.

`Disable <dienstname>`

Mit LISTSVC können Sie sich diese anzeigen lassen. ENABLE kann einen Dienst oder Treiber wieder aktivieren. Merken Sie sich dazu sicherheitshalber die bei DISABLE angezeigte Original-Startart.

Dient zur Verwaltung von Partitionen auf Datenträgern.   **DISKPART**

`DiskPart [/add|/delete] [<gerät>|<lw:>|<partition>] [<größe>]`

Bei Start ohne Angabe von Parametern können Sie diese Aufgaben über eine einfache, textorientierte Benutzeroberfläche vornehmen.

`/add`	Erstellt eine neue Partition (freier Bereich vorausgesetzt).
`/delete`	Löscht die angegebene Partition.
`<gerät>`	Ein gültiger Windows-Gerätename; beispielsweise \DEVICE\HARDDISK0. Zulässige Bezeichnungen erhalten Sie über den Befehl MAP.
`<lw:>`	Laufwerkbuchstabe für eine Partition, die gelöscht werden soll.
`<partition>`	Bezeichnung der Partition, die gelöscht werden soll, beispielsweise \DEVICE\HARDDISK0\PARTITION1. Die gültige Bezeichnung erhalten Sie über den Befehl MAP.

Der Befehl ENABLE erlaubt das Aktivieren eines Dienstes oder **ENABLE** Treibers.

`Enable <dienstname> [<startart>]`

Wichtig ist die korrekte Angabe der Startart `<startart>`:

SERVICE_BOOT_START

SERVICE_SYSTEM_START

SERVICE_AUTO_START

SERVICE_DEMAND_START

Bei Ausführen des Befehls ohne die Angabe von `<startart>` wird die aktuelle Einstellung der Startart angezeigt. Deaktivierte Dienste oder Treiber (siehe auch DISABLE) haben die Startart SERVICE_DISABLED.

EXIT beendet die Wiederherstellungskonsole.   **EXIT**

`Exit`

Dabei wird der Computer neu gestartet.

EXPAND expandiert komprimierte Dateien oder CAB-Dateien.   **EXPAND**

`Expand <quelle> [<ziel>] [/y]`

`Expand <quelle> /f:<dateinamen> [<ziel>] [/y]`

`Expand <quelle> /f:<dateinamen> /d`

Dabei werden sie an den angegebenen Ort kopiert.

`<quelle>`	Die zu expandierende Datei. Platzhalter wie * oder ? sind nicht zulässig.
`<ziel>`	Zielordner oder Dateiname für die expandierte Datei. Ohne diese Angabe wird das aktuelle Verzeichnis und der gleiche Dateiname verwendet.

/f:	Bei Expandieren von Cab-Archiven können Sie die betreffenden Dateien angeben. Dabei können Platzhalter verwendet werden.
/y	Es erfolgt keine Rückfrage vor dem Überschreiben bestehender Dateien.
/d	Zeigt den Inhalt einer Cab-Datei an (ohne Expansion).

FIXBOOT FIXBOOT schreibt einen neuen Bootsektor auf den mit seinem Laufwerkbuchstaben (`<lw:>`) angegebenen Datenträger.

FixBoot [<lw:>]

Wird `<lw:>` nicht angegeben, wird die Aktion für den Startdatenträger vorgenommen (siehe Abschnitt 3.2 *Basisdatenträger* ab Seite 80).

FIXMBR Der Befehl FIXMBR schreibt den Masterbootcode des MBR (Master Boot Record) neu.

FixMBR [<gerät>]

Die Partitionstabelle bleibt davon unbeeinflusst, wodurch Fehler an dieser mit diesem Befehl nicht behoben werden können. Ohne eine weitere Angabe wird die Festplatte 0 angenommen. Mit `<gerät>` können Sie aber die betreffende Festplatte genau festlegen, beispielsweise `\Device\Harddisk1` (siehe dazu Abschnitt 3.2 *Basisdatenträger* ab Seite 80).

FORMAT Mit FORMAT formatieren Sie einen Datenträger.

Format <lw:> [/q] [fs:<dateisystem>]

Geben Sie dazu das gewünschte Dateisystem an.

`<lw:>`	Laufwerkbuchstaben des betreffenden Datenträgers
/q	Formatierung erfolgt mit Quickformat.
/fs:	Gibt das gewünschte Dateisystem an: FAT, FAT32, NTFS. Ohne Angabe eines Dateisystems wird NTFS benutzt.

HELP Mit HELP werden alle Befehle der Wiederherstellungskonsole aufgelistet.

Help

Für die Erläuterung der Syntax eines Befehls rufen Sie diesen allein mit dem Parameter /? auf.

LISTSVC LISTSVC listet alle Dienste und Treiber der Windows Server 2003-Installation mit Angabe der aktuellen Startart auf.

ListSvc

Diese Angaben werden der Registrierungsdatei SYSTEM entnommen. Fehlt diese oder ist sie beschädigt, können die Angaben von LISTSVC unkorrekt sein. Informationen dazu finden Sie unter anderem in Abschnitt 17.6 *Die Systemregistrierung* ab Seite 1310.

LOGON LOGIN listet alle verfügbaren Windows-Installationen auf und ermöglicht die Anmeldung als Administrator.

Logon

So können Sie gegebenenfalls zwischen mehreren Installationen wechseln.

Ber Befehl MAP listet alle verfügbaren Massenspeichergeräte auf.   MAP

`Map [arc]`

Dies erfolgt in der Windows-Gerätesyntax, beispielsweise:

\DEVICE\HARDDISK0\PARTITION0

arc   Die Auflistung erfolgt in der Syntax der ARC-Pfade. Damit lassen sich beispielsweise die Einträge in der Datei BOOT.INI überprüfen oder wiederherstellen.

Mehr dazu finden Sie auch in Abschnitt 3.2.5 *Die Datei Boot.ini* ab Seite 88.

MD erstellt ein neues Verzeichnis.   **MD oder MKDIR**

`Md [<lw:>]<verzeichnis>`

Sie können vor dem Verzeichnisnamen auch den Laufwerkbuchstaben des Datenträgers angeben, auf dem das Verzeichnis erstellt werden soll.

Zeigt den Inhalt der angegebenen Datei auf dem Bildschirm an.   **MORE oder TYPE**

`More <dateiname>`
`Type <dateiname>`

Es gibt keine weiteren Optionen zu diesen Befehlen.

RD löscht das angegebene leere Verzeichnis.   **RD oder RMDIR**

`Rd [<lw:>]<verzeichnis>`

Sie können vor dem Verzeichnisnamen auch den Laufwerkbuchstaben des Datenträgers angeben, auf dem das leere Verzeichnis gelöscht werden soll.

REN erlaubt das Umbenennen von Dateien.   **REN oder RENAME**

`Ren [<lw:>][<verzeichnis>]dateiname1 dateiname2`

Sie können für die genaue Spezifizierung der umzubenennenden Datei den entsprechenden Laufwerkbuchstaben und das Verzeichnis angeben. Die Verwendung von Platzhaltern wird nicht unterstützt.

Der Befehl SET setzt die entsprechenden Umgebungsvariablen der   SET
Wiederherstellungskonsole:

`Set [<umgebungsvariable> = True|False]`

Es stehen folgende Variablen zur Verfügung:

- ALLOWWILDCARDS
- ALLOWALLPATHS
- ALLOWREMOVABLEMEDIA
- NOCOPYPROMPT

Ohne Angabe einer Variablen werden die aktuell gesetzten Werte aller Variablen angezeigt.

Siehe auch Abschnitt *Erweitern der Möglichkeiten der Befehle und Tools* ab Seite 1323.

SYSTEMROOT Wechselt das aktuelle Verzeichnis in das %SYSTEMROOT%-Verzeichnis.

```
Systemroot
```

Es gibt keine weiteren Optionen zu diesem Befehl.

TYPE TYPE gibt den Inhalt aus einer Datei aus. In diesem Zusammenhang ist auch MORE interessant.

```
Type <dateiname>
```

IV

Anhänge

A Hilfe aus dem Internet

Hilfe für Windows 2000 findet man im Internet auf unzähligen Seiten.

A.1 Webadressen

Hier finden Sie eine Aufstellung interessanter Quellen für Hilfe und Softwarewerkzeuge.

Offizielle Seiten bei Microsoft

Erste Anlaufstelle bei Fragen zu Windows ist Microsoft selbst. Dabei ist die englische Site nach wie vor umfangreicher als die deutsche, wo mehr allgemeine und kaufmännische Informationen zu finden sind. Hier einige wichtige Einstiegspunkte:

* Deutsche »Startseite«:
  `www.microsoft.com/germany/ms/windowsserver2003/`
* Englische »Startseite«:
  `www.microsoft.com/windowsserver2003/`
* Support-Site (englisch):
  `www.microsoft.com/windowsserver2003/support/`
* Informationen für IT-Profis: Microsoft Technet (englisch):
  `www.microsoft.com/technet/windowsserver2003/`

Problemorientierte Sites

Die folgenden Seiten beinhalten vor allem Informationen zu Problemlösungen, Treibern sowie FAQ-Listen.

Windows & .NET Magazine

Diese Site bietet zur neuen Serverversion vielfältige Informationen. Der FAQ-Link landet bei `www.windows2000faq.com`, wo momentan noch eher wenige Einträge zu Windows Server 2003 zu verzeichnen sind.

  `www.winnetmag.com/WindowsServer2003/`

Win Total

Diese Site ist eine der wenigen deutschsprachigen. Der Teil für Windows Server 2003 ist bislang nicht besonders umfangreich. Vor allem Einsteiger finden hier Informationen. Es gibt aber auch Buchtipps und Links zu Artikeln (die aber teilweise wieder in englisch sind).

  `www.wintotal.de/`

WinFAQ

Diese Site ist eine umfassende FAQ-Liste in deutscher Sprache. Die Liste kann im HTML- oder Hilfe-Format geladen und dann offline gelesen werden. Neben Hilfestellungen finden Sie auch Buchtipps. Das Niveau der Fragen ist eher an den Bedürfnissen von Anfängern orientiert.

`www.winfaq.de`

TecChannel.de

Diese deutschsprachige Site behandelt alle aktuellen Betriebssysteme überblicksartig und gibt Tipps und Links zu Quellen im Internet, ist allerdings kostenpflichtig.

`www.tecchannel.de`

A.2 Newsgroups

Newsgroups bieten Hilfe von Anwendern für Anwender. Die Benutzung ist für Einsteiger sicher gewöhnungsbedürftig. Es lohnt sich aber, die eine oder andere Gruppe eine Zeit lang zu beobachten.

Microsoft Newsserver

Um alle Microsoft-Gruppen lesen zu können, nutzen Sie den folgenden Newsserver:

`msnews.microsoft.com`

Liste der offiziellen Newsgroups

Microsoft bietet eine ganze Reihe von Newsgroups an, die sich speziellen Themen rund um Windows Server 2003 widmen. Die folgende Liste zeigt die wichtigsten:

- Allgemein
  `microsoft.public.windows.server.general`
- Active Directory
  `microsoft.public.windows.server.active_directory`
- Migration
  `microsoft.public.windows.server.migration`
- Netzwerkfragen
  `microsoft.public.windows.server.networking`
- Sicherheit
  `microsoft.public.windows.server.security`

- Installation

  `microsoft.public.windows.server.setup`

- Domain Name System (DNS)

  `microsoft.public.windows.server.dns`

- Clustering

  `microsoft.public.windows.server.clustering`

Deutsche Microsoft-Newsgroups

Die folgende Liste zeigt deutschsprachige Newsgroups zum Thema:

- Allgemein

  `microsoft.public.de.german.windows.server.general`

- Active Directory

  `microsoft.public.de.german.windows.server.active_directory`

- Netzwerkfragen

  `microsoft.public.de.german.windows.server.networking`

- Sicherheit

  `microsoft.public.de.german.windows.server.security`

- Installation

  `microsoft.public.de.german.windows.server.setup`

- Domain Name System (DNS)

  `microsoft.public.de.german.windows.server.dns`

- Clustering

  `microsoft.public.de.german.windows.server.clustering`

B Abkürzungen

Abkürzung	Bedeutung	Typ
API	Application Programming Interface	Software
AD	Active Directory	Active Directory
ADS	Active Directory Service	Active Directory
ADSI	Active Directory Service Interfaces	Active Directory
ASID	Access, Searching and Indexing of Directories	Active Directory
ATM	Asynchronous Transfer Mode	Netzwerk
BDC	Backup Domain Controller	System
CDFS	Compact Disc File System	Dateisystem
COM	Component Object Model	Software
DAP	Directory Access Protocol	Active Directory
DCOM	Distributet Component Object Model	Active Directory
DDE	Dynamic Data Exchange	System
DDNS	Dynamic DNS	Netzwerk
DEN	Directory Enabled Networks	Active Directory
DES	Data Encryption Standard	Begriff
DHCP	Dynamic Host Computer Protocol	Netzwerk
DISP	Directory Information Shadowing Protocol	Active Directory
DIT	Directory Information Tree	Active Directory
DN	Distinguished Name	Active Directory
DMA	Direct Memory Access	Begriff

Abkürzung	Bedeutung	Typ
DNS	Domain Name Service	Netzwerk
DOC	Distributed Object Computing	Software
DOS	Disc Operating System	System
DOP	Directory Operational Protocol	Active Directory
DSA	Directory System Agent	Active Directory
DSE	Directory Specific Entry	Active Directory
DSP	Directory System Protocol	Active Directory
EFS	Encryption File System	Dateisystem
ETB	Elektronisches Telefonbuch	Active Directory
FAT	File Allocation Table	Dateisystem
FTP	File Transfer Protocol	Netzwerk
GUID	Global Unique IDentifier	System
HAL	Hardware Abstraction Layer	System
HTTP	HyperText Transfer Protocol	Netzwerk
IETF	Internet Engineering Taskforce	Organisation
ISA	Industrial Standard Architecture	Hardware
ISP	Internet Service Provider	Begriff
IP	Internet Protocol	Netzwerk
IPP	Internet Printing Protocol	Netzwerk
LAN	Local Area Network	Netzwerk
LDAP	Lightweight Directory Access Protocol	Netzwerk

Abkürzung	Bedeutung	Typ
LDIF	LDAP Data Interchange Format	Netzwerk
LPC	Local Procedure Call	System
MAN	Metropolitan Area Network	Netzwerk
MAPI	Messaging Application Program Interface	Netzwerk
MFT	Master File Table	Dateisystem
MIME	Multimedia Internet Mail Enhancements	Netzwerk
MMC	Microsoft Management Console	System
MPR	Multiple Provider Router	System
MSFS	Mail Slots File System	Netzwerk
MS	Microsoft	Organisation
MUP	Multiple Universal Convention Provider	System
NAT	Network Address Translation	Netzwerk
NDIS	Network Driver Interface Specification	Netzwerk
NPFS	Named Pipes File System	Netzwerk
NPI	Network Provider Interface	Netzwerk
NTDS	Windows NT Directory Service	System
NTFS	New Technology File System	Dateisystem
OSI	Open Systems Interconnection	Organisation
ODSI	Open Directory Services Interface	Active Directory
OSF	Open Software Foundation	Organisation
OU	Organizational Unit	Active Directory

Abkürzung	Bedeutung	Typ
PCI	Peripheral Component Interconnect	Hardware
PDC	Primary Domain Controller	System
QoS	Quality of Service	System
RnR	Windows Socket Resolution	Netzwerk
RPC	Remote Procedure Call	System
SASL	Simple Authentication and Security Layer	Netzwerk
SCSI	Small Computer Systems Interface	Hardware
SLAPD	Standalone LDAP-Server	Netzwerk
SMTP	Simple Mail Transfer Protocol (Internet Mail)	Netzwerk
TAPI	Telephony API	Netzwerk
TCO	Total Cost of OwnerShip	Begriff
TCP	Transport Control Protocol	Netzwerk
TDI	Transport Driver Interface	System
UDF	Universal Disc Format	Netzwerk
UNC	Universal Naming Conventions	Netzwerk
USN	Update Sequence Number	Active Directory
UPN	User Principal Name	Active Directory
VDM	Virtual DOS Machine	System
VMM	Virtual Memory Manager	System
WAN	Wide Area Network	Netzwerk
WDM	Windows Driver Model	System

Abkürzung	Bedeutung	Typ
WOSA	Windows Open Services Architecture	System
WSR	Windows Socket Registration	Netzwerk
WMI	Windows Management Instrumentation	System
W2K	Abkürzung für Windows 2000 (K steht für 1000)	Begriff

C Kurzreferenz Kommandozeilenbefehle

C.1 Der Netzwerkbefehl net

Der Befehl net ist der Basisbefehl für alle Netzwerkfunktionen, die von der Kommandoebene aus gesteuert werden können. Wenn Sie Anmeldeprofile einrichten und dazu Stapeldateien verwenden, nutzen Sie im Wesentlichen den Befehl net.

Eigenschaften

Diese net-Befehle besitzen einige gemeinsame Eigenschaften:

net /?
net option /yes

- Geben Sie net /? ein, um eine Liste aller verfügbaren net-Befehle anzuzeigen.

- Um Hilfe zur Syntax für einen bestimmten net-Befehl zu erhalten, geben Sie an der Befehlszeile net help *Befehl* ein. Um beispielsweise die Hilfe zu dem Befehl net accounts aufzurufen, geben Sie net help accounts ein.

- Für alle net-Befehle stehen die Optionen /yes bzw. /no (als Kurzform können /y bzw. /n verwendet werden) zur Verfügung. Die Option /y antwortet automatisch yes auf jede interaktive Aufforderung, die dieser Befehl bewirkt; /n antwortet no. So fordert net stop server Sie z. B. auf, zu bestätigen, ob alle Dienste beendet werden sollen, die vom Serverdienst abhängig sind; net stop server /y antwortet automatisch yes, und der Serverdienst wird beendet.

Überblick über die Syntax der net-Befehle

In den folgenden Abschnitten finden Sie übersichtsweise die net-Befehle mit den zugehörigen Optionen. Weitergehende Informationen entnehmen Sie der Online-Hilfe.

Aktualisiert die Benutzerkontendatenbank und ändert Kennwort- und Anmeldevoraussetzungen für alle Konten. Der Anmeldedienst muss auf dem Computer ausgeführt werden, dessen Kontenparameter geändert werden sollen.

net accounts

```
net accounts [/forcelogoff:{<Minuten>|no}]
             [/minpwlen:<Länge>]
             [/maxpwage:{<Tage>|unlimited}]
             [/minpwage:<Tage>] [/uniquepw:<Anzahl>] [/domain]
net accounts [/sync] [/domain]
```

Bewirkt, dass Computer einer Domänendatenbank hinzugefügt bzw. aus ihr entfernt werden.

net computer

```
net computer \\<Computername> {/add|/del}
```

Zeigt die konfigurierbaren Dienste an, die derzeit ausgeführt werden. Zeigt die Einstellungen für einen Dienst an oder ändert sie.

net config

`net config [<Dienst> [Optionen]]`

net continue   Dieser Befehl nimmt unterbrochene Dienste wieder auf.

`net continue <Dienst>`

net file   Zeigt die Namen aller geöffneten freigegebenen Dateien auf einem Server und die Anzahl der Dateisperren pro Datei an (falls vorhanden). Mit diesem Befehl können Sie außerdem einzelne freigegebene Dateien schließen und Dateisperren aufheben.

`net file [ID [/close]]`

net help   Zeigt eine Liste von Netzwerkbefehlen und Themen an, zu denen Sie Hilfe erhalten können. Stellt Hilfe zu einem bestimmten Befehl oder Thema zur Verfügung.

`net help [Befehl]`
`net Befehl {/help|/?}`

net helpmsg   Zeigt Hilfe zu Fehlermeldungen an.

`net helpmsg <MeldungsID>`

net localgroup   Fügt lokale Gruppen hinzu, zeigt sie an oder ändert sie.

`net localgroup [<Gruppenname> [/comment:"Beschreibung"]]`
`               [/domain]`
`net localgroup <Gruppenname> {/add [/comment:"Beschreibung"]`
`               |/delete} [/domain]`
`net localgroup <Gruppenname> <Name> [ ...] {/add|/delete}`
`               [/domain]`

net name   Fügt einen Nachrichtennamen (auch Alias genannt) hinzu oder löscht ihn bzw. zeigt eine Liste aller Namen an, unter denen Nachrichten empfangen werden können. Der Nachrichtendienst muss gestartet sein, damit der Befehl net name verwendet werden kann.

`net name [<Name> [/add|/delete]]`

net pause   Unterbricht ausgeführte Dienste.

`net pause <Dienst>`

net print   Zeigt Druckaufträge und Druckerwarteschlangen an oder steuert sie.

`net print \\<Computername>\<Freigabename>`
`net print [\\<Computername>] <Auftrag> [/hold|/release|/delete]`

net send   Sendet Nachrichten an andere Benutzer-, Computer- oder Nachrichtennamen im Netzwerk. Der Nachrichtendienst muss gestartet sein, damit Nachrichten empfangen werden können.

`net send {<Name>|*|/domain[:<Name>]|/users} <Nachricht>`

net session   Zeigt die Arbeitssitzungen von lokalen Computern und verbundenen Clients an oder unterbricht sie.

`net session [\\<Computername>] [/delete]`

net share   Erstellt freigegebene Ressourcen, löscht sie oder zeigt sie an.

`net share <Freigabename>`
`net share <Freigabename>=<Laufwerk:Pfad> [/users:<Anzahl>|`

```
                          /unlimited] [/remark:"Beschreibung"]
net share <Freigabename> [/users:<Anzahl>| unlimited]
                          [/remark:"Beschreibung"]
net share {<Freigabename>|<Laufwerk:Pfad>} /delete
```

Startet einen Dienst oder zeigt eine Liste der gestarteten Dienste **net start** an. Namen von Diensten, die wie beispielsweise NET LOGON oder COMPUTER BROWSER aus mehreren Wörtern bestehen, müssen in Anführungszeichen (") stehen.

```
net start <Dienst>
```

Beendet einen Dienst. **net stop**

```
net stop <Dienst>
```

Synchronisiert die Systemzeit des Computers mit der eines ande- **net time** ren Computers oder einer Domäne. Ohne den Parameter /set zeigt net time die Systemzeit eines anderen Computers oder einer Domäne an.

```
net time [\\<Computername>
          |/domain[:<Dömänenname>]
          |/rtsdomain[:<Dömänenname>]] [/set]
net time [\\<Computername>] [/querysntp]
          |[/setsntp[:<NTP_Server_Liste>]]
```

Verbindet einen Computer mit einer freigegebenen Ressource oder **net use** trennt die Verbindung und zeigt Informationen über die Verbindungen eines Computers an. Der Befehl steuert außerdem ständige Netzwerkverbindungen.

```
net use [<Gerätename>|*]
        [\\<Computername>\<Freigabename>[\<Datenträger>]]
        [<Kennwort>|*]]
        [/user:[<Dömänenname>\]<Benutzername>]
        [[/delete]|[/persistent:{yes|no}]]
net use <Gerätename> [/home[<Kennwort>|*]] [/delete:{yes|no}]
net use [/persistent:{yes|no}]
```

Fügt Benutzerkonten hinzu, ändert sie oder zeigt Informationen **net user** über Benutzerkonten an.

```
net user [<Benutzername> [<Kennwort>|*] [Optionen]] //domain]
net user <Benutzername> {<Kennwort>|*} /add [Optionen] [/domain]
net user <Benutzername> [/delete] [/domain]
```

Zeigt eine Liste der Domänen, eine Liste der Computer oder die **net view** von dem angegebenen Computer freigegebenen Ressourcen an.

```
net view [\\<computer>|/domain[:<domain>]]
net view /network:<nw> [\\<computer>]
```

C.2 Weitere Kommandozeilenbefehle

In diesem Abschnitt finden Sie eine Auswahl wichtiger Kommandozeilenbefehle. Die folgende Kurzreferenz dient nur als Orientierungshilfe. Für eine genaue Beschreibung der Parameter rufen Sie die Windows-Hilfe und dort den Pfad INFORMATIONEN | MS-DOS-BEFEHLE auf.

append   Ermöglicht Programmen das Öffnen von Datendateien in den angegebenen Ordnern, als wären diese Dateien im aktuellen Ordner gespeichert. Die angegebenen Ordner werden *hinzugefügte Ordner* (appended) genannt, da zu öffnende Dateien in ihnen so angesprochen werden können, als ob sie sich im aktuellen Verzeichnis befinden.

```
append [;] [[<Laufwerk:>]<Pfad>[;...]] [[/x:{on|off}]
       [/path:{on|off}] [/e]
```

arp   Dient zur Anzeige oder Änderung der Übersetzungstabellen, die von ARP (Address Resolution Protocol) für die Umsetzung von IP-Adressen in physische Ethernet- oder Tokenring-Adressen verwendet werden. Dieser Befehl ist nur verfügbar, wenn das Protokoll TCP/IP installiert wurde. Weitere Informationen finden Sie auf Seite 1053.

assoc   Zeigt die Zuordnungen von Dateierweiterungen an oder ändert sie.

```
assoc [<.erw>[=[<Dateityp>]]]
```

at   Listet geplante Befehle auf oder plant Befehle und Programme, die zu einem bestimmten Zeitpunkt und Datum auf einem Computer ausgeführt werden sollen. Um den at-Befehl verwenden zu können, muss der Zeitplandienst ausgeführt werden.

```
at [\\<Computername>] [[<Id>] [/delete]|/delete [/yes]]
at [\\<Computername>] <Zeit> [/interactive] [/every:<Datum>[,...]
   |/next:<Datum>[,...]]
```

atmadm   Überprüft die Verbindungen und Adressen, die in einem ATM-Netzwerk (Asynchronous Transfer Mode – asynchroner Übertragungsmodus) von der ATM-Anrufverwaltung aufgezeichnet werden. Sie können dieses Hilfsprogramm verwenden, um statistische Daten zu über ATM-Netzwerkkarten ein- und ausgehenden Anrufen anzuzeigen.

```
atmadm [-c][-a] [-s]
```

attrib   Zeigt die Dateiattribute an oder ändert diese. Mit diesem Befehl können Sie die Dateien oder Verzeichnissen zugewiesenen Attribute SCHREIBGESCHÜTZT, ARCHIV, SYSTEM und VERSTECKT anzeigen, setzen oder löschen.

```
attrib [+r|-r] [+a|-a] [+s|-s] [+h|-h]
       [[<Laufwerk:>][<Pfad>] <Dateiname>] [/s[/d]]
```

cacls   Zeigt die Zugriffskontrolllisten (ACL – Access Control List) für Dateien an oder ändert sie (siehe auch Seite 773).

```
cacls <Dateiname> [/t] [/e] [/c] [/g <Benutzer:Berechtigung>]
      [/r <Benutzer> [...]] [/p <Benutzer:Berechtigung> [...]]
      [/d <Benutzer> [...]]
```

Ruft aus einem Stapelverarbeitungsprogramm ein anderes Stapel- **call**
verarbeitungsprogramm auf, ohne das übergeordnete Stapelverarbeitungsprogramm zu beenden. Der Befehl `call` kann nun auch
mit Marken als Sprungziel ausgeführt werden.

```
call [<Laufwerk:>][<Pfad>] <Dateiname> [<Batchparameter>]
call <:Marke> [<Parameter>]
```

Zeigt den Namen des aktuellen Verzeichnisses an oder wechselt **chdir (cd)**
den aktuellen Ordner.

```
chdir [/d] [<Laufwerk:>][<Pfad>] [...]
cd [/d] [<Laufwerk:>][<Pfad>] [...]
```

Erstellt einen Statusbericht für einen Datenträger in Abhängigkeit **chkdsk**
vom verwendeten Dateisystem. `Chkdsk` zeigt auch logische Fehler
des Datenträgers an und behebt diese. Falls `chkdsk` das Laufwerk
nicht sperren kann, wird angeboten, das Laufwerk beim nächsten
Start des Computers zu prüfen. Detaillierte Informationen finden
Sie auf Seite 789.

```
chkdsk [<Laufwerk:>][[<Pfad>] <Dateiname>]
       [/f] [/v] [/r] [/l[<:Größe>]] [/x]
```

Zeigt an oder legt fest, ob eine automatische Systemüberprüfung **chkntfs**
auf FAT-, FAT32-, oder NTFS-Datenträgern beim Start des Computers ausgeführt werden soll.

```
chkntfs [/t[:<Zeit>]] [/x] [/c] <Datenträger> [...]
chkntfs /d
```

Zeigt die Verschlüsselung von Ordnern und Dateien auf NTFS- **cipher**
Datenträgern an oder ändert sie. Weitere Informationen finden Sie
auf Seite 760.

Löscht die Bildschirmanzeige. Der geleerte Bildschirm zeigt nur **cls**
noch die Eingabeaufforderung und die Einfügemarke an.

```
cls
```

Startet eine neue Instanz des Befehlsinterpreters CMD.EXE. Mit dem **cmd**
Befehl `exit` beenden Sie die neue Instanz des Befehlsinterpreters
und geben die Steuerung an die ursprüngliche Instanz zurück.

```
cmd [ [/c|/k] [/q] [/a|/u] [/t:<fg>] [/x|/y] <Zeichenfolge>]
```

Vergleicht den Inhalt zweier Dateien oder Mengen von Dateien **comp**
byteweise. Der Befehl `comp` kann Dateien auf demselben Laufwerk
oder auf verschiedenen Laufwerken sowie Dateien eines Verzeichnisses oder mehrerer Verzeichnisse vergleichen. Während des
Vergleichs zeigt der Befehl `comp` den Speicherort und die Namen
der Dateien an.

```
comp [<Daten1>] [<Daten2>] [/d] [/a] [/l] [/n=<Zahl>] [/c]
```

Zeigt die Komprimierung von Dateien oder Verzeichnissen auf **compact**
NTFS-Partitionen an oder ändert diese. Weitere Informationen
finden Sie auf Seite 757.

convert	Konvertiert FAT- und FAT32- in NTFS-Volumes. Das aktuelle Laufwerk kann nicht konvertiert werden. Wenn convert das Laufwerk nicht sperren kann, werden Sie gefragt, ob das Laufwerk beim nächsten Start des Computers konvertiert werden soll. Weitere Informationen finden Sie auf Seite 726.
copy	Kopiert eine oder mehrere Dateien an einen anderen Speicherort. Mit diesem Befehl können auch mehrere Dateien zu einer Datei zusammengefasst werden. Wenn mehr als eine Datei kopiert wird, zeigt copy den Namen jeder kopierten Datei an.

`copy [/a|/b] <Quelle> [/a|/b] [[/a|/b] +`
`<Quelle>[/a|/b] [+ ...]]`
`[/v] [/n] [/y|/-y] [/z] [/a|/b] [<Ziel> [/a|/b]]`

date	Zeigt das Datum an bzw. ermöglicht es, das Datum über die Eingabeaufforderung oder ein Stapelverarbeitungsprogramm zu ändern.

`date [tt.mm.jjjj]`

del (erase)	Löscht die angegebenen Dateien.

`del [<Laufwerk:>][<Pfad>] <Dateiname> [/p] [/f] [/s] [/q]`
`[/a[:<Attribute>]]`

`erase [<Laufwerk:>][<Pfad>] <Dateiname> [ ...] [/p] [/f] [/s]`
`[/q]`
`[/a[:<Attribute>]]`

dir	Zeigt eine Liste der in einem Verzeichnis enthaltenen Dateien und Unterverzeichnisse an.

`dir [<Laufwerk>:][<Pfad>][<Dateiname>] [...] [/p] [/w] [/d]`
`[/a[[:]<Attribute>]][/o[[:]<Reihenfolge>]]`
`[/t[[:]<Zeitfeld>]]`
`[/s] [/b] [/l] [/n] [/x]`

diskcomp	Vergleicht den Inhalt von zwei Disketten.

`diskcomp [<Laufwerk1:> <Laufwerk2:>]]`

Siehe auch comp, fc.

diskcopy	Kopiert den Inhalt der Diskette im Quelllaufwerk auf eine formatierte oder unformatierte Diskette im Ziellaufwerk.

`diskcopy [<Laufwerk1:> <Laufwerk2:>]] [/v]`

diskperf	Startet und beendet Systemleistungsindikatoren.

`diskperf [-y[e]|-n] [\\<Computername>]`

dosonly	Stellt sicher, dass nur auf MS-DOS basierte Anwendungen an der Eingabeaufforderung von Command.com gestartet werden können.

`dosonly`

echo	Schaltet das Anzeigen von Befehlszeilen ein, aus oder zeigt eine Meldung an.

`echo [on|off] [<Nachricht>]`

echoconfig	Zeigt während der Verarbeitung der Dateien CONFIG.NT und AUTOEXEC.NT eine Meldung an, wenn das MS-DOS-Teilsystem aufge-

rufen wird. Wird dieser Befehl nicht angegeben, werden keine Meldungen angezeigt. Dieser Befehl muss in der Datei CONFIG.NT des MS-DOS-Teilsystems stehen.

`echoconfig`

Beendet die lokale Umgebungsänderung in einem Stapelverarbei- **endlocal** tungsprogramm. Jedem Befehl `setlocal` muss ein Befehl `endlocal` folgen, damit Umgebungsvariablen wiederhergestellt werden können. Jede Stapelverarbeitungsdatei wird mit einem impliziten Befehl `endlocal` beendet.

`endlocal`

Zeigt SNMP-Ereignisse an. **evntcmd**

`evntcmd [/?|/h] [/s <Systemname>][/v <Nummer>][/n]`

Beendet den Befehlsinterpreter und kehrt zu dem Programm zu- **exit** rück, das CMD.EXE aufgerufen hatte, oder zum Programm-Manager.

`exit`

Erweitert eine oder mehrere komprimierte Dateien. Dieser Befehl **expand** wird zur Wiederherstellung komprimierter Dateien von einer Programmdiskette verwendet.

`expand [-r] <Quelle> [<Ziel>]`
`expand -d <Quelle.cab> [-f:<Dateien>]`
`expand <Quelle.cab> -f:<Dateien> <Ziel>`

Vergleicht zwei Dateien und zeigt die Unterschiede zwischen den **fc** beiden Dateien an.

`fc [/a] [/b] [/c] [/l] [/lbn] [/n] [/t] [/u] [/w] [/<nnnn>]`
`   [<Laufw1:>][<Pfad1>]<Datei1> [<Laufw2:>][<Pfad2>]<Datei2>`
`fc /b [<Laufw1:>][<Pfad1>]<Datei1> [<Laufw2:>][<Pfad2>]<Datei2>`

Sucht in einer oder mehreren Dateien nach dem angegebenen Text. **find** Nach dem Durchsuchen der angegebenen Dateien zeigt `find` alle Textzeilen an, die die gesuchte Zeichenfolge enthalten.

`find [/v] [/c] [/n] [/i] "Zeichenfolge"`
`     [[<Laufwerk:>][<Pfad>]<Dateiname>[...]]`

Es wird entweder nach buchstabengetreuer Übereinstimmung **findstr** oder mit Hilfe von regulären Ausdrücken gesucht. Entspricht etwa `grep` unter Unix.

`findstr [/b] [/e] [/l] [/c:<Zeichenfolge>]`
`        [/r] [/s] [/i] [/x] [/v]`
`        [/n] [/m] [/o] [/g:<Datei>] [/f:<Datei>] [/d:<Verz_Liste>]`
`        [/a:<Farbattribut>] [<Zeichenfolgen>]`
`        [[<Laufwerk:>][<Pfad>] <Dateiname> [...]]`

Formatiert die Diskette oder Festplatte im angegebenen Datenträ- **format** ger. Weitere Informationen finden Sie in Abschnitt 11.6.3 *Das Kommandozeilen-Programm FORMAT* auf Seite 724.

ftype	Zeigt die Dateitypen, die Dateierweiterungen zugeordnet sind, an oder ändert sie.
	`ftype [<Dateityp>[=[<Befehl>]]]`
help	Liefert Onlineinformationen zu den Befehlen. Sie können damit die Parameterbeschreibung für alle in diesem Anhang aufgeführten Befehle abrufen.
	`help [Befehl]`
label	Erstellt, ändert oder löscht die Datenträgerbezeichnung (den Namen) eines Datenträgers. Die Datenträgerbezeichnung wird als Teil des Verzeichnisses angezeigt. Wenn eine Datenträgernummer vorhanden ist, wird diese Nummer ebenfalls angezeigt.
	`label [<Laufwerk:>][<Bezeichnung>]`
mkdir (md)	Erstellt ein Verzeichnis oder Unterverzeichnis.
	`mkdir [<Laufwerk:>]<Pfad>`
	`md [<Laufwerk>:]<Pfad>`
mode	Konfiguriert Systemgeräte. Der Befehl mode führt unterschiedliche Aufgaben aus, beispielsweise das Anzeigen des Systemstatus, das Ändern von Systemeinstellungen oder das Neukonfigurieren von Anschlüssen oder Geräten.
mountvol	Erstellt, entfernt oder listet Bereitstellungspunkte für Volumes auf. Weitere Informationen finden Sie in Abschnitt 11.9.2 *Das Kommandozeilen-Tool MOUNTVOL.EXE* ab Seite 748.
move	Verschiebt eine oder mehrere Dateien aus einem Verzeichnis in das angegebene Verzeichnis.
	`move [/y|/-y] [<Quelle>] [<Ziel>]`
ntcmdprompt	Führt den Befehlsinterpreter CMD.EXE statt COMMAND.COM aus, nachdem ein speicherresidentes Programm (TSR) ausgeführt oder die Eingabeaufforderung innerhalb einer MS-DOS-Anwendung gestartet wurde.
	`ntcmdprompt`
path	Legt einen Suchpfad für ausführbare Dateien fest. Das Betriebssystem verwendet den Befehl path, um in den angegebenen Verzeichnissen nach ausführbaren Dateien zu suchen. Standardmäßig enthält der Suchpfad nur das aktuelle Verzeichnis.
	`path [[<Laufwerk:>]<Pfad>[;...]] [%path%]`
pentnt	Erkennt, sofern vorhanden, den Gleitkommadivisionsfehler im Pentium-I-Chip, deaktiviert die Gleitkommahardware und aktiviert die Gleitkommaemulation.
	`pentnt [-c] [-f] [-o] [-?|-h]`
popd	Wechselt zu dem Verzeichnis, das mit dem Befehl pushd gespeichert wurde. Der Befehl popd kann nur einmal dazu verwendet werden, das Verzeichnis zu wechseln. Der Zwischenspeicher wird nach dem ersten Aufruf geleert. Wenn die Befehlserweiterungen

aktiviert sind (Standardeinstellung), löscht der Befehl `popd` alle temporären Laufwerkbuchstaben, die durch `pushd` erstellt wurden.

`popd`

Druckt eine Textdatei oder zeigt den Inhalt einer Druckerschlange **print** an. Dieser Befehl kann im Hintergrund drucken, wenn Sie ein Ausgabegerät an einen der parallelen oder seriellen Anschlüsse des Systems angeschlossen haben.

`print [/d<Gerät>] [[<Laufwerk:>][<Pfad>] <Dateiname> [...]]`

Sie können die Befehlszeile so anpassen, dass jeder beliebige Text **prompt** mit Informationen wie Name des aktuellen Verzeichnisses, Uhrzeit und Datum oder Versionsnummer von Windows Server 2003 angezeigt werden kann.

`prompt [<Text>]`

Speichert den Namen des aktuellen Verzeichnisses für die Verwendung des Befehls `popd` und wechselt dann zum angegebenen Verzeichnis.

`pushd [<Pfad>]`

Kopiert Dateien zwischen einem Windows-Computer und einem **rcp** System, das `rshd`, den Remote Shell Daemon, ausführt.

`rcp [-a|-b] [-h] [-r] <Quelle1> <Quelle2> ...`

Stellt lesbare Informationen auf einem beschädigten oder fehler- **recover** haften Datenträger wieder her. Der Befehl liest eine Datei sektorweise und stellt Daten aus unbeschädigten Sektoren wieder her. Daten in beschädigten Sektoren können nicht wiederhergestellt werden.

`recover [<Laufwerk:>][<Pfad>] <Dateiname>`

Erlaubt das Einfügen von Kommentaren (Anmerkungen) in Sta- **rem** pelverarbeitungsprogrammen oder Konfigurationsdateien.

`rem [<Kommentar>]`

Ändert den Namen einer oder mehrerer Dateien. Sie können alle **rename (ren)** Dateien umbenennen, deren Namen dem angegebenen Dateinamen entsprechen. Der Befehl kann nicht verwendet werden, um Dateien auf einem anderen Laufwerk umzubenennen oder diese in ein anderes Verzeichnis zu verschieben.

`rename [<Laufwerk:>][<Pfad>] <Dateiname1> <Dateiname2>`
`ren [<Laufwerk:>][<Pfad>] <Dateiname1> <Dateiname2>`

Ersetzt Dateien im Zielverzeichnis durch Dateien aus dem Quell- **replace** verzeichnis, die den gleichen Namen haben. Sie können mit `replace` auch Dateien mit eindeutigen Dateinamen in das Zielverzeichnis einfügen.

`replace [<Laufwerk1:>][<Pfad1>] <Dateiname> [<Laufwerk2:>]`
`       [<Pfad2>] [/a] [/p] [/r] [/w]`
`replace [<Laufwerk1:>][<Pfad1>] <Dateiname> [<Laufwerk2:>]`
`       [<Pfad2>] [/p] [/r] [/s] [/w] [/u]`

rmdir (rd)	Entfernt (löscht) ein Verzeichnis.
	`rmdir [<Laufwerk:>]<Pfad> [/s] [/q]`
	`rd [<Laufwerk:>]<Pfad> [/s] [/q]`

runas	Ermöglicht dem Benutzer das Ausführen spezieller Tools und Programme mit anderen Berechtigungen, als es die gegenwärtige Anmeldung erlaubt.
	`runas [/profile] [/env] [/netonly] /user:<Benutzerkonto>`
	`        <Programm>`

set	Zeigt Windows Server 2003-Umgebungsvariablen an, legt sie fest oder löscht sie. `set [<Variable>=[<Zeichenfolge>]]`
setlocal	Beginnt die Lokalisierung von Umgebungsvariablen in einem Stapelverarbeitungsprogramm. Dieser Vorgang wird so lange ausgeführt, bis der Befehl `endlocal` gefunden oder das Ende der Stapelverarbeitungsdatei erreicht wird. `setlocal <Option>`
shift	Ändert die Position ersetzbarer Parameter in einem Stapelverarbeitungsprogramm. `shift [/n]`
stacks	Unterstützt den dynamischen Einsatz von Datenstapeln (Stacks), um Hardwareunterbrechungsanforderungen zu bearbeiten. Um diese Umgebungsvariable verwenden zu können, fügen Sie sie in die Datei CONFIG.NT ein. `stacks = <n>,<s>`

start	Erstellt ein neues Fenster, um ein angegebenes Programm oder einen angegebenen Befehl auszuführen.
	`start [<Titel>] [/d<Pfad>] [/i] [/min][/max][/separate| /shared]`
	`      [/low|/normal|/high|/realtime] [/wait] [/b] [<Dateiname>]`
	`      [<Parameter>]`

subst	Ordnet einem Pfad eine Laufwerkbezeichnung zu.
	`subst [<Laufwerk1:> [<Laufwerk2:>]<Pfad>]`
	`subst <Laufwerk1:> /d`

switches	Erzwingt, dass sich eine erweiterte Tastatur wie eine konventionelle Tastatur verhält. Verwenden Sie diesen Befehl in der Datei CONFIG.NT. `switches=/k`

tcmsetup	Rchtet den Telefonieclient ein. Verwenden Sie `tcmsetup`, um die von einem Telefonieclient verwendeten Remoteserver festzulegen oder um den Client zu deaktivieren.
	`tcmsetup [/q] [/x] /c <Server1> [<Server2> ... <ServerN>]`
	`tcmsetup [/q] /c /d`

time	Zeigt die Systemzeit an oder stellt die interne Uhr Ihres Computers. `time [<Stunden:>[<Minuten>[:<Sekunden>[.<Hunderstel>]]][A|P]]`

Erstellt einen Titel für das Eingabeaufforderungsfenster.   **title**

`title [<Zeichenfolge>]`

Zeigt die Verzeichnisstruktur eines Pfades oder des Datenträgers   **tree**
in einem Laufwerk grafisch an.

`tree [<Laufwerk:>][<Pfad>] [/f] [/a]`

Zeigt den Inhalt einer Textdatei an. Verwenden Sie den Befehl type,   **type**
wenn Sie eine Textdatei anzeigen, sie aber nicht verändern möchten.

`type [<Laufwerk:>][<Pfad>] <Dateiname>`

Zeigt die Versionsnummer von Windows Server 2003 an.   **ver**

`ver`

Zeigt die Datenträgerbezeichnung und (falls vorhanden) die Se-   **vol**
riennummer eines Datenträgers an. Eine Seriennummer wird angezeigt, falls der Datenträger mit MS-DOS, Version 4.0 oder höher,
formatiert wurde.

`vol [<Laufwerk:>]`

Ermöglicht die Installation oder ein Update mit Windows Server   **winnt / winnt32**
2003. Mehr finden Sie dazu in Abschnitt 2.2.4 *Kommandozeilen-
Parameter des* SETUPS ab Seite 56.

Kopiert Dateien und Verzeichnisse einschließlich Unterverzeich-   **xcopy**
nisse.

```
xcopy <Quelle> [<Ziel>] [/w] [/p] [/c] [/v] [/q] [/f] [/l]
      [/d[:<Datum>]] [/u] [/i] [/s [/e]] [/t] [/k] [/r] [/h]
      [/a|/m] [/n] [/exclude:<Dateiname>] [/y|-y] [/z]
```

D Index

Dieser Index wurde mit großer Sorgfalt und Mühe erstellt. Wenn Sie einen Begriff, der im Buch vorkommt und häufig benötigt wird dennoch nicht finden, schreiben Sie uns bitte. Wir möchten den Index in künftigen Auflagen weiter verbessern.

D.1 Erläuterungen zum Index

Dieser Abschnitt enthält einige allgemeine Informationen zum Umgang mit dem Index

Allgemeine Hinweise

Der Index enthält zu vielen Begriffen mehrere Verweise. Oft werden auch sowohl Abkürzungen als auch ausgeschriebene Begriffe aufgeführt. In manchen Fällen ist die Zuordnung sicher nicht eindeutig möglich. Versuchen Sie, wenn Sie einen Begriff nicht finden, es auch mit ähnlich klingenden Namen. Substantive sind immer vorangesetzt, wenn es keine Eigennamen sind. Es steht als statt »grüner Klee« im Index »Klee, grüner« unter K. Wenn dagegen das Produkt »Roter Mohn« genannt ist, dann steht es unter R.

Weitere Suchhilfen im Buch

Neben dem Index und dem Inhaltsverzeichnis am Anfang des Buches finden Sie Übersichten auch am Anfang jedes Kapitels und vor den Befehlsreferenzen im Anhang. Die Übersichten am Anfang der Kapitel zeigen noch mal alle Überschriften zweiter Ordnung. Diese Ordnung ist meist aufgabeorientiert gewählt, sodass eine Funktionsgruppe pro Überschrift vorgestellt wird.

Volltextsuche

Auf der CD zum Buch befindet sich eine PDF-Version dieses Buches, mit dem Acrobat Reader durchsucht werden kann. Es ist empfehlenswert, parallel mit der Online- und Offline-Version des Buches zu arbeiten.

D.2 Index

I
1
2
3
4
5
6
7
8
9
10
11
12
13
14
15
16
17
A
B
C
D

D

D

D

Q

I
1
2
3
4
5
6
7
8
9
10
11
12
13
14
15
16
17
A
B
C
D

I
1
2
3
4
5
6
7
8
9
10
11
12
13
14
15
16
17
A
B
C
D

Über die Autoren

Uwe Bünning

Uwe Bünning, Jahrgang 1967, wohnt mit seiner Familie in Berlin (zwei Kinder). Er hat einen Abschluß als Diplom-Wirtschaftsinformatiker und arbeitet seit einigen Jahren als freier Autor und Consultant.

Seine Arbeitsschwerpunkte sind:

- Aufbau und Integration heterogener Netzwerke
- Consulting Prepress-Bereich und Netzwerke
- Seminare zu Prepress und Netzwerktechnik

Veröffentlicht hat er bereits Bücher über Windows 2000, Windows XP (Carl Hanser), Microsoft Active Server Pages (Data Becker) und ASP.NET (Addison Wesley). Daneben sind Artikel im Microsoft Monatsspiegel und der Zeitschrift PC Professional erschienen.

Jörg Krause

Jörg Krause, Jahrgang 1964, wohnt mit Familie ebenfalls in Berlin (1 Kind). Er arbeitet als freier Autor, Systemprogrammierer und Consultant.

Seine Arbeitsschwerpunkte sind:

- Programmierung von Internetapplikationen und Datenbanken (PHP, ASP, C#, XML/XSL, HTML, MS SQL-Server/Oracle/ MySQL)
- Consulting für Start-Ups und »Old Econcomy«
- Anspruchsvolle Programmierseminare (HTML, .NET, PHP)
- Journalistische Arbeiten, Artikel, Vorträge etc.

Er veröffentlichte mehr als zwei Dutzend Bücher zu den Themen Windows 2000 (Carl Hanser) Microsoft Active Server Pages und ASP.NET mit VB.NET/C# (Addison Wesley), PHP 4 (Carl Hanser) und Electronic Commerce und Online Marketing (Carl Hanser). Außerdem schreibt er regelmäßig für die iX (Heise Verlag), PHP Magazin und dotnet-Magazin. Artikel erschienen außerdem in der PC Professional, im E-Commerce-Magazin und diversen anderen Verlagen.

Angebot an unsere Leser

Für Fragen, Anregungen, aber auch für Lob und Kritik stehen Ihnen die Autoren gern zur Verfügung. Dieses Buch soll eine solide Arbeitsgrundlage für Administratoren und Techniker sein. Verbesserungsvorschläge und konstruktive Anmerkungen helfen uns und künftigen Lesern.

Hilfe und Unterstützung finden Sie bei den Autoren für folgende Gebiete:
- Beratungsleistungen für kleine und mittelständische Unternehmen
- Schulungen für alle unten genannten Themen
- Workshops für alle unten genannten Themen, speziell im Programmierbereich

Das Themenspektrum ist vielfältig:
- Heterogene Netzwerke, Integration von Unix, Mac und Windows
- Internet, speziell Webserver und andere Dienste
- Sicherheit lokaler Netzwerke, in heterogenen Umgebungen und für WAN-Applikationen
- Programmierung mit PHP, ASP, in der .NET-Umgebung für Windows-Applikationen, ASP.NET, Datenbankprogrammierung mit MySQL, MS SQL Server und vieles mehr

Wir freuen uns auf Ihre Nachricht an folgende Adressen:
- uwe@buenning.com
- joerg@krause.net

Leider schaffen wir es nicht immer, jede E-Mail sofort zu beantworten. Sie können aber sicher sein, dass jede Nachricht gelesen wird. Nutzen Sie dieses Medium also, um alles »loszuwerden«, was Sie für sinnvoll halten.